소방 관계법규

김동준 기출 원O·X 빈칸

김원빈

①

서울고시각

**Stand by
Strategy
Satisfaction**

새로운 출제경향에 맞춘 수험서의 완벽서

머리말

　소방공무원은 없어서는 안 되는 현대사회에 필수적인 직종입니다. 사회가 발달함에 따라서 화재는 날로 증가되고 있으며 소방인이 해야 하는 일은 날로 전문화되어 가고 있습니다.

　현재 소방공무원의 인원은 너무나 부족한 실정이어서 향후 몇 년간은 많은 인원이 채용될 예정에 있으며 합격하기 위해서는 무엇보다도 기출문제 분석이 우선되어야 할 것이고 거기에 심화학습을 통한 깊이 있는 학습이 필요합니다.

　우리나라 국보 1호인 숭례문이 전소되었습니다. 거기에는 매뉴얼이 없었기 때문입니다. 만약 건물이 지진으로 붕괴가 될 경우 생존가능성이 가장 높은 사람은 그에 대한 매뉴얼이 있는 사람일 것입니다. 그래서 수험생들에게도 미리 매뉴얼이 있어야 합니다. 어떻게 공부를 할 것이며, 내가 무엇을 위해 공부하는지를 명확히 해야만 빠른 시일 내에 합격을 손에 넣을 수 있습니다.

　이 책은 소방학개론 기출문제를 단원별로 분석하고, 상세한 해설을 달아 수험생 여러분이 수험대책을 세우고 미리 매뉴얼을 작성하는 데 도움을 줄 수 있도록 구성되어 있습니다.

　수험은 단순함의 연속입니다. 수험에 도움이 안 되는 것은 버릴 줄 아는 지혜도 필요합니다. 아무 생각 없이 오로지 수험에만 매진한다면 반드시 빠른 시일 내에 합격할 수 있습니다.

　우리가 환란 중에도 즐거워하나니 이는 환란은 인내를, 인내는 연단을, 연단은 소망을 이루는 줄 앎이로다(로마서 5장 3~4절).

　이 책의 출판을 위해 노력을 아끼지 않으신 김용관 회장님과 김용성 사장님 이하 모든 서울고시각 임직원 여러분에게 감사한 마음을 전합니다.

　마지막으로 수험생 여러분의 뜻 하신 바가 이루어지기를 두 손 모아 기도드립니다.

편저자 씀

소방직
수험준비와 대책

STEP 1

명확한 목표 설정과 실천

소방직을 준비하는 여러 가지 이유가 있을 것이다. 그러나 분명한 것은 명확한 목표를 가져야 흔들림 없이 합격에 도달할 수 있다는 것이다. 합격이라는 자그마한 목표를 위해 달려가다 보면 분명 장애물이 있을 것이고, 그 장애물을 넘기 위해선 용기와 끈기 그리고 지혜가 필요하다. 그 장애물을 잘 넘기 위해서는 몇 가지 대책이 필요하다.

첫째 : 건물을 짓기 위해선 설계가 필요하듯이 소방직공무원을 준비하기 위해선 공부를 어떻게 할 것인지 설계가 필요하다. 소방적 마인드로 접근해 보면 숭례문에 불이 났을 때 제때 진압을 하지 못한 이유는 매뉴얼이 없었기 때문이다. 미리 숭례문에 화재가 난다고 가정이 되었다면 쉽게 진압할 수 있었을 것이다.

둘째 : 설계가 되어 있다면 그 공사에 최선을 다해야 한다. 즉 수험생이라면 공부에 최선을 다해야 된다. 부실시공이 되지 않기 위해선 체력과 노하우, 성실함이 필요하다. 특히 소방직은 다른 사람의 생명을 담보로 하기 때문에 체력이 우선시 되어야 한다.

셋째 : 자기가 계획된 방향으로 제대로 가고 있는지 감독과 올바른 지적이 필요하다. 그 감독 대행을 할 수 있는 곳이 학원이며, 선생의 역할이다. 대체적으로 이 부분을 간과하는 경우가 많다. 공부는 물론 자기 자신과의 싸움이지만, 질문·토론을 통해서 올바른 공부 방향으로 나아가야 한다.

STEP 2

합격하기 위한 전략

소방학이 정립되어 감에 따라 문제수준은 날이 갈수록 어려워질 전망이다. 그러나 분명한 것은 소방학 고득점 전략이 있고, 행정법 등 보다는 고득점을 얻기가 쉽다는 것이다. 그러면 소방학 고득점 전략에 대해 알아보자.

김동준 기출 원O·X 빈칸

첫째 : 기출문제 분석
어느 시험이고, 기출문제의 중요성은 말할 필요가 없다. 기출문제에서 나올 수 있는 문제는 점점 줄어들고 있는 추세이지만, 20~30% 이상은 기출에서 나온다.

둘째 : 용어의 이해와 암기
소방과 소방법은 특수한 과목이기에 거기에 나오는 용어가 어려울 수 있다. 일단은 용어의 이해와 암기가 필요하다. 예를 들면 무창층, 비상구, 옥내소화전 등 우리 주변에 있지만 관심이 없기에 잘 모르는 것들이 있다. 소방에 관심을 가지고 있으면 쉽게 이해할 수 있을 것이다.

셋째 : 흐름의 이해
흐름은 분명히 있다. 예를 들자면 소방을 한문으로 보면 消防, 즉 끌 소, 막을 방이다. 불을 끄고 막기 위해서 소방서가 나온 것이고, 연소가 계속 되어서 불이 되는 것이다. 그러면 연소란 무엇이며, 연소가 일어나기 위해선 어떤 요소가 필요한지를 알아야 한다. 연소는 가연물이 산소와 결합하여 열과 빛을 내는 급격한 산화 반응이다. 담배를 피기 위해서는 담배와 라이터 그리고 산소가 필요하다. 담배는 가연물, 라이터는 점화원, 산소는 산소공급원이다. 담배를 제거하면 담배를 피울 수 없다. 그것이 바로 제거소화가 된다. 라이터를 물로 끄면 냉각소화가 되며, 산소를 없애면 질식소화가 된다. 그러면 소화하기 위해서는 어떤 약제가 필요한지 보아야 한다. 소화약제는 수계와 가스계가 있다. 수계에는 물과 포, 가스계에는 이산화탄소, 할론, 청정, 분말이 있다. 불을 끈다는 것에는 이런 흐름이 있다. 이러한 것이 소방학이 된다.

차례
contents

01. 문제편

PART 01 소방기본법 / 3

01	총 칙	4
02	소방장비 및 소방용수시설 등	32
03	소방활동 등	51
04	소방산업의 육성·진흥 및 지원 등	86
05	한국소방안전원	87
06	보 칙	92
07	벌 칙	96

PART 02 소방시설법 / 103

01	총 칙	104
02	소방시설등의 설치·관리 및 방염	129
03	소방시설등의 자체점검	190
04	소방시설관리사 및 소방시설관리업	194
05	소방용품의 품질관리	199
06	보 칙	203
07	벌 칙	205

PART 03 화재조사법 / 209

01	총 칙	210
02	화재조사의 실시 등	211
03	벌 칙	217

PART 04 화재예방법 / 219

01	총 칙	220
02	화재의 예방 및 안전관리 기본계획의 수립·시행	221
03	화재안전조사	224
04	화재의 예방조치 등	234
05	소방대상물의 소방안전관리	259
06	특별관리시설물의 소방안전관리	279
07	벌 칙	283

PART 05 소방시설공사업법 / 285

01	총 칙	286
02	소방시설업	293
03	소방시설공사등	308
04	소방기술자	352
05	소방시설업자협회	355
06	보 칙	356
07	벌 칙	358

PART 06 위험물안전관리법 / 361

01	총 칙	362
02	위험물시설의 설치 및 변경	409
03	위험물시설의 안전관리	417
04	위험물의 운반 등	436
05	감독 및 조치명령	441
06	보 칙	442
07	벌 칙	443

차례
contents

02. 기출문제 모의고사

01	2024년 경채	446
02	2024년 공채	460
03	2023년 경채	469
04	2023년 공채	483
05	2022년 경채	492
06	2022년 공채	500
07	2021년 경채	509
08	2021년 공채	516
09	2020년 경채	523
10	2020년 공채	531
11	2019년 경채	538
12	2019년 공채	546

01 문제편

김동준 소방

소방관계법규
김 원 빈
기출＋O·X＋빈칸

소방관계법규

소방관계법규

PART 01

소방기본법

01 총 칙
02 소방장비 및 소방용수시설 등
03 소방활동 등
04 소방산업의 육성·진흥 및 지원 등
05 한국소방안전원
06 보 칙
07 벌 칙

01 소방기본법

01 총칙

01 「소방기본법」상 소방의 궁극적인 최종목적은?
① 복리증진
② 화재예방
③ 화재진압
④ 재해·재난 방지
⑤ 구조·구급

[11. 간부]

02 다음 중 「소방기본법」의 목적에 해당하는 내용으로 옳지 않은 것은?
① 화재를 예방·경계하거나 진압한다.
② 국민의 생명·신체 및 재산을 보호한다.
③ 공공의 보호와 안전을 하달한다.
④ 공공의 안녕 및 질서 유지와 복리증진에 이바지한다.

[11. 울산]

해설

01 소방기본법의 궁극적인 최종목적은 공공의 안녕 및 질서 유지와 복리증진에 이바지함이다(법 제1조).

02 화재를 예방·경계하거나 진압하고 화재, 재난·재해, 그 밖의 위급한 상황에서의 구조·구급 활동 등을 통하여 국민의 생명·신체 및 재산을 보호함으로써 공공의 안녕 및 질서 유지와 복리증진에 이바지함을 목적으로 한다(법 제1조).

정답 01.① 02.③

03 다음 중 괄호 안에 들어갈 말로 적절한 것을 고르시오.

> 이 법은 화재를 예방, 경계하거나 진압하고, 화재, (㉠)·재해, 그 밖의 (㉡)한 상황에서의 (㉢), 구급 활동 등을 통하여 국민의 생명·신체 및 재산을 보호함으로써 공공의 (㉣) 및 질서 유지와 복리증진에 이바지함을 목적으로 한다.

	㉠	㉡	㉢	㉣
①	재난,	위급,	구조,	복지
②	재난,	위급,	구조,	안녕
③	재난,	위험,	구조,	안녕
④	재난,	위험,	구조,	복지

[13. 경기]

04 다음 중 화재를 진압하고 화재, 재난·재해, 그 밖의 위급한 상황에서의 구조·구급 활동 등을 하기 위한 소방대가 아닌 것은?
① 소방공무원
② 의무소방원
③ 의용소방대원
④ 자체소방대원

[11. 부산]

해설

03 화재를 예방·경계하거나 진압하고 화재, 재난·재해, 그 밖의 위급한 상황에서의 구조·구급 활동 등을 통하여 국민의 생명·신체 및 재산을 보호함으로써 공공의 안녕 및 질서 유지와 복리증진에 이바지함을 목적으로 한다(법 제1조).

04 ▶ 소방대(법 제2조 제5호)
가. 「소방공무원법」에 따른 소방공무원
나. 「의무소방대설치법」 제3조에 따라 임용된 의무소방원
다. 「의용소방대 설치 및 운영에 관한 법률」에 따른 의용소방대원

정답 03.② 04.④

소방관계법규

05 「소방기본법」에서 용어의 뜻으로 옳지 않은 것은?

① "관계인"이란 소방대상물의 소유자·관리자 또는 점유자를 말한다.
② "소방대"는 소방공무원만을 지칭한다.
③ "관계지역"이란 소방대상물이 있는 장소 및 그 이웃 지역으로서 화재의 예방·경계·진압, 구조·구급 등의 활동에 필요한 지역을 말한다.
④ "소방대장"이란 소방본부장 또는 소방서장 등 화재, 재난·재해, 그 밖의 위급한 상황이 발생한 현장에서 소방대를 지휘하는 사람을 말한다.

[11. 울산]
기본서 1권 p.18~19

06 다음 중 소방대상물에 해당되지 않는 것은?

① 산림
② 달리는 자동차
③ 항해 중인 선박
④ 철도차량

[11. 서울]
기본서 1권 p.18

해설

05 ② 소방대란 소방공무원, 의무소방원, 의용소방대원을 지칭한다(법 제2조 제5호).

06 ③ 항해 중인 선박은 해당되지 않는다(법 제2조 제1호).
"소방대상물"이란 건축물, 차량, 선박(항구에 매어둔 선박만 해당), 선박 건조 구조물, 산림, 그 밖의 인공 구조물 또는 물건을 말한다.

정답 05.② 06.③

07 다음 중 소방대상물이 아닌 것은?
① 건축물
② 항구에 매어진 선박
③ 운항 중인 항공기
④ 산림

[11. 중앙]
기본서 1권 p.18

08 다음 중 소방대를 구성하는 사람이 아닌 것은?
① 소방공무원
② 의무소방원
③ 의용소방대원
④ 자위소방대원

[11. 통합]
기본서 1권 p.19

해설
07 ③ 운항 중인 항공기는 포함되지 않는다(법 제2조 제1호).
"소방대상물"이란 건축물, 차량, 선박(항구에 매어둔 선박만 해당), 선박 건조 구조물, 산림, 그 밖의 인공 구조물 또는 물건을 말한다.

08 ④ 소방대는 소방공무원, 의무소방원, 의용소방대원으로 구성된다(법 제2조 제5호).

정답 07.③ 08.④

소방관계법규

09 다음 중 관계인의 정의로서 옳지 않은 것은?
① 소유자
② 관리자
③ 신고자
④ 점유자

[11. 전남]

10 다음 중 「소방기본법」 용어의 뜻이 틀린 것은?
① 소방대상물이란 건축물, 차량, 선박(항구에 매어둔 선박), 선박 건조 구조물, 산림 그 밖의 인공 구조물 또는 물건을 말한다.
② 관계인이란 소유자·관리자 또는 점유자를 말한다.
③ 소방대장이란 소방본부장 또는 소방의용대장 등 화재, 재난·재해, 그 밖의 위급한 상황이 발생한 현장에서 소방대를 지휘하는 사람을 말한다.
④ 소방본부장이란 특별시·광역시·특별자치시·도 또는 특별자치도에서 화재의 예방·경계·진압·조사 및 구조·구급 등의 업무를 담당하는 부서의 장을 말한다.

[11. 서울]

해설

09 ③ 관계인은 소유자·관리자 또는 점유자를 말한다(법 제2조 제3호).

10 ③ 소방대장이란 <u>소방본부장 또는 소방서장</u> 등 화재, 재난·재해 그 밖의 위급한 상황이 발생한 현장에서 소방대를 지휘하는 자를 말한다(법 제2조 제6호).

정답 09.③ 10.③

11 소방기본법에서 소방대상물로 옳은 것을 고르시오.

㉠ 인공 구조물	㉡ 건축물
㉢ 산림	㉣ 달리는 차량
㉤ 나는 항공기	㉥ 항해 중인 선박

① ㉠, ㉡, ㉢
② ㉠, ㉡, ㉢, ㉣
③ ㉠, ㉡, ㉢, ㉣, ㉤
④ ㉠, ㉡, ㉢, ㉣, ㉤, ㉥

[11. 서울]
기본서 1권 p.18

12 「소방기본법」상 용어의 정의 중 옳은 것은?
① "소방대장"이란 소방본부장 또는 소방서장, 방화서장 등 화재, 재난·재해, 그 밖의 위급한 상황이 발생한 현장에서 소방대를 지휘하는 사람을 말한다.
② "소방대상물"이란 건축물, 차량, 항해 중인 선박, 선박 건조 구조물, 산림, 그 밖의 인공 구조물 또는 물건을 말한다.
③ "관계지역"이란 소방대상물이 있는 장소 및 그 이웃 지역으로서 화재의 예방·경계·진압, 구조·구급 등의 활동에 필요한 지역을 말한다.
④ "소방대"란 화재를 진압하고 화재, 재난·재해, 그 밖의 위급한 상황에서 구조·구급 활동 등을 하기 위하여 소방공무원, 의무소방원, 자위소방대원으로 구성된 조직체를 말한다.

[13. 특채]
기본서 1권 p.18~19

해설

11 ㉤, ㉥은 소방대상물에 해당하지 않는다.

▶ 소방대상물(법 제2조 제1호)
"소방대상물"이란 건축물, 차량, 선박(항구에 매어둔 선박만 해당), 선박 건조 구조물, 산림, 그 밖의 인공 구조물 또는 물건을 말한다.

12 ③ 관계지역이란 소방대상물이 있는 장소 및 그 이웃 지역으로서 화재의 예방·경계·진압, 구조·구급 등의 활동에 필요한 지역을 말한다(법 제2조 제2호).
① 소방대장이란 소방본부장 또는 소방서장 등 화재, 재난·재해, 그 밖의 위급한 상황이 발생한 현장에서 소방대를 지휘하는 사람을 말한다(법 제2조 제6호).
② 소방대상물이란 건축물, 차량, 선박(항구에 매어둔 선박만 해당한다), 선박 건조 구조물, 산림, 그 밖의 인공 구조물 또는 물건을 말한다(법 제2조 제1호).
④ 소방대란 화재를 진압하고 화재, 재난·재해, 그 밖의 위급한 상황에서 구조·구급 활동 등을 하기 위하여 소방공무원, 의무소방원, 의용소방대원으로 구성된 조직체를 말한다(법 제2조 제5호).

정답 11.② 12.③

13 다음 중 소방대상물이 아닌 것은?
① 항해 중인 선박
② 항공기 격납고
③ 정박 중인 선박
④ 지정수량 미만인 차량

14 소방대상물이 있는 장소 및 그 이웃 지역으로서 화재의 예방·경계·진압, 구조·구급 등의 활동에 필요한 지역은 무엇인가?
① 위험대상지역
② 소방활동지역
③ 관계지역
④ 위험지역

해설

13 ① 항해 중인 선박은 해당되지 않는다(법 제2조 제1호).
"소방대상물"이란 건축물, 차량, 선박(항구에 매어둔 선박만 해당), 선박 건조 구조물, 산림, 그 밖의 인공 구조물 또는 물건을 말한다.

14 ③ "관계지역"이란 소방대상물이 있는 장소 및 그 이웃 지역으로서 화재의 예방·경계·진압, 구조·구급 등의 활동에 필요한 지역을 말한다(법 제2조 제2호).

정답 13.① 14.③

15 다음 중 소방대상물에 해당되는 것은?
① 철도
② 나는 항공기
③ 지하매설물
④ 차량

[13. 전북특]
상 중 하
기본서 1권 p.18

16 소방대상물이 아닌 것은?
① 항해 중인 선박
② 산림
③ 달리는 차량
④ 건축물

[14. 중앙특]
상 중 하
기본서 1권 p.18

해설

15 ④ 차량은 소방대상물이다(법 제2조 제1호).
"소방대상물"이란 건축물, 차량, 선박(항구에 매어둔 선박만 해당), 선박 건조 구조물, 산림, 그 밖의 인공 구조물 또는 물건을 말한다.
①②③은 소방대상물에 해당되지 않는다. 철도차량과 항공기는 소방대상물이다.

16 ① 항해 중인 선박은 해당되지 않는다(법 제2조 제1호).
"소방대상물"이란 건축물, 차량, 선박(항구에 매어둔 선박만 해당), 선박 건조 구조물, 산림, 그 밖의 인공 구조물 또는 물건을 말한다.

정답 15.④ 16.①

소방관계법규

17 「소방기본법」상 용어의 정의에 대한 설명으로 옳지 않은 것은?

① "특정소방대상물"이란 건축물, 차량, 항구에 매어둔 선박, 선박 건조 구조물, 산림, 그 밖의 인공 구조물 또는 물건을 말한다.
② "관계인"이란 소방대상물의 소유자·관리자 또는 점유자를 말한다.
③ "소방본부장"이란 특별시·광역시·특별자치시·도 또는 특별자치도에서 화재의 예방·경계·진압·조사 및 구조·구급 등의 업무를 담당하는 부서의 장을 말한다.
④ "소방대장"이란 소방본부장 또는 소방서장 등 화재, 재난·재해, 그 밖의 위급한 상황이 발생한 현장에서 소방대를 지휘하는 사람을 말한다.

[15. 통합]
상 중 하
기본서 1권 p.18~19

18 다음 〈보기〉에서 설명하는 것은 무엇인가?

―〈보기〉―
( )이란 건축물, 차량, 선박(항구에 매어둔 선박만 해당한다), 선박 건조 구조물, 산림, 그 밖의 인공 구조물 또는 물건을 말한다.

① 소방대상물
② 소방안전관리대상물
③ 특정소방대상물
④ 건축허가동의대상물

[16. 통합]
상 중 하
기본서 1권 p.18

해설

17 ① 특정소방대상물이 아니라 <u>소방대상물</u>이다(법 제2조 제1호).
→ "특정소방대상물"이란 건축물 등의 규모·용도 및 수용인원 등을 고려하여 소방시설을 설치하여야 하는 소방대상물로서 대통령령으로 정하는 것을 말한다(소방시설법 제2조).

18 ① 소방대상물에 대한 설명이다(법 제2조 제1호).

정답 17.① 18.①

19 다음 중 「소방기본법」상 용어에 대한 설명으로 가장 옳은 것은?
① "관계인"이란 소방대상물의 소유자·관리자 또는 점유자를 말한다.
② "관계지역"이란 소방대상물이 있는 장소만을 말한다.
③ "소방대상물"이란 건축물, 차량, 항해 중인 선박, 선박 건조 구조물, 산림, 그 밖의 인공 구조물 또는 물건을 말한다.
④ "소방대장"이란 소방본부장 또는 소방서장만을 말한다.

[18. 공채]
기본서 1권 p.18~19

20 다음 「소방기본법」의 내용 중 옳지 않은 것은?
① 관할구역 안에서 소방업무를 수행하는 소방서장은 관할구역의 시·군·구청장의 지휘를 받는다.
② 소방대에는 의용소방대원을 포함한다.
③ 소방대장은 위급한 상황이 발생한 현장에서 필요한 때 그 현장에 있는 사람으로 하여금 사람을 구출하는 일을 하게 할 수 있다.
④ 소방대장은 불이 번질 우려가 있는 소방대상물 및 토지를 일시적으로 사용 또는 제한 등 소방활동에 필요한 처분을 할 수 있다.

[11. 중앙]
기본서 1권 p.19~20, p.82

해설 **19** ② "관계지역"이란 소방대상물이 있는 장소 및 그 이웃 지역으로서 화재의 예방·경계·진압, 구조·구급 등의 활동에 필요한 지역을 말한다(법 제2조 제2호).
③ "소방대상물"이란 건축물, 차량, 선박(「선박법」에 따른 선박으로서 항구에 매어둔 선박만 해당한다), 선박 건조 구조물, 산림, 그 밖의 인공 구조물 또는 물건을 말한다(법 제2조 제1호).
④ "소방대장"(消防隊長)이란 소방본부장 또는 소방서장 등 화재, 재난·재해, 그 밖의 위급한 상황이 발생한 현장에서 소방대를 지휘하는 사람을 말한다(법 제2조 제6호).

20 ① 소방업무를 수행하는 소방본부장 또는 소방서장은 그 소재지를 관할하는 시·도지사의 지휘와 감독을 받는다(법 제3조 제2항).

정답 19.① 20.①

21 「소방기본법」상 규정하는 용어의 정의를 옳게 연결한 것은?

가. (㉠)이란 건축물, 차량, 선박(「선박법」제1조의2 제1항에 따른 선박으로서 항구에 매어둔 선박만 해당한다), 선박 건조 구조물, 산림, 그 밖의 인공 구조물 또는 물건을 말한다.
나. (㉡)이란 소방대상물이 있는 장소 및 그 이웃 지역으로서 화재의 예방·경계·진압, 구조·구급 등의 활동에 필요한 지역을 말한다.
다. (㉢)이란 소방대상물의 소유자·관리자 또는 점유자를 말한다.
라. (㉣)이란 특별시·광역시·특별자치시·도 또는 특별자치도에서 화재의 예방·경계·진압·조사 및 구조·구급 등의 업무를 담당하는 부서의 장을 말한다.
마. (㉤)란 화재를 진압하고 화재, 재난·재해, 그 밖의 위급한 상황에서 구조·구급 활동 등을 하기 위하여 소방공무원, 의무소방원, 의용소방대원으로 구성된 조직체를 말한다.
바. (㉥)이란 소방본부장 또는 소방서장 등 화재, 재난·재해, 그 밖의 위급한 상황이 발생한 현장에서 소방대를 지휘하는 사람을 말한다.

	㉠	㉡	㉢	㉣	㉤	㉥
①	소방대상물	관계지역	관계인	소방본부장	소방대	소방조장
②	방호대상물	경계지역	입회인	소방서장	지역대	소방대장
③	방호대상물	경계지역	입회인	소방서장	지역대	소방조장
④	소방대상물	관계지역	관계인	소방본부장	소방대	소방대장

[18. 경채]

기본서 1권 p.18~19

해설 21 ▶ 정의(법 제2조)
이 법에서 사용하는 용어의 뜻은 다음과 같다.
1. "소방대상물"이란 건축물, 차량, 선박(「선박법」제1조의2 제1항에 따른 선박으로서 항구에 매어둔 선박만 해당한다), 선박 건조 구조물, 산림, 그 밖의 인공 구조물 또는 물건을 말한다.
2. "관계지역"이란 소방대상물이 있는 장소 및 그 이웃 지역으로서 화재의 예방·경계·진압, 구조·구급 등의 활동에 필요한 지역을 말한다.
3. "관계인"이란 소방대상물의 소유자·관리자 또는 점유자를 말한다.
4. "소방본부장"이란 특별시·광역시·특별자치시·도 또는 특별자치도(이하 "시·도"라 한다)에서 화재의 예방·경계·진압·조사 및 구조·구급 등의 업무를 담당하는 부서의 장을 말한다.
5. "소방대"(消防隊)란 화재를 진압하고 화재, 재난·재해, 그 밖의 위급한 상황에서 구조·구급 활동 등을 하기 위하여 다음 각 목의 사람으로 구성된 조직체를 말한다.
   가. 「소방공무원법」에 따른 소방공무원
   나. 「의무소방대설치법」제3조에 따라 임용된 의무소방원(義務消防員)
   다. 「의용소방대 설치 및 운영에 관한 법률」에 따른 의용소방대원(義勇消防隊員)
6. "소방대장"(消防隊長)이란 소방본부장 또는 소방서장 등 화재, 재난·재해, 그 밖의 위급한 상황이 발생한 현장에서 소방대를 지휘하는 사람을 말한다.

정답 21.④

22 「소방기본법」상 용어의 정의로 옳지 않은 것은?

① "소방대상물"이란 건축물, 차량, 선박(「선박법」 제1조의2 제1항에 따른 선박으로서 항구에 매어둔 선박만 해당한다), 선박 건조 구조물, 산림, 그 밖의 인공 구조물 또는 물건을 말한다.
② "관계지역"이란 소방대상물이 있는 장소 및 그 이웃 지역으로서 화재의 예방·경계·진압, 구조·구급 등의 활동에 필요한 지역을 말한다.
③ "소방본부장"이란 특별시·광역시·특별자치시·도 또는 특별자치도에서 화재의 예방·경계·진압·조사 및 구조·구급 등의 업무를 담당하는 부서의 장을 말한다.
④ "소방대"란 화재를 진압하고 화재, 재난·재해, 그 밖의 위급한 상황에서 구조·구급 활동 등을 하기 위하여 소방공무원, 의무소방원, 자위소방대원으로 구성된 조직체를 말한다.

23 「소방기본법」상 소방대의 구성원으로 옳은 것은?

ㄱ. 소방안전관리자	ㄴ. 의무소방원
ㄷ. 자체소방대원	ㄹ. 의용소방대원
ㅁ. 자위소방대원	

① ㄱ, ㄷ
② ㄴ, ㄹ
③ ㄴ, ㅁ
④ ㄷ, ㅁ

해설

22 ④ "소방대"란 화재를 진압하고 화재, 재난·재해, 그 밖의 위급한 상황에서 구조·구급 활동 등을 하기 위하여 소방공무원, 의무소방원, 의용소방대원으로 구성된 조직체를 말한다(법 제2조 제5호).

23 ▶ 정의(법 제2조 제5호)
5. "소방대"(消防隊)란 화재를 진압하고 화재, 재난·재해, 그 밖의 위급한 상황에서 구조·구급 활동 등을 하기 위하여 다음 각 목의 사람으로 구성된 조직체를 말한다.
　가. 「소방공무원법」에 따른 소방공무원
　나. 「의무소방대설치법」 제3조에 따라 임용된 의무소방원(義務消防員)
　다. 「의용소방대 설치 및 운영에 관한 법률」에 따른 의용소방대원(義勇消防隊員)

정답 22.④ 23.②

24 「소방기본법」상 "소방대장"에 대한 용어의 뜻으로 옳은 것은?

① 소방대상물의 소유자·관리자 또는 점유자
② 소방본부장 또는 소방서장 등 화재, 재난·재해, 그 밖의 위급한 상황이 발생한 현장에서 소방대를 지휘하는 사람
③ 화재를 진압하고 화재, 재난·재해, 그 밖의 위급한 상황에서 구조·구급 활동 등을 하기 위하여 소방공무원, 의무소방원, 자위소방대원으로 구성된 조직체
④ 특별시·광역시·특별자치시·도 또는 특별자치도에서 화재의 예방·경계·진압·조사 및 구조·구급 등의 업무를 담당하는 부서의 장

[20. 경채]
기본서 1권 p.18~19

해설 24
① <u>관계인이란</u> 소방대상물의 소유자·관리자 또는 점유자
③ <u>소방대란</u> 화재를 진압하고 화재, 재난·재해, 그 밖의 위급한 상황에서 구조·구급 활동 등을 하기 위하여 소방공무원, 의무소방원, <u>의용소방대원</u>으로 구성된 조직체
④ <u>소방본부장</u>이란 특별시·광역시·특별자치시·도 또는 특별자치도에서 화재의 예방·경계·진압·조사 및 구조·구급 등의 업무를 담당하는 부서의 장

▶ 정의(법 제2조)
이 법에서 사용하는 용어의 뜻은 다음과 같다.
1. "소방대상물"이란 건축물, 차량, 선박(「선박법」 제1조의2 제1항에 따른 선박으로서 항구에 매어둔 선박만 해당한다), 선박 건조 구조물, 산림, 그 밖의 인공 구조물 또는 물건을 말한다.
2. "관계지역"이란 소방대상물이 있는 장소 및 그 이웃 지역으로서 화재의 예방·경계·진압, 구조·구급 등의 활동에 필요한 지역을 말한다.
3. "관계인"이란 소방대상물의 소유자·관리자 또는 점유자를 말한다.
4. "소방본부장"이란 특별시·광역시·특별자치시·도 또는 특별자치도(이하 "시·도"라 한다)에서 화재의 예방·경계·진압·조사 및 구조·구급 등의 업무를 담당하는 부서의 장을 말한다.
5. "소방대"(消防隊)란 화재를 진압하고 화재, 재난·재해, 그 밖의 위급한 상황에서 구조·구급 활동 등을 하기 위하여 다음 각 목의 사람으로 구성된 조직체를 말한다.
   가. 「소방공무원법」에 따른 소방공무원
   나. 「의무소방대설치법」 제3조에 따라 임용된 의무소방원(義務消防員)
   다. 「의용소방대 설치 및 운영에 관한 법률」에 따른 의용소방대원(義勇消防隊員)
6. "소방대장"(消防隊長)이란 소방본부장 또는 소방서장 등 화재, 재난·재해, 그 밖의 위급한 상황이 발생한 현장에서 소방대를 지휘하는 사람을 말한다.

정답 24.②

25 「소방기본법」상 소방기관의 설치에 대한 내용으로 옳지 않은 것은?

① 시·도에서 소방업무를 수행하기 위하여 시·도지사 직속으로 소방본부를 둔다.
② 시·도의 소방업무를 수행하는 소방기관의 설치에 필요한 사항은 행정안전부령으로 정한다.
③ 소방업무를 수행하는 소방본부장 또는 소방서장은 그 소재지를 관할하는 시·도지사의 지휘와 감독을 받는다.
④ 소방청장은 화재 예방 및 대형 재난 등 필요한 경우 시·도 소방본부장 및 소방서장을 지휘·감독할 수 있다.

26 「소방기본법」 제3조 소방기관의 설치 등에 대한 내용이다. ( ) 안에 들어갈 말로 옳은 것은?

> 시·도의 화재 예방·경계·진압 및 조사, 소방안전교육·홍보와 화재, 재난·재해, 그 밖의 위급한 상황에서의 구조·구급 등의 업무를 수행하는 소방기관의 설치에 필요한 사항은 ( )(으)로 정한다.

① 대통령령
② 행정안전부령
③ 시·도의 조례
④ 소방청훈령

해설 25 ② 시·도의 소방업무를 수행하는 소방기관의 설치에 필요한 사항은 ~~행정안전부령~~으로 정한다.
→ 대통령령

▶소방기관의 설치 등(법 제3조)
① 시·도의 화재 예방·경계·진압 및 조사, 소방안전교육·홍보와 화재, 재난·재해, 그 밖의 위급한 상황에서의 구조·구급 등의 업무(이하 "소방업무"라 한다)를 수행하는 소방기관의 설치에 필요한 사항은 대통령령으로 정한다.
② 소방업무를 수행하는 소방본부장 또는 소방서장은 그 소재지를 관할하는 특별시장·광역시장·특별자치시장·도지사 또는 특별자치도지사(이하 "시·도지사"라 한다)의 지휘와 감독을 받는다.
③ 제2항에도 불구하고 소방청장은 화재 예방 및 대형 재난 등 필요한 경우 시·도 소방본부장 및 소방서장을 지휘·감독할 수 있다.
④ 시·도에서 소방업무를 수행하기 위하여 시·도지사 직속으로 소방본부를 둔다.

26 ▶소방기관의 설치 등(법 제3조 제1항)
① 시·도의 화재 예방·경계·진압 및 조사, 소방안전교육·홍보와 화재, 재난·재해, 그 밖의 위급한 상황에서의 구조·구급 등의 업무(이하 "소방업무"라 한다)를 수행하는 소방기관의 설치에 필요한 사항은 대통령령으로 정한다.

정답 25.② 26.①

27

「소방기본법 시행규칙」상 상부에 지체없이 보고해야 할 종합상황실 보고사항이 아닌 것은?

① 재산피해액 10억원 이상 발생한 화재
② 사망 5인 이상, 사상자 10인 이상 발생한 화재
③ 정부미도정공장, 문화재, 화재경계지구에서 발생한 화재
④ 가스 및 화약류 폭발화재, 언론보도 및 통제단장 현장지휘가 필요한 재난상황

[11. 서울]

기본서 1권 p.22

해설 27

① 재산피해액이 <u>50억원 이상</u> 발생한 화재

▶ 종합상황실의 실장의 업무 등(규칙 제3조 제2항)
② 종합상황실의 실장은 다음 각 호의 어느 하나에 해당하는 상황이 발생하는 때에는 그 사실을 지체없이 별지 제1호서식에 따라 서면·팩스 또는 컴퓨터통신 등으로 소방서의 종합상황실의 경우는 소방본부의 종합상황실에, 소방본부의 종합상황실의 경우는 소방청의 종합상황실에 각각 보고해야 한다.
  1. 다음 각목의 1에 해당하는 화재
    가. 사망자가 5인 이상 발생하거나 사상자가 10인 이상 발생한 화재
    나. 이재민이 100인 이상 발생한 화재
    다. 재산피해액이 50억원 이상 발생한 화재
    라. 관공서·학교·정부미도정공장·문화재·지하철 또는 지하구의 화재
    마. 관광호텔, 층수(「건축법 시행령」제119조 제1항 제9호의 규정에 의하여 산정한 층수를 말한다. 이하 이 목에서 같다)가 11층 이상인 건축물, 지하상가, 시장, 백화점, 「위험물안전관리법」제2조 제2항의 규정에 의한 지정수량의 3천배 이상의 위험물의 제조소·저장소·취급소, 층수가 5층 이상이거나 객실이 30실 이상인 숙박시설, 층수가 5층 이상이거나 병상이 30개 이상인 종합병원·정신병원·한방병원·요양소, 연면적 1만5천 제곱미터 이상인 공장 또는 「화재의 예방 및 안전관리에 관한 법률」제18조 제1항 각 목에 따른 화재경계지구에서 발생한 화재
    바. 철도차량, 항구에 매어둔 총 톤수가 1천톤 이상인 선박, 항공기, 발전소 또는 변전소에서 발생한 화재
    사. 가스 및 화약류의 폭발에 의한 화재
    아. 「다중이용업소의 안전관리에 관한 특별법」제2조에 따른 다중이용업소의 화재
  2. 「긴급구조대응활동 및 현장지휘에 관한 규칙」에 의한 통제단장의 현장지휘가 필요한 재난상황
  3. 언론에 보도된 재난상황
  4. 그 밖에 소방청장이 정하는 재난상황

정답 27.①

28 「소방기본법 시행규칙」상 종합상황실 설치에 대하여 옳지 않은 것은?
① 소방청에 설치·운영하여야 한다.
② 소방서에 설치·운영하여야 한다.
③ 행정안전부에 설치·운영하여야 한다.
④ 소방본부에 설치·운영하여야 한다.

[11. 울산]
기본서 1권 p.21

29 종합상황실에 지체없이 보고해야 할 사항으로 옳지 않은 것은?
① 사상자가 10인 이상 발생한 화재
② 사망 5인 이상 발생한 화재
③ 재산피해액 50억 이상 발생한 화재
④ 이재민 50인 이상 발생한 화재

[13. 중앙]
기본서 1권 p.22

해설

28 ③ 행정안전부에 설치·운영하지 않는다(규칙 제2조 제1항).
→ 종합상황실은 소방청과 시·도의 소방본부 및 소방서에 각각 설치·운영하여야 한다.

29 ④ 이재민 100인 이상 발생한 화재(규칙 제3조 제2항)

정답 28.③ 29.④

30 다음 중 119종합상황실에 지체없이 보고해야 할 사항이 아닌 것은?
① 사망 5명 이상인 화재
② 재산피해액 50억 이상의 화재
③ 이재민 50명 이상인 화재
④ 연면적 1만5천m² 이상인 공장에서 발생한 화재

31 「소방기본법 시행규칙」상 종합상황실의 실장이 상급기관에 보고하여야 하는 사유로 옳지 않은 것은?
① 사망자가 5인 이상 발생한 화재
② 사상자가 10인 이상 발생한 화재
③ 재산피해액이 10억원 이상 발생한 화재
④ 이재민이 100인 이상 발생한 화재

해설 **30** ③ 이재민 100명 이상에 해당된다(규칙 제3조 제2항).

31 종합상황실의 실장은 다음 각 호의 어느 하나에 해당하는 상황이 발생하는 때에는 그 사실을 지체없이 별지 제1호서식에 따라 서면·팩스 또는 컴퓨터통신 등으로 소방서의 종합상황실의 경우는 소방본부의 종합상황실에, 소방본부의 종합상황실의 경우는 소방청의 종합상황실에 각각 보고해야 한다(규칙 제3조 제2항 제1호).
1. 다음 각목의 1에 해당하는 화재
　　가. 사망자가 5인 이상 발생하거나 사상자가 10인 이상 발생한 화재
　　나. 이재민이 100인 이상 발생한 화재
　　다. 재산피해액이 50억원 이상 발생한 화재

정답 30.③ 31.③

32 다음 중 「소방기본법」상 119종합상황실의 설치권자로 옳은 것은?
① 시·도지사
② 119구조본부장
③ 소방본부장
④ 119종합상황실장

[18. 경채]
상 중 **하**
기본서 1권 p.21

33 「소방기본법」상 119종합상황실의 설치 및 운영목적에 대한 내용으로 옳지 않은 것은?
① 상황관리
② 대응계획 실행 및 평가
③ 현장 지휘 및 조정·통제
④ 정보의 수집·분석과 판단·전파

[21. 공채]
상 중 **하**
기본서 1권 p.21

해설 32 ▶ 119종합상황실의 설치와 운영(법 제4조 제1항)
① <u>소방청장, 소방본부장 및 소방서장</u>은 화재, 재난·재해, 그 밖에 구조·구급이 필요한 상황이 발생하였을 때에 신속한 소방활동(소방업무를 위한 모든 활동을 말한다. 이하 같다)을 위한 정보의 수집·분석과 판단·전파, 상황관리, 현장 지휘 및 조정·통제 등의 업무를 수행하기 위하여 <u>119종합상황실을 설치·운영하여야 한다</u>.

33 ▶ 119종합상황실의 설치와 운영(법 제4조 제1항)
① 소방청장, 소방본부장 및 소방서장은 화재, 재난·재해, 그 밖에 구조·구급이 필요한 상황이 발생하였을 때에 신속한 소방활동(소방업무를 위한 모든 활동을 말한다. 이하 같다)을 위한 <u>정보의 수집·분석과 판단·전파, 상황관리, 현장 지휘 및 조정·통제</u> 등의 업무를 수행하기 위하여 119종합상황실을 설치·운영하여야 한다.

정답 32.③ 33.②

34 「소방기본법」 및 같은 법 시행령상 소방기술민원센터에 대한 내용으로 옳지 않은 것은?

① 소방기술민원센터는 센터장을 포함하여 18명 이내로 구성한다.
② 소방기술민원센터는 소방기술민원과 관련된 업무로서 소방청장 또는 소방본부장이 필요하다고 인정하여 지시하는 업무를 수행한다.
③ 소방기술민원센터장은 소방기술민원센터의 업무수행을 위하여 필요하다고 인정하는 경우에는 관계 기관의 장에게 소속 공무원 또는 직원의 파견을 요청할 수 있다.
④ 소방청장은 소방시설, 소방공사 및 위험물 안전관리 등과 관련된 법령해석 등의 민원을 종합적으로 접수하여 처리할 수 있는 소방기술민원센터를 설치·운영할 수 있다.

[22. 경채]

기본서 1권 p.26

해설 34

③ ~~소방기술민원센터장은~~ 소방기술민원센터의 업무수행을 위하여 필요하다고 인정하는 경우에는 관계 기관의 장에게 소속 공무원 또는 직원의 파견을 요청할 수 있다.
→ 소방청장 또는 소방본부장

▶ 소방기술민원센터의 설치·운영(법 제4조의2)
① 소방청장 또는 소방본부장은 소방시설, 소방공사 및 위험물 안전관리 등과 관련된 법령해석 등의 민원을 종합적으로 접수하여 처리할 수 있는 기구(이하 이 조에서 "소방기술민원센터"라 한다)를 설치·운영할 수 있다.
② 소방기술민원센터의 설치·운영 등에 필요한 사항은 대통령령으로 정한다.

▶ 소방기술민원센터의 설치·운영(영 제1조의2)
① 소방청장 또는 소방본부장은 「소방기본법」(이하 "법"이라 한다) 제4조의2 제1항에 따른 소방기술민원센터(이하 "소방기술민원센터"라 한다)를 소방청 또는 소방본부에 각각 설치·운영한다.
② 소방기술민원센터는 센터장을 포함하여 18명 이내로 구성한다.
③ 소방기술민원센터는 다음 각 호의 업무를 수행한다.
  1. 소방시설, 소방공사와 위험물 안전관리 등과 관련된 법령해석 등의 민원(이하 "소방기술민원"이라 한다)의 처리
  2. 소방기술민원과 관련된 질의회신집 및 해설서 발간
  3. 소방기술민원과 관련된 정보시스템의 운영·관리
  4. 소방기술민원과 관련된 현장 확인 및 처리
  5. 그 밖에 소방기술민원과 관련된 업무로서 소방청장 또는 소방본부장이 필요하다고 인정하여 지시하는 업무
④ 소방청장 또는 소방본부장은 소방기술민원센터의 업무수행을 위하여 필요하다고 인정하는 경우에는 관계 기관의 장에게 소속 공무원 또는 직원의 파견을 요청할 수 있다.
⑤ 제1항부터 제4항까지에서 규정한 사항 외에 소방기술민원센터의 설치·운영에 필요한 사항은 소방청에 설치하는 경우에는 소방청장이 정하고, 소방본부에 설치하는 경우에는 해당 특별시·광역시·특별자치시·도 또는 특별자치도(이하 "시·도"라 한다)의 규칙으로 정한다.

정답 34.③

35 「소방기본법 시행령」상 소방기술민원센터의 설치·운영 기준으로 옳지 않은 것은?

① 소방청장 및 본부장은 각 소방서에 소방기술민원센터를 설치·운영한다.
② 소방기술민원센터는 소방기술민원과 관련된 현장 확인 및 처리업무를 수행한다.
③ 소방기술민원센터는 소방기술민원과 관련된 질의회신집 및 해설서 발간의 업무를 수행한다.
④ 소방기술민원센터는 소방시설, 소방공사와 위험물 안전관리 등과 관련된 법령해석 등의 민원을 처리한다.

[22. 공채]
상 **중** 하
기본서 1권 p.26

해설 35

① 소방청장 및 본부장은 각 소방서에 소방기술민원센터를 설치·운영한다.
→ 또는, 소방청 또는 소방본부에 각각

▶ 소방기술민원센터의 설치·운영(영 제1조의2)
① 소방청장 또는 소방본부장은 「소방기본법」(이하 "법"이라 한다) 제4조의2 제1항에 따른 소방기술민원센터(이하 "소방기술민원센터"라 한다)를 소방청 또는 소방본부에 각각 설치·운영한다.
② 소방기술민원센터는 센터장을 포함하여 18명 이내로 구성한다.
③ 소방기술민원센터는 다음 각 호의 업무를 수행한다.
  1. 소방시설, 소방공사와 위험물 안전관리 등과 관련된 법령해석 등의 민원(이하 "소방기술민원"이라 한다)의 처리
  2. 소방기술민원과 관련된 질의회신집 및 해설서 발간
  3. 소방기술민원과 관련된 정보시스템의 운영·관리
  4. 소방기술민원과 관련된 현장 확인 및 처리
  5. 그 밖에 소방기술민원과 관련된 업무로서 소방청장 또는 소방본부장이 필요하다고 인정하여 지시하는 업무
④ 소방청장 또는 소방본부장은 소방기술민원센터의 업무수행을 위하여 필요하다고 인정하는 경우에는 관계 기관의 장에게 소속 공무원 또는 직원의 파견을 요청할 수 있다.
⑤ 제1항부터 제4항까지에서 규정한 사항 외에 소방기술민원센터의 설치·운영에 필요한 사항은 소방청에 설치하는 경우에는 소방청장이 정하고, 소방본부에 설치하는 경우에는 해당 특별시·광역시·특별자치시·도 또는 특별자치도(이하 "시·도"라 한다)의 규칙으로 정한다.

정답 35.①

소방관계법규

36 다음 중 소방본부장 또는 소방서장의 권한이 아닌 것은?
① 화재안전조사 결과에 따른 조치명령
② 화재의 예방조치
③ 소방박물관 설립·운영
④ 소방업무의 응원요청
⑤ 소방대원의 교육 및 훈련

[11. 간부]
기본서 1권 p.27, p.49, p.59
2권 p.36, p.45

37 소방활동 관련 화재현장에서의 피난 등을 체험할 수 있는 소방체험관을 설립하여 운영할 수 있는 사람은?
① 소방청장
② 소방본부장
③ 시·도지사
④ 소방서장

[12. 중앙]
기본서 1권 p.27

해설

36 ③ 소방박물관 설립·운영(소방기본법 제5조 제1항)
→ 소방청장

① 화재안전조사 결과에 따른 조치명령(화재예방법 제14조 제1항)
→ 소방관서장(소방청장, 소방본부장 또는 소방서장)
② 화재의 예방조치(화재예방법 제17조 제2항)
→ 소방관서장(소방청장, 소방본부장 또는 소방서장)
④ 소방업무의 응원요청(소방기본법 제11조 제1항)
→ 소방본부장 또는 소방서장
⑤ 소방대원의 교육 및 훈련(소방기본법 제17조 제1항)
→ 소방청장, 소방본부장 또는 소방서장

37 ▶ 소방박물관 등의 설립과 운영(법 제5조 제1항)
① 소방의 역사와 안전문화를 발전시키고 국민의 안전의식을 높이기 위하여 소방청장은 소방박물관을, 시·도지사는 소방체험관(화재 현장에서의 피난 등을 체험할 수 있는 체험관을 말한다, 이하 이 조에서 같다)을 설립하여 운영할 수 있다.

정답 36.③ 37.③

38 다음 중 「소방기본법」에 관한 설명으로 틀린 것은?
① 소방기관이 소방업무를 수행하는 데에 필요한 인력과 장비 등에 관한 기준은 행정안전부령으로 정하고, 소방자동차 등 소방장비의 분류·표준화와 그 관리 등에 필요한 사항은 따로 법률에서 정한다.
② 한국소방산업기술원에서 소방기술의 연구·개발 사업을 수행하게 할 수 있다.
③ 소방기관의 설치에 관하여 필요한 사항은 대통령령으로 정한다.
④ 소방박물관은 소방청장이, 소방체험관은 소방본부장이 설립·운영한다.

39 다음 (   ) 안에 들어갈 말로 옳은 것은?

> 소방의 역사와 안전문화를 발전시키고 국민의 안전의식을 높이기 위하여 (   )은/는 (   )을, (   )은/는 (   )을 설립하여 운영할 수 있다.

① 소방청장 – 소방박물관, 시·도지사 – 소방체험관
② 시·도지사 – 소방박물관, 소방청장 – 소방체험관
③ 소방본부장 – 소방박물관, 시·도지사 – 소방체험관
④ 시·도지사 – 소방박물관, 소방본부장 – 소방체험관

해설

38 ④ 소방박물관은 소방청장이, 소방체험관은 시·도지사가 설립·운영할 수 있다(법 제5조 제1항).
① 법 제8조 제1항·제3항
② 법 제39조의6 제1항 제7호
③ 법 제3조 제1항

39 소방의 역사와 안전문화를 발전시키고 국민의 안전의식을 높이기 위하여 (소방청장)은 (소방박물관)을, (시·도지사)는 (소방체험관)을 설립하여 운영할 수 있다(법 제5조 제1항).

정답 38.④ 39.①

40 다음 중 소방박물관과 소방체험관의 설립·운영자로 옳은 것은?

① 소방청장, 시·도지사
② 국가유산청장, 소방박물관장
③ 시·도지사, 소방청장
④ 국가유산청장, 소방청장

41 「소방기본법」상 소방박물관 등의 설립과 운영에 관한 설명이다. (   ) 안의 내용으로 옳은 것은?

> 소방의 역사와 안전문화를 발전시키고 국민의 안전 의식을 높이기 위하여 (가)은/는 소방박물관을, (나)은/는 소방체험관(화재 현장에서의 피난 등을 체험할 수 있는 체험관을 말한다)을 설립하여 운영할 수 있다.

	(가)	(나)
①	소방청장	시·도지사
②	소방청장	소방본부장
③	시·도지사	소방본부장
④	시·도지사	소방청장

해설

40 ▶ 소방박물관 등의 설립과 운영(법 제5조 제1항)
소방의 역사와 안전문화를 발전시키고 국민의 안전의식을 높이기 위하여 소방청장은 소방박물관을, 시·도지사는 소방체험관(화재 현장에서의 피난 등을 체험할 수 있는 체험관을 말한다. 이하 이 조에서 같다)을 설립하여 운영할 수 있다.

41 ▶ 소방박물관 등의 설립과 운영(법 제5조 제1항)
① 소방의 역사와 안전문화를 발전시키고 국민의 안전의식을 높이기 위하여 소방청장은 소방박물관을, 시·도지사는 소방체험관(화재 현장에서의 피난 등을 체험할 수 있는 체험관을 말한다. 이하 이 조에서 같다)을 설립하여 운영할 수 있다.

정답 40.① 41.①

42 「소방기본법」상 소방박물관 등의 설립과 운영에 관한 내용이다. ( ) 안에 들어갈 내용으로 옳은 것은?

> - 소방의 역사와 안전문화를 발전시키고 국민의 안전의식을 높이기 위하여 (ㄱ)은/는 소방박물관을, (ㄴ)은/는 소방체험관을 설립하여 운영할 수 있다.
> - 소방박물관의 설립과 운영에 필요한 사항은 (ㄷ)(으)로 정하고, 소방체험관의 설립과 운영에 필요한 사항은 (ㄷ)(으)로 정하는 기준에 따라 (ㄹ)(으)로 정한다.

	ㄱ	ㄴ	ㄷ	ㄹ
①	시·도지사	소방청장	행정안전부령	시·도의 조례
②	시·도지사	소방청장	시·도의 조례	행정안전부령
③	소방청장	시·도지사	시·도의 조례	행정안전부령
④	소방청장	시·도지사	행정안전부령	시·도의 조례

[24. 경채]
상 중 **하**
기본서 1권 p.27~28

해설 42 ▶ 소방기본법 제5조(소방박물관 등의 설립과 운영)
① 소방의 역사와 안전문화를 발전시키고 국민의 안전의식을 높이기 위하여 <u>소방청장</u>은 소방박물관을, <u>시·도지사</u>는 소방체험관(화재 현장에서의 피난 등을 체험할 수 있는 체험관을 말한다. 이하 이 조에서 같다)을 설립하여 운영할 수 있다.
② 제1항에 따른 소방박물관의 설립과 운영에 필요한 사항은 <u>행정안전부령</u>으로 정하고, 소방체험관의 설립과 운영에 필요한 사항은 <u>행정안전부령</u>으로 정하는 기준에 따라 <u>시·도의 조례</u>로 정한다.

정답 42.④

소방관계법규

43 「소방기본법」상 소방 관련 시설 등의 설립 또는 설치에 관한 법적 근거로 옳은 것은?

① 소방체험관 : 대통령령
② 119종합상황실 : 대통령령
③ 소방박물관 : 행정안전부령
④ 비상소화장치 : 시·도 조례

[21. 경채]

44 소방청장은 화재, 재난 그 밖의 위급한 상황으로부터 국민의 생명·신체 및 재산을 보호하기 위하여 소방업무에 관한 종합계획을 몇 년마다 수립·시행하여야 하는가?

① 1년　　　　　　② 3년
③ 5년　　　　　　④ 10년

[12. 전북]

해설

43 ① 소방체험관 : ~~대통령령~~(제5조 제2항)
　　→ 행정안전부령으로 정하는 기준에 따라 시·도의 조례로 정한다.
② 119종합상황실 : ~~대통령령~~(제4조 제3항)
　　→ 행정안전부령
④ 비상소화장치 : ~~시·도 조례~~(제10조 제3항)
　　→ 행정안전부령

▶소방박물관 등의 설립과 운영(법 제5조 제2항)
② 제1항에 따른 소방박물관의 설립과 운영에 필요한 사항은 행정안전부령으로 정하고, 소방체험관의 설립과 운영에 필요한 사항은 행정안전부령으로 정하는 기준에 따라 시·도의 조례로 정한다.

▶119종합상황실의 설치와 운영(법 제4조 제3항)
② 제1항에 따른 119종합상황실의 설치·운영에 필요한 사항은 행정안전부령으로 정한다.

▶소방용수시설의 설치 및 관리 등(법 제10조 제3항)
③ 제1항에 따른 소방용수시설과 제2항에 따른 비상소화장치의 설치기준은 행정안전부령으로 정한다.

44 ③ 소방청장은 화재, 재난·재해, 그 밖의 위급한 상황으로부터 국민의 생명·신체 및 재산을 보호하기 위하여 소방업무에 관한 종합계획을 <u>5년</u>마다 수립·시행하여야 하고, 이에 필요한 재원을 확보하도록 노력하여야 한다(법 제6조 제1항).

정답 43.③　44.③

45 소방업무에 관한 종합계획 및 세부계획의 수립·시행에 대하여 옳지 않은 것은?

① 소방청장은 소방업무에 관한 종합계획을 관계 중앙행정기관의 장과의 협의를 거쳐 계획 시행 전년도 10월 31일까지 수립하여야 한다.
② 재난·재해 환경 변화에 따른 소방업무에 필요한 대응 체계를 마련한다.
③ 장애인, 노인, 임산부, 영유아 및 어린이 등 이동이 어려운 사람을 대상으로 한 소방활동에 필요한 조치를 한다.
④ 시·도지사와 시·군·구청장은 종합계획의 시행에 필요한 세부계획을 수립하여 소방청장에게 제출하여야 한다.

[17. 경채]
상 중 하
기본서 1권 p.31~32

46 다음 중 「소방기본법 시행령」상 소방업무에 관한 종합계획의 수립 기한으로 옳은 것은?

① 계획 시행 연도 10월 31일까지 수립하여야 한다.
② 계획 시행 전년도 10월 31일까지 수립하여야 한다.
③ 계획 시행 연도 12월 31일까지 수립하여야 한다.
④ 계획 시행 전년도 12월 31일까지 수립하여야 한다.

[18. 경채]
상 중 하
기본서 1권 p.32

해설 45 ④ 시·도지사는 종합계획의 시행에 필요한 세부계획을 수립하여 소방청장에게 제출하여야 한다.

▶ 소방업무에 관한 종합계획 및 세부계획의 수립·시행(영 제1조의3)
① 소방청장은 「소방기본법」(이하 "법"이라 한다) 제6조 제1항에 따른 소방업무에 관한 종합계획을 관계 중앙행정기관의 장과의 협의를 거쳐 계획 시행 전년도 10월 31일까지 수립하여야 한다.
② 법 제6조 제2항 제7호에서 "대통령령으로 정하는 사항"이란 다음 각 호의 사항을 말한다.
  1. 재난·재해 환경 변화에 따른 소방업무에 필요한 대응 체계 마련
  2. 장애인, 노인, 임산부, 영유아 및 어린이 등 이동이 어려운 사람을 대상으로 한 소방활동에 필요한 조치
③ 특별시장·광역시장·특별자치시장·도지사 또는 특별자치도지사(이하 "시·도지사"라 한다)는 법 제6조 제4항에 따른 종합계획의 시행에 필요한 세부계획을 계획 시행 전년도 12월 31일까지 수립하여 소방청장에게 제출하여야 한다.

46 ▶ 소방업무에 관한 종합계획 및 세부계획의 수립·시행(영 제1조의3 제1항)
① 소방청장은 「소방기본법」(이하 "법"이라 한다) 제6조 제1항에 따른 소방업무에 관한 종합계획을 관계 중앙행정기관의 장과의 협의를 거쳐 계획 시행 전년도 10월 31일까지 수립하여야 한다.

정답 45.④ 46.②

소방관계법규

47 「소방기본법」상 소방업무에 관한 종합계획의 수립·시행 등에 대한 설명이다. ( ) 안에 들어갈 내용으로 옳은 것은?

> (가)은 화재, 재난·재해, 그 밖의 위급한 상황으로부터 국민의 생명·신체 및 재산을 보호하기 위하여 소방업무에 관한 종합계획을 (나)마다 수립·시행하여야 하고, 이에 필요한 재원을 확보하도록 노력하여야 한다.

	(가)	(나)
①	소방청장	3년
②	소방청장	5년
③	행정안전부장관	3년
④	행정안전부장관	5년

[20. 공채]

기본서 1권 p.31

해설 47
▶ 소방업무에 관한 종합계획의 수립·시행 등(법 제6조 제1항)
① 소방청장은 화재, 재난·재해, 그 밖의 위급한 상황으로부터 국민의 생명·신체 및 재산을 보호하기 위하여 소방업무에 관한 종합계획(이하 이 조에서 "종합계획"이라 한다)을 5년마다 수립·시행하여야 하고, 이에 필요한 재원을 확보하도록 노력하여야 한다.

정답 47.②

48 「소방기본법」 및 같은 법 시행령상 소방업무에 관한 종합계획의 수립·시행 등의 내용으로 옳지 않은 것은?

① 소방청장은 수립한 종합계획을 관계 중앙행정기관의 장, 시·도지사에게 통보하여야 한다.
② 시·도지사는 관할 지역의 특성을 고려하여 종합계획의 시행에 필요한 세부계획을 매년 수립하여 행정안전부장관에게 제출하여야 한다.
③ 종합계획에는 소방업무에 필요한 체계의 구축, 소방기술의 연구·개발 및 보급, 소방전문인력 양성에 대한 사항이 포함되어야 한다.
④ 소방청장은 소방업무에 관한 종합계획을 관계 중앙행정기관의 장과의 협의를 거쳐 계획 시행 전년도 10월 31일까지 수립하여야 한다.

[22. 경채]

기본서 1권 p.31~32

해설 48
② 시·도지사는 관할 지역의 특성을 고려하여 종합계획의 시행에 필요한 세부계획을 매년 수립하여 ~~행정안전부장관에게~~ 제출하여야 한다(법 제6조 제4항).
→ 소방청장

▶ 소방업무에 관한 종합계획의 수립·시행 등(법 제6조)
① 소방청장은 화재, 재난·재해, 그 밖의 위급한 상황으로부터 국민의 생명·신체 및 재산을 보호하기 위하여 소방업무에 관한 종합계획(이하 이 조에서 "종합계획"이라 한다)을 5년마다 수립·시행하여야 하고, 이에 필요한 재원을 확보하도록 노력하여야 한다.
② 종합계획에는 다음 각 호의 사항이 포함되어야 한다.
  1. 소방서비스의 질 향상을 위한 정책의 기본방향
  2. <u>소방업무에 필요한 체계의 구축, 소방기술의 연구·개발 및 보급</u>
  3. 소방업무에 필요한 장비의 구비
  4. <u>소방전문인력 양성</u>
  5. 소방업무에 필요한 기반조성
  6. 소방업무의 교육 및 홍보(제21조에 따른 소방자동차의 우선 통행 등에 관한 홍보를 포함한다)
  7. 그 밖에 소방업무의 효율적 수행을 위하여 필요한 사항으로서 대통령령으로 정하는 사항
③ <u>소방청장은 제1항에 따라 수립한 종합계획을 관계 중앙행정기관의 장, 시·도지사에게 통보하여야 한다.</u>
④ <u>시·도지사는 관할 지역의 특성을 고려하여 종합계획의 시행에 필요한 세부계획(이하 이 조에서 "세부계획"이라 한다)을 매년 수립하여 소방청장에게 제출하여야 하며, 세부계획에 따른 소방업무를 성실히 수행하여야 한다.</u>
⑤ 소방청장은 소방업무의 체계적 수행을 위하여 필요한 경우 제4항에 따라 시·도지사가 제출한 세부계획의 보완 또는 수정을 요청할 수 있다.
⑥ 그 밖에 종합계획 및 세부계획의 수립·시행에 필요한 사항은 대통령령으로 정한다.

▶ 소방업무에 관한 종합계획 및 세부계획의 수립·시행(영 제1조의3)
① <u>소방청장은 법 제6조 제1항에 따른 소방업무에 관한 종합계획을 관계 중앙행정기관의 장과의 협의를 거쳐 계획 시행 전년도 10월 31일까지 수립해야 한다.</u>
② 법 제6조 제2항 제7호에서 "대통령령으로 정하는 사항"이란 다음 각 호의 사항을 말한다.
  1. 재난·재해 환경 변화에 따른 소방업무에 필요한 대응 체계 마련
  2. 장애인, 노인, 임산부, 영유아 및 어린이 등 이동이 어려운 사람을 대상으로 한 소방활동에 필요한 조치
③ 특별시장·광역시장·특별자치시장·도지사 또는 특별자치도지사(이하 "시·도지사"라 한다)는 법 제6조 제4항에 따른 종합계획의 시행에 필요한 세부계획을 계획 시행 전년도 12월 31일까지 수립하여 소방청장에게 제출하여야 한다.

정답 48.②

02 소방장비 및 소방용수시설 등

49 다음 중 바르게 설명한 것을 모두 고르시오.

> ㉠ 소방자동차 등 소방장비의 분류·표준화와 그 관리 등 필요한 사항은 따로 법률에 정한다.
> ㉡ 일부 국고보조 대상사업의 범위와 기준보조율은 대통령령으로 정한다.
> ㉢ 소방기관이 소방업무를 수행하는 데에 필요한 인력과 장비 등에 관한 기준은 시·도의 조례로 정한다.

① ㉠
② ㉠, ㉡
③ ㉡, ㉢
④ ㉠, ㉡, ㉢

[12. 전북]
기본서 1권 p.38~39

50 다음 중 법률적 성격이 다른 하나는?

① 신속한 소방활동을 위한 정보를 수집·전파하기 위하여 119종합상황실의 설치·운영에 관한 기준
② 국고보조 대상사업의 범위와 기준보조율
③ 소방의 역사와 안전문화를 발전시키고 국민의 안전의식을 높이기 위하여 소방청장의 소방박물관의 설립·운영에 관한 기준
④ 소방기관이 소방업무를 수행하는 데에 필요한 인력과 장비 등에 관한 기준

[13. 특채]
기본서 1권 p.21, p.27, p.38~39

해설

49 ㉢ 소방기관이 소방업무를 수행하는 데에 필요한 인력과 장비 등에 관한 기준은 <u>행정안전부령</u>으로 정한다(법 제8조 제1항).
㉠ 소방자동차 등 소방장비의 분류·표준화와 그 관리 등에 필요한 사항은 따로 법률에서 정한다(법 제8조 제3항).
㉡ 일부 국고보조 대상사업의 범위와 기준보조율은 대통령령으로 정한다(법 제9조 제2항).

50 ②는 대통령령이고(법 제9조 제2항), 나머지 ①③④는 행정안전부령으로 정한다(법 제4조 제3항, 제5조 제2항, 제8조 제1항).

정답 49.② 50.②

51 「소방기본법」상 소방력의 기준 등에 관한 설명으로 옳은 것은?
① 소방업무를 수행하는 데에 필요한 소방력에 관한 기준은 대통령령으로 정한다.
② 소방청장은 소방력의 기준에 따라 관할구역의 소방력을 확충하기 위하여 필요한 계획을 수립하여 시행하여야 한다.
③ 소방자동차 등 소방장비의 분류·표준화와 그 관리 등에 필요한 사항은 따로 법률에서 정한다.
④ 국가는 소방장비의 구입 등 시·도의 소방업무에 필요한 경비의 일부를 보조하고, 보조 대상사업의 범위와 기준보조율은 행정안전부령으로 정한다.

[19. 경채]
기본서 1권 p.38~39

52 다음 중 국고보조 대상 사업의 범위가 아닌 것은?
① 소방관서용 청사의 건축
② 소화전
③ 소방자동차
④ 소방헬리콥터 및 소방정

[14. 중앙특]
기본서 1권 p.39

해설

51 ① 소방업무를 수행하는 데에 필요한 소방력에 관한 기준은 <u>행정안전부령</u>으로 정한다(법 제8조 제1항).
② <u>시·도지사</u>는 소방력의 기준에 따라 관할구역의 소방력을 확충하기 위하여 필요한 계획을 수립하여 시행하여야 한다(법 제8조 제2항).
④ 국가는 소방장비의 구입 등 시·도의 소방업무에 필요한 경비의 일부를 보조하고, 보조 대상사업의 범위와 기준보조율은 <u>대통령령</u>으로 정한다(법 제9조).

52 ② 소화전은 국고보조 대상사업의 범위에 해당하지 않는다.

▶ 국고보조 대상사업의 범위와 기준보조율(영 제2조 제1항)
① 법 제9조 제2항에 따른 국고보조 대상사업의 범위는 다음 각 호와 같다.
  1. 다음 각 목의 소방활동장비와 설비의 구입 및 설치
    가. 소방자동차
    나. 소방헬리콥터 및 소방정
    다. 소방전용통신설비 및 전산설비
    라. 그 밖에 방화복 등 소방활동에 필요한 소방장비
  2. 소방관서용 청사의 건축(「건축법」 제2조 제1항 제8호에 따른 건축을 말한다)

정답 51.③ 52.②

53 다음 중 국고보조 대상사업의 범위로 옳지 않은 것은?
① 소방관서용 청사의 건축
② 소방헬리콥터 및 소방정
③ 소방전용통신설비 및 전산설비
④ 특정소방대상물의 소방시설

54 다음 중 「소방기본법 시행령」상 국고보조 대상사업 범위에 해당하지 않는 것은?
① 소방자동차
② 소방헬리콥터 및 소방정
③ 소방전용통신설비 및 전산설비 구입 및 설치
④ 소방 전기·기계설비 구입 및 설치

해설

53 ④ 특정소방대상물의 소방시설은 국고보조 대상사업의 범위에 해당하지 않는다.

▶ 국고보조 대상사업의 범위와 기준보조율(영 제2조 제1항)
① 법 제9조 제2항에 따른 국고보조 대상사업의 범위는 다음 각 호와 같다.
  1. 다음 각 목의 소방활동장비와 설비의 구입 및 설치
    가. 소방자동차
    나. 소방헬리콥터 및 소방정
    다. 소방전용통신설비 및 전산설비
    라. 그 밖에 방화복 등 소방활동에 필요한 소방장비
  2. 소방관서용 청사의 건축(「건축법」 제2조 제1항 제8호에 따른 건축을 말한다)

54 ④ 소방 전기·기계설비 구입 및 설치는 국고보조 대상사업의 범위에 해당하지 않는다.

▶ 국고보조 대상사업의 범위와 기준보조율(영 제2조 제1항)
① 법 제9조 제2항에 따른 국고보조 대상사업의 범위는 다음 각 호와 같다.
  1. 다음 각 목의 소방활동장비와 설비의 구입 및 설치
    가. 소방자동차
    나. 소방헬리콥터 및 소방정
    다. 소방전용통신설비 및 전산설비
    라. 그 밖에 방화복 등 소방활동에 필요한 소방장비
  2. 소방관서용 청사의 건축(「건축법」 제2조 제1항 제8호에 따른 건축을 말한다)

정답 53.④ 54.④

55 「소방기본법 시행령」상 소방장비 등 국고보조 대상사업의 범위에 해당하지 않는 것은?
① 소방자동차 구입
② 소방용수시설 설치
③ 소방헬리콥터 및 소방정 구입
④ 소방전용통신설비 및 전산설비 설치

[20. 경채]

56 소방력의 기준 및 소방장비의 국고보조에 대한 설명 중 가장 옳은 것은?
① 소방장비의 분류, 표준화와 그 관리 등에 필요한 사항은 대통령령으로 정한다.
② 시·도지사는 관할구역의 소방력을 확충하기 위하여 필요한 계획을 수립하여 시행하여야 한다.
③ 국고보조 대상사업의 범위와 기준보조율은 행정안전부령으로 정한다.
④ 소방활동장비 및 설비의 종류와 규격은 대통령령으로 정한다.

[17. 경채]

해설

55 ② 소방용수시설 설치는 국고보조 대상사업의 범위에 해당하지 않는다.

▶ 국고보조 대상사업의 범위와 기준보조율(영 제2조 제1항)
① 법 제9조 제2항에 따른 국고보조 대상사업의 범위는 다음 각 호와 같다.
 1. 다음 각 목의 소방활동장비와 설비의 구입 및 설치
  가. 소방자동차
  나. 소방헬리콥터 및 소방정
  다. 소방전용통신설비 및 전산설비
  라. 그 밖에 방화복 등 소방활동에 필요한 소방장비
 2. 소방관서용 청사의 건축(「건축법」 제2조 제1항 제8호에 따른 건축을 말한다)

56 ① 소방장비의 분류, 표준화와 그 관리 등에 필요한 사항은 <u>따로 법률에서</u> 정한다(법 제8조 제3항).
③ 국고보조 대상사업의 범위와 기준보조율은 <u>대통령령</u>으로 정한다(법 제9조 제2항).
④ 소방활동장비 및 설비의 종류와 규격은 <u>행정안전부령</u>으로 정한다(영 제2조 제2항).

정답 55.② 56.②

57 「소방기본법」및 같은 법 시행령상 소방장비 등에 대한 국고보조의 내용으로 옳지 않은 것은?

① 보조 대상사업의 범위와 기준보조율은 대통령령으로 정한다.
② 소방활동장비 및 설비의 종류와 규격은 행정안전부령으로 정한다.
③ 국가는 소방장비의 구입 등 시·도의 소방업무에 필요한 경비의 전부를 보조한다.
④ 국고보조 대상사업에 해당하는 소방활동장비로는 소방자동차, 소방헬리콥터 및 소방정 등이 있다.

[21. 경채]

58 「소방기본법 시행규칙」상 국고보조의 대상이 되는 소방활동장비의 종류와 규격으로 옳지 않은 것은?

① 구조정 : 90마력 이상
② 배연차(중형) : 170마력 이상
③ 구급차(특수) : 90마력 이상
④ 소방헬리콥터 : 5~17인승

[23. 경채, 공채]

59 「소방기본법」상 시·도지사가 소방활동에 필요하여 설치하고 유지·관리하는 소방용수시설로 옳지 않은 것은?

① 소화전
② 저수조
③ 급수탑
④ 상수도소화용수설비

[20. 공채]

해설

57 ③ 국가는 소방장비의 구입 등 시·도의 소방업무에 필요한 경비의 전부를 보조한다.
→ 일부

▶ 소방장비 등에 대한 국고보조(법 제9조)
① 국가는 소방장비의 구입 등 시·도의 소방업무에 필요한 경비의 일부를 보조한다.
② 제1항에 따른 보조 대상사업의 범위와 기준보조율은 대통령령으로 정한다.

58 ① 구조정 : 90마력 이상(규칙 별표 1의2)
→ 30톤급

59 ▶ 소방용수시설의 설치 및 관리 등(법 제10조 제1항)
① 시·도지사는 소방활동에 필요한 소화전(消火栓)·급수탑(給水塔)·저수조(貯水槽)("소방용수시설")를 설치하고 유지·관리하여야 한다. 다만, 「수도법」제45조에 따라 소화전을 설치하는 일반수도사업자는 관할 소방서장과 사전협의를 거친 후 소화전을 설치하여야 하며, 설치 사실을 관할 소방서장에게 통지하고, 그 소화전을 유지·관리하여야 한다.

정답 57.③ 58.① 59.④

60 「소방기본법」 및 같은 법 시행령상 비상소화장치 설치대상 지역을 있는 대로 모두 고른 것은?

> ㉠ 위험물의 저장 및 처리 시설이 밀집한 지역
> ㉡ 석유화학제품을 생산하는 공장이 있는 지역
> ㉢ 소방시설·소방용수시설 또는 소방출동로가 없는 지역
> ㉣ 시·도지사가 비상소화장치의 설치가 필요하다고 인정하는 지역

① ㉠, ㉡
② ㉢, ㉣
③ ㉠, ㉡, ㉢
④ ㉠, ㉡, ㉢, ㉣

[22. 경채]

61 지하에 설치하는 소화전 또는 저수조의 경우 소방용수표지의 맨홀뚜껑은 지름 몇 mm 이상의 것으로 해야 하는가? (다만, 승하강식 소화전의 경우에는 이를 적용하지 아니한다)

① 65mm
② 100mm
③ 140mm
④ 648mm

[11. 전남]

해설

60 모두 옳은 지문이다.

▶ 비상소화장치의 설치대상 지역(소방기본법 시행령 제2조의2)
1. 화재예방강화지구
2. 시·도지사가 비상소화장치의 설치가 필요하다고 인정하는 지역

▶ 화재예방강화지구(화재예방법 제18조 제1항)
① 시·도지사는 다음 각 호의 어느 하나에 해당하는 지역을 화재예방강화지구로 지정하여 관리할 수 있다.
  1. 시장지역
  2. 공장·창고가 밀집한 지역
  3. 목조건물이 밀집한 지역
  4. 노후·불량건축물이 밀집한 지역
  5. 위험물의 저장 및 처리 시설이 밀집한 지역
  6. 석유화학제품을 생산하는 공장이 있는 지역
  7. 「산업입지 및 개발에 관한 법률」 제2조 제8호에 따른 산업단지
  8. 소방시설·소방용수시설 또는 소방출동로가 없는 지역
  9. 「물류시설의 개발 및 운영에 관한 법률」 제2조 제6호에 따른 물류단지
  10. 그밖에 제1호부터 제9호까지에 준하는 지역으로서 소방관서장이 화재예방강화지구로 지정할 필요가 있다고 인정하는 지역

61 ▶ 소방용수표지(규칙 별표 2)
1. 지하에 설치하는 소화전 또는 저수조의 경우 소방용수표지는 다음 각 목의 기준에 따라 설치한다.
  가. 맨홀 뚜껑은 지름 648밀리미터 이상의 것으로 할 것. 다만, 승하강식 소화전의 경우에는 이를 적용하지 않는다.
  나. 맨홀 뚜껑에는 "소화전·주정차금지" 또는 "저수조·주정차금지"의 표시를 할 것
  다. 맨홀뚜껑 부근에는 노란색 반사도료로 폭 15센티미터의 선을 그 둘레를 따라 칠할 것

정답 60.④ 61.④

62 「소방기본법 시행규칙」상 지상에 설치하는 소화전, 저수조 및 급수탑의 소방용수표지 기준으로 옳은 것은?

	안쪽 문자	안쪽 바탕	바깥쪽 바탕
①	흰색	붉은색	파란색
②	붉은색	흰색	파란색
③	파란색	흰색	파란색
④	흰색	파란색	붉은색

[18. 공채]
기본서 1권 p.44

63 다음 중 저수조의 설치기준으로 옳지 않은 것은?
① 지면으로부터 낙차가 4.5m 이상일 것
② 흡수관 투입구가 사각형인 경우 한 변의 길이가 60cm 이상, 원형인 경우 지름이 60cm 이상일 것
③ 저수조에 물을 공급하는 방법은 상수도에 연결하여 자동으로 급수되는 구조일 것
④ 흡수에 지장이 없도록 토사와 쓰레기 등을 제거할 수 있는 설비를 갖출 것
⑤ 흡수부분의 수심이 0.5m 이상일 것

[11. 간부]
기본서 1권 p.45~46

해설 62 안쪽 문자는 흰색, 바깥쪽 문자는 노란색, 안쪽 바탕은 붉은색, 바깥쪽 바탕은 파란색으로 하고, 반사재료를 사용해야 한다(규칙 별표 2).

63 ① 지면으로부터 낙차가 4.5m 이하에 해당한다.

▶저수조의 설치기준(규칙 별표 3)
1) 지면으로부터의 낙차가 4.5미터 이하일 것
2) 흡수부분의 수심이 0.5미터 이상일 것
3) 소방펌프자동차가 쉽게 접근할 수 있도록 할 것
4) 흡수에 지장이 없도록 토사 및 쓰레기 등을 제거할 수 있는 설비를 갖출 것
5) 흡수관의 투입구가 사각형의 경우에는 한 변의 길이가 60센티미터 이상, 원형의 경우에는 지름이 60센티미터 이상일 것
6) 저수조에 물을 공급하는 방법은 상수도에 연결하여 자동으로 급수되는 구조일 것

정답 62.① 63.①

64 소방용수시설 중 소화전, 급수탑, 저수조 설치기준이 아닌 것은?
① 저수조는 지면으로부터 낙차가 4.5m 이상이다.
② 급수탑 개폐밸브의 높이는 1.5m 이상 1.7m 이하이다.
③ 소화전 연결금속구의 구경은 65mm로 한다.
④ 급수탑에서 급수배관의 구경은 100mm 이상으로 한다.

[11. 서울]
기본서 1권 p.45

65 다음 중 소방용수시설의 설치기준으로 틀린 것은?
① 급수탑 개폐밸브는 1.5m 이상 1.7m 이하에 설치한다.
② 소화전의 연결금속구의 구경은 65mm로 할 것
③ 저수조 설치기준은 흡수관 투입구가 원형의 경우 지름이 60cm 이상일 것
④ 저수조 설치기준은 지면으로부터 낙차가 4.5m 이상일 것

[13. 경기]
기본서 1권 p.45

해설 **64** ▶ 소방용수시설의 설치기준(규칙 별표 3)
1. 소화전 설치기준 : 상수도와 연결하여 지하식 또는 지상식 구조로 하고, 소방용 호스와 연결하는 소화전의 연결금속구의 구경은 65mm로 할 것
2. 급수탑 설치기준
   ① 급수배관구경은 100mm 이상으로 한다.
   ② 개폐밸브는 지상에서 1.5m 이상 ~ 1.7m 이하에 설치한다.
3. 저수조 설치기준
   ① 지면으로부터 낙차가 4.5m 이하일 것
   ② 흡수부분의 수심이 0.5m 이상일 것
   ③ 소방펌프자동차가 쉽게 접근할 수 있도록 할 것
   ④ 흡수에 지장이 없도록 토사 및 쓰레기 등을 제거할 수 있는 설비를 갖출 것
   ⑤ 흡수관 투입구가 사각 혹은 원형의 경우 한 변의 길이 및 지름이 60cm 이상일 것
   ⑥ 저수조에 물을 공급하는 방법은 상수도에 연결하여 자동으로 급수되는 구조일 것

65 ④ 낙차가 4.5m 이하일 것(규칙 별표 3)

정답 64.① 65.④

66 「소방기본법 시행규칙」상 저수조의 설치기준으로 옳지 않은 것은?
① 지면으로부터의 낙차가 10미터 이하일 것
② 흡수부분의 수심이 0.5미터 이상일 것
③ 흡수관의 투입구가 사각형의 경우에는 한 변의 길이가 60센티미터 이상, 원형의 경우에는 지름이 60센티미터 이상일 것
④ 저수조에 물을 공급하는 방법은 상수도에 연결하여 자동으로 급수되는 구조일 것

[18. 공채]
상 중 하
기본서 1권 p.45

해설 66 ① 지면으로부터의 낙차가 <u>4.5미터</u> 이하일 것

▶저수조의 설치기준(규칙 별표 3)
1) 지면으로부터의 낙차가 4.5미터 이하일 것
2) 흡수부분의 수심이 0.5미터 이상일 것
3) 소방펌프자동차가 쉽게 접근할 수 있도록 할 것
4) 흡수에 지장이 없도록 토사 및 쓰레기 등을 제거할 수 있는 설비를 갖출 것
5) 흡수관의 투입구가 사각형의 경우에는 한 변의 길이가 60센티미터 이상, 원형의 경우에는 지름이 60센티미터 이상일 것
6) 저수조에 물을 공급하는 방법은 상수도에 연결하여 자동으로 급수되는 구조일 것

정답 66.①

67 「소방기본법」및 같은 법 시행규칙상 소방용수시설 설치기준 등에 대한 설명으로 옳지 않은 것은?

① 시·도지사는 소방활동에 필요한 소방용수시설을 설치하고 유지·관리하여야 하고, 「수도법」 제45조에 따라 소화전을 설치하는 일반수도사업자는 관할 소방서장과 사전협의를 거친 후 소화전을 설치하여야 하며, 설치 사실을 관할 소방서장에게 통지하고, 그 소화전은 소방서장이 유지·관리하여야 한다.

② 정당한 사유 없이 소방용수시설 또는 비상소화장치를 사용하거나 소방용수시설 또는 비상소화장치의 효용을 해치거나 그 정당한 사용을 방해한 사람에 대해서는 5년 이하의 징역 또는 5천만 원 이하의 벌금에 처한다.

③ 소방본부장 또는 소방서장은 원활한 소방활동을 위하여 소방용수시설에 대한 조사, 소방대상물에 인접한 도로의 폭·교통상황, 도로주변의 토지의 고저·건축물의 개황 그 밖의 소방활동에 필요한 지리에 대한 조사를 월 1회 이상 실시하여야 하며, 조사결과는 2년간 보관하여야 한다.

④ 소화전은 상수도와 연결하여 지하식 또는 지상식의 구조로 하고 소방용호스와 연결하는 소화전의 연결금속구의 구경은 65밀리미터로 하여야 하며, 급수탑은 급수배관의 구경을 100밀리미터 이상으로 하고 개폐밸브는 지상에서 1.5미터 이상 1.7미터 이하의 높이에 설치할 수 있다.

[19. 공채]

기본서 1권 p.43, p.45, p.48, p.108

해설 67
① 시·도지사는 소방활동에 필요한 소방용수시설을 설치하고 유지·관리하여야 하고, 「수도법」 제45조에 따라 소화전을 설치하는 일반수도사업자는 관할 소방서장과 사전협의를 거친 후 소화전을 설치하여야 하며, 설치 사실을 관할 소방서장에게 통지하고, ~~그 소화전은 소방서장이 유지·관리하여야 한다~~(법 제10조 제1항).
→ 그 소화전을 유지·관리하여야 한다.

④ 소화전은 상수도와 연결하여 지하식 또는 지상식의 구조로 하고 소방용호스와 연결하는 소화전의 연결금속구의 구경은 65밀리미터로 하여야 하며, 급수탑은 급수배관의 구경을 100밀리미터 이상으로 하고 개폐밸브는 지상에서 1.5미터 이상 1.7미터 이하의 위치에 설치하여야 한다(규칙 별표 3).

정답 67.①,④(복수정답)

68 「소방기본법 시행규칙」상 소방용수시설의 설치기준으로 옳은 것은?
① 소방용호스와 연결하는 소화전의 연결금속구의 구경은 40밀리미터로 할 것
② 공업지역인 경우 소방대상물과 수평거리를 100미터 이하가 되도록 할 것
③ 저수조에 물을 공급하는 방법은 상수도에 연결하여 수동으로 급수되는 구조일 것
④ 급수탑의 개폐밸브는 지상에서 0.8미터 이상 1.5미터 이하의 위치에 설치하도록 할 것

[21. 공채]
상 중 하
기본서 1권 p.45

69 소방활동에 필요한 소화전, 급수탑, 저수조를 설치·유지 및 관리하는 사람은?
① 소방서장　　　　　　② 소방청장
③ 시·도지사　　　　　　④ 소방본부장

[11. 중앙]
상 중 하
기본서 1권 p.43

70 「소방기본법 시행규칙」상 지하에 설치하는 소화전 또는 저수조의 경우 소방용수표지는 다음 기준에 따라 설치하여야 한다. (　) 안에 들어갈 내용으로 옳은 것은?

- 맨홀 뚜껑은 지름 (ㄱ)밀리미터 이상의 것으로 할 것. 다만, 승하강식 소화전의 경우에는 이를 적용하지 않는다.
- 맨홀 뚜껑 부근에는 (ㄴ) 반사도료로 폭 (ㄷ)센티미터의 선을 그 둘레를 따라 칠할 것

｜ㄱ｜ㄴ｜ㄷ｜　　｜ㄱ｜ㄴ｜ㄷ｜
① 648　노란색　15　　② 678　붉은색　15
③ 648　붉은색　25　　④ 678　노란색　25

[23. 경채, 공채]
상 중 하
기본서 1권 p.44

해설

68 ① 소방용호스와 연결하는 소화전의 연결금속구의 구경은 ~~40밀리미터~~로 할 것
→ 65밀리미터
③ 저수조에 물을 공급하는 방법은 상수도에 연결하여 ~~수동~~으로 급수되는 구조일 것
→ 자동
④ 급수탑의 개폐밸브는 지상에서 ~~0.8미터 이상 1.5미터 이하~~의 위치에 설치하도록 할 것
→ 1.5미터 이상 1.7미터 이하

69 시·도지사는 소방활동에 필요한 소화전·급수탑·저수조를 설치하고 유지·관리하여야 한다(법 제10조 제1항).

70 ▶규칙 별표 2
가. 맨홀 뚜껑은 지름 648밀리미터 이상의 것으로 할 것. 다만, 승하강식 소화전의 경우에는 이를 적용하지 않는다.
다. 맨홀뚜껑 부근에는 노란색 반사도료로 폭 15센티미터의 선을 그 둘레를 따라 칠할 것

정답 68.② 69.③ 70.①

71 「소방기본법」상 소방대장의 권한으로 옳지 않은 것은?

① 소방활동에 필요한 소화전(消火栓)·급수탑(給水塔)·저수조(貯水槽)를 설치하고 유지·관리하여야 한다.
② 소방활동을 위하여 긴급하게 출동할 때에는 소방자동차의 통행과 소방활동에 방해가 되는 주차 또는 정차된 차량 및 물건 등을 제거하거나 이동시킬 수 있다.
③ 화재 발생을 막거나 폭발 등으로 화재가 확대되는 것을 막기 위하여 가스·전기 또는 유류 등의 시설에 대하여 위험물질의 공급을 차단하는 등 필요한 조치를 할 수 있다.
④ 화재, 재난·재해, 그 밖의 위급한 상황이 발생한 현장에서 소방활동을 위하여 필요할 때에는 그 관할구역에 사는 사람 또는 그 현장에 있는 사람으로 하여금 사람을 구출하는 일 또는 불을 끄거나 불이 번지지 아니하도록 하는 일을 하게 할 수 있다.

[22. 경채]

기본서 1권 p.43, p.81~82, p.85

해설 71

① 소방활동에 필요한 소화전(消火栓)·급수탑(給水塔)·저수조(貯水槽)를 설치하고 유지·관리하여야 한다.
→ 시·도지사

▶ 소방용수시설의 설치 및 관리 등(법 제10조 제1항)
① 시·도지사는 소방활동에 필요한 소화전(消火栓)·급수탑(給水塔)·저수조(貯水槽)(이하 "소방용수시설"이라 한다)를 설치하고 유지·관리하여야 한다. 다만, 「수도법」 제45조에 따라 소화전을 설치하는 일반수도사업자는 관할 소방서장과 사전협의를 거친 후 소화전을 설치하여야 하며, 설치 사실을 관할 소방서장에게 통지하고, 그 소화전을 유지·관리하여야 한다.

▶ 강제처분 등(법 제25조 제3항)
③ 소방본부장, 소방서장 또는 소방대장은 소방활동을 위하여 긴급하게 출동할 때에는 소방자동차의 통행과 소방활동에 방해가 되는 주차 또는 정차된 차량 및 물건 등을 제거하거나 이동시킬 수 있다.

▶ 위험시설 등에 대한 긴급조치(법 제27조 제2항)
② 소방본부장, 소방서장 또는 소방대장은 화재 발생을 막거나 폭발 등으로 화재가 확대되는 것을 막기 위하여 가스·전기 또는 유류 등의 시설에 대하여 위험물질의 공급을 차단하는 등 필요한 조치를 할 수 있다.

▶ 소방활동 종사 명령(법 제24조 제1항)
① 소방본부장, 소방서장 또는 소방대장은 화재, 재난·재해, 그 밖의 위급한 상황이 발생한 현장에서 소방활동을 위하여 필요할 때에는 그 관할구역에 사는 사람 또는 그 현장에 있는 사람으로 하여금 사람을 구출하는 일 또는 불을 끄거나 불이 번지지 아니하도록 하는 일을 하게 할 수 있다. 이 경우 소방본부장, 소방서장 또는 소방대장은 소방활동에 필요한 보호장구를 지급하는 등 안전을 위한 조치를 하여야 한다.

정답 71.①

72 「소방기본법 시행규칙」상 소방용수시설 및 비상소화장치의 설치기준으로 옳지 않은 것은?

① 비상소화장치의 설치기준에 관한 세부 사항은 소방청장이 정한다.
② 소방청장은 설치된 소방용수시설에 대하여 소방용수표지를 보기 쉬운 곳에 설치하여야 한다.
③ 소방호스 및 관창은 소방청장이 정하여 고시하는 형식승인 및 제품검사의 기술기준에 적합한 것으로 설치한다.
④ 비상소화장치함은 소방청장이 정하여 고시하는 성능인증 및 제품검사의 기술기준에 적합한 것으로 설치한다.

[22. 공채]

73 다음 중 「소방기본법 시행규칙」의 지리조사 대상이 아닌 것은?
① 건축물의 개황   ② 도로의 폭
③ 소방용수조사   ④ 교통상황

[13. 전북]

해설

72 ② 소방청장은 설치된 소방용수시설에 대하여 소방용수표지를 보기 쉬운 곳에 설치하여야 한다(규칙 제6조 제1항).
→ 시·도지사는

▶ 소방용수시설 및 비상소화장치의 설치기준(규칙 제6조)
① 특별시장·광역시장·특별자치시장·도지사 또는 특별자치도지사(이하 "시·도지사"라 한다)는 법 제10조 제1항의 규정에 의하여 설치된 소방용수시설에 대하여 별표 2의 소방용수표지를 보기 쉬운 곳에 설치하여야 한다.
② 법 제10조 제1항에 따른 소방용수시설의 설치기준은 별표 3과 같다.
③ 법 제10조 제2항에 따른 비상소화장치의 설치기준은 다음 각 호와 같다.
  1. 비상소화장치는 비상소화장치함, 소화전, 소방호스(소화전의 방수구에 연결하여 소화용수를 방수하기 위한 도관으로서 호스와 연결금속구로 구성되어 있는 소방용릴호스 또는 소방용고무내장호스를 말한다), 관창(소방호스용 연결금속구 또는 중간연결금속구 등의 끝에 연결하여 소화용수를 방수하기 위한 나사식 또는 차입식 토출기구를 말한다)을 포함하여 구성할 것
  2. 소방호스 및 관창은 「소방시설 설치 및 관리에 관한 법률」 제37조 제5항에 따라 소방청장이 정하여 고시하는 형식승인 및 제품검사의 기술기준에 적합한 것으로 설치할 것
  3. 비상소화장치함은 「소방시설 설치 및 관리에 관한 법률」 제40조 제4항에 따라 소방청장이 정하여 고시하는 성능인증 및 제품검사의 기술기준에 적합한 것으로 설치할 것
④ 제3항에서 규정한 사항 외에 비상소화장치의 설치기준에 관한 세부 사항은 소방청장이 정한다.

73 ③ 소방용수조사는 지리조사 대상이 아니다.
소방대상물에 인접한 도로의 폭·교통상황, 도로주변의 토지의 고저·건축물의 개황 그 밖의 소방활동에 필요한 지리에 대한 조사(규칙 제7조 제1항 제2호)

정답 72.② 73.③

74 「소방기본법 시행규칙」상 소방용수시설 및 지리조사에 관한 내용으로 옳지 않은 것은?

① 소방본부장 또는 소방서장은 원활한 소방활동을 위하여 소방용수시설 및 지리조사를 월 1회 이상 실시하여야 한다.
② 지리조사는 소방대상물에 인접한 도로의 폭·교통상황, 도로주변의 토지의 고저·건축물의 개황을 제외한 소방활동에 필요한 사항이다.
③ 조사결과는 전자적 처리가 불가능한 특별한 사유가 없으면 전자적 처리가 가능한 방법으로 작성·관리하여야 한다.
④ 소방용수시설 및 지리조사는 소방용수조사부 및 지리조사부 서식에 의하되, 그 조사결과를 2년간 보관하여야 한다.

75 다음 중 소방업무의 상호응원 협정사항으로 옳지 않은 것은?

① 소방업무의 응원을 위하여 파견된 소방대원은 응원을 지원해준 소방본부장 또는 소방서장의 지휘에 따라야 한다.
② 소방본부장 또는 소방서장은 소방활동을 할 때에 긴급한 경우에는 이웃한 소방본부장 또는 소방서장에게 소방업무의 응원을 요청할 수 있다.
③ 시·도지사는 미리 규약으로 정하는 협의사항 범위에 출동 대상지역 및 규모와 필요한 경비의 부담을 포함한다.
④ 응원요청을 받은 소방본부장 또는 소방서장은 정당한 사유 없이 그 요청을 거절하여서는 안 된다.

해설 74 ② 지리조사는 소방대상물에 인접한 도로의 폭·교통상황, 도로주변의 토지의 고저·건축물의 개황을 제외한 소방활동에 필요한 사항이다.

▶ 소방용수시설 및 지리조사(규칙 제7조 제1항)
① 소방본부장 또는 소방서장은 원활한 소방활동을 위하여 다음 각호의 조사를 월 1회 이상 실시하여야 한다.
  1. 법 제10조의 규정에 의하여 설치된 소방용수시설에 대한 조사
  2. 소방대상물에 인접한 도로의 폭·교통상황, 도로주변의 토지의 고저·건축물의 개황 그 밖의 소방활동에 필요한 지리에 대한 조사

75 ① 파견된 소방대원은 응원을 요청한 소방본부장, 소방서장의 지휘를 따른다(법 제11조 제3항).

정답 74.② 75.①

소방관계법규

76 다음 중 소방본부장 또는 소방서장의 업무가 아닌 것은?

① 소방응원규약
② 화재조사
③ 화재의 예방조치
④ 화재에 관한 위험경보

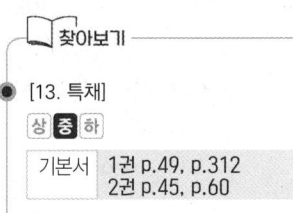

[13. 특채]
상 중 하
기본서 1권 p.49, p.312
2권 p.45, p.60

해설 76

① 응원의 규약은 시·도지사의 업무이다.

▶ 소방업무의 응원(소방기본법 제11조 제4항)
④ 시·도지사는 제1항에 따라 소방업무의 응원을 요청하는 경우를 대비하여 출동 대상지역 및 규모와 필요한 경비의 부담 등에 관하여 필요한 사항을 행정안전부령으로 정하는 바에 따라 이웃하는 시·도지사와 협의하여 미리 규약(規約)으로 정하여야 한다.

▶ 화재조사의 실시(화재조사법 제5조 제1항)
① 소방청장, 소방본부장 또는 소방서장(소방관서장)은 화재발생 사실을 알게 된 때에는 지체 없이 화재조사를 하여야 한다.

▶ 화재의 예방조치 등(화재예방법 제17조 제2항)
② 소방관서장은 화재 발생 위험이 크거나 소화 활동에 지장을 줄 수 있다고 인정되는 행위나 물건에 대하여 행위 당사자나 그 물건의 소유자, 관리자 또는 점유자에게 다음 각 호의 명령을 할 수 있다. 다만, 제2호 및 제3호에 해당하는 물건의 소유자, 관리자 또는 점유자를 알 수 없는 경우 소속 공무원으로 하여금 그 물건을 옮기거나 보관하는 등 필요한 조치를 하게 할 수 있다.
1. 제1항 각 호의 어느 하나에 해당하는 행위의 금지 또는 제한
2. 목재, 플라스틱 등 가연성이 큰 물건의 제거, 이격, 적재 금지 등
3. 소방차량의 통행이나 소화 활동에 지장을 줄 수 있는 물건의 이동

▶ 화재 위험경보(화재예방법 제20조)
소방관서장은 「기상법」 제13조, 제13조의2 및 제13조의4에 따른 기상현상 및 기상영향에 대한 예보·특보·태풍예보에 따라 화재의 발생 위험이 높다고 분석·판단되는 경우에는 행정안전부령으로 정하는 바에 따라 화재에 관한 위험경보를 발령하고 그에 따른 필요한 조치를 할 수 있다.

정답 76. ①

77 다음 중 소방업무에 대한 내용으로 옳지 않은 것은?

① 소방활동에 종사한 사람은 시·도지사로부터 소방활동의 비용을 지급받을 수 있다.
② 시·도지사는 응원을 요청하는 경우 출동 대상지역 및 규모와 필요한 경비의 부담 등을 화재가 끝난 이후 이웃하는 시·도지사와 협의하여 정하여야 한다.
③ 소방본부장 또는 소방서장은 소방활동을 할 때에 긴급한 경우에는 이웃한 소방본부장 또는 소방서장에게 소방업무의 응원을 요청할 수 있다.
④ 시·도지사는 관할 지역의 특성을 고려하여 종합계획의 시행에 필요한 세부계획을 매년 수립하여 소방청장에게 제출하여야 하며, 세부계획에 따른 소방업무를 성실히 수행하여야 한다.

[11. 전남]
기본서 1권 p.31, p.49, p.81

78 다음 중 소방업무의 응원에 대한 설명으로 틀린 것은?

① 소방업무의 응원을 위하여 파견된 소방대원은 응원 요청을 받은 소방본부장, 소방서장의 지휘를 따른다.
② 소방본부장, 소방서장은 소방활동을 할 때에 긴급한 경우에는 이웃한 소방본부장 또는 소방서장에게 소방업무의 응원을 요청할 수 있다.
③ 시·도지사는 소방업무의 응원을 요청하는 경우를 대비하여 출동 대상지역 및 규모와 필요한 경비의 부담 등에 관하여 필요한 사항을 행정안전부령으로 정하는 바에 따라 이웃하는 시·도지사와 협의하여 미리 규약으로 정하여야 한다.
④ 소방업무의 응원 요청을 받은 소방본부장 또는 소방서장은 정당한 사유 없이 그 요청을 거절하여서는 아니 된다.

[13. 경기]
기본서 1권 p.49

해설

77 ② 시·도지사는 소방업무의 응원을 요청하는 경우를 대비하여 출동 대상지역 및 규모와 필요한 경비의 부담 등에 관하여 필요한 사항을 행정안전부령으로 정하는 바에 따라 이웃하는 시·도지사와 협의하여 미리 규약으로 정하여야 한다(법 제11조 제4항).

78 ① 응원을 요청한 소방본부장 또는 소방서장의 지휘에 따라야 한다(법 제11조 제3항).

정답 77.② 78.①

소방관계법규

79 「소방기본법」상 소방업무의 응원협정에 대한 설명으로 옳지 않은 것은?

① 소방본부장이나 소방서장은 소방활동을 할 때에 긴급한 경우에는 이웃한 소방본부장 또는 소방서장에게 소방업무의 응원(應援)을 요청할 수 있다.
② 소방업무의 응원 요청을 받은 소방본부장 또는 소방서장은 정당한 사유 없이 그 요청을 거절하여서는 아니 된다.
③ 소방업무의 응원을 위하여 파견된 소방대원은 응원을 요청받은 소방본부장 또는 소방서장의 지휘에 따라야 한다.
④ 시·도지사는 ①에 따라 소방업무의 응원을 요청하는 경우를 대비하여 출동 대상지역 및 규모와 필요한 경비의 부담 등에 관하여 필요한 사항을 행정안전부령으로 정하는 바에 따라 이웃하는 시·도지사와 협의하여 미리 규약(規約)으로 정하여야 한다.

[17. 공채]
상 중 하
기본서 1권 p.49

80 다음 중 「소방기본법」상 응원협정에 대한 설명으로 옳지 않은 것은?

① 소방본부장이나 소방서장은 소방활동을 할 때에 긴급한 경우에는 이웃한 소방본부장 또는 소방서장에게 소방업무의 응원을 요청할 수 있다.
② 소방업무의 응원 요청을 받은 소방본부장 또는 소방서장은 정당한 사유 없이 그 요청을 거절하여서는 아니 된다.
③ 소방업무의 응원을 위하여 파견된 소방대원은 응원을 요청한 소방본부장 또는 소방서장의 지휘에 따라야 한다.
④ 시·도지사는 소방업무의 응원을 요청하는 경우를 대비하여 출동 대상지역 및 규모와 필요한 경비의 부담 등에 관하여 필요한 사항을 시·도조례로 정하는 바에 따라 이웃하는 시·도지사와 협의하여 미리 규약으로 정하여야 한다.

[18. 경채]
상 중 하
기본서 1권 p.49

해설

79 ③ 소방업무의 응원을 위하여 파견된 소방대원은 응원을 요청한 소방본부장 또는 소방서장의 지휘에 따라야 한다(법 제11조 제3항).

80 ▶ 소방업무의 응원(법 제11조)
① 소방본부장이나 소방서장은 소방활동을 할 때에 긴급한 경우에는 이웃한 소방본부장 또는 소방서장에게 소방업무의 응원(應援)을 요청할 수 있다.
② 제1항에 따라 소방업무의 응원 요청을 받은 소방본부장 또는 소방서장은 정당한 사유 없이 그 요청을 거절하여서는 아니 된다.
③ 제1항에 따라 소방업무의 응원을 위하여 파견된 소방대원은 응원을 요청한 소방본부장 또는 소방서장의 지휘에 따라야 한다.
④ 시·도지사는 제1항에 따라 소방업무의 응원을 요청하는 경우를 대비하여 출동 대상지역 및 규모와 필요한 경비의 부담 등에 관하여 필요한 사항을 행정안전부령으로 정하는 바에 따라 이웃하는 시·도지사와 협의하여 미리 규약(規約)으로 정하여야 한다.

정답 79.③ 80.④

81 「소방기본법」상 소방업무의 응원에 대한 내용으로 옳지 않은 것은?

① 소방업무의 응원을 위하여 파견된 소방대원은 응원을 요청한 소방본부장 또는 소방서장의 지휘에 따라야 한다.
② 소방업무의 응원 요청을 받은 소방본부장 또는 소방서장은 정당한 사유 없이 그 요청을 거절하여서는 아니 된다.
③ 소방본부장이나 소방서장은 소방활동을 할 때에 긴급한 경우에는 이웃한 소방본부장 또는 소방서장에게 소방업무의 응원(應援)을 요청할 수 있다.
④ 소방청장은 소방업무의 응원을 요청하는 경우를 대비하여 출동 대상지역 및 규모와 필요한 경비의 부담 등에 관하여 필요한 사항을 행정안전부령으로 정하는 바에 따라 시·도지사와 협의하여 미리 규약(規約)으로 정하여야 한다.

[21. 경채]
상 중 하
기본서 1권 p.49

해설 81

④ ~~소방청장은~~ 소방업무의 응원을 요청하는 경우를 대비하여 출동 대상지역 및 규모와 필요한 경비의 부담 등에 관하여 필요한 사항을 행정안전부령으로 정하는 바에 따라 ~~시~~·도지사와 협의하여 미리 규약(規約)으로 정하여야 한다.
→ 시·도지사는, 이웃하는 시·도지사와

▶ 소방업무의 응원(법 제11조)
① 소방본부장이나 소방서장은 소방활동을 할 때에 긴급한 경우에는 이웃한 소방본부장 또는 소방서장에게 소방업무의 응원(應援)을 요청할 수 있다.
② 제1항에 따라 소방업무의 응원 요청을 받은 소방본부장 또는 소방서장은 정당한 사유 없이 그 요청을 거절하여서는 아니 된다.
③ 제1항에 따라 소방업무의 응원을 위하여 파견된 소방대원은 응원을 요청한 소방본부장 또는 소방서장의 지휘에 따라야 한다.
④ <u>시·도지사는 제1항에 따라 소방업무의 응원을 요청하는 경우를 대비하여 출동 대상지역 및 규모와 필요한 경비의 부담 등에 관하여 필요한 사항을 행정안전부령으로 정하는 바에 따라 이웃하는 시·도지사와 협의하여 미리 규약(規約)으로 정하여야 한다.</u>

정답 81.④

82. 「소방기본법」상 소방력의 동원에 대한 설명이다. ( ) 안에 들어갈 용어로 옳은 것은?

> (가)은/는 해당 시·도의 소방력만으로는 소방활동을 효율적으로 수행하기 어려운 화재, 재난·재해, 그 밖의 구조·구급이 필요한 상황이 발생하거나 특별히 국가적 차원에서 소방활동을 수행할 필요가 인정될 때에는 각 (나)에게 행정안전부령으로 정하는 바에 따라 소방력을 동원할 것을 요청할 수 있다.

	(가)	(나)
①	소방청장	시·도지사
②	소방청장	소방본부장
③	시·도지사	시·도지사
④	시·도지사	소방본부장

해설 82
▶ 소방력의 동원(법 제11조의2 제1항)
① <u>소방청장</u>은 해당 시·도의 소방력만으로는 소방활동을 효율적으로 수행하기 어려운 화재, 재난·재해, 그 밖의 구조·구급이 필요한 상황이 발생하거나 특별히 국가적 차원에서 소방활동을 수행할 필요가 인정될 때에는 각 <u>시·도지사</u>에게 행정안전부령으로 정하는 바에 따라 소방력을 동원할 것을 요청할 수 있다.

정답 82.①

03 소방활동 등

83 다음 중 소방지원활동의 내용 중 틀린 것은?
① 소방지원활동은 소방활동 수행에 지장을 주지 아니하는 범위에서 할 수 있다.
② 소방청장, 소방본부장 또는 소방서장은 공공의 안녕질서 유지 또는 복리증진을 위하여 필요한 경우 소방활동 외에 소방지원활동을 하게 할 수 있다.
③ 유관기관·단체 등의 요청에 따른 소방지원활동에 드는 모든 비용은 지원요청을 한 유관기관·단체 등이 무료로 분담한다.
④ 산불에 대한 예방·진압 등 지원활동을 포함한다.

[12. 전북]
기본서 1권 p.57

84 다음 중 소방지원활동의 내용으로 옳지 않은 것은?
① 자연재해에 따른 급수·배수 및 제설 등 지원활동
② 집회·공연 등 각종 행사 시 사고에 대비한 근접대기 등 지원활동
③ 화재, 재난·재해로 인한 피해복구 지원활동
④ 화재, 재난·재해 그 밖의 위급한 상황에서의 구조·구급 지원활동

[15. 통합]
기본서 1권 p.57

해설

83 ③ 유관기관·단체 등의 요청에 따른 소방지원활동에 드는 비용은 지원요청을 한 유관기관·단체 등에게 부담하게 할 수 있다. 다만, 부담금액 및 부담방법에 관하여는 지원요청을 한 유관기관·단체 등과 협의하여 결정한다(법 제16조의2 제3항).

84 ▶ 소방지원활동의 내용(법 제16조의2 제1항)
1. 산불에 대한 예방·진압 등 지원활동
2. 자연재해에 따른 급수·배수 및 제설 등 지원활동
3. 집회·공연 등 각종 행사 시 사고에 대비한 근접대기 등 지원활동
4. 화재, 재난·재해로 인한 피해복구 지원활동
5. 그 밖에 행정안전부령으로 정하는 활동

정답 83.③ 84.④

85 소방지원활동 등에 대한 설명으로 옳지 않은 것은?
① 화재, 재난·재해로 인한 피해복구 소방지원활동을 할 수 있다.
② 소방지원활동에는 단전사고 시 비상전원 또는 조명의 공급이 있다.
③ 소방지원활동은 소방활동 수행에 지장을 주지 아니하는 범위에서 할 수 있다.
④ 유관기관·단체 등의 요청에 따른 소방지원활동에 드는 비용은 지원요청을 한 유관기관·단체 등에게 부담하게 할 수 있다.

86 다음 중 소방지원활동 내용으로 옳지 않은 것은?
① 단전사고 시 비상전원 조명의 공급 지원활동
② 산불에 대한 예방·진압 등 지원활동
③ 자연재해에 따른 급수·배수 및 제설 등 지원활동
④ 화재, 재난·재해로 인한 피해복구 지원활동

해설

85 ② 단전사고 시 비상전원 또는 조명의 공급활동은 생활안전활동에 해당된다.

▶ 소방지원활동(법 제16조의2 제1항)
① 소방청장·소방본부장 또는 소방서장은 공공의 안녕질서 유지 또는 복리증진을 위하여 필요한 경우 소방활동 외에 다음 각 호의 활동(이하 "소방지원활동"이라 한다)을 하게 할 수 있다.
  1. 산불에 대한 예방·진압 등 지원활동
  2. 자연재해에 따른 급수·배수 및 제설 등 지원활동
  3. 집회·공연 등 각종 행사 시 사고에 대비한 근접대기 등 지원활동
  4. 화재, 재난·재해로 인한 피해복구 지원활동
  5. 삭제〈2015. 7. 24.〉
  6. 그 밖에 행정안전부령으로 정하는 활동

86 ① 단전사고 시 비상전원 조명의 공급활동은 생활안전활동에 해당된다.

▶ 소방지원활동(법 제16조의2 제1항)
① 소방청장·소방본부장 또는 소방서장은 공공의 안녕질서 유지 또는 복리증진을 위하여 필요한 경우 소방활동 외에 다음 각 호의 활동(이하 "소방지원활동"이라 한다)을 하게 할 수 있다.
  1. 산불에 대한 예방·진압 등 지원활동
  2. 자연재해에 따른 급수·배수 및 제설 등 지원활동
  3. 집회·공연 등 각종 행사 시 사고에 대비한 근접대기 등 지원활동
  4. 화재, 재난·재해로 인한 피해복구 지원활동
  5. 삭제〈2015. 7. 24.〉
  6. 그 밖에 행정안전부령으로 정하는 활동

정답 85.② 86.①

87 「소방기본법」 및 같은 법 시행규칙상 소방지원활동으로 옳지 않은 것은?
① 집회·공연 등 각종 행사 시 사고에 대비한 근접대기 등 지원활동
② 소방시설 오작동 신고에 따른 조치활동
③ 방송제작 또는 촬영 관련 지원활동
④ 위해동물, 벌 등의 포획 및 퇴치활동

[18. 공채]
상 **중** 하
기본서 1권 p.57

88 「소방기본법」상 소방지원활동으로 옳지 않은 것은?
① 붕괴, 낙하 등이 우려되는 고드름 등의 제거활동
② 화재, 재난·재해로 인한 피해복구 지원활동
③ 자연재해에 따른 급수·배수 및 제설 등 지원활동
④ 집회·공연 등 각종 행사 시 사고에 대비한 근접대기 등 지원활동

[20. 경채]
상 **중** 하
기본서 1권 p.57

해설 **87** ④ 위해동물, 벌 등의 포획 및 퇴치활동은 생활안전활동에 해당한다.

▶ **소방지원활동(법 제16조의2 제1항)**
① 소방청장·소방본부장 또는 소방서장은 공공의 안녕질서 유지 또는 복리증진을 위하여 필요한 경우 소방활동 외에 다음 각 호의 활동(이하 "소방지원활동"이라 한다)을 하게 할 수 있다.
  1. 산불에 대한 예방·진압 등 지원활동
  2. 자연재해에 따른 급수·배수 및 제설 등 지원활동
  3. 집회·공연 등 각종 행사 시 사고에 대비한 근접대기 등 지원활동
  4. 화재, 재난·재해로 인한 피해복구 지원활동
  5. 삭제〈2015. 7. 24.〉
  6. 그 밖에 행정안전부령으로 정하는 활동

▶ **소방지원활동(규칙 제8조의4)**
법 제16조의2 제1항 제6호에서 "그 밖에 행정안전부령으로 정하는 활동"이란 다음 각 호의 어느 하나에 해당하는 활동을 말한다.
  1. 군·경찰 등 유관기관에서 실시하는 훈련지원 활동
  2. 소방시설 오작동 신고에 따른 조치활동
  3. 방송제작 또는 촬영 관련 지원활동

88 ① 붕괴, 낙하 등이 우려되는 고드름 등의 제거활동은 생활안전활동에 해당한다(법 제16조의3 제1항 제1호).

정답 87.④ 88.①

소방관계법규

89 「소방기본법」 및 같은 법 시행규칙상 소방지원활동으로 옳지 않은 것은?
① 소방시설 오작동 신고에 따른 조치활동
② 낙하 등이 우려되는 고드름 등의 제거활동
③ 자연재해에 따른 제설 등 지원활동
④ 공연 등 각종 행사 시 사고에 대비한 근접대기 등 지원활동

[24. 경채, 공채]
상 중 하
기본서 1권 p.57

90 다음 중 「소방기본법」상 생활안전활동 사항으로 옳지 않은 것은?
① 끼임, 고립 등에 따른 위험제거 및 구출 활동
② 위해동물, 벌 등의 포획 및 퇴치 활동
③ 자연재해에 따른 급수·배수 및 제설 활동
④ 단전사고 시 비상전원 또는 조명의 공급

[18. 경채]
상 중 하
기본서 1권 p.58

해설

89 ② – 생활안전활동에 해당함

▶ 소방기본법 제16조의2(소방지원활동)
① 소방청장·소방본부장 또는 소방서장은 공공의 안녕질서 유지 또는 복리증진을 위하여 필요한 경우 소방활동 외에 다음 각 호의 활동(이하 "소방지원활동"이라 한다)을 하게 할 수 있다.
 1. 산불에 대한 예방·진압 등 지원활동
 2. 자연재해에 따른 급수·배수 및 제설 등 지원활동
 3. 집회·공연 등 각종 행사 시 사고에 대비한 근접대기 등 지원활동
 4. 화재, 재난·재해로 인한 피해복구 지원활동
 5. 삭제 〈2015. 7. 24.〉
 6. 그 밖에 행정안전부령으로 정하는 활동
  1. 군·경찰 등 유관기관에서 실시하는 훈련지원 활동
  2. 소방시설 오작동 신고에 따른 조치활동
  3. 방송제작 또는 촬영 관련 지원활동

90 ③은 소방지원활동에 해당한다.

▶ 생활안전활동(법 제16조의3 제1항)
① 소방청장·소방본부장 또는 소방서장은 신고가 접수된 생활안전 및 위험제거 활동(화재, 재난·재해, 그 밖의 위급한 상황에 해당하는 것은 제외한다)에 대응하기 위하여 소방대를 출동시켜 다음 각 호의 활동(이하 "생활안전활동"이라 한다)을 하게 하여야 한다.
 1. 붕괴, 낙하 등이 우려되는 고드름, 나무, 위험 구조물 등의 제거활동
 2. 위해동물, 벌 등의 포획 및 퇴치 활동
 3. 끼임, 고립 등에 따른 위험제거 및 구출 활동
 4. 단전사고 시 비상전원 또는 조명의 공급
 5. 그 밖에 방치하면 급박해질 우려가 있는 위험을 예방하기 위한 활동

정답 89.② 90.③

91 「소방기본법」상 규정하는 소방지원활동과 생활안전활동을 옳게 연결한 것은?

> 가. 산불에 대한 예방·진압 등 지원활동
> 나. 자연재해에 따른 급수·배수 및 제설 등 지원활동
> 다. 집회·공연 등 각종 행사 시 사고에 대비한 근접대기 등 지원활동
> 라. 화재, 재난·재해로 인한 피해복구 지원활동
> 마. 붕괴, 낙하 등이 우려되는 고드름, 나무, 위험 구조물 등의 제거활동
> 바. 위해동물, 벌 등의 포획 및 퇴치 활동
> 사. 끼임, 고립 등에 따른 위험제거 및 구출 활동
> 아. 단전사고 시 비상전원 또는 조명의 공급

	소방지원활동	생활안전활동
①	가 – 나 – 다 – 라	마 – 바 – 사 – 아
②	가 – 라 – 마 – 사	나 – 다 – 바 – 아
③	마 – 바 – 사 – 아	가 – 나 – 다 – 라
④	나 – 다 – 바 – 아	가 – 라 – 마 – 사

[18. 경채]
기본서 1권 p.57~58

해설 91

▶ 소방지원활동(법 제16조의2 제1항)
1. 산불에 대한 예방·진압 등 지원활동
2. 자연재해에 따른 급수·배수 및 제설 등 지원활동
3. 집회·공연 등 각종 행사 시 사고에 대비한 근접대기 등 지원활동
4. 화재, 재난·재해로 인한 피해복구 지원활동
5. 그 밖에 행정안전부령으로 정하는 활동

▶ 생활안전활동(법 제16조의3 제1항)
1. 붕괴, 낙하 등이 우려되는 고드름, 나무, 위험 구조물 등의 제거활동
2. 위해동물, 벌 등의 포획 및 퇴치 활동
3. 끼임, 고립 등에 따른 위험제거 및 구출 활동
4. 단전사고 시 비상전원 또는 조명의 공급
5. 그 밖에 방치하면 급박해질 우려가 있는 위험을 예방하기 위한 활동

정답 91.①

소방관계법규

92 「소방기본법」상 소방대의 생활안전활동으로 옳지 않은 것은?
① 단전사고 시 비상전원 또는 조명 공급
② 소방시설 오작동 신고에 따른 조치 활동
③ 위해동물, 벌 등의 포획 및 퇴치 활동
④ 끼임, 고립 등에 따른 위험제거 및 구출 활동

[20. 공채]

93 「소방기본법」제16조의3에서 규정한 소방대의 생활안전활동으로 옳지 않은 것은?
① 위해동물, 벌 등의 포획 및 퇴치 활동
② 단전사고 시 비상전원 또는 조명의 공급
③ 자연재해에 따른 급수·배수 및 제설 등 지원활동
④ 붕괴, 낙하 등이 우려되는 고드름, 나무, 위험 구조물 등의 제거활동

[22. 경채]

해설 92 ② 소방시설 오작동 신고에 따른 조치 활동 – 소방지원활동

▶ 생활안전활동(법 제16조의3 제1항)
① 소방청장·소방본부장 또는 소방서장은 신고가 접수된 생활안전 및 위험제거 활동(화재, 재난·재해, 그 밖의 위급한 상황에 해당하는 것은 제외한다)에 대응하기 위하여 소방대를 출동시켜 다음 각 호의 활동(이하 "생활안전활동"이라 한다)을 하게 하여야 한다.
1. 붕괴, 낙하 등이 우려되는 고드름, 나무, 위험 구조물 등의 제거활동
2. 위해동물, 벌 등의 포획 및 퇴치 활동
3. 끼임, 고립 등에 따른 위험제거 및 구출 활동
4. 단전사고 시 비상전원 또는 조명의 공급
5. 그 밖에 방치하면 급박해질 우려가 있는 위험을 예방하기 위한 활동

93 ③ 자연재해에 따른 급수·배수 및 제설 등 지원활동(법 제16조의2)
→ 소방지원활동에 해당한다.

▶ 생활안전활동(법 제16조의3 제1항)
① 소방청장·소방본부장 또는 소방서장은 신고가 접수된 생활안전 및 위험제거 활동(화재, 재난·재해, 그 밖의 위급한 상황에 해당하는 것은 제외한다)에 대응하기 위하여 소방대를 출동시켜 다음 각 호의 활동(이하 "생활안전활동"이라 한다)을 하게 하여야 한다.
1. 붕괴, 낙하 등이 우려되는 고드름, 나무, 위험 구조물 등의 제거활동
2. 위해동물, 벌 등의 포획 및 퇴치 활동
3. 끼임, 고립 등에 따른 위험제거 및 구출 활동
4. 단전사고 시 비상전원 또는 조명의 공급
5. 그 밖에 방치하면 급박해질 우려가 있는 위험을 예방하기 위한 활동

정답 92.② 93.③

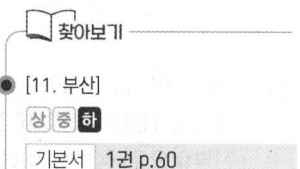

94 「소방기본법 시행규칙」상 소방기본법에서의 소방교육·훈련의 종류가 아닌 것은?

① 인명대피훈련 ② 응급처치훈련
③ 화재진압훈련 ④ 수습복구훈련

[11. 부산]

95 「소방기본법 시행규칙」상 소방청장, 소방본부장 또는 소방서장은 소방업무를 전문적이고 효율적으로 수행하기 위하여 소방대원에게 필요한 교육·훈련을 실시하여야 한다. 다음 중 소방대원에게 실시하는 소방교육·훈련 중 현장지휘훈련을 받는 사람은?

① 소방위 ② 소방사
③ 소방장 ④ 소방준감

[11. 통합]

96 「소방기본법 시행규칙」상 현장지휘훈련을 받아야 할 소방공무원의 계급으로 옳은 것은?

① 소방장 ② 소방위
③ 소방준감 ④ 소방총감

[24. 경채, 공채]

해설

94 ①②③ 외에 현장지휘훈련, 인명구조훈련이 있다(규칙 별표 3의2).

95 ① 현장지휘훈련은 소방위, 소방경, 소방령, 소방정이 받는다(규칙 별표 3의2).

96 ▶ 소방기본법 시행규칙 별표 3의2 【소방대원에게 실시할 교육·훈련의 종류 등】
⑤ 현장지휘훈련 : 소방위·소방경·소방령 및 소방정

정답 94.④ 95.① 96.②

97 「소방기본법」제17조 제2항에 따르면 소방청장, 소방본부장 또는 소방서장은 화재를 예방하고 화재 발생 시 인명과 재산피해를 최소화하기 위하여 행정안전부령으로 정하는 바에 따라 소방안전에 관한 교육과 훈련을 실시할 수 있다. 그 대상으로 옳지 않은 것은?

① 「노인복지법」제27조의2에 따른 홀로 사는 노인
② 「유아교육법」제2조에 따른 유치원의 유아
③ 「초·중등교육법」제2조에 따른 학교의 학생
④ 「영유아보육법」제2조에 따른 어린이집의 영유아

98 「소방기본법」상 다음 중 소방안전교육사의 수행업무가 아닌 것은?

① 기획
② 진행
③ 분석
④ 평가
⑤ 홍보

해설 97 ① 「노인복지법」제27조의2에 따른 홀로 사는 노인
→ 해당하지 않는다.

▶ 소방교육·훈련(법 제17조 제2항)
② 소방청장, 소방본부장 또는 소방서장은 화재를 예방하고 화재 발생 시 인명과 재산피해를 최소화하기 위하여 다음 각 호에 해당하는 사람을 대상으로 행정안전부령으로 정하는 바에 따라 소방안전에 관한 교육과 훈련을 실시할 수 있다. 이 경우 소방청장, 소방본부장 또는 소방서장은 해당 어린이집·유치원·학교의 장 또는 장애인복지시설의 장과 교육 일정 등에 관하여 협의하여야 한다.
  1. 「영유아보육법」제2조에 따른 어린이집의 영유아
  2. 「유아교육법」제2조에 따른 유치원의 유아
  3. 「초·중등교육법」제2조에 따른 학교의 학생
  4. 「장애인복지법」제58조에 따른 장애인복지시설에 거주하거나 해당 시설을 이용하는 장애인

98 소방안전교육사는 소방안전교육의 기획·진행·분석·평가 및 교수업무를 수행한다(법 제17조의2 제2항).

정답 97.① 98.⑤

99 다음 중 소방안전교육사에 관한 내용으로 틀린 것은? (단, 법령상 기준)
① 소방청장은 소방안전교육사시험을 시행하려는 때에는 응시자격·시험과목·일시·장소 및 응시절차 등에 관하여 필요한 사항을 모든 응시 희망자가 알 수 있도록 소방안전교육사시험의 시행일 90일 전까지 소방청의 인터넷 홈페이지 등에 공고해야 한다.
② 소방청장은 소방안전교육사시험 응시자격심사, 출제 및 채점을 위하여 소방경 이상의 소방공무원을 응시자격심사위원 및 시험위원으로 임명 또는 위촉해야 한다.
③ 소방청장은 소방안전교육사시험에서 부정행위를 한 사람에 대하여는 해당 시험을 정지시키거나 무효로 처리하고, 정지되거나 무효로 처리된 사람은 그 처분이 있은 날부터 2년간 소방안전교육사시험에 응시하지 못한다.
④ 시험위원 중 출제위원은 시험과목별 3명, 채점위원은 5명으로 한다.

[13. 특채]
기본서 1권 p.66~67

100 다음 중 소방안전교육사의 응시자격 기준으로 틀린 것은?
① 「학점인정 등에 관한 법률」 제3조에 따라 학습과정의 평가인정을 받은 교육훈련기관에서 교육학과, 응급구조학과, 의학과, 간호학과 또는 소방안전 관련 학과 등 소방청장이 고시하는 학과에 개설된 교과목 중 소방안전교육과 관련하여 소방청장이 정하여 고시하는 교과목을 총 6학점 이상 이수한 사람
② 소방공무원으로 5년 이상 근무한 경력이 있는 사람
③ 「유아교육법」에 따라 교원의 자격을 취득한 사람
④ 소방공무원으로서 중앙소방학교 또는 지방소방학교에서 2주 이상의 소방안전교육사 관련 전문교육과정을 이수한 사람

[13. 전북특]
기본서 1권 p.65

해설 **99** ② 소방청장은 소방안전교육사시험 응시자격심사, 출제 및 채점을 위하여 <u>소방위 이상</u>의 소방공무원을 응시자격심사위원 및 시험위원으로 임명 또는 위촉해야 한다(영 제7조의5 제1항).

100 ② 소방공무원으로 <u>3년</u> 이상 근무한 경력이 있는 사람(영 별표 2의2)

정답 99.② 100.②

101 다음 중 소방안전교육사의 결격사유의 기준으로 가장 옳지 않은 것은?

① 금고 이상의 실형을 선고받고 그 집행이 면제된 날부터 5년이 지나지 아니한 사람
② 금고 이상의 형의 집행유예를 선고받고 그 유예기간 중에 있는 사람
③ 법원의 판결 또는 다른 법률에 따라 자격이 정지되거나 상실된 사람
④ 피성년후견인

[11. 서울]

102 다음 중 소방안전교육사의 배치기준으로 옳은 것은?

① 소방청 1명 이상
② 소방서 3명 이상
③ 한국소방안전원 시·도지부 3명 이상
④ 한국소방산업기술원 2명 이상

[12. 중앙]

해설

101 ① 금고 이상의 실형을 선고받고 그 집행이 끝나거나 집행이 면제된 날부터 <u>2년</u>이 지나지 아니한 사람이 결격사유이다.

▶ 소방안전교육사의 결격사유(법 제17조의3)
1. 피성년후견인
2. 금고 이상의 실형을 선고받고 그 집행이 끝나거나(집행이 끝난 것으로 보는 경우를 포함한다) 집행이 면제된 날부터 2년이 지나지 아니한 사람
3. 금고 이상의 형의 집행유예를 선고받고 그 유예기간 중에 있는 사람
4. 법원의 판결 또는 다른 법률에 따라 자격이 정지되거나 상실된 사람

102 ▶ 소방안전교육사의 배치대상별 배치기준(영 별표 2의3)

배치대상	배치기준(단위 : 명)
① 소방청, 소방본부, 한국소방산업기술원	2 이상
② 소방서	1 이상
③ 한국소방안전원	본회 : 2 이상 시·도지부 : 1 이상

정답 101.① 102.④

103 다음은 소방안전교육사의 배치기준으로 옳지 않은 것은?
① 소방서 – 2명 이상
② 소방청 – 2명 이상
③ 한국소방안전원 본회 – 2명 이상
④ 한국소방산업기술원 – 2명 이상

104 다음 중 소방안전교육사의 배치대상별 배치기준으로 맞는 것은?
① 소방청 : 2명 이상, 소방본부 : 1명 이상
② 소방청 : 2명 이상, 한국소방산업기술원 : 2명 이상
③ 소방청 : 2명 이상, 소방서 : 2명 이상
④ 소방청 : 2명 이상, 한국소방안전원 본회 : 1명 이상

해설 103 ▶ 소방안전교육사의 배치대상별 배치기준(영 별표 2의3)

배치대상	배치기준(단위 : 명)
① 소방청, 소방본부, 한국소방산업기술원	2 이상
② 소방서	1 이상
③ 한국소방안전원	본회 : 2 이상 시·도지부 : 1 이상

104 ▶ 소방안전교육사의 배치대상별 배치기준(영 별표 2의3)

배치대상	배치기준(단위 : 명)
① 소방청, 소방본부, 한국소방산업기술원	2 이상
② 소방서	1 이상
③ 한국소방안전원	본회 : 2 이상 시·도지부 : 1 이상

정답 103.① 104.②

소방관계법규

105 「소방기본법 시행령」상 소방안전교육사의 배치대상별 배치기준에 관한 설명이다. ( ) 안의 내용으로 옳은 것은?

> 소방안전교육사의 배치대상별 배치기준에 따르면 소방청 (가)명 이상, 소방본부 (나)명 이상, 소방서 (다)명 이상이다.

	(가)	(나)	(다)		(가)	(나)	(다)
①	1	1	1	②	1	2	2
③	2	1	2	④	2	2	1

[19. 경채]
상 중 **하**
기본서 1권 p.64

106 다음 중 소방안전교육사에 대한 설명으로 옳지 않은 것은?
① 소방안전교육사는 소방안전교육의 기획·진행·분석·평가 및 교수업무를 수행한다.
② 금고 이상의 실형을 선고받고 그 집행이 끝나거나(집행이 끝난 것으로 보는 경우를 포함한다) 집행이 면제된 날부터 2년이 지나지 아니한 사람은 결격사유에 해당한다.
③ 2급 응급구조사 자격을 취득한 후 응급의료 업무 분야에 2년 이상 종사한 사람은 응시 자격이 있다.
④ 제1차 시험과목은 소방학개론, 구급·응급처치론, 재난관리론 및 교육학개론 중 응시자가 선택하는 3과목, 제2차 시험과목은 국민안전교육 실무이다.

[18. 경채]
상 **중** 하
기본서 1권 p.64~66

해설

105 소방안전교육사의 배치대상별 배치기준에 따르면 소방청 (2)명 이상, 소방본부 (2)명 이상, 소방서 (1)명 이상이다.

▶ 소방안전교육사의 배치대상별 배치기준(영 별표 2의3)
소방청 : 2명 이상
소방본부 : 2명 이상
소방서 : 1명 이상
한국소방안전원 : 본회 2명 이상, 시·도지부 1명 이상
한국소방산업기술원 : 2명 이상

106 ③ 2급 응급구조사 자격을 취득한 후 응급의료 업무 분야에 <u>3년 이상</u> 종사한 사람은 응시 자격이 있다(영 별표 2의2).

정답 105.④ 106.③

107 「소방기본법 시행령」상 소방안전교육사시험 응시자격에 대한 설명으로 옳은 것은?

> ㉠ 「영유아보육법」제21조에 따라 보육교사 자격을 취득한 후 2년 이상의 보육업무 경력이 있는 사람
> ㉡ 「국가기술자격법」제2조 제3호에 따른 국가기술자격의 직무분야 중 안전관리 분야의 산업기사 자격을 취득한 후 안전관리 분야에 3년 이상 종사한 사람
> ㉢ 「의료법」제7조에 따라 간호조무사 자격을 취득한 후 간호업무 분야에 2년 이상 종사한 사람
> ㉣ 「응급의료에 관한 법률」제36조 제3항에 따라 2급 응급구조사 자격을 취득한 후 응급의료 업무 분야에 3년 이상 종사한 사람
> ㉤ 「소방공무원법」제2조에 따른 소방공무원으로 2년 이상 근무한 경력이 있는 사람
> ㉥ 「의용소방대 설치 및 운영에 관한 법률」제3조에 따라 의용소방대원으로 임명된 후 5년 이상 의용소방대 활동을 한 경력이 있는 사람

① ㉠, ㉢, ㉤
② ㉡, ㉣, ㉥
③ ㉢, ㉣, ㉤
④ ㉣, ㉤, ㉥

[19. 공채]

108 「소방기본법」 및 같은 법 시행령상 소방안전교육사와 관련된 규정의 내용으로 옳지 않은 것은?

① 소방안전교육사는 소방안전교육의 기획·진행·분석·평가 및 교수업무를 수행한다.
② 금고 이상의 형의 집행유예를 선고받고 그 유예기간 중에 있는 사람은 소방안전교육사가 될 수 없다.
③ 초등학교 등 교육기관에는 소방안전교육사를 1명 이상 배치하여야 한다.
④ 「유아교육법」에 따라 교원의 자격을 취득한 사람은 소방안전교육사 시험에 응시할 수 있다.

[20. 경채]

해설

107 ㉠ 「영유아보육법」제21조에 따라 보육교사 자격을 취득한 후 <u>3년 이상</u>의 보육업무 경력이 있는 사람
㉢ 「의료법」제7조에 따라 <u>간호사 면허</u>를 취득한 후 간호업무 분야에 1년 이상 종사한 사람
㉤ 소방공무원으로 <u>3년 이상</u> 근무한 경력이 있는 사람

108 ③ 소방서, 한국소방안전원 시·도지부의 소방안전교육사 배치인원은 1명 이상이다.

▶ 소방안전교육사의 배치대상별 배치기준(영 별표 2의3)

배치대상	배치기준(단위 : 명)
① 소방청, 소방본부, 한국소방산업기술원	2 이상
② 소방서	1 이상
③ 한국소방안전원	본회 : 2 이상 / 시·도지부 : 1 이상

정답 107.② 108.③

109 다음 소방신호 중 틀린 것은?

① 발화신호 – 화재 발생 시
② 경보신호 – 화재 예방상 필요 시
③ 훈련신호 – 훈련상 필요하다고 인정될 때
④ 해제신호 – 소화 활동상 필요 없을 시

[13. 경기]

110 다음 중 소방신호의 종류 및 방법에 대한 설명으로 옳지 않은 것은?

① 경계신호 : 1타와 연2타를 반복
② 발화신호 : 난타
③ 해제신호 : 상당한 간격을 두고 1타씩 반복
④ 소방대의 비상소집을 할 경우에는 훈련신호를 사용할 수 없다.

[15. 통합]

해설

109 ② 화재 예방상 필요 시에는 <u>경계신호</u>를 발령한다(규칙 제10조 제1항).

110 ④ 소방대의 비상소집을 하는 경우에는 훈련신호를 <u>사용할 수 있다</u>.

▶ 소방신호의 방법(규칙 별표 4)

신호 종별	타종신호	사이렌신호	그 밖의 신호
경계신호	1타와 연2타를 반복	5초 간격 30초씩 3회	'통풍대' '게시판' 적색 백색 화재 경보 발령 중
발화신호	난타	5초 간격 5초씩 3회	
해제신호	상당한 간격, 1타씩 반복	1분간 1회	'기' 적색 백색
훈련신호	연3타 반복	10초 간격 1분씩 3회	

비고
1. 소방신호의 방법은 그 전부 또는 일부를 함께 사용할 수 있다.
2. 게시판을 철거하거나 통풍대 또는 기를 내리는 것으로 소방활동이 해제되었음을 알린다.
3. 소방대의 비상소집을 하는 경우에는 훈련신호를 사용할 수 있다.

정답 109.② 110.④

111 다음 소방신호 중 사이렌신호 방법에 대한 설명으로 옳지 않은 것은?
① 경계신호 – 5초 간격 30초씩 3회
② 발화신호 – 5초 간격 5초씩 3회
③ 해제신호 – 1분간 1회
④ 훈련신호 – 5초 간격 1분씩 3회

[16. 통합]
기본서 1권 p.71

112 「소방기본법 시행규칙」상 소방신호에 대한 설명으로 옳은 것은?

종류	타종신호	사이렌신호
① 경계신호	1타와 연2타를 반복	5초 간격을 두고 30초씩 3회
② 발화신호	연3타를 반복 후 난타	5초 간격을 두고 5초씩 3회
③ 해제신호	연2타를 반복	1분간 1회
④ 훈련신호	연3타 반복	5초 간격을 두고 1분씩 3회

[18. 공채]
기본서 1권 p.71

해설

111 ④ 훈련신호 – 10초 간격 1분씩 3회(규칙 별표 4)

신호방법 종별	타종신호	사이렌신호
경계신호	1타와 연2타를 반복	5초 간격을 두고 30초씩 3회
발화신호	난타	5초 간격을 두고 5초씩 3회
해제신호	상당한 간격을 두고 1타씩 반복	1분간 1회
훈련신호	연3타 반복	10초 간격을 두고 1분씩 3회

112 ▶ 소방신호의 방법(규칙 별표 4)

신호방법 종별	타종신호	사이렌신호
경계신호	1타와 연2타를 반복	5초 간격을 두고 30초씩 3회
발화신호	난타	5초 간격을 두고 5초씩 3회
해제신호	상당한 간격을 두고 1타씩 반복	1분간 1회
훈련신호	연3타 반복	10초 간격을 두고 1분씩 3회

정답 111.④ 112.①

소방관계법규

113 「소방기본법 시행규칙」상 소방신호의 종류 및 방법에 관한 내용으로 옳은 것은?

① 해제신호의 타종신호 방법은 난타이다.
② 훈련신호의 타종신호 방법은 연3타 반복이다.
③ 발화신호의 사이렌신호 방법은 5초 간격을 두고 30초씩 3회이다.
④ 경계신호의 사이렌신호 방법은 10초 간격을 두고 30초씩 3회이다.

[24. 경채]
기본서 1권 p.71

해설 113
① 해제신호의 타종신호 방법은 상당한 간격, 1타씩 반복이다.
③ 발화신호의 사이렌신호 방법은 5초 간격 5초씩 3회이다.
④ 경계신호의 사이렌신호 방법은 5초 간격 30초씩 3회이다.

▶ 소방기본법 시행규칙 별표 4

신호방법 종별	타종신호	사이렌신호	그 밖의 신호
경계신호	1타와 연 2타를 반복	5초 간격 30초씩 3회	'통풍대' '게시판'
발화신호	난타	5초 간격 5초씩 3회	적색 / 백색 화재 경보 발령중
해제신호	상당한 간격, 1타씩 반복	1분간 1회	
훈련신호	연 3타 반복	10초 간격 1분씩 3회	'기' 적색 / 백색

정답 113.②

114 연막소독을 하려는 자가 시·도의 조례로 정하는 바에 따라 관할 소방본부장 또는 소방서장에게 신고하지 않아도 되는 지역은?

① 공장·창고가 밀집한 지역
② 아파트
③ 위험물의 저장 및 처리시설이 밀집한 지역
④ 목조건물이 밀집한 지역

115 연막소독을 하려는 자가 시·도의 조례로 정하는 바에 따라 관할 소방본부장 또는 소방서장에게 신고하지 않아도 되는 지역은?

① 석유화학제품을 생산하는 공장이 밀집한 지역
② 소방시설, 소방용수시설 또는 소방출동로가 없는 지역
③ 위험물의 저장 및 처리 시설이 밀집한 지역
④ 목조건물이 밀집한 지역 및 공장, 창고가 밀집한 지역

해설 114 ② 아파트는 연막소독 시 신고하지 않아도 되는 곳이다.

▶ 연막소독 시 신고지역(법 제19조 제2항)
1. 시장지역
2. 공장·창고가 밀집한 지역
3. 목조건물이 밀집한 지역
4. 위험물의 저장 및 처리시설이 밀집한 지역
5. 석유화학제품을 생산하는 공장이 있는 지역
6. 그 밖에 시·도의 조례로 정하는 지역 또는 장소

115 ② 소방시설, 소방용수시설 또는 소방출동로가 없는 지역은 화재예방강화지구 지정 대상지역에 해당한다(화재예방법 제18조 제1항).

▶ 연막소독 시 신고지역(법 제19조 제2항)
1. 시장지역
2. 공장·창고가 밀집한 지역
3. 목조건물이 밀집한 지역
4. 위험물의 저장 및 처리시설이 밀집한 지역
5. 석유화학제품을 생산하는 공장이 있는 지역
6. 그 밖에 시·도의 조례로 정하는 지역 또는 장소

정답 114.② 115.②

116 다음 중 「소방기본법」상 화재로 오인할 만한 우려가 있는 불을 피우거나 연막소독을 하려는 자가 시·도 조례로 정하는 바에 따라 소방본부장 또는 소방서장에게 신고하지 않아도 되는 지역은?

① 소방시설, 소방용수시설 또는 소방출동로가 없는 지역
② 목조건축물이 밀집한 지역
③ 석유화학제품을 생산하는 공장이 있는 지역
④ 시장지역

[18. 경채]

기본서 1권 p.72

해설 116 ①은 화재예방강화지구의 지정 대상지역이다(화재예방법 제18조 제1항).

▶ 화재 등의 통지(법 제19조)
① 화재 현장 또는 구조·구급이 필요한 사고 현장을 발견한 사람은 그 현장의 상황을 소방본부, 소방서 또는 관계 행정기관에 지체 없이 알려야 한다.
② 다음 각 호의 어느 하나에 해당하는 지역 또는 장소에서 화재로 오인할 만한 우려가 있는 불을 피우거나 연막(煙幕)소독을 하려는 자는 시·도의 조례로 정하는 바에 따라 관할 소방본부장 또는 소방서장에게 신고하여야 한다.
  1. 시장지역
  2. 공장·창고가 밀집한 지역
  3. 목조건물이 밀집한 지역
  4. 위험물의 저장 및 처리시설이 밀집한 지역
  5. 석유화학제품을 생산하는 공장이 있는 지역
  6. 그 밖에 시·도의 조례로 정하는 지역 또는 장소

정답 116.①

117 「소방기본법」상 화재로 오인할 만한 우려가 있는 불을 피우거나 연막(煙幕) 소독을 하려는 자가 시·도의 조례로 정하는 바에 따라 관할 소방본부장 또는 소방서장에게 신고해야 하는 지역으로 옳지 않은 것은? (단, 각 시·도에서 별도로 정하는 지역은 제외한다)

① 공장·창고가 밀집한 지역
② 노후·불량 건축물이 밀집한 지역
③ 위험물의 저장 및 처리시설이 밀집한 지역
④ 석유화학제품을 생산하는 공장이 있는 지역

[24. 경채, 공채]
기본서 1권 p.72

118 소방자동차의 우선 통행에 대한 설명으로 옳지 않은 것은?

① 소방자동차의 우선 통행은 도로교통법에 따른다.
② 모든 차와 사람은 소방자동차가 화재진압 및 구조·구급활동을 위하여 출동할 때에는 이를 방해하여서는 아니 된다.
③ 모든 차와 사람은 소방자동차가 화재진압 및 구조·구급활동을 위하여 사이렌을 사용하여 출동하는 경우 소방자동차에 진로를 양보하지 아니하는 행위를 하여서는 아니 된다.
④ 사이렌은 구조·구급 활동을 위하여 출동하는 경우만 사용한다.

[14. 중앙특]
기본서 1권 p.75

해설

117 ② – 화재예방강화지구 지정 대상지역에 해당한다.

▶ 소방기본법 제19조 제2항
① 화재 현장 또는 구조·구급이 필요한 사고 현장을 발견한 사람은 그 현장의 상황을 소방본부, 소방서 또는 관계 행정기관에 지체 없이 알려야 한다.
② 다음 각 호의 어느 하나에 해당하는 지역 또는 장소에서 화재로 오인할 만한 우려가 있는 불을 피우거나 연막(煙幕) 소독을 하려는 자는 시·도의 조례로 정하는 바에 따라 관할 소방본부장 또는 소방서장에게 신고하여야 한다.
 1. 시장지역
 2. 공장·창고가 밀집한 지역
 3. 목조건물이 밀집한 지역
 4. 위험물의 저장 및 처리시설이 밀집한 지역
 5. 석유화학제품을 생산하는 공장이 있는 지역
 6. 그 밖에 시·도의 조례로 정하는 지역 또는 장소

118 ④ 소방자동차가 화재진압 및 구조·구급 활동을 위하여 출동하거나 훈련을 위하여 필요할 때에는 사이렌을 사용할 수 있다(법 제21조 제2항).

정답 117.② 118.④

119 「소방기본법」상 규정하고 있는 소방자동차의 우선 통행 등에 대한 설명으로 옳지 않은 것은?

① 모든 차와 사람은 소방자동차가 화재진압 및 구조·구급 활동을 위하여 출동을 할 때에는 이를 방해하여서는 아니 된다.
② 「소방기본법」에서 정하는 경우를 제외한 소방자동차의 우선 통행에 관하여는 「자동차 관리법」에서 정하는 바에 따른다.
③ 소방자동차는 화재진압 및 구조·구급 활동을 위하여 출동하거나 훈련을 위하여 필요할 때에는 사이렌을 사용할 수 있다.
④ 소방자동차의 화재진압 출동을 방해한 자는 5년 이하의 징역 또는 5천만 원 이하의 벌금에 처한다.

[18. 경채]
상 중 하
기본서 1권 p.75

해설 119 ② 「소방기본법」에서 정하는 경우를 제외한 소방자동차의 우선 통행에 관하여는 ~~「자동차관리법」~~에서 정하는 바에 따른다.
→ 「도로교통법」

▶ 소방자동차의 우선 통행 등(법 제21조)
① 모든 차와 사람은 소방자동차(지휘를 위한 자동차와 구조·구급차를 포함한다. 이하 같다)가 화재진압 및 구조·구급 활동을 위하여 출동을 할 때에는 이를 방해하여서는 아니 된다.
② 소방자동차가 화재진압 및 구조·구급 활동을 위하여 출동하거나 훈련을 위하여 필요할 때에는 사이렌을 사용할 수 있다.
③ 모든 차와 사람은 소방자동차가 화재진압 및 구조·구급 활동을 위하여 제2항에 따라 사이렌을 사용하여 출동하는 경우에는 다음 각 호의 행위를 하여서는 아니 된다.
  1. 소방자동차에 진로를 양보하지 아니하는 행위
  2. 소방자동차 앞에 끼어들거나 소방자동차를 가로막는 행위
  3. 그 밖에 소방자동차의 출동에 지장을 주는 행위
④ 제3항의 경우를 제외하고 소방자동차의 우선 통행에 관하여는 「도로교통법」에서 정하는 바에 따른다.

정답 119.②

120 「소방기본법」상 소방자동차가 화재진압을 위하여 출동하는 경우 소방자동차의 우선 통행에 관한 내용으로 옳지 않은 것은?

① 모든 차와 사람은 소방자동차가 화재진압을 위하여 출동을 할 때에는 이를 방해하여서는 아니 된다.
② 소방자동차가 화재진압을 위하여 출동하거나 훈련을 위하여 필요할 때에는 사이렌을 사용할 수 있다.
③ 모든 차와 사람은 소방자동차가 화재진압을 위하여 사이렌을 사용하여 출동하는 경우에는 소방자동차에 진로를 양보하지 아니하는 행위를 하여서는 아니 된다.
④ 모든 차와 사람은 소방자동차가 화재진압을 위하여 사이렌을 사용하여 출동하는 경우 소방자동차의 우선 통행에 관하여는 「교통안전법」에서 정하는 바에 따른다.

[20. 경채]

기본서 1권 p.75

해설 120

④ 모든 차와 사람은 소방자동차가 화재진압을 위하여 사이렌을 사용하여 출동하는 경우 소방자동차의 우선 통행에 관하여는 「교통안전법」에서 정하는 바에 따른다(법 제21조 제4항). → 「도로교통법」

▶ 소방자동차의 우선 통행 등(법 제21조)
① 모든 차와 사람은 소방자동차(지휘를 위한 자동차와 구조·구급차를 포함한다. 이하 같다)가 화재진압 및 구조·구급 활동을 위하여 출동을 할 때에는 이를 방해하여서는 아니 된다.
② 소방자동차가 화재진압 및 구조·구급 활동을 위하여 출동하거나 훈련을 위하여 필요할 때에는 사이렌을 사용할 수 있다.
③ 모든 차와 사람은 소방자동차가 화재진압 및 구조·구급 활동을 위하여 제2항에 따라 사이렌을 사용하여 출동하는 경우에는 다음 각 호의 행위를 하여서는 아니 된다.
　1. 소방자동차에 진로를 양보하지 아니하는 행위
　2. 소방자동차 앞에 끼어들거나 소방자동차를 가로막는 행위
　3. 그 밖에 소방자동차의 출동에 지장을 주는 행위
④ 제3항의 경우를 제외하고 소방자동차의 우선 통행에 관하여는 「도로교통법」에서 정하는 바에 따른다.

정답 120.④

소방관계법규

121 다음 중 소방대의 긴급통행으로 옳은 것은?
① 소방대는 화재, 재난·재해, 그 밖의 위급한 상황이 발생한 현장에 신속하게 출동하기 위하여 긴급할 때에는 일반적인 통행에 쓰이지 아니하는 도로·빈터 또는 물 위로 통행할 수 있다.
② 모든 차와 사람은 소방자동차(지휘를 위한 자동차와 구조·구급차 포함)가 화재진압 및 구조·구급 활동을 위하여 출동을 할 때에는 이를 방해하여서는 아니된다.
③ 소방자동차의 우선 통행에 관하여는 「도로교통법」에서 정하는 바에 따른다.
④ 소방자동차가 화재진압 및 구조·구급 활동을 위하여 출동하거나 훈련시에는 사이렌을 사용할 수 있다.

[12. 중앙]
상 **중** 하
기본서 1권 p.75, p.79

122 「소방기본법 시행령」상 규정하는 소방자동차 전용구역 방해행위 기준으로 옳지 않은 것은?
① 전용구역에 물건 등을 쌓거나 주차하는 행위
② 「주차장법」 제19조에 따른 부설주차장의 주차구획 내에 주차하는 행위
③ 전용구역 진입로에 물건 등을 쌓거나 주차하여 전용구역으로의 진입을 가로막는 행위
④ 전용구역 노면표지를 지우거나 훼손하는 행위

[18. 경채]
상 **중** 하
기본서 1권 p.71~72

해설

121 ① 소방대는 화재, 재난, 재해 그 밖의 위급한 상황이 발생한 현장에 신속하게 출동하기 위하여 긴급할 때에는 일반적인 통행에 쓰이지 아니하는 도로·빈터 또는 물 위로 통행할 수 있다(소방대의 긴급통행)(법 제22조).
②③④는 소방자동차의 우선 통행에 대한 설명이다(법 제21조).

122 ② 「주차장법」 제19조에 따른 부설주차장의 주차구획 내에 주차하는 경우는 <u>제외</u>한다.

▶ 소방자동차 전용구역 등(법 제21조의2)
① 「건축법」 제2조 제2항 제2호에 따른 공동주택 중 대통령령으로 정하는 공동주택의 건축주는 제16조 제1항에 따른 소방활동의 원활한 수행을 위하여 공동주택에 소방자동차 전용구역(이하 "전용구역"이라 한다)을 설치하여야 한다.
② 누구든지 전용구역에 차를 주차하거나 전용구역에의 진입을 가로막는 등의 방해행위를 하여서는 아니 된다.
③ 전용구역의 설치 기준·방법, 제2항에 따른 방해행위의 기준, 그 밖의 필요한 사항은 대통령령으로 정한다.

▶ 전용구역 방해행위의 기준(영 제7조의14)
법 제21조의2 제2항에 따른 방해행위의 기준은 다음 각 호와 같다.
1. 전용구역에 물건 등을 쌓거나 주차하는 행위
2. 전용구역의 앞면, 뒷면 또는 양 측면에 물건 등을 쌓거나 주차하는 행위. 다만, 「주차장법」 제19조에 따른 부설주차장의 주차구획 내에 주차하는 경우는 제외한다.
3. 전용구역 진입로에 물건 등을 쌓거나 주차하여 전용구역으로의 진입을 가로막는 행위
4. 전용구역 노면표지를 지우거나 훼손하는 행위
5. 그 밖의 방법으로 소방자동차가 전용구역에 주차하는 것을 방해하거나 전용구역으로 진입하는 것을 방해하는 행위

정답 121.① 122.②

123 「소방기본법」 및 같은 법 시행령상 소방자동차 전용구역의 설치 등에 관한 설명으로 옳지 않은 것은?

① 세대수가 100세대 이상인 아파트에는 소방자동차 전용구역을 설치하여야 한다.
② 소방본부장 또는 소방서장은 소방자동차가 접근하기 쉽고 소방활동이 원활하게 수행될 수 있도록 공동주택의 각 동별 전면 또는 후면에 소방자동차 전용구역을 1개소 이상 설치하여야 한다.
③ 전용구역 노면표지 도료의 색채는 황색을 기본으로 하되, 문자(P, 소방차 전용)는 백색으로 표시한다.
④ 소방자동차 전용구역에 차를 주차하거나 전용구역에의 진입을 가로막는 등의 방해행위를 한 자에게는 100만 원 이하의 과태료를 부과한다.

[19. 경채]
기본서 1권 p.76~77

해설 123 ② 공동주택의 건축주는 소방자동차가 접근하기 쉽고 소방활동이 원활하게 수행될 수 있도록 공동주택의 각 동별 전면 또는 후면에 소방자동차 전용구역을 1개소 이상 설치하여야 한다.

▶ 소방자동차 전용구역 설치 대상(영 제7조의12)
법 제21조의2 제1항에서 "대통령령으로 정하는 공동주택"이란 다음 각 호의 주택을 말한다. 다만, 하나의 대지에 하나의 동(棟)으로 구성되고 「도로교통법」 제32조 또는 제33조에 따라 정차 또는 주차가 금지된 편도 2차선 이상의 도로에 직접 접하여 소방자동차가 도로에서 직접 소방활동이 가능한 공동주택은 제외한다.
1. 「건축법 시행령」 별표 1 제2호 가목의 아파트 중 세대수가 100세대 이상인 아파트
2. 「건축법 시행령」 별표 1 제2호 라목의 기숙사 중 3층 이상의 기숙사

▶ 소방자동차 전용구역의 설치 기준·방법(영 제7조의13 제1항)
① 제7조의12 각 호 외의 부분 본문에 따른 공동주택의 건축주는 소방자동차가 접근하기 쉽고 소방활동이 원활하게 수행될 수 있도록 각 동별 전면 또는 후면에 소방자동차 전용구역(이하 "전용구역"이라 한다)을 1개소 이상 설치해야 한다. 다만, 하나의 전용구역에서 여러 동에 접근하여 소방활동이 가능한 경우로서 소방청장이 정하는 경우에는 각 동별로 설치하지 아니할 수 있다.

▶ 전용구역의 설치 방법(영 별표 2의5)
비고
1. 전용구역 노면표지의 외곽선은 빗금무늬로 표시하되, 빗금은 두께를 30센티미터로 하여 50센티미터 간격으로 표시한다.
2. 전용구역 노면표지 도료의 색채는 황색을 기본으로 하되, 문자(P, 소방차 전용)는 백색으로 표시한다.

▶ 과태료(법 제56조 제3항)
③ 제21조의2 제2항을 위반하여 전용구역에 차를 주차하거나 전용구역에의 진입을 가로막는 등의 방해행위를 한 자에게는 100만 원 이하의 과태료를 부과한다.

정답 123.②

소방관계법규

124 「소방기본법 시행령」상 소방자동차 전용구역에 대한 내용으로 옳은 것은?

① 「건축법 시행령」상의 모든 아파트는 소방자동차 전용구역 설치 대상이다.
② 「주차장법」 제19조에 따른 부설주차장의 주차구획 내에 주차하는 것은 전용구역 방해행위에 해당한다.
③ 전용구역 노면표지 도료의 색채는 황색을 기본으로 하되, 문자(P, 소방차 전용)는 백색으로 표시한다.
④ 소방자동차 전용구역 설치 대상인 공동주택의 건축주는 각 동별 전면과 후면에 소방자동차 전용구역을 각 1개소 이상 예외 없이 설치하여야 한다.

[21. 경채]
상 중 하
기본서 1권 p.76~77

해설 124

① 「건축법 시행령」상의 ~~모든 아파트~~는 소방자동차 전용구역 설치 대상이다.
 → 100세대 이상인 아파트
② 「주차장법」 제19조에 따른 부설주차장의 주차구획 내에 주차하는 것은 전용구역 방해행위에 해당한다.
 → 제외
④ 소방자동차 전용구역 설치 대상인 공동주택의 건축주는 각 동별 전면과 후면에 소방자동차 전용구역을 각 1개소 이상 ~~예외 없이~~ 설치하여야 한다.
 → 전면 또는 후면, 하나의 전용구역에서 여러 동에 접근하여 소방활동이 가능한 경우로서 소방청장이 정하는 경우에는 각 동별로 설치하지 아니할 수 있다.

▶ 소방자동차 전용구역 설치 대상(영 제7조의12)
법 제21조의2 제1항에서 "대통령령으로 정하는 공동주택"이란 다음 각 호의 주택을 말한다. 다만, 하나의 대지에 하나의 동(棟)으로 구성되고 「도로교통법」 제32조 또는 제33조에 따라 정차 또는 주차가 금지된 편도 2차선 이상의 도로에 직접 접하여 소방자동차가 도로에서 직접 소방활동이 가능한 공동주택은 제외한다.
1. 「건축법 시행령」 별표 1 제2호 가목의 아파트 중 세대수가 100세대 이상인 아파트
2. 「건축법 시행령」 별표 1 제2호 라목의 기숙사 중 3층 이상의 기숙사

▶ 소방자동차 전용구역의 설치 기준·방법(영 제7조의13)
① 제7조의12 각 호 외의 부분 본문에 따른 공동주택의 건축주는 소방자동차가 접근하기 쉽고 소방활동이 원활하게 수행될 수 있도록 각 동별 전면 또는 후면에 소방자동차 전용구역(이하 "전용구역"이라 한다)을 1개소 이상 설치해야 한다. 다만, 하나의 전용구역에서 여러 동에 접근하여 소방활동이 가능한 경우로서 소방청장이 정하는 경우에는 각 동별로 설치하지 않을 수 있다.
② 전용구역의 설치 방법은 별표 2의5와 같다.

▶ 전용구역 방해행위의 기준(영 제7조의14)
법 제21조의2 제2항에 따른 방해행위의 기준은 다음 각 호와 같다.
1. 전용구역에 물건 등을 쌓거나 주차하는 행위
2. 전용구역의 앞면, 뒷면 또는 양 측면에 물건 등을 쌓거나 주차하는 행위. 다만, 「주차장법」 제19조에 따른 부설주차장의 주차구획 내에 주차하는 경우는 제외한다.
3. 전용구역 진입로에 물건 등을 쌓거나 주차하여 전용구역으로의 진입을 가로막는 행위
4. 전용구역 노면표지를 지우거나 훼손하는 행위
5. 그 밖의 방법으로 소방자동차가 전용구역에 주차하는 것을 방해하거나 전용구역으로 진입하는 것을 방해하는 행위

▶ 전용구역 설치 방법(영 별표 2의5 비고)
1. 전용구역 노면표지의 외곽선은 빗금무늬로 표시하되, 빗금은 두께를 30센티미터로 하여 50센티미터 간격으로 표시한다.
2. 전용구역 노면표지 도료의 색채는 황색을 기본으로 하되, 문자(P, 소방차 전용)는 백색으로 표시한다.

정답 124.③

125 「소방기본법」 및 같은 법 시행령상 소방자동차 전용구역 등에 대한 내용으로 옳지 않은 것은?

① 소방자동차 전용구역의 설치 기준·방법, 방해행위의 기준, 그 밖에 필요한 사항은 대통령령으로 정한다.
② 전용구역에 주차하거나 전용구역에의 진입을 가로막는 등의 방해행위를 한 자에게는 200만 원 이하의 과태료를 부과한다.
③ 「건축법 시행령」 별표 1 제2호 가목의 아파트 중 세대수가 100세대 이상인 아파트의 건축주는 소방활동의 원활한 수행을 위하여 공동주택에 소방자동차 전용구역을 설치하여야 한다.
④ 「건축법 시행령」 별표 1 제2호 라목의 기숙사 중 3층인 기숙사가 하나의 대지에 하나의 동(棟)으로 구성되고, 「도로교통법」 제32조 또는 제33조에 따라 정차 또는 주차가 금지된 편도 2차선 이상의 도로에 직접 접하여 소방자동차가 도로에서 직접 소방활동이 가능한 경우 소방자동차 전용구역 설치대상에서 제외한다.

[22. 공채]
기본서 1권 p.76~77

해설 125 ② 전용구역에 주차하거나 전용구역에의 진입을 가로막는 등의 방해행위를 한 자에게는 ~~200만 원~~ 이하의 과태료를 부과한다(법 제56조 제3항).
→ 100만 원

정답 125. ②

소방관계법규

126 「소방기본법 시행령」상 소방자동차 전용구역의 설치 방법에 관한 내용이다. ( ) 안에 들어갈 내용으로 옳은 것은?

- 전용구역 노면표지의 외곽선은 빗금무늬로 표시하되, 빗금은 두께를 (ㄱ)센티미터로 하여 (ㄴ)센티미터 간격으로 표시한다.
- 전용구역 노면표지 도료의 색채는 (ㄷ)을 기본으로 하되, 문자(P, 소방차 전용)는 백색으로 표시한다.

	ㄱ	ㄴ	ㄷ		ㄱ	ㄴ	ㄷ
①	20	40	황색	②	20	40	적색
③	30	50	황색	④	30	50	적색

[23. 경채]

127 「소방기본법 시행령」상 소방자동차 전용구역 방해행위의 기준에 관한 내용으로 옳지 않은 것은?

① 전용구역의 앞면, 뒷면 또는 양 측면에 물건 등을 쌓거나 주차하는 행위
② 「주차장법」 제19조에 따른 부설주차장의 주차구획 내에 주차하는 행위
③ 전용구역 진입로에 물건 등을 쌓거나 주차하여 전용구역으로의 진입을 가로막는 행위
④ 전용구역 노면표지를 지우거나 훼손하는 행위

[23. 경채]

해설 126
▶영 별표 2의5
1. 전용구역 노면표지의 외곽선은 빗금무늬로 표시하되, 빗금은 두께를 30센티미터로 하여 50센티미터 간격으로 표시한다.
2. 전용구역 노면표지 도료의 색채는 황색을 기본으로 하되, 문자(P, 소방차 전용)는 백색으로 표시한다.

127 ②는 제외한다.

▶영 제7조의14
2. 전용구역의 앞면, 뒷면 또는 양 측면에 물건 등을 쌓거나 주차하는 행위. 다만, 「주차장법」 제19조에 따른 부설주차장의 주차구획 내에 주차하는 경우는 제외한다.

정답 126.③ 127.②

128 다음 중 소방활동구역에 출입할 수 없는 사람은?
① 전기, 가스, 수도, 교통, 기계 등의 업무에 종사하며 원활한 소방활동을 위하여 필요한 사람
② 소방활동구역 안의 관계인
③ 취재인력 등 보도업무에 종사하는 사람
④ 소방대장이 소방활동을 위하여 출입을 허가한 사람

129 다음 중 소방활동구역에 출입할 수 없는 사람은?
① 취재인력 등 보도업무에 종사하는 사람
② 경찰서장이 소방활동을 위하여 출입을 허가한 사람
③ 통신·교통의 업무에 종사하는 자로서 원활한 소방활동을 위하여 필요한 사람
④ 구조·구급업무에 종사하는 사람

[11. 전남]

기본서 1권 p.80

[12. 전북]

기본서 1권 p.80

해설 **128** ① 기계의 업무에 종사하는 사람은 출입할 수 없다.

▶ 소방활동구역의 출입자(영 제8조)
1. 소방활동구역 안에 있는 소방대상물의 소유자·관리자 또는 점유자
2. <u>전기·가스·수도·통신·교통의 업무에 종사하는 사람으로서 원활한 소방활동을 위하여 필요한 사람</u>
3. 의사·간호사 그 밖의 구조·구급업무에 종사하는 사람
4. 취재인력 등 보도업무에 종사하는 사람
5. 수사업무에 종사하는 사람
6. 그 밖에 소방대장이 소방활동을 위하여 출입을 허가한 사람

129 ② 경찰서장이 아니라 <u>소방대장이 출입을 허가한 사람</u>이어야 한다.

▶ 소방활동구역의 출입자(영 제8조)
1. 소방활동구역 안에 있는 소방대상물의 소유자·관리자 또는 점유자
2. 전기·가스·수도·통신·교통의 업무에 종사하는 사람으로서 원활한 소방활동을 위하여 필요한 사람
3. 의사·간호사 그 밖의 구조·구급업무에 종사하는 사람
4. 취재인력 등 보도업무에 종사하는 사람
5. 수사업무에 종사하는 사람
6. 그 밖에 소방대장이 소방활동을 위하여 출입을 허가한 사람

정답 128.① 129.②

130 다음 중 소방활동구역을 출입할 수 없는 사람은?
① 소방활동구역 내 소방대상물의 소유자·관리자·점유자
② 전기·통신·가스·교통 업무에 종사한 자로서 원활한 소방활동을 위하여 필요한 사람
③ 구조·구급 업무에 종사하는 사람
④ 의용소방대장이 정하는 사람

[12. 중앙]

기본서 1권 p.80

131 다음 중 「소방기본법 시행령」상 소방활동구역에 출입할 수 없는 사람은?
① 취재인력 등 보도업무에 종사하는 사람
② 수사업무에 종사하는 사람
③ 전기·가스·수도·통신·교통의 업무에 종사하는 사람으로 원활한 소방활동을 위하여 필요한 사람
④ 소방대상물과 가까운 소방대상물의 관계인

[18. 경채]

기본서 1권 p.80

해설 130 ④ 의용소방대장이 아닌 소방대장이다.

▶ 소방활동구역의 출입자(영 제8조)
1. 소방활동구역 안에 있는 소방대상물의 소유자·관리자 또는 점유자
2. 전기·가스·수도·통신·교통의 업무에 종사하는 사람으로서 원활한 소방활동을 위하여 필요한 사람
3. 의사·간호사 그 밖의 구조·구급업무에 종사하는 사람
4. 취재인력 등 보도업무에 종사하는 사람
5. 수사업무에 종사하는 사람
6. 그 밖에 소방대장이 소방활동을 위하여 출입을 허가한 사람

131 ④ 소방활동구역 안에 있는 소방대상물의 관계인이다(영 제8조).

정답 130.④ 131.④

132 「소방기본법 시행령」상 소방활동구역의 출입자로 옳지 않은 것은?

① 소방활동구역 안에 있는 소방대상물의 관계인
② 구조·구급업무에 종사하는 사람
③ 수사업무에 종사하는 사람
④ 시·도지사가 출입을 허가한 사람

[19. 경채]

기본서 1권 p.80

해설 132 ④ 소방대장이 출입을 허가한 사람

▶ 소방활동구역의 출입자(영 제8조)
법 제23조 제1항에서 "대통령령으로 정하는 사람"이란 다음 각 호의 사람을 말한다.
1. 소방활동구역 안에 있는 소방대상물의 소유자·관리자 또는 점유자
2. 전기·가스·수도·통신·교통의 업무에 종사하는 사람으로서 원활한 소방활동을 위하여 필요한 사람
3. 의사·간호사 그 밖의 구조·구급업무에 종사하는 사람
4. 취재인력 등 보도업무에 종사하는 사람
5. 수사업무에 종사하는 사람
6. 그 밖에 소방대장이 소방활동을 위하여 출입을 허가한 사람

정답 132.④

133 다음 중 소방활동 업무 등에 대한 설명으로 옳지 않은 것은?

① 소방활동 업무를 돕다가 사망하거나 부상을 입은 경우에는 소방청장 또는 시·도지사가 보상한다.
② 소방활동에 종사한 관계인은 시·도지사로부터 비용을 지급받을 수 있다.
③ 소방서장은 관할구역에 사는 사람에게 인명구출, 화재진압을 명할 수 있다.
④ 소방활동시 방해하면 5년 이하의 징역 또는 5천만 원 이하의 벌금에 해당된다.

[17. 중앙]
기본서 1권 p.81, p.103

해설 133
▶ 소방활동 종사 명령(법 제24조)
① 소방본부장, 소방서장 또는 소방대장은 화재, 재난·재해, 그 밖의 위급한 상황이 발생한 현장에서 소방활동을 위하여 필요할 때에는 그 관할구역에 사는 사람 또는 그 현장에 있는 사람으로 하여금 사람을 구출하는 일 또는 불을 끄거나 불이 번지지 아니하도록 하는 일을 하게 할 수 있다. 이 경우 소방본부장, 소방서장 또는 소방대장은 소방활동에 필요한 보호장구를 지급하는 등 안전을 위한 조치를 하여야 한다.
② 삭제〈2017.12.26.〉
③ 제1항에 따른 명령에 따라 소방활동에 종사한 사람은 시·도지사로부터 소방활동의 비용을 지급받을 수 있다. 다만, 다음 각 호의 어느 하나에 해당하는 사람의 경우에는 그러하지 아니하다.
  1. 소방대상물에 화재, 재난·재해, 그 밖의 위급한 상황이 발생한 경우 그 관계인
  2. 고의 또는 과실로 화재 또는 구조·구급 활동이 필요한 상황을 발생시킨 사람
  3. 화재 또는 구조·구급 현장에서 물건을 가져간 사람

▶ 손실보상(법 제49조의2 제1항)
① 소방청장 또는 시·도지사는 다음 각 호의 어느 하나에 해당하는 자에게 제3항의 손실보상심의위원회의 심사·의결에 따라 정당한 보상을 하여야 한다.
  1. 제16조의3 제1항에 따른 조치로 인하여 손실을 입은 자
  2. 제24조 제1항 전단에 따른 소방활동 종사로 인하여 사망하거나 부상을 입은 자
  3. 제25조 제2항 또는 제3항에 따른 처분으로 인하여 손실을 입은 자. 다만, 같은 조 제3항에 해당하는 경우로서 법령을 위반하여 소방자동차의 통행과 소방활동에 방해가 된 경우는 제외한다.
  4. 제27조 제1항 또는 제2항에 따른 조치로 인하여 손실을 입은 자
  5. 그 밖에 소방기관 또는 소방대의 적법한 소방업무 또는 소방활동으로 인하여 손실을 입은 자

정답 133.②

134 「소방기본법」상 소방활동 종사 명령에 대한 설명으로 옳지 않은 것은?

① 소방본부장 또는 소방서장은 화재 현장에서 소방활동 종사 명령을 할 수 있다.
② 소방활동 종사 명령은 관할구역에 사는 사람 또는 그 현장에 있는 사람을 대상으로 할 수 있다.
③ 소방활동에 종사한 사람은 소방본부장 또는 소방서장으로부터 소방활동의 비용을 지급받을 수 있다.
④ 소방본부장 또는 소방서장은 소방활동에 필요한 보호장구를 지급하는 등 안전을 위한 조치를 하여야 한다.

[21. 공채]

135 「소방기본법」상 소방활동 종사 명령에 따라 소방활동에 종사한 사람은 시·도지사로부터 소방활동 비용을 지급받을 수 있다. 소방활동 비용을 지급받을 수 있는 사람으로 옳은 것은?

① 과실로 화재를 발생시킨 사람
② 화재 현장에서 물건을 가져간 사람
③ 소방대상물에 화재가 발생한 경우 그 관계인
④ 화재 현장에서 불이 번지지 아니하도록 하는 일을 명령 받은 사람

[21. 경채]

해설 **134** ③ 소방활동에 종사한 사람은 ~~소방본부장 또는 소방서장~~으로부터 소방활동의 비용을 지급받을 수 있다.
→ 시·도지사

135 ▶소방활동 종사 명령(법 제24조 제3항)
③ 제1항에 따른 명령에 따라 소방활동에 종사한 사람은 시·도지사로부터 소방활동의 비용을 지급받을 수 있다. 다만, 다음 각 호의 어느 하나에 해당하는 사람의 경우에는 그러하지 아니하다.
  1. 소방대상물에 화재, 재난·재해, 그 밖의 위급한 상황이 발생한 경우 그 관계인
  2. 고의 또는 과실로 화재 또는 구조·구급 활동이 필요한 상황을 발생시킨 사람
  3. 화재 또는 구조·구급 현장에서 물건을 가져간 사람

정답 134.③ 135.④

소방관계법규

136 다음 중 강제처분에 대한 설명으로 옳은 것은?
① 화재로 오인할 만한 우려가 있는 불을 피우거나 연막소독을 하려는 자는 시·도의 조례로 정하는 바에 따라 관할 소방본부장 또는 소방서장에게 신고하여야 한다.
② 화재가 발생하거나 불이 번질 우려가 있는 소방대상물 및 토지를 일시적으로 사용하거나 그 사용의 제한 또는 소방활동에 필요한 처분을 할 수 있다.
③ 화재, 재난·재해, 그 밖의 위급한 상황이 발생하여 사람의 생명을 위험하게 할 것으로 인정할 때에는 일정한 구역을 지정하여 그 구역에 있는 사람에게 그 구역 밖으로 피난할 것을 명할 수 있다.
④ 소방본부장, 소방서장 또는 소방대장은 화재 진압 등 소방활동을 위하여 필요할 때에는 소방용수 외에 댐·저수지 또는 수영장의 물을 사용하거나 수도개폐장치 등을 조작할 수 있다.

[13. 전북특]

137 강제처분할 수 있는 사람이 아닌 것은?
① 소방본부장
② 소방서장
③ 소방대장
④ 시·도지사

[14. 중앙특]

해설 136 ② 화재가 발생하거나 불이 번질 우려가 있는 소방대상물 및 토지를 일시적으로 사용하거나 그 사용의 제한 또는 소방활동에 필요한 처분을 할 수 있다(법 제25조 제1항).
① 화재 등의 통지(연막소독 등)에 대한 설명이다(법 제19조 제2항).
③ 피난 명령에 대한 설명이다(법 제26조 제1항).
④ 위험시설 등에 대한 긴급조치에 대한 설명이다(법 제27조 제1항).

137 ④ 시·도지사는 강제처분권자가 아니다.
소방본부장, 소방서장 또는 소방대장은 사람을 구출하거나 불이 번지는 것을 막기 위하여 필요할 때에는 화재가 발생하거나 불이 번질 우려가 있는 소방대상물 및 토지를 일시적으로 사용하거나 그 사용의 제한 또는 소방활동에 필요한 처분을 할 수 있다(법 제25조 제1항).

정답 136.② 137.④

138 다음 중 강제처분에 대한 설명으로 옳은 것은?

① 소방본부장, 소방서장, 소방대장은 사람을 구출하거나 불이 번지는 것을 막기 위하여 필요할 때에는 불이 번질 우려가 있는 토지를 일시적으로 사용할 수 없다.
② 시·도지사는 법령을 위반하여 소방자동차의 통행과 소방활동에 방해가 된 경우도 보상하여야 한다.
③ 시·도지사는 강제처분으로 인하여 손실을 입은 자가 있는 경우에는 그 손실을 보상하여야 한다.
④ 소방본부장, 소방서장 또는 소방대장은 사람을 구출하거나 불이 번지는 것을 막기 위하여 긴급하다고 인정할 때에는 화재가 발생하거나 불이 번질 우려가 있는 토지 외의 토지에 대하여 처분을 할 수 없다.

[17. 경채]

139 「소방기본법」상 사람을 구출하거나 불이 번지는 것을 막기 위하여 필요한 때에는 강제처분 등을 할 수 있다. 이와 같은 권한을 가진 자로 옳지 않은 것은?

① 행정안전부장관　　② 소방본부장
③ 소방서장　　　　　④ 소방대장

[18. 경채]

해설

138 ① 소방본부장, 소방서장 또는 소방대장은 사람을 구출하거나 불이 번지는 것을 막기 위하여 필요할 때에는 화재가 발생하거나 불이 번질 우려가 있는 <u>소방대상물 및 토지를 일시적으로 사용하거나 그 사용의 제한 또는 소방활동에 필요한 처분을 할 수 있다</u>(법 제25조 제1항).
② 법령을 위반하여 소방자동차의 통행과 소방활동에 방해가 된 경우는 <u>제외한다</u>(법 제49조의2 제1항 제3호).
④ 소방본부장, 소방서장 또는 소방대장은 사람을 구출하거나 불이 번지는 것을 막기 위하여 긴급하다고 인정할 때에는 제1항에 따른 소방대상물 또는 <u>토지 외의 소방대상물과 토지에 대하여 제1항에 따른 처분을 할 수 있다</u>(법 제25조 제2항).

139 ▶ 강제처분 등(법 제25조 제1항)
① <u>소방본부장, 소방서장 또는 소방대장</u>은 사람을 구출하거나 불이 번지는 것을 막기 위하여 필요할 때에는 화재가 발생하거나 불이 번질 우려가 있는 소방대상물 및 토지를 일시적으로 사용하거나 그 사용의 제한 또는 소방활동에 필요한 처분을 할 수 있다.

정답 138.③　139.①

140 「소방기본법」상 소방활동에 필요한 처분(강제처분 등)을 할 수 있는 처분권자로 옳은 것은?

> ㉠ 소방서장　　　　　㉡ 소방본부장
> ㉢ 소방대장　　　　　㉣ 소방청장
> ㉤ 시·도지사

① ㉠, ㉡, ㉢
② ㉠, ㉡, ㉣
③ ㉠, ㉢, ㉤
④ ㉠, ㉣, ㉤

141 「소방기본법」상 강제처분과 위험시설 등에 대한 긴급조치에 관한 내용으로 옳지 않은 것은?

① 소방본부장, 소방서장 또는 소방대장은 사람을 구출하거나 불이 번지는 것을 막기 위하여 필요할 때에는 화재가 발생하거나 불이 번질 우려가 있는 소방대상물 및 토지를 일시적으로 사용하거나 그 사용의 제한 또는 소방활동에 필요한 처분을 할 수 있다.
② 소방본부장, 소방서장 또는 소방대장은 화재 진압 등 소방활동을 위하여 필요할 때에는 소방용수 외에 댐·저수지 또는 수영장 등의 물을 사용하거나 수도(水道)의 개폐장치 등을 조작할 수 있다.
③ 시·도지사는 소방활동에 방해가 되는 주차 또는 정차된 차량의 제거나 이동을 위하여 견인차량과 인력 등을 지원한 자에게 시·도의 조례로 정하는 바에 따라 비용을 지급할 수 있다.
④ 시·도지사는 화재 발생을 막거나 폭발 등으로 화재가 확대되는 것을 막기 위하여 가스·전기 또는 유류 등의 시설에 대하여 위험물질의 공급을 차단하는 등 필요한 조치를 할 수 있다.

[19. 공채]
기본서 1권 p.82

[20. 경채]
기본서 1권 p.82~83, p.85

해설

140 ▸강제처분 등(법 제25조 제1항)
① 소방본부장, 소방서장 또는 소방대장은 사람을 구출하거나 불이 번지는 것을 막기 위하여 필요할 때에는 화재가 발생하거나 불이 번질 우려가 있는 소방대상물 및 토지를 일시적으로 사용하거나 그 사용의 제한 또는 소방활동에 필요한 처분을 할 수 있다.

141 ④ ~~시·도지사~~는 화재 발생을 막거나 폭발 등으로 화재가 확대되는 것을 막기 위하여 가스·전기 또는 유류 등의 시설에 대하여 위험물질의 공급을 차단하는 등 필요한 조치를 할 수 있다.
→ 소방본부장, 소방서장 또는 소방대장

▸위험시설 등에 대한 긴급조치(법 제27조)
① 소방본부장, 소방서장 또는 소방대장은 화재 진압 등 소방활동을 위하여 필요할 때에는 소방용수 외에 댐·저수지 또는 수영장 등의 물을 사용하거나 수도(水道)의 개폐장치 등을 조작할 수 있다.
② 소방본부장, 소방서장 또는 소방대장은 화재 발생을 막거나 폭발 등으로 화재가 확대되는 것을 막기 위하여 가스·전기 또는 유류 등의 시설에 대하여 위험물질의 공급을 차단하는 등 필요한 조치를 할 수 있다.

정답 140.① 141.④

142 「소방기본법」 제25조 제1항에 대한 내용이다. ( ) 안에 들어갈 말로 옳지 않은 것은?

> ( ), ( ) 또는 ( )은 사람을 구출하거나 불이 번지는 것을 막기 위하여 필요할 때에는 화재가 발생하거나 불이 번질 우려가 있는 소방대상물 및 토지를 일시적으로 사용하거나 그 사용의 제한 또는 소방활동에 필요한 처분을 할 수 있다.

① 소방청장
② 소방본부장
③ 소방서장
④ 소방대장

143 소방대장이 할 수 있는 위험시설 등에 대한 긴급조치에 관한 설명으로 맞는 것은?

① 화재, 재난·재해, 그 밖의 위급한 상황이 발생하여 사람의 생명을 위험하게 할 것으로 인정할 때에는 일정한 구역을 지정하여 그 구역에 있는 사람에게 그 구역 밖으로 피난할 것을 명할 수 있다.
② 강제처분 등으로 인하여 손실을 입은 자가 있는 경우에는 소방본부장이 그 손실을 보상한다.
③ 화재 발생을 막거나 폭발 등으로 화재가 확대되는 것을 막기 위하여 가스, 전기 또는 유류 등의 시설에 대하여 위험물질의 공급을 차단하는 등 필요한 조치를 할 수 있다.
④ 소방본부장, 소방서장 또는 소방대장은 소방활동에 방해가 되는 주차 또는 정차된 차량의 제거나 이동을 위하여 관할 지방자치단체 등 관련 기관에 견인차량과 인력 등에 대한 지원을 요청할 수 있고, 요청을 받은 관련 기관의 장은 정당한 사유가 없으면 이에 협조하여야 한다.

해설

142 ▶강제처분 등(법 제25조 제1항)
① <u>소방본부장</u>, <u>소방서장</u> 또는 <u>소방대장</u>은 사람을 구출하거나 불이 번지는 것을 막기 위하여 필요할 때에는 화재가 발생하거나 불이 번질 우려가 있는 소방대상물 및 토지를 일시적으로 사용하거나 그 사용의 제한 또는 소방활동에 필요한 처분을 할 수 있다.

143 ③ 화재발생을 막거나 폭발 등으로 화재가 확대되는 것을 막기 위하여 가스, 전기 또는 유류 등의 시설에 대하여 위험물질의 공급을 차단하는 등 필요한 조치를 할 수 있다(법 제27조 제2항).
① 피난명령이다(법 제26조 제1항).
② 강제처분으로 손실을 입은 자가 있는 경우에는 소방청장 또는 시·도지사가 그 손실을 보상하여야 한다(법 제49조의2).
④ 강제처분이다(법 제25조 제4항).

정답 142.① 143.③

04 소방산업의 육성·진흥 및 지원 등

144 소방산업과 관련된 기술의 개발 등에 대한 지원과 소방기술 및 소방산업의 국제경쟁력과 국제적 통용성을 높이는 데 필요한 기반조성을 촉진하기 위한 시책의 마련은 누가 하는가?
① 국가
② 국무총리
③ 소방청장
④ 시·도지사

[13. 특채]
기본서 1권 p.93

145 다음 중 소방산업의 육성·진흥 및 지원 등에 대한 설명으로 옳지 않은 것은?
① 국가는 소방산업의 육성·진흥을 위하여 필요한 계획의 수립 등 행정상·재정상의 지원시책을 마련하여야 한다.
② 국가는 소방산업과 관련된 기술의 개발을 촉진하기 위하여 기술개발을 실시하는 자에게 그 기술개발에 드는 자금의 일부만 출연하거나 보조할 수 있다.
③ 국가는 소방기술 및 소방산업의 국제경쟁력과 국제적 통용성을 높이는 데에 필요한 기반 조성을 촉진하기 위한 시책을 마련하여야 한다.
④ 국가는 국민의 생명과 재산을 보호하기 위하여 기관이나 단체로 하여금 소방기술의 연구·개발사업을 수행하게 할 수 있다.

[17. 경채]
기본서 1권 p.92~93

해설 144 ▶ 소방산업과 관련된 기술개발 등의 지원(법 제39조의5 제1항)
① 국가는 소방산업과 관련된 기술(이하 "소방기술"이라 한다)의 개발을 촉진하기 위하여 기술개발을 실시하는 자에게 그 기술개발에 드는 자금의 전부나 일부를 출연하거나 보조할 수 있다.

▶ 소방기술 및 소방산업의 국제화사업(법 제39조의7 제1항)
① 국가는 소방기술 및 소방산업의 국제경쟁력과 국제적 통용성을 높이는 데에 필요한 기반 조성을 촉진하기 위한 시책을 마련하여야 한다.

145 ▶ 소방산업과 관련된 기술개발 등의 지원(법 제39조의5 제1항)
① 국가는 소방산업과 관련된 기술(이하 "소방기술"이라 한다)의 개발을 촉진하기 위하여 기술개발을 실시하는 자에게 그 기술개발에 드는 자금의 전부나 일부를 출연하거나 보조할 수 있다.

정답 144.① 145.②

05 한국소방안전원

146 한국소방안전원의 업무에 관한 내용으로 옳지 않은 것은?
① 소방기술과 안전관리에 관한 각종 간행물 발간
② 소방기술과 안전관리에 관한 교육 및 조사·연구
③ 소방업무에 관하여 시·도지사가 위탁하는 업무
④ 화재 예방과 안전관리의식의 고취를 위한 대국민 홍보

147 한국소방안전원의 정관에 기재해야 하는 내용으로 옳지 않은 것은?
① 명칭
② 대표자의 성명 및 주소
③ 회원과 임원 및 직원에 관한 사항
④ 사업에 관한 사항

해설

146 ③ 소방업무에 관하여 <u>행정기관이 위탁</u>하는 업무

▶ 안전원의 업무(법 제41조)
1. 소방기술과 안전관리에 관한 교육 및 조사·연구
2. 소방기술과 안전관리에 관한 각종 간행물 발간
3. 화재 예방과 안전관리의식 고취를 위한 대국민 홍보
4. 소방업무에 관하여 <u>행정기관이 위탁</u>하는 업무
5. 소방안전에 관한 국제협력
6. 그 밖에 회원에 대한 기술지원 등 정관으로 정하는 사항

147 ▶ 안전원의 정관(법 제43조 제1항)
① 안전원의 정관에는 다음 각 호의 사항이 포함되어야 한다.
  1. 목적
  2. 명칭
  3. 주된 사무소의 소재지
  4. 사업에 관한 사항
  5. 이사회에 관한 사항
  6. 회원과 임원 및 직원에 관한 사항
  7. 재정 및 회계에 관한 사항
  8. 정관의 변경에 관한 사항

정답 146.③ 147.②

148 안전원에서 하는 업무로 옳은 것은?

① 소방기술 및 소방산업의 국외시장 개척
② 대국민 홍보
③ 소방기술 및 소방산업에 관한 국제전시회, 국제학술회의 개최 등 국제교류
④ 소방기술 및 소방산업의 국제협력을 위한 조사·연구

[14. 중앙특]
상 **중** 하
기본서 1권 p.93, p.97

해설 148 ①③④는 소방기술 및 소방산업의 국제화사업에 해당한다(법 제39조의7 제2항).

▶ 안전원의 업무(법 제41조)
안전원은 다음 각 호의 업무를 수행한다.
1. 소방기술과 안전관리에 관한 교육 및 조사·연구
2. 소방기술과 안전관리에 관한 각종 간행물 발간
3. 화재 예방과 안전관리의식 고취를 위한 대국민 홍보
4. 소방업무에 관하여 행정기관이 위탁하는 업무
5. 소방안전에 관한 국제협력
6. 그 밖에 회원에 대한 기술지원 등 정관으로 정하는 사항

▶ 소방기술 및 소방산업의 국제화사업(법 제39조의7 제2항)
② 소방청장은 소방기술 및 소방산업의 국제경쟁력과 국제적 통용성을 높이기 위하여 다음 각 호의 사업을 추진하여야 한다.
  1. 소방기술 및 소방산업의 국제 협력을 위한 조사·연구
  2. 소방기술 및 소방산업에 관한 국제 전시회, 국제 학술회의 개최 등 국제 교류
  3. 소방기술 및 소방산업의 국외시장 개척
  4. 그 밖에 소방기술 및 소방산업의 국제경쟁력과 국제적 통용성을 높이기 위하여 필요하다고 인정하는 사업

정답 148.②

149 한국소방안전원에 대한 설명 중 가장 옳지 않은 것은?
① 안전원은 법인으로 한다.
② 소방안전관리자 또는 소방기술자로 선임된 사람도 회원이 될 수 있다.
③ 안전원의 운영경비는 국가 보조금으로 충당한다.
④ 안전원이 정관을 변경하려면 소방청장의 인가를 받아야 한다.

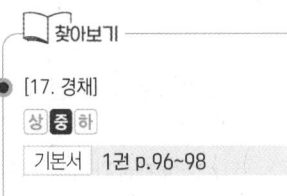

[17. 경채]
상 **중** 하
기본서 1권 p.96~98

해설 149
▶ 한국소방안전원의 설립 등(법 제40조)
① 소방기술과 안전관리기술의 향상 및 홍보, 그 밖의 교육·훈련 등 행정기관이 위탁하는 업무의 수행과 소방 관계 종사자의 기술 향상을 위하여 한국소방안전원(이하 "안전원"이라 한다)을 소방청장의 인가를 받아 설립한다.
② 제1항에 따라 설립되는 안전원은 법인으로 한다.
③ 안전원에 관하여 이 법에 규정된 것을 제외하고는 「민법」 중 재단법인에 관한 규정을 준용한다.

▶ 안전원의 업무(법 제41조)
안전원은 다음 각 호의 업무를 수행한다.
1. 소방기술과 안전관리에 관한 교육 및 조사·연구
2. 소방기술과 안전관리에 관한 각종 간행물 발간
3. 화재 예방과 안전관리의식 고취를 위한 대국민 홍보
4. 소방업무에 관하여 행정기관이 위탁하는 업무
5. 소방안전에 관한 국제협력
6. 그 밖에 회원에 대한 기술지원 등 정관으로 정하는 사항

▶ 회원의 관리(법 제42조)
안전원은 소방기술과 안전관리 역량의 향상을 위하여 다음 각 호의 사람을 회원으로 관리할 수 있다.
1. 「소방시설 설치 및 관리에 관한 법률」, 「소방시설공사업법」 또는 「위험물안전관리법」에 따라 등록을 하거나 허가를 받은 사람으로서 회원이 되려는 사람
2. 「화재의 예방 및 안전관리에 관한 법률」, 「소방시설공사업법」 또는 「위험물안전관리법」에 따라 소방안전관리자, 소방기술자 또는 위험물안전관리자로 선임되거나 채용된 사람으로서 회원이 되려는 사람
3. 그 밖에 소방 분야에 관심이 있거나 학식과 경험이 풍부한 사람으로서 회원이 되려는 사람

▶ 안전원의 정관(법 제43조)
① 안전원의 정관에는 다음 각 호의 사항이 포함되어야 한다.
  1. 목적
  2. 명칭
  3. 주된 사무소의 소재지
  4. 사업에 관한 사항
  5. 이사회에 관한 사항
  6. 회원과 임원 및 직원에 관한 사항
  7. 재정 및 회계에 관한 사항
  8. 정관의 변경에 관한 사항
② 안전원은 정관을 변경하려면 소방청장의 인가를 받아야 한다.

▶ 안전원의 운영 경비(법 제44조)
안전원의 운영 및 사업에 소요되는 경비는 다음 각 호의 재원으로 충당한다.
1. 제41조 제1호 및 제4호의 업무 수행에 따른 수입금
2. 제42조에 따른 회원의 회비
3. 자산운영수익금
4. 그 밖의 부대수입

정답 149.③

150 「소방기본법」상 한국소방안전원이 수행하는 업무에 대한 내용으로 옳지 않은 것은?

① 소방기술과 안전관리에 관한 인허가 업무
② 소방기술과 안전관리에 관한 각종 간행물 발간
③ 소방기술과 안전관리에 관한 교육 및 조사·연구
④ 화재 예방과 안전관리의식 고취를 위한 대국민 홍보

[21. 공채]
기본서 1권 p.97

151 「소방기본법」 제41조에서 정한 한국소방안전원의 업무로 옳지 않은 것은?

① 소방안전에 관한 국제협력
② 소방기술과 안전관리에 관한 교육 및 조사·연구
③ 화재 예방과 안전관리의식 고취를 위한 대국민 홍보
④ 소방장비의 품질 확보, 품질 인증 및 신기술·신제품에 관한 인증 업무

[22. 경채]
기본서 1권 p.97

해설 **150** ▸ 안전원의 업무(법 제41조)
안전원은 다음 각 호의 업무를 수행한다.
1. 소방기술과 안전관리에 관한 교육 및 조사·연구
2. 소방기술과 안전관리에 관한 각종 간행물 발간
3. 화재 예방과 안전관리의식 고취를 위한 대국민 홍보
4. 소방업무에 관하여 행정기관이 위탁하는 업무
5. 소방안전에 관한 국제협력
6. 그 밖에 회원에 대한 기술지원 등 정관으로 정하는 사항

151 ④ 소방장비의 품질 확보, 품질 인증 및 신기술·신제품에 관한 인증 업무(소방산업의 진흥에 관한 법률 제14조 제3항)
→ 한국소방산업기술원의 업무에 해당한다.

▸ 안전원의 업무(법 제41조)
안전원은 다음 각 호의 업무를 수행한다.
1. 소방기술과 안전관리에 관한 교육 및 조사·연구
2. 소방기술과 안전관리에 관한 각종 간행물 발간
3. 화재 예방과 안전관리의식 고취를 위한 대국민 홍보
4. 소방업무에 관하여 행정기관이 위탁하는 업무
5. 소방안전에 관한 국제협력
6. 그 밖에 회원에 대한 기술지원 등 정관으로 정하는 사항

정답 150.① 151.④

152 「소방기본법」상 한국소방안전원의 업무에 관한 내용으로 옳지 않은 것은?
① 소방안전에 관한 국제협력
② 소방기술과 안전관리에 관한 각종 간행물 발간
③ 화재 예방과 안전관리의식 고취를 위한 대국민 홍보
④ 소방기술과 소방산업의 국외시장 개척에 관한 사업추진

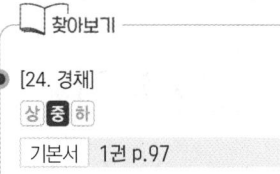

[24. 경채]

기본서 1권 p.97

해설 152
▶ 소방기본법 제41조(안전원의 업무) 안전원은 다음 각 호의 업무를 수행한다.
1. 소방기술과 안전관리에 관한 교육 및 조사·연구
2. 소방기술과 안전관리에 관한 각종 간행물 발간
3. 화재 예방과 안전관리의식 고취를 위한 대국민 홍보
4. 소방업무에 관하여 행정기관이 위탁하는 업무
5. 소방안전에 관한 국제협력
6. 그 밖에 회원에 대한 기술지원 등 정관으로 정하는 사항

정답 152.④

06 보칙

153 「소방기본법 시행령」상 규정하고 있는 설명으로 (　) 안에 들어갈 숫자를 옳게 연결한 것은?

[18. 경채]

> 가. 소방청장등은 손실보상심의위원회의 심사·의결을 거쳐 특별한 사유가 없으면 보상금 지급 청구서를 받은 날부터 (㉠)일 이내에 보상금 지급 여부 및 보상금액을 결정하여야 한다.
> 나. 소방청장등은 보상금 지급여부 및 보상금액 결정일부터 (㉡)일 이내에 행정안전부령으로 정하는 바에 따라 결정 내용을 청구인에게 통지하고, 보상금을 지급하기로 결정한 경우에는 특별한 사유가 없으면 통지한 날부터 (㉢)일 이내에 보상금을 지급하여야 한다.

	㉠	㉡	㉢
①	40	15	30
②	60	15	20
③	40	10	20
④	60	10	30

해설 153
가. 소방청장등은 손실보상심의위원회의 심사·의결을 거쳐 특별한 사유가 없으면 보상금 지급 청구서를 받은 날부터 (60)일 이내에 보상금 지급 여부 및 보상금액을 결정하여야 한다(영 제12조 제2항).
나. 소방청장등은 보상금 지급여부 및 보상금액 결정일부터 (10)일 이내에 행정안전부령으로 정하는 바에 따라 결정 내용을 청구인에게 통지하고, 보상금을 지급하기로 결정한 경우에는 특별한 사유가 없으면 통지한 날부터 (30)일 이내에 보상금을 지급하여야 한다(영 제12조 제4항).

정답 153.④

154 「소방기본법」상 소방청장 또는 시·도지사가 손실보상심의위원회의 심사·의결에 따라 정당한 손실보상을 하여야 하는 대상으로 옳지 않은 것은?
① 생활안전활동에 따른 조치로 인하여 손실을 입은 자
② 화재가 확대되는 것을 막기 위하여 가스·전기 또는 유류 등의 시설에 대하여 위험물질의 공급을 차단하는 등의 조치로 인하여 손실을 입은 자
③ 소방활동 종사명령으로 인하여 사망하거나 부상을 입은 자
④ 소방활동에 방해가 되는 불법 주차 차량을 제거하거나 이동시키는 처분으로 인하여 손실을 입은 자

[18. 공채]

155 「소방기본법」 및 같은 법 시행령상 손실보상에 관한 내용 중 소방청장 또는 시·도지사가 '손실보상심의위원회'의 심사·의결에 따라 정당한 보상을 하여야 하는 대상으로 옳지 않은 것은?
① 생활안전활동에 따른 조치로 인하여 손실을 입은 자
② 소방활동 종사명령에 따른 소방활동 종사로 인하여 사망하거나 부상을 입은 자
③ 위험물 또는 물건의 보관기간 경과 후 매각이나 폐기로 손실을 입은 자
④ 소방기관 또는 소방대의 적법한 소방업무 또는 소방활동으로 인하여 손실을 입은 자

[19. 경채]

해설

154 ▶ 손실보상(법 제49조의2 제1항)
① 소방청장 또는 시·도지사는 다음 각호의 어느 하나에 해당하는 자에게 제3항의 손실보상심의위원회의 심사·의결에 따라 정당한 보상을 하여야 한다.
  1. 제16조의3(생활안전활동) 제1항에 따른 조치로 인하여 손실을 입은 자
  2. 제24조(종사 명령) 제1항 전단에 따른 소방활동 종사로 인하여 사망하거나 부상을 입은 자
  3. 제25조(강제처분) 제2항 또는 제3항에 따른 처분으로 인하여 손실을 입은 자. 다만, 같은 조 제3항(긴급하게 출동할 때에는 소방자동차의 통행과 소방활동에 방해가 되는 주차 또는 정차된 차량 및 물건 등을 제거하거나 이동)에 해당하는 경우로서 법령을 위반하여 소방자동차의 통행과 소방활동에 방해가 된 경우는 제외한다.
  4. 제27조(위험시설 등에 따른 긴급조치) 제1항 또는 제2항에 따른 조치로 인하여 손실을 입은 자
  5. 그 밖에 소방기관 또는 소방대의 적법한 소방업무 또는 소방활동으로 인하여 손실을 입은 자

155 ▶ 손실보상(법 제49조의2 제1항)
① 소방청장 또는 시·도지사는 다음 각 호의 어느 하나에 해당하는 자에게 제3항의 손실보상심의위원회의 심사·의결에 따라 정당한 보상을 하여야 한다.
  1. 제16조의3 제1항에 따른 조치로 인하여 손실을 입은 자
  2. 제24조 제1항 전단에 따른 소방활동 종사로 인하여 사망하거나 부상을 입은 자
  3. 제25조 제2항 또는 제3항에 따른 처분으로 인하여 손실을 입은 자. 다만, 같은 조 제3항에 해당하는 경우로서 법령을 위반하여 소방자동차의 통행과 소방활동에 방해가 된 경우는 제외한다.
  4. 제27조 제1항 또는 제2항에 따른 조치로 인하여 손실을 입은 자
  5. 그 밖에 소방기관 또는 소방대의 적법한 소방업무 또는 소방활동으로 인하여 손실을 입은 자

정답 154.④ 155.③

156 「소방기본법」 및 같은 법 시행령상 손실보상에 관한 설명 중 ( ) 안에 들어갈 숫자로 옳은 것은?

> - 손실보상을 청구할 수 있는 권리는 손실이 있음을 안 날부터 (가)년, 손실이 발생한 날부터 (나)년간 행사하지 아니하면 시효의 완성으로 소멸한다.
> - 소방청장등은 손실보상심의위원회의 심사·의결을 거쳐 특별한 사유가 없으면 보상금 지급 청구서를 받은 날부터 (다)일 이내에 보상금 지급 여부 및 보상금액을 결정하여야 한다.
> - 소방청장등은 결정일부터 (라)일 이내에 행정안전부령으로 정하는 바에 따라 결정 내용을 청구인에게 통지하고, 보상금을 지급하기로 결정한 경우에는 특별한 사유가 없으면 통지한 날부터 (마)일 이내에 보상금을 지급하여야 한다.

	(가)	(나)	(다)	(라)	(마)
①	3	5	60	10	30
②	5	3	60	12	20
③	3	5	50	12	30
④	5	3	50	10	20

[19. 공채]

해설 156
- 손실보상을 청구할 수 있는 권리는 손실이 있음을 안 날부터 (3)년, 손실이 발생한 날부터 (5)년간 행사하지 아니하면 시효의 완성으로 소멸한다(법 제49조의2 제2항).
- 소방청장등은 손실보상심의위원회의 심사·의결을 거쳐 특별한 사유가 없으면 보상금 지급 청구서를 받은 날부터 (60)일 이내에 보상금 지급 여부 및 보상금액을 결정하여야 한다(영 제12조 제2항).
- 소방청장등은 결정일부터 (10)일 이내에 행정안전부령으로 정하는 바에 따라 결정 내용을 청구인에게 통지하고, 보상금을 지급하기로 결정한 경우에는 특별한 사유가 없으면 통지한 날부터 (30)일 이내에 보상금을 지급하여야 한다(영 제12조 제4항).

정답 156.①

157 「소방기본법 시행령」상 손실보상에 대한 내용으로 옳지 않은 것은?
① 손실보상심의위원회 위원의 임기는 2년으로 한다. 다만, 보상위원회가 해산되는 경우에는 그 해산되는 때에 임기가 만료되는 것으로 한다.
② 손실보상심의위원회는 위원장 1명을 포함하여 7명 이상 9명 이하의 위원으로 구성한다. 다만, 청구금액이 100만 원 이하인 사건에 대해서는 소속 소방공무원에 해당하는 위원 3명으로만 구성할 수 있다.
③ 소방청장등은 보상금을 지급하기로 결정한 경우에는 특별한 사유가 없으면 통지한 날부터 30일 이내에 보상금을 지급하여야 한다.
④ 소방청장등은 손실보상심의위원회의 심사·의결을 거쳐 특별한 사유가 없으면 보상금 지급 청구서를 받은 날부터 60일 이내에 보상금 지급 여부 및 보상금액을 결정하여야 한다.

[21. 경채]
상 중 하
기본서 1권 p.103~104

해설 157
② 손실보상심의위원회는 위원장 1명을 포함하여 ~~7명 이상 9명 이하의~~ 위원으로 구성한다. 다만, 청구금액이 100만 원 이하인 사건에 대해서는 소속 소방공무원에 해당하는 위원 3명으로만 구성할 수 있다.
→ 5명 이상 7명 이상

▶ 손실보상심의위원회의 설치 및 구성(영 제13조)
① 소방청장등은 법 제49조의2제3항에 따라 손실보상청구 사건을 심사·의결하기 위하여 필요한 경우 각각 손실보상심의위원회(이하 "보상위원회"라 한다)를 구성·운영할 수 있다.
② 보상위원회는 위원장 1명을 포함하여 <u>5명 이상 7명 이하의 위원</u>으로 구성한다. 다만, 청구금액이 100만 원 이하인 사건에 대해서는 제3항제1호에 해당하는 위원 3명으로만 구성할 수 있다.
③ 보상위원회의 위원은 다음 각 호의 어느 하나에 해당하는 사람 중에서 소방청장등이 위촉하거나 임명한다. 이 경우 제2항 본문에 따라 보상위원회를 구성할 때에는 위원의 과반수는 성별을 고려하여 소방공무원이 아닌 사람으로 하여야 한다.
  1. 소속 소방공무원
  2. 판사·검사 또는 변호사로 5년 이상 근무한 사람
  3. 「고등교육법」 제2조에 따른 학교에서 법학 또는 행정학을 가르치는 부교수 이상으로 5년 이상 재직한 사람
  4. 「보험업법」 제186조에 따른 손해사정사
  5. 소방안전 또는 의학 분야에 관한 학식과 경험이 풍부한 사람
④ 제3항에 따라 위촉되는 위원의 임기는 2년으로 한다. 다만, 법 제49조의2제4항에 따라 보상위원회가 해산되는 경우에는 그 해산되는 때에 임기가 만료되는 것으로 한다.
⑤ 보상위원회의 사무를 처리하기 위하여 보상위원회에 간사 1명을 두되, 간사는 소속 소방공무원 중에서 소방청장등이 지명한다.

정답 157. ②

07 벌칙

158 「소방기본법」상 벌칙 중 벌금의 상한이 나머지 셋과 다른 것은?
① 정당한 사유 없이 소방대의 생활안전활동을 방해한 자
② 화재진압 및 구조·구급 활동을 위하여 출동하는 소방자동차의 출동을 방해한 사람
③ 정당한 사유 없이 화재진압 등 소방활동을 위하여 필요할 때 물의 사용이나 수도의 개폐장치의 사용 또는 조작을 하지 못하게 하거나 방해한 자
④ 정당한 사유 없이 소방대가 현장에 도착할 때까지 사람을 구출하는 조치 또는 불을 끄거나 불이 번지지 아니하도록 하는 조치를 하지 아니한 관계인

[23. 경채, 공채]
기본서 1권 p.108

159 화재 또는 구조·구급이 필요한 상황을 거짓으로 알린 자의 벌칙에 해당하는 것은?
① 100만 원 이하 과태료
② 200만 원 이하 벌금
③ 500만 원 이하 과태료
④ 300만 원 이하 과태료

[11. 부산]
기본서 1권 p.109

해설

158 ② – 5년 이하의 징역 또는 5천만 원 이하의 벌금(법 제50조)
①③④ – 100만 원 이하의 벌금(법 제54조)

159 ③ 화재 또는 구조·구급이 필요한 상황을 거짓으로 알린 자는 500만 원 이하의 과태료를 부과한다(법 제56조 제1항 제1호).

정답 158.② 159.③

160 5년 이하의 징역 또는 5,000만 원 이하의 벌금에 해당하지 않는 것은?
① 소방자동차의 출동을 방해한 사람
② 사람을 구출하는 일 또는 불을 끄거나 불이 번지지 아니하도록 하는 일을 방해한 사람
③ 영업정지처분을 받고 그 영업정지기간 중에 관리업의 업무를 한 자
④ 정당한 사유없이 소방용수시설을 사용하거나 효용을 해하거나 그 정당한 사용을 방해한 사람

[11. 전남]

161 「소방기본법」상 위력(威力)을 사용하여 출동한 소방대의 화재진압·인명구조 또는 구급활동을 방해하는 행위를 한 경우 벌칙 규정은?
① 5년 이하의 징역 또는 5천만 원 이하의 벌금
② 5년 이하의 징역 또는 3천만 원 이하의 벌금
③ 3년 이하의 징역 또는 3천만 원 이하의 벌금
④ 3년 이하의 징역 또는 1,500만 원 이하의 벌금

[17. 공채]

해설

160 ③ 1년 이하의 징역 또는 1천만 원 이하의 벌금에 해당한다(소방시설 설치 및 관리에 관한 법률 제58조).
①②④는 5년 이하의 징역 또는 5,000만 원 이하의 벌금에 해당한다(법 제50조).

161 ① 위력(威力)을 사용하여 출동한 소방대의 화재진압·인명구조 또는 구급활동을 방해하는 행위를 한 사람은 <u>5년 이하의 징역 또는 5천만 원 이하의 벌금</u>에 처한다(법 제50조).

정답 160.③ 161.①

162 다음 중 100만 원 이하의 벌금으로 해당되지 않는 것은?
① 전용구역에 차를 주차하거나 전용구역에의 진입을 가로막는 등의 방해행위를 한 자
② 정당한 사유 없이 소방대가 현장에 도착할 때까지 사람을 구출하는 조치 또는 불을 끄거나 불이 번지지 아니하도록 하는 조치를 하지 아니한 사람
③ 정당한 사유 없이 소방대의 생활안전활동을 방해한 자
④ 정당한 사유 없이 물의 사용이나 수도의 개폐장치의 사용 또는 조작을 하지 못하게 하거나 방해한 자

163 처벌에 관하여 성격이 다른 하나는?
① 화재 또는 구조·구급이 필요한 상황을 거짓으로 알린 사람
② 정당한 사유 없이 소방대의 생활안전활동을 방해한 자
③ 정당한 사유 없이 소방대가 현장에 도착할 때까지 사람을 구출하는 조치 또는 불을 끄거나 불이 번지지 아니하도록 하는 조치를 하지 아니한 사람
④ 피난명령을 위반한 사람

해설 162 ① 100만 원 이하의 과태료를 부과한다(법 제56조 제3항).
②③④는 100만 원 이하 벌금에 해당한다(법 제54조).

163 ① 500만 원 이하의 과태료(법 제56조 제1항 제1호)
②③④ 100만 원 이하의 벌금(법 제54조)

정답 162.① 163.①

164 다음 중 5년 이하의 징역 또는 5,000만 원 이하의 벌금에 해당하지 않는 것은?
① 정당한 사유 없이 소방대가 현장에 도착할 때까지 사람을 구출하는 조치 또는 불을 끄거나 불이 번지지 아니하도록 하는 조치를 하지 아니한 사람
② 위력을 사용하여 출동한 소방대의 화재진압·인명구조 또는 구급활동을 방해하는 행위를 한 사람
③ 사람을 구출하는 일 또는 불을 끄거나 불이 번지지 아니하도록 하는 일을 방해한 사람
④ 출동한 소방대원에게 폭행 또는 협박을 행사하여 화재진압·인명구조 또는 구급활동을 방해하는 행위를 한 사람

[17. 경채]
기본서 1권 p.108

165 「소방기본법」상 과태료 부과대상으로 옳은 것은?
① 화재 또는 구조·구급이 필요한 상황을 거짓으로 알린 사람
② 강제처분을 방해한 자 또는 정당한 사유 없이 그 강제처분에 따르지 아니한 자
③ 소방자동차가 화재진압 및 구조활동을 위하여 출동할 때, 소방자동차의 출동을 방해한 사람
④ 소방활동 종사 명령에 따라 사람을 구출하는 일 또는 불을 끄거나 불이 번지지 아니하도록 하는 일을 방해한 사람

[19. 경채]
기본서 1권 p.108~109

해설

164 ① 100만 원 이하의 벌금에 해당한다(법 제54조).

165 ① 화재 또는 구조·구급이 필요한 상황을 거짓으로 알린 사람 – 500만 원 이하의 과태료(법 제56조 제1항)
② 강제처분을 방해한 자 또는 정당한 사유 없이 그 강제처분에 따르지 아니한 자 – 3년 이하의 징역 또는 3천만 원 이하의 벌금(법 제51조)
③ 소방자동차가 화재진압 및 구조 활동을 위하여 출동할 때, 소방자동차의 출동을 방해한 사람 – 5년 이하의 징역 또는 5천만 원 이하의 벌금(법 제50조)
④ 소방활동 종사 명령에 따라 사람을 구출하는 일 또는 불을 끄거나 불이 번지지 아니하도록 하는 일을 방해한 사람 – 5년 이하의 징역 또는 5천만 원 이하의 벌금(법 제50조)

정답 164.① 165.①

166 「소방기본법」 및 「화재의 예방 및 안전관리에 관한 법률」상 벌칙 기준으로 옳지 않은 것은?

① 정당한 사유 없이 물의 사용이나 수도의 개폐장치의 사용 또는 조작을 하지 못하게 하거나 방해한 자 : 100만 원 이하의 벌금
② 정당한 사유 없이 소방대가 현장에 도착할 때까지 사람을 구출하는 조치 또는 불을 끄거나 불이 번지지 아니하도록 하는 조치를 하지 아니한 사람 : 100만 원 이하의 벌금
③ 정당한 사유 없이 화재예방강화지구 및 이에 준하는 대통령령으로 정하는 장소에서 모닥불, 흡연 등 화기의 취급, 풍등 등 소형열기구 날리기, 용접·용단 등 불꽃을 발생시키는 행위 등을 한 자 : 300만 원 이하의 과태료
④ 화재, 재난·재해, 그 밖의 위급한 상황이 발생하여 사람의 생명을 위험하게 할 것으로 인정할 때에는 일정한 구역을 지정하여 그 구역에 있는 사람에게 그 구역 밖으로 피난할 것에 대한 명령을 위반한 사람 : 200만 원 이하의 벌금

[22. 경채]

기본서 1권 p.108
2권 p.163

해설 166 ④ 화재, 재난·재해, 그 밖의 위급한 상황이 발생하여 사람의 생명을 위험하게 할 것으로 인정할 때에는 일정한 구역을 지정하여 그 구역에 있는 사람에게 그 구역 밖으로 피난할 것에 대한 명령을 위반한 사람 : ~~200만~~ 원 이하의 벌금(소방기본법 제54조)
→ 100만 원

정답 166.④

167 「소방기본법」 및 같은 법 시행령상 과태료 부과기준으로 옳은 것은?

① 정당한 사유 없이 관계인의 소방활동 등에 따른 법을 위반하여 화재, 재난·재해, 그 밖의 위급한 상황을 소방본부, 소방서 또는 관계 행정기관에 알리지 아니한 관계인에게는 200만 원 이하의 과태료를 부과한다.
② 소방자동차 전용구역에 차를 주차하거나 전용구역에의 진입을 가로막는 등의 방해행위를 한 자에게는 100만 원 이하의 과태료를 부과한다.
③ 위반행위의 횟수에 따른 과태료의 가중된 부과기준은 최근 2년간 같은 위반행위로 과태료 부과처분을 받은 경우에 적용한다.
④ 위반행위자가 법 위반상태를 시정하거나 해소하기 위하여 노력한 사실이 인정되는 경우, 부과권자는 개별기준에 따른 과태료의 3분의 1 범위에서 그 금액을 줄여 부과할 수 있다.

[24. 경채, 공채]

기본서 1권 p.109~110

해설 167
① ~~500만 원 이하의 과태료~~~
③ ~~1년~~
④ ~~100분의 50~~

▶ 소방기본법 제56조 제1항
정당한 사유 없이 화재, 재난·재해, 그 밖의 위급한 상황을 소방본부, 소방서 또는 관계 행정기관에 알리지 아니한 관계인은 500만 원 이하의 과태료를 부과한다.

▶ 소방기본법 제56조 제3항
제21조의2 제2항을 위반하여 전용구역에 차를 주차하거나 전용구역에의 진입을 가로막는 등의 방해행위를 한 자에게는 100만 원 이하의 과태료를 부과한다.

▶ 소방기본법 시행령 별표 3
1. 일반기준
   가. 과태료 부과권자는 위반행위자가 다음 중 어느 하나에 해당하는 경우에는 제2호 각 목의 과태료 금액의 <u>100분의 50</u>의 범위에서 그 금액을 감경하여 부과할 수 있다. 다만, 감경할 사유가 여러 개 있는 경우라도 「질서위반행위규제법」 제18조에 따른 감경을 제외하고는 감경의 범위는 100분의 50을 넘을 수 없다.
      1) 위반행위자가 화재 등 재난으로 재산에 현저한 손실이 발생한 경우 또는 사업의 부도·경매 또는 소송 계속 등 사업여건이 악화된 경우로서 과태료 부과권자가 자체위원회의 의결을 거쳐 감경하는 것이 타당하다고 인정하는 경우[위반행위자가 최근 1년 이내에 소방 관계 법령(「소방기본법」, 「화재의 예방 및 안전관리에 관한 법률」, 「소방시설 설치 및 관리에 관한 법률」, 「소방시설공사업법」, 「위험물안전관리법」, 「다중이용업소의 안전관리에 관한 특별법」 및 그 하위법령을 말한다)을 2회 이상 위반한자는 제외한다]
      2) 위반행위자가 위반행위로 인한 결과를 시정하거나 해소한 경우
   나. 위반행위의 횟수에 따른 과태료의 가중된 부과기준은 최근 1년간 같은 위반행위로 과태료 부과처분을 받은 경우에 적용한다. 이 경우 기간의 계산은 위반행위에 대하여 과태료 부과 처분을 받은 날과 그 처분 후 다시 같은 위반행위를 하여 적발된 날을 기준으로 한다.

정답 167.②

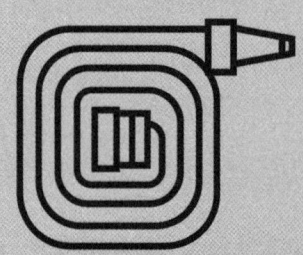

소방관계법규

PART 02

소방시설법

01 총 칙
02 소방시설등의 설치·관리 및 방염
03 소방시설등의 자체점검
04 소방시설관리사 및 소방시설관리업
05 소방용품의 품질관리
06 보 칙
07 벌 칙

02 소방시설법

01 총칙

01 「소방시설 설치 및 관리에 관한 법률」의 용어의 정의 중 맞는 것은?

① 소방시설이란 소화설비, 경보설비, 피난구조설비, 소화용수설비, 그 밖에 소화활동설비로서 행정안전부령으로 정하는 것을 말한다.

② 소방시설등이란 소방시설과 비상구, 그 밖에 소방 관련 시설로서 행정안전부령으로 정하는 것을 말한다.

③ 특정소방대상물이란 건축물 등의 규모·용도 및 수용인원 등을 고려하여 소방시설을 설치하여야 하는 소방대상물로서 행정안전부령으로 정하는 것을 말한다.

④ 소방용품이란 소방시설등을 구성하거나 소방용으로 사용되는 제품 또는 기기로서 대통령령으로 정하는 것을 말한다.

[13. 중앙특]

기본서 1권 p.125, p.128, p.139

해설 01

① 소방시설이란 소화설비, 경보설비, 피난구조설비, 소화용수설비, 그 밖에 소화활동설비로서 **행정안전부령**으로 정하는 것을 말한다(법 제2조 제1호).
　→ 대통령령

② 소방시설등이란 소방시설과 비상구, 그 밖에 소방 관련 시설로서 **행정안전부령**으로 정하는 것을 말한다(법 제2조 제2호).
　→ 대통령령

③ 특정소방대상물이란 건축물 등의 규모·용도 및 수용인원 등을 고려하여 소방시설을 설치하여야 하는 소방대상물로서 **행정안전부령**으로 정하는 것을 말한다(법 제2조 제3호).
　→ 대통령령

정답 01.④

02 다음 중 소화설비에 해당되지 않는 것은?
① 고체에어로졸자동소화장치 ② 캐비닛형 자동소화장치
③ 분말소화설비 ④ 연소방지설비

[15. 통합]
상 중 하
기본서 1권 p.125~126

03 「소방시설 설치 및 관리에 관한 법률 시행령」상 규정하는 소화활동설비가 아닌 것은?
① 무선통신보조설비 ② 제연설비
③ 연소방지설비 ④ 비상콘센트설비
⑤ 비상경보설비

[11. 간부]
상 중 하
기본서 1권 p.125~126

해설 02 ④ 연소방지설비는 소화활동설비에 해당한다.

▶ 소화설비 : 물 또는 그 밖의 소화약제를 사용하여 소화하는 기계·기구 또는 설비로서 다음 각 목의 것(영 별표 1)
① 소화기구 : 소화기, 간이소화용구(에어로졸식 소화용구, 투척용 소화용구, 소공간용 소화용구 및 소화약제 외의 것을 이용한 간이소화용구), 자동확산소화기
② 자동소화장치 : 주거용 주방자동소화장치, 상업용 주방자동소화장치, 캐비닛형 자동소화장치, 가스자동소화장치, 분말자동소화장치, 고체에어로졸자동소화장치
③ 옥내소화전설비(호스릴옥내소화전설비를 포함)
④ 스프링클러설비등 : 스프링클러설비, 간이스프링클러설비(캐비닛형 간이스프링클러설비를 포함), 화재조기진압용 스프링클러설비
⑤ 물분무등소화설비 : 물분무 소화설비, 미분무소화설비, 포소화설비, 이산화탄소소화설비, 할론소화설비, 할로겐화합물 및 불활성기체(다른 원소와 화학 반응을 일으키기 어려운 기체를 말한다.) 소화설비, 분말소화설비, 강화액소화설비, 고체에어로졸소화설비
⑥ 옥외소화전설비

03 ⑤ 비상경보설비는 경보설비에 해당한다(영 별표 1).

▶ 소화활동설비 : 화재를 진압하거나 인명구조활동을 위하여 사용하는 설비로서 다음 각 목의 것(영 별표 1)
1. 제연설비
2. 연결송수관설비
3. 연결살수설비
4. 비상콘센트설비
5. 무선통신보조설비
6. 연소방지설비

정답 02.④ 03.⑤

04 다음 소방시설의 분류 중 소화활동설비인 것은?
① 옥내소화전설비
② 누전경보기
③ 연소방지설비
④ 자동화재탐지설비

[11. 서울]
기본서 1권 p.125~126

05 「소방시설 설치 및 관리에 관한 법률 시행령」상 소방시설에 해당되지 않는 것은?
① 누전차단기
② 캐비닛형 자동소화장치
③ 연소방지설비
④ 통합감시시설

[11. 중앙]
기본서 1권 p.125~126

해설 **04** ▶영 별표 1
① 옥내소화전설비 – 소화설비
② 누전경보기 – 경보설비
④ 자동화재탐지설비 – 경보설비

05 ① 누전차단기는 해당되지 않지만 누전경보기는 경보설비에 포함된다(영 별표 1).
② 소화설비, ③ 소화활동설비, ④ 경보설비

정답 04. ③ 05. ①

06 소방시설의 분류 중 그 설비의 종류와 품명이 옳지 않은 것은?
① 소화설비 - 소화기구
② 경보설비 - 시각경보기
③ 피난구조설비 - 제연설비
④ 소화활동설비 - 무선통신보조설비

07 「소방시설 설치 및 관리에 관한 법률 시행령」상 물분무등소화설비가 아닌 것은?
① 이산화탄소소화설비 ② 미분무소화설비
③ 간이스프링클러설비 ④ 할론소화설비

해설

06 ③ 제연설비는 소화활동설비에 해당한다(영 별표 1).

07 ③ 간이스프링클러설비는 스프링클러설비등에 해당한다(영 별표 1).
※ 물분무등소화설비는 물분무소화설비·미분무소화설비·포소화설비·이산화탄소소화설비·할론소화설비·할로겐화합물 및 불활성기체소화설비·분말소화설비·강화액소화설비·고체에어로졸소화설비를 말한다.

정답 06.③ 07.③

08 다음 소방시설 중 소화설비가 아닌 것은?
① 옥내소화전설비 ② 옥외소화전설비
③ 미분무소화설비 ④ 상수도소화용수설비

09 다음 중 화재를 진압하거나 인명구조활동을 위하여 사용하는 설비의 종류로 알맞은 것은?
① 제연설비 ② 옥내소화전설비
③ 통합감시시설 ④ 인명구조기구

해설

08 ④ 상수도소화용수설비는 소화용수설비에 해당한다(영 별표 1).

09 ① 화재를 진압하거나 인명구조활동을 위하여 사용하는 설비는 소화활동설비로 제연설비가 해당된다(영 별표 1).
② 소화설비
③ 경보설비
④ 피난구조설비

정답 08.④ 09.①

10 다음 소방시설 중 피난구조설비의 종류가 아닌 것은?

① 연소방지설비　　　　② 방열복
③ 휴대용비상조명등　　④ 공기안전매트

[12. 중앙]

11 다음 중 소화기구에 해당하는 것이 아닌 것은?

① 소화기
② 자동확산소화기
③ 액체에어로졸자동소화장치
④ 간이소화용구

[13. 전북]

해설

10 ① 연소방지설비는 <u>소화활동설비</u>에 해당한다(영 별표 1).

11 ③ 자동소화장치에는 액체에어로졸자동소화장치가 아닌 <u>고체에어로졸소화장치</u>가 있다.

※ 소화기구 : 소화기, 간이소화용구(에어로졸식 소화용구. 투척용 소화용구, 소공간용 소화용구 및 소화약제 외의 것을 이용한 간이소화용구), 자동확산소화기(영 별표 1)

정답 10.① 11.③

소방관계법규

12 소방설비 중 화재를 진압하거나 인명구조활동을 위하여 사용하는 설비로서 옳지 않은 것은?

① 비상콘센트설비
② 상수도소화용수설비
③ 연결살수설비
④ 무선통신보조설비

[13. 전북특]

13 다음 중 피난구조설비에 해당하는 것은?

① 공기호흡기
② 통합감시시설
③ 무선통신보조설비
④ 연결살수설비

[17. 경채]

해설 12 ② 상수도소화용수설비는 소화용수설비이다.

※ 화재를 진압하거나 인명구조활동을 위하여 사용하는 설비는 소화활동설비로 ①③④ 외에 제연설비, 연결송수관설비, 연소방지설비가 있다(영 별표 1).

13 ▶ 영 별표 1
② 통합감시시설 – 경보설비
③ 무선통신보조설비 – 소화활동설비
④ 연결살수설비 – 소화활동설비

정답 12. ② 13. ①

14 「소방시설 설치 및 관리에 관한 법률 시행령」상 피난구조설비 중 인명구조기구로 옳지 않은 것은?

① 구조대
② 방열복
③ 공기호흡기
④ 인공소생기

[18. 경채]

15 「소방시설 설치 및 관리에 관한 법률 시행령」상 피난구조설비로 옳지 않은 것은?

① 구조대
② 방열복
③ 시각경보기
④ 비상조명등

[20. 공채]

해설 14 ① 구조대는 피난기구에 해당한다.

▶ 피난구조설비(영 별표 1)
1. 피난기구 : 피난사다리, 구조대, 완강기, 간이완강기
2. 인명구조기구 : 방열복, 방화복(안전모, 보호장갑 및 안전화를 포함한다), 공기호흡기, 인공소생기
3. 유도등 : 피난유도선, 피난구유도등, 통로유도등, 객석유도등, 유도표지
4. 비상조명등 및 휴대용비상조명등

15 ③ 시각경보기는 경보설비에 해당한다(영 별표 1).

정답 14.① 15.③

16 「소방시설 설치 및 관리에 관한 법률 시행령」상 소방시설 중 소화활동설비로 옳지 않은 것은?

① 제연설비, 연결송수관설비
② 비상콘센트설비, 연결살수설비
③ 무선통신보조설비, 연소방지설비
④ 연결송수관설비, 비상조명등설비

17 소방시설을 설치해야 하는 특정소방대상물에 해당되지 않는 것은?

① 근린생활시설
② 복합건축물
③ 지하가
④ 단독주택
⑤ 지하구

해설

16 ④ 연결송수관설비, ~~비상조명등설비~~
→ 비상조명등설비는 피난구조설비에 해당한다.

▶ 소화활동설비 : 화재를 진압하거나 인명구조활동을 위하여 사용하는 설비로서 다음 각 목의 것(영 별표 1)
 가. 제연설비   나. 연결송수관설비
 다. 연결살수설비   라. 비상콘센트설비
 마. 무선통신보조설비 바. 연소방지설비

17 ④ 소방시설을 설치하여야 하는 특정소방대상물에 공동주택은 해당하나 단독주택은 해당하지 않는다(영 별표 2).

▶ 특정소방대상물(영 별표 2)
※ 공동주택
 가. 아파트등 : 주택으로 쓰이는 층수가 5층 이상인 주택
 나. 기숙사 : 학교 또는 공장 등의 학생 또는 종업원 등을 위하여 쓰는 것으로서 1개 동의 공동취사시설 이용 세대 수가 전체의 50퍼센트 이상인 것(「교육기본법」 제27조 제2항에 따른 학생복지주택 및 「공공주택 특별법」 제2조 제1호의3에 따른 공공매입임대주택 중 독립된 주거의 형태를 갖추지 않은 것을 포함한다)

정답 16.④ 17.④

18 다음 중 근린생활시설이 아닌 것은?

㉠ 슈퍼마켓	㉡ 휴게음식점
㉢ 의원	㉣ 사진관
㉤ 박물관	㉥ 도서관

① 1개 ② 2개
③ 3개 ④ 4개

19 「소방시설 설치 및 관리에 관한 법률 시행령」상 특정소방대상물 중 근린생활시설로 옳지 않은 것은?
① 같은 건축물에 금융업소로 쓰는 바닥면적의 합계가 200제곱미터인 것
② 같은 건축물에 단란주점으로 쓰는 바닥면적의 합계가 300제곱미터인 것
③ 같은 건축물에 골프연습장으로 쓰는 바닥면적의 합계가 450제곱미터인 것
④ 같은 건축물에 미용원으로 쓰는 바닥면적의 합계가 800제곱미터인 것

해설

18 ㉤ 박물관은 문화 및 집회시설, ㉥ 도서관은 교육연구시설이다(영 별표 2).

19 ② 같은 건축물에 단란주점으로 쓰는 바닥면적의 합계가 ~~300제곱미터~~인 것
→ 단란주점은 같은 건축물에 해당 용도로 쓰는 바닥면적의 합계가 150제곱미터 미만인 것만 해당

정답 18.② 19.②

20 다음 중 특정소방대상물의 종류로 알맞게 짝지어진 것은?
① 교육연구시설 : 도서관, 직업훈련소
② 의료시설 : 치과의원, 격리병원
③ 운수시설 : 자동차검사장, 여객자동차터미널
④ 묘지 관련 시설 : 장례식장, 봉안당(종교시설의 봉안당은 제외)

21 특정소방대상물의 구분으로 옳은 것은?
① 운동시설 - 관람석의 바닥면적의 합계가 1,000제곱미터 이상인 체육관
② 관광 휴게시설 - 어린이회관
③ 교육연구시설 - 자동차운전학원
④ 동물 및 식물 관련시설 - 식물원

해설 20 ▶영 별표 2
② 의료시설 : ~~치과의원~~, 격리병원
→ 치과의원은 근린생활시설
③ 운수시설 : ~~자동차검사장~~, 여객자동차터미널
→ 자동차검사장은 항공기 및 자동차 관련시설
④ 묘지 관련 시설 : ~~장례식장~~, 봉안당(종교시설의 봉안당은 제외)
→ 장례식장은 장례시설

21 ① <u>문화 및 집회시설</u> - 관람석의 바닥면적의 합계가 1,000제곱미터 이상인 체육관
③ <u>항공기 및 자동차 관련 시설</u> - 자동차운전학원
④ <u>문화 및 집회시설</u> - 식물원

정답 20.① 21.②

22 「소방시설 설치 및 관리에 관한 법률 시행령」상 특정소방대상물의 분류로 옳지 않은 것은?
① 근린생활시설 – 한의원, 치과의원
② 문화 및 집회시설 – 동물원, 식물원
③ 항공기 및 자동차 관련시설 – 항공기격납고
④ 숙박시설 – 「청소년활동 진흥법」에 따른 유스호스텔

[18. 경채]

23 다음 중 특정소방대상물의 분류에 대하여 옳은 것은?
① 항공기 및 자동차 관련 시설 – 항공기 격납고, 폐차장, 자동차 검사장
② 의료시설 – 치과병원, 유스호스텔, 종합병원, 요양병원, 마약진료소
③ 관광 휴게시설 – 관망탑, 촬영소, 유원지 또는 관광지에 부수되는 건축물
④ 묘지 관련 시설 – 화장시설, 봉안당(종교집회장 안에 설치된 봉안당은 포함)

[11. 울산]

해설 22 ④ 숙박시설 – 「청소년활동 진흥법」에 따른 유스호스텔
→ 수련시설

23 ▶ 영 별표 2
② 의료시설 – 치과병원, 유스호스텔, 종합병원, 요양병원, 마약진료소
→ 유스호스텔은 수련시설
③ 관광 휴게시설 – 관망탑, 촬영소, 유원지 또는 관광지에 부수되는 건축물
→ 촬영소는 방송통신시설
④ 묘지 관련 시설 – 화장시설, 봉안당(종교집회장 안에 설치된 봉안당은 포함)
→ 종교집회장 안에 설치된 봉안당은 제외한다.

정답 22.④ 23.①

24 다음 중 특정소방대상물의 동·식물 관련 시설은 모두 몇 개인가?

㉠ 동물원	㉡ 도계장
㉢ 식물원	㉣ 도축장
㉤ 수족관	㉥ 경마장

① 2개　　② 3개
③ 4개　　④ 5개

[12. 중앙]
상 **중** 하
기본서 1권 p.134

25 다음 중 특정소방대상물의 분류가 잘못 연결된 것은?
① 항공관제탑 – 운수시설
② 동·식물원 – 동·식물 관련 시설
③ 유스호스텔 – 수련시설
④ 오피스텔 – 업무시설

[13. 전북특]
상 **중** 하
기본서 1권 p.129~136

해설　24　동·식물 관련 시설은 ㉡ 도계장, ㉣ 도축장이다.
　　　　　㉠, ㉢, ㉤, ㉥은 문화 및 집회시설이다(영 별표 2).

　　　　25　② 동·식물원은 문화 및 집회시설에 해당한다(영 별표 2).

정답　24.①　25.②

26 「소방시설 설치 및 관리에 관한 법률 시행령」상 의료시설에 해당되는 특정소방대상물을 모두 고른 것은?

| ㄱ. 노인의료복지시설 | ㄴ. 정신의료기관 |
| ㄷ. 마약진료소 | ㄹ. 한의원 |

① ㄱ, ㄷ
② ㄱ, ㄹ
③ ㄴ, ㄷ
④ ㄷ, ㄹ

[20. 공채]

27 「소방시설 설치 및 관리에 관한 법률 시행령」상 지하구 중 전력 또는 통신사업용 지하 인공구조물로서 전력구 또는 통신구 방식으로 설치된 것 외의 지하 인공구조물로서 전력 또는 통신용인 것은 길이가 몇 m 이상이어야 하는가?

① 50m
② 500m
③ 1,000m
④ 1,500m

[12. 전북특]

해설

26
ㄱ. 노인의료복지시설 – 노유자시설
ㄹ. 한의원 – 근린생활시설

▶ 특정소방대상물(영 별표 2)
7. 의료시설
  가. 병원 : 종합병원, 병원, 치과병원, 한방병원, 요양병원
  나. 격리병원 : 전염병원, 마약진료소, 그 밖에 이와 비슷한 것
  다. 정신의료기관
  라. 「장애인복지법」 제58조 제1항 제4호에 따른 장애인 의료재활시설

27 ▶ 지하구(영 별표 2)
가. 전력·통신용의 전선이나 가스·냉난방용의 배관 또는 이와 비슷한 것을 집합수용하기 위하여 설치한 지하 인공구조물로서 사람이 점검 또는 보수를 하기 위하여 출입이 가능한 것 중 다음의 어느 하나에 해당하는 것
  1) 전력 또는 통신사업용 지하 인공구조물로서 전력구(케이블 접속부가 없는 경우에는 제외한다) 또는 통신구 방식으로 설치된 것
  2) 1)외의 지하 인공구조물로서 폭이 1.8미터 이상이고 높이가 2미터 이상이며 길이가 50미터 이상인 것
나. 「국토의 계획 및 이용에 관한 법률」 제2조 제9호에 따른 공동구

정답 26.③ 27.①

소방관계법규

28 「소방시설 설치 및 관리에 관한 법률 시행령」상 특정소방대상물 중 지하구에 관한 설명이다. ( ) 안의 내용으로 옳은 것은?

> - 전력·통신용의 전선이나 가스·냉난방용의 배관 또는 이와 비슷한 것을 집합수용하기 위하여 설치한 지하 인공구조물로서 사람이 점검 또는 보수를 하기 위하여 출입이 가능한 것 중 다음의 어느 하나에 해당하는 것
>   1) 전력 또는 통신사업용 지하 인공구조물로서 전력구(케이블 접속부가 없는 경우에는 제외한다) 또는 통신구 방식으로 설치된 것
>   2) 1)외의 지하 인공구조물로서 폭이 (가)미터 이상이고 높이가 (나)미터 이상이며 길이가 (다)미터 이상인 것
> - 「국토의 계획 및 이용에 관한 법률」제2조 제9호에 따른 (라)

	(가)	(나)	(다)	(라)
①	1.5	2	50	공동구
②	1.5	1.8	30	지하가
③	1.8	2	50	공동구
④	1.8	1.8	50	지하가

[19. 경채]
기본서 1권 p.136

해설 28 ▶ 지하구(영 별표 2)
- 전력·통신용의 전선이나 가스·냉난방용의 배관 또는 이와 비슷한 것을 집합수용하기 위하여 설치한 지하 인공구조물로서 사람이 점검 또는 보수를 하기 위하여 출입이 가능한 것 중 다음의 어느 하나에 해당하는 것
  1) 전력 또는 통신사업용 지하 인공구조물로서 전력구(케이블 접속부가 없는 경우에는 제외한다) 또는 통신구 방식으로 설치된 것
  2) 1)외의 지하 인공구조물로서 폭이 (1.8)미터 이상이고 높이가 (2)미터 이상이며 길이가 (50)미터 이상인 것
- 「국토의 계획 및 이용에 관한 법률」제2조 제9호에 따른 (공동구)

정답 28.③

29 「소방시설 설치 및 관리에 관한 법률 시행령」상 특정소방대상물 중 지하구에 관한 설명이다. ( ) 안에 들어갈 내용으로 옳은 것은?

> 전력·통신용의 전선이나 가스·냉난방용의 배관 또는 이와 비슷한 것을 집합수용하기 위하여 설치한 지하 인공구조물로서 사람이 점검 또는 보수를 하기 위하여 출입이 가능한 것 중 다음의 어느 하나에 해당하는 것
> 1) 전력 또는 통신사업용 지하 인공구조물로서 전력구(케이블 접속부가 없는 경우는 제외한다) 또는 통신구 방식으로 설치된 것
> 2) 1) 외의 지하 인공구조물로서 폭이 (ㄱ)m 이상이고 높이가 (ㄴ)m 이상이며 길이가 (ㄷ)m 이상인 것

	ㄱ	ㄴ	ㄷ
①	1.2	1.5	50
②	1.2	1.5	100
③	1.8	2	50
④	1.8	2	100

[24. 경채]

해설 **29** ▶ 소방시설법 시행령(별표 2) 특정소방대상물
28. 지하구
가. 전력·통신용의 전선이나 가스·냉난방용의 배관 또는 이와 비슷한 것을 집합수용하기 위하여 설치한 지하 인공구조물로서 사람이 점검 또는 보수를 하기 위하여 출입이 가능한 것 중 다음의 어느 하나에 해당하는 것
1) 전력 또는 통신사업용 지하 인공구조물로서 전력구(케이블 접속부가 없는 경우는 제외한다) 또는 통신구 방식으로 설치된 것
2) 1)외의 지하 인공구조물로서 폭이 1.8m 이상이고 높이가 2m 이상이며 길이가 50m 이상인 것
나. 「국토의 계획 및 이용에 관한 법률」 제2조 제9호에 따른 공동구

정답 29.③

30 둘 이상의 특정소방대상물이 복도 또는 통로로 연결된 경우 하나의 특정소방대상물로 보지 않는 것은?

① 자동방화셔터 또는 60분+ 방화문이 설치되지 않은 피트로 연결된 경우
② 연결통로 또는 지하구와 특정소방대상물의 양쪽에 화재 시 자동으로 방수되는 방식의 드렌처설비 또는 개방형 스프링클러헤드가 설치된 경우
③ 컨베이어로 연결되거나 플랜트설비의 배관 등으로 연결되어 있는 경우
④ 지하보도, 지하상가, 지하가로 연결된 경우

[15. 통합]

기본서 1권 p.136~137

해설 30 ②의 경우는 각각 별개의 특정소방대상물로 본다.

▶ 영 별표 2
2. 둘 이상의 특정소방대상물이 다음 각 목의 어느 하나에 해당되는 구조의 복도 또는 통로(이하 이 표에서 "연결통로"라 한다)로 연결된 경우에는 이를 하나의 특정소방대상물로 본다.
  가. 내화구조로 된 연결통로가 다음의 어느 하나에 해당되는 경우
    1) 벽이 없는 구조로서 그 길이가 6m 이하인 경우
    2) 벽이 있는 구조로서 그 길이가 10m 이하인 경우. 다만, 벽 높이가 바닥에서 천장까지의 높이의 2분의 1 이상인 경우에는 벽이 있는 구조로 보고, 벽 높이가 바닥에서 천장까지의 높이의 2분의 1 미만인 경우에는 벽이 없는 구조로 본다.
  나. 내화구조가 아닌 연결통로로 연결된 경우
  다. 컨베이어로 연결되거나 플랜트설비의 배관 등으로 연결되어 있는 경우
  라. 지하보도, 지하상가, 지하가로 연결된 경우
  마. 자동방화셔터 또는 60분+ 방화문이 설치되지 않은 피트(전기설비 또는 배관설비 등이 설치되는 공간을 말한다)로 연결된 경우
  바. 지하구로 연결된 경우
3. 제2호에도 불구하고 연결통로 또는 지하구와 특정소방대상물의 양쪽에 다음 각 목의 어느 하나에 해당하는 시설이 적합하게 설치된 경우에는 각각 별개의 특정소방대상물로 본다.
  가. 화재 시 경보설비 또는 자동소화설비의 작동과 연동하여 자동으로 닫히는 자동방화셔터 또는 60분+ 방화문이 설치된 경우
  나. 화재 시 자동으로 방수되는 방식의 드렌처설비 또는 개방형 스프링클러헤드가 설치된 경우

정답 30.②

31 둘 이상의 특정소방대상물이 복도 또는 통로로 연결된 경우 하나의 특정소방대상물로 보지 않는 것은?

① 내화구조 10m 이하의 벽이 없는 연결통로
② 내화구조가 아닌 연결통로로 연결된 경우
③ 지하구로 연결된 경우
④ 지하가, 지하상가로 연결된 경우

[14. 중앙특]

기본서 1권 p.136~137

해설 31 ① 내화구조 ~~10m~~ 이하의 벽이 없는 연결통로
→ 6m

※ 둘 이상의 특정소방대상물이 다음 각 목의 어느 하나에 해당되는 구조의 복도 또는 통로(연결통로)로 연결된 경우에는 이를 하나의 특정소방대상물로 본다(영 별표 2).
가. 내화구조로 된 연결통로가 다음의 어느 하나에 해당되는 경우
   1) 벽이 없는 구조로서 그 길이가 6m 이하인 경우
   2) 벽이 있는 구조로서 그 길이가 10m 이하인 경우. 다만, 벽 높이가 바닥에서 천장까지의 높이의 2분의 1 이상인 경우에는 벽이 있는 구조로 보고, 벽 높이가 바닥에서 천장까지의 높이의 2분의 1 미만인 경우에는 벽이 없는 구조로 본다.
나. 내화구조가 아닌 연결통로로 연결된 경우
다. 컨베이어로 연결되거나 플랜트설비의 배관 등으로 연결되어 있는 경우
라. 지하보도, 지하상가, 지하가로 연결된 경우
마. 자동방화셔터 또는 60분+ 방화문이 설치되지 않은 피트(전기설비 또는 배관설비 등이 설치되는 공간을 말한다)로 연결된 경우
바. 지하구로 연결된 경우

정답 31.①

32 「소방시설 설치 및 관리에 관한 법률 시행령」상 둘 이상의 특정소방대상물이 구조의 복도 또는 통로로 연결된 경우에 이를 하나의 특정소방대상물로 보지 않는 것은?

① 내화구조가 아닌 연결통로로 연결된 경우
② 컨베이어로 연결되거나 플랜트설비의 배관 등으로 연결되어 있는 경우
③ 자동방화셔터 또는 60분+ 방화문이 설치되지 않은 피트로 연결된 경우
④ 벽이 없는 구조로서 그 길이가 10m 이하인 경우

[18. 경채]

기본서 1권 p.136~137

해설 32 ④ 벽이 <u>없는</u> 구조로서 그 길이가 10m 이하인 경우
→ 있는

※ 둘 이상의 특정소방대상물이 다음 각 목의 어느 하나에 해당되는 구조의 복도 또는 통로(연결통로)로 연결된 경우에는 이를 하나의 특정소방대상물로 본다(영 별표 2).
  가. 내화구조로 된 연결통로가 다음의 어느 하나에 해당되는 경우
    1) 벽이 없는 구조로서 그 길이가 6m 이하인 경우
    2) 벽이 있는 구조로서 그 길이가 10m 이하인 경우. 다만, 벽 높이가 바닥에서 천장까지의 높이의 2분의 1 이상인 경우에는 벽이 있는 구조로 보고, 벽 높이가 바닥에서 천장까지의 높이의 2분의 1 미만인 경우에는 벽이 없는 구조로 본다.
  나. 내화구조가 아닌 연결통로로 연결된 경우
  다. 컨베이어로 연결되거나 플랜트설비의 배관 등으로 연결되어 있는 경우
  라. 지하보도, 지하상가, 지하가로 연결된 경우
  마. 자동방화셔터 또는 60분+ 방화문이 설치되지 않은 피트(전기설비 또는 배관설비 등이 설치되는 공간을 말한다)로 연결된 경우
  바. 지하구로 연결된 경우

정답 32.④

33 「소방시설 설치 및 관리에 관한 법률 시행령」상 〈보기〉는 둘 이상의 특정소방대상물이 내화구조로 된 연결통로로 연결된 경우 이를 하나의 특정소방대상물로 보는 기준에 대한 설명이다. (　) 안에 들어갈 내용으로 옳은 것은?

〈보기〉

- 벽이 없는 구조로서 그 길이가 (가) 이하인 경우
- 벽이 있는 구조로서 그 길이가 (나) 이하인 경우. 다만, 벽 높이가 바닥에서 천장까지의 높이의 (다) 이상인 경우에는 벽이 있는 구조로 보고, 벽 높이가 바닥에서 천장까지의 높이의 (다) 미만인 경우에는 벽이 없는 구조로 본다.

	(가)	(나)	(다)
①	6m	10m	2분의 1
②	7m	12m	3분의 1
③	8m	10m	2분의 1
④	9m	12m	3분의 1

[21. 경채]

기본서 1권 p.136~137

해설 33
- 영 별표 2 비고
- 벽이 없는 구조로서 그 길이가 (가 : 6m) 이하인 경우
- 벽이 있는 구조로서 그 길이가 (나 : 10m) 이하인 경우. 다만, 벽 높이가 바닥에서 천장까지의 높이의 (다 : 2분의 1) 이상인 경우에는 벽이 있는 구조로 보고, 벽 높이가 바닥에서 천장까지의 높이의 (다 : 2분의 1) 미만인 경우에는 벽이 없는 구조로 본다.

정답 33.①

34 「소방시설 설치 및 관리에 관한 법률」 및 같은 법 시행령상 특정소방대상물에 관한 내용으로 옳은 것은?

① "특정소방대상물"이란 건축물 등의 규모·용도 및 수용인원 등을 고려하여 소방시설을 설치하여야 하는 소방대상물로서 행정안전부령으로 정하는 것을 말한다.
② 전력용의 전선배관을 집합수용하기 위하여 설치한 지하 인공구조물로서 사람이 점검 또는 보수를 하기 위하여 폭 1.5m, 높이 1.8m, 길이 300m인 것은 지하구에 해당한다.
③ 하나의 건축물이 근린생활시설, 판매시설, 업무시설, 숙박시설 또는 위락시설의 용도와 주택의 용도로 함께 사용되는 것은 복합건축물에 해당한다.
④ 다중이용업 중 고시원업의 시설로서 독립된 주거의 형태를 갖추지 않은 것으로서 같은 건축물에 해당 용도로 쓰는 바닥면적의 합계가 450m^2인 고시원은 숙박시설에 해당한다.

해설 34 ① "특정소방대상물"이란 건축물 등의 규모·용도 및 수용인원 등을 고려하여 소방시설을 설치하여야 하는 소방대상물로서 대통령령으로 정하는 것을 말한다(법 제2조 제1항).
② 전력용의 전선배관을 집합수용하기 위하여 설치한 지하 인공구조물로서 사람이 점검 또는 보수를 하기 위하여 폭 1.8m, 높이 2m, 길이 50m인 것은 지하구에 해당한다(영 별표 2).
④ 다중이용업 중 고시원업의 시설로서 독립된 주거의 형태를 갖추지 않은 것으로서 같은 건축물에 해당 용도로 쓰는 바닥면적의 합계가 500m^2 이상인 고시원은 숙박시설에 해당한다(영 별표 2).

정답 34. ③

35 다음 중 소방용품에 해당되지 않는 것은?
① 가스누설경보기
② 방염제
③ 관창
④ 완강기(지지대 제외)

36 다음 중 소방용품에 해당하지 않는 것은?
① 누전경보기
② 소화약제 외의 것을 이용한 간이소화용구
③ 공기호흡기
④ 가스누설경보기

해설 35 ④ 완강기(지지대 포함)

▶ 소방용품(영 별표 3)
1. 소화설비를 구성하는 제품 또는 기기
   가. 별표 1 제1호 가목의 소화기구(소화약제 외의 것을 이용한 간이소화용구는 제외한다)
   나. 별표 1 제1호 나목의 자동소화장치
   다. 소화설비를 구성하는 소화전, 관창(菅槍), 소방호스, 스프링클러헤드, 기동용 수압개폐장치, 유수제어밸브 및 가스관선택밸브
2. 경보설비를 구성하는 제품 또는 기기
   가. 누전경보기 및 가스누설경보기
   나. 경보설비를 구성하는 발신기, 수신기, 중계기, 감지기 및 음향장치(경종만 해당한다)
3. 피난구조설비를 구성하는 제품 또는 기기
   가. 피난사다리, 구조대, 완강기(지지대를 포함한다) 및 간이완강기(지지대를 포함한다)
   나. 공기호흡기(충전기를 포함한다)
   다. 피난구유도등, 통로유도등, 객석유도등 및 예비 전원이 내장된 비상조명등
4. 소화용으로 사용하는 제품 또는 기기
   가. 소화약제(별표 1 제1호 나목 2)와 3)의 자동소화장치와 같은 호 마목 3)부터 9)까지의 소화설비용만 해당한다)
   나. 방염제(방염액·방염도료 및 방염성물질을 말한다)
5. 그 밖에 행정안전부령으로 정하는 소방 관련 제품 또는 기기

36 ▶ 소방용품(영 별표 3)
소화기구(소화약제 외의 것을 이용한 간이소화용구는 제외한다)

정답 35.④ 36.②

37 다음 중 「소방시설 설치 및 관리에 관한 법률 시행령」상 소방용품으로 옳지 않은 것은?

① 소화설비 중 자동소화장치
② 경보설비 중 가스누설경보기 및 누전경보기
③ 피난구조설비 중 피난유도선
④ 방염도료

[18. 경채]
상 중 **하**
기본서 1권 p.139, p.196

38 「소방시설 설치 및 관리에 관한 법률 시행령」상 소방용품 중 경보설비를 구성하는 제품 또는 기기로 옳지 않은 것은?

① 수신기
② 감지기
③ 누전차단기
④ 가스누설경보기

[21. 공채]
상 중 **하**
기본서 1권 p.139

해설 **37** ③ 피난구조설비 중 피난유도선은 소방용품에 해당하지 않는다.

▶ 소방용품(영 별표 3)
3. 피난구조설비를 구성하는 제품 또는 기기
    가. 피난사다리, 구조대, 완강기(지지대를 포함한다) 및 간이완강기(지지대를 포함한다)
    나. 공기호흡기(충전기를 포함한다)
    다. 피난구유도등, 통로유도등, 객석유도등 및 예비 전원이 내장된 비상조명등

38 ③ 누전차단기
  → 누전경보기

▶ 소방용품(영 별표 3)
– 경보설비를 구성하는 제품 또는 기기
    가. 누전경보기 및 가스누설경보기
    나. 경보설비를 구성하는 발신기, 수신기, 중계기, 감지기, 음향장치(경종만 해당)

정답 37.③ 38.③

39 다음 중 무창층이 되기 위한 개구부 요건으로 옳지 않은 것은?
① 개구부 크기는 지름 50cm 이상의 원이 통과할 수 있을 것
② 내부 또는 외부에서 쉽게 부수거나 열 수 있을 것
③ 개구부는 도로 또는 차량이 진입할 수 있는 빈터를 향할 것
④ 해당 층의 바닥면으로부터 개구부 밑부분까지의 높이가 1.5m 이내일 것

40 「소방시설 설치 및 관리에 관한 법률 시행령」상 무창층이 되기 위한 개구부의 요건 중 일부를 나타낸 것이다. ( ) 안의 내용으로 옳은 것은?

- 크기는 지름 (가)센티미터 이상의 원이 통과할 수 있을 것
- 해당 층의 바닥면으로부터 개구부 (나)까지의 높이가 (다)미터 이내일 것

	(가)	(나)	(다)
①	50	윗부분	1.2
②	50	밑부분	1.2
③	50	밑부분	1.5
④	60	밑부분	1.2

해설

39 ④ 바닥면으로부터 개구부 밑부분까지 높이가 1.5m 이내일 것
→ 1.2m

※ "무창층"(無窓層)이란 지상층 중 다음 각 목의 요건을 모두 갖춘 개구부(건축물에서 채광·환기·통풍 또는 출입 등을 위하여 만든 창·출입구, 그 밖에 이와 비슷한 것을 말한다)의 면적의 합계가 해당 층의 바닥면적의 30분의 1 이하가 되는 층을 말한다(영 제2조 제1호).
1. 크기는 지름 50cm 이상의 원이 통과할 수 있을 것
2. 해당 층의 바닥면으로부터 개구부 밑부분까지의 높이가 1.2미터 이내일 것
3. 도로 또는 차량이 진입할 수 있는 빈터를 향할 것
4. 화재 시 건축물로부터 쉽게 피난할 수 있도록 창살이나 그 밖의 장애물이 설치되지 아니할 것
5. 내부 또는 외부에서 쉽게 부수거나 열 수 있을 것

40 ▶ 정의(영 제2조 제1호)
- 크기는 지름 (가 : 50)센티미터 이상의 원이 통과할 수 있을 것
- 해당 층의 바닥면으로부터 개구부 (나 : 밑부분)까지의 높이가 (다 : 1.2)미터 이내일 것

정답 39.④ 40.②

41 다음 중 무창층에 대한 설명으로 옳지 않은 것은?
① 개구부는 도로 또는 차량이 진입할 수 있는 빈터를 향할 것
② 해당 층의 바닥면으로부터 개구부 밑부분까지의 높이가 1.2m 이내일 것
③ 무창층의 개구부 크기는 지름 40cm의 원이 통과할 수 있을 것
④ 무창층이란 지상층 중 개구부(건축물에서 채광·환기·통풍 또는 출입 등을 위하여 만든 창·출입구, 그 밖에 이와 비슷한 것을 말한다)의 면적의 합계가 해당 층의 바닥면적의 1/30 이하가 되는 층을 말한다.

42 「소방시설 설치 및 관리에 관한 법률 시행령」상 무창층의 개구부 요건을 설명한 것으로 옳지 않은 것은?
① 도로 또는 차량이 진입할 수 있는 빈터를 향해야 한다.
② 내부 또는 외부에서 쉽게 열리지 않는 구조여야 한다.
③ 크기는 지름 50센티미터 이상의 원이 통과할 수 있어야 한다.
④ 해당 층의 바닥면으로부터 개구부 밑부분까지의 높이가 1.2미터 이내여야 한다.

43 다음 중 피난층의 정의로 가장 올바른 것은?
① 곧바로 지상으로 갈 수 있는 피난층이 있는 층
② 곧바로 지상으로 갈 수 있는 1층이 있는 층
③ 곧바로 지상으로 갈 수 있는 출입구가 있는 층
④ 곧바로 지상으로 갈 수 있는 비상구가 있는 층

해설

41 ③ 무창층의 개구부 크기는 지름 40cm의 원이 통과할 수 있을 것(영 제2조 제1호)
→ 50cm

42 ② 내부 또는 외부에서 쉽게 열리지 않는 구조여야 한다(영 제2조 제1호).
→ 쉽게 부수거나 열 수 있을 것이어야 한다.

43 ③ "피난층"이란 곧바로 지상으로 갈 수 있는 출입구가 있는 층을 말한다(영 제2조 제2호).

정답 41.③ 42.② 43.③

02 소방시설등의 설치·관리 및 방염

44 「소방시설 설치 및 관리에 관한 법률」 및 같은 법 시행령상 건축허가등의 동의 등에 대한 설명으로 옳지 않은 것은?

① 권한이 있는 행정기관은 건축허가등을 할 때 미리 그 건축물 등의 시공지(施工地) 또는 소재지를 관할하는 소방본부장이나 소방서장의 동의를 받아야 한다.
② 건축허가등을 할 때 소방본부장이나 소방서장의 동의를 받아야 하는 건축물 등의 범위는 행정안전부령으로 정한다.
③ 건축물의 증축 또는 용도변경으로 인하여 해당 특정소방대상물에 추가로 소방시설이 설치되지 아니하는 경우 그 특정소방대상물은 소방본부장 또는 소방서장의 건축허가등의 동의대상에서 제외된다.
④ 관할 소방본부장이나 소방서장에게 건축허가등을 하거나 신고를 수리할 때 건축허가등을 받으려는 자 또는 신고를 한 자가 제출한 설계도서 중 건축물의 내부구조를 알 수 있는 설계도면을 제출하여야 한다.

[20. 경채]

45 다음 특정소방대상물 중 연면적에 상관없이 반드시 건축허가등의 동의를 받아야 하는 시설은?

① 오피스텔
② 항공기격납고
③ 정신의료기관
④ 학교시설
⑤ 장애인 의료재활시설

[11. 간부]

해설

44 ② 건축허가등을 할 때 소방본부장이나 소방서장의 동의를 받아야 하는 건축물 등의 범위는 ~~행정안전부령으로 정한다~~(법 제6조 제7항).
→ 대통령령

45 ② 연면적에 상관없이 반드시 건축허가등의 동의를 받아야 하는 시설은 항공기격납고에 해당한다.
① 400m² 이상, ③ 300m² 이상, ④ 100m² 이상, ⑤ 300m² 이상

정답 44.② 45.②

46 다음 중 건축허가등의 동의대상이 아닌 것은?
① 승강기 등 기계장치에 의한 주차시설로서 자동차 10대 이상 주차시설
② 연면적 400m² 이상(학교시설은 100m² 이상)
③ 지하층 또는 무창층 건물로서 바닥면적 150m² 이상(공연장 100m² 이상)
④ 항공기격납고, 항공관제탑, 관망탑, 방송용 송·수신탑

47 다음 중 건축허가등의 동의대상물의 범위가 아닌 것은?
① 항공기격납고
② 차고, 주차장으로 사용되는 바닥면적 150m² 이상인 층이 있는 건축물이나 주차시설
③ 정신의료기관(입원실이 없는 정신건강의학과 의원은 제외)은 연면적 300m² 이상
④ 지하층이 있는 건축물로서 바닥면적 150m² 이상인 층이 있는 경우

해설 46 ① 승강기 등 기계장치에 의한 주차시설로서 자동차 ~~10대~~ 이상 주차시설(영 제7조 제1항).
→ 20대

47 ② 차고, 주차장으로 사용되는 바닥면적 ~~150m²~~ 이상인 층이 있는 건축물이나 주차시설(영 제7조 제1항)
→ 200m²

정답 46.① 47.②

48 다음 중 건축허가등의 동의대상물로서 틀린 것은?
① 특정소방대상물 중 위험물 저장 및 처리시설, 지하구를 포함한다.
② 정신의료기관(입원실이 없는 정신건강의학과 의원은 제외)은 연면적 300m² 이상이다.
③ 연면적이 400m² 이상인 건축물이다.
④ 지하층 또는 무창층이 있는 건축물은 바닥면적 100m² 이상이다.

[13. 경기]
기본서 1권 p.146

49 다음 중 건축허가등의 동의 대상기준으로 옳은 것은?
① 차고·주차장으로 사용되는 바닥면적이 250m² 이상인 것
② 특정소방대상물 중 노유자시설 및 수련시설로서 연면적이 200m² 이상인 것
③ 지하층·무창층이 있는 건물로서 바닥면적 100m² 이상(단, 공연장은 150m² 이상)인 것
④ 정신의료기관(입원실 없는 정신건강의학과 의원 제외) 연면적 200m² 이상인 것

[17. 중앙]
기본서 1권 p.146

해설

48 ④ 지하층 또는 무창층이 있는 건축물은 바닥면적 ~~100m²~~ 이상이다(영 제7조 제1항).
→ 150m²

49 ▶ 건축허가 동의대상물의 범위(영 제7조 제1항)
① 차고·주차장으로 사용되는 바닥면적이 ~~250m²~~ 이상인 것
→ 200m²
③ 지하층·무창층이 있는 건물로서 바닥면적 ~~100m²~~ 이상(단, 공연장은 ~~150m²~~ 이상)인 것
→ 150m², 100m²
④ 정신의료기관(입원실 없는 정신건강의학과 의원 제외) 연면적 ~~200m²~~ 이상인 것
→ 300m²

정답 48.④ 49.②

50 연면적 200m² 미만인 다음의 노유자시설 중에서 건축허가등의 동의를 받아야 하는 노유자시설은?

① 공동주택에 설치된 결핵환자나 한센인이 24시간 생활하는 노유자시설
② 공동주택에 설치된 아동복지시설
③ 단독주택에 설치된 정신질환자 관련 시설
④ 단독주택에 설치된 노인주거복지시설

[18. 경채]

상 중 하

기본서 1권 p.146~147

해설 **50** ▶ 건축허가등의 동의대상물의 범위 등(영 제7조)
1. 연면적(「건축법 시행령」 제119조 제1항 제4호에 따라 산정된 면적을 말한다. 이하 같다)이 400제곱미터 이상인 건축물이나 시설. 다만, 다음 각 목의 어느 하나에 해당하는 건축물이나 시설은 해당 목에서 정한 기준 이상인 건축물이나 시설로 한다.
   가. 「학교시설사업 촉진법」 제5조의2 제1항에 따라 건축등을 하려는 학교시설 : 100제곱미터
   나. 별표 2의 특정소방대상물 중 노유자(老幼者)시설 및 수련시설 : 200제곱미터
7. 제1호 나목에 해당하지 않는 노유자시설 중 다음 각 목의 어느 하나에 해당하는 시설. 다만, 가목 2) 및 나목부터 바목까지의 시설 중 「건축법 시행령」 별표 1의 단독주택 또는 공동주택에 설치되는 시설은 제외한다.
   가. 별표 2 제9호 가목에 따른 노인 관련 시설 중 다음의 어느 하나에 해당하는 시설
      1) 「노인복지법」 제31조 제1호에 따른 노인주거복지시설, 같은 조 제2호에 따른 노인의료복지시설 및 같은 조 제4호에 따른 재가노인복지시설
      2) 「노인복지법」 제31조 제7호에 따른 학대피해노인 전용쉼터
   나. 「아동복지법」 제52조에 따른 아동복지시설(아동상담소, 아동전용시설 및 지역아동센터는 제외한다)
   다. 「장애인복지법」 제58조 제1항 제1호에 따른 장애인 거주시설
   라. 정신질환자 관련 시설(「정신건강증진 및 정신질환자 복지서비스 지원에 관한 법률」 제27조 제1항 제2호에 따른 공동생활가정을 제외한 재활훈련시설과 같은 법 시행령 제16조 제3호에 따른 종합시설 중 24시간 주거를 제공하지 않는 시설은 제외한다)
   마. 별표 2 제9호 마목에 따른 노숙인 관련 시설 중 노숙인자활시설, 노숙인재활시설 및 노숙인요양시설
   바. 결핵환자나 한센인이 24시간 생활하는 노유자시설

정답 50.④

51 「소방시설 설치 및 관리에 관한 법률 시행령」상 건축허가등을 할 때 미리 소방본부장 또는 소방서장의 동의를 받아야 하는 건축물 등의 범위로 옳지 않은 것은?

① 승강기 등 기계장치에 의한 주차시설로서 자동차 10대 이상을 주차할 수 있는 시설
② 지하층 또는 무창층이 있는 건축물로서 바닥면적이 150제곱미터(공연장의 경우에는 100제곱미터) 이상인 층이 있는 것
③ 차고·주차장으로 사용되는 바닥면적이 200제곱미터 이상인 층이 있는 건축물이나 주차시설
④ 결핵환자나 한센인이 24시간 생활하는 노유자시설(단독주택 또는 공동주택에 설치되는 시설은 제외)

[18. 공채]
기본서 1권 p.146~147

52 「소방시설 설치 및 관리에 관한 법률 시행령」상 건축허가등의 동의대상물의 범위에 해당되는 것으로 옳은 것은?

㉠ 항공기격납고, 관망탑, 방송용 송수신탑
㉡ 「학교시설사업 촉진법」 제5조의2 제1항에 따라 건축등을 하려는 학교시설은 연면적 100제곱미터 이상인 건축물
㉢ 차고·주차장으로 사용되는 바닥면적이 150제곱미터 이상인 층이 있는 건축물이나 주차시설
㉣ 연면적 200제곱미터 이상인 노유자시설

① ㉠, ㉡, ㉢
② ㉠, ㉡, ㉣
③ ㉠, ㉢, ㉣
④ ㉡, ㉢, ㉣

[19. 경채]
기본서 1권 p.146~147

해설
51 ① 승강기 등 기계장치에 의한 주차시설로서 자동차 ~~10대~~ 이상을 주차할 수 있는 시설(영 제7조 제1항)
→ 20대

52 ㉢ 차고·주차장으로 사용되는 바닥면적이 ~~150제곱미터~~ 이상인 층이 있는 건축물이나 주차시설(영 제7조 제1항)
→ 200제곱미터

정답 51.① 52.②

53 「소방시설 설치 및 관리에 관한 법률 시행령」상 건축허가등의 동의대상물에 해당하지 않는 것은?

① 층수가 6층인 건축물
② 연면적 400제곱미터인 건축물
③ 지하층이 있는 건축물로서 바닥면적이 150제곱미터 이상인 층이 있는 것
④ 특정소방대상물 중 노유자(老幼者)시설로서 연면적 100제곱미터인 건축물

[24. 경채, 공채]

상 중 하

기본서 1권 p.146~147

해설 53

④ ~~200제곱미터 이상~~

▶ 소방시설법 시행령 제7조(건축허가등의 동의대상물의 범위 등)
① 법 제6조 제1항에 따라 건축물 등의 신축·증축·개축·재축·이전·용도변경 또는 대수선의 허가·협의 및 사용승인(「주택법」제15조에 따른 승인 및 같은 법 제49조에 따른 사용검사, 「학교시설사업 촉진법」제4조에 따른 승인 및 같은 법 제13조에 따른 사용승인을 포함하며, 이하 "건축허가등"이라 한다)을 할 때 미리 소방본부장 또는 소방서장의 동의를 받아야 하는 건축물 등의 범위는 다음 각 호와 같다.
  1. 연면적(「건축법 시행령」제119조 제1항 제4호에 따라 산정된 면적을 말한다. 이하 같다)이 400제곱미터 이상인 건축물이나 시설. 다만, 다음 각 목의 어느 하나에 해당하는 건축물이나 시설은 해당 목에서 정한 기준 이상인 건축물이나 시설로 한다.
     가. 「학교시설사업 촉진법」제5조의2제1항에 따라 건축등을 하려는 학교시설: 100제곱미터
     나. 별표 2의 특정소방대상물 중 노유자(老幼者) 시설 및 수련시설: 200제곱미터
     다. 「정신건강증진 및 정신질환자 복지서비스 지원에 관한 법률」제3조 제5호에 따른 정신의료기관(입원실이 없는 정신건강의학과 의원은 제외하며, 이하 "정신의료기관"이라 한다): 300제곱미터
     라. 「장애인복지법」제58조 제1항 제4호에 따른 장애인 의료재활시설(이하 "의료재활시설"이라 한다): 300제곱미터
  2. 지하층 또는 무창층이 있는 건축물로서 바닥면적이 150제곱미터(공연장의 경우에는 100제곱미터) 이상인 층이 있는 것
  3. 차고·주차장 또는 주차 용도로 사용되는 시설로서 다음 각 목의 어느 하나에 해당하는 것
     가. 차고·주차장으로 사용되는 바닥면적이 200제곱미터 이상인 층이 있는 건축물이나 주차시설
     나. 승강기 등 기계장치에 의한 주차시설로서 자동차 20대 이상을 주차할 수 있는 시설
  4. 층수(「건축법 시행령」제119조 제1항 제9호에 따라 산정된 층수를 말한다. 이하 같다)가 6층 이상인 건축물
  5. 항공기 격납고, 관망탑, 항공관제탑, 방송용 송수신탑
  6. 별표 2의 특정소방대상물 중 의원(입원실이 있는 것으로 한정한다)·조산원·산후조리원, 위험물 저장 및 처리 시설, 발전시설 중 풍력발전소·전기저장시설, 지하구(地下溝)
  7. 제1호나목에 해당하지 않는 노유자 시설 중 다음 각 목의 어느 하나에 해당하는 시설. 다만, 가목2) 및 나목부터 바목까지의 시설 중 「건축법 시행령」별표 1의 단독주택 또는 공동주택에 설치되는 시설은 제외한다.
     가. 별표 2 제9호가목에 따른 노인 관련 시설 중 다음의 어느 하나에 해당하는 시설
        1) 「노인복지법」제31조 제1호에 따른 노인주거복지시설, 같은 조 제2호에 따른 노인의료복지시설 및 같은 조 제4호에 따른 재가노인복지시설
        2) 「노인복지법」제31조 제7호에 따른 학대피해노인 전용쉼터
     나. 「아동복지법」제52조에 따른 아동복지시설(아동상담소, 아동전용시설 및 지역아동센터는 제외한다)
     다. 「장애인복지법」제58조 제1항 제1호에 따른 장애인 거주시설
     라. 정신질환자 관련 시설(「정신건강증진 및 정신질환자 복지서비스 지원에 관한 법률」제27조 제1항 제2호에 따른 공동생활가정을 제외한 재활훈련시설과 같은 법 시행령 제16조 제3호에 따른 종합시설 중 24시간 주거를 제공하지 않는 시설은 제외한다)
     마. 별표 2 제9호마목에 따른 노숙인 관련 시설 중 노숙인자활시설, 노숙인재활시설 및 노숙인요양시설
     바. 결핵환자나 한센인이 24시간 생활하는 노유자 시설
  8. 「의료법」제3조 제2항 제3호 라목에 따른 요양병원(이하 "요양병원"이라 한다). 다만, 의료재활시설은 제외한다.
  9. 별표 2의 특정소방대상물 중 공장 또는 창고시설로서 「화재의 예방 및 안전관리에 관한 법률 시행령」별표 2에서 정하는 수량의 750배 이상의 특수가연물을 저장·취급하는 것
  10. 별표 2 제17호나목에 따른 가스시설로서 지상에 노출된 탱크의 저장용량의 합계가 100톤 이상인 것

정답 53.④

54 「소방시설 설치 및 관리에 관한 법률 시행령」상 건축물 등의 신축·증축·개축·재축·이전·용도변경 또는 대수선의 허가·협의 및 사용승인을 할 때 미리 소방본부장 또는 소방서장의 동의를 받아야 하는 건축물 등의 범위로 옳지 않은 것은?

① 연면적 100제곱미터 이상인 특정소방대상물 중 노유자(老幼者)시설 및 수련시설
② 「학교시설사업 촉진법」에 따라 건축등을 하려는 연면적 100제곱미터 이상의 학교시설
③ 지하층 또는 무창층이 있는 건축물로서 바닥면적이 150제곱미터(공연장의 경우에는 100제곱미터) 이상인 층이 있는 것
④ 차고·주차장 또는 주차 용도로 사용되는 시설로서 차고·주차장으로 사용되는 바닥면적이 200제곱미터 이상인 층이 있는 건축물이나 주차시설

[23. 경채, 공채]

기본서 1권 p.146

해설 54 ① 연면적 ~~100제곱미터~~ 이상인 특정소방대상물 중 노유자(老幼者)시설 및 수련시설(영 제7조 제1항)
→ 200제곱미터

정답 54.①

55 다음 중 건축허가등의 동의 요구 시 첨부서류가 아닌 것은?

① 소방시설 설치계획표
② 소방시설설계업등록증과 소방시설을 설계한 기술인력의 기술자격증 사본
③ 소방시설공사업등록증 사본
④ 소방시설별 층별 평면도

[11. 부산]

해설 55 ③ 건축허가등의 동의 요구 시 첨부서류는 소방시설설계업 등록증이며 소방시설공사업 등록증 사본은 소방시설 공사 착공신고서에 필요한 첨부서류이다.

▶ 건축허가등의 동의요구(규칙 제3조 제2항)
② 제1항 각 호의 어느 하나에 해당하는 기관은 영 제7조 제3항에 따라 건축허가등의 동의를 요구하는 경우에는 동의요구서(전자문서로 된 요구서를 포함한다)에 다음 각 호의 서류(전자문서를 포함한다)를 첨부해야 한다.
 1. 「건축법 시행규칙」 제6조에 따른 건축허가신청서, 같은 법 시행규칙 제8조에 따른 건축허가서 또는 같은 법 시행규칙 제12조에 따른 건축·대수선·용도변경신고서 등 건축허가등을 확인할 수 있는 서류의 사본. 이 경우 동의 요구를 받은 담당 공무원은 특별한 사정이 있는 경우를 제외하고는 「전자정부법」 제36조 제1항에 따른 행정정보의 공동이용을 통하여 건축허가서를 확인함으로써 첨부서류의 제출을 갈음할 수 있다.
 2. 다음 각 목의 설계도서. 다만, 가목 및 나목 2)·4)의 설계도서는 「소방시설공사업법 시행령」 제4조에 따른 소방시설공사 착공신고 대상에 해당되는 경우에만 제출한다.
   가. 건축물 설계도서
    1) 건축물 개요 및 배치도
    2) 주단면도 및 입면도(立面圖 : 물체를 정면에서 본 대로 그린 그림을 말한다. 이하 같다)
    3) 층별 평면도(용도별 기준층 평면도를 포함한다. 이하 같다)
    4) 방화구획도(창호도를 포함한다)
    5) 실내·실외 마감재료표
    6) 소방자동차 진입 동선도 및 부서 공간 위치도(조경계획을 포함한다)
   나. 소방시설 설계도서
    1) 소방시설(기계·전기 분야의 시설을 말한다)의 계통도(시설별 계산서를 포함한다)
    2) 소방시설별 층별 평면도
    3) 실내장식물 방염대상물품 설치 계획(「건축법」 제52조에 따른 건축물의 마감재료는 제외한다)
    4) 소방시설의 내진설계 계통도 및 기준층 평면도(내진 시방서 및 계산서 등 세부 내용이 포함된 상세 설계도면은 제외한다)
 3. 소방시설 설치계획표
 4. 임시소방시설 설치계획서(설치시기·위치·종류·방법 등 임시소방시설의 설치와 관련된 세부 사항을 포함한다)
 5. 「소방시설공사업법」 제4조 제1항에 따라 등록한 소방시설설계업등록증과 소방시설을 설계한 기술인력의 기술자격증 사본
 6. 「소방시설공사업법」 제21조 및 제21조의3 제2항에 따라 체결한 소방시설설계 계약서 사본

정답 55.③

56 건축허가등의 동의요구 시 첨부해야 할 서류 중 설계도서에 해당하는 서류가 아닌 것은?
① 건축물의 주단면도 및 입면도
② 소방시설별 층별 평면도
③ 소방시설 설치계획표
④ 창호도

[13. 부산]
기본서 1권 p.148, p.151

57 다음 중 내진설계기준에 해당하지 않는 것은?
① 옥내소화전설비   ② 스프링클러설비
③ 이산화탄소소화설비   ④ 옥외소화전설비

[13. 전북]
기본서 1권 p.153

해설 56   ③ 첨부서류는 맞지만 설계도서에 해당하는 서류는 아니다(규칙 제3조 제2항 제2호).

※ 다음 각 목의 설계도서. 다만, 가목 및 나목 2)·4)의 설계도서는 「소방시설공사업법 시행령」 제4조에 따른 소방시설공사 착공신고 대상에 해당되는 경우에만 제출한다.
가. 건축물 설계도서
   1) 건축물 개요 및 배치도
   2) 주단면도 및 입면도(立面圖 : 물체를 정면에서 본 대로 그린 그림을 말한다. 이하 같다)
   3) 층별 평면도(용도별 기준층 평면도를 포함한다. 이하 같다)
   4) 방화구획도(창호도를 포함한다)
   5) 실내·실외 마감재료표
   6) 소방자동차 진입 동선도 및 부서 공간 위치도(조경계획을 포함한다)
나. 소방시설 설계도서
   1) 소방시설(기계·전기 분야의 시설을 말한다)의 계통도(시설별 계산서를 포함한다)
   2) 소방시설별 층별 평면도
   3) 실내장식물 방염대상물품 설치 계획(「건축법」 제52조에 따른 건축물의 마감재료는 제외한다)
   4) 소방시설의 내진설계 계통도 및 기준층 평면도(내진 시방서 및 계산서 등 세부 내용이 포함된 상세 설계도면은 제외한다)

57   ▶ 소방시설의 내진설계(영 제8조)
① 법 제7조에서 "대통령령으로 정하는 특정소방대상물"이란 「건축법」 제2조 제1항 제2호에 따른 건축물로서 「지진·화산재해대책법 시행령」 제10조 제1항 각 호에 해당하는 시설을 말한다.
② 법 제7조에서 "대통령령으로 정하는 소방시설"이란 소방시설 중 <u>옥내소화전설비, 스프링클러설비, 물분무등소화설비</u>를 말한다.

정답 56.③ 57.④

58 다음 중 정상적인 작동을 위해 소방시설을 설치하는 내진설계기준으로 옳지 않은 것은?

① 강화액소화설비
② 피난구조설비
③ 이산화탄소소화설비
④ 할로겐화합물 및 불활성기체소화설비

59 특정소방대상물의 내진설계 대상으로 대통령령으로 정하는 소방시설로 가장 옳은 것은?

① 스프링클러설비　② 옥외소화전설비
③ 소화용수설비　　④ 제연설비

해설 58 ▶ 소방시설의 내진설계(영 제8조)
① 법 제7조에서 "대통령령으로 정하는 특정소방대상물"이란 「건축법」 제2조 제1항 제2호에 따른 건축물로서 「지진·화산재해대책법 시행령」 제10조 제1항 각 호에 해당하는 시설을 말한다.
② 법 제7조에서 "대통령령으로 정하는 소방시설"이란 소방시설 중 <u>옥내소화전설비, 스프링클러설비, 물분무등소화설비</u>를 말한다.

59 ▶ 소방시설의 내진설계(영 제8조)
① 법 제7조에서 "대통령령으로 정하는 특정소방대상물"이란 「건축법」 제2조 제1항 제2호에 따른 건축물로서 「지진·화산재해대책법 시행령」 제10조 제1항 각 호에 해당하는 시설을 말한다.
② 법 제7조에서 "대통령령으로 정하는 소방시설"이란 소방시설 중 <u>옥내소화전설비, 스프링클러설비, 물분무등소화설비</u>를 말한다.

정답 58.② 59.①

60 내진설계대상 중 대통령령으로 정하는 소방시설로 가장 옳지 않은 것은?

① 옥내소화전설비　　　② 옥외소화전설비
③ 스프링클러설비　　　④ 물분무소화설비

61 특정소방대상물에 소방시설을 설치하려는 자는 지진이 발생할 경우 소방시설이 정상적으로 작동될 수 있도록 소방청장이 정하는 내진설계기준에 맞게 소방시설을 설치하여야 한다. 이에 해당되는 소방시설로 옳은 것은?

① 자동화재탐지설비, 옥외소화전설비, 스프링클러설비
② 자동화재탐지설비, 옥내소화전설비, 스프링클러설비
③ 옥내소화전설비, 옥외소화전설비, 물분무등소화설비
④ 옥내소화전설비, 스프링클러설비, 물분무등소화설비

해설

60 ▶ 소방시설의 내진설계(영 제8조)
① 법 제7조에서 "대통령령으로 정하는 특정소방대상물"이란 「건축법」 제2조 제1항 제2호에 따른 건축물로서 「지진·화산재해대책법 시행령」 제10조 제1항 각 호에 해당하는 시설을 말한다.
② 법 제7조에서 "대통령령으로 정하는 소방시설"이란 소방시설 중 <u>옥내소화전설비, 스프링클러설비, 물분무등소화설비</u>를 말한다.

61 ▶ 소방시설의 내진설계(영 제8조)
① 법 제7조에서 "대통령령으로 정하는 특정소방대상물"이란 「건축법」 제2조 제1항 제2호에 따른 건축물로서 「지진·화산재해대책법 시행령」 제10조 제1항 각 호에 해당하는 시설을 말한다.
② 법 제7조에서 "대통령령으로 정하는 소방시설"이란 소방시설 중 <u>옥내소화전설비, 스프링클러설비, 물분무등소화설비</u>를 말한다.

정답　60.②　61.④

62 「소방시설 설치 및 관리에 관한 법률 시행령」상 특정소방대상물에 지진이 발생할 경우 소방시설이 정상적으로 작동될 수 있도록 소방청장이 정하는 내진설계기준에 맞게 설치하여야 하는 소방시설의 종류로 옳지 않은 것은?

① 물분무등소화설비
② 스프링클러설비
③ 옥내소화전설비
④ 연결송수관설비

63 「소방시설 설치 및 관리에 관한 법률」 및 같은 법 시행령상 소방청장이 정하는 내진설계 기준에 맞게 설치해야 하는 소방시설로 옳은 것만을 나열한 것은?

① 옥내소화전설비, 옥외소화전설비
② 스프링클러설비, 간이스프링클러설비
③ 포소화설비, 이산화탄소소화설비
④ 연결송수관설비, 연결살수설비

해설

62 ▶ 소방시설의 내진설계(영 제8조)
① 법 제7조에서 "대통령령으로 정하는 특정소방대상물"이란 「건축법」 제2조 제1항 제2호에 따른 건축물로서 「지진·화산재해대책법 시행령」 제10조 제1항 각 호에 해당하는 시설을 말한다.
② 법 제7조에서 "대통령령으로 정하는 소방시설"이란 소방시설 중 <u>옥내소화전설비, 스프링클러설비, 물분무등소화설비</u>를 말한다.

63 ▶ 소방시설법 시행령 제8조(소방시설의 내진설계)
① 법 제7조에서 "대통령령으로 정하는 특정소방대상물"이란 「건축법」 제2조 제1항 제2호에 따른 건축물로서 「지진·화산재해대책법 시행령」 제10조 제1항 각 호에 해당하는 시설을 말한다.
② 법 제7조에서 "대통령령으로 정하는 소방시설"이란 소방시설 중 옥내소화전설비, 스프링클러설비 및 물분무등소화설비를 말한다.

정답 62.④ 63.③

64 다음 중 성능위주설계를 해야 하는 특정소방대상물의 범위가 아닌 것은?

① 연면적 20만m²인 신축 특정소방대상물(아파트등 제외)
② 영화상영관 10개 이상인 신축 특정소방대상물
③ 연면적 2만5천m²인 신축 철도 및 도시철도 시설 및 공항시설
④ 건축물의 높이가 120m 이상인 신축 특정소방대상물(아파트등 제외)

[11. 서울]

기본서 1권 p.155

해설 64 ③ 연면적 2만5천m²인 신축 철도 및 도시철도 시설 및 공항시설
→ 3만m² 이상인

▶ 성능위주설계를 해야 하는 특정소방대상물의 범위(영 제9조)
대통령령으로 정하는 특정소방대상물 다음 각 호의 어느 하나에 해당하는 특정소방대상물(신축하는 것만 해당)
① 연면적 20만m² 이상인 특정소방대상물
    다만, 공동주택 중 주택으로 쓰이는 층수가 5층 이상인 주택(아파트등)은 제외
② 50층 이상(지하층은 제외)이거나 지상으로부터 높이가 200m 이상인 아파트등
③ 30층 이상(지하층을 포함)이거나 지상으로부터 높이가 120m 이상인 특정소방대상물(아파트등은 제외)
④ 연면적 3만m² 이상인 특정소방대상물로서 다음 각 목의 어느 하나에 해당하는 특정소방대상물
    ㉠ 철도 및 도시철도 시설
    ㉡ 공항시설
⑤ 창고시설 중 연면적 10만m² 이상인 것 또는 지하층의 층수가 2개 층 이상이고 지하층의 바닥면적의 합계가 3만m² 이상인 것
⑥ 하나의 건축물에 영화상영관이 10개 이상인 특정소방대상물
⑦ 지하연계 복합건축물에 해당하는 특정소방대상물
⑧ 터널 중 수저터널 또는 길이가 5천m 이상인 것

정답 64.③

소방관계법규

65 성능위주의 설계를 해야 하는 특정소방대상물의 범위 중 옳지 않은 것은?

① 연면적 20만 제곱미터 이상인 신축 특정소방대상물(아파트등은 제외)
② 건축물의 높이가 100미터 이상이거나 지하층을 제외한 층수가 20층 이상인 신축 특정소방대상물(아파트등 제외)
③ 연면적 3만 제곱미터 이상인 신축 철도 및 도시철도 시설
④ 하나의 건축물에 영화상영관이 10개 이상인 신축 특정소방대상물

[15. 통합]

66 「소방시설 설치 및 관리에 관한 법률 시행령」상 성능위주설계를 해야 하는 특정소방대상물의 범위로 가장 옳은 것은?

① 연면적 10만 제곱미터인 신축 특정소방대상물(아파트등 제외)
② 지하층을 포함한 층수가 20층인 신축 특정소방대상물(아파트등 제외)
③ 연면적 3만 제곱미터인 신축 철도 및 도시철도 시설
④ 건축물의 높이가 120미터 이상인 신축 아파트

[17. 공채]

해설

65 ② 건축물의 높이가 ~~100미터~~ 이상이거나 ~~지하층을 제외한~~ 층수가 ~~20층~~ 이상인 특정소방대상물(아파트등 제외) (영 제9조 제3호)
  → 120미터, 지하층을 포함, 30층

66 ▸ 성능위주설계를 해야 하는 특정소방대상물의 범위(영 제9조)
  ① 연면적 ~~10만~~ 제곱미터인 신축 특정소방대상물(아파트등 제외)
    → 20만 제곱미터 이상인
  ② 지하층을 포함한 층수가 ~~20층~~인 신축 특정소방대상물(아파트등 제외)
    → 30층 이상인
  ④ 건축물의 높이가 ~~120미터~~ 이상인 신축 아파트
    → 200미터

정답 65.② 66.③

67 다음 중 「소방시설 설치 및 관리에 관한 법률 시행령」상 성능위주설계를 해야 하는 특정소방대상물의 범위로 옳은 것은?

① 높이가 100미터 이상의 신축 아파트
② 지하층이 5층이고 지상층이 25층인 신축 관광호텔
③ 영화상영관이 9개인 신축 특정소방대상물
④ 연면적 2만 제곱미터 이상인 신축 철도

68 「소방시설 설치 및 관리에 관한 법률 시행령」상 신축건축물로서 성능위주설계를 해야 할 특정소방대상물의 범위로 옳은 것은?

① 연면적 10만 제곱미터 이상인 특정소방대상물로서 기숙사
② 건축물의 높이가 120미터 이상인 아파트등
③ 지하층을 포함한 층수가 20층 이상인 특정소방대상물(아파트등 제외)
④ 연면적 3만 제곱미터 이상인 특정소방대상물로서 공항시설

해설 67 ▶ 성능위주설계를 해야 하는 특정소방대상물의 범위(영 제9조)
① 높이가 ~~100미터~~ 이상의 신축 아파트
　→ 200미터
③ 영화상영관이 ~~9개인~~ 신축 특정소방대상물
　→ 10개 이상인
④ 연면적 ~~2만~~ 제곱미터 이상인 신축 철도
　→ 3만 제곱미터

68 ▶ 성능위주설계를 해야 하는 특정소방대상물의 범위(영 제9조)
① 연면적 ~~10만 제곱미터~~ 이상인 특정소방대상물로서 기숙사
　→ 20만 제곱미터
② 건축물의 높이가 ~~120미터~~ 이상인 아파트등
　→ 200미터
③ 지하층을 포함한 층수가 ~~20층~~ 이상인 특정소방대상물(아파트등 제외)
　→ 30층

정답 67.② 68.④

69 「소방시설 설치 및 관리에 관한 법률 시행령」상 성능위주설계를 해야 하는 특정소방대상물의 범위에 해당되는 것은? (단, 신축하는 것만 해당한다)

① 연면적 30만 제곱미터의 아파트
② 연면적 2만 5천 제곱미터의 철도시설
③ 지하층을 포함한 층수가 30층인 특정소방대상물(아파트등 제외)
④ 연면적 3만 제곱미터, 높이 90미터, 지하층 포함 25층인 종합병원

[20. 경채]
상 **중** 하
기본서 1권 p.155

70 「소방시설 설치 및 관리에 관한 법률 시행령」상 성능위주설계를 해야 하는 특정소방대상물로 옳은 것은? (단, 신축하는 것만 해당한다)

① 지상으로부터 높이 120미터인 아파트
② 연면적 2만 제곱미터인 철도
③ 연면적 10만 제곱미터인 특정소방대상물(단, 아파트등은 제외)
④ 하나의 건축물에 「영화 및 비디오물의 진흥에 관한 법률」 제2조 제10호에 따른 영화상영관이 10개인 특정소방대상물

[21. 경채]
상 **중** 하
기본서 1권 p.155

해설 69 ▶ 성능위주설계를 해야 하는 특정소방대상물의 범위(영 제9조)
① 연면적 30만 제곱미터의 ~~아파트~~
→ 아파트등 제외
② 연면적 ~~2만 5천~~ 제곱미터의 철도시설
→ 3만 제곱미터 이상
④ 연면적 3만 제곱미터, 높이 ~~90미터~~, 지하층 포함 ~~25층인~~ 종합병원
→ 120미터 이상인, 30층 이상인

70 ▶ 성능위주설계를 해야 하는 특정소방대상물의 범위(영 제9조)
① 지상으로부터 높이 ~~120미터인 아파트~~
→ 200미터 이상인 아파트
→ 120미터 이상의 아파트는 제외
② 연면적 ~~2만 제곱미터인~~ 철도
→ 3만 제곱미터 이상인
③ 연면적 ~~10만 제곱미터인~~ 특정소방대상물(단, 아파트등은 제외)
→ 20만 제곱미터 이상인

정답 69.③ 70.④

71 「소방시설 설치 및 관리에 관한 법률 시행령」상 성능위주설계를 해야 하는 특정소방대상물의 범위로 옳지 않은 것은?

① 연면적 3만제곱미터 이상인 공항시설에 해당하는 특정소방대상물
② 하나의 건축물에 「영화 및 비디오물의 진흥에 관한 법률」 제2조 제10호에 따른 영화상영관이 10개 이상인 특정소방대상물
③ 50층 이상(지하층은 제외한다)이거나 지상으로부터 높이가 200미터 이상인 아파트등
④ 30층 이상(지하층을 포함한다)이거나 지상으로부터 높이가 100미터 이상인 특정소방대상물(아파트등은 제외한다)

[22. 공채]

기본서 1권 p.155

72 「소방시설 설치 및 관리에 관한 법률」 및 같은 법 시행령상 다음에서 설명하는 '대통령령으로 정하는 소방시설'로 옳은 것은?

> 제10조(주택에 설치하는 소방시설) 다음 각 호의 주택의 소유자는 소화기 등 대통령령으로 정하는 소방시설(이하 "주택용소방시설"이라 한다)을 설치하여야 한다.
> 1. 「건축법」 제2조 제2항 제1호의 단독주택
> 2. 「건축법」 제2조 제2항 제2호의 공동주택(아파트 및 기숙사는 제외한다)

① 소화기 및 시각경보기　　② 소화기 및 간이소화용구
③ 소화기 및 자동확산소화기　　④ 소화기 및 단독경보형감지기

[18. 경채]
기본서 1권 p.169

해설

71 ④ 30층 이상(지하층을 포함한다)이거나 지상으로부터 높이가 ~~100~~미터 이상인 특정소방대상물(아파트등은 제외한다)(영 제9조)
→ 120미터

72 ▸ 주택용 소방시설(영 제10조)
법 제10조 제1항 각 호 외의 부분에서 "대통령령으로 정하는 소방시설"이란 소화기 및 단독경보형감지기를 말한다.

정답 71.④　72.④

소방관계법규

73 「소방시설 설치 및 관리에 관한 법률」 및 같은 법 시행령상 단독주택이나 공동주택(아파트 및 기숙사는 제외한다)의 소유자가 의무적으로 설치하여야 하는 소방시설로 옳은 것을 〈보기〉에서 있는 대로 고른 것은?

[18. 공채]

〈보기〉
㉠ 소화기
㉡ 주거용 주방자동소화장치
㉢ 가스자동소화장치
㉣ 단독경보형감지기
㉤ 가스누설경보기

① ㉠, ㉣
② ㉡, ㉤
③ ㉠, ㉡, ㉣
④ ㉡, ㉢, ㉤

74 다음 중 빈칸에 알맞은 단어를 고르시오.

[11. 서울]

특정소방대상물의 (　)은/는 대통령령으로 정하는 소방시설을 (　)에 따라 설치 또는 유지·관리하여야 한다.

① 관계인 – 화재안전기준
② 관계인 – 소방시설업
③ 소방안전관리자 – 화재안전기준
④ 소방안전관리자 – 소방시설업

해설

73 ▶ 주택용 소방시설(영 제10조)
법 제10조 제1항 각 호 외의 부분에서 "대통령령으로 정하는 소방시설"이란 <u>소화기 및 단독경보형감지기</u>를 말한다.

74 ▶ 특정소방대상물에 설치하는 소방시설의 관리 등(법 제12조 제1항)
① 특정소방대상물의 <u>관계인은</u> 대통령령으로 정하는 소방시설을 <u>화재안전기준</u>에 따라 설치·관리하여야 한다.

정답 73.① 74.①

75 「소방시설 설치 및 관리에 관한 법률」상 특정소방대상물별로 설치하여야 하는 소방시설의 정비 등에 대한 설명이다. (   ) 안에 들어갈 내용으로 옳은 것은?

- 제12조 제1항에 따라 대통령령으로 소방시설을 정할 때에는 특정소방대상물의 (가) 등을 고려하여야 한다.
- 소방청장은 건축 환경 및 화재위험특성 변화사항을 효과적으로 반영할 수 있도록 소방시설 규정을 (나) 이상 정비하여야 한다.

	(가)	(나)
①	규모·용도·수용인원 및 이용자 특성	3년에 1회
②	위치·구조 및 수용인원	4년에 1회
③	규모·용도 및 가연물의 종류 및 양	5년에 1회
④	위치·구조 및 가연물의 종류 및 양	10년에 1회

해설 75
▶ 특정소방대상물별로 설치하여야 하는 소방시설의 정비 등(법 제14조)
① 제12조 제1항에 따라 대통령령으로 소방시설을 정할 때에는 특정소방대상물의 <u>규모·용도·수용인원 및 이용자 특성</u> 등을 고려하여야 한다.
② 소방청장은 건축 환경 및 화재위험특성 변화사항을 효과적으로 반영할 수 있도록 제1항에 따른 소방시설 규정을 <u>3년에 1회</u> 이상 정비하여야 한다.

정답 75.①

76 「소방시설 설치 및 관리에 관한 법률 시행령」 별표 7 중 다중이용업소 수용인원의 산정방법으로 옳지 않은 것은?

① 강의실·휴게실 등의 용도로 쓰이는 특정소방대상물은 해당 용도로 사용하는 바닥면적의 합계를 $1.9m^2$로 나누어 얻은 수
② 강당, 종교시설은 해당 용도로 사용하는 바닥면적의 합계를 $4.6m^2$로 나누어 얻은 수
③ 바닥면적을 산정하는 때에는 복도, 계단 및 화장실의 바닥면적을 포함하지 않는다. 계산 결과 소수점 이하의 수는 반올림한다.
④ 침대가 없는 숙박시설은 해당 특정소방대상물의 바닥면적의 합계를 $3m^2$로 나누어 얻은 수를 합한 수

[13. 중앙특]

기본서 1권 p.176

해설 76

④ 침대가 <u>없는</u> 숙박시설 : 해당 <u>특정소방대상물의 종사자 수</u>에 숙박시설 바닥면적의 합계를 $3m^2$로 나누어 얻은 수를 합한 수

▶ 수용인원의 산정 방법(영 별표 7)
1. 숙박시설이 있는 특정소방대상물
   가. 침대가 있는 숙박시설 : 해당 특정소방물의 종사자 수에 침대 수(2인용 침대는 2개로 산정한다)를 합한 수
   나. 침대가 없는 숙박시설 : 해당 특정소방대상물의 종사자 수에 숙박시설 바닥면적의 합계를 $3m^2$로 나누어 얻은 수를 합한 수
2. 제1호 외의 특정소방대상물
   가. 강의실·교무실·상담실·실습실·휴게실 용도로 쓰이는 특정소방대상물 : 해당 용도로 사용하는 바닥면적의 합계를 $1.9m^2$로 나누어 얻은 수
   나. 강당, 문화 및 집회시설, 운동시설, 종교시설 : 해당 용도로 사용하는 바닥면적의 합계를 $4.6m^2$로 나누어 얻은 수 (관람석이 있는 경우 고정식 의자를 설치한 부분은 그 부분의 의자 수로 하고, 긴 의자의 경우에는 의자의 정면너비를 0.45m로 나누어 얻은 수로 한다)
   다. 그 밖의 특정소방대상물 : 해당 용도로 사용하는 바닥면적의 합계를 $3m^2$로 나누어 얻은 수

비고
1. 바닥면적을 산정할 때에는 복도(준불연재료 이상 사용, 바닥~천장까지 벽으로 구획한 것), 계단 및 화장실의 바닥면적을 포함하지 않는다.
2. 계산 결과 소수점 이하의 수는 반올림한다.

정답 76.④

77 다중이용업소 수용인원의 산정방법으로 옳지 않은 것은?

① 강의실·휴게실 등의 용도로 쓰이는 특정소방대상물은 해당 용도로 사용하는 바닥면적의 합계를 $1.9m^2$로 나누어 얻은 수
② 강당, 종교시설은 해당 용도로 사용하는 바닥면적의 합계를 $4.6m^2$로 나누어 얻은 수
③ 계산 결과 소수점 이하의 수는 삭제한다.
④ 바닥면적을 산정하는 때에는 복도, 계단 및 화장실의 바닥면적을 포함하지 않는다.

해설 77

③ 계산 결과 소수점 이하의 수는 ~~삭제한다~~.
   → 반올림한다.

▶ **수용인원의 산정 방법(영 별표 7)**
1. 숙박시설이 있는 특정소방대상물
   가. 침대가 있는 숙박시설 : 해당 특정소방물의 종사자 수에 침대 수(2인용 침대는 2개로 산정한다)를 합한 수
   나. 침대가 없는 숙박시설 : 해당 특정소방대상물의 종사자 수에 숙박시설 바닥면적의 합계를 $3m^2$로 나누어 얻은 수를 합한 수
2. 제1호 외의 특정소방대상물
   가. 강의실·교무실·상담실·실습실·휴게실 용도로 쓰이는 특정소방대상물 : 해당 용도로 사용하는 바닥면적의 합계를 $1.9m^2$로 나누어 얻은 수
   나. 강당, 문화 및 집회시설, 운동시설, 종교시설 : 해당 용도로 사용하는 바닥면적의 합계를 $4.6m^2$로 나누어 얻은 수 (관람석이 있는 경우 고정식 의자를 설치한 부분은 그 부분의 의자 수로 하고, 긴 의자의 경우에는 의자의 정면너비를 $0.45m$로 나누어 얻은 수로 한다)
   다. 그 밖의 특정소방대상물 : 해당 용도로 사용하는 바닥면적의 합계를 $3m^2$로 나누어 얻은 수

비고
1. 바닥면적을 산정할 때에는 복도(준불연재료 이상 사용, 바닥~천장까지 벽으로 구획한 것), 계단 및 화장실의 바닥면적을 포함하지 않는다.
2. 계산 결과 소수점 이하의 수는 반올림한다.

정답 77.③

78 다음 중 수용인원의 산정방법에서 수용인원이 제일 적은 것은?
① 종사자 3명, 침대가 110개(2인용 90개, 1인용 20개) 있는 숙박시설
② 종사자 3명, 침대가 없고 바닥면적 600m²인 숙박시설
③ 강의실·교무실·상담실·실습실·휴게실 용도로 사용하는 바닥면적 합계가 600m²인 특정소방대상물
④ 강당, 문화 및 집회시설, 운동시설, 종교시설 용도로 사용하는 바닥면적 합계가 900m²인 특정소방대상물(관람석 의자는 없다)

[18. 경채]
상 중 하
기본서 1권 p.176

79 「소방시설 설치 및 관리에 관한 법률 시행령」상 수용인원 산정방법으로 옳지 않은 것은?
① 침대가 있는 숙박시설은 해당 특정소방대상물의 종사자 수에 침대 수(2인용 침대는 2개로 산정)를 합한 수로 한다.
② 침대가 없는 숙박시설은 해당 특정소방대상물의 종사자 수에 바닥면적의 합계를 3m²로 나누어 얻은 수를 합한 수로 한다.
③ 강의실 용도로 쓰이는 특정소방대상물은 해당 용도로 사용하는 바닥면적의 합계를 1.9m²로 나누어 얻은 수로 한다.
④ 문화 및 집회시설은 해당 용도로 사용하는 바닥면적의 합계를 3m²로 나누어 얻은 수로 한다.

[19. 공채]
상 중 하
기본서 1권 p.176

해설

78 ▶수용인원의 산정방법(영 별표 7)
①은 종사자수와 침대수(2인용은 2개로 산정)를 합한 수 3+(90×2+20)=203
②는 종사자수에 바닥면적 합계를 3m²로 나누어 얻은 수 3+(600÷3)=203
③은 용도로 쓰이는 바닥면적 합계를 1.9m²로 나누어 얻은 수 600÷1.9=315.78···
④는 용도로 쓰이는 바닥면적 합계를 4.6m²로 나누어 얻은 수 900÷4.6=195.65···

79 ④ 문화 및 집회시설은 해당 용도로 사용하는 바닥면적의 합계를 3m²로 나누어 얻은 수로 한다(영 별표 7).
→ 4.6m²

정답 78.④ 79.④

80 「소방시설 설치 및 관리에 관한 법률 시행령」상 수용인원의 산정방법에 따라 다음 특정소방대상물에 대한 수용인원을 옳게 산정한 것은?

- 바닥면적이 95m²인 강의실
  [단, 바닥면적을 산정할 때에는 복도(「건축법 시행령」 제2조 제11호에 따른 준 불연재료 이상의 것을 사용하여 바닥에서 천장까지 벽으로 구획한 것을 말한 다), 계단 및 화장실의 바닥면적을 포함하지 않으며, 계산 결과 소수점 이하의 수는 반올림한다.]

① 21명　　　　　　　② 32명
③ 50명　　　　　　　④ 60명

[22. 경채]
기본서 1권 p.176

81 특정소방대상물의 바닥면적이 다음과 같을 때 「소방시설 설치 및 관리에 관한 법률 시행령」에 따른 수용인원은 총 몇 명인가? (단, 바닥면적을 산정할 때에는 복도, 계단 및 화장실을 포함하지 않으며, 계산 결과 소수점 이하의 수는 반올림한다)

- 관람석이 없는 강당 1개, 바닥면적 460m²
- 강의실 10개, 각 바닥면적 57m²
- 휴게실 1개, 바닥면적 38m²

① 380　　　　　　　② 400
③ 420　　　　　　　④ 440

[23. 경채, 공채]
기본서 1권 p.176

해설 **80** 강의실·교무실·상담실·실습실·휴게실 용도로 쓰이는 특정소방대상물: 해당 용도로 사용하는 바닥면적의 합계를 1.9m²로 나누어 얻은 수(영 별표 7)
95÷1.9=50

81 ▶영 별표 7
460÷4.6=100
(10×57)÷1.9=300
38÷1.9=20
∴ 100+300+20=420

정답 80.③ 81.③

82 「소방시설 설치 및 관리에 관한 법률 시행령」 별표상 스프링클러를 설치해야 하는 기준 중 가장 옳은 것은?

① 판매시설, 운수시설 및 창고시설(물류터미널에 한정한다)로서 연면적의 합계가 5천m² 이상인 모든 층
② 판매시설, 운수시설 및 창고시설(물류터미널에 한정한다)로서 수용인원이 100명 이상인 경우에는 모든 층
③ 문화 및 집회시설 중 영화상영관의 용도로 쓰이는 층의 바닥면적이 지하층 또는 무창층인 경우에는 1천m² 이상, 그 밖의 층의 경우에는 1천m² 이상인 모든 층
④ 문화 및 집회시설 중 무대부가 지하층·무창층 또는 4층 이상의 층에 있는 경우에는 무대부의 면적이 300m² 이상인 모든 층

[17. 경채]
기본서 1권 p.178~179

83 「소방시설 설치 및 관리에 관한 법률 시행령」상 스프링클러설비를 설치해야 하는 특정소방대상물에 해당하는 것만을 〈보기〉에서 고른 것은?

〈보기〉
ㄱ. 수련시설 내에 있는 학생 수용을 위한 기숙사로서 연면적 5천m²인 경우
ㄴ. 교육연구시설 내에 있는 합숙소로서 연면적 100m²인 경우
ㄷ. 숙박시설로 사용되는 바닥면적의 합계가 500m²인 경우
ㄹ. 영화상영관의 용도로 쓰는 4층의 바닥면적이 1천m²인 경우

① ㄱ, ㄴ
② ㄱ, ㄹ
③ ㄴ, ㄷ
④ ㄷ, ㄹ

[23. 경채, 공채]
기본서 1권 p.178~179

해설 82 ▶스프링클러설비를 설치해야 하는 특정소방대상물(영 별표 4)
① 판매시설, 운수시설 및 창고시설(물류터미널에 한정한다)로서 연면적의 합계가 5천m² 이상인 모든 층
  → 바닥면적의
② 판매시설, 운수시설 및 창고시설(물류터미널에 한정한다)로서 수용인원이 ~~100명~~ 이상인 경우에는 모든 층
  → 500명
③ 문화 및 집회시설 중 영화상영관의 용도로 쓰이는 층의 바닥면적이 지하층 또는 무창층인 경우에는 ~~1천m²~~ 이상, 그 밖의 층의 경우에는 1천m² 이상인 모든 층
  → 500m²

83 ▶영 별표 4
ㄴ. 교육연구시설 내에 있는 합숙소로서 연면적 100m²인 경우
  → 간이스프링클러설비를 설치해야 하는 특정소방대상물이다.
ㄷ. 숙박시설로 사용되는 바닥면적의 합계가 ~~500m²~~인 경우
  → 600m²

정답 82.④ 83.②

84 간이스프링클러설비를 설치해야 하는 특정소방대상물로 옳지 않은 것은?

① 단독주택에 설치된 노유자 생활시설로서 아동복지시설은 간이스프링클러설비를 설치해야 한다.
② 요양병원(의료재활시설은 제외한다)으로 사용되는 바닥면적의 합계가 600m² 미만인 시설은 간이스프링클러설비를 설치해야 한다.
③ 건물을 임차하여 출입국관리법에 따른 보호시설로 사용하는 부분은 간이스프링클러설비를 설치해야 한다.
④ 교육연구시설 내에 합숙소로서 연면적이 100m² 이상인 경우 모든 층에 간이스프링클러설비를 설치해야 한다.

85 「소방시설 설치 및 관리에 관한 법률 시행령」상 간이스프링클러설비를 설치하여야 하는 특정소방대상물로 옳지 않은 것은?

① 교육연구시설 내에 합숙소로서 연면적이 100m² 이상인 경우에는 모든 층
② 근린생활시설 중 의원, 치과의원 및 한의원으로서 입원실이 있는 시설
③ 근린생활시설 중 근린생활시설로 사용하는 부분의 바닥면적 합계가 1천m² 이상인 것은 모든 층
④ 숙박시설로서 사용되는 바닥면적의 합계가 600m² 이상인 시설

해설

84 ① 단독주택 또는 공동주택에 설치되는 아동복지시설은 제외된다(영 별표 4).

▶ 간이스프링클러설비를 설치해야 하는 특정소방대상물(영 별표 4)
노유자시설로서 다음의 어느 하나에 해당하는 시설
가) ⓐ 노인주거복지시설·노인의료복지시설 및 재가노인복지시설
   ⓑ 학대피해노인 전용쉼터, 아동복지시설, 장애인 거주시설, 정신질환자 관련 시설, 노인 관련 시설 중 노숙인자활시설, 노숙인재활시설 및 노숙인요양시설, 결핵환자나 한센인이 24시간 생활하는 노유자시설
   단, ⓑ 중 단독주택 또는 공동주택에 설치되는 시설은 제외(노유자 생활시설)
나) 가)에 해당하지 않는 노유자시설로 해당 시설로 사용하는 바닥면적의 합계가 300m² 이상 600m² 미만인 시설
다) 가)에 해당하지 않는 노유자시설로 해당 시설로 사용하는 바닥면적의 합계가 300m² 미만이고, 창살(철재·플라스틱 또는 목재 등으로 사람의 탈출 등을 막기 위하여 설치한 것을 말하며, 화재 시 자동으로 열리는 구조로 되어 있는 창살은 제외)이 설치된 시설

85 ④ 숙박시설로서 사용되는 바닥면적의 합계가 ~~600m² 이상인~~ 시설(영 별표 4)
→ 300m² 이상 600m² 미만인

정답 84.① 85.④

86 「소방시설 설치 및 관리에 관한 법률 시행령」상 간이스프링클러를 설치해야 하는 특정소방대상물로 옳지 않은 것은?

① 한의원으로서 입원실이 있는 시설
② 교육연구시설 내에 합숙소로서 연면적 100m² 이상인 것
③ 숙박시설로서 사용되는 바닥면적의 합계가 300m² 이상인 시설
④ 건물을 임차하여 「출입국관리법」 제52조 제2항에 따른 보호시설로 사용하는 부분

해설 86 ③ 숙박시설로서 사용되는 바닥면적의 합계가 ~~300m² 이상인~~ 시설(영 별표 4)
→ 300m² 이상 600m² 미만인

정답 86.③

87 「소방시설 설치 및 관리에 관한 법률 시행령」상 특정소방대상물의 관계인이 특정소방대상물의 규모·용도 및 수용인원 등을 고려하여 갖추어야 하는 소방시설의 기준에 대한 내용으로 옳은 것은?

① 지하가 중 터널로서 길이가 500m인 터널에는 옥내소화전설비를 설치하여야 한다.
② 아파트등 및 오피스텔의 모든 층에는 주거용 주방자동소화장치를 설치하여야 한다.
③ 물류터미널을 제외한 창고시설로 바닥면적 합계가 3천m^2인 경우에는 모든 층에 스프링클러설비를 설치하여야 한다.
④ 근린생활시설로 사용하는 부분의 바닥면적의 합계가 500m^2 이상인 것은 모든 층에 간이스프링클러설비를 설치하여야 한다.

[22. 공채]
상 중 하
기본서 1권 p.177~180

해설 87 ▶ 영 별표 4
② 아파트등 및 오피스텔의 모든 층에는 주거용 주방자동소화장치를 설치하여야 한다.
→ 주거용 주방자동소화장치를 설치하여야 하는 것: 아파트등 및 오피스텔의 모든 층
① 지하가 중 터널로서 길이가 500m인 터널에는 옥내소화전설비를 설치하여야 한다.
→ 1천미터 이상
③ 물류터미널을 제외한 창고시설로 바닥면적 합계가 3천m^2인 경우에는 모든 층에 스프링클러설비를 설치하여야 한다.
→ 5천m^2 이상
④ 근린생활시설로 사용하는 부분의 바닥면적의 합계가 500m^2 이상인 것은 모든 층에 간이스프링클러설비를 설치하여야 한다.
→ 1,000m^2

정답 87.②

88 「소방시설 설치 및 관리에 관한 법률 시행령」상 물분무등소화설비를 설치하여야 하는 특정소방대상물로 옳지 않은 것은?

① 항공기격납고
② 연면적 600m² 이상인 주차용 건축물
③ 특정소방대상물에 설치된 바닥면적 300m² 이상인 전산실
④ 20대 이상의 차량을 주차할 수 있는 기계장치에 의한 주차시설

[18. 경채]

해설 88

② 연면적 ~~600m² 이상인~~ 주차용 건축물
→ 연면적 800m² 이상인 것만 해당

▶ 영 별표 4
물분무등소화설비(위험물 저장 및 처리 시설 중 가스시설 또는 지하구는 제외한다)
1) 항공기 및 자동차 관련 시설 중 <u>항공기격납고</u>
2) <u>차고, 주차용 건축물 또는 철골 조립식 주차시설. 연면적 800m² 이상인 것만 해당한다.</u>
3) 건축물의 내부에 설치된 차고·주차장으로서 차고 또는 주차의 용도로 사용되는 면적이 200m² 이상인 경우 해당 부분
4) 기계장치에 의한 주차시설을 이용하여 <u>20대 이상의 차량을 주차할 수 있는 시설</u>
5) 특정소방대상물에 설치된 전기실·발전실·변전실·축전지실·통신기기실 또는 <u>전산실</u>, 그 밖에 이와 비슷한 것으로서 <u>바닥면적이 300m² 이상인 것</u>.
다만, 내화구조로 된 공정제어실 내에 설치된 주조정실로서 양압시설이 설치되고 전기기기에 220볼트 이하인 저전압이 사용되며 종업원이 24시간 상주하는 곳은 제외
6) 소화수를 수집·처리하는 설비가 설치되어 있지 않은 중·저준위방사성폐기물의 저장시설. 이 시설에는 이산화탄소화설비, 할론소화설비 또는 할로겐화합물 및 불활성기체 소화설비를 설치하여야 한다.
7) 지하가 중 예상 교통량, 경사도 등 터널의 특성을 고려하여 행정안전부령으로 정하는 터널. 이 시설에는 물분무소화설비를 설치하여야 한다.
8) 국가유산 중 「문화유산의 보존 및 활용에 관한 법률」에 따른 지정문화유산(문화유산자료를 제외한다) 또는 「자연유산의 보존 및 활용에 관한 법률」에 따른 천연기념물등(자연유산자료를 제외한다)으로서 소방청장이 국가유산청장과 협의하여 정하는 것.

정답 88.②

89 「소방시설 설치 및 관리에 관한 법률 시행령」상 별표 4의 특정소방대상물에 설치하는 소방시설 중 단독경보형 감지기에 관한 설치기준으로 옳지 않은 것은?
① 교육연구시설 또는 수련시설 내에 있는 합숙소로서 연면적 2,000m² 미만인 것
② 연면적 400m² 미만의 어린이회관
③ 수용인원 100명 미만인 수련시설(숙박시설이 있는 것만 해당)
④ 교육연구시설 또는 수련시설 내에 있는 기숙사로서 연면적 2,000m² 미만인 것

90 다음 중 인명구조기구의 소방시설 적용기준으로 바른 것은?
① 지하층을 포함하는 층수가 7층 이상인 관광호텔 및 5층 이상인 병원
② 지하층을 제외하는 층수가 7층 이상인 병원 및 5층 이상인 관광호텔
③ 지하층을 제외하는 층수가 7층 이상인 관광호텔 및 5층 이상인 병원
④ 지하층을 포함하는 층수가 7층 이상인 병원 및 5층 이상인 관광호텔

해설 89 ② 연면적 400m² 미만의 ~~어린이회관~~
　　　　→ 유치원

▶ 특정소방대상물의 관계인이 특정소방대상물에 설치·관리해야 하는 소방시설의 종류(영 별표 4)
가. 단독경보형 감지기
　1) 교육연구시설 내에 있는 기숙사 또는 합숙소로서 연면적 2천m² 미만인 것
　2) 수련시설 내에 있는 기숙사 또는 합숙소로서 연면적 2천m² 미만인 것
　3) 다목 7)에 해당하지 않는 수련시설(숙박시설이 있는 것만 해당)
　4) 연면적 400m² 미만의 유치원
다. 자동화재탐지설비
　7) 6)에 해당하지 않는 노유자시설로서 연면적 400m² 이상인 노유자시설 및 숙박시설이 있는 수련시설로서 수용인원 100명 이상인 경우에는 모든 층

90 ① 지하층을 포함하는 층수가 7층 이상인 관광호텔 및 5층 이상인 병원

▶ 영 별표 4
인명구조기구
1) 방열복 또는 방화복(안전모, 보호장갑 및 안전화를 포함), 인공소생기 및 공기호흡기를 설치하여야 하는 특정소방대상물 : 지하층을 포함하는 층수가 7층 이상인 것 중 관광호텔 용도로 사용하는 층
2) 방열복 또는 방화복(안전모, 보호장갑 및 안전화를 포함) 및 공기호흡기를 설치하여야 하는 특정소방대상물 : 지하층을 포함하는 층수가 5층 이상인 것 중 병원 용도로 사용하는 층
3) 공기호흡기를 설치하여야 하는 특정소방대상물은 다음의 어느 하나와 같다.
　가) 수용인원 100명 이상인 문화 및 집회시설 중 영화상영관
　나) 판매시설 중 대규모 점포
　다) 운수시설 중 지하역사
　라) 지하가 중 지하상가
　마) 이산화탄소소화설비(호스릴이산화탄소소화설비는 제외)를 설치하여야 하는 특정소방대상물

정답 89.② 90.①

91 다음 중 「소방시설 설치 및 관리에 관한 법률 시행령」상 인명구조기구를 모두 설치해야 하는 특정소방대상물로 옳은 것은?

① 지하층을 포함하는 층수가 7층 이상인 관광호텔
② 지하층을 포함하는 층수가 5층 이상인 병원
③ 수용인원 100명 이상인 문화 및 집회시설 중 영화상영관
④ 판매시설 중 대규모 점포

[18. 경채]

92 「소방시설 설치 및 관리에 관한 법률 시행령」상 피난구조설비 중 공기호흡기를 설치하여야 하는 특정소방대상물로 옳지 않은 것은?

① 지하가 중 지하상가
② 운수시설 중 지하역사
③ 판매시설 중 대규모 점포
④ 호스릴 이산화탄소소화설비를 설치하여야 하는 특정소방대상물

[21. 경채]

해설 91 ▶영 별표 4
인명구조기구란 방열복, 방화복, 공기호흡기, 인공소생기를 말한다.
①은 인명구조기구 모두 설치하는 특정소방대상물이다.
②는 인명구조기구에서 인공소생기를 뺀 나머지를 설치하는 특정소방대상물이다.
③④는 인명구조기구에서 공기호흡기를 설치하는 특정소방대상물이다.

92 ④ 호스릴 이산화탄소소화설비를 설치하여야 하는 특정소방대상물
→ 호스릴 이산화탄소소화설비는 제외

▶영 별표 4
인명구조기구
공기호흡기를 설치하여야 하는 특정소방대상물은 다음의 어느 하나와 같다.
가) 수용인원 100명 이상인 문화 및 집회시설 중 영화상영관
나) 판매시설 중 대규모 점포
다) 운수시설 중 지하역사
라) 지하가 중 지하상가
마) 이산화탄소소화설비(호스릴 이산화탄소소화설비는 제외)를 설치하여야 하는 특정소방대상물

정답 91.① 92.④

93 다음 중 제연설비의 설치 기준으로 지하층이나 무창층에 설치된 근린생활시설, 판매시설, 운수시설, 숙박시설, 위락시설, 의료시설, 노유자시설 또는 창고시설(물류터미널로 한정한다)로서 해당 용도로 사용되는 바닥면적의 합계는 얼마 이상인가?

① 1,000m² ② 2,000m²
③ 3,000m² ④ 4,000m²

94 다음 중 제연설비를 설치하여야 하는 특정소방대상물의 기준으로 옳지 않은 것은?

① 문화 및 집회시설 중 영화상영관으로서 수용인원 50명 이상인 경우에는 해당 영화상영관
② 문화 및 집회시설, 종교시설, 운동시설로서 무대부의 바닥면적이 200m² 이상인 경우에는 해당 무대부
③ 지하층이나 무창층에 설치된 숙박시설로서 해당 용도로 사용되는 바닥면적의 합계가 1천m² 이상인 경우 해당 부분
④ 지하가(터널제외)로서 연면적 1천m² 이상인 것

해설

93 ① 제연설비의 설치 기준으로 지하층이나 무창층에 설치된 근린생활시설, 판매시설, 운수시설, 숙박시설, 위락시설, 의료시설, 노유자시설 또는 창고시설(물류터미널로 한정한다)로서 해당 용도로 사용되는 바닥면적의 합계가 <u>1천m² 이상인</u> 경우 해당 부분(영 별표 4)

94 ① 문화 및 집회시설 중 영화상영관으로서 수용인원 ~~50명~~ 이상인 경우에는 해당 영화상영관
    → 100명

▶ 제연설비(영 별표 4)
1) 문화 및 집회시설, 종교시설, 운동시설 중 무대부의 바닥면적이 200m² 이상인 경우에는 해당 무대부
2) 문화 및 집회시설 중 영화상영관으로서 수용인원 100명 이상인 경우에는 해당 영화상영관
3) 지하층이나 무창층에 설치된 근린생활시설, 판매시설, 운수시설, 숙박시설, 위락시설, 의료시설, 노유자시설 또는 창고시설(물류터미널로 한정한다)로서 해당 용도로 사용되는 바닥면적의 합계가 1천m² 이상인 경우 해당 부분
4) 운수시설 중 시외버스정류장, 철도 및 도시철도 시설, 공항시설 및 항만시설의 대기실 또는 휴게시설로서 지하층 또는 무창층의 바닥면적이 1천m² 이상인 경우에는 모든 층
5) 지하가(터널은 제외한다)로서 연면적 1천m² 이상인 것
6) 지하가 중 예상 교통량, 경사도 등 터널의 특성을 고려하여 행정안전부령으로 정하는 터널
7) 특정소방대상물(갓복도형 아파트등은 제외한다)에 부설된 특별피난계단, 비상용 승강기의 승강장 또는 피난용 승강기의 승강장

정답 93.① 94.①

95 「소방시설 설치 및 관리에 관한 법률 시행령」상 별표 4의 소방시설 중 제연설비를 설치해야 하는 특정소방대상물에 대한 내용이다. ( ) 안에 들어갈 숫자로 옳은 것은?

> 가. 지하가(터널은 제외한다)로서 연면적 (㉠)m² 이상인 것
> 나. 문화 및 집회시설, 종교시설, 운동시설 중 무대부의 바닥면적이 (㉡)m² 이상인 경우에는 해당 무대부
> 다. 문화 및 집회시설 중 영화상영관으로서 수용인원 (㉢)명 이상인 경우에는 해당 영화상영관

	㉠	㉡	㉢		㉠	㉡	㉢
①	1,000	200	100	②	1,000	400	100
③	2,000	200	50	④	2,000	400	50

[22. 경채]

96 다음 특정소방대상물 중 수용인원에 해당되는 대상물이 아닌 것은?
① 휴대용비상조명등
② 간이스프링클러설비
③ 스프링클러설비
④ 자동화재탐지설비

[13. 전북특]

해설

95 ▶ 제연설비(영 별표 4)
1) 문화 및 집회시설, 종교시설, 운동시설 중 무대부의 바닥면적이 200m² 이상인 경우에는 해당 무대부
2) 문화 및 집회시설 중 영화상영관으로서 수용인원 100명 이상인 경우에는 해당 영화상영관
3) 지하층이나 무창층에 설치된 근린생활시설, 판매시설, 운수시설, 숙박시설, 위락시설, 의료시설, 노유자시설 또는 창고시설(물류터미널로 한정한다)로서 해당 용도로 사용되는 바닥면적의 합계가 1천m² 이상인 경우 해당 부분
4) 운수시설 중 시외버스정류장, 철도 및 도시철도 시설, 공항시설 및 항만시설의 대기실 또는 휴게시설로서 지하층 또는 무창층의 바닥면적이 1천m² 이상인 경우에는 모든 층
5) 지하가(터널은 제외한다)로서 연면적 1천m² 이상인 것
6) 지하가 중 예상 교통량, 경사도 등 터널의 특성을 고려하여 행정안전부령으로 정하는 터널
7) 특정소방대상물(갓복도형 아파트등은 제외한다)에 부설된 특별피난계단, 비상용 승강기의 승강장 또는 피난용 승강기의 승강장

96 ② 간이스프링클러설비는 수용인원에 해당되지 않는다(영 별표 4).
① 휴대용비상조명등
→ 수용인원 100명 이상의 영화상영관, 판매시설 중 대규모 점포, 철도 및 도시철도 시설 중 지하역사, 지하가 중 지하상가
③ 스프링클러설비
→ 문화 및 집회시설(동·식물원 제외), 종교시설(주요구조부가 목조인 것은 제외), 운동시설(물놀이형 시설 및 바닥이 불연재료이고, 관람석이 없는 운동시설은 제외)로서 수용인원 100명 이상인 경우에는 모든 층
→ 판매시설, 운수시설 및 창고시설(물류터미널로 한정)로서 수용인원이 500명 이상인 경우에는 모든 층
④ 자동화재탐지설비
→ 연면적 400m² 이상인 노유자시설 및 숙박시설이 있는 수련시설로서 수용인원 100명 이상인 경우에는 모든 층

정답 95.① 96.②

97 터널의 길이에 따른 소방시설에 대한 설명으로 옳지 않은 것은?
① 모든 터널에 소화기구를 설치해야 한다.
② 자동화재탐지설비는 터널로서 길이가 700m 이상인 것에 설치해야 한다.
③ 비상콘센트설비는 터널로서 길이가 500m 이상인 것에 설치해야 한다.
④ 연결송수관설비는 터널로서 길이가 1,000m 이상인 것에 설치해야 한다.

98 다음은 옥외소화전 설치사항 중 연소우려가 있는 건축물 구조이다. 빈칸에 들어갈 내용은?

> 같은 구(區)내의 둘 이상의 특정소방대상물이 다음의 조건에 해당된 때에는 이를 하나의 특정소방대상물로 본다.
> 1. 건축물대장의 건축물 현황도에 표시된 대지경계선 안에 둘 이상의 건축물이 있는 경우
> 2. 각각의 건축물이 다른 건축물의 외벽으로부터 ( )거리가 1층 ( ) 이하, 2층 ( ) 이하
> 3. 개구부가 다른 건축물을 향하여 설치된 구조

① 수평, 3m, 6m
② 수평, 3m, 10m
③ 수평, 6m, 10m
④ 수평, 6m, 12m

해설

97 ② 자동화재탐지설비는 터널로서 길이가 ~~700m 이상~~인 것에 설치해야 한다(영 별표 4).
→ 1,000m 이상인

98 ▶ 연소 우려가 있는 건축물의 구조(규칙 제17조)
영 별표 4 제1호 사목 1) 후단에서 "행정안전부령으로 정하는 연소(延燒) 우려가 있는 구조"란 다음 각 호의 기준에 모두 해당하는 구조를 말한다.
1. 건축물대장의 건축물 현황도에 표시된 대지경계선 안에 둘 이상의 건축물이 있는 경우
2. 각각의 건축물이 다른 건축물의 외벽으로부터 수평거리가 1층의 경우에는 6미터 이하, 2층 이상의 층의 경우에는 10미터 이하인 경우
3. 개구부(영 제2조 제1호 각 목 외의 부분에 따른 개구부를 말한다)가 다른 건축물을 향하여 설치되어 있는 경우

정답 97.② 98.③

99 다음 중 대통령령 또는 화재안전기준의 변경으로 강화된 기준을 적용하는 시설이 아닌 것은?

① 소화기구
② 비상경보설비
③ 자동화재속보설비
④ 옥내소화전설비

[11. 서울]

기본서 1권 p.188

해설 99

④ 옥내소화전설비는 강화기준으로 적용하지 않는다.

▶ 소방시설기준 적용의 특례(법 제13조 제1항)
① 소방본부장이나 소방서장은 제12조 제1항 전단에 따른 대통령령 또는 화재안전기준이 변경되어 그 기준이 강화되는 경우 기존의 특정소방대상물(건축물의 신축·개축·재축·이전 및 대수선 중인 특정소방대상물을 포함한다)의 소방시설에 대하여는 변경 전의 대통령령 또는 화재안전기준을 적용한다. 다만, 다음 각 호의 어느 하나에 해당하는 소방시설의 경우에는 대통령령 또는 화재안전기준의 변경으로 강화된 기준을 적용할 수 있다.
1. 다음 각 목의 소방시설 중 대통령령 또는 화재안전기준으로 정하는 것
   가. 소화기구
   나. 비상경보설비
   다. 자동화재탐지설비
   라. 자동화재속보설비
   마. 피난구조설비
2. 다음 각 목의 특정소방대상물에 설치하는 소방시설 중 대통령령 또는 화재안전기준으로 정하는 것
   가. 「국토의 계획 및 이용에 관한 법률」 제2조 제9호에 따른 공동구
   나. 전력 및 통신사업용 지하구
   다. 노유자(老幼者) 시설
   라. 의료시설

정답 99.④

100 소방시설기준 적용의 특례 중 예외 규정으로 변경 후 강화된 기준을 적용하는 경우로 가장 옳지 않은 것은?

① 방열복
② 공동구에 설치하여야 하는 소방시설
③ 노유자시설에 설치하는 간이스프링클러설비
④ 피난구조시설

[19. 경채]
기본서 1권 p.188

해설 100 ④ 피난구조시설이 아니라 피난구조설비이다.

▶ 소방시설기준 적용의 특례(법 제13조 제1항)
① 소방본부장이나 소방서장은 제12조 제1항 전단에 따른 대통령령 또는 화재안전기준이 변경되어 그 기준이 강화되는 경우 기존의 특정소방대상물(건축물의 신축·개축·재축·이전 및 대수선 중인 특정소방대상물을 포함한다)의 소방시설에 대하여는 변경 전의 대통령령 또는 화재안전기준을 적용한다. 다만, 다음 각 호의 어느 하나에 해당하는 소방시설의 경우에는 대통령령 또는 화재안전기준의 변경으로 강화된 기준을 적용할 수 있다.
  1. 다음 각 목의 소방시설 중 대통령령 또는 화재안전기준으로 정하는 것
     가. 소화기구
     나. 비상경보설비
     다. 자동화재탐지설비
     라. 자동화재속보설비
     마. 피난구조설비
  2. 다음 각 목의 특정소방대상물에 설치하는 소방시설 중 대통령령 또는 화재안전기준으로 정하는 것
     가. 「국토의 계획 및 이용에 관한 법률」 제2조 제9호에 따른 공동구
     나. 전력 및 통신사업용 지하구
     다. 노유자(老幼者) 시설
     라. 의료시설

▶ 강화된 소방시설기준의 적용대상(영 제13조)
법 제13조 제1항 제2호 각 목 외의 부분에서 "대통령령으로 정하는 것"이란 다음 각 호의 소방시설을 말한다.
  1. 「국토의 계획 및 이용에 관한 법률」 제2조 제9호에 따른 공동구에 설치하는 소화기, 자동소화장치, 자동화재탐지설비, 통합감시설비, 유도등 및 연소방지설비
  2. 전력 및 통신사업용 지하구에 설치하는 소화기, 자동소화장치, 자동화재탐지설비, 통합감시시설, 유도등 및 연소방지설비
  3. 노유자(老幼者)시설에 설치하는 간이스프링클러설비, 자동화재탐지설비 및 단독경보형 감지기
  4. 의료시설에 설치하는 스프링클러설비, 간이스프링클러설비, 자동화재탐지설비 및 자동화재속보설비

정답 100.④

101 소방시설기준 적용의 특례에서 강화된 기준을 적용해야 하는 시설로 옳지 않은 것은?

① 자동화재속보설비
② 노유자시설에 설치하는 스프링클러설비
③ 피난구조설비
④ 비상경보설비

[19. 경채]
기본서 1권 p.188

해설 101 ② 노유자시설에 설치하는 ~~스프링클러설비~~
→ 간이스프링클러설비

▶ 소방시설기준 적용의 특례(법 제13조 제1항)
① 소방본부장이나 소방서장은 제12조 제1항 전단에 따른 대통령령 또는 화재안전기준이 변경되어 그 기준이 강화되는 경우 기존의 특정소방대상물(건축물의 신축·개축·재축·이전 및 대수선 중인 특정소방대상물을 포함한다)의 소방시설에 대하여는 변경 전의 대통령령 또는 화재안전기준을 적용한다. 다만, 다음 각 호의 어느 하나에 해당하는 소방시설의 경우에는 대통령령 또는 화재안전기준의 변경으로 강화된 기준을 적용할 수 있다.
  1. 다음 각 목의 소방시설 중 대통령령 또는 화재안전기준으로 정하는 것
    가. 소화기구
    나. 비상경보설비
    다. 자동화재탐지설비
    라. 자동화재속보설비
    마. 피난구조설비
  2. 다음 각 목의 특정소방대상물에 설치하는 소방시설 중 대통령령 또는 화재안전기준으로 정하는 것
    가. 「국토의 계획 및 이용에 관한 법률」 제2조 제9호에 따른 공동구
    나. 전력 및 통신사업용 지하구
    다. 노유자(老幼者) 시설
    라. 의료시설

▶ 강화된 소방시설기준의 적용대상(영 제13조)
법 제13조 제1항 제2호 각 목 외의 부분에서 "대통령령으로 정하는 것"이란 다음 각 호의 소방시설을 말한다.
1. 「국토의 계획 및 이용에 관한 법률」 제2조 제9호에 따른 공동구에 설치하는 소화기, 자동소화장치, 자동화재탐지설비, 통합감시시설, 유도등 및 연소방지설비
2. 전력 및 통신사업용 지하구에 설치하는 소화기, 자동소화장치, 자동화재탐지설비, 통합감시시설, 유도등 및 연소방지설비
3. 노유자(老幼者)시설에 설치하는 간이스프링클러설비, 자동화재탐지설비 및 단독경보형 감지기
4. 의료시설에 설치하는 스프링클러설비, 간이스프링클러설비, 자동화재탐지설비 및 자동화재속보설비

정답 101.②

102 「소방시설 설치 및 관리에 관한 법률」 및 같은 법 시행령상 소방서장이 화재안전기준의 변경으로 강화된 기준을 적용하여야 하는 소방시설로 옳은 것을 모두 고르면?

> 가. 소화기구
> 나. 피난기구
> 다. 비상방송설비
> 라. 노유자시설에 설치하는 스프링클러설비, 자동화재탐지설비
> 마. 의료시설에 설치하는 간이스프링클러설비, 자동화재속보설비

① 가, 나, 마 ② 가, 다, 라
③ 나, 라, 마 ④ 나, 다, 라

[19. 경채]

103 「소방시설 설치 및 관리에 관한 법률」 및 같은 법 시행령상 노유자시설 및 의료시설의 경우 강화된 소방시설기준의 적용대상이다. 이에 해당하는 소방설비의 연결이 옳지 않은 것은?

① 노유자시설에 설치하는 간이스프링클러설비
② 노유자시설에 설치하는 비상방송설비
③ 의료시설에 설치하는 스프링클러설비
④ 의료시설에 설치하는 자동화재탐지설비

[19. 경채]

해설

102 다. ~~비상방송설비~~
→ 비상경보설비
라. 노유자시설에 설치하는 ~~스프링클러설비~~, 자동화재탐지설비
→ 간이스프링클러설비

103 ② 노유자시설에 설치하는 ~~비상방송설비~~
→ 간이스프링클러설비, 자동화재탐지설비, 단독경보형감지기

▶ 강화된 소방시설기준의 적용대상(영 제13조)
법 제13조 제1항 제2호 각 목 외의 부분에서 "대통령령으로 정하는 것"이란 다음 각 호의 소방시설을 말한다.
1. 「국토의 계획 및 이용에 관한 법률」 제2조 제9호에 따른 공동구에 설치하는 소화기, 자동소화장치, 자동화재탐지설비, 통합감시시설, 유도등 및 연소방지설비
2. 전력 및 통신사업용 지하구에 설치하는 소화기, 자동소화장치, 자동화재탐지설비, 통합감시시설, 유도등 및 연소방지설비
3. 노유자(老幼者)시설에 설치하는 간이스프링클러설비, 자동화재탐지설비 및 단독경보형 감지기
4. 의료시설에 설치하는 스프링클러설비, 간이스프링클러설비, 자동화재탐지설비 및 자동화재속보설비

정답 102.① 103.②

104 다음 설명 중 괄호 안에 들어갈 내용으로 알맞은 것은?

> 소방본부장 또는 소방서장은 특정소방대상물이 (   )되는 경우에는 기존 부분을 포함한 특정소방대상물의 전체에 대하여 (   ) 당시의 소방시설의 설치에 관한 대통령령 또는 화재안전기준을 적용해야 한다.

① 신축 ② 증축
③ 개축 ④ 용도변경

[12. 전북특]

기본서 1권 p.190

해설 104
▶ 특정소방대상물의 증축 또는 용도변경 시의 소방시설기준 적용의 특례(영 제15조 제1항)
① 법 제13조 제3항에 따라 소방본부장 또는 소방서장은 특정소방대상물이 증축되는 경우에는 기존 부분을 포함한 특정소방대상물의 전체에 대하여 증축 당시의 소방시설의 설치에 관한 대통령령 또는 화재안전기준을 적용해야 한다.

정답 104.②

105 다음 중 소방시설기준 적용의 특례에 대한 설명으로 옳지 않은 것은?

① 특정소방대상물이 증축되는 경우에는 기존 부분을 포함한 특정소방대상물의 전체에 대하여 증축 당시의 소방시설의 설치에 관한 대통령령 또는 화재안전기준을 적용해야 한다.
② 기존 부분과 증축 부분이 내화구조로 된 바닥과 벽으로 구획된 경우에는 기존 부분에 대해서는 증축 당시의 소방시설의 설치에 관한 대통령령 또는 화재안전기준을 적용하지 않는다.
③ 용도변경되는 경우에는 건물 전체에 대하여 용도변경 당시의 소방시설의 설치에 관한 대통령령 또는 화재안전기준을 적용한다.
④ 용도변경으로 인하여 천장·바닥·벽 등에 고정되어 있는 가연성 물질의 양이 줄어드는 경우에는 특정소방대상물 전체에 대하여 용도변경 전에 해당 특정소방대상물에 적용되던 소방시설의 설치에 관한 대통령령 또는 화재안전기준을 적용한다.

[18. 경채]
상 중 하
기본서 1권 p.190

해설 105 ③ 용도변경되는 경우에는 ~~건물 전체에 대하여~~ 용도변경 당시의 소방시설의 설치에 관한 대통령령 또는 화재안전기준을 적용한다.
→ 용도변경되는 부분에 대해서만

▶ 특정소방대상물의 증축 또는 용도변경 시의 소방시설기준 적용의 특례(영 제15조)
① 법 제13조 제3항에 따라 소방본부장 또는 소방서장은 특정소방대상물이 증축되는 경우에는 기존 부분을 포함한 특정소방대상물의 전체에 대하여 증축 당시의 소방시설의 설치에 관한 대통령령 또는 화재안전기준을 적용해야 한다. 다만, 다음 각 호의 어느 하나에 해당하는 경우에는 기존 부분에 대해서는 증축 당시의 소방시설의 설치에 관한 대통령령 또는 화재안전기준을 적용하지 않는다.
1. 기존 부분과 증축 부분이 내화구조(耐火構造)로 된 바닥과 벽으로 구획된 경우
2. 기존 부분과 증축 부분이 「건축법 시행령」 제46조 제1항 제2호에 따른 자동방화셔터(이하 "자동방화셔터"라 한다) 또는 같은 영 제64조 제1항 제1호에 따른 60분+ 방화문(이하 "60분+ 방화문"이라 한다)으로 구획되어 있는 경우
3. 자동차 생산공장 등 화재 위험이 낮은 특정소방대상물 내부에 연면적 33제곱미터 이하의 직원 휴게실을 증축하는 경우
4. 자동차 생산공장 등 화재 위험이 낮은 특정소방대상물에 캐노피(기둥으로 받치거나 매달아 놓은 덮개를 말하며, 3면 이상에 벽이 없는 구조의 것을 말한다)를 설치하는 경우
② 법 제13조 제3항에 따라 소방본부장 또는 소방서장은 특정소방대상물이 용도변경되는 경우에는 용도변경되는 부분에 대해서만 용도변경 당시의 소방시설의 설치에 관한 대통령령 또는 화재안전기준을 적용한다. 다만, 다음 각 호의 어느 하나에 해당하는 경우에는 특정소방대상물 전체에 대하여 용도변경 전에 해당 특정소방대상물에 적용되던 소방시설의 설치에 관한 대통령령 또는 화재안전기준을 적용한다.
1. 특정소방대상물의 구조·설비가 화재연소 확대 요인이 적어지거나 피난 또는 화재진압활동이 쉬워지도록 변경되는 경우
2. 용도변경으로 인하여 천장·바닥·벽 등에 고정되어 있는 가연성 물질의 양이 줄어드는 경우

정답 105.③

106 「소방시설 설치 및 관리에 관한 법률 시행령」상 밑줄 친 각 호에 해당되지 않는 것은?

> 소방본부장 또는 소방서장은 특정소방대상물이 증축되는 경우에는 기존 부분을 포함한 특정소방대상물의 전체에 대하여 증축 당시의 소방시설의 설치에 관한 대통령령 또는 화재안전기준을 적용해야 한다. 다만, 다음 <u>각 호의</u> 어느 하나에 해당하는 경우에는 기존 부분에 대해서는 증축 당시의 소방시설의 설치에 관한 대통령령 또는 화재안전기준을 적용하지 않는다.

① 기존 부분과 증축 부분이 내화구조로 된 바닥과 벽으로 구획된 경우
② 기존 부분과 증축 부분이 자동방화셔터 또는 60분+ 방화문으로 구획되어 있는 경우
③ 자동차 생산공장 등 화재 위험이 낮은 특정소방대상물 내부에 연면적 33제곱미터 이하의 직원 휴게실을 증축하는 경우
④ 특정소방대상물의 구조·설비가 화재연소 확대 요인이 적어지거나 피난 또는 화재진압활동이 쉬워지도록 변경되는 경우

[19. 경채]

기본서 1권 p.190

해설 106
④ 특정소방대상물의 구조·설비가 화재연소 확대 요인이 적어지거나 피난 또는 화재진압활동이 쉬워지도록 변경되는 경우
→ 특정소방대상물 전체에 대하여 용도변경 전에 해당 특정소방대상물에 적용되던 소방시설의 설치에 관한 대통령령 또는 화재안전기준을 적용

▶ 특정소방대상물의 증축 또는 용도변경 시의 소방시설기준 적용의 특례(영 제15조)
① 법 제13조 제3항에 따라 소방본부장 또는 소방서장은 특정소방대상물이 증축되는 경우에는 기존 부분을 포함한 특정소방대상물의 전체에 대하여 증축 당시의 소방시설의 설치에 관한 대통령령 또는 화재안전기준을 적용해야 한다. 다만, 다음 각 호의 어느 하나에 해당하는 경우에는 기존 부분에 대해서는 증축 당시의 소방시설의 설치에 관한 대통령령 또는 화재안전기준을 적용하지 않는다.
  1. 기존 부분과 증축 부분이 내화구조(耐火構造)로 된 바닥과 벽으로 구획된 경우
  2. 기존 부분과 증축 부분이 「건축법 시행령」 제46조 제1항 제2호에 따른 자동방화셔터(이하 "자동방화셔터"라 한다) 또는 같은 영 제64조 제1항 제1호에 따른 60분+ 방화문(이하 "60분+ 방화문"이라 한다)으로 구획되어 있는 경우
  3. 자동차 생산공장 등 화재 위험이 낮은 특정소방대상물 내부에 연면적 33제곱미터 이하의 직원 휴게실을 증축하는 경우
  4. 자동차 생산공장 등 화재 위험이 낮은 특정소방대상물에 캐노피(기둥으로 받치거나 매달아 놓은 덮개를 말하며, 3면 이상에 벽이 없는 구조의 것을 말한다)를 설치하는 경우
② 법 제13조 제3항에 따라 소방본부장 또는 소방서장은 특정소방대상물이 용도 변경되는 경우에는 용도변경되는 부분에 대해서만 용도변경 당시의 소방시설의 설치에 관한 대통령령 또는 화재안전기준을 적용한다. 다만, 다음 각 호의 어느 하나에 해당하는 경우에는 특정소방대상물 전체에 대하여 용도변경 전에 해당 특정소방대상물에 적용되던 소방시설의 설치에 관한 대통령령 또는 화재안전기준을 적용한다.
  1. 특정소방대상물의 구조·설비가 화재연소 확대 요인이 적어지거나 피난 또는 화재진압활동이 쉬워지도록 변경되는 경우
  2. 용도변경으로 인하여 천장·바닥·벽 등에 고정되어 있는 가연성 물질의 양이 줄어드는 경우

정답 106.④

107 「소방시설 설치 및 관리에 관한 법률 시행령」상 특정소방대상물이 증축되는 경우, 원칙적으로 소방시설기준 적용에 관한 설명으로 옳은 것은?

① 기존 부분을 포함한 특정소방대상물의 전체에 대하여 증축 전 소방시설의 설치에 관한 대통령령 또는 화재안전기준을 적용하여야 한다.
② 기존 부분은 증축 전에 적용되던 소방시설의 설치에 관한 대통령령 또는 화재안전기준을 적용하고 증축 부분은 증축 당시의 소방시설의 설치에 관한 대통령령 또는 화재안전기준을 적용하여야 한다.
③ 증축 부분은 증축 전에 적용되던 소방시설의 설치에 관한 대통령령 또는 화재안전기준을 적용하고 기존 부분은 증축 당시의 소방시설의 설치에 관한 대통령령 또는 화재안전기준을 적용하여야 한다.
④ 기존 부분을 포함한 특정소방대상물의 전체에 대하여 증축 당시의 소방시설의 설치에 관한 대통령령 또는 화재안전기준을 적용하여야 한다.

[20. 공채]
상 중 하
기본서 1권 p.190

해설 107 ▶ 특정소방대상물의 증축 또는 용도변경 시의 소방시설기준 적용의 특례(영 제15조 제1항)
① 법 제13조 제3항에 따라 소방본부장 또는 소방서장은 특정소방대상물이 증축되는 경우에는 기존 부분을 포함한 특정소방대상물의 전체에 대하여 증축 당시의 소방시설의 설치에 관한 대통령령 또는 화재안전기준을 적용해야 한다. 다만, 다음 각 호의 어느 하나에 해당하는 경우에는 기존 부분에 대해서는 증축 당시의 소방시설의 설치에 관한 대통령령 또는 화재안전기준을 적용하지 않는다.
1. 기존 부분과 증축 부분이 내화구조(耐火構造)로 된 바닥과 벽으로 구획된 경우
2. 기존 부분과 증축 부분이 「건축법 시행령」 제46조 제1항 제2호에 따른 자동방화셔터(이하 "자동방화셔터"라 한다) 또는 같은 영 제64조 제1항 제1호에 따른 60분+ 방화문(이하 "60분+ 방화문"이라 한다)으로 구획되어 있는 경우
3. 자동차 생산공장 등 화재 위험이 낮은 특정소방대상물 내부에 연면적 33제곱미터 이하의 직원 휴게실을 증축하는 경우
4. 자동차 생산공장 등 화재 위험이 낮은 특정소방대상물에 캐노피(기둥으로 받치거나 매달아 놓은 덮개를 말하며, 3면 이상에 벽이 없는 구조의 것을 말한다)를 설치하는 경우

정답 107.④

108 「소방시설 설치 및 관리에 관한 법률 시행령」제15조 특정소방대상물의 증축 또는 용도변경 시의 소방시설기준 적용의 특례에 관한 설명으로 옳지 않은 것은?

① 기존 부분과 증축 부분이 「건축법 시행령」제46조 제1항 제2호에 따른 자동방화셔터(이하 "자동방화셔터"라 한다) 또는 같은 영 제64조 제1항 제1호에 따른 60분+ 방화문(이하 "60분+ 방화문"이라 한다)으로 구획되어 있는 경우, 기존 부분에 대해서는 증축 당시의 소방시설의 설치에 관한 대통령령 또는 화재안전기준을 적용하지 않는다.

② 기존 부분과 증축 부분이 내화구조(耐火構造)로 된 바닥과 벽으로 구획된 경우, 기존 부분에 대해서는 증축 당시의 소방시설의 설치에 관한 대통령령 또는 화재안전기준을 적용하지 않는다.

③ 특정소방대상물의 구조·설비가 화재연소 확대 요인이 적어지거나 피난 또는 화재진압활동이 쉬워지도록 변경되는 경우에는 특정소방대상물 전체에 대하여 용도변경 전에 해당 특정소방대상물에 적용되던 소방시설의 설치에 관한 대통령령 또는 화재안전기준을 적용한다.

④ 용도변경으로 인하여 천장·바닥·벽 등에 고정되어 있는 가연성 물질의 양이 줄어드는 경우에는 용도변경되는 부분에 대해서만 용도변경 당시의 소방시설의 설치에 관한 대통령령 또는 화재안전기준을 적용한다.

[22. 경채]

기본서 1권 p.190

해설 108 ④ 용도변경으로 인하여 천장·바닥·벽 등에 고정되어 있는 가연성 물질의 양이 줄어드는 경우에는 용도변경되는 부분에 대해서만 용도변경 당시의 소방시설의 설치에 관한 대통령령 또는 화재안전기준을 적용한다.
→ 특정소방대상물 전체에 대하여 용도변경 전에 해당 특정소방대상물에 적용되던 소방시설의 설치에 관한 대통령령 또는 화재안전기준을 적용한다.

▶ **특정소방대상물의 증축 또는 용도변경 시의 소방시설기준 적용의 특례(영 제15조)**
① 법 제13조 제3항에 따라 소방본부장 또는 소방서장은 특정소방대상물이 증축되는 경우에는 기존 부분을 포함한 특정소방대상물의 전체에 대하여 증축 당시의 소방시설의 설치에 관한 대통령령 또는 화재안전기준을 적용해야 한다. 다만, 다음 각 호의 어느 하나에 해당하는 경우에는 기존 부분에 대해서는 증축 당시의 소방시설의 설치에 관한 대통령령 또는 화재안전기준을 적용하지 않는다.
  1. 기존 부분과 증축 부분이 내화구조(耐火構造)로 된 바닥과 벽으로 구획된 경우
  2. 기존 부분과 증축 부분이 「건축법 시행령」제46조 제1항 제2호에 따른 자동방화셔터(이하 "자동방화셔터"라 한다) 또는 같은 영 제64조 제1항 제1호에 따른 60분+ 방화문(이하 "60분+ 방화문"이라 한다)으로 구획되어 있는 경우
  3. 자동차 생산공장 등 화재 위험이 낮은 특정소방대상물 내부에 연면적 33제곱미터 이하의 직원 휴게실을 증축하는 경우
  4. 자동차 생산공장 등 화재 위험이 낮은 특정소방대상물에 캐노피(기둥으로 받치거나 매달아 놓은 덮개를 말하며, 3면 이상에 벽이 없는 구조의 것을 말한다)를 설치하는 경우
② 법 제13조 제3항에 따라 소방본부장 또는 소방서장은 특정소방대상물이 용도변경되는 경우에는 용도변경되는 부분에 대해서만 용도변경 당시의 소방시설의 설치에 관한 대통령령 또는 화재안전기준을 적용한다. 다만, 다음 각 호의 어느 하나에 해당하는 경우에는 특정소방대상물 전체에 대하여 용도변경 전에 해당 특정소방대상물에 적용되던 소방시설의 설치에 관한 대통령령 또는 화재안전기준을 적용한다.
  1. 특정소방대상물의 구조·설비가 화재연소 확대 요인이 적어지거나 피난 또는 화재진압활동이 쉬워지도록 변경되는 경우
  2. 용도변경으로 인하여 천장·바닥·벽 등에 고정되어 있는 가연성 물질의 양이 줄어드는 경우

정답 108.④

109 「소방시설 설치 및 관리에 관한 법률 시행령」상 '유사한 소방시설의 설치 면제의 기준'에 대한 설명이다. (   ) 안의 내용으로 옳게 연결된 것은?

> 간이스프링클러설비를 설치하여야 하는 특정소방대상물에 (㉠), (㉡) 또는 미분무소화설비를 화재안전기준에 적합하게 설치한 경우에는 그 설비의 유효범위에서 설치가 면제된다.

	㉠	㉡
①	스프링클러설비	옥내소화전설비
②	포소화설비	물분무소화설비
③	스프링클러설비	물분무소화설비
④	포소화설비	옥내소화전설비

[18. 경채]

110 「소방시설 설치 및 관리에 관한 법률 시행령」상 특정소방대상물의 간이스프링클러설비 설치면제 기준이다. (   ) 안에 들어갈 설비에 해당하지 않는 것은?

> 간이스프링클러설비를 설치해야 하는 특정소방대상물에 (   ), (   ) 또는 (   )를 화재안전기준에 적합하게 설치한 경우에는 그 설비의 유효범위에서 설치가 면제된다.

① 옥내소화전설비　　② 스프링클러설비
③ 물분무소화설비　　④ 미분무소화설비

[24. 경채, 공채]

해설

109 ▶ 특정소방대상물의 소방시설 설치의 면제기준(영 별표 5)

설치가 면제되는 소방시설	설치면제 기준
4. 간이스프링클러 설비	간이스프링클러설비를 설치하여야 하는 특정소방대상물에 스프링클러설비, 물분무소화설비 또는 미분무소화설비를 화재안전기준에 적합하게 설치한 경우에는 그 설비의 유효범위에서 설치가 면제된다.

110 ▶ 소방시설법 시행령 별표 5
간이스프링클러설비를 설치해야 하는 특정소방대상물에 스프링클러설비, 물분무소화설비 또는 미분무소화설비를 화재안전기준에 적합하게 설치한 경우에는 그 설비의 유효범위에서 설치가 면제된다.

정답 109.③ 110.①

111 「소방시설 설치 및 관리에 관한 법률 시행령」상 특정소방대상물의 소방시설 설치면제 기준으로 옳지 않은 것은?

① 간이스프링클러설비를 설치하여야 하는 특정소방대상물에 분말소화설비를 화재안전기준에 적합하게 설치한 경우에는 그 설비의 유효범위에서 설치가 면제된다.
② 비상경보설비를 설치하여야 할 특정소방대상물에 단독경보형 감지기를 2개 이상의 단독경보형 감지기와 연동하여 설치하는 경우에는 그 설비의 유효범위에서 설치가 면제된다.
③ 비상조명등을 설치하여야 하는 특정소방대상물에 피난구유도등 또는 통로유도등을 화재안전기준에 적합하게 설치한 경우에는 그 유도등의 유효범위에서 설치가 면제된다.
④ 누전경보기를 설치하여야 하는 특정소방대상물 또는 그 부분에 아크경보기 또는 전기 관련 법령에 따른 지락차단장치를 설치한 경우에는 그 설비의 유효범위에서 설치가 면제된다.

해설 111 ① 간이스프링클러설비를 설치하여야 하는 특정소방대상물에 분말소화설비를 화재안전기준에 적합하게 설치한 경우에는 그 설비의 유효범위에서 설치가 면제된다.
→ 스프링클러설비, 물분무소화설비 또는 미분무소화설비

▶ 특정소방대상물의 소방시설 설치의 면제기준(영 별표 5)

설치가 면제되는 소방시설	설치면제 기준
4. 간이스프링클러설비	간이스프링클러설비를 설치하여야 하는 특정소방대상물에 스프링클러설비, 물분무소화설비 또는 미분무소화설비를 화재안전기준에 적합하게 설치한 경우에는 그 설비의 유효범위에서 설치가 면제된다.
7. 비상경보설비	비상경보설비를 설치하여야 할 특정소방대상물에 단독경보형 감지기를 2개 이상의 단독경보형 감지기와 연동하여 설치하는 경우에는 그 설비의 유효범위에서 설치가 면제된다.
13. 누전경보기	누전경보기를 설치하여야 하는 특정소방대상물 또는 그 부분에 아크경보기(옥내 배전선로의 단선이나 선로 손상 등으로 인하여 발생하는 아크를 감지하고 경보하는 장치를 말한다) 또는 전기 관련 법령에 따른 지락차단장치를 설치한 경우에는 그 설비의 유효범위에서 설치가 면제된다.
15. 비상조명등	비상조명등을 설치하여야 하는 특정소방대상물에 피난구유도등 또는 통로유도등을 화재안전기준에 적합하게 설치한 경우에는 그 유도등의 유효범위에서 설치가 면제된다.

정답 111.①

112 다음 중 「소방시설 설치 및 관리에 관한 법률 시행령」상 화재안전기준을 적용하기 어려운 정수장, 수영장 등 이와 비슷한 용도로 사용되는 특정소방대상물에 대하여 소방시설을 설치하지 않을 수 있는 소방시설로 옳은 것은?

① 옥내소화전설비
② 비상방송설비
③ 연결살수설비
④ 연결송수관설비

[18. 경채]
기본서 1권 p.193

해설 112 ▶ 소방시설을 설치하지 않을 수 있는 특정소방대상물 및 소방시설의 범위(영 별표 6)

구 분	특정소방대상물	설치하지 않을 수 있는 소방시설
1. 화재 위험도가 낮은 특정소방대상물	석재, 불연성금속, 불연성 건축재료 등의 가공공장·기계조립공장 또는 불연성 물품을 저장하는 창고	옥외소화전 및 연결살수설비
2. 화재안전기준을 적용하기 어려운 특정소방대상물	펄프공장의 작업장, 음료수 공장의 세정 또는 충전을 하는 작업장, 그 밖에 이와 비슷한 용도로 사용하는 것	스프링클러설비, 상수도소화용수설비 및 연결살수설비
	정수장, 수영장, 목욕장, 농예·축산·어류양식용 시설, 그 밖에 이와 비슷한 용도로 사용되는 것	자동화재탐지설비, 상수도소화용수설비 및 연결살수설비
3. 화재안전기준을 달리 적용해야 하는 특수한 용도 또는 구조를 가진 특정소방대상물	원자력발전소, 중·저준위방사성폐기물의 저장시설	연결송수관설비 및 연결살수설비
4. 「위험물안전관리법」 제19조에 따른 자체소방대가 설치된 특정소방대상물	자체소방대가 설치된 제조소등에 부속된 사무실	옥내소화전설비, 소화용수설비, 연결살수설비 및 연결송수관설비

정답 112.③

113 「소방시설 설치 및 관리에 관한 법률 시행령」상 소방시설을 설치하지 않을 수 있는 특정소방대상물 및 소방시설의 범위로 옳지 않은 것은?
① 불연성 물품을 저장하는 창고 – 화재 위험도가 낮은 특정소방대상물
② 어류양식용 시설 – 화재안전기준을 적용하기 어려운 특정소방대상물
③ 원자력 발전소 – 화재안전기준을 달리 적용하여야 하는 특수한 용도 또는 구조를 가진 특정소방대상물
④ 음료수 공장의 세정을 하는 작업장 – 화재 위험도가 낮은 특정소방대상물

[17. 공채]

해설 113 ④ 음료수 공장의 세정을 하는 작업장 – 화재 위험도가 낮은 특정소방대상물
→ 화재안전기준을 적용하기 어려운 특정소방대상물

▶ 소방시설을 설치하지 않을 수 있는 특정소방대상물 및 소방시설의 범위(영 별표 6)

구 분	특정소방대상물	설치하지 않을 수 있는 소방시설
1. 화재 위험도가 낮은 특정소방대상물	석재, 불연성금속, 불연성 건축재료 등의 가공공장·기계조립공장 또는 불연성 물품을 저장하는 창고	옥외소화전 및 연결살수설비
2. 화재안전기준을 적용하기 어려운 특정소방대상물	펄프공장의 작업장, 음료수 공장의 세정 또는 충전을 하는 작업장, 그 밖에 이와 비슷한 용도로 사용하는 것	스프링클러설비, 상수도소화용수설비 및 연결살수설비
	정수장, 수영장, 목욕장, 농예·축산·어류양식용 시설, 그 밖에 이와 비슷한 용도로 사용되는 것	자동화재탐지설비, 상수도소화용수설비 및 연결살수설비
3. 화재안전기준을 달리 적용해야 하는 특수한 용도 또는 구조를 가진 특정소방대상물	원자력발전소, 중·저준위방사성폐기물의 저장시설	연결송수관설비 및 연결살수설비
4. 「위험물안전관리법」 제19조에 따른 자체소방대가 설치된 특정소방대상물	자체소방대가 설치된 제조소등에 부속된 사무실	옥내소화전설비, 소화용수설비, 연결살수설비 및 연결송수관설비

정답 113.④

114 다음 중 「소방시설 설치 및 관리에 관한 법률 시행령」상 인화성 물품을 취급하는 작업 등 대통령령으로 정하는 작업으로 옳지 않은 것은?

① 인화성·가연성·폭발성 물질을 취급하거나 가연성 가스를 발생시키는 작업
② 전열기구, 가열전선 등 열을 발생시키는 기구를 취급하는 작업
③ 용접·용단 등 불꽃을 발생시키거나 화기를 취급하는 작업
④ 행정안전부령으로 정하여 고시하는 작업

115 다음 중 임시소방시설로 가장 옳지 않은 것은?

① 간이소화장치 ② 소화기
③ 호스릴 옥내소화전 ④ 비상경보장치

해설

114 ④ 행정안전부령으로 정하여 고시하는 작업
→ 소방청장이

※ "인화성 물품을 취급하는 작업 등 대통령령으로 정하는 작업"이란 다음 각 호의 어느 하나에 해당하는 것을 말한다(영 제18조 제1항).
  ㉠ 인화성·가연성·폭발성 물질을 취급하거나 가연성 가스를 발생시키는 작업
  ㉡ 용접·용단(금속·유리·플라스틱 따위를 녹여서 절단하는 일) 등 불꽃을 발생시키거나 화기를 취급하는 작업
  ㉢ 전열기구, 가열전선 등 열을 발생시키는 기구를 취급하는 작업
  ㉣ 알루미늄, 마그네슘 등을 취급하여 폭발성 부유분진(공기 중에 떠다니는 미세한 입자)을 발생시킬 수 있는 작업
  ㉤ 그 밖에 ㉠부터 ㉣까지와 비슷한 작업으로 소방청장이 정하여 고시하는 작업

115 ▶임시소방시설의 종류와 설치기준 등(영 별표 8)
1. 임시소방시설의 종류
  가. 소화기
  나. 간이소화장치 : 물을 방사(放射)하여 화재를 진화할 수 있는 장치로서 소방청장이 정하는 성능을 갖추고 있을 것
  다. 비상경보장치 : 화재가 발생한 경우 주변에 있는 작업자에게 화재사실을 알릴 수 있는 장치로서 소방청장이 정하는 성능을 갖추고 있을 것
  라. 가스누설경보기 : 가연성 가스가 누설 또는 발생된 경우 이를 탐지하여 경보하는 장치로서 법 제37조에 따른 형식승인 및 제품검사를 받은 것
  마. 간이피난유도선 : 화재가 발생한 경우 피난구 방향을 안내할 수 있는 장치로서 소방청장이 정하는 성능을 갖추고 있을 것
  바. 비상조명등 : 화재가 발생한 경우 안전하고 원활한 피난활동을 할 수 있도록 자동 점등되는 조명장치로서 소방청장이 정하는 성능을 갖추고 있을 것
  사. 방화포 : 용접·용단 등의 작업 시 발생하는 불티로부터 가연물이 점화되는 것을 방지해주는 천 또는 불연성 물품으로서 소방청장이 정하는 성능을 갖추고 있을 것

정답 114.④ 115.③

소방관계법규

116 「소방시설 설치 및 관리에 관한 법률 시행령」상 임시소방시설의 종류로 옳지 않은 것은?

① 소화기
② 스프링클러설비
③ 비상경보장치
④ 간이소화장치

[18. 공채]
상 중 하
기본서 1권 p.195

해설 116 ▶ 임시소방시설의 종류와 설치기준 등(영 별표 8)
1. 임시소방시설의 종류
   가. 소화기
   나. 간이소화장치 : 물을 방사(放射)하여 화재를 진화할 수 있는 장치로서 소방청장이 정하는 성능을 갖추고 있을 것
   다. 비상경보장치 : 화재가 발생한 경우 주변에 있는 작업자에게 화재사실을 알릴 수 있는 장치로서 소방청장이 정하는 성능을 갖추고 있을 것
   라. 가스누설경보기 : 가연성 가스가 누설 또는 발생된 경우 이를 탐지하여 경보하는 장치로서 법 제37조에 따른 형식승인 및 제품검사를 받은 것
   마. 간이피난유도선 : 화재가 발생한 경우 피난구 방향을 안내할 수 있는 장치로서 소방청장이 정하는 성능을 갖추고 있을 것
   바. 비상조명등 : 화재가 발생한 경우 안전하고 원활한 피난활동을 할 수 있도록 자동 점등되는 조명장치로서 소방청장이 정하는 성능을 갖추고 있을 것
   사. 방화포 : 용접·용단 등의 작업 시 발생하는 불티로부터 가연물이 점화되는 것을 방지해주는 천 또는 불연성 물품으로서 소방청장이 정하는 성능을 갖추고 있을 것

정답 116.②

117 「소방시설 설치 및 관리에 관한 법률 시행령」상 건축허가등의 동의대상물 중 화재위험작업 공사 현장에 설치하여야 하는 임시소방시설의 종류와 설치기준으로 옳지 않은 것은?

① 가연성 가스를 발생시키는 화재위험작업현장에는 소화기를 설치하여야 한다.
② 바닥면적 150m^2 이상인 지하층 또는 무창층의 화재위험 작업현장에는 간이소화장치를 설치하여야 한다.
③ 바닥면적 150m^2 이상인 지하층 또는 무창층의 화재위험 작업현장에는 비상경보장치를 설치하여야 한다.
④ 바닥면적 150m^2 이상인 지하층 또는 무창층의 화재위험 작업현장에는 간이피난유도선을 설치하여야 한다.

[18. 경채]

기본서 1권 p.197

해설 117

② 바닥면적 ~~150m^2~~ 이상인 지하층 또는 무창층의 화재위험 작업현장에는 간이소화장치를 설치하여야 한다.
→ 600m^2

※ 법 제15조 제1항에서 "인화성(引火性) 물품을 취급하는 작업 등 대통령령으로 정하는 작업"이란 다음 각 호의 어느 하나에 해당하는 작업을 말한다(영 제18조 제1항).
㉠ 인화성·가연성·폭발성 물질을 취급하거나 가연성 가스를 발생시키는 작업

▶ 임시소방시설의 종류와 설치기준 등(영 별표 8)
2. 임시소방시설을 설치해야 하는 공사의 종류와 규모
　가. 소화기 : 법 제6조 제1항에 따라 소방본부장 또는 소방서장의 동의를 받아야 하는 특정소방대상물의 신축·증축·개축·재축·이전·용도변경 또는 대수선 등을 위한 공사 중 법 제15조 제1항에 따른 화재위험작업의 현장(이하 이 표에서 "화재위험작업현장"이라 한다)에 설치한다.
　나. 간이소화장치 : 다음의 어느 하나에 해당하는 공사의 화재위험작업현장에 설치한다.
　　1) 연면적 3천m^2 이상
　　2) 지하층, 무창층 또는 4층 이상의 층. 이 경우 해당 층의 바닥면적이 600m^2 이상인 경우만 해당한다.
　다. 비상경보장치 : 다음의 어느 하나에 해당하는 공사의 화재위험작업현장에 설치한다.
　　1) 연면적 400m^2 이상
　　2) 지하층 또는 무창층. 이 경우 해당 층의 바닥면적이 150m^2 이상인 경우만 해당한다.
　라. 가스누설경보기 : 바닥면적이 150m^2 이상인 지하층 또는 무창층의 화재위험작업현장에 설치한다.
　마. 간이피난유도선 : 바닥면적이 150m^2 이상인 지하층 또는 무창층의 화재위험작업현장에 설치한다.
　바. 비상조명등 : 바닥면적이 150m^2 이상인 지하층 또는 무창층의 화재위험작업현장에 설치한다.
　사. 방화포 : 용접·용단 작업이 진행되는 화재위험작업현장에 설치한다.

정답 117.②

118 연면적 2,500m²인 신축공사 작업현장의 바닥면적 200m²인 지하층에서 용접 작업을 하려고 한다. 「소방시설 설치 및 관리에 관한 법률 시행령」상 해당 작업현장에 설치하여야 할 임시소방시설로 옳지 않은 것은?

① 소화기
② 간이소화장치
③ 비상경보장치
④ 간이피난유도선

[20. 경채]

상 중 하

기본서 1권 p.197

해설 118 ② 간이소화장치 : 1) 연면적 3천m² 이상, 2) 지하층, 무창층 또는 4층 이상의 층. 이 경우 해당 층의 바닥면적이 600m² 이상인 경우만 해당한다.

▶ 임시소방시설의 종류와 설치기준 등(영 별표 8)
2. 임시소방시설을 설치해야 하는 공사의 종류와 규모
   가. 소화기 : 법 제6조 제1항에 따라 소방본부장 또는 소방서장의 동의를 받아야 하는 특정소방대상물의 신축·증축·개축·재축·이전·용도변경 또는 대수선 등을 위한 공사 중 법 제15조 제1항에 따른 화재위험작업의 현장(이하 이 표에서 "화재위험작업현장"이라 한다)에 설치한다.
   나. 간이소화장치 : 다음의 어느 하나에 해당하는 공사의 화재위험작업현장에 설치한다.
      1) 연면적 3천m² 이상
      2) 지하층, 무창층 또는 4층 이상의 층. 이 경우 해당 층의 바닥면적이 600m² 이상인 경우만 해당한다.
   다. 비상경보장치 : 다음의 어느 하나에 해당하는 공사의 화재위험작업현장에 설치한다.
      1) 연면적 400m² 이상
      2) 지하층 또는 무창층. 이 경우 해당 층의 바닥면적이 150m² 이상인 경우만 해당한다.
   라. 가스누설경보기 : 바닥면적이 150m² 이상인 지하층 또는 무창층의 화재위험작업현장에 설치한다.
   마. 간이피난유도선 : 바닥면적이 150m² 이상인 지하층 또는 무창층의 화재위험작업현장에 설치한다.
   바. 비상조명등 : 바닥면적이 150m² 이상인 지하층 또는 무창층의 화재위험작업현장에 설치한다.
   사. 방화포 : 용접·용단 작업이 진행되는 화재위험작업현장에 설치한다.

정답 118.②

119 「소방시설 설치 및 관리에 관한 법률」 및 같은 법 시행령상 임시소방시설을 설치하여야 하는 공사와 임시소방시설의 설치기준으로 옳지 않은 것은?

① 건설공사를 하는 자는 특정소방대상물의 신축·증축·개축·재축·이전·용도변경·대수선 또는 설비 설치 등을 위한 공사 현장에서 인화성 물품을 취급하는 작업 등 대통령령으로 정하는 작업을 하기 전에 설치 및 철거가 쉬운 화재대비시설을 설치하고 관리하여야 한다.
② 옥내소화전이 설치된 특정소방대상물의 용도변경을 위한 내부 인테리어 변경공사를 시공하는 자는 간이소화장치를 설치해야만 한다.
③ 무창층으로서 바닥면적 $150m^2$의 증축 작업현장에는 간이피난유도선을 설치해야 한다.
④ 소방서장은 용접·용단 등 불꽃을 발생시키거나 화기(火氣)를 취급하는 작업현장에 임시소방시설 또는 소방시설이 설치 및 관리되지 아니할 때에는 해당 공사시공자에게 필요한 조치를 명할 수 있다.

[20. 경채]
기본서 1권 p.194~197

해설 119 ② 옥내소화전이 설치된 특정소방대상물의 용도변경을 위한 내부 인테리어 변경공사를 시공하는 자는 간이소화장치를 설치해야만 한다(영 별표 8).
→ 간이소화장치를 설치한 것으로 보는 소방시설 : 소방청장이 정하여 고시하는 기준에 맞는 소화기 또는 옥내소화전설비를 설치한 경우

▶ 임시소방시설의 종류와 설치기준 등(영 별표 8)
3. 임시소방시설과 기능 및 성능이 유사한 소방시설로서 임시소방시설을 설치한 것으로 보는 소방시설
  가. 간이소화장치를 설치한 것으로 보는 소방시설 : 소방청장이 정하여 고시하는 기준에 맞는 소화기(연결송수관설비의 방수구 인근에 설치한 경우로 한정한다) 또는 옥내소화전설비
  나. 비상경보장치를 설치한 것으로 보는 소방시설 : 비상방송설비 또는 자동화재탐지설비
  다. 간이피난유도선을 설치한 것으로 보는 소방시설 : 피난유도선, 피난구유도등, 통로유도등 또는 비상조명등

정답 119.②

120 「소방시설 설치 및 관리에 관한 법률 시행령」상 소방용품인 분말형태의 소화약제를 사용하는 소화기의 내용연수로 옳은 것은?

① 10년　　　　　② 15년
③ 20년　　　　　④ 25년

[18. 공채, 경채]
상 중 하
기본서 1권 p.199

121 「소방시설 설치 및 관리에 관한 법률」 및 같은 법 시행령상 내용연수 설정대상 소방용품에 관한 설명이다. (　) 안에 들어갈 내용으로 옳은 것은?

> 특정소방대상물의 관계인은 내용연수가 경과한 소방용품을 교체해야 한다. 이 경우 내용연수를 설정해야 하는 소방용품은 (ㄱ)를 사용하는 소화기로 하며, 내용연수는 (ㄴ)년으로 한다.

	ㄱ	ㄴ
①	분말형태의 소화약제	10
②	강화액 소화약제	10
③	분말형태의 소화약제	7
④	강화액 소화약제	7

[24. 경채]
상 중 하
기본서 1권 p.199

해설 120 ▶ 내용연수 설정대상 소방용품(영 제19조)
① 법 제17조 제1항 후단에 따라 내용연수를 설정해야 하는 소방용품은 분말형태의 소화약제를 사용하는 소화기로 한다.
② 제1항에 따른 소방용품의 내용연수는 10년으로 한다.

121 ▶ 소방시설법 시행령 제19조(내용연수 설정대상 소방용품)
① 법 제17조 제1항 후단에 따라 내용연수를 설정해야 하는 소방용품은 분말형태의 소화약제를 사용하는 소화기로 한다.
② 제1항에 따른 소방용품의 내용연수는 10년으로 한다.

정답 120.① 121.①

122 다음 중 중앙소방기술심의위원회 심의로서 옳지 않은 것은?
① 소방시설에 하자가 있는지의 판단에 관한 사항
② 소방시설의 구조 및 원리 등에서 공법이 특수한 설계 및 시공에 관한 사항
③ 소방시설의 설계 및 공사감리의 방법에 관한 사항
④ 소방시설공사의 하자를 판단하는 기준에 관한 사항

[13. 경기]

123 다음 중 중앙소방기술심의위원회의 심의사항으로 가장 옳지 않은 것은?
① 화재안전기준에 관한 사항
② 소방시설의 구조 및 원리 등에서 공법이 특수한 설계 및 시공에 관한 사항
③ 소방시설의 설계 및 공사감리의 방법에 관한 사항
④ 소방시설에 하자가 있는지의 판단에 관한 사항

[17. 경채]

해설 122 ① 소방시설에 하자가 있는지의 판단에 관한 사항
→ 지방소방기술심의위원회 심의사항

▶ 소방기술심의위원회(법 제18조)
① 다음 각 호의 사항을 심의하기 위하여 소방청에 중앙소방기술심의위원회(이하 "중앙위원회"라 한다)를 둔다.
  1. 화재안전기준에 관한 사항
  2. 소방시설의 구조 및 원리 등에서 공법이 특수한 설계 및 시공에 관한 사항
  3. 소방시설의 설계 및 공사감리의 방법에 관한 사항
  4. 소방시설공사의 하자를 판단하는 기준에 관한 사항
  5. 제8조 제5항 단서에 따라 신기술·신공법 등 검토·평가에 고도의 기술이 필요한 경우로서 중앙위원회에 심의를 요청한 사항
  6. 그 밖에 소방기술 등에 관하여 대통령령으로 정하는 사항
② 다음 각 호의 사항을 심의하기 위하여 시·도에 지방소방기술심의위원회(이하 "지방위원회"라 한다)를 둔다.
  1. 소방시설에 하자가 있는지의 판단에 관한 사항
  2. 그 밖에 소방기술 등에 관하여 대통령령으로 정하는 사항

123 ④ 소방시설에 하자가 있는지의 판단에 관한 사항(법 제18조)
→ 지방소방기술심의위원회 심의사항

정답 122.① 123.④

124 「소방시설 설치 및 관리에 관한 법률」 및 같은 법 시행령상 중앙소방기술심의위원회의 심의사항에 관한 내용 중 옳지 않은 것은?

① 화재안전기준, 공법이 특수한 설계 및 시공에 관한 사항
② 소방시설공사의 하자를 판단하는 기준에 관한 사항
③ 연면적 10만m² 이상의 특정소방대상물에 설치된 소방시설의 설계·시공·감리의 하자 유무에 관한 사항
④ 소방본부장 또는 소방서장이 심의에 부치는 사항

[18. 경채]

125 「소방시설 설치 및 관리에 관한 법률」상 중앙소방기술심의위원회의 심의사항으로 옳지 않은 것은?

① 화재안전기준에 관한 사항
② 소방시설에 하자가 있는지의 판단에 관한 사항
③ 소방시설의 설계 및 공사감리의 방법에 관한 사항
④ 소방시설의 구조 및 원리 등에서 공법이 특수한 설계 및 시공에 관한 사항

[23. 경채, 공채]

해설 124
④ 소방본부장 또는 소방서장이 심의에 부치는 사항
→ 소방청장이

▶ 소방기술심의위원회(법 제18조)
① 다음 각 호의 사항을 심의하기 위하여 소방청에 중앙소방기술심의위원회(이하 "중앙위원회"라 한다)를 둔다.
  1. 화재안전기준에 관한 사항
  2. 소방시설의 구조 및 원리 등에서 공법이 특수한 설계 및 시공에 관한 사항
  3. 소방시설의 설계 및 공사감리의 방법에 관한 사항
  4. 소방시설공사의 하자를 판단하는 기준에 관한 사항
  5. 제8조 제5항 단서에 따라 신기술·신공법 등 검토·평가에 고도의 기술이 필요한 경우로서 중앙위원회에 심의를 요청한 사항
  6. 그 밖에 소방기술 등에 관하여 대통령령으로 정하는 사항
② 다음 각 호의 사항을 심의하기 위하여 시·도에 지방소방기술심의위원회(이하 "지방위원회"라 한다)를 둔다.
  1. 소방시설에 하자가 있는지의 판단에 관한 사항
  2. 그 밖에 소방기술 등에 관하여 대통령령으로 정하는 사항

▶ 소방기술심의위원회의 심의사항(영 제20조)
① 법 제18조 제1항 제6호에서 "대통령령으로 정하는 사항"이란 다음 각 호의 사항을 말한다.
  1. 연면적 10만 제곱미터 이상의 특정소방대상물에 설치된 소방시설의 설계·시공·감리의 하자 유무에 관한 사항
  2. 새로운 소방시설과 소방용품 등의 도입 여부에 관한 사항
  3. 그 밖에 소방기술과 관련하여 소방청장이 소방기술심의위원회의 심의에 부치는 사항
② 법 제18조 제2항 제2호에서 "대통령령으로 정하는 사항"이란 다음 각 호의 사항을 말한다.
  1. 연면적 10만 제곱미터 미만의 특정소방대상물에 설치된 소방시설의 설계·시공·감리의 하자 유무에 관한 사항
  2. 소방본부장 또는 소방서장이 「위험물안전관리법」 제2조 제1항 제6호에 따른 제조소등(이하 "제조소등"이라 한다)의 시설기준 또는 화재안전기준의 적용에 관하여 기술검토를 요청하는 사항
  3. 그 밖에 소방기술과 관련하여 시·도지사가 소방기술심의위원회의 심의에 부치는 사항

125 ② 소방시설에 하자가 있는지의 판단에 관한 사항(법 제18조 제2항)
→ 지방소방기술심의위원회 심의사항

정답 124.④ 125.②

126 「소방시설 설치 및 관리에 관한 법률」 및 같은 법 시행령상 지방소방기술심의 위원회의 심의사항으로 옳은 것은?

① 화재안전기준에 관한 사항
② 소방시설의 구조 및 원리 등에서 공법이 특수한 설계 및 시공에 관한 사항
③ 소방시설의 설계 및 공사감리의 방법에 관한 사항
④ 연면적 10만 제곱미터 미만의 특정소방대상물에 설치된 소방시설의 설계·시공·감리의 하자 유무에 관한 사항

[19. 경채]
상 중 하
기본서 1권 p.200

127 방염대상물품을 사용하여야 하는 특정소방대상물이 아닌 것은?

① 방송국
② 의료시설
③ 연구소 실험실
④ 다중이용업소

[12. 중앙]
상 중 하
기본서 1권 p.207

해설 126 ① 화재안전기준에 관한 사항(법 제18조 제1항)
→ 중앙소방기술심의위원회의 심의사항
② 소방시설의 구조 및 원리 등에서 공법이 특수한 설계 및 시공에 관한 사항(법 제18조 제1항)
→ 중앙소방기술심의위원회의 심의사항
③ 소방시설의 설계 및 공사감리의 방법에 관한 사항(법 제18조 제1항)
→ 중앙소방기술심의위원회의 심의사항

127 ③ 연구소 실험실은 방염대상물품을 사용하여야 하는 특정소방대상물이 아니다(영 제30조).

▶ 방염성능기준 이상의 실내장식물 등을 설치해야 하는 특정소방대상물(영 제30조)
1. 근린생활시설 중 의원, 조산원, 산후조리원, 체력단련장, 공연장 및 종교집회장
2. 건축물의 옥내에 있는 다음 각 목의 시설
   가. 문화 및 집회시설
   나. 종교시설
   다. 운동시설(수영장은 제외한다)
3. 의료시설
4. 교육연구시설 중 합숙소
5. 노유자시설
6. 숙박이 가능한 수련시설
7. 숙박시설
8. 방송통신시설 중 방송국 및 촬영소
9. 「다중이용업소의 안전관리에 관한 특별법」 제2조 제1항 제1호에 따른 다중이용업의 영업소(이하 "다중이용업소"라 한다)
10. 제1호부터 제9호까지의 시설에 해당하지 않는 것으로서 층수가 11층 이상인 것(아파트등은 제외한다)

정답 126.④ 127.③

128 방염대상물품을 사용하여야 하는 특정소방대상물로 옳지 않은 것은?

① 문화 및 집회시설
② 의료시설
③ 노유자시설
④ 운동시설(수영장)

[17. 경채]
상 중 하
기본서 1권 p.207

129 「소방시설 설치 및 관리에 관한 법률 시행령」상 방염대상물품을 사용하여야 하는 특정소방대상물로 옳지 않은 것은?

① 근린생활시설 중 체력단련장
② 의료시설
③ 노유자시설
④ 운동시설 중 수영장

[19. 공채]
상 중 하
기본서 1권 p.207

해설

128 ④ 운동시설(수영장)(영 제30조)
→ 수영장은 제외

129 ④ 운동시설 중 수영장(영 제30조)
→ 수영장은 제외

정답 128.④ 129.④

130 「소방시설 설치 및 관리에 관한 법률 시행령」상 방염대상물품을 사용하여야 하는 특정소방대상물을 모두 고른 것은?

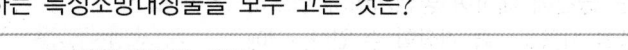

> ㄱ. 근린생활시설 중 의원
> ㄴ. 방송통신시설 중 방송국 및 촬영소
> ㄷ. 근린생활시설 중 체력단련장

① ㄱ
② ㄱ, ㄴ
③ ㄴ, ㄷ
④ ㄱ, ㄴ, ㄷ

[20. 경채]
기본서 1권 p.207

131 방염대상물품 중 제조 또는 가공 공정에서 방염처리를 한 물품에 해당하지 않는 것은?

① 카펫
② 창문에 설치하는 커튼류(블라인드를 포함한다)
③ 전시용 합판·목재 또는 섬유판, 무대용 합판·목재 또는 섬유판(합판·목재류의 경우 불가피하게 설치 현장에서 방염처리한 것을 포함한다)
④ 벽지류(두께가 2밀리미터 이상인 종이벽지는 제외한다)

[11. 서울]
기본서 1권 p.207~208

해설

130 모두 옳은 지문이다.

131 ④ 벽지류(두께가 2밀리미터 ~~이상~~인 종이벽지는 제외한다)
→ 두께가 2밀리미터 <u>미만</u>

▶ **방염대상물품(영 제31조)**
1. 제조 또는 가공 공정에서 방염처리를 한 다음 각 목의 물품
   가. 창문에 설치하는 커튼류(블라인드를 포함한다)
   나. 카펫
   다. 벽지류(두께가 2밀리미터 미만인 종이벽지는 제외한다)
   라. 전시용 합판·목재 또는 섬유판, 무대용 합판·목재 또는 섬유판(합판·목재류의 경우 불가피하게 설치 현장에서 방염처리 한 것을 포함한다)
   마. 암막·무대막(「영화 및 비디오물의 진흥에 관한 법률」 제2조 제10호에 따른 영화상영관에 설치하는 스크린과 「다중이용업소의 안전관리에 관한 특별법 시행령」 제2조 제7호의4에 따른 가상체험 체육시설업에 설치하는 스크린을 포함한다)
   바. 섬유류 또는 합성수지류 등을 원료로 하여 제작된 소파·의자(「다중이용업소의 안전관리에 관한 특별법 시행령」 제2조 제1호 나목 및 같은 조 제6호에 따른 단란주점영업, 유흥주점영업 및 노래연습장업의 영업장에 설치하는 것으로 한정한다)

정답 130.④ 131.④

132 소방본부장 또는 소방서장은 방염물품 외에 노유자시설, 다중이용업소・숙박시설・의료시설・장례식장에서 사용하는 물건에 대하여 방염처리가 필요하다고 인정되는 경우에는 방염처리된 제품을 사용하도록 권장할 수 있다. 이에 해당하지 않는 것은?

① 의자
② 소파
③ 섬유판
④ 침구류

133 방염성능기준으로 옳지 않은 것은?

① 불꽃에 의해 완전히 녹을 때까지 불꽃의 접촉횟수는 5회 이상
② 불꽃을 올리지 아니하고 연소상태가 그칠 때까지의 시간은 30초 이내
③ 탄화한 면적 50cm^2 이내, 길이 20cm 이내
④ 발연량을 측정하는 경우 최대 연기밀도는 400 이하의 기준으로 한다.

해설

132 ▶ 영 제31조 제3항
③ 소방본부장 또는 소방서장은 제1항에 따른 방염대상물품 외에 다음 각 호의 물품은 방염처리된 물품을 사용하도록 권장할 수 있다.
　1. 다중이용업소, 의료시설, 노유자시설, 숙박시설 또는 장례식장에서 사용하는 <u>침구류・소파 및 의자</u>
　2. 건축물 내부의 천장 또는 벽에 부착하거나 설치하는 가구류

133 ① 불꽃에 의해 완전히 녹을 때까지 불꽃의 접촉횟수는 **5회 이상**
　　→ 3회

▶ 방염성능기준(영 제31조 제2항)
1. 버너의 불꽃을 제거한 때부터 불꽃을 올리며 연소하는 상태가 그칠 때까지 시간은 20초 이내일 것
2. 버너의 불꽃을 제거한 때부터 불꽃을 올리지 아니하고 연소하는 상태가 그칠 때까지 시간은 30초 이내일 것
3. 탄화한 면적은 50cm^2 이내, 탄화한 길이는 20cm 이내일 것
4. 불꽃에 의하여 완전히 녹을 때까지 불꽃의 접촉 횟수는 3회 이상일 것
5. 소방청장이 정하여 고시한 방법으로 발연량을 측정하는 경우 최대 연기밀도는 400 이하일 것

정답 132.③　133.①

134 다음 중 방염성능기준에 관하여 맞는 것은?
 ① 버너의 불꽃을 제거한 때부터 불꽃을 올리며 연소하는 상태가 그칠 때까지 시간은 10초 이내일 것
 ② 버너의 불꽃을 제거한 때부터 불꽃을 올리지 아니하고 연소하는 상태가 그칠 때까지 시간은 30초 이내일 것
 ③ 탄화한 면적은 20cm² 이내, 탄화한 길이는 50cm 이내일 것
 ④ 소방청장이 정하여 고시한 방법으로 발연량을 측정하는 경우 최대연기밀도는 700 이하일 것

135 다음 중 방염성능기준으로 옳지 않은 것은?
 ① 불꽃에 의해 완전히 녹을 때까지 불꽃의 접촉횟수는 3회 이상일 것
 ② 버너의 불꽃을 제거한 때부터 불꽃을 올리고 연소상태가 그칠 때까지의 시간은 20초 이내일 것
 ③ 버너의 불꽃을 제거한 때부터 불꽃을 올리지 아니하고 연소상태가 그칠 때까지 시간은 30초 이내일 것
 ④ 탄화한 면적은 50제곱센티미터 이내, 탄화한 길이는 30센티미터 이내일 것

해설 134 ① 버너의 불꽃을 제거한 때부터 불꽃을 올리며 연소하는 상태가 그칠 때까지 시간은 ~~10초~~ 이내일 것
   → 20초
 ③ 탄화한 면적은 ~~20cm²~~ 이내, 탄화한 길이는 ~~50cm~~ 이내일 것
   → 50cm², 20cm
 ④ 소방청장이 정하여 고시한 방법으로 발연량을 측정하는 경우 최대연기밀도는 ~~700 이하~~일 것
   → 400 이하

135 ④ 탄화한 면적은 50제곱센티미터 이내, 탄화한 길이는 ~~30센티미터~~ 이내일 것(영 제31조 제2항)
   → 20센티미터

정답 134.② 135.④

136 「소방시설 설치 및 관리에 관한 법률 시행령」상 방염성능기준에 대한 설명이다. 빈칸에 알맞은 것은?

> 가. 버너의 불꽃을 제거한 때부터 불꽃을 올리며 연소하는 상태가 그칠 때까지 시간은 ( )초 이내일 것
> 나. 버너의 불꽃을 제거한 때부터 불꽃을 올리지 아니하고 연소하는 상태가 그칠 때까지 시간은 ( )초 이내일 것
> 다. 탄화한 면적은 ( )제곱센티미터 이내, 탄화한 길이는 ( )센티미터 이내일 것
> 라. 불꽃에 의하여 완전히 녹을 때까지 불꽃의 접촉 횟수는 ( )회 이상일 것
> 마. 소방청장이 정하여 고시한 방법으로 발연량을 측정하는 경우 최대연기밀도는 ( ) 이하일 것

① 30 20 20 50 3 400
② 20 30 50 20 3 400
③ 20 30 20 50 3 400
④ 30 20 20 50 2 300

해설 136
▶ 방염성능기준(영 제31조 제2항)
가. 버너의 불꽃을 제거한 때부터 불꽃을 올리며 연소하는 상태가 그칠 때까지 시간은 (20)초 이내일 것
나. 버너의 불꽃을 제거한 때부터 불꽃을 올리지 아니하고 연소하는 상태가 그칠 때까지 시간은 (30)초 이내일 것
다. 탄화한 면적은 (50)제곱센티미터 이내, 탄화한 길이는 (20)센티미터 이내일 것
라. 불꽃에 의하여 완전히 녹을 때까지 불꽃의 접촉 횟수는 (3)회 이상일 것
마. 소방청장이 정하여 고시한 방법으로 발연량을 측정하는 경우 최대연기밀도는 (400) 이하일 것

정답 136.②

137 「소방시설 설치 및 관리에 관한 법률 시행령」상 방염성능기준에 대한 설명이다. ( ) 안에 들어갈 숫자로 옳은 것은?

> - 버너의 불꽃을 제거한 때부터 불꽃을 올리며 연소하는 상태가 그칠 때까지 시간은 (가)초 이내일 것
> - 버너의 불꽃을 제거한 때부터 불꽃을 올리지 아니하고 연소하는 상태가 그칠 때까지 시간은 (나)초 이내일 것

	(가)	(나)		(가)	(나)
①	10	30	②	10	50
③	20	30	④	20	50

138 「소방시설 설치 및 관리에 관한 법률 시행령」상 방염성능기준으로 옳지 않은 것은?

① 불꽃에 의하여 완전히 녹을 때까지 불꽃의 접촉 횟수는 3회 이상일 것
② 탄화(炭化)한 면적은 50제곱센티미터 이내, 탄화한 길이는 20센티미터 이내일 것
③ 소방청장이 정하여 고시한 방법으로 발연량(發煙量)을 측정하는 경우 최대 연기밀도는 500 이하일 것
④ 버너의 불꽃을 제거한 때부터 불꽃을 올리며 연소하는 상태가 그칠 때까지 시간은 20초 이내이며, 버너의 불꽃을 제거한 때부터 불꽃을 올리지 아니하고 연소하는 상태가 그칠 때까지 시간은 30초 이내일 것

해설

137 ▶ 방염성능기준(영 제31조 제2항)
- 버너의 불꽃을 제거한 때부터 불꽃을 올리며 연소하는 상태가 그칠 때까지 시간은 (20)초 이내일 것
- 버너의 불꽃을 제거한 때부터 불꽃을 올리지 아니하고 연소하는 상태가 그칠 때까지 시간은 (30)초 이내일 것

138 ③ 소방청장이 정하여 고시한 방법으로 발연량(發煙量)을 측정하는 경우 최대연기밀도는 ~~500~~ 이하일 것(영 제31조 제2항)
→ 400

정답 137.③ 138.③

03 소방시설등의 자체점검

139 소방시설등의 작동점검 및 종합점검에 대하여 가장 옳지 않은 것은?
① 특급 소방안전관리대상물에 해당하는 특정소방대상물의 종합점검은 연 1회 이상 실시한다.
② 종합점검은 소방시설등의 작동점검을 포함하여 실시한다.
③ 작동점검의 점검횟수는 연 1회 이상 실시한다.
④ 작동점검은 소방시설등을 인위적으로 조작하여 정상적으로 작동하는지를 점검하는 것을 말한다.

[13. 중앙]
기본서 1권 p.216~217

140 다음 중 종합점검에 대하여 옳지 않은 것은?
① 스프링클러설비가 설치된 특정소방대상물은 종합점검을 실시한다.
② 단란주점영업과 유흥주점영업의 영업장이 설치된 특정소방대상물로서 연면적이 1천 제곱미터 이상인 것은 종합점검을 실시한다.
③ 특급 소방안전관리대상물은 반기별로 1회 이상 실시한다.
④ 제연설비가 설치된 터널은 종합점검을 실시한다.

[13. 전북]
기본서 1권 p.217

해설

139 ① 특급 소방안전관리대상물에 해당하는 특정소방대상물의 종합점검은 ~~연 1회~~ 이상 실시한다(규칙 별표 3).
→ 반기별 1회

140 ② 단란주점영업과 유흥주점영업의 영업장이 설치된 특정소방대상물로서 연면적이 ~~1천 제곱미터~~ 이상인 것은 종합점검을 실시한다(규칙 별표 3).
→ 2천 제곱미터

정답 139.① 140.②

141 다음 중 자체점검 중 종합점검에 대한 설명으로 옳지 않은 것은?
① 스프링클러설비가 설치된 특정소방대상물은 종합점검을 실시한다.
② 종합점검의 점검횟수는 연 1회 이상(특급 소방안전관리대상물의 경우에는 반기에 1회 이상) 실시한다.
③ 소방시설관리업자 또는 하자보수를 담당한 소방시설공사업자가 종합점검을 실시할 수 있다.
④ 종합점검 중 최초점검은 소방시설이 새로 설치되는 경우 「건축법」 제22조에 따라 건축물을 사용할 수 있게 된 날부터 60일 이내 점검하는 것을 말한다.

[16. 통합]

기본서 1권 p.217

해설 141 ③ 소방시설관리업자 또는 하자보수를 담당한 소방시설공사업자가 종합점검을 실시할 수 있다(규칙 별표 3).
→ 소방시설관리업에 등록된 기술인력 중 소방시설관리사, 소방안전관리자로 선임된 소방시설관리사 및 소방기술사

정답 141.③

142 「소방시설 설치 및 관리에 관한 법률 시행규칙」상 종합점검 대상으로 옳은 것을 고르면?

① 자동화재속보설비가 설치된 소방대상물
② 물분무등소화설비가 설치된 연면적 4,000m² 인 특정소방대상물
③ 제연설비가 설치된 터널
④ 공공기관 중 연면적이 600m² 이상이고 자동화재탐지설비가 설치된 것

[18. 공채]
상 **중** 하
기본서 1권 p.217

143 「소방시설 설치 및 관리에 관한 법률 시행규칙」상 종합점검에 대한 설명으로 옳은 것은?

① 소방시설관리업에 등록된 기술인력 중 소방시설관리사만 할 수 있다.
② 소방시설등의 작동점검은 포함하지 않는다.
③ 건축물의 사용승인일이 속하는 다음 달에 실시한다.
④ 스프링클러설비가 설치된 특정소방대상물은 종합점검을 받아야 한다.

[21. 공채]
상 **중** 하
기본서 1권 p.216~217

해설

142 ① 자동화재속보설비가 설치된 소방대상물
→ 스프링클러설비가 설치된 특정소방대상물
② 물분무등소화설비가 설치된 연면적 4,000m² 인 특정소방대상물
→ 5,000m²
④ 공공기관 중 연면적이 600m² 이상이고 자동화재탐지설비가 설치된 것
→ 1,000m²

▶ 종합점검 대상(규칙 별표 3)
가. 종합점검은 다음의 어느 하나에 해당하는 특정소방대상물을 대상으로 한다.
　1) 법 제22조 제1항 제1호에 해당하는 특정소방대상물
　2) 스프링클러설비가 설치된 특정소방대상물
　3) 물분무등소화설비[호스릴(hose reel) 방식의 물분무등소화설비만을 설치한 경우는 제외한다]가 설치된 연면적 5,000m² 이상인 특정소방대상물(제조소등은 제외한다)
　4) 「다중이용업소의 안전관리에 관한 특별법 시행령」 제2조 제1호 나목, 같은 조 제2호(비디오물소극장업은 제외한다)·제6호·제7호·제7호의2 및 제7호의5의 다중이용업의 영업장이 설치된 특정소방대상물로서 연면적이 2,000m² 이상인 것
　5) 제연설비가 설치된 터널
　6) 「공공기관의 소방안전관리에 관한 규정」 제2조에 따른 공공기관 중 연면적(터널·지하구의 경우 그 길이와 평균 폭을 곱하여 계산된 값을 말한다)이 1,000m² 이상인 것으로서 옥내소화전설비 또는 자동화재탐지설비가 설치된 것. 다만, 「소방기본법」 제2조 제5호에 따른 소방대가 근무하는 공공기관은 제외한다.

143 ① 소방시설관리업에 등록된 기술인력 중 소방시설관리사만 할 수 있다.
→ 점검자의 자격은 소방시설관리업에 등록된 기술인력 중 소방시설관리사, 소방안전관리자로 선임된 소방시설관리사 및 소방기술사
② 소방시설등의 작동점검은 포함하지 않는다.
→ 포함한다.
③ 건축물의 사용승인일이 속하는 다음 달에 실시한다.
→ 달에

정답 142.③ 143.④

144 「소방시설 설치 및 관리에 관한 법률 시행령」상 소화펌프 고장 등 대통령령으로 정하는 중대위반사항으로 옳지 않은 것은?

① 화재수신기의 고장으로 화재경보음이 자동으로 울리지 않거나 화재수신기와 연동된 소방시설의 작동이 불가능한 경우
② 소화배관 등이 폐쇄·차단되어 소화수(消火水) 또는 소화약제가 자동 방출되지 않는 경우
③ 소화용수설비 주변 불법 주정차로 인하여 화재를 진압하는 데 필요한 물을 공급하기 어려운 경우
④ 방화문 또는 자동방화셔터가 훼손되거나 철거되어 본래의 기능을 못 하는 경우

해설 144 ③ 해당사항 없음(영 제34조)

▶ 소방시설법 시행령 제34조(소방시설등의 자체점검 결과의 조치 등)
법 제23조 제1항에서 "소화펌프 고장 등 대통령령으로 정하는 중대위반사항"이란 다음 각 호의 어느 하나에 해당하는 경우를 말한다.
1. 소화펌프(가압송수장치를 포함한다. 이하 같다), 동력·감시 제어반 또는 소방시설용 전원(비상전원을 포함한다)의 고장으로 소방시설이 작동되지 않는 경우
2. 화재 수신기의 고장으로 화재경보음이 자동으로 울리지 않거나 화재 수신기와 연동된 소방시설의 작동이 불가능한 경우
3. 소화배관 등이 폐쇄·차단되어 소화수(消火水) 또는 소화약제가 자동 방출되지 않는 경우
4. 방화문 또는 자동방화셔터가 훼손되거나 철거되어 본래의 기능을 못하는 경우

정답 144.③

04 소방시설관리사 및 소방시설관리업

145 다음 중 관리사 자격을 반드시 취소하지 않아도 되는 것은?

① 소방시설관리사증을 다른 자에게 빌려준 경우
② 거짓이나 그 밖의 부정한 방법으로 시험에 합격한 경우
③ 소방시설 등의 자체점검을 하지 않은 경우
④ 둘 이상 업체에 취업한 경우

[12. 중앙]
기본서 1권 p.249

해설 145 ③ 소방시설 등의 자체점검을 하지 않은 경우
→ 취소하거나 1년 이내의 기간을 정하여 그 자격의 정지

▶ 자격의 취소·정지(법 제28조)
소방청장은 관리사가 다음 각 호의 어느 하나에 해당할 때에는 행정안전부령으로 정하는 바에 따라 그 자격을 취소하거나 1년 이내의 기간을 정하여 그 자격의 정지를 명할 수 있다. 다만, 제1호, 제4호, 제5호 또는 제7호에 해당하면 그 자격을 취소하여야 한다.
1. 거짓이나 그 밖의 부정한 방법으로 시험에 합격한 경우
2. 「화재의 예방 및 안전관리에 관한 법률」 제25조 제2항에 따른 대행인력의 배치기준·자격·방법 등 준수사항을 지키지 아니한 경우
3. 제22조에 따른 점검을 하지 아니하거나 거짓으로 한 경우
4. 제25조 제7항을 위반하여 소방시설관리사증을 다른 사람에게 빌려준 경우
5. 제25조 제8항을 위반하여 동시에 둘 이상의 업체에 취업한 경우
6. 제25조 제9항을 위반하여 성실하게 자체점검 업무를 수행하지 아니한 경우
7. 제27조 각 호의 어느 하나에 따른 결격사유에 해당하게 된 경우

정답 145. ③

146 「소방시설 설치 및 관리에 관한 법률」상 소방시설관리사의 자격의 취소·정지 사유로 옳지 않은 것은?

① 동시에 둘 이상의 업체에 취업한 경우
② 등록사항의 변경신고를 하지 아니한 경우
③ 소방시설관리사증을 다른 사람에게 빌려준 경우
④ 점검을 하지 아니하거나 거짓으로 한 경우

[19. 공채]

147 「소방시설 설치 및 관리에 관한 법률 시행규칙」상 행정처분 시 감경사유로 옳지 않은 것은?

① 경미한 위반사항으로, 유도등이 일시적으로 점등되지 않는 경우
② 경미한 위반사항으로, 스프링클러설비 헤드가 살수반경에 미치지 못하는 경우
③ 위반행위가 사소한 부주의나 오류가 아닌 고의에 의한 것으로 인정되는 경우
④ 위반 행위자가 처음 해당 위반행위를 한 경우로서 5년 이상 소방시설관리사의 업무, 소방시설관리업 등을 모범적으로 해 온 사실이 인정되는 경우

[23. 경채, 공채]

해설 146 ② 등록사항의 변경신고를 하지 아니한 경우
→ 자격의 취소·정지 사유에 해당하지 않는다.
① 동시에 둘 이상의 업체에 취업한 경우
→ 취소하여야 한다.
③ 소방시설관리사증을 다른 사람에게 빌려준 경우
→ 취소하여야 한다.
④ 점검을 하지 아니하거나 거짓으로 한 경우
→ 취소하거나 1년 이내의 기간을 정하여 그 자격의 정지

147 ③ 위반행위가 사소한 부주의나 오류가 아닌 고의에 의한 것으로 인정되는 경우(규칙 별표 8)
→ 사소한 부주의나 오류 등 과실로 인한 것

정답 146.② 147.③

148 「소방시설 설치 및 관리에 관한 법률 시행규칙」상 소방시설업에 대한 행정처분에 대한 설명이다. 빈칸에 들어갈 단어로 옳은 것은?

> 위반행위의 횟수에 따른 행정처분의 기준은 최근 ( )간 같은 위반행위로 행정처분을 받은 경우에 적용한다. 이 경우 적용일은 위반행위에 대한 ( )과 그 처분 후에 한 위반행위가 다시 적발된 날을 기준으로 한다.

① 6개월　　　　행위를 한 날
② 6개월　　　　행정처분일
③ 1년　　　　　행정처분일
④ 1년　　　　　행위를 한 날

149 「소방시설 설치 및 관리에 관한 법률 시행령」상 전문소방시설관리업의 보조 기술인력 등록기준으로 옳은 것은?

① 특급점검자 이상의 기술인력 : 2명 이상
② 중급·고급점검자 이상의 기술인력 : 각 1명 이상
③ 초급·중급점검자 이상의 기술인력 : 각 1명 이상
④ 초급·중급·고급점검자 이상의 기술인력 : 각 2명 이상

해설

148 위반행위의 횟수에 따른 행정처분의 기준은 최근 (1년)간 같은 위반행위로 행정처분을 받은 경우에 적용한다. 이 경우 적용일은 위반행위에 대한 (행정처분일)과 그 처분 후에 한 위반행위가 다시 적발된 날을 기준으로 한다(규칙 별표 8).

149 ▶영 별표 9
나. 보조 기술인력
　　1) 고급점검자 이상의 기술인력 : 2명 이상
　　2) 중급점검자 이상의 기술인력 : 2명 이상
　　3) 초급점검자 이상의 기술인력 : 2명 이상

정답 148.③　149.④

150 「소방시설 설치 및 관리에 관한 법률」상 소방시설관리사 또는 소방시설관리업에 대한 설명이다. 옳지 않은 것은?

① 소방시설관리사가 되려는 사람은 소방청장이 실시하는 관리사시험에 합격하여야 한다.
② 소방설비산업기사 자격을 취득한 후 3년 이상 소방실무경력이 있는 사람은 소방시설관리사 시험에 응시할 수 있다.
③ 소방시설등의 점검 및 관리를 업으로 하려는 자 또는 소방안전관리업무의 대행을 하려는 자는 대통령령으로 정하는 업종별로 시·도지사에게 소방시설관리업 등록을 하여야 한다.
④ 관리업의 등록이 취소된 날부터 1년이 지난 경우는 관리업을 등록할 수 있다.

[17. 공채]
기본서 1권 p.240~241
       p.250, p.253

151 「소방시설 설치 및 관리에 관한 법률」상 소방시설관리업의 등록을 반드시 취소하여야 하는 사유로 옳지 않은 것은?

① 자체점검 등을 하지 아니한 경우
② 시설관리업자가 피성년후견인인 경우
③ 거짓이나 그 밖의 부정한 방법으로 등록한 경우
④ 다른 자에게 등록증이나 등록수첩을 빌려준 경우

[21. 경채]
기본서 1권 p.261

해설

150 ④ 관리업의 등록이 취소된 날부터 <u>2년이 지나지 아니한 자</u>는 관리업의 등록을 할 수 없다(법 제30조 제4호).

151 ① 자체점검 등을 하지 아니한 경우
    → 취소하거나 6개월 이내의 기간을 정하여 이의 시정이나 그 영업의 정지

▶ 등록의 취소와 영업정지 등(법 제35조 제1항)
① 시·도지사는 관리업자가 다음 각 호의 어느 하나에 해당하는 경우에는 행정안전부령으로 정하는 바에 따라 그 등록을 취소하거나 6개월 이내의 기간을 정하여 이의 시정이나 그 영업의 정지를 명할 수 있다. <u>다만, 제1호·제4호 또는 제5호에 해당할 때에는 등록을 취소하여야 한다.</u>
  1. 거짓이나 그 밖의 부정한 방법으로 등록을 한 경우
  2. 제22조에 따른 점검을 하지 아니하거나 거짓으로 한 경우
  3. 제29조 제2항에 따른 등록기준에 미달하게 된 경우
  4. 제30조 각 호의 어느 하나에 해당하게 된 경우. 다만, 제30조 제5호에 해당하는 법인으로서 결격사유에 해당하게 된 날부터 2개월 이내에 그 임원을 결격사유가 없는 임원으로 바꾸어 선임한 경우는 제외한다.
  5. 제33조 제2항을 위반하여 등록증 또는 등록수첩을 빌려준 경우
  6. 제34조 제1항에 따른 점검능력 평가를 받지 아니하고 자체점검을 한 경우

정답 150.④ 151.①

152 「소방시설 설치 및 관리에 관한 법률」상 영업정지를 명하는 경우로서 그 영업정지가 이용자에게 불편을 주거나 그 밖에 공익을 해칠 우려가 있을 때에는 영업정지처분을 갈음하여 부과할 수 있는 과징금은?

① 1천만 원 이하
② 2천만 원 이하
③ 3천만 원 이하
④ 4천만 원 이하

해설 152 시·도지사는 영업정지를 명하는 경우로서 그 영업정지가 이용자에게 불편을 주거나 그 밖에 공익을 해칠 우려가 있을 때에는 영업정지처분을 갈음하여 <u>3천만 원 이하의 과징금</u>을 부과할 수 있다(법 제36조 제1항).

정답 152.③

05 소방용품의 품질관리

153 소방용품 중에서 소방청장의 형식승인대상 등으로 옳지 않은 것은?

① 소화기구 중 소화약제 외의 것을 이용한 간이소화용구는 소방청장의 형식승인을 받아야 한다.
② 소화약제의 형식승인을 받으려는 자는 행정안전부령으로 정하는 기준에 따라 형식승인을 위한 시험시설을 갖추고 소방청장의 심사를 받아야 한다.
③ 소화전 형식승인을 받은 자는 그 소방용품에 대하여 소방청장이 실시하는 제품검사를 받아야 한다.
④ 자동소화장치의 형상·구조·재질·성분·성능 등의 형식승인 및 제품검사의 기술기준 등에 필요한 사항은 소방청장이 정하여 고시한다.

[11. 통합]
기본서 1권 p.270~271

해설 153 ① 소화기구 중 소화약제 외의 것을 이용한 간이소화용구는 소방청장의 형식승인에서 제외된다(영 별표 3).

▶ 소방용품의 형식승인 등(법 제37조 제1항~제5항)
① 대통령령으로 정하는 소방용품을 제조하거나 수입하려는 자는 소방청장의 형식승인을 받아야 한다. 다만, 연구개발 목적으로 제조하거나 수입하는 소방용품은 그러하지 아니하다.
② 제1항에 따른 형식승인을 받으려는 자는 행정안전부령으로 정하는 기준에 따라 형식승인을 위한 시험시설을 갖추고 소방청장의 심사를 받아야 한다. 다만, 소방용품을 수입하는 자가 판매를 목적으로 하지 아니하고 자신의 건축물에 직접 설치하거나 사용하려는 경우 등 행정안전부령으로 정하는 경우에는 시험시설을 갖추지 아니할 수 있다.
③ 제1항과 제2항에 따라 형식승인을 받은 자는 그 소방용품에 대하여 소방청장이 실시하는 제품검사를 받아야 한다.
④ 제1항에 따른 형식승인의 방법·절차 등과 제3항에 따른 제품검사의 구분·방법·순서·합격표시 등에 필요한 사항은 행정안전부령으로 정한다.
⑤ 소방용품의 형상·구조·재질·성분·성능 등(이하 "형상등"이라 한다)의 형식승인 및 제품검사의 기술기준 등에 필요한 사항은 소방청장이 정하여 고시한다.

▶ 소방용품(영 별표 3)
1. 소화설비를 구성하는 제품 또는 기기
   가. 소화기구(소화약제 외의 것을 이용한 간이소화용구는 제외)
   나. 자동소화장치
   다. 소화설비를 구성하는 소화전, 관창, 소방호스, 스프링클러헤드, 기동용 수압개폐장치, 유수제어밸브 및 가스관선택밸브

정답 153.①

154 다음 중 소방청장의 형식승인을 받아야 하는 소방용품이 아닌 것은?

① 자동소화장치(상업용 자동소화장치 제외)
② 가스누설경보기 및 누전경보기
③ 음향장치(경종 제외)
④ 공기호흡기(충전기 포함)

[11. 서울]
상 **중** 하
기본서 1권 p.270

해설 154 ③ 음향장치(경종 제외)
→ 경종만 해당

▶ 형식승인 대상 소방용품(영 제46조)
법 제37조 제1항 본문에서 "대통령령으로 정하는 소방용품"이란 별표 3의 소방용품(같은 표 제1호 나목의 자동소화장치 중 상업용 주방자동소화장치는 제외한다)을 말한다.

▶ 소방용품(영 별표 3)
1. 소화설비를 구성하는 제품 또는 기기
   가. 소화기구(소화약제 외의 것을 이용한 간이소화용구는 제외)
   나. 자동소화장치
   다. 소화설비를 구성하는 소화전, 관창, 소방호스, 스프링클러헤드, 기동용 수압개폐장치, 유수제어밸브 및 가스관선택밸브
2. 경보설비를 구성하는 제품 또는 기기
   가. 누전경보기 및 가스누설경보기
   나. 경보설비를 구성하는 발신기, 수신기, 중계기, 감지기 및 음향장치(경종만 해당)
3. 피난구조설비를 구성하는 제품 또는 기기
   가. 피난사다리, 구조대, 완강기(지지대를 포함) 및 간이완강기(지지대를 포함)
   나. 공기호흡기(충전기를 포함)
   다. 피난구유도등, 통로유도등, 객석유도등 및 예비 전원이 내장된 비상조명등
4. 소화용으로 사용하는 제품 또는 기기
   가. 소화약제(상업용 주방자동소화장치, 캐비닛형 자동소화장치, 포소화설비, 이산화탄소소화설비, 할론소화설비, 할로겐화합물 및 불활성기체 소화설비, 분말소화설비, 강화액소화설비, 고체에어로졸소화설비만 해당)
   나. 방염제(방염액·방염도료 및 방염성물질을 말한다)

정답 154.③

155 「소방시설 설치 및 관리에 관한 법률」 및 같은 법 시행령상 소방청장의 형식승인을 받아야 하는 소방용품으로 옳지 않은 것은?

① 분말자동소화장치
② 주거용 주방자동소화장치
③ 상업용 주방자동소화장치
④ 캐비닛형 자동소화장치

해설 155

③ 상업용 주방자동소화장치는 제외한다. (영 제46조)

▶ 소방시설법 시행령 제46조(형식승인 대상 소방용품)
법 제37조 제1항 본문에서 "대통령령으로 정하는 소방용품"이란 별표 3의 소방용품(같은 표 제1호 나목의 자동소화장치 중 상업용 주방자동소화장치는 제외한다)을 말한다.

▶ 소방시설법 시행령 별표 3
1. 소화설비를 구성하는 제품 또는 기기
    가. 소화기구(소화약제 외의 것을 이용한 간이소화용구는 제외)
    나. 자동소화장치
    다. 소화설비를 구성하는 소화전, 관창, 소방호스, 스프링클러헤드, 기동용 수압개폐장치, 유수제어밸브 및 가스관선택밸브
2. 경보설비를 구성하는 제품 또는 기기
    가. 누전경보기 및 가스누설경보기
    나. 경보설비를 구성하는 발신기, 수신기, 중계기, 감지기 및 음향장치(경종만 해당)
3. 피난구조설비를 구성하는 제품 또는 기기
    가. 피난사다리, 구조대, 완강기(지지대 포함), 간이완강기(지지대 포함)
    나. 공기호흡기(충전기를 포함)
    다. 피난구유도등, 통로유도등, 객석유도등 및 예비 전원이 내장된 비상조명등
4. 소화용으로 사용하는 제품 또는 기기
    가. 소화약제(상업용 주방자동소화장치, 캐비닛형 자동소화장치, 포소화설비, 이산화탄소소화설비, 할론소화설비, 할로겐화합물 및 불활성기체 소화설비, 분말소화설비, 강화액소화설비, 고체에어로졸소화설비만 해당)
    나. 방염제(방염액·방염도료 및 방염성물질을 말한다)

정답 155.③

소방관계법규

156 소방용품 형식승인에 대한 설명으로 틀린 것은?

① 물분무소화설비를 제조하려는 자는 소방청장의 형식승인을 받아야 한다.
② 누구든지 형상등을 임의로 변경한 것에 해당하는 소방용품을 판매하거나 판매 목적으로 진열하거나 소방시설공사에 사용할 수 없다.
③ 하나의 소방용품에 두 가지 이상의 형식승인 사항 또는 형식승인과 성능인증 사항이 결합된 경우에는 두 가지 이상의 형식승인 또는 형식승인과 성능인증 시험을 함께 실시하고 하나의 형식승인을 할 수 있다.
④ 형식승인을 받으려는 자는 행정안전부령으로 정하는 기준에 따라 형식승인을 위한 시험시설을 갖추고 소방청장의 심사를 받아야 한다.

[14. 중앙특]
상 중 하
기본서 1권 p.270~273

157 「소방시설 설치 및 관리에 관한 법률」상 형식승인에 대한 설명이다. 빈칸에 들어갈 단어로 옳은 것은?

> 형식승인을 받지 아니한 소방용품을 (㉠)하거나 (㉡) 목적으로 (㉢)하거나 소방시설공사에 (㉣)할 수 없다.

    ㉠   ㉡   ㉢   ㉣
① 제조 – 제조 – 수입 – 사용
② 판매 – 판매 – 진열 – 사용
③ 사용 – 사용 – 수입 – 설치
④ 판매 – 진열 – 수입 – 설치

[17. 공채]
상 중 하
기본서 1권 p.271

해설

156 ① 물분무소화설비를 제조하려는 자는 형식승인 대상자가 아니다(영 제46조 및 별표 3).

157 ▸ 법 제37조 제6항
누구든지 다음 각 호의 어느 하나에 해당하는 소방용품을 판매하거나 판매 목적으로 진열하거나 소방시설공사에 사용할 수 없다.
㉠ 형식승인을 받지 아니한 것
㉡ 형상등을 임의로 변경한 것
㉢ 제품검사를 받지 아니하거나 합격표시를 하지 아니한 것

정답 156.① 157.②

06 보칙

158 소방청장 또는 시·도지사가 청문을 하여야 하는 경우가 아닌 것은?
① 소방시설관리사 자격취소
② 우수품질인증의 중지
③ 소방용품의 형식승인 취소
④ 전문기관의 지정취소 및 업무정지

[12. 중앙]
기본서 1권 p.282

159 다음 중 청문대상으로 옳지 않은 것은?
① 소방용품의 형식승인 취소
② 소방시설관리업의 등록취소 및 영업정지
③ 소방용품에 대한 우수품질인증의 취소
④ 소방용품에 대한 성능인증의 중지

[16. 통합]
기본서 1권 p.282

해설 **158** ② 우수품질인증의 중지
→ 취소

▶ 청문대상(법 제49조)
① 관리사 자격의 취소 및 정지
② 관리업의 등록취소 및 영업정지
③ 소방용품의 형식승인 취소 및 제품검사 중지
④ 성능인증의 취소
⑤ 우수품질인증의 취소
⑥ 전문기관의 지정취소 및 업무정지

159 ④ 소방용품에 대한 성능인증의 중지
→ 취소

정답 158.② 159.④

160 「소방시설 설치 및 관리에 관한 법률」상 청문 사유로 옳지 않은 것은?

① 성능인증의 취소
② 전문기관의 지정취소 및 업무정지
③ 소방용품의 형식승인 취소 및 제품검사 중지
④ 소방시설 설계업 및 방염업의 등록취소 및 영업정지

[21. 경채]

해설 160 ④ 소방시설 설계업 및 방염업의 등록취소 및 영업정지
→ 관리업의

정답 160.④

07 벌칙

161 다음의 벌칙 중 그 부과의 범위가 다른 벌칙은?
① 방염대상물품을 제거하도록 하거나 방염성능검사를 받도록 하는 등 필요한 조치명령에 위반한 자
② 피난시설, 방화구획 및 방화시설의 관리에 대한 조치명령을 위반한 자
③ 소방시설이 화재안전기준에 따라 설치·관리에 대한 조치명령을 위반한 자
④ 우수품질인증을 받지 아니한 제품에 우수품질인증 표시를 하거나 우수품질인증 표시를 위조하거나 변조하여 사용한 자

[12. 중앙]
기본서 1권 p.294~295

162 다음 중 소방시설관리업의 등록을 하지 않고 영업을 했을 때의 벌칙은?
① 5년 이하의 징역 또는 5,000만 원 이하의 벌금
② 3년 이하의 징역 또는 3,000만 원 이하의 벌금
③ 1년 이하의 징역 또는 1,000만 원 이하의 벌금
④ 300만 원 이하의 벌금

[13. 경기]
기본서 1권 p.294

해설

161 ④는 1년 이하의 징역 또는 1천만 원 이하의 벌금(법 제58조)
①, ②, ③은 3년 이하의 징역 또는 3천만 원 이하의 벌금(법 제57조)

162 관리업의 등록을 하지 아니하고 영업을 한 자는 <u>3년 이하의 징역 또는 3,000만 원 이하의 벌금</u>에 처한다(법 제57조).

정답 161.④ 162.②

163 「소방시설 설치 및 관리에 관한 법률」 및 「화재의 예방 및 안전관리에 관한 법률」 과태료 부과대상으로 옳은 것은?

① 소방시설·피난시설·방화시설 및 방화구획 등이 법령에 위반된 것을 발견하였음에도 필요한 조치를 할 것을 요구하지 아니한 소방안전관리자
② 소방안전관리자, 총괄소방안전관리자 또는 소방안전관리보조자를 선임하지 아니한 자
③ 소방시설을 화재안전기준에 따라 설치·관리하지 아니한 자
④ 방염성능검사에 합격하지 아니한 물품에 합격표시를 하거나 합격표시를 위조하거나 변조하여 사용한 자

[19. 경채]

기본서 1권 p.294~296

164 「소방시설 설치 및 관리에 관한 법률」상 방염성능검사에 합격하지 아니한 물품에 합격표시를 하거나 합격표시를 위조하거나 변조하여 사용한 자에 대한 벌칙의 기준으로 옳은 것은?

① 300만 원 이하의 벌금
② 1천만 원 이하의 벌금
③ 1년 이하의 징역 또는 1천만 원 이하의 벌금
④ 3년 이하의 징역 또는 3천만 원 이하의 벌금

[20. 경채]

기본서 1권 p.295

해설 163 ③ 소방시설을 화재안전기준에 따라 설치·관리하지 아니한 자(소방시설법 제61조)
→ 300만 원 이하의 과태료
① 소방시설·피난시설·방화시설 및 방화구획 등이 법령에 위반된 것을 발견하였음에도 필요한 조치를 할 것을 요구하지 아니한 소방안전관리자(화재예방법 제50조 제3항)
→ 300만 원 이하의 벌금
② 소방안전관리자, 총괄소방안전관리자 또는 소방안전관리보조자를 선임하지 아니한 자(화재예방법 제50조 제3항)
→ 300만 원 이하의 벌금
④ 방염성능검사에 합격하지 아니한 물품에 합격표시를 하거나 합격표시를 위조하거나 변조하여 사용한 자(소방시설법 제59조)
→ 300만 원 이하의 벌금

164 방염성능검사에 합격하지 아니한 물품에 합격표시를 하거나 합격표시를 위조하거나 변조하여 사용한 자는 300만 원 이하의 벌금에 처한다(법 제59조).

정답 163.③ 164.①

165 「소방시설 설치 및 관리에 관한 법률 시행령」 별표 10의 과태료 부과 개별기준으로 옳은 것은?

① 소방시설을 설치하지 않은 경우 : 과태료 200만 원
② 법 제15조 제1항을 위반하여 공사 현장에 임시소방시설을 설치·관리하지 않은 경우 : 과태료 200만 원
③ 화재 수신기, 동력·감시 제어반 또는 소방시설용 전원(비상전원을 포함한다)을 차단하거나, 고장난 상태로 방치하거나, 임의로 조작하여 자동으로 작동이 되지 않도록 한 경우 : 과태료 200만 원
④ 소방시설이 작동할 때 소화배관을 통하여 소화수가 방수되지 않는 상태 또는 소화약제가 방출되지 않는 상태로 방치한 경우 : 과태료 300만 원

[22. 경채]

기본서 1권 p.297~298

해설 165

① 소방시설을 설치하지 않은 경우 : ~~과태료 200만 원~~
→ 과태료 300만 원
② 법 제15조 제1항을 위반하여 공사 현장에 임시소방시설을 설치·관리하지 않은 경우 : ~~과태료 200만 원~~
→ 과태료 300만 원
④ 소방시설이 작동할 때 소화배관을 통하여 소화수가 방수되지 않는 상태 또는 소화약제가 방출되지 않는 상태로 방치한 경우 : ~~과태료 300만 원~~
→ 과태료 200만 원

▶ 과태료의 부과기준(영 별표 10)

위반행위	근거 법조문	과태료 금액 (단위: 만 원)		
		1차 위반	2차 위반	3차 이상 위반
가. 법 제12조 제1항을 위반한 경우 　1) 2) 및 3)의 규정을 제외하고 소방시설을 최근 1년 이내에 2회 이상 화재안전기준에 따라 관리하지 않은 경우	법 제61조 제1항 제1호			100
2) 소방시설을 다음에 해당하는 고장 상태 등으로 방치한 경우 　　가) 소화펌프를 고장 상태로 방치한 경우 　　나) 화재 수신기, 동력·감시 제어반 또는 소방시설용 전원(비상전원을 포함한다)을 차단하거나, 고장난 상태로 방치하거나, 임의로 조작하여 자동으로 작동이 되지 않도록 한 경우 　　다) 소방시설이 작동할 때 소화배관을 통하여 소화수가 방수되지 않는 상태 또는 소화약제가 방출되지 않는 상태로 방치한 경우				200
3) 소방시설을 설치하지 않은 경우				300
나. 법 제15조 제1항을 위반하여 공사 현장에 임시소방시설을 설치·관리하지 않은 경우	법 제61조 제1항 제2호			300

정답 165.③

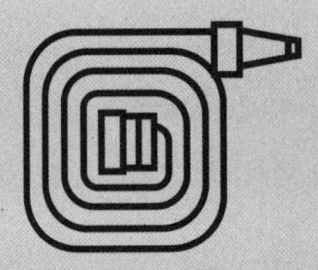

소방관계법규

PART 03

화재조사법

01 총 칙
02 화재조사의 실시 등
03 벌 칙

03 화재조사법

01 총칙

01 「소방의 화재조사에 관한 법률」상 화재의 정의에 관한 설명으로 옳지 않은 것은?
① 사람의 의도에 반하여 발생하거나 확대된 물리적 폭발현상
② 고의에 의하여 발생한 연소 현상으로서 소화할 필요가 있는 현상
③ 과실에 의하여 발생한 연소 현상으로서 소화할 필요가 있는 현상
④ 사람의 의도에 반하여 발생한 연소 현상으로서 소화할 필요가 있는 현상

[23. 경채]
상 중 하
기본서 1권 p.309

해설 01 ▶ 정의(법 제2조)
① 이 법에서 사용하는 용어의 뜻은 다음과 같다.
  1. "화재"란 사람의 의도에 반하거나 고의 또는 과실에 의하여 발생하는 연소 현상으로서 소화할 필요가 있는 현상 또는 사람의 의도에 반하여 발생하거나 확대된 <u>화학적 폭발현상</u>을 말한다.

정답 01.①

02 화재조사의 실시 등

02 「소방의 화재조사에 관한 법률」상 화재조사를 할 수 있는 권한을 가진 자로 옳은 것은?
① 행정안전부장관, 소방청장, 소방본부장
② 행정안전부장관, 소방본부장, 소방서장
③ 소방청장, 소방본부장, 소방서장
④ 소방청장, 경찰청장, 소방서장

[18. 경채]

03 「소방의 화재조사에 관한 법률」상 화재조사를 실시하는 시기로 옳은 것은?
① 조사요원이 현장에 도착한 후
② 소화활동을 종료한 후에
③ 화재발생 사실을 알게 된 때에는 지체 없이
④ 소방서장이 현장에 도착한 후에

[17. 공채]

해설

02 소방청장, 소방본부장 또는 소방서장(소방관서장)은 화재발생 사실을 알게 된 때에는 지체 없이 화재조사를 하여야 한다. 이 경우 수사기관의 범죄수사에 지장을 주어서는 아니 된다(법 제5조 제1항).

03 소방청장, 소방본부장 또는 소방서장(소방관서장)은 화재발생 사실을 알게 된 때에는 지체 없이 화재조사를 하여야 한다. 이 경우 수사기관의 범죄수사에 지장을 주어서는 아니 된다(법 제5조 제1항).

정답 02.③ 03.③

04 「소방의 화재조사에 관한 법률 시행령」상 화재조사 절차로 옳지 않은 것은?

① 현장출동 중 조사
② 화재현장 조사
③ 사전조사
④ 정밀조사

05 「소방의 화재조사에 관한 법률 시행령」상 화재조사전담부서에 배치해야 하는 화재조사관의 최소 기준인원으로 옳은 것은?

① 1명   ② 2명
③ 3명   ④ 4명

해설 04 ③ 해당 없음

▶ 화재조사법 시행령 제3조(화재조사의 내용·절차)
② 화재조사는 다음 각 호의 절차에 따라 실시한다.
  1. 현장출동 중 조사 : 화재발생 접수, 출동 중 화재상황 파악 등
  2. 화재현장 조사 : 화재의 발화(發火)원인, 연소상황 및 피해상황 조사 등
  3. 정밀조사 : 감식·감정, 화재원인 판정 등
  4. 화재조사 결과 보고

05 ▶ 화재조사법 시행령 제4조(화재조사전담부서의 구성·운영)
① 소방관서장은 법 제6조 제1항에 따른 화재조사전담부서에 화재조사관을 2명 이상 배치해야 한다.

정답 04.③   05.②

06 「소방의 화재조사에 관한 법률」에 관한 내용으로 옳지 않은 것은?
① 소방공무원과 경찰공무원은 화재조사에 필요한 증거물의 수집 및 보존에 관한 사항에 대하여 서로 협력하여야 한다.
② 소방관서장은 화재조사 결과의 공표 시 수사가 진행 중이거나 수사의 필요성이 인정되는 경우에는 관계 수사기관의 장과 공표 여부에 관하여 사전에 협의하여야 한다.
③ 화재조사를 하는 화재조사관은 관계인의 정당한 업무를 방해하거나 화재조사를 수행하면서 알게 된 비밀을 다른 용도로 사용하거나 다른 사람들에게 누설하여서는 아니 된다.
④ 소방청장, 소방본부장 또는 소방서장이 화재원인, 피해상황, 대응활동 등을 파악하기 위하여 자료의 수집, 감정 및 실험을 하는 행위는 화재조사에 포함되지 않는다.

07 「소방의 화재조사에 관한 법률」 및 같은 법 시행규칙상 화재조사에 대한 설명으로 가장 옳지 않은 것은?
① 소방관서장은 전문성에 기반하는 화재조사를 위하여 화재조사전담부서를 설치·운영하여야 한다.
② 화재조사관은 소방청장이 실시하는 화재조사에 관한 시험에 합격한 소방공무원 등 화재조사에 관한 전문적인 자격을 가진 소방공무원으로 한다.
③ 전담부서에 배치된 화재조사관은 의무 보수교육을 2년마다 받아야 한다. 다만, 전담부서에 배치된 후 처음 받는 의무 보수교육은 배치 후 2년 이내에 받아야 한다.
④ 소방관서장은 의무 보수교육을 이수하지 않은 사람에게 보수교육을 이수할 때까지 화재조사 업무를 수행하게 해서는 안 된다.

[23. 경채]
기본서 1권 p.309, p.322, p.325, p.328

[16. 통합]
기본서 1권 p.314~318

해설

06 ▶ 정의(법 제2조)
① 이 법에서 사용하는 용어의 뜻은 다음과 같다.
2. "화재조사"란 소방청장, 소방본부장 또는 소방서장이 화재원인, 피해상황, 대응활동 등을 파악하기 위하여 <u>자료의 수집</u>, 관계인등에 대한 질문, 현장 확인, 감식, <u>감정 및 실험 등</u>을 하는 일련의 행위를 말한다.

07 ③ 전담부서에 배치된 화재조사관은 의무 보수교육을 2년마다 받아야 한다. 다만, 전담부서에 배치된 후 처음 받는 의무 보수교육은 배치 후 2년 이내에 받아야 한다(규칙 제5조 제2항).
→ 1년

정답 06.④ 07.③

소방관계법규

08 화재조사에 대한 설명으로 옳지 않은 것은?

① 화재조사 업무를 수행하는 화재조사관은 「국가기술자격법」에 따른 국가기술자격의 직무분야 중 건축 분야의 기사 또는 산업기사 자격을 취득한 소방공무원으로 한다.
② 화재조사 자격시험에 응시할 수 있는 사람은 소방공무원 중 화재조사관 양성을 위한 전문교육을 이수한 사람으로 한다.
③ 화재조사전담부서에 배치된 화재조사관은 의무 보수교육을 2년마다 받아야 한다.
④ 소방관서장은 필요한 경우 교육훈련을 다른 소방관서나 화재조사 관련 전문기관에 위탁하여 실시할 수 있다.

[17. 중앙]
상 **중** 하
기본서 1권 p.316~318

09 「소방의 화재조사에 관한 법률」상 출입·조사 등의 관한 내용이 아닌 것은?

① 관계인에 대한 질문
② 관계인에 대한 자료제출명령
③ 관계인에 대한 보고 요구
④ 관계인에 대한 수사

[12. 전북]
상 중 **하**
기본서 1권 p.322

해설

08 ① 화재조사 업무를 수행하는 화재조사관은 「국가기술자격법」에 따른 국가기술자격의 직무분야 중 건축 분야의 기사 또는 는 산업기사 자격을 취득한 소방공무원으로 한다(영 제5조 제1항).
→ 화재감식평가

09 ④ 수사는 경찰공무원의 업무권한이다.

▶ 출입·조사 등(법 제9조 제1항)
① 소방관서장은 화재조사를 위하여 필요한 경우에 관계인에게 보고 또는 자료 제출을 명하거나 화재조사관으로 하여금 해당 장소에 출입하여 화재조사를 하게 하거나 관계인등에게 질문하게 할 수 있다.

정답 08.① 09.④

10 「소방의 화재조사에 관한 법률」 및 같은 법 시행규칙상 화재조사전담부서에서 갖추어야 할 장비와 시설 중 감식기기(16종)에 해당하지 않는 것은?

① 금속현미경
② 절연저항계
③ 내시경현미경
④ 휴대용디지털현미경

[23. 경채]

11 「소방의 화재조사에 관한 법률 시행령」상 화재감정기관의 지정기준에서 전문인력 중 주된 기술인력 기준으로 옳지 않은 것은?

① 국가기술자격의 직무분야 중 화재감식평가 분야의 기사 자격 취득 후 화재조사 관련 분야에서 5년 이상 근무한 사람
② 화재조사관 자격 취득 후 화재조사 관련 분야에서 5년 이상 근무한 사람
③ 이공계 분야의 박사학위 취득 후 화재조사 관련 분야에서 2년 이상 근무한 사람
④ 소방청장이 인정하는 화재조사 관련 국제자격증을 소지한 사람

[24. 경채, 공채]

해설

10 ▸ 규칙 [별표]
① 금속현미경 - 감정용기기(21종)

11 ④ 보조 기술인력에 대한 설명

▸ 화재조사법 제12조(화재감정기관의 지정기준)
2. 화재조사에 필요한 다음 각 목의 구분에 따른 전문인력을 각각 보유할 것
　가. 주된 기술인력 : 다음의 어느 하나에 해당하는 사람을 2명 이상 보유할 것
　　1) 「국가기술자격법」에 따른 국가기술자격의 직무분야 중 화재감식평가 분야의 기사 자격 취득 후 화재조사 관련 분야에서 5년 이상 근무한 사람
　　2) 화재조사관 자격 취득 후 화재조사 관련 분야에서 5년 이상 근무한 사람
　　3) 이공계 분야의 박사학위 취득 후 화재조사 관련 분야에서 2년 이상 근무한 사람
　나. 보조 기술인력: 다음의 어느 하나에 해당하는 사람을 3명 이상 보유할 것
　　1) 「국가기술자격법」에 따른 국가기술자격의 직무분야 중 화재감식평가 분야의 기사 또는 산업기사 자격을 취득한 사람
　　2) 화재조사관 자격을 취득한 사람
　　3) 소방청장이 인정하는 화재조사 관련 국제자격증 소지자
　　4) 이공계 분야의 석사 이상 학위 취득 후 화재조사 관련 분야에서 1년 이상 근무한 사람

정답 10.① 11.④

12 「소방의 화재조사에 관한 법률」 및 같은 법 시행령상 화재정보를 수집·관리할 때 활용하는 국가화재정보시스템의 운영에 관한 설명으로 옳은 것은?

① 시·도지사는 화재예방과 소방활동에 활용할 수 있는 국가화재정보시스템을 구축해 운영하여야 한다.
② 국가화재정보시스템을 활용하여 수집·관리해야 하는 화재정보는 화재원인, 화재피해상황, 화재유형별 화재위험성에 관한 사항 등이다.
③ 화재정보의 수집·관리 및 활용 등에 필요한 사항은 행정안전부령으로 정한다.
④ 국가화재정보시스템의 운영 및 활용 등에 필요한 사항은 시·도의 조례로 정한다.

[24. 경채, 공채]
상 중 하
기본서 1권 p.336

해설 12
① 소방청장은 ~~
③ ~~ 대통령령으로 정한다.
④ ~~ 소방청장이 정한다.

▶ 법 제19조(국가화재정보시스템의 구축·운영)
① 소방청장은 화재조사 결과, 화재원인, 피해상황 등에 관한 화재정보를 종합적으로 수집·관리하여 화재예방과 소방활동에 활용할 수 있는 국가화재정보시스템을 구축·운영하여야 한다.
② 제1항에 따른 화재정보의 수집·관리 및 활용 등에 필요한 사항은 대통령령으로 정한다.

▶ 시행령 제14조(국가화재정보시스템의 운영)
① 소방청장은 법 제19조 제1항에 따른 국가화재정보시스템(이하 "국가화재정보시스템"이라 한다)을 활용하여 다음 각 호의 화재정보를 수집·관리해야 한다.
 1. 화재원인
 2. 화재피해상황
 3. 대응활동에 관한 사항
 4. 소방시설 등의 설치·관리 및 작동 여부에 관한 사항
 5. 화재발생건축물과 구조물, 화재유형별 화재위험성 등에 관한 사항
 6. 화재예방 관계 법령 등의 이행 및 위반 등에 관한 사항
 7. 법 제13조 제2항에 따른 관계인의 보험가입 정보 등에 관한 사항
 8. 그 밖에 화재예방과 소방활동에 활용할 수 있는 정보
② 소방관서장은 국가화재정보시스템을 활용하여 제1항 각 호의 화재정보를 기록·유지 및 보관해야 한다.
③ 제1항 및 제2항에서 규정한 사항 외에 국가화재정보시스템의 운영 및 활용 등에 필요한 사항은 소방청장이 정한다.

정답 12.②

03 벌칙

13 「소방의 화재조사에 관한 법률」상 벌칙에 관한 내용이다. ( ) 안에 들어갈 내용으로 옳은 것은?

> 소방관서장은 화재조사를 위하여 필요한 경우에 관계인에게 보고 또는 자료 제출을 명하거나 화재조사관으로 하여금 해당 장소에 출입하여 화재조사를 하게 하거나 관계인등에게 질문하게 할 수 있다. 이에 따른 명령을 위반하여 보고 또는 자료 제출을 하지 아니하거나 거짓으로 보고 또는 자료를 제출한 사람은 (ㄱ)만 원 이하의 (ㄴ)을/를 부과한다.

	ㄱ	ㄴ
①	200	벌금
②	200	과태료
③	300	벌금
④	300	과태료

[23. 경채]

해설 13
▶ 과태료(법 제23조)
① 다음 각 호의 어느 하나에 해당하는 사람에게는 200만 원 이하의 과태료를 부과한다.
  2. 제9조 제1항에 따른 명령을 위반하여 보고 또는 자료 제출을 하지 아니하거나 거짓으로 보고 또는 자료를 제출한 사람

정답 13.②

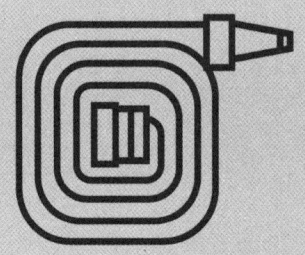

소방관계법규

PART 04

화재예방법

01 총 칙
02 화재의 예방 및 안전관리 기본계획의
　　수립·시행
03 화재안전조사
04 화재의 예방조치 등
05 소방대상물의 소방안전관리
06 특별관리시설물의 소방안전관리
07 벌 칙

04 화재예방법

01 총칙

01 「화재의 예방 및 안전관리에 관한 법률」상 용어의 정의로 옳지 않은 것은?

① "예방"이란 화재의 위험으로부터 사람의 생명·신체 및 재산을 보호하기 위하여 화재발생을 사전에 제거하거나 방지하기 위한 모든 활동을 말한다.
② "안전관리"란 화재로 인한 피해를 최소화하기 위한 예방, 대비, 대응 등의 활동을 말한다.
③ "화재예방안전진단"이란 화재가 발생할 경우 사회·경제적으로 피해 규모가 클 것으로 예상되는 소방대상물에 대하여 화재위험요인을 조사하고 그 위험성을 평가하여 개선대책을 수립하는 것을 말한다.
④ "화재안전조사"란 소방청장, 소방본부장 또는 소방서장이 화재원인, 피해상황, 대응활동 등을 파악하기 위하여 자료의 수집, 관계인 등에 대한 질문, 현장 확인, 감식, 감정 및 실험 등을 하는 일련의 행위를 말한다.

[24. 경채]

해설 01
④ "화재안전조사"란 ~~~
→ 화재조사법 제2조 "화재조사"의 정의이다.

▶ 화재예방법 제2조(정의)
3. "화재안전조사"란 소방청장, 소방본부장 또는 소방서장(이하 "소방관서장"이라 한다)이 소방대상물, 관계지역 또는 관계인에 대하여 소방시설등(「소방시설 설치 및 관리에 관한 법률」 제2조 제1항 제2호에 따른 소방시설등을 말한다. 이하 같다)이 소방 관계 법령에 적합하게 설치·관리되고 있는지, 소방대상물에 화재의 발생 위험이 있는지 등을 확인하기 위하여 실시하는 현장조사·문서열람·보고요구 등을 하는 활동을 말한다.

정답 01.④

02 화재의 예방 및 안전관리 기본계획의 수립·시행

02 「화재의 예방 및 안전관리에 관한 법률」 및 같은 법 시행령상 화재의 예방 및 안전관리 기본계획 등의 수립·시행 등에 대한 설명 중 옳지 않은 것은?

① 소방청장은 화재예방정책을 체계적·효율적으로 추진하고 이에 필요한 기반 확충을 위하여 화재의 예방 및 안전관리에 관한 기본계획을 5년마다 수립·시행하여야 한다.
② 소방청장은 화재의 예방 및 안전관리에 관한 기본계획을 계획 시행 전년도 8월 31일까지 관계 중앙행정기관의 장과 협의한 후 계획 시행 전년도 9월 30일까지 수립하여야 한다.
③ 기본계획에는 화재의 예방과 안전관리 관련 전문인력의 육성·지원 및 관리에 관한 사항이 포함된다.
④ 기본계획, 시행계획 및 세부시행계획의 수립·시행에 필요한 사항은 행정안전부령으로 정한다.

[17. 공채]
상 중 하
기본서 2권 p.18~20

해설 02 ④ 기본계획, 시행계획 및 세부시행계획의 수립·시행에 필요한 사항은 행정안전부령으로 정한다(법 제4조 제8항).
→ 대통령령

정답 02.④

03 「화재의 예방 및 안전관리에 관한 법률」상 화재의 예방 및 안전관리 기본계획 등의 수립·시행에 관한 내용으로 옳은 것은?

① 기본계획에는 화재의 예방과 안전관리 관련 산업의 국제경쟁력 향상에 관한 사항이 포함되어야 한다.
② 소방본부장은 기본계획을 시행하기 위하여 5년마다 시행계획을 수립·시행하여야 한다.
③ 기본계획은 행정안전부령으로 정하는 바에 따라 소방본부장이 관계 중앙행정기관의 장과 협의하여 수립한다.
④ 국가는 화재예방정책을 체계적·효율적으로 추진하고 이에 필요한 기반 확충을 위하여 화재의 예방 및 안전관리에 관한 기본계획을 10년마다 수립·시행하여야 한다.

[19. 공채]
상 중 하
기본서 2권 p.18~20

해설 03 ② 소방본부장은 기본계획을 시행하기 위하여 5년마다 시행계획을 수립·시행하여야 한다(법 제4조 제4항).
→ 소방청장은, 매년
③ 기본계획은 행정안전부령으로 정하는 바에 따라 소방본부장이 관계 중앙행정기관의 장과 협의하여 수립한다(법 제4조 제2항).
→ 대통령령, 소방청장
④ 국가는 화재예방정책을 체계적·효율적으로 추진하고 이에 필요한 기반 확충을 위하여 화재의 예방 및 안전관리에 관한 기본계획을 10년마다 수립·시행하여야 한다(법 제4조 제1항).
→ 소방청장은, 5년마다

정답 03.①

04 「화재의 예방 및 안전관리에 관한 법률」상 화재의 예방 및 안전관리 기본계획 등의 수립·시행에 대한 내용으로 옳지 않은 것은?

① 소방청장은 화재예방정책을 체계적·효율적으로 추진하고 이에 필요한 기반 확충을 위하여 화재의 예방 및 안전관리에 관한 기본계획을 10년마다 수립·시행하여야 한다.
② 소방청장은 기본계획을 시행하기 위하여 매년 시행계획을 수립·시행하여야 한다.
③ 기본계획, 시행계획 및 세부시행계획의 수립·시행에 필요한 사항은 대통령령으로 정한다.
④ 소방청장은 기본계획 및 시행계획을 수립하기 위하여 필요한 경우에는 관계 중앙행정기관의 장 또는 시·도지사에게 관련 자료의 제출을 요청할 수 있다.

[22. 경채]

해설 04

① 소방청장은 화재예방정책을 체계적·효율적으로 추진하고 이에 필요한 기반 확충을 위하여 화재의 예방 및 안전관리에 관한 기본계획을 ~~10년마다~~ 수립·시행하여야 한다.
→ 5년마다

▶화재의 예방 및 안전관리 기본계획 등의 수립·시행(법 제4조)
① 소방청장은 화재예방정책을 체계적·효율적으로 추진하고 이에 필요한 기반 확충을 위하여 화재의 예방 및 안전관리에 관한 기본계획(이하 "기본계획"이라 한다)을 5년마다 수립·시행하여야 한다.
② 기본계획은 대통령령으로 정하는 바에 따라 소방청장이 관계 중앙행정기관의 장과 협의하여 수립한다.
③ 기본계획에는 다음 각 호의 사항이 포함되어야 한다.
 1. 화재예방정책의 기본목표 및 추진방향
 2. 화재의 예방과 안전관리를 위한 법령·제도의 마련 등 기반 조성
 3. 화재의 예방과 안전관리를 위한 대국민 교육·홍보
 4. 화재의 예방과 안전관리 관련 기술의 개발·보급
 5. 화재의 예방과 안전관리 관련 전문인력의 육성·지원 및 관리
 6. 화재의 예방과 안전관리 관련 산업의 국제경쟁력 향상
 7. 그 밖에 대통령령으로 정하는 화재의 예방과 안전관리에 필요한 사항
④ 소방청장은 기본계획을 시행하기 위하여 매년 시행계획을 수립·시행하여야 한다.
⑤ 소방청장은 제1항 및 제4항에 따라 수립된 기본계획과 시행계획을 관계 중앙행정기관의 장과 시·도지사에게 통보하여야 한다.
⑥ 제5항에 따라 기본계획과 시행계획을 통보받은 관계 중앙행정기관의 장과 시·도지사는 소관 사무의 특성을 반영한 세부시행계획을 수립·시행하고 그 결과를 소방청장에게 통보하여야 한다.
⑦ 소방청장은 기본계획 및 시행계획을 수립하기 위하여 필요한 경우에는 관계 중앙행정기관의 장 또는 시·도지사에게 관련 자료의 제출을 요청할 수 있다. 이 경우 자료 제출을 요청받은 관계 중앙행정기관의 장 또는 시·도지사는 특별한 사유가 없으면 이에 따라야 한다.
⑧ 제1항부터 제7항까지에서 규정한 사항 외에 기본계획, 시행계획 및 세부시행계획의 수립·시행에 필요한 사항은 대통령령으로 정한다.

정답 04.①

03 화재안전조사

05 다음 중 화재안전조사에 대하여 옳지 않은 것은?
① 화재안전조사는 소방시설등의 자체점검이 불성실하거나 불완전하다고 인정되는 경우에 실시할 수 있다.
② 개인의 주거에 대한 화재안전조사는 관계인의 승낙이 있어야만 할 수 있다.
③ 통지 예외사항은 화재가 발생할 우려가 뚜렷하여 긴급하게 조사할 필요가 있는 경우, 화재안전조사의 실시를 사전에 통지하거나 공개하면 조사목적을 달성할 수 없다고 인정되는 경우이다.
④ 소방관서장은 화재안전조사를 실시하는 경우 다른 목적을 위하여 조사권을 남용하여서는 아니 된다.

[11. 울산]
기본서 2권 p.26~28

06 다음 중 화재안전조사권자로 옳은 것은?
① 대통령
② 국무총리
③ 소방본부장
④ 시장, 군수, 구청장

[11. 전남]
기본서 2권 p.26

해설

05 ② 개인의 주거에 대한 화재안전조사는 관계인의 승낙이 있어야만 할 수 있다(법 제7조 제1항).
→ 관계인의 승낙이 있거나 화재발생의 우려가 뚜렷하여 긴급한 필요가 있을 때 한정한다.

06 ▶ 화재안전조사(법 제7조 제1항)
① 소방관서장은 다음 각 호의 어느 하나에 해당하는 경우 화재안전조사를 실시할 수 있다.
※ 소방관서장 : 소방청장, 소방본부장 또는 소방서장

정답 05.② 06.③

07 다음 중 화재안전조사에 대한 설명으로 옳지 않은 것은?
① 시·도지사는 화재안전조사의 대상을 객관적이고 공정하게 선정하기 위하여 필요한 경우 화재안전조사위원회를 구성하여 화재안전조사의 대상을 선정할 수 있다.
② 소방관서장은 화재안전조사를 효율적으로 수행하기 위하여 대통령령으로 정하는 바에 따라 소방청에는 중앙화재안전조사단을, 소방본부 및 소방서에는 지방화재안전조사단을 편성하여 운영할 수 있다.
③ 화재안전조사위원회는 위원장 1명을 포함한 7명 이내의 위원으로 성별을 고려하여 구성하고, 위원장은 소방관서장이 된다.
④ 소방관서장은 필요한 경우에는 소방기술사, 소방시설관리사, 그 밖에 화재안전 분야에 전문지식을 갖춘 사람을 화재안전조사에 참여하게 할 수 있다.

08 「화재의 예방 및 안전관리에 관한 법률」상 화재안전조사를 실시하는 경우로 옳지 않은 것은?
① 국가적 행사 등 주요 행사가 개최되는 장소 및 그 주변의 관계 지역에 대하여 소방안전관리 실태를 조사할 필요가 없는 경우
② 소방시설등의 자체점검이 불성실하거나 불완전하다고 인정되는 경우
③ 재난예측정보, 기상예보 등을 분석한 결과 소방대상물에 화재의 발생 위험이 크다고 판단되는 경우
④ 화재예방강화지구 등 법령에서 화재안전조사를 하도록 규정되어 있는 경우

해설

07 ① <s>시·도지사는</s> 화재안전조사의 대상을 객관적이고 공정하게 선정하기 위하여 필요한 경우 화재안전조사위원회를 구성하여 화재안전조사의 대상을 선정할 수 있다(법 제10조 제1항).
→ 소방관서장은

08 ① 국가적 행사 등 주요 행사가 개최되는 장소 및 그 주변의 관계 지역에 대하여 소방안전관리 실태를 조사할 필요가 <s>없</s>는 경우
→ 있

▶화재안전조사(화재예방법 제7조 제1항)
① 소방관서장은 다음 각 호의 어느 하나에 해당하는 경우 화재안전조사를 실시할 수 있다. 다만, 개인의 주거(실제 주거용도로 사용되는 경우에 한정한다)에 대한 화재안전조사는 관계인의 승낙이 있거나 화재발생의 우려가 뚜렷하여 긴급한 필요가 있는 때에 한정한다.
  1. 「소방시설 설치 및 관리에 관한 법률」 제22조에 따른 자체점검이 불성실하거나 불완전하다고 인정되는 경우
  2. 화재예방강화지구 등 법령에서 화재안전조사를 하도록 규정되어 있는 경우
  3. 화재예방안전진단이 불성실하거나 불완전하다고 인정되는 경우
  4. 국가적 행사 등 주요 행사가 개최되는 장소 및 그 주변의 관계 지역에 대하여 소방안전관리 실태를 조사할 필요가 있는 경우
  5. 화재가 자주 발생하였거나 발생할 우려가 뚜렷한 곳에 대한 조사가 필요한 경우
  6. 재난예측정보, 기상예보 등을 분석한 결과 소방대상물에 화재의 발생 위험이 크다고 판단되는 경우
  7. 제1호부터 제6호까지에서 규정한 경우 외에 화재, 그 밖의 긴급한 상황이 발생할 경우 인명 또는 재산 피해의 우려가 현저하다고 판단되는 경우

정답 07.① 08.①

소방관계법규

09 다음 중 화재안전조사에 대한 설명으로 옳은 것은?
① 소방관서장은 필요한 경우에는 소방기술사, 소방시설관리사, 그 밖에 화재안전 분야에 전문지식을 갖춘 사람을 화재안전조사에 참여하게 할 수 있다.
② 시·도지사는 화재안전조사의 대상을 객관적이고 공정하게 선정하기 위하여 필요한 경우 화재안전조사위원회를 구성하여 화재안전조사의 대상을 선정할 수 있다.
③ 소방관서장은 화재안전조사를 효율적으로 수행하기 위하여 대통령령으로 정하는 바에 따라 소방본부 및 소방서에는 중앙화재안전조사단을 편성하여 운영할 수 있다.
④ 소방관서장은 화재안전조사를 실시하려는 경우 사전에 조사대상, 조사기간 및 조사사유 등 조사계획을 소방청, 소방본부 또는 소방서(이하 "소방관서"라 한다)의 인터넷 홈페이지나 전산시스템 등을 통해 14일 이상 공개해야 한다.

[13. 경기]
기본서 2권 p.29, p.32~33, p.35

10 화재안전조사위원회의 위원장은 누구인가?
① 국무총리
② 행정안전부장관
③ 소방관서장
④ 시·도지사

[13. 중앙특]
기본서 2권 p.32

해설 09
② 시·도지사는 화재안전조사의 대상을 객관적이고 공정하게 선정하기 위하여 필요한 경우 화재안전조사위원회를 구성하여 화재안전조사의 대상을 선정할 수 있다(법 제10조 제1항).
→ 소방관서장은
③ 소방관서장은 화재안전조사를 효율적으로 수행하기 위하여 대통령령으로 정하는 바에 따라 **소방본부 및 소방서에는 중앙화재안전조사단을** 편성하여 운영할 수 있다(법 제9조 제1항).
→ 소방청에는 중앙화재안전조사단을, 소방본부 및 소방서에는 지방화재안전조사단
④ 소방관서장은 화재안전조사를 실시하려는 경우 사전에 조사대상, 조사기간 및 조사사유 등 조사계획을 소방청, 소방본부 또는 소방서(이하 "소방관서"라 한다)의 인터넷 홈페이지나 전산시스템 등을 통해 ~~14일~~ 이상 공개해야 한다(영 제8조 제2항).
→ 7일

10 ▶화재안전조사위원회의 구성·운영 등(영 제11조)
① 법 제10조 제1항에 따른 화재안전조사위원회(이하 "위원회"라 한다)는 위원장 1명을 포함하여 7명 이내의 위원으로 성별을 고려하여 구성한다.
② 위원회의 위원장은 소방관서장이 된다.

정답 09.① 10.③

11 화재안전조사 관계인 통보에 대한 내용으로 옳지 않은 것은?
① 화재안전조사의 연기를 신청하려는 관계인은 화재안전조사 시작 7일 전까지 화재안전조사 연기신청서(전자문서를 포함한다)에 화재안전조사를 받기가 곤란함을 증명할 수 있는 서류(전자문서를 포함한다)를 첨부하여 소방청장, 소방본부장 또는 소방서장에게 제출하여야 한다.
② 관계인의 질병, 사고, 장기출장 등으로 화재안전조사를 받기 곤란한 경우 화재안전조사를 연기하여 줄 것을 신청할 수 있다.
③ 소방관서장은 화재안전조사의 연기를 승인한 경우라도 연기기간이 끝나기 전에 연기사유가 없어졌거나 긴급히 조사를 하여야 할 사유가 발생하였을 때에는 관계인에게 미리 알리고 화재안전조사를 할 수 있다.
④ 소방관서장은 화재안전조사를 실시하려는 경우 사전에 관계인에게 조사대상, 조사기간 및 조사사유 등을 우편, 전화, 전자메일 또는 문자전송 등을 통하여 통지하고 이를 대통령령으로 정하는 바에 따라 인터넷 홈페이지나 전산시스템 등을 통하여 공개하여야 한다.

[14. 중앙통]
기본서 2권 p.28~29, p.31

해설 11 ① 화재안전조사의 연기를 신청하려는 관계인은 화재안전조사 시작 7일 전까지 화재안전조사 연기신청서(전자문서를 포함한다)에 화재안전조사를 받기가 곤란함을 증명할 수 있는 서류(전자문서를 포함한다)를 첨부하여 소방청장, 소방본부장 또는 소방서장에게 제출하여야 한다(규칙 제4조 제1항).
→ 3일

정답 11.①

12 다음 중 화재안전조사에 대한 설명으로 옳지 않은 것은?

① 소방관서장은 화재안전조사를 실시하려는 경우 사전에 조사대상, 조사기간 및 조사사유 등 조사계획을 소방청, 소방본부 또는 소방서의 인터넷 홈페이지나 전산시스템을 통해 5일 이상 공개해야 한다.
② 화재예방안전진단이 불성실하거나 불완전하다고 인정되는 경우에 화재안전조사를 실시할 수 있다.
③ 소방관서장은 화재안전조사의 대상을 객관적이고 공정하게 선정하기 위하여 필요한 경우 화재안전조사위원회를 구성하여 화재안전조사의 대상을 선정할 수 있다.
④ 개인의 주거에 대한 화재안전조사는 관계인의 승낙이 있거나 화재발생의 우려가 뚜렷하여 긴급한 필요가 있는 때에 한정한다.

[17. 경채]
기본서 2권 p.26, p.29, p.32

13 화재안전조사에 관한 설명으로 옳지 않은 것은?

① 소방관서장은 화재안전조사를 실시하려는 경우 사전에 관계인에게 조사대상, 조사기간 및 조사사유 등을 우편, 전화, 전자메일 또는 문자전송 등을 통하여 통지하고 이를 대통령령으로 정하는 바에 따라 인터넷 홈페이지나 전산시스템 등을 통하여 공개하여야 한다.
② 화재안전조사는 원칙적으로 관계인의 승낙 없이 소방대상물의 공개시간 또는 근무시간 이외에는 할 수 없다.
③ 화재안전조사 결과에 따른 조치명령으로 인한 손실을 보상하는 경우에는 시가(時價)로 보상해야 한다.
④ 화재안전조사 업무를 수행하는 관계 공무원 및 관계 전문가는 관계인의 정당한 업무를 방해하거나, 조사업무를 수행하면서 취득한 자료나 알게 된 비밀을 다른 사람 또는 기관에게 제공 또는 누설하거나 목적 외의 용도로 사용하면 300만 원 이하의 벌금에 처한다.

[18. 공채]
기본서 2권 p.28, p.35, p.37

해설
12 ① 소방관서장은 화재안전조사를 실시하려는 경우 사전에 조사대상, 조사기간 및 조사사유 등 조사계획을 소방청, 소방본부 또는 소방서의 인터넷 홈페이지나 전산시스템을 통해 5일 이상 공개해야 한다(영 제8조 제2항).
→ 7일

13 ④ 화재안전조사 업무를 수행하는 관계 공무원 및 관계 전문가는 관계인의 정당한 업무를 방해하거나, 조사업무를 수행하면서 취득한 자료나 알게 된 비밀을 다른 사람 또는 기관에 제공 또는 누설하거나 목적 외의 용도로 사용하면 ~~300만 원 이하의 벌금~~에 처한다(법 제12조 제2항, 법 제50조 제2항).
→ 1년 이하의 징역 또는 1천만 원 이하의 벌금

정답 12.① 13.④

14 「화재의 예방 및 안전관리에 관한 법률」 및 같은 법 시행령상 화재안전조사에 관한 설명으로 옳지 않은 것은?

① 소방관서장은 화재가 자주 발생하였거나 발생할 우려가 뚜렷한 곳에 대한 조사가 필요한 경우 화재안전조사를 실시할 수 있다.
② 개인의 주거에 대한 화재안전조사는 관계인의 승낙이 있거나 화재발생의 우려가 뚜렷하여 긴급한 필요가 있는 때에 한정한다.
③ 소방관서장은 국가적 행사 등 주요 행사가 개최되는 장소 및 그 주변의 관계 지역에 대하여 소방안전관리 실태를 조사할 필요가 있는 경우 화재안전조사를 실시할 수 있다.
④ 화재안전조사위원회는 위원장 1명을 제외한 7명 이내의 위원으로 성별을 고려하여 구성한다.

15 「화재의 예방 및 안전관리에 관한 법률」상 제10조 제1항에 대한 내용이다. ( ) 안에 들어갈 말로 옳지 않은 것은?

( )은/는 화재안전조사의 대상을 객관적이고 공정하게 선정하기 위하여 필요한 경우 화재안전조사위원회를 구성하여 화재안전조사의 대상을 선정할 수 있다.

① 소방청장
② 시·도지사
③ 소방본부장
④ 소방서장

해설

14 ④ 화재안전조사위원회는 위원장 1명을 ~~제외한~~ 7명 이내의 위원으로 성별을 고려하여 구성한다(영 제11조 제1항).
→ 포함하여

15 ▶화재안전조사위원회 구성·운영(법 제10조 제1항)
① 소방관서장은 화재안전조사의 대상을 객관적이고 공정하게 선정하기 위하여 필요한 경우 화재안전조사위원회를 구성하여 화재안전조사의 대상을 선정할 수 있다.

정답 14.④ 15.②

16 「화재의 예방 및 안전관리에 관한 법률」 및 같은 법 시행령상 화재안전조사단 편성·운영 등에 관한 설명으로 옳지 않은 것은?

① 중앙화재안전조사단은 단장을 포함하여 50명 이내의 단원으로 성별을 고려하여 구성한다.
② 소방관서장은 화재안전조사를 효율적으로 수행하기 위하여 대통령령으로 정하는 바에 따라 소방청에는 중앙화재안전조사단을, 소방본부 및 소방서에는 지방화재안전조사단을 편성하여 운영하여야 한다.
③ 화재안전조사단의 단장은 단원 중에서 소방관서장이 임명하거나 위촉한다.
④ 소방공무원은 화재안전조사단의 단원으로 임명될 수 있다.

[22. 경채]
상 중 하
기본서 2권 p.32

17 「화재의 예방 및 안전관리에 관한 법률」 및 같은 법 시행령, 시행규칙상 화재안전조사의 방법·절차 등에 대한 설명으로 옳지 않은 것은?

① 소방관서장은 화재안전조사를 마친 때에는 그 조사결과를 관계인에게 서면 또는 구두로 통지하여야 한다.
② 소방관서장은 화재안전조사를 실시하려는 경우 사전에 조사대상, 조사기간 및 조사사유 등 조사계획을 소방청, 소방본부 또는 소방서의 인터넷 홈페이지나 전산시스템을 통해 7일 이상 공개해야 한다.
③ 화재안전조사의 연기를 승인한 경우라도 연기기간이 끝나기 전에 연기사유가 없어졌거나 긴급히 조사를 해야 할 사유가 발생하였을 때에는 관계인에게 미리 알리고 화재안전조사를 할 수 있다.
④ 화재안전조사의 연기를 신청하려는 관계인은 화재안전조사 시작 3일 전까지 화재안전조사 연기신청서(전자문서를 포함한다)에 화재안전조사를 받기 곤란함을 증명할 수 있는 서류(전자문서를 포함한다)를 첨부하여 소방관서장에게 제출해야 한다.

[22. 공채]
상 중 하
기본서 2권 p.29, p.31, p.35

해설 16 ② 소방관서장은 화재안전조사를 효율적으로 수행하기 위하여 대통령령으로 정하는 바에 따라 소방청에는 중앙화재안전조사단을, 소방본부 및 소방서에는 지방화재안전조사단을 편성하여 운영하여야 한다(법 제9조 제1항).
→ 운영할 수 있다.

17 ① 소방관서장은 화재안전조사를 마친 때에는 그 조사결과를 관계인에게 서면 또는 구두로 통지하여야 한다(법 제13조).
→ 구두는 해당하지 않는다.

정답 16.② 17.①

18 화재안전조사 결과에 따른 소방대상물의 위치·구조·설비 또는 관리의 상황이 화재예방을 위하여 보완될 필요가 있거나 화재가 발생하면 인명 또는 재산의 피해가 클 것으로 예상되는 때에는 행정안전부령으로 정하는 바에 따라 관계인에게 그 소방대상물의 개수(改修)·이전·제거, 사용의 금지 또는 제한, 사용폐쇄, 공사의 정지 또는 중지, 그 밖에 필요한 조치를 명할 수 있는 자는?

① 국무총리
② 대통령
③ 시·도지사
④ 소방본부장

19 다음 중 화재안전조사 결과에 따른 조치명령의 손실보상은 누가 하는가?

① 대통령
② 국무총리
③ 소방청장
④ 소방본부장 또는 소방서장

해설

18 ▶화재안전조사 결과에 따른 조치명령(법 제14조 제1항)
① <u>소방관서장</u>은 화재안전조사 결과에 따른 소방대상물의 위치·구조·설비 또는 관리의 상황이 화재예방을 위하여 보완될 필요가 있거나 화재가 발생하면 인명 또는 재산의 피해가 클 것으로 예상되는 때에는 행정안전부령으로 정하는 바에 따라 관계인에게 그 소방대상물의 개수(改修)·이전·제거, 사용의 금지 또는 제한, 사용폐쇄, 공사의 정지 또는 중지, 그 밖에 필요한 <u>조치를 명할 수 있다</u>.

19 <u>소방청장 또는 시·도지사</u>는 화재안전조사 결과에 따른 조치명령으로 인하여 손실을 입은 자가 있는 경우에는 대통령령으로 정하는 바에 따라 보상하여야 한다(법 제15조).

정답 18.④ 19.③

소방관계법규

20 「화재의 예방 및 안전관리에 관한 법률」 및 같은 법 시행령상 화재안전조사에 관한 설명으로 옳지 않은 것은?

① 개인의 주거에 대한 화재안전조사는 관계인의 승낙이 있거나 화재발생의 우려가 뚜렷하여 긴급한 필요가 있는 때에 한정한다.
② 소방관서장은 화재안전조사를 실시하려는 경우 사전에 관계인에게 조사대상, 조사기간 및 조사사유 등을 우편, 전화, 전자메일 또는 문자전송 등을 통하여 통지하고 이를 대통령령으로 정하는 바에 따라 인터넷 홈페이지나 전산시스템 등을 통하여 공개하여야 한다.
③ 시·도지사는 화재안전조사의 대상을 객관적이고 공정하게 선정하기 위하여 필요한 경우 화재안전조사위원회를 구성하여 화재안전조사의 대상을 선정할 수 있다.
④ 화재안전조사위원회는 위원장 1명을 포함하여 7명 이내의 위원으로 성별을 고려하여 구성한다.

[18. 경채]

21 「화재의 예방 및 안전관리에 관한 법률」 및 같은 법 시행령상 화재안전조사 결과에 따른 조치명령과 손실보상에 관한 설명으로 옳지 않은 것은?

① 시·도지사가 손실을 보상하는 경우에는 원가로 보상해야 한다.
② 손실보상에 관하여는 시·도지사와 손실을 입은 자가 협의해야 한다.
③ 시·도지사는 보상금액에 관한 협의가 성립되지 않은 경우에는 그 보상금액을 지급하거나 공탁하고 이를 상대방에게 알려야 한다.
④ 보상금의 지급 또는 공탁의 통지에 불복하는 자는 지급 또는 공탁의 통지를 받은 날부터 30일 이내에 관할 지방토지수용위원회에 재결을 신청할 수 있다.

[19. 경채]

해설 20 ③ ~~시·도지사는~~ 화재안전조사의 대상을 객관적이고 공정하게 선정하기 위하여 필요한 경우 화재안전조사위원회를 구성하여 화재안전조사의 대상을 선정할 수 있다(법 제10조 제1항).
→ 소방관서장은

21 ① 시·도지사가 손실을 보상하는 경우에는 ~~원가로~~ 보상해야 한다(영 제14조 제1항).
→ 시가

▶ 손실보상(영 제14조)
① 법 제15조에 따라 소방청장 또는 시·도지사가 손실을 보상하는 경우에는 시가(時價)로 보상해야 한다.
② 제1항에 따른 손실보상에 관하여는 소방청장 또는 시·도지사와 손실을 입은 자가 협의해야 한다.
③ 소방청장 또는 시·도지사는 제2항에 따른 보상금액에 관한 협의가 성립되지 않은 경우에는 그 보상금액을 지급하거나 공탁하고 이를 상대방에게 알려야 한다.
④ 제3항에 따른 보상금의 지급 또는 공탁의 통지에 불복하는 자는 지급 또는 공탁의 통지를 받은 날부터 30일 이내에 「공익사업을 위한 토지 등의 취득 및 보상에 관한 법률」 제49조에 따른 중앙토지수용위원회 또는 관할 지방토지수용위원회에 재결(裁決)을 신청할 수 있다.

정답 20.③ 21.①

22 「화재의 예방 및 안전관리에 관한 법률」 및 같은 법 시행령상 화재안전조사 결과에 따른 조치명령, 손실보상의 내용으로 옳지 않은 것은?

① 화재안전조사 결과에 따른 소방대상물의 조치명령권자는 소방관서장이다.
② 화재안전조사 결과에 따른 조치명령으로 소방청장 또는 시·도지사가 손실을 보상하는 경우에는 시가(時價)의 2배로 보상해야 한다.
③ 소방청장 또는 시·도지사는 보상금액에 관한 협의가 성립되지 않은 경우에는 그 보상금액을 지급하거나 공탁하고 이를 상대방에게 알려야 한다.
④ 소방관서장은 화재안전조사 결과에 따른 소방대상물의 위치·구조·설비 또는 관리의 상황이 화재예방을 위하여 보완될 필요가 있거나 화재가 발생하면 인명 또는 재산의 피해가 클 것으로 예상되는 때에는 행정안전부령으로 정하는 바에 따라 관계인에게 그 소방대상물의 개수(改修)·이전·제거, 사용의 금지 또는 제한, 사용폐쇄, 공사의 정지 또는 중지, 그 밖에 필요한 조치를 명할 수 있다.

[23. 경채]

기본서 2권 p.36~37

해설 22 ② 화재안전조사 결과에 따른 조치명령으로 소방청장 또는 시·도지사가 손실을 보상하는 경우에는 ~~시가(時價)의 2배로~~ 보상해야 한다(영 제14조).
→ 시가로

정답 22.②

04 화재의 예방조치 등

23 「화재의 예방 및 안전관리에 관한 법률 시행령」상 화재의 예방조치 등에 대한 설명으로 옳지 않은 것은?

① 소방관서장은 화재 발생 위험이 크거나 소화 활동에 지장을 줄 수 있다고 인정되는 옮긴물건등을 보관하는 경우에는 그날부터 14일 동안 해당 소방관서의 인터넷 홈페이지에 그 사실을 공고해야 한다.
② 소방관서장은 보관기간이 종료된 때에는 보관하고 있는 옮긴물건등을 매각해야 한다.
③ 소방관서장은 보관하던 옮긴물건등을 매각한 경우에는 그 날부터 7일 이내 「국가재정법」에 따라 세입조치를 해야 한다.
④ 소방관서장은 매각되거나 폐기된 옮긴물건등의 소유자가 보상을 요구하는 경우에는 보상금액에 대하여 소유자와의 협의를 거쳐 이를 보상해야 한다.

[15. 통합]

해설 23
③ 소방관서장은 보관하던 옮긴물건등을 매각한 경우에는 ~~그 날부터 7일 이내~~ 「국가재정법」에 따라 세입조치를 해야 한다.
→ 지체 없이

▶ 옮긴 물건 등의 보관기간 및 보관기간 경과 후 처리(영 제17조)
① 소방관서장은 법 제17조 제2항 각 호 외의 부분 단서에 따라 옮긴 물건 등(이하 "옮긴물건등"이라 한다)을 보관하는 경우에는 그날부터 14일 동안 해당 소방관서의 인터넷 홈페이지에 그 사실을 공고해야 한다.
② 옮긴물건등의 보관기간은 제1항에 따른 공고기간의 종료일 다음 날부터 7일까지로 한다.
③ 소방관서장은 제2항에 따른 보관기간이 종료된 때에는 보관하고 있는 옮긴물건등을 매각해야 한다. 다만, 보관하고 있는 옮긴물건등이 부패·파손 또는 이와 유사한 사유로 정해진 용도로 계속 사용할 수 없는 경우에는 폐기할 수 있다.
④ 소방관서장은 보관하던 옮긴물건등을 제3항 본문에 따라 매각한 경우에는 지체 없이 「국가재정법」에 따라 세입조치를 해야 한다.
⑤ 소방관서장은 제3항에 따라 매각되거나 폐기된 옮긴물건등의 소유자가 보상을 요구하는 경우에는 보상금액에 대하여 소유자와의 협의를 거쳐 이를 보상해야 한다.
⑥ 제5항의 손실보상의 방법 및 절차 등에 관하여는 제14조를 준용한다.

정답 23.③

24 「화재의 예방 및 안전관리에 관한 법률 시행령」상 화재의 예방조치 등에 대한 설명이다. ( ) 안의 내용으로 옳은 것은?

> 소방관서장은 화재 발생 위험이 크거나 소화 활동에 지장을 줄 수 있다고 인정되는 옮긴물건등을 보관하는 경우에는 그날부터 ( )일 동안 해당 소방관서의 인터넷 홈페이지에 그 사실을 공고해야 한다.

① 7 ② 10
③ 12 ④ 14

해설 24
▶ 옮긴 물건 등의 보관기간 및 보관기간 경과 후 처리(영 제17조 제1항)
① 소방관서장은 법 제17조 제2항 각 호 외의 부분 단서에 따라 옮긴 물건 등(이하 "옮긴물건등"이라 한다)을 보관하는 경우에는 <u>그날부터 14일 동안</u> 해당 소방관서의 인터넷 홈페이지에 그 사실을 공고해야 한다.

정답 24.④

소방관계법규

25 「화재의 예방 및 안전관리에 관한 법률」 및 같은 법 시행령상 화재 예방조치의 내용 중 옳지 않은 것은?

① 소방관서장은 화재 발생 위험이 크거나 소화 활동에 지장을 줄 수 있다고 인정되는 행위나 물건에 대하여 행위 당사자나 그 물건의 소유자, 관리자 또는 점유자에게 명령을 할 수 있다.
② 누구든지 화재예방강화지구 및 이에 준하는 대통령령으로 정하는 장소에서는 모닥불, 흡연 등 화기를 취급하는 행위를 하여서는 아니 된다. 다만, 행정안전부령으로 정하는 바에 따라 안전조치를 한 경우에는 그러하지 아니한다.
③ 옮긴 물건 등에 대한 보관기간 및 보관기간 경과 후 처리 등에 필요한 사항은 대통령령으로 정한다.
④ 옮긴물건등을 보관하는 경우에는 그날부터 7일 동안 해당 소방관서의 인터넷 홈페이지에 그 사실을 공고해야 한다.

[17. 중앙]
상 **중** 하
기본서 2권 p.44~46

해설 25
④ 옮긴물건등을 보관하는 경우에는 그날부터 7일 동안 해당 소방관서의 인터넷 홈페이지에 그 사실을 공고해야 한다.
→ 14일

▶ 옮긴 물건 등의 보관기간 및 보관기간 경과 후 처리(영 제17조 제1항)
① 소방관서장은 법 제17조 제2항 각 호 외의 부분 단서에 따라 옮긴 물건 등(이하 "옮긴물건등"이라 한다)을 보관하는 경우에는 그날부터 14일 동안 해당 소방관서의 인터넷 홈페이지에 그 사실을 공고해야 한다.

▶ 화재의 예방조치 등(법 제17조 제1항~제3항)
① 누구든지 화재예방강화지구 및 이에 준하는 대통령령으로 정하는 장소에서는 다음 각 호의 어느 하나에 해당하는 행위를 하여서는 아니 된다. 다만, 행정안전부령으로 정하는 바에 따라 안전조치를 한 경우에는 그러하지 아니한다.
  1. 모닥불, 흡연 등 화기의 취급
  2. 풍등 등 소형열기구 날리기
  3. 용접·용단 등 불꽃을 발생시키는 행위
  4. 그 밖에 대통령령으로 정하는 화재 발생 위험이 있는 행위
② 소방관서장은 화재 발생 위험이 크거나 소화 활동에 지장을 줄 수 있다고 인정되는 행위나 물건에 대하여 행위 당사자나 그 물건의 소유자, 관리자 또는 점유자에게 다음 각 호의 명령을 할 수 있다. 다만, 제2호 및 제3호에 해당하는 물건의 소유자, 관리자 또는 점유자를 알 수 없는 경우 소속 공무원으로 하여금 그 물건을 옮기거나 보관하는 등 필요한 조치를 하게 할 수 있다.
  1. 제1항 각 호의 어느 하나에 해당하는 행위의 금지 또는 제한
  2. 목재, 플라스틱 등 가연성이 큰 물건의 제거, 이격, 적재 금지 등
  3. 소방차량의 통행이나 소화 활동에 지장을 줄 수 있는 물건의 이동
③ 제2항 단서에 따라 옮긴 물건 등에 대한 보관기간 및 보관기간 경과 후 처리 등에 필요한 사항은 대통령령으로 정한다.

정답 25.④

26 보일러, 난로, 건조설비, 가스·전기시설, 그 밖에 화재 발생 우려가 있는 설비 또는 기구 등의 위치·구조 및 관리와 화재 예방을 위하여 불을 사용할 때 지켜야 하는 사항은 무엇으로 정하는가?

① 대통령령 ② 행정안전부령
③ 시·도 조례 ④ 시·도 규칙

27 「화재의 예방 및 안전관리에 관한 법률 시행령」상 화재의 예방조치 등으로 옳지 않은 것은?

① 소방관서장은 보관기간이 종료된 때에는 보관하고 있는 옮긴물건등을 매각해야 한다.
② 옮긴물건등에 대한 보관기간은 소방관서의 인터넷 홈페이지에 공고하는 기간의 종료일 다음 날부터 7일까지로 한다.
③ 소방관서장은 옮긴물건등을 보관하는 경우에는 그날부터 14일 동안 해당 소방관서의 인터넷 홈페이지에 그 사실을 공고해야 한다.
④ 시·도지사는 매각되거나 폐기된 옮긴물건등의 소유자가 보상을 요구하는 경우에는 보상금액에 대하여 소유자와의 협의를 거쳐 이를 보상해야 한다.

해설

26 보일러, 난로, 건조설비, 가스·전기시설, 그 밖에 화재 발생 우려가 있는 대통령령으로 정하는 설비 또는 기구 등의 위치·구조 및 관리와 화재 예방을 위하여 <u>불을 사용할 때 지켜야 하는 사항은 대통령령으로</u> 정한다(법 제17조 제4항).

27 ④ ~~시·도지사는~~ 매각되거나 폐기된 옮긴물건등의 소유자가 보상을 요구하는 경우에는 보상금액에 대하여 소유자와의 협의를 거쳐 이를 보상해야 한다(영 제17조 제5항).
→ 소방관서장은

정답 26.① 27.④

28 「화재의 예방 및 안전관리에 관한 법률 시행령」상 보일러에 기체연료를 사용하는 경우에 지켜야 하는 사항으로 바르지 않은 것은?

① 보일러를 설치하는 장소에는 환기구를 설치하는 등 가연성 가스가 머무르지 않도록 한다.
② 화재 등 긴급 시 연료를 차단할 수 있는 개폐밸브를 연료용기 등으로부터 0.5m 이내에 설치한다.
③ 보일러가 설치된 장소에는 가스누설경보기를 설치한다.
④ 연료를 공급하는 배관의 재질은 금속관 또는 플라스틱 합성관으로 한다.

[12. 전북]
기본서 2권 p.49

29 「화재의 예방 및 안전관리에 관한 법률 시행령」상 불을 사용하는 설비에 관하여 옳지 않은 것은?

① 보일러 본체와 벽·천장 사이의 거리는 0.6m 이상이어야 한다.
② 이동식 난로는 학원, 독서실, 박물관 및 미술관 등의 장소에서 사용해서는 안 된다(다만, 난로가 쓰러지지 않도록 받침대를 두어 고정시키거나 쓰러지는 경우 즉시 소화되고 연료의 누출을 차단할 수 있는 장치가 부착된 경우에는 그렇지 않다).
③ 열을 발생하는 조리기구는 반자 또는 선반으로부터 0.6m 이상 떨어지게 한다.
④ 액체연료를 사용하는 보일러를 설치하는 장소에는 환기구를 설치한다.

[12. 중앙]
기본서 2권 p.49~52

해설

28 ④ 연료를 공급하는 배관의 재질은 금속관 또는 ~~플라스틱 합성관~~으로 한다.

▶영 별표 1
기체연료를 사용할 때에는 다음 사항을 지켜야 한다.
가. 보일러를 설치하는 장소에는 환기구를 설치하는 등 가연성 가스가 머무르지 않도록 할 것
나. 연료를 공급하는 배관은 금속관으로 할 것
다. 화재 등 긴급 시 연료를 차단할 수 있는 개폐밸브를 연료용기 등으로부터 0.5미터 이내에 설치할 것
라. 보일러가 설치된 장소에는 가스누설경보기를 설치할 것

29 ④ ~~액체연료~~를 사용하는 보일러를 설치하는 장소에는 환기구를 설치하는 등 가연성 가스가 머무르지 않도록 할 것(영 별표 1)
→ 기체연료

정답 28.④ 29.④

30 「화재의 예방 및 안전관리에 관한 법률 시행령」상 보일러 등의 위치·구조 및 관리와 불의 사용에 있어서 지켜야 하는 사항으로 옳지 않은 것은?

① 난로의 연통은 천장으로부터 1m 이상 떨어지고, 연통의 배출구는 건물 밖으로 1m 이상 나오게 설치해야 한다.
② 노 또는 화덕을 설치하는 장소의 벽·천장은 불연재료로 된 것이어야 한다.
③ 보일러를 실내에 설치하는 경우에는 콘크리트바닥 또는 금속 외의 불연재료로 된 바닥 위에 설치해야 한다.
④ 건조설비와 벽·천장 사이의 거리는 0.5m 이상이어야 한다.

[13. 전북특]
기본서 2권 p.50~52

31 「화재의 예방 및 안전관리에 관한 법률 시행령」상 불의 사용에 있어 지켜야 할 사항 중 옳지 않은 것은?

① 액체연료를 사용하는 보일러의 연료탱크는 보일러 본체로부터 수평거리 1m 이상의 간격을 두어 설치할 것
② 건조설비와 벽·천장 사이의 거리는 0.6m 이상이어야 할 것
③ 열을 발생하는 조리기구는 반자 또는 선반으로부터 0.6m 이상 떨어지게 할 것
④ 시간당 열량이 30만kcal 이상인 노를 설치하는 경우 노 주위에는 1m 이상의 공간을 확보할 것

[11. 통합]
기본서 2권 p.49, p.51~52

해설

30 ① 난로의 연통은 천장으로부터 1m 이상 떨어지고, 연통의 배출구는 건물 밖으로 1m 이상 나오게 설치해야 한다(영 별표 1).
→ 0.6m, 0.6m

31 ② 건조설비와 벽·천장 사이의 거리는 0.6m 이상이어야 할 것(영 별표 1)
→ 0.5m

정답 30.① 31.②

소방관계법규

32 「화재의 예방 및 안전관리에 관한 법률 시행령」상 보일러 등의 위치·구조 및 관리와 화재예방을 위하여 불의 사용에 있어서 지켜야 하는 사항 중 '난로'에 대한 설명이다. ( ) 안의 내용으로 옳게 연결된 것은?

> 연통은 천장으로부터 (㉠)m 이상 떨어지고, 연통의 배출구는 건물 밖으로 (㉡)m 이상 나오게 설치해야 한다.

	㉠	㉡		㉠	㉡
①	0.5	0.6	②	0.6	0.6
③	0.5	0.5	④	0.6	0.5

[18. 경채]

33 「화재의 예방 및 안전관리에 관한 법률 시행령」상 보일러 등의 위치·구조 및 관리와 화재예방을 위하여 불의 사용에 있어서 지켜야 하는 사항으로 옳지 않은 것은?

① 보일러 본체와 벽·천장 사이의 거리는 0.6미터 이상이어야 한다.
② 난로의 연통은 천장으로부터 0.6미터 이상 떨어지고, 연통의 배출구는 건물 밖으로 0.6미터 이상 나오게 설치해야 한다.
③ 건조설비와 벽·천장 사이의 거리는 0.5미터 이상이어야 한다.
④ 불꽃을 사용하는 용접·용단기구 작업장에서는 용접 또는 용단 작업장 주변 반경 10미터 이내에 소화기를 갖추어 두어야 한다.

[19. 경채]

해설

32 연통은 천장으로부터 (㉠ : 0.6)m 이상 떨어지고, 연통의 배출구는 건물 밖으로 (㉡ : 0.6)m 이상 나오게 설치해야 한다(영 별표 1).

33 ④ '불꽃을 사용하는 용접·용단기구' 작업장에서는 용접 또는 용단 작업자 주변 반경 ~~10~~미터 이내에 소화기를 갖추어야 한다.
→ 5m

▶ 불꽃을 사용하는 용접·용단기구(영 별표 1)
용접 또는 용단 작업장에서는 다음 각 목의 사항을 지켜야 한다. 다만, 「산업안전보건법」 제38조의 적용을 받는 사업장에는 적용하지 않는다.
1. 용접 또는 용단 작업장 주변 반경 5m 이내에 소화기를 갖추어 둘 것
2. 용접 또는 용단 작업장 주변 반경 10m 이내에는 가연물을 쌓아두거나 놓아두지 말 것. 다만, 가연물의 제거가 곤란하여 방화포 등으로 방호조치를 한 경우는 제외한다.

정답 32.② 33.④

34 「화재의 예방 및 안전관리에 관한 법률 시행령」상 불을 사용하는 설비의 관리기준 등에 대한 설명이다. ( ) 안에 들어갈 숫자로 옳은 것은?

- 보일러 : 보일러 본체와 벽·천장 사이의 거리는 (가)미터 이상이어야 한다.
- 난로 : 연통은 천장으로부터 (나)미터 이상 떨어지고, 연통의 배출구는 건물 밖으로 0.6미터 이상 나오게 설치해야 한다.
- 건조설비 : 건조설비와 벽·천장 사이의 거리는 (다)미터 이상이어야 한다.
- 음식조리를 위하여 설치하는 설비 : 열을 발생하는 조리기구는 반자 또는 선반으로부터 (라)미터 이상 떨어지게 해야 한다.

	(가)	(나)	(다)	(라)
①	0.5	0.6	0.6	0.6
②	0.6	0.6	0.5	0.6
③	0.6	0.5	0.6	0.6
④	0.6	0.6	0.5	0.5

[19. 공채]
기본서 2권 p.50~52

해설 34 ▶영 별표 1
- 보일러
  보일러 본체와 벽·천장 사이의 거리는 (가 : 0.6)미터 이상이어야 한다.
- 난로
  연통은 천장으로부터 (나 : 0.6)미터 이상 떨어지고, 연통의 배출구는 건물 밖으로 0.6미터 이상 나오게 설치해야 한다.
- 건조설비
  건조설비와 벽·천장 사이의 거리는 (다 : 0.5)미터 이상이어야 한다.
- 음식조리를 위하여 설치하는 설비
  열을 발생하는 조리기구는 반자 또는 선반으로부터 (라 : 0.6)미터 이상 떨어지게 해야 한다.

정답 34.②

35 「화재의 예방 및 안전관리에 관한 법률 시행령」상 일반음식점에서 조리를 위하여 불을 사용하는 설비를 설치할 때 지켜야 할 사항으로 옳지 않은 것은?

① 주방시설에는 동물 또는 식물의 기름을 제거할 수 있는 필터 등을 설치할 것
② 열을 발생하는 조리기구는 반자 또는 선반으로부터 0.5미터 이상 떨어지게 할 것
③ 주방설비에 부속된 배출덕트(공기 배출통로)는 0.5밀리미터 이상의 아연도금강판 또는 이와 같거나 그 이상의 내식성 불연재료로 설치할 것
④ 열을 발생하는 조리기구로부터 0.15미터 이내의 거리에 있는 가연성 주요 구조부는 단열성이 있는 불연재료로 덮어 씌울 것

36 「화재의 예방 및 안전관리에 관한 법률 시행령」상 보일러 등의 위치·구조 및 관리와 화재예방을 위하여 불의 사용에 있어서 지켜야 하는 사항으로, 용접 또는 용단 작업장에서 지켜야 할 사항이다. ( ) 안에 들어갈 내용으로 옳은 것은? (단, 「산업안전보건법」 제38조의 적용을 받는 사업장에는 적용하지 않는다)

- 용접 또는 용단 작업장 주변 (가) 이내에 소화기를 갖추어 둘 것
- 용접 또는 용단 작업장 주변 (나) 이내에는 가연물을 쌓아두거나 놓아두지 말 것. 다만, 가연물의 제거가 곤란하여 방화포 등으로 방호조치를 한 경우는 제외한다.

	(가)	(나)		(가)	(나)
①	반경 5m	반경 10m	②	반경 6m	반경 12m
③	직경 5m	직경 10m	④	직경 6m	직경 12m

해설

35 ② 열을 발생하는 조리기구는 반자 또는 선반으로부터 ~~0.5미터~~ 이상 떨어지게 할 것
→ 0.6미터

▶ 음식조리를 위하여 설치하는 설비(영 별표 1)
「식품위생법 시행령」 제21조 제8호에 따른 식품접객업 중 일반음식점 주방에서 조리를 위하여 불을 사용하는 설비를 설치하는 경우에는 다음 각 목의 사항을 지켜야 한다.
가. 주방설비에 부속된 배출덕트(공기 배출통로)는 0.5밀리미터 이상의 아연도금강판 또는 이와 같거나 그 이상의 내식성 불연재료로 설치할 것
나. 주방시설에는 동물 또는 식물의 기름을 제거할 수 있는 필터 등을 설치할 것
다. 열을 발생하는 조리기구는 반자 또는 선반으로부터 0.6미터 이상 떨어지게 할 것
라. 열을 발생하는 조리기구로부터 0.15미터 이내의 거리에 있는 가연성 주요구조부는 단열성이 있는 불연재료로 덮어 씌울 것

36 ▶ 불꽃을 사용하는 용접·용단기구(영 별표 1)
용접 또는 용단 작업장에서는 다음 각 목의 사항을 지켜야 한다. 다만, 「산업안전보건법」 제38조의 적용을 받는 사업장에는 적용하지 않는다.
1. 용접 또는 용단 작업장 주변 반경 5m 이내에 소화기를 갖추어 둘 것
2. 용접 또는 용단 작업장 주변 반경 10m 이내에는 가연물을 쌓아두거나 놓아두지 말 것. 다만, 가연물의 제거가 곤란하여 방화포 등으로 방호조치를 한 경우는 제외한다.

정답 35.② 36.①

37 「화재의 예방 및 안전관리에 관한 법률 시행령」상 노·화덕 설비의 설치기준으로 옳지 않은 것은?

① 시간당 열량이 30만 킬로칼로리 이상인 노를 설치하는 경우에는 주요구조부는 난연재료로 한다.
② 시간당 열량이 30만 킬로칼로리 이상인 노를 설치하는 경우에는 노 주위에는 1미터 이상 공간을 확보한다.
③ 노 또는 화덕의 주위에는 녹는 물질이 확산되지 않도록 높이 0.1미터 이상의 턱을 설치해야 한다.
④ 실내에 설치하는 경우에는 흙바닥 또는 금속 외의 불연재료로 된 바닥에 설치해야 한다.

38 「화재의 예방 및 안전관리에 관한 법률 시행령」상 보일러 등의 위치·구조 및 관리와 화재예방을 위하여 불의 사용에 있어서 지켜야 하는 사항으로 옳지 않은 것은?

① 노 또는 화덕의 주위에는 녹는 물질이 확산되지 않도록 높이 0.1미터 이상의 턱을 설치해야 한다.
② 「공연법」 제2조 제4호에 따른 공연장에서 이동식난로는 사용해서는 안된다 (다만, 난로가 쓰러지지 않도록 받침대를 두어 고정시키거나 쓰러지는 경우 즉시 소화되고 연료의 누출을 차단할 수 있는 장치가 부착된 경우에는 그렇지 않다).
③ 보일러를 실내에 설치하는 경우에는 콘크리트바닥 또는 금속 외의 불연재료로 된 바닥 위에 설치해야 한다.
④ 주방설비에 부속된 배출덕트(공기 배출통로)는 0.15밀리미터 이상의 아연도금강판 또는 이와 같거나 그 이상의 내식성 불연재료로 설치해야 한다.

해설

37 ① 시간당 열량이 30만 킬로칼로리 이상인 노를 설치하는 경우에는 주요구조부는 난연재료로 한다(영 별표 1).
→ 불연재료

38 ④ 주방설비에 부속된 배출덕트(공기 배출통로)는 ~~0.15밀리미터~~ 이상의 아연도금강판 또는 이와 같거나 그 이상의 내식성 불연재료로 설치해야 한다(영 별표 1).
→ 0.5밀리미터

정답 37.① 38.④

39 「화재의 예방 및 안전관리에 관한 법률 시행령」상 불을 사용하는 설비의 관리기준 등에 관한 내용으로 옳지 않은 것은?

① 보일러 : 가연성 벽·바닥 또는 천장과 접촉하는 증기기관 또는 연통의 부분은 규조토 등 난연성 또는 불연성 단열재로 덮어씌워야 한다.
② 난로 : 가연성 벽·바닥 또는 천장과 접촉하는 연통의 부분은 규조토 등 난연성 또는 불연성 단열재로 덮어씌워야 한다.
③ 건조설비 : 실내에 설치하는 경우에 벽·천장 및 바닥은 준불연재료로 해야 한다.
④ 노·화덕설비 : 노 또는 화덕을 설치하는 장소의 벽·천장은 불연재료로 된 것이어야 한다.

40 「화재의 예방 및 안전관리에 관한 법률 시행령」상 불을 사용하는 설비의 관리기준에 관한 내용으로 옳은 것은?

① 경유·등유 등 액체 연료탱크는 보일러 본체로부터 수평거리 0.5미터 이상의 간격을 두어 설치한다.
② 화목(火木) 등 고체연료를 사용하는 연통의 배출구는 보일러 본체보다 1미터 이상 높게 설치한다.
③ 음식조리를 위하여 설치하는 설비의 경우, 열을 발생하는 조리기구로부터 0.15미터 이내의 거리에 있는 가연성 주요구조부는 단열성이 있는 불연재료로 덮어 씌운다.
④ 대통령령에서 규정한 사항 외에 화재 발생 우려가 있는 설비 또는 기구의 종류, 해당 설비 또는 기구의 위치·구조 및 관리와 화재 예방을 위하여 불을 사용할 때 지켜야 하는 사항은 행정안전부령으로 정한다.

해설 39 ③ 건조설비 : 실내에 설치하는 경우에 벽·천장 및 바닥은 <u>준불연재료</u>로 해야 한다(영 별표 1).
→ 불연재료

40 ① ~~수평거리 1미터~~
② ~~ 2미터 이상~~
④ ~~시·도의 조례로 정한다.

▶화재예방법 시행령 별표 1
- 경유·등유 등 액체연료를 사용하는 경우
  ㉠ 연료탱크는 보일러본체로부터 수평거리 <u>1미터</u> 이상의 간격을 두어 설치할 것
- 화목 등 고체연료를 사용하는 경우
  ㉡ 연통의 배출구는 보일러 본체보다 <u>2미터</u> 이상 높게 설치할 것
- 대통령령에서 규정한 사항 외에 화재발생 우려가 있는 설비 또는 기구의 종류, 해당설비 또는 기구의 위치·구조 및 관리와 화재 예방을 위하여 불을 사용할 때 지켜야 하는 사항은 <u>시·도의 조례</u>로 정한다.

정답 39.③ 40.③

41 「화재의 예방 및 안전관리에 관한 법률 시행령」상 특수가연물의 품명과 수량으로 옳지 않은 것은?

① 200kg인 면화류
② 1,200kg인 볏짚류
③ 350kg인 나무껍질
④ 1,000kg인 사류

[18. 공채]
기본서 2권 p.53

42 「화재의 예방 및 안전관리에 관한 법률 시행령」상 특수가연물의 품명과 수량으로 옳지 않은 것은?

① 넝마 및 종이부스러기 : 400킬로그램 이상
② 가연성고체류 : 3,000킬로그램 이상
③ 석탄·목탄류 : 10,000킬로그램 이상
④ 가연성액체류 : 2세제곱미터 이상

[21. 경채]
기본서 2권 p.53

해설 41 ③ ~~350kg~~인 나무껍질
→ 400kg 이상

▶특수가연물(영 별표 2)

품 명	수 량	품 명		수 량
면화류	200kg 이상	석탄·목탄류		10,000kg 이상
나무껍질 및 대팻밥	400kg 이상	가연성액체류		2m³ 이상
넝마 및 종이부스러기	1,000kg 이상	목재가공품 및 나무부스러기		10m³ 이상
사류(絲類)	1,000kg 이상	고무류·플라스틱류	발포시킨 것	20m³ 이상
볏짚류	1,000kg 이상		그 밖의 것	3,000kg 이상
가연성고체류	3,000kg 이상			

42 ① 넝마 및 종이부스러기 : ~~400~~킬로그램 이상(영 별표 2)
→ 1,000킬로그램

정답 41.③ 42.①

43 「화재의 예방 및 안전관리에 관한 법률 시행령」상 특수가연물의 저장 및 취급 기준으로 옳지 않은 것은?

① 품명별로 구분하여 쌓을 것이며 실내의 경우 바닥면적의 사이는 1.2m 또는 쌓는 높이의 1/2 중 큰 값 이상으로 간격을 두어야 한다.
② 쌓는 높이는 10m 이하가 되도록 한다(단, 살수설비를 설치하지 않고 방사능력 범위에 해당 특수가연물이 포함되도록 대형수동식소화기도 설치하지 않은 경우).
③ 석탄, 목탄의 경우 쌓는 부분의 바닥면적은 50m² 이하가 되도록 한다(단, 살수설비를 설치하지 않고 방사능력 범위에 해당 특수가연물이 포함되도록 대형수동식소화기도 설치하지 않은 경우).
④ 특수가연물을 저장 또는 취급하는 장소에는 품명, 최대저장수량, 단위부피당 질량 또는 단위체적당 질량, 관리책임자 성명·직책, 연락처 및 화기취급의 금지표시가 포함된 특수가연물 표지를 설치해야 한다.

[11. 울산]

기본서 2권 p.54~55

해설 43 ③ 석탄, 목탄의 경우 쌓는 부분의 바닥면적은 ~~50m²~~ 이하가 되도록 한다(단, 살수설비를 설치하지 않고 방사능력 범위에 해당 특수가연물이 포함되도록 대형수동식소화기도 설치하지 않은 경우)(영 별표 3).
→ 200m²

▶ 특수가연물의 저장 및 취급 기준(영 별표 3)
1. 특수가연물은 다음 각 목의 기준에 따라 쌓아 저장해야 한다. 다만, 석탄·목탄류를 발전용(發電用)으로 저장하는 경우는 제외한다.
   가. 품명별로 구분하여 쌓을 것
   나. 다음의 기준에 맞게 쌓을 것

구 분	살수설비를 설치하거나 방사능력 범위에 해당 특수가연물이 포함되도록 대형수동식소화기를 설치하는 경우	그 밖의 경우
높이	15미터 이하	10미터 이하
쌓는 부분의 바닥면적	200제곱미터 이하 (석탄·목탄류의 경우에는 300제곱미터)	50제곱미터 이하 (석탄·목탄류의 경우에는 200제곱미터)

   다. 실외에 쌓아 저장하는 경우 쌓는 부분이 대지경계선, 도로 및 인접 건축물과 최소 6미터 이상 간격을 둘 것. 다만, 쌓는 높이보다 0.9미터 이상 높은 「건축법 시행령」 제2조 제7호에 따른 내화구조(이하 "내화구조"라 한다) 벽체를 설치한 경우는 그렇지 않다.
   라. 실내에 쌓아 저장하는 경우 주요구조부는 내화구조이면서 불연재료여야 하고, 다른 종류의 특수가연물과 같은 공간에 보관하지 않을 것. 다만, 내화구조의 벽으로 분리하는 경우는 그렇지 않다.
   마. 쌓는 부분 바닥면적의 사이는 실내의 경우 1.2미터 또는 쌓는 높이의 1/2 중 큰 값 이상으로 간격을 두어야 하며, 실외의 경우 3미터 또는 쌓는 높이 중 큰 값 이상으로 간격을 둘 것
2. 특수가연물 표지
   가. 특수가연물을 저장 또는 취급하는 장소에는 품명, 최대저장수량, 단위부피당 질량 또는 단위 체적당 질량, 관리책임자 성명·직책, 연락처 및 화기취급의 금지표시가 포함된 특수가연물 표지를 설치해야 한다.

정답 43.③

44 「화재의 예방 및 안전관리에 관한 법률 시행령」상 특수가연물의 저장 및 취급 기준이 아닌 것은?

① 석탄·목탄류를 발전용으로 저장하는 경우에는 바닥면적 200m² 이하가 되도록 해야 한다.
② 특수가연물을 저장 또는 취급하는 장소에는 품명, 최대저장수량, 단위부피당 질량 또는 단위체적당 질량, 관리책임자 성명·직책, 연락처 및 화기취급의 금지표시가 포함된 특수가연물 표지를 설치해야 한다.
③ 쌓는 부분의 바닥면적 사이는 실외의 경우 3m 또는 쌓는 높이 중 큰 값 이상으로 간격을 둘 것
④ 품명별로 구분하여 쌓아 저장해야 한다.

[11. 중앙]
상 중 하
기본서 2권 p.54~55

45 「화재의 예방 및 안전관리에 관한 법률 시행령」상 특수가연물의 저장 및 취급에 관한 기준으로 옳지 않은 것은?

① 특수가연물을 저장 또는 취급하는 장소에는 품명, 최소저장수량, 단위부피당 질량 또는 단위체적당 질량, 관리책임자 성명·직책, 주소 및 화기취급의 금지표시가 포함된 특수가연물 표지를 설치해야 한다.
② 특수가연물을 품명별로 구분하여 쌓는다.
③ 방사능력 범위에 해당 특수가연물이 포함되도록 대형수동식소화기를 설치하는 경우에는 쌓는 높이를 15m 이하로 해야 한다.
④ 쌓는 부분 바닥면적의 사이는 실내의 경우 1.2미터 또는 쌓는 높이의 1/2 중 큰 값 이상으로 간격을 두어야 하며, 실외의 경우 3미터 또는 쌓는 높이 중 큰 값 이상으로 간격을 두어야 한다.

[12. 전북]
상 중 하
기본서 2권 p.54~55

해설

44 ① 석탄·목탄류를 발전용으로 저장하는 경우에는 바닥면적 200m² 이하가 되도록 해야 한다(영 별표 3).
→ 석탄·목탄류를 발전(發電)용으로 저장하는 경우는 제외

45 ① 특수가연물을 저장 또는 취급하는 장소에는 품명, 최소저장수량, 단위부피당 질량 또는 단위체적당 질량, 관리책임자 성명·직책, 주소 및 화기취급의 금지표시가 포함된 특수가연물 표지를 설치해야 한다(영 별표 3).
→ 최대저장수량, 연락처

정답 44.① 45.①

46 「화재의 예방 및 안전관리에 관한 법률 시행령」상 특수가연물의 저장 및 취급 기준에 대한 설명으로 옳지 않은 것은?

① 실내에 쌓아 저장하는 경우 주요구조부는 내화구조이면서 불연재료여야 하고, 다른 종류의 특수가연물과 같은 공간에 보관하지 않을 것. 다만, 내화구조의 벽으로 분리하는 경우는 그렇지 않다.

② 실외에 쌓아 저장하는 경우 쌓는 부분이 대지경계선, 도로 및 인접 건축물과 최소 6미터 이상 간격을 둘 것. 다만, 쌓는 높이보다 0.9미터 이상 높은 「건축법 시행령」에 따른 내화구조 벽체를 설치한 경우는 그렇지 않다.

③ 쌓는 높이는 10미터 이하가 되도록 하고, 쌓는 부분의 바닥면적은 50m²(석탄·목탄의 경우 200m²) 이하가 되도록 할 것(단, 살수설비를 설치하지 않고 방사능력 범위에 해당 특수가연물이 포함되도록 대형수동식소화기도 설치하지 않은 경우)

④ 쌓는 부분 바닥면적의 사이는 실내의 경우 1.2m 이하로 간격을 두어야 한다.

[15. 통합]
기본서 2권 p.54~55

47 「화재의 예방 및 안전관리에 관한 법률 시행령」상 화재가 발생하는 경우 불길이 빠르게 번지는 고무류·플라스틱류·석탄 및 목탄 등 대통령령으로 정하는 특수가연물의 저장 및 취급기준 중 다음 (   ) 안에 들어갈 숫자로 옳은 것은?

> 살수설비를 설치하거나, 방사능력 범위에 해당 특수가연물이 포함되도록 대형수동식소화기를 설치하는 경우에는 쌓는 높이를 (가)미터 이하, 쌓는 부분의 바닥면적을 (나)제곱미터[석탄·목탄류의 경우에는 (다)제곱미터] 이하로 쌓아 저장해야 한다.

	(가)	(나)	(다)		(가)	(나)	(다)
①	10	200	300	②	10	300	200
③	15	200	300	④	15	300	200

[20. 경채]
기본서 2권 p.54

해설 46 ④ 쌓는 부분 바닥면적의 사이는 실내의 경우 1.2m 이하로 간격을 두어야 한다(영 별표 3).
→ 1.2미터 또는 쌓는 높이의 1/2 중 큰 값 이상으로

47 ▸영 별표 3

구 분	살수설비를 설치하거나 방사능력 범위에 해당 특수가연물이 포함되도록 대형수동식소화기를 설치하는 경우	그 밖의 경우
높이	15미터 이하	10미터 이하
쌓는 부분의 바닥면적	200제곱미터 이하 (석탄·목탄류의 경우에는 300제곱미터)	50제곱미터 이하 (석탄·목탄류의 경우에는 200제곱미터)

정답 46.④ 47.③

48 「화재의 예방 및 안전관리에 관한 법률 시행령」상 특수가연물의 저장 및 취급 기준에서 특수가연물 표지에 관한 내용으로 옳지 않은 것은?

① 특수가연물 표지 중 화기엄금 표시 부분의 바탕은 붉은색으로, 문자는 백색으로 할 것
② 특수가연물 표지는 한 변의 길이가 0.3미터 이상, 다른 한 변의 길이가 0.6미터 이상인 직사각형으로 할 것
③ 특수가연물 표지의 바탕은 검은색으로, 문자는 흰색으로 할 것. 다만, "화기엄금" 표시 부분은 제외한다.
④ 특수가연물을 저장 또는 취급하는 장소에는 품명, 최대저장수량, 단위부피당 질량 또는 단위체적당 질량, 관리책임자 성명·직책, 연락처 및 화기취급의 금지표시가 포함된 특수가연물 표지를 설치해야 한다.

[23. 경채, 공채]

기본서 2권 p.55~56

해설 48 ▶영 별표 3
2) 특수가연물 표지의 바탕은 <u>흰색</u>으로, 문자는 <u>검은색</u>으로 할 것. 다만, "화기엄금" 표시 부분은 제외한다.

정답 48.③

49 「화재의 예방 및 안전관리에 관한 법률 시행령」상 화재의 확대가 빠른 특수가연물의 저장 및 취급 기준으로 옳은 것은? (단, 석탄·목탄류를 발전용(發電用)으로 저장하는 경우는 제외한다.)

① 실외에 쌓아 저장하는 경우 쌓는 부분이 대지경계선, 도로 및 인접 건축물과 최소 6미터 이상 간격을 둘 것. 다만, 쌓는 높이보다 0.9미터 이상 높은 내화구조 벽체를 설치한 경우는 그렇지 않다.
② 실내에 쌓아 저장하는 경우 주요구조부는 불연재료 또는 준불연재료여야 하고, 다른 종류의 특수가연물과 같은 공간에 보관하지 않을 것. 다만, 방화구조의 벽으로 분리하는 경우는 그렇지 않다.
③ 쌓는 부분 바닥면적의 사이는 실내의 경우 1미터 또는 쌓는 높이의 1/2 중 큰 값 이상으로 간격을 둘 것
④ 쌓는 부분 바닥면적의 사이는 실외의 경우 3미터 또는 쌓는 높이의 1/2 중 큰 값 이상으로 간격을 둘 것

[24. 경채]
기본서 2권 p.54~56

해설 49
② ~내화구조이면서 불연재료~   ~~내화구조의 벽~~
③ ~1.2미터 또는 쌓는 높이의 1/2 ~
④ ~3미터 또는 쌓는 높이 중 큰 값 이상~

▶ 화재예방법 시행령 별표 3
- 실내에 쌓아 저장하는 경우 주요구조부는 내화구조이면서 불연재료여야 하고, 다른 종류의 특수가연물과 같은 공간에 보관하지 않을 것. 다만, 내화구조의 벽으로 분리하는 경우는 그렇지 않다.
- 쌓는 부분 바닥면적의 사이는 실내의 경우 1.2미터 또는 쌓는 높이의 1/2 중 큰 값 이상으로 간격을 두어야 하며, 실외의 경우 3미터 또는 쌓는 높이 중 큰 값 이상으로 간격을 둘 것

정답 49.①

50 「화재의 예방 및 안전관리에 관한 법률」상 화재예방강화지구 지정 대상지역이 아닌 것은?

① 문화유산이 밀집한 지역
② 석유화학제품을 생산하는 공장이 있는 지역
③ 공장·창고 등이 밀집한 지역
④ 위험물저장 및 처리시설이 밀집한 지역

51 「화재의 예방 및 안전관리에 관한 법률」상 화재예방강화지구 지정 대상지역이 아닌 것은?

① 공장이 밀집한 지역　　② 목조건물이 밀집한 지역
③ 고층건축물이 밀집한 지역　　④ 소방출동로가 없는 지역

해설 50 ① 문화유산이 밀집한 지역은 대상지역이 아니다.

▶ 화재예방강화지구의 지정 대상지역(법 제18조 제1항)
1. 시장지역
2. 공장·창고가 밀집한 지역
3. 목조건물이 밀집한 지역
4. 노후·불량건축물이 밀집한 지역
5. 위험물의 저장 및 처리 시설이 밀집한 지역
6. 석유화학제품을 생산하는 공장이 있는 지역
7. 「산업입지 및 개발에 관한 법률」 제2조 제8호에 따른 산업단지
8. 소방시설·소방용수시설 또는 소방출동로가 없는 지역
9. 「물류시설의 개발 및 운영에 관한 법률」 제2조 제6호에 따른 물류단지
10. 그 밖에 제1호부터 제9호까지 준하는 지역으로서 소방관서장이 화재예방강화지구로 지정할 필요가 있다고 인정하는 지역

51 ③ 고층건축물이 밀집한 지역은 대상지역이 아니다.

▶ 화재예방강화지구의 지정 대상지역(법 제18조 제1항)
1. 시장지역
2. 공장·창고가 밀집한 지역
3. 목조건물이 밀집한 지역
4. 노후·불량건축물이 밀집한 지역
5. 위험물의 저장 및 처리 시설이 밀집한 지역
6. 석유화학제품을 생산하는 공장이 있는 지역
7. 「산업입지 및 개발에 관한 법률」 제2조 제8호에 따른 산업단지
8. 소방시설·소방용수시설 또는 소방출동로가 없는 지역
9. 「물류시설의 개발 및 운영에 관한 법률」 제2조 제6호에 따른 물류단지
10. 그 밖에 제1호부터 제9호까지 준하는 지역으로서 소방관서장이 화재예방강화지구로 지정할 필요가 있다고 인정하는 지역

정답 50.① 51.③

52 「화재의 예방 및 안전관리에 관한 법률」상 화재예방강화지구 지정 대상지역으로 옳지 않은 것은?

① 상가지역
② 공장·창고가 밀집한 지역
③ 위험물의 저장 및 처리 시설이 밀집한 지역
④ 소방시설·소방용수시설 또는 소방출동로가 없는 지역

[16. 통합]

기본서 2권 p.57

해설 52 ① 상가지역은 대상지역이 아니다.

▶ 화재예방강화지구의 지정 대상지역(법 제18조 제1항)
1. 시장지역
2. 공장·창고가 밀집한 지역
3. 목조건물이 밀집한 지역
4. 노후·불량건축물이 밀집한 지역
5. 위험물의 저장 및 처리 시설이 밀집한 지역
6. 석유화학제품을 생산하는 공장이 있는 지역
7. 「산업입지 및 개발에 관한 법률」제2조 제8호에 따른 산업단지
8. 소방시설·소방용수시설 또는 소방출동로가 없는 지역
9. 「물류시설의 개발 및 운영에 관한 법률」제2조 제6호에 따른 물류단지
10. 그 밖에 제1호부터 제9호까지에 준하는 지역으로서 소방관서장이 화재예방강화지구로 지정할 필요가 있다고 인정하는 지역

정답 52.①

53 「화재의 예방 및 안전관리에 관한 법률」상 화재예방강화지구 지정관리대상지역으로 옳은 것을 모두 고른 것은?

> ㉠ 시장지역
> ㉡ 목조건물이 밀집한 지역
> ㉢ 위험물의 저장 및 처리 시설이 밀집한 지역
> ㉣ 석유화학제품을 생산하는 공장이 있는 지역

① ㉠, ㉡
② ㉢, ㉣
③ ㉠, ㉢, ㉣
④ ㉠, ㉡, ㉢, ㉣

[20. 경채]
기본서 2권 p.57

해설 53 모두 옳은 지문이다.

▶ 화재예방강화지구의 지정 대상지역(법 제18조 제1항)
1. 시장지역
2. 공장·창고가 밀집한 지역
3. 목조건물이 밀집한 지역
4. 노후·불량건축물이 밀집한 지역
5. 위험물의 저장 및 처리 시설이 밀집한 지역
6. 석유화학제품을 생산하는 공장이 있는 지역
7. 「산업입지 및 개발에 관한 법률」제2조 제8호에 따른 산업단지
8. 소방시설·소방용수시설 또는 소방출동로가 없는 지역
9. 「물류시설의 개발 및 운영에 관한 법률」제2조 제6호에 따른 물류단지
10. 그 밖에 제1호부터 제9호까지에 준하는 지역으로서 소방관서장이 화재예방강화지구로 지정할 필요가 있다고 인정하는 지역

정답 53.④

54 「화재의 예방 및 안전관리에 관한 법률」상 화재예방강화지구로 지정할 수 있는 지역으로 옳은 것만을 〈보기〉에서 있는 대로 고른 것은? (단, 소방관서장이 화재예방강화지구로 지정할 필요가 있다고 인정하는 지역은 제외한다.)

[24. 경채]
상 중 하
기본서 2권 p.57

〈보기〉
㉠ 시장지역
㉡ 목조건물이 밀집한 지역
㉢ 전력용 및 통신용 지하구가 있는 지역
㉣ 소방시설·소방용수시설 또는 소방출동로가 없는 지역
㉤ 「물류시설의 개발 및 운영에 관한 법률」 제2조 제6호에 따른 물류단지

① ㉠, ㉡, ㉢
② ㉠, ㉢, ㉣
③ ㉠, ㉡, ㉣, ㉤
④ ㉡, ㉢, ㉣, ㉤

해설 54 ㉢ – 해당사항 없음

▶ 화재예방법 제18조(화재예방강화지구의 지정 등)
① 시·도지사는 다음 각 호의 어느 하나에 해당하는 지역을 화재예방강화지구로 지정하여 관리할 수 있다.
  1. 시장지역
  2. 공장·창고가 밀집한 지역
  3. 목조건물이 밀집한 지역
  4. 노후·불량건축물이 밀집한 지역
  5. 위험물의 저장 및 처리 시설이 밀집한 지역
  6. 석유화학제품을 생산하는 공장이 있는 지역
  7. 「산업입지 및 개발에 관한 법률」 제2조 제8호에 따른 산업단지
  8. 소방시설·소방용수시설 또는 소방출동로가 없는 지역
  9. 「물류시설의 개발 및 운영에 관한 법률」 제2조 제6호에 따른 물류단지
  10. 그 밖에 제1호부터 제9호까지에 준하는 지역으로서 소방관서장이 화재예방강화지구로 지정할 필요가 있다고 인정하는 지역

정답 54.③

55 「화재의 예방 및 안전관리에 관한 법률」상 화재예방강화지구의 지정에 대한 내용으로 옳지 않은 것은?

① 소방본부장 또는 소방서장은 시장지역, 목조건물이 밀집한 지역 등을 화재예방강화지구로 지정하여 관리할 수 있다.
② 석유화학제품을 생산하는 공장이 있는 지역을 화재예방강화지구로 지정할 수 있다.
③ 위험물의 저장 및 처리시설이 밀집한 지역을 화재예방강화지구로 지정할 수 있다.
④ 공장·창고가 밀집한 지역을 화재예방강화지구로 지정할 수 있다.

[18. 공채]

56 「화재의 예방 및 안전관리에 관한 법률」상 시·도지사가 화재예방강화지구로 지정할 필요가 있는 지역을 화재예방강화지구로 지정하지 아니하는 경우 해당 시·도지사에게 해당 지역의 화재예방강화지구 지정을 요청할 수 있는 사람은 누구인가?

① 행정안전부장관   ② 소방본부장
③ 소방서장   ④ 소방청장

[18. 공채]

해설

55 ① ~~소방본부장 또는 소방서장은~~ 시장지역, 목조건물이 밀집한 지역 등을 화재예방강화지구로 지정하여 관리할 수 있다.
→ 시·도지사는

▶ 화재예방강화지구의 지정 등(법 제18조 제1항)
① 시·도지사는 다음 각 호의 어느 하나에 해당하는 지역을 화재예방강화지구로 지정하여 관리할 수 있다.
  1. 시장지역
  2. 공장·창고가 밀집한 지역
  3. 목조건물이 밀집한 지역
  4. 노후·불량건축물이 밀집한 지역
  5. 위험물의 저장 및 처리 시설이 밀집한 지역
  6. 석유화학제품을 생산하는 공장이 있는 지역
  7. 「산업입지 및 개발에 관한 법률」제2조 제8호에 따른 산업단지
  8. 소방시설·소방용수시설 또는 소방출동로가 없는 지역
  9. 「물류시설의 개발 및 운영에 관한 법률」제2조 제6호에 따른 물류단지
  10. 그 밖에 제1호부터 제9호까지에 준하는 지역으로서 소방관서장이 화재예방강화지구로 지정할 필요가 있다고 인정하는 지역

56 ▶ 화재예방강화지구의 지정 등(법 제18조 제2항)
② 제1항에도 불구하고 시·도지사가 화재예방강화지구로 지정할 필요가 있는 지역을 화재예방강화지구로 지정하지 아니하는 경우 소방청장은 해당 시·도지사에게 해당 지역의 화재예방강화지구 지정을 요청할 수 있다.

정답 55.① 56.④

57 「화재의 예방 및 안전관리에 관한 법률 시행령」상 화재예방강화지구에 관한 설명으로 옳은 것은?

① 소방관서장은 화재예방강화지구 안의 소방대상물의 위치·구조 및 설비 등에 대한 화재안전조사를 월 1회 이상 실시해야 한다.
② 소방관서장은 화재예방강화지구 안의 관계인에 대하여 소방에 필요한 훈련 및 교육을 연 1회 이상 실시할 수 있다.
③ 소방관서장은 소방에 필요한 훈련 및 교육을 실시하려는 경우에는 화재예방강화지구 안의 관계인에게 훈련 또는 교육 30일 전까지 그 사실을 통보해야 한다.
④ 소방청장은 화재예방강화지구의 지정 현황 등을 화재예방강화지구 관리대장에 작성하고 관리해야 한다.

[19. 경채]

기본서 2권 p.57~58

해설 57
① 소방관서장은 화재예방강화지구 안의 소방대상물의 위치·구조 및 설비 등에 대한 화재안전조사를 ~~월 1회~~ 이상 실시해야 한다.
→ 연 1회
③ 소방관서장은 소방에 필요한 훈련 및 교육을 실시하려는 경우에는 화재예방강화지구 안의 관계인에게 훈련 또는 교육 ~~30일~~ 전까지 그 사실을 통보해야 한다.
→ 10일
④ ~~소방청장은~~ 화재예방강화지구의 지정 현황 등을 화재예방강화지구 관리대장에 작성하고 관리해야 한다.
→ 시·도지사는

▶ 화재예방강화지구의 관리(영 제20조)
① 소방관서장은 법 제18조 제3항에 따라 화재예방강화지구 안의 소방대상물의 위치·구조 및 설비 등에 대한 화재안전조사를 연 1회 이상 실시해야 한다.
② 소방관서장은 법 제18조 제5항에 따라 화재예방강화지구 안의 관계인에 대하여 소방에 필요한 훈련 및 교육을 연 1회 이상 실시할 수 있다.
③ 소방관서장은 제2항에 따라 훈련 및 교육을 실시하려는 경우에는 화재예방강화지구 안의 관계인에게 훈련 또는 교육 10일 전까지 그 사실을 통보해야 한다.
④ 시·도지사는 법 제18조 제6항에 따라 다음 각 호의 사항을 행정안전부령으로 정하는 화재예방강화지구 관리대장에 작성하고 관리해야 한다.
  1. 화재예방강화지구의 지정 현황
  2. 화재안전조사의 결과
  3. 법 제18조 제4항에 따른 소화기, 소방용수시설 또는 그 밖에 소방에 필요한 설비(이하 "소방설비등"이라 한다)의 설치(보수, 보강을 포함한다) 명령 현황
  4. 법 제18조 제5항에 따른 소방훈련 및 교육의 실시 현황
  5. 그 밖에 화재예방 강화를 위하여 필요한 사항

정답 57.②

58 「화재의 예방 및 안전관리에 관한 법률 시행령」상 화재예방강화지구에 대한 내용으로 옳지 않은 것은?

① 시·도지사는 화재안전조사의 결과 등을 대통령령으로 정하는 화재예방강화지구 관리대장에 작성하고 관리해야 한다.
② 소방관서장은 화재예방강화지구 안의 관계인에 대하여 소방에 필요한 훈련 및 교육을 연 1회 이상 실시할 수 있다.
③ 소방관서장은 화재예방강화지구 안의 소방대상물의 위치·구조 및 설비 등에 대한 화재안전조사를 연 1회 이상 실시해야 한다.
④ 소방관서장은 소방에 필요한 훈련 및 교육을 실시하려는 경우에는 화재예방강화지구 안의 관계인에게 훈련 또는 교육 10일 전까지 그 사실을 통보해야 한다.

[21. 경채]

기본서 2권 p.57~58

해설 58
① 시·도지사는 화재안전조사의 결과 등을 ~~대통령령~~으로 정하는 화재예방강화지구 관리대장에 작성하고 관리하여야 한다.
→ 행정안전부령

▶화재예방강화지구의 관리(영 제20조)
① 소방관서장은 법 제18조 제3항에 따라 화재예방강화지구 안의 소방대상물의 위치·구조 및 설비 등에 대한 화재안전조사를 연 1회 이상 실시해야 한다.
② 소방관서장은 법 제18조 제5항에 따라 화재예방강화지구 안의 관계인에 대하여 소방에 필요한 훈련 및 교육을 연 1회 이상 실시할 수 있다.
③ 소방관서장은 제2항에 따라 훈련 및 교육을 실시하려는 경우에는 화재예방강화지구 안의 관계인에게 훈련 또는 교육 10일 전까지 그 사실을 통보해야 한다.
④ 시·도지사는 법 제18조 제6항에 따라 다음 각 호의 사항을 행정안전부령으로 정하는 화재예방강화지구 관리대장에 작성하고 관리해야 한다.
  1. 화재예방강화지구의 지정 현황
  2. 화재안전조사의 결과
  3. 법 제18조 제4항에 따른 소화기구, 소방용수시설 또는 그 밖에 소방에 필요한 설비(이하 "소방설비등"이라 한다)의 설치(보수, 보강을 포함한다) 명령 현황
  4. 법 제18조 제5항에 따른 소방훈련 및 교육의 실시 현황
  5. 그 밖에 화재예방 강화를 위하여 필요한 사항

정답 58.①

59 「화재의 예방 및 안전관리에 관한 법률 시행령」상 화재예방강화지구의 관리에 대한 설명이다. ( ) 안에 들어갈 내용으로 옳은 것은?

- 소방관서장은 화재예방강화지구 안의 소방대상물의 위치·구조 및 설비 등에 대한 화재안전조사를 연 (㉠)회 이상 실시해야 한다.
- 소방관서장은 화재예방강화지구 안의 관계인에 대하여 소방에 필요한 훈련 및 교육을 연 (㉡)회 이상 실시할 수 있다.
- 소방관서장은 소방에 필요한 훈련 및 교육을 실시하려는 경우에는 화재예방강화지구 안의 관계인에게 훈련 또는 교육 (㉢)일 전까지 그 사실을 통보해야 한다.

	㉠	㉡	㉢		㉠	㉡	㉢
①	1	1	5	②	1	1	10
③	2	2	5	④	2	2	10

[22. 공채]

기본서 2권 p.57~58

60 다음 중 소방본부장·소방서장·소방대장이 할 수 있는 권한으로 옳지 않은 것은?

① 강제처분 등
② 피난명령
③ 소방활동 종사명령
④ 화재에 관한 위험 경보

[18. 경채]

기본서 2권 p.60
1권 p.81~82, p.84

해설

59 ▶화재예방강화지구의 관리(영 제20조)
- 소방관서장은 화재예방강화지구 안의 소방대상물의 위치·구조 및 설비 등에 대한 화재안전조사를 연 (㉠ : 1)회 이상 실시해야 한다.
- 소방관서장은 화재예방강화지구 안의 관계인에 대하여 소방에 필요한 훈련 및 교육을 연 (㉡ : 1)회 이상 실시할 수 있다.
- 소방관서장은 소방에 필요한 훈련 및 교육을 실시하려는 경우에는 화재예방강화지구 안의 관계인에게 훈련 또는 교육 (㉢ : 10)일 전까지 그 사실을 통보해야 한다.

60 ▶화재 위험경보(법 제20조)
소방관서장은 「기상법」 제13조, 제13조의2 및 제13조의4에 따른 기상현상 및 기상영향에 대한 예보·특보·태풍예보에 따라 화재의 발생 위험이 높다고 분석·판단되는 경우에는 행정안전부령으로 정하는 바에 따라 화재에 관한 위험경보를 발령하고 그에 따른 필요한 조치를 할 수 있다.

정답 59.② 60.④

05 소방대상물의 소방안전관리

61 「화재의 예방 및 안전관리에 관한 법률 시행령」상 특급 소방안전관리대상물의 소방안전관리자로 선임할 수 없는 사람은?

① 소방기술사 또는 소방시설관리사의 자격이 있는 사람
② 소방공무원으로 10년 이상 근무한 경력이 있는 사람
③ 소방설비기사의 자격을 취득한 후 5년 이상 1급 소방안전관리대상물의 소방안전관리자로 근무한 실무경력이 있는 사람
④ 소방설비산업기사의 자격을 취득한 후 7년 이상 1급 소방안전관리대상물의 소방안전관리자로 근무한 실무경력이 있는 사람

[22. 경채]
상 중 하
기본서 2권 p.70~71

해설 61 ② 소방공무원으로 ~~10년~~ 이상 근무한 경력이 있는 사람
 → 20년

▶ 특급 소방안전관리대상물(영 별표 4)
※ 선임자격
다음의 어느 하나에 해당하는 사람으로서 특급 소방안전관리자 자격증을 발급받은 사람
1) 소방기술사 또는 소방시설관리사의 자격이 있는 사람
2) 소방설비기사의 자격을 취득한 후 5년 이상 1급 소방안전관리대상물의 소방안전관리자로 근무한 실무경력(법 제24조 제3항에 따라 소방안전관리자로 선임되어 근무한 경력은 제외한다. 이하 이 표에서 같다)이 있는 사람
3) 소방설비산업기사의 자격을 취득한 후 7년 이상 1급 소방안전관리대상물의 소방안전관리자로 근무한 실무경력이 있는 사람
4) 소방공무원으로 20년 이상 근무한 경력이 있는 사람
5) 소방청장이 실시하는 특급 소방안전관리대상물의 소방안전관리에 관한 시험에 합격한 사람

정답 61.②

62 소방안전관리자를 두어야 하는 특정소방대상물 중 1급 소방안전관리대상물로서 옳지 않은 것은?

① 연면적 1만5천m² 이상인 업무시설
② 지상으로부터 높이가 120m 이상인 아파트
③ 지상의 층수가 11층 이상인 아파트
④ 가연성 가스를 1천톤 이상 저장·취급하는 시설

[11. 울산]
상 **중** 하
기본서 2권 p.71

63 소방안전관리자를 두어야 하는 1급 소방안전관리대상물이 아닌 것은?

① 연면적 1만5천m² 이상 특정소방대상물(아파트 및 연립주택은 제외)
② 지상층의 층수가 11층 이상인 특정소방대상물(아파트 제외)
③ 자동화재탐지설비를 설치해야 하는 특정소방대상물
④ 가연성 가스를 1천톤 이상 저장·취급하는 시설

[11. 서울]
상 **중** 하
기본서 2권 p.71~72

해설

62 ③ 지상의 층수가 11층 이상인 ~~아파트~~
→ 아파트는 제외

▶ 1급 소방안전관리대상물(영 별표 4)
※ 선임대상물
㉠ 30층 이상(지하층은 제외)이거나 지상으로부터 높이가 120m 이상인 아파트
㉡ 연면적 1만5천m² 이상인 특정소방대상물(아파트 및 연립주택은 제외)
㉢ ㉡에 해당하지 않는 특정소방대상물로서 지상층의 층수가 11층 이상인 특정소방대상물(아파트는 제외)
㉣ 가연성 가스를 1천톤 이상 저장·취급하는 시설

63 ③ 자동화재탐지설비가 설치되는 특정소방대상물
→ 3급 소방안전관리대상물에 해당한다.

▶ 1급 소방안전관리대상물(영 별표 4)
※ 선임대상물
㉠ 30층 이상(지하층은 제외)이거나 지상으로부터 높이가 120m 이상인 아파트
㉡ 연면적 1만5천m² 이상인 특정소방대상물(아파트 및 연립주택은 제외)
㉢ ㉡에 해당하지 않는 특정소방대상물로서 지상층의 층수가 11층 이상인 특정소방대상물(아파트는 제외)
㉣ 가연성 가스를 1천톤 이상 저장·취급하는 시설
※ 동·식물원, 철강 등 불연성 물품을 저장·취급하는 창고, 위험물 저장 및 처리 시설 중 제조소등과 지하구는 제외한다.

정답 62.③ 63.③

64 1급 소방안전관리대상물에 두어야 할 소방안전관리자의 선임대상자 자격에 해당하지 않는 자는?

① 소방공무원으로 3년 이상 근무한 경력이 있는 사람
② 소방행정학 또는 소방안전공학 분야에서 석사학위 이상을 취득한 사람으로서 1급 소방안전관리에 관한 시험에 합격한 사람
③ 소방안전관리학과를 전공하고 졸업한 사람으로서 해당 학과를 졸업한 후 2년 이상 2급 소방안전관리대상물 또는 3급 소방안전관리대상물의 소방안전관리자로 근무한 실무경력이 있는 사람으로서 1급 소방안전관리에 관한 시험에 합격한 사람
④ 산업안전산업기사의 자격을 취득한 후 2년 이상 2급 소방안전관리대상물 또는 3급 소방안전관리대상물의 소방안전관리자로 근무한 실무경력이 있는 사람으로서 1급 소방안전관리에 관한 시험에 합격한 사람

[11. 서울]
상 중 하
기본서 2권 p.71, p.100~101

해설 64
① 소방공무원으로 ~~3년~~ 이상 근무한 경력이 있는 사람
→ 7년

▶ **1급 소방안전관리대상물(영 별표 4)**
※ 선임자격
다음의 어느 하나에 해당하는 사람으로서 1급 소방안전관리자 자격증을 발급받은 사람 또는 특급 소방안전관리대상물의 소방안전관리자 자격증을 발급받은 사람
1. 소방설비기사 또는 소방설비산업기사의 자격이 있는 사람
2. 소방공무원으로 7년 이상 근무한 경력이 있는 사람
3. 소방청장이 실시하는 1급 소방안전관리대상물의 소방안전관리에 관한 시험에 합격한 사람

▶ **1급 소방안전관리자 응시자격(영 별표 6)**
가. 대학 또는 고등학교에서 소방안전관리학과를 전공하고 졸업한 사람(법령에 따라 이와 같은 수준의 학력이 있다고 인정되는 사람을 포함한다)으로서 해당 학과를 졸업한 후 2년 이상 2급 소방안전관리대상물 또는 3급 소방안전관리대상물의 소방안전관리자로 근무한 실무경력이 있는 사람
나. 다음의 어느 하나에 해당하는 요건을 갖춘 후 3년 이상 2급 소방안전관리대상물 또는 3급 소방안전관리대상물의 소방안전관리자로 근무한 실무경력이 있는 사람
  1) 대학 또는 고등학교에서 소방안전 관련 교과목을 12학점 이상 이수하고 졸업한 사람
  2) 법령에 따라 1)에 해당하는 사람과 같은 수준의 학력이 있다고 인정되는 사람으로서 해당 학력 취득 과정에서 소방안전 관련 교과목을 12학점 이상 이수한 사람
  3) 대학 또는 고등학교에서 소방안전 관련 학과를 전공하고 졸업한 사람(법령에 따라 이와 같은 수준의 학력이 있다고 인정되는 사람을 포함한다)
다. 소방행정학(소방학, 소방방재학을 포함한다) 또는 소방안전공학(소방방재공학, 안전공학을 포함한다) 분야에서 석사학위 이상을 취득한 사람
라. 5년 이상 2급 소방안전관리대상물의 소방안전관리자로 근무한 실무경력이 있는 사람
마. 법 제34조 제1항 제1호에 따른 강습교육 중 이 영 제33조 제1호 및 제2호에 해당하는 사람을 대상으로 하는 강습교육을 수료한 사람
바. 2급 소방안전관리대상물의 소방안전관리자로 선임될 수 있는 자격을 갖춘 후 특급 또는 1급 소방안전관리대상물의 소방안전관리보조자로 5년 이상 근무한 실무경력이 있는 사람
사. 2급 소방안전관리대상물의 소방안전관리자로 선임될 수 있는 자격을 갖춘 후 2급 소방안전관리대상물의 소방안전관리보조자로 7년 이상 근무한 실무경력(특급 또는 1급 소방안전관리대상물의 소방안전관리보조자로 근무한 5년 미만의 실무경력이 있는 경우에는 이를 포함하여 합산한다)이 있는 사람
아. 산업안전기사 또는 산업안전산업기사의 자격을 취득한 후 2년 이상 2급 소방안전관리대상물 또는 3급 소방안전관리대상물의 소방안전관리자로 근무한 실무경력이 있는 사람
자. 제1호에 따라 특급 소방안전관리대상물의 소방안전관리자 시험응시 자격이 인정되는 사람

정답 64.①

65 다음 중 1급 소방안전관리자를 두어야 하는 특정소방대상물로서 맞는 것은?
① 연면적 1만5천m²인 위락시설
② 동·식물원
③ 지하구
④ 보물 또는 국보로 지정된 목조건축물

[11. 전남]
상 중 하
기본서 2권 p.71

해설 65
② 동·식물원
→ 제외대상
③ 지하구
→ 1급 소방안전관리대상물에서는 제외대상이지만, 2급 소방안전관리대상물에 해당한다.
④ 보물 또는 국보로 지정된 목조건축물
→ 2급 소방안전관리대상물에 해당한다.

▶ 1급 소방안전관리대상물(영 별표 4)
※ 선임대상물
  ㉠ 30층 이상(지하층은 제외)이거나 지상으로부터 높이가 120m 이상인 아파트
  ㉡ 연면적 1만5천m² 이상인 특정소방대상물(아파트 및 연립주택은 제외)
  ㉢ ㉡에 해당하지 않는 특정소방대상물로서 지상층의 층수가 11층 이상인 특정소방대상물(아파트는 제외)
  ㉣ 가연성 가스를 1천톤 이상 저장·취급하는 시설
※ 동·식물원, 철강 등 불연성 물품을 저장·취급하는 창고, 위험물 저장 및 처리 시설 중 제조소등과 지하구는 제외한다.

▶ 2급 소방안전관리대상물(영 별표 4)
※ 선임대상물
  ㉠ 옥내소화전설비를 설치해야 하는 특정소방대상물, 스프링클러설비를 설치해야 하는 특정소방대상물 또는 물분무등소화설비[화재안전기준에 따라 호스릴(hose reel) 방식의 물분무등소화설비만을 설치할 수 있는 특정소방대상물은 제외한다]를 설치해야 하는 특정소방대상물
  ㉡ 가스 제조설비를 갖추고 도시가스사업의 허가를 받아야 하는 시설 또는 가연성 가스를 100톤 이상 1천톤 미만 저장·취급하는 시설
  ㉢ 지하구
  ㉣ 「공동주택관리법」에 해당하는 공동주택(옥내소화전설비 또는 스프링클러설비가 설치된 공동주택으로 한정한다)
  ㉤ 「문화유산의 보존 및 활용에 관한 법률」에 따라 보물 또는 국보로 지정된 목조건축물

정답 65.①

66 다음 중 특정소방대상물의 소방안전관리에 관한 것으로 옳은 것은?

① 소방안전관리대상물의 관계인이 소방안전관리자 또는 소방안전관리보조자를 선임한 경우에는 행정안전부령으로 정하는 바에 따라 선임한 날부터 30일 이내에 소방본부장 또는 소방서장에게 신고하여야 한다.
② 연면적 8천m^2이고 지상층의 층수가 15층인 근린생활시설은 1급 소방안전관리대상물이다.
③ 소방설비기사는 1급 소방안전관리대상물 선임대상자이지만 소방설비산업기사는 1급 소방안전관리대상물 선임대상자가 될 수 없다.
④ 의용소방대는 1년 이상 근무경력이 있으면 2급 소방안전관리자로 선임될 수 있다.

[11. 중앙]
상 중 하
기본서 2권 p.71, p.83, p.100~101

67 다음 중 특정소방대상물의 소방안전관리에 관한 설명으로 옳지 않은 것은?

① 특급 소방안전관리대상물은 지하층을 제외한 30층 이상의 아파트에 해당한다.
② 특급 소방안전관리대상물은 연면적 20만m^2 이상의 특정소방대상물을 포함한다.
③ 1급 소방안전관리대상물은 지하구를 제외한다.
④ 3급 소방안전관리대상물은 자동화재탐지설비를 설치하여야 하는 특정소방대상물이다.

[13. 경기]
상 중 하
기본서 2권 p.70~72

해설 66 ① 소방안전관리대상물의 관계인이 소방안전관리자 또는 소방안전관리보조자를 선임한 경우에는 행정안전부령으로 정하는 바에 따라 선임한 날부터 ~~30일~~ 이내에 소방본부장 또는 소방서장에게 신고하고, 소방안전관리대상물의 출입자가 쉽게 알 수 있도록 소방안전관리자의 성명과 그 밖에 행정안전부령으로 정하는 사항을 게시하여야 한다(법 제26조 제1항).
→ 14일
③ 소방설비기사는 1급 소방안전관리대상물 선임대상자이지만 소방설비산업기사는 1급 소방안전관리대상물 선임대상자가 될 수 없다(영 별표 4).
→ 소방설비산업기사도 선임대상이다.
④ 의용소방대는 ~~1년 이상 근무경력이~~ 있으면 2급 소방안전관리자로 선임될 수 있다(영 별표 6).
→ 의용소방대원으로 3년 이상 근무한 경력이 있는 사람으로서 2급 소방안전관리에 관한 시험에 합격한 사람

67 ① 특급 소방안전관리대상물은 지하층을 제외한 ~~30층~~ 이상의 아파트에 해당한다.
→ 50층

▶ 특급 소방안전관리대상물(영 별표 4)
※ 선임대상물
  ㉠ 50층 이상(지하층은 제외)이거나 지상으로부터 높이가 200m 이상인 아파트
  ㉡ 30층 이상(지하층을 포함)이거나 지상으로부터 높이가 120m 이상인 특정소방대상물(아파트는 제외)
  ㉢ ㉡에 해당하지 않는 특정소방대상물로서 연면적이 10만m^2 이상인 특정소방대상물(아파트는 제외)

정답 66.② 67.①

68 「화재의 예방 및 안전관리에 관한 법률 시행령」상 1급 소방안전관리대상물로 옳은 것은?

① 지하구
② 동·식물원
③ 가연성 가스를 1천톤 이상 저장·취급하는 시설
④ 철강 등 불연성 물품을 저장·취급하는 창고

[19. 공채]

상 **중** 하

기본서 2권 p.71

해설 68
① 지하구
→ 1급 소방안전관리대상물에서는 제외대상이지만, 2급 소방안전관리대상물에 해당한다.
② 동·식물원
→ 1급 소방안전관리대상물에서 제외 대상이다.
④ 철강 등 불연성 물품을 저장·취급하는 창고
→ 1급 소방안전관리대상물에서 제외 대상이다.

▶ 1급 소방안전관리대상물(영 별표 4)
※ 선임대상물
  ㉠ 30층 이상(지하층은 제외)이거나 지상으로부터 높이가 120m 이상인 아파트
  ㉡ 연면적 1만5천m² 이상인 특정소방대상물(아파트 및 연립주택은 제외)
  ㉢ ㉡에 해당하지 않는 특정소방대상물로서 지상층의 층수가 11층 이상인 특정소방대상물(아파트는 제외)
  ㉣ 가연성 가스를 1천톤 이상 저장·취급하는 시설
※ 동·식물원, 철강 등 불연성 물품을 저장·취급하는 창고, 위험물 저장 및 처리 시설 중 제조소등과 지하구는 제외한다.

정답 68.③

69 「화재의 예방 및 안전관리에 관한 법률 시행령」상 소방공무원으로 9년간 근무한 경력자가 발급받을 수 있는 최상위의 소방안전관리자 자격으로 선임할 수 있는 소방안전관리대상물로 옳은 것은?

① 가연성 가스를 1천 톤 이상 저장·취급하는 시설
② 지상으로부터 높이가 200미터 이상인 아파트
③ 지상으로부터 높이가 120미터 이상인 업무시설
④ 연면적이 10만 제곱미터 이상인 의료시설

해설 69 소방공무원으로 9년간 근무한 경력자 – 1급 소방안전관리대상물 선임자격 있음(소방공무원으로 7년 이상 근무한 경력)
① – 1급
② – 특급
③ – 특급
④ – 특급

▶ 화재예방법 시행령 [별표 4]
2. 1급 소방안전관리대상물
  가. 1급 소방안전관리대상물의 범위
    「소방시설 설치 및 관리에 관한 법률 시행령」 별표 2의 특정소방대상물 중 다음의 어느 하나에 해당하는 것(제1호에 따른 특급 소방안전관리대상물은 제외한다)
    1) 30층 이상(지하층은 제외한다)이거나 지상으로부터 높이가 120미터 이상인 아파트
    2) 연면적 1만5천제곱미터 이상인 특정소방대상물(아파트 및 연립주택은 제외한다)
    3) 2)에 해당하지 않는 특정소방대상물로서 지상층의 층수가 11층 이상인 특정소방대상물(아파트는 제외한다)
    4) 가연성 가스를 1천톤 이상 저장·취급하는 시설

정답 69.①

70 다음 중 소방안전관리보조자를 두어야 하는 특정소방대상물이 아닌 것은?

① 야간까지 이용되는 노유자시설
② 휴일에도 이용되는 수련시설
③ 아파트 300세대
④ 연면적 1만 제곱미터 미만 특정소방대상물

[17. 경채]

기본서 2권 p.72~73

해설 70 ④ 연면적 1만 제곱미터 미만 특정소방대상물
→ 연면적이 1만5천m² 이상인 특정소방대상물(아파트 및 연립주택은 제외)

▶ 소방안전관리보조자를 선임해야 하는 소방안전관리대상물(영 별표 5)
※ 선임대상
  가. 「건축법 시행령」 별표 1 제2호 가목에 따른 <u>아파트 중 300세대 이상인 아파트</u>
  나. 연면적이 1만5천m² 이상인 특정소방대상물(아파트 및 연립주택은 제외한다)
  다. 가목 및 나목에 따른 특정소방대상물을 제외한 특정소방대상물 중 다음의 어느 하나에 해당하는 특정소방대상물
    1) 공동주택 중 기숙사
    2) 의료시설
    3) 노유자시설
    4) 수련시설
    5) 숙박시설(숙박시설로 사용되는 바닥면적의 합계가 1천500m² 미만이고 관계인이 24시간 상시 근무하고 있는 숙박시설은 제외한다)

정답 70.④

71 「화재의 예방 및 안전관리에 관한 법률 시행령」상 소방안전관리보조자를 두어야 하는 특정소방대상물에 대한 설명이다. (   ) 안에 들어갈 용어로 옳은 것은?

- 「건축법 시행령」에 따른 아파트 중 (가)세대 이상인 아파트
- 연면적이 (나) 이상인 특정소방대상물(아파트 및 연립주택은 제외한다)

	(가)	(나)
①	150	1만 제곱미터
②	150	1만5천 제곱미터
③	300	1만 제곱미터
④	300	1만5천 제곱미터

해설 71 ▶ 소방안전관리보조자를 선임해야 하는 소방안전관리대상물(영 별표 5)
※ 선임대상
가. 「건축법 시행령」 별표 1 제2호 가목에 따른 <u>아파트 중 300세대 이상인 아파트</u>
나. <u>연면적이 1만5천m² 이상인 특정소방대상물(아파트 및 연립주택은 제외한다)</u>
다. 가목 및 나목에 따른 특정소방대상물을 제외한 특정소방대상물 중 다음의 어느 하나에 해당하는 특정소방대상물
  1) 공동주택 중 기숙사
  2) 의료시설
  3) 노유자시설
  4) 수련시설
  5) 숙박시설(숙박시설로 사용되는 바닥면적의 합계가 1천500m² 미만이고 관계인이 24시간 상시 근무하고 있는 숙박시설은 제외한다)

정답 71.④

72 「화재의 예방 및 안전관리에 관한 법률」상 특정소방대상물(소방안전관리대상물은 제외한다) 관계인의 업무로 옳지 않은 것은?

① 소방계획서의 작성 및 시행
② 화기(火氣) 취급의 감독
③ 소방시설이나 그 밖의 소방 관련 시설의 관리
④ 피난시설, 방화구획 및 방화시설의 관리

[20. 경채]

기본서 2권 p.75

해설 72
① 소방계획서의 작성 및 시행
→ 소방안전관리대상물의 경우만 해당

▶ 특정소방대상물의 소방안전관리(법 제24조 제5항)
⑤ 특정소방대상물(소방안전관리대상물은 제외한다)의 관계인과 소방안전관리대상물의 소방안전관리자는 다음 각 호의 업무를 수행한다. 다만, 제1호·제2호·제5호 및 제7호의 업무는 소방안전관리대상물의 경우에만 해당한다.
1. 제36조에 따른 피난계획에 관한 사항과 대통령령으로 정하는 사항이 포함된 소방계획서의 작성 및 시행
2. 자위소방대(自衛消防隊) 및 초기대응체계의 구성, 운영 및 교육
3. 「소방시설 설치 및 관리에 관한 법률」 제16조에 따른 피난시설, 방화구획 및 방화시설의 관리
4. 소방시설이나 그 밖의 소방 관련 시설의 관리
5. 제37조에 따른 소방훈련 및 교육
6. 화기(火氣) 취급의 감독
7. 행정안전부령으로 정하는 바에 따른 소방안전관리에 관한 업무수행에 관한 기록·유지(제3호·제4호 및 제6호의 업무를 말한다)
8. 화재발생 시 초기대응
9. 그 밖에 소방안전관리에 필요한 업무

정답 72.①

73 「화재의 예방 및 안전관리에 관한 법률 시행령」상 건설현장 소방안전관리대상물에 관한 내용이다. ( ) 안에 들어갈 내용으로 옳은 것은?

- 신축·증축·개축·재축·이전·용도변경 또는 대수선을 하려는 부분의 연면적의 합계가 (ㄱ) 이상인 것
- 신축·증축·개축·재축·이전·용도변경 또는 대수선을 하려는 부분의 연면적이 (ㄴ) 이상인 것으로서 다음 각 목의 어느 하나에 해당하는 것
  가. 지하층의 층수가 2개 층 이상인 것
  나. 지상층의 층수가 (ㄷ) 이상인 것
  다. 냉동창고, 냉장창고 또는 냉동·냉장창고

	ㄱ	ㄴ	ㄷ
①	1만5천 제곱미터	5천 제곱미터	6층
②	1만5천 제곱미터	5천 제곱미터	11층
③	1만5천 제곱미터	1만 제곱미터	6층
④	1만 제곱미터	5천 제곱미터	11층

[24. 경채, 공채]

기본서 2권 p.92

해설 73
▶ 화재예방법 시행령 제29조(건설현장 소방안전관리대상물)
법 제29조 제1항에서 "대통령령으로 정하는 특정소방대상물"이란 다음 각 호의 어느 하나에 해당하는 특정소방대상물을 말한다.
1. 신축·증축·개축·재축·이전·용도변경 또는 대수선을 하려는 부분의 연면적의 합계가 <u>1만5천 제곱미터</u> 이상인 것
2. 신축·증축·개축·재축·이전·용도변경 또는 대수선을 하려는 부분의 연면적이 <u>5천 제곱미터</u> 이상인 것으로서 다음 각 목의 어느 하나에 해당하는 것
   가. 지하층의 층수가 2개 층 이상인 것
   나. 지상층의 층수가 <u>11층</u> 이상인 것
   다. 냉동창고, 냉장창고 또는 냉동·냉장창고

정답 73.②

74 「화재의 예방 및 안전관리에 관한 법률」 및 같은 법 시행규칙상 소방안전관리대상물의 관계인이 소방안전관리자를 선임한 경우 소방안전관리대상물의 출입자가 쉽게 알 수 있도록 게시해야 하는 사항으로 옳지 않은 것은?

① 소방안전관리자의 성명 및 선임일자
② 소방안전관리대상물의 명칭 및 등급
③ 소방안전관리대상물의 용도 및 수용인원
④ 소방안전관리자의 근무 위치(화재수신기 또는 종합방재실을 말한다.)

75 「화재의 예방 및 안전관리에 관한 법률」상 건설현장 소방안전관리대상물의 소방안전관리자의 업무에 관한 내용으로 옳지 않은 것은?

① 건설현장의 소방계획서의 작성
② 화기취급의 감독, 화재위험작업의 허가 및 관리
③ 공사진행 단계별 피난안전구역, 피난로 등의 확보와 관리
④ 건설현장 작업자를 제외한 책임자에 대한 소방안전 교육 및 훈련

해설 74 ③ 해당사항 없음

▶ 화재예방법 시행규칙 제15조(소방안전관리자 정보의 게시)
① 법 제26조 제1항에서 "행정안전부령으로 정하는 사항"이란 다음 각 호의 사항을 말한다.
 1. 소방안전관리대상물의 명칭 및 등급
 2. 소방안전관리자의 성명 및 선임일자
 3. 소방안전관리자의 연락처
 4. 소방안전관리자의 근무 위치(화재 수신기 또는 종합방재실을 말한다)

75 ④ 건설현장 작업자를 제외한 책임자에 대한 소방안전 교육 및 훈련(법 제29조)
 → 건설현장의 작업자에 대한 소방안전 교육 및 훈련

정답 74.③ 75.④

76 다음 중 소방안전관리자가 소방안전관리대상물의 소방계획 작성 시 포함되지 않는 것은?

① 소방안전관리대상물의 위치·구조·연면적·용도 및 수용인원 등 일반 현황
② 화재 예방을 위한 자체점검계획 및 대응대책
③ 소방시설·피난시설 및 방화시설의 점검·정비계획
④ 소방시설공사의 하자를 판단하는 기준에 관한 사항
⑤ 소방안전관리대상물에 설치한 소방시설, 방화시설, 전기시설, 가스시설 및 위험물시설의 현황

[11. 간부]

기본서 2권 p.76
1권 p.200

해설 76 ④ 소방시설공사의 하자를 판단하는 기준에 관한 사항
→ 중앙소방기술심의위원회의 심의 사항에 해당한다.

▶ 소방안전관리대상물의 소방계획서 작성 등(영 제27조 제1항)
① 법 제24조 제5항 제1호에서 "대통령령으로 정하는 사항"이란 다음 각 호의 사항을 말한다.
1. 소방안전관리대상물의 위치·구조·연면적(「건축법 시행령」제119조 제1항 제4호에 따라 산정된 면적을 말한다. 이하 같다)·용도 및 수용인원 등 일반 현황
2. 소방안전관리대상물에 설치한 소방시설, 방화시설, 전기시설, 가스시설 및 위험물시설의 현황
3. 화재 예방을 위한 자체점검계획 및 대응대책
4. 소방시설·피난시설 및 방화시설의 점검·정비계획
5. 피난층 및 피난시설의 위치와 피난경로의 설정, 화재안전취약자의 피난계획 등을 포함한 피난계획
6. 방화구획, 제연구획, 건축물의 내부 마감재료 및 방염대상물품의 사용 현황과 그 밖의 방화구조 및 설비의 유지·관리계획
7. 법 제35조 제1항에 따른 관리의 권원이 분리된 특정소방대상물의 소방안전관리에 관한 사항
8. 소방훈련·교육에 관한 계획
9. 법 제37조를 적용받는 소방안전관리대상물의 근무자 및 거주자의 자위소방대 조직과 대원의 임무(화재안전취약자의 피난 보조 임무를 포함한다)에 관한 사항
10. 화기 취급 작업에 대한 사전 안전조치 및 감독 등 공사 중 소방안전관리에 관한 사항
11. 소화에 관한 사항과 연소 방지에 관한 사항
12. 위험물의 저장·취급에 관한 사항(「위험물안전관리법」제17조에 따라 예방규정을 정하는 제조소등은 제외한다)
13. 소방안전관리에 대한 업무수행에 관한 기록 및 유지에 관한 사항
14. 화재발생 시 화재경보, 초기소화 및 피난유도 등 초기대응에 관한 사항
15. 그 밖에 소방본부장 또는 소방서장이 소방안전관리대상물의 위치·구조·설비 또는 관리 상황 등을 고려하여 소방안전관리에 필요하여 요청하는 사항

정답 76.④

77 「화재의 예방 및 안전관리에 관한 법률」 및 같은 법 시행규칙상 소방안전관리자의 선임신고 등에 관한 설명이다. ( ) 안에 들어갈 내용으로 옳은 것은?

> - 소방안전관리대상물의 관계인이 소방안전관리자를 선임한 경우에는 선임한 날부터 (ㄱ)일 이내에 선임사실을 소방본부장 또는 소방서장에게 신고하여야 한다.
> - 소방안전관리대상물의 관계인은 소방안전관리자를 선임 사유가 발생한 날부터 (ㄴ)일 이내에 선임해야 한다.

	ㄱ	ㄴ		ㄱ	ㄴ
①	14	30	②	14	60
③	30	30	④	30	60

78 다음 중 소방안전관리대상물의 소방계획에 포함되어야 할 사항이 아닌 것은?
① 완공된 소방시설의 성능시험
② 위험물의 저장·취급에 관한 사항(예방규정을 정하는 제조소등은 제외한다)
③ 소방안전관리대상물의 위치·구조·연면적·용도 및 수용인원 등 일반현황
④ 화재예방을 위한 자체점검계획 및 대응대책

79 「화재의 예방 및 안전관리에 관한 법률」 및 같은 법 시행령상 소방안전관리자를 선임해야 하는 건설현장 소방안전관리대상물에 해당하지 않는 것은?
① 신축을 하려는 부분의 연면적이 5천제곱미터인 냉동·냉장창고
② 신축을 하려는 부분의 연면적의 합계가 2만제곱미터인 복합건축물
③ 증축을 하려는 부분의 연면적의 합계가 3만제곱미터인 업무시설
④ 증축을 하려는 부분의 연면적이 5천제곱미터이고, 지상층의 층수가 10층인 업무시설

해설

77
- 소방안전관리대상물의 관계인이 소방안전관리자를 선임한 경우에는 선임한 날부터 (ㄱ : 14)일 이내에 선임사실을 소방본부장 또는 소방서장에게 신고하여야 한다(법 제26조).
- 소방안전관리대상물의 관계인은 소방안전관리자를 선임 사유가 발생한 날부터 (ㄴ : 30)일 이내에 선임해야 한다(규칙 제14조).

78 ① 완공된 소방시설의 성능시험은 소방시설공사업법 중 감리업자의 업무에 해당한다(소방시설공사업법 제16조 제1항).

79 ④ 증축을 하려는 부분의 연면적이 5천제곱미터이고, 지상층의 층수가 ~~10층~~인 업무시설(영 제29조)
→ 11층 이상

정답 77.① 78.① 79.④

80 2급 소방안전관리자 시험에 응시할 수 있는 사람은?

① 의용소방대원으로 3년 이상 근무한 경력이 있는 사람
② 경찰공무원으로 2년 이상 근무한 경력이 있는 사람
③ 경호공무원으로서 1년 이상 안전검측 업무에 종사한 경력이 있는 사람
④ 자체소방대의 소방대원으로 1년 이상 근무한 경력이 있는 사람

해설 80

② 경찰공무원으로 ~~2년~~ 이상 근무한 경력이 있는 사람
→ 3년
③ 경호공무원으로서 ~~1년~~ 이상 안전검측 업무에 종사한 경력이 있는 사람
→ 2년
④ 자체소방대의 소방대원으로 ~~1년~~ 이상 근무한 경력이 있는 사람
→ 3년

▶ 2급 소방안전관리자 응시자격(영 별표 6)

가. 대학 또는 고등학교에서 소방안전관리학과를 전공하고 졸업한 사람(법령에 따라 이와 같은 수준의 학력이 있다고 인정되는 사람을 포함한다)
나. 다음의 어느 하나에 해당하는 사람
  1) 대학 또는 고등학교에서 소방안전 관련 교과목을 6학점 이상 이수하고 졸업한 사람
  2) 법령에 따라 1)에 해당하는 사람과 같은 수준의 학력이 있다고 인정되는 사람으로서 해당 학력 취득 과정에서 소방안전 관련 교과목을 6학점 이상 이수한 사람
  3) 대학 또는 고등학교에서 소방안전 관련 학과를 전공하고 졸업한 사람(법령에 따라 이와 같은 수준의 학력이 있다고 인정되는 사람을 포함한다)
다. 소방본부 또는 소방서에서 1년 이상 화재진압 또는 그 보조 업무에 종사한 경력이 있는 사람
라. 「의용소방대 설치 및 운영에 관한 법률」 제3조에 따라 의용소방대원으로 임명되어 3년 이상 근무한 경력이 있는 사람
마. 군부대(주한 외국군부대를 포함한다) 및 의무소방대의 소방대원으로 1년 이상 근무한 경력이 있는 사람
바. 「위험물안전관리법」 제19조에 따른 자체소방대의 소방대원으로 3년 이상 근무한 경력이 있는 사람
사. 「대통령 등의 경호에 관한 법률」에 따른 경호공무원 또는 별정직공무원으로서 2년 이상 안전검측 업무에 종사한 경력이 있는 사람
아. 경찰공무원으로 3년 이상 근무한 경력이 있는 사람
자. 법 제34조 제1항 제1호에 따른 강습교육 중 이 영 제33조 제1호부터 제3호까지에 해당하는 사람을 대상으로 하는 강습교육을 수료한 사람
차. 「공공기관의 소방안전관리에 관한 규정」 제5조 제1항 제2호 나목에 따른 강습교육을 수료한 사람
카. 특급 소방안전관리대상물, 1급 소방안전관리대상물, 2급 소방안전관리대상물 또는 3급 소방안전관리대상물의 소방안전관리보조자로 3년 이상 근무한 실무경력이 있는 사람
타. 3급 소방안전관리대상물의 소방안전관리자로 2년 이상 근무한 실무경력이 있는 사람
파. 건축사·산업안전기사·산업안전산업기사·건축기사·건축산업기사·일반기계기사·전기기능장·전기기사·전기산업기사·전기공사기사·전기공사산업기사·건설안전기사 또는 건설안전산업기사 자격을 가진 사람
하. 제1호 및 제2호에 따라 특급 또는 1급 소방안전관리대상물의 소방안전관리자 시험응시 자격이 인정되는 사람

정답 80.①

81 다음 내용으로서 옳지 않은 것은?
① 소방안전관리자 선임신고는 60일 이내에 하여야 한다.
② 소방시설업 지위승계 신고는 30일 이내에 하여야 한다.
③ 소방시설공사업 착공신고의 변경신고는 30일 이내에 하여야 한다.
④ 공사업자는 소방시설의 하자보수를 3일 이내에 하여야 한다.

82 특정소방대상물로서 그 관리의 권원이 분리되어 있는 특정소방대상물의 경우 그 관리의 권원별 관계인은 (　　)으로 정하는 바에 따라 소방안전관리자를 선임하여야 한다. (　　) 안에 들어갈 말은?
① 행정안전부령
② 대통령령
③ 시·도조례
④ 소방청장의 훈령

해설 81 ① 소방안전관리자 선임신고는 ~~60~~일 이내에 하여야 한다(화재예방법 제26조 제1항).
　→ 14일
② 소방시설업 지위승계 신고는 30일 이내에 하여야 한다(소방시설공사업법 제7조 제2항).
③ 소방시설공사업 착공신고의 변경신고는 30일 이내에 하여야 한다(소방시설공사업법 시행규칙 제12조 제3항).
④ 공사업자는 소방시설의 하자보수를 3일 이내에 하여야 한다(소방시설공사업법 제15조 제3항).

82 특정소방대상물로서 그 관리의 권원(權原)이 분리되어 있는 특정소방대상물의 경우 그 관리의 권원별 관계인은 대통령령으로 정하는 바에 따라 소방안전관리자를 선임하여야 한다. 다만, 소방본부장 또는 소방서장은 관리의 권원이 많아 효율적인 소방안전관리가 이루어지지 아니한다고 판단되는 경우 대통령령으로 정하는 바에 따라 관리의 권원을 조정하여 소방안전관리자를 선임하도록 할 수 있다(법 제35조 제1항).

정답 81.① 82.②

83 특정소방대상물로서 그 관리의 권원(權原)이 분리되어 있는 특정소방대상물의 경우 그 관리의 권원별 관계인이 대통령령으로 정하는 바에 따라 소방안전관리자를 선임하도록 지정할 수 있는 대상물로 옳지 않은 것은?

① 복합건축물로서 연면적 1만㎡ 이상인 건축물
② 지하가
③ 복합건축물로서 지하층을 제외한 층수가 11층 이상 건축물
④ 판매시설 중 도·소매시장

[17. 경채]
기본서 2권 p.113

84 「화재의 예방 및 안전관리에 관한 법률」 및 같은 법 시행령상 특정소방대상물로서 그 관리의 권원(權原)이 분리되어 있는 특정소방대상물의 경우 그 관리의 권원별 관계인이 대통령령으로 정하는 바에 따라 소방안전관리자를 선임하도록 지정할 수 있는 대상물로 옳지 않은 것은?

① 복합건축물로서 지하층을 제외한 층수가 13층 건축물
② 지하가(지하의 인공구조물 안에 설치된 상점 및 사무실, 그 밖에 이와 비슷한 시설이 연속하여 지하도에 접하여 설치된 것과 그 지하도를 합한 것을 말한다)
③ 복합건축물로서 연면적 5천㎡인 것
④ 판매시설 중 도매시장 및 소매시장

[18. 공채]
기본서 2권 p.113

해설

83 ① 복합건축물로서 연면적 1만㎡ 이상인 건축물
→ 지하층을 제외한 층수가 11층 이상 또는 연면적 3만㎡ 이상인 건축물

▶ 관리의 권원이 분리된 특정소방대상물의 소방안전관리(법 제35조 제1항)
① 다음 각 호의 어느 하나에 해당하는 특정소방대상물로서 그 관리의 권원(權原)이 분리되어 있는 특정소방대상물의 경우 그 관리의 권원별 관계인은 대통령령으로 정하는 바에 따라 제24조 제1항에 따른 소방안전관리자를 선임하여야 한다. 다만, 소방본부장 또는 소방서장은 관리의 권원이 많아 효율적인 소방안전관리가 이루어지지 아니한다고 판단되는 경우 대통령령으로 정하는 바에 따라 관리의 권원을 조정하여 소방안전관리자를 선임하도록 할 수 있다.
  1. 복합건축물(지하층을 제외한 층수가 11층 이상 또는 연면적 3만제곱미터 이상인 건축물)
  2. 지하가(지하의 인공구조물 안에 설치된 상점 및 사무실, 그 밖에 이와 비슷한 시설이 연속하여 지하도에 접하여 설치된 것과 그 지하도를 합한 것을 말한다)
  3. 그 밖에 대통령령으로 정하는 특정소방대상물

▶ 관리의 권원이 분리된 특정소방대상물(영 제35조)
법 제35조 제1항 제3호에서 "대통령령으로 정하는 특정소방대상물"이란 「소방시설 설치 및 관리에 관한 법률 시행령」 별표 2에 따른 판매시설 중 도매시장, 소매시장 및 전통시장을 말한다.

84 ③ 복합건축물로서 연면적 5천㎡인 것(법 제35조 제1항)
→ 복합건축물(지하층을 제외한 층수가 11층 이상 또는 연면적 3만제곱미터 이상인 건축물)

정답 83.① 84.③

소방관계법규

85 「화재의 예방 및 안전관리에 관한 법률」 및 같은 법 시행령상 특정소방대상물로서 그 관리의 권원(權原)이 분리되어 있는 특정소방대상물의 경우 그 관리의 권원별 관계인이 대통령령으로 정하는 바에 따라 소방안전관리자를 선임하도록 지정할 수 있는 대상물로 옳지 않은 것은?

① 판매시설 중 전통시장
② 복합건축물(지하층을 포함한 층수가 11층 이상인 건축물)
③ 복합건축물(연면적 3만m² 이상인 건축물)
④ 지하가(지하의 인공구조물 안에 설치된 상점 및 사무실, 그 밖에 이와 비슷한 시설이 연속하여 지하도에 접하여 설치된 것과 그 지하도를 합한 것을 말한다)

[21. 경채, 공채]
상 중 하
기본서 2권 p.113

86 「화재의 예방 및 안전관리에 관한 법률 시행규칙」상 소방안전관리대상물의 관계인이 피난시설의 위치, 피난경로 또는 대피요령이 포함된 피난유도 안내정보를 근무자 또는 거주자에게 정기적으로 제공해야 하는 방법으로 옳지 않은 것은?

① 연 1회 피난안내 교육을 실시하는 방법
② 분기별 1회 이상 피난안내방송을 실시하는 방법
③ 피난안내도를 층마다 보기 쉬운 위치에 게시하는 방법
④ 엘리베이터, 출입구 등 시청이 용이한 장소에 피난안내영상을 제공하는 방법

[21. 공채]
상 중 하
기본서 2권 p.118

해설

85 ② 복합건축물(지하층을 포함한 층수가 11층 이상인 건축물)(법 제35조 제1항)
→ 지하층을 제외한 층수가 11층 이상 또는 연면적 3만m² 이상인 건축물

86 ① 연 1회 피난안내 교육을 실시하는 방법
→ 연 2회

▶ 피난유도 안내정보의 제공(규칙 제35조 제1항)
① 법 제36조 제3항에 따른 피난유도 안내정보는 다음 각 호의 어느 하나의 방법으로 제공한다.
  1. 연 2회 피난안내 교육을 실시하는 방법
  2. 분기별 1회 이상 피난안내방송을 실시하는 방법
  3. 피난안내도를 층마다 보기 쉬운 위치에 게시하는 방법
  4. 엘리베이터, 출입구 등 시청이 용이한 장소에 피난안내영상을 제공하는 방법

정답 85.② 86.①

87. 「화재의 예방 및 안전관리에 관한 법률」 및 같은 법 시행령, 시행규칙상 소방안전관리대상물 근무자 및 거주자 등에 대한 소방훈련 등에 관한 내용으로 옳지 않은 것은?

① 소방안전관리대상물의 관계인은 소방훈련과 교육을 연 1회 이상 실시해야 한다.
② 1급 소방안전관리대상물의 관계인은 소방훈련 및 교육을 한 날부터 30일 이내에 소방훈련 및 교육 결과를 행정안전부령으로 정하는 바에 따라 소방본부장 또는 소방서장에게 제출해야 한다.
③ 소방서장은 특급 소방안전관리대상물의 관계인으로 하여금 소방훈련과 교육을 소방기관과 합동으로 실시하게 할 수 있다.
④ 소방안전관리대상물의 관계인은 소방훈련과 교육을 실시했을 때에는 그 실시 결과를 소방훈련·교육 실시 결과 기록부에 기록하고, 이를 소방훈련 및 교육을 실시한 날부터 1년간 보관해야 한다.

[24. 경채, 공채]
기본서 2권 p.119

해설 87
④ ~~2년간~~

▶ 화재예방법 시행규칙 제36조(근무자 및 거주자에 대한 소방훈련과 교육)
④ 소방안전관리대상물의 관계인은 제1항에 따라 소방훈련과 교육을 실시했을 때에는 그 실시 결과를 별지 제28호서식의 소방훈련·교육 실시 결과 기록부에 기록하고, 이를 소방훈련 및 교육을 실시한 날부터 2년간 보관해야 한다.

정답 87.④

88 특정소방대상물의 근무자 및 거주자에 대한 소방훈련에 관한 설명으로 옳지 않은 것은?

① 소방안전관리대상물의 관계인은 그 장소에 근무하거나 거주하는 사람 등에게 소화·통보·피난 등의 훈련과 소방안전관리에 필요한 교육을 하여야 하고, 피난훈련은 그 소방대상물에 출입하는 사람을 안전한 장소로 대피시키고 유도하는 훈련을 포함하여야 한다.
② 소방안전관리대상물의 관계인은 소방훈련과 교육을 실시하였을 때에는 그 실시 결과를 소방훈련·교육 실시 결과 기록부에 기록하고, 이를 소방훈련과 교육을 실시한 날부터 2년간 보관해야 한다.
③ 소방훈련 및 교육은 원칙적으로 연 2회 이상 실시한다.
④ 소방안전관리대상물 중 소방안전관리업무의 전담이 필요한 특급 또는 1급 소방안전관리대상물의 관계인은 소방훈련 및 교육을 한 날부터 30일 이내에 소방훈련 및 교육 결과를 행정안전부령으로 정하는 바에 따라 소방본부장 또는 소방서장에게 제출하여야 한다.

[15. 통합]

해설 **88**

▶ 소방안전관리대상물 근무자 및 거주자 등에 대한 소방훈련 등(법 제37조 제1항, 제2항)
① 소방안전관리대상물의 관계인은 그 장소에 근무하거나 거주하는 사람 등(이하 이 조에서 "근무자등"이라 한다)에게 소화·통보·피난 등의 훈련(이하 "소방훈련"이라 한다)과 소방안전관리에 필요한 교육을 하여야 하고, 피난훈련은 그 소방대상물에 출입하는 사람을 안전한 장소로 대피시키고 유도하는 훈련을 포함하여야 한다. 이 경우 소방훈련과 교육의 횟수 및 방법 등에 관하여 필요한 사항은 행정안전부령으로 정한다.
② 소방안전관리대상물 중 소방안전관리업무의 전담이 필요한 대통령령으로 정하는 소방안전관리대상물의 관계인은 제1항에 따른 소방훈련 및 교육을 한 날부터 30일 이내에 소방훈련 및 교육 결과를 행정안전부령으로 정하는 바에 따라 소방본부장 또는 소방서장에게 제출하여야 한다.

▶ 소방훈련·교육 결과 제출의 대상(영 제38조)
법 제37조 제2항에서 "대통령령으로 정하는 소방안전관리대상물"이란 다음 각 호의 소방안전관리대상물을 말한다.
1. 별표 4 제1호에 따른 특급 소방안전관리대상물
2. 별표 4 제2호에 따른 1급 소방안전관리대상물

▶ 근무자 및 거주자에 대한 소방훈련과 교육(규칙 제36조)
① 소방안전관리대상물의 관계인은 법 제37조 제1항에 따른 소방훈련과 교육을 연 1회 이상 실시해야 한다. 다만, 소방본부장 또는 소방서장이 화재예방을 위하여 필요하다고 인정하여 2회의 범위에서 추가로 실시할 것을 요청하는 경우에는 소방훈련과 교육을 추가로 실시해야 한다.
② 소방본부장 또는 소방서장은 특급 및 1급 소방안전관리대상물의 관계인으로 하여금 제1항에 따른 소방훈련과 교육을 소방기관과 합동으로 실시하게 할 수 있다.
③ 소방안전관리대상물의 관계인은 소방훈련과 교육을 실시하는 경우 소방훈련 및 교육에 필요한 장비 및 교재 등을 갖추어야 한다.
④ 소방안전관리대상물의 관계인은 제1항에 따라 소방훈련과 교육을 실시했을 때에는 그 실시 결과를 별지 제28호서식의 소방훈련·교육 실시 결과 기록부에 기록하고, 이를 소방훈련 및 교육을 실시한 날부터 2년간 보관해야 한다.

정답 88.③

06 특별관리시설물의 소방안전관리

89 소방안전 특별관리시설물로 옳지 않은 것은?
① 도시철도시설
② 영화상영관이 10개 이상인 특정소방대상물
③ 천연가스 인수기지 및 공급망
④ 석유비축시설

[16. 통합]
상 중 하
기본서 2권 p.132

해설 89 ② 영화상영관 중 수용인원 1천명 이상인 영화상영관

▶ 소방안전 특별관리시설물의 안전관리(법 제40조 제1항)
① 소방청장은 화재 등 재난이 발생할 경우 사회·경제적으로 피해가 큰 다음 각 호의 시설(이하 "소방안전 특별관리시설물"이라 한다)에 대하여 소방안전 특별관리를 하여야 한다.
1. 「공항시설법」 제2조 제7호의 공항시설
2. 「철도산업발전기본법」 제3조 제2호의 철도시설
3. 「도시철도법」 제2조 제3호의 도시철도시설
4. 「항만법」 제2조 제5호의 항만시설
5. 「문화유산의 보존 및 활용에 관한 법률」 제2조 제3항의 지정문화유산 및 「자연유산의 보존 및 활용에 관한 법률」 제2조 제5호에 따른 천연기념물등인 시설(시설이 아닌 지정문화유산 및 천연기념물등을 보호하거나 소장하고 있는 시설을 포함한다)
6. 「산업기술단지 지원에 관한 특례법」 제2조 제1호의 산업기술단지
7. 「산업입지 및 개발에 관한 법률」 제2조 제8호의 산업단지
8. 「초고층 및 지하연계 복합건축물 재난관리에 관한 특별법」 제2조 제1호·제2호의 초고층 건축물 및 지하연계 복합건축물
9. 「영화 및 비디오물의 진흥에 관한 법률」 제2조 제10호의 영화상영관 중 수용인원 1천명 이상인 영화상영관
10. 전력용 및 통신용 지하구
11. 「한국석유공사법」 제10조 제1항 제3호의 석유비축시설
12. 「한국가스공사법」 제11조 제1항 제2호의 천연가스 인수기지 및 공급망
13. 「전통시장 및 상점가 육성을 위한 특별법」 제2조 제1호의 전통시장으로서 대통령령으로 정하는 전통시장
14. 그 밖에 대통령령으로 정하는 시설물

정답 89.②

90 「화재의 예방 및 안전관리에 관한 법률」상 소방안전 특별관리시설물로 옳지 않은 것은?

① 「위험물안전관리법」 제2조 제1항 제3호의 제조소
② 「전통시장 및 상점가 육성을 위한 특별법」 제2조 제1호의 전통시장으로서 대통령령으로 정하는 전통시장
③ 「영화 및 비디오물의 진흥에 관한 법률」 제2조 제10호의 영화상영관 중 수용인원 1,000명 이상인 영화상영관
④ 「문화유산의 보존 및 활용에 관한 법률」 제2조 제3항의 지정문화유산 및 「자연유산의 보존 및 활용에 관한 법률」 제2조 제5호에 따른 천연기념물등인 시설(시설이 아닌 지정문화유산 및 천연기념물등을 보호하거나 소장하고 있는 시설을 포함한다)

[21. 경채]
기본서 2권 p.132

해설 90

① 「위험물안전관리법」 제2조 제1항 제3호의 제조소
→ 해당하지 않는다.

▶ 소방안전 특별관리시설물의 안전관리(법 제40조 제1항)
① 소방청장은 화재 등 재난이 발생할 경우 사회·경제적으로 피해가 큰 다음 각 호의 시설(이하 "소방안전 특별관리시설물"이라 한다)에 대하여 소방안전 특별관리를 하여야 한다.
 1. 「공항시설법」 제2조 제7호의 공항시설
 2. 「철도산업발전기본법」 제3조 제2호의 철도시설
 3. 「도시철도법」 제2조 제3호의 도시철도시설
 4. 「항만법」 제2조 제5호의 항만시설
 5. 「문화유산의 보존 및 활용에 관한 법률」 제2조 제3항의 지정문화유산 및 「자연유산의 보존 및 활용에 관한 법률」 제2조 제5호에 따른 천연기념물등인 시설(시설이 아닌 지정문화유산 및 천연기념물등을 보호하거나 소장하고 있는 시설을 포함한다)
 6. 「산업기술단지 지원에 관한 특례법」 제2조 제1호의 산업기술단지
 7. 「산업입지 및 개발에 관한 법률」 제2조 제8호의 산업단지
 8. 「초고층 및 지하연계 복합건축물 재난관리에 관한 특별법」 제2조 제1호·제2호의 초고층 건축물 및 지하연계 복합건축물
 9. 「영화 및 비디오물의 진흥에 관한 법률」 제2조 제10호의 영화상영관 중 수용인원 1천명 이상인 영화상영관
 10. 전력용 및 통신용 지하구
 11. 「한국석유공사법」 제10조 제1항 제3호의 석유비축시설
 12. 「한국가스공사법」 제11조 제1항 제2호의 천연가스 인수기지 및 공급망
 13. 「전통시장 및 상점가 육성을 위한 특별법」 제2조 제1호의 전통시장으로서 대통령령으로 정하는 전통시장
 14. 그 밖에 대통령령으로 정하는 시설물

정답 90.①

91 「화재의 예방 및 안전관리에 관한 법률 시행령」상 화재예방안전진단 대상의 시설기준으로 옳지 않은 것은?

① 발전소 중 연면적이 5천 제곱미터 이상인 발전소
② 항만시설 중 여객이용시설 및 지원시설의 연면적이 5천 제곱미터 이상인 항만시설
③ 철도시설 중 역 시설의 연면적이 5천 제곱미터 이상인 철도시설
④ 가스공급시설 중 가연성 가스 탱크의 저장용량의 합계가 30톤 이상이거나 저장용량이 10톤 이상인 가연성 가스 탱크가 있는 가스공급시설

[24. 경채, 공채]
상 **중** 하
기본서 2권 p.136

해설 91

④ 가스공급시설 중 가연성 가스 탱크의 저장용량의 합계가 <u>100톤</u> 이상이거나 저장용량이 <u>30톤</u> 이상인 가연성 가스 탱크가 있는 가스공급시설

▶ 화재예방법 시행령 제43조(화재예방안전진단의 대상)
법 제41조 제1항에서 "대통령령으로 정하는 소방안전 특별관리시설물"이란 다음 각 호의 시설을 말한다.
1. 법 제40조 제1항 제1호에 따른 공항시설 중 여객터미널의 연면적이 1천 제곱미터 이상인 공항시설
2. 법 제40조 제1항 제2호에 따른 철도시설 중 역 시설의 연면적이 5천 제곱미터 이상인 철도시설
3. 법 제40조 제1항 제3호에 따른 도시철도시설 중 역사 및 역 시설의 연면적이 5천 제곱미터 이상인 도시철도시설
4. 법 제40조 제1항 제4호에 따른 항만시설 중 여객이용시설 및 지원시설의 연면적이 5천 제곱미터 이상인 항만시설
5. 법 제40조 제1항 제10호에 따른 전력용 및 통신용 지하구 중 「국토의 계획 및 이용에 관한 법률」 제2조 제9호에 따른 공동구
6. 법 제40조 제1항 제12호에 따른 천연가스 인수기지 및 공급망 중 「소방시설 설치 및 관리에 관한 법률 시행령」 별표 2 제17호 나목에 따른 가스시설
7. 제41조 제2항 제1호에 따른 발전소 중 연면적이 5천 제곱미터 이상인 발전소
8. 제41조 제2항 제3호에 따른 가스공급시설 중 가연성 가스 탱크의 저장용량의 합계가 100톤 이상이거나 저장용량이 30톤 이상인 가연성 가스 탱크가 있는 가스공급시설

정답 91.④

소방관계법규

92 「화재의 예방 및 안전관리에 관한 법률」상 화재예방안전진단의 범위에 해당하는 것만을 〈보기〉에서 있는 대로 고른 것은?

〈보기〉
ㄱ. 소방계획 및 피난계획 수립에 관한 사항
ㄴ. 소방시설등의 유지·관리에 관한 사항
ㄷ. 비상대응조직 및 교육훈련에 관한 사항
ㄹ. 화재 위험성 평가에 관한 사항

① ㄱ
② ㄱ, ㄴ
③ ㄱ, ㄴ, ㄷ
④ ㄱ, ㄴ, ㄷ, ㄹ

[23. 경채, 공채]

해설 92 모두 옳은 지문이다(법 제41조).

▶ 화재예방안전진단(법 제41조 제2항)
② 제1항에 따른 화재예방안전진단의 범위는 다음 각 호와 같다.
1. 화재위험요인의 조사에 관한 사항
2. 소방계획 및 피난계획 수립에 관한 사항
3. 소방시설등의 유지·관리에 관한 사항
4. 비상대응조직 및 교육훈련에 관한 사항
5. 화재 위험성 평가에 관한 사항
6. 그 밖에 화재예방진단을 위하여 대통령령으로 정하는 사항

정답 92.④

07 벌칙

93 「화재의 예방 및 안전관리에 관한 법률 시행령」 별표 9의 과태료 부과 개별기준에 대한 내용 중 위반행위의 횟수에 따라 가중된 과태료 부과처분의 금액으로 옳은 것은?

[22. 공채]

위반행위	과태료 금액(만 원)		
	1회	2회	3회 이상
특수가연물의 저장 및 취급기준을 위반한 경우	㉠	㉡	㉢

	㉠	㉡	㉢		㉠	㉡	㉢
①	50	100	150	②	20	50	100
③	50	100	100	④	200	200	200

해설 93 ▶과태료 부과기준(영 별표 9)

위반행위	근거 법조문	과태료 금액 (단위: 만 원)		
		1차 위반	2차 위반	3차 이상 위반
자. 법 제17조 제4항에 따른 불을 사용할 때 지켜야 하는 사항 및 같은 조 제5항에 따른 <u>특수가연물의 저장 및 취급기준을 위반한 경우</u>	법 제52조 제2항 제1호		200	

정답 93.④

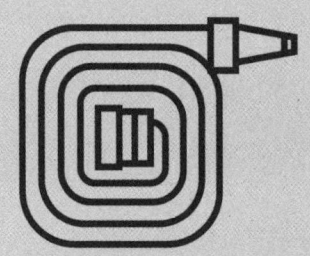

소방관계법규

PART 05

소방시설공사업법

01 총 칙
02 소방시설업
03 소방시설공사등
04 소방기술자
05 소방시설업자협회
06 보 칙
07 벌 칙

05 소방시설공사업법

01 총칙

01 다음 중 「소방시설공사업법」의 목적으로 옳지 않은 것은?
① 소방기술의 진흥
② 국민의 생명, 신체, 재산 보호
③ 공공의 안전 확보
④ 국민경제에 이바지

[09. 경남]

02 다음은 「소방시설공사업법」의 목적이다. 빈칸에 들어갈 가장 적당한 것은?

> 이 법은 소방시설공사 및 소방기술의 관리에 필요한 사항을 규정함으로써 소방시설업을 건전하게 발전시키고 (   )시켜 화재로부터 (   )하고 국민경제에 이바지함을 목적으로 한다.

① 소방기술을 혁신, 공공의 안전을 확보
② 소방기술을 혁신, 국민의 생명·신체를 보호
③ 소방기술을 진흥, 공공의 안전을 확보
④ 소방기술을 진흥, 국민의 생명·신체를 보호

[15. 통합]

해설

01 ② 이 법은 소방시설공사 및 소방기술의 관리에 필요한 사항을 규정함으로써 소방시설업을 건전하게 발전시키고 소방기술을 진흥시켜 화재로부터 공공의 안전을 확보하고 국민경제에 이바지함을 목적으로 한다(법 제1조).

02 ③ 이 법은 소방시설공사 및 소방기술의 관리에 필요한 사항을 규정함으로써 소방시설업을 건전하게 발전시키고 소방기술을 진흥시켜 화재로부터 공공의 안전을 확보하고 국민경제에 이바지함을 목적으로 한다(법 제1조).

정답 01.② 02.③

03 다음 중 「소방시설공사업법」의 목적으로 가장 옳지 않은 것은?
① 소방시설공사 및 소방기술의 관리에 필요한 사항을 규정
② 화재의 예방 및 안전관리에 관한 국가와 지방자치단체의 책무
③ 소방시설업을 건전하게 발전시키고 소방기술을 진흥
④ 화재로부터 공공의 안전을 확보하고 국민경제에 이바지함

04 설계도서에 따라 소방시설을 신설·증설·개설·이전 및 정비하는 영업으로 옳은 것은?
① 소방시설관리업
② 소방시설공사업
③ 소방공사감리업
④ 소방시설설계업

해설

03 ② 이 법은 소방시설공사 및 소방기술의 관리에 필요한 사항을 규정함으로써 소방시설업을 건전하게 발전시키고 소방기술을 진흥시켜 화재로부터 공공의 안전을 확보하고 국민경제에 이바지함을 목적으로 한다(법 제1조).

04 ② 소방시설공사업은 설계도서에 따라 소방시설을 신설, 증설, 개설, 이전 및 정비(이하 "시공"이라 한다)하는 영업이다 (법 제2조).

정답 03.② 04.②

05 다음 중 소방시설업에 해당되지 않는 것은?
① 소방시설설계업
② 소방시설관리업
③ 소방시설공사업
④ 방염처리업

[10. 중앙]
기본서 2권 p.175

06 다음 중 「소방시설공사업법」에서 소방시설업이 아닌 것은?
① 방염처리업
② 소방시설공사업
③ 소방공사감리업
④ 소방시설관리업

[10. 경기]
기본서 2권 p.175

해설

05 ② 소방시설관리업은 해당되지 않는다(법 제2조).

06 ④ 소방시설업은 소방시설설계업, 소방시설공사업, 소방공사감리업, 방염처리업이 있다(법 제2조).

▶ 정의(법 제2조)
① 이 법에서 사용하는 용어의 뜻은 다음과 같다.
  1. "소방시설업"이란 다음 각 목의 영업을 말한다.
    가. 소방시설설계업 : 소방시설공사에 기본이 되는 공사계획, 설계도면, 설계 설명서, 기술계산서 및 이와 관련된 서류(이하 "설계도서"라 한다)를 작성(이하 "설계"라 한다)하는 영업
    나. 소방시설공사업 : 설계도서에 따라 소방시설을 신설, 증설, 개설, 이전 및 정비(이하 "시공"이라 한다)하는 영업
    다. 소방공사감리업 : 소방시설공사에 관한 발주자의 권한을 대행하여 소방시설공사가 설계도서와 관계 법령에 따라 적법하게 시공되는지를 확인하고, 품질·시공 관리에 대한 기술지도를 하는(이하 "감리"라 한다) 영업
    라. 방염처리업 : 「소방시설 설치 및 관리에 관한 법률」 제20조 제1항에 따른 방염대상물품에 대하여 방염처리(이하 "방염"이라 한다)하는 영업

정답 05.② 06.④

07 「소방시설공사업법」상 설계도서에 따라 소방시설을 신설, 증설, 개설, 이전 및 정비하는 영업을 무엇이라 하는가?
① 소방시설설계업
② 소방공사감리업
③ 소방시설공사업
④ 소방시설관리업

08 다음 중 소방시설공사에 관한 발주자의 권한을 대행하여 소방시설공사가 설계도서와 관계 법령에 따라 적법하게 시공되는지를 확인하고 품질·시공관리에 대한 기술지도를 하는 영업으로 옳은 것은?
① 소방공사감리업
② 소방시설공사업
③ 소방시설설계업
④ 방염처리업

해설

07 ③ 소방시설공사업 : 설계도서에 따라 소방시설을 신설, 증설, 개설, 이전 및 정비(이하 "시공"이라 한다)하는 영업(법 제2조)

08 ① 소방공사감리업은 소방시설공사에 관한 발주자의 권한을 대행하여 소방시설공사가 설계도서와 관계 법령에 따라 적법하게 시공되는지를 확인하고, 품질·시공 관리에 대한 기술지도를 하는(이하 "감리"라 한다) 영업이다(법 제2조).

정답 07.③ 08.①

소방관계법규

09 「소방시설공사업법」상 소방시설업의 종류로 옳은 것을 모두 고르면?

가. 소방공사감리업	나. 방염처리업
다. 소방시설공사업	라. 소방시설점검업
마. 소방시설설계업	바. 소방시설관리업

① 가, 나, 바
② 가, 다, 마
③ 가, 나, 다, 마
④ 가, 나, 다, 라, 마

[18. 공채]
기본서 2권 p.175

10 「소방시설공사업법」에서 사용하는 용어의 정의로 옳지 않은 것은?
① 소방시설설계업은 공사의 기본이 되는 설계도서를 작성한다.
② 소방시설공사업은 설계도서에 따라 소방시설을 시공한다.
③ 소방시설업자는 소방시설업을 경영하기 위하여 소방시설업을 등록한 자이다.
④ 감리원은 공사에 관한 발주자의 권한을 대행하여 감리한다.

[11. 중앙]
기본서 2권 p.175

해설 09 ▶ 정의(법 제2조)
① 이 법에서 사용하는 용어의 뜻은 다음과 같다.
　1. "소방시설업"이란 다음 각 목의 영업을 말한다.
　　가. 소방시설설계업 : 소방시설공사에 기본이 되는 공사계획, 설계도면, 설계 설명서, 기술계산서 및 이와 관련된 서류(이하 "설계도서"라 한다)를 작성(이하 "설계"라 한다)하는 영업
　　나. 소방시설공사업 : 설계도서에 따라 소방시설을 신설, 증설, 개설, 이전 및 정비(이하 "시공"이라 한다)하는 영업
　　다. 소방공사감리업 : 소방시설공사에 관한 발주자의 권한을 대행하여 소방시설공사가 설계도서와 관계 법령에 따라 적법하게 시공되는지를 확인하고, 품질·시공 관리에 대한 기술지도를 하는(이하 "감리"라 한다) 영업
　　라. 방염처리업 :「소방시설 설치 및 관리에 관한 법률」제20조 제1항에 따른 방염대상물품에 대하여 방염처리(이하 "방염"이라 한다)하는 영업

10 ④ "감리원"이란 소방공사감리업자에 소속된 소방기술자로서 해당 소방시설공사를 감리하는 사람을 말한다.
• 소방공사감리업은 소방시설공사에 관한 발주자의 권한을 대행하여 소방시설공사가 설계도서와 관계 법령에 따라 적법하게 시공되는지를 확인하고, 품질·시공 관리에 대한 기술지도를 하는(이하 "감리"라 한다) 영업이다(법 제2조).

정답 09.③ 10.④

11 「소방시설공사업법」에서 소방시설업이 아닌 것은?
① 소방시설설계업 ② 소방시설공사업
③ 소방시설관리업 ④ 소방공사감리업

12 「소방시설공사업법」에서 용어에 대한 설명으로 옳지 않은 것은?
① "감리원"이란 소방공사감리업자에 소속된 소방기술자로서 해당 소방시설공사를 감리하는 사람을 말한다.
② "발주자"란 소방시설공사등을 소방시설업자에게 도급하는 자를 말한다. 다만, 수급인으로서 도급받은 공사를 하도급하는 자는 제외한다.
③ "소방시설공사업"이란 설계도서에 따라 소방시설을 신설, 증설, 개설, 이전 및 정비하는 영업을 말한다.
④ "소방시설설계업"이란 소방시설공사에 관한 발주자의 권한을 대행하여 소방시설공사가 설계도서와 관계 법령에 따라 적법하게 시공되는지를 확인하는 영업을 말한다.

해설 11   ③ 소방시설관리업은 소방시설업에 해당하지 않는다.
• 소방시설업은 소방시설설계업, 소방시설공사업, 소방공사감리업, 방염처리업을 말한다(법 제2조).

12   ▶ 정의(법 제2조)
① 이 법에서 사용하는 용어의 뜻은 다음과 같다.
   1. "소방시설업"이란 다음 각 목의 영업을 말한다.
      가. 소방시설설계업 : 소방시설공사에 기본이 되는 공사계획, 설계도면, 설계 설명서, 기술계산서 및 이와 관련된 서류(이하 "설계도서"라 한다)를 작성(이하 "설계"라 한다)하는 영업

정답 11.③ 12.④

13 「소방시설공사업법」상 '소방시설업'의 영업에 해당하지 않는 것은?
① 소방시설공사에 기본이 되는 공사계획, 설계도면, 설계 설명서, 기술계산서 및 이와 관련된 서류를 작성하는 영업
② 설계도서에 따라 소방시설을 신설, 증설, 개설, 이전 및 정비하는 영업
③ 소방안전관리 업무의 대행 또는 소방시설등의 점검 및 유지·관리하는 영업
④ 방염대상물품에 대하여 방염처리하는 영업

14 「소방시설공사업법」에서 규정한 용어의 정의로 옳지 않은 것은?
① "소방시설공사업"이란 설계도서에 따라 소방시설을 신설, 증설, 개설, 이전 및 정비하는 영업을 말한다.
② "소방시설설계업"이란 소방시설공사에 기본이 되는 공사계획, 설계도면, 설계 설명서, 기술계산서 및 이와 관련된 서류를 작성하는 영업을 말한다.
③ "발주자"란 소방시설의 설계, 시공, 감리 및 방염을 소방시설업자에게 도급한 자 및 도급받은 공사를 하도급하는 자를 말한다.
④ "소방공사감리업"이란 소방시설공사에 관한 발주자의 권한을 대행하여 소방시설공사가 설계도서와 관계 법령에 따라 적법하게 시공되는지를 확인하고, 품질·시공 관리에 대한 기술지도를 하는 영업을 말한다.

해설 13 ① 소방시설설계업 ② 소방시설공사업 ④ 방염처리업

▶ 정의(법 제2조)
1. "소방시설업"이란 다음 각 목의 영업을 말한다.
   가. 소방시설설계업 : 소방시설공사에 기본이 되는 공사계획, 설계도면, 설계 설명서, 기술계산서 및 이와 관련된 서류(이하 "설계도서"라 한다)를 작성(이하 "설계"라 한다)하는 영업
   나. 소방시설공사업 : 설계도서에 따라 소방시설을 신설, 증설, 개설, 이전 및 정비(이하 "시공"이라 한다)하는 영업
   다. 소방공사감리업 : 소방시설공사에 관한 발주자의 권한을 대행하여 소방시설공사가 설계도서와 관계 법령에 따라 적법하게 시공되는지를 확인하고, 품질·시공 관리에 대한 기술지도를 하는(이하 "감리"라 한다) 영업
   라. 방염처리업 : 「소방시설 설치 및 관리에 관한 법률」 제20조 제1항에 따른 방염대상물품에 대하여 방염처리(이하 "방염"이라 한다)하는 영업

14 ③ "발주자"란 소방시설의 설계, 시공, 감리 및 방염을 소방시설업자에게 도급한 자 및 도급받은 공사를 하도급하는 자를 말한다(법 제2조).
→ 수급인으로서 도급받은 공사를 하도급하는 자는 제외

※ "발주자"란 소방시설의 설계, 시공, 감리 및 방염을 소방시설업자에게 도급하는 자를 말한다. 다만, 수급인으로서 도급받은 공사를 하도급하는 자는 제외한다(법 제2조).

정답 13.③ 14.③

02 소방시설업

15 「소방시설공사업법」상 소방시설업의 등록, 휴·폐업과 소방시설업자의 지위 승계에 대한 내용으로 옳지 않은 것은?

① 특정소방대상물의 소방시설공사등을 하려는 자는 업종별로 자본금, 기술인력 등 행정안전부령으로 정하는 요건을 갖추어 시·도지사에게 소방시설업을 등록하여야 한다.

② 소방시설업자가 사망하여 그 상속인이 종전의 소방시설업자의 지위를 승계하려는 경우에는 그 상속일부터 30일 이내에 행정안전부령으로 정하는 바에 따라 그 사실을 시·도지사에게 신고하여야 한다.

③ 소방시설업자는 소방시설업을 폐업하는 때에는 행정안전부령으로 정하는 바에 따라 시·도지사에게 신고하여야 하고 폐업신고를 받은 시·도지사는 소방시설업 등록을 말소하고 그 사실을 행정안전부령으로 정하는 바에 따라 공고하여야 한다.

④ 「민사집행법」에 따른 경매에 따라 소방시설업자의 소방시설의 전부를 인수한 자가 종전의 소방시설업자의 지위를 승계하려는 경우에는 그 인수일부터 30일 이내에 행정안전부령으로 정하는 바에 따라 그 사실을 시·도지사에게 신고하여야 한다.

[22. 공채]

기본서 2권 p.178, p.193~194

해설 15 ① 특정소방대상물의 소방시설공사등을 하려는 자는 업종별로 자본금, 기술인력 등 행정안전부령으로 정하는 요건을 갖추어 시·도지사에게 소방시설업을 등록하여야 한다(법 제4조 제1항).
→ 대통령령

정답 15.①

16 다음 중 전문소방시설설계업에서 보조기술인력은 몇 명 이상이어야 하는가?
① 1명　　　　　　　　② 2명
③ 3명　　　　　　　　④ 4명

[기출변형]
상 중 하
기본서 2권 p.181

17 다음 중 소방시설업 등록 신청 시 시·도지사는 며칠 내에 소방시설업 등록증 및 소방시설업 등록수첩을 발급하여야 하는가?
① 3일　　　　　　　　② 5일
③ 10일　　　　　　　④ 15일

[09. 경북]
상 중 하
기본서 2권 p.179

해설 **16** ① 전문소방시설설계업의 보조기술인력은 1명 이상이다(영 별표 1).

17 ④ 시·도지사는 제2조에 따른 접수일부터 15일 이내에 협회를 경유하여 별지 제3호서식에 따른 소방시설업 등록증 및 별지 제4호서식에 따른 소방시설업 등록수첩을 신청인에게 발급해 주어야 한다(규칙 제3조).

정답 16.① 17.④

18 다음 ( ) 안에 들어갈 말로 옳은 것은?

> 특정소방대상물의 소방시설공사등을 하려는 자는 (　　)로 자본금[개인인 경우에는 (　　)을 말한다], (　　) 등 대통령령으로 정하는 요건을 갖추어 특별시장·광역시장·특별자치시장·도지사 또는 특별자치도지사에게 소방시설업을 등록하여야 한다.

① 업종별, 자산 평가액, 기술인력
② 시설별, 예산산정금액, 기업진단 보고서
③ 업종별, 예산산정금액, 기술인력
④ 시설별, 자산 평가액, 기업진단 보고서

[10. 서울]

해설 **18** ① 특정소방대상물의 소방시설공사등을 하려는 자는 <u>업종별</u>로 자본금(개인인 경우에는 <u>자산 평가액</u>을 말한다), <u>기술인력</u> 등 대통령령으로 정하는 요건을 갖추어 특별시장·광역시장·특별자치시장·도지사 또는 특별자치도지사(이하 "시·도지사"라 한다)에게 소방시설업을 등록하여야 한다(법 제4조 제1항).

정답 18.①

19 「소방시설공사업법 시행령」상 소방시설공사업의 등록기준으로 옳은 것은?

① 기술인력, 장비, 시설
② 기술인력, 자본금(자산평가액)
③ 자본금, 도급실적
④ 기술인력, 장비, 도급실적

해설 19 ▶ 소방시설업의 업종별 등록기준 및 영업범위(영 별표 1)
2. 소방시설공사업

업종별	항목	기술인력	자본금 (자산평가액)	영업범위
전문 소방시설 공사업		가. 주된 기술인력: 소방기술사 또는 기계분야와 전기분야의 소방설비기사 각 1명(기계분야 및 전기분야의 자격을 함께 취득한 사람 1명) 이상 나. 보조기술인력: 2명 이상	가. 법인: 1억원 이상 나. 개인: 자산평가액 1억원 이상	특정소방대상물에 설치되는 기계분야 및 전기분야 소방시설의 공사·개설·이전 및 정비
일반 소방 시설 공사업	기계 분야	가. 주된 기술인력: 소방기술사 또는 기계분야 소방설비기사 1명 이상 나. 보조기술인력: 1명 이상	가. 법인: 1억원 이상 나. 개인: 자산평가액 1억원 이상	가. 연면적 1만 제곱미터 미만의 특정소방대상물에 설치되는 기계분야 소방시설의 공사·개설·이전 및 정비 나. 위험물제조소등에 설치되는 기계분야 소방시설의 공사·개설·이전 및 정비
	전기 분야	가. 주된 기술인력: 소방기술사 또는 전기분야 소방설비기사 1명 이상 나. 보조기술인력: 1명 이상	가. 법인: 1억원 이상 나. 개인: 자산평가액 1억원 이상	가. 연면적 1만 제곱미터 미만의 특정소방대상물에 설치되는 전기분야 소방시설의 공사·개설·이전·정비 나. 위험물제조소등에 설치되는 전기분야 소방시설의 공사·개설·이전·정비

정답 19.②

20 다음 중 방염처리업의 등록은 누구에게 하는가?
① 시·도지사
② 소방본부장
③ 소방청장
④ 국무총리

[11. 서울]
기본서 2권 p.178

21 다음 중 방염업의 종류가 아닌 것은?
① 섬유류 방염업
② 종이류 방염업
③ 합성수지류 방염업
④ 합판·목재류 방염업

[13. 중앙특]
기본서 2권 p.185

해설

20 ① 방염처리업의 등록은 시·도지사에게 등록하여야 한다(법 제4조).

21 ② 종이류 방염업은 해당되지 않는다(영 별표 1).

▶방염처리업(영 별표 1)

업종별＼항목	실험실	방염처리시설 및 시험기기	영업범위
섬유류 방염업	1개 이상 갖출 것	부표에 따른 섬유류 방염업의 방염처리시설 및 시험기기를 모두 갖추어야 한다.	커튼·카펫 등 섬유류를 주된 원료로 하는 방염대상물품을 제조 또는 가공 공정에서 방염처리
합성수지류 방염업		부표에 따른 합성수지류 방염업의 방염처리시설 및 시험기기를 모두 갖추어야 한다.	합성수지류를 주된 원료로 하는 방염대상물품을 제조 또는 가공 공정에서 방염처리
합판·목재류 방염업		부표에 따른 합판·목재류 방염업의 방염처리시설 및 시험기기를 모두 갖추어야 한다.	합판 또는 목재류를 제조·가공 공정 또는 설치 현장에서 방염처리

정답 20.① 21.②

소방관계법규

22 소방시설업의 분류 중 기계분야에서 제외되며 전기분야에 해당되는 것은?
① 제연설비
② 연결송수관설비
③ 유도등
④ 연소방지설비

[13. 중앙]
상 중 하
기본서 2권 p.181

23 소방시설업의 지위를 승계한 자는 그 지위를 승계한 날로부터 며칠 이내에 그 서류를 협회에 제출해야 하는가?
① 7일
② 14일
③ 15일
④ 30일

[10. 충북]
상 중 하
기본서 2권 p.195

해설 22 ③ 유도등은 전기분야에 해당된다(영 별표 1).
▶ 전기분야
단독경보형감지기, 비상경보설비, 비상방송설비, 누전경보기, 자동화재탐지설비, 시각경보기, 화재알림설비, 자동화재속보설비, 가스누설경보기, 통합감시시설, 유도등, 비상조명등, 휴대용비상조명등, 비상콘센트설비 및 무선통신보조설비
▶ 기계분야
소화기구, 자동소화장치, 옥내소화전설비, 스프링클러설비등, 물분무등소화설비, 옥외소화전설비, 피난기구, 인명구조기구, 상수도소화용수설비, 소화수조·저수조, 그 밖의 소화용수설비, 제연설비, 연결송수관설비, 연결살수설비 및 연소방지설비

23 ④ 법 제7조 제1항 및 제2항에 따라 소방시설업자 지위 승계를 신고하려는 자는 그 상속일, 양수일, 합병일 또는 인수일부터 30일 이내에 다음 각 호의 구분에 따른 서류(전자문서를 포함한다)를 협회에 제출해야 한다(규칙 제7조 제1항).

정답 22.③ 23.④

24 방염업자의 지위를 승계한 자는 행정안전부령이 정하는 바에 따라 며칠 이내에 누구에게 신고하여야 하는가?
① 14일 이내에 소방서장에게
② 14일 이내에 시·도지사에게
③ 30일 이내에 소방서장에게
④ 30일 이내에 시·도지사에게

[11. 통합]
기본서 2권 p.194

25 다음 중 소방시설업 등록의 결격사유로 옳지 않은 것은?
① 피성년후견인
② 등록하려는 소방시설업 등록이 취소(피성년후견인에 해당하여 등록이 취소된 경우는 제외한다)된 날부터 2년이 지나지 아니한 자
③ 금고 이상의 실형을 선고받고 그 집행이 끝나거나(집행이 끝난 것으로 보는 경우를 포함한다) 면제된 날부터 2년이 지나지 아니한 사람
④ 금고 이상의 집행유예선고를 받은 날로부터 2년이 지나지 아니한 자

[09. 경북]
기본서 2권 p.189

해설

24 ④ 지위승계신고는 시·도지사에게 30일 이내에 신고하여야 한다(법 제7조 제1항).

25 ④ 금고 이상의 형의 집행유예를 선고받고 그 유예기간 중에 있는 사람에 해당한다.

▶ 결격사유(법 제5조)
㉠ 피성년후견인
㉡ 금고 이상의 실형을 선고받고 그 집행이 끝나거나(집행이 끝난 것으로 보는 경우를 포함한다) 면제된 날부터 2년이 지나지 아니한 사람
㉢ 금고 이상의 형의 집행유예를 선고받고 그 유예기간 중에 있는 사람
㉣ 등록하려는 소방시설업 등록이 취소(㉠에 해당하여 등록이 취소된 경우는 제외한다)된 날부터 2년이 지나지 아니한 자
㉤ 법인의 대표자가 ㉠부터 ㉣까지의 규정에 해당하는 경우 그 법인
㉥ 법인의 임원이 ㉡부터 ㉣까지의 규정에 해당하는 경우 그 법인

정답 24.④ 25.④

26 다음 중 소방시설업 등록의 결격사유로 옳지 않은 것은?
① 피성년후견인
② 파산선고를 받고 복권되지 아니한 자
③ 소방시설업의 등록이 취소된 날부터 2년이 지나지 아니한 자
④ 금고 이상의 형의 집행유예를 선고받고 그 유예기간 중에 있는 자

[10. 중앙]
상 **중** 하
기본서 2권 p.189

27 소방시설업 등록의 결격사유 기준에 해당하지 않는 것은?
① 피성년후견인
②「소방기본법」에 의한 금고 이상의 실형을 선고받고 그 집행이 끝나거나 면제된 날부터 2년이 지나지 아니한 사람
③「소방기본법」에 따른 금고 이상의 형의 집행유예를 선고받고 2년이 지나지 아니한 사람
④ 등록하려는 소방시설업 등록이 취소된 날부터 2년이 지나지 아니한 사람

[11. 전남]
상 **중** 하
기본서 2권 p.189

해설 26 ② 파산선고를 받고 복권되지 아니한 자는 소방시설업의 등록을 할 수 있다.

▶ **결격사유(법 제5조)**
㉠ 피성년후견인
㉡ 금고 이상의 실형을 선고받고 그 집행이 끝나거나(집행이 끝난 것으로 보는 경우를 포함한다) 면제된 날부터 2년이 지나지 아니한 사람
㉢ 금고 이상의 형의 집행유예를 선고받고 그 유예기간 중에 있는 사람
㉣ 등록하려는 소방시설업 등록이 취소(㉠에 해당하여 등록이 취소된 경우는 제외한다)된 날부터 2년이 지나지 아니한 자
㉤ 법인의 대표자가 ㉠부터 ㉣까지의 규정에 해당하는 경우 그 법인
㉥ 법인의 임원이 ㉡부터 ㉣까지의 규정에 해당하는 경우 그 법인

27 ③ 금고 이상의 형의 집행유예를 선고받고 그 유예기간 중에 있는 사람이 결격사유이다.

▶ **결격사유(법 제5조)**
㉠ 피성년후견인
㉡ 금고 이상의 실형을 선고받고 그 집행이 끝나거나(집행이 끝난 것으로 보는 경우를 포함한다) 면제된 날부터 2년이 지나지 아니한 사람
㉢ 금고 이상의 형의 집행유예를 선고받고 그 유예기간 중에 있는 사람
㉣ 등록하려는 소방시설업 등록이 취소(㉠에 해당하여 등록이 취소된 경우는 제외한다)된 날부터 2년이 지나지 아니한 자
㉤ 법인의 대표자가 ㉠부터 ㉣까지의 규정에 해당하는 경우 그 법인
㉥ 법인의 임원이 ㉡부터 ㉣까지의 규정에 해당하는 경우 그 법인

정답 26.② 27.③

28 「소방시설공사업법」상 소방시설업 등록의 결격사유에 해당하지 않는 사람은?

① 피성년후견인
② 등록하려는 소방시설업 등록이 취소된 날부터 3년이 지난 사람
③ 「소방기본법」에 따른 금고 이상의 형의 집행유예를 선고받고 그 유예기간 중에 있는 사람
④ 「위험물안전관리법」에 따른 금고 이상의 실형을 선고받고, 그 집행이 끝나거나(집행이 끝난 것으로 보는 경우를 포함한다) 면제된 날부터 1년이 지난 사람

29 다음 중 소방시설업의 설명 중 틀린 것은?

① 소방시설업은 시·도지사에게 등록하여야 한다.
② 지위승계신고는 협회에 30일 이내에 서류를 제출해야 한다.
③ 거짓 그 밖의 부정한 방법으로 등록을 한 경우 그 등록을 취소하여야 한다.
④ 파산선고자는 소방시설업을 등록할 수 없다.

해설

28 ② 등록하려는 소방시설업 등록이 취소된 날부터 ~~3년이 지난 사람~~
→ 2년이 지나지 아니한 자

▶ 결격사유(법 제5조)
㉠ 피성년후견인
㉡ 금고 이상의 실형을 선고받고 그 집행이 끝나거나(집행이 끝난 것으로 보는 경우를 포함한다) 면제된 날부터 2년이 지나지 아니한 사람
㉢ 금고 이상의 형의 집행유예를 선고받고 그 유예기간 중에 있는 사람
㉣ 등록하려는 소방시설업 등록이 취소(㉠에 해당하여 등록이 취소된 경우는 제외한다)된 날부터 2년이 지나지 아니한 자
㉤ 법인의 대표자가 ㉠부터 ㉣까지의 규정에 해당하는 경우 그 법인
㉥ 법인의 임원이 ㉡부터 ㉣까지의 규정에 해당하는 경우 그 법인

29 ④ 파산선고자로서 복권되지 아니한 사람도 소방시설업을 등록할 수 있다(법 제5조).

정답 28.② 29.④

소방관계법규

30 다음 중 소방시설업자가 보관하여야 하는 관계서류에 해당되지 않는 것은?
① 소방시설설계업 : 소방시설 설계기록부 및 소방시설 설계도서
② 소방시설공사업 : 소방시설공사 기록부
③ 소방시설점검업 : 소방시설점검 기록부
④ 소방공사감리업 : 소방공사감리 기록부, 소방공사 감리일지, 소방시설 완공 당시 설계도서

[10. 서울]
상 중 하
기본서 2권 p.199

31 시·도지사가 소방시설업자의 그 등록을 취소하여야 하는 사유로 옳은 것은?
① 등록기준에 미달하게 된 후 30일이 경과한 경우
② 등록을 한 후 정당한 사유 없이 1년이 지날 때까지 영업을 시작하지 아니하거나 계속하여 1년 이상 휴업한 때
③ 영업정지 기간 중에 소방시설공사등을 한 경우
④ 다른 자에게 등록증 또는 등록수첩을 빌려준 경우

[16. 통합]
상 중 하
기본서 2권 p.200

해설 **30** ③ 소방시설점검업은 소방시설업에 해당되지 않는다(규칙 제8조).
  1. 소방시설설계업 : 소방시설 설계기록부 및 소방시설 설계도서
  2. 소방시설공사업 : 소방시설공사 기록부
  3. 소방공사감리업 : 소방공사 감리기록부, 소방공사 감리일지 및 소방시설의 완공 당시 설계도서

31 ▶ 소방시설업 등록을 취소해야 하는 사유(법 제9조)
  1. 거짓이나 그 밖의 부정한 방법으로 등록한 경우
  2. 등록 결격사유에 해당하게 된 경우
  3. 영업정지 기간 중에 소방시설공사등을 한 경우

정답 30.③ 31.③

32 「소방시설공사업법」 및 같은 법 시행규칙상 소방시설업의 등록, 운영, 취소에 대한 설명 중 가장 옳은 것은?

① 소방시설업의 영업정지처분을 받은 경우 즉시 감리업자에 알려야 한다.
② 소방시설업의 영업정지 기간 중에 소방시설공사등을 한 경우 영업정지기간을 연장한다.
③ 소방시설업 등록의 취소권자는 소방본부장 또는 소방서장이다.
④ 영업정지 처분기간 중 영업정지에 해당하는 위반사항이 있는 경우에는 종전의 처분기간 만료일의 다음날부터 새로운 위반사항에 대한 영업정지의 행정처분을 한다.

33 다음 중 소방시설업 변경등록 신고대상이 아닌 것은?

① 상호(명칭)
② 대표자
③ 임대차계약서
④ 기술인력

해설 32
① 소방시설업의 등록취소처분 또는 영업정지처분을 받은 경우 소방시설업자는 소방시설공사등을 맡긴 특정소방대상물의 관계인에게 지체 없이 그 사실을 알려야 한다(법 제8조 제3항).
② 영업정지 기간 중에 소방시설공사등을 한 경우 그 등록을 취소하여야 한다(법 제9조).
③ 소방시설업 등록의 취소권자는 시·도지사이다(법 제9조).
④ 영업정지 처분기간 중 영업정지에 해당하는 위반사항이 있는 경우에는 종전의 처분기간 만료일의 다음날부터 새로운 위반사항에 대한 영업정지의 행정처분을 한다(규칙 별표 1. 1. 일반기준 나항).

33
③ 임대차계약서는 해당되지 않는다.

▶ 등록사항의 변경신고사항(규칙 제5조)
1. 상호(명칭) 또는 영업소 소재지
2. 대표자
3. 기술인력

정답 32.④ 33.③

34 다음 중 소방시설업자가 등록사항의 변경 시 시·도지사에게 신고해야 하는 사항이 아닌 것은?
① 상호(명칭) 또는 영업소 소재지
② 대표자 주소
③ 기술인력
④ 대표자

35 다음 중 소방시설업 변경신고에 해당하지 않는 것은?
① 명칭
② 영업소 소재지
③ 기술인력
④ 시설업 재개하였을 때

해설 **34** ② 대표자 주소는 해당되지 않는다.

▶ 등록사항의 변경신고사항(규칙 제5조)
1. 상호(명칭) 또는 영업소 소재지
2. 대표자
3. 기술인력

35 ④ 시설업을 재개하였을 때는 해당되지 않는다.

▶ 등록사항의 변경신고사항(규칙 제5조)
1. 상호(명칭) 또는 영업소 소재지
2. 대표자
3. 기술인력

정답 34.② 35.④

36 소방시설업자가 시·도지사에게 신고하여야 할 등록사항의 변경신고사항이 아닌 것은?

① 점검기구 교체
② 대표자
③ 상호(명칭) 또는 영업소 소재지
④ 기술인력

[13. 중앙]

37 다음 중 등록사항 변경신고사항으로 옳지 않은 것은?

① 상호(명칭)
② 대표자
③ 기술인력
④ 자본금

[17. 중앙]

해설 36 ① 점검기구 교체는 변경 신고사항이 아니다.

▶ 등록사항의 변경신고사항(규칙 제5조)
1. 상호(명칭) 또는 영업소 소재지
2. 대표자
3. 기술인력

37 ④ 자본금은 해당되지 않는다.

▶ 등록사항의 변경신고사항(규칙 제5조)
법 제6조에서 "행정안전부령으로 정하는 중요 사항"이란 다음 각 호의 어느 하나에 해당하는 사항을 말한다.
1. 상호(명칭) 또는 영업소 소재지
2. 대표자
3. 기술인력

정답 36.① 37.④

38 다음 중 소방시설업자가 관계인에게 통지해야 하는 경우가 아닌 것은?
① 소방시설업자의 지위승계시
② 소방시설업 등록취소 및 영업정지 처분을 받은 때
③ 휴업 또는 폐업시
④ 소방시설업 등록시

[기출변형]
상 중 하
기본서 2권 p.199

39 「소방시설공사업법」상 소방시설업자가 소방시설공사등을 맡긴 특정소방대상물의 관계인에게 지체 없이 그 사실을 알려야 하는 사항으로 옳지 않은 것은?
① 소방시설업을 휴업한 경우
② 소방시설업자의 지위를 승계한 경우
③ 소방시설업에 대한 행정처분 중 등록취소 처분을 받은 경우
④ 소방시설업에 대한 행정처분 중 영업정지 또는 경고 처분을 받은 경우

[19. 공채]
상 중 하
기본서 2권 p.199

해설

38 ▶ 소방시설업의 운영(법 제8조 제3항)
③ 소방시설업자는 다음 각 호의 어느 하나에 해당하는 경우에는 소방시설공사등을 맡긴 특정소방대상물의 관계인에게 지체 없이 그 사실을 알려야 한다(법 제8조 제3항).
1. 제7조에 따라 <u>소방시설업자의 지위를 승계한 경우</u>
2. 제9조 제1항에 따라 <u>소방시설업의 등록취소처분 또는 영업정지처분을 받은 경우</u>
3. <u>휴업하거나 폐업한 경우</u>

39 ▶ 소방시설업의 운영(법 제8조 제3항)
③ 소방시설업자는 다음 각 호의 어느 하나에 해당하는 경우에는 소방시설공사등을 맡긴 특정소방대상물의 관계인에게 지체 없이 그 사실을 알려야 한다.
1. 제7조에 따라 <u>소방시설업자의 지위를 승계한 경우</u>
2. 제9조 제1항에 따라 <u>소방시설업의 등록취소처분 또는 영업정지처분을 받은 경우</u>
3. <u>휴업하거나 폐업한 경우</u>

정답 38.④ 39.④

40 다음 중 소방시설업 등록을 취소해야 하는 경우가 아닌 것은?

① 등록의 결격사유에 해당하는 경우
② 등록증 및 등록수첩을 빌려준 때
③ 영업정지 기간 중 설계, 시공 및 감리를 한 경우
④ 거짓이나 그 밖의 부정한 방법으로 등록한 경우

[기출변형]
상 중 **하**
기본서 2권 p.200

41 「소방시설공사업법」상 ( ) 안에 들어갈 내용으로 옳은 것은?

> 시·도지사는 소방시설공사업자가 소방시설 공사현장에 감리원 배치기준을 위반한 경우로서 영업정지가 그 이용자에게 불편을 주거나 그 밖에 공익을 해칠 우려가 있을 때에는 영업정지처분을 갈음하여 ( ) 이하의 과징금을 부과할 수 있다.

① 2,000만 원 ② 3,000만 원
③ 1억 원 ④ 2억 원

[19. 공채]
상 중 **하**
기본서 2권 p.203

해설

40 ② 취소해야 하는 경우는 거짓이나 그 밖의 부정한 방법으로 등록한 경우, 제5조 각 호의 등록 결격사유에 해당하게 된 경우, 제8조 제2항을 위반하여 영업정지 기간 중에 소방시설공사등을 한 경우이다(법 제9조).

41 ▶ 과징금처분(법 제10조 제1항)
① 시·도지사는 제9조 제1항 각 호의 어느 하나에 해당하는 경우로서 영업정지가 그 이용자에게 불편을 주거나 그 밖에 공익을 해칠 우려가 있을 때에는 영업정지처분을 갈음하여 <u>2억원</u> 이하의 과징금을 부과할 수 있다.

정답 40.② 41.④

03 소방시설공사등

42 「소방시설공사업법 시행령」상 소방기술자의 배치기준을 설명한 것으로 옳지 않은 것은?

① 연면적 20만 제곱미터 이상인 특정소방대상물의 공사 현장에는 행정안전부령으로 정하는 특급기술자인 소방기술자(기계분야 및 전기분야)를 배치하여야 한다.
② 지하층을 포함한 층수가 16층 이상 40층 미만인 특정소방대상물의 공사 현장에는 행정안전부령으로 정하는 고급기술자 이상의 소방기술자(기계분야 및 전기분야)를 배치하여야 한다.
③ 연면적 5천 제곱미터 이상 3만 제곱미터 미만인 특정소방대상물(아파트는 제외)의 공사 현장에는 행정안전부령으로 정하는 중급기술자 이상의 소방기술자(기계분야 및 전기분야)를 배치하여야 한다.
④ 물분무등소화설비(호스릴 방식의 소화설비는 제외) 또는 제연설비가 설치되는 특정소방대상물의 공사 현장에는 행정안전부령으로 정하는 초급기술자 이상의 소방기술자(기계분야 및 전기분야)를 배치하여야 한다.

43 다음 중 소방시설공사를 할 때 착공신고는 누구에게 하는가?
① 소방청장
② 행정기관
③ 시·도지사
④ 소방본부장, 소방서장

해설

42 ④ 물분무등소화설비(호스릴 방식의 소화설비는 제외) 또는 제연설비가 설치되는 특정소방대상물의 공사 현장에는 행정안전부령으로 정하는 초급기술자 이상의 소방기술자(기계분야 및 전기분야)를 배치하여야 한다.
→ 중급기술자

▶ 영 별표 4
다. 행정안전부령으로 정하는 중급기술자 이상의 소방기술자(기계분야 및 전기분야)
  1) 물분무등소화설비(호스릴 방식의 소화설비는 제외한다) 또는 제연설비가 설치되는 특정소방대상물의 공사 현장

43 ④ 공사업자는 대통령령으로 정하는 소방시설공사를 하려면 행정안전부령으로 정하는 바에 따라 그 공사의 내용, 시공 장소, 그 밖에 필요한 사항을 소방본부장이나 소방서장에게 신고하여야 한다(법 제13조 제1항).

정답 42.④ 43.④

44 다음 중 성능위주설계의 기술인력으로 알맞은 것은?

① 소방기술사 1명 이상
② 소방기술사 2명 이상
③ 소방안전관리자 2명 이상
④ 소방안전관리자 1명 이상

[기출변형]
기본서 2권 p.210

45 다음 중 특정소방대상물의 구조, 용도, 수용인원, 위치, 가연물의 종류 및 양 등을 고려하여 하는 설계로 옳은 것은?

① 성능위주설계　　　　② 구조위주설계
③ 용도위주설계　　　　④ 특수위주설계

[10. 전남]
기본서 2권 p.210

해설

44 ② 성능위주설계의 기술인력으로 알맞은 것은 <u>소방기술사 2명 이상</u>이다(영 별표 1의2).

45 ① 특정소방대상물(신축하는 것만 해당한다)에 대해서는 그 용도, 위치, 구조, 수용 인원, 가연물의 종류 및 양 등을 고려하여 설계(이하 "<u>성능위주설계</u>"라 한다)하여야 한다(법 제11조 제2항).

정답 44.② 45.①

46 「소방시설공사업법」 및 같은 법 시행령상 소방시설설계에 관한 내용으로 옳지 않은 것은?

① 소방시설설계업을 등록한 자는 이 법이나 이 법에 따른 명령과 화재안전기준에 맞게 소방시설을 설계하여야 한다.
② 지방소방기술심의위원회의 심의를 거쳐 소방시설의 구조와 원리 등에서 특수한 특정소방대상물로 인정된 경우는 화재안전기준을 따르지 아니할 수 있다.
③ 소방기술사 2명을 기술인력으로 보유한 전문소방시설설계업을 등록한 자는 성능위주설계를 할 수 있다.
④ 일반소방시설설계업(기계분야)을 등록한 자는 위험물제조소등에 설치되는 기계분야 소방시설을 설계할 수 있다.

47 성능위주설계에 대한 설명으로 옳지 않은 것은?

① 성능위주설계를 할 수 있는 자의 자격·기술인력 및 자격에 따른 설계의 범위와 그 밖에 필요한 사항은 대통령령으로 정한다.
② 건축물의 높이가 120m 이상인 특정소방대상물(아파트등 제외)은 성능위주설계의 대상에 해당된다.
③ 지하층을 포함한 층수가 30층 이상인 특정소방대상물(아파트등 제외)은 성능위주설계의 대상에 해당된다.
④ 성능위주설계를 할 수 있는 설계자는 소방기술사 1명 이상 필요하다.

해설

46 ② 중앙소방기술심의위원회의 심의~~

▶ 소방시설공사업법 제11조(설계)
① 제4조 제1항에 따라 소방시설설계업을 등록한 자(이하 "설계업자"라 한다)는 이 법이나 이 법에 따른 명령과 화재안전기준에 맞게 소방시설을 설계하여야 한다. 다만, 「소방시설 설치 및 관리에 관한 법률」 제18조 제1항에 따른 중앙소방기술심의위원회의 심의를 거쳐 소방시설의 구조와 원리 등에서 특수한 설계로 인정된 경우는 화재안전기준을 따르지 아니할 수 있다.

47 ▶ 성능위주설계를 할 수 있는 자의 자격·기술인력 및 자격에 따른 설계범위(영 별표 1의2)

성능위주설계자의 자격	기술인력	설계범위
1. 법 제4조에 따라 전문 소방시설설계업을 등록한 자 2. 전문 소방시설설계업 등록기준에 따른 기술인력을 갖춘 자로서 소방청장이 정하여 고시하는 연구기관 또는 단체	소방기술사 2명 이상	「소방시설 설치 및 관리에 관한 법률 시행령」 제9조에 따라 성능위주설계를 하여야 하는 특정소방대상물

정답 46.② 47.④

48 소방본부장 및 소방서장의 건축허가동의에서 완공검사증명서를 교부 받는 자는 누구인가?

① 방염처리업자
② 소방시설설계업자
③ 소방시설공사업자
④ 소방공사감리업자

[09. 서울]

49 공사업자는 소방시설공사를 하려면 착공신고를 누구에게 하는가?

① 소방서장　　　② 국무총리
③ 소방청장　　　④ 시·도지사

[11. 서울]

해설

48 ▶ 완공검사(법 제14조)
① 공사업자는 소방시설공사를 완공하면 소방본부장 또는 소방서장의 완공검사를 받아야 한다. 다만, 제17조 제1항에 따라 공사감리자가 지정되어 있는 경우에는 공사감리 결과보고서로 완공검사를 갈음하되, 대통령령으로 정하는 특정소방대상물의 경우에는 소방본부장이나 소방서장이 소방시설공사가 공사감리 결과보고서대로 완공되었는지를 현장에서 확인할 수 있다.
② 공사업자가 소방대상물 일부분의 소방시설공사를 마친 경우로서 전체 시설이 준공되기 전에 부분적으로 사용할 필요가 있는 경우에는 그 일부분에 대하여 소방본부장이나 소방서장에게 완공검사(이하 "부분완공검사"라 한다)를 신청할 수 있다. 이 경우 소방본부장이나 소방서장은 그 일부분의 공사가 완공되었는지를 확인하여야 한다.
③ 소방본부장이나 소방서장은 제1항에 따른 완공검사나 제2항에 따른 부분완공검사를 하였을 때에는 완공검사증명서나 부분완공검사증명서를 발급하여야 한다.
④ 제1항부터 제3항까지의 규정에 따른 완공검사 및 부분완공검사의 신청과 검사증명서의 발급, 그 밖에 완공검사 및 부분완공검사에 필요한 사항은 행정안전부령으로 정한다.

49 ① 공사업자는 대통령령으로 정하는 소방시설공사를 하려면 행정안전부령으로 정하는 바에 따라 그 공사의 내용, 시공 장소, 그 밖에 필요한 사항을 소방본부장이나 소방서장에게 신고하여야 한다(법 제13조 제1항).

정답 48.③　49.①

50 다음 중 소방시설공사의 착공신고 대상이 아닌 것은?
① 옥내소화전설비를 신설하는 공사
② 비상경보설비를 신설하는 공사
③ 수신반을 전부 또는 일부를 개설하는 공사
④ 연결살수설비 헤드를 증설하는 공사

[06. 인천]

51 다음 중 소방시설공사의 착공신고 대상으로 옳지 않은 것은?
① 소화펌프 전부 또는 일부를 이전 또는 정비하는 공사
② 단독경보형감지기를 신설하는 공사
③ 화재조기진압용 스프링클러설비를 신설하는 공사
④ 옥내·옥외소화전설비를 증설하는 공사

[10. 중앙]

해설 50 ④ 헤드의 증설은 착공신고 대상이 아니다(영 제4조).

▸ 소방시설공사의 착공신고 대상(영 제4조 제2호)
2. 특정소방대상물에 다음 각 목의 어느 하나에 해당하는 설비 또는 구역 등을 증설하는 공사
  가. 옥내·옥외소화전설비
  나. 스프링클러설비·간이스프링클러설비 또는 물분무등소화설비의 방호구역, 자동화재탐지설비의 경계구역, 제연설비의 제연구역(소방용 외의 용도와 겸용되는 제연설비를 「건설산업기본법 시행령」 별표 1에 따른 기계설비·가스공사업자가 공사하는 경우는 제외한다), 연결살수설비의 살수구역, 연결송수관설비의 송수구역, 비상콘센트설비의 전용회로, 연소방지설비의 살수구역

51 ② 단독경보형감지기 신설공사는 소방시설공사의 착공신고 대상에 해당되지 않는다(영 제4조).

정답 50.④ 51.②

52 소방시설공사의 착공신고 대상이 아닌 것은?
① 소화펌프 전부를 개설하는 공사
② 피난기구, 유도등 5개를 신설하는 공사
③ 옥내·옥외소화전설비를 증설하는 공사
④ 옥내소화전설비를 신설하는 공사

53 다음 중 소방시설공사의 착공신고 대상이 아닌 것은?
① 물분무등소화설비의 방호구역을 증설하는 공사
② 자동화재속보설비의 경계구역을 증설하는 공사
③ 연결송수관설비의 송수구역을 증설하는 공사
④ 비상콘센트설비의 전용회로를 증설하는 공사
⑤ 제연설비의 제연구역을 증설하는 공사

해설 **52** ② 피난기구, 유도등은 소방시설공사의 착공신고 대상에 해당되지 않는다(영 제4조).

53 ② 자동화재탐지설비의 경계구역은 해당하나 자동화재속보설비공사의 경계구역은 해당하지 않는다(영 제4조).

▶ **증설공사** : 옥내·옥외소화전설비, 스프링클러설비·간이스프링클러설비 또는 물분무등소화설비의 방호구역, 자동화재탐지설비의 경계구역, 제연설비의 제연구역(소방용 외의 용도와 겸용되는 제연설비를 기계설비·가스공사업자가 공사하는 경우는 제외), 연결살수설비의 살수구역, 연결송수관설비의 송수구역, 비상콘센트설비의 전용회로, 연소방지설비의 살수구역

정답 52.② 53.②

54 소방시설공사의 착공신고 대상에서 소방시설등을 구성하는 전부 또는 일부를 교체하거나 보수하는 공사가 아닌 것은?

① 수신반 ② 소화펌프
③ 동력(감시)제어반 ④ 제연설비

55 소방시설공사의 착공신고 중 소방시설등을 구성하는 전부 또는 일부를 교체하거나 보수하는 공사로서 소방본부장이나 소방서장에게 신고하지 않는 것은?

① 수신반 ② 비상경보설비
③ 소화펌프 ④ 동력(감시)제어반

해설 54 ④ 제연설비는 해당하지 않는다.

▶ 소방시설공사의 착공신고 대상(영 제4조 제3호)
3. 특정소방대상물에 설치된 소방시설등을 구성하는 다음 각 목의 어느 하나에 해당하는 것의 전부 또는 일부를 개설(改設), 이전(移轉) 또는 정비(整備)하는 공사. 다만, 고장 또는 파손 등으로 인하여 작동시킬 수 없는 소방시설을 긴급히 교체하거나 보수하여야 하는 경우에는 신고하지 않을 수 있다.
  가. 수신반(受信盤)
  나. 소화펌프
  다. 동력(감시)제어반

55 ② 비상경보설비는 신고사항에 해당하지 않는다(영 제4조).

정답 54.④ 55.②

56 소방시설 공사 착공신고대상 중 특정소방대상물에 설치된 소방시설등을 구성하는 것의 전부 또는 일부를 교체하거나 보수하는 공사에 해당되지 않는 것은?
① 동력(감시)제어반
② 소화펌프
③ 비상콘센트설비의 전용회로 수리
④ 수신반

57 다음 중 소방시설공사의 착공신고 대상에서 제외대상은?
① 비상콘센트설비의 전용회로 증설공사
② 소화펌프 일부를 보수하는 공사
③ 감시제어반 일부를 교체하는 공사
④ 정보통신공사업자가 행하는 무선통신보조설비를 신설하는 공사

해설

56 ③ 비상콘센트설비의 전용회로 수리는 해당하지 않는다(영 제4조).

57 ④ 정보통신공사업자가 행하는 무선통신보조설비를 신설하는 공사는 제외대상이다(영 제4조).
▶ 자동화재탐지설비, 비상경보설비, 비상방송설비(소방용 외의 용도와 겸용되는 비상방송설비를 「정보통신공사업법」에 따른 정보통신공사업자가 공사하는 경우는 제외한다), 비상콘센트설비(비상콘센트설비를 「전기공사업법」에 따른 전기공사업자가 공사하는 경우는 제외한다) 또는 무선통신보조설비(소방용 외의 용도와 겸용되는 무선통신보조설비를 「정보통신공사업법」에 따른 정보통신공사업자가 공사하는 경우는 제외한다)

정답 56.③ 57.④

58 다음 중 착공신고 대상에 대하여 옳은 것은?
① 비상방송설비를 증설하는 공사
② 유도등을 신설하는 공사
③ 자동화재탐지설비 경계구역을 증설하는 공사
④ 비상경보설비를 증설하는 공사

[17. 중앙]

기본서 2권 p.215~216

59 「소방시설공사업법 시행령」상 소방시설공사의 착공신고 대상으로 옳지 않은 것은?
① 특정소방대상물에 비상경보설비를 신설하는 공사
② 특정소방대상물에 자동화재속보설비를 신설하는 공사
③ 특정소방대상물에 연결송수관설비의 송수구역을 증설하는 공사
④ 특정소방대상물에 자동화재탐지설비의 경계구역을 증설하는 공사

[18. 공채]
기본서 2권 p.215~216

해설 58 ① 비상방송설비를 신설하는 공사(영 제4조 제1호 나목)
② 유도등은 착공신고 대상이 아니다(영 제4조).
④ 비상경보설비를 신설하는 공사(영 제4조 제1호 나목)

59 ② 자동화재속보설비는 소방시설공사의 착공신고 대상이 아니다(영 제4조).

정답 58.③ 59.②

60 「소방시설공사업법 시행령」상 반드시 착공신고를 해야 하는 경우로 옳은 것은?

① 단독경보형감지기를 설치하는 경우
② 소화용수설비를 「건설산업기본법 시행령」에 따른 기계설비·가스공사업자가 공사하는 경우
③ 특정소방대상물에 옥내소화전설비를 신설하는 경우
④ 동력(감시)제어반을 고장 또는 파손 등으로 인하여 작동시킬 수 없어 긴급히 교체하거나 보수하여야 하는 경우

[17. 공채]

61 「소방시설공사업법 시행령」상 소방시설공사의 착공신고 대상으로 옳지 않은 것은?

① 창고시설에 스프링클러설비의 방호구역을 증설하는 공사
② 공동주택에 자동화재탐지설비의 경계구역을 증설하는 공사
③ 위험물 제조소에 할로겐화합물 및 불활성기체 소화설비를 신설하는 공사
④ 업무시설에 옥내소화전설비(호스릴옥내소화전설비를 포함한다)를 신설하는 공사

[22. 공채]

해설

60
① 단독경보형감지기는 착공신고 대상이 아니다(영 제4조).
② 소화용수설비는 착공신고 대상이지만 소화용수설비를 기계설비·가스공사업자가 공사하는 경우는 제외이다(영 제4조 제1호 가목).
④ 동력(감시)제어반을 고장 또는 파손 등으로 인하여 작동시킬 수 없어 긴급히 교체하거나 보수하여야 하는 경우는 신고하지 않을 수 있다(영 제4조 제3호).

61
③ 위험물 제조소에 할로겐화합물 및 불활성기체 소화설비를 신설하는 공사(영 제4조)
→ 「위험물안전관리법」 제2조 제1항 제6호에 따른 제조소등은 제외한다.

정답 60.③ 61.③

62 「소방시설공사업법 시행령」상 완공검사를 위한 현장확인 대상 특정소방대상물로 옳지 않은 것은?

① 지하상가
② 할론소화설비가 설치되는 특정소방대상물(호스릴 방식의 소화설비는 제외)
③ 근린생활시설
④ 연면적 1만 제곱미터 이상인 특정소방대상물(아파트 제외)

[09. 경남]

63 다음 중 완공검사를 위한 현장확인 대상 특정소방대상물로 옳지 않은 것은?

① 이산화탄소소화설비가 설치되는 특정소방대상물(호스릴 방식의 소화설비는 제외)
② 11층 이상 아파트
③ 지하상가
④ 종교시설

[10. 경남]

해설

62 ③ 소방본부장 또는 소방서장이 완공검사를 위하여 현장확인을 할 수 있는 특정소방대상물에 근린생활시설은 해당되지 않는다.

▶ 완공검사를 위한 현장확인 대상 특정소방대상물의 범위(영 제5조)
1. 문화 및 집회시설, 종교시설, 판매시설, 노유자(老幼者)시설, 수련시설, 운동시설, 숙박시설, 창고시설, <u>지하상가</u> 및 「다중이용업소의 안전관리에 관한 특별법」에 따른 다중이용업소
2. 다음 각 목의 어느 하나에 해당하는 설비가 설치되는 특정소방대상물
   가. 스프링클러설비등
   나. <u>물분무등소화설비(호스릴 방식의 소화설비는 제외한다)</u>
3. <u>연면적 1만 제곱미터 이상이거나 11층 이상인 특정소방대상물(아파트는 제외한다)</u>
4. 가연성가스를 제조·저장 또는 취급하는 시설 중 지상에 노출된 가연성가스탱크의 저장용량 합계가 1천톤 이상인 시설

63 ② 아파트는 완공검사를 위한 현장확인 대상 특정소방대상물이 아니다.

▶ 완공검사를 위한 현장확인 대상 특정소방대상물의 범위(영 제5조)
1. 문화 및 집회시설, 종교시설, 판매시설, 노유자(老幼者)시설, 수련시설, 운동시설, 숙박시설, 창고시설, 지하상가 및 「다중이용업소의 안전관리에 관한 특별법」에 따른 다중이용업소
2. 다음 각 목의 어느 하나에 해당하는 설비가 설치되는 특정소방대상물
   가. 스프링클러설비등
   나. 물분무등소화설비(호스릴 방식의 소화설비는 제외한다)
3. 연면적 1만 제곱미터 이상이거나 11층 이상인 특정소방대상물(<u>아파트는 제외한다</u>)
4. 가연성가스를 제조·저장 또는 취급하는 시설 중 지상에 노출된 가연성가스탱크의 저장용량 합계가 1천톤 이상인 시설

정답 62.③ 63.②

64 다음 중 공사감리 결과보고서대로 완공검사를 위한 현장확인을 해야 하는 특정소방대상물의 범위로 맞는 것은?
① 근린생활시설
② 아파트
③ 호스릴 방식의 소화설비가 설치되는 특정소방대상물
④ 연면적 1만m² 이상 특정소방대상물(아파트 제외)
⑤ 지하구

65 다음 중 완공검사를 위한 현장확인 대상 특정소방대상물이 모두 맞는 것은?

㉠ 다중이용업소	㉡ 노유자시설
㉢ 지하상가	㉣ 판매시설
㉤ 창고시설	㉥ 운동시설

① ㉠, ㉡, ㉢
② ㉠, ㉡, ㉢, ㉣
③ ㉠, ㉡, ㉢, ㉣, ㉤
④ ㉠, ㉡, ㉢, ㉣, ㉤, ㉥

해설

64 ④ 연면적 1만m² 이상 특정소방대상물(아파트 제외)은 완공검사를 위한 현장확인을 해야 하는 특정소방대상물의 범위에 해당한다.

▶ 완공검사를 위한 현장확인 대상 특정소방대상물의 범위(영 제5조)
1. 문화 및 집회시설, 종교시설, 판매시설, 노유자(老幼者)시설, 수련시설, 운동시설, 숙박시설, 창고시설, 지하상가 및 「다중이용업소의 안전관리에 관한 특별법」에 따른 다중이용업소
2. 다음 각 목의 어느 하나에 해당하는 설비가 설치되는 특정소방대상물
  가. 스프링클러설비등
  나. 물분무등소화설비(호스릴 방식의 소화설비는 제외한다)
3. 연면적 1만 제곱미터 이상이거나 11층 이상인 특정소방대상물(아파트는 제외한다)
4. 가연성가스를 제조·저장 또는 취급하는 시설 중 지상에 노출된 가연성가스탱크의 저장용량 합계가 1천톤 이상인 시설

65 ④ 모두 옳은 지문이다.
완공검사를 위한 현장확인 대상 특정소방대상물 : 문화 및 집회시설, 종교시설, 판매시설, 노유자(老幼者)시설, 수련시설, 운동시설, 숙박시설, 창고시설, 지하상가 및 「다중이용업소의 안전관리에 관한 특별법」에 따른 다중이용업소(영 제5조 제1호)

정답 64.④ 65.④

66 다음 중 완공검사를 위한 현장확인 대상 특정소방대상물의 범위가 아닌 것은? [13. 경기]

① 연면적 1만m² 이상의 근린생활시설
② 수련시설, 창고시설, 방송통신시설
③ 노유자시설, 다중이용업소
④ 지하상가, 숙박시설, 11층 이상의 고층건축물(아파트 제외)

67 소방본부장 또는 소방서장이 소방시설공사가 공사감리결과 보고서대로 완공되었는지 현장확인할 수 있는 대상 중 옳지 않은 것은? [15. 통합]

① 다중이용업소
② 지하상가
③ 연면적 5천 제곱미터 이상인 특정소방대상물
④ 가연성가스를 제조·저장 또는 취급하는 시설 중 지상에 노출된 가연성가스탱크의 저장용량 합계가 1,000톤 이상인 시설

해설

66 ② 방송통신시설은 포함되지 않는다.

▶ 완공검사를 위한 현장확인 대상 특정소방대상물의 범위(영 제5조)
1. 문화 및 집회시설, 종교시설, 판매시설, 노유자(老幼者)시설, 수련시설, 운동시설, 숙박시설, 창고시설, 지하상가 및 「다중이용업소의 안전관리에 관한 특별법」에 따른 다중이용업소
2. 다음 각 목의 어느 하나에 해당하는 설비가 설치되는 특정소방대상물
   가. 스프링클러설비등
   나. 물분무등소화설비(호스릴 방식의 소화설비는 제외한다)
3. 연면적 1만 제곱미터 이상이거나 11층 이상인 특정소방대상물(아파트는 제외한다)
4. 가연성가스를 제조·저장 또는 취급하는 시설 중 지상에 노출된 가연성가스탱크의 저장용량 합계가 1천톤 이상인 시설

67 ③ 연면적 1만 제곱미터 이상이다.

▶ 완공검사를 위한 현장확인 대상 특정소방대상물의 범위(영 제5조)
1. 문화 및 집회시설, 종교시설, 판매시설, 노유자(老幼者)시설, 수련시설, 운동시설, 숙박시설, 창고시설, 지하상가 및 「다중이용업소의 안전관리에 관한 특별법」에 따른 다중이용업소
2. 다음 각 목의 어느 하나에 해당하는 설비가 설치되는 특정소방대상물
   가. 스프링클러설비등
   나. 물분무등소화설비(호스릴 방식의 소화설비는 제외한다)
3. 연면적 1만 제곱미터 이상이거나 11층 이상인 특정소방대상물(아파트는 제외한다)
4. 가연성가스를 제조·저장 또는 취급하는 시설 중 지상에 노출된 가연성가스탱크의 저장용량 합계가 1천톤 이상인 시설

정답 66.② 67.③

68 소방본부장 또는 소방서장이 완공검사를 위한 현장확인 대상 특정소방대상물의 범위로 옳지 않은 것은?
① 문화 및 집회시설, 종교시설, 판매시설, 노유자시설, 수련시설
② 운동시설, 숙박시설, 창고시설, 지하상가, 다중이용업소, 업무시설
③ 연면적 1만 제곱미터 이상이거나 11층 이상인 특정소방대상물(아파트는 제외)
④ 가연성가스를 제조·저장 또는 취급하는 시설 중 지상에 노출된 가연성가스탱크의 저장용량 합계가 1천톤 이상인 시설

[16. 통합]
상 중 하
기본서 2권 p.220

69 「소방시설공사업법 시행령」상 완공검사를 위한 현장확인 대상 특정소방대상물의 범위로 가장 옳지 않은 것은?
① 연면적 1만m² 이상 특정소방대상물
② 문화 및 집회시설, 다중이용업소
③ 물분무등소화설비(호스릴 소화설비 제외)가 설치되는 특정소방대상물
④ 11층 이상의 고층건축물 중 아파트

[17. 중앙]
상 중 하
기본서 2권 p.220

해설

68 ② 업무시설은 아니다.

▶ 완공검사를 위한 현장확인 대상 특정소방대상물의 범위(영 제5조)
1. 문화 및 집회시설, 종교시설, 판매시설, 노유자(老幼者)시설, 수련시설, 운동시설, 숙박시설, 창고시설, 지하상가 및 「다중이용업소의 안전관리에 관한 특별법」에 따른 다중이용업소
2. 다음 각 목의 어느 하나에 해당하는 설비가 설치되는 특정소방대상물
   가. 스프링클러설비등
   나. 물분무등소화설비(호스릴 방식의 소화설비는 제외한다)
3. 연면적 1만 제곱미터 이상이거나 11층 이상인 특정소방대상물(아파트는 제외한다)
4. 가연성가스를 제조·저장 또는 취급하는 시설 중 지상에 노출된 가연성가스탱크의 저장용량 합계가 1천톤 이상인 시설

69 ▶ 완공검사를 위한 현장확인 대상 특정소방대상물의 범위(영 제5조)
법 제14조 제1항 단서에서 "대통령령으로 정하는 특정소방대상물"이란 특정소방대상물 중 다음 각 호의 대상물을 말한다.
1. 문화 및 집회시설, 종교시설, 판매시설, 노유자(老幼者)시설, 수련시설, 운동시설, 숙박시설, 창고시설, 지하상가 및 「다중이용업소의 안전관리에 관한 특별법」에 따른 다중이용업소
2. 다음 각 목의 어느 하나에 해당하는 설비가 설치되는 특정소방대상물
   가. 스프링클러설비등
   나. 물분무등소화설비(호스릴 방식의 소화설비는 제외한다)
3. 연면적 1만 제곱미터 이상이거나 11층 이상인 특정소방대상물(<u>아파트는 제외한다</u>)
4. 가연성가스를 제조·저장 또는 취급하는 시설 중 지상에 노출된 가연성가스탱크의 저장용량 합계가 1천톤 이상인 시설

정답 68.② 69.④

70 「소방시설공사업법 시행령」상 완공검사를 위한 현장확인 대상 특정소방대상물의 범위로 옳지 않은 것은?

① 스프링클러설비등이 설치되는 특정소방대상물
② 지하상가 및 「다중이용업소의 안전관리에 관한 특별법」에 따른 다중이용업소
③ 물분무등소화설비(호스릴 방식의 소화설비 제외)가 설치되는 특정소방대상물
④ 연면적 5천 제곱미터 이상이거나 10층 이상인 특정소방대상물(아파트는 제외)

[24. 경채, 공채]

기본서 2권 p.220

71 「소방시설공사업법」상 완공검사에 대한 설명 중 옳지 않은 것은?

① 공사업자는 소방시설공사를 완공하면 소방본부장 또는 소방서장의 완공검사를 받아야 한다.
② 대통령령으로 정하는 특정소방대상물의 경우에는 소방본부장이나 소방서장이 소방시설공사가 공사감리 결과보고서대로 완공되었는지를 현장에서 확인할 수 있다.
③ 공사업자가 소방대상물 일부분의 소방시설공사를 마친 경우 그 일부분에 대하여 소방본부장이나 소방서장에게 완공검사를 신청할 수 없다.
④ 소방본부장이나 소방서장은 완공검사를 하였을 때에는 완공검사증명서를 발급하여야 한다.

[17. 공채]

기본서 2권 p.220

해설 70 ④ 연면적 <u>1만제곱미터</u> 이상이거나 <u>11층</u> 이상인 특정소방대상물(아파트는 제외)

▶ 소방시설공사업법 시행령 제5조(완공검사를 위한 현장확인 대상 특정소방대상물의 범위)
법 제14조 제1항 단서에서 "대통령령으로 정하는 특정소방대상물"이란 특정소방대상물 중 다음 각 호의 대상물을 말한다.
1. 문화 및 집회시설, 종교시설, 판매시설, 노유자(老幼者)시설, 수련시설, 운동시설, 숙박시설, 창고시설, 지하상가 및 「다중이용업소의 안전관리에 관한 특별법」에 따른 다중이용업소
2. 다음 각 목의 어느 하나에 해당하는 설비가 설치되는 특정소방대상물
   가. 스프링클러설비등
   나. 물분무등소화설비(호스릴 방식의 소화설비는 제외한다)
3. 연면적 1만제곱미터 이상이거나 11층 이상인 특정소방대상물(아파트는 제외한다)
4. 가연성가스를 제조·저장 또는 취급하는 시설 중 지상에 노출된 가연성가스탱크의 저장용량 합계가 1천톤 이상인 시설

71 ③ 공사업자가 소방대상물 일부분의 소방시설공사를 마친 경우로서 전체 시설이 준공되기 전에 부분적으로 사용할 필요가 있는 경우에는 그 일부분에 대하여 소방본부장이나 소방서장에게 완공검사(이하 "부분완공검사"라 한다)를 <u>신청할 수 있다</u>. 이 경우 소방본부장이나 소방서장은 그 일부분의 공사가 완공되었는지를 확인하여야 한다(법 제14조 제2항).

정답 70.④ 71.③

72 「소방시설공사업법 시행령」상 소방시설공사가 공사감리 결과보고서대로 완공되었는지를 현장에서 확인할 수 있는 대상으로 옳은 것은?

① 창고시설 또는 수련시설
② 호스릴소화설비를 설치하는 소방시설공사
③ 연면적 1만 제곱미터 이상의 아파트에 설치하는 소방시설공사
④ 가연성 가스를 제조·저장 또는 취급하는 시설 중 지하에 매립된 가연성 가스탱크의 저장용량 합계가 1천톤 이상인 시설

[19. 공채]
기본서 2권 p.220

해설 72
② 호스릴소화설비는 제외한다.
③ 아파트는 제외한다.
④ 가연성 가스를 제조·저장 또는 취급하는 시설 중 지상에 노출된 가연성 가스탱크의 저장용량 합계가 1천톤 이상인 시설

▶ 완공검사를 위한 현장확인 대상 특정소방대상물의 범위(영 제5조)
법 제14조 제1항 단서에서 "대통령령으로 정하는 특정소방대상물"이란 특정소방대상물 중 다음 각 호의 대상물을 말한다.
1. 문화 및 집회시설, 종교시설, 판매시설, 노유자(老幼者)시설, 수련시설, 운동시설, 숙박시설, 창고시설, 지하상가 및 「다중이용업소의 안전관리에 관한 특별법」에 따른 다중이용업소
2. 다음 각 목의 어느 하나에 해당하는 설비가 설치되는 특정소방대상물
   가. 스프링클러설비등
   나. 물분무등소화설비(호스릴 방식의 소화설비는 제외한다)
3. 연면적 1만 제곱미터 이상이거나 11층 이상인 특정소방대상물(아파트는 제외한다)
4. 가연성가스를 제조·저장 또는 취급하는 시설 중 지상에 노출된 가연성가스탱크의 저장용량 합계가 1천톤 이상인 시설

정답 72.①

73 「소방시설공사업법 시행령」상 소방본부장 또는 소방서장의 소방시설공사 완공검사를 위한 현장확인 대상 특정소방대상물로 옳지 않은 것은?

① 창고시설
② 스프링클러설비등이 설치되는 특정소방대상물
③ 연면적 1만 제곱미터 이상이거나 11층 이상인 아파트
④ 가연성가스를 제조·저장 또는 취급하는 시설 중 지상에 노출된 가연성가스탱크의 저장용량 합계가 1천톤 이상인 시설

[20. 공채]
기본서 2권 p.220

해설 73 ③ 아파트는 제외한다.

▶ 완공검사를 위한 현장확인 대상 특정소방대상물의 범위(영 제5조)
법 제14조 제1항 단서에서 "대통령령으로 정하는 특정소방대상물"이란 특정소방대상물 중 다음 각 호의 대상물을 말한다.
1. 문화 및 집회시설, 종교시설, 판매시설, 노유자(老幼者)시설, 수련시설, 운동시설, 숙박시설, 창고시설, 지하가 및 「다중이용업소의 안전관리에 관한 특별법」에 따른 다중이용업소
2. 다음 각 목의 어느 하나에 해당하는 설비가 설치되는 특정소방대상물
   가. 스프링클러설비등
   나. 물분무등소화설비(호스릴 방식의 소화설비는 제외한다)
3. 연면적 1만 제곱미터 이상이거나 11층 이상인 특정소방대상물(아파트는 제외한다)
4. 가연성가스를 제조·저장 또는 취급하는 시설 중 지상에 노출된 가연성가스탱크의 저장용량 합계가 1천톤 이상인 시설

정답 73.③

74 다음 중 소방시설의 하자보증기간 중 옳은 것은?
① 유도등 – 2년
② 자동소화장치 – 2년
③ 스프링클러설비 – 2년
④ 무선통신보조설비 – 3년

[09. 서울]

75 다음 중 소방시설 중 하자보증기간이 2년에 해당하는 것으로 옳지 않은 것은?
① 비상조명등
② 무선통신보조설비
③ 자동소화장치
④ 비상경보설비

[10. 강원]

해설 **74** ▶하자보수 보증기간(영 제6조)

2년	3년
피난기구, 유도등, 유도표지, 비상경보설비, 비상조명등, 비상방송설비 및 무선통신보조설비	자동소화장치, 옥내소화전설비, 스프링클러설비, 간이스프링클러설비, 물분무등소화설비, 옥외소화전설비, 자동화재탐지설비, 상수도소화용수설비 및 소화활동설비(무선통신보조설비는 제외한다.)

75 ③ 자동소화장치는 하자보증기간이 3년에 해당된다.

▶하자보수 보증기간(영 제6조)

2년	3년
피난기구, 유도등, 유도표지, 비상경보설비, 비상조명등, 비상방송설비 및 무선통신보조설비	자동소화장치, 옥내소화전설비, 스프링클러설비, 간이스프링클러설비, 물분무등소화설비, 옥외소화전설비, 자동화재탐지설비, 상수도소화용수설비 및 소화활동설비(무선통신보조설비는 제외한다.)

정답 74.① 75.③

76 다음 중 소방시설의 하자보증기간으로 옳지 않은 것은?

① 비상방송설비 – 2년
② 간이스프링클러설비 – 3년
③ 무선통신보조설비 – 3년
④ 스프링클러설비 – 3년

[10. 충북]
상 중 하
기본서 2권 p.222

77 다음 중 하자보증기간이 옳지 않은 것은?

① 비상경보설비 – 2년
② 무선통신보조설비 – 3년
③ 스프링클러설비 – 3년
④ 자동화재탐지설비 – 3년

[10. 전북]
상 중 하
기본서 2권 p.222

해설

76 ③ 무선통신보조설비는 2년의 하자보증기간에 해당된다.

▶ 하자보수 보증기간(영 제6조)

2년	3년
피난기구, 유도등, 유도표지, 비상경보설비, 비상조명등, 비상방송설비 및 무선통신보조설비	자동소화장치, 옥내소화전설비, 스프링클러설비, 간이스프링클러설비, 물분무등소화설비, 옥외소화전설비, 자동화재탐지설비, 상수도소화용수설비 및 소화활동설비(무선통신보조설비는 제외한다.)

77 ② 무선통신보조설비는 2년에 해당된다.

▶ 하자보수 보증기간(영 제6조)

2년	3년
피난기구, 유도등, 유도표지, 비상경보설비, 비상조명등, 비상방송설비 및 무선통신보조설비	자동소화장치, 옥내소화전설비, 스프링클러설비, 간이스프링클러설비, 물분무등소화설비, 옥외소화전설비, 자동화재탐지설비, 상수도소화용수설비 및 소화활동설비(무선통신보조설비는 제외한다.)

정답 76.③ 77.②

78 다음 중 소방시설공사에서 하자보수 보증기간으로 옳은 것은?
① 2년 – 무선통신보조설비
② 2년 – 자동소화장치
③ 3년 – 비상조명등
④ 3년 – 비상방송설비

[11. 부산]
상 중 하
기본서 2권 p.222

79 다음 중 하자보수 보증기간이 다른 것은?
① 무선통신보조설비
② 자동소화장치
③ 옥내소화전설비
④ 상수도소화용수설비

[11. 울산]
상 중 하
기본서 2권 p.222

해설 **78**
▸ 하자보수 보증기간(영 제6조)

2년	3년
피난기구, 유도등, 유도표지, 비상경보설비, 비상조명등, 비상방송설비 및 무선통신보조설비	자동소화장치, 옥내소화전설비, 스프링클러설비, 간이스프링클러설비, 물분무등소화설비, 옥외소화전설비, 자동화재탐지설비, 상수도소화용수설비 및 소화활동설비(무선통신보조설비는 제외한다.)

79 ① 무선통신보조설비의 하자보수 보증기간은 2년이다.
②③④는 하자보수 보증기간이 3년이다.

▸ 하자보수 보증기간(영 제6조)

2년	3년
피난기구, 유도등, 유도표지, 비상경보설비, 비상조명등, 비상방송설비 및 무선통신보조설비	자동소화장치, 옥내소화전설비, 스프링클러설비, 간이스프링클러설비, 물분무등소화설비, 옥외소화전설비, 자동화재탐지설비, 상수도소화용수설비 및 소화활동설비(무선통신보조설비는 제외한다.)

정답 78.① 79.①

80 다음 중 하자보수 보증기간이 다른 것은?
① 비상경보설비
② 피난기구
③ 자동화재탐지설비
④ 비상방송설비

81 소방시설 하자보증기간을 같은 것끼리 묶은 것은?
① 유도표지, 비상경보설비, 비상조명등, 피난기구
② 옥내소화전설비, 제연설비, 비상콘센트설비, 비상방송설비
③ 무선통신보조설비, 자동소화장치, 상수도소화용수설비, 물분무등소화설비
④ 자동화재탐지설비, 옥내소화전설비, 무선통신보조설비, 비상조명등

82 「소방시설공사업법 시행령」상 하자보수 대상 소방시설과 하자보수 보증기간으로 옳지 않은 것은?
① 피난기구, 유도등, 유도표지 : 2년
② 비상경보설비, 비상조명등, 비상방송설비 및 무선통신보조설비 : 2년
③ 옥내소화전설비, 스프링클러설비, 간이스프링클러설비, 자동화재탐지설비 : 3년
④ 상수도소화용수설비 및 소화활동설비(무선통신보조설비는 제외한다) : 4년

해설

80 ③ 자동화재탐지설비의 하자보수 보증기간은 3년이다.
①②④는 하자보수 보증기간이 2년이다.

▶ 하자보수 보증기간(영 제6조)

2년	3년
피난기구, 유도등, 유도표지, 비상경보설비, 비상조명등, 비상방송설비 및 무선통신보조설비	자동소화장치, 옥내소화전설비, 스프링클러설비, 간이스프링클러설비, 물분무등소화설비, 옥외소화전설비, 자동화재탐지설비, 상수도소화용수설비 및 소화활동설비(무선통신보조설비는 제외한다.)

81 ▶ 하자보수 대상 소방시설과 하자보수 보증기간(영 제6조)
법 제15조 제1항에 따라 하자를 보수하여야 하는 소방시설과 소방시설별 하자보수 보증기간은 다음 각 호의 구분과 같다.
1. 피난기구, 유도등, 유도표지, 비상경보설비, 비상조명등, 비상방송설비 및 무선통신보조설비 : 2년
2. 자동소화장치, 옥내소화전설비, 스프링클러설비, 간이스프링클러설비, 물분무등소화설비, 옥외소화전설비, 자동화재탐지설비, 상수도소화용수설비 및 소화활동설비(무선통신보조설비는 제외한다) : 3년

82 ④ 상수도소화용수설비 및 소화활동설비(무선통신보조설비는 제외한다) : 4년
→ 3년(영 제6조)

정답 80.③ 81.① 82.④

83 「소방시설공사업법」 및 같은 법 시행령상 공사의 하자보수보증에 대한 설명으로 틀린 것은?

① 관계인은 하자보수 보증기간에 소방시설의 하자가 발생하였을 때에는 공사업자에게 그 사실을 알려야 하며, 통보를 받은 공사업자는 3일 이내에 하자를 보수하거나 보수 일정을 기록한 하자보수계획을 관계인에게 서면으로 알려야 한다.

② 공사업자는 소방시설공사 결과 자동화재탐지설비 등 대통령령으로 정하는 소방시설에 하자가 있을 때에는 대통령령으로 정하는 기간 동안 그 하자를 보수하여야 한다.

③ 관계인은 공사업자가 3일 이내에 하자보수를 이행하지 아니한 경우에는 소방본부장이나 소방서장에게 그 사실을 알릴 수 있다.

④ 유도등, 유도표지, 비상경보설비, 비상조명등, 비상방송설비 및 무선통신보조설비, 자동소화장치의 하자보수 보증기간은 2년이다.

84 「소방시설공사업법」상 소방시설공사의 하자보수에 관한 설명이다. ( ) 안에 들어갈 내용으로 옳은 것은?

(ㄱ)은/는 정해진 기간에 소방시설의 하자가 발생하였을 때에는 공사업자에게 그 사실을 알려야 하며, 통보를 받은 공사업자는 (ㄴ)일 이내에 하자를 보수하거나 보수 일정을 기록한 하자보수계획을 (ㄱ)에게 (ㄷ)(으)로 알려야 한다.

	ㄱ	ㄴ	ㄷ
①	소방본부장 또는 소방서장	5	서면
②	감리업자	3	서면
③	관계인	5	구두
④	관계인	3	서면

해설 83 ④ 자동소화장치의 하자보수 보증기간은 3년이다(법 제15조, 영 제6조).

84 ▶ 소방시설공사업법 제15조(공사의 하자보수 등)
③ 관계인은 제1항에 따른 기간에 소방시설의 하자가 발생하였을 때에는 공사업자에게 그 사실을 알려야 하며, 통보를 받은 공사업자는 3일 이내에 하자를 보수하거나 보수 일정을 기록한 하자보수계획을 관계인에게 서면으로 알려야 한다.

정답 83.④ 84.④

85 「소방시설공사업법」에 규정한 내용으로 옳지 않은 것은?

① 특정소방대상물의 관계인 또는 발주자는 소방시설공사 등을 도급할 때에는 해당 소방시설업자에게 도급하여야 한다.
② 소방본부장이나 소방서장은 완공검사나 부분완공검사를 하였을 때에는 완공검사증명서나 부분완공검사증명서를 발급하여야 한다.
③ 관계인은 하자보수기간에 소방시설의 하자가 발생하였을 때에는 공사업자에게 그 사실을 알려야 하며, 통보를 받은 공사업자는 7일 이내에 하자를 보수하거나 보수 일정을 기록한 하자보수계획을 관계인에게 서면으로 알려야 한다.
④ 소방시설업의 등록을 한 후 정당한 사유 없이 1년이 지날 때까지 영업을 시작하지 아니하거나 계속하여 1년 이상 휴업한 경우로서 영업정지가 그 이용자에게 불편을 줄 때에는 영업정지처분을 갈음하여 2억 원 이하의 과징금을 부과할 수 있다.

[21. 공채]

기본서 2권 p.203, p.220 p.222, p.248

해설 85 ③ 관계인은 하자보수기간에 소방시설의 하자가 발생하였을 때에는 공사업자에게 그 사실을 알려야 하며, 통보를 받은 공사업자는 7일 이내에 하자를 보수하거나 보수 일정을 기록한 하자보수계획을 관계인에게 서면으로 알려야 한다.
→ 3일

정답 85.③

86 「소방시설공사업법 시행령」상 소방시설공사 결과 하자보수 대상과 하자보수 보증기간의 연결이 옳은 것은?

하자보수대상 소방시설	하자보수 보증기간
① 비상경보설비, 자동소화장치	2년
② 무선통신보조설비, 비상조명등	2년
③ 피난기구, 소화활동설비	3년
④ 비상방송설비, 간이스프링클러설비	3년

[19. 공채]

87 「소방시설공사업법 시행령」상 하자보수 대상 소방시설 중 하자보수 보증기간이 다른 것은?
① 비상조명등
② 비상방송설비
③ 비상콘센트설비
④ 무선통신보조설비

[20. 공채]

해설 86 ① 비상경보설비 – 2년 / 자동소화장치 – 3년
③ 피난기구 – 2년 / 소화활동설비(무선통신보조설비는 제외) – 3년
④ 비상방송설비 – 2년 / 간이스프링클러설비 – 3년

87 ①②④ – 하자보수 보증기간 2년
③ – 하자보수 보증기간 3년

▶ 하자보수 대상 소방시설과 하자보수 보증기간(영 제6조)
법 제15조 제1항에 따라 하자를 보수하여야 하는 소방시설과 소방시설별 하자보수 보증기간은 다음 각 호의 구분과 같다.
1. 피난기구, 유도등, 유도표지, 비상경보설비, 비상조명등, 비상방송설비 및 무선통신보조설비 : 2년
2. 자동소화장치, 옥내소화전설비, 스프링클러설비, 간이스프링클러설비, 물분무등소화설비, 옥외소화전설비, 자동화재탐지설비, 상수도소화용수설비 및 소화활동설비(무선통신보조설비는 제외한다) : 3년

정답 86.② 87.③

88 다음 중 공사 감리업의 종류로 알맞게 짝지어진 것은?
① 상주공사감리, 일반공사감리
② 방염공사감리, 일반공사감리
③ 상주공사감리, 방염공사감리
④ 방염공사감리, 전기공사감리

89 다음 중 소방공사감리업자의 업무수행 내용으로 옳지 않은 것은?
① 소방시설등 설계 변경 사항의 적합성 검토
② 완공된 소방시설등의 성능시험
③ 소방시설에 대한 착공신고
④ 피난시설 및 방화시설의 적법성 검토

해설

88 ① 공사 감리업의 종류로 알맞게 짝지어진 것은 상주공사감리와 일반공사감리이다(영 별표 3).

89 ③ 소방시설에 대한 착공신고는 소방공사감리업자의 업무수행 내용이 아니다.

▶ 소방공사 감리업자의 업무(법 제16조 제1항)
1. 소방시설등의 설치계획표의 적법성 검토
2. 소방시설등 설계도서의 적합성(적법성과 기술상의 합리성을 말한다. 이하 같다) 검토
3. 소방시설등 설계 변경 사항의 적합성 검토
4. 「소방시설 설치 및 관리에 관한 법률」 제2조 제1항 제7호의 소방용품의 위치·규격 및 사용 자재의 적합성 검토
5. 공사업자가 한 소방시설등의 시공이 설계도서와 화재안전기준에 맞는지에 대한 지도·감독
6. 완공된 소방시설등의 성능시험
7. 공사업자가 작성한 시공 상세 도면의 적합성 검토
8. 피난시설 및 방화시설의 적법성 검토
9. 실내장식물의 불연화와 방염 물품의 적법성 검토

정답 88.① 89.③

90 다음 중 소방공사 감리업자의 업무수행 내용으로 옳지 않은 것은?
① 소방시설의 하자보증의 적합성 검토
② 피난·방화시설의 적법성 검토
③ 실내장식물의 불연화 및 방염 물품의 적법성 검토
④ 소방시설등 설계도서의 적합성 검토

91 다음 중 소방공사 감리업자가 수행하는 업무가 아닌 것은?
① 실내장식물의 불연화와 방염물품의 적법성 검토
② 소방시설등의 설치계획표의 적법성 검토
③ 피난시설 및 방화시설의 적법성 검토
④ 설계업자가 작성한 시공 상세 도면의 적합성 검토
⑤ 공사업자가 한 소방시설등의 시공이 설계도서와 화재안전기준에 맞는지에 대한 지도·감독

해설

90 ① 소방시설의 하자보증의 적합성 검토는 해당되지 않는다.

▶ 소방공사 감리업자의 업무(법 제16조 제1항)
1. 소방시설등의 설치계획표의 적법성 검토
2. 소방시설등 설계도서의 적합성(적법성과 기술상의 합리성을 말한다. 이하 같다) 검토
3. 소방시설등 설계 변경 사항의 적합성 검토
4. 「소방시설 설치 및 관리에 관한 법률」 제2조 제1항 제7호의 소방용품의 위치·규격 및 사용 자재의 적합성 검토
5. 공사업자가 한 소방시설등의 시공이 설계도서와 화재안전기준에 맞는지에 대한 지도·감독
6. 완공된 소방시설등의 성능시험
7. 공사업자가 작성한 시공 상세 도면의 적합성 검토
8. 피난시설 및 방화시설의 적법성 검토
9. 실내장식물의 불연화와 방염 물품의 적법성 검토

91 ④ 공사업자가 작성한 시공 상세 도면의 적합성 검토에 해당한다.

▶ 소방공사 감리업자의 업무(법 제16조 제1항)
1. 소방시설등의 설치계획표의 적법성 검토
2. 소방시설등 설계도서의 적합성(적법성과 기술상의 합리성을 말한다. 이하 같다) 검토
3. 소방시설등 설계 변경 사항의 적합성 검토
4. 「소방시설 설치 및 관리에 관한 법률」 제2조 제1항 제7호의 소방용품의 위치·규격 및 사용 자재의 적합성 검토
5. 공사업자가 한 소방시설등의 시공이 설계도서와 화재안전기준에 맞는지에 대한 지도·감독
6. 완공된 소방시설등의 성능시험
7. 공사업자가 작성한 시공 상세 도면의 적합성 검토
8. 피난시설 및 방화시설의 적법성 검토
9. 실내장식물의 불연화와 방염 물품의 적법성 검토

정답 90.① 91.④

92 다음 중 소방공사 감리업자의 업무가 아닌 것은?
① 완공된 소방시설의 성능시험
② 피난시설 및 방화시설의 적법성 검토
③ 공사예정공정표 적합성 검토
④ 방염 물품의 적법성 및 실내장식물의 불연화 적법성 검토

93 다음 중 소방공사 감리업자의 업무로서 맞는 것은?
① 방염물품의 적합성 검토
② 소방시설등의 설치계획표의 적합성 검토
③ 소방용품의 위치·규격 및 사용자재에 대한 적합성 검토
④ 설계업자가 한 소방시설등의 시공이 설계도서와 화재안전기준에 맞는지에 대한 지도·감독

해설 92 ③ 공사예정공정표 적합성 검토는 감리업자의 업무에 해당하지 않는다.

▶ 소방공사 감리업자의 업무(법 제16조 제1항)
1. 소방시설등의 설치계획표의 적법성 검토
2. 소방시설등 설계도서의 적합성(적법성과 기술상의 합리성을 말한다. 이하 같다) 검토
3. 소방시설등 설계 변경 사항의 적합성 검토
4. 「소방시설 설치 및 관리에 관한 법률」 제2조 제1항 제7호의 소방용품의 위치·규격 및 사용 자재의 적합성 검토
5. 공사업자가 한 소방시설등의 시공이 설계도서와 화재안전기준에 맞는지에 대한 지도·감독
6. 완공된 소방시설등의 성능시험
7. 공사업자가 작성한 시공 상세 도면의 적합성 검토
8. 피난시설 및 방화시설의 적법성 검토
9. 실내장식물의 불연화와 방염 물품의 적법성 검토

93 ③ 소방용품의 위치·규격 및 사용자재에 대한 적합성 검토(법 제16조 제1항 제4호)
① 실내장식물의 불연화와 방염 물품의 적법성 검토(법 제16조 제1항 제9호)
② 소방시설등의 설치계획표의 적법성 검토(법 제16조 제1항 제1호)
④ 공사업자가 한 소방시설등의 시공이 설계도서와 화재안전기준에 맞는지에 대한 지도·감독(법 제16조 제1항 제5호)

정답 92.③ 93.③

94 「소방시설공사업법」상 감리업자의 업무내용으로 옳지 않은 것은?
① 소방시설등의 설치계획표의 적법성 검토
② 피난시설, 방화구획 및 방화시설의 관리
③ 완공된 소방시설등의 성능시험
④ 소방시설등 설계 변경 사항의 적합성 검토

[17. 공채]
상 중 하
기본서 2권 p.223

95 「소방시설공사업법」상 소방공사감리업자의 업무범위로 옳지 않은 것은?
① 완공된 소방시설등의 성능시험
② 소방시설등의 설치계획표의 적법성 검토
③ 소방시설등 설계 변경 사항의 적합성 검토
④ 설계업자가 작성한 시공 상세 도면의 적합성 검토

[21. 공채]
상 중 하
기본서 2권 p.223

해설 94 ② 피난시설, 방화구획 및 방화시설의 관리는 특정소방대상물의 관계인이 하는 일이다(소방시설법 제16조).

▶ 소방공사 감리업자의 업무(법 제16조 제1항)
1. <u>소방시설등의 설치계획표의 적법성 검토</u>
2. 소방시설등 설계도서의 적합성(적법성과 기술상의 합리성을 말한다. 이하 같다) 검토
3. <u>소방시설등 설계 변경 사항의 적합성 검토</u>
4. 「소방시설 설치 및 관리에 관한 법률」제2조 제1항 제7호의 소방용품의 위치·규격 및 사용 자재의 적합성 검토
5. 공사업자가 한 소방시설등의 시공이 설계도서와 화재안전기준에 맞는지에 대한 지도·감독
6. <u>완공된 소방시설등의 성능시험</u>
7. 공사업자가 작성한 시공 상세 도면의 적합성 검토
8. <u>피난시설 및 방화시설의 적법성 검토</u>
9. 실내장식물의 불연화(不燃化)와 방염 물품의 적법성 검토

95 ④ 설계업자가 작성한 시공 상세 도면의 적합성 검토
   → 공사업자

▶ 감리(법 제16조 제1항)
① 제4조 제1항에 따라 소방공사감리업을 등록한 자(이하 "감리업자"라 한다)는 소방공사를 감리할 때 다음 각 호의 업무를 수행하여야 한다.
  1. 소방시설등의 설치계획표의 적법성 검토
  2. 소방시설등 설계도서의 적합성(적법성과 기술상의 합리성을 말한다. 이하 같다) 검토
  3. 소방시설등 설계 변경 사항의 적합성 검토
  4. 「소방시설 설치 및 관리에 관한 법률」제2조 제1항 제7호의 소방용품의 위치·규격 및 사용 자재의 적합성 검토
  5. 공사업자가 한 소방시설등의 시공이 설계도서와 화재안전기준에 맞는지에 대한 지도·감독
  6. 완공된 소방시설등의 성능시험
  7. 공사업자가 작성한 시공 상세 도면의 적합성 검토
  8. 피난시설 및 방화시설의 적법성 검토
  9. 실내장식물의 불연화(不燃化)와 방염 물품의 적법성 검토

정답 94.② 95.④

소방관계법규

96 「소방시설공사업법」 및 같은 법 시행령, 시행규칙상 공사감리에 관한 내용으로 옳은 것은?
① 감리업자가 감리원을 배치하였을 때에는 소방본부장 또는 소방서장의 동의를 받아야 한다.
② 소방본부장 또는 소방서장은 특정소방대상물에 대해서 감리업자를 공사감리자로 지정하여야 한다.
③ 지하층을 포함한 층수가 16층 이상으로서 300세대 이상인 아파트에 대한 소방시설공사는 상주공사감리 대상이다.
④ 상주공사감리 대상인 경우 소방시설용 배관을 설치하거나 매립하는 때부터 소방시설 완공검사증명서를 발급받을 때까지 소방공사감리현장에 감리원을 배치하여야 한다.

[21. 공채]
상 **중** 하
기본서 2권 p.224, p.226, p.233, p.235

97 다음 중 상주 공사감리의 대상으로 옳은 것은?
① 연면적 1만m² 이상
② 연면적 2만m² 이상
③ 연면적 3만m² 이상
④ 아파트

[10. 경기]
상 중 **하**
기본서 2권 p.224

해설 96
① 감리업자가 감리원을 배치하였을 때에는 소방본부장 또는 소방서장의 동의를 받아야 한다.
→ 감리업자는 소속 감리원을 배치하였을 때에는 행정안전부령으로 정하는 바에 따라 소방본부장이나 소방서장에게 통보하여야 한다.
② 소방본부장 또는 소방서장은 특정소방대상물에 대해서 감리업자를 공사감리자로 지정하여야 한다.
→ 대통령령으로 정하는 특정소방대상물의 관계인이 특정소방대상물에 대하여 자동화재탐지설비, 옥내소화전설비 등 대통령령으로 정하는 소방시설을 시공할 때에는 소방시설공사의 감리를 위하여 감리업자를 공사감리자로 지정하여야 한다.
③ 지하층을 포함한 층수가 16층 이상으로서 ~~300세대~~ 이상인 아파트에 대한 소방시설공사는 상주공사감리 대상이다.
→ 500세대

97 ▶ 상주 공사감리의 대상(영 별표 3)
1. 연면적 3만 제곱미터 이상의 특정소방대상물(아파트는 제외한다)에 대한 소방시설의 공사
2. 지하층을 포함한 층수가 16층 이상으로서 500세대 이상인 아파트에 대한 소방시설의 공사

정답 96.④ 97.③

98 「소방시설공사업법」상 상주 공사감리 대상으로 옳은 것은?
① 연면적 3만 제곱미터 이상의 특정소방대상물(아파트는 제외)
② 연면적 3만 제곱미터 이상의 특정소방대상물(아파트는 포함)
③ 지하층을 포함한 층수가 11층 이상으로서 500세대 이상인 특정소방대상물(아파트는 제외)
④ 지하층을 포함한 층수가 11층 이상으로서 500세대 이상인 특정소방대상물(아파트는 포함)

99 「소방시설공사업법 시행령」상 상주 공사감리 대상을 설명한 것이다. ( ) 안에 들어갈 내용으로 옳은 것은?

- 연면적 (ㄱ) 이상의 특정소방대상물(아파트는 제외한다)에 대한 소방시설의 공사
- 지하층을 포함한 층수가 (ㄴ) 이상인 아파트에 대한 소방시설의 공사

	ㄱ	ㄴ
①	3만 제곱미터	16층 이상으로서 300세대
②	3만 제곱미터	16층 이상으로서 500세대
③	5만 제곱미터	16층 이상으로서 300세대
④	5만 제곱미터	16층 이상으로서 500세대

해설

98 ▶ 소방공사 감리의 종류, 방법 및 대상(영 별표 3 참조)
상주 공사감리 대상
1. 연면적 3만 제곱미터 이상의 특정소방대상물(아파트는 제외한다)
2. 지하층을 포함한 층수가 16층 이상으로서 500세대 이상인 아파트

99 ▶ 영 별표 3
※ 상주 공사감리 대상
1. 연면적 3만 제곱미터 이상의 특정소방대상물(아파트는 제외한다)에 대한 소방시설의 공사
2. 지하층을 포함한 층수가 16층 이상으로서 500세대 이상인 아파트에 대한 소방시설의 공사

정답 98.① 99.②

100 「소방시설공사업법 시행령」상 상주 공사감리를 해야 하는 대상으로 옳은 것만을 〈보기〉에서 고른 것은?

〈보기〉
ㄱ. 연면적 3만 제곱미터인 의료시설
ㄴ. 지하층을 포함한 층수가 20층이고 1,000세대인 아파트
ㄷ. 연면적 1만 제곱미터인 복합건축물
ㄹ. 연면적 2만 제곱미터인 판매시설

① ㄱ, ㄴ
② ㄱ, ㄷ
③ ㄴ, ㄹ
④ ㄷ, ㄹ

[24. 경채, 공채]
기본서 2권 p.224

101 다음 중 공사감리자 지정대상 특정소방대상물의 범위로 옳지 않은 것은?
① 옥내소화전설비를 신설·개설 또는 증설할 때
② 옥외소화전설비를 신설·개설 또는 증설할 때
③ 통합감시시설을 신설 또는 개설할 때
④ 비상경보설비를 신설 또는 개설할 때

[10. 전남]
기본서 2권 p.227

해설 100 ▶ 소방시설공사업법 시행령 별표 3(상주공사감리)
1. 연면적 3만 제곱미터 이상의 특정소방대상물(아파트는 제외한다)에 대한 소방시설의 공사
2. 지하층을 포함한 층수가 16층 이상으로서 500세대 이상인 아파트에 대한 소방시설의 공사

101 ④ 비상경보설비는 공사감리자 지정대상 특정소방대상물 범위에 해당하지 않는다(영 제10조 제2항).

정답 100.① 101.④

102 관계인이 소방공사감리자를 지정하여야 하는 특정소방대상물이 아닌 것은?
① 옥내소화전설비를 신설·개설 또는 증설할 때
② 자동화재탐지설비를 신설 또는 개설할 때
③ 통합감시시설을 신설 또는 개설할 때
④ 캐비닛형 간이스프링클러설비를 신설·개설하거나 방호·방수 구역을 증설할 때

[11. 서울]
기본서 2권 p.227

103 공사감리자를 지정해야 하는 소방시설공사로 옳지 않은 것은?
① 물분무등소화설비를 신설할 때(호스릴 방식의 소화설비 제외)
② 비상경보설비를 신설할 때
③ 자동화재탐지설비를 개설할 때
④ 옥외소화전설비를 증설할 때

[16. 통합]
기본서 2권 p.227

해설

102 ④ 캐비닛형 간이스프링클러설비는 제외한다(영 제10조 제2항).

103 ▶ 공사감리자 지정대상 특정소방대상물의 범위(영 제10조 제2항)
1. 옥내소화전설비를 신설·개설 또는 증설할 때
2. 스프링클러설비등(캐비닛형 간이스프링클러설비는 제외한다)을 신설·개설하거나 방호·방수 구역을 증설할 때
3. 물분무등소화설비(호스릴 방식의 소화설비는 제외한다)를 신설·개설하거나 방호·방수 구역을 증설할 때
4. 옥외소화전설비를 신설·개설 또는 증설할 때
5. 자동화재탐지설비를 신설 또는 개설할 때
5의2. 비상방송설비를 신설 또는 개설할 때
6. 통합감시시설을 신설 또는 개설할 때
7. 소화용수설비를 신설 또는 개설할 때
8. 다음 각 목에 따른 소화활동설비에 대하여 각 목에 따른 시공을 할 때
　가. 제연설비를 신설·개설하거나 제연구역을 증설할 때
　나. 연결송수관설비를 신설 또는 개설할 때
　다. 연결살수설비를 신설·개설하거나 송수구역을 증설할 때
　라. 비상콘센트설비를 신설·개설하거나 전용회로를 증설할 때
　마. 무선통신보조설비를 신설 또는 개설할 때
　바. 연소방지설비를 신설·개설하거나 살수구역을 증설할 때

정답 102.④ 103.②

104 다음 중 공사감리자 지정대상 특정소방대상물로 옳지 않은 것은?

① 소화용수설비·통합감시시설을 신설·개설할 때
② 옥내·외소화전설비를 신설·개설·증설할 때
③ 캐비닛형 간이스프링클러설비를 신설·개설, 방호·방수구역을 증설할 때
④ 자동화재탐지설비를 신설 또는 개설할 때

[17. 중앙]

기본서 2권 p.227

해설 104 ③ 캐비닛형 간이스프링클러설비는 제외한다.

▶ 공사감리자 지정대상 특정소방대상물의 범위(영 제10조)
① 법 제17조 제1항에서 "대통령령으로 정하는 특정소방대상물"이란 「소방시설 설치 및 관리에 관한 법률」 제2조 제1항 제3호의 특정소방대상물을 말한다.
② 법 제17조 제1항에서 "자동화재탐지설비, 옥내소화전설비 등 대통령령으로 정하는 소방시설을 시공할 때"란 다음 각 호의 어느 하나에 해당하는 소방시설을 시공할 때를 말한다.
  1. 옥내소화전설비를 신설·개설 또는 증설할 때
  2. 스프링클러설비등(캐비닛형 간이스프링클러설비는 제외한다)을 신설·개설하거나 방호·방수 구역을 증설할 때
  3. 물분무등소화설비(호스릴 방식의 소화설비는 제외한다)를 신설·개설하거나 방호·방수 구역을 증설할 때
  4. 옥외소화전설비를 신설·개설 또는 증설할 때
  5. 자동화재탐지설비를 신설 또는 개설할 때
  5의2. 비상방송설비를 신설 또는 개설할 때
  6. 통합감시시설을 신설 또는 개설할 때
  7. 소화용수설비를 신설 또는 개설할 때
  8. 다음 각 목에 따른 소화활동설비에 대하여 각 목에 따른 시공을 할 때
    가. 제연설비를 신설·개설하거나 제연구역을 증설할 때
    나. 연결송수관설비를 신설 또는 개설할 때
    다. 연결살수설비를 신설·개설하거나 송수구역을 증설할 때
    라. 비상콘센트설비를 신설·개설하거나 전용회로를 증설할 때
    마. 무선통신보조설비를 신설 또는 개설할 때
    바. 연소방지설비를 신설·개설하거나 살수구역을 증설할 때

정답 104.③

105 다음 중 감리원의 세부배치기준에 대하여 옳지 않은 것은?
① 일반 공사감리 대상인 경우 감리원은 월 1회 이상 소방공사감리현장에 배치되어 감리하여야 한다.
② 일반 공사감리 대상인 경우 1명의 감리원이 담당하는 소방공사감리현장은 5개 이하로서 감리현장 연면적의 총 합계가 10만 제곱미터 이하여야 한다.
③ 상주 공사감리 대상인 경우 소방시설용 배관(전선관을 포함한다)을 설치하거나 매립하는 때부터 소방시설 완공검사증명서를 발급받을 때까지 소방공사감리현장에 감리원을 배치하여야 한다.
④ 상주 공사감리 대상인 경우 기계분야의 감리원 자격을 취득한 사람과 전기분야의 감리원 자격을 취득한 사람 각 1명 이상을 감리원으로 배치해야 한다.

106 감리자의 세부배치기준 중 일반 공사감리에 대한 설명으로 옳지 않은 것은?
① 기계분야의 감리원 자격을 취득한 사람과 전기분야의 감리원 자격을 취득한 사람 각 1명 이상을 감리원으로 배치한다.
② 감리원은 주 1회 이상 소방공사감리현장에 배치되어 감리한다.
③ 1명의 감리원이 담당하는 소방공사감리현장은 5개 이하로서 감리현장 연면적의 총 합계가 10만 제곱미터 이하이어야 한다.
④ 일반 공사감리 대상인 아파트의 경우에는 연면적의 합계에 관계없이 1명의 감리원이 6개 이내의 공사현장을 감리할 수 있다.

해설

105 ① 감리원은 주 1회 이상 소방공사감리현장에 배치되어 감리하여야 한다(규칙 제16조 제1항).

106 ④ 일반 공사감리 대상인 아파트의 경우에는 연면적의 합계에 관계없이 1명의 감리원이 5개 이내의 공사현장을 감리할 수 있다(규칙 제16조 제1항).

▶ 감리원의 세부 배치 기준 등(규칙 제16조 제1항)
① 법 제18조 제3항에 따른 감리원의 세부적인 배치 기준은 다음 각 호의 구분에 따른다.
　1. 영 별표 3에 따른 상주 공사감리 대상인 경우
　　가. 기계분야의 감리원 자격을 취득한 사람과 전기분야의 감리원 자격을 취득한 사람 각 1명 이상을 감리원으로 배치할 것. 다만, 기계분야 및 전기분야의 감리원 자격을 함께 취득한 사람이 있는 경우에는 그에 해당하는 사람 1명 이상을 배치할 수 있다.
　　나. 소방시설용 배관(전선관을 포함한다. 이하 같다)을 설치하거나 매립하는 때부터 소방시설 완공검사증명서를 발급받을 때까지 소방공사감리현장에 감리원을 배치할 것
　2. 영 별표 3에 따른 일반 공사감리 대상인 경우
　　가. 기계분야의 감리원 자격을 취득한 사람과 전기분야의 감리원 자격을 취득한 사람 각 1명 이상을 감리원으로 배치할 것. 다만, 기계분야 및 전기분야의 감리원 자격을 함께 취득한 사람이 있는 경우에는 그에 해당하는 사람 1명 이상을 배치할 수 있다.
　　나. 별표 3에 따른 기간 동안 감리원을 배치할 것
　　다. 감리원은 주 1회 이상 소방공사감리현장에 배치되어 감리할 것
　　라. 1명의 감리원이 담당하는 소방공사감리현장은 5개 이하(자동화재탐지설비 또는 옥내소화전설비 중 어느 하나만 설치하는 2개의 소방공사감리현장이 최단 차량주행거리로 30킬로미터 이내에 있는 경우에는 1개의 소방공사감리현장으로 본다)로서 감리현장 연면적의 총 합계가 10만제곱미터 이하일 것. 다만, 일반 공사감리 대상인 아파트의 경우에는 연면적의 합계에 관계없이 1명의 감리원이 5개 이내의 공사현장을 감리할 수 있다.

정답 105.① 106.④

107 다음 중 소방공사감리원에 대하여 옳게 설명한 것은?
① 소방시설공사 현장에 감리원을 공사현장에 배치하지 않은 경우에는 300만 원 이하의 과태료를 부과한다.
② 연면적 5,000m² 미만의 특정소방대상물 또는 지하구의 경우 초급 이상의 소방공사감리원 1명 이상을 배치해야 한다.
③ 소방공사감리업자는 감리원 배치일부터 5일 이내에 통보서에 서류를 첨부하여 소방청장, 소방서장에게 알려야 한다.
④ 소방공무원으로서 1년 이상 소방관련업무에 근무한 경력이 있는 사람은 초급감리가 가능하다.

[13. 경기]
기본서 2권 p.231, p.235, p.295

108 다음 중 소방공사 책임감리원의 배치기준으로 옳지 않은 것은?
① 특급소방감리원 이상의 감리원 1명 이상 배치는 연면적이 3만m² 이상 20만m² 미만인 특정소방대상물(아파트는 제외한다) 또는 지하층을 포함한 층수가 16층 이상 40층 미만인 특정소방대상물의 공사현장의 경우이다.
② 특급소방감리원 중 소방기술사 1명 이상 배치는 연면적이 20만m² 이상인 특정소방대상물 또는 지하층을 포함한 층수가 40층 이상인 특정소방대상물의 공사현장의 경우이다.
③ 고급소방감리원 이상의 감리원 1명 이상 배치는 물분무등소화설비(호스릴 방식의 소화설비 제외) 또는 제연설비가 설치되는 특정소방대상물이나 연면적이 3만m² 이상 20만m² 미만인 아파트의 공사현장의 경우이다.
④ 중급소방감리원 이상의 감리원 1명 이상 배치는 연면적이 5천m² 미만 특정소방대상물 또는 지하구의 공사현장의 경우이다.

[13. 전북]
기본서 2권 p.231~232

해설 **107** ② 연면적 5,000m² 미만의 특정소방대상물 또는 지하구의 경우 초급 이상의 소방공사감리원 1명 이상을 배치해야 한다(영 별표 4).
① 300만 원 이하의 벌금(법 제37조)
③ 7일 이내, 소방본부장 또는 소방서장(규칙 제17조)
④ 3년 이상(규칙 별표 4의2)

108 ④ 초급소방감리원의 설명이다(영 별표 4).
→ 중급소방감리원 이상의 감리원 1명 이상 배치는 연면적 5천 제곱미터 이상 3만 제곱미터 미만인 특정소방대상물의 공사현장의 경우이다.

정답 107.② 108.④

109 「소방시설공사업법 시행령」상 책임감리원으로 고급감리원을 배치할 수 있는 공사현장으로 옳은 것은?

① 지하층을 포함한 층수가 40층 이상인 특정소방대상물의 공사현장
② 연면적 20만m² 이상인 특정소방대상물의 공사현장
③ 제연설비가 설치되는 특정소방대상물의 공사현장
④ 지하층을 포함한 층수가 16층 이상 40층 미만인 특정소방대상물의 공사현장

[18. 공채]

기본서 2권 p.231~232

해설 109

▶ 소방공사 감리원의 배치기준(영 별표 4)

감리원의 배치기준		소방시설공사 현장의 기준
책임감리원	보조감리원	
1. 행정안전부령으로 정하는 특급감리원 중 소방기술사	행정안전부령으로 정하는 초급감리원 이상의 소방공사 감리원(기계분야 및 전기분야)	가. 연면적 20만 제곱미터 이상인 특정소방대상물의 공사 현장 나. 지하층을 포함한 층수가 40층 이상인 특정소방대상물의 공사 현장
2. 행정안전부령으로 정하는 특급감리원 이상의 소방공사 감리원(기계분야 및 전기분야)	행정안전부령으로 정하는 초급감리원 이상의 소방공사 감리원(기계분야 및 전기분야)	가. 연면적 3만 제곱미터 이상 20만 제곱미터 미만인 특정소방대상물(아파트는 제외한다)의 공사 현장 나. 지하층을 포함한 층수가 16층 이상 40층 미만인 특정소방대상물의 공사 현장
3. 행정안전부령으로 정하는 고급감리원 이상의 소방공사 감리원(기계분야 및 전기분야)	행정안전부령으로 정하는 초급감리원 이상의 소방공사 감리원(기계분야 및 전기분야)	가. 물분무등소화설비(호스릴 방식의 소화설비는 제외한다) 또는 제연설비가 설치되는 특정소방대상물의 공사 현장 나. 연면적 3만 제곱미터 이상 20만 제곱미터 미만인 아파트의 공사 현장
4. 행정안전부령으로 정하는 중급감리원 이상의 소방공사 감리원(기계분야 및 전기분야)		연면적 5천 제곱미터 이상 3만 제곱미터 미만인 특정소방대상물의 공사 현장
5. 행정안전부령으로 정하는 초급감리원 이상의 소방공사 감리원(기계분야 및 전기분야)		가. 연면적 5천 제곱미터 미만인 특정소방대상물의 공사 현장 나. 지하구의 공사 현장

정답 109.③

110 「소방시설공사업법 시행령」 별표 4 소방공사 감리원의 배치기준 및 배치기간에 따라 복합건축물(지하 5층, 지상 35층 규모)인 특정소방대상물 소방시설공사현장의 소방공사 책임감리원으로 옳은 것은?

① 특급감리원 중 소방기술사
② 특급감리원 이상의 소방공사 감리원(기계분야 및 전기분야)
③ 고급감리원 이상의 소방공사 감리원(기계분야 및 전기분야)
④ 중급감리원 이상의 소방공사 감리원(기계분야 및 전기분야)

[22. 공채]
기본서 2권 p.231

111 「소방시설공사업법 시행규칙」상 감리업자가 소방공사의 감리를 마쳤을 때 소방공사감리 결과보고(통보)서에 첨부하는 서류가 아닌 것은?

① 착공신고 후 변경된 건축설계도면 1부
② 소방청장이 정하여 고시하는 소방시설 성능시험조사표 1부
③ 소방공사 감리일지(소방본부장 또는 소방서장에게 보고하는 경우에만 첨부) 1부
④ 특정소방대상물의 사용승인 신청서 등 사용승인 신청을 증빙할 수 있는 서류 1부

[23. 경채, 공채]
기본서 2권 p.235~237

해설 110 ① 특급감리원 중 소방기술사
복합건축물(지하 5층, 지상35층 규모)인 → 지하층을 포함한 층수가 40층 이상인 특정소방대상물의 공사 현장

▶ 소방공사 감리원의 배치기준(영 별표 4)

가. 행정안전부령으로 정하는 **특급감리원 중 소방기술사**	행정안전부령으로 정하는 초급감리원 이상의 소방공사 감리원(기계분야 및 전기분야)	1) 연면적 20만제곱미터 이상인 특정소방대상물의 공사 현장 2) 지하층을 포함한 층수가 40층 이상인 특정소방대상물의 공사 현장

111 ① 착공신고 후 변경된 건축설계도면 1부(규칙 제19조)
→ 소방시설설계도면

정답 110.① 111.①

112 「소방시설공사업법」 및 같은 법 시행령상 소방공사업자는 소방기술자를 소방공사 현장에 배치하는 것이 원칙이지만, 발주자가 서면으로 승낙하는 경우에는 해당 공사가 중단된 기간 동안 소방기술자를 공사 현장에 배치하지 않을 수 있도록 되어 있는 예외사항이 있다. 다음 중 예외사항으로 옳지 않은 것은?

① 발주자가 공사 중단을 요청하는 경우
② 소방공사감리원이 공사 중단을 요청하는 경우
③ 민원 또는 계절적 요인 등으로 해당 공정의 공사가 일정 기간 중단된 경우
④ 예산 부족 등 발주자의 책임 있는 사유 또는 천재지변 등 불가항력으로 공사가 일정 기간 중단된 경우

[21. 공채]
기본서 2권 p.231

113 감리업자가 소방공사를 감리할 때 소방시설공사가 설계도서나 화재안전기준에 맞지 아니할 경우 취할 수 있는 조치에 해당되지 아니한 것은?

① 공사감리자를 지정한 특정소방대상물의 관계인에게 알린다.
② 공사업자에게 공사의 시정 또는 보완을 요구한다.
③ 공사업자가 시정 또는 보완을 하지 않을 경우 공사를 중지시킨다.
④ 공사업자가 시정 또는 보완을 하지 않고 그 공사를 계속할 경우 소방본부장 또는 소방서장에게 그 사실을 보고한다.

[11. 중앙]
기본서 2권 p.238~239

해설

112 ② 소방공사감리원이 공사 중단을 요청하는 경우
→ 해당하지 않는다.

▶ 영 별표 2
2. 소방기술자의 배치기간
　나. 공사업자는 가목에도 불구하고 시공관리, 품질 및 안전에 지장이 없는 경우로서 다음의 어느 하나에 해당하여 발주자가 서면으로 승낙하는 경우에는 해당 공사가 중단된 기간 동안 소방기술자를 공사현장에 배치하지 않을 수 있다.
　　1) 민원 또는 계절적 요인 등으로 해당 공정의 공사가 일정 기간 중단된 경우
　　2) 예산의 부족 등 발주자(하도급의 경우에는 수급인을 포함한다. 이하 이 목에서 같다)의 책임 있는 사유 또는 천재지변 등 불가항력으로 공사가 일정기간 중단된 경우
　　3) 발주자가 공사의 중단을 요청하는 경우

113 ③ 공사업자가 시정 또는 보완을 하지 않을 경우 소방본부장이나 소방서장에게 그 사실을 보고하여야 한다(법 제19조).

제19조(위반사항에 대한 조치) ① 감리업자는 감리를 할 때 소방시설공사가 설계도서나 화재안전기준에 맞지 아니할 때에는 관계인에게 알리고, 공사업자에게 그 공사의 시정 또는 보완 등을 요구하여야 한다.
② 공사업자가 제1항에 따른 요구를 받았을 때에는 그 요구에 따라야 한다.
③ 감리업자는 공사업자가 제1항에 따른 요구를 이행하지 아니하고 그 공사를 계속할 때에는 행정안전부령으로 정하는 바에 따라 소방본부장이나 소방서장에게 그 사실을 보고하여야 한다.
④ 관계인은 감리업자가 제3항에 따라 소방본부장이나 소방서장에게 보고한 것을 이유로 감리계약을 해지하거나 감리의 대가 지급을 거부하거나 지연시키거나 그 밖의 불이익을 주어서는 아니 된다.

정답 112.② 113.③

114 「소방시설공사업법」상 감리업자가 감리를 할 때 위반사항에 대하여 조치하여야 할 사항이다. (   ) 안에 들어갈 용어로 옳은 것은?

> 감리업자는 감리를 할 때 소방시설공사가 설계도서나 화재안전기준에 맞지 아니할 때에는 (가)에게 알리고, (나)에게 그 공사의 시정 또는 보완 등을 요구하여야 한다.

	(가)	(나)		(가)	(나)
①	관계인	공사업자	②	관계인	소방서장
③	소방본부장	공사업자	④	소방본부장	소방서장

115 다음 중 감리업자가 소방공사감리를 완료 시 소방공사감리 결과의 통보를 알리는 대상이 아닌 것은?

① 특정소방대상물의 관계인, 소방시설공사의 도급인
② 특정소방대상물의 관계인, 특정소방대상물의 공사를 감리한 건축사
③ 특정소방대상물의 관계인, 설계자, 소방시설공사의 도급인
④ 소방시설공사의 도급인, 소방본부장 또는 소방서장
⑤ 특정소방대상물의 공사를 감리한 건축사, 소방본부장 또는 소방서장

해설

114 ▶ 위반사항에 대한 조치(법 제19조 제1항)
① 감리업자는 감리를 할 때 소방시설공사가 설계도서나 화재안전기준에 맞지 아니할 때에는 관계인에게 알리고, 공사업자에게 그 공사의 시정 또는 보완 등을 요구하여야 한다.

115 ③ 감리업자가 소방공사의 감리를 마쳤을 때에는 소방공사감리 결과보고(통보)서[전자문서로 된 소방공사감리 결과보고(통보)서를 포함]에 서류(전자문서 포함)를 첨부하여 공사가 완료된 날부터 7일 이내에 특정소방대상물의 관계인, 소방시설공사의 도급인 및 특정소방대상물의 공사를 감리한 건축사에게 알리고, 소방본부장 또는 소방서장에게 보고해야 한다(규칙 제19조).

정답 114.① 115.③

116 「소방시설공사업법 시행규칙」상 감리업자가 소방공사의 감리를 마쳤을 때, 소방공사감리 결과보고(통보)서를 알려야 하는 대상으로 옳지 않은 것은?
① 소방시설공사의 도급인
② 특정소방대상물의 관계인
③ 소방시설설계업의 설계사
④ 특정소방대상물의 공사를 감리한 건축사

[18. 공채]
상 중 **하**
기본서 2권 p.235

117 「소방시설공사업법」상 공사의 도급에 관한 사항으로 옳지 않은 것은?
① 특정소방대상물의 관계인 또는 발주자는 소방시설공사등을 도급할 때에는 해당 소방시설업자에게 도급하여야 한다.
② 공사업자가 도급받은 소방시설공사의 도급금액 중 그 공사(하도급한 공사를 포함한다)의 근로자에게 지급하여야 할 임금에 해당하는 금액은 압류할 수 없다.
③ 도급받은 소방시설공사의 전부를 다른 공사업자에게 하도급할 수 있다.
④ 도급을 받은 자가 해당 소방시설공사등을 하도급할 때에는 행정안전부령으로 정하는 바에 따라 미리 관계인과 발주자에게 알려야 한다.

[20. 공채]
상 **중** 하
기본서 2권 p.248, p.250~251, p.258

해설

116 ▶ 감리결과의 통보 등(규칙 제19조)
법 제20조에 따라 감리업자가 소방공사의 감리를 마쳤을 때에는 별지 제29호서식의 소방공사감리 결과보고(통보)서[전자문서로 된 소방공사감리 결과보고(통보)서를 포함한다]에 다음 각 호의 서류(전자문서를 포함한다)를 첨부하여 공사가 완료된 날부터 7일 이내에 <u>특정소방대상물의 관계인, 소방시설공사의 도급인 및 특정소방대상물의 공사를 감리한 건축사</u>에게 알리고, <u>소방본부장 또는 소방서장에게 보고</u>해야 한다.

117 도급을 받은 자는 소방시설의 설계, 시공, 감리를 제3자에게 하도급할 수 없다. 다만, 시공의 경우에는 대통령령으로 정하는 바에 따라 도급받은 소방시설공사의 <u>일부를</u> 다른 공사업자에게 하도급할 수 있다(법 제22조).

정답 116. ③ 117. ③

118 「소방시설공사업법 시행령」상 소방시설공사 분리 도급의 예외에 해당하는 것만을 〈보기〉에서 고른 것은?

〈보기〉
ㄱ. 「재난 및 안전관리 기본법」에 따른 재난의 발생으로 긴급하게 착공해야 하는 공사인 경우
ㄴ. 국방 및 국가안보 등과 관련하여 기밀을 유지해야 하는 공사인 경우
ㄷ. 연면적이 3천 제곱미터 이하인 특정소방대상물에 비상경보설비를 설치하는 공사인 경우
ㄹ. 「국가를 당사자로 하는 계약에 관한 법률 시행령」 및 「지방자치단체를 당사자로 하는 계약에 관한 법률 시행령」에 따른 원안입찰 또는 일부입찰
ㅁ. 「국가를 당사자로 하는 계약에 관한 법률 시행령」 및 「지방자치단체를 당사자로 하는 계약에 관한 법률 시행령」에 따른 실시설계 기술제안입찰 또는 기본설계 기술제안입찰
ㅂ. 국가유산수리 및 재개발·재건축 등의 공사로서 공사의 성질상 분리하여 도급하는 것이 곤란하다고 시·도지사가 인정하는 경우

① ㄱ, ㄴ, ㄷ
② ㄱ, ㄴ, ㅁ
③ ㄴ, ㄷ, ㅁ
④ ㄹ, ㅁ, ㅂ

[23. 경채, 공채]
상 중 하
기본서 2권 p.248~249

119 특정소방대상물의 관계인 또는 발주자는 정당한 사유 없이 며칠 이상 소방시설공사를 계속하지 않는 경우에 도급계약을 해지할 수 있는가?

① 7일
② 14일
③ 30일
④ 60일
⑤ 90일

[11. 간부]
상 중 하
기본서 2권 p.264

해설 **118** ▶영 제11조의2
ⓒ 연면적이 3천 제곱미터 ~~ → 1천 제곱미터
ⓔ ~~ 원안입찰 또는 일부입찰 → 대안입찰 또는 일괄입찰
ⓗ ~~ 시·도지사가 인정하는 경우 → 소방청장

119 ③ 정당한 사유 없이 30일 이상 소방시설공사를 계속하지 않는 경우 도급계약을 해지할 수 있다(법 제23조).

정답 118.② 119.③

120 소방시설공사업법 중 도급계약의 해지 기준으로 옳지 않은 것은?
① 소방시설업을 휴업하거나 폐업한 경우
② 소방시설업이 등록취소되거나 영업정지된 경우
③ 경고 받았을 때
④ 정당한 사유 없이 30일 이상 소방시설공사를 계속하지 않는 경우

121 정당한 사유없이 ( )일 이상 소방시설공사를 계속하지 않은 경우에는 관계인은 수급인에게 도급계약을 해지할 수 있는가?
① 7
② 15
③ 30
④ 60

해설

120 ③ 경고 받았을 때는 도급계약의 해지 기준이 아니다.

▶ 도급계약의 해지(법 제23조)
1. 소방시설업이 등록취소되거나 영업정지된 경우
2. 소방시설업을 휴업하거나 폐업한 경우
3. 정당한 사유 없이 30일 이상 소방시설공사를 계속하지 아니하는 경우
4. 적정성 심사에 따른 하수급인 또는 하도급계약 내용의 변경 요구에 정당한 사유 없이 따르지 아니하는 경우

121 ▶ 도급계약의 해지(법 제23조)
특정소방대상물의 관계인 또는 발주자는 해당 도급계약의 수급인이 다음 각 호의 어느 하나에 해당하는 경우에는 도급계약을 해지할 수 있다.
1. 소방시설업이 등록취소되거나 영업정지된 경우
2. 소방시설업을 휴업하거나 폐업한 경우
3. 정당한 사유 없이 30일 이상 소방시설공사를 계속하지 아니하는 경우
4. 제22조의2 제2항(하수급인 또는 하도급계약 내용)에 따른 요구에 정당한 사유 없이 따르지 아니하는 경우

정답 120.③ 121.③

122 다음 중 공사업자와 감리업자가 같은 자인 경우 동일한 특정소방대상물의 소방시설에 대하여 함께 할 수 없는 경우는?

① 소방시설에 대한 설계와 감리를 함께 할 수 없다.
② 소방시설에 대한 설계와 공사를 함께 할 수 없다.
③ 소방시설에 대한 공사와 설계를 함께 할 수 없다.
④ 소방시설에 대한 시공과 감리를 함께 할 수 없다.

[11. 울산]

123 다음 중 적절한 공사업자를 선정할 수 있도록 하기 위하여 공사업자의 신청이 있으면 그 공사업자의 소방시설공사 실적, 자본금 등에 따라 공시할 수 있는 것으로 가장 옳은 것은?

① 시공능력을 평가하여 공시할 수 있다.
② 기술력평가액를 평가하여 공시할 수 있다.
③ 신인도평가액을 평가하여 공시할 수 있다.
④ 실적평가액을 평가하여 공시할 수 있다.

[09. 경남]

해설

122 ④ 공사업자와 감리업자가 같은 자인 경우 동일한 특정소방대상물의 소방시설에 대한 시공과 감리를 함께 할 수 없다(법 제24조).

123 ① 소방청장은 관계인 또는 발주자가 적절한 공사업자를 선정할 수 있도록 하기 위하여 공사업자의 신청이 있으면 그 공사업자의 소방시설공사 실적, 자본금 등에 따라 시공능력을 평가하여 공시할 수 있다(법 제26조 제1항).
②③④는 시공능력평가 항목에 해당한다.

정답 122.④ 123.①

124 다음 중 시공능력을 평가하여 공시할 수 있는 사람은 누구인가?

① 국무총리
② 소방청장
③ 시·도지사
④ 소방본부장 또는 소방서장

[16. 통합]

기본서 2권 p.266

해설 124 ② 소방청장은 관계인 또는 발주자가 적절한 공사업자를 선정할 수 있도록 하기 위하여 공사업자의 신청이 있으면 그 공사업자의 소방시설공사 실적, 자본금 등에 따라 시공능력을 평가하여 공시할 수 있다(법 제26조 제1항).

정답 124.②

04 소방기술자

125 다음 중 소방기술자의 실무교육 횟수로 옳은 것은?
① 1년마다 1회 이상
② 1년마다 2회 이상
③ 2년마다 1회 이상
④ 2년마다 2회 이상

[10. 중앙]
기본서 2권 p.299

126 실무교육지정기관이 교육계획을 변경하는 경우에 변경한 날부터 며칠 이내에 이를 일간신문 또는 인터넷 홈페이지에 공고하고 소방본부장 또는 소방서장에게 보고하여야 하는가?
① 5일
② 7일
③ 10일
④ 14일

[기출변형]
기본서 2권 p.299

해설

125 ③ 소방기술자의 실무교육 횟수는 <u>2년마다 1회 이상</u>이다(규칙 제26조 제1항).

126 ③ 교육계획을 변경하는 경우에는 변경한 날부터 <u>10일 이내</u>에 이를 일간신문 또는 인터넷 홈페이지에 공고하고 소방본부장 또는 소방서장에게 보고해야 한다(규칙 제35조 제2항).

정답 125.③ 126.③

127 「소방시설공사업법」상 소방기술 경력 등의 인정 등에 관한 내용으로 옳은 것은?

① 소방본부장, 소방서장은 소방기술의 효율적인 활용과 소방기술의 향상을 위하여 소방기술과 관련된 자격·학력 및 경력을 가진 사람을 소방기술자로 인정할 수 있다.
② 소방본부장, 소방서장은 소방기술과 관련된 자격·학력 및 경력을 인정받은 사람에게 소방기술 인정 자격수첩과 경력수첩을 발급할 수 있다.
③ 소방기술과 관련된 자격·학력 및 경력의 인정 범위와 자격수첩 및 경력수첩의 발급 절차 등에 관하여 필요한 사항은 대통령령으로 정한다.
④ 소방청장은 자격수첩 또는 경력수첩을 발급받은 사람이 거짓이나 그 밖의 부정한 방법으로 자격수첩 또는 경력수첩을 발급받은 경우에 그 자격을 취소하여야 한다.

[23. 경채, 공채]

기본서 2권 p.287

128 「소방시설공사업법 시행규칙」상 소방기술자 양성·인정 교육훈련기관의 지정 요건으로 옳지 않은 것은?

① 교육과목별 교재 및 강사 매뉴얼을 갖출 것
② 소방기술자 양성·인정 교육훈련을 실시할 수 있는 전담인력을 6명 이상 갖출 것
③ 전국 2개 이상의 시·도에 이론교육과 실습교육이 가능한 교육·훈련장을 갖출 것
④ 교육훈련의 신청·수료, 성과측정, 경력관리 등에 필요한 교육훈련 관리시스템을 구축·운영할 것

[23. 경채]

기본서 2권 p.297

해설

127 ▶ 소방기술 경력 등의 인정 등(법 제28조)
① 소방청장은 소방기술의 효율적인 활용과 소방기술의 향상을 위하여 소방기술과 관련된 자격·학력 및 경력을 가진 사람을 소방기술자로 인정할 수 있다.
② 소방청장은 제1항에 따라 자격·학력 및 경력을 인정받은 사람에게 소방기술 인정 자격수첩과 경력수첩을 발급할 수 있다.
③ 제1항에 따른 소방기술과 관련된 자격·학력 및 경력의 인정 범위와 제2항에 따른 자격수첩 및 경력수첩의 발급 절차 등에 관하여 필요한 사항은 행정안전부령으로 정한다.

128 ③ 전국 2개 이상의 시·도에 이론교육과 실습교육이 가능한 교육·훈련장을 갖출 것(규칙 제25조의2)
→ 4개

정답 127.④ 128.③

129 「소방시설공사업법 시행규칙」상 소방기술과 관련된 자격·학력 및 경력의 인정범위에 관한 내용으로 옳은 것은?

① 소방공무원으로서 3년간 근무한 경력이 있는 사람은 중급감리원의 업무를 수행할 수 있다.
② 학사학위를 취득한 후 소방 관련 업무를 10년간 수행한 사람은 특급기술자 업무를 수행할 수 있다.
③ 소방시설관리사 자격을 취득한 후 소방 관련 업무를 3년간 수행한 사람은 특급기술자 업무를 수행할 수 있다.
④ 소방설비기사 기계분야 자격을 취득한 후 소방 관련 업무를 8년간 수행한 사람은 해당분야 특급감리원의 업무를 수행할 수 있다.

[21. 공채]

기본서 2권 p.292~295

해설 129
① 소방공무원으로서 3년간 근무한 경력이 있는 사람은 ~~중급감리원~~의 업무를 수행할 수 있다.
→ 초급감리원
② 학사학위를 취득한 후 소방 관련 업무를 ~~10년간~~ 수행한 사람은 특급기술자 업무를 수행할 수 있다.
→ 11년 이상
③ 소방시설관리사 자격을 취득한 후 소방 관련 업무를 ~~3년간~~ 수행한 사람은 특급기술자 업무를 수행할 수 있다.
→ 5년 이상

정답 129.④

05 소방시설업자협회

130 다음 중 소방시설업자협회의 업무로 옳지 않은 것은?

① 소방시설업의 기술발전과 소방기술의 진흥을 위한 조사·연구·분석 및 평가
② 소방산업의 발전 및 소방기술의 향상을 위한 지원
③ 소방시설업의 기술발전과 관련된 국제교류·활동 및 행사의 유치
④ 피난시설, 방화구획 및 방화시설의 관리

[기출변형]
상 **중** 하
기본서 2권 p.311

해설 130 ④ 피난시설, 방화구획 및 방화시설의 관리는 특정소방대상물의 관계인의 업무이다(소방시설법 제16조).

▶ 협회의 업무(법 제30조의3)
1. 소방시설업의 기술발전과 소방기술의 진흥을 위한 조사·연구·분석 및 평가
2. 소방산업의 발전 및 소방기술의 향상을 위한 지원
3. 소방시설업의 기술발전과 관련된 국제교류·활동 및 행사의 유치
4. 이 법에 따른 위탁 업무의 수행

정답 130.④

06 보칙

131 다음 소방시설공사업법 중에서 청문대상인 것은?
① 소방기술 인정자격 취소
② 소방공사업 휴업정지처분
③ 소방기술자의 실무교육
④ 소방시설업의 자격 정지

[11. 서울]

132 「소방시설공사업법 시행령」상 업무의 위탁에 대한 설명으로 옳지 않은 것은?
① 시·도지사는 소방시설업 등록신청의 접수 및 신청내용의 확인에 관한 업무를 소방시설업자협회에 위탁한다.
② 소방청장은 소방기술과 관련된 자격·학력 및 경력의 인정 업무를 소방시설업자협회, 소방기술과 관련된 법인 또는 단체에 위탁한다.
③ 소방청장은 소방시설공사업을 등록한 자의 시공능력평가 및 공시에 관한 업무를 소방시설업자협회에 위탁한다.
④ 소방청장은 소방기술자 실무교육에 관한 업무를 소방청장이 지정하는 실무교육기관 또는 대한소방공제회에 위탁한다.

[18. 공채]

해설

131 ① 소방시설업 등록취소처분이나 영업정지처분 또는 소방기술 인정 자격취소처분을 하려면 청문을 하여야 한다(법 제32조).

132 ④ 소방청장은 소방기술자 실무교육에 관한 업무를 소방청장이 지정하는 실무교육기관 또는 한국소방안전원에 위탁한다.

▶ 업무의 위탁(영 제20조)
① 소방청장은 법 제33조 제2항에 따라 법 제29조에 따른 소방기술자 실무교육에 관한 업무를 법 제29조 제3항에 따라 소방청장이 지정하는 실무교육기관 또는 「소방기본법」 제40조에 따른 한국소방안전원에 위탁한다.
② 소방청장은 법 제33조 제3항에 따라 다음 각 호의 업무를 협회에 위탁한다.
　1. 법 제20조의3에 따른 방염처리능력 평가 및 공시에 관한 업무
　2. 법 제26조에 따른 시공능력 평가 및 공시에 관한 업무
　3. 법 제26조의3 제1항에 따른 소방시설업 종합정보시스템의 구축·운영
③ 시·도지사는 법 제33조 제3항에 따라 다음 각 호의 업무를 협회에 위탁한다.
　1. 법 제4조 제1항에 따른 소방시설업 등록신청의 접수 및 신청내용의 확인
　2. 법 제6조에 따른 소방시설업 등록사항 변경신고의 접수 및 신고내용의 확인
　2의2. 법 제6조의2에 따른 소방시설업 휴업·폐업 또는 재개업 신고의 접수 및 신고내용의 확인
　3. 법 제7조 제3항에 따른 소방시설업자의 지위승계 신고의 접수 및 신고내용의 확인
④ 소방청장은 법 제33조 제4항에 따라 다음 각 호의 업무를 협회, 소방기술과 관련된 법인 또는 단체에 위탁한다. 이 경우 소방청장은 수탁기관을 지정하여 고시해야 한다.
　1. 법 제28조에 따른 소방기술과 관련된 자격·학력 및 경력의 인정 업무
　2. 법 제28조의2에 따른 소방기술자 양성·인정 교육훈련 업무

정답 131.① 132.④

133 「소방시설공사업법」상 행정처분 전에 청문을 하여야 하는 대상으로 옳지 않은 것은?

① 소방시설업의 등록취소 처분
② 소방기술인정 자격취소 처분
③ 소방시설업의 영업정지 처분
④ 소방기술인정 자격정지 처분

134 「소방시설공사업법 시행령」상 시·도지사가 소방시설업자협회에 위탁하는 업무로 옳은 것만을 〈보기〉에서 고른 것은?

〈보기〉
ㄱ. 소방시설업 등록신청의 접수 및 신청내용의 확인
ㄴ. 소방시설업 등록사항 변경신고의 접수 및 신고내용의 확인
ㄷ. 시공능력 평가 및 공시에 관한 업무
ㄹ. 소방시설업자의 지위승계 신고의 접수 및 신고내용의 확인
ㅁ. 소방시설업 휴업·폐업 또는 재개업 신고의 접수 및 신고내용의 확인
ㅂ. 방염처리능력 평가 및 공시에 관한 업무

① ㄱ, ㄴ, ㄹ, ㅁ
② ㄱ, ㄴ, ㅁ, ㅂ
③ ㄱ, ㄷ, ㄹ, ㅁ
④ ㄴ, ㄷ, ㄹ, ㅂ

해설

133 ④ 소방기술인정 자격정지 처분은 없다.

▶ 청문(법 제32조)
제9조 제1항에 따른 소방시설업 등록취소처분이나 영업정지처분 또는 제28조 제4항에 따른 소방기술인정 자격취소처분을 하려면 청문을 하여야 한다.

134 ▶ 소방시설공사업법 시행령 제20조(업무의 위탁)
① 소방청장은 법 제33조 제2항에 따라 법 제29조에 따른 소방기술자 실무교육에 관한 업무를 법 제29조 제3항에 따라 소방청장이 지정하는 실무교육기관 또는 「소방기본법」 제40조에 따른 한국소방안전원에 위탁한다.
② 소방청장은 법 제33조 제3항에 따라 다음 각 호의 업무를 협회에 위탁한다.
  1. 법 제20조의3에 따른 방염처리능력 평가 및 공시에 관한 업무
  2. 법 제26조에 따른 시공능력 평가 및 공시에 관한 업무
  3. 법 제26조의3 제1항에 따른 소방시설업 종합정보시스템의 구축·운영
③ 시·도지사는 법 제33조 제3항에 따라 다음 각 호의 업무를 협회에 위탁한다.
  1. 법 제4조 제1항에 따른 소방시설업 등록신청의 접수 및 신청내용의 확인
  2. 법 제6조에 따른 소방시설업 등록사항 변경신고의 접수 및 신고내용의 확인
  2의2. 법 제6조의2에 따른 소방시설업 휴업·폐업 또는 재개업 신고의 접수 및 신고내용의 확인
  3. 법 제7조 제3항에 따른 소방시설업자의 지위승계 신고의 접수 및 신고내용의 확인

정답 133.④ 134.①

07 벌칙

135 소방시설공사법에서 소방시설공사업자가 소방시설의 완공검사를 받지 않았을 때 벌칙은?

① 500만 원 이하의 벌금
② 200만 원 이상의 과태료
③ 200만 원 이하의 벌금
④ 200만 원 이하의 과태료

[11. 울산]
기본서 2권 p.323

136 다음 벌금 중 그 성격이 다른 것은?

① 소방시설공사 현장에 감리원을 배치하지 아니한 자
② 공사감리자를 지정하지 아니한 자
③ 소방시설업자가 아닌 자에게 소방시설공사등을 도급한 자
④ 화재안전기준을 위반하여 설계나 시공을 한 자

[11. 서울]
기본서 2권 p.322

해설

135 ④ 소방시설공사업자가 소방시설의 완공검사를 받지 않았을 때는 200만 원 이하의 과태료를 부과한다(법 제40조 제1항).

136 ① 300만 원 이하의 벌금에 해당한다(법 제37조).
②③④ 1년 이하의 징역 또는 1천만 원 이하의 벌금에 해당한다(법 제36조).

정답 135.④ 136.①

137 소방시설공사업법에서 과태료 해당 사항 중 대통령령으로 부과·징수할 수 없는 자는?
① 관할 시·도지사
② 소방청장
③ 소방본부장
④ 소방서장

138 다음 중 벌칙이 다른 하나는?
① 소방시설업의 등록을 하지 아니하고 영업을 한 자
② 규정을 위반하여 설계를 한 자
③ 규정을 위반하여 감리를 한 자
④ 영업정지처분을 받고 그 영업정지 기간에 영업을 한 자

해설

137 ② 과태료는 대통령령으로 정하는 바에 따라 관할 시·도지사, 소방본부장 또는 소방서장이 부과·징수한다(법 제40조 제2항).

138 ① 소방시설업의 등록을 하지 아니하고 영업을 한 자는 3년 이하의 징역 또는 3천만 원 이하의 벌금이고, 나머지는 1년 이하의 징역 또는 1천만 원 이하의 벌금이다(법 제35조, 제36조).

정답 137.② 138.①

139 다음 중 규정을 위반하여 소방기술자를 공사현장에 배치하지 아니한 자의 행정벌은?

① 1년 이하의 징역 또는 1천만 원 이하의 벌금
② 3년 이하의 징역 또는 1천5백만 원 이하의 벌금
③ 300만 원 이하 벌금
④ 200만 원 이하 과태료

140 「소방시설공사업법」상 벌칙 중 1년 이하의 징역 또는 1천만 원 이하의 벌금에 해당하는 자로 옳지 않은 것은?

① 소방시설업 등록을 하지 아니하고 영업을 한 자
② 영업정지처분을 받고 그 영업정지 기간에 영업을 한 자
③ 소방시설업자가 아닌 자에게 소방시설공사등을 도급한 자
④ 공사감리 결과의 통보 또는 공사감리 결과보고서의 제출을 거짓으로 한 자

해설

139 ④ 규정을 위반하여 소방기술자를 공사현장에 배치하지 아니한 자의 행정벌은 200만 원 이하의 과태료이다(법 제40조).

140 ① 3년 이하의 징역 또는 3천만 원 이하의 벌금(법 제35조)

정답 139.④ 140.①

PART 06

위험물안전관리법

01 총 칙
02 위험물시설의 설치 및 변경
03 위험물시설의 안전관리
04 위험물의 운반 등
05 감독 및 조치명령
06 보 칙
07 벌 칙

06 위험물안전관리법

01 총칙

01 「위험물안전관리법」의 목적에 대한 설명이다. 빈칸에 들어갈 단어로 옳은 것은?

> 이 법은 위험물의 (㉠)·(㉡) 및 (㉢)과 이에 따른 안전관리에 관한 사항을 규정함으로써 위험물로 인한 위해를 방지하여 공공의 안전을 확보함을 목적으로 한다.

	㉠	㉡	㉢		㉠	㉡	㉢
①	저장	취급	운반	②	제조	취급	운반
③	제조	저장	이송	④	저장	취급	이송

[17. 공채]

02 「위험물안전관리법」에서 인화성 또는 발화성 등의 성질을 가지는 것으로서 대통령령이 정하는 물품을 무엇이라고 하는가?

① 동식물유류 ② 위험물
③ 인화물 ④ 특수인화물

[09. 경북]

해설

01 ① 이 법은 위험물의 (저장)·(취급) 및 (운반)과 이에 따른 안전관리에 관한 사항을 규정함으로써 위험물로 인한 위해를 방지하여 공공의 안전을 확보함을 목적으로 한다(법 제1조).

02 ② <u>위험물</u>은 인화성 또는 발화성 등의 성질을 가지는 것으로서 대통령령이 정하는 물품을 말한다(법 제2조 제1항 제1호).

정답 01.① 02.②

03 다음 중 용어의 정의로 바르지 않은 것은?
① "위험물"이라 함은 인화성 또는 발화성 등의 성질을 가지는 것으로서 대통령령이 정하는 물품을 말한다.
② "지정수량"이라 함은 위험물의 종류별로 위험성을 고려하여 대통령령이 정하는 수량으로서 규정에 의한 제조소등의 설치허가 등에 있어서 최저의 기준이 되는 수량을 말한다.
③ "취급소"라 함은 지정수량 이상의 위험물을 저장하기 위한 대통령령이 정하는 장소로서 규정에 따른 허가를 받은 장소를 말한다.
④ "제조소"라 함은 위험물을 제조할 목적으로 지정수량 이상의 위험물을 취급하기 위하여 규정에 따른 허가를 받은 장소를 말한다.

[09. 경남]

04 위험물을 제조할 목적으로 지정수량 이상의 위험물을 취급하기 위하여 허가 받는 장소는?
① 제조소　　　　　　　② 취급소
③ 저장소　　　　　　　④ 판매소

[10. 경기]

해설

03 ③ "취급소"라 함은 지정수량 이상의 위험물을 <u>제조 외의 목적으로 취급하기 위한</u> 대통령령이 정하는 장소로서 규정에 따른 허가를 받은 장소를 말한다(법 제2조 제1항 제5호).

04 ① 위험물을 제조할 목적으로 지정수량 이상의 위험물을 취급하기 위하여 허가를 받는 장소는 제조소에 해당된다(법 제2조 제1항 제3호).
② "취급소"라 함은 지정수량 이상의 위험물을 제조외의 목적으로 취급하기 위한 대통령령이 정하는 장소로서 제6조 제1항의 규정에 따른 허가를 받은 장소를 말한다.(법 제2조 제1항 제5호)
③ "저장소"라 함은 지정수량 이상의 위험물을 저장하기 위한 대통령령이 정하는 장소로서 제6조 제1항의 규정에 따른 허가를 받은 장소를 말한다(법 제2조 제1항 제4호).
④ 판매소는 없고, 판매취급소는 점포에서 위험물을 용기에 담아 판매하기 위하여 지정수량의 40배 이하의 위험물을 취급하는 장소이다(영 별표 3).

정답 03.③　04.①

05 「위험물안전관리법」에서 정하는 위험물의 용어의 정의로 옳은 것은?
  ① 인화성 또는 발화성 등의 물품으로 대통령령이 정하는 것
  ② 인화성 또는 발화성 등의 물품으로 행정안전부령이 정하는 것
  ③ 인화성 또는 폭발성 등의 물품으로 대통령령이 정하는 것
  ④ 인화성 또는 폭발성 등의 물품으로 행정안전부령이 정하는 것

06 다음 중 「위험물안전관리법」에서 정하는 위험물의 정의로서 옳은 것은?
  ① 대통령령이 정하는 인화성・발화성 등의 물품을 말한다.
  ② 대통령령이 정하는 인화성・폭발성 등의 물품을 말한다.
  ③ 대통령령이 정하는 인화성・점화성 등의 물품을 말한다.
  ④ 대통령령이 정하는 인화성・화학성 등의 물품을 말한다.

해설
05 ① "위험물"이라 함은 인화성 또는 발화성 등의 성질을 가지는 것으로서 대통령령이 정하는 물품을 말한다(법 제2조 제1항 제1호).

06 ① "위험물"이라 함은 인화성 또는 발화성 등의 성질을 가지는 것으로서 대통령령이 정하는 물품을 말한다(법 제2조 제1항 제1호).

정답 05.① 06.①

07
「위험물안전관리법」상 위험물에 대한 정의이다. (   ) 안에 들어갈 용어로 옳은 것은?

"위험물"이라 함은 (가) 또는 (나) 등의 성질을 가지는 것으로서 (다)이 정하는 물품을 말한다.

	(가)	(나)	(다)
①	인화성	가연성	대통령령
②	인화성	발화성	대통령령
③	휘발성	가연성	행정안전부령
④	인화성	휘발성	행정안전부령

08
위험물을 제조할 목적으로 지정수량 이상의 위험물을 취급하기 위하여 규정에 따른 허가를 받은 장소를 말하는 것은?
① 위험물 취급소
② 위험물 저장소
③ 위험물 제조소
④ 일반 취급소

해설

07 ▶ 정의(법 제2조 제1항 제1호)
① 이 법에서 사용하는 용어의 정의는 다음과 같다.
　1. "위험물"이라 함은 <u>인화성</u> 또는 <u>발화성</u> 등의 성질을 가지는 것으로서 <u>대통령령</u>이 정하는 물품을 말한다.

08 ③ 제조소는 위험물을 제조할 목적으로 지정수량 이상의 위험물을 취급하기 위하여 허가를 받은 장소이다(법 제2조 제1항 제3호).

정답 07.② 08.③

09 다음 중 「위험물안전관리법」에 관한 용어의 정의로 옳지 않은 것은?

① 위험물이란 어떠한 환경의 조건이라도 위험한 물질을 말한다.
② 제조소란 위험물을 제조할 목적으로 지정수량 이상의 위험물을 취급하기 위하여 규정에 따른 허가를 받은 장소를 말한다.
③ 저장소란 지정수량 이상의 위험물을 저장하기 위한 대통령령이 정하는 장소로서 규정에 따른 허가를 받은 장소를 말한다.
④ 지정수량이란 위험물의 종류별로 위험성을 고려하여 대통령령이 정하는 수량으로서 규정에 의한 제조소등의 설치허가 등에 있어서 최저의 기준이 되는 수량을 말한다.

[11. 서울]
기본서 2권 p.337

10 「위험물안전관리법」상 용어의 정의에 관한 내용으로 옳지 않은 것은?

① "취급소"라 함은 지정수량 이상의 위험물을 제조외의 목적으로 취급하기 위한 대통령령이 정하는 장소로서 규정에 따른 허가를 받은 장소를 말한다.
② "지정수량"이라 함은 위험물의 종류별로 위험성을 고려하여 대통령령이 정하는 수량으로서 제조소등의 설치허가 등에 있어서 최대의 기준이 되는 수량을 말한다.
③ "제조소등"이라 함은 제조소·저장소 및 취급소를 말한다.
④ "저장소"라 함은 지정수량 이상의 위험물을 저장하기 위한 대통령령이 정하는 장소로서 규정에 따른 허가를 받은 장소를 말한다.

[20. 공채]
기본서 2권 p.337

해설 **09** ① "위험물"이라 함은 인화성 또는 발화성 등의 성질을 가지는 것으로서 대통령령이 정하는 물품을 말한다(법 제2조 제1항 제1호).

10 ② "지정수량"이라 함은 위험물의 종류별로 위험성을 고려하여 대통령령이 정하는 수량으로서 제조소등의 설치허가 등에 있어서 <u>최저의 기준</u>이 되는 수량을 말한다.

▶ 정의(법 제2조 제1항)
① 이 법에서 사용하는 용어의 정의는 다음과 같다.
  1. "위험물"이라 함은 인화성 또는 발화성 등의 성질을 가지는 것으로서 대통령령이 정하는 물품을 말한다.
  2. "지정수량"이라 함은 위험물의 종류별로 위험성을 고려하여 대통령령이 정하는 수량으로서 제6호의 규정에 의한 제조소등의 설치허가 등에 있어서 최저의 기준이 되는 수량을 말한다.
  3. "제조소"라 함은 위험물을 제조할 목적으로 지정수량 이상의 위험물을 취급하기 위하여 제6조 제1항의 규정에 따른 허가(동조 제3항의 규정에 따라 허가가 면제된 경우 및 제7조 제2항의 규정에 따라 협의로써 허가를 받은 것으로 보는 경우를 포함한다. 이하 제4호 및 제5호에서 같다)를 받은 장소를 말한다.
  4. "저장소"라 함은 지정수량 이상의 위험물을 저장하기 위한 대통령령이 정하는 장소로서 제6조 제1항의 규정에 따른 허가를 받은 장소를 말한다.
  5. "취급소"라 함은 지정수량 이상의 위험물을 제조외의 목적으로 취급하기 위한 대통령령이 정하는 장소로서 제6조 제1항의 규정에 따른 허가를 받은 장소를 말한다.
  6. "제조소등"이라 함은 제3호 내지 제5호의 제조소·저장소 및 취급소를 말한다.

정답 09.① 10.②

11 「위험물안전관리법 시행령」상 용어에 대한 설명으로 옳지 않은 것은?

① 특수인화물 : 이황화탄소, 디에틸에테르 그 밖에 1기압에서 발화점이 섭씨 100도 이하인 것 또는 인화점이 섭씨 영하 20도 이하이고 비점이 섭씨 40도 이하인 것
② 제1석유류 : 아세톤, 휘발유 그 밖에 1기압에서 인화점이 섭씨 70도 미만인 것
③ 제3석유류 : 중유, 크레오소트유 그 밖에 1기압에서 인화점이 섭씨 70도 이상 섭씨 200도 미만인 것
④ 동식물유류 : 동물의 지육 등 또는 식물의 종자나 과육으로부터 추출한 것으로서 1기압에서 인화점이 섭씨 250도 미만인 것

[18. 공채]
기본서 2권 p.346

12 다음 중 위험물의 성질이 옳은 것은?

① 제1류 - 산화성액체
② 제2류 - 인화성고체
③ 제3류 - 산화성액체
④ 제5류 - 자기반응성물질

[09. 경북]
기본서 2권 p.343

해설

11 ② 제1석유류 : 아세톤, 휘발유 그 밖에 1기압에서 인화점이 <u>섭씨 21도</u> 미만인 것(영 별표 1)

12 ▶ 위험물 및 지정수량(영 별표 1)
- 제1류 위험물 : 산화성고체
- 제2류 위험물 : 가연성고체
- 제3류 위험물 : 자연발화성물질 및 금수성물질
- 제4류 위험물 : 인화성액체
- 제5류 위험물 : 자기반응성물질
- 제6류 위험물 : 산화성액체

정답 11.② 12.④

13 다음 중 위험물 종류의 연결이 옳은 것은?
① 제1류 - 산화성액체 - 무기과산화물
② 제2류 - 가연성액체 - 황화인
③ 제3류 - 인화성액체 - 알킬알루미늄
④ 제4류 - 인화성액체 - 휘발유

[09. 서울]
기본서 2권 p.340

14 다음 중 위험물의 분류에 관하여 옳지 않은 것은?
① 제1류 - 산화성고체
② 제2류 - 가연성고체
③ 제5류 - 자기반응성물질
④ 제6류 - 인화성액체

[10. 강원]
기본서 2권 p.340

해설
13 ④ 제4류 - 인화성액체 - 휘발유
① 제1류 - 산화성고체 - 무기과산화물
② 제2류 - 가연성고체 - 황화인
③ 제3류 - 자연발화성물질 및 금수성물질 - 알킬알루미늄

14 ④ 제6류 위험물은 산화성액체이다. 인화성액체는 제4류 위험물이다(영 별표 1).

정답 13.④ 14.④

15 다음 중 위험물의 분류가 다른 것은?
① 과염소산
② 무기과산화물
③ 염소산염류
④ 질산염류

16 다음 중 용어의 정의로 옳지 않은 것은?
① 특수인화물이라 함은 이황화탄소, 디에틸에테르 그 밖에 1기압에서 발화점이 섭씨 100도 이하인 것 또는 인화점이 섭씨 영하 20도 이하이고 비점이 섭씨 40도 이하인 것을 말한다.
② 알코올류는 1분자를 구성하는 탄소 원자의 수가 1개부터 3개까지인 포화1가 알코올을 말한다.
③ 황은 순도가 60중량% 이하인 것을 말한다. 이 경우 순도측정에 있어서 불순물은 활석 등 불연성물질과 수분에 한한다.
④ 철분이라 함은 철의 분말로서 53마이크로미터의 표준체를 통과하는 것이 50중량% 미만인 것은 제외한다.

해설

15 ① 과염소산은 제6류 위험물(영 별표 1)
②③④ 제1류 위험물(영 별표 1)

16 ③ 황은 순도가 60중량% 이상인 것을 말한다. 이 경우는 순도측정에 있어서 불순물은 활석 등 불연성물질과 수분에 한한다(영 별표 1).

정답 15.① 16.③

소방관계법규

17 「위험물안전관리법」에서 제1석유류가 아닌 것은?
① 휘발유 ② 벤젠
③ 아세톤 ④ 이황화탄소

[09. 경북]
상 중 **하**
기본서 2권 p.346

18 다음 중 위험물과 석유류의 지정품목 등이 옳은 것은?
① 제3석유류는 등유, 경유이다.
② 제2석유류 중 휘발유의 지정수량은 200L이다.
③ 제3류 위험물인 황은 순도가 60% 이상이다.
④ 제4류 위험물에는 동식물유류가 포함된다.

[10. 서울]
상 **중** 하
기본서 2권 p.343, p.346

해설

17 ④ 이황화탄소는 제4류 위험물 중 특수인화물에 해당된다(영 별표 1).

18 ① 제3석유류는 중유, 크레오소트유이다.
② 휘발유는 제1석유류이다.
③ 황은 제2류 위험물이다(영 별표 1).

정답 17.④ 18.④

19 「위험물안전관리법」상 위험물의 성질과 품명에 대하여 맞는 것은?
① 산화성 고체 – 질산
② 가연성 고체 – 황화인
③ 금수성 물질 – 황린
④ 인화성 액체 – 인화성 고체

20 다음 중 위험물의 성질에 대하여 옳지 않은 것은?
① 제1류 위험물 – 산화성 액체
② 제2류 위험물 – 가연성 고체
③ 제4류 위험물 – 인화성 액체
④ 제5류 위험물 – 자기반응성 물질

해설
19 ② 가연성 고체(2류) – 황화인
① 산화성 액체(6류) – 질산
③ 자연발화성 물질(3류) – 황린
④ 가연성 고체(2류) – 인화성 고체(영 별표 1)

20 ① 제1류 위험물은 산화성 고체이다. 산화성 액체는 제6류 위험물이다(영 별표 1).

정답 19.② 20.①

21 「위험물안전관리법 시행령」상 제5류 위험물이 아닌 것은?

① 나이트로화합물
② 하이드라진유도체
③ 알킬알루미늄
④ 하이드록실아민

22 「위험물안전관리법 시행령」상 특수인화물에 대하여 옳지 않은 것은?

① 제4류 위험물에 해당한다.
② 물질로서 이황화탄소, 디에틸에테르 등이 있다.
③ 특수인화물은 지정수량이 50L이다.
④ 특수인화물은 인화점이 높아 위험하다.

해설

21 ③ 알킬알루미늄은 제3류 위험물에 해당한다(영 별표 1).

22 ④ 제4류 위험물 중 특수인화물의 인화점 조건은 매우 낮은 −20℃ 이하에 해당된다. 즉, 특수인화물은 인화점이 낮아 위험하다(영 별표 1).

정답 21.③ 22.④

23 위험물의 분류 중 제2류 위험물인 가연성 고체에 해당하는 것은?
① 적린, 황린
② 철분, 금속분
③ 마그네슘, 칼슘
④ 황화인, 황린

[11. 중앙]
상 중 하
기본서 2권 p.343

24 다음 중 제4류 위험물 중에서 "동·식물유류"의 인화점으로 맞는 것은?
① 섭씨 21℃ 이상 70℃ 미만인 것
② 섭씨 70℃ 이상 200℃ 미만인 것
③ 섭씨 200℃ 이상 250℃ 미만인 것
④ 섭씨 250℃ 미만인 것

[11. 서울]
상 중 하
기본서 2권 p.346

해설
23 ② 철분, 금속분은 제2류 위험물인 가연성 고체에 해당한다(영 별표 1).
① 적린 2류, 황린 3류
③ 마그네슘 2류, 칼슘 3류
④ 황화인 2류, 황린 3류

24 ④ 동·식물유류는 동물의 지육 등 또는 식물의 종자나 과육으로부터 추출한 것으로서 1기압에서 인화점이 섭씨 250도 미만인 것을 말한다(영 별표 1).

정답 23.② 24.④

25 「위험물안전관리법 시행령」 및 같은 법 시행규칙상 위험물의 성질과 품명이 옳지 않은 것은?

① 가연성 고체 : 적린, 금속분
② 산화성 액체 : 과염소산, 질산
③ 산화성 고체 : 아이오딘산염류, 과아이오딘산
④ 자연발화성 및 금수성 물질 : 황린, 아조화합물

26 다음 중 위험물의 지정수량으로 옳은 것은?

① 황 – 50kg
② 과염소산염류 – 1,000kg
③ 칼슘탄화물 – 10kg
④ 질산 – 300kg

해설 25 ④ 자연발화성 및 금수성 물질 : 황린, ~~아조화합물~~
→ 아조화합물 제5류 위험물 자기반응성물질

26 ④ 질산은 300kg에 해당된다(영 별표 1).
① 황 – 100kg
② 과염소산염류 – 50kg
③ 칼슘탄화물 – 300kg

정답 25.④ 26.④

27 다음 중 위험물의 지정수량으로 옳지 않은 것은?

① 무기과산화물 – 50kg　　② 철분 – 500kg
③ 특수인화물 – 100리터　　④ 알킬알루미늄 – 10kg

[17. 중앙]

28 「위험물안전관리법 시행령」상 위험물의 지정수량이 가장 큰 것은?

① 브로민산염류　　② 아염소산염류
③ 과염소산염류　　④ 다이크로뮴산염류

[19. 공채]

해설

27　③ 특수인화물 – 50리터에 해당된다(영 별표 1).

28　④ 다이크로뮴산염류 – 제1류 위험물 – 1,000kg
　　① 브로민산염류 – 제1류 위험물 – 300kg
　　② 아염소산염류 – 제1류 위험물 – 50kg
　　③ 과염소산염류 – 제1류 위험물 – 50kg

정답　27.③　28.④

소방관계법규

29 황화인은 제 몇 류 위험물에 해당하는가?
① 제1류 ② 제2류
③ 제3류 ④ 제4류

[13. 전북]

30 「위험물안전관리법 시행령」상 제3류 위험물 중 황린의 지정수량은?
① 10kg ② 20kg
③ 30kg ④ 40kg

[13. 전북]

해설
29 ② 황화인은 제2류 위험물에 해당한다(영 별표 1).

30 ② 제3류 위험물인 황린의 지정수량은 20kg이다(영 별표 1).

정답 29.② 30.②

31 「위험물안전관리법 시행령」상 제1류 위험물의 품명으로 옳은 것은?

① 질산
② 과염소산
③ 과산화수소
④ 과염소산염류

32 「위험물안전관리법 시행령」상 위험물 지정수량으로 옳은 것은?

① 칼륨 : 10kg
② 아염소산염류 : 20kg
③ 황린 : 30kg
④ 황 : 50kg

해설 **31** ▶ 영 별표 1
① 질산 - 6류
② 과염소산 - 6류
③ 과산화수소 - 6류
④ 과염소산염류 - 1류

32 ▶ 영 별표 1
① 칼륨 : 10kg
② 아염소산염류 : 50kg
③ 황린 : 20kg
④ 황 : 100kg

정답 31.④ 32.①

33 「위험물안전관리법 시행령」상 위험물에 대한 설명으로 틀린 것은?
① 가연성고체라 함은 고체로서 화염에 의한 발화의 위험성 또는 인화의 위험성을 판단하기 위하여 고시로 정하는 성질과 상태를 나타내는 것을 말한다.
② 인화성고체라 함은 고형알코올 그 밖에 1기압에서 인화점이 섭씨 50도 미만인 고체를 말한다.
③ 동·식물유류라 함은 동물의 지육 등 또는 식물의 종자나 과육으로부터 추출한 것이다.
④ 마그네슘은 지름 2mm 이상의 막대 모양을 제외한다.

[13. 경기]
기본서 2권 p.345

34 「위험물안전관리법 시행령」상 위험물에 관한 용어 중 옳지 않은 것은?
① 황은 순도가 60중량퍼센트 이상인 것을 말한다.
② 마그네슘은 2mm의 체를 통과하지 아니하는 덩어리 상태의 것을 말한다.
③ 철분이라 함은 철의 분말로서 53마이크로미터의 표준체를 통과하는 것이 50중량퍼센트 미만인 것은 제외한다.
④ 알코올류라 함은 1분자를 구성하는 탄소원자의 수가 1개부터 3개까지인 포화1가 알코올(변성알코올을 포함한다)을 말한다.

[15. 통합]
기본서 2권 p.345~346

해설
33 ② 섭씨 40도 미만인 고체를 말한다(영 별표 1).

34 ② 마그네슘 및 제2류 제8호의 물품 중 마그네슘을 함유한 것에 있어서는 다음 각목의 1에 해당하는 것은 제외한다(영 별표 1).
가. 2밀리미터의 체를 통과하지 아니하는 덩어리 상태의 것
나. 지름 2밀리미터 이상의 막대 모양의 것

정답 33.② 34.②

35 「위험물안전관리법 시행령」 별표 1에서 규정한 내용으로 옳지 않은 것은?
① 황 : 순도가 60중량퍼센트 이상인 것을 말한다.
② 인화성고체 : 고형알코올 그 밖에 1기압에서 인화점이 섭씨 40도 미만인 고체를 말한다.
③ 철분 : 철의 분말로서 53마이크로미터의 표준체를 통과하는 것이 50중량퍼센트 미만인 것을 말한다.
④ 가연성고체 : 고체로서 화염에 의한 발화의 위험성 또는 인화의 위험성을 판단하기 위하여 고시로 정하는 시험에서 고시로 정하는 성질과 상태를 나타내는 것을 말한다.

36 지정수량 이상의 위험물을 옥외저장소에 저장할 수 없는 것은?
① 황
② 인화성고체
③ 질산
④ 특수인화물

해설

35 ③ 철분 : 철의 분말로서 53마이크로미터의 표준체를 통과하는 것이 50중량퍼센트 미만인 것을 말한다(영 별표 1).
→ 것은 제외한다.

36 ④ 특수인화물은 옥외저장소에 저장할 수 없다.

▶ 지정수량 이상의 위험물의 저장소(영 별표 2)
옥외저장소
가. 제2류 위험물 중 황 또는 인화성고체(인화점이 섭씨 0도 이상인 것에 한한다)
나. 제4류 위험물 중 제1석유류(인화점이 섭씨 0도 이상인 것에 한한다)·알코올류·제2석유류·제3석유류·제4석유류 및 동식물유류
다. 제6류 위험물
라. 제2류 위험물 및 제4류 위험물 중 특별시·광역시 또는 도의 조례에서 정하는 위험물(「관세법」 제154조의 규정에 의한 보세구역안에 저장하는 경우에 한한다)
마. 「국제해사기구에 관한 협약」에 의하여 설치된 국제해사기구가 채택한 「국제해상위험물규칙」(IMDG Code)에 적합한 용기에 수납된 위험물

정답 35.③ 36.④

37 「위험물안전관리법 시행령」상 지정수량 이상의 위험물을 옥외저장소에 저장할 수 있는 것으로 옳지 않은 것은? [다만, 「국제해사기구에 관한 협약」에 의하여 설치된 국제해사기구가 채택한 「국제해상위험물규칙」(IMDG Code)에 적합한 용기에 수납된 위험물은 제외한다]

① 제1류 위험물 중 염소산염류
② 제2류 위험물 중 황
③ 제4류 위험물 중 알코올류
④ 제6류 위험물

[23. 경채, 공채]

기본서 2권 p.341, 421

38 위험물 취급소의 종류가 아닌 것은?

① 일반취급소   ② 이송취급소
③ 주유취급소   ④ 지하취급소

[09. 경북]

기본서 2권 p.342

39 다음 중 「위험물안전관리법 시행령」상 취급소 종류로 옳지 않은 것은?

① 일반취급소   ② 이동취급소
③ 주유취급소   ④ 판매취급소

[10. 충남]

기본서 2권 p.342

해설

37 ① 제1류 위험물 중 염소산염류
→ 해당 없음(영 별표 2)

38 ▶ 취급소(영 별표 3)
1. 주유취급소   2. 판매취급소
3. 이송취급소   4. 일반취급소

39 ② 취급소에는 일반취급소, 이송취급소, 주유취급소, 판매취급소가 있다(영 별표 3).

정답 37.① 38.④ 39.②

40 고정된 주유설비에 의하여 자동차, 항공기 또는 선박 등의 연료탱크에 직접 주유하기 위하여 위험물을 취급하는 장소는?

① 판매취급소 ② 주유취급소
③ 이송취급소 ④ 일반취급소

41 위험물 저장·취급 및 운반에 있어서 위험물안전관리법에 적용을 받는 것은?

① 항공기 ② 선박
③ 차량 ④ 철도

해설

40 ② 고정된 주유설비에 의하여 자동차, 항공기 또는 선박 등의 연료탱크에 직접 주유하기 위하여 위험물을 취급하는 장소는 주유취급소이다(영 별표 3).
① 점포에서 위험물을 용기에 담아 판매하기 위하여 지정수량의 40배 이하의 위험물을 취급하는 장소
③ 배관 및 이에 부속된 설비에 의하여 위험물을 이송하는 장소
④ 판매, 주유, 이송취급소 이외의 장소

41 ③ 항공기·선박·철도 및 궤도에 의한 위험물의 저장·취급 및 운반에 있어서는 이를 적용하지 아니한다(법 제3조).

정답 40.② 41.③

42 지정수량 미만의 위험물의 저장 또는 취급에 관한 기술상의 기준은 무엇으로 정하는가?

① 대통령령
② 행정안전부령
③ 위험물안전관리법
④ 시·도의 조례

[09. 서울]

43 다음 중 지정수량 미만인 위험물의 저장 및 취급에 관한 기술상의 기준을 정하는 법률은?

① 대통령령　　② 시·도의 조례
③ 행정안전부령　　④ 위험물안전관리법
⑤ 소방기본법

[11. 간부]

해설

42　④ 지정수량 미만인 위험물의 저장 또는 취급에 관한 기술상의 기준은 시·도의 조례로 정한다(법 제4조).

43　② 지정수량 미만인 위험물의 저장 또는 취급에 관한 기술상의 기준은 시·도의 조례로 정한다(법 제4조).

정답　42.④　43.②

44 지정수량 미만인 위험물의 저장 또는 취급에 관한 기술상의 기준은 어디에 적용을 받는가?
① 위험물안전관리법 ② 행정안전부령
③ 시·도의 조례 ④ 대통령령

[11. 서울]

45 위험물 저장 및 취급의 제한에 대한 설명 중 옳지 않은 것은?
① 지정수량 이상 위험물을 제조소등이 아닌 장소에서 60일 이내의 기간동안 임시 저장 또는 취급 시 소방서장의 승인을 받을 필요 없다.
② 군부대가 지정수량 이상의 위험물을 군사목적으로 임시로 저장 또는 취급할 수 있다.
③ 제조소등에서의 위험물의 저장 또는 취급에 관하여는 행정안전부령이 정하는 중요기준 및 세부기준에 따라야 한다.
④ 지정수량 이상의 위험물을 저장소가 아닌 장소에서 저장하거나 제조소등이 아닌 장소에서 취급하여서는 아니된다.

[10. 경기]

해설

44 ③ 지정수량 미만인 위험물의 저장 또는 취급에 관한 기술상의 기준은 시·도의 조례로 정한다(법 제4조).

45 ① 지정수량 이상 위험물을 제조소등이 아닌 장소에서 시·도의 조례가 정하는 바에 따라 관할소방서장의 승인을 받아 지정수량 이상의 위험물을 90일 이내의 기간동안 임시로 저장 또는 취급할 수 있다(법 제5조 제2항).

정답 44.③ 45.①

46 「위험물안전관리법 시행규칙」상 위험물 제조소의 표지 및 게시판에 대한 내용으로 옳지 않은 것은?

① 게시판은 한변의 길이가 0.3m 이상, 다른 한변의 길이가 0.6m 이상인 직사각형으로 한다.
② 제4류 위험물에 있어서는 적색바탕에 백색문자로, "화기엄금"을 표시한다.
③ 알칼리금속의 과산화물은 청색바탕에 백색문자로, "물기엄금"을 표시한다.
④ 인화성고체에 있어서는 적색바탕에 백색문자로, "화기주의"를 표시한다.

[22. 공채]

기본서 2권 p.410

해설 46 ④ 인화성고체에 있어서는 적색바탕에 백색문자로, "화기주의"를 표시한다(규칙 별표 4).
→ 화기엄금

※ 제2류 위험물(인화성고체를 제외한다)에 있어서는 "화기주의"

정답 46.④

47 「위험물안전관리법 시행규칙」상 제조소의 설치기준에 대한 설명이다. 옳지 않은 것은?

① 채광설비는 불연재료로 하고 연소 우려가 없는 장소에 설치한다.
② 조명설비의 전선은 내화·내열전선으로 한다.
③ 환기설비의 급기구의 크기는 800cm² 이상으로 한다.
④ 환기설비의 급기구는 높은 곳에 설치한다.

[18. 공채]

해설 47
▶ 제조소의 위치·구조 및 설비의 기준(규칙 별표 4)
Ⅴ. 채광·조명 및 환기설비
1. 위험물을 취급하는 건축물에는 다음 각목의 기준에 의하여 위험물을 취급하는데 필요한 채광·조명 및 환기의 설비를 설치하여야 한다.
  가. 채광설비는 불연재료로 하고, 연소의 우려가 없는 장소에 설치하되 채광면적을 최소로 할 것
  나. 조명설비는 다음의 기준에 적합하게 설치할 것
    1) 가연성가스 등이 체류할 우려가 있는 장소의 조명등은 방폭등으로 할 것
    2) 전선은 내화·내열전선으로 할 것
    3) 점멸스위치는 출입구 바깥부분에 설치할 것. 다만, 스위치의 스파크로 인한 화재·폭발의 우려가 없을 경우에는 그러하지 아니하다.
  다. 환기설비는 다음의 기준에 의할 것
    1) 환기는 자연배기방식으로 할 것
    2) 급기구는 당해 급기구가 설치된 실의 바닥면적 150m²마다 1개 이상으로 하되, 급기구의 크기는 800cm² 이상으로 할 것. 다만 바닥면적이 150m² 미만인 경우에는 다음의 크기로 하여야 한다.

바닥면적	급기구의 면적
60m² 미만	150cm² 이상
60m² 이상 90m² 미만	300cm² 이상
90m² 이상 120m² 미만	450cm² 이상
120m² 이상 150m² 미만	600cm² 이상

    3) 급기구는 낮은 곳에 설치하고 가는 눈의 구리망 등으로 인화방지망을 설치할 것
    4) 환기구는 지붕 위 또는 지상 2m 이상의 높이에 회전식 고정벤티레이터 또는 루프팬 방식(roof fan : 지붕에 설치하는 배기장치)으로 설치할 것
2. 배출설비가 설치되어 유효하게 환기가 되는 건축물에는 환기설비를 하지 아니할 수 있고, 조명설비가 설치되어 유효하게 조도(밝기)가 확보되는 건축물에는 채광설비를 하지 아니할 수 있다.

정답 47.④

48 「위험물안전관리법 시행규칙」상 제조소의 환기설비의 기준에 대한 설명으로 옳지 않은 것은?

① 환기는 기계배기방식으로 할 것
② 환기구는 지상 2m 이상의 높이에 루프팬 방식으로 설치할 것
③ 바닥면적이 90m² 일 경우 급기구의 면적은 450cm² 이상으로 할 것
④ 급기구는 낮은 곳에 설치하고 가는 눈의 구리망 등으로 인화방지망을 설치할 것

[21. 공채]
기본서 2권 p.411

49 「위험물안전관리법 시행규칙」상 제조소의 위치·구조 및 설비의 기준에 근거하여 취급하는 위험물의 최대수량이 지정수량의 20배인 경우, 제조소 주위에 보유하여야 하는 공지의 너비는?

① 2m 이상　　② 3m 이상
③ 4m 이상　　④ 5m 이상

[23. 경채, 공채]
기본서 2권 p.409

해설 48 ① 환기는 ~~기계배기방식~~으로 할 것
　　　　　→ 자연배기방식

▶ 환기설비(규칙 별표 4 제조소의 위치·구조 및 설비의 기준)
① 환기: 자연배기방식
② 급기구는 당해 급기구가 설치된 실의 바닥면적 150m²마다 1개 이상으로 하되, 급기구의 크기는 800cm² 이상으로 할 것. 다만 바닥면적이 150m² 미만인 경우에는 다음의 크기로 하여야 한다.

바닥면적	급기구의 면적
60m² 미만	150cm² 이상
60m² 이상 90m² 미만	300cm² 이상
90m² 이상 120m² 미만	450cm² 이상
120m² 이상 150m² 미만	600cm² 이상

③ 급기구는 낮은 곳에 설치하고 가는 눈의 구리망 등으로 인화방지망을 설치할 것
④ 환기구는 지붕 위 또는 지상 2m 이상의 높이에 회전식 고정벤티레이터 또는 루프팬 방식(roof fan: 지붕에 설치하는 배기장치)으로 설치할 것

49 ▶ 규칙 별표 4

취급하는 위험물의 최대수량	공지의 너비
지정수량의 10배 이하	3m 이상
지정수량의 10배 초과	5m 이상

정답 48.① 49.④

50 「위험물안전관리법 시행규칙」상 복합용도 건축물의 옥내저장소의 기준에 대한 설명으로 옳지 않은 것은?

① 옥내저장소의 용도에 사용되는 부분의 바닥면적은 75m² 이하로 하여야 한다.
② 옥내저장소의 용도에 사용되는 부분의 바닥은 지면보다 높게 설치하고 그 층고를 6m 미만으로 하여야 한다.
③ 옥내저장소의 용도에 사용되는 부분의 출입구에는 수시로 열 수 있는 자동폐쇄방식의 60분+방화문·60분방화문 또는 30분방화문을 설치하여야 한다.
④ 옥내저장소의 용도에 사용되는 부분에는 창을 설치하지 아니하여야 한다.

[17. 공채]
기본서 2권 p.418

51 옥외탱크저장소에 저장 또는 취급하는 위험물의 최대수량이 500배를 초과하여 600배일 경우 보유공지는 얼마 이상인가?

① 3m 이상
② 5m 이상
③ 9m 이상
③ 12m 이상

[10. 전북]
기본서 2권 p.421

52 옥외탱크저장소 통기관에 대하여 가장 옳지 않은 것은?

① 인화점이 38℃ 미만인 위험물만을 저장 또는 취급하는 탱크에 설치하는 밸브 없는 통기관에는 화염방지장치를 설치할 것
② 대기밸브부착 통기관은 5kPa 이하의 압력차이로 작동할 수 있을 것
③ 밸브 없는 통기관의 끝부분은 수평면보다 45도 이상 구부려 빗물 등의 침투를 막는 구조로 할 것
④ 밸브 없는 통기관의 지름은 45mm 이상이어야 한다.

[13. 중앙]
기본서 2권 p.422

해설

50 ③ 옥내저장소의 용도에 사용되는 부분의 출입구에는 수시로 열 수 있는 자동폐쇄방식의 60분+방화문 또는 60분방화문을 설치하여야 한다(규칙 별표 5 참조).

51 ② 옥외탱크저장소에 저장 또는 취급하는 위험물의 최대수량 500배 초과하여 600배일 경우 보유공지는 5m 이상이다(규칙 별표 6).

52 ④ 밸브 없는 통기관의 지름은 30mm 이상이어야 한다(규칙 별표 6).

정답 50.③ 51.② 52.④

53 옥외탱크저장소의 방유제설치 기준에 대한 설명으로 옳지 않은 것은?

① 방유제는 높이 0.5m 이상 3m 이하, 두께 0.2m 이상, 지하매설깊이 1m 이상으로 할 것
② 방유제내의 면적은 8만m² 이하로 할 것
③ 방유제에는 그 내부에 고인 물을 외부로 배출하기 위한 배수구를 설치하고 이를 개폐하는 밸브 등을 방유제의 외부에 설치할 것
④ 높이가 1m를 넘는 방유제 및 간막이 둑의 안팎에는 방유제내에 출입하기 위한 계단 또는 경사로를 약 70m마다 설치할 것

[16. 통합]
기본서 2권 p.424~426

54 「위험물안전관리법 시행규칙」상 옥외탱크저장소의 위치·구조 및 설비의 기준에 관한 내용이다. 빈칸에 들어갈 숫자로 옳은 것은?

> 가. 지정수량의 650배를 저장하는 옥외탱크저장소의 보유공지는 (ㄱ)m 이상이다.
> 나. 펌프설비의 주위에는 너비 (ㄴ)m 이상의 공지를 보유해야 한다. 다만 방화상 유효한 격벽을 설치하는 경우와 제6류 위험물 또는 지정수량의 (ㄷ)배 이하 위험물의 옥외저장탱크의 펌프설비에 있어서는 그러하지 아니하다.

	ㄱ	ㄴ	ㄷ
①	3	3	20
②	3	5	10
③	5	3	10
④	5	5	20

[21. 공채]
기본서 2권 p.421~423

해설

53 ④ 높이가 1m를 넘는 방유제 및 간막이 둑의 안팎에는 방유제내에 출입하기 위한 계단 또는 경사로를 약 50m마다 설치할 것(규칙 별표 6)

54 가. 지정수량의 650배를 저장하는 옥외탱크저장소의 보유공지는 (5)m 이상이다.
나. 펌프설비의 주위에는 너비 (3)m 이상의 공지를 보유해야 한다. 다만 방화상 유효한 격벽을 설치하는 경우와 제6류 위험물 또는 지정수량의 (10)배 이하 위험물의 옥외저장탱크의 펌프설비에 있어서는 그러하지 아니하다.

정답 53.④ 54.③

55 「위험물안전관리법 시행규칙」상 옥외탱크저장소의 위치·구조 및 설비 기준에 대한 설명으로 옳지 않은 것은?

① 저장 또는 취급하는 위험물의 최대수량이 지정수량의 500배 이하인 경우 보유 공지너비는 5m 이상으로 해야 한다.
② 옥외탱크저장소 중 그 저장 또는 취급하는 액체위험물의 최대수량이 100만 L 이상의 것을 특정옥외탱크저장소라 한다.
③ 밸브 없는 통기관의 지름은 30㎜ 이상으로 하고 끝부분은 수평면보다 45도 이상 구부려 빗물 등의 침투를 막는 구조로 한다.
④ 압력탱크(최대상용압력이 대기압을 초과하는 탱크를 말한다)외의 탱크는 충수시험, 압력탱크는 최대상용압력의 1.5배의 압력으로 10분간 실시하는 수압시험에서 각각 새거나 변형되지 아니하여야 한다.

해설 55

① 저장 또는 취급하는 위험물의 최대수량이 지정수량의 500배 이하인 경우 보유 공지너비는 ~~5m~~ 이상으로 해야 한다(규칙 별표 6).
→ 3m

▶ 옥외탱크저장소의 위치·구조 및 설비의 기준(규칙 별표 6)
보유공지

저장 또는 취급하는 위험물의 최대수량	공지의 너비
지정수량의 500배 이하	3m 이상
지정수량의 500배 초과 1,000배 이하	5m 이상
지정수량의 1,000배 초과 2,000배 이하	9m 이상
지정수량의 2,000배 초과 3,000배 이하	12m 이상
지정수량의 3,000배 초과 4,000배 이하	15m 이상
지정수량의 4,000배 초과	당해 탱크의 수평단면의 최대지름(가로형인 경우에는 긴 변)과 높이 중 큰 것과 같은 거리 이상. 다만, 30m 초과의 경우에는 30m 이상으로 할 수 있고, 15m 미만의 경우에는 15m 이상으로 하여야 한다.

정답 55.①

56 다음 중 지하탱크저장소의 제반사항으로 틀린 것은?
① 탱크의 주위에 마른 모래 또는 습기 등에 의하여 응고되지 아니하는 입자지름 10mm 이하의 마른 자갈분을 채워야 한다.
② 지하저장탱크와 탱크전용실의 안쪽과의 사이는 0.1m 이상의 간격을 유지하도록 한다.
③ 위험물을 저장 또는 취급하는 지하탱크는 지면하에 설치된 탱크전용실에 설치하여야 한다.
④ 탱크전용실은 지하의 가장 가까운 벽·피트·가스관 등의 시설물 및 대지경계선으로부터 0.1m 이상 떨어진 곳에 설치한다.

57 다음 중 위험물제조소의 건축물 구조와 보유공지에 대하여 옳지 않은 것은?
① 지붕은 가벼운 불연재료로 덮는다.
② 상대온도가 70% 이상 가열된 곳에 건조설비를 한다.
③ 출입구 및 비상구에는 60분+방화문, 60분방화문 또는 30분방화문을 설치하되 연소 우려가 있는 외벽에 설치하는 출입구에는 수시로 열 수 있는 자동폐쇄식의 60분+방화문 또는 60분방화문을 설치하여야 한다.
④ 제조소의 작업공정이 다른 작업장의 작업공정과 연속되어 있어 제조소의 건축물 그 밖의 공작물의 주위에 공지를 두게 되는 경우 그 제조소의 작업에 현저한 지장이 생길 우려가 있고, 당해 제조소와 다른 작업장 사이에 기준에 따라 방화상 유효한 격벽을 설치한 경우에는 공지를 보유하지 아니할 수 있다.

해설 56 ① 탱크의 주위에 마른 모래 또는 습기 등에 의하여 응고되지 아니하는 입자지름 5mm 이하의 마른 자갈분을 채워야 한다(규칙 별표 8).

57 ② 상대온도가 70% 이상 가열된 곳에 건조설비를 한다는 규정은 없다(규칙 별표 4).

정답 56.① 57.②

58 다음 중 정전기 제거하는 방법 중 그 내용으로 옳지 않은 것은?
① 접지시설을 한다.
② 상대습도를 70% 이상으로 한다.
③ 공기를 이온화한다.
④ 배풍기 강제배기 방법으로 한다.

59 다음 중 위험물제조소의 채광·조명·환기설비 기준으로 옳지 않은 것은?
① 제조소의 환기는 강제배기방식으로 한다.
② 채광설비는 불연재료로 하고 채광면적은 최소로 한다.
③ 가연성가스 등이 체류할 우려가 있는 장소의 조명등은 방폭등으로 한다.
④ 조명설비의 전선은 내화·내열전선으로 하며 점멸스위치는 출입구 바깥부분에 설치한다.

해설

58 ▶ 정전기 제거설비(규칙 별표 4)
위험물을 취급함에 있어서 정전기가 발생할 우려가 있는 설비에는 다음 각목의 1에 해당하는 방법으로 정전기를 유효하게 제거할 수 있는 설비를 설치하여야 한다.
가. 접지에 의한 방법
나. 공기 중의 상대습도를 70% 이상으로 하는 방법
다. 공기를 이온화하는 방법

59 ① 제조소의 환기는 자연배기방식으로 한다(규칙 별표 4).

정답 58.④ 59.①

60 다음 중 정전기 제거설비로서 옳지 않은 것은?
① 공기를 이온화한다.
② 접지시설을 한다.
③ 종단저항을 설치한다.
④ 상대습도를 70% 이상으로 한다.

[11. 울산]
기본서 2권 p.413

61 다음 중 위험물 제조소의 건축물 구조로서 옳지 않은 것은?
① 지하층은 없도록 한다.
② 지붕은 폭발력이 위로 방출될 정도의 가벼운 불연재료로 한다.
③ 연소의 우려가 있는 외벽에 설치하는 출입구에는 자동폐쇄식의 60분+방화문·60분방화문 또는 30분방화문을 설치한다.
④ 위험물을 취급하는 건축물의 창 및 출입구 유리를 이용하는 경우에는 망입유리로 하여야 한다.

[11. 중앙]
기본서 2권 p.410

해설

60 ③ 종단저항은 자동화재탐지설비에서 단선유무확인을 위한 설비에 해당한다.
위험물을 취급함에 있어서 정전기가 발생할 우려가 있는 설비에는 정전기를 유효하게 제거할 수 있는 설비를 설치하여야 한다(규칙 별표 4).
가. 접지에 의한 방법
나. 공기 중의 상대습도를 70% 이상으로 하는 방법
다. 공기를 이온화하는 방법

61 ③ 연소의 우려가 있는 외벽에 설치하는 출입구에는 수시로 열 수 있는 자동폐쇄식의 60분+방화문 또는 60분방화문을 설치하여야 한다.

▶ 건축물의 구조(규칙 별표 4)
1. 지하층이 없도록 하여야 한다. 다만, 위험물을 취급하지 아니하는 지하층으로서 위험물의 취급장소에서 새어나온 위험물 또는 가연성의 증기가 흘러 들어갈 우려가 없는 구조로 된 경우에는 그러하지 아니하다.
2. 벽·기둥·바닥·보·서까래 및 계단을 불연재료로 하고, 연소의 우려가 있는 외벽은 출입구 외의 개구부가 없는 내화구조의 벽으로 하여야 한다. 이 경우 제6류 위험물을 취급하는 건축물에 있어서 위험물이 스며들 우려가 있는 부분에 대하여는 아스팔트 그 밖에 부식되지 아니하는 재료로 피복하여야 한다.
3. 지붕(작업공정상 제조기계시설 등이 2층 이상에 연결되어 설치된 경우에는 최상층의 지붕을 말한다)은 폭발력이 위로 방출될 정도의 가벼운 불연재료로 덮어야 한다. 다만, 위험물을 취급하는 건축물이 다음 각목의 1에 해당하는 경우에는 그 지붕을 내화구조로 할 수 있다.
    가. 제2류 위험물(분말상태의 것과 인화성고체를 제외한다), 제4류 위험물 중 제4석유류·동식물유류 또는 제6류 위험물을 취급하는 건축물인 경우
    나. 다음의 기준에 적합한 밀폐형 구조의 건축물인 경우
        1) 발생할 수 있는 내부의 과압 또는 부압에 견딜 수 있는 철근콘크리트조일 것
        2) 외부화재에 90분 이상 견딜 수 있는 구조일 것
4. 출입구와 비상구에는 60분+방화문·60분방화문 또는 30분방화문을 설치하되, <u>연소의 우려가 있는 외벽에 설치하는 출입구에는 수시로 열 수 있는 자동폐쇄식의 60+방화문 또는 60분방화문을 설치하여야 한다.</u>
5. 위험물을 취급하는 건축물의 창 및 출입구에 유리를 이용하는 경우에는 망입유리로 하여야 한다.
6. 액체의 위험물을 취급하는 건축물의 바닥은 위험물이 스며들지 못하는 재료를 사용하고, 적당한 경사를 두어 그 최저부에 집유설비를 하여야 한다.

정답 60.③ 61.③

62 다음 중 옥외저장소에 관하여 옳지 않은 것은?   [13. 전북]
① 선반을 설치하는 경우 선반은 불연재료로 만들고 견고한 지반면에 고정할 것
② 선반을 설치하는 경우 선반의 높이는 6m를 초과하지 아니할 것
③ 지정수량의 10배 이하의 보유공지는 3m 이상을 띄운다.
④ 지정수량의 10배 초과 20배 이하 보유공지는 9m 이상을 띄운다.

기본서 2권 p.438~439

63 다음 위험물 제조소의 취급설비에 대한 설명 중 맞지 않은 것은?   [15. 통합]
① 채광설비는 불연재료로 하고 연소의 우려가 없는 장소에 설치하되 채광면적을 최대로 할 것
② 환기설비의 자연배기방식으로 하고 급기구는 낮은 곳에 설치할 것
③ 조명설비의 점멸스위치는 출입구 바깥부분에 설치할 것
④ 환기구는 지붕 위 또는 지상 2m 이상의 높이에 회전식 고정벤티레이터 또는 루프팬 방식으로 설치할 것

기본서 2권 p.411

해설

62 ④ 보유공지는 5m 이상을 띄운다(규칙 별표 11).

63 ① 최대가 아니라 최소이다.

▶ 채광·조명 및 환기설비(규칙 별표 4)
1. 위험물을 취급하는 건축물에는 다음 각 목의 기준에 의하여 위험물을 취급하는 데 필요한 채광·조명 및 환기의 설비를 설치하여야 한다.
   가. 채광설비는 불연재료로 하고, 연소의 우려가 없는 장소에 설치하되 채광면적을 최소로 할 것
   나. 조명설비는 다음의 기준에 적합하게 설치할 것
      1) 가연성가스 등이 체류할 우려가 있는 장소의 조명등은 방폭등으로 할 것
      2) 전선은 내화·내열전선으로 할 것
      3) 점멸스위치는 출입구 바깥부분에 설치할 것. 다만, 스위치의 스파크로 인한 화재·폭발의 우려가 없을 경우에는 그러하지 아니하다.
   다. 환기설비는 다음의 기준에 의할 것
      1) 환기는 자연배기방식으로 할 것
      2) 급기구는 당해 급기구가 설치된 실의 바닥면적 150m²마다 1개 이상으로 하되, 급기구의 크기는 800cm² 이상으로 할 것. 다만 바닥면적이 150m² 미만인 경우에는 다음의 크기로 하여야 한다.
      3) 급기구는 낮은 곳에 설치하고 가는 눈의 구리망 등으로 인화방지망을 설치할 것
      4) 환기구는 지붕 위 또는 지상 2m 이상의 높이에 회전식 고정벤티레이터 또는 루프팬 방식(roof fan : 지붕에 설치하는 배기장치)으로 설치할 것

정답 62.④ 63.①

64 「위험물안전관리법 시행규칙」상 고인화점위험물을 상온에서 취급하는 경우 제조소의 시설기준 중 일부 완화된 시설기준을 적용할 수 있는데, 고인화점위험물의 정의로 옳은 것은?

① 인화점이 250℃ 이상인 인화성 액체
② 인화점이 100℃ 이상인 제4류 위험물
③ 인화점이 70℃ 이상 200℃ 미만인 제4류 위험물
④ 인화점이 70℃ 이상이고 가연성 액체량이 40중량퍼센트 이상인 제4류 위험물

[19. 공채]
기본서 2권 p.413

65 「위험물안전관리법 시행규칙」상 제조소의 위치·구조 및 설비의 기준에 대한 설명으로 옳지 않은 것은?

① 환기설비는 자연배기 방식으로 하여야 한다.
② 제6류 위험물을 취급하는 제조소는 안전거리 적용제외 대상이다.
③ "위험물 제조소"라는 표시를 한 표지의 바탕은 흑색으로, 문자는 백색으로 하여야 한다.
④ 제5류 위험물을 저장 또는 취급하는 제조소에는 "화기엄금"을 표시한 게시판을 설치하여야 한다.

[19. 공채]
기본서 2권 p.409~411

해설

64 ▶제조소의 위치·구조 및 설비의 기준(규칙 별표 4)
XI. 고인화점 위험물의 제조소의 특례
인화점이 100℃ 이상인 제4류 위험물(이하 "고인화점위험물"이라 한다)만을 100℃ 미만의 온도에서 취급하는 제조소로서 그 위치 및 구조가 다음 각호의 기준에 모두 적합한 제조소에 대하여는 Ⅰ, Ⅱ, Ⅳ 제1호, Ⅳ 제3호 내지 제5호, Ⅷ 제6호·제7호 및 Ⅸ 제1호 나목 2)에 의하여 준용되는 별표 6 Ⅸ 제1호 나목의 규정을 적용하지 아니한다.

65 ③ "위험물 제조소"라는 표시를 한 표지의 바탕은 백색으로, 문자는 흑색으로 하여야 한다(규칙 별표 4).

정답 64.② 65.③

66 「위험물안전관리법 시행규칙」상 위험물제조소에 저장 또는 취급하는 위험물에 따라 설치해야 하는 주의사항을 표시한 게시판의 내용으로 옳지 않은 것은?

① 제1류 위험물 중 알칼리금속의 과산화물 – 물기주의
② 제2류 위험물(인화성고체 제외) – 화기주의
③ 제3류 위험물 중 자연발화성물질 – 화기엄금
④ 제5류 위험물 – 화기엄금

[24. 경채, 공채]

기본서 2권 p.516

해설 66   ① ~~ "물기엄금"

▶ 위험물안전관리법 시행규칙 [별표 4]
Ⅲ. 표지 및 게시판
2. 제조소에는 보기 쉬운 곳에 다음 각목의 기준에 따라 방화에 관하여 필요한 사항을 게시한 게시판을 설치하여야 한다.
  가. 게시판은 한 변의 길이가 0.3m 이상, 다른 한 변의 길이가 0.6m 이상인 직사각형으로 할 것
  나. 게시판에는 저장 또는 취급하는 위험물의 유별·품명 및 저장최대수량 또는 취급최대수량, 지정수량의 배수 및 안전관리자의 성명 또는 직명을 기재할 것
  다. 나목의 게시판의 바탕은 백색으로, 문자는 흑색으로 할 것
  라. 나목의 게시판 외에 저장 또는 취급하는 위험물에 따라 다음의 규정에 의한 주의사항을 표시한 게시판을 설치할 것
    1) 제1류 위험물 중 알칼리금속의 과산화물과 이를 함유한 것 또는 제3류 위험물 중 금수성물질에 있어서는 "물기엄금"
    2) 제2류 위험물(인화성고체를 제외한다)에 있어서는 "화기주의"
    3) 제2류 위험물 중 인화성고체, 제3류 위험물 중 자연발화성물질, 제4류 위험물 또는 제5류 위험물에 있어서는 "화기엄금"
  마. 라목의 게시판의 색은 "물기엄금"을 표시하는 것에 있어서는 청색바탕에 백색문자로, "화기주의" 또는 "화기엄금"을 표시하는 것에 있어서는 적색바탕에 백색문자로 할 것

정답 66.①

67 「위험물안전관리법 시행규칙」상 인화성액체 위험물(이황화탄소를 제외한다)을 저장하는 옥외탱크저장소의 주위에 설치하는 방유제의 설치기준으로 옳지 않은 것은?

① 방유제는 높이 0.3m 이상 3m 이하로 할 것
② 방유제 내의 면적은 8만m² 이하로 할 것
③ 방유제 내의 간막이 둑은 흙 또는 철근콘크리트로 할 것
④ 높이가 1m를 넘는 방유제 및 간막이 둑의 안팎에는 방유제 내에 출입하기 위한 계단 또는 경사로를 약 50m마다 설치할 것

[24. 경채, 공채]

기본서 2권 p.424~425

68 「위험물안전관리법 시행규칙」상 옥외저장탱크의 위치·구조 및 설비 기준에 대한 설명으로 옳지 않은 것은?

① 옥외저장탱크는 위험물의 폭발 등에 의하여 탱크내의 압력이 비정상적으로 상승하는 경우에 내부의 가스 또는 증기를 상부로 방출할 수 있는 구조로 하여야 한다.
② 이황화탄소의 옥외저장탱크는 벽 및 바닥의 두께가 0.2m 이상이고 누수가 되지 아니하는 철근콘크리트의 수조에 넣어 보관하여야 한다.
③ 옥외저장탱크의 배수관은 탱크의 밑판에 설치하여야 한다. 다만, 탱크와 배수관과의 결합부분이 지진 등에 의하여 손상을 받을 우려가 없는 방법으로 배수관을 설치하는 경우에는 탱크의 옆판에 설치할 수 있다.
④ 제3류 위험물 중 금수성물질(고체에 한한다)의 옥외저장탱크에는 방수성의 불연재료로 만든 피복설비를 설치하여야 한다.

[19. 공채]
기본서 2권 p.423~424, p.504

해설 **67** ① ~~ 0.5m 이상 3m 이하 ~~

▶ 위험물안전관리법 시행규칙 [별표 6] Ⅸ. 방유제
1. 인화성액체위험물(이황화탄소를 제외한다)의 옥외탱크저장소의 탱크 주위에는 다음 각목의 기준에 의하여 방유제를 설치하여야 한다.
   나. 방유제는 높이 <u>0.5m 이상 3m 이하</u>, 두께 0.2m 이상, 지하매설깊이 1m 이상으로 할 것. 다만, 방유제와 옥외저장탱크 사이의 지반면 아래에 불침윤성(不浸潤性: 수분 흡수를 막는 성질) 구조물을 설치하는 경우에는 지하매설깊이를 해당 불침윤성 구조물까지로 할 수 있다.

68 ③ 옥외저장탱크의 배수관은 탱크의 <u>옆판에 설치하여야 한다</u>. 다만, 탱크와 배수관과의 결합부분이 지진 등에 의하여 손상을 받을 우려가 없는 방법으로 배수관을 설치하는 경우에는 탱크의 <u>밑판에 설치할 수 있다</u>(규칙 별표 6).

정답 67.① 68.③

69 「위험물안전관리법 시행규칙」상 지하저장탱크의 주위에 설치하는 당해 탱크로부터의 액체위험물의 누설을 검사하기 위한 관에 대한 설명으로 옳지 않은 것은?

① 이중관으로 할 것. 다만, 소공이 없는 상부는 단관으로 할 수 있다.
② 재료는 금속관 또는 경질합성수지관으로 할 것
③ 관은 탱크전용실의 바닥 또는 탱크의 기초까지 닿게 할 것
④ 상부는 물이 침투하지 아니하는 구조로 하고, 뚜껑은 검사시에 쉽게 열 수 없도록 할 것

[18. 공채]
기본서 2권 p.431

70 「위험물안전관리법 시행규칙」상 이동탱크저장소의 이동저장탱크 구조에 관한 설명이다. ( ) 안에 들어갈 내용으로 옳은 것은?

> 이동저장탱크는 그 내부에 (ㄱ)L 이하마다 (ㄴ)mm 이상의 강철판 또는 이와 동등 이상의 강도·내열성 및 내식성이 있는 금속성의 것으로 칸막이를 설치하여야 한다.

	ㄱ	ㄴ		ㄱ	ㄴ
①	3,000	1.6	②	4,000	1.6
③	3,000	3.2	④	4,000	3.2

[24. 경채, 공채]
기본서 2권 p.436

해설

69 ▶ 지하탱크저장소의 위치·구조 및 설비의 기준(규칙 별표 8)
15. 지하저장탱크의 주위에는 당해 탱크로부터의 액체위험물의 누설을 검사하기 위한 관을 다음의 각목의 기준에 따라 4개소 이상 적당한 위치에 설치하여야 한다.
　가. 이중관으로 할 것. 다만, 소공이 없는 상부는 단관으로 할 수 있다.
　나. 재료는 금속관 또는 경질합성수지관으로 할 것
　다. 관은 탱크전용실의 바닥 또는 탱크의 기초까지 닿게 할 것
　라. 관의 밑부분으로부터 탱크의 중심 높이까지의 부분에는 소공이 뚫려 있을 것. 다만, 지하수위가 높은 장소에 있어서는 지하수위 높이까지의 부분에 소공이 뚫려 있어야 한다.
　마. 상부는 물이 침투하지 아니하는 구조로 하고, 뚜껑은 검사시에 쉽게 열 수 있도록 할 것

70 ▶ 위험물안전관리법 시행규칙 [별표 10]
Ⅱ. 이동저장탱크의 구조
2. 이동저장탱크는 그 내부에 4,000ℓ 이하마다 3.2mm 이상의 강철판 또는 이와 동등 이상의 강도·내열성 및 내식성이 있는 금속성의 것으로 칸막이를 설치하여야 한다. 다만, 고체인 위험물을 저장하거나 고체인 위험물을 가열하여 액체 상태로 저장하는 경우에는 그러하지 아니하다.

정답 69.④ 70.④

71 주유취급소에서 "주유 중 엔진정지"의 색상으로 옳은 것은?

① 흑색바탕에 황색문자
② 황색바탕에 흑색문자
③ 백색바탕에 흑색문자
④ 흑색바탕에 백색문자

72 다음 중 주유취급소의 위치, 구조, 설비의 규정으로 옳지 않은 것은?

① 주유취급소의 주유공지는 너비 15m, 길이 6m 이상이다.
② 고정주유설비와 고정급유설비의 사이는 4m 이상의 거리를 유지한다.
③ 게시판은 적색 바탕에 황색 문자로 "주유 중 엔진정지"라고 표시를 한다.
④ 주유취급소의 주위에는 자동차 등이 출입하는 쪽 외의 부분에 높이 2m 이상의 내화구조 또는 불연재료의 담 또는 벽을 설치하여야 한다.

해설

71 ② 주유취급소에는 별표 4 Ⅲ 제1호의 기준에 준하여 보기 쉬운 곳에 "위험물 주유취급소"라는 표시를 한 표지, 동표 Ⅲ 제2호의 기준에 준하여 방화에 관하여 필요한 사항을 게시한 게시판 및 황색바탕에 흑색문자로 "주유 중 엔진정지"라는 표시를 한 게시판을 설치하여야 한다(규칙 별표 13).

72 ③ 주유취급소에는 별표 4 Ⅲ 제1호의 기준에 준하여 보기 쉬운 곳에 "위험물 주유취급소"라는 표시를 한 표지, 동표 Ⅲ 제2호의 기준에 준하여 방화에 관하여 필요한 사항을 게시한 게시판 및 황색바탕에 흑색문자로 "주유 중 엔진정지"라는 표시를 한 게시판을 설치하여야 한다(규칙 별표 13).

정답 71.② 72.③

73 다음 중 주유취급소에서 설치 가능한 시설이 아닌 것은?
① 볼링장·다수가 이용하는 체육시설
② 자동차 등의 세정을 위한 작업장
③ 주유취급소의 업무를 행하기 위한 사무소
④ 자동차 등의 간이정비를 위한 작업장

[10. 중앙]
상 **중** 하
기본서 2권 p.442

74 주유취급소에 있는 고정주유설비의 주위에는 주유를 받으려는 자동차 등이 출입할 수 있도록 너비 몇 m 이상, 길이 몇 m 이상의 콘크리트 등으로 포장한 공지를 보유하여야 하는가?
① 16m, 5m
② 15m, 6m
③ 8m, 15m
④ 12m, 6m

[10. 전북]
상 중 **하**
기본서 2권 p.441

해설

73 ① 볼링장·다수가 이용하는 체육시설은 주유취급소에 설치 가능한 시설이 아니다(규칙 별표 13).

▶주유취급소의 위치·구조 및 설비의 기준(규칙 별표 13)
Ⅴ. 건축물 등의 제한 등
  1. 주유취급소에는 주유 또는 그에 부대하는 업무를 위하여 사용되는 다음 각목의 건축물 또는 시설 외에는 다른 건축물 그 밖의 공작물을 설치할 수 없다.
    가. 주유 또는 등유·경유를 옮겨 담기 위한 작업장
    나. 주유취급소의 업무를 행하기 위한 사무소
    다. 자동차 등의 점검 및 간이정비를 위한 작업장
    라. 자동차 등의 세정을 위한 작업장
    마. 주유취급소에 출입하는 사람을 대상으로 한 점포·휴게음식점 또는 전시장
    바. 주유취급소의 관계자가 거주하는 주거시설
    사. 전기자동차용 충전설비(전기를 동력원으로 하는 자동차에 직접 전기를 공급하는 설비를 말한다. 이하 같다)
    아. 그 밖의 소방청장이 정하여 고시하는 건축물 또는 시설

74 ② 주유취급소에 있는 고정주유설비의 주위에는 주유를 받으려는 자동차 등이 출입할 수 있도록 너비 15m 이상, 길이 6m 이상의 콘크리트 등으로 포장한 공지를 보유하여야 한다(규칙 별표 13).

정답 73.① 74.②

75 주유취급소에 "주유 중 엔진정지"라는 표시를 한 게시판의 색상은?

① 흑색바탕에 황색문자
② 황색바탕에 흑색문자
③ 흑색바탕에 적색문자
④ 황색바탕에 적색문자

[11. 부산]
기본서 2권 p.441

76 주유취급소에는 게시판을 설치하여야 한다. "주유 중 엔진정지" 게시판에 대한 설명 중 옳은 것은?

① 게시판 한 변의 길이가 6m 이상으로 한다.
② 게시판 한 변의 길이가 1.5m 이상으로 한다.
③ 게시판의 바탕색은 황색, 문자색은 흑색으로 한다.
④ 게시판의 바탕색은 백색, 문자색은 흑색으로 한다.

[11. 중앙]
기본서 2권 p.441

해설

75 ② 주유취급소에는 별표 4 Ⅲ 제1호의 기준에 준하여 보기 쉬운 곳에 "위험물 주유취급소"라는 표시를 한 표지, 동표 Ⅲ 제2호의 기준에 준하여 방화에 관하여 필요한 사항을 게시한 게시판 및 황색바탕에 흑색문자로 "주유 중 엔진정지"라는 표시를 한 게시판을 설치하여야 한다(규칙 별표 13).

76 ③ 주유취급소에는 별표 4 Ⅲ 제1호의 기준에 준하여 보기 쉬운 곳에 "위험물 주유취급소"라는 표시를 한 표지, 동표 Ⅲ 제2호의 기준에 준하여 방화에 관하여 필요한 사항을 게시한 게시판 및 황색바탕에 흑색문자로 "주유 중 엔진정지"라는 표시를 한 게시판을 설치하여야 한다(규칙 별표 13).

정답 75.② 76.③

77 다음 주유취급소에 대하여 옳지 않은 것은?
① 고정주유설비와 고정급유설비의 사이에는 4m 이상의 거리를 유지할 것
② 주유원 간이대기실의 바닥면적은 $2.5m^2$ 이하일 것
③ 고정주유설비 또는 고정급유설비의 주관관의 길이는 5m 이내로 하고 그 끝부분에는 축적된 정전기를 유효하게 제거할 수 있는 장치를 설치하여야 한다.
④ 주유취급소에는 고정주유설비의 주위에 주유를 받으려는 자동차 등이 출입할 수 있도록 너비 3m 이상, 길이 5m 이상의 콘크리트 등으로 포장한 공지를 보유하여야 한다.

[11. 전남]
상 중 하
기본서 2권 p.441~443

78 다음은 주유취급소에 대한 설명이다. 옳지 않은 것은?
① 주유취급소의 고정주유설비의 주위에는 주유를 받으려는 자동차 등이 출입할 수 있도록 너비 15m 이상, 길이 6m 이상의 콘크리트 등으로 포장한 주유공지를 보유하여야 한다.
② 고정급유설비를 설치하는 경우에는 고정급유설비의 호스기기의 주위에 필요한 급유공지를 보유하여야 한다.
③ 공지의 바닥은 주위 지면보다 낮게 하고, 그 표면을 적당하게 경사지게 하여 새어나온 기름 그 밖의 액체가 공지의 외부로 유출되지 아니하도록 배수구·집유설비 및 유분리장치를 하여야 한다.
④ 황색바탕에 흑색문자로 "주유 중 엔진 정지"라는 표시를 한 게시판을 설치하여야 한다.

[16. 통합]
상 중 하
기본서 2권 p.441

해설

77 ④ 주유취급소에는 고정주유설비의 주위에 주유를 받으려는 자동차 등이 출입할 수 있도록 너비 15m 이상, 길이 6m 이상의 콘크리트 등으로 포장한 공지를 보유하여야 한다(규칙 별표 13).

78 ③ 공지의 바닥은 주위 지면보다 높게 하고, 그 표면을 적당하게 경사지게 하여 새어나온 기름 그 밖의 액체가 공지의 외부로 유출되지 아니하도록 배수구·집유설비 및 유분리장치를 하여야 한다(규칙 별표 13).

정답 77.④ 78.③

79 주유취급소에는 보기 쉬운 곳에 "위험물 주유취급소"라는 표시를 한 표지 기준에 준하여 (   )바탕에 (   )문자로 "주유 중 엔진정지"라는 표시를 한 게시판을 설치하여야 한다. 옳은 것은?

① 흑색바탕에 황색문자
② 황색바탕에 흑색문자
③ 백색바탕에 흑색문자
④ 흑색바탕에 백색문자

[11. 전남]
기본서 2권 p.441

80 다음은 주유취급소에 대한 설명이다. 옳은 것은?

① 주유를 받으려는 자동차 등이 출입할 수 있도록 너비 10m 이상, 길이 5m 이상의 콘크리트 등으로 포장한 공지를 보유하여야 한다.
② 흑색바탕에 황색문자로 "주유 중 엔진정지"라는 표시를 한 게시판을 설치하여야 한다.
③ 주유취급소의 주위에는 자동차 등이 출입하는 쪽 외의 부분에 높이 3m 이상의 내화구조 또는 불연재료의 담 또는 벽을 설치하여야 한다.
④ 고정주유설비 또는 고정급유설비의 주유관의 길이는 5m 이내로 한다.

[17. 중앙]
기본서 2권 p.441~442 p.445

해설

79 ② 주유취급소에 "주유 중 엔진정지"라는 표시를 한 게시판의 색상은 (황색)바탕에 (흑색)문자로 표시한다(규칙 별표 13).

80 ▶주유취급소의 위치·구조 및 설비의 기준(규칙 별표 13)
① 주유를 받으려는 자동차 등이 출입할 수 있도록 <u>너비 15m 이상, 길이 6m 이상</u>의 콘크리트 등으로 포장한 공지를 보유하여야 한다.
② <u>황색바탕에 흑색문자</u>로 "주유 중 엔진정지"라는 표시를 한 게시판을 설치하여야 한다.
③ 주유취급소의 주위에는 자동차 등이 출입하는 쪽 외의 부분에 <u>높이 2m 이상</u>의 내화구조 또는 불연재료의 담 또는 벽을 설치할 것

정답 79.② 80.④

81 「위험물안전관리법」상 고객이 직접 주유하는 주유취급소에 대한 설명으로 옳지 않은 것은?

① 주유노즐은 자동차 등의 연료탱크가 가득 찬 경우 수동으로 정지시키는 구조이어야 한다.
② 주유호스는 200kg중 이하의 하중에 의하여 깨져 분리되거나 이탈되어야 하고, 깨져 분리되거나 이탈된 부분으로부터의 위험물 누출을 방지할 수 있는 구조이어야 한다.
③ 휘발유와 경유 상호간의 오인에 의한 주유를 방지할 수 있는 구조이어야 한다.
④ 1회의 연속주유량 및 주유시간의 상한을 미리 설정할 수 있는 구조이어야 한다.

82 「위험물안전관리법 시행규칙」상 주유취급소의 고정주유설비 설치기준이다. ( ) 안에 들어갈 내용으로 옳은 것은?

> 고정주유설비는 고정주유설비의 중심선을 기점으로 하여 도로경계선까지 ( )m 이상의 거리를 유지할 것

① 1 ② 2
③ 3 ④ 4

해설

81 ① 주유노즐은 자동차 등의 연료탱크가 가득 찬 경우 <u>자동적으로 정지시키는 구조</u>이어야 한다(규칙 별표 13 참조).

82 ▶ 위험물안전관리법 시행규칙 [별표 13]
Ⅳ. 고정주유설비 등
4. 고정주유설비 또는 고정급유설비는 다음 각목의 기준에 적합한 위치에 설치하여야 한다.
　가. 고정주유설비의 중심선을 기점으로 하여 도로경계선까지 <u>4m</u> 이상, 부지경계선·담 및 건축물의 벽까지 2m(개구부가 없는 벽까지는 1m) 이상의 거리를 유지하고, 고정급유설비의 중심선을 기점으로 하여 도로경계선까지 4m 이상, 부지경계선 및 담까지 1m 이상, 건축물의 벽까지 2m(개구부가 없는 벽까지는 1m) 이상의 거리를 유지할 것

정답 81.① 82.④

83 다음 중 판매취급소에 대하여 옳은 것은?
① 제1종 판매취급소는 저장 또는 취급하는 위험물의 수량이 지정수량의 40배 이하인 판매취급소이다.
② 제2종 판매취급소는 건축물의 1층에 설치하여야 한다.
③ 출입구의 문턱의 높이는 바닥면으로부터 0.15m 이상으로 설치한다.
④ 위험물의 배합실의 바닥면적은 6m² 이상 10m² 이하로 한다.

[17. 중앙]
기본서 2권 p.448~449

84 다음 중 위험물 운반용기 외부에 표시하는 주의사항으로 옳지 않은 것은?
① 제4류 위험물 : 화기주의
② 제3류 위험물 중 금수성물질 : 물기엄금
③ 제2류 위험물 중 인화성고체 : 화기엄금
④ 제5류 위험물 : 화기엄금, 충격주의

[15. 통합]
기본서 2권 p.517

해설 83 ▶ 판매취급소의 위치·구조 및 설비의 기준(규칙 별표 14)
① 제1종 판매취급소는 20배 이하인 판매취급소
  제2종 판매취급소는 40배 이하인 판매취급소
③ 출입구의 문턱의 높이는 바닥면으로부터 0.1m 이상으로 설치한다.
④ 위험물의 배합실의 바닥면적은 6m² 이상 15m² 이하로 한다.

84 ① 제4류 위험물은 화기엄금이다(규칙 별표 19).

▶ 위험물의 운반에 관한 기준(규칙 별표 19)
수납하는 위험물에 따라 다음의 규정에 의한 주의사항
(1) 제1류 위험물 중 알칼리금속의 과산화물 또는 이를 함유한 것에 있어서는 화기·충격주의, 물기엄금 및 가연물접촉주의, 그 밖의 것에 있어서는 화기·충격주의 및 가연물접촉주의
(2) 제2류 위험물 중 철분·금속분·마그네슘 또는 이들 중 어느 하나 이상을 함유한 것에 있어서는 화기주의 및 물기엄금, 인화성고체에 있어서는 화기엄금, 그 밖의 것에 있어서는 화기주의
(3) 제3류 위험물 중 자연발화성물질에 있어서는 화기엄금 및 공기접촉엄금, 금수성물질에 있어서는 물기엄금
(4) 제4류 위험물에 있어서는 화기엄금
(5) 제5류 위험물에 있어서는 화기엄금 및 충격주의
(6) 제6류 위험물에 있어서는 가연물접촉주의

정답 83.② 84.①

85 「위험물안전관리법 시행규칙」상 소화설비의 설치기준으로 옳지 않은 것은?

① 위험물은 지정수량의 10배를 1소요단위로 할 것
② 저장소의 건축물은 외벽이 내화구조인 것은 연면적 100m²를 1소요단위로 할 것
③ 제조소등에 전기설비(전기배선, 조명기구 등은 제외한다)가 설치된 경우에는 당해 장소의 면적 100m²마다 소형수동식소화기를 1개 이상 설치할 것
④ 옥내소화전은 제조소등의 건축물의 층마다 당해 층의 각 부분에서 하나의 호스접속구까지의 수평거리가 25m 이하가 되도록 설치할 것

해설 85 ② ~~~150m²~~~

▶ 위험물안전관리법 시행규칙 별표 17
5. 소화설비의 설치기준
   다. 소요단위의 계산방법
      건축물 그 밖의 공작물 또는 위험물의 소요단위의 계산방법은 다음의 기준에 의할 것
      1) 제조소 또는 취급소의 건축물은 외벽이 내화구조인 것은 연면적(제조소등의 용도로 사용되는 부분 외의 부분이 있는 건축물에 설치된 제조소등에 있어서는 당해 건축물 중 제조소등에 사용되는 부분의 바닥면적의 합계를 말한다. 이하 같다) 100m²를 1소요단위로 하며, 외벽이 내화구조가 아닌 것은 연면적 50m²를 1소요단위로 할 것
      2) 저장소의 건축물은 외벽이 내화구조인 것은 연면적 150m²를 1소요단위로 하고, 외벽이 내화구조가 아닌 것은 연면적 75m²를 1소요단위로 할 것
      3) 제조소등의 옥외에 설치된 공작물은 외벽이 내화구조인 것으로 간주하고 공작물의 최대수평투영면적을 연면적으로 간주하여 1) 및 2)의 규정에 의하여 소요단위를 산정할 것
      4) 위험물은 지정수량의 10배를 1소요단위로 할 것

정답 85.②

소방관계법규

86 「위험물안전관리법 시행규칙」상 제조소등에서의 위험물의 저장 및 취급에 관한 기준 중 위험물의 유별 저장·취급의 공통기준으로 옳은 것은?

① 제1류 위험물은 가연물과의 접촉·혼합이나 분해를 촉진하는 물품과의 접근 또는 과열·충격·마찰 등을 피하는 한편, 알카리금속의 과산화물 및 이를 함유한 것에 있어서는 물과의 접촉을 피하여야 한다.

② 제2류 위험물 중 자연발화성물질에 있어서는 불티·불꽃 또는 고온체와의 접근·과열 또는 공기와의 접촉을 피하고, 금수성물질에 있어서는 물과의 접촉을 피하여야 한다.

③ 제3류 위험물은 산화제와의 접촉·혼합이나 불티·불꽃·고온체와의 접근 또는 과열을 피하는 한편, 철분·금속분·마그네슘 및 이를 함유한 것에 있어서는 물이나 산과의 접촉을 피하고 인화성 고체에 있어서는 함부로 증기를 발생시키지 아니하여야 한다.

④ 제4류 위험물은 가연물과의 접촉·혼합이나 분해를 촉진하는 물품과의 접근 또는 과열을 피하여야 한다.

[23. 경채, 공채]

기본서 2권 p.353~354

해설 86

② 제3류 위험물 중 자연발화성물질은 ~
③ 제2류 위험물은 ~
④ 제6류 위험물은 ~

▶ 위험물의 유별 저장·취급의 공통기준(중요기준) - 규칙 별표 18

1. 제1류 위험물은 가연물과의 접촉·혼합이나 분해를 촉진하는 물품과의 접근 또는 과열·충격·마찰 등을 피하는 한편, 알카리금속의 과산화물 및 이를 함유한 것에 있어서는 물과의 접촉을 피하여야 한다.
2. 제2류 위험물은 산화제와의 접촉·혼합이나 불티·불꽃·고온체와의 접근 또는 과열을 피하는 한편, 철분·금속분·마그네슘 및 이를 함유한 것에 있어서는 물이나 산과의 접촉을 피하고 인화성 고체에 있어서는 함부로 증기를 발생시키지 아니하여야 한다.
3. 제3류 위험물 중 자연발화성물질에 있어서는 불티·불꽃 또는 고온체와의 접근·과열 또는 공기와의 접촉을 피하고, 금수성물질에 있어서는 물과의 접촉을 피하여야 한다.
4. 제4류 위험물은 불티·불꽃·고온체와의 접근 또는 과열을 피하고, 함부로 증기를 발생시키지 아니하여야 한다.
5. 제5류 위험물은 불티·불꽃·고온체와의 접근이나 과열·충격 또는 마찰을 피하여야 한다.
6. 제6류 위험물은 가연물과의 접촉·혼합이나 분해를 촉진하는 물품과의 접근 또는 과열을 피하여야 한다.
7. 제1호 내지 제6호의 기준은 위험물을 저장 또는 취급함에 있어서 당해 각호의 기준에 의하지 아니하는 것이 통상인 경우는 당해 각호를 적용하지 아니한다. 이 경우 당해 저장 또는 취급에 대하여는 재해의 발생을 방지하기 위한 충분한 조치를 강구하여야 한다.

정답 86.①

87 「위험물안전관리법 시행규칙」상 위험물의 저장기준에 관한 내용으로 옳지 않은 것은?

① 제3류 위험물 중 황린 그 밖에 물속에 저장하는 물품과 금수성물질은 동일한 저장소에서 저장하지 아니하여야 한다.
② 옥내저장소에서는 용기에 수납하여 저장하는 위험물의 온도가 55℃를 넘지 아니하도록 필요한 조치를 강구하여야 한다.
③ 옥외저장소에서 위험물을 수납한 용기를 선반에 저장하는 경우에는 10m 이하의 높이로 저장하여야 한다.
④ 보냉장치가 있는 이동저장탱크에 저장하는 아세트알데하이드등 또는 다이에틸에터등의 온도는 당해 위험물의 비점 이하로 유지하여야 한다.

[24. 경채, 공채]
기본서 2권 p.461~463

88 「위험물안전관리법 시행규칙」상 위험등급Ⅱ의 위험물에 해당하는 것은?

① 제3류 위험물 중 칼륨
② 제2류 위험물 중 적린
③ 제4류 위험물 중 특수인화물
④ 제1류 위험물 중 무기과산화물

[23. 경채]
기본서 2권 p.519

해설

87 ③ 옥외저장소에서 위험물을 수납한 용기를 선반에 저장하는 경우에는 <u>6m를 초과하여 저장하지 아니하여야 한다</u>.

▶위험물안전관리법 시행규칙 [별표 18]
Ⅲ. 저장의 기준
19. 옥외저장소에서 위험물을 수납한 용기를 선반에 저장하는 경우에는 <u>6m</u>를 초과하여 저장하지 아니하여야 한다.

88 ▶규칙 별표 19
2. 위험등급Ⅱ의 위험물
가. 제1류 위험물 중 브로민산염류, 질산염류, 아이오딘산염류 그 밖에 지정수량이 300kg인 위험물
나. 제2류 위험물 중 황화인, <u>적린</u>, 황 그 밖에 지정수량이 100kg인 위험물
다. 제3류 위험물 중 알칼리금속(칼륨 및 나트륨을 제외한다) 및 알칼리토금속, 유기금속화합물(알킬알루미늄 및 알킬리튬을 제외한다) 그 밖에 지정수량이 50kg인 위험물
라. 제4류 위험물 중 제1석유류 및 알코올류
마. 제5류 위험물 중 제1호 라목에 정하는 위험물 외의 것

정답 87.③ 88.②

89 「위험물안전관리법 시행규칙」상 위험물의 운반에 관한 기준 중 적재방법에 대한 내용으로 옳지 않은 것은? (다만, 덩어리 상태의 황을 운반하기 위하여 적재하는 경우 또는 위험물을 동일구내에 있는 제조소등의 상호간에 운반하기 위하여 적재하는 경우는 제외한다)

① 하나의 외장용기에는 다른 종류의 위험물을 수납하지 아니할 것
② 고체 위험물은 운반용기 내용적의 95% 이하의 수납율로 수납할 것
③ 액체 위험물은 운반용기 내용적의 98% 이하의 수납율로 수납하되, 55℃의 온도에서 누설되지 아니하도록 충분한 공간용적을 유지하도록 할 것
④ 자연발화물질 중 알킬알루미늄등은 운반용기 내용적의 95% 이하의 수납율로 수납하되, 55℃의 온도에서 10% 이상의 공간용적을 유지하도록 할 것

[23. 경채, 공채]
기본서 2권 p.514~515

90 다음 중 위험물을 저장 또는 취급하는 탱크용량 산정기준으로 옳은 것은?

① 내용적 - 공간용적 = 산정용적
② 공간용적 - 산정용적 = 내용적
③ 공간용적 - 내용적 = 산정용적
④ 산정용적 - 공간용적 = 내용적

[10. 경북]
기본서 2권 p.339

해설

89 ④ 자연발화성물질 중 알킬알루미늄등은 운반용기의 내용적의 ~~95%~~ 이하의 수납율로 수납하되, ~~55℃~~의 온도에서 ~~10%~~ 이상의 공간용적을 유지하도록 할 것(규칙 별표 19)
→ 90%, 50℃, 5%

90 ① 탱크용적의 산정기준 : 탱크의 용량은 해당 탱크의 내용적에서 공간용적을 뺀 용적으로 한다(규칙 제5조 제1항).

정답 89.④ 90.①

02 위험물시설의 설치 및 변경

91 위험물 설치 및 변경 등에 관한 설명으로 바르지 않은 것은?
① 주택의 난방시설을 위한 저장소 또는 취급소는 시·도지사에게 허가를 받고서 신고를 해야 한다.
② 제조소등의 위치·구조 또는 설비의 변경 없이 당해 제조소등에서 저장하거나 취급하는 위험물의 품명·수량 또는 지정수량의 배수를 변경하고자 하는 자는 변경하고자 하는 날의 1일 전까지 행정안전부령이 정하는 바에 따라 시·도지사에게 신고하여야 한다.
③ 위험물 제조소등의 설치 허가는 관할 시·도지사에게 받아야 한다.
④ 농예용·축산용 또는 수산용으로 필요한 난방시설 또는 건조시설을 위한 지정수량 20배 이하의 저장소는 신고를 하지 않아도 된다.

[09. 경남]

92 허가를 받지 아니하고 당해 제조소등을 설치하거나 그 위치·구조 또는 설비를 변경할 수 있으며 신고를 하지 아니하고 위험물의 품명·수량 또는 지정수량의 배수를 변경할 수 있는 경우가 아닌 것은?
① 주택의 난방시설(공동주택의 중앙난방시설을 제외)을 위한 저장소 또는 취급소
② 농예용의 난방시설 또는 건조시설을 위한 지정수량 30배 이하 저장소
③ 축산용의 난방시설 또는 건조시설을 위한 지정수량 20배 이하 저장소
④ 수산용의 난방시설 또는 건조시설을 위한 지정수량 20배 이하 저장소

[11. 통합]

해설

91 ① 주택의 난방시설(공동주택의 중앙난방시설을 제외)을 위한 저장소 또는 취급소는 시·도지사에게 허가를 받지 않고 신고를 하지 않아도 된다(법 제6조 제3항).
다음 하나에 해당하는 제조소등의 경우에는 허가를 받지 아니하고 당해 제조소등을 설치하거나 그 위치·구조 또는 설비를 변경할 수 있으며, 신고를 하지 아니하고 위험물의 품명·수량 또는 지정수량의 배수를 변경할 수 있다.
  1. 주택의 난방시설(공동주택의 중앙난방시설을 제외한다)을 위한 저장소 또는 취급소
  2. 농예용·축산용 또는 수산용으로 필요한 난방시설 또는 건조시설을 위한 지정수량 20배 이하의 저장소

92 ② 농예용의 난방시설 또는 건조시설을 위한 지정수량 <u>20배 이하</u> 저장소이다(법 제6조 제3항).
  1. 주택의 난방시설(공동주택의 중앙난방시설을 제외)을 위한 저장소 또는 취급소
  2. 농예용·축산용 또는 수산용으로 필요한 난방시설 또는 건조시설을 위한 지정수량 20배 이하의 저장소

정답 91.① 92.②

93 「위험물안전관리법」상 신고를 하지 아니하고 위험물의 품명·수량 또는 지정수량의 배수를 변경할 수 있는 경우로 옳은 것은?

① 농예용으로 필요한 건조시설을 위한 지정수량 20배 이하의 취급소
② 축산용으로 필요한 난방시설을 위한 지정수량 20배 이하의 저장소
③ 수산용으로 필요한 건조시설을 위한 지정수량 30배 이하의 저장소
④ 공동주택의 중앙난방시설을 위한 지정수량 30배 이하의 취급소

[19. 공채]
상 중 **하**
기본서 2권 p.370

94 다음 중 위험물 시설의 설치 및 변경 등 설명으로 틀린 것은?

① 제조소등을 설치하고자 하는 자는 대통령령이 정하는 바에 따라 그 설치장소를 관할하는 시·도지사의 허가를 받아야 한다.
② 위험물 지정수량의 배수·품명 또는 수량 변경의 경우에는 변경하고자 하는 날의 1일 전까지 시·도지사에게 신고하여야 한다.
③ 농예용·축산용 또는 수산용으로 필요한 난방시설 또는 건조시설을 위한 지정수량 30배 이하의 저장소의 경우는 허가를 받지 아니하고 해당 제조소등을 설치하거나 그 위치·구조 또는 설비를 변경할 수 있으며, 신고를 하지 아니하고 위험물의 품명·수량 또는 지정수량의 배수를 변경할 수 있다.
④ 주택의 난방시설을 위한 저장소는 신고를 하지 아니하고 위험물의 품명·수량 또는 지정수량의 배수를 변경할 수 있다.

[13. 경기]
상 **중** 하
기본서 2권 p.368~370

해설 93 ① 농예용으로 필요한 건조시설을 위한 지정수량 20배 이하의 저장소
③ 수산용으로 필요한 건조시설을 위한 지정수량 20배 이하의 저장소
④ 공동주택의 중앙난방시설은 제외한다.

▶ 위험물시설의 설치 및 변경 등(법 제6조 제3항)
③ 제1항 및 제2항의 규정에 불구하고 다음 각 호의 어느 하나에 해당하는 제조소등의 경우에는 허가를 받지 아니하고 당해 제조소등을 설치하거나 그 위치·구조 또는 설비를 변경할 수 있으며, 신고를 하지 아니하고 위험물의 품명·수량 또는 지정수량의 배수를 변경할 수 있다.
  1. 주택의 난방시설(공동주택의 중앙난방시설을 제외한다)을 위한 저장소 또는 취급소
  2. 농예용·축산용 또는 수산용으로 필요한 난방시설 또는 건조시설을 위한 지정수량 20배 이하의 저장소

94 ③ 농예용·축산용 또는 수산용으로 필요한 난방시설 또는 건조시설을 위한 지정수량 20배 이하의 저장소의 경우(법 제6조 제3항)

정답 93.② 94.③

95 제조소등의 위치·구조 또는 설비의 변경없이 당해 제조소등에서 저장하거나 취급하는 위험물의 품명·수량 또는 지정수량의 배수를 변경하고자 하는 자는 어떻게 해야 하는가?

① 변경하고자 하는 날의 1일 전까지 시·도지사에게 신고하여야 한다.
② 변경하고자 하는 날의 1일 전까지 소방본부장 또는 소방서장에게 신고하여야 한다.
③ 변경하고자 하는 날의 3일 전까지 시·도지사에게 신고하여야 한다.
④ 변경하고자 하는 날의 3일 전까지 소방본부장 또는 소방서장에게 신고하여야 한다.

해설 95 ▶ 위험물시설의 설치 및 변경 등(법 제6조)
① 제조소등을 설치하고자 하는 자는 대통령령이 정하는 바에 따라 그 설치장소를 관할하는 특별시장·광역시장·특별자치시장·도지사 또는 특별자치도지사(이하 "시·도지사"라 한다)의 허가를 받아야 한다. 제조소등의 위치·구조 또는 설비 가운데 행정안전부령이 정하는 사항을 변경하고자 하는 때에도 또한 같다.
② <u>제조소등의 위치·구조 또는 설비의 변경없이 당해 제조소등에서 저장하거나 취급하는 위험물의 품명·수량 또는 지정수량의 배수를 변경하고자 하는 자는 변경하고자 하는 날의 1일 전까지 행정안전부령이 정하는 바에 따라 시·도지사에게 신고하여야 한다.</u>
③ 제1항 및 제2항의 규정에 불구하고 다음 각 호의 어느 하나에 해당하는 제조소등의 경우에는 허가를 받지 아니하고 당해 제조소등을 설치하거나 그 위치·구조 또는 설비를 변경할 수 있으며, 신고를 하지 아니하고 위험물의 품명·수량 또는 지정수량의 배수를 변경할 수 있다.
  1. 주택의 난방시설(공동주택의 중앙난방시설을 제외한다)을 위한 저장소 또는 취급소
  2. 농예용·축산용 또는 수산용으로 필요한 난방시설 또는 건조시설을 위한 지정수량 20배 이하의 저장소

정답 95.①

96 「위험물안전관리법」상 위험물시설의 설치 및 변경 등에 대한 설명이다. 옳지 않은 것은?

① 제조소등을 설치하고자 하는 자는 그 설치장소를 관할하는 시·도지사의 허가를 받아야 한다.
② 제조소등의 위치·구조 또는 설비를 변경하고자 하는 때에는 시·도지사에게 신고하여야 한다.
③ 제조소등의 위치·구조 또는 설비의 변경없이 당해 제조소등에서 저장하거나 취급하는 위험물의 품명·수량 또는 지정수량의 배수를 변경하고자 하는 자는 변경하고자 하는 날의 1일 전까지 시·도지사에게 신고하여야 한다.
④ 수산용으로 필요한 건조시설을 위한 지정수량 10배의 저장소는 신고를 하지 아니하고 위험물의 품명·수량 또는 지정수량의 배수를 변경할 수 있다.

[18. 공채]
기본서 2권 p.368~370

해설 96
▶ 위험물시설의 설치 및 변경 등(법 제6조)
① 제조소등을 설치하고자 하는 자는 대통령령이 정하는 바에 따라 그 설치장소를 관할하는 특별시장·광역시장·특별자치시장·도지사 또는 특별자치도지사(이하 "시·도지사"라 한다)의 <u>허가를 받아야 한다</u>. 제조소등의 위치·구조 또는 설비 가운데 행정안전부령이 정하는 사항을 변경하고자 하는 때에도 또한 같다.
② 제조소등의 위치·구조 또는 설비의 변경없이 당해 제조소등에서 저장하거나 취급하는 위험물의 품명·수량 또는 지정수량의 배수를 변경하고자 하는 자는 변경하고자 하는 날의 1일 전까지 행정안전부령이 정하는 바에 따라 시·도지사에게 신고하여야 한다.
③ 제1항 및 제2항의 규정에 불구하고 다음 각 호의 어느 하나에 해당하는 제조소등의 경우에는 허가를 받지 아니하고 당해 제조소등을 설치하거나 그 위치·구조 또는 설비를 변경할 수 있으며, 신고를 하지 아니하고 위험물의 품명·수량 또는 지정수량의 배수를 변경할 수 있다.
 1. 주택의 난방시설(공동주택의 중앙난방시설을 제외한다)을 위한 저장소 또는 취급소
 2. 농예용·축산용 또는 수산용으로 필요한 난방시설 또는 건조시설을 위한 지정수량 20배 이하의 저장소

정답 96.②

97 탱크안전성능검사의 대상이 되는 탱크 등에 있어서 기초·지반검사의 대상인 것은?
① 옥외탱크저장소의 액체위험물탱크 중 그 용량이 100만L 이상인 탱크
② 옥외탱크저장소의 고체위험물탱크 중 그 용량이 100만L 이상인 탱크
③ 옥외탱크저장소의 액체위험물탱크 중 그 용량이 200만L 이상인 지하탱크저장소
④ 옥외탱크저장소의 고체위험물탱크 중 그 용량이 200만L 이상인 지하탱크저장소

98 다음 중 위험물탱크의 안전성능검사 종류가 아닌 것은?
① 기초·지반검사
② 충수·수압검사
③ 용접부검사
④ 암반탱크검사
⑤ 탱크재질검사

99 다음 중 위험물탱크 안전성능검사가 아닌 것은?
① 기초·지반공사
② 충수·수압검사
③ 재질·강도검사
④ 용접부검사

해설

97 ① 기초·지반검사: 옥외탱크저장소의 액체위험물탱크 중 그 용량이 100만리터 이상인 탱크(영 제8조 제1항 제1호)

98 ⑤ 위험물 탱크안전성능검사의 종류는 기초·지반검사, 충수·수압검사, 용접부검사, 암반탱크검사가 있다(영 제8조 제1항).

99 ③ 위험물 탱크안전성능검사의 종류는 기초·지반검사, 충수·수압검사, 용접부검사, 암반탱크검사가 있다(영 제8조 제1항).

정답 97.① 98.⑤ 99.③

100 다음 중 탱크안전성능검사 신청 시기에 대하여 옳지 않은 것은?
① 기초・지반검사 : 공사개시 전
② 충수・수압검사 : 부속설비 부착 후
③ 용접부검사 : 공사개시 전
④ 암반탱크검사 : 공사개시 전

[09. 서울]
상 중 하
기본서 2권 p.381

101 다음 중 위험물탱크 안전성능검사의 신청 등에 관하여 옳지 않은 것은?
① 기초・지반검사 : 위험물탱크의 기초 및 지반에 관한 공사의 개시 전
② 충수・수압검사 : 위험물을 저장 또는 취급하는 탱크에 배관 또는 그 밖의 부속설비를 부착하기 전
③ 유류탱크검사 : 탱크본체에 관한 공사의 개시 전
④ 암반탱크검사 : 암반탱크의 본체에 관한 공사의 개시 전

[11. 전남]
상 중 하
기본서 2권 p.381

해설 100 ▶ 탱크안전성능검사의 신청시기(규칙 제18조 제4항)
1. 기초・지반검사 : 위험물탱크의 기초 및 지반에 관한 공사의 개시 전
2. 충수・수압검사 : 위험물을 저장 또는 취급하는 탱크에 배관 그 밖의 부속설비를 부착하기 전
3. 용접부검사 : 탱크본체에 관한 공사의 개시 전
4. 암반탱크검사 : 암반탱크의 본체에 관한 공사의 개시 전

101 ③ 유류탱크검사가 아니라 용접부검사이다.

▶ 안전성능검사의 종류와 대상, 신청시기(영 제8조 제1항, 규칙 제18조 제4항)

검사 종류	검사 대상	신청시기
기초・지반검사	100만 L 이상인 액체위험물을 저장하는 옥외탱크저장소	위험물탱크의 기초 및 지반에 관한 공사의 개시 전
충수・수압검사	액체위험물을 저장 또는 취급하는 탱크	위험물을 저장 또는 취급하는 탱크에 배관 그 밖의 부속설비를 부착하기 전
용접부검사	100만 L 이상인 액체위험물을 저장하는 옥외탱크저장소	탱크본체에 관한 공사의 개시 전
암반탱크검사	액체위험물을 저장 또는 취급하는 암반내의 공간을 이용한 탱크	암반탱크의 본체에 관한 공사의 개시 전

정답 100.② 101.③

102 「위험물안전관리법 시행규칙」상 완공검사 신청 시기에 대한 설명이다. 옳지 않은 것은?
① 지하탱크가 있는 제조소등의 경우 : 당해 지하탱크를 매설하기 전
② 이동탱크저장소의 경우 : 상시 설치 장소를 확보하기 전 이동저장탱크를 완공한 후
③ 이송취급소의 경우 : 이송배관 공사의 전체 또는 일부를 완료한 후. 다만, 지하·하천 등에 매설하는 이송배관의 공사의 경우에는 이송배관을 매설하기 전
④ 전체 공사가 완료된 후에는 완공검사를 실시하기 곤란한 경우 : 위험물설비 또는 배관의 설치가 완료되어 기밀시험 또는 내압시험을 실시하는 시기

[18. 공채]
기본서 2권 p.387

103 「위험물안전관리법 시행규칙」상 탱크안전성능시험자가 변경사항을 신고해야 하는 중요사항으로 옳지 않은 것은?
① 영업소 소재지의 변경
② 기술능력의 변경
③ 보유장비의 변경
④ 상호 또는 명칭의 변경

[24. 경채]
기본서 2권 p.486

해설
102 ▶완공검사의 신청시기(규칙 제20조)
법 제9조 제1항에 따른 제조소등의 완공검사 신청시기는 다음 각 호의 구분에 따른다.
1. 지하탱크가 있는 제조소등의 경우 : 당해 지하탱크를 매설하기 전
2. 이동탱크저장소의 경우 : 이동저장탱크를 완공하고 상시 설치 장소(이하 "상치장소"라 한다)를 확보한 후
3. 이송취급소의 경우 : 이송배관 공사의 전체 또는 일부를 완료한 후. 다만, 지하·하천 등에 매설하는 이송배관의 공사의 경우에는 이송배관을 매설하기 전
4. 전체 공사가 완료된 후에는 완공검사를 실시하기 곤란한 경우 : 다음 각목에서 정하는 시기
  가. 위험물설비 또는 배관의 설치가 완료되어 기밀시험 또는 내압시험을 실시하는 시기
  나. 배관을 지하에 설치하는 경우에는 시·도지사, 소방서장 또는 기술원이 지정하는 부분을 매몰하기 직전
  다. 기술원이 지정하는 부분의 비파괴시험을 실시하는 시기
5. 제1호 내지 제4호에 해당하지 아니하는 제조소등의 경우 : 제조소등의 공사를 완료한 후

103 ▶위험물안전관리법 시행규칙 제61조(변경사항의 신고 등)
① 탱크시험자는 법 제16조 제3항의 규정에 의하여 다음 각호의 1에 해당하는 중요사항을 변경한 경우에는 별지 제38호 서식의 신고서(전자문서로 된 신고서를 포함한다)에 다음 각호의 구분에 따른 서류(전자문서를 포함한다)를 첨부하여 시·도지사에게 제출하여야 한다.
  1. 영업소 소재지의 변경 : 사무소의 사용을 증명하는 서류와 위험물탱크안전성능시험자등록증
  2. 기술능력의 변경 : 변경하는 기술인력의 자격증과 위험물탱크안전성능시험자등록증
  3. 대표자의 변경 : 위험물탱크안전성능시험자등록증
  4. 상호 또는 명칭의 변경 : 위험물탱크안전성능시험자등록증

정답 102.② 103.③

104 해당 제조소등의 용도를 폐지한 때에는 며칠 이내 시·도지사에게 신고하여야 하는가?

① 7일 이내
② 14일 이내
③ 10일 이내
④ 30일 이내

105 「위험물안전관리법」 중 규정된 벌금에 대한 기준으로 틀린 것은?

① 제조소등의 완공검사를 받지 아니하고 위험물을 저장, 취급한 자는 1,500만 원 이하의 벌금이다.
② 위험물안전관리법의 과징금은 3,000만 원 이하이다.
③ 안전관리자를 선임하지 아니한 관계인으로 규정에 따른 허가를 받은 자는 1,500만 원 이하의 벌금이다.
④ 위험물 취급에 관한 안전관리와 감독을 하지 아니한 자는 1,000만 원 이하의 벌금이다.

해설

104 ② 제조소등의 관계인(소유자·점유자 또는 관리자를 말한다. 이하 같다)은 당해 제조소등의 용도를 폐지(장래에 대하여 위험물시설로서의 기능을 완전히 상실시키는 것을 말한다)한 때에는 행정안전부령이 정하는 바에 따라 제조소등의 용도를 폐지한 날부터 14일 이내에 시·도지사에게 신고하여야 한다(법 제11조).

105 ② 시·도지사는 제조소등에 대한 사용의 정지가 그 이용자에게 심한 불편을 주거나 그 밖에 공익을 해칠 우려가 있는 때에는 사용정지처분에 갈음하여 2억원 이하의 과징금을 부과할 수 있다(법 제13조 제1항).

정답 104.② 105.②

03 위험물시설의 안전관리

106 「위험물안전관리법 시행규칙」상 위험물 제조소등(이동 탱크저장소를 제외한다)에 설치하는 경보설비로 옳지 않은 것은?
① 확성장치
② 비상방송설비
③ 비상경보설비
④ 무선통신보조설비

[20. 공채]
상 중 하
기본서 2권 p.407

107 「위험물안전관리법 시행규칙」상 제조소등에 설치하는 소방시설 설치에 대한 내용으로 옳지 않은 것은?
① 제조소등에는 화재발생시 소화가 곤란한 정도에 따라 그 소화에 적응성이 있는 소화설비를 설치하여야 한다.
② 제조소등에는 화재발생시 소방공무원이 화재를 진압하거나 인명구조 활동을 할 수 있도록 소화활동설비를 설치하여야 한다.
③ 주유취급소 중 건축물의 2층 이상의 부분을 점포·휴게음식점 또는 전시장의 용도로 사용하는 것과 옥내주유취급소에는 피난설비를 설치하여야 한다.
④ 지정수량의 10배 이상의 위험물을 저장 또는 취급하는 제조소등(이동탱크저장소 제외)에는 화재발생시 이를 알릴 수 있는 경보설비를 설치하여야 한다.

[21. 공채]
상 중 하
기본서 2권 p.407~408

해설

106 ▶경보설비의 기준(규칙 제42조 제2항)
② 제1항에 따른 경보설비는 자동화재탐지설비·자동화재속보설비·비상경보설비(비상벨장치 또는 경종을 포함한다)·확성장치(휴대용 확성기를 포함한다) 및 비상방송설비로 구분하되, 제조소등별로 설치하여야 하는 경보설비의 종류 및 설치기준은 별표 17과 같다.

107 ② 제조소등에는 화재발생시 소방공무원이 화재를 진압하거나 인명구조 활동을 할 수 있도록 소화활동설비를 설치하여야 한다.
→ 해당되지 않는다.

▶소화설비의 기준(규칙 제41조 제1항)
① 법 제5조 제4항의 규정에 의하여 제조소등에는 화재발생시 소화가 곤란한 정도에 따라 그 소화에 적응성이 있는 소화설비를 설치하여야 한다.

▶피난설비의 기준(규칙 제43조 제1항)
① 법 제5조 제4항의 규정에 의하여 주유취급소 중 건축물의 2층 이상의 부분을 점포·휴게음식점 또는 전시장의 용도로 사용하는 것과 옥내주유취급소에는 피난설비를 설치하여야 한다.

▶경보설비의 기준(규칙 제42조 제1항)
① 법 제5조 제4항의 규정에 의하여 영 별표 1의 규정에 의한 지정수량의 10배 이상의 위험물을 저장 또는 취급하는 제조소등(이동탱크저장소를 제외한다)에는 화재발생시 이를 알릴 수 있는 경보설비를 설치하여야 한다.

정답 106.④ 107.②

108 소방공무원으로서 근무한 경력이 5년인 사람이 위험물취급자격자로서 취급할 수 있는 위험물의 종류로 옳은 것은?

① 제1류 위험물
② 제2류 위험물
③ 제3류 위험물
④ 제4류 위험물

109 다음 중 위험물안전관리자 선임 기간으로 옳은 것은?

① 7일
② 14일
③ 20일
④ 30일

해설 **108** ▶ 위험물취급자격자의 자격(영 별표 5)

위험물취급자격자의 구분	취급할 수 있는 위험물
1. 「국가기술자격법」에 따라 위험물기능장, 위험물산업기사, 위험물기능사의 자격을 취득한 사람	별표 1의 모든 위험물
2. 안전관리자교육이수자(법 28조 제1항에 따라 소방청장이 실시하는 안전관리자교육을 이수한 자를 말한다. 이하 별표 6에서 같다)	별표 1의 위험물 중 제4류 위험물
3. 소방공무원 경력자(소방공무원으로 근무한 경력이 3년 이상인 자를 말한다. 이하 별표 6에서 같다)	별표 1의 위험물 중 제4류 위험물

109 ④ 안전관리자를 선임한 제조소등의 관계인은 그 안전관리자를 해임하거나 안전관리자가 퇴직한 때에는 해임하거나 퇴직한 날부터 30일 이내에 다시 안전관리자를 선임하여야 한다(법 제15조 제2항).

정답 108.④ 109.④

110 「위험물안전관리법」상 위험물안전관리자의 선임 등에 관한 사항이다. (   ) 안에 들어갈 숫자로 옳은 것은?

> - 위험물안전관리자를 선임한 제조소등의 관계인은 그 위험물안전관리자를 해임하거나 위험물안전관리자가 퇴직한 때에는 해임하거나 퇴직한 날부터 (가)일 이내에 다시 위험물안전관리자를 선임하여야 한다.
> - 제조소등의 관계인은 위험물안전관리자를 선임한 경우에는 선임한 날부터 (나)일 이내에 행정안전부령으로 정하는 바에 따라 소방본부장 또는 소방서장에게 신고하여야 한다.

	(가)	(나)
①	15	14
②	15	30
③	30	14
④	30	30

해설 110 ▶ 위험물안전관리자(법 제15조 제2항·제3항)
- 위험물안전관리자를 선임한 제조소등의 관계인은 그 위험물안전관리자를 해임하거나 위험물안전관리자가 퇴직한 때에는 해임하거나 퇴직한 날부터 (30)일 이내에 다시 위험물안전관리자를 선임하여야 한다.
- 제조소등의 관계인은 위험물안전관리자를 선임한 경우에는 선임한 날부터 (14)일 이내에 행정안전부령으로 정하는 바에 따라 소방본부장 또는 소방서장에게 신고하여야 한다.

정답 110.③

111 다음 중 위험물안전관리자에 대하여 옳지 않은 것은?

① 대리자는 경력이 없어도 위험물의 취급에 관한 자격취득자를 선임할 수 있다.
② 대리자는 안전관리자를 선임하지 못할 시에만 지정할 수 있다.
③ 위험물취급자격자가 아닌 자는 안전관리자 또는 대리자가 참여한 상태에서 위험물을 취급하여야 한다.
④ 대리자가 안전관리자의 직무를 대행하는 기간은 30일을 초과할 수 없다.

[17. 중앙]
기본서 2권 p.466~468

112 위험물 취급자의 자격에 관한 사항이다. 위험물을 관리할 때 유별에 관계없이 모든 위험물을 취급할 수 있는 자로 옳은 것은?

① 소방기술자
② 위험물기능장, 위험물산업기사
③ 소방시설관리업자
④ 소방공무원 3년 이상 경력이 있는 자

[10. 충남]
기본서 2권 p.464

해설

111 ▶ 위험물안전관리자(법 제15조 제5항)

⑤ 제1항의 규정에 따라 안전관리자를 선임한 제조소등의 관계인은 <u>안전관리자가 여행·질병 그 밖의 사유로 인하여 일시적으로 직무를 수행할 수 없거나 안전관리자의 해임 또는 퇴직과 동시에 다른 안전관리자를 선임하지 못하는 경우</u>에는 국가기술자격법에 따른 <u>위험물의 취급에 관한 자격취득자</u> 또는 <u>위험물안전에 관한 기본지식과 경험이 있는 자로서 행정안전부령이 정하는 자를 대리자(代理者)로 지정</u>하여 그 직무를 대행하게 하여야 한다. 이 경우 <u>대리자가 안전관리자의 직무를 대행하는 기간은 30일을 초과할 수 없다</u>.

112 ▶ 위험물취급자격자의 자격(영 별표 5)

위험물취급자격자의 구분	취급할 수 있는 위험물
1. 「국가기술자격법」에 따라 위험물기능장, 위험물산업기사, 위험물기능사의 자격을 취득한 사람	별표 1의 모든 위험물
2. 안전관리자교육이수자(법 28조 제1항에 따라 소방청장이 실시하는 안전관리자교육을 이수한 자를 말한다. 이하 별표 6에서 같다)	별표 1의 위험물 중 제4류 위험물
3. 소방공무원 경력자(소방공무원으로 근무한 경력이 3년 이상인 자를 말한다. 이하 별표 6에서 같다)	별표 1의 위험물 중 제4류 위험물

정답 111.② 112.②

113 동일구내에 있는 저장소로서 1인의 안전관리자를 중복해서 선임할 수 있는 대상기준으로 옳지 않은 것은?

① 10개 이하의 옥내·외 저장소
② 20개 이하의 암반탱크저장소
③ 30개 이하의 옥외탱크저장소
④ 옥내탱크저장소, 지하탱크저장소

114 다음 중 위험물안전관리자에 대한 설명으로 틀린 것은?

① 다수의 제조소등을 동일인이 설치한 경우에는 관계인은 대통령령이 정하는 바에 따라 1인의 안전관리자를 중복하여 선임할 수 있다.
② 제조소등의 관계인은 위험물의 안전관리에 관한 직무를 수행하게 하기 위하여 제조소등마다 대통령령이 정하는 위험물의 취급에 관한 자격이 있는 자를 위험물안전관리자로 선임하여야 한다.
③ 제조소등의 종류 및 규모에 따라 선임하여야 하는 안전관리자의 자격은 대통령령으로 정한다.
④ 대리자가 안전관리자의 직무를 대행하는 기간은 20일을 초과할 수 없다.

해설

113 ▶ 1인의 안전관리자를 중복하여 선임할 수 있는 저장소 등(규칙 제56조 제1항)
1. 10개 이하의 옥내저장소
2. 30개 이하의 옥외탱크저장소
3. 옥내탱크저장소
4. 지하탱크저장소
5. 간이탱크저장소
6. 10개 이하의 옥외저장소
7. <u>10개 이하의 암반탱크저장소</u>

114 ④ 대리자가 안전관리자의 직무를 대행하는 기간은 <u>30일</u>을 초과할 수 없다(법 제15조 제5항).

정답 113.② 114.④

115 「위험물안전관리법 시행령」 및 같은 법 시행규칙상 1인의 안전관리자를 중복하여 선임할 수 있는 저장소 등으로 옳은 것을 모두 고르면?

[18. 공채]
상 **중** 하
기본서 2권 p.468~469

> 가. 보일러·버너 또는 이와 비슷한 것으로서 위험물을 소비하는 장치로 이루어진 7개 이하의 일반취급소와 그 일반취급소에 공급하기 위한 위험물을 저장하는 저장소를 동일인이 설치한 경우
> 나. 동일구내에 있는 11개의 옥내저장소
> 다. 동일구내에 있는 11개의 암반탱크저장소
> 라. 동일구내에 있는 31개의 옥외탱크저장소

① 가
② 가, 나
③ 가, 라
④ 가, 다, 라

해설 115

▶ 1인의 안전관리자를 중복하여 선임할 수 있는 경우 등(영 제12조 제1항)
① 법 제15조 제8항 전단에 따라 다수의 제조소등을 설치한 자가 1인의 안전관리자를 중복하여 선임할 수 있는 경우는 다음 각 호의 어느 하나와 같다.
1. 보일러·버너 또는 이와 비슷한 것으로서 위험물을 소비하는 장치로 이루어진 7개 이하의 일반취급소와 그 일반취급소에 공급하기 위한 위험물을 저장하는 저장소[일반취급소 및 저장소가 모두 동일구내(같은 건물 안 또는 같은 울 안을 말한다. 이하 같다)에 있는 경우에 한한다. 이하 제2호에서 같다]를 동일인이 설치한 경우
2. 위험물을 차량에 고정된 탱크 또는 운반용기에 옮겨 담기 위한 5개 이하의 일반취급소[일반취급소간의 거리(보행거리를 말한다. 제3호 및 제4호에서 같다)가 300미터 이내인 경우에 한한다]와 그 일반취급소에 공급하기 위한 위험물을 저장하는 저장소를 동일인이 설치한 경우
3. 동일구내에 있거나 상호 100미터 이내의 거리에 있는 저장소로서 저장소의 규모, 저장하는 위험물의 종류 등을 고려하여 행정안전부령이 정하는 저장소를 동일인이 설치한 경우
4. 다음 각목의 기준에 모두 적합한 5개 이하의 제조소등을 동일인이 설치한 경우
   가. 각 제조소등이 동일구내에 위치하거나 상호 100미터 이내의 거리에 있을 것
   나. 각 제조소등에서 저장 또는 취급하는 위험물의 최대수량이 지정수량의 3천배 미만일 것. 다만, 저장소의 경우에는 그러하지 아니하다.
5. 그 밖에 제1호 또는 제2호의 규정에 의한 제조소등과 비슷한 것으로서 행정안전부령이 정하는 제조소등을 동일인이 설치한 경우

▶ 1인의 안전관리자를 중복하여 선임할 수 있는 저장소 등(규칙 제56조 제1항)
① 영 제12조 제1항 제3호에서 "행정안전부령이 정하는 저장소"라 함은 다음 각호의 1에 해당하는 저장소를 말한다.
1. <u>10개 이하의 옥내저장소</u>
2. <u>30개 이하의 옥외탱크저장소</u>
3. 옥내탱크저장소
4. 지하탱크저장소
5. 간이탱크저장소
6. <u>10개 이하의 옥외저장소</u>
7. <u>10개 이하의 암반탱크저장소</u>

정답 115.①

116 위험물안전관리자에 대한 설명 중 옳지 않은 것은?

① 다수의 제조소등을 동일인이 설치한 경우에는 관계인은 1인의 안전관리자를 중복하여 선임할 수 없다.
② 안전관리자를 선임한 때에는 14일 이내에 소방본부장 또는 소방서장에게 신고하여야 한다.
③ 안전관리자를 해임하거나 안전관리자가 퇴직한 때에는 해임하거나 퇴직한 날부터 30일 이내에 다시 선임하여야 한다.
④ 안전관리자가 직무를 수행할 수 없거나 다른 안전관리자를 선임하지 못하는 경우 경험 있는 자를 대리자로 지정하여 직무를 대행하게 하여야 한다.

[10. 경기]

117 다음 중 예방규정을 정하는 제조소등에서 틀린 것은?

① 지정수량 10배 이상의 위험물을 취급하는 제조소
② 지정수량 150배 이상의 위험물을 저장하는 옥내저장소
③ 지정수량 150배 이상의 위험물을 저장하는 일반취급소
④ 지정수량 200배 이상의 위험물을 저장하는 옥외탱크저장소

[09. 서울]

해설

116 ① 다수의 제조소등을 동일인이 설치한 경우에는 제1항의 규정에 불구하고 관계인은 대통령령이 정하는 바에 따라 1인의 안전관리자를 중복하여 선임할 수 있다. 이 경우 대통령령이 정하는 제조소등의 관계인은 제5항에 따른 대리자의 자격이 있는 자를 각 제조소등별로 지정하여 안전관리자를 보조하게 하여야 한다(법 제15조 제8항).

117 ③ 지정수량 10배 이상의 위험물을 취급하는 일반취급소이다.

▶ 관계인이 예방규정을 정하여야 하는 제조소등(영 제15조)
1. 지정수량의 10배 이상의 위험물을 취급하는 제조소
2. 지정수량의 100배 이상의 위험물을 저장하는 옥외저장소
3. 지정수량의 150배 이상의 위험물을 저장하는 옥내저장소
4. 지정수량의 200배 이상의 위험물을 저장하는 옥외탱크저장소
5. 암반탱크저장소
6. 이송취급소
7. 지정수량의 10배 이상의 위험물을 취급하는 일반취급소. 다만, 제4류 위험물(특수인화물을 제외한다)만을 지정수량의 50배 이하로 취급하는 일반취급소(제1석유류·알코올류의 취급량이 지정수량의 10배 이하인 경우에 한한다)로서 다음 각목의 어느 하나에 해당하는 것을 제외한다.
 가. 보일러·버너 또는 이와 비슷한 것으로서 위험물을 소비하는 장치로 이루어진 일반취급소
 나. 위험물을 용기에 옮겨 담거나 차량에 고정된 탱크에 주입하는 일반취급소

정답 116.① 117.③

118 예방규정을 정하여야 하는 제조소등의 내용으로 옳지 않은 것은?

① 지정수량 10배 이상의 위험물을 취급하는 제조소
② 지정수량 150배 이상의 위험물을 저장하는 옥내저장소
③ 지정수량 150배 이상의 위험물을 저장하는 옥내탱크저장소
④ 지정수량 200배 이상의 위험물을 저장하는 옥외탱크저장소

해설 118 ③ 옥내탱크저장소는 해당되지 않는다.

▶ 관계인이 예방규정을 정하여야 하는 제조소등(영 제15조)
1. 지정수량의 10배 이상의 위험물을 취급하는 제조소
2. 지정수량의 100배 이상의 위험물을 저장하는 옥외저장소
3. 지정수량의 150배 이상의 위험물을 저장하는 옥내저장소
4. 지정수량의 200배 이상의 위험물을 저장하는 옥외탱크저장소
5. 암반탱크저장소
6. 이송취급소
7. 지정수량의 10배 이상의 위험물을 취급하는 일반취급소. 다만, 제4류 위험물(특수인화물을 제외한다)만을 지정수량의 50배 이하로 취급하는 일반취급소(제1석유류·알코올류의 취급량이 지정수량의 10배 이하인 경우에 한한다)로서 다음 각목의 어느 하나에 해당하는 것을 제외한다.
   가. 보일러·버너 또는 이와 비슷한 것으로서 위험물을 소비하는 장치로 이루어진 일반취급소
   나. 위험물을 용기에 옮겨 담거나 차량에 고정된 탱크에 주입하는 일반취급소

정답 118.③

119 다음 중 관계인이 예방규정을 정하여야 하는 제조소등이 아닌 것은?
① 지정수량 10배 이상의 위험물을 취급하는 제조소
② 지정수량 100배 이상의 위험물을 저장하는 옥외저장소
③ 지정수량 200배 이상의 위험물을 저장하는 지하탱크저장소
④ 지정수량 200배 이상의 위험물을 저장하는 옥외탱크저장소

120 다음 중 관계인이 예방규정을 정하는 제조소등이 아닌 것은?
① 지정수량 5배 이상의 위험물을 취급하는 제조소
② 지정수량 10배 이상의 위험물을 취급하는 일반취급소
③ 지정수량 100배 이상의 위험물을 저장하는 옥외저장소
④ 지정수량 200배 이상의 위험물을 저장하는 옥외탱크저장소

해설

119 ③ 지하탱크저장소는 해당되지 않는다.

▶ 관계인이 예방규정을 정하여야 하는 제조소등(영 제15조)
1. 지정수량 10배 이상의 위험물을 취급하는 제조소
2. 지정수량 100배 이상의 위험물을 저장하는 옥외저장소
3. 지정수량 150배 이상의 위험물을 저장하는 옥내저장소
4. 지정수량 200배 이상의 위험물을 저장하는 옥외탱크저장소
5. 암반탱크저장소
6. 이송취급소
7. 지정수량의 10배 이상의 위험물을 취급하는 일반취급소. 다만, 제4류 위험물(특수인화물을 제외한다)만을 지정수량의 50배 이하로 취급하는 일반취급소(제1석유류·알코올류의 취급량이 지정수량의 10배 이하인 경우에 한한다)로서 다음 각목의 어느 하나에 해당하는 것을 제외한다.
   가. 보일러·버너 또는 이와 비슷한 것으로서 위험물을 소비하는 장치로 이루어진 일반취급소
   나. 위험물을 용기에 옮겨 담거나 차량에 고정된 탱크에 주입하는 일반취급소

120 ① 지정수량 10배 이상의 위험물을 취급하는 제조소이다.

▶ 관계인이 예방규정을 정하여야 하는 제조소등(영 제15조)
1. 지정수량 10배 이상의 위험물을 취급하는 제조소
2. 지정수량 100배 이상의 위험물을 저장하는 옥외저장소
3. 지정수량 150배 이상의 위험물을 저장하는 옥내저장소
4. 지정수량 200배 이상의 위험물을 저장하는 옥외탱크저장소
5. 암반탱크저장소
6. 이송취급소
7. 지정수량의 10배 이상의 위험물을 취급하는 일반취급소. 다만, 제4류 위험물(특수인화물을 제외한다)만을 지정수량의 50배 이하로 취급하는 일반취급소(제1석유류·알코올류의 취급량이 지정수량의 10배 이하인 경우에 한한다)로서 다음 각목의 어느 하나에 해당하는 것을 제외한다.
   가. 보일러·버너 또는 이와 비슷한 것으로서 위험물을 소비하는 장치로 이루어진 일반취급소
   나. 위험물을 용기에 옮겨 담거나 차량에 고정된 탱크에 주입하는 일반취급소

정답 119.③ 120.①

소방관계법규

121 관계인이 예방규정을 정해야 하는 제조소등의 기준으로 틀린 것은?
① 지정수량 10배 이상의 위험물을 취급하는 일반취급소
② 지정수량 100배 이상의 위험물을 저장하는 옥외저장소
③ 지정수량 150배 이상의 위험물을 저장하는 옥내탱크저장소
④ 지정수량 150배 이상의 위험물을 저장하는 옥내저장소

[13. 경기]
기본서 2권 p.488

122 다음 중 관계인이 예방규정을 작성하여야 하는 제조소등의 기준이 아닌 것은?
① 지정수량의 10배 이상의 위험물을 취급하는 제조소
② 지정수량의 100배 이상의 위험물을 저장하는 옥내저장소
③ 지정수량의 200배 이상의 위험물을 저장하는 옥외탱크저장소
④ 암반탱크저장소

[15. 통합]
기본서 2권 p.488

해설

121 ③ 옥내탱크저장소는 해당되지 않는다.

▶ 관계인이 예방규정을 정하여야 하는 제조소등(영 제15조)
1. 지정수량 10배 이상의 위험물을 취급하는 제조소
2. 지정수량 100배 이상의 위험물을 저장하는 옥외저장소
3. 지정수량 150배 이상의 위험물을 저장하는 옥내저장소
4. 지정수량 200배 이상의 위험물을 저장하는 옥외탱크저장소
5. 암반탱크저장소
6. 이송취급소
7. 지정수량의 10배 이상의 위험물을 취급하는 일반취급소. 다만, 제4류 위험물(특수인화물을 제외한다)만을 지정수량의 50배 이하로 취급하는 일반취급소(제1석유류·알코올류의 취급량이 지정수량의 10배 이하인 경우에 한한다)로서 다음 각목의 어느 하나에 해당하는 것을 제외한다.
  가. 보일러·버너 또는 이와 비슷한 것으로서 위험물을 소비하는 장치로 이루어진 일반취급소
  나. 위험물을 용기에 옮겨 담거나 차량에 고정된 탱크에 주입하는 일반취급소

122 ② 지정수량의 100배 이상의 위험물을 저장하는 옥외저장소이다(영 제15조).

▶ 관계인이 예방규정을 정하여야 하는 제조소등(영 제15조)
1. 지정수량 10배 이상의 위험물을 취급하는 제조소
2. <u>지정수량 100배 이상의 위험물을 저장하는 옥외저장소</u>
3. 지정수량 150배 이상의 위험물을 저장하는 옥내저장소
4. 지정수량 200배 이상의 위험물을 저장하는 옥외탱크저장소
5. 암반탱크저장소
6. 이송취급소
7. 지정수량의 10배 이상의 위험물을 취급하는 일반취급소. 다만, 제4류 위험물(특수인화물을 제외한다)만을 지정수량의 50배 이하로 취급하는 일반취급소(제1석유류·알코올류의 취급량이 지정수량의 10배 이하인 경우에 한한다)로서 다음 각목의 어느 하나에 해당하는 것을 제외한다.
  가. 보일러·버너 또는 이와 비슷한 것으로서 위험물을 소비하는 장치로 이루어진 일반취급소
  나. 위험물을 용기에 옮겨 담거나 차량에 고정된 탱크에 주입하는 일반취급소

정답 121.③ 122.②

123 관계인이 예방규정을 정해야 하는 제조소등의 기준으로 틀린 것은?
① 지정수량 10배 이상의 위험물을 취급하는 제조소
② 지정수량 100배 이상의 위험물을 저장하는 옥외저장소
③ 지정수량 150배 이상의 위험물을 저장하는 옥내저장소
④ 지정수량 200배 이상의 위험물을 저장하는 암반탱크저장소

[16. 통합]
상 중 **하**
기본서 2권 p.488

124 관계인이 예방규정을 정해야 하는 제조소등의 기준으로 옳은 것은?
① 지정수량 10배 이상의 위험물을 취급하는 제조소
② 지정수량 100배 이상의 위험물을 저장하는 옥내저장소
③ 지정수량 150배 이상의 위험물을 저장하는 옥외탱크저장소
④ 지정수량 150배 이상의 위험물을 저장하는 옥내탱크저장소

[17. 중앙]
상 중 **하**
기본서 2권 p.488

해설 123 ▶ 관계인이 예방규정을 정하여야 하는 제조소등(영 제15조)
1. 지정수량 10배 이상의 위험물을 취급하는 제조소
2. 지정수량 100배 이상의 위험물을 저장하는 옥외저장소
3. 지정수량 150배 이상의 위험물을 저장하는 옥내저장소
4. <u>지정수량 200배 이상의 위험물을 저장하는 옥외탱크저장소</u>
5. <u>암반탱크저장소</u>
6. 이송취급소
7. 지정수량의 10배 이상의 위험물을 취급하는 일반취급소. 다만, 제4류 위험물(특수인화물을 제외한다)만을 지정수량의 50배 이하로 취급하는 일반취급소(제1석유류·알코올류의 취급량이 지정수량의 10배 이하인 경우에 한한다)로서 다음 각목의 어느 하나에 해당하는 것을 제외한다.
  가. 보일러·버너 또는 이와 비슷한 것으로서 위험물을 소비하는 장치로 이루어진 일반취급소
  나. 위험물을 용기에 옮겨 담거나 차량에 고정된 탱크에 주입하는 일반취급소

124 ▶ 관계인이 예방규정을 정하여야 하는 제조소등(영 제15조)
법 제17조 제1항에서 "대통령령이 정하는 제조소등"이라 함은 다음 각호의 1에 해당하는 제조소등을 말한다.
1. 지정수량의 10배 이상의 위험물을 취급하는 제조소
2. <u>지정수량의 100배 이상의 위험물을 저장하는 옥외저장소</u>
3. <u>지정수량의 150배 이상의 위험물을 저장하는 옥내저장소</u>
4. <u>지정수량의 200배 이상의 위험물을 저장하는 옥외탱크저장소</u>
5. 암반탱크저장소
6. 이송취급소
7. 지정수량의 10배 이상의 위험물을 취급하는 일반취급소. 다만, 제4류 위험물(특수인화물을 제외한다)만을 지정수량의 50배 이하로 취급하는 일반취급소(제1석유류·알코올류의 취급량이 지정수량의 10배 이하인 경우에 한한다)로서 다음 각목의 어느 하나에 해당하는 것을 제외한다.
  가. 보일러·버너 또는 이와 비슷한 것으로서 위험물을 소비하는 장치로 이루어진 일반취급소
  나. 위험물을 용기에 옮겨 담거나 차량에 고정된 탱크에 주입하는 일반취급소

정답 123.④ 124.①

125 「위험물안전관리법」 및 같은 법 시행령상 관계인이 예방규정을 정하여야 하는 제조소등에 해당하지 않는 것은?

① 4,000L의 알코올류를 취급하는 제조소
② 30,000kg의 황을 저장하는 옥외저장소
③ 2,500kg의 나트륨을 저장하는 옥내저장소
④ 150,000L의 경유를 저장하는 옥외탱크저장소

[23. 경채, 공채]
상 중 하
기본서 2권 p.488

126 「위험물안전관리법 시행령」상 관계인이 예방규정을 정하여야 하는 제조소등으로 옳지 않은 것은?

① 지정수량의 10배 이상의 위험물을 취급하는 제조소
② 지정수량의 50배 이상의 위험물을 저장하는 옥외저장소
③ 지정수량의 150배 이상의 위험물을 저장하는 옥내저장소
④ 암반탱크저장소

[18. 공채]
상 중 하
기본서 2권 p.488

해설

125 ① 알코올 - 400L
   지정수량의 10배 이상의 위험물을 취급하는 제조소 → 4,000L 이상
② 황 - 100kg
   지정수량의 100배 이상의 위험물을 저장하는 옥외저장소 → 10,000kg 이상
③ 나트륨 - 10kg
   지정수량의 150배 이상의 위험물을 저장하는 옥내저장소 → 1,500kg 이상
④ 경유(제2석유류-비수용성액체) - 1,000L
   지정수량의 200배 이상의 위험물을 저장하는 옥외탱크저장소 → 200,000L 이상

126 ② 지정수량의 <u>100배 이상</u>의 위험물을 저장하는 옥외저장소

▶ 관계인이 예방규정을 정하여야 하는 제조소등(영 제15조)
법 제17조 제1항에서 "대통령령이 정하는 제조소등"이라 함은 다음 각호의 1에 해당하는 제조소등을 말한다.
1. 지정수량의 10배 이상의 위험물을 취급하는 제조소
2. 지정수량의 100배 이상의 위험물을 저장하는 옥외저장소
3. 지정수량의 150배 이상의 위험물을 저장하는 옥내저장소
4. 지정수량의 200배 이상의 위험물을 저장하는 옥외탱크저장소
5. 암반탱크저장소
6. 이송취급소
7. 지정수량의 10배 이상의 위험물을 취급하는 일반취급소. 다만, 제4류 위험물(특수인화물을 제외한다)만을 지정수량의 50배 이하로 취급하는 일반취급소(제1석유류·알코올류의 취급량이 지정수량의 10배 이하인 경우에 한한다)로서 다음 각목의 어느 하나에 해당하는 것을 제외한다.
   가. 보일러·버너 또는 이와 비슷한 것으로서 위험물을 소비하는 장치로 이루어진 일반취급소
   나. 위험물을 용기에 옮겨 담거나 차량에 고정된 탱크에 주입하는 일반취급소

정답 125.④ 126.②

127 「위험물안전관리법 시행령」상 정기점검 대상으로 옳지 않은 것은?

① 지정수량 80배의 위험물을 저장하는 옥외저장소
② 암반탱크저장소
③ 이동탱크저장소
④ 지정수량 210배의 위험물을 저장하는 옥외탱크저장소

[17. 공채]

128 특정·준특정옥외탱크저장소는 소방본부장이나 소방서장으로부터 정밀정기검사를 받아야 한다. 정밀정기검사는 완공검사합격확인증을 발급받은 날부터 몇 년 이내에 받아야 하는가?

① 2년　　② 3년
③ 11년　④ 12년

[10. 충남]

해설 127 ▶정기점검의 대상인 제조소등(영 제16조)
1. 관계인이 예방규정을 정하여야 하는 제조소등
   - 지정수량의 10배 이상의 위험물을 취급하는 제조소
   - 지정수량의 100배 이상의 위험물을 저장하는 옥외저장소
   - 지정수량의 150배 이상의 위험물을 저장하는 옥내저장소
   - 지정수량의 200배 이상의 위험물을 저장하는 옥외탱크저장소
   - 암반탱크저장소
   - 이송취급소
   - 지정수량의 10배 이상의 위험물을 취급하는 일반취급소. 다만, 제4류 위험물(특수인화물을 제외한다)만을 지정수량의 50배 이하로 취급하는 일반취급소(제1석유류·알코올류의 취급량이 지정수량의 10배 이하인 경우에 한한다)로서 다음 각목의 어느 하나에 해당하는 것을 제외한다.
      가. 보일러·버너 또는 이와 비슷한 것으로서 위험물을 소비하는 장치로 이루어진 일반취급소
      나. 위험물을 용기에 옮겨 담거나 차량에 고정된 탱크에 주입하는 일반취급소
2. 지하탱크저장소
3. 이동탱크저장소
4. 위험물을 취급하는 탱크로서 지하에 매설된 탱크가 있는 제조소·주유취급소 또는 일반취급소

128 ④ 정밀정기검사는 완공검사합격확인증을 발급받은 날부터 12년 이내에 받아야 한다(규칙 제70조 제1항 제1호 가목).

정답 127.① 128.④

소방관계법규

129 「위험물안전관리법 시행령」상 정기점검 대상인 저장소로 옳지 않은 것은?
① 옥내탱크저장소
② 지하탱크저장소
③ 이동탱크저장소
④ 암반탱크저장소

[21. 공채]
상 중 하
기본서 2권 p.488, p.492

130 다음 중 위험물 예방규정에 대한 설명으로 옳지 않은 것은?
① 대통령령으로 정하는 제조소등의 관계인은 예방규정을 정하여 소방본부장 또는 소방서장에게 제출하여야 한다.
② 지정수량의 100배 이상의 위험물을 저장하는 옥외저장소는 예방규정을 정하여야 하는 대상이다.
③ 예방규정을 제출하지 아니한 자는 1,500만 원 이하의 벌금에 해당된다.
④ 제4류 위험물(특수인화물은 제외)만을 지정수량의 50배 이하로 취급하는 일반취급소(제1석유류·알코올류의 취급량이 지정수량 10배 이하인 경우에 한한다)로서 보일러·버너 또는 이와 비슷한 것으로서 위험물을 소비하는 장치로 이루어진 일반취급소는 제외한다.

[09. 경남]
상 중 하
기본서 2권 p.488

해설 129 ▶ 정기점검의 대상인 제조소등(영 제16조)
법 제18조 제1항에서 "대통령령이 정하는 제조소등"이라 함은 다음 각호의 1에 해당하는 제조소등을 말한다.
1. 제15조 각호의 1에 해당하는 제조소등
   - 지정수량의 10배 이상의 위험물을 취급하는 제조소
   - 지정수량의 100배 이상의 위험물을 저장하는 옥외저장소
   - 지정수량의 150배 이상의 위험물을 저장하는 옥내저장소
   - 지정수량의 200배 이상의 위험물을 저장하는 옥외탱크저장소
   - 암반탱크저장소
   - 이송취급소
   - 지정수량의 10배 이상의 위험물을 취급하는 일반취급소. 다만, 제4류 위험물(특수인화물을 제외한다)만을 지정수량의 50배 이하로 취급하는 일반취급소(제1석유류·알코올류의 취급량이 지정수량의 10배 이하인 경우에 한한다)로서 다음 각목의 어느 하나에 해당하는 것을 제외한다.
     가. 보일러·버너 또는 이와 비슷한 것으로서 위험물을 소비하는 장치로 이루어진 일반취급소
     나. 위험물을 용기에 옮겨 담거나 차량에 고정된 탱크에 주입하는 일반취급소
2. 지하탱크저장소
3. 이동탱크저장소
4. 위험물을 취급하는 탱크로서 지하에 매설된 탱크가 있는 제조소·주유취급소 또는 일반취급소

130 ① 대통령령이 정하는 제조소등의 관계인은 해당 제조소등의 화재예방과 화재 등 재해발생시의 비상조치를 위하여 행정안전부령이 정하는 바에 따라 예방규정을 정하여 해당 제조소등의 사용을 시작하기 전에 시·도지사에게 제출하여야 한다. 예방규정을 변경한 때에도 또한 같다(법 제17조 및 영 제15조).

정답 129.① 130.①

131 「위험물안전관리법 시행령」상 관계인이 예방규정을 정하여야 하는 제조소등에 대한 기준이다. ( ) 안에 들어갈 내용으로 옳은 것은?

- 지정수량의 (㉠)배 이상의 위험물을 취급하는 제조소
- 지정수량의 (㉡)배 이상의 위험물을 저장하는 옥내저장소
- 지정수량의 (㉢)배 이상의 위험물을 저장하는 옥외저장소
- 지정수량의 (㉣)배 이상의 위험물을 저장하는 옥외탱크저장소

	㉠	㉡	㉢	㉣		㉠	㉡	㉢	㉣
①	10	150	100	200	②	50	150	100	200
③	10	100	150	200	④	50	100	150	250

[22. 공채]

132 다음 중 자체소방대의 설치조건에 해당하지 않는 것은?
① 제조소에서 취급하는 제4류 위험물의 최대수량의 합이 지정수량의 3천배 이상
② 일반취급소에서 취급하는 제4류 위험물의 최대수량의 합이 지정수량의 3천배 이상
③ 옥내탱크저장소에 저장하는 제4류 위험물의 최대수량이 지정수량의 50만배 이상
④ 옥외탱크저장소에 저장하는 제4류 위험물의 최대수량이 지정수량의 50만배 이상

[13. 전북]

해설

131 ▶관계인이 예방규정을 정하여야 하는 제조소등(영 제15조)
- 지정수량의 (㉠ : 10)배 이상의 위험물을 취급하는 제조소
- 지정수량의 (㉡ : 150)배 이상의 위험물을 저장하는 옥내저장소
- 지정수량의 (㉢ : 100)배 이상의 위험물을 저장하는 옥외저장소
- 지정수량의 (㉣ : 200)배 이상의 위험물을 저장하는 옥외탱크저장소

132 ▶자체소방대 (법 제19조)
다량의 위험물을 저장·취급하는 제조소등으로서 대통령령이 정하는 제조소등이 있는 동일한 사업소에서 대통령령이 정하는 수량 이상의 위험물을 저장 또는 취급하는 경우 당해 사업소의 관계인은 대통령령이 정하는 바에 따라 당해 사업소에 자체소방대를 설치하여야 한다.

▶자체소방대를 설치하여야 하는 사업소(영 제18조 제2항)
② 법 제19조에서 "대통령령이 정하는 수량 이상"이란 다음 각 호의 구분에 따른 수량을 말한다.
   1. 제1항 제1호에 해당하는 경우 : 제조소 또는 일반취급소에서 취급하는 제4류 위험물의 최대수량의 합이 지정수량의 3천배 이상
   2. 제1항 제2호에 해당하는 경우 : 옥외탱크저장소에 저장하는 제4류 위험물의 최대수량이 지정수량의 50만배 이상

정답 131.① 132.③

133 화학소방자동차에 갖추어야 하는 소화능력 및 설비의 기준으로 옳지 않은 것은?
① 제독차는 가성소오다 및 규조토를 각각 3,000kg 이상 비치할 것
② 분말 방사차는 분말의 방사능력이 매초 35kg 이상일 것
③ 이산화탄소 방사차는 이산화탄소의 방사능력이 매초 40kg 이상일 것
④ 포수용액 방사차는 포수용액의 방사능력이 매분 2,000L 이상일 것

[13. 전북]
상 중 하
기본서 2권 p.505

134 「위험물안전관리법 시행규칙」상 화학소방자동차에 갖추어야 하는 소화능력 또는 설비의 기준으로 옳은 것은?
① 포수용액 방사차 : 포수용액의 방사능력이 매분 1,000L 이상일 것
② 분말 방사차 : 1,000kg 이상의 분말을 비치할 것
③ 할로젠화합물 방사차 : 할로젠화합물의 방사능력이 매초 40kg 이상일 것
④ 이산화탄소 방사차 : 1,000kg 이상의 이산화탄소를 비치할 것

[23. 경채, 공채]
상 중 하
기본서 2권 p.505

해설 133 ① 각각 50kg 이상 비치할 것(규칙 별표 23)

▶ 화학소방자동차에 갖추어야 하는 소화능력 및 설비의 기준(규칙 별표 23)

화학소방자동차의 구분	소화능력 및 설비의 기준
포수용액 방사차	포수용액의 방사능력이 매분 2,000L 이상일 것
	소화약액탱크 및 소화약액혼합장치를 비치할 것
	10만L 이상의 포수용액을 방사할 수 있는 양의 소화약제를 비치할 것
분말 방사차	분말의 방사능력이 매초 35kg 이상일 것
	분말탱크 및 가압용가스설비를 비치할 것
	1,400kg 이상의 분말을 비치할 것
할로젠화합물 방사차	할로젠화합물의 방사능력이 매초 40kg 이상일 것
	할로젠화합물탱크 및 가압용가스설비를 비치할 것
	1,000kg 이상의 할로젠화합물을 비치할 것
이산화탄소 방사차	이산화탄소의 방사능력이 매초 40kg 이상일 것
	이산화탄소저장용기를 비치할 것
	3,000kg 이상의 이산화탄소를 비치할 것
제독차	가성소오다 및 규조토를 각각 50kg 이상 비치할 것

134 ▶ 규칙 별표 23
① 포수용액 방사차 : 포수용액의 방사능력이 매분 ~~1,000L~~ 이상일 것
 → 2,000L 이상
② 분말 방사차 : ~~1,000kg~~ 이상의 분말을 비치할 것
 → 1,400kg 이상
④ 이산화탄소 방사차 : ~~1,000kg~~ 이상의 이산화탄소를 비치할 것
 → 3,000kg 이상

정답 133.① 134.③

135 다량의 위험물을 저장·취급하는 제조소등으로서 대통령령이 정하는 제조소등이 있는 동일한 사업소에서 대통령령이 정하는 수량 이상의 위험물을 저장 또는 취급하는 경우 당해 사업소 관계인이 설치해야 하는 것은?

① 의용소방대 ② 자체소방대
③ 자위소방대 ④ 의무소방대

[10. 경기]
기본서 2권 p.503

136 제4류 위험물 중 알코올 8,000만 리터에 갖추어야 할 화학소방차의 대수와 필요한 자체소방대의 인원수는?

① 1대 - 5인   ② 1대 - 10인
③ 2대 - 10인 ④ 2대 - 15인
⑤ 3대 - 15인

[11. 간부]
기본서 2권 p.503

해설

135 ② 다량의 위험물을 저장·취급하는 제조소등으로서 대통령령이 정하는 제조소등이 있는 동일한 사업소에서 대통령령이 정하는 수량 이상의 위험물을 저장 또는 취급하는 경우 당해 사업소의 관계인은 대통령령이 정하는 바에 따라 당해 사업소에 <u>자체소방대</u>를 설치하여야 한다(법 제19조).

136 ③ 알코올 8,000만 리터를 알코올의 지정수량 400리터로 나눈다.

$$\frac{80,000,000}{400} = 200,000$$

20만배이므로 화학차 2대, 인원 10인에 해당한다(영 별표 8).

사업소의 구분	화학소방자동차	자체소방대원의 수
1. 제조소 또는 일반취급소에서 취급하는 제4류 위험물의 최대수량의 합이 지정수량의 3천배 이상 12만배 미만인 사업소	1대	5인
2. 제조소 또는 일반취급소에서 취급하는 제4류 위험물의 최대수량의 합이 지정수량의 12만배 이상 24만배 미만인 사업소	2대	10인
3. 제조소 또는 일반취급소에서 취급하는 제4류 위험물의 최대수량의 합이 지정수량의 24만배 이상 48만배 미만인 사업소	3대	15인
4. 제조소 또는 일반취급소에서 취급하는 제4류 위험물의 최대수량의 합이 지정수량의 48만배 이상인 사업소	4대	20인
5. 옥외탱크저장소에 저장하는 제4류 위험물의 최대수량이 지정수량의 50만배 이상인 사업소	2대	10인

정답 135.② 136.③

137 다음은 자체소방대에 두는 화학소방자동차와 자체소방대원의 수에 관한 규정이다. 빈칸에 들어갈 숫자가 바르게 짝지어진 것은?

> 제조소 또는 일반취급소에서 취급하는 제4류 위험물의 최대수량의 합이 지정수량의 24만 배 이상 48만 배 미만인 사업소에는 화학소방자동차 (㉠)대와 자체소방대원 (㉡)인을 두어야 한다.

	㉠	㉡
①	2	10
②	2	15
③	3	10
④	3	15

[18. 공채]
기본서 2권 p.503

해설 137 ▶ 자체소방대에 두는 화학소방자동차 및 인원(영 별표 8)
제조소 또는 일반취급소에서 취급하는 제4류 위험물의 최대수량의 합이 지정수량의 24만 배 이상 48만 배 미만인 사업소에는 화학소방자동차 (3)대와 자체소방대원 (15)인을 두어야 한다.

사업소의 구분	화학소방자동차	자체소방대원의 수
1. 제조소 또는 일반취급소에서 취급하는 제4류 위험물의 최대수량의 합이 지정수량의 3천배 이상 12만배 미만인 사업소	1대	5인
2. 제조소 또는 일반취급소에서 취급하는 제4류 위험물의 최대수량의 합이 지정수량의 12만배 이상 24만배 미만인 사업소	2대	10인
3. 제조소 또는 일반취급소에서 취급하는 제4류 위험물의 최대수량의 합이 지정수량의 24만배 이상 48만배 미만인 사업소	3대	15인
4. 제조소 또는 일반취급소에서 취급하는 제4류 위험물의 최대수량의 합이 지정수량의 48만배 이상인 사업소	4대	20인
5. 옥외탱크저장소에 저장하는 제4류 위험물의 최대수량이 지정수량의 50만배 이상인 사업소	2대	10인

정답 137.④

138 「위험물안전관리법 시행령」상 다량의 위험물을 저장·취급하는 제조소등에서 자체소방대를 설치하여야 하는 사업소로 옳지 않은 것은?

① 최대수량의 합이 지정수량의 3천배 이상인 제4류 위험물을 취급하는 제조소
② 최대수량의 합이 지정수량의 3천배 이상인 제4류 위험물을 취급하는 일반취급소
③ 최대수량이 지정수량의 50만배 이상인 제4류 위험물을 저장하는 옥내탱크저장소
④ 최대수량이 지정수량의 50만배 이상인 제4류 위험물을 저장하는 옥외탱크저장소

해설 138 ③ 최대수량이 지정수량의 50만배 이상인 제4류 위험물을 저장하는 옥내탱크저장소
→ 옥외탱크저장소

▶ 자체소방대를 설치하여야 하는 사업소(영 제18조)
① 법 제19조에서 "대통령령이 정하는 제조소등"이란 다음 각 호의 어느 하나에 해당하는 제조소등을 말한다.
  1. 제4류 위험물을 취급하는 제조소 또는 일반취급소. 다만, 보일러로 위험물을 소비하는 일반취급소 등 행정안전부령으로 정하는 일반취급소는 제외한다.
  2. 제4류 위험물을 저장하는 옥외탱크저장소
② 법 제19조에서 "대통령령이 정하는 수량 이상"이란 다음 각 호의 구분에 따른 수량을 말한다.
  1. 제1항 제1호에 해당하는 경우 : 제조소 또는 일반취급소에서 취급하는 제4류 위험물의 최대수량의 합이 지정수량의 3천배 이상
  2. 제1항 제2호에 해당하는 경우 : 옥외탱크저장소에 저장하는 제4류 위험물의 최대수량이 지정수량의 50만배 이상

정답 138.③

04 위험물의 운반 등

139 위험물의 운반에 관한 기준상 유별을 달리하는 위험물의 혼재기준에서 제4류 위험물과 혼재할 수 없는 것은?

① 1류, 6류
② 2류, 3류
③ 3류, 5류
④ 2류, 5류

[10. 충남]

140 「위험물안전관리법 시행규칙」상 위험물의 운반에 관한 기준에서 제2류 위험물 중 철분을 수납하는 위험물의 표시사항으로 옳은 것은?

① 화기주의 및 물기엄금
② 충격주의 및 화기엄금
③ 화기엄금 및 공기접촉엄금
④ 물기주의 및 화기주의

[13. 중앙]

해설

139 ① 제1류 위험물과 제6류 위험물은 서로 혼재할 수 있고, 제4류 위험물은 제2류 위험물, 제3류 위험물, 제5류 위험물까지 혼재할 수 있다(규칙 별표 19).

140 ① 제2류 위험물 중 철분·금속분·마그네슘 또는 이들 중 어느 하나 이상을 함유한 것에 있어서는 "화기주의" 및 "물기엄금"(규칙 별표 19)

정답 139. ① 140. ①

141 위험물 중 운송책임자의 감독, 지원을 받아 운송하여야 하는 것은?
① 알칼리금속　　② 알킬알루미늄
③ 유기과산화물　④ 칼슘

142 위험물 운송자가 운송책임자의 감독·지원을 받아 운송하여야 하는 위험물은?
① 유기과산화물　② 질산에스터류
③ 알킬알루미늄　④ 칼륨
⑤ 나트륨

해설

141 ▶ 운송책임자의 감독·지원을 받아 운송하여야 하는 위험물(영 제19조)
1. 알킬알루미늄
2. 알킬리튬
3. 제1호 또는 제2호의 물질을 함유하는 위험물

142 ▶ 운송책임자의 감독·지원을 받아 운송하여야 하는 위험물(영 제19조)
1. 알킬알루미늄
2. 알킬리튬
3. 제1호 또는 제2호의 물질을 함유하는 위험물

정답 141.② 142.③

143 위험물 운송자가 운송책임자의 감독·지원을 받아 운송하여야 하는 위험물은?

① 유기과산화물
② 질산에스터류
③ 알킬알루미늄
④ 칼륨 및 나트륨

[11. 부산]
기본서 2권 p.521

144 다음 중 위험물 운송에 있어서 운송책임자의 감독·지원을 받아 운송하여야 하는 위험물은?

① 알킬알루미늄
② 아염소산염류
③ 나이트로글리세린
④ 알칼리금속

[11. 서울]
기본서 2권 p.521

해설

143 ▶ 운송책임자의 감독·지원을 받아 운송하여야 하는 위험물(영 제19조)
  1. 알킬알루미늄
  2. 알킬리튬
  3. 제1호 또는 제2호의 물질을 함유하는 위험물

144 ▶ 운송책임자의 감독·지원을 받아 운송하여야 하는 위험물(영 제19조)
  1. 알킬알루미늄
  2. 알킬리튬
  3. 제1호 또는 제2호의 물질을 함유하는 위험물

정답 143.③ 144.①

145 위험물 운송자가 운송책임자의 감독·지원을 받아 운송하여야 하는 위험물이 아닌 것은?

① 알킬알루미늄
② 나트륨
③ 알킬리튬
④ 알킬알루미늄 및 알킬리튬을 함유하는 물질

[11. 울산]
상 중 하
기본서 2권 p.521

146 이동탱크저장소에 의하여 위험물을 운송하는 경우 운송책임자의 감독·지원을 받아야 하는 위험물은?

① 알킬알루미늄
② 아세트알데하이드
③ 산화프로필렌
④ 질산메틸

[15. 통합]
상 중 하
기본서 2권 p.521

해설

145 ② 나트륨은 제3류 위험물에 해당한다.

▶ 운송책임자의 감독·지원을 받아 운송하여야 하는 위험물(영 제19조)
1. 알킬알루미늄
2. 알킬리튬
3. 제1호 또는 제2호의 물질을 함유하는 위험물

146 ▶ 운송책임자의 감독·지원을 받아 운송하여야 하는 위험물(영 제19조)
1. 알킬알루미늄
2. 알킬리튬
3. 제1호 또는 제2호의 물질을 함유하는 위험물

정답 145.② 146.①

147 「위험물안전관리법 시행령」상 운송책임자의 감독 또는 지원을 받아 운송하여야 하는 위험물로 옳은 것은?

① 알킬알루미늄, 알킬리튬
② 마그네슘, 염소류
③ 적린, 금속분
④ 황, 황산

148 「위험물안전관리법」 및 같은 법 시행령상 운송책임자의 감독 및 지원을 받아 운송해야 하는 위험물로 옳은 것은?

① 아세트알데하이드
② 유기과산화물
③ 알킬리튬
④ 질산염류

해설 147 ▸ 운송책임자의 감독·지원을 받아 운송하여야 하는 위험물(영 제19조)
법 제21조 제2항에서 "대통령령이 정하는 위험물"이라 함은 다음 각 호의 1에 해당하는 위험물을 말한다.
1. 알킬알루미늄
2. 알킬리튬
3. 제1호 또는 제2호의 물질을 함유하는 위험물

148 ▸ 위험물안전관리법 시행령 제19조(운송책임자의 감독·지원을 받아 운송하여야 하는 위험물)
법 제21조 제2항에서 "대통령령이 정하는 위험물"이라 함은 다음 각호의 1에 해당하는 위험물을 말한다.
1. 알킬알루미늄
2. 알킬리튬
3. 제1호 또는 제2호의 물질을 함유하는 위험물

정답 147. ① 148. ③

05 감독 및 조치명령

149 위험물 제조소등에의 출입·검사권자로 옳은 것은?

① 소방청장, 시·도지사, 소방본부장, 소방서장
② 소방대장, 시·도지사, 소방청장, 소방본부장
③ 시·도지사, 소방청장, 소방서장, 소방공무원
④ 소방청장, 소방본부장, 소방서장, 소방대장

[기출변형]
기본서 2권 p.526

150 위험물의 누출·화재·폭발 등의 사고가 발생한 경우 사고의 원인 및 피해 등을 조사하여야 하는 자로 옳지 않은 것은?

① 시·도지사
② 소방청장
③ 소방본부장
④ 소방서장

[18. 공채]
기본서 2권 p.526

해설

149 ① 출입·검사권자는 소방청장, 시·도지사, 소방본부장 또는 소방서장이다(법 제22조 제1항).

150 ▶위험물 누출 등의 사고 조사(법 제22조의2 제1항)
① <u>소방청장, 소방본부장 또는 소방서장</u>은 위험물의 누출·화재·폭발 등의 사고가 발생한 경우 사고의 원인 및 피해 등을 조사하여야 한다.

정답 149.① 150.①

06 보칙

151 다음 중 위험물 안전교육을 받아야 하는 안전교육대상자가 아닌 자는?
① 위험물 제조소의 관계인
② 안전관리자로 선임된 자
③ 탱크시험자의 기술인력으로 종사하는 자
④ 위험물운송자로서 종사하는 자

[09. 경남]

152 다음 중 위험물 안전교육대상자가 아닌 것은?
① 안전관리자로 선임된 자
② 탱크시험자의 기술인력으로 종사하는 자
③ 위험물운송자로 종사하는 자
④ 자체소방대원

[11. 통합]

해설 **151** ① 위험물 제조소의 관계인은 포함되지 않는다.

▶ 안전교육대상자(영 제20조)
1. 안전관리자로 선임된 자
2. 탱크시험자의 기술인력으로 종사하는 자
3. 위험물운반자로 종사하는 자
4. 위험물운송자로 종사하는 자

152 ④ 자체소방대원은 포함되지 않는다.

▶ 안전교육대상자(영 제20조)
1. 안전관리자로 선임된 자
2. 탱크시험자의 기술인력으로 종사하는 자
3. 위험물운반자로 종사하는 자
4. 위험물운송자로 종사하는 자

정답 151.① 152.④

07 벌칙

153 「위험물안전관리법」에서 과태료 부과권자로서 옳지 않은 것은?
① 소방서장
② 시·도지사
③ 소방본부장
④ 소방청장

[11. 통합]

154 「위험물안전관리법」상 벌칙 기준이 다른 것은?
① 제조소등의 사용정지명령을 위반한 자
② 변경허가를 받지 아니하고 제조소등을 변경한 자
③ 위험물의 저장 또는 취급에 관한 중요기준에 따르지 아니한 자
④ 위험물안전관리자 또는 그 대리자가 참여하지 아니한 상태에서 위험물을 취급한 자

[20. 공채]

해설

153 ④ 과태료는 대통령령이 정하는 바에 따라 시·도지사, 소방본부장 또는 소방서장이 부과·징수한다(법 제39조 제2항).

154 ④ 1천만 원 이하의 벌금(법 제37조)
①②③은 1천500만 원 이하의 벌금(법 제36조)

정답 153.④ 154.④

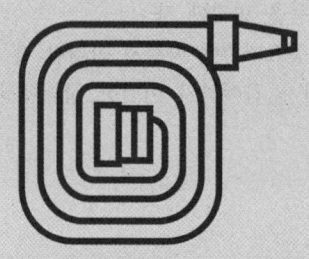

김동준 소방

02
기출문제
모의고사

소방관계법규

기출 + O·X + 빈칸

01 2024년 경채 (김동준소방)

01 「소방기본법 시행규칙」상 소방신호의 종류 및 방법에 관한 내용으로 옳은 것은?
① 해제신호의 타종신호 방법은 난타이다.
② 훈련신호의 타종신호 방법은 연3타 반복이다.
③ 발화신호의 사이렌신호 방법은 5초 간격을 두고 30초씩 3회이다.
④ 경계신호의 사이렌신호 방법은 10초 간격을 두고 30초씩 3회이다.

해설 p.66-113번

02 「소방기본법」 및 같은 법 시행령상 과태료 부과기준으로 옳은 것은?
① 정당한 사유 없이 관계인의 소방활동 등에 따른 법을 위반하여 화재, 재난·재해, 그 밖의 위급한 상황을 소방본부, 소방서 또는 관계 행정기관에 알리지 아니한 관계인에게는 200만 원 이하의 과태료를 부과한다.
② 소방자동차 전용구역에 차를 주차하거나 전용구역에의 진입을 가로막는 등의 방해행위를 한 자에게는 100만 원 이하의 과태료를 부과한다.
③ 위반행위의 횟수에 따른 과태료의 가중된 부과기준은 최근 2년간 같은 위반행위로 과태료 부과처분을 받은 경우에 적용한다.
④ 위반행위자가 법 위반상태를 시정하거나 해소하기 위하여 노력한 사실이 인정되는 경우, 부과권자는 개별기준에 따른 과태료의 3분의 1 범위에서 그 금액을 줄여 부과할 수 있다.

해설 p.101-167번

정답 01.② 02.②

03 「소방기본법」상 화재로 오인할 만한 우려가 있는 불을 피우거나 연막(煙幕) 소독을 하려는 자가 시·도의 조례로 정하는 바에 따라 관할 소방본부장 또는 소방서장에게 신고해야 하는 지역으로 옳지 않은 것은? (단, 각 시·도에서 별도로 정하는 지역은 제외한다.)
① 공장·창고가 밀집한 지역
② 노후·불량 건축물이 밀집한 지역
③ 위험물의 저장 및 처리시설이 밀집한 지역
④ 석유화학제품을 생산하는 공장이 있는 지역

04 「소방기본법」상 소방박물관 등의 설립과 운영에 관한 내용이다. ( ) 안에 들어갈 내용으로 옳은 것은?

> • 소방의 역사와 안전문화를 발전시키고 국민의 안전의식을 높이기 위하여 (ㄱ)은/는 소방박물관을, (ㄴ)은/는 소방체험관을 설립하여 운영할 수 있다.
> • 소방박물관의 설립과 운영에 필요한 사항은 (ㄷ)(으)로 정하고, 소방체험관의 설립과 운영에 필요한 사항은 (ㄷ)(으)로 정하는 기준에 따라 (ㄹ)(으)로 정한다.

	ㄱ	ㄴ	ㄷ	ㄹ
①	시·도지사	소방청장	행정안전부령	시·도의 조례
②	시·도지사	소방청장	시·도의 조례	행정안전부령
③	소방청장	시·도지사	시·도의 조례	행정안전부령
④	소방청장	시·도지사	행정안전부령	시·도의 조례

05 「소방기본법」 및 같은 법 시행규칙상 소방지원활동으로 옳지 않은 것은?
① 소방시설 오작동 신고에 따른 조치활동
② 낙하 등이 우려되는 고드름 등의 제거활동
③ 자연재해에 따른 제설 등 지원활동
④ 공연 등 각종 행사 시 사고에 대비한 근접대기 등 지원활동

정답 03.② 04.④ 05.②

06 「소방기본법 시행규칙」상 현장지휘훈련을 받아야 할 소방공무원의 계급으로 옳은 것은?

① 소방장 ② 소방위
③ 소방준감 ④ 소방총감

07 「소방기본법」상 한국소방안전원의 업무에 관한 내용으로 옳지 않은 것은?

① 소방안전에 관한 국제협력
② 소방기술과 안전관리에 관한 각종 간행물 발간
③ 화재 예방과 안전관리의식 고취를 위한 대국민 홍보
④ 소방기술과 소방산업의 국외시장 개척에 관한 사업추진

08 「소방시설공사업법 시행령」상 완공검사를 위한 현장확인 대상 특정소방대상물의 범위로 옳지 않은 것은?

① 스프링클러설비등이 설치되는 특정소방대상물
② 지하상가 및 「다중이용업소의 안전관리에 관한 특별법」에 따른 다중이용업소
③ 물분무등소화설비(호스릴 방식의 소화설비 제외)가 설치되는 특정소방대상물
④ 연면적 5천 제곱미터 이상이거나 10층 이상인 특정소방대상물(아파트는 제외)

09 「소방시설공사업법 시행령」상 시·도지사가 소방시설업자협회에 위탁하는 업무로 옳은 것만을 〈보기〉에서 고른 것은?

〈보기〉
ㄱ. 소방시설업 등록신청의 접수 및 신청내용의 확인
ㄴ. 소방시설업 등록사항 변경신고의 접수 및 신고내용의 확인
ㄷ. 시공능력 평가 및 공시에 관한 업무
ㄹ. 소방시설업자의 지위승계 신고의 접수 및 신고내용의 확인
ㅁ. 소방시설업 휴업·폐업 또는 재개업 신고의 접수 및 신고내용의 확인
ㅂ. 방염처리능력 평가 및 공시에 관한 업무

① ㄱ, ㄴ, ㄹ, ㅁ ② ㄱ, ㄴ, ㅁ, ㅂ
③ ㄱ, ㄷ, ㄹ, ㅁ ④ ㄴ, ㄷ, ㄹ, ㅂ

정답 06.② 07.④ 08.④ 09.①

10 「소방시설공사업법」 및 같은 법 시행령상 소방시설설계에 관한 내용으로 옳지 않은 것은?

① 소방시설설계업을 등록한 자는 이 법이나 이 법에 따른 명령과 화재안전기준에 맞게 소방시설을 설계하여야 한다.
② 지방소방기술심의위원회의 심의를 거쳐 소방시설의 구조와 원리 등에서 특수한 특정소방대상물로 인정된 경우는 화재안전기준을 따르지 아니할 수 있다.
③ 소방기술사 2명을 기술인력으로 보유한 전문소방시설설계업을 등록한 자는 성능위주설계를 할 수 있다.
④ 일반소방시설설계업(기계분야)을 등록한 자는 위험물제조소등에 설치되는 기계분야 소방시설을 설계할 수 있다.

11 「소방시설공사업법」상 소방시설공사의 하자보수에 관한 설명이다. ( ) 안에 들어갈 내용으로 옳은 것은?

(ㄱ)은/는 정해진 기간에 소방시설의 하자가 발생하였을 때에는 공사업자에게 그 사실을 알려야 하며, 통보를 받은 공사업자는 (ㄴ)일 이내에 하자를 보수하거나 보수 일정을 기록한 하자보수계획을 (ㄱ)에게 (ㄷ)(으)로 알려야 한다.

	ㄱ	ㄴ	ㄷ
①	소방본부장 또는 소방서장	5	서면
②	감리업자	3	서면
③	관계인	5	구두
④	관계인	3	서면

12 「소방시설공사업법 시행령」상 상주 공사감리를 해야 하는 대상으로 옳은 것만을 〈보기〉에서 고른 것은?

〈보기〉
ㄱ. 연면적 3만 제곱미터인 의료시설
ㄴ. 지하층을 포함한 층수가 20층이고 1,000세대인 아파트
ㄷ. 연면적 1만 제곱미터인 복합건축물
ㄹ. 연면적 2만 제곱미터인 판매시설

① ㄱ, ㄴ   ② ㄱ, ㄷ
③ ㄴ, ㄹ   ④ ㄷ, ㄹ

정답 10.② 11.④ 12.①

13 「화재의 예방 및 안전관리에 관한 법률」상 화재예방강화지구로 지정할 수 있는 지역으로 옳은 것만을 〈보기〉에서 있는 대로 고른 것은? (단, 소방관서장이 화재예방강화지구로 지정할 필요가 있다고 인정하는 지역은 제외한다.)

〈보기〉
ㄱ. 시장지역
ㄴ. 목조건물이 밀집한 지역
ㄷ. 전력용 및 통신용 지하구가 있는 지역
ㄹ. 소방시설·소방용수시설 또는 소방출동로가 없는 지역
ㅁ. 「물류시설의 개발 및 운영에 관한 법률」 제2조 제6호에 따른 물류단지

① ㄱ, ㄴ, ㄷ
② ㄱ, ㄷ, ㄹ
③ ㄱ, ㄴ, ㄹ, ㅁ
④ ㄴ, ㄷ, ㄹ, ㅁ

14 「화재의 예방 및 안전관리에 관한 법률 시행령」상 화재예방안전진단 대상의 시설기준으로 옳지 않은 것은?
① 발전소 중 연면적이 5천 제곱미터 이상인 발전소
② 항만시설 중 여객이용시설 및 지원시설의 연면적이 5천 제곱미터 이상인 항만시설
③ 철도시설 중 역 시설의 연면적이 5천 제곱미터 이상인 철도시설
④ 가스공급시설 중 가연성 가스 탱크의 저장용량의 합계가 30톤 이상이거나 저장용량이 10톤 이상인 가연성 가스 탱크가 있는 가스공급시설

15 「화재의 예방 및 안전관리에 관한 법률」상 용어의 정의로 옳지 않은 것은?
① "예방"이란 화재의 위험으로부터 사람의 생명·신체 및 재산을 보호하기 위하여 화재발생을 사전에 제거하거나 방지하기 위한 모든 활동을 말한다.
② "안전관리"란 화재로 인한 피해를 최소화하기 위한 예방, 대비, 대응 등의 활동을 말한다.
③ "화재예방안전진단"이란 화재가 발생할 경우 사회·경제적으로 피해 규모가 클 것으로 예상되는 소방대상물에 대하여 화재위험요인을 조사하고 그 위험성을 평가하여 개선대책을 수립하는 것을 말한다.
④ "화재안전조사"란 소방청장, 소방본부장 또는 소방서장이 화재원인, 피해상황, 대응활동 등을 파악하기 위하여 자료의 수집, 관계인등에 대한 질문, 현장 확인, 감식, 감정 및 실험 등을 하는 일련의 행위를 말한다.

정답 13.③ 14.④ 15.④

16 「화재의 예방 및 안전관리에 관한 법률 시행령」상 불을 사용하는 설비의 관리기준에 관한 내용으로 옳은 것은?

① 경유·등유 등 액체 연료탱크는 보일러 본체로부터 수평거리 0.5미터 이상의 간격을 두어 설치한다.
② 화목(火木) 등 고체연료를 사용하는 연통의 배출구는 보일러 본체보다 1미터 이상 높게 설치한다.
③ 음식조리를 위하여 설치하는 설비의 경우, 열을 발생하는 조리기구로부터 0.15미터 이내의 거리에 있는 가연성 주요구조부는 단열성이 있는 불연재료로 덮어 씌운다.
④ 대통령령에서 규정한 사항 외에 화재 발생 우려가 있는 설비 또는 기구의 종류, 해당 설비 또는 기구의 위치·구조 및 관리와 화재 예방을 위하여 불을 사용할 때 지켜야 하는 사항은 행정안전부령으로 정한다.

17 「화재의 예방 및 안전관리에 관한 법률 시행령」상 화재의 확대가 빠른 특수가연물의 저장 및 취급 기준으로 옳은 것은? (단, 석탄·목탄류를 발전용(發電用)으로 저장하는 경우는 제외한다.)

① 실외에 쌓아 저장하는 경우 쌓는 부분이 대지경계선, 도로 및 인접 건축물과 최소 6미터 이상 간격을 둘 것. 다만, 쌓는 높이보다 0.9미터 이상 높은 내화구조 벽체를 설치한 경우는 그렇지 않다.
② 실내에 쌓아 저장하는 경우 주요구조부는 불연재료 또는 준불연재료여야 하고, 다른 종류의 특수가연물과 같은 공간에 보관하지 않을 것. 다만, 방화구조의 벽으로 분리하는 경우는 그렇지 않다.
③ 쌓는 부분 바닥면적의 사이는 실내의 경우 1미터 또는 쌓는 높이의 1/2 중 큰 값 이상으로 간격을 둘 것
④ 쌓는 부분 바닥면적의 사이는 실외의 경우 3미터 또는 쌓는 높이의 1/2 중 큰 값 이상으로 간격을 둘 것

정답 16.③ 17.①

18 「화재의 예방 및 안전관리에 관한 법률 시행령」상 건설현장 소방안전관리대상물에 관한 내용이다. ( ) 안에 들어갈 내용으로 옳은 것은?

- 신축·증축·개축·재축·이전·용도변경 또는 대수선을 하려는 부분의 연면적의 합계가 (ㄱ) 이상인 것
- 신축·증축·개축·재축·이전·용도변경 또는 대수선을 하려는 부분의 연면적이 (ㄴ) 이상인 것으로서 다음 각 목의 어느 하나에 해당하는 것
  가. 지하층의 층수가 2개 층 이상인 것
  나. 지상층의 층수가 (ㄷ) 이상인 것
  다. 냉동창고, 냉장창고 또는 냉동·냉장창고

	ㄱ	ㄴ	ㄷ
①	1만5천 제곱미터	5천 제곱미터	6층
②	1만5천 제곱미터	5천 제곱미터	11층
③	1만5천 제곱미터	1만 제곱미터	6층
④	1만 제곱미터	5천 제곱미터	11층

19 「화재의 예방 및 안전관리에 관한 법률」 및 같은 법 시행령, 시행규칙상 소방안전관리대상물 근무자 및 거주자 등에 대한 소방훈련 등에 관한 내용으로 옳지 않은 것은?

① 소방안전관리대상물의 관계인은 소방훈련과 교육을 연 1회 이상 실시해야 한다.
② 1급 소방안전관리대상물의 관계인은 소방훈련 및 교육을 한 날부터 30일 이내에 소방훈련 및 교육 결과를 행정안전부령으로 정하는 바에 따라 소방본부장 또는 소방서장에게 제출해야 한다.
③ 소방서장은 특급 소방안전관리대상물의 관계인으로 하여금 소방훈련과 교육을 소방기관과 합동으로 실시하게 할 수 있다.
④ 소방안전관리대상물의 관계인은 소방훈련과 교육을 실시했을 때에는 그 실시 결과를 소방훈련·교육 실시 결과 기록부에 기록하고, 이를 소방훈련 및 교육을 실시한 날부터 1년간 보관해야 한다.

정답 18.② 19.④

20 「화재의 예방 및 안전관리에 관한 법률」 및 같은 법 시행규칙상 소방안전관리대상물의 관계인이 소방안전관리자를 선임한 경우 소방안전관리대상물의 출입자가 쉽게 알 수 있도록 게시해야 하는 사항으로 옳지 않은 것은?

① 소방안전관리자의 성명 및 선임일자
② 소방안전관리대상물의 명칭 및 등급
③ 소방안전관리대상물의 용도 및 수용인원
④ 소방안전관리자의 근무 위치(화재수신기 또는 종합방재실을 말한다.)

21 「화재의 예방 및 안전관리에 관한 법률 시행령」상 소방공무원으로 9년간 근무한 경력자가 발급받을 수 있는 최상위의 소방안전관리자 자격으로 선임할 수 있는 소방안전관리대상물로 옳은 것은?

① 가연성 가스를 1천 톤 이상 저장·취급하는 시설
② 지상으로부터 높이가 200미터 이상인 아파트
③ 지상으로부터 높이가 120미터 이상인 업무시설
④ 연면적이 10만 제곱미터 이상인 의료시설

22 「위험물안전관리법 시행규칙」상 위험물의 저장기준에 관한 내용으로 옳지 않은 것은?

① 제3류 위험물 중 황린 그 밖에 물속에 저장하는 물품과 금수성물질은 동일한 저장소에서 저장하지 아니하여야 한다.
② 옥내저장소에서는 용기에 수납하여 저장하는 위험물의 온도가 55℃를 넘지 아니하도록 필요한 조치를 강구하여야 한다.
③ 옥외저장소에서 위험물을 수납한 용기를 선반에 저장하는 경우에는 10m 이하의 높이로 저장하여야 한다.
④ 보냉장치가 있는 이동저장탱크에 저장하는 아세트알데하이드등 또는 다이에틸에테르등의 온도는 당해 위험물의 비점 이하로 유지하여야 한다.

정답 20.③ 21.① 22.③

23 「위험물안전관리법 시행규칙」상 소화설비의 설치기준으로 옳지 않은 것은?

① 위험물은 지정수량의 10배를 1소요단위로 할 것
② 저장소의 건축물은 외벽이 내화구조인 것은 연면적 100m^2를 1소요단위로 할 것
③ 제조소등에 전기설비(전기배선, 조명기구 등은 제외한다)가 설치된 경우에는 당해 장소의 면적 100m^2마다 소형수동식소화기를 1개 이상 설치할 것
④ 옥내소화전은 제조소등의 건축물의 층마다 당해 층의 각 부분에서 하나의 호스접속구까지의 수평거리가 25m 이하가 되도록 설치할 것

24 「위험물안전관리법」 및 같은 법 시행령상 운송책임자의 감독 및 지원을 받아 운송해야 하는 위험물로 옳은 것은?

① 아세트알데하이드   ② 유기과산화물
③ 알킬리튬   ④ 질산염류

25 「위험물안전관리법 시행규칙」상 주유취급소의 고정주유설비 설치기준이다. ( ) 안에 들어갈 내용으로 옳은 것은?

> 고정주유설비는 고정주유설비의 중심선을 기점으로 하여 도로경계선까지 ( )m 이상의 거리를 유지할 것

① 1   ② 2
③ 3   ④ 4

26 「위험물안전관리법 시행규칙」상 위험물제조소에 저장 또는 취급하는 위험물에 따라 설치해야 하는 주의사항을 표시한 게시판의 내용으로 옳지 않은 것은?

① 제1류 위험물 중 알칼리금속의 과산화물 – 물기주의
② 제2류 위험물(인화성고체 제외) – 화기주의
③ 제3류 위험물 중 자연발화성물질 – 화기엄금
④ 제5류 위험물 – 화기엄금

정답 23.② 24.③ 25.④ 26.①

27 「위험물안전관리법 시행규칙」상 인화성액체 위험물(이황화탄소를 제외한다)을 저장하는 옥외탱크저장소의 주위에 설치하는 방유제의 설치기준으로 옳지 않은 것은?

① 방유제는 높이 0.3m 이상 3m 이하로 할 것
② 방유제 내의 면적은 8만m^2 이하로 할 것
③ 방유제 내의 간막이 둑은 흙 또는 철근콘크리트로 할 것
④ 높이가 1m를 넘는 방유제 및 간막이 둑의 안팎에는 방유제 내에 출입하기 위한 계단 또는 경사로를 약 50m마다 설치할 것

28 「위험물안전관리법 시행규칙」상 탱크안전성능시험자가 변경사항을 신고해야 하는 중요사항으로 옳지 않은 것은?

① 영업소 소재지의 변경
② 기술능력의 변경
③ 보유장비의 변경
④ 상호 또는 명칭의 변경

29 「위험물안전관리법 시행규칙」상 이동탱크저장소의 이동저장탱크 구조에 관한 설명이다. ( ) 안에 들어갈 내용으로 옳은 것은?

> 이동저장탱크는 그 내부에 (ㄱ)L 이하마다 (ㄴ)mm 이상의 강철판 또는 이와 동등 이상의 강도·내열성 및 내식성이 있는 금속성의 것으로 칸막이를 설치하여야 한다.

	ㄱ	ㄴ
①	3,000	1.6
②	4,000	1.6
③	3,000	3.2
④	4,000	3.2

정답 27.① 28.③ 29.④

30 「소방시설 설치 및 관리에 관한 법률」 및 같은 법 시행령상 소방청장의 형식승인을 받아야 하는 소방용품으로 옳지 않은 것은?

① 분말자동소화장치
② 주거용 주방자동소화장치
③ 상업용 주방자동소화장치
④ 캐비닛형 자동소화장치

31 「소방시설 설치 및 관리에 관한 법률」 및 같은 법 시행령상 내용연수 설정 대상 소방용품에 관한 설명이다. ( ) 안에 들어갈 내용으로 옳은 것은?

> 특정소방대상물의 관계인은 내용연수가 경과한 소방용품을 교체해야 한다. 이 경우 내용연수를 설정해야 하는 소방용품은 (ㄱ)를 사용하는 소화기로 하며, 내용연수는 (ㄴ)년으로 한다.

	ㄱ	ㄴ
①	분말형태의 소화약제	10
②	강화액 소화약제	10
③	분말형태의 소화약제	7
④	강화액 소화약제	7

32 「소방시설 설치 및 관리에 관한 법률 시행령」상 특정소방대상물의 간이스프링클러설비 설치면제 기준이다. ( ) 안에 들어갈 설비에 해당하지 않는 것은?

> 간이스프링클러설비를 설치해야 하는 특정소방대상물에 ( ), ( ) 또는 ( )를 화재안전기준에 적합하게 설치한 경우에는 그 설비의 유효범위에서 설치가 면제된다.

① 옥내소화전설비
② 스프링클러설비
③ 물분무소화설비
④ 미분무소화설비

정답 30.③ 31.① 32.①

33 「소방시설 설치 및 관리에 관한 법률 시행령」상 건축허가등의 동의대상물에 해당하지 않는 것은?

① 층수가 6층인 건축물
② 연면적 400제곱미터인 건축물
③ 지하층이 있는 건축물로서 바닥면적이 150제곱미터 이상인 층이 있는 것
④ 특정소방대상물 중 노유자(老幼者)시설로서 연면적 100제곱미터인 건축물

34 「소방시설 설치 및 관리에 관한 법률」 및 같은 법 시행령상 소방청장이 정하는 내진설계 기준에 맞게 설치해야 하는 소방시설로 옳은 것만을 나열한 것은?

① 옥내소화전설비, 옥외소화전설비
② 스프링클러설비, 간이스프링클러설비
③ 포소화설비, 이산화탄소소화설비
④ 연결송수관설비, 연결살수설비

35 「소방시설 설치 및 관리에 관한 법률 시행령」상 특정소방대상물 중 지하구에 관한 설명이다. ( ) 안에 들어갈 내용으로 옳은 것은?

> 전력·통신용의 전선이나 가스·냉난방용의 배관 또는 이와 비슷한 것을 집합 수용하기 위하여 설치한 지하 인공구조물로서 사람이 점검 또는 보수를 하기 위하여 출입이 가능한 것 중 다음의 어느 하나에 해당하는 것
> 1) 전력 또는 통신사업용 지하 인공구조물로서 전력구(케이블 접속부가 없는 경우는 제외한다) 또는 통신구 방식으로 설치된 것
> 2) 1) 외의 지하 인공구조물로서 폭이 (ㄱ)m 이상이고 높이가 (ㄴ)m 이상이며 길이가 (ㄷ)m 이상인 것

	ㄱ	ㄴ	ㄷ
①	1.2	1.5	50
②	1.2	1.5	100
③	1.8	2	50
④	1.8	2	100

정답 33.④ 34.③ 35.③

소방관계법규

36 「소방시설 설치 및 관리에 관한 법률 시행령」상 소화펌프 고장 등 대통령령으로 정하는 중대위반사항으로 옳지 않은 것은?

① 화재수신기의 고장으로 화재경보음이 자동으로 울리지 않거나 화재수신기와 연동된 소방시설의 작동이 불가능한 경우
② 소화배관 등이 폐쇄·차단되어 소화수(消火水) 또는 소화약제가 자동 방출되지 않는 경우
③ 소화용수설비 주변 불법 주정차로 인하여 화재를 진압하는 데 필요한 물을 공급하기 어려운 경우
④ 방화문 또는 자동방화셔터가 훼손되거나 철거되어 본래의 기능을 못 하는 경우

해설 p.193-144번

37 「소방의 화재조사에 관한 법률 시행령」상 화재감정기관의 지정기준에서 전문인력 중 주된 기술인력 기준으로 옳지 않은 것은?

① 국가기술자격의 직무분야 중 화재감식평가 분야의 기사 자격 취득 후 화재조사 관련 분야에서 5년 이상 근무한 사람
② 화재조사관 자격 취득 후 화재조사 관련 분야에서 5년 이상 근무한 사람
③ 이공계 분야의 박사학위 취득 후 화재조사 관련 분야에서 2년 이상 근무한 사람
④ 소방청장이 인정하는 화재조사 관련 국제자격증을 소지한 사람

해설 p.215-11번

38 「소방의 화재조사에 관한 법률 시행령」상 화재조사 절차로 옳지 않은 것은?

① 현장출동 중 조사 ② 화재현장 조사
③ 사전조사   ④ 정밀조사

해설 p.212-4번

39 「소방의 화재조사에 관한 법률 시행령」상 화재조사전담부서에 배치해야 하는 화재조사관의 최소 기준인원으로 옳은 것은?

① 1명   ② 2명
③ 3명   ④ 4명

해설 p.212-5번

정답 36.③ 37.④ 38.③ 39.②

40 「소방의 화재조사에 관한 법률」 및 같은 법 시행령상 화재정보를 수집·관리할 때 활용하는 국가화재정보시스템의 운영에 관한 설명으로 옳은 것은?

① 시·도지사는 화재예방과 소방활동에 활용할 수 있는 국가화재정보시스템을 구축해 운영하여야 한다.
② 국가화재정보시스템을 활용하여 수집·관리해야 하는 화재정보는 화재원인, 화재피해상황, 화재유형별 화재위험성에 관한 사항 등이다.
③ 화재정보의 수집·관리 및 활용 등에 필요한 사항은 행정안전부령으로 정한다.
④ 국가화재정보시스템의 운영 및 활용 등에 필요한 사항은 시·도의 조례로 정한다.

정답 40.②

02 2024년 공채

김동준소방

01 「소방기본법」 및 같은 법 시행령상 과태료 부과기준으로 옳은 것은?
① 정당한 사유 없이 관계인의 소방활동 등에 따른 법을 위반하여 화재, 재난·재해, 그 밖의 위급한 상황을 소방본부, 소방서 또는 관계 행정기관에 알리지 아니한 관계인에게는 200만 원 이하의 과태료를 부과한다.
② 소방자동차 전용구역에 차를 주차하거나 전용구역에의 진입을 가로막는 등의 방해행위를 한 자에게는 100만 원 이하의 과태료를 부과한다.
③ 위반행위의 횟수에 따른 과태료의 가중된 부과기준은 최근 2년간 같은 위반행위로 과태료 부과처분을 받은 경우에 적용한다.
④ 위반행위자가 법 위반상태를 시정하거나 해소하기 위하여 노력한 사실이 인정되는 경우, 부과권자는 개별기준에 따른 과태료의 3분의 1 범위에서 그 금액을 줄여 부과할 수 있다.

02 「소방기본법」상 화재로 오인할 만한 우려가 있는 불을 피우거나 연막(煙幕) 소독을 하려는 자가 시·도의 조례로 정하는 바에 따라 관할 소방본부장 또는 소방서장에게 신고해야 하는 지역으로 옳지 않은 것은? (단, 각 시·도에서 별도로 정하는 지역은 제외한다.)
① 공장·창고가 밀집한 지역
② 노후·불량 건축물이 밀집한 지역
③ 위험물의 저장 및 처리시설이 밀집한 지역
④ 석유화학제품을 생산하는 공장이 있는 지역

03 「소방기본법」 및 같은 법 시행규칙상 소방지원활동으로 옳지 않은 것은?
① 소방시설 오작동 신고에 따른 조치활동
② 낙하 등이 우려되는 고드름 등의 제거활동
③ 자연재해에 따른 제설 등 지원활동
④ 공연 등 각종 행사 시 사고에 대비한 근접대기 등 지원활동

정답 01.② 02.② 03.②

04 「소방기본법 시행규칙」상 현장지휘훈련을 받아야 할 소방공무원의 계급으로 옳은 것은?
① 소방장
② 소방위
③ 소방준감
④ 소방총감

05 「소방시설공사업법 시행령」상 완공검사를 위한 현장확인 대상 특정소방대상물의 범위로 옳지 않은 것은?
① 스프링클러설비등이 설치되는 특정소방대상물
② 지하상가 및 「다중이용업소의 안전관리에 관한 특별법」에 따른 다중이용업소
③ 물분무등소화설비(호스릴 방식의 소화설비 제외)가 설치되는 특정소방대상물
④ 연면적 5천 제곱미터 이상이거나 10층 이상인 특정소방대상물(아파트는 제외)

06 「소방시설공사업법 시행령」상 시·도지사가 소방시설업자협회에 위탁하는 업무로 옳은 것만을 〈보기〉에서 고른 것은?

〈보기〉
ㄱ. 소방시설업 등록신청의 접수 및 신청내용의 확인
ㄴ. 소방시설업 등록사항 변경신고의 접수 및 신고내용의 확인
ㄷ. 시공능력 평가 및 공시에 관한 업무
ㄹ. 소방시설업자의 지위승계 신고의 접수 및 신고내용의 확인
ㅁ. 소방시설업 휴업·폐업 또는 재개업 신고의 접수 및 신고내용의 확인
ㅂ. 방염처리능력 평가 및 공시에 관한 업무

① ㄱ, ㄴ, ㄹ, ㅁ
② ㄱ, ㄴ, ㅁ, ㅂ
③ ㄱ, ㄷ, ㄹ, ㅁ
④ ㄴ, ㄷ, ㄹ, ㅂ

정답 04.② 05.④ 06.①

07 「소방시설공사업법 시행령」상 상주 공사감리를 해야 하는 대상으로 옳은 것만을 〈보기〉에서 고른 것은?

〈보기〉
ㄱ. 연면적 3만 제곱미터인 의료시설
ㄴ. 지하층을 포함한 층수가 20층이고 1,000세대인 아파트
ㄷ. 연면적 1만 제곱미터인 복합건축물
ㄹ. 연면적 2만 제곱미터인 판매시설

① ㄱ, ㄴ
② ㄱ, ㄷ
③ ㄴ, ㄹ
④ ㄷ, ㄹ

08 「화재의 예방 및 안전관리에 관한 법률 시행령」상 화재예방안전진단 대상의 시설기준으로 옳지 않은 것은?

① 발전소 중 연면적이 5천 제곱미터 이상인 발전소
② 항만시설 중 여객이용시설 및 지원시설의 연면적이 5천 제곱미터 이상인 항만시설
③ 철도시설 중 역 시설의 연면적이 5천 제곱미터 이상인 철도시설
④ 가스공급시설 중 가연성 가스 탱크의 저장용량의 합계가 30톤 이상이거나 저장용량이 10톤 이상인 가연성 가스 탱크가 있는 가스공급시설

09 「화재의 예방 및 안전관리에 관한 법률 시행령」상 불을 사용하는 설비의 관리기준에 관한 내용으로 옳은 것은?

① 경유·등유 등 액체 연료탱크는 보일러 본체로부터 수평거리 0.5미터 이상의 간격을 두어 설치한다.
② 화목(火木) 등 고체연료를 사용하는 연통의 배출구는 보일러 본체보다 1미터 이상 높게 설치한다.
③ 음식조리를 위하여 설치하는 설비의 경우, 열을 발생하는 조리기구로부터 0.15미터 이내의 거리에 있는 가연성 주요구조부는 단열성이 있는 불연재료로 덮어 씌운다.
④ 대통령령에서 규정한 사항 외에 화재 발생 우려가 있는 설비 또는 기구의 종류, 해당 설비 또는 기구의 위치·구조 및 관리와 화재 예방을 위하여 불을 사용할 때 지켜야 하는 사항은 행정안전부령으로 정한다.

정답 07.① 08.④ 09.③

10 「화재의 예방 및 안전관리에 관한 법률 시행령」상 건설현장 소방안전관리대상물에 관한 내용이다. ( ) 안에 들어갈 내용으로 옳은 것은?

- 신축·증축·개축·재축·이전·용도변경 또는 대수선을 하려는 부분의 연면적의 합계가 (ㄱ) 이상인 것
- 신축·증축·개축·재축·이전·용도변경 또는 대수선을 하려는 부분의 연면적이 (ㄴ) 이상인 것으로서 다음 각 목의 어느 하나에 해당하는 것
  가. 지하층의 층수가 2개 층 이상인 것
  나. 지상층의 층수가 (ㄷ) 이상인 것
  다. 냉동창고, 냉장창고 또는 냉동·냉장창고

	ㄱ	ㄴ	ㄷ
①	1만5천 제곱미터	5천 제곱미터	6층
②	1만5천 제곱미터	5천 제곱미터	11층
③	1만5천 제곱미터	1만 제곱미터	6층
④	1만 제곱미터	5천 제곱미터	11층

11 「화재의 예방 및 안전관리에 관한 법률」 및 같은 법 시행령, 시행규칙상 소방안전관리대상물 근무자 및 거주자 등에 대한 소방훈련 등에 관한 내용으로 옳지 않은 것은?

① 소방안전관리대상물의 관계인은 소방훈련과 교육을 연 1회 이상 실시해야 한다.
② 1급 소방안전관리대상물의 관계인은 소방훈련 및 교육을 한 날부터 30일 이내에 소방훈련 및 교육 결과를 행정안전부령으로 정하는 바에 따라 소방본부장 또는 소방서장에게 제출해야 한다.
③ 소방서장은 특급 소방안전관리대상물의 관계인으로 하여금 소방훈련과 교육을 소방기관과 합동으로 실시하게 할 수 있다.
④ 소방안전관리대상물의 관계인은 소방훈련과 교육을 실시했을 때에는 그 실시 결과를 소방훈련·교육 실시 결과 기록부에 기록하고, 이를 소방훈련 및 교육을 실시한 날부터 1년간 보관해야 한다.

정답 10.② 11.④

12 「화재의 예방 및 안전관리에 관한 법률」 및 같은 법 시행규칙상 소방안전관리대상물의 관계인이 소방안전관리자를 선임한 경우 소방안전관리대상물의 출입자가 쉽게 알 수 있도록 게시해야 하는 사항으로 옳지 않은 것은?

① 소방안전관리자의 성명 및 선임일자
② 소방안전관리대상물의 명칭 및 등급
③ 소방안전관리대상물의 용도 및 수용인원
④ 소방안전관리자의 근무 위치(화재수신기 또는 종합방재실을 말한다.)

해설 p.270-74번

13 「화재의 예방 및 안전관리에 관한 법률 시행령」상 소방공무원으로 9년간 근무한 경력자가 발급받을 수 있는 최상위의 소방안전관리자 자격으로 선임할 수 있는 소방안전관리대상물로 옳은 것은?

① 가연성 가스를 1천 톤 이상 저장·취급하는 시설
② 지상으로부터 높이가 200미터 이상인 아파트
③ 지상으로부터 높이가 120미터 이상인 업무시설
④ 연면적이 10만 제곱미터 이상인 의료시설

해설 p.265-69번

14 「위험물안전관리법 시행규칙」상 위험물의 저장기준에 관한 내용으로 옳지 않은 것은?

① 제3류 위험물 중 황린 그 밖에 물속에 저장하는 물품과 금수성물질은 동일한 저장소에서 저장하지 아니하여야 한다.
② 옥내저장소에서는 용기에 수납하여 저장하는 위험물의 온도가 55℃를 넘지 아니하도록 필요한 조치를 강구하여야 한다.
③ 옥외저장소에서 위험물을 수납한 용기를 선반에 저장하는 경우에는 10m 이하의 높이로 저장하여야 한다.
④ 보냉장치가 있는 이동저장탱크에 저장하는 아세트알데히드등 또는 디에틸에테르등의 온도는 당해 위험물의 비점 이하로 유지하여야 한다.

해설 p.407-87번

정답 12.③ 13.① 14.③

15 「위험물안전관리법 시행규칙」상 소화설비의 설치기준으로 옳지 않은 것은?
① 위험물은 지정수량의 10배를 1소요단위로 할 것
② 저장소의 건축물은 외벽이 내화구조인 것은 연면적 100m²를 1소요단위로 할 것
③ 제조소등에 전기설비(전기배선, 조명기구 등은 제외한다)가 설치된 경우에는 당해 장소의 면적 100m²마다 소형수동식소화기를 1개 이상 설치할 것
④ 옥내소화전은 제조소등의 건축물의 층마다 당해 층의 각 부분에서 하나의 호스접속구까지의 수평거리가 25m 이하가 되도록 설치할 것

16 「위험물안전관리법」 및 같은 법 시행령상 운송책임자의 감독 및 지원을 받아 운송해야 하는 위험물로 옳은 것은?
① 아세트알데하이드
② 유기과산화물
③ 알킬리튬
④ 질산염류

17 「위험물안전관리법 시행규칙」상 위험물제조소에 저장 또는 취급하는 위험물에 따라 설치해야 하는 주의사항을 표시한 게시판의 내용으로 옳지 않은 것은?
① 제1류 위험물 중 알칼리금속의 과산화물 – 물기주의
② 제2류 위험물(인화성고체 제외) – 화기주의
③ 제3류 위험물 중 자연발화성물질 – 화기엄금
④ 제5류 위험물 – 화기엄금

18 「위험물안전관리법 시행규칙」상 인화성액체 위험물(이황화탄소를 제외한다)을 저장하는 옥외탱크저장소의 주위에 설치하는 방유제의 설치기준으로 옳지 않은 것은?
① 방유제는 높이 0.3m 이상 3m 이하로 할 것
② 방유제 내의 면적은 8만m² 이하로 할 것
③ 방유제 내의 간막이 둑은 흙 또는 철근콘크리트로 할 것
④ 높이가 1m를 넘는 방유제 및 간막이 둑의 안팎에는 방유제 내에 출입하기 위한 계단 또는 경사로를 약 50m마다 설치할 것

정답 15.② 16.③ 17.① 18.①

19 「위험물안전관리법 시행규칙」상 이동탱크저장소의 이동저장탱크 구조에 관한 설명이다. ( ) 안에 들어갈 내용으로 옳은 것은?

> 이동저장탱크는 그 내부에 (ㄱ)L 이하마다 (ㄴ)mm 이상의 강철판 또는 이와 동등 이상의 강도·내열성 및 내식성이 있는 금속성의 것으로 칸막이를 설치하여야 한다.

	ㄱ	ㄴ
①	3,000	1.6
②	4,000	1.6
③	3,000	3.2
④	4,000	3.2

20 「소방시설 설치 및 관리에 관한 법률 시행령」상 특정소방대상물의 간이스프링클러설비 설치면제 기준이다. ( ) 안에 들어갈 설비에 해당하지 않는 것은?

> 간이스프링클러설비를 설치해야 하는 특정소방대상물에 ( ), ( ) 또는 ( )를 화재안전기준에 적합하게 설치한 경우에는 그 설비의 유효범위에서 설치가 면제된다.

① 옥내소화전설비
② 스프링클러설비
③ 물분무소화설비
④ 미분무소화설비

21 「소방시설 설치 및 관리에 관한 법률 시행령」상 건축허가등의 동의대상물에 해당하지 않는 것은?

① 층수가 6층인 건축물
② 연면적 400제곱미터인 건축물
③ 지하층이 있는 건축물로서 바닥면적이 150제곱미터 이상인 층이 있는 것
④ 특정소방대상물 중 노유자(老幼者)시설로서 연면적 100제곱미터인 건축물

정답 19.④ 20.① 21.④

22 「소방시설 설치 및 관리에 관한 법률」 및 같은 법 시행령상 소방청장이 정하는 내진설계 기준에 맞게 설치해야 하는 소방시설로 옳은 것만을 나열한 것은?

① 옥내소화전설비, 옥외소화전설비
② 스프링클러설비, 간이스프링클러설비
③ 포소화설비, 이산화탄소소화설비
④ 연결송수관설비, 연결살수설비

23 「소방시설 설치 및 관리에 관한 법률 시행령」상 소화펌프 고장 등 대통령령으로 정하는 중대위반사항으로 옳지 않은 것은?

① 화재수신기의 고장으로 화재경보음이 자동으로 울리지 않거나 화재수신기와 연동된 소방시설의 작동이 불가능한 경우
② 소화배관 등이 폐쇄·차단되어 소화수(消火水) 또는 소화약제가 자동 방출되지 않는 경우
③ 소화용수설비 주변 불법 주정차로 인하여 화재를 진압하는 데 필요한 물을 공급하기 어려운 경우
④ 방화문 또는 자동방화셔터가 훼손되거나 철거되어 본래의 기능을 못 하는 경우

24 「소방의 화재조사에 관한 법률 시행령」상 화재감정기관의 지정기준에서 전문인력 중 주된 기술인력 기준으로 옳지 않은 것은?

① 국가기술자격의 직무분야 중 화재감식평가 분야의 기사 자격 취득 후 화재조사 관련 분야에서 5년 이상 근무한 사람
② 화재조사관 자격 취득 후 화재조사 관련 분야에서 5년 이상 근무한 사람
③ 이공계 분야의 박사학위 취득 후 화재조사 관련 분야에서 2년 이상 근무한 사람
④ 소방청장이 인정하는 화재조사 관련 국제자격증을 소지한 사람

정답 22.③ 23.③ 24.④

25 「소방의 화재조사에 관한 법률」 및 같은 법 시행령상 화재정보를 수집·관리할 때 활용하는 국가화재정보시스템의 운영에 관한 설명으로 옳은 것은?

① 시·도지사는 화재예방과 소방활동에 활용할 수 있는 국가화재정보시스템을 구축해 운영하여야 한다.
② 국가화재정보시스템을 활용하여 수집·관리해야 하는 화재정보는 화재원인, 화재피해상황, 화재유형별 화재위험성에 관한 사항 등이다.
③ 화재정보의 수집·관리 및 활용 등에 필요한 사항은 행정안전부령으로 정한다.
④ 국가화재정보시스템의 운영 및 활용 등에 필요한 사항은 시·도의 조례로 정한다.

해설 p.216-12번

정답 25.②

03 2023년 경채

01 「소방기본법」상 벌칙 중 벌금의 상한이 나머지 셋과 다른 것은?
① 정당한 사유 없이 소방대의 생활안전활동을 방해한 자
② 화재진압 및 구조·구급 활동을 위하여 출동하는 소방자동차의 출동을 방해한 사람
③ 정당한 사유 없이 화재진압 등 소방활동을 위하여 필요할 때 물의 사용이나 수도의 개폐장치의 사용 또는 조작을 하지 못하게 하거나 방해한 자
④ 정당한 사유 없이 소방대가 현장에 도착할 때까지 사람을 구출하는 조치 또는 불을 끄거나 불이 번지지 아니하도록 하는 조치를 하지 아니한 관계인

02 「소방기본법 시행규칙」상 소방용수시설 및 지리조사에 관한 내용으로 옳지 않은 것은?
① 소방본부장 또는 소방서장은 원활한 소방활동을 위하여 소방용수시설 및 지리조사를 월 1회 이상 실시하여야 한다.
② 지리조사는 소방대상물에 인접한 도로의 폭·교통상황, 도로주변의 토지의 고저·건축물의 개황을 제외한 소방활동에 필요한 사항이다.
③ 조사결과는 전자적 처리가 불가능한 특별한 사유가 없으면 전자적 처리가 가능한 방법으로 작성·관리하여야 한다.
④ 소방용수시설 및 지리조사는 소방용수조사부 및 지리조사부 서식에 의하되, 그 조사결과를 2년간 보관하여야 한다.

정답 01.② 02.②

03 「소방기본법 시행규칙」상 국고보조의 대상이 되는 소방활동장비의 종류와 규격으로 옳지 않은 것은?

① 구조정 : 90마력 이상
② 배연차(중형) : 170마력 이상
③ 구급차(특수) : 90마력 이상
④ 소방헬리콥터 : 5~17인승

해설 p.36-58번

04 「소방기본법 시행령」상 소방자동차 전용구역의 설치 방법에 관한 내용이다. ( ) 안에 들어갈 내용으로 옳은 것은?

- 전용구역 노면표지의 외곽선은 빗금무늬로 표시하되, 빗금은 두께를 (ㄱ)센티미터로 하여 (ㄴ)센티미터 간격으로 표시한다.
- 전용구역 노면표지 도료의 색채는 (ㄷ)을 기본으로 하되, 문자(P, 소방차 전용)는 백색으로 표시한다.

	ㄱ	ㄴ	ㄷ
①	20	40	황색
②	20	40	적색
③	30	50	황색
④	30	50	적색

해설 p.76-126번

05 「소방기본법 시행규칙」상 지하에 설치하는 소화전 또는 저수조의 경우 소방용수표지는 다음 기준에 따라 설치하여야 한다. ( ) 안에 들어갈 내용으로 옳은 것은?

- 맨홀 뚜껑은 지름 (ㄱ)밀리미터 이상의 것으로 할 것. 다만, 승하강식 소화전의 경우에는 이를 적용하지 않는다.
- 맨홀 뚜껑 부근에는 (ㄴ) 반사도료로 폭 (ㄷ)센티미터의 선을 그 둘레를 따라 칠할 것

	ㄱ	ㄴ	ㄷ
①	648	노란색	15
②	678	붉은색	15
③	648	붉은색	25
④	678	노란색	25

해설 p.42-70번

정답 03.① 04.③ 05.①

06 「소방기본법 시행령」상 소방자동차 전용구역 방해행위의 기준에 관한 내용으로 옳지 않은 것은?
① 전용구역의 앞면, 뒷면 또는 양 측면에 물건 등을 쌓거나 주차하는 행위
② 「주차장법」 제19조에 따른 부설주차장의 주차구획 내에 주차하는 행위
③ 전용구역 진입로에 물건 등을 쌓거나 주차하여 전용구역으로의 진입을 가로막는 행위
④ 전용구역 노면표지를 지우거나 훼손하는 행위

07 「소방의 화재조사에 관한 법률」 및 같은 법 시행규칙상 화재조사전담부서에서 갖추어야 할 장비와 시설 중 감식기기(16종)에 해당하지 않는 것은?
① 금속현미경
② 절연저항계
③ 내시경현미경
④ 휴대용디지털현미경

08 「소방의 화재조사에 관한 법률」상 화재의 정의에 관한 설명으로 옳지 않은 것은?
① 사람의 의도에 반하여 발생하거나 확대된 물리적 폭발현상
② 고의에 의하여 발생한 연소 현상으로서 소화할 필요가 있는 현상
③ 과실에 의하여 발생한 연소 현상으로서 소화할 필요가 있는 현상
④ 사람의 의도에 반하여 발생한 연소 현상으로서 소화할 필요가 있는 현상

09 「소방의 화재조사에 관한 법률」상 벌칙에 관한 내용이다. ( ) 안에 들어갈 내용으로 옳은 것은?

> 소방관서장은 화재조사를 위하여 필요한 경우에 관계인에게 보고 또는 자료 제출을 명하거나 화재조사관으로 하여금 해당 장소에 출입하여 화재조사를 하게 하거나 관계인등에게 질문하게 할 수 있다. 이에 따른 명령을 위반하여 보고 또는 자료 제출을 하지 아니하거나 거짓으로 보고 또는 자료를 제출한 사람은 (ㄱ)만 원 이하의 (ㄴ)을/를 부과한다.

	ㄱ	ㄴ		ㄱ	ㄴ
①	200	벌금	②	200	과태료
③	300	벌금	④	300	과태료

정답 06.② 07.① 08.① 09.②

10 「소방의 화재조사에 관한 법률」에 관한 내용으로 옳지 않은 것은?

① 소방공무원과 경찰공무원은 화재조사에 필요한 증거물의 수집 및 보존에 관한 사항에 대하여 서로 협력하여야 한다.
② 소방관서장은 화재조사 결과의 공표 시 수사가 진행 중이거나 수사의 필요성이 인정되는 경우에는 관계 수사기관의 장과 공표 여부에 관하여 사전에 협의하여야 한다.
③ 화재조사를 하는 화재조사관은 관계인의 정당한 업무를 방해하거나 화재조사를 수행하면서 알게 된 비밀을 다른 용도로 사용하거나 다른 사람들에게 누설하여서는 아니 된다.
④ 소방청장, 소방본부장 또는 소방서장이 화재원인, 피해상황, 대응활동 등을 파악하기 위하여 자료의 수집, 감정 및 실험을 하는 행위는 화재조사에 포함되지 않는다.

해설 p.213-6번

11 「소방시설공사업법」상 소방기술 경력 등의 인정 등에 관한 내용으로 옳은 것은?

① 소방본부장, 소방서장은 소방기술의 효율적인 활용과 소방기술의 향상을 위하여 소방기술과 관련된 자격·학력 및 경력을 가진 사람을 소방기술자로 인정할 수 있다.
② 소방본부장, 소방서장은 소방기술과 관련된 자격·학력 및 경력을 인정받은 사람에게 소방기술 인정 자격수첩과 경력수첩을 발급할 수 있다.
③ 소방기술과 관련된 자격·학력 및 경력의 인정 범위와 자격수첩 및 경력수첩의 발급 절차 등에 관하여 필요한 사항은 대통령령으로 정한다.
④ 소방청장은 자격수첩 또는 경력수첩을 발급받은 사람이 거짓이나 그 밖의 부정한 방법으로 자격수첩 또는 경력수첩을 발급받은 경우에 그 자격을 취소하여야 한다.

해설 p.353-127번

12 「소방시설공사업법 시행규칙」상 감리업자가 소방공사의 감리를 마쳤을 때 소방공사감리 결과보고(통보)서에 첨부하는 서류가 아닌 것은?

① 착공신고 후 변경된 건축설계도면 1부
② 소방청장이 정하여 고시하는 소방시설 성능시험조사표 1부
③ 소방공사 감리일지(소방본부장 또는 소방서장에게 보고하는 경우에만 첨부) 1부
④ 특정소방대상물의 사용승인 신청서 등 사용승인 신청을 증빙할 수 있는 서류 1부

해설 p.344-111번

정답 10.④ 11.④ 12.①

13 「소방시설공사업법 시행령」상 하자보수 대상 소방시설과 하자보수 보증기간으로 옳지 않은 것은?

① 피난기구, 유도등, 유도표지 : 2년
② 비상경보설비, 비상조명등, 비상방송설비 및 무선통신보조설비 : 2년
③ 옥내소화전설비, 스프링클러설비, 간이스프링클러설비, 자동화재탐지설비 : 3년
④ 상수도소화용수설비 및 소화활동설비(무선통신보조설비는 제외한다) : 4년

14 「소방시설공사업법 시행령」상 상주 공사감리 대상을 설명한 것이다. ( ) 안에 들어갈 내용으로 옳은 것은?

- 연면적 (ㄱ) 이상의 특정소방대상물(아파트는 제외한다)에 대한 소방시설의 공사
- 지하층을 포함한 층수가 (ㄴ) 이상인 아파트에 대한 소방시설의 공사

	ㄱ	ㄴ
①	3만제곱미터	16층 이상으로서 300세대
②	3만제곱미터	16층 이상으로서 500세대
③	5만제곱미터	16층 이상으로서 300세대
④	5만제곱미터	16층 이상으로서 500세대

15 「소방시설공사업법 시행규칙」상 소방기술자 양성·인정 교육훈련기관의 지정 요건으로 옳지 않은 것은?

① 교육과목별 교재 및 강사 매뉴얼을 갖출 것
② 소방기술자 양성·인정 교육훈련을 실시할 수 있는 전담인력을 6명 이상 갖출 것
③ 전국 2개 이상의 시·도에 이론교육과 실습교육이 가능한 교육·훈련장을 갖출 것
④ 교육훈련의 신청·수료, 성과측정, 경력관리 등에 필요한 교육훈련 관리 시스템을 구축·운영할 것

정답 13.④ 14.② 15.③

16 「소방시설공사업법 시행령」상 소방시설공사 분리 도급의 예외에 해당하는 것만을 〈보기〉에서 고른 것은?

〈보기〉
ㄱ. 「재난 및 안전관리 기본법」에 따른 재난의 발생으로 긴급하게 착공해야 하는 공사인 경우
ㄴ. 국방 및 국가안보 등과 관련하여 기밀을 유지해야 하는 공사인 경우
ㄷ. 연면적이 3천제곱미터 이하인 특정소방대상물에 비상경보설비를 설치하는 공사인 경우
ㄹ. 「국가를 당사자로 하는 계약에 관한 법률 시행령」 및 「지방자치단체를 당사자로 하는 계약에 관한 법률 시행령」에 따른 원안입찰 또는 일부입찰
ㅁ. 「국가를 당사자로 하는 계약에 관한 법률 시행령」 및 「지방자치단체를 당사자로 하는 계약에 관한 법률 시행령」에 따른 실시설계 기술제안입찰 또는 기본설계 기술제안입찰
ㅂ. 국가유산수리 및 재개발·재건축 등의 공사로서 공사의 성질상 분리하여 도급하는 것이 곤란하다고 시·도지사가 인정하는 경우

① ㄱ, ㄴ, ㄷ
② ㄱ, ㄴ, ㅁ
③ ㄴ, ㄷ, ㅁ
④ ㄹ, ㅁ, ㅂ

17 「소방시설공사업법 시행령」상 소방기술자의 배치기준을 설명한 것으로 옳지 않은 것은?

① 연면적 20만제곱미터 이상인 특정소방대상물의 공사 현장에는 행정안전부령으로 정하는 특급기술자인 소방기술자(기계분야 및 전기분야)를 배치하여야 한다.
② 지하층을 포함한 층수가 16층 이상 40층 미만인 특정소방대상물의 공사 현장에는 행정안전부령으로 정하는 고급기술자 이상의 소방기술자(기계분야 및 전기분야)를 배치하여야 한다.
③ 연면적 5천제곱미터 이상 3만제곱미터 미만인 특정소방대상물(아파트는 제외)의 공사 현장에는 행정안전부령으로 정하는 중급기술자 이상의 소방기술자(기계분야 및 전기분야)를 배치하여야 한다.
④ 물분무등소화설비(호스릴 방식의 소화설비는 제외) 또는 제연설비가 설치되는 특정소방대상물의 공사 현장에는 행정안전부령으로 정하는 초급기술자 이상의 소방기술자(기계분야 및 전기분야)를 배치하여야 한다.

정답 16.② 17.④

18 「화재의 예방 및 안전관리에 관한 법률」상 건설현장 소방안전관리대상물의 소방안전관리자의 업무에 관한 내용으로 옳지 않은 것은?
① 건설현장의 소방계획서의 작성
② 화기취급의 감독, 화재위험작업의 허가 및 관리
③ 공사진행 단계별 피난안전구역, 피난로 등의 확보와 관리
④ 건설현장 작업자를 제외한 책임자에 대한 소방안전 교육 및 훈련

19 「화재의 예방 및 안전관리에 관한 법률 시행령」상 특수가연물의 저장 및 취급 기준에서 특수가연물 표지에 관한 내용으로 옳지 않은 것은?
① 특수가연물 표지 중 화기엄금 표시 부분의 바탕은 붉은색으로, 문자는 백색으로 할 것
② 특수가연물 표지는 한 변의 길이가 0.3미터 이상, 다른 한 변의 길이가 0.6미터 이상인 직사각형으로 할 것
③ 특수가연물 표지의 바탕은 검은색으로, 문자는 흰색으로 할 것. 다만, "화기엄금" 표시 부분은 제외한다.
④ 특수가연물을 저장 또는 취급하는 장소에는 품명, 최대저장수량, 단위부피당 질량 또는 단위체적당 질량, 관리책임자 성명·직책, 연락처 및 화기취급의 금지표시가 포함된 특수가연물 표지를 설치해야 한다.

20 「화재의 예방 및 안전관리에 관한 법률」 및 같은 법 시행령상 소방안전관리자를 선임해야 하는 건설현장 소방안전관리대상물에 해당하지 않는 것은?
① 신축을 하려는 부분의 연면적이 5천제곱미터인 냉동·냉장창고
② 신축을 하려는 부분의 연면적의 합계가 2만제곱미터인 복합건축물
③ 증축을 하려는 부분의 연면적의 합계가 3만제곱미터인 업무시설
④ 증축을 하려는 부분의 연면적이 5천제곱미터이고, 지상층의 층수가 10층인 업무시설

정답 18.④ 19.③ 20.④

21 「화재의 예방 및 안전관리에 관한 법률 시행령」상 불을 사용하는 설비의 관리기준 등에 관한 내용으로 옳지 않은 것은?

① 보일러 : 가연성 벽·바닥 또는 천장과 접촉하는 증기기관 또는 연통의 부분은 규조토 등 난연성 또는 불연성 단열재로 덮어씌워야 한다.
② 난로 : 가연성 벽·바닥 또는 천장과 접촉하는 연통의 부분은 규조토 등 난연성 또는 불연성 단열재로 덮어씌워야 한다.
③ 건조설비 : 실내에 설치하는 경우에 벽·천장 및 바닥은 준불연재료로 해야 한다.
④ 노·화덕설비 : 노 또는 화덕을 설치하는 장소의 벽·천장은 불연재료로 된 것이어야 한다.

22 「화재의 예방 및 안전관리에 관한 법률」 및 같은 법 시행령상 화재안전조사 결과에 따른 조치명령, 손실보상의 내용으로 옳지 않은 것은?

① 화재안전조사 결과에 따른 소방대상물의 조치명령권자는 소방관서장이다.
② 화재안전조사 결과에 따른 조치명령으로 소방청장 또는 시·도지사가 손실을 보상하는 경우에는 시가(時價)의 2배로 보상해야 한다.
③ 소방청장 또는 시·도지사는 보상금액에 관한 협의가 성립되지 않은 경우에는 그 보상금액을 지급하거나 공탁하고 이를 상대방에게 알려야 한다.
④ 소방관서장은 화재안전조사 결과에 따른 소방대상물의 위치·구조·설비 또는 관리의 상황이 화재예방을 위하여 보완될 필요가 있거나 화재가 발생하면 인명 또는 재산의 피해가 클 것으로 예상되는 때에는 행정안전부령으로 정하는 바에 따라 관계인에게 그 소방대상물의 개수(改修)·이전·제거, 사용의 금지 또는 제한, 사용폐쇄, 공사의 정지 또는 중지, 그 밖에 필요한 조치를 명할 수 있다.

정답 21.③ 22.②

23 「화재의 예방 및 안전관리에 관한 법률」상 화재예방안전진단의 범위에 해당하는 것만을 〈보기〉에서 있는 대로 고른 것은?

〈보기〉
ㄱ. 소방계획 및 피난계획 수립에 관한 사항
ㄴ. 소방시설등의 유지·관리에 관한 사항
ㄷ. 비상대응조직 및 교육훈련에 관한 사항
ㄹ. 화재 위험성 평가에 관한 사항

① ㄱ
② ㄱ, ㄴ
③ ㄱ, ㄴ, ㄷ
④ ㄱ, ㄴ, ㄷ, ㄹ

24 「화재의 예방 및 안전관리에 관한 법률」 및 같은 법 시행규칙상 소방안전관리자의 선임신고 등에 관한 설명이다. ( ) 안에 들어갈 내용으로 옳은 것은?

- 소방안전관리대상물의 관계인이 소방안전관리자를 선임한 경우에는 선임한 날부터 (ㄱ)일 이내에 선임사실을 소방본부장 또는 소방서장에게 신고하여야 한다.
- 소방안전관리대상물의 관계인은 소방안전관리자를 선임 사유가 발생한 날부터 (ㄴ)일 이내에 선임해야 한다.

	ㄱ	ㄴ
①	14	30
②	14	60
③	30	30
④	30	60

25 「소방시설 설치 및 관리에 관한 법률 시행령」상 무창층의 개구부 요건을 설명한 것으로 옳지 않은 것은?

① 도로 또는 차량이 진입할 수 있는 빈터를 향해야 한다.
② 내부 또는 외부에서 쉽게 열리지 않는 구조여야 한다.
③ 크기는 지름 50센티미터 이상의 원이 통과할 수 있어야 한다.
④ 해당 층의 바닥면으로부터 개구부 밑부분까지의 높이가 1.2미터 이내여야 한다.

정답 23.④ 24.① 25.②

26 특정소방대상물의 바닥면적이 다음과 같을 때 「소방시설 설치 및 관리에 관한 법률 시행령」에 따른 수용인원은 총 몇 명인가? (단, 바닥면적을 산정할 때에는 복도, 계단 및 화장실을 포함하지 않으며, 계산 결과 소수점 이하의 수는 반올림한다)

- 관람석이 없는 강당 1개, 바닥면적 460m^2
- 강의실 10개, 각 바닥면적 57m^2
- 휴게실 1개, 바닥면적 38m^2

① 380 ② 400
③ 420 ④ 440

27 「소방시설 설치 및 관리에 관한 법률 시행령」상 스프링클러설비를 설치해야 하는 특정소방대상물에 해당하는 것만을 〈보기〉에서 고른 것은?

〈보기〉
ㄱ. 수련시설 내에 있는 학생 수용을 위한 기숙사로서 연면적 5천m^{2}인 경우
ㄴ. 교육연구시설 내에 있는 합숙소로서 연면적 100m^{2}인 경우
ㄷ. 숙박시설로 사용되는 바닥면적의 합계가 500m^{2}인 경우
ㄹ. 영화상영관의 용도로 쓰는 4층의 바닥면적이 1천m^{2}인 경우

① ㄱ, ㄴ ② ㄱ, ㄹ
③ ㄴ, ㄷ ④ ㄷ, ㄹ

28 「소방시설 설치 및 관리에 관한 법률 시행령」상 건축물 등의 신축·증축·개축·재축·이전·용도변경 또는 대수선의 허가·협의 및 사용승인을 할 때 미리 소방본부장 또는 소방서장의 동의를 받아야 하는 건축물 등의 범위로 옳지 않은 것은?

① 연면적 100제곱미터 이상인 특정소방대상물 중 노유자(老幼者)시설 및 수련시설
② 「학교시설사업 촉진법」에 따라 건축등을 하려는 연면적 100제곱미터 이상의 학교시설
③ 지하층 또는 무창층이 있는 건축물로서 바닥면적이 150제곱미터(공연장의 경우에는 100제곱미터) 이상인 층이 있는 것
④ 차고·주차장 또는 주차 용도로 사용되는 시설로서 차고·주차장으로 사용되는 바닥면적이 200제곱미터 이상인 층이 있는 건축물이나 주차시설

정답 26.③ 27.② 28.①

29 「소방시설 설치 및 관리에 관한 법률」상 중앙소방기술심의 위원회의 심의사항으로 옳지 않은 것은?
① 화재안전기준에 관한 사항
② 소방시설에 하자가 있는지의 판단에 관한 사항
③ 소방시설의 설계 및 공사감리의 방법에 관한 사항
④ 소방시설의 구조 및 원리 등에서 공법이 특수한 설계 및 시공에 관한 사항

30 「소방시설 설치 및 관리에 관한 법률 시행령」상 전문소방시설관리업의 보조 기술인력 등록기준으로 옳은 것은?
① 특급점검자 이상의 기술인력 : 2명 이상
② 중급·고급점검자 이상의 기술인력 : 각 1명 이상
③ 초급·중급점검자 이상의 기술인력 : 각 1명 이상
④ 초급·중급·고급점검자 이상의 기술인력 : 각 2명 이상

31 「소방시설 설치 및 관리에 관한 법률 시행규칙」상 행정처분 시 감경사유로 옳지 않은 것은?
① 경미한 위반사항으로, 유도등이 일시적으로 점등되지 않는 경우
② 경미한 위반사항으로, 스프링클러설비 헤드가 살수반경에 미치지 못하는 경우
③ 위반행위가 사소한 부주의나 오류가 아닌 고의에 의한 것으로 인정되는 경우
④ 위반 행위자가 처음 해당 위반행위를 한 경우로서 5년 이상 소방시설관리사의 업무, 소방시설관리업 등을 모범적으로 해 온 사실이 인정되는 경우

32 「위험물안전관리법 시행령」상 제1류 위험물의 품명으로 옳은 것은?
① 질산
② 과염소산
③ 과산화수소
④ 과염소산염류

정답 29.② 30.④ 31.③ 32.④

33 「위험물안전관리법 시행규칙」상 제조소등에서의 위험물의 저장 및 취급에 관한 기준 중 위험물의 유별 저장·취급의 공통기준으로 옳은 것은?

① 제1류 위험물은 가연물과의 접촉·혼합이나 분해를 촉진하는 물품과의 접근 또는 과열·충격·마찰 등을 피하는 한편, 알카리금속의 과산화물 및 이를 함유한 것에 있어서는 물과의 접촉을 피하여야 한다.

② 제2류 위험물 중 자연발화성물질에 있어서는 불티·불꽃 또는 고온체와의 접근·과열 또는 공기와의 접촉을 피하고, 금수성물질에 있어서는 물과의 접촉을 피하여야 한다.

③ 제3류 위험물은 산화제와의 접촉·혼합이나 불티·불꽃·고온체와의 접근 또는 과열을 피하는 한편, 철분·금속분·마그네슘 및 이를 함유한 것에 있어서는 물이나 산과의 접촉을 피하고 인화성 고체에 있어서는 함부로 증기를 발생시키지 아니하여야 한다.

④ 제4류 위험물은 가연물과의 접촉·혼합이나 분해를 촉진하는 물품과의 접근 또는 과열을 피하여야 한다.

34 「위험물안전관리법」 및 같은 법 시행령상 관계인이 예방규정을 정하여야 하는 제조소등에 해당하지 않는 것은?

① 4,000L의 알코올류를 취급하는 제조소
② 30,000kg의 황을 저장하는 옥외저장소
③ 2,500kg의 나트륨을 저장하는 옥내저장소
④ 150,000L의 경유를 저장하는 옥외탱크저장소

35 「위험물안전관리법 시행령」상 지정수량 이상의 위험물을 옥외저장소에 저장할 수 있는 것으로 옳지 않은 것은? [다만, 「국제해사기구에 관한 협약」에 의하여 설치된 국제해사기구가 채택한 「국제해상위험물규칙」(IMDG Code)에 적합한 용기에 수납된 위험물은 제외한다]

① 제1류 위험물 중 염소산염류
② 제2류 위험물 중 황
③ 제4류 위험물 중 알코올류
④ 제6류 위험물

정답 33.① 34.④ 35.①

36 「위험물안전관리법 시행규칙」상 위험등급 Ⅱ의 위험물에 해당하는 것은?
① 제3류 위험물 중 칼륨
② 제2류 위험물 중 적린
③ 제4류 위험물 중 특수인화물
④ 제1류 위험물 중 무기과산화물

37 「위험물안전관리법 시행규칙」상 제조소의 위치·구조 및 설비의 기준에 근거하여 취급하는 위험물의 최대수량이 지정수량의 20배인 경우, 제조소 주위에 보유하여야 하는 공지의 너비는?
① 2m 이상
② 3m 이상
③ 4m 이상
④ 5m 이상

38 「위험물안전관리법 시행규칙」상 화학소방자동차에 갖추어야 하는 소화능력 또는 설비의 기준으로 옳은 것은?
① 포수용액 방사차 : 포수용액의 방사능력이 매분 1,000L 이상일 것
② 분말 방사차 : 1,000kg 이상의 분말을 비치할 것
③ 할로젠화합물 방사차 : 할로젠화합물의 방사능력이 매초 40kg 이상일 것
④ 이산화탄소 방사차 : 1,000kg 이상의 이산화탄소를 비치할 것

39 「위험물안전관리법 시행령」상 위험물 지정수량으로 옳은 것은?
① 칼륨 : 10kg
② 아염소산염류 : 20kg
③ 황린 : 30kg
④ 황 : 50kg

정답 36.② 37.④ 38.③ 39.①

40 「위험물안전관리법 시행규칙」상 위험물의 운반에 관한 기준 중 적재방법에 대한 내용으로 옳지 않은 것은? (다만, 덩어리 상태의 황을 운반하기 위하여 적재하는 경우 또는 위험물을 동일구내에 있는 제조소등의 상호간에 운반하기 위하여 적재하는 경우는 제외한다)

① 하나의 외장용기에는 다른 종류의 위험물을 수납하지 아니할 것
② 고체 위험물은 운반용기 내용적의 95% 이하의 수납율로 수납할 것
③ 액체 위험물은 운반용기 내용적의 98% 이하의 수납율로 수납하되, 55℃의 온도에서 누설되지 아니하도록 충분한 공간용적을 유지하도록 할 것
④ 자연발화물질 중 알킬알루미늄등은 운반용기 내용적의 95% 이하의 수납율로 수납하되, 55℃의 온도에서 10% 이상의 공간용적을 유지하도록 할 것

찾아보기
해설 p.408-89번

정답 40.④

04 2023년 공채

01 「소방기본법」상 벌칙 중 벌금의 상한이 나머지 셋과 다른 것은?
① 정당한 사유 없이 소방대의 생활안전활동을 방해한 자
② 화재진압 및 구조·구급 활동을 위하여 출동하는 소방자동차의 출동을 방해한 사람
③ 정당한 사유 없이 화재진압 등 소방활동을 위하여 필요할 때 물의 사용이나 수도의 개폐장치의 사용 또는 조작을 하지 못하게 하거나 방해한 자
④ 정당한 사유 없이 소방대가 현장에 도착할 때까지 사람을 구출하는 조치 또는 불을 끄거나 불이 번지지 아니하도록 하는 조치를 하지 아니한 관계인

02 「소방기본법 시행규칙」상 국고보조의 대상이 되는 소방활동장비의 종류와 규격으로 옳지 않은 것은?
① 구조정 : 90마력 이상
② 배연차(중형) : 170마력 이상
③ 구급차(특수) : 90마력 이상
④ 소방헬리콥터 : 5~17인승

03 「소방기본법 시행규칙」상 지하에 설치하는 소화전 또는 저수조의 경우 소방용수표지는 다음 기준에 따라 설치하여야 한다. ( ) 안에 들어갈 내용으로 옳은 것은?

- 맨홀 뚜껑은 지름 (ㄱ)밀리미터 이상의 것으로 할 것. 다만, 승하강식 소화전의 경우에는 이를 적용하지 않는다.
- 맨홀 뚜껑 부근에는 (ㄴ) 반사도료로 폭 (ㄷ)센티미터의 선을 그 둘레를 따라 칠할 것

	ㄱ	ㄴ	ㄷ		ㄱ	ㄴ	ㄷ
①	648	노란색	15	②	678	붉은색	15
③	648	붉은색	25	④	678	노란색	25

정답 01.② 02.① 03.①

04 「소방시설공사업법」상 소방기술 경력 등의 인정 등에 관한 내용으로 옳은 것은?

① 소방본부장, 소방서장은 소방기술의 효율적인 활용과 소방기술의 향상을 위하여 소방기술과 관련된 자격·학력 및 경력을 가진 사람을 소방기술자로 인정할 수 있다.
② 소방본부장, 소방서장은 소방기술과 관련된 자격·학력 및 경력을 인정받은 사람에게 소방기술 인정 자격수첩과 경력수첩을 발급할 수 있다.
③ 소방기술과 관련된 자격·학력 및 경력의 인정 범위와 자격수첩 및 경력수첩의 발급 절차 등에 관하여 필요한 사항은 대통령령으로 정한다.
④ 소방청장은 자격수첩 또는 경력수첩을 발급받은 사람이 거짓이나 그 밖의 부정한 방법으로 자격수첩 또는 경력수첩을 발급받은 경우에 그 자격을 취소하여야 한다.

05 「소방시설공사업법 시행규칙」상 감리업자가 소방공사의 감리를 마쳤을 때 소방공사감리 결과보고(통보)서에 첨부하는 서류가 아닌 것은?

① 착공신고 후 변경된 건축설계도면 1부
② 소방청장이 정하여 고시하는 소방시설 성능시험조사표 1부
③ 소방공사 감리일지(소방본부장 또는 소방서장에게 보고하는 경우에만 첨부) 1부
④ 특정소방대상물의 사용승인 신청서 등 사용승인 신청을 증빙할 수 있는 서류 1부

06 「소방시설공사업법 시행령」상 상주 공사감리 대상을 설명한 것이다. ( ) 안에 들어갈 내용으로 옳은 것은?

- 연면적 (ㄱ) 이상의 특정소방대상물(아파트는 제외한다)에 대한 소방시설의 공사
- 지하층을 포함한 층수가 (ㄴ) 이상인 아파트에 대한 소방시설의 공사

	ㄱ	ㄴ
①	3만제곱미터	16층 이상으로서 300세대
②	3만제곱미터	16층 이상으로서 500세대
③	5만제곱미터	16층 이상으로서 300세대
④	5만제곱미터	16층 이상으로서 500세대

정답 04.④ 05.① 06.②

07 「소방시설공사업법 시행령」상 소방시설공사 분리 도급의 예외에 해당하는 것만을 〈보기〉에서 고른 것은?

〈보기〉
ㄱ. 「재난 및 안전관리 기본법」에 따른 재난의 발생으로 긴급하게 착공해야 하는 공사인 경우
ㄴ. 국방 및 국가안보 등과 관련하여 기밀을 유지해야 하는 공사인 경우
ㄷ. 연면적이 3천제곱미터 이하인 특정소방대상물에 비상경보설비를 설치하는 공사인 경우
ㄹ. 「국가를 당사자로 하는 계약에 관한 법률 시행령」 및 「지방자치단체를 당사자로 하는 계약에 관한 법률 시행령」에 따른 원안입찰 또는 일부입찰
ㅁ. 「국가를 당사자로 하는 계약에 관한 법률 시행령」 및 「지방자치단체를 당사자로 하는 계약에 관한 법률 시행령」에 따른 실시설계 기술제안입찰 또는 기본설계 기술제안입찰
ㅂ. 국가유산수리 및 재개발·재건축 등의 공사로서 공사의 성질상 분리하여 도급하는 것이 곤란하다고 시·도지사가 인정하는 경우

① ㄱ, ㄴ, ㄷ
② ㄱ, ㄴ, ㅁ
③ ㄴ, ㄷ, ㅁ
④ ㄹ, ㅁ, ㅂ

08 「소방시설공사업법 시행령」상 소방기술자의 배치기준을 설명한 것으로 옳지 않은 것은?

① 연면적 20만제곱미터 이상인 특정소방대상물의 공사 현장에는 행정안전부령으로 정하는 특급기술자인 소방기술자(기계분야 및 전기분야)를 배치하여야 한다.
② 지하층을 포함한 층수가 16층 이상 40층 미만인 특정소방대상물의 공사 현장에는 행정안전부령으로 정하는 고급기술자 이상의 소방기술자(기계분야 및 전기분야)를 배치하여야 한다.
③ 연면적 5천제곱미터 이상 3만제곱미터 미만인 특정소방대상물(아파트는 제외)의 공사 현장에는 행정안전부령으로 정하는 중급기술자 이상의 소방기술자(기계분야 및 전기분야)를 배치하여야 한다.
④ 물분무등소화설비(호스릴 방식의 소화설비는 제외) 또는 제연설비가 설치되는 특정소방대상물의 공사 현장에는 행정안전부령으로 정하는 초급기술자 이상의 소방기술자(기계분야 및 전기분야)를 배치하여야 한다.

정답 07.② 08.④

09 「화재의 예방 및 안전관리에 관한 법률」상 건설현장 소방안전관리대상물의 소방안전관리자의 업무에 관한 내용으로 옳지 않은 것은?
① 건설현장의 소방계획서의 작성
② 화기취급의 감독, 화재위험작업의 허가 및 관리
③ 공사진행 단계별 피난안전구역, 피난로 등의 확보와 관리
④ 건설현장 작업자를 제외한 책임자에 대한 소방안전 교육 및 훈련

해설 p.270-75번

10 「화재의 예방 및 안전관리에 관한 법률 시행령」상 특수가연물의 저장 및 취급 기준에서 특수가연물 표지에 관한 내용으로 옳지 않은 것은?
① 특수가연물 표지 중 화기엄금 표시 부분의 바탕은 붉은색으로, 문자는 백색으로 할 것
② 특수가연물 표지는 한 변의 길이가 0.3미터 이상, 다른 한 변의 길이가 0.6미터 이상인 직사각형으로 할 것
③ 특수가연물 표지의 바탕은 검은색으로, 문자는 흰색으로 할 것. 다만, "화기엄금" 표시 부분은 제외한다.
④ 특수가연물을 저장 또는 취급하는 장소에는 품명, 최대저장수량, 단위부피당 질량 또는 단위체적당 질량, 관리책임자 성명·직책, 연락처 및 화기취급의 금지표시가 포함된 특수가연물 표지를 설치해야 한다.

해설 p.249-48번

11 「화재의 예방 및 안전관리에 관한 법률」 및 같은 법 시행령상 소방안전관리자를 선임해야 하는 건설현장 소방안전관리대상물에 해당하지 않는 것은?
① 신축을 하려는 부분의 연면적이 5천제곱미터인 냉동·냉장창고
② 신축을 하려는 부분의 연면적의 합계가 2만제곱미터인 복합건축물
③ 증축을 하려는 부분의 연면적의 합계가 3만제곱미터인 업무시설
④ 증축을 하려는 부분의 연면적이 5천제곱미터이고, 지상층의 층수가 10층인 업무시설

해설 p.272-79번

정답 09.④ 10.③ 11.④

12 「화재의 예방 및 안전관리에 관한 법률」상 화재예방안전진단의 범위에 해당하는 것만을 〈보기〉에서 있는 대로 고른 것은?

─〈보기〉─
ㄱ. 소방계획 및 피난계획 수립에 관한 사항
ㄴ. 소방시설등의 유지·관리에 관한 사항
ㄷ. 비상대응조직 및 교육훈련에 관한 사항
ㄹ. 화재 위험성 평가에 관한 사항

① ㄱ
② ㄱ, ㄴ
③ ㄱ, ㄴ, ㄷ
④ ㄱ, ㄴ, ㄷ, ㄹ

13 「화재의 예방 및 안전관리에 관한 법률」 및 같은 법 시행규칙상 소방안전관리자의 선임신고 등에 관한 설명이다. ( ) 안에 들어갈 내용으로 옳은 것은?

- 소방안전관리대상물의 관계인이 소방안전관리자를 선임한 경우에는 선임한 날부터 (ㄱ)일 이내에 선임사실을 소방본부장 또는 소방서장에게 신고하여야 한다.
- 소방안전관리대상물의 관계인은 소방안전관리자를 선임 사유가 발생한 날부터 (ㄴ)일 이내에 선임해야 한다.

　　ㄱ　ㄴ　　　　　　　ㄱ　ㄴ
① 14　30　　　② 14　60
③ 30　30　　　④ 30　60

14 특정소방대상물의 바닥면적이 다음과 같을 때 「소방시설 설치 및 관리에 관한 법률 시행령」에 따른 수용인원은 총 몇 명인가? (단, 바닥면적을 산정할 때에는 복도, 계단 및 화장실을 포함하지 않으며, 계산 결과 소수점 이하의 수는 반올림한다)

- 관람석이 없는 강당 1개, 바닥면적 460m²
- 강의실 10개, 각 바닥면적 57m²
- 휴게실 1개, 바닥면적 38m²

① 380　　　　　② 400
③ 420　　　　　④ 440

정답　12.④　13.①　14.③

15 「소방시설 설치 및 관리에 관한 법률 시행령」상 스프링클러설비를 설치해야 하는 특정소방대상물에 해당하는 것만을 〈보기〉에서 고른 것은?

─〈보기〉─
ㄱ. 수련시설 내에 있는 학생 수용을 위한 기숙사로서 연면적 5천m²인 경우
ㄴ. 교육연구시설 내에 있는 합숙소로서 연면적 100m²인 경우
ㄷ. 숙박시설로 사용되는 바닥면적의 합계가 500m²인 경우
ㄹ. 영화상영관의 용도로 쓰는 4층의 바닥면적이 1천m²인 경우

① ㄱ, ㄴ
② ㄱ, ㄹ
③ ㄴ, ㄷ
④ ㄷ, ㄹ

16 「소방시설 설치 및 관리에 관한 법률 시행령」상 건축물 등의 신축·증축·개축·재축·이전·용도변경 또는 대수선의 허가·협의 및 사용승인을 할 때 미리 소방본부장 또는 소방서장의 동의를 받아야 하는 건축물 등의 범위로 옳지 않은 것은?

① 연면적 100제곱미터 이상인 특정소방대상물 중 노유자(老幼者)시설 및 수련시설
② 「학교시설사업 촉진법」에 따라 건축등을 하려는 연면적 100제곱미터 이상의 학교시설
③ 지하층 또는 무창층이 있는 건축물로서 바닥면적이 150제곱미터(공연장의 경우에는 100제곱미터) 이상인 층이 있는 것
④ 차고·주차장 또는 주차 용도로 사용되는 시설로서 차고·주차장으로 사용되는 바닥면적이 200제곱미터 이상인 층이 있는 건축물이나 주차시설

17 「소방시설 설치 및 관리에 관한 법률」상 중앙소방기술심의 위원회의 심의사항으로 옳지 않은 것은?

① 화재안전기준에 관한 사항
② 소방시설에 하자가 있는지의 판단에 관한 사항
③ 소방시설의 설계 및 공사감리의 방법에 관한 사항
④ 소방시설의 구조 및 원리 등에서 공법이 특수한 설계 및 시공에 관한 사항

정답 15.② 16.① 17.②

18 「소방시설 설치 및 관리에 관한 법률 시행령」상 전문소방시설관리업의 보조 기술인력 등록기준으로 옳은 것은?

① 특급점검자 이상의 기술인력 : 2명 이상
② 중급·고급점검자 이상의 기술인력 : 각 1명 이상
③ 초급·중급점검자 이상의 기술인력 : 각 1명 이상
④ 초급·중급·고급점검자 이상의 기술인력 : 각 2명 이상

19 「소방시설 설치 및 관리에 관한 법률 시행규칙」상 행정처분 시 감경사유로 옳지 않은 것은?

① 경미한 위반사항으로, 유도등이 일시적으로 점등되지 않는 경우
② 경미한 위반사항으로, 스프링클러설비 헤드가 살수반경에 미치지 못하는 경우
③ 위반행위가 사소한 부주의나 오류가 아닌 고의에 의한 것으로 인정되는 경우
④ 위반 행위자가 처음 해당 위반행위를 한 경우로서 5년 이상 소방시설관리사의 업무, 소방시설관리업 등을 모범적으로 해 온 사실이 인정되는 경우

20 「위험물안전관리법 시행규칙」상 제조소등에서의 위험물의 저장 및 취급에 관한 기준 중 위험물의 유별 저장·취급의 공통기준으로 옳은 것은?

① 제1류 위험물은 가연물과의 접촉·혼합이나 분해를 촉진하는 물품과의 접근 또는 과열·충격·마찰 등을 피하는 한편, 알카리금속의 과산화물 및 이를 함유한 것에 있어서는 물과의 접촉을 피하여야 한다.
② 제2류 위험물 중 자연발화성물질에 있어서는 불티·불꽃 또는 고온체와의 접근·과열 또는 공기와의 접촉을 피하고, 금수성물질에 있어서는 물과의 접촉을 피하여야 한다.
③ 제3류 위험물은 산화제와의 접촉·혼합이나 불티·불꽃·고온체와의 접근 또는 과열을 피하는 한편, 철분·금속분·마그네슘 및 이를 함유한 것에 있어서는 물이나 산과의 접촉을 피하고 인화성 고체에 있어서는 함부로 증기를 발생시키지 아니하여야 한다.
④ 제4류 위험물은 가연물과의 접촉·혼합이나 분해를 촉진하는 물품과의 접근 또는 과열을 피하여야 한다.

정답 18.④ 19.③ 20.①

21 「위험물안전관리법」 및 같은 법 시행령상 관계인이 예방규정을 정하여야 하는 제조소등에 해당하지 않는 것은?

① 4,000L의 알코올류를 취급하는 제조소
② 30,000kg의 황을 저장하는 옥외저장소
③ 2,500kg의 나트륨을 저장하는 옥내저장소
④ 150,000L의 경유를 저장하는 옥외탱크저장소

22 「위험물안전관리법 시행령」상 지정수량 이상의 위험물을 옥외저장소에 저장할 수 있는 것으로 옳지 않은 것은? [다만, 「국제해사기구에 관한 협약」에 의하여 설치된 국제해사기구가 채택한 「국제해상위험물규칙」(IMDG Code)에 적합한 용기에 수납된 위험물은 제외한다]

① 제1류 위험물 중 염소산염류
② 제2류 위험물 중 황
③ 제4류 위험물 중 알코올류
④ 제6류 위험물

23 「위험물안전관리법 시행규칙」상 제조소의 위치·구조 및 설비의 기준에 근거하여 취급하는 위험물의 최대수량이 지정수량의 20배인 경우, 제조소 주위에 보유하여야 하는 공지의 너비는?

① 2m 이상
② 3m 이상
③ 4m 이상
④ 5m 이상

24 「위험물안전관리법 시행규칙」상 화학소방자동차에 갖추어야 하는 소화능력 또는 설비의 기준으로 옳은 것은?

① 포수용액 방사차 : 포수용액의 방사능력이 매분 1,000L 이상일 것
② 분말 방사차 : 1,000kg 이상의 분말을 비치할 것
③ 할로젠화합물 방사차 : 할로젠화합물의 방사능력이 매초 40kg 이상일 것
④ 이산화탄소 방사차 : 1,000kg 이상의 이산화탄소를 비치할 것

정답 21.④ 22.① 23.④ 24.③

25 「위험물안전관리법 시행규칙」상 위험물의 운반에 관한 기준 중 적재방법에 대한 내용으로 옳지 않은 것은? (다만, 덩어리 상태의 황을 운반하기 위하여 적재하는 경우 또는 위험물을 동일구내에 있는 제조소등의 상호간에 운반하기 위하여 적재하는 경우는 제외한다)

① 하나의 외장용기에는 다른 종류의 위험물을 수납하지 아니할 것
② 고체 위험물은 운반용기 내용적의 95% 이하의 수납율로 수납할 것
③ 액체 위험물은 운반용기 내용적의 98% 이하의 수납율로 수납하되, 55℃의 온도에서 누설되지 아니하도록 충분한 공간용적을 유지하도록 할 것
④ 자연발화물질 중 알킬알루미늄등은 운반용기 내용적의 95% 이하의 수납율로 수납하되, 55℃의 온도에서 10% 이상의 공간용적을 유지하도록 할 것

정답 25.④

05 2022년 경채

01 「소방기본법」 제3조 소방기관의 설치 등에 대한 내용이다. ( ) 안에 들어갈 말로 옳은 것은?

> 시·도의 화재 예방·경계·진압 및 조사, 소방안전교육·홍보와 화재, 재난·재해, 그 밖의 위급한 상황에서의 구조·구급 등의 업무를 수행하는 소방기관의 설치에 필요한 사항은 (　　)(으)로 정한다.

① 대통령령　　　　② 행정안전부령
③ 시·도의 조례　　④ 소방청훈령

02 「소방기본법」 및 같은 법 시행령상 소방기술민원센터에 대한 내용으로 옳지 않은 것은?
① 소방기술민원센터는 센터장을 포함하여 18명 이내로 구성한다.
② 소방기술민원센터는 소방기술민원과 관련된 업무로서 소방청장 또는 소방본부장이 필요하다고 인정하여 지시하는 업무를 수행한다.
③ 소방기술민원센터장은 소방기술민원센터의 업무수행을 위하여 필요하다고 인정하는 경우에는 관계 기관의 장에게 소속 공무원 또는 직원의 파견을 요청할 수 있다.
④ 소방청장은 소방시설, 소방공사 및 위험물 안전관리 등과 관련된 법령해석 등의 민원을 종합적으로 접수하여 처리할 수 있는 소방기술민원센터를 설치·운영할 수 있다.

정답 01.① 02.③

03 「소방기본법」 및 같은 법 시행령상 소방업무에 관한 종합계획의 수립·시행 등의 내용으로 옳지 않은 것은?
① 소방청장은 수립한 종합계획을 관계 중앙행정기관의 장, 시·도지사에게 통보하여야 한다.
② 시·도지사는 관할 지역의 특성을 고려하여 종합계획의 시행에 필요한 세부계획을 매년 수립하여 행정안전부장관에게 제출하여야 한다.
③ 종합계획에는 소방업무에 필요한 체계의 구축, 소방기술의 연구·개발 및 보급, 소방전문인력 양성에 대한 사항이 포함되어야 한다.
④ 소방청장은 소방업무에 관한 종합계획을 관계 중앙행정기관의 장과의 협의를 거쳐 계획 시행 전년도 10월 31일까지 수립하여야 한다.

04 「소방기본법」 및 같은 법 시행령상 비상소화장치 설치대상 지역을 있는 대로 모두 고른 것은?

　㉠ 위험물의 저장 및 처리 시설이 밀집한 지역
　㉡ 석유화학제품을 생산하는 공장이 있는 지역
　㉢ 소방시설·소방용수시설 또는 소방출동로가 없는 지역
　㉣ 시·도지사가 비상소화장치의 설치가 필요하다고 인정하는 지역

① ㉠, ㉡
② ㉢, ㉣
③ ㉠, ㉡, ㉢
④ ㉠, ㉡, ㉢, ㉣

05 「소방기본법」 제16조의3에서 규정한 소방대의 생활안전활동으로 옳지 않은 것은?
① 위해동물, 벌 등의 포획 및 퇴치 활동
② 단전사고 시 비상전원 또는 조명의 공급
③ 자연재해에 따른 급수·배수 및 제설 등 지원활동
④ 붕괴, 낙하 등이 우려되는 고드름, 나무, 위험 구조물 등의 제거활동

정답 03.② 04.④ 05.③

06 「소방기본법」 제17조 제2항에 따르면 소방청장, 소방본부장 또는 소방서장은 화재를 예방하고 화재 발생 시 인명과 재산피해를 최소화하기 위하여 행정안전부령으로 정하는 바에 따라 소방안전에 관한 교육과 훈련을 실시할 수 있다. 그 대상으로 옳지 않은 것은?
① 「노인복지법」 제27조의2에 따른 홀로 사는 노인
② 「유아교육법」 제2조에 따른 유치원의 유아
③ 「초·중등교육법」 제2조에 따른 학교의 학생
④ 「영유아보육법」 제2조에 따른 어린이집의 영유아

해설 p.58-97번

07 「소방기본법」상 소방대장의 권한으로 옳지 않은 것은?
① 소방활동에 필요한 소화전(消火栓)·급수탑(給水塔)·저수조(貯水槽)를 설치하고 유지·관리하여야 한다.
② 소방활동을 위하여 긴급하게 출동할 때에는 소방자동차의 통행과 소방활동에 방해가 되는 주차 또는 정차된 차량 및 물건 등을 제거하거나 이동시킬 수 있다.
③ 화재 발생을 막거나 폭발 등으로 화재가 확대되는 것을 막기 위하여 가스·전기 또는 유류 등의 시설에 대하여 위험물질의 공급을 차단하는 등 필요한 조치를 할 수 있다.
④ 화재, 재난·재해, 그 밖의 위급한 상황이 발생한 현장에서 소방활동을 위하여 필요할 때에는 그 관할구역에 사는 사람 또는 그 현장에 있는 사람으로 하여금 사람을 구출하는 일 또는 불을 끄거나 불이 번지지 아니하도록 하는 일을 하게 할 수 있다.

해설 p.43-71번

08 「소방기본법」 제25조 제1항에 대한 내용이다. ( ) 안에 들어갈 말로 옳지 않은 것은?

> ( ), ( ) 또는 ( )은 사람을 구출하거나 불이 번지는 것을 막기 위하여 필요할 때에는 화재가 발생하거나 불이 번질 우려가 있는 소방대상물 및 토지를 일시적으로 사용하거나 그 사용의 제한 또는 소방활동에 필요한 처분을 할 수 있다.

① 소방청장　　　　② 소방본부장
③ 소방서장　　　　④ 소방대장

해설 p.85-142번

정답　06.① 07.① 08.①

09 「소방기본법」 제41조에서 정한 한국소방안전원의 업무로 옳지 않은 것은?
① 소방안전에 관한 국제협력
② 소방기술과 안전관리에 관한 교육 및 조사·연구
③ 화재 예방과 안전관리의식 고취를 위한 대국민 홍보
④ 소방장비의 품질 확보, 품질 인증 및 신기술·신제품에 관한 인증 업무

10 「소방기본법」 및 「화재의 예방 및 안전관리에 관한 법률」상 벌칙 기준으로 옳지 않은 것은?
① 정당한 사유 없이 물의 사용이나 수도의 개폐장치의 사용 또는 조작을 하지 못하게 하거나 방해한 자 : 100만 원 이하의 벌금
② 정당한 사유 없이 소방대가 현장에 도착할 때까지 사람을 구출하는 조치 또는 불을 끄거나 불이 번지지 아니하도록 하는 조치를 하지 아니한 사람 : 100만 원 이하의 벌금
③ 정당한 사유 없이 화재예방강화지구 및 이에 준하는 대통령령으로 정하는 장소에서 모닥불, 흡연 등 화기의 취급, 풍등 등 소형열기구 날리기, 용접·용단 등 불꽃을 발생시키는 행위 등을 한 자 : 300만 원 이하의 과태료
④ 화재, 재난·재해, 그 밖의 위급한 상황이 발생하여 사람의 생명을 위험하게 할 것으로 인정할 때에는 일정한 구역을 지정하여 그 구역에 있는 사람에게 그 구역 밖으로 피난할 것에 대한 명령을 위반한 사람 : 200만 원 이하의 벌금

11 「화재의 예방 및 안전관리에 관한 법률」상 화재의 예방 및 안전관리 기본계획 등의 수립·시행에 대한 내용으로 옳지 않은 것은?
① 소방청장은 화재예방정책을 체계적·효율적으로 추진하고 이에 필요한 기반 확충을 위하여 화재의 예방 및 안전관리에 관한 기본계획을 10년마다 수립·시행하여야 한다.
② 소방청장은 기본계획을 시행하기 위하여 매년 시행계획을 수립·시행하여야 한다.
③ 기본계획, 시행계획 및 세부시행계획 등의 수립·시행에 관하여 필요한 사항은 대통령령으로 정한다.
④ 소방청장은 기본계획 및 시행계획을 수립하기 위하여 필요한 경우에는 관계 중앙행정기관의 장 또는 시·도지사에게 관련 자료의 제출을 요청할 수 있다.

정답 09.④ 10.④ 11.①

12 「화재의 예방 및 안전관리에 관한 법률」상 제10조 제1항에 대한 내용이다. ( ) 안에 들어갈 말로 옳지 않은 것은?

> ( )은/는 화재안전조사의 대상을 객관적이고 공정하게 선정하기 위하여 필요한 경우 화재안전조사위원회를 구성하여 화재안전조사의 대상을 선정할 수 있다.

① 소방청장 ② 시·도지사
③ 소방본부장 ④ 소방서장

13 「화재의 예방 및 안전관리에 관한 법률」 및 같은 법 시행령상 화재안전조사단 편성·운영 등에 관한 설명으로 옳지 않은 것은?

① 중앙화재안전조사단은 단장을 포함하여 50명 이내의 단원으로 성별을 고려하여 구성한다.
② 소방관서장은 화재안전조사를 효율적으로 수행하기 위하여 대통령령으로 정하는 바에 따라 소방청에는 중앙화재안전조사단을, 소방본부 및 소방서에는 지방화재안전조사단을 편성하여 운영하여야 한다.
③ 화재안전조사단의 단장은 단원 중에서 소방관서장이 임명하거나 위촉한다.
④ 소방공무원은 화재안전조사단의 단원으로 임명될 수 있다.

14 「소방시설 설치 및 관리에 관한 법률 시행령」상 수용인원의 산정방법에 따라 다음 특정소방대상물에 대한 수용인원을 옳게 산정한 것은?

> • 바닥면적이 95m²인 강의실
> [단, 바닥면적을 산정할 때에는 복도(「건축법 시행령」 제2조 제11호에 따른 준불연재료 이상의 것을 사용하여 바닥에서 천장까지 벽으로 구획한 것을 말한다), 계단 및 화장실의 바닥면적을 포함하지 않으며, 계산 결과 소수점 이하의 수는 반올림한다.]

① 21명 ② 32명
③ 50명 ④ 60명

정답 12.② 13.② 14.③

15 「소방시설 설치 및 관리에 관한 법률 시행령」상 별표 4의 소방시설 중 제연설비를 설치해야 하는 특정소방대상물에 대한 내용이다. ( ) 안에 들어갈 숫자로 옳은 것은?

> 가. 지하가(터널은 제외한다)로서 연면적 (㉠)m² 이상인 것
> 나. 문화 및 집회시설, 종교시설, 운동시설 중 무대부의 바닥면적이 (㉡)m² 이상인 경우에는 해당 무대부
> 다. 문화 및 집회시설 중 영화상영관으로서 수용인원 (㉢)명 이상인 경우에는 해당 영화상영관

	㉠	㉡	㉢
①	1,000	200	100
②	1,000	400	100
③	2,000	200	50
④	2,000	400	50

16 「소방시설 설치 및 관리에 관한 법률 시행령」상 특정소방대상물에 지진이 발생할 경우 소방시설이 정상적으로 작동될 수 있도록 소방청장이 정하는 내진설계기준에 맞게 설치하여야 하는 소방시설의 종류로 옳지 않은 것은?

① 물분무등소화설비
② 스프링클러설비
③ 옥내소화전설비
④ 연결송수관설비

17 「소방시설 설치 및 관리에 관한 법률 시행령」상 별표 4의 특정소방대상물에 설치하는 소방시설 중 단독경보형 감지기에 관한 설치기준으로 옳지 않은 것은?

① 교육연구시설 또는 수련시설 내에 있는 합숙소로서 연면적 2,000m² 미만인 것
② 연면적 400m² 미만의 어린이회관
③ 수용인원 100명 미만인 수련시설(숙박시설이 있는 것만 해당)
④ 교육연구시설 또는 수련시설 내에 있는 기숙사로서 연면적 2,000m² 미만인 것

정답 15.① 16.④ 17.②

18 「소방시설 설치 및 관리에 관한 법률 시행령」 제15조 특정소방대상물의 증축 또는 용도변경 시의 소방시설기준 적용의 특례에 관한 설명으로 옳지 않은 것은?

① 기존 부분과 증축 부분이 「건축법 시행령」 제46조 제1항 제2호에 따른 자동방화셔터(이하 "자동방화셔터"라 한다) 또는 같은 영 제64조 제1항 제1호에 따른 60분+ 방화문(이하 "60분+ 방화문"이라 한다)으로 구획되어 있는 경우, 기존 부분에 대해서는 증축 당시의 소방시설의 설치에 관한 대통령령 또는 화재안전기준을 적용하지 않는다.
② 기존 부분과 증축 부분이 내화구조(耐火構造)로 된 바닥과 벽으로 구획된 경우, 기존 부분에 대해서는 증축 당시의 소방시설의 설치에 관한 대통령령 또는 화재안전기준을 적용하지 않는다.
③ 특정소방대상물의 구조·설비가 화재연소 확대 요인이 적어지거나 피난 또는 화재진압활동이 쉬워지도록 변경되는 경우에는 특정소방대상물 전체에 대하여 용도변경 전에 해당 특정소방대상물에 적용되던 소방시설의 설치에 관한 대통령령 또는 화재안전기준을 적용한다.
④ 용도변경으로 인하여 천장·바닥·벽 등에 고정되어 있는 가연성 물질의 양이 줄어드는 경우에는 용도변경되는 부분에 대해서만 용도변경 당시의 소방시설의 설치에 관한 대통령령 또는 화재안전기준을 적용한다.

19 「화재의 예방 및 안전관리에 관한 법률 시행령」상 특급 소방안전관리대상물의 소방안전관리자로 선임할 수 없는 사람은?

① 소방기술사 또는 소방시설관리사의 자격이 있는 사람
② 소방공무원으로 10년 이상 근무한 경력이 있는 사람
③ 소방설비기사의 자격을 취득한 후 5년 이상 1급 소방안전관리대상물의 소방안전관리자로 근무한 실무경력이 있는 사람
④ 소방설비산업기사의 자격을 취득한 후 7년 이상 1급 소방안전관리대상물의 소방안전관리자로 근무한 실무경력이 있는 사람

정답 18.④ 19.②

20 「소방시설 설치 및 관리에 관한 법률 시행령」 별표 10의 과태료 부과 개별기준으로 옳은 것은?

① 소방시설을 설치하지 않은 경우 : 과태료 200만 원
② 법 제15조 제1항을 위반하여 공사 현장에 임시소방시설을 설치·관리하지 않은 경우 : 과태료 200만 원
③ 화재 수신기, 동력·감시 제어반 또는 소방시설용 전원(비상전원을 포함한다)을 차단하거나, 고장난 상태로 방치하거나, 임의로 조작하여 자동으로 작동이 되지 않도록 한 경우 : 과태료 200만 원
④ 소방시설이 작동할 때 소화배관을 통하여 소화수가 방수되지 않는 상태 또는 소화약제가 방출되지 않는 상태로 방치한 경우 : 과태료 300만 원

정답 20.③

06 2022년 공채

01. 「화재의 예방 및 안전관리에 관한 법률 시행령」상 화재예방강화지구의 관리에 대한 설명이다. ( ) 안에 들어갈 내용으로 옳은 것은?

- 소방관서장은 화재예방강화지구 안의 소방대상물의 위치·구조 및 설비 등에 대한 화재안전조사를 연 (㉠)회 이상 실시해야 한다.
- 소방관서장은 화재예방강화지구 안의 관계인에 대하여 소방에 필요한 훈련 및 교육을 연 (㉡)회 이상 실시할 수 있다.
- 소방관서장은 소방에 필요한 훈련 및 교육을 실시하려는 경우에는 화재예방강화지구 안의 관계인에게 훈련 또는 교육 (㉢)일 전까지 그 사실을 통보해야 한다.

	㉠	㉡	㉢
①	1	1	5
②	1	1	10
③	2	2	5
④	2	2	10

02. 「소방기본법 시행령」상 소방기술민원센터의 설치·운영 기준으로 옳지 않은 것은?
① 소방청장 및 본부장은 각 소방서에 소방기술민원센터를 설치·운영한다.
② 소방기술민원센터는 소방기술민원과 관련된 현장 확인 및 처리업무를 수행한다.
③ 소방기술민원센터는 소방기술민원과 관련된 질의회신집 및 해설서 발간의 업무를 수행한다.
④ 소방기술민원센터는 소방시설, 소방공사와 위험물 안전관리 등과 관련된 법령해석 등의 민원을 처리한다.

정답 01.② 02.①

03 「소방기본법」 및 같은 법 시행령상 소방자동차 전용구역 등에 대한 내용으로 옳지 않은 것은?

① 소방자동차 전용구역의 설치 기준·방법, 방해행위의 기준, 그 밖에 필요한 사항은 대통령령으로 정한다.
② 전용구역에 주차하거나 전용구역에의 진입을 가로막는 등의 방해행위를 한 자에게는 200만 원 이하의 과태료를 부과한다.
③ 「건축법 시행령」 별표 1 제2호 가목의 아파트 중 세대수가 100세대 이상인 아파트의 건축주는 소방활동의 원활한 수행을 위하여 공동주택에 소방자동차 전용구역을 설치하여야 한다.
④ 「건축법 시행령」 별표 1 제2호 라목의 기숙사 중 3층인 기숙사가 하나의 대지에 하나의 동(棟)으로 구성되고, 「도로교통법」 제32조 또는 제33조에 따라 정차 또는 주차가 금지된 편도 2차선 이상의 도로에 직접 접하여 소방자동차가 도로에서 직접 소방활동이 가능한 경우 소방자동차 전용구역 설치대상에서 제외한다.

04 「소방기본법 시행규칙」상 소방용수시설 및 비상소화장치의 설치기준으로 옳지 않은 것은?

① 비상소화장치의 설치기준에 관한 세부 사항은 소방청장이 정한다.
② 소방청장은 설치된 소방용수시설에 대하여 소방용수표지를 보기 쉬운 곳에 설치하여야 한다.
③ 소방호스 및 관창은 소방청장이 정하여 고시하는 형식승인 및 제품검사의 기술기준에 적합한 것으로 설치한다.
④ 비상소화장치함은 소방청장이 정하여 고시하는 성능인증 및 제품검사의 기술기준에 적합한 것으로 설치한다.

05 「화재의 예방 및 안전관리에 관한 법률 시행령」 별표 9의 과태료 부과 개별기준에 대한 내용 중 위반행위의 횟수에 따라 가중된 과태료 부과처분의 금액으로 옳은 것은?

위반행위	과태료 금액(만 원)		
	1회	2회	3회 이상
특수가연물의 저장 및 취급기준을 위반한 경우	㉠	㉡	㉢

	㉠	㉡	㉢
①	50	100	150
②	20	50	100
③	50	100	100
④	200	200	200

06 「소방시설 설치 및 관리에 관한 법률 시행령」상 소방시설 중 소화활동설비로 옳지 않은 것은?
① 제연설비, 연결송수관설비
② 비상콘센트설비, 연결살수설비
③ 무선통신보조설비, 연소방지설비
④ 연결송수관설비, 비상조명등설비

07 「소방시설 설치 및 관리에 관한 법률 시행령」상 성능위주설계를 해야 하는 특정소방대상물의 범위로 옳지 않은 것은?
① 연면적 3만제곱미터 이상인 공항시설에 해당하는 특정소방대상물
② 하나의 건축물에 「영화 및 비디오물의 진흥에 관한 법률」 제2조 제10호에 따른 영화상영관이 10개 이상인 특정소방대상물
③ 50층 이상(지하층은 제외한다)이거나 지상으로부터 높이가 200미터 이상인 아파트등
④ 30층 이상(지하층을 포함한다)이거나 지상으로부터 높이가 100미터 이상인 특정소방대상물(아파트등은 제외한다)

정답 05.④ 06.④ 07.④

08 「소방시설 설치 및 관리에 관한 법률 시행령」상 방염성능기준으로 옳지 않은 것은?
① 불꽃에 의하여 완전히 녹을 때까지 불꽃의 접촉 횟수는 3회 이상일 것
② 탄화(炭化)한 면적은 50제곱센티미터 이내, 탄화한 길이는 20센티미터 이내일 것
③ 소방청장이 정하여 고시한 방법으로 발연량(發煙量)을 측정하는 경우 최대연기밀도는 500 이하일 것
④ 버너의 불꽃을 제거한 때부터 불꽃을 올리며 연소하는 상태가 그칠 때까지 시간은 20초 이내이며, 버너의 불꽃을 제거한 때부터 불꽃을 올리지 아니하고 연소하는 상태가 그칠 때까지 시간은 30초 이내일 것

09 「화재의 예방 및 안전관리에 관한 법률」 및 같은 법 시행령, 시행규칙상 화재안전조사의 방법·절차 등에 대한 설명으로 옳지 않은 것은?
① 소방관서장은 화재안전조사를 마친 때에는 그 조사결과를 관계인에게 서면 또는 구두로 통지하여야 한다.
② 소방관서장은 화재안전조사를 실시하려는 경우 사전에 조사대상, 조사기간 및 조사사유 등 조사계획을 소방청, 소방본부 또는 소방서의 인터넷 홈페이지나 전산시스템을 통해 7일 이상 공개해야 한다.
③ 화재안전조사의 연기를 승인한 경우라도 연기기간이 끝나기 전에 연기사유가 없어졌거나 긴급히 조사를 해야 할 사유가 발생하였을 때에는 관계인에게 미리 알리고 화재안전조사를 할 수 있다.
④ 화재안전조사의 연기를 신청하려는 관계인은 화재안전조사 시작 3일 전까지 화재안전조사 연기신청서(전자문서를 포함한다)에 화재안전조사를 받기 곤란함을 증명할 수 있는 서류(전자문서를 포함한다)를 첨부하여 소방관서장에게 제출해야 한다.

정답 08.③ 09.①

10 「소방시설 설치 및 관리에 관한 법률 시행령」상 특정소방대상물의 관계인이 특정소방대상물의 규모·용도 및 수용인원 등을 고려하여 갖추어야 하는 소방시설의 기준에 대한 내용으로 옳은 것은?

① 지하가 중 터널로서 길이가 500m인 터널에는 옥내소화전설비를 설치하여야 한다.
② 아파트등 및 오피스텔의 모든 층에는 주거용 주방자동소화장치를 설치하여야 한다.
③ 물류터미널을 제외한 창고시설로 바닥면적 합계가 3천m^2인 경우에는 모든 층에 스프링클러설비를 설치하여야 한다.
④ 근린생활시설로 사용하는 부분의 바닥면적의 합계가 500m^2 이상인 것은 모든 층에 간이스프링클러설비를 설치하여야 한다.

11 「소방시설공사업법」상 소방시설업 등록의 결격사유에 해당하지 않는 사람은?

① 피성년후견인
② 등록하려는 소방시설업 등록이 취소된 날부터 3년이 지난 사람
③ 「소방기본법」에 따른 금고 이상의 형의 집행유예를 선고받고 그 유예기간 중에 있는 사람
④ 「위험물안전관리법」에 따른 금고 이상의 실형을 선고받고, 그 집행이 끝나거나(집행이 끝난 것으로 보는 경우를 포함한다) 면제된 날부터 1년이 지난 사람

12 「소방시설공사업법 시행령」 별표 4 소방공사 감리원의 배치기준 및 배치기간에 따라 복합건축물(지하 5층, 지상 35층 규모)인 특정소방대상물 소방시설 공사현장의 소방공사 책임감리원으로 옳은 것은?

① 특급감리원 중 소방기술사
② 특급감리원 이상의 소방공사 감리원(기계분야 및 전기분야)
③ 고급감리원 이상의 소방공사 감리원(기계분야 및 전기분야)
④ 중급감리원 이상의 소방공사 감리원(기계분야 및 전기분야)

정답 10.② 11.② 12.①

13 「소방시설공사업법 시행령」상 소방시설공사의 착공신고 대상으로 옳지 않은 것은?
① 창고시설에 스프링클러설비의 방호구역을 증설하는 공사
② 공동주택에 자동화재탐지설비의 경계구역을 증설하는 공사
③ 위험물 제조소에 할로겐화합물 및 불활성기체 소화설비를 신설하는 공사
④ 업무시설에 옥내소화전설비(호스릴옥내소화전설비를 포함한다)를 신설하는 공사

14 「소방시설공사업법」에서 규정한 용어의 정의로 옳지 않은 것은?
① "소방시설공사업"이란 설계도서에 따라 소방시설을 신설, 증설, 개설, 이전 및 정비하는 영업을 말한다.
② "소방시설설계업"이란 소방시설공사에 기본이 되는 공사계획, 설계도면, 설계 설명서, 기술계산서 및 이와 관련된 서류를 작성하는 영업을 말한다.
③ "발주자"란 소방시설의 설계, 시공, 감리 및 방염을 소방시설업자에게 도급한 자 및 도급받은 공사를 하도급하는 자를 말한다.
④ "소방공사감리업"이란 소방시설공사에 관한 발주자의 권한을 대행하여 소방시설공사가 설계도서와 관계 법령에 따라 적법하게 시공되는지를 확인하고, 품질·시공 관리에 대한 기술지도를 하는 영업을 말한다.

정답 13.③ 14.③

15 「소방시설공사업법」상 소방시설업의 등록, 휴・폐업과 소방시설업자의 지위승계에 대한 내용으로 옳지 않은 것은?

① 특정소방대상물의 소방시설공사등을 하려는 자는 업종별로 자본금, 기술인력 등 행정안전부령으로 정하는 요건을 갖추어 시・도지사에게 소방시설업을 등록하여야 한다.
② 소방시설업자가 사망하여 그 상속인이 종전의 소방시설업자의 지위를 승계하려는 경우에는 그 상속일부터 30일 이내에 행정안전부령으로 정하는 바에 따라 그 사실을 시・도지사에게 신고하여야 한다.
③ 소방시설업자는 소방시설업을 폐업하는 때에는 행정안전부령으로 정하는 바에 따라 시・도지사에게 신고하여야 하고 폐업신고를 받은 시・도지사는 소방시설업 등록을 말소하고 그 사실을 행정안전부령으로 정하는 바에 따라 공고하여야 한다.
④ 「민사집행법」에 따른 경매에 따라 소방시설업자의 소방시설의 전부를 인수한 자가 종전의 소방시설업자의 지위를 승계하려는 경우에는 그 인수일부터 30일 이내에 행정안전부령으로 정하는 바에 따라 그 사실을 시・도지사에게 신고하여야 한다.

16 「위험물안전관리법 시행령」상 관계인이 예방규정을 정하여야 하는 제조소등에 대한 기준이다. ( ) 안에 들어갈 내용으로 옳은 것은?

- 지정수량의 (㉠)배 이상의 위험물을 취급하는 제조소
- 지정수량의 (㉡)배 이상의 위험물을 저장하는 옥내저장소
- 지정수량의 (㉢)배 이상의 위험물을 저장하는 옥외저장소
- 지정수량의 (㉣)배 이상의 위험물을 저장하는 옥외탱크저장소

	㉠	㉡	㉢	㉣
①	10	150	100	200
②	50	150	100	200
③	10	100	150	200
④	50	100	150	250

정답 15.① 16.①

17 「위험물안전관리법 시행령」상 다량의 위험물을 저장·취급하는 제조소 등에서 자체소방대를 설치하여야 하는 사업소로 옳지 않은 것은?
① 최대수량의 합이 지정수량의 3천배 이상인 제4류 위험물을 취급하는 제조소
② 최대수량의 합이 지정수량의 3천배 이상인 제4류 위험물을 취급하는 일반취급소
③ 최대수량이 지정수량의 50만배 이상인 제4류 위험물을 저장하는 옥내탱크저장소
④ 최대수량이 지정수량의 50만배 이상인 제4류 위험물을 저장하는 옥외탱크저장소

18 「위험물안전관리법 시행령」 별표 1에서 규정한 내용으로 옳지 않은 것은?
① 황 : 순도가 60중량퍼센트 이상인 것을 말한다.
② 인화성고체 : 고형알코올 그 밖에 1기압에서 인화점이 섭씨 40도 미만인 고체를 말한다.
③ 철분 : 철의 분말로서 53마이크로미터의 표준체를 통과하는 것이 50중량퍼센트 미만인 것을 말한다.
④ 가연성고체 : 고체로서 화염에 의한 발화의 위험성 또는 인화의 위험성을 판단하기 위하여 고시로 정하는 시험에서 고시로 정하는 성질과 상태를 나타내는 것을 말한다.

19 「위험물안전관리법 시행규칙」상 위험물 제조소의 표지 및 게시판에 대한 내용으로 옳지 않은 것은?
① 게시판은 한변의 길이가 0.3m 이상, 다른 한변의 길이가 0.6m 이상인 직사각형으로 한다.
② 제4류 위험물에 있어서는 적색바탕에 백색문자로, "화기엄금"을 표시한다.
③ 알칼리금속의 과산화물은 청색바탕에 백색문자로, "물기엄금"을 표시한다.
④ 인화성고체에 있어서는 적색바탕에 백색문자로, "화기주의"를 표시한다.

정답 17.③ 18.③ 19.④

20 「위험물안전관리법 시행규칙」상 옥외탱크저장소의 위치·구조 및 설비 기준에 대한 설명으로 옳지 않은 것은?

① 저장 또는 취급하는 위험물의 최대수량이 지정수량의 500배 이하인 경우 보유 공지너비는 5m 이상으로 해야 한다.
② 옥외탱크저장소 중 그 저장 또는 취급하는 액체위험물의 최대수량이 100만L 이상의 것을 특정옥외탱크저장소라 한다.
③ 밸브 없는 통기관의 지름은 30mm 이상으로 하고 끝부분은 수평면보다 45도 이상 구부려 빗물 등의 침투를 막는 구조로 한다.
④ 압력탱크(최대상용압력이 대기압을 초과하는 탱크를 말한다)외의 탱크는 충수시험, 압력탱크는 최대상용압력의 1.5배의 압력으로 10분간 실시하는 수압시험에서 각각 새거나 변형되지 아니하여야 한다.

정답 20.①

07 2021년 경채

01 「소방기본법」상 소방업무의 응원에 대한 내용으로 옳지 않은 것은?
① 소방업무의 응원을 위하여 파견된 소방대원은 응원을 요청한 소방본부장 또는 소방서장의 지휘에 따라야 한다.
② 소방업무의 응원 요청을 받은 소방본부장 또는 소방서장은 정당한 사유 없이 그 요청을 거절하여서는 아니 된다.
③ 소방본부장이나 소방서장은 소방활동을 할 때에 긴급한 경우에는 이웃한 소방본부장 또는 소방서장에게 소방업무의 응원(應援)을 요청할 수 있다.
④ 소방청장은 소방업무의 응원을 요청하는 경우를 대비하여 출동 대상지역 및 규모와 필요한 경비의 부담 등에 관하여 필요한 사항을 행정안전부령으로 정하는 바에 따라 시·도지사와 협의하여 미리 규약(規約)으로 정하여야 한다.

02 「화재의 예방 및 안전관리에 관한 법률 시행령」상 화재예방강화지구에 대한 내용으로 옳지 않은 것은?
① 시·도지사는 화재안전조사의 결과 등을 대통령령으로 정하는 화재예방강화지구 관리대장에 작성하고 관리해야 한다.
② 소방관서장은 화재예방강화지구 안의 관계인에 대하여 소방에 필요한 훈련 및 교육을 연 1회 이상 실시할 수 있다.
③ 소방관서장은 화재예방강화지구 안의 소방대상물의 위치·구조 및 설비 등에 대한 화재안전조사를 연 1회 이상 실시해야 한다.
④ 소방관서장은 소방에 필요한 훈련 및 교육을 실시하려는 경우에는 화재예방강화지구 안의 관계인에게 훈련 또는 교육 10일 전까지 그 사실을 통보해야 한다.

정답 01.④ 02.①

03 「소방기본법 시행령」상 손실보상에 대한 내용으로 옳지 않은 것은?
① 손실보상심의위원회 위원의 임기는 2년으로 한다. 다만, 보상위원회가 해산되는 경우에는 그 해산되는 때에 임기가 만료되는 것으로 한다.
② 손실보상심의위원회는 위원장 1명을 포함하여 7명 이상 9명 이하의 위원으로 구성한다. 다만, 청구금액이 100만 원 이하인 사건에 대해서는 소속 소방공무원에 해당하는 위원 3명으로만 구성할 수 있다.
③ 소방청장등은 보상금을 지급하기로 결정한 경우에는 특별한 사유가 없으면 통지한 날부터 30일 이내에 보상금을 지급하여야 한다.
④ 소방청장등은 손실보상심의위원회의 심사·의결을 거쳐 특별한 사유가 없으면 보상금 지급 청구서를 받은 날부터 60일 이내에 보상금 지급 여부 및 보상금액을 결정하여야 한다.

04 「화재의 예방 및 안전관리에 관한 법률 시행령」상 특수가연물의 품명과 수량으로 옳지 않은 것은?
① 넝마 및 종이부스러기 : 400킬로그램 이상
② 가연성고체류 : 3,000킬로그램 이상
③ 석탄·목탄류 : 10,000킬로그램 이상
④ 가연성액체류 : 2세제곱미터 이상

05 「소방기본법 시행령」상 소방자동차 전용구역에 대한 내용으로 옳은 것은?
① 「건축법 시행령」상의 모든 아파트는 소방자동차 전용구역 설치 대상이다.
② 「주차장법」제19조에 따른 부설주차장의 주차구획 내에 주차하는 것은 전용구역 방해행위에 해당한다.
③ 전용구역 노면표지 도료의 색채는 황색을 기본으로 하되, 문자(P, 소방차 전용)는 백색으로 표시한다.
④ 소방자동차 전용구역 설치 대상인 공동주택의 건축주는 각 동별 전면과 후면에 소방자동차 전용구역을 각 1개소 이상 예외 없이 설치하여야 한다.

정답 03.② 04.① 05.③

06 「소방기본법」상 소방활동 종사 명령에 따라 소방활동에 종사한 사람은 시·도지사로부터 소방활동 비용을 지급받을 수 있다. 소방활동 비용을 지급받을 수 있는 사람으로 옳은 것은?
① 과실로 화재를 발생시킨 사람
② 화재 현장에서 물건을 가져간 사람
③ 소방대상물에 화재가 발생한 경우 그 관계인
④ 화재 현장에서 불이 번지지 아니하도록 하는 일을 명령 받은 사람

해설 p.81-135번

07 「화재의 예방 및 안전관리에 관한 법률 시행령」상 보일러 등의 위치·구조 및 관리와 화재예방을 위하여 불의 사용에 있어서 지켜야 하는 사항으로 옳지 않은 것은?
① 노 또는 화덕의 주위에는 녹는 물질이 확산되지 않도록 높이 0.1미터 이상의 턱을 설치해야 한다.
② 「공연법」 제2조 제4호에 따른 공연장에서 이동식난로는 사용해서는 안 된다.
③ 보일러를 실내에 설치하는 경우에는 콘크리트바닥 또는 금속 외의 불연재료로 된 바닥 위에 설치해야 한다.
④ 주방설비에 부속된 배출덕트(공기 배출통로)는 0.15밀리미터 이상의 아연도금강판 또는 이와 같거나 그 이상의 내식성 불연재료로 설치해야 한다.

해설 p.243-38번

08 「소방기본법」상 소방기관의 설치에 대한 내용으로 옳지 않은 것은?
① 시·도에서 소방업무를 수행하기 위하여 시·도지사 직속으로 소방본부를 둔다.
② 시·도의 소방업무를 수행하는 소방기관의 설치에 필요한 사항은 행정안전부령으로 정한다.
③ 소방업무를 수행하는 소방본부장 또는 소방서장은 그 소재지를 관할하는 시·도지사의 지휘와 감독을 받는다.
④ 소방청장은 화재 예방 및 대형 재난 등 필요한 경우 시·도 소방본부장 및 소방서장을 지휘·감독할 수 있다.

해설 p.17 - 25번

09 「소방기본법」상 소방 관련 시설 등의 설립 또는 설치에 관한 법적 근거로 옳은 것은?
① 소방체험관 : 대통령령
② 119종합상황실 : 대통령령
③ 소방박물관 : 행정안전부령
④ 비상소화장치 : 시·도 조례

해설 p.28-43번

정답 06.④ 07.④ 08.② 09.③

10 「소방기본법」 및 같은 법 시행령상 소방장비 등에 대한 국고보조의 내용으로 옳지 않은 것은?

① 보조 대상사업의 범위와 기준보조율은 대통령령으로 정한다.
② 소방활동장비 및 설비의 종류와 규격은 행정안전부령으로 정한다.
③ 국가는 소방장비의 구입 등 시·도의 소방업무에 필요한 경비의 전부를 보조한다.
④ 국고보조 대상사업에 해당하는 소방활동장비로는 소방자동차, 소방헬리콥터 및 소방정 등이 있다.

11 「소방시설 설치 및 관리에 관한 법률 시행령」상 피난구조설비 중 공기호흡기를 설치하여야 하는 특정소방대상물로 옳지 않은 것은?

① 지하가 중 지하상가
② 운수시설 중 지하역사
③ 판매시설 중 대규모 점포
④ 호스릴 이산화탄소소화설비를 설치하여야 하는 특정소방대상물

12 「소방시설 설치 및 관리에 관한 법률」상 청문 사유로 옳지 않은 것은?

① 성능인증의 취소
② 전문기관의 지정취소 및 업무정지
③ 소방용품의 형식승인 취소 및 제품검사 중지
④ 소방시설 설계업 및 방염업의 등록취소 및 영업정지

13 「소방시설 설치 및 관리에 관한 법률」상 소방시설관리업의 등록을 반드시 취소하여야 하는 사유로 옳지 않은 것은?

① 자체점검 등을 하지 아니한 경우
② 소방시설관리업자가 피성년후견인인 경우
③ 거짓이나 그 밖의 부정한 방법으로 등록한 경우
④ 다른 자에게 등록증이나 등록수첩을 빌려준 경우

정답 10.③ 11.④ 12.④ 13.①

14 「소방시설 설치 및 관리에 관한 법률 시행령」상 특정소방대상물 중 근린생활시설로 옳지 않은 것은?

① 같은 건축물에 금융업소로 쓰는 바닥면적의 합계가 200제곱미터인 것
② 같은 건축물에 단란주점으로 쓰는 바닥면적의 합계가 300제곱미터인 것
③ 같은 건축물에 골프연습장으로 쓰는 바닥면적의 합계가 450제곱미터인 것
④ 같은 건축물에 미용원으로 쓰는 바닥면적의 합계가 800제곱미터인 것

15 「소방시설 설치 및 관리에 관한 법률 시행령」상 성능위주설계를 해야 하는 특정소방대상물로 옳은 것은? (단, 신축하는 것만 해당한다.)

① 지상으로부터 높이 120미터인 아파트
② 연면적 2만 제곱미터인 철도
③ 연면적 10만 제곱미터인 특정소방대상물(단, 아파트등은 제외)
④ 하나의 건축물에 「영화 및 비디오물의 진흥에 관한 법률」 제2조 제10호에 따른 영화상영관이 10개인 특정소방대상물

16 「소방시설 설치 및 관리에 관한 법률 시행령」상 〈보기〉는 둘 이상의 특정소방대상물이 내화구조로 된 연결통로로 연결된 경우 이를 하나의 특정소방대상물로 보는 기준에 대한 설명이다. ( ) 안에 들어갈 내용으로 옳은 것은?

〈보기〉
- 벽이 없는 구조로서 그 길이가 (가) 이하인 경우
- 벽이 있는 구조로서 그 길이가 (나) 이하인 경우. 다만, 벽 높이가 바닥에서 천장까지의 높이의 (다) 이상인 경우에는 벽이 있는 구조로 보고, 벽 높이가 바닥에서 천장까지의 높이의 (다) 미만인 경우에는 벽이 없는 구조로 본다.

	(가)	(나)	(다)
①	6m	10m	2분의 1
②	7m	12m	3분의 1
③	8m	10m	2분의 1
④	9m	12m	3분의 1

정답 14.② 15.④ 16.①

17 「소방시설 설치 및 관리에 관한 법률 시행령」상 간이스프링클러를 설치해야 하는 특정소방대상물로 옳지 않은 것은?

① 한의원으로서 입원실이 있는 시설
② 교육연구시설 내에 합숙소로서 연면적 100m² 이상인 것
③ 숙박시설로서 사용되는 바닥면적의 합계가 300m² 이상인 시설
④ 건물을 임차하여 「출입국관리법」 제52조 제2항에 따른 보호시설로 사용하는 부분

해설 p.154-86번

18 「화재의 예방 및 안전관리에 관한 법률」상 소방안전 특별관리시설물로 옳지 않은 것은?

① 「위험물안전관리법」 제2조 제1항 제3호의 제조소
② 「전통시장 및 상점가 육성을 위한 특별법」 제2조 제1호의 전통시장으로서 대통령령으로 정하는 전통시장
③ 「영화 및 비디오물의 진흥에 관한 법률」 제2조 제10호의 영화상영관 중 수용인원 1,000명 이상인 영화상영관
④ 「문화유산의 보존 및 활용에 관한 법률」 제2조 제3항의 지정문화유산 및 「자연유산의 보존 및 활용에 관한 법률」 제2조 제5호에 따른 천연기념물등인 시설(시설이 아닌 지정문화유산 및 천연기념물등을 보호하거나 소장하고 있는 시설을 포함한다)

해설 p.280-90번

19 「화재의 예방 및 안전관리에 관한 법률」 및 같은 법 시행령상 특정소방대상물로서 그 관리의 권원(權原)이 분리되어 있는 특정소방대상물의 경우 그 관리의 권원별 관계인이 대통령령으로 정하는 바에 따라 소방안전관리자를 선임하도록 지정할 수 있는 대상물로 옳지 않은 것은?

① 판매시설 중 전통시장
② 복합건축물(지하층을 포함한 층수가 11층 이상인 건축물)
③ 복합건축물(연면적 3만m² 이상인 건축물)
④ 지하가(지하의 인공구조물 안에 설치된 상점 및 사무실, 그 밖에 이와 비슷한 시설이 연속하여 지하도에 접하여 설치된 것과 그 지하도를 합한 것을 말한다)

해설 p.276-85번

정답 17.③ 18.① 19.②

20 「소방시설 설치 및 관리에 관한 법률」상 특정소방대상물별로 설치하여야 하는 소방시설의 정비 등에 대한 설명이다. ( ) 안에 들어갈 내용으로 옳은 것은?

- 제12조 제1항에 따라 대통령령으로 소방시설을 정할 때에는 특정소방대상물의 (가) 등을 고려하여야 한다.
- 소방청장은 건축 환경 및 화재위험특성 변화사항을 효과적으로 반영할 수 있도록 소방시설 규정을 (나) 이상 정비하여야 한다.

	(가)	(나)
①	규모·용도·수용인원 및 이용자 특성	3년에 1회
②	위치·구조 및 수용인원	4년에 1회
③	규모·용도 및 가연물의 종류 및 양	5년에 1회
④	위치·구조 및 가연물의 종류 및 양	10년에 1회

정답 20.①

08 2021년 공채

01 「화재의 예방 및 안전관리에 관한 법률 시행령」상 화재의 예방조치 등으로 옳지 않은 것은?
① 소방관서장은 보관기간이 종료된 때에는 보관하고 있는 옮긴물건등을 매각해야 한다.
② 옮긴물건등에 대한 보관기간은 소방관서의 인터넷 홈페이지에 공고하는 기간의 종료일 다음 날부터 7일까지로 한다.
③ 소방관서장은 옮긴물건등을 보관하는 경우에는 그날부터 14일 동안 해당 소방관서의 인터넷 홈페이지에 그 사실을 공고해야 한다.
④ 시·도지사는 매각되거나 폐기된 옮긴물건등의 소유자가 보상을 요구하는 경우에는 보상금액에 대하여 소유자와의 협의를 거쳐 이를 보상해야 한다.

02 「소방기본법 시행규칙」상 소방용수시설의 설치기준으로 옳은 것은?
① 소방용호스와 연결하는 소화전의 연결금속구의 구경은 40밀리미터로 할 것
② 공업지역인 경우 소방대상물과 수평거리를 100미터 이하가 되도록 할 것
③ 저수조에 물을 공급하는 방법은 상수도에 연결하여 수동으로 급수되는 구조일 것
④ 급수탑의 개폐밸브는 지상에서 0.8미터 이상 1.5미터 이하의 위치에 설치하도록 할 것

03 「소방기본법」상 119종합상황실의 설치 및 운영목적에 대한 내용으로 옳지 않은 것은?
① 상황관리
② 대응계획 실행 및 평가
③ 현장 지휘 및 조정·통제
④ 정보의 수집·분석과 판단·전파

정답 01.④ 02.② 03.②

04 「소방기본법」상 한국소방안전원이 수행하는 업무에 대한 내용으로 옳지 않은 것은?
① 소방기술과 안전관리에 관한 인허가 업무
② 소방기술과 안전관리에 관한 각종 간행물 발간
③ 소방기술과 안전관리에 관한 교육 및 조사·연구
④ 화재 예방과 안전관리의식 고취를 위한 대국민 홍보

05 「소방기본법」상 소방활동 종사 명령에 대한 설명으로 옳지 않은 것은?
① 소방본부장 또는 소방서장은 화재 현장에서 소방활동 종사 명령을 할 수 있다.
② 소방활동 종사 명령은 관할구역에 사는 사람 또는 그 현장에 있는 사람을 대상으로 할 수 있다.
③ 소방활동에 종사한 사람은 소방본부장 또는 소방서장으로부터 소방활동의 비용을 지급받을 수 있다.
④ 소방본부장 또는 소방서장은 소방활동에 필요한 보호장구를 지급하는 등 안전을 위한 조치를 하여야 한다.

06 「화재의 예방 및 안전관리에 관한 법률」 및 같은 법 시행령상 특정소방대상물로서 그 관리의 권원(權原)이 분리되어 있는 특정소방대상물의 경우 그 관리의 권원별 관계인이 대통령령으로 정하는 바에 따라 소방안전관리자를 선임하도록 지정할 수 있는 대상물로 옳지 않은 것은?
① 판매시설 중 전통시장
② 복합건축물(지하층을 포함한 층수가 11층 이상인 건축물)
③ 복합건축물(연면적 3만m² 이상인 건축물)
④ 지하가(지하의 인공구조물 안에 설치된 상점 및 사무실, 그 밖에 이와 비슷한 시설이 연속하여 지하도에 접하여 설치된 것과 그 지하도를 합한 것을 말한다)

07 「소방시설 설치 및 관리에 관한 법률 시행령」상 소방용품 중 경보설비를 구성하는 제품 또는 기기로 옳지 않은 것은?
① 수신기
② 감지기
③ 누전차단기
④ 가스누설경보기

정답 04.① 05.③ 06.② 07.③

08 「소방시설 설치 및 관리에 관한 법률 시행령」상 간이스프링클러설비를 설치하여야 하는 특정소방대상물로 옳지 않은 것은?

① 교육연구시설 내에 합숙소로서 연면적이 100m² 이상인 경우에는 모든 층
② 근린생활시설 중 의원, 치과의원 및 한의원으로서 입원실이 있는 시설
③ 근린생활시설 중 근린생활시설로 사용하는 부분의 바닥면적 합계가 1천m² 이상인 것은 모든 층
④ 숙박시설로서 사용되는 바닥면적의 합계가 600m² 이상인 시설

09 「소방시설 설치 및 관리에 관한 법률 시행규칙」상 종합점검에 대한 설명으로 옳은 것은?

① 소방시설관리업에 등록된 기술인력 중 소방시설관리사만 할 수 있다.
② 소방시설등의 작동점검은 포함하지 않는다.
③ 건축물의 사용승인일이 속하는 다음 달에 실시한다.
④ 스프링클러설비가 설치된 특정소방대상물은 종합점검을 받아야 한다.

10 「화재의 예방 및 안전관리에 관한 법률 시행규칙」상 소방안전관리대상물의 관계인이 피난시설의 위치, 피난경로 또는 대피요령이 포함된 피난유도 안내정보를 근무자 또는 거주자에게 정기적으로 제공해야 하는 방법으로 옳지 않은 것은?

① 연 1회 피난안내 교육을 실시하는 방법
② 분기별 1회 이상 피난안내방송을 실시하는 방법
③ 피난안내도를 층마다 보기 쉬운 위치에 게시하는 방법
④ 엘리베이터, 출입구 등 시청이 용이한 장소에 피난안내 영상을 제공하는 방법

정답 08.④ 09.④ 10.①

11 「소방시설공사업법」 및 같은 법 시행령, 시행규칙상 공사감리에 관한 내용으로 옳은 것은?
 ① 감리업자가 감리원을 배치하였을 때에는 소방본부장 또는 소방서장의 동의를 받아야 한다.
 ② 소방본부장 또는 소방서장은 특정소방대상물에 대해서 감리업자를 공사감리자로 지정하여야 한다.
 ③ 지하층을 포함한 층수가 16층 이상으로서 300세대 이상인 아파트에 대한 소방시설공사는 상주공사감리 대상이다.
 ④ 상주공사감리 대상인 경우 소방시설용 배관을 설치하거나 매립하는 때부터 소방시설 완공검사증명서를 발급받을 때까지 소방공사감리현장에 감리원을 배치하여야 한다.

12 「소방시설공사업법」에 규정한 내용으로 옳지 않은 것은?
 ① 특정소방대상물의 관계인 또는 발주자는 소방시설공사 등을 도급할 때에는 해당 소방시설업자에게 도급하여야 한다.
 ② 소방본부장이나 소방서장은 완공검사나 부분완공검사를 하였을 때에는 완공검사증명서나 부분완공검사증명서를 발급하여야 한다.
 ③ 관계인은 하자보수기간에 소방시설의 하자가 발생하였을 때에는 공사업자에게 그 사실을 알려야 하며, 통보를 받은 공사업자는 7일 이내에 하자를 보수하거나 보수 일정을 기록한 하자보수계획을 관계인에게 서면으로 알려야 한다.
 ④ 소방시설업의 등록을 한 후 정당한 사유 없이 1년이 지날 때까지 영업을 시작하지 아니하거나 계속하여 1년 이상 휴업한 경우로서 영업정지가 그 이용자에게 불편을 줄 때에는 영업정지처분을 갈음하여 2억 원 이하의 과징금을 부과할 수 있다.

정답 11.④ 12.③

13 「소방시설공사업법 시행규칙」상 소방기술과 관련된 자격·학력 및 경력의 인정범위에 관한 내용으로 옳은 것은?

① 소방공무원으로서 3년간 근무한 경력이 있는 사람은 중급감리원의 업무를 수행할 수 있다.
② 학사학위를 취득한 후 소방 관련 업무를 10년간 수행한 사람은 특급기술자 업무를 수행할 수 있다.
③ 소방시설관리사 자격을 취득한 후 소방 관련 업무를 3년간 수행한 사람은 특급기술자 업무를 수행할 수 있다.
④ 소방설비기사 기계분야 자격을 취득한 후 소방 관련 업무를 8년간 수행한 사람은 해당분야 특급감리원의 업무를 수행할 수 있다.

해설 p.354-129번

14 「소방시설공사업법」상 소방공사감리업자의 업무범위로 옳지 않은 것은?

① 완공된 소방시설등의 성능시험
② 소방시설등의 설치계획표의 적법성 검토
③ 소방시설등 설계 변경 사항의 적합성 검토
④ 설계업자가 작성한 시공 상세 도면의 적합성 검토

해설 p.335-95번

15 「소방시설공사업법」 및 같은 법 시행령상 소방공사업자는 소방기술자를 소방공사 현장에 배치하는 것이 원칙이지만, 발주자가 서면으로 승낙하는 경우에는 해당 공사가 중단된 기간 동안 소방기술자를 공사 현장에 배치하지 않을 수 있도록 되어 있는 예외사항이 있다. 다음 중 예외사항으로 옳지 않은 것은?

① 발주자가 공사 중단을 요청하는 경우
② 소방공사감리원이 공사 중단을 요청하는 경우
③ 민원 또는 계절적 요인 등으로 해당 공정의 공사가 일정 기간 중단된 경우
④ 예산 부족 등 발주자의 책임 있는 사유 또는 천재지변 등 불가항력으로 공사가 일정 기간 중단된 경우

해설 p.345-112번

정답   13.④   14.④   15.②

16 「위험물안전관리법 시행규칙」상 옥외탱크저장소의 위치·구조 및 설비의 기준에 관한 내용이다. 빈칸에 들어갈 숫자로 옳은 것은?

> 가. 지정수량의 650배를 저장하는 옥외탱크저장소의 보유공지는 (ㄱ)m 이상이다.
> 나. 펌프설비의 주위에는 너비 (ㄴ)m 이상의 공지를 보유해야 한다. 다만 방화상 유효한 격벽을 설치하는 경우와 제6류 위험물 또는 지정수량의 (ㄷ)배 이하 위험물의 옥외저장탱크의 펌프설비에 있어서는 그러하지 아니하다.

	ㄱ	ㄴ	ㄷ
①	3	3	20
②	3	5	10
③	5	3	10
④	5	5	20

17 「위험물안전관리법 시행규칙」상 제조소의 환기설비의 기준에 대한 설명으로 옳지 않은 것은?

① 환기는 기계배기방식으로 할 것
② 환기구는 지상 2m 이상의 높이에 루프팬 방식으로 설치할 것
③ 바닥면적이 90m²일 경우 급기구의 면적은 450cm² 이상으로 할 것
④ 급기구는 낮은 곳에 설치하고 가는 눈의 구리망 등으로 인화방지망을 설치할 것

18 「위험물안전관리법 시행령」및 같은 법 시행규칙상 위험물의 성질과 품명이 옳지 않은 것은?

① 가연성 고체 : 적린, 금속분
② 산화성 액체 : 과염소산, 질산
③ 산화성 고체 : 아이오딘산염류, 과아이오딘산
④ 자연발화성 및 금수성 물질 : 황린, 아조화합물

정답 16.③ 17.① 18.④

19 「위험물안전관리법 시행령」상 정기점검 대상인 저장소로 옳지 않은 것은?
① 옥내탱크저장소
② 지하탱크저장소
③ 이동탱크저장소
④ 암반탱크저장소

20 「위험물안전관리법 시행규칙」상 제조소등에 설치하는 소방시설 설치에 대한 내용으로 옳지 않은 것은?
① 제조소등에는 화재발생시 소화가 곤란한 정도에 따라 그 소화에 적응성이 있는 소화설비를 설치하여야 한다.
② 제조소등에는 화재발생시 소방공무원이 화재를 진압하거나 인명구조 활동을 할 수 있도록 소화활동설비를 설치하여야 한다.
③ 주유취급소 중 건축물의 2층 이상의 부분을 점포·휴게음식점 또는 전시장의 용도로 사용하는 것과 옥내주유취급소에는 피난설비를 설치하여야 한다.
④ 지정수량의 10배 이상의 위험물을 저장 또는 취급하는 제조소등(이동탱크저장소 제외)에는 화재발생시 이를 알릴 수 있는 경보설비를 설치하여야 한다.

정답 19.① 20.②

09 2020년 경채

01 「소방기본법」 및 같은 법 시행령상 소방안전교육사와 관련된 규정의 내용으로 옳지 않은 것은?

① 소방안전교육사는 소방안전교육의 기획·진행·분석·평가 및 교수업무를 수행한다.
② 금고 이상의 형의 집행유예를 선고받고 그 유예기간 중에 있는 사람은 소방안전교육사가 될 수 없다.
③ 초등학교 등 교육기관에는 소방안전교육사를 1명 이상 배치하여야 한다.
④ 「유아교육법」에 따라 교원의 자격을 취득한 사람은 소방안전교육사 시험에 응시할 수 있다.

02 「소방기본법」상 소방자동차가 화재진압을 위하여 출동하는 경우 소방자동차의 우선 통행에 관한 내용으로 옳지 않은 것은?

① 모든 차와 사람은 소방자동차가 화재진압을 위하여 출동을 할 때에는 이를 방해하여서는 아니 된다.
② 소방자동차가 화재진압을 위하여 출동하거나 훈련을 위하여 필요할 때에는 사이렌을 사용할 수 있다.
③ 모든 차와 사람은 소방자동차가 화재진압을 위하여 사이렌을 사용하여 출동하는 경우에는 소방자동차에 진로를 양보하지 아니하는 행위를 하여서는 아니 된다.
④ 모든 차와 사람은 소방자동차가 화재진압을 위하여 사이렌을 사용하여 출동하는 경우 소방자동차의 우선 통행에 관하여는 「교통안전법」에서 정하는 바에 따른다.

정답 01.③ 02.④

03 「소방기본법 시행령」상 소방장비 등 국고보조 대상사업의 범위에 해당하지 않는 것은?
① 소방자동차 구입
② 소방용수시설 설치
③ 소방헬리콥터 및 소방정 구입
④ 소방전용통신설비 및 전산설비 설치

04 「화재의 예방 및 안전관리에 관한 법률 시행령」상 일반음식점에서 조리를 위하여 불을 사용하는 설비를 설치할 때 지켜야 할 사항으로 옳지 않은 것은?
① 주방시설에는 동물 또는 식물의 기름을 제거할 수 있는 필터 등을 설치할 것
② 열을 발생하는 조리기구는 반자 또는 선반으로부터 0.5미터 이상 떨어지게 할 것
③ 주방설비에 부속된 배출덕트(공기 배출통로)는 0.5밀리미터 이상의 아연 도금강판 또는 이와 같거나 그 이상의 내식성 불연재료로 설치할 것
④ 열을 발생하는 조리기구로부터 0.15미터 이내의 거리에 있는 가연성 주요구조부는 단열성이 있는 불연재료로 덮어 씌울 것

05 「화재의 예방 및 안전관리에 관한 법률 시행령」상 화재가 발생하는 경우 불길이 빠르게 번지는 고무류·플라스틱류·석탄 및 목탄 등 대통령령으로 정하는 특수가연물의 저장 및 취급기준 중 다음 (   ) 안에 들어갈 숫자로 옳은 것은?

> 살수설비를 설치하거나, 방사능력 범위에 해당 특수가연물이 포함되도록 대형수동식소화기를 설치하는 경우에는 쌓는 높이를 (가)미터 이하, 쌓는 부분의 바닥면적을 (나)제곱미터[석탄·목탄류의 경우에는 (다)제곱미터] 이하로 쌓아 저장해야 한다.

	(가)	(나)	(다)		(가)	(나)	(다)
①	10	200	300	②	10	300	200
③	15	200	300	④	15	300	200

정답 03.② 04.② 05.③

06 「소방기본법」상 강제처분과 위험시설 등에 대한 긴급조치에 관한 내용으로 옳지 않은 것은?

① 소방본부장, 소방서장 또는 소방대장은 사람을 구출하거나 불이 번지는 것을 막기 위하여 필요할 때에는 화재가 발생하거나 불이 번질 우려가 있는 소방대상물 및 토지를 일시적으로 사용하거나 그 사용의 제한 또는 소방활동에 필요한 처분을 할 수 있다.
② 소방본부장, 소방서장 또는 소방대장은 화재 진압 등 소방활동을 위하여 필요할 때에는 소방용수 외에 댐·저수지 또는 수영장 등의 물을 사용하거나 수도(水道)의 개폐장치 등을 조작할 수 있다.
③ 시·도지사는 소방활동에 방해가 되는 주차 또는 정차된 차량의 제거나 이동을 위하여 견인차량과 인력 등을 지원한 자에게 시·도의 조례로 정하는 바에 따라 비용을 지급할 수 있다.
④ 시·도지사는 화재 발생을 막거나 폭발 등으로 화재가 확대되는 것을 막기 위하여 가스·전기 또는 유류 등의 시설에 대하여 위험물질의 공급을 차단하는 등 필요한 조치를 할 수 있다.

07 「화재의 예방 및 안전관리에 관한 법률」상 화재예방강화지구 지정관리대상지역으로 옳은 것을 모두 고른 것은?

㉠ 시장지역
㉡ 목조건물이 밀집한 지역
㉢ 위험물의 저장 및 처리 시설이 밀집한 지역
㉣ 석유화학제품을 생산하는 공장이 있는 지역

① ㉠, ㉡
② ㉢, ㉣
③ ㉠, ㉢, ㉣
④ ㉠, ㉡, ㉢, ㉣

08 「소방기본법」상 소방지원활동으로 옳지 않은 것은?

① 붕괴, 낙하 등이 우려되는 고드름 등의 제거활동
② 화재, 재난·재해로 인한 피해복구 지원활동
③ 자연재해에 따른 급수·배수 및 제설 등 지원활동
④ 집회·공연 등 각종 행사 시 사고에 대비한 근접대기 등 지원활동

정답 06.④ 07.④ 08.①

09 「소방기본법」상 소방력의 동원에 대한 설명이다. (   ) 안에 들어갈 용어로 옳은 것은?

> (가)은/는 해당 시·도의 소방력만으로는 소방활동을 효율적으로 수행하기 어려운 화재, 재난·재해, 그 밖의 구조·구급이 필요한 상황이 발생하거나 특별히 국가적 차원에서 소방활동을 수행할 필요가 인정될 때에는 각 (나)에게 행정안전부령으로 정하는 바에 따라 소방력을 동원할 것을 요청할 수 있다.

	(가)	(나)
①	소방청장	시·도지사
②	소방청장	소방본부장
③	시·도지사	시·도지사
④	시·도지사	소방본부장

10 「소방기본법」상 "소방대장"에 대한 용어의 뜻으로 옳은 것은?
① 소방대상물의 소유자·관리자 또는 점유자
② 소방본부장 또는 소방서장 등 화재, 재난·재해, 그 밖의 위급한 상황이 발생한 현장에서 소방대를 지휘하는 사람
③ 화재를 진압하고 화재, 재난·재해, 그 밖의 위급한 상황에서 구조·구급 활동 등을 하기 위하여 소방공무원, 의무소방원, 자위소방대원으로 구성된 조직체
④ 특별시·광역시·특별자치시·도 또는 특별자치도에서 화재의 예방·경계·진압·조사 및 구조·구급 등의 업무를 담당하는 부서의 장

11 「화재의 예방 및 안전관리에 관한 법률」상 특정소방대상물(소방안전관리대상물은 제외한다) 관계인의 업무로 옳지 않은 것은?
① 소방계획서의 작성 및 시행
② 화기(火氣) 취급의 감독
③ 소방시설이나 그 밖의 소방 관련 시설의 관리
④ 피난시설, 방화구획 및 방화시설의 관리

정답 09.① 10.② 11.①

12 「소방시설 설치 및 관리에 관한 법률 시행령」상 성능위주설계를 해야 하는 특정소방대상물의 범위에 해당되는 것은? (단, 신축하는 것만 해당한다)

① 연면적 30만 제곱미터의 아파트
② 연면적 2만 5천 제곱미터의 철도시설
③ 지하층을 포함한 층수가 30층인 특정소방대상물(아파트등 제외)
④ 연면적 3만 제곱미터, 높이 90미터, 지하층 포함 25층인 종합병원

13 「소방시설 설치 및 관리에 관한 법률 시행령」상 방염성능기준에 대한 설명이다. ( ) 안에 들어갈 숫자로 옳은 것은?

- 버너의 불꽃을 제거한 때부터 불꽃을 올리며 연소하는 상태가 그칠 때까지 시간은 (가)초 이내일 것
- 버너의 불꽃을 제거한 때부터 불꽃을 올리지 아니하고 연소하는 상태가 그칠 때까지 시간은 (나)초 이내일 것

	(가)	(나)		(가)	(나)
①	10	30	②	10	50
③	20	30	④	20	50

14 「소방시설 설치 및 관리에 관한 법률」상 방염성능검사에 합격하지 아니한 물품에 합격표시를 하거나 합격표시를 위조하거나 변조하여 사용한 자에 대한 벌칙의 기준으로 옳은 것은?

① 300만 원 이하의 벌금
② 1천만 원 이하의 벌금
③ 1년 이하의 징역 또는 1천만 원 이하의 벌금
④ 3년 이하의 징역 또는 3천만 원 이하의 벌금

정답 12.③ 13.③ 14.①

15 「소방시설 설치 및 관리에 관한 법률 시행령」상 특정소방대상물의 소방시설 설치면제 기준으로 옳지 않은 것은?

① 간이스프링클러설비를 설치하여야 하는 특정소방대상물에 분말소화설비를 화재안전기준에 적합하게 설치한 경우에는 그 설비의 유효범위에서 설치가 면제된다.
② 비상경보설비를 설치하여야 할 특정소방대상물에 단독경보형 감지기를 2개 이상의 단독경보형 감지기와 연동하여 설치하는 경우에는 그 설비의 유효범위에서 설치가 면제된다.
③ 비상조명등을 설치하여야 하는 특정소방대상물에 피난구유도등 또는 통로유도등을 화재안전기준에 적합하게 설치한 경우에는 그 유도등의 유효범위에서 설치가 면제된다.
④ 누전경보기를 설치하여야 하는 특정소방대상물 또는 그 부분에 아크경보기 또는 전기 관련 법령에 따른 지락차단장치를 설치한 경우에는 그 설비의 유효범위에서 설치가 면제된다.

16 「소방시설 설치 및 관리에 관한 법률 시행령」상 방염대상물품을 사용하여야 하는 특정소방대상물을 모두 고른 것은?

> ㄱ. 근린생활시설 중 의원
> ㄴ. 방송통신시설 중 방송국 및 촬영소
> ㄷ. 근린생활시설 중 체력단련장

① ㄱ
② ㄱ, ㄴ
③ ㄴ, ㄷ
④ ㄱ, ㄴ, ㄷ

17 연면적 $2,500m^2$인 신축공사 작업현장의 바닥면적 $200m^2$인 지하층에서 용접작업을 하려고 한다. 「소방시설 설치 및 관리에 관한 법률 시행령」상 해당 작업 현장에 설치하여야 할 임시소방시설로 옳지 않은 것은?

① 소화기
② 간이소화장치
③ 비상경보장치
④ 간이피난유도선

정답 15.① 16.④ 17.②

18. 「소방시설 설치 및 관리에 관한 법률」 및 같은 법 시행령상 건축허가등의 동의 등에 대한 설명으로 옳지 않은 것은?

① 권한이 있는 행정기관은 건축허가등을 할 때 미리 그 건축물 등의 시공지(施工地) 또는 소재지를 관할하는 소방본부장이나 소방서장의 동의를 받아야 한다.

② 건축허가등을 할 때 소방본부장이나 소방서장의 동의를 받아야 하는 건축물 등의 범위는 행정안전부령으로 정한다.

③ 건축물의 증축 또는 용도변경으로 인하여 해당 특정소방대상물에 추가로 소방시설이 설치되지 아니하는 경우 그 특정소방대상물은 소방본부장 또는 소방서장의 건축허가등의 동의대상에서 제외된다.

④ 관할 소방본부장이나 소방서장에게 건축허가등을 하거나 신고를 수리할 때 건축허가등을 받으려는 자 또는 신고를 한 자가 제출한 설계도서 중 건축물의 내부구조를 알 수 있는 설계도면을 제출하여야 한다.

19. 「소방시설 설치 및 관리에 관한 법률」 및 같은 법 시행령상 특정소방대상물에 관한 내용으로 옳은 것은?

① "특정소방대상물"이란 건축물 등의 규모·용도 및 수용인원 등을 고려하여 소방시설을 설치하여야 하는 소방대상물로서 행정안전부령으로 정하는 것을 말한다.

② 전력용의 전선배관을 집합수용하기 위하여 설치한 지하 인공구조물로서 사람이 점검 또는 보수를 하기 위하여 폭 1.5m, 높이 1.8m, 길이 300m인 것은 지하구에 해당한다.

③ 하나의 건축물이 근린생활시설, 판매시설, 업무시설, 숙박시설 또는 위락시설의 용도와 주택의 용도로 함께 사용되는 것은 복합건축물에 해당한다.

④ 다중이용업 중 고시원업의 시설로서 독립된 주거의 형태를 갖추지 않은 것으로서 같은 건축물에 해당 용도로 쓰는 바닥면적의 합계가 450m²인 고시원은 숙박시설에 해당한다.

정답 18.② 19.③

20 「소방시설 설치 및 관리에 관한 법률」 및 같은 법 시행령상 임시소방시설을 설치하여야 하는 공사와 임시소방시설의 설치기준으로 옳지 않은 것은?

① 건설공사를 하는 자는 특정소방대상물의 신축·증축·개축·재축·이전·용도변경·대수선 또는 설비 설치 등을 위한 공사 현장에서 인화성 물품을 취급하는 작업 등 대통령령으로 정하는 작업을 하기 전에 설치 및 철거가 쉬운 화재대비시설을 설치하고 관리하여야 한다.
② 옥내소화전이 설치된 특정소방대상물의 용도변경을 위한 내부 인테리어 변경공사를 시공하는 자는 간이소화장치를 설치해야만 한다.
③ 무창층으로서 바닥면적 150m²의 증축 작업현장에는 간이피난유도선을 설치해야 한다.
④ 소방서장은 용접·용단 등 불꽃을 발생시키거나 화기(火氣)를 취급하는 작업현장에 임시소방시설 또는 소방시설이 설치 및 관리되지 아니할 때에는 해당 공사시공자에게 필요한 조치를 명할 수 있다.

정답 20.②

10 2020년 공채

01 「소방기본법」상 소방대의 생활안전활동으로 옳지 않은 것은?
① 단전사고 시 비상전원 또는 조명 공급
② 소방시설 오작동 신고에 따른 조치 활동
③ 위해동물, 벌 등의 포획 및 퇴치 활동
④ 끼임, 고립 등에 따른 위험제거 및 구출 활동

02 「소방기본법」상 소방업무에 관한 종합계획의 수립·시행 등에 대한 설명이다. ( ) 안에 들어갈 내용으로 옳은 것은?

(가)은 화재, 재난·재해, 그 밖의 위급한 상황으로부터 국민의 생명·신체 및 재산을 보호하기 위하여 소방업무에 관한 종합계획을 (나)마다 수립·시행하여야 하고, 이에 필요한 재원을 확보하도록 노력하여야 한다.

	(가)	(나)
①	소방청장	3년
②	소방청장	5년
③	행정안전부장관	3년
④	행정안전부장관	5년

03 「소방기본법」상 시·도지사가 소방활동에 필요하여 설치하고 유지·관리하는 소방용수시설로 옳지 않은 것은?
① 소화전
② 저수조
③ 급수탑
④ 상수도소화용수설비

정답 01.② 02.② 03.④

04 「화재의 예방 및 안전관리에 관한 법률 시행령」상 보일러 등의 위치·구조 및 관리와 화재예방을 위하여 불의 사용에 있어서 지켜야 하는 사항으로, 용접 또는 용단 작업장에서 지켜야 할 사항이다. ( ) 안에 들어갈 내용으로 옳은 것은? (단, 「산업안전보건법」 제38조의 적용을 받는 사업장에는 적용하지 않는다)

- 용접 또는 용단 작업장 주변 (가) 이내에 소화기를 갖추어 둘 것
- 용접 또는 용단 작업장 주변 (나) 이내에는 가연물을 쌓아두거나 놓아두지 말 것. 다만, 가연물의 제거가 곤란하여 방화포 등으로 방호조치를 한 경우는 제외한다.

	(가)	(나)
①	반경 5m	반경 10m
②	반경 6m	반경 12m
③	직경 5m	직경 10m
④	직경 6m	직경 12m

해설 p.242-36번

05 「소방기본법」상 소방대의 구성원으로 옳은 것은?

- ㄱ. 소방안전관리자
- ㄴ. 의무소방원
- ㄷ. 자체소방대원
- ㄹ. 의용소방대원
- ㅁ. 자위소방대원

① ㄱ, ㄷ　　② ㄴ, ㄹ
③ ㄴ, ㅁ　　④ ㄷ, ㅁ

해설 p.15-23번

06 「소방시설 설치 및 관리에 관한 법률 시행령」상 피난구조설비로 옳지 않은 것은?

① 구조대
② 방열복
③ 시각경보기
④ 비상조명등

해설 p.111-15번

정답 04.① 05.② 06.③

07 「소방시설공사업법 시행령」상 소방본부장 또는 소방서장의 소방시설공사 완공검사를 위한 현장확인 대상 특정소방대상물로 옳지 않은 것은?

① 창고시설
② 스프링클러설비등이 설치되는 특정소방대상물
③ 연면적 1만 제곱미터 이상이거나 11층 이상인 아파트
④ 가연성가스를 제조·저장 또는 취급하는 시설 중 지상에 노출된 가연성 가스탱크의 저장용량 합계가 1천톤 이상인 시설

08 「화재의 예방 및 안전관리에 관한 법률 시행령」상 소방안전관리보조자를 두어야 하는 특정소방대상물에 대한 설명이다. ( ) 안에 들어갈 용어로 옳은 것은?

- 「건축법 시행령」에 따른 아파트 중 (가)세대 이상인 아파트
- 연면적이 (나) 이상인 특정소방대상물(아파트 및 연립주택은 제외한다)

	(가)	(나)
①	150	1만 제곱미터
②	150	1만5천 제곱미터
③	300	1만 제곱미터
④	300	1만5천 제곱미터

09 「소방시설 설치 및 관리에 관한 법률 시행령」상 의료시설에 해당되는 특정소방대상물을 모두 고른 것은?

ㄱ. 노인의료복지시설   ㄴ. 정신의료기관
ㄷ. 마약진료소   ㄹ. 한의원

① ㄱ, ㄷ
② ㄱ, ㄹ
③ ㄴ, ㄷ
④ ㄷ, ㄹ

정답 07.③ 08.④ 09.③

10 「소방시설 설치 및 관리에 관한 법률 시행령」상 특정소방대상물이 증축되는 경우, 원칙적으로 소방시설기준 적용에 관한 설명으로 옳은 것은?

① 기존 부분을 포함한 특정소방대상물의 전체에 대하여 증축 전 소방시설의 설치에 관한 대통령령 또는 화재안전기준을 적용하여야 한다.
② 기존 부분은 증축 전에 적용되던 소방시설의 설치에 관한 대통령령 또는 화재안전기준을 적용하고 증축 부분은 증축 당시의 소방시설의 설치에 관한 대통령령 또는 화재안전기준을 적용하여야 한다.
③ 증축 부분은 증축 전에 적용되던 소방시설의 설치에 관한 대통령령 또는 화재안전기준을 적용하고 기존 부분은 증축 당시의 소방시설의 설치에 관한 대통령령 또는 화재안전기준을 적용하여야 한다.
④ 기존 부분을 포함한 특정소방대상물의 전체에 대하여 증축 당시의 소방시설의 설치에 관한 대통령령 또는 화재안전기준을 적용하여야 한다.

11 「소방시설 설치 및 관리에 관한 법률 시행령」상 별표 4의 특정소방대상물에 설치하는 소방시설 중 단독경보형 감지기에 관한 설치기준으로 옳지 않은 것은?

① 교육연구시설 또는 수련시설 내에 있는 합숙소로서 연면적 2,000m^2 미만인 것
② 연면적 400m^2 미만의 어린이회관
③ 수용인원 100명 미만인 수련시설(숙박시설이 있는 것만 해당)
④ 교육연구시설 또는 수련시설 내에 있는 기숙사로서 연면적 2,000m^2 미만인 것

12 「소방시설공사업법 시행령」상 하자보수 대상 소방시설 중 하자보수 보증기간이 다른 것은?

① 비상조명등
② 비상방송설비
③ 비상콘센트설비
④ 무선통신보조설비

정답 10.④ 11.② 12.③

13 「소방시설공사업법」상 감리업자가 감리를 할 때 위반사항에 대하여 조치하여야 할 사항이다. ( ) 안에 들어갈 용어로 옳은 것은?

> 감리업자는 감리를 할 때 소방시설공사가 설계도서나 화재안전기준에 맞지 아니할 때에는 (가)에게 알리고, (나)에게 그 공사의 시정 또는 보완 등을 요구하여야 한다.

	(가)	(나)
①	관계인	공사업자
②	관계인	소방서장
③	소방본부장	공사업자
④	소방본부장	소방서장

14 「소방시설공사업법」상 공사의 도급에 관한 사항으로 옳지 않은 것은?
① 특정소방대상물의 관계인 또는 발주자는 소방시설공사등을 도급할 때에는 해당 소방시설업자에게 도급하여야 한다.
② 공사업자가 도급받은 소방시설공사의 도급금액 중 그 공사(하도급한 공사를 포함한다)의 근로자에게 지급하여야 할 임금에 해당하는 금액은 압류할 수 없다.
③ 도급받은 소방시설공사의 전부를 다른 공사업자에게 하도급할 수 있다.
④ 도급을 받은 자가 해당 소방시설공사등을 하도급할 때에는 행정안전부령으로 정하는 바에 따라 미리 관계인과 발주자에게 알려야 한다.

15 「소방시설공사업법」상 벌칙 중 1년 이하의 징역 또는 1천만 원 이하의 벌금에 해당하는 자로 옳지 않은 것은?
① 소방시설업 등록을 하지 아니하고 영업을 한 자
② 영업정지처분을 받고 그 영업정지 기간에 영업을 한 자
③ 소방시설업자가 아닌 자에게 소방시설공사등을 도급한 자
④ 공사감리 결과의 통보 또는 공사감리 결과보고서의 제출을 거짓으로 한 자

정답 13.① 14.③ 15.①

16 「위험물안전관리법」상 위험물안전관리자의 선임 등에 관한 사항이다. ( ) 안에 들어갈 숫자로 옳은 것은?

> - 위험물안전관리자를 선임한 제조소등의 관계인은 그 위험물안전관리자를 해임하거나 위험물안전관리자가 퇴직한 때에는 해임하거나 퇴직한 날부터 (가)일 이내에 다시 위험물안전관리자를 선임하여야 한다.
> - 제조소등의 관계인은 위험물안전관리자를 선임한 경우에는 선임한 날부터 (나)일 이내에 행정안전부령으로 정하는 바에 따라 소방본부장 또는 소방서장에게 신고하여야 한다.

	(가)	(나)		(가)	(나)
①	15	14	②	15	30
③	30	14	④	30	30

해설 p.419-110번

17 「위험물안전관리법」상 벌칙 기준이 다른 것은?
① 제조소등의 사용정지명령을 위반한 자
② 변경허가를 받지 아니하고 제조소등을 변경한 자
③ 위험물의 저장 또는 취급에 관한 중요기준에 따르지 아니한 자
④ 위험물안전관리자 또는 그 대리자가 참여하지 아니한 상태에서 위험물을 취급한 자

해설 p.443-154번

18 「위험물안전관리법」상 위험물에 대한 정의이다. ( ) 안에 들어갈 용어로 옳은 것은?

> "위험물"이라 함은 (가) 또는 (나) 등의 성질을 가지는 것으로서 (다)이 정하는 물품을 말한다.

	(가)	(나)	(다)
①	인화성	가연성	대통령령
②	인화성	발화성	대통령령
③	휘발성	가연성	행정안전부령
④	인화성	휘발성	행정안전부령

해설 p.365-7번

정답 16.③ 17.④ 18.②

19 「위험물안전관리법」상 용어의 정의에 관한 내용으로 옳지 않은 것은?

① "취급소"라 함은 지정수량 이상의 위험물을 제조외의 목적으로 취급하기 위한 대통령령이 정하는 장소로서 규정에 따른 허가를 받은 장소를 말한다.
② "지정수량"이라 함은 위험물의 종류별로 위험성을 고려하여 대통령령이 정하는 수량으로서 제조소등의 설치허가 등에 있어서 최대의 기준이 되는 수량을 말한다.
③ "제조소등"이라 함은 제조소·저장소 및 취급소를 말한다.
④ "저장소"라 함은 지정수량 이상의 위험물을 저장하기 위한 대통령령이 정하는 장소로서 규정에 따른 허가를 받은 장소를 말한다.

20 「위험물안전관리법 시행규칙」상 위험물 제조소등(이동 탱크저장소를 제외한다)에 설치하는 경보설비로 옳지 않은 것은?

① 확성장치
② 비상방송설비
③ 비상경보설비
④ 무선통신보조설비

정답 19.② 20.④

11 2019년 경채

01 「소방기본법」상 용어의 정의로 옳지 않은 것은?
① "소방대상물"이란 건축물, 차량, 선박(「선박법」 제1조의2 제1항에 따른 선박으로서 항구에 매어둔 선박만 해당한다), 선박 건조 구조물, 산림, 그 밖의 인공 구조물 또는 물건을 말한다.
② "관계지역"이란 소방대상물이 있는 장소 및 그 이웃 지역으로서 화재의 예방·경계·진압, 구조·구급 등의 활동에 필요한 지역을 말한다.
③ "소방본부장"이란 특별시·광역시·특별자치시·도 또는 특별자치도에서 화재의 예방·경계·진압·조사 및 구조·구급 등의 업무를 담당하는 부서의 장을 말한다.
④ "소방대"란 화재를 진압하고 화재, 재난·재해, 그 밖의 위급한 상황에서 구조·구급 활동 등을 하기 위하여 소방공무원, 의무소방원, 자위소방대원으로 구성된 조직체를 말한다.

02 「화재의 예방 및 안전관리에 관한 법률 시행령」상 화재예방강화지구에 관한 설명으로 옳은 것은?
① 소방관서장은 화재예방강화지구 안의 소방대상물의 위치·구조 및 설비 등에 대한 화재안전조사를 월 1회 이상 실시해야 한다.
② 소방관서장은 화재예방강화지구 안의 관계인에 대하여 소방에 필요한 훈련 및 교육을 연 1회 이상 실시할 수 있다.
③ 소방관서장은 소방에 필요한 훈련 및 교육을 실시하려는 경우에는 화재예방강화지구 안의 관계인에게 훈련 또는 교육 30일 전까지 그 사실을 통보해야 한다.
④ 소방청장은 화재예방강화지구의 지정 현황 등을 화재예방강화지구 관리대장에 작성하고 관리해야 한다.

정답 01.④ 02.②

03 「소방기본법」상 소방박물관 등의 설립과 운영에 관한 설명이다. (   ) 안의 내용으로 옳은 것은?

> 소방의 역사와 안전문화를 발전시키고 국민의 안전 의식을 높이기 위하여 (가)은/는 소방박물관을, (나)은/는 소방체험관(화재 현장에서의 피난 등을 체험할 수 있는 체험관을 말한다)을 설립하여 운영할 수 있다.

	(가)	(나)
①	소방청장	시·도지사
②	소방청장	소방본부장
③	시·도지사	소방본부장
④	시·도지사	소방청장

04 「소방기본법 시행령」상 소방안전교육사의 배치대상별 배치기준에 관한 설명이다. (   ) 안의 내용으로 옳은 것은?

> 소방안전교육사의 배치대상별 배치기준에 따르면 소방청 (가)명 이상, 소방본부 (나)명 이상, 소방서 (다)명 이상이다.

	(가)	(나)	(다)		(가)	(나)	(다)
①	1	1	1	②	1	2	2
③	2	1	2	④	2	2	1

05 「소방기본법」 및 같은 법 시행령상 손실보상에 관한 내용 중 소방청장 또는 시·도지사가 '손실보상심의위원회'의 심사·의결에 따라 정당한 보상을 하여야 하는 대상으로 옳지 않은 것은?
① 생활안전활동에 따른 조치로 인하여 손실을 입은 자
② 소방활동 종사명령에 따른 소방활동 종사로 인하여 사망하거나 부상을 입은 자
③ 위험물 또는 물건의 보관기간 경과 후 매각이나 폐기로 손실을 입은 자
④ 소방기관 또는 소방대의 적법한 소방업무 또는 소방활동으로 인하여 손실을 입은 자

정답 03.① 04.④ 05.③

06 「소방기본법 시행령」상 소방활동구역의 출입자로 옳지 않은 것은?

① 소방활동구역 안에 있는 소방대상물의 관계인
② 구조·구급업무에 종사하는 사람
③ 수사업무에 종사하는 사람
④ 시·도지사가 출입을 허가한 사람

07 「소방기본법」 및 같은 법 시행령상 소방자동차 전용구역의 설치 등에 관한 설명으로 옳지 않은 것은?

① 세대수가 100세대 이상인 아파트에는 소방자동차 전용구역을 설치하여야 한다.
② 소방본부장 또는 소방서장은 소방자동차가 접근하기 쉽고 소방활동이 원활하게 수행될 수 있도록 공동주택의 각 동별 전면 또는 후면에 소방자동차 전용구역을 1개소 이상 설치하여야 한다.
③ 전용구역 노면표지 도료의 색채는 황색을 기본으로 하되, 문자(P, 소방차 전용)는 백색으로 표시한다.
④ 소방자동차 전용구역에 차를 주차하거나 전용구역에의 진입을 가로막는 등의 방해행위를 한 자에게는 100만 원 이하의 과태료를 부과한다.

08 「화재의 예방 및 안전관리에 관한 법률 시행령」상 보일러 등의 위치·구조 및 관리와 화재예방을 위하여 불의 사용에 있어서 지켜야 하는 사항으로 옳지 않은 것은?

① 보일러 본체와 벽·천장 사이의 거리는 0.6미터 이상이어야 한다.
② 난로의 연통은 천장으로부터 0.6미터 이상 떨어지고, 연통의 배출구는 건물 밖으로 0.6미터 이상 나오게 설치해야 한다.
③ 건조설비와 벽·천장 사이의 거리는 0.5미터 이상이어야 한다.
④ 불꽃을 사용하는 용접·용단기구 작업장에서는 용접 또는 용단 작업장 주변 반경 10미터 이내에 소화기를 갖추어 두어야 한다.

정답 06.④ 07.② 08.④

09 「소방기본법」상 소방력의 기준 등에 관한 설명으로 옳은 것은?
① 소방업무를 수행하는 데에 필요한 소방력에 관한 기준은 대통령령으로 정한다.
② 소방청장은 소방력의 기준에 따라 관할구역의 소방력을 확충하기 위하여 필요한 계획을 수립하여 시행하여야 한다.
③ 소방자동차 등 소방장비의 분류·표준화와 그 관리 등에 필요한 사항은 따로 법률에서 정한다.
④ 국가는 소방장비의 구입 등 시·도의 소방업무에 필요한 경비의 일부를 보조하고, 보조 대상사업의 범위와 기준보조율은 행정안전부령으로 정한다.

10 「소방기본법」상 과태료 부과대상으로 옳은 것은?
① 화재 또는 구조·구급이 필요한 상황을 거짓으로 알린 사람
② 강제처분을 방해한 자 또는 정당한 사유 없이 그 강제처분에 따르지 아니한 자
③ 소방자동차가 화재진압 및 구조활동을 위하여 출동할 때, 소방자동차의 출동을 방해한 사람
④ 소방활동 종사 명령에 따라 사람을 구출하는 일 또는 불을 끄거나 불이 번지지 아니하도록 하는 일을 방해한 사람

11 「소방시설 설치 및 관리에 관한 법률」 및 같은 법 시행령상 지방소방기술심의위원회의 심의사항으로 옳은 것은?
① 화재안전기준에 관한 사항
② 소방시설의 구조 및 원리 등에서 공법이 특수한 설계 및 시공에 관한 사항
③ 소방시설의 설계 및 공사감리의 방법에 관한 사항
④ 연면적 10만 제곱미터 미만의 특정소방대상물에 설치된 소방시설의 설계·시공·감리의 하자 유무에 관한 사항

정답 09.③ 10.① 11.④

12 「소방시설 설치 및 관리에 관한 법률 시행령」상 신축건축물로서 성능위주설계를 해야 할 특정소방대상물의 범위로 옳은 것은?

① 연면적 10만 제곱미터 이상인 특정소방대상물로서 기숙사
② 건축물의 높이가 120미터 이상인 아파트등
③ 지하층을 포함한 층수가 20층 이상인 특정소방대상물(아파트등 제외)
④ 연면적 3만 제곱미터 이상인 특정소방대상물로서 공항시설

해설 p.143-68번

13 「화재의 예방 및 안전관리에 관한 법률」 및 같은 법 시행령상 화재안전조사 결과에 따른 조치명령과 손실보상에 관한 설명으로 옳지 않은 것은?

① 시·도지사가 손실을 보상하는 경우에는 원가로 보상해야 한다.
② 손실보상에 관하여는 시·도지사와 손실을 입은 자가 협의해야 한다.
③ 시·도지사는 보상금액에 관한 협의가 성립되지 않은 경우에는 그 보상금액을 지급하거나 공탁하고 이를 상대방에게 알려야 한다.
④ 보상금의 지급 또는 공탁의 통지에 불복하는 자는 지급 또는 공탁의 통지를 받은 날부터 30일 이내에 관할 토지수용위원회에 재결을 신청할 수 있다.

해설 p.232-21번

14 「소방시설 설치 및 관리에 관한 법률 시행령」상 무창층이 되기 위한 개구부의 요건 중 일부를 나타낸 것이다. (   ) 안의 내용으로 옳은 것은?

- 크기는 지름 (가)센티미터 이상의 원이 통과할 수 있을 것
- 해당 층의 바닥면으로부터 개구부 (나)까지의 높이가 (다)미터 이내일 것

	(가)	(나)	(다)
①	50	윗부분	1.2
②	50	밑부분	1.2
③	50	밑부분	1.5
④	60	밑부분	1.2

해설 p.127-40번

정답 12.④ 13.① 14.②

15 「소방시설 설치 및 관리에 관한 법률 시행령」상 특정소방대상물 중 지하구에 관한 설명이다. (　) 안의 내용으로 옳은 것은?

> - 전력·통신용의 전선이나 가스·냉난방용의 배관 또는 이와 비슷한 것을 집합수용하기 위하여 설치한 지하 인공구조물로서 사람이 점검 또는 보수를 하기 위하여 출입이 가능한 것 중 다음의 어느 하나에 해당하는 것
>   1) 전력 또는 통신사업용 지하 인공구조물로서 전력구(케이블 접속부가 없는 경우에는 제외한다) 또는 통신구 방식으로 설치된 것
>   2) 1)외의 지하 인공구조물로서 폭이 (가)미터 이상이고 높이가 (나)미터 이상이며 길이가 (다)미터 이상인 것
> - 「국토의 계획 및 이용에 관한 법률」제2조 제9호에 따른 (라)

	(가)	(나)	(다)	(라)
①	1.5	2	50	공동구
②	1.5	1.8	30	지하가
③	1.8	2	50	공동구
④	1.8	1.8	50	지하가

16 「소방시설 설치 및 관리에 관한 법률」 및 같은 법 시행령상 노유자시설 및 의료시설의 경우 강화된 소방시설기준의 적용대상이다. 이에 해당하는 소방설비의 연결이 옳지 않은 것은?

① 노유자시설에 설치하는 간이스프링클러설비
② 노유자시설에 설치하는 비상방송설비
③ 의료시설에 설치하는 스프링클러설비
④ 의료시설에 설치하는 자동화재탐지설비

17 「소방시설 설치 및 관리에 관한 법률」 및 「화재의 예방 및 안전관리에 관한 법률」 과태료 부과대상으로 옳은 것은?

① 소방시설·피난시설·방화시설 및 방화구획 등이 법령에 위반된 것을 발견하였음에도 필요한 조치를 할 것을 요구하지 아니한 소방안전관리자
② 소방안전관리자, 총괄소방안전관리자 또는 소방안전관리보조자를 선임하지 아니한 자
③ 소방시설을 화재안전기준에 따라 설치·관리하지 아니한 자
④ 방염성능검사에 합격하지 아니한 물품에 합격표시를 하거나 합격표시를 위조하거나 변조하여 사용한 자

정답 15.③ 16.② 17.③

소방관계법규

18 「화재의 예방 및 안전관리에 관한 법률」 및 같은 법 시행령상 화재안전조사에 관한 설명으로 옳지 않은 것은?

① 소방관서장은 화재가 자주 발생하였거나 발생할 우려가 뚜렷한 곳에 대한 조사가 필요한 경우 화재안전조사를 실시할 수 있다.
② 개인의 주거에 대한 화재안전조사는 관계인의 승낙이 있거나 화재발생의 우려가 뚜렷하여 긴급한 필요가 있는 때에 한정한다.
③ 소방관서장은 국가적 행사 등 주요 행사가 개최되는 장소 및 그 주변의 관계 지역에 대하여 소방안전관리 실태를 조사할 필요가 있는 경우 화재안전조사를 실시할 수 있다.
④ 화재안전조사위원회는 위원장 1명을 제외한 7명 이내의 위원으로 성별을 고려하여 구성한다.

해설 p.229-14번

19 「소방시설 설치 및 관리에 관한 법률 시행령」상 건축허가등의 동의대상물의 범위에 해당되는 것으로 옳은 것은?

㉠ 항공기격납고, 관망탑, 방송용 송수신탑
㉡ 「학교시설사업 촉진법」 제5조의2 제1항에 따라 건축등을 하려는 학교시설은 연면적 100제곱미터 이상인 건축물
㉢ 차고·주차장으로 사용되는 바닥면적이 150제곱미터 이상인 층이 있는 건축물이나 주차시설
㉣ 연면적 200제곱미터 이상인 노유자시설

① ㉠, ㉡, ㉢
② ㉠, ㉡, ㉣
③ ㉠, ㉢, ㉣
④ ㉡, ㉢, ㉣

해설 p.133-52번

정답 18.④ 19.②

20 「소방시설 설치 및 관리에 관한 법률 시행령」상 밑줄 친 각 호에 해당되지 않는 것은?

> 소방본부장 또는 소방서장은 특정소방대상물이 증축되는 경우에는 기존 부분을 포함한 특정소방대상물의 전체에 대하여 증축 당시의 소방시설의 설치에 관한 대통령령 또는 화재안전기준을 적용해야 한다. 다만, 다음 <u>각 호의</u> 어느 하나에 해당하는 경우에는 기존 부분에 대해서는 증축 당시의 소방시설의 설치에 관한 대통령령 또는 화재안전기준을 적용하지 않는다.

① 기존 부분과 증축 부분이 내화구조로 된 바닥과 벽으로 구획된 경우
② 기존 부분과 증축 부분이 자동방화셔터 또는 60분+방화문으로 구획되어 있는 경우
③ 자동차 생산공장 등 화재 위험이 낮은 특정소방대상물 내부에 연면적 33제곱미터 이하의 직원 휴게실을 증축하는 경우
④ 특정소방대상물의 구조·설비가 화재연소 확대 요인이 적어지거나 피난 또는 화재진압활동이 쉬워지도록 변경되는 경우

정답 20.④

12 2019년 공채

01 「소방시설공사업법」상 소방시설업자가 소방시설공사등을 맡긴 특정소방대상물의 관계인에게 지체 없이 그 사실을 알려야 하는 사항으로 옳지 않은 것은?
① 소방시설업을 휴업한 경우
② 소방시설업자의 지위를 승계한 경우
③ 소방시설업에 대한 행정처분 중 등록취소 처분을 받은 경우
④ 소방시설업에 대한 행정처분 중 영업정지 또는 경고 처분을 받은 경우

02 「소방시설공사업법 시행령」상 소방시설공사가 공사감리 결과보고서대로 완공되었는지를 현장에서 확인할 수 있는 대상으로 옳은 것은?
① 창고시설 또는 수련시설
② 호스릴소화설비를 설치하는 소방시설공사
③ 연면적 1만 제곱미터 이상의 아파트에 설치하는 소방시설공사
④ 가연성 가스를 제조·저장 또는 취급하는 시설 중 지하에 매립된 가연성 가스탱크의 저장용량 합계가 1천톤 이상인 시설

03 「소방시설공사업법」상 행정처분 전에 청문을 하여야 하는 대상으로 옳지 않은 것은?
① 소방시설업의 등록취소 처분
② 소방기술인정 자격취소 처분
③ 소방시설업의 영업정지 처분
④ 소방기술인정 자격정지 처분

정답 01.④ 02.① 03.④

04 「소방시설공사업법」상 (　) 안에 들어갈 내용으로 옳은 것은?

> 시·도지사는 소방시설공사업자가 소방시설 공사현장에 감리원 배치기준을 위반한 경우로서 영업정지가 그 이용자에게 불편을 주거나 그 밖에 공익을 해칠 우려가 있을 때에는 영업정지처분을 갈음하여 (　　) 이하의 과징금을 부과할 수 있다.

① 2,000만 원
② 3,000만 원
③ 1억 원
④ 2억 원

05 「소방시설공사업법 시행령」상 소방시설공사 결과 하자보수 대상과 하자보수 보증기간의 연결이 옳은 것은?

	하자보수대상 소방시설	하자보수 보증기간
①	비상경보설비, 자동소화장치	2년
②	무선통신보조설비, 비상조명등	2년
③	피난기구, 소화활동설비	3년
④	비상방송설비, 간이스프링클러설비	3년

06 「소방시설 설치 및 관리에 관한 법률 시행령」상 방염대상물품을 사용하여야 하는 특정소방대상물로 옳지 않은 것은?

① 근린생활시설 중 체력단련장
② 의료시설
③ 노유자시설
④ 운동시설 중 수영장

07 「소방시설 설치 및 관리에 관한 법률 시행령」상 수용인원 산정방법으로 옳지 않은 것은?

① 침대가 있는 숙박시설은 해당 특정소방대상물의 종사자 수에 침대 수(2인용 침대는 2개로 산정)를 합한 수로 한다.
② 침대가 없는 숙박시설은 해당 특정소방대상물의 종사자 수에 바닥면적의 합계를 $3m^2$로 나누어 얻은 수를 합한 수로 한다.
③ 강의실 용도로 쓰이는 특정소방대상물은 해당 용도로 사용하는 바닥면적의 합계를 $1.9m^2$로 나누어 얻은 수로 한다.
④ 문화 및 집회시설은 해당 용도로 사용하는 바닥면적의 합계를 $3m^2$로 나누어 얻은 수로 한다.

정답 04.④ 05.② 06.④ 07.④

08 「소방시설 설치 및 관리에 관한 법률」상 소방시설관리사의 자격의 취소·정지 사유로 옳지 않은 것은?
① 동시에 둘 이상의 업체에 취업한 경우
② 등록사항의 변경신고를 하지 아니한 경우
③ 소방시설관리사증을 다른 사람에게 빌려준 경우
④ 점검을 하지 아니하거나 거짓으로 한 경우

09 「화재의 예방 및 안전관리에 관한 법률 시행령」상 1급 소방안전관리대상물로 옳은 것은?
① 지하구
② 동·식물원
③ 가연성 가스를 1천톤 이상 저장·취급하는 시설
④ 철강 등 불연성 물품을 저장·취급하는 창고

10 「화재의 예방 및 안전관리에 관한 법률」상 화재의 예방 및 안전관리 기본계획 등의 수립·시행에 관한 내용으로 옳은 것은?
① 기본계획에는 화재의 예방과 안전관리 관련 산업의 국제경쟁력 향상에 관한 사항이 포함되어야 한다.
② 소방본부장은 기본계획을 시행하기 위하여 5년마다 시행계획을 수립·시행하여야 한다.
③ 기본계획은 행정안전부령으로 정하는 바에 따라 소방본부장이 관계 중앙행정기관의 장과 협의하여 수립한다.
④ 국가는 화재예방정책을 체계적·효율적으로 추진하고 이에 필요한 기반 확충을 위하여 화재의 예방 및 안전관리에 관한 기본계획을 10년마다 수립·시행하여야 한다.

정답 08.② 09.③ 10.①

11 「화재의 예방 및 안전관리에 관한 법률 시행령」상 불을 사용하는 설비의 관리기준 등에 대한 설명이다. (   ) 안에 들어갈 숫자로 옳은 것은?

- 보일러 : 보일러 본체와 벽·천장 사이의 거리는 (가)미터 이상이어야 한다.
- 난로 : 연통은 천장으로부터 (나)미터 이상 떨어지고, 연통의 배출구는 건물 밖으로 0.6미터 이상 나오게 설치해야 한다.
- 건조설비 : 건조설비와 벽·천장 사이의 거리는 (다)미터 이상이어야 한다.
- 음식조리를 위하여 설치하는 설비 : 열을 발생하는 조리기구는 반자 또는 선반으로부터 (라)미터 이상 떨어지게 해야 한다.

	(가)	(나)	(다)	(라)
①	0.5	0.6	0.6	0.6
②	0.6	0.6	0.5	0.6
③	0.6	0.5	0.6	0.6
④	0.6	0.6	0.5	0.5

12 「소방기본법 시행령」상 소방안전교육사시험 응시자격에 대한 설명으로 옳은 것은?

- ㉠ 「영유아보육법」 제21조에 따라 보육교사 자격을 취득한 후 2년 이상의 보육업무 경력이 있는 사람
- ㉡ 「국가기술자격법」 제2조 제3호에 따른 국가기술자격의 직무분야 중 안전관리 분야의 산업기사 자격을 취득한 후 안전관리 분야에 3년 이상 종사한 사람
- ㉢ 「의료법」 제7조에 따라 간호조무사 자격을 취득한 후 간호업무 분야에 2년 이상 종사한 사람
- ㉣ 「응급의료에 관한 법률」 제36조 제3항에 따라 2급 응급구조사 자격을 취득한 후 응급의료 업무 분야에 3년 이상 종사한 사람
- ㉤ 「소방공무원법」 제2조에 따른 소방공무원으로 2년 이상 근무한 경력이 있는 사람
- ㉥ 「의용소방대 설치 및 운영에 관한 법률」 제3조에 따라 의용소방대원으로 임명된 후 5년 이상 의용소방대 활동을 한 경력이 있는 사람

① ㉠, ㉢, ㉤
② ㉡, ㉣, ㉥
③ ㉢, ㉣, ㉤
④ ㉣, ㉤, ㉥

정답 11.② 12.②

13
「소방기본법」 및 같은 법 시행령상 손실보상에 관한 설명 중 ( ) 안에 들어갈 숫자로 옳은 것은?

- 손실보상을 청구할 수 있는 권리는 손실이 있음을 안 날부터 (가)년, 손실이 발생한 날부터 (나)년간 행사하지 아니하면 시효의 완성으로 소멸한다.
- 소방청장등은 손실보상심의위원회의 심사·의결을 거쳐 특별한 사유가 없으면 보상금 지급 청구서를 받은 날부터 (다)일 이내에 보상금 지급 여부 및 보상금액을 결정하여야 한다.
- 소방청장등은 결정일부터 (라)일 이내에 행정안전부령으로 정하는 바에 따라 결정 내용을 청구인에게 통지하고, 보상금을 지급하기로 결정한 경우에는 특별한 사유가 없으면 통지한 날부터 (마)일 이내에 보상금을 지급하여야 한다.

	(가)	(나)	(다)	(라)	(마)
①	3	5	60	10	30
②	5	3	60	12	20
③	3	5	50	12	30
④	5	3	50	10	20

14
「소방기본법」 및 같은 법 시행규칙상 소방용수시설 설치기준 등에 대한 설명으로 옳지 않은 것은?

① 시·도지사는 소방활동에 필요한 소방용수시설을 설치하고 유지·관리하여야 하고, 「수도법」 제45조에 따라 소화전을 설치하는 일반수도사업자는 관할 소방서장과 사전협의를 거친 후 소화전을 설치하여야 하며, 설치 사실을 관할 소방서장에게 통지하고, 그 소화전은 소방서장이 유지·관리하여야 한다.

② 정당한 사유 없이 소방용수시설 또는 비상소화장치를 사용하거나 소방용수시설 또는 비상소화장치의 효용을 해치거나 그 정당한 사용을 방해한 사람에 대해서는 5년 이하의 징역 또는 5천만 원 이하의 벌금에 처한다.

③ 소방본부장 또는 소방서장은 원활한 소방활동을 위하여 소방용수시설에 대한 조사, 소방대상물에 인접한 도로의 폭·교통상황, 도로주변의 토지의 고저·건축물의 개황 그 밖의 소방활동에 필요한 지리에 대한 조사를 월 1회 이상 실시하여야 하며, 조사결과는 2년간 보관하여야 한다.

④ 소화전은 상수도와 연결하여 지하식 또는 지상식의 구조로 하고 소방용호스와 연결하는 소화전의 연결금속구의 구경은 65밀리미터로 하여야 하며, 급수탑은 급수배관의 구경을 100밀리미터 이상으로 하고 개폐밸브는 지상에서 1.5미터 이상 1.7미터 이하의 높이에 설치할 수 있다.

정답 13.① 14.①, ④(복수정답)

15 「소방기본법」상 소방활동에 필요한 처분(강제처분 등)을 할 수 있는 처분권자로 옳은 것은?

  ㉠ 소방서장   ㉡ 소방본부장
  ㉢ 소방대장   ㉣ 소방청장
  ㉤ 시·도지사

① ㉠, ㉡, ㉢
② ㉠, ㉡, ㉣
③ ㉠, ㉢, ㉤
④ ㉠, ㉣, ㉤

16 「위험물안전관리법 시행규칙」상 고인화점위험물을 상온에서 취급하는 경우 제조소의 시설기준 중 일부 완화된 시설기준을 적용할 수 있는데, 고인화점위험물의 정의로 옳은 것은?

① 인화점이 250℃ 이상인 인화성 액체
② 인화점이 100℃ 이상인 제4류 위험물
③ 인화점이 70℃ 이상 200℃ 미만인 제4류 위험물
④ 인화점이 70℃ 이상이고 가연성 액체량이 40중량퍼센트 이상인 제4류 위험물

17 「위험물안전관리법 시행규칙」상 제조소의 위치·구조 및 설비의 기준에 대한 설명으로 옳지 않은 것은?

① 환기설비는 자연배기 방식으로 하여야 한다.
② 제6류 위험물을 취급하는 제조소는 안전거리 적용제외 대상이다.
③ "위험물 제조소"라는 표시를 한 표지의 바탕은 흑색으로, 문자는 백색으로 하여야 한다.
④ 제5류 위험물을 저장 또는 취급하는 제조소에는 "화기엄금"을 표시한 게시판을 설치하여야 한다.

정답 15.① 16.② 17.③

18 「위험물안전관리법 시행규칙」상 옥외저장탱크의 위치·구조 및 설비 기준에 대한 설명으로 옳지 않은 것은?

① 옥외저장탱크는 위험물의 폭발 등에 의하여 탱크내의 압력이 비정상적으로 상승하는 경우에 내부의 가스 또는 증기를 상부로 방출할 수 있는 구조로 하여야 한다.
② 이황화탄소의 옥외저장탱크는 벽 및 바닥의 두께가 0.2m 이상이고 누수가 되지 아니하는 철근콘크리트의 수조에 넣어 보관하여야 한다.
③ 옥외저장탱크의 배수관은 탱크의 밑판에 설치하여야 한다. 다만, 탱크와 배수관과의 결합부분이 지진 등에 의하여 손상을 받을 우려가 없는 방법으로 배수관을 설치하는 경우에는 탱크의 옆판에 설치할 수 있다.
④ 제3류 위험물 중 금수성물질(고체에 한한다)의 옥외저장탱크에는 방수성의 불연재료로 만든 피복설비를 설치하여야 한다.

19 「위험물안전관리법 시행령」상 위험물의 지정수량이 가장 큰 것은?
① 브로민산염류 ② 아염소산염류
③ 과염소산염류 ④ 다이크로뮴산염류

20 「위험물안전관리법」상 신고를 하지 아니하고 위험물의 품명·수량 또는 지정수량의 배수를 변경할 수 있는 경우로 옳은 것은?
① 농예용으로 필요한 건조시설을 위한 지정수량 20배 이하의 취급소
② 축산용으로 필요한 난방시설을 위한 지정수량 20배 이하의 저장소
③ 수산용으로 필요한 건조시설을 위한 지정수량 30배 이하의 저장소
④ 공동주택의 중앙난방시설을 위한 지정수량 30배 이하의 취급소

정답 18.③ 19.④ 20.②

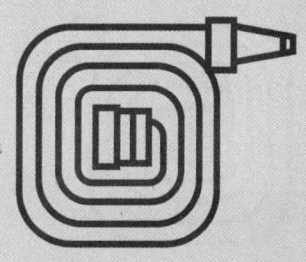

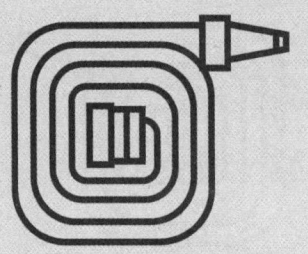

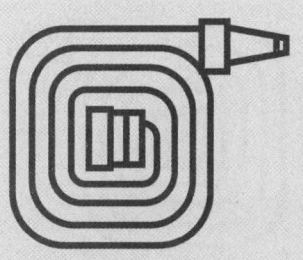

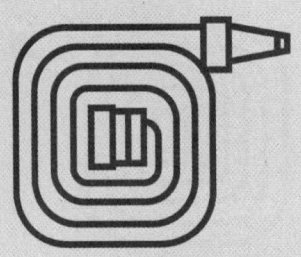

소방관계법규

김동준 기출 원○×빈칸

김원빈

2

서울고시각

**Stand by
Strategy
Satisfaction**

새로운 출제경향에 맞춘 수험서의 완벽서

차례
contents

01. ○×문제

PART 01 소방기본법 / 3
- ○× 정답 및 해설 / 16

PART 02 소방시설법 / 23
- ○× 정답 및 해설 / 40

PART 03 화재조사법 / 49
- ○× 정답 및 해설 / 51

PART 04 화재예방법 / 53
- ○× 정답 및 해설 / 65

PART 05 소방시설공사업법 / 71
- ○× 정답 및 해설 / 82

PART 06 위험물안전관리법 / 89
- ○× 정답 및 해설 / 99

차례
contents

02. 빈칸노트

PART 01 소방기본법 / 107

01	총 칙	108
02	소방장비 및 소방용수시설 등	117
03	소방활동 등	126
04	소방산업의 육성·진흥 및 지원 등	149
05	한국소방안전원	151
06	보 칙	155
07	벌 칙	161

PART 02 소방시설법 / 163

01	총 칙	164
02	소방시설등의 설치·관리 및 방염	181
03	소방시설등의 자체점검	228
04	소방시설관리사 및 소방시설관리업	241
05	소방용품의 품질관리	258
06	보 칙	264
07	벌 칙	272

PART 03 화재조사법 / 275

01	총 칙	276
02	화재조사의 실시 등	278
03	화재조사 결과의 공표 등	287
04	화재조사 기반구축	289
05	벌 칙	293

PART 04 화재예방법 / 295

01	총 칙	296
02	화재의 예방 및 안전관리 기본계획의 수립·시행	298
03	화재안전조사	302
04	화재의 예방조치 등	312
05	소방대상물의 소방안전관리	327
06	특별관리시설물의 소방안전관리	353
07	보 칙	359
08	벌 칙	364

차례
contents

PART 05 소방시설공사업법 / 367

01	총 칙	368
02	소방시설업	370
03	소방시설공사 등	383
04	소방기술자	408
05	소방시설업자협회	421
06	보 칙	423
07	벌 칙	426

PART 06 위험물안전관리법 / 429

01	총 칙	430
02	위험물시설의 설치 및 변경	439
03	위험물시설의 안전관리	446
04	위험물의 운반 등	462
05	감독 및 조치명령	464
06	보 칙	467
07	벌 칙	471
08	시행령, 시행규칙 별표 핵심요약	474

김동준 기출 원O·X 빈칸

01

김동준 소방

○×문제

소방관계법규

기출 + ○·× + 빈칸

소방관계법규

소방관계법규

PART 01

소방기본법

01 소방기본법

01 「소방기본법」상 궁극적인 최종목적은 공공의 안녕 및 질서 유지와 복지증진에 이바지함이다. ○×

02 「소방기본법」상 소방대는 소방공무원, 의무소방원, 의용소방대원, 자체소방대원으로 구성된다. ○×

03 「소방기본법」상 "관계인"이란 소방대상물의 소유자·관리자 또는 점유자를 말한다. ○×

04 「소방기본법」상 "관계지역"이란 소방대상물이 있는 장소 및 그 이웃 지역으로서 화재의 예방·경계·진압, 구조·구급 등의 활동에 필요한 지역을 말한다. ○×

05 「소방기본법」상 "소방대장"이란 소방본부장 또는 소방의용대장 등 화재, 재난·재해, 그 밖의 위급한 상황이 발생한 현장에서 소방대를 지휘하는 사람을 말한다. ○×

06 「소방기본법」상 "소방대상물"이란 건축물, 차량, 항해 중인 선박, 선박 건조 구조물, 산림, 그 밖의 인공구조물 또는 물건을 말한다. ○×

07 「소방기본법」상 "소방본부장"이란 특별시·광역시·특별자치시·도 또는 특별자치도에서 화재의 예방·경계·진압·조사 및 구조·구급 등의 업무를 담당하는 부서의 장을 말한다. ○×

08 「소방기본법」상 시·도의 화재 예방·경계·진압 및 조사, 소방안전교육·홍보와 화재, 재난·재해, 그 밖의 위급한 상황에서의 구조·구급 등의 업무를 수행하는 소방기관의 설치에 필요한 사항은 시·도의 조례로 정한다. ○×

09 「소방기본법」상 소방업무를 수행하는 소방본부장 또는 소방서장은 그 소재지를 관할하는 소방청장의 지휘와 감독을 받는다. ○×

10 「소방기본법」상 소방기관의 설치에 필요한 사항은 행정안전부령으로 정한다. ○ ✕

11 「소방기본법」상 119종합상황실의 설치 및 운영목적으로 상황관리, 대응계획 실행 및 평가, 현장 지휘 및 조정·통제, 정보의 수집·분석과 판단·전파 등의 업무가 있다. ○ ✕

12 「소방기본법 시행규칙」상 종합상황실은 소방청과 시·도의 소방본부 및 소방서, 행정안전부에 각각 설치·운영하여야 한다. ○ ✕

13 「소방기본법」상 119종합상황실의 설치권자는 중앙119구조본부장이다. ○ ✕

14 「소방기본법 시행규칙」상 재산피해액 10억 원 이상 발생한 화재의 경우 그 사실을 지체 없이 소방서의 종합상황실의 경우는 소방본부의 종합상황실에, 소방본부의 종합상황실의 경우는 소방청의 종합상황실에 각각 보고해야 한다. ○ ✕

15 「소방기본법 시행규칙」상 사망 4인과 중상 6인이 발생한 화재의 경우 그 사실을 지체 없이 소방서의 종합상황실의 경우는 소방본부의 종합상황실에, 소방본부의 종합상황실의 경우는 소방청의 종합상황실에 각각 보고해야 한다. ○ ✕

16 「소방기본법 시행규칙」상 정부미도정공장, 문화재, 화재예방강화지구에서 발생한 화재의 경우 그 사실을 지체 없이 소방서의 종합상황실의 경우는 소방본부의 종합상황실에, 소방본부의 종합상황실의 경우는 소방청의 종합상황실에 각각 보고해야 한다. ○ ✕

17 「소방기본법」 및 같은 법 시행령상 소방기술민원센터는 센터장을 포함하여 18명 이내로 구성한다. ○ ✕

18 「소방기본법 시행령」상 소방기술민원센터장은 소방기술민원센터의 업무수행을 위하여 필요하다고 인정하는 경우에는 관계 기관의 장에게 소속 공무원 또는 직원의 파견을 요청할 수 있다. ○ ✕

19 「소방기본법 시행령」상 소방기술민원센터는 소방기술민원과 관련된 현장 확인 및 처리업무를 수행한다. ○ ✕

20 「소방기본법」상 소방박물관 설립·운영은 시·도지사 및 대통령에게 권한이 있다. ○ ✕

21 「소방기본법」상 소방의 역사와 안전문화를 발전시키고 국민의 안전의식을 높이기 위하여 소방청장은 소방체험관을, 시·도지사는 소방박물관을 설립하여 운영할 수 있다. ○ ×

22 「소방기본법」상 소방청장은 화재, 재난·재해, 그 밖의 위급한 상황으로부터 국민의 생명·신체 및 재산을 보호하기 위하여 소방업무에 관한 종합계획을 1년마다 수립·시행하여야 하고, 이에 필요한 재원을 확보하도록 노력하여야 한다. ○ ×

23 「소방기본법 시행령」상 소방청장은 소방업무에 관한 종합계획을 관계 중앙행정기관의 장과의 협의를 거쳐 계획 시행 전년도 12월 31일까지 수립하여야 한다. ○ ×

24 「소방기본법 시행령」상 종합계획은 재난·재해 환경 변화에 따른 소방업무에 필요한 대응체계 마련에 대한 내용이 담겨있다. ○ ×

25 「소방기본법 시행령」상 종합계획에는 장애인, 노인, 임산부, 영유아 및 어린이 등 이동이 어려운 사람을 대상으로 한 소방활동에 필요한 조치에 대한 내용이 포함된다. ○ ×

26 「소방기본법 시행령」상 시·도지사와 시·군·구청장은 종합계획의 시행에 필요한 세부계획을 수립하여 소방청장에게 제출하여야 한다. ○ ×

27 「소방기본법」상 시·도지사는 관할 지역의 특성을 고려하여 종합계획의 시행에 필요한 세부계획을 매년 수립하여 소방청장에게 제출하여야 하며, 세부계획에 따른 소방업무를 성실히 수행하여야 한다. ○ ×

28 「소방기본법」상 소방기관이 소방업무를 수행하는 데에 필요한 인력과 장비 등에 관한 기준은 행정안전부령으로 정하고, 소방자동차 등 소방장비의 분류·표준화와 그 관리 등에 필요한 사항은 따로 법률에서 정한다. ○ ×

29 「소방기본법」상 소방기관이 소방업무를 수행하는 데에 필요한 인력과 장비 등에 관한 기준은 시·도의 조례로 정한다. ○ ×

30 「소방기본법」상 소방청장은 소방력의 기준에 따라 관할구역의 소방력을 확충하기 위하여 필요한 계획을 수립하여 시행하여야 한다. ○ ×

31 「소방기본법」상 일부 국고보조 대상사업의 범위와 기준보조율은 대통령령으로 정한다. ○ ×

32 「소방기본법 시행령」상 소방전용통신설비 및 전산설비는 일부 국고보조 대상이다. ○ ×

33 「소방기본법 시행령」상 소화전 및 소방용수시설은 일부 국고보조 대상이다. ○ ×

34 「소방기본법 시행령」상 소방박물관은 일부 국고보조 대상이다. ○ ×

35 「소방기본법 시행령」상 소방헬리콥터와 소방정은 국고보조 대상이다. ○ ×

36 「소방기본법」상 소방활동에 필요한 소화전, 급수탑, 저수조를 설치·유지 및 관리하는 사람은 시·도지사이다. ○ ×

37 「소방기본법 시행규칙」상 지상에 설치하는 소화전, 저수조 및 급수탑의 경우 소방용수표지 기준은 안쪽 문자는 흰색, 바깥쪽 문자는 노란색으로, 안쪽 바탕은 붉은색, 바깥쪽 바탕은 파란색으로 하고, 반사재료를 사용해야 한다. ○ ×

38 「소방기본법 시행규칙」상 저수조는 지면으로부터 낙차가 4.5m 이상이어야 설치가 가능하다. ○ ×

39 「소방기본법 시행규칙」상 소화전의 설치기준에서 소방용 호스와 연결하는 소화전의 연결금속구의 구경은 40밀리미터로 하여야 한다. ○ ×

40 「소방기본법 시행규칙」상 소방용수시설의 설치기준 중 공통기준에서 공업지역인 경우 소방대상물과 수평거리를 100미터 이하가 되도록 하여야 한다. ○ ×

41 「소방기본법 시행규칙」상 저수조의 설치기준에서 저수조에 물을 공급하는 방법은 상수도에 연결하여 수동으로 급수되는 구조여야 한다. ○ ×

42 「소방기본법 시행규칙」상 급수탑의 설치기준에서 급수탑의 개폐밸브는 지상에서 0.8미터 이상 1.5미터 이하의 위치에 설치하도록 하여야 한다. ○ ×

43 「소방기본법 시행규칙」상 소방본부장 또는 소방서장은 원활한 소방활동을 위하여 소방용수시설에 대한 조사, 소방대상물에 인접한 도로의 폭·교통상황, 도로주변의 토지의 고저·건축물의 개황 그 밖의 소방활동에 필요한 지리에 대한 조사를 월 1회 이상 실시하여야 하며, 조사결과는 2년간 보관하여야 한다. O X

44 「소방기본법 시행령」상 소방청장이 비상소화장치의 설치가 필요하다고 인정하는 지역은 비상소화장치의 설치대상 지역이다. O X

45 「소방기본법」상 소방업무의 응원을 위하여 파견된 소방대원은 응원을 지원해준 소방본부장 또는 소방서장의 지휘에 따라야 한다. O X

46 「소방기본법」상 소방 응원협약은 소방청장의 업무이다. O X

47 「소방기본법」상 시·도지사는 해당 시·도의 소방력만으로는 소방활동을 효율적으로 수행하기 어려운 화재, 재난·재해, 그 밖의 구조·구급이 필요한 상황이 발생하거나 특별히 국가적 차원에서 소방활동을 수행할 필요가 인정될 때에는 각 소방본부장에게 행정안전부령으로 정하는 바에 따라 소방력을 동원할 것을 요청할 수 있다. O X

48 「소방기본법」상 시·도지사는 응원을 요청하는 경우 출동 대상지역 및 규모와 필요한 경비의 부담 등을 화재가 끝난 이후 이웃하는 시·도지사와 협의하여 정하여야 한다. O X

49 「소방기본법」상 시·도지사는 공공의 안녕질서 유지 또는 복리증진을 위하여 필요한 경우 소방활동 외에 소방지원활동을 하게 할 수 있다. O X

50 「소방기본법」상 유관기관·단체 등의 요청에 따른 소방지원활동에 드는 비용은 지원요청을 한 유관기관·단체 등이 부담해야 한다. O X

51 「소방기본법」상 소방지원활동 중에는 화재, 재난·재해로 인한 피해복구 지원활동, 그 밖의 위급한 상황에서의 구조·구급 지원활동이 포함된다. O X

52 「소방기본법」상 단전사고 시 비상전원 또는 조명의 공급활동은 소방지원활동에 포함된다. O X

53 「소방기본법」상 위해동물, 벌 등의 포획 및 퇴치활동은 소방지원활동에 포함된다. ⓞ ✕

54 「소방기본법」 및 시행규칙상 소방시설 오작동 신고에 따른 조치활동의 경우 생활안전활동에 포함된다. ⓞ ✕

55 「소방기본법」상 방치하면 급박해질 우려가 있는 위험을 예방하기 위한 활동의 경우 생활안전활동에 포함된다. ⓞ ✕

56 「소방기본법」상 자연재해에 따른 급수·배수 및 제설 등 지원활동과 붕괴, 낙하 등이 우려되는 고드름, 나무, 위험 구조물 등의 제거활동은 생활안전활동에 포함된다. ⓞ ✕

57 「소방기본법」상 소방청장, 소방본부장 또는 소방서장은 화재를 예방하고 화재 발생 시 인명과 재산피해를 최소화하기 위하여 「초·중등교육법」 제2조에 따른 학교의 학생을 대상으로 소방안전에 관한 교육과 훈련을 실시할 수 있다. ⓞ ✕

58 「소방기본법 시행규칙」상 소방교육 및 훈련에는 인명대피훈련, 응급처치훈련, 화재진압훈련, 수습복구훈련, 현장지휘훈련, 인명구조훈련이 있다. ⓞ ✕

59 「소방기본법 시행규칙」상 소방교육·훈련에서 현장지휘훈련을 받는 사람들은 소방위, 소방경, 소방령, 소방장이다. ⓞ ✕

60 「소방기본법」상 소방안전교육사는 소방안전교육의 기획·진행·분석·평가 및 홍보업무를 수행한다. ⓞ ✕

61 「소방기본법 시행령」상 소방청장은 소방안전교육사시험을 시행하려는 때에는 응시자격·시험과목·일시·장소 및 응시절차 등에 관하여 필요한 사항을 모든 응시 희망자가 알 수 있도록 소방안전교육사시험의 시행일 90일 전까지 소방청의 인터넷 홈페이지 등에 공고해야 한다. ⓞ ✕

62 「소방기본법 시행령」상 소방청장은 소방안전교육사시험 응시자격심사, 출제 및 채점을 위하여 소방경 이상의 소방공무원을 응시자격심사위원 및 시험위원으로 임명 또는 위촉하여야 한다(단, 법령상 기준). ⓞ ✕

63 「소방기본법 시행령」상 소방안전교육사시험은 1년마다 1회 시행함을 원칙으로 하되, 소방청장이 필요하다고 인정하는 때에는 그 횟수를 증감할 수 있다. ○ ×

64 「소방기본법 시행령」상 소방공무원으로서 소방공무원으로 3년 이상 근무한 경력이 있는 사람은 소방안전교육사시험에 응시할 수 있다. ○ ×

65 「소방기본법 시행령」상 소방공무원으로서 중앙소방학교 또는 지방소방학교에서 3주 이상의 소방안전교육사 관련 전문교육과정을 이수한 사람은 소방안전교육사시험에 응시할 수 있다(단, 법령상 기준). ○ ×

66 「소방기본법」상 금고 이상의 실형을 선고받고 그 집행이 면제된 날부터 3년이 지나지 아니한 사람은 소방안전교육사가 될 수 없다(단, 법령상 기준). ○ ×

67 「소방기본법 시행령」상 소방안전교육사는 소방서와 소방청에는 1명 이상, 소방본부와 한국소방산업기술원에는 2명 이상, 한국소방안전원의 시·도지부는 1명 이상, 한국소방안전원의 본회에는 2명 이상을 배치할 수 있다. ○ ×

68 「소방기본법 시행령」상 2급 응급구조사 자격을 취득한 후 응급의료 업무 분야에서 3년 이상 종사한 사람은 소방안전교육사시험에 응시 자격이 있다. ○ ×

69 「소방기본법 시행령」상 보육교사 자격을 취득한 후 2년 이상의 보육업무 경력이 있는 사람은 소방안전교육사시험에 응시 자격이 있다. ○ ×

70 「소방기본법 시행령」상 의용소방대원으로 임명된 후 2년 이상 의용소방대 활동을 한 경력이 있는 사람은 소방안전교육사시험에 응시 자격이 있다. ○ ×

71 「소방기본법 시행규칙」상 화재예방상 필요하다고 인정되거나 화재위험경보시 경보신호를 발령한다. ○ ×

72 「소방기본법 시행규칙」상 소방신호의 방법 중 경계신호의 타종신호는 1타와 연 2타를 반복하고 사이렌 신호는 5초 간격을 두고 30초씩 3회를 실시한다. ○ ×

73 「소방기본법 시행규칙」상 소방신호의 방법 중 해제신호의 타종신호는 상당한 간격을 두고 1타씩 반복하며, 사이렌 신호는 1분간 2회를 실시한다. ○ ×

74 「소방기본법」상 아파트는 연막소독시 관할 소방본부장 또는 소방서장에게 신고하여야 한다. ○ ×

75 「소방기본법」상 소방시설, 소방용수시설 또는 소방출동로가 없는 지역은 연막소독시 관할 소방본부장 또는 소방서장에게 신고하여야 한다. ○ ×

76 「소방기본법」상 소방자동차의 운행 시 사이렌은 구조·구급 활동을 위하여 출동하는 경우에 한하여 제한적으로 사용해야 한다. ○ ×

77 「소방기본법」상 소방대의 긴급통행이란, 화재, 재난·재해, 그 밖의 위급한 상황이 발생한 현장에 신속하게 출동하기 위하여 긴급할 때에는 일반적인 통행에 쓰이지 아니하는 도로·빈터 또는 물 위로 통행할 수 있는 것을 말한다. ○ ×

78 「소방기본법」상 모든 차와 사람은 소방자동차가 화재진압을 위하여 사이렌을 사용하여 출동하는 경우 소방자동차에 진로를 양보하지 아니하는 행위, 소방자동차 앞에 끼어들거나 소방자동차를 가로막는 행위, 그 밖에 소방자동차의 출동에 지장을 주는 행위의 경우를 제외하고 소방자동차의 우선 통행에 관하여는 「교통안전법」에서 정하는 바에 따른다. ○ ×

79 「소방기본법」상 소방자동차 전용구역의 설치 기준·방법, 방해행위의 기준, 그 밖에 필요한 사항은 대통령령으로 정한다. ○ ×

80 「소방기본법 시행령」상 소방본부장 또는 소방서장은 소방자동차가 접근하기 쉽고 소방활동이 원활하게 수행될 수 있도록 각 동별 전면 또는 후면에 소방자동차 전용구역을 1개소 이상 설치해야 한다. ○ ×

81 「소방기본법 시행령」상 소방자동차 전용구역 설치 대상에서 「건축법 시행령」상의 모든 아파트는 소방자동차 전용구역 설치 대상이다. ○ ×

82 「소방기본법 시행령」상 전용구역 노면표지 도료의 색채는 황색을 기본으로 하되, 문자(P, 소방차 전용)는 백색으로 표시한다. ○ ×

83 「소방기본법 시행령」상 전용구역 방해행위의 기준에서 「주차장법」 제19조에 따른 부설주차장의 주차구획 내에 주차하는 것은 전용구역 방해행위에 해당한다. ○ ×

84 「소방기본법 시행령」상 전기, 가스, 수도, 교통, 기계의 업무에 종사하는 사람으로서 원활한 소방활동을 위하여 필요한 사람은 소방활동구역에 출입을 할 수 있다. ○ ×

85 「소방기본법 시행령」상 화재 발생 시 전기·가스·수도·통신·교통의 업무에 종사하는 사람으로서 원활한 소방활동을 위하여 필요한 사람 및 그 밖에 소방청장이 소방활동을 위하여 출입을 허가한 사람은 소방활동구역에 출입할 수 있다. ○ ×

86 「소방기본법 시행령」상 취재인력 등 보도업무에 종사하는 사람, 수사업무에 종사하는 사람, 소방대상물과 가까운 소방대상물의 관계인 등은 소방활동구역에 출입할 수 있다(법 기준상). ○ ×

87 「소방기본법」상 소방대장은 화재, 재난·재해, 그 밖의 위급한 상황이 발생한 현장에서 소방활동을 위하여 필요할 때에는 그 관할구역에 사는 사람 또는 그 현장에 있는 사람으로 하여금 사람을 구출하는 일 또는 불을 끄거나 불이 번지지 아니하도록 하는 일을 하게 하여야 한다. ○ ×

88 「소방기본법」상 소방청장은 사람을 구출하거나 불이 번지는 것을 막기 위하여 필요할 때에는 화재가 발생하거나 불이 번질 우려가 있는 소방대상물 및 토지를 일시적으로 사용하거나 그 사용의 제한 또는 소방활동에 필요한 처분을 할 수 있다. ○ ×

89 「소방기본법」상 소방대장은 위급한 상황이 발생한 현장에서 필요한 때 그 현장에 있는 사람으로 하여금 사람을 구출하는 일을 하게 할 수 있다. ○ ×

90 「소방기본법」상 소방활동에 종사한 관계인은 시·도지사로부터 비용을 지급받을 수 있다. ○ ×

91 「소방기본법」상 소방청장 또는 시·도지사는 손실보상심의위원회의 구성 목적을 달성하였다고 인정하는 경우에는 손실보상심의위원회를 해산할 수 있다. ○ ×

92 「소방기본법」상 소방청장은 화재진압 등 소방활동을 위하여 필요할 때에는 소방용수 외에 댐·저수지 또는 수영장의 물을 사용하거나 수도개폐장치 등을 조작할 수 있다. ○ ×

93 「소방기본법」상 시·도지사는 화재 발생을 막거나 폭발 등으로 화재가 확대되는 것을 막기 위하여 가스·전기 또는 유류 등의 시설에 대하여 위험물질의 공급을 차단하는 등 필요한 조치를 할 수 있다. ○ ×

94 「소방기본법」상 소방대장은 화재 발생을 막거나 폭발 등으로 화재가 확대되는 것을 막기 위하여 가스, 전기 또는 유류 등의 시설에 대하여 위험물질의 공급을 차단하는 등 필요한 조치를 할 수 있다. ○ ×

95 「소방기본법」상 소방청장은 소방기술 및 소방산업의 국제경쟁력과 국제적 통용성을 높이는 데에 필요한 기반 조성을 촉진하기 위한 시책을 마련하여야 한다. ○ ×

96 「소방기본법」상 한국소방안전원장은 소방기술 및 소방산업의 국제경쟁력과 국제통용성을 높이기 위하여 소방기술 및 소방산업의 국제협력을 위한 조사·연구의 사업을 추진하여야 한다. ○ ×

97 「소방기본법」상 국가는 소방산업과 관련된 기술의 개발을 촉진하기 위하여 기술개발을 실시하는 자에게 그 기술개발에 드는 자금의 전부만을 출연하거나 보조할 수 있다. ○ ×

98 「소방기본법」상 한국소방안전원의 정관에는 목적, 명칭, 대표자의 성명 및 주소, 사업에 관한 사항, 회원과 임원 및 직원에 관한 사항, 이사회에 관한 사항, 재정 및 회계에 관한 사항, 정관의 변경에 관한 사항을 기재한다. ○ ×

99 「소방기본법」상 한국소방안전원에는 임원으로 원장 1명을 포함한 9명 이내의 이사와 1명의 감사를 둔다. ○ ×

100 「소방기본법」상 한국소방안전원은 소방기술과 안전관리기술의 향상 및 홍보, 그 밖의 교육·훈련 등 행정기관이 위탁하는 업무의 수행과 소방관계 종사자의 기술향상을 위하여 소방청장의 인가를 받아 설립한다. ○ ×

101 「소방기본법」상 한국소방안전원의 운영경비는 국가 보조금으로 충당한다. ○ ×

102 「소방기본법」상 한국소방안전원이 정관을 변경하려면 소방청장의 인가를 받아야 한다.
◯ ✕

103 「소방기본법」상 한국소방안전원은 소방기술과 안전관리에 관한 인허가 업무를 수행한다.
◯ ✕

104 「소방기본법」상 화재진압 시 강제처분 등으로 인하여 손실을 입은 자가 있는 경우에는 소방본부장이 손실보상심의위원회의 심사·의결에 따라 정당한 보상을 하여야 한다. ◯ ✕

105 「소방기본법 시행령」상 손실보상심의위원회는 위원장 1명을 포함하여 7명 이상 9명 이하의 위원으로 구성한다. 다만, 청구금액이 100만 원 이하인 사건에 대해서는 소속 소방공무원에 해당하는 위원 3명으로만 구성할 수 있다. ◯ ✕

106 「소방기본법 시행령」상 소방청장등은 손실보상심의위원회의 심사·의결을 거쳐 특별한 사유가 없으면 보상금 지급 청구서를 받은 날부터 60일 이내에 보상금 지급 여부 및 보상금액을 결정하여야 한다. ◯ ✕

107 「소방기본법 시행령」상 소방청장등은 보상금 지급여부 및 보상금액 결정일부터 20일 이내에 행정안전부령으로 정하는 바에 따라 결정 내용을 청구인에게 통지하고, 보상금을 지급하기로 결정한 경우에는 특별한 사유가 없으면 통지한 날부터 20일 이내에 보상금을 지급하여야 한다. ◯ ✕

108 소방자동차의 통행과 소방활동에 방해가 되는 법령을 위반하여 주차 또는 정차된 차량 및 물건 등을 제거하거나 이동시키는 처분으로 인하여 손실을 입은 자는 「소방기본법」상 소방청장 또는 시·도지사에게 손실보상심의위원회의 심사·의결에 따라 정당한 손실보상을 받을 수 있다. ◯ ✕

109 「소방기본법」상 손실보상을 청구할 수 있는 권리는 손실이 있음을 안 날부터 3년, 손실이 발생한 날부터 5년간 행사하지 아니하면 시효의 완성으로 소멸한다. ◯ ✕

110 「소방기본법」상 손실보상의 기준, 보상금액, 지급절차 및 방법, 손실보상심의위원회의 구성 및 운영, 그 밖에 필요한 사항은 행정안전부령으로 정한다. ◯ ✕

111 「소방기본법」상 화재 또는 구조·구급이 필요한 상황을 거짓으로 알린 사람에게 500만 원 이하의 과태료를 부과한다. ○ ×

112 「소방기본법」상 정당한 사유 없이 물의 사용이나 수도의 개폐장치의 사용 또는 조작을 하지 못하게 하거나 방해한 자는 100만 원 이하의 벌금에 처한다. ○ ×

O× 정답 및 해설

01 ×
  소방기본법의 궁극적인 최종목적은 공공의 안녕 및 질서 유지와 <u>복리증진</u>에 이바지함이다(법 제1조).

02 ×
  소방대는 <u>소방공무원, 의무소방원, 의용소방대원</u>으로 구성된다(법 제2조).
  → 자체소방대원 X

03 ○

04 ○

05 ×
  소방대장이란 <u>소방본부장 또는 소방서장</u> 등 화재, 재난·재해 그 밖의 위급한 상황이 발생한 현장에서 소방대를 지휘하는 사람을 말한다(법 제2조).
  → 소방의용대장 X

06 ×
  "소방대상물"이란 건축물, 차량, 항해 중인 선박, 선박 건조 구조물, 산림, 그 밖의 인공구조물 또는 물건을 말한다(법 제2조).
  → 선박(항구에 매어둔 선박만 해당)

07 ○

08 ×
  시·도의 화재 예방·경계·진압 및 조사, 소방안전교육·홍보와 화재, 재난·재해, 그 밖의 위급한 상황에서의 구조·구급 등의 업무를 수행하는 소방기관의 설치에 필요한 사항은 시·도의 조례로 정한다(법 제3조 제1항).
  → 대통령령이다.

09 ×
  소방업무를 수행하는 소방본부장 또는 소방서장은 그 소재지를 관할하는 <s>소방청장</s>의 지휘와 감독을 받는다(법 제3조 제2항).
  → 시·도지사

10 ×
  소방기관의 설치에 필요한 사항은 <s>행정안전부령</s>으로 정한다.
  → 대통령령

11 ×
  119종합상황실의 설치 및 운영목적으로 상황관리, <s>대응계획 실행 및 평가</s>, 현장 지휘 및 조정·통제, 정보의 수집·분석과 판단·전파 등의 업무가 있다(법 제4조 제1항).
  → 대응계획 실행 및 평가 X

12 ×
  종합상황실은 소방청과 시·도의 소방본부 및 소방서, <s>행정안전부</s>에 각각 설치·운영하여야 한다(규칙 제2조 제1항).
  → 행정안전부 X

13 ×
  <u>소방청장, 소방본부장 및 소방서장</u>은 화재, 재난·재해, 그 밖에 구조·구급이 필요한 상황이 발생하였을 때에 신속한 소방활동(소방업무를 위한 모든 활동을 말한다. 이하 같다)을 위한 정보를 수집·분석과 판단·전파, 상황관리, 현장 지휘 및 조정·통제 등의 업무를 수행하기 위하여 <u>119종합상황실을 설치·운영하여야 한다</u>(법 제4조 제1항).

14 ✗
　재산피해액 ~~10억 원~~ 이상 발생한 화재의 경우 그 사실을 지체 없이 소방서의 종합상황실의 경우는 소방본부의 종합상황실에, 소방본부의 종합상황실의 경우는 소방청의 종합상황실에 각각 보고해야 한다(규칙 제3조 제2항).
　→ 50억 원

15 ○

16 ○

17 ○

18 ✗
　~~소방기술민원센터장~~은 소방기술민원센터의 업무수행을 위하여 필요하다고 인정하는 경우에는 관계 기관의 장에게 소속 공무원 또는 직원의 파견을 요청할 수 있다(영 제1조의2 제4항).
　→ 소방청장 또는 소방본부장이다.

19 ○

20 ✗
　소방의 역사와 안전문화를 발전시키고 국민의 안전의식을 높이기 위하여 소방청장은 소방박물관을, 시·도지사는 소방체험관(화재 현장에서의 피난 등을 체험할 수 있는 체험관을 말한다.)을 설립하여 운영할 수 있다(법 제5조 제1항).

21 ✗
　소방의 역사와 안전문화를 발전시키고 국민의 안전의식을 높이기 위하여 소방청장은 소방박물관을, 시·도지사는 소방체험관(화재 현장에서의 피난 등을 체험할 수 있는 체험관을 말한다.)을 설립하여 운영할 수 있다(법 제5조 제1항).

22 ✗
　소방청장은 화재, 재난·재해, 그 밖의 위급한 상황으로부터 국민의 생명·신체 및 재산을 보호하기 위하여 소방업무에 관한 종합계획을 ~~1년마다~~ 수립·시행하여야 하고, 이에 필요한 재원을 확보하도록 노력하여야 한다(법 제6조 제1항).
　→ 5년마다

23 ✗
　소방청장은 소방업무에 관한 종합계획을 관계 중앙행정기관의 장과의 협의를 거쳐 계획 시행 전년도 ~~12월 31일~~까지 수립하여야 한다(영 제1조의3 제1항).
　→ 10월 31일

24 ○

25 ○

26 ✗
　~~특별시장·광역시장·특별자치시장·도지사 또는 특별자치도지사(시·도지사)~~는 종합계획의 시행에 필요한 세부계획을 계획 시행 전년도 12월 31일까지 수립하여 소방청장에게 제출하여야 한다(영 제1조의3 제3항).

27 ○

28 ○

29 ✗
　소방기관이 소방업무를 수행하는 데에 필요한 인력과 장비 등에 관한 기준은 ~~시·도의 조례로~~ 정한다(법 제8조 제1항).
　→ 행정안전부령

30 ✗
　~~소방청장~~은 소방력의 기준에 따라 관할구역의 소방력을 확충하기 위하여 필요한 계획을 수립하여 시행하여야 한다(법 제8조 제2항).
　→ 시·도지사는

31 ○

32 ○

33 ✗
　소방자동차, 소방헬리콥터, 소방정, 소방전용통신설비 및 전산설비, 그밖에 방화복 등, 소방관서용 청사의 건축이 국고보조 대상이다(영 제2조 제1항).
　→ 소화전 및 소방용수시설 ✗

34 X
소방자동차, 소방헬리콥터, 소방정, 소방전용통신설비 및 전산설비, 그밖에 방화복 등, 소방관서용 청사의 건축이 국고보조 대상이다(영 제2조 제1항).
→ 소방박물관 X

35 O

36 O

37 O

38 X
저수조는 지면으로부터 낙차가 4.5m ~~이상~~이어야 설치가 가능하다(규칙 별표 3).
→ 이하

39 X
소화전의 설치기준에서 소방용 호스와 연결하는 소화전의 연결금속구의 구경은 ~~40밀리미터~~로 하여야 한다(규칙 별표 3).
→ 65밀리미터

40 O

41 X
저수조의 설치기준에서 저수조에 물을 공급하는 방법은 상수도에 연결하여 ~~수동~~으로 급수되는 구조여야 한다(규칙 별표 3).
→ 자동

42 X
급수탑의 설치기준에서 급수탑의 개폐밸브는 지상에서 ~~0.8미터 이상 1.5미터 이하~~의 위치에 설치하도록 하여야 한다(규칙 별표 3).
→ 1.5미터 이상 1.7미터 이하

43 O

44 X
~~소방청장이~~ 비상소화장치의 설치가 필요하다고 인정하는 지역은 비상소화장치의 설치대상 지역이다(영 제2조의2).
→ 시·도지사가

45 X
소방업무의 응원을 위하여 파견된 소방대원은 ~~응원을 지원해준~~ 소방본부장 또는 소방서장의 지휘에 따라야 한다(법 제11조 제3항).
→ 응원을 요청한

46 X
시·도지사는 소방업무의 응원을 요청하는 경우를 대비하여 출동 대상지역 및 규모와 필요한 경비의 부담 등에 관하여 필요한 사항을 행정안전부령으로 정하는 바에 따라 이웃하는 시·도지사와 협의하여 미리 규약(規約)으로 정하여야 한다(법 제11조 제4항).

47 X
~~시·도지사는~~ 해당 시·도의 소방력만으로는 소방활동을 효율적으로 수행하기 어려운 화재, 재난·재해, 그 밖의 구조·구급이 필요한 상황이 발생하거나 특별히 국가적 차원에서 소방활동을 수행할 필요가 인정될 때에는 각 소방본부장에게 행정안전부령으로 정하는 바에 따라 소방력을 동원할 것을 요청할 수 있다(법 제11조의2 제1항).
→ 소방청장은, 시·도지사

48 X
시·도지사는 소방업무의 응원을 요청하는 경우를 대비하여 출동 대상지역 및 규모와 필요한 경비의 부담 등에 관하여 필요한 사항을 행정안전부령으로 정하는 바에 따라 이웃하는 시·도지사와 협의하여 미리 규약(規約)으로 정하여야 한다(법 제11조 제4항).

49 X
~~시·도지사는~~ 공공의 안녕질서 유지 또는 복리증진을 위하여 필요한 경우 소방활동 외에 소방지원활동을 하게 할 수 있다(법 제16조의2 제1항).
→ 소방청장·소방본부장 또는 소방서장은

50 X
유관기관·단체 등의 요청에 따른 소방지원활동에 드는 비용은 지원요청을 한 유관기관·단체 등이 ~~부담해야 한다~~(법 제16조의2 제3항).
→ 부담하게 할 수 있다.

51 ✗
소방지원활동 중에는 화재, 재난·재해로 인한 피해복구 지원활동, 그 밖의 위급한 상황에서의 구조·구급 지원활동이 포함된다(법 제16조의2 제1항).
→ 그 밖의 위급한 상황에서의 구조·구급 지원활동은 소방지원활동에 해당하지 않는다.

52 ✗
단전사고 시 비상전원 또는 조명의 공급활동은 소방지원활동에 포함된다(법 제16조의3 제1항).
→ 생활안전활동

53 ✗
위해동물, 벌 등의 포획 및 퇴치활동은 소방지원활동에 포함된다(법 제16조의3 제1항).
→ 생활안전활동

54 ✗
소방시설 오작동 신고에 따른 조치활동의 경우 생활안전활동에 포함된다(규칙 제8조의4).
→ 소방지원활동

55 ○

56 ✗
자연재해에 따른 급수·배수 및 제설 등 지원활동과 붕괴, 낙하 등이 우려되는 고드름, 나무, 위험 구조물 등의 제거활동은 생활안전활동에 포함된다(법 제16조의3 제1항).
→ 자연재해에 따른 급수·배수 및 제설 등 지원활동은 소방지원활동에 해당한다.

57 ○

58 ✗
소방교육 및 훈련에는 인명대피훈련, 응급처치훈련, 화재진압훈련, 수습복구훈련, 현장지휘훈련, 인명구조훈련이 있다(규칙 별표 3의2).
→ 수습복구훈련은 해당하지 않는다.

59 ✗
소방교육·훈련에서 현장지휘훈련을 받는 사람들은 소방위, 소방경, 소방령, 소방장이다.
→ 소방정
현장지휘훈련은 소방위, 소방경, 소방령, 소방정이 받는다(규칙 별표 3의2).

60 ✗
소방안전교육사는 소방안전교육의 기획·진행·분석·평가 및 홍보업무를 수행한다(법 제17조의2 제2항).
→ 교수업무

61 ○

62 ✗
소방청장은 소방안전교육사시험 응시자격심사, 출제 및 채점을 위하여 소방경 이상의 소방공무원을 응시자격심사위원 및 시험위원으로 임명 또는 위촉하여야 한다(영 제7조의5 제1항).
→ 소방위 이상의 소방공무원

63 ✗
소방안전교육사시험은 1년마다 1회 시행함을 원칙으로 하되, 소방청장이 필요하다고 인정하는 때에는 그 횟수를 증감할 수 있다(영 제7조의6 제1항).
→ 2년마다

64 ○

65 ✗
소방공무원으로서 중앙소방학교 또는 지방소방학교에서 3주 이상의 소방안전교육사 관련 전문교육과정을 이수한 사람은 소방안전교육사시험에 응시할 수 있다(영 별표 2의2).
→ 2주 이상(법령 기준)

66 ✗
금고 이상의 실형을 선고받고 그 집행이 면제된 날부터 3년이 지나지 아니한 사람은 소방안전교육사가 될 수 없다(법 제17조의3).
→ 2년(법령 기준)

67 ✗
소방안전교육사는 소방서와 소방청에는 1명 이상, 소방본부와 한국소방산업기술원에는 2명 이상, 한국소방안전원의 시·도지부는 1명 이상, 한국소방안전원의 본회에는 2명 이상을 배치할 수 있다(영 별표 2의3).
→ 소방서에는 1명 이상, 소방청에는 2명 이상

김동준 OX 문제

68 O

69 X
보육교사 자격을 취득한 후 2년 이상의 보육업무 경력이 있는 사람은 소방안전교육사시험에 응시 자격이 있다(영 별표 2의2).
→ 3년

70 X
의용소방대원으로 임명된 후 2년 이상 의용소방대 활동을 한 경력이 있는 사람은 소방안전교육사시험에 응시 자격이 있다(영 별표 2의2).
→ 5년

71 X
화재예방상 필요하다고 인정되거나 화재위험경보시 경보신호를 발령한다(규칙 제10조).
→ 경계신호

72 O

73 X
해제신호의 타종신호는 상당한 간격을 두고 1타씩 반복하며, 사이렌 신호는 1분간 2회를 실시한다(규칙 별표 4).
→ 1회

74 X
아파트는 연막소독시 관할 소방본부장 또는 소방서장에게 신고하여야 한다(법 제19조 제2항).
→ 아파트는 해당하지 않는다.

75 X
소방시설, 소방용수시설 또는 소방출동로가 없는 지역은 연막소독시 관할 소방본부장 또는 소방서장에게 신고하여야 한다(소방기본법 제19조 제2항).
→ 소방시설, 소방용수시설 또는 소방출동로가 없는 지역은 화재예방강화지구 지정 대상에 해당한다 (화재예방법 제18조 제1항).

76 X
소방자동차가 화재진압 및 구조·구급 활동을 위하여 출동하거나 훈련을 위하여 필요할 때에는 사이렌을 사용할 수 있다(법 제21조 제2항).

77 O

78 X
모든 차와 사람은 소방자동차가 화재진압을 위하여 사이렌을 사용하여 출동하는 경우 소방자동차에 진로를 양보하지 아니하는 행위, 소방자동차 앞에 끼어들거나 소방자동차를 가로막는 행위, 그 밖에 소방자동차의 출동에 지장을 주는 행위의 경우를 제외하고 소방자동차의 우선 통행에 관하여는 「교통안전법」에서 정하는 바에 따른다(법 제21조 제4항).
→ 「도로교통법」

79 O

80 X
소방본부장 또는 소방서장은 소방자동차가 접근하기 쉽고 소방활동이 원활하게 수행될 수 있도록 각 동별 전면 또는 후면에 소방자동차 전용구역을 1개소 이상 설치해야 한다(영 제7조의13 제1항).
→ 공동주택의 건축주는

81 X
소방자동차 전용구역 설치 대상에서 「건축법 시행령」상의 모든 아파트는 소방자동차 전용구역 설치 대상이다(영 제7조의12).
→ 아파트 중 세대수가 100세대 이상인 아파트

82 O

83 X
전용구역 방해행위의 기준에서 「주차장법」 제19조에 따른 부설주차장의 주차구획 내에 주차하는 것은 전용구역 방해행위에 해당한다(영 제7조의14).
→ 「주차장법」 제19조에 따른 부설주차장의 주차구획 내에 주차하는 것은 제외이다.

84 X
전기, 가스, 수도, 교통, 커켸의 업무에 종사하는 사람으로서 원활한 소방활동을 위하여 필요한 사람은 소방활동구역에 출입을 할 수 있다(영 제8조).
→ 통신

85 ✗
화재 발생 시 전기·가스·수도·통신·교통의 업무에 종사하는 사람으로서 원활한 소방활동을 위하여 필요한 사람 및 그 밖에 ~~소방청장이~~ 소방활동을 위하여 출입을 허가한 사람은 소방활동구역을 출입할 수 있다(영 제8조).
→ 소방대장

86 ✗
취재인력 등 보도업무에 종사하는 사람, 수사업무에 종사하는 사람, ~~소방대상물과 가까운 소방대상물의 관계인~~ 등은 소방활동구역에 출입할 수 있다(영 제8조).
→ 소방활동구역 안에 있는 소방대상물의 관계인

87 ✗
소방대장은 화재, 재난·재해, 그 밖의 위급한 상황이 발생한 현장에서 소방활동을 위하여 필요할 때에는 그 관할구역에 사는 사람 또는 그 현장에 있는 사람으로 하여금 사람을 구출하는 일 또는 불을 끄거나 불이 번지지 아니하도록 하는 일을 하게 ~~하여야 한다~~(법 제24조 제1항).
→ 할 수 있다.

88 ✗
~~소방청장은~~ 사람을 구출하거나 불이 번지는 것을 막기 위하여 필요할 때에는 화재가 발생하거나 불이 번질 우려가 있는 소방대상물 및 토지를 일시적으로 사용하거나 그 사용의 제한 또는 소방활동에 필요한 처분을 할 수 있다(법 제25조 제1항).
→ 소방본부장, 소방서장 또는 소방대장

89 ○

90 ✗
~~소방활동에 종사한 관계인은 시·도지사로부터 비용을 지급받을 수 있다~~(법 제24조 제3항).
→ 소방대상물에 화재, 재난·재해, 그 밖의 위급한 상황이 발생한 경우 그 관계인, 고의 또는 과실로 화재 또는 구조·구급 활동이 필요한 상황을 발생시킨 사람, 화재 또는 구조·구급 현장에서 물건을 가져간 사람은 비용을 지급받을 수 없다.

91 ○

92 ✗
소방청장은 화재진압 등 소방활동을 위하여 필요할 때에는 소방용수 외에 댐·저수지 또는 수영장의 물을 사용하거나 수도개폐장치 등을 조작할 수 있다(법 제27조 제1항).
→ 소방본부장, 소방서장 또는 소방대장

93 ✗
~~시·도지사는~~ 화재 발생을 막거나 폭발 등으로 화재가 확대되는 것을 막기 위하여 가스·전기 또는 유류 등의 시설에 대하여 위험물질의 공급을 차단하는 등 필요한 조치를 할 수 있다(법 제27조 제2항).
→ 소방본부장, 소방서장 또는 소방대장은

94 ○

95 ✗
~~소방청장은~~ 소방기술 및 소방산업의 국제경쟁력과 국제적 통용성을 높이는 데에 필요한 기반 조성을 촉진하기 위한 시책을 마련하여야 한다(법 제39조의7 제1항).
→ 국가는

96 ✗
~~한국소방안전원장은~~ 소방기술 및 소방산업의 국제경쟁력과 국제통용성을 높이기 위하여 소방기술 및 소방산업의 국제협력을 위한 조사·연구의 사업을 추진하여야 한다(법 제39조의7 제2항).
→ 소방청장

97 ✗
국가는 소방산업과 관련된 기술의 개발을 촉진하기 위하여 기술개발을 실시하는 자에게 그 기술개발에 드는 자금의 ~~전부만을~~ 출연하거나 보조할 수 있다(법 제39조의5 제1항).
→ 전부나 일부를

김동준 O×문제

98 ×
한국소방안전원의 정관에는 목적, 명칭, ~~대표자의 성명 및 주소~~, 사업에 관한 사항, 회원과 임원 및 직원에 관한 사항, 이사회에 관한 사항, 재정 및 회계에 관한 사항, 정관의 변경에 관한 사항을 기재한다(법 제43조 제1항).
→ 주된 사무소의 소재지

99 ○

100 ○

101 ×
한국소방안전원의 운영경비는 ~~국가 보조금~~으로 충당한다(법 제44조).
→ 업무 수행에 따른 수입금, 회원의 회비, 자산운영수익금, 그 밖의 부대수입

102 ○

103 ×
한국소방안전원은 ~~소방기술과 안전관리에 관한 인허가 업무~~를 수행한다(법 제41조).
→ 안전원은 다음 각호의 업무를 수행한다.
① 소방기술과 안전관리에 관한 교육 및 조사·연구
② 소방기술과 안전관리에 관한 각종 간행물 발간
③ 화재 예방과 안전관리의식 고취를 위한 대국민 홍보
④ 소방업무에 관하여 행정기관이 위탁하는 업무
⑤ 소방안전에 관한 국제협력
⑥ 그 밖에 회원에 대한 기술지원 등 정관으로 정하는 사항

104 ×
강제처분 등으로 인하여 손실을 입은 자가 있는 경우에는 ~~소방본부장~~이 손실보상심의위원회의 심사·의결에 따라 정당한 보상을 하여야 한다(법 제49조의2 제1항).
→ 소방청장 또는 시·도지사

105 ×
손실보상심의위원회는 위원장 1명을 포함하여 ~~7명 이상 9명 이하~~의 위원으로 구성한다. 다만, 청구금액이 100만 원 이하인 사건에 대해서는 소속 소방공무원에 해당하는 위원 3명으로만 구성할 수 있다. (영 제13조 제2항).
→ 5명 이상 7명 이하

106 ○

107 ×
소방청장등은 보상금 지급여부 및 보상금액 결정일부터 ~~20일~~ 이내에 행정안전부령으로 정하는 바에 따라 결정 내용을 청구인에게 통지하고, 보상금을 지급하기로 결정한 경우에는 특별한 사유가 없으면 통지한 날부터 ~~20일~~ 이내에 보상금을 지급하여야 한다(영 제12조 제4항).
→ 10일, 30일

108 ×
소방자동차의 통행과 소방활동에 방해가 되는 ~~법령을 위반하여 주차 또는 정차된 차량 및 물건 등을 제거하거나 이동시키는 처분~~으로 인하여 손실을 입은 자는 「소방기본법」상 소방청장 또는 시·도지사에게 손실보상심의위원회의 심사·의결에 따라 정당한 손실보상을 받을 수 있다(법 제49조의2 제1항).
→ 법령을 위반하여 소방자동차의 통행과 소방활동에 방해가 된 경우는 제외한다.

109 ○

110 ×
손실보상의 기준, 보상금액, 지급절차 및 방법, 손실보상심의위원회의 구성 및 운영, 그 밖에 필요한 사항은 ~~행정안전부령~~으로 정한다(법 제49조의2 제5항).
→ 대통령령

111 ○

112 ○

소방관계법규

PART 02

소방시설법

02 소방시설법

01 「소방시설 설치 및 관리에 관한 법률」상 소방시설등이란 소방시설과 비상구, 그 밖에 소방 관련 시설로서 행정안전부령으로 정하는 것을 말한다. ○×

02 「소방시설 설치 및 관리에 관한 법률」상 소방시설이란 소화설비, 경보설비, 피난구조설비, 소화용수설비, 그 밖에 소화활동설비로서 대통령령으로 정하는 것을 말한다. ○×

03 「소방시설 설치 및 관리에 관한 법률 시행령」상 소화설비에는 고체에어로졸자동소화장치, 연소방지설비, 분말소화설비 등이 있다. ○×

04 「소방시설 설치 및 관리에 관한 법률 시행령」상 무선통신보조설비, 비상콘센트설비는 소화활동설비에 해당한다. ○×

05 「소방시설 설치 및 관리에 관한 법률 시행령」상 누전차단기는 경보설비에 해당한다. ○×

06 「소방시설 설치 및 관리에 관한 법률 시행령」상 물분무등소화설비에는 할론소화설비, 간이스프링클러설비, 포소화설비 등이 있다. ○×

07 「소방시설 설치 및 관리에 관한 법률 시행령」상 인명구조활동을 위하여 사용하는 설비에는 제연설비, 옥내소화전설비, 통합감시시설, 인명구조기구가 있다. ○×

08 「소방시설 설치 및 관리에 관한 법률 시행령」상 소화기구에는 소화기, 간이소화용구, 자동소화장치가 있다. ○×

09 「소방시설 설치 및 관리에 관한 법률 시행령」상 피난사다리, 방열복, 공기호흡기는 피난구조설비 중 인명구조기구에 해당한다. ○×

10 「소방시설 설치 및 관리에 관한 법률 시행령」상 시각경보기는 피난구조설비에 해당한다. O X

11 「소방시설 설치 및 관리에 관한 법률 시행령」상 사진관, 도서관, 박물관은 근린생활시설에 해당한다. O X

12 「소방시설 설치 및 관리에 관한 법률 시행령」상 같은 건축물에 단란주점으로 쓰는 바닥면적의 합계가 200제곱미터인 것은 특정소방대상물 중 근린생활시설에 해당한다. O X

13 「소방시설 설치 및 관리에 관한 법률 시행령」상 치과의원, 격리병원은 특정소방대상물 중 의료시설에 해당한다. O X

14 「소방시설 설치 및 관리에 관한 법률 시행령」상 관람석의 바닥면적의 합계가 1,000제곱미터 이상인 체육관은 특정소방대상물 중 운동시설에 해당한다. O X

15 「소방시설 설치 및 관리에 관한 법률 시행령」상 식물원은 특정소방대상물 중 문화 및 집회시설에 해당한다. O X

16 「소방시설 설치 및 관리에 관한 법률 시행령」상 항공기격납고, 폐차장, 자동차 검사장은 특정소방대상물 중 항공기 및 자동차 관련 시설에 해당한다. O X

17 「소방시설 설치 및 관리에 관한 법률 시행령」상 동·식물 관련 시설에는 동물원, 도계장, 수족관, 경마장 등이 있다. O X

18 「소방시설 설치 및 관리에 관한 법률 시행령」상 정신의료기관, 마약진료소는 특정소방대상물 중 의료시설에 해당한다. O X

19 「소방시설 설치 및 관리에 관한 법률 시행령」상 「국토의 계획 및 이용에 관한 법률」에 따른 공동구는 지하구에 해당한다. O X

20 「소방시설 설치 및 관리에 관한 법률 시행령」상 지하구는 전력·통신용의 전선이나 가스·냉난방용의 배관 또는 이와 비슷한 것을 집합수용하기 위하여 설치한 지하 인공구조물로서 사람이 점검 또는 보수를 하기 위하여 출입이 가능한 것 중 폭 2m 이상이고 높이가 1.8m 이상이며 길이가 50m 이상인 것을 말한다. ○ ×

21 「소방시설 설치 및 관리에 관한 법률 시행령」상 둘 이상의 특정소방대상물이 자동방화셔터 또는 60분+ 방화문이 설치되지 않은 피트로 연결된 경우에 해당되는 구조의 복도 또는 통로로 연결된 경우에는 이를 하나의 특정소방대상물로 본다. ○ ×

22 「소방시설 설치 및 관리에 관한 법률 시행령」상 둘 이상의 특정소방대상물이 내화구조 10m 이하의 벽이 없는 복도 또는 통로로 연결된 경우 하나의 특정소방대상물로 본다. ○ ×

23 「소방시설 설치 및 관리에 관한 법률 시행령」상 내화구조로 된 하나의 특정소방대상물이 개구부 및 연소 확대 우려가 없는 내화구조의 바닥과 벽으로 구획되어 있는 경우에는 그 구획된 부분을 각각 별개의 특정소방대상물로 본다. ○ ×

24 「소방시설 설치 및 관리에 관한 법률 시행령」상 다중이용업 중 고시원업의 시설로서 독립된 주거의 형태를 갖추지 않은 것으로서 같은 건축물에 해당 용도로 쓰는 바닥면적의 합계가 $450m^2$인 고시원은 숙박시설에 해당한다. ○ ×

25 「소방시설 설치 및 관리에 관한 법률 시행령」상 완강기(지지대를 제외) 및 간이완강기(지지대를 제외)는 소방용품에 해당한다. ○ ×

26 「소방시설 설치 및 관리에 관한 법률 시행령」상 수신기, 중계기, 음향장치(경종만 해당한다)는 소방용품에 해당한다. ○ ×

27 「소방시설 설치 및 관리에 관한 법률 시행령」상 피난구조설비 중 피난유도선은 소방용품에 해당한다. ○ ×

28 「소방시설 설치 및 관리에 관한 법률 시행령」상 무창층이 되기 위한 개구부의 요건 중 해당 층의 바닥면으로부터 개구부 밑부분까지의 높이가 1.5미터 이내이어야 한다. ○ ×

29 「소방시설 설치 및 관리에 관한 법률 시행령」상 무창층이 되기 위한 개구부의 요건 중 크기는 지름 50cm 이상의 원이 통과할 수 있는 크기이어야 한다. ○ ×

30 「소방시설 설치 및 관리에 관한 법률 시행령」상 무창층이란 지상층 중 요건을 모두 갖춘 개구부(건축물에서 채광·환기·통풍 또는 출입 등을 위하여 만든 창·출입구, 그 밖에 이와 비슷한 것을 말한다)의 면적의 합계가 해당 층의 바닥면적의 1/30 이하가 되는 층을 말한다. ○ ×

31 「소방시설 설치 및 관리에 관한 법률 시행령」상 피난층이란 곧바로 지상으로 갈 수 있는 1층이 있는 층을 말한다. ○ ×

32 「소방시설 설치 및 관리에 관한 법률」상 건축허가등의 권한이 있는 행정기관은 건축허가등을 할 때 미리 그 건축물 등의 시공지(施工地) 또는 소재지를 관할하는 소방본부장이나 소방서장의 동의를 받아야 한다. ○ ×

33 「소방시설 설치 및 관리에 관한 법률 시행령」상 학교시설은 연면적에 상관없이 건축허가등의 동의를 받아야 하는 시설이다. ○ ×

34 「소방시설 설치 및 관리에 관한 법률 시행령」상 승강기 등 기계장치에 의한 주차시설로서 자동차 10대 이상 주차시설은 건축허가등의 동의대상물 범위에 해당한다. ○ ×

35 「소방시설 설치 및 관리에 관한 법률 시행령」상 지하층 또는 무창층 건물로서 바닥면적이 150m^2 이상(공연장 100m^2 이상)은 건축허가등의 동의대상물 범위에 해당한다. ○ ×

36 「소방시설 설치 및 관리에 관한 법률 시행령」상 차고, 주차장으로 사용되는 바닥면적이 150m^2 이상인 층이 있는 건축물이나 주차시설은 건축허가등의 동의대상물 범위에 해당한다. ○ ×

37 「소방시설 설치 및 관리에 관한 법률 시행령」상 정신의료기관(입원실이 없는 정신건강의학과 의원은 제외) 연면적 300m^2 이상은 건축허가등의 동의대상물 범위에 해당한다. ○ ×

38 「소방시설 설치 및 관리에 관한 법률 시행령」상 가스시설로서 지상에 노출된 탱크의 저장용량의 합계가 100톤 이상인 것은 건축허가등의 동의대상물 범위에 해당한다. O X

39 「소방시설 설치 및 관리에 관한 법률 시행령」상 결핵환자나 한센인이 24시간 생활하는 노유자시설(단독주택 또는 공동주택에 설치되는 시설은 제외)의 경우 건축허가등을 할 때 미리 동의를 받아야 한다. O X

40 「소방시설 설치 및 관리에 관한 법률 시행규칙」상 소방본부장 또는 소방서장은 동의요구서 및 첨부서류의 보완이 필요한 경우에는 7일 이내의 기간을 정하여 보완을 요구할 수 있다. 이 경우 보완 기간은 회신 기간에 산입하지 않으며, 보완 기간 내에 보완하지 않는 경우에는 동의요구서를 반려해야 한다. O X

41 「소방시설 설치 및 관리에 관한 법률 시행규칙」상 건축허가동의 요구를 받은 소방본부장 또는 소방서장은 건축허가등의 동의 요구서류를 접수한 날부터 5일 이내에 건축허가등의 동의 여부를 회신하여야 한다. O X

42 「소방시설 설치 및 관리에 관한 법률 시행령」상 옥외소화전설비, 스프링클러설비, 물분무등소화설비는 소방시설의 내진설계 대상이다. O X

43 「소방시설 설치 및 관리에 관한 법률 시행령」상 연면적 20만m²인 신축 특정소방대상물(아파트등 제외)은 성능위주설계를 해야 하는 특정소방대상물의 범위에 해당한다. O X

44 「소방시설 설치 및 관리에 관한 법률 시행령」상 연면적 1만5천m²인 신축 철도 및 도시철도 시설 및 공항시설은 성능위주설계를 해야 하는 특정소방대상물의 범위에 해당한다. O X

45 「소방시설 설치 및 관리에 관한 법률 시행령」상 지상으로부터 높이가 120m 이상인 신축 아파트는 성능위주설계를 해야 하는 특정소방대상물의 범위에 해당한다. O X

46 「소방시설 설치 및 관리에 관한 법률 시행령」상 50층 이상(지하층은 제외)이거나 지상으로부터 높이가 200m 이상인 신축 아파트등은 성능위주설계를 해야 하는 특정소방대상물의 범위에 해당한다. O X

47 「소방시설 설치 및 관리에 관한 법률 시행령」상 하나의 건축물에 영화상영관이 10개 이상인 신축 특정소방대상물은 성능위주설계를 해야 하는 특정소방대상물의 범위에 해당한다. ○ ×

48 「소방시설 설치 및 관리에 관한 법률 시행령」상 지하층이 5층이고 지상층이 25층인 신축 관광호텔은 성능위주설계를 해야 하는 특정소방대상물의 범위에 해당한다. ○ ×

49 「소방시설 설치 및 관리에 관한 법률 시행령」상 지하층을 포함한 층수가 30층 이상인 신축 아파트등은 성능위주설계를 해야 하는 특정소방대상물의 범위에 해당한다. ○ ×

50 「소방시설 설치 및 관리에 관한 법률」및 같은 법 시행령상 단독주택이나 공동주택(아파트 및 기숙사는 제외한다)의 소유자가 의무적으로 설치하여야 하는 소방시설은 소화기구 및 단독경보형감지기이다. ○ ×

51 「소방시설 설치 및 관리에 관한 법률」상 특정소방대상물의 관계인은 대통령령으로 정하는 소방시설을 화재안전기준에 따라 설치·관리하여야 한다. ○ ×

52 「소방시설 설치 및 관리에 관한 법률」상 소방청장은 건축 환경 및 화재위험특성 변화사항을 효과적으로 반영할 수 있도록 소방시설 규정을 2년에 1회 이상 정비하여야 한다. ○ ×

53 「소방시설 설치 및 관리에 관한 법률」상 대통령령으로 소방시설을 정할 때에는 특정소방대상물의 위치·구조 및 가연물의 종류 및 양 등을 고려하여야 한다. ○ ×

54 「소방시설 설치 및 관리에 관한 법률 시행령」상 수용인원 산정방법 중 바닥면적을 산정하는 때에는 복도(준불연재료 이상의 것을 사용하여 바닥에서 천장까지 벽으로 구획한 것), 계단 및 화장실의 바닥면적을 포함하지 않는다. 계산 결과 소수점 이하의 수는 반올림한다. ○ ×

55 「소방시설 설치 및 관리에 관한 법률 시행령」상 수용인원 산정방법에서 숙박시설이 있는 특정소방대상물 중 침대가 있는 숙박시설은 해당 특정소방대상물의 종사자 수에 침대 수(2인용 침대는 2개로 산정한다)를 합한 수를 말한다. ○ ×

56 「소방시설 설치 및 관리에 관한 법률 시행령」상 수용인원 산정방법에서 강의실·교무실· 상담실·실습실·휴게실 용도로 쓰이는 특정소방대상물은 해당 용도로 사용하는 바닥면적의 합계를 4.6m²로 나누어 얻은 수를 말한다.

57 「소방시설 설치 및 관리에 관한 법률 시행령」상 수용인원의 산정방법에 따라 바닥면적이 95m²인 강의실은 수용인원이 60명이다.

58 「소방시설 설치 및 관리에 관한 법률 시행령」상 의료시설 용도로 사용하는 바닥면적 합계가 900m²인 특정소방대상물의 수용인원은 150명이다.

59 「소방시설 설치 및 관리에 관한 법률 시행령」상 판매시설, 운수시설 및 창고시설(물류터미널에 한정한다)로서 연면적의 합계가 5천m² 이상인 경우에는 모든 층에 스프링클러설비를 설치해야 한다.

60 「소방시설 설치 및 관리에 관한 법률 시행령」상 판매시설, 운수시설 및 창고시설(물류터미널에 한정한다)로서 수용인원이 100명 이상인 경우에는 모든 층에 스프링클러설비를 설치해야 한다.

61 「소방시설 설치 및 관리에 관한 법률 시행령」상 문화 및 집회시설(동·식물원은 제외) 중 무대부가 지하층·무창층 또는 4층 이상의 층에 있는 경우에는 무대부의 면적이 300m² 이상인 것은 모든 층에 스프링클러설비를 설치해야 한다.

62 「소방시설 설치 및 관리에 관한 법률 시행령」상 단독주택에 설치된 노유자 생활시설로서 아동복지시설(아동상담소, 아동전용시설 및 지역아동센터는 제외)은 간이스프링클러설비를 설치해야 한다.

63 「소방시설 설치 및 관리에 관한 법률 시행령」상 요양병원(의료재활시설은 포함한다)으로 사용되는 바닥면적의 합계가 600m² 미만인 시설은 간이스프링클러설비를 설치하여야 한다.

64 「소방시설 설치 및 관리에 관한 법률 시행령」상 숙박시설로서 사용되는 바닥면적의 합계가 600m² 이상인 시설은 간이스프링클러설비를 설치하여야 한다.

65 「소방시설 설치 및 관리에 관한 법률 시행령」상 근린생활시설 중 의원, 치과의원 및 한의원으로서 입원실이 있는 시설은 간이스프링클러설비를 설치하여야 한다. ○ ×

66 「소방시설 설치 및 관리에 관한 법률 시행령」상 아파트등 및 오피스텔의 모든 층에는 주거용 주방자동소화장치를 설치하여야 한다. ○ ×

67 「소방시설 설치 및 관리에 관한 법률 시행령」상 지하가 중 터널로서 길이가 500m인 터널에는 옥내소화전설비를 설치하여야 한다. ○ ×

68 「소방시설 설치 및 관리에 관한 법률 시행령」상 물류터미널을 제외한 창고시설로 바닥면적 합계가 3천m^2인 경우에는 모든 층에 스프링클러설비를 설치하여야 한다. ○ ×

69 「소방시설 설치 및 관리에 관한 법률 시행령」상 항공기 및 자동차 관련 시설 중 항공기격납고시설에는 물분무등소화설비를 설치하여야 한다. ○ ×

70 「소방시설 설치 및 관리에 관한 법률 시행령」상 연면적 200m^2 이상인 차고, 주차용 건축물 또는 철골 조립식 주차시설에는 물분무등소화설비를 설치하여야 한다. ○ ×

71 「소방시설 설치 및 관리에 관한 법률 시행령」상 연면적 400m^2 미만의 어린이회관에는 단독경보형감지기를 설치하여야 한다. ○ ×

72 「소방시설 설치 및 관리에 관한 법률 시행령」상 방열복 또는 방화복(안전모, 보호장갑 및 안전화를 포함), 인공소생기 및 공기호흡기를 설치하여야 하는 특정소방대상물은 지하층을 포함하는 층수가 7층 이상인 것 중 관광호텔 용도로 사용하는 층에 해당한다. ○ ×

73 「소방시설 설치 및 관리에 관한 법률 시행령」상 지하층을 포함하는 층수가 5층 이상인 병원에는 인명구조기구를 모두 설치하여야 한다. ○ ×

74 「소방시설 설치 및 관리에 관한 법률 시행령」상 판매시설 중 대규모점포, 운수시설 중 지하역사에는 공기호흡기를 설치하여야 한다. ○ ×

75 「소방시설 설치 및 관리에 관한 법률 시행령」상 제연설비의 설치 기준으로 지하층이나 무창층에 설치된 근린생활시설, 판매시설, 운수시설, 숙박시설, 위락시설, 의료시설, 노유자시설 또는 창고시설(물류터미널만 해당한다)로서 해당 용도로 사용되는 바닥면적의 합계는 1,000m² 이상이다. O X

76 「소방시설 설치 및 관리에 관한 법률 시행령」상 지하가(터널제외)로서 연면적 500m² 이상인 것에는 제연설비를 설치하여야 한다. O X

77 「소방시설 설치 및 관리에 관한 법률」상 자동화재속보설비, 비상방송설비는 대통령령 또는 화재안전기준의 변경으로 강화된 기준을 적용하는 시설에 해당한다. O X

78 「소방시설 설치 및 관리에 관한 법률 시행령」상 노유자시설에 설치하는 스프링클러설비, 자동화재탐지설비는 대통령령 또는 화재안전기준의 변경으로 강화된 기준을 적용하는 시설에 해당한다. O X

79 「소방시설 설치 및 관리에 관한 법률 시행령」상 의료시설에 설치하는 간이스프링클러설비, 자동화재속보설비는 대통령령 또는 화재안전기준의 변경으로 강화된 기준을 적용하는 시설에 해당한다. O X

80 「소방시설 설치 및 관리에 관한 법률 시행령」상 소방본부장 또는 소방서장은 특정소방대상물이 증축되는 경우에는 기존 부분을 포함한 특정소방대상물의 전체에 대하여 증축 당시의 소방시설의 설치에 관한 대통령령 또는 화재안전기준을 적용해야 한다. O X

81 「소방시설 설치 및 관리에 관한 법률 시행령」상 용도변경되는 경우에는 건물 전체에 대하여 용도변경 당시의 소방시설의 설치에 관한 대통령령 또는 화재안전기준을 적용한다. O X

82 「소방시설 설치 및 관리에 관한 법률 시행령」상 기존 부분과 증축 부분이 내화구조로 된 바닥과 벽으로 구획된 경우에는 기존 부분에 대해서는 증축 당시의 소방시설의 설치에 관한 대통령령 또는 화재안전기준을 적용하지 않는다. O X

83 「소방시설 설치 및 관리에 관한 법률 시행령」상 특정소방대상물의 구조·설비가 화재연소 확대 요인이 적어지거나 피난 또는 화재진압활동이 쉬워지도록 변경되는 경우에는 기존 부분에 대해서는 증축 당시의 소방시설의 설치에 관한 대통령령 또는 화재안전기준을 적용하지 않는다. ○ ×

84 「소방시설 설치 및 관리에 관한 법률 시행령」상 특정소방대상물이 증축되는 경우에는 기존부분을 포함한 특정소방대상물의 전체에 대하여 증축 전 소방시설의 설치에 관한 대통령령 또는 화재안전기준을 적용해야 한다. ○ ×

85 「소방시설 설치 및 관리에 관한 법률 시행령」상 간이스프링클러설비를 설치하여야 하는 특정소방대상물에 스프링클러설비, 포소화설비 또는 미분무소화설비를 화재안전기준에 적합하게 설치한 경우에는 그 설비의 유효범위에서 설치가 면제된다. ○ ×

86 「소방시설 설치 및 관리에 관한 법률 시행령」상 누전경보기를 설치하여야 하는 특정소방대상물 또는 그 부분에 아크경보기 또는 전기 관련 법령에 따른 지락차단장치를 설치한 경우에는 그 설비의 유효범위에서 설치가 면제된다. ○ ×

87 「소방시설 설치 및 관리에 관한 법률 시행령」상 비상경보설비를 설치하여야 할 특정소방대상물에 단독경보형 감지기를 2개 이상의 단독경보형 감지기와 연동하여 설치하는 경우에는 그 설비의 유효범위에서 설치가 면제된다. ○ ×

88 「소방시설 설치 및 관리에 관한 법률 시행령」상 화재안전기준을 적용하기 어려운 정수장, 수영장 등 이와 비슷한 용도로 사용되는 특정소방대상물에 대하여 소방시설을 설치하지 아니할 수 있는 소방시설은 연결송수관설비이다. ○ ×

89 「소방시설 설치 및 관리에 관한 법률 시행령」상 원자력발전소, 중·저준위방사성폐기물의 저장시설은 화재안전기준을 달리 적용하여야 하는 특수한 용도 또는 구조를 가진 특정소방대상물로서 소화용수설비, 연결살수설비 및 연결송수관설비를 설치하지 않을 수 있다. ○ ×

90 「소방시설 설치 및 관리에 관한 법률 시행령」상 석재 가공공장은 화재 위험도가 낮은 특정소방대상물에 해당하며 옥외소화전 및 연결살수설비를 설치하지 않아도 된다. ○ ×

91 「소방시설 설치 및 관리에 관한 법률 시행령」상 "인화성 물품을 취급하는 작업 등 대통령령으로 정하는 작업"이란 인화성·가연성·폭발성 물질을 취급하거나 가연성 가스를 발생시키는 작업을 말한다. ○ ×

92 「소방시설 설치 및 관리에 관한 법률 시행령」상 임시소방시설의 종류에는 소화기, 간이소화장치, 비상경보장치, 스프링클러설비, 간이피난유도선, 비상조명등, 방화포가 있다. ○ ×

93 「소방시설 설치 및 관리에 관한 법률 시행령」상 화재위험작업 공사 현장에 설치하여야 하는 임시소방시설의 종류와 설치기준으로 바닥면적 150m² 이상인 지하층 또는 무창층의 화재위험 작업현장에는 비상경보장치를 설치하여야 한다. ○ ×

94 「소방시설 설치 및 관리에 관한 법률 시행령」상 화재위험작업 공사 현장에 설치하여야 하는 임시소방시설의 종류와 설치기준으로 바닥면적 150m² 이상인 지하층 또는 무창층의 화재위험 작업현장에는 간이소화장치를 설치하여야 한다. ○ ×

95 「소방시설 설치 및 관리에 관한 법률 시행령」상 연면적 2,500m²인 신축공사 작업현장의 바닥면적 200m²인 지하층에서 용접작업을 하려고 할 때 설치하여야 할 임시소방시설은 간이소화장치이다. ○ ×

96 「소방시설 설치 및 관리에 관한 법률」상 건설공사를 하는 자는 특정소방대상물의 신축·증축·개축·재축·이전·용도변경·대수선 또는 설비 설치 등을 위한 공사 현장에서 인화성 물품을 취급하는 작업 등 대통령령으로 정하는 작업을 하기 전에 설치 및 철거가 쉬운 화재대비시설을 설치하고 관리하여야 한다. ○ ×

97 「소방시설 설치 및 관리에 관한 법률 시행령」상 자동화재탐지설비가 설치된 특정소방대상물의 용도변경을 위한 내부 인테리어 변경공사를 시공하는 자는 비상경보장치를 설치해야만 한다. ○ ×

98 「소방시설 설치 및 관리에 관한 법률 시행령」상 소방용품인 분말형태의 소화약제를 사용하는 소화기의 내용연수는 15년으로 한다. ○ ×

99 「소방시설 설치 및 관리에 관한 법률」상 중앙소방기술심의위원회 심의사항에는 소방시설공사의 하자를 판단하는 기준과 소방시설에 하자가 있는지의 판단에 관한 사항이 있다. ○ ×

100 「소방시설 설치 및 관리에 관한 법률 시행령」상 연면적 10만m² 미만의 특정소방대상물에 설치된 소방시설의 설계·시공·감리의 하자 유무에 관한 사항은 지방소방기술심의위원회의 심의사항이다. ○ ×

101 「소방시설 설치 및 관리에 관한 법률 시행령」상 소방기술과 관련하여 소방본부장 또는 소방서장이 심의에 부치는 사항은 중앙소방기술심의위원회 심의사항이다. ○ ×

102 「소방시설 설치 및 관리에 관한 법률」상 화재안전기준에 관한 사항, 소방시설의 구조 및 원리 등에서 공법이 특수한 설계 및 시공에 관한 사항은 중앙소방기술심의위원회 심의사항이다. ○ ×

103 「소방시설 설치 및 관리에 관한 법률 시행령」상 중앙위원회의 회의는 위원장과 위원장이 회의마다 지정하는 6명 이상 12명 이하의 위원으로 구성하고, 중앙위원회는 분야별 소위원회를 구성·운영할 수 있다. ○ ×

104 「소방시설 설치 및 관리에 관한 법률 시행령」상 지방소방기술심의위원회는 성별을 고려하여 위원장을 포함한 60명 이내의 위원으로 구성한다. ○ ×

105 「소방시설 설치 및 관리에 관한 법률 시행령」상 문화 및 집회시설, 의료시설, 운동시설(수영장)은 방염성능기준 이상의 방염대상물품을 설치해야 하는 특정소방대상물이다. ○ ×

106 「소방시설 설치 및 관리에 관한 법률 시행령」상 근린생활시설 중 체력단련장, 노유자시설, 숙박시설, 방송통신시설 중 방송국 및 촬영소는 방염성능기준 이상의 방염대상물품을 설치해야 하는 특정소방대상물이다. ○ ×

107 「소방시설 설치 및 관리에 관한 법률 시행령」상 커튼(블라인드 포함), 암막, 무대막, 목재(너비 10cm 이하의 반자돌림대)는 대통령령으로 정하는 방염대상물품이다. ○ ×

108 「소방시설 설치 및 관리에 관한 법률 시행령」상 노유자시설, 다중이용업소, 숙박시설, 의료시설, 장례식장에서 사용하는 침구류, 소파 및 의자의 경우에는 소방본부장 또는 소방서장이 방염처리된 제품을 사용하도록 권장할 수 있다. ○ ×

109 「소방시설 설치 및 관리에 관한 법률 시행령」상 방염성능기준에서 탄화한 면적은 50cm^2 이내, 탄화한 길이는 20cm 이내이어야 한다. ○ ×

110 「소방시설 설치 및 관리에 관한 법률 시행령」상 방염성능기준에서 버너의 불꽃을 제거한 때부터 불꽃을 올리며 연소하는 상태가 그칠 때까지 시간은 30초 이내여야 한다. ○ ×

111 「소방시설 설치 및 관리에 관한 법률 시행령」상 방염성능기준에서 소방청장이 정하여 고시한 방법으로 발연량을 측정하는 경우 최소 연기밀도는 400 이하여야 한다. ○ ×

112 「소방시설 설치 및 관리에 관한 법률 시행령」상 방염성능기준에서 불꽃에 의하여 완전히 녹을 때까지 불꽃의 접촉 횟수는 3회 이상이어야 한다. ○ ×

113 「소방시설 설치 및 관리에 관한 법률 시행규칙」상 특급 소방안전관리대상물에 해당하는 특정소방대상물의 종합점검 횟수는 연 1회 이상 실시한다. ○ ×

114 「소방시설 설치 및 관리에 관한 법률 시행규칙」상 작동점검의 점검횟수는 연 1회 이상 실시한다. ○ ×

115 「소방시설 설치 및 관리에 관한 법률 시행규칙」상 스프링클러설비가 설치된 특정소방대상물, 제연설비가 설치된 터널은 종합점검을 실시한다. ○ ×

116 「소방시설 설치 및 관리에 관한 법률 시행규칙」상 단란주점영업과 유흥주점영업의 영업장 등 다중이용업의 영업장이 설치된 특정소방대상물로서 연면적이 1,500m^2 이상인 것은 종합점검을 실시한다. ○ ×

117 「소방시설 설치 및 관리에 관한 법률 시행규칙」상 종합점검자의 자격은 소방시설관리업에 등록된 소방시설관리사, 소방안전관리자로 선임된 소방시설관리사 또는 소방기술사이다. ○ ×

118 「소방시설 설치 및 관리에 관한 법률 시행규칙」상 종합점검의 점검인력 1단위가 하루 동안 점검할 수 있는 특정소방대상물의 연면적은 5,000m²이다. ◯ ✕

119 「소방시설 설치 및 관리에 관한 법률 시행규칙」상 종합점검에는 소방시설등의 작동점검은 포함하지 않는다. ◯ ✕

120 「소방시설 설치 및 관리에 관한 법률」상 소방시설 등의 자체점검을 하지 않은 경우 관리사 자격을 반드시 취소하여야 한다. ◯ ✕

121 「소방시설 설치 및 관리에 관한 법률」상 동시에 둘 이상의 업체에 취업한 경우 관리사 자격을 1년 이내의 기간을 정하여 그 자격의 정지를 명할 수 있다. ◯ ✕

122 「소방시설 설치 및 관리에 관한 법률 시행규칙」상 소방시설업에 대한 행정처분에 대한 설명 중 위반행위의 횟수에 따른 행정처분의 기준은 최근 1년간 같은 위반행위로 행정처분을 받은 경우에 적용한다. 이 경우 적용일은 위반행위를 한 날과 그 처분 후에 한 위반행위가 다시 적발된 날을 기준으로 한다. ◯ ✕

123 「소방시설 설치 및 관리에 관한 법률 시행령」상 소방안전 관련 학과의 학사학위를 취득한 후 3년 이상 소방실무경력이 있는 사람은 소방시설관리사 시험에 응시할 수 있다. ◯ ✕

124 「소방시설 설치 및 관리에 관한 법률」상 소방시설등의 점검 및 관리를 업으로 하려는 자 또는 소방안전관리업무의 대행을 하려는 자는 대통령령으로 정하는 업종별로 소방청장에게 소방시설관리업 등록을 하여야 한다. ◯ ✕

125 「소방시설 설치 및 관리에 관한 법률」상 거짓이나 그 밖의 부정한 방법으로 등록을 한 경우, 결격사유에 해당하게 된 경우, 규정을 위반하여 등록증 또는 등록수첩을 빌려준 경우에는 관리업 등록을 취소하여야 한다. ◯ ✕

126 「소방시설 설치 및 관리에 관한 법률」상 시·도지사는 영업정지를 명하는 경우로서 그 영업정지가 이용자에게 불편을 주거나 그 밖에 공익을 해칠 우려가 있을 때에는 영업정지처분을 갈음하여 2억원 이하의 과징금을 부과할 수 있다. ◯ ✕

127 「소방시설 설치 및 관리에 관한 법률」상 소화전 형식승인을 받은 자는 그 소방용품에 대하여 소방청장이 실시하는 제품검사를 받아야 한다. ○×

128 「소방시설 설치 및 관리에 관한 법률 시행령」상 소화기구 중 소화약제 외의 것을 이용한 간이소화용구는 소방청장의 형식승인을 받아야 한다. ○×

129 「소방시설 설치 및 관리에 관한 법률 시행령」상 음향장치(경종 제외), 공기호흡기(충전기 포함)는 소방청장의 형식승인을 받아야 한다. ○×

130 「소방시설 설치 및 관리에 관한 법률」상 누구든지 제품검사를 받지 아니하거나 합격표시를 하지 아니한 소방용품을 판매하거나 판매 목적으로 진열하거나 소방시설공사에 사용할 수 없다. ○×

131 「소방시설 설치 및 관리에 관한 법률」상 형식승인을 받으려는 자는 대통령령으로 정하는 기준에 따라 형식승인을 위한 시험시설을 갖추고 소방청장의 심사를 받아야 한다. ○×

132 「소방시설 설치 및 관리에 관한 법률」상 소방청장 또는 소방본부장은 성능인증의 취소, 소방용품의 형식승인 취소 및 제품검사 중지처분을 하려면 청문을 하여야 한다. ○×

133 「소방시설 설치 및 관리에 관한 법률」상 청문대상에는 소방시설 설계업 및 방염업의 등록취소 및 영업정지처분이 있다. ○×

134 「소방시설 설치 및 관리에 관한 법률」상 우수품질인증을 받지 아니한 제품에 우수품질인증 표시를 하거나 우수품질인증 표시를 위조하거나 변조하여 사용한 자는 3년 이하의 징역 또는 3천만 원 이하의 벌금에 처한다. ○×

135 「소방시설 설치 및 관리에 관한 법률」상 피난시설, 방화구획 및 방화시설의 관리에 대한 조치명령을 정당한 사유없이 위반한 자는 3년 이하의 징역 또는 3천만 원 이하의 벌금에 처한다. ○×

136 「소방시설 설치 및 관리에 관한 법률」상 관리업의 등록을 하지 아니하고 영업을 한 자는 3년 이하의 징역 또는 3천만 원 이하의 벌금에 처한다. ○×

137 「소방시설 설치 및 관리에 관한 법률」상 방염성능검사에 합격하지 아니한 물품에 합격표시를 하거나 합격표시를 위조하거나 변조하여 사용한 자는 300만 원 이하의 과태료를 부과한다. ○×

138 「소방시설 설치 및 관리에 관한 법률 시행령」 별표 10의 과태료 부과 개별기준상 소방시설을 설치하지 않은 경우 300만 원의 과태료를 부과한다. ○×

○× 정답 및 해설

01 ×
소방시설등이란 소방시설과 비상구, 그 밖에 소방 관련 시설로서 ~~행정안전부령~~으로 정하는 것을 말한다(법 제2조).
→ 대통령령

02 ○

03 ×
소화설비에는 고체에어로졸자동소화장치, ~~연소방지설비~~, 분말소화설비 등이 있다(영 별표 1).
→ 연소방지설비는 소화활동설비에 해당한다.

04 ○

05 ×
~~누전차단기~~는 경보설비에 해당한다(영 별표 1).
→ 누전경보기

06 ×
물분무등소화설비에는 할론소화설비, ~~간이스프링클러설비~~, 포소화설비 등이 있다(영 별표 1).
→ 간이스프링클러설비는 스프링클러설비등에 해당한다.

07 ×
인명구조활동을 위하여 사용하는 설비에는 제연설비, ~~옥내소화전설비~~, ~~통합감시시설~~, ~~인명구조기구~~가 있다(영 별표 1).
→ 인명구조활동을 위하여 사용하는 설비는 소화활동설비에 해당한다.
→ 옥내소화전설비(소화설비), 통합감시시설(경보설비), 인명구조기구(피난구조설비)

08 ×
소화기구에는 소화기, 간이소화용구, ~~자동소화장치~~가 있다(영 별표 1).
→ 자동확산소화기

09 ×
~~피난사다리~~, 방열복, 공기호흡기는 피난구조설비 중 인명구조기구에 해당한다(영 별표 1).
→ 피난사다리는 피난기구에 해당한다.

10 ×
~~시각경보기~~는 피난구조설비에 해당한다(영 별표 1).
→ 시각경보기는 경보설비에 해당한다.

11 ×
사진관, ~~도서관~~, ~~박물관~~은 근린생활시설에 해당한다(영 별표 2).
→ 도서관은 교육연구시설, 박물관은 문화 및 집회시설에 해당한다.

12 ×
같은 건축물에 단란주점으로 쓰는 바닥면적의 합계가 ~~200제곱미터~~인 것은 특정소방대상물 중 근린생활시설에 해당한다(영 별표 2).
→ 단란주점은 같은 건축물에 해당 용도로 쓰는 바닥면적의 합계가 150제곱미터 미만인 것만 해당

13 ×
~~치과의원~~, 격리병원은 특정소방대상물 중 의료시설에 해당한다(영 별표 2).
→ 치과의원은 근린생활시설에 해당한다.

14 ×
관람석의 바닥면적의 합계가 1,000제곱미터 이상인 체육관은 특정소방대상물 중 ~~운동시설~~에 해당한다(영 별표 2).
→ 문화 및 집회시설

15 O

16 O

17 X
동·식물 관련 시설에는 동물원, 도계장, 수족관, 경마장 등이 있다(영 별표 2).
→ 동물원, 수족관, 경마장은 문화 및 집회시설에 해당한다.

18 O

19 O

20 X
지하구는 전력·통신용의 전선이나 가스·냉난방용의 배관 또는 이와 비슷한 것을 집합수용하기 위하여 설치한 지하 인공구조물로서 사람이 점검 또는 보수를 하기 위하여 출입이 가능한 것 중 폭 2m 이상이고 높이가 1.8m 이상이며 길이가 50m 이상인 것을 말한다(영 별표 2).
→ 1.8m, 2m

21 O

22 X
둘 이상의 특정소방대상물이 내화구조 10m 이하의 벽이 없는 복도 또는 통로로 연결된 경우 하나의 특정소방대상물로 본다(영 별표 2).
→ 6m

23 O

24 X
다중이용업 중 고시원업의 시설로서 독립된 주거의 형태를 갖추지 않은 것으로서 같은 건축물에 해당 용도로 쓰는 바닥면적의 합계가 450m² 인 고시원은 숙박시설에 해당한다(영 별표 2).
→ 500m² 이상인

25 X
완강기(지지대를 제외) 및 간이완강기(지지대를 제외)는 소방용품에 해당한다(영 별표 3).
→ 포함

26 O

27 X
피난구조설비 중 피난유도선은 소방용품에 해당한다(영 별표 3).
→ 피난구유도등
→ 피난유도선은 소방용품에 해당하지 않는다.

28 X
무창층이 되기 위한 개구부의 요건 중 해당 층의 바닥면으로부터 개구부 밑부분까지의 높이가 1.5미터 이내이어야 한다(영 제2조 제1호).
→ 1.2미터

29 O

30 O

31 X
피난층이란 곧바로 지상으로 갈 수 있는 1층어 있는 층을 말한다(영 제2조 제2호).
→ 출입구가

32 O

33 X
학교시설은 연면적에 상관없어 건축허가등의 동의를 받아야 하는 시설이다(영 제7조 제1항).
→ 건축등을 하려는 학교시설 : 연면적 100m² 이상

34 X
승강기 등 기계장치에 의한 주차시설로서 자동차 10대 이상 주차시설은 건축허가등의 동의대상물 범위에 해당한다(영 제7조 제1항).
→ 20대

35 O

36 X
차고, 주차장으로 사용되는 바닥면적이 150m² 이상인 층이 있는 건축물이나 주차시설은 건축허가등의 동의대상물 범위에 해당한다(영 제7조 제1항).
→ 200m²

37 O

김동준 OX 문제

38 O

39 O

40 X
소방본부장 또는 소방서장은 동의요구서 및 첨부서류의 보완이 필요한 경우에는 ~~7일~~ 이내의 기간을 정하여 보완을 요구할 수 있다. 이 경우 보완 기간은 회신 기간에 산입하지 않으며, 보완 기간 내에 보완하지 않은 경우에는 동의요구서를 반려해야 한다(규칙 제3조 제4항).
→ 4일

41 O

42 X
~~옥외소화전설비~~, 스프링클러설비, 물분무등소화설비는 소방시설의 내진설계 대상이다(영 제8조 제2항).
→ 옥내소화전설비

43 O

44 X
연면적 ~~1만5천m²인~~ 신축 철도 및 도시철도 시설 및 공항시설은 성능위주설계를 해야 하는 특정소방대상물의 범위에 해당한다(영 제9조).
→ 3만m² 이상인

45 X
지상으로부터 높이가 120m 이상인 신축 ~~아파트~~는 성능위주설계를 해야 하는 특정소방대상물의 범위에 해당한다(영 제9조).
→ 아파트 제외

46 O

47 O

48 O

49 X
지하층을 포함한 층수가 30층 이상인 신축 ~~아파트등~~은 성능위주설계를 해야 하는 특정소방대상물의 범위에 해당한다(영 제9조).
→ 아파트 제외

50 X
단독주택이나 공동주택(아파트 및 기숙사는 제외한다)의 소유자가 의무적으로 설치하여야 하는 소방시설은 ~~소화기구~~ 및 단독경보형감지기이다(영 제10조).
→ 소화기구 중 소화기만 해당한다.

51 O

52 X
소방청장은 건축 환경 및 화재위험특성 변화사항을 효과적으로 반영할 수 있도록 소방시설 규정을 ~~2년~~에 1회 이상 정비하여야 한다(법 제14조 제2항).
→ 3년

53 X
대통령령으로 소방시설을 정할 때에는 특정소방대상물의 ~~위치·구조 및 가연물의 종류 및 양~~ 등을 고려하여야 한다(법 제14조 제1항).
→ 규모·용도·수용인원 및 이용자 특성

54 O

55 O

56 X
수용인원 산정방법에서 강의실·교무실·상담실·실습실·휴게실 용도로 쓰이는 특정소방대상물은 해당 용도로 사용하는 바닥면적의 합계를 ~~4.6m²~~로 나누어 얻은 수를 말한다(영 별표 7).
→ 1.9m²

57 X
수용인원의 산정방법에 따라 바닥면적이 95m²인 강의실은 수용인원이 ~~60명~~이다(영 별표 7).
→ 강의실의 경우 바닥면적의 합 ÷ 1.9m² = 50이므로 수용인원은 50명이 된다.

58 X
의료시설은 해당 용도로 사용하는 바닥면적의 합계를 3m²로 나누어 얻은 수로 한다(영 별표 7).
→ 900 ÷ 3 = 300명

59 ✕
   판매시설, 운수시설 및 창고시설(물류터미널에 한정한다)로서 ~~연면적의~~ 합계가 5천m² 이상인 경우에는 모든 층에 스프링클러설비를 설치해야 한다(영 별표 4).
   → 바닥면적의

60 ✕
   판매시설, 운수시설 및 창고시설(물류터미널에 한정한다)로서 수용인원이 ~~100명~~ 이상인 경우에는 모든 층에 스프링클러설비를 설치해야 한다(영 별표 4).
   → 500명

61 ○

62 ✕
   ~~단독주택에 설치된 노유자 생활시설로서 아동복지시설은~~ 간이스프링클러설비를 설치해야 한다(영 별표 4).
   → 단독주택 또는 공동주택에 설치되는 아동복지시설은 제외

63 ✕
   요양병원(의료재활시설은 ~~포함한다~~)으로 사용되는 바닥면적의 합계가 600m² 미만인 시설은 간이스프링클러설비를 설치하여야 한다(영 별표 4).
   → 제외

64 ✕
   숙박시설로서 사용되는 바닥면적의 합계가 ~~600m² 이상~~인 시설은 간이스프링클러설비를 설치하여야 한다(영 별표 4).
   → 300m² 이상 600m² 미만

65 ○

66 ○

67 ✕
   지하가 중 터널로서 길이가 ~~500m~~인 터널에는 옥내소화전설비를 설치하여야 한다(영 별표 4).
   → 1,000m 이상인

68 ✕
   물류터미널을 제외한 창고시설로 바닥면적 합계가 ~~3천m²~~인 경우에는 모든 층에 스프링클러설비를 설치하여야 한다(영 별표 4).
   → 5천m² 이상인

69 ○

70 ✕
   연면적 ~~200m²~~ 이상인 차고, 주차용 건축물 또는 철골 조립식 주차시설에는 물분무등소화설비를 설치하여야 한다(영 별표 4).
   → 800m²

71 ✕
   연면적 400m² 미만의 ~~어린이회관~~에는 단독경보형감지기를 설치하여야 한다(영 별표 4).
   → 유치원

72 ○

73 ✕
   지하층을 포함하는 층수가 5층 이상인 병원에는 인명구조기구를 ~~모두~~ 설치하여야 한다(영 별표 4).
   → 방열복 또는 방화복(안전모, 보호장갑 및 안전화를 포함) 및 공기호흡기

74 ○

75 ○

76 ✕
   지하가(터널제외)로서 연면적 ~~500m²~~ 이상인 것에는 제연설비를 설치하여야 한다(영 별표 4).
   → 1,000m²

77 ✕
   자동화재속보설비, ~~비상방송설비~~는 대통령령 또는 화재안전기준의 변경으로 강화된 기준을 적용하는 시설에 해당한다(법 제13조 제1항).
   → 비상경보설비

78 X
노유자시설에 설치하는 스프링클러설비, 자동화재탐지설비는 대통령령 또는 화재안전기준의 변경으로 강화된 기준을 적용하는 시설에 해당한다(영 제13조).
→ 간이스프링클러설비

79 O

80 O

81 X
용도변경되는 경우에는 건물 전체에 대하여 용도변경 당시의 소방시설의 설치에 관한 대통령령 또는 화재안전기준을 적용한다(영 제15조 제2항).
→ 용도변경되는 부분에 대해서만

82 O

83 X
특정소방대상물의 구조·설비가 화재연소 확대 요인이 적어지거나 피난 또는 화재진압활동이 쉬워지도록 변경되는 경우에는 기존 부분에 대해서는 증축 당시의 소방시설의 설치에 관한 대통령령 또는 화재안전기준을 적용하지 않는다(영 제15조 제2항).
→ 특정소방대상물 전체에 대하여 용도변경 전에 해당 특정소방대상물에 적용되던 소방시설의 설치에 관한 대통령령 또는 화재안전기준을 적용한다.

84 X
특정소방대상물이 증축되는 경우에는 기존 부분을 포함한 특정소방대상물의 전체에 대하여 증축 전 소방시설의 설치에 관한 대통령령 또는 화재안전기준을 적용해야 한다(영 제15조 제1항).
→ 증축 당시의

85 X
간이스프링클러설비를 설치하여야 하는 특정소방대상물에 스프링클러설비, 포소화설비 또는 미분무소화설비를 화재안전기준에 적합하게 설치한 경우에는 그 설비의 유효범위에서 설치가 면제된다(영 별표 5).
→ 물분무소화설비

86 O

87 O

88 X
화재안전기준을 적용하기 어려운 정수장, 수영장 등 이와 비슷한 용도로 사용되는 특정소방대상물에 대하여 소방시설을 설치하지 아니할 수 있는 소방시설은 연결송수관설비이다(영 별표 6).
→ 자동화재탐지설비, 상수도소화용수설비, 연결살수설비

89 X
원자력발전소, 중·저준위방사성폐기물의 저장시설은 화재안전기준을 달리 적용하여야 하는 특수한 용도 또는 구조를 가진 특정소방대상물로써 소화용수설비, 연결살수설비 및 연결송수관설비를 설치하지 않을 수 있다(영 별표 6).
→ 소화용수설비는 해당하지 않는다.

90 O

91 O

92 X
임시소방시설의 종류에는 소화기, 간이소화장치, 비상경보장치, 스프링클러설비, 간이피난유도선, 비상조명등, 방화포가 있다(영 별표 8).
→ 가스누설경보기

93 O

94 X
화재위험작업 공사 현장에 설치하여야 하는 임시소방시설의 종류와 설치기준으로 바닥면적 150m² 이상인 지하층 또는 무창층의 화재위험 작업현장에는 간이소화장치를 설치하여야 한다(영 별표 8).
→ 600m²

95 X
연면적 2,500m²인 신축공사 작업현장의 바닥면적 200m²인 지하층에서 용접작업을 하려고 할 때 설치하여야 할 임시소방시설은 간이소화장치이다(영 별표 8).
→ 소화기, 비상경보장치, 가스누설경보기, 간이피난유도선, 비상조명등, 방화포

→ 간이소화장치는 연면적 3천m² 이상, 지하층, 무창층 또는 4층 이상의 층. 이 경우 해당 층의 <u>바닥면적이 600m² 이상인 경우</u>

96 ○

97 ✕
자동화재탐지설비가 설치된 특정소방대상물의 용도변경을 위한 내부 인테리어 변경공사를 시공하는 자는 비상경보장치를 <s>설치해야만</s> 한다(영 별표 8).
→ <u>비상경보장치를 설치한 것으로 보는 소방시설 : 비상방송설비 또는 자동화재탐지설비를 설치한 경우</u>

98 ✕
소방용품인 분말형태의 소화약제를 사용하는 소화기의 내용연수는 <s>15년</s>으로 한다(영 제19조).
→ 10년

99 ✕
중앙소방기술심의위원회 심의사항에는 소방시설공사의 하자를 판단하는 기준과 <s>소방시설에 하자가 있는지의 판단에 관한 사항</s>이 있다(법 제18조 제1항).
→ 소방시설에 하자가 있는지의 판단에 관한 사항은 지방소방기술심의위원회 심의사항이다.

100 ○

101 ✕
소방기술과 관련하여 <s>소방본부장 또는 소방서장</s>이 심의에 부치는 사항은 중앙소방기술심의위원회 심의사항이다(영 제20조 제1항).
→ 소방청장

102 ○

103 ○

104 ✕
<s>지방소방기술심의위원회</s>는 성별을 고려하여 위원장을 포함한 60명 이내의 위원으로 구성한다(영 제21조 제1항).
→ 중앙소방기술심의위원회

105 ✕
문화 및 집회시설, 의료시설, 운동시설(<s>수영장</s>)은 방염성능기준 이상의 방염대상물품을 설치해야 하는 특정소방대상물이다(영 제30조).
→ 수영장은 제외

106 ○

107 ✕
커튼(블라인드 포함), 암막, 무대막, 목재(<s>너비 10cm 이하의 반자돌림대</s>)는 대통령령으로 정하는 방염대상물품이다(영 제31조).
→ 너비 10cm 이하의 반자돌림대는 제외

108 ○

109 ○

110 ✕
방염성능기준에서 버너의 불꽃을 제거한 때부터 불꽃을 올리며 연소하는 상태가 그칠 때까지 시간은 <s>30초</s> 이내여야 한다(영 제31조).
→ 20초

111 ✕
소방청장이 정하여 고시한 방법으로 발연량을 측정하는 경우 <s>최소</s> 연기밀도는 400 이하여야 한다(영 제31조).
→ 최대

112 ○

113 ✕
특급 소방안전관리대상물에 해당하는 특정소방대상물의 종합점검 횟수는 <s>연 1회</s> 이상 실시한다(규칙 별표 3).
→ 반기에 1회

114 ○

115 ○

116 ✗
단란주점영업과 유흥주점영업의 영업장 등 다중이용업의 영업장이 설치된 특정소방대상물로서 연면적이 ~~1,500m²~~ 이상인 것은 종합점검을 실시한다(규칙 별표 3).
→ 2,000m²

117 ○

118 ✗
종합점검의 점검인력 1단위가 하루 동안 점검할 수 있는 특정소방대상물의 연면적은 ~~5,000m²~~ 이다(규칙 별표 4).
→ 8,000m²

119 ✗
종합점검에는 소방시설등의 작동점검은 ~~포함하지 않는다~~(규칙 별표 3).
→ 포함한다.

120 ✗
소방시설 등의 자체점검을 하지 않은 경우 관리사 자격을 ~~반드시 취소하여야 한다~~(법 제28조).
→ 그 자격을 취소하거나 1년 이내의 기간을 정하여 그 자격의 정지를 명할 수 있다.

121 ✗
동시에 둘 이상의 업체에 취업한 경우 관리사 자격을 ~~1년 이내의 기간을 정하여 그 자격의 정지를 명할 수 있다~~(법 제28조).
→ 취소하여야 한다.

122 ✗
소방시설업에 대한 행정처분에 대한 설명 중 위반행위의 횟수에 따른 행정처분의 기준은 최근 1년간 같은 위반행위로 행정처분을 받은 경우에 적용한다. 이 경우 적용일은 ~~위반행위를 한 날과~~ 그 처분 후에 한 위반행위가 다시 적발된 날을 기준으로 한다(규칙 별표 8).
→ 위반행위에 대한 행정처분일과

123 ○

124 ✗
소방시설등의 점검 및 관리를 업으로 하려는 자 또는 소방안전관리업무의 대행을 하려는 자는 대통령령으로 정하는 업종별로 ~~소방청장~~에게 소방시설관리업 등록을 하여야 한다(법 제29조 제1항).
→ 시·도지사

125 ○

126 ✗
시·도지사는 영업정지를 명하는 경우로서 그 영업정지가 이용자에게 불편을 주거나 그 밖에 공익을 해칠 우려가 있을 때에는 영업정지처분을 갈음하여 ~~2억원~~ 이하의 과징금을 부과할 수 있다(법 제36조 제1항).
→ 3천만 원

127 ○

128 ✗
소화기구 중 ~~소화약제 외의 것을 이용한 간이소화용구~~는 소방청장의 형식승인을 받아야 한다(영 별표 3).
→ 소화약제 외의 것을 이용한 간이소화용구는 제외

129 ✗
음향장치(~~경종 제외~~), 공기호흡기(충전기 포함)는 소방청장의 형식승인을 받아야 한다(영 별표 3).
→ 경종만 해당

130 ○

131 ✗
형식승인을 받으려는 자는 ~~대통령령~~으로 정하는 기준에 따라 형식승인을 위한 시험시설을 갖추고 소방청장의 심사를 받아야 한다(법 제37조 제2항).
→ 행정안전부령

132 ✗
소방청장 또는 ~~소방본부장~~은 성능인증의 취소, 소방용품의 형식승인 취소 및 제품검사 중지처분을 하려면 청문을 하여야 한다(법 제49조).
→ 시·도지사

133 ✗
청문대상에는 소방시설 설계업 및 방염업의 등록취소 및 영업정지처분이 있다(법 제49조).
→ 관리업의

134 ✗
우수품질인증을 받지 아니한 제품에 우수품질인증 표시를 하거나 우수품질인증 표시를 위조하거나 변조하여 사용한 자는 ~~3년 이하의 징역 또는 3천만 원 이하의 벌금~~에 처한다(법 제58조).
→ 1년 이하의 징역 또는 1천만 원 이하의 벌금

135 ○

136 ○

137 ✗
방염성능검사에 합격하지 아니한 물품에 합격표시를 하거나 합격표시를 위조하거나 변조하여 사용한 자는 300만 원 이하의 ~~과태료를 부과한다~~(법 제59조).
→ 벌금에 처한다.

138 ○

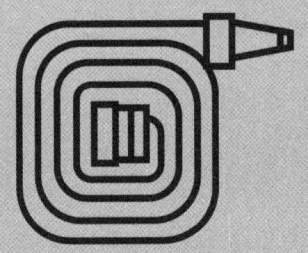

소방관계법규

PART 03

화재조사법

03 화재조사법

01 「소방의 화재조사에 관한 법률」상 화재조사권자는 소방청장, 소방본부장 또는 소방서장이다. O X

02 「소방의 화재조사에 관한 법률」상 화재조사의 실시 시기는 소화활동을 종료한 후에 시작한다. O X

03 「소방의 화재조사에 관한 법률」상 소방관서장은 전문성에 기반하는 화재조사를 위하여 화재조사전담부서를 설치·운영하여야 한다. O X

04 「소방의 화재조사에 관한 법률 시행규칙」상 전담부서에 배치된 화재조사관은 의무 보수교육을 1년마다 받아야 한다. 다만, 전담부서에 배치된 후 처음 받는 의무 보수교육은 배치 후 1년 이내에 받아야 한다. O X

05 「소방의 화재조사에 관한 법률 시행령」상 화재조사 업무를 수행하는 화재조사관은 「국가기술자격법」에 따른 국가기술자격의 직무분야 중 안전관리 분야의 기사 또는 산업기사 자격을 취득한 소방공무원으로 한다. O X

06 「소방의 화재조사에 관한 법률 시행규칙」상 화재조사 자격시험에 응시할 수 있는 사람은 소방공무원 중 국립과학수사연구원 또는 소방청장이 인정하는 외국의 화재조사 관련 기관에서 6주 이상 화재조사에 관한 전문교육을 이수한 사람으로 한다. O X

07 「소방의 화재조사에 관한 법률」상 소방관서장은 화재조사를 위하여 필요한 경우에 관계인에게 보고 또는 자료 제출을 명하거나 화재조사관으로 하여금 해당 장소에 출입하여 화재조사를 하게 하거나 관계인등에게 질문, 수사할 수 있다. O X

○× 정답 및 해설

01 ○

02 ×
화재조사의 실시 시기는 ~~소화활동을 종료한 후에 시작한다~~(법 제5조 제1항).
→ 화재발생 사실을 알게 된 때에는 지체없이 화재조사를 하여야 한다.

03 ○

04 ×
전담부서에 배치된 화재조사관은 의무 보수교육을 ~~1년~~마다 받아야 한다. 다만, 전담부서에 배치된 후 처음 받는 의무 보수교육은 배치 후 1년 이내에 받아야 한다(규칙 제5조 제2항).
→ 2년

05 ×
화재조사 업무를 수행하는 화재조사관은 「국가기술자격법」에 따른 국가기술자격의 직무분야 중 ~~안전관리~~ 분야의 기사 또는 산업기사 자격을 취득한 소방공무원으로 한다(영 제5조 제1항).
→ 화재감식평가

06 ×
화재조사 자격시험에 응시할 수 있는 사람은 소방공무원 중 국립과학수사연구원 또는 소방청장이 인정하는 외국의 화재조사 관련 기관에서 6주 이상 화재조사에 관한 전문교육을 이수한 사람으로 한다(규칙 제4조 제2항).
→ 8주

07 ×
소방관서장은 화재조사를 위하여 필요한 경우에 관계인에게 보고 또는 자료 제출을 명하거나 화재조사관으로 하여금 해당 장소에 출입하여 화재조사를 하게 하거나 관계인등에게 질문, 수사할 수 있다(법 제9조 제1항).
→ 수사는 해당하지 않는다.

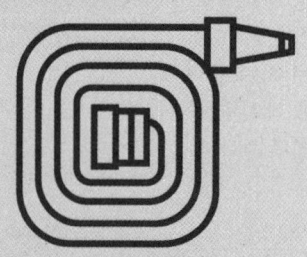

소방관계법규

PART 04

화재예방법

04 화재예방법

01 「화재의 예방 및 안전관리에 관한 법률 시행령」상 소방청장은 화재의 예방 및 안전관리에 관한 기본계획을 계획 시행 전년도 8월 31일까지 관계 중앙행정기관의 장과 협의한 후 계획 시행 전년도 9월 30일까지 수립해야 한다. ○ ×

02 「화재의 예방 및 안전관리에 관한 법률」상 기본계획에는 화재의 예방과 안전관리 관련 전문인력의 육성·지원 및 관리에 관한 사항이 포함된다. ○ ×

03 「화재의 예방 및 안전관리에 관한 법률」상 기본계획, 시행계획 및 세부시행계획의 수립·시행에 필요한 사항은 행정안전부령으로 정한다. ○ ×

04 「화재의 예방 및 안전관리에 관한 법률」상 소방청장은 기본계획을 시행하기 위하여 5년마다 시행계획을 수립·시행하여야 한다. ○ ×

05 「화재의 예방 및 안전관리에 관한 법률」상 국가는 화재예방정책을 체계적·효율적으로 추진하고 이에 필요한 기반 확충을 위하여 화재의 예방 및 안전관리에 관한 기본계획을 10년마다 수립·시행하여야 한다. ○ ×

06 「화재의 예방 및 안전관리에 관한 법률 시행규칙」상 소방청장은 실태조사를 실시하려는 경우 실태조사 시작 30일 전까지 조사 일시, 조사 사유 및 조사 내용 등을 포함한 조사계획을 조사대상자에게 서면 또는 전자우편 등의 방법으로 미리 알려야 한다. ○ ×

07 「화재의 예방 및 안전관리에 관한 법률」상 소방청장은 화재의 예방 및 안전관리에 관한 통계를 매년 작성·관리하여야 한다. ○ ×

08 「화재의 예방 및 안전관리에 관한 법률」상 소방관서장은 화재안전조사를 실시하려는 경우 사전에 관계인에게 조사대상, 조사기간 및 조사사유 등을 우편, 전화, 전자메일 또는 문자전송 등을 통하여 통지하고 이를 대통령령으로 정하는 바에 따라 인터넷 홈페이지나 전산시스템 등을 통하여 공개하여야 한다. ○ ×

09 「화재의 예방 및 안전관리에 관한 법률」상 화재안전조사는 소방시설등의 자체점검이 불성실하거나 불완전하다고 인정되는 경우에 실시할 수 있다. ○ ×

10 「화재의 예방 및 안전관리에 관한 법률」상 소방관서장은 국가적 행사 등 주요 행사가 개최되는 장소 및 그 주변의 관계 지역에 대하여 소방안전관리 실태를 조사할 필요가 있는 경우 화재안전조사를 실시할 수 있다. ○ ×

11 「화재의 예방 및 안전관리에 관한 법률」상 개인의 주거에 대한 화재안전조사는 관계인의 승낙이 있어야만 할 수 있다. ○ ×

12 「화재의 예방 및 안전관리에 관한 법률」상 화재안전조사권자는 소방관서장이다. ○ ×

13 「화재의 예방 및 안전관리에 관한 법률 시행령」상 소방관서장은 화재안전조사를 실시하려는 경우 사전에 조사대상, 조사기간 및 조사사유 등 조사계획을 소방청, 소방본부 또는 소방서의 인터넷 홈페이지나 전산시스템을 통해 7일 이상 공개해야 한다. ○ ×

14 「화재의 예방 및 안전관리에 관한 법률」상 시·도지사는 화재안전조사의 대상을 객관적이고 공정하게 선정하기 위하여 필요한 경우 화재안전조사위원회를 구성하여 화재안전조사의 대상을 선정할 수 있다. ○ ×

15 「화재의 예방 및 안전관리에 관한 법률 시행령」상 화재안전조사위원회는 위원장 1명을 포함한 9명 이내의 위원으로 성별을 고려하여 구성하고, 위원장은 소방관서장이 된다. ○ ×

16 「화재의 예방 및 안전관리에 관한 법률」상 소방관서장은 필요한 경우에는 소방기술사, 소방시설관리사, 그 밖에 화재안전 분야에 전문지식을 갖춘 사람을 화재안전조사에 참여하게 할 수 있다. ○ ×

17 「화재의 예방 및 안전관리에 관한 법률」상 소방관서장은 화재안전조사를 효율적으로 수행하기 위하여 대통령령으로 정하는 바에 따라 소방본부 및 소방서에는 중앙화재안전조사단을 편성하여 운영할 수 있다. ○ ×

18 「화재의 예방 및 안전관리에 관한 법률 시행령」상 화재안전조사위원회의 위원장은 국무총리가 된다. ○ ×

19 「화재의 예방 및 안전관리에 관한 법률 시행규칙」상 화재안전조사의 연기를 신청하려는 관계인은 화재안전조사 시작 14일 전까지 화재안전조사 연기신청서(전자문서를 포함한다)에 화재안전조사를 받기가 곤란함을 증명할 수 있는 서류(전자문서를 포함한다)를 첨부하여 소방청장, 소방본부장 또는 소방서장에게 제출해야 한다. O X

20 「화재의 예방 및 안전관리에 관한 법률 시행령」상 소방관서장은 화재안전조사의 연기를 승인한 경우라도 연기기간이 끝나기 전에 연기사유가 없어졌거나 긴급히 조사를 하여야 할 사유가 발생하였을 때에는 관계인에게 미리 알리고 화재안전조사를 할 수 있다. O X

21 「화재의 예방 및 안전관리에 관한 법률」상 화재안전조사는 원칙적으로 관계인의 승낙 없이 소방대상물의 공개시간 또는 근무시간 이외에는 할 수 없다. O X

22 「화재의 예방 및 안전관리에 관한 법률 시행령」상 중앙화재안전조사단 및 지방화재안전조사단은 각각 단장을 포함하여 60명 이내의 단원으로 성별을 고려하여 구성한다. O X

23 「화재의 예방 및 안전관리에 관한 법률」상 소방관서장은 화재안전조사를 마친 때에는 그 조사 결과를 관계인에게 구두로 통지하여야 한다. O X

24 「화재의 예방 및 안전관리에 관한 법률 시행령」상 화재안전조사 결과에 따른 조치명령으로 인한 손실을 보상하는 경우에는 원가로 보상하여야 한다. O X

25 「화재의 예방 및 안전관리에 관한 법률 시행령」상 화재안전조사단의 단장은 단원 중에서 소방관서장이 임명 또는 위촉한다. O X

26 「화재의 예방 및 안전관리에 관한 법률」상 소방청장 또는 시·도지사는 화재안전조사 결과에 따른 조치명령으로 인하여 손실을 입은 자가 있는 경우에는 대통령령으로 정하는 바에 따라 보상하여야 한다. O X

27 「화재의 예방 및 안전관리에 관한 법률」상 시·도지사는 화재안전조사 결과에 따른 소방대상물의 위치·구조·설비 또는 관리의 상황이 화재예방을 위하여 보완될 필요가 있거나 화재가 발생하면 인명 또는 재산의 피해가 클 것으로 예상되는 때에는 행정안전부령으로 정하는 바에 따라 관계인에게 그 소방대상물의 개수(改修)·이전·제거, 사용의 금지 또는 제한, 사용폐쇄, 공사의 정지 또는 중지, 그 밖에 필요한 조치를 명할 수 있다. O X

28 「화재의 예방 및 안전관리에 관한 법률 시행령」상 손실보상에서 보상금의 지급 또는 공탁의 통지에 불복하는 자는 지급 또는 공탁의 통지를 받은 날부터 60일 이내에 「공익사업을 위한 토지 등의 취득 및 보상에 관한 법률」에 따른 중앙토지수용위원회 또는 관할 지방토지수용위원회에 재결(裁決)을 신청할 수 있다. ○ ×

29 「화재의 예방 및 안전관리에 관한 법률 시행령」상 소방대상물의 관계인은 화재안전조사 결과 공개에 대한 공개내용을 통보받은 날부터 30일 이내에 소방관서장에게 이의신청을 할 수 있다. ○ ×

30 「화재의 예방 및 안전관리에 관한 법률 시행령」상 소방관서장은 화재 발생 위험이 크거나 소화 활동에 지장을 줄 수 있다고 인정되는 옮긴 물건 등을 보관하는 경우에는 그날부터 14일 동안 해당 소방관서의 인터넷 홈페이지에 그 사실을 공고해야 한다. ○ ×

31 「화재의 예방 및 안전관리에 관한 법률 시행령」상 소방관서장은 보관하던 옮긴물건등을 매각한 경우에는 그날부터 14일 이내「국가재정법」에 따라 세입조치를 해야 한다. ○ ×

32 「화재의 예방 및 안전관리에 관한 법률」상 소방관서장은 목재, 플라스틱 등 가연성이 큰 물건 및 소방차량의 통행이나 소화 활동에 지장을 줄 수 있는 물건의 소유자, 관리자 또는 점유자를 알 수 없는 경우 소속 공무원으로 하여금 그 물건을 옮기거나 보관하는 등 필요한 조치를 하게 할 수 있다. ○ ×

33 「화재의 예방 및 안전관리에 관한 법률 시행령」상 화재의 예방상 옮긴물건등에 대한 보관기간은 해당 소방관서의 인터넷 홈페이지에 공고하는 기간의 종료일 다음 날부터 7일까지로 한다. ○ ×

34 「화재의 예방 및 안전관리에 관한 법률」상 보일러, 난로, 건조설비, 가스·전기시설, 그 밖에 화재 발생 우려가 있는 대통령령으로 정하는 설비 또는 기구 등의 위치·구조 및 관리와 화재 예방을 위하여 불을 사용할 때 지켜야 하는 사항은 시·도의 조례로 정한다. ○ ×

35 「화재의 예방 및 안전관리에 관한 법률 시행령」상 보일러에 기체연료를 사용하는 경우에 지켜야 하는 사항 중 보일러를 설치하는 장소에는 환기구를 설치하는 등 가연성가스가 머무르지 않도록 한다. ○ ×

36 「화재의 예방 및 안전관리에 관한 법률 시행령」상 보일러에 기체연료를 사용하는 경우에 지켜야 하는 사항 중 화재 등 긴급 시 연료를 차단할 수 있는 개폐밸브를 연료용기 등으로부터 1m 이내에 설치한다. ○ ×

37 「화재의 예방 및 안전관리에 관한 법률 시행령」상 보일러 본체와 벽·천장 사이 거리는 0.6m 이상으로 한다. ○ ×

38 「화재의 예방 및 안전관리에 관한 법률 시행령」상 난로의 연통은 천장으로부터 0.5m 이상 떨어지고, 연통의 배출구는 건물 밖으로 0.5m 이상 나오게 설치하여야 한다. ○ ×

39 「화재의 예방 및 안전관리에 관한 법률 시행령」상 건조설비와 벽·천장 사이의 거리는 0.6m 이상 유지하여야 한다. ○ ×

40 「화재의 예방 및 안전관리에 관한 법률 시행령」상 시간당 열량이 30만kcal 이상인 노를 설치하는 경우 노 주위에는 1m 이상의 공간을 확보하여야 한다. ○ ×

41 「화재의 예방 및 안전관리에 관한 법률 시행령」상 '불꽃을 사용하는 용접·용단기구' 작업장에서는 용접 또는 용단 작업장 주변 반경 10미터 이내에 소화기를 갖추어 두어야 한다. ○ ×

42 「화재의 예방 및 안전관리에 관한 법률 시행령」상 음식조리를 위하여 설치하는 설비의 경우 열을 발생하는 조리기구는 반자 또는 선반으로부터 0.6미터 이상 떨어지게 해야 한다. ○ ×

43 「화재의 예방 및 안전관리에 관한 법률 시행령」상 주방설비에 부속된 배출덕트(공기 배출통로)는 0.5미터 이상의 아연도금강판 또는 이와 같거나 그 이상의 내식성 불연재료로 설치하여야 한다. ○ ×

44 「화재의 예방 및 안전관리에 관한 법률 시행령」상 노·화덕 설비의 설치기준 중 시간당 열량이 30만 킬로칼로리 이상인 노를 설치하는 경우에는 주요구조부는 난연재료로 한다. ○ ×

45 「화재의 예방 및 안전관리에 관한 법률 시행령」상 노 또는 화덕의 주위에는 녹는 물질이 확산되지 않도록 높이 1미터 이상의 턱을 설치하여야 한다. ○ ×

46 「화재의 예방 및 안전관리에 관한 법률 시행령」상 특수가연물 중 나무껍질의 수량은 200kg 이상이다. ○ ×

47 「화재의 예방 및 안전관리에 관한 법률 시행령」상 특수가연물 중 넝마 및 종이부스러기의 수량은 400킬로그램 이상이다. ○ ×

48 「화재의 예방 및 안전관리에 관한 법률 시행령」상 특수가연물 중 가연성액체류의 수량은 2세제곱미터 이상이다. ○ ×

49 「화재의 예방 및 안전관리에 관한 법률 시행령」상 특수가연물의 저장 및 취급기준에서 석탄, 목탄의 쌓는 부분의 바닥면적은 50m² 이하가 되도록 한다(다만, 살수설비를 설치하지 않거나 방사능력 범위에 해당 특수가연물이 포함되도록 대형수동식소화기를 설치하지 않은 경우). ○ ×

50 「화재의 예방 및 안전관리에 관한 법률 시행령」상 특수가연물을 저장 또는 취급하는 장소에는 품명, 최대저장수량, 단위부피당 질량 또는 단위체적당 질량, 관리책임자 성명·직책, 연락처 및 화기취급의 금지표시가 포함된 표지를 설치하여야 한다. ○ ×

51 「화재의 예방 및 안전관리에 관한 법률 시행령」상 특수가연물의 저장 및 취급기준에서 쌓는 부분의 바닥면적 사이는 실외의 경우 1.2m 또는 쌓는 높이의 1/2 중 큰 값 이상으로 간격을 두어야 한다. ○ ×

52 「화재의 예방 및 안전관리에 관한 법률 시행령」상 특수가연물의 저장 및 취급기준에서 방사능력 범위에 해당 특수가연물이 포함되도록 대형수동식소화기를 설치하는 경우에는 쌓는 높이를 15m 이하로 할 수 있다. ○ ×

53 「화재의 예방 및 안전관리에 관한 법률 시행령」상 특수가연물의 저장 및 취급기준 중 살수설비를 설치하거나, 방사능력 범위에 해당 특수가연물이 포함되도록 대형수동식소화기를 설치하는 경우에는 쌓는 높이를 15미터 이하, 쌓는 부분의 바닥면적을 200제곱미터 이하로 쌓아 저장해야 한다. ○ ×

54 「화재의 예방 및 안전관리에 관한 법률」상 목조건축물이 밀집한 지역은 화재예방강화지구 지정 대상지역에 해당한다. ○×

55 「화재의 예방 및 안전관리에 관한 법률」상 소방시설·소방용수시설 또는 소방출동로가 없는 지역은 화재예방강화지구 지정 대상지역에 해당한다. ○×

56 「화재의 예방 및 안전관리에 관한 법률」상 소방청장은 시장지역을 화재예방강화지구로 지정하여 관리할 수 있다. ○×

57 「화재의 예방 및 안전관리에 관한 법률」상 상가지역은 화재예방강화지구 지정 대상지역에 해당한다. ○×

58 「화재의 예방 및 안전관리에 관한 법률」상 시·도지사가 화재예방강화지구로 지정할 필요가 있는 지역을 화재예방강화지구로 지정하지 아니하는 경우 소방청장은 해당 시·도지사에게 해당 지역의 화재예방강화지구 지정을 요청할 수 있다. ○×

59 「화재의 예방 및 안전관리에 관한 법률 시행령」상 소방관서장은 화재예방강화지구 안의 소방대상물의 위치·구조 및 설비 등에 대한 화재안전조사를 월 1회 이상 실시하여야 한다. ○×

60 「화재의 예방 및 안전관리에 관한 법률 시행령」상 소방관서장은 화재예방강화지구 안의 관계인에 대하여 소방에 필요한 훈련 및 교육을 연 1회 이상 실시할 수 있다. ○×

61 「화재의 예방 및 안전관리에 관한 법률 시행령」상 소방관서장은 소방에 필요한 훈련 및 교육을 실시하려는 경우에는 화재예방강화지구 안의 관계인에게 훈련 또는 교육 14일 전까지 그 사실을 통보하여야 한다. ○×

62 「화재의 예방 및 안전관리에 관한 법률 시행령」상 소방청장은 화재예방강화지구의 지정 현황 등을 화재예방강화지구 관리대장에 작성하고 관리하여야 한다. ○×

63 「화재의 예방 및 안전관리에 관한 법률」상 화재안전영향평가심의회는 위원장 1명을 포함한 12명 이내의 위원으로 구성한다. ○×

64 「화재의 예방 및 안전관리에 관한 법률 시행령」상 지상층의 층수가 11층 이상인 아파트는 소방안전관리자를 두어야 하는 특정소방대상물 중 1급 소방안전관리대상물에 해당한다.

65 「화재의 예방 및 안전관리에 관한 법률 시행령」상 연면적 1만5천m^2 이상인 특정소방대상물(아파트 및 연립주택은 제외)는 소방안전관리자를 두어야 하는 특정소방대상물 중 1급 소방안전관리대상물에 해당한다.

66 「화재의 예방 및 안전관리에 관한 법률 시행령」상 지상으로부터 높이가 100m 이상인 아파트는 소방안전관리자를 두어야 하는 특정소방대상물 중 1급 소방안전관리대상물에 해당한다.

67 「화재의 예방 및 안전관리에 관한 법률 시행령」상 소방공무원으로 5년 이상 근무한 경력이 있는 사람은 1급 소방안전관리대상물에 두어야 할 소방안전관리자의 선임대상자 자격에 해당한다.

68 「화재의 예방 및 안전관리에 관한 법률 시행령」상 소방공무원으로 10년 이상 근무한 경력이 있는 사람은 특급 소방안전관리대상물의 소방안전관리자로 선임할 수 있다.

69 「화재의 예방 및 안전관리에 관한 법률 시행령」상 소방안전관리학과를 전공하고 졸업한 사람으로서 해당 학과를 졸업한 후 2년 이상 2급 소방안전관리대상물 또는 3급 소방안전관리대상물의 소방안전관리자로 근무한 실무경력이 있는 사람으로서 1급 소방안전관리에 관한 시험에 합격한 사람으로서 소방청장으로부터 소방안전관리자 자격증을 발급받은 사람은 1급 소방안전관리대상물에 두어야 할 소방안전관리자의 선임대상자 자격에 해당한다.

70 「화재의 예방 및 안전관리에 관한 법률 시행령」상 동·식물원, 지하구는 소방안전관리자를 두어야 하는 특정소방대상물 중 1급 소방안전관리대상물에 해당한다.

71 「화재의 예방 및 안전관리에 관한 법률 시행령」상 의용소방대는 3년 이상 근무경력이 있으면 2급 소방안전관리자로 선임될 수 있다.

72 「화재의 예방 및 안전관리에 관한 법률 시행령」상 소방설비기사는 1급 소방안전관리대상물 선임대상자이지만 소방설비산업기사는 1급 소방안전관리대상물 선임대상자가 될 수 없다.

73 「화재의 예방 및 안전관리에 관한 법률 시행령」상 50층 이상(지하층은 제외)이거나 지상으로부터 높이가 200m 이상인 아파트는 소방안전관리자를 두어야 하는 특정소방대상물 중 특급 소방안전관리대상물에 해당한다. ○ ×

74 「화재의 예방 및 안전관리에 관한 법률 시행령」상 특정소방대상물로서 연면적이 10만m² 이상인 아파트는 소방안전관리자를 두어야 하는 특정소방대상물 중 특급 소방안전관리대상물에 해당한다. ○ ×

75 「화재의 예방 및 안전관리에 관한 법률 시행령」상 가연성 가스를 1천톤 이상 저장·취급하는 시설은 소방안전관리자를 두어야 하는 특정소방대상물 중 2급 소방안전관리대상물에 해당한다. ○ ×

76 「화재의 예방 및 안전관리에 관한 법률 시행령」상 300세대 이상인 아파트는 소방안전관리보조자를 두어야 하는 특정소방대상물이다. ○ ×

77 「화재의 예방 및 안전관리에 관한 법률 시행령」상 아파트 및 연립주택을 제외한 연면적이 1만m² 이상인 특정소방대상물은 소방안전관리보조자를 두어야 하는 특정소방대상물이다. ○ ×

78 「화재의 예방 및 안전관리에 관한 법률」상 소방시설이나 그 밖의 소방 관련 시설의 관리는 특정소방대상물(소방안전관리대상물은 제외한다) 관계인의 업무에 해당한다. ○ ×

79 「화재의 예방 및 안전관리에 관한 법률 시행령」상 소방시설공사의 하자를 판단하는 기준에 관한 사항은 소방안전관리대상물의 소방계획에 포함되어야 할 사항이다. ○ ×

80 「화재의 예방 및 안전관리에 관한 법률 시행령」상 소방안전관리대상물의 위치·구조·연면적·용도 및 수용인원 등 일반현황은 소방안전관리대상물의 소방계획에 포함되어야 할 사항이다. ○ ×

81 「화재의 예방 및 안전관리에 관한 법률 시행령」상 경찰공무원으로 2년 이상 근무한 경력이 있는 사람은 2급 소방안전관리자 시험에 응시할 수 있다. ○ ×

82 「화재의 예방 및 안전관리에 관한 법률 시행령」상 경호공무원으로서 2년 이상 안전검측 업무에 종사한 경력이 있는 사람은 2급 소방안전관리자 시험에 응시할 수 있다. ○ ×

83 「화재의 예방 및 안전관리에 관한 법률」상 소방안전관리대상물의 관계인이 소방안전관리자 또는 소방안전관리보조자를 선임한 경우에는 행정안전부령으로 정하는 바에 따라 선임한 날부터 30일 이내에 소방본부장 또는 소방서장에게 신고하고, 소방안전관리대상물의 출입자가 쉽게 알 수 있도록 소방안전관리자의 성명과 그 밖에 행정안전부령으로 정하는 사항을 게시하여야 한다. ○ ×

84 「화재의 예방 및 안전관리에 관한 법률 시행규칙」상 소방안전관리보조자는 그 선임된 날부터 6개월 이내에 실무교육을 받아야 하며, 그 이후에는 2년마다(최초 실무교육을 받은 날을 기준일로 하여 매 2년이 되는 해의 기준일과 같은 날 전까지를 말한다) 1회 이상 실무교육을 받아야 한다. ○ ×

85 「화재의 예방 및 안전관리에 관한 법률」상 특정소방대상물로서 그 관리의 권원이 분리되어 있는 특정소방대상물의 경우 그 관리의 권원별 관계인이 대통령령으로 정하는 바에 따라 소방안전관리자를 선임하도록 지정할 수 있는 대상에는 복합건축물로서 연면적 1만m² 이상인 건축물이 있다. ○ ×

86 「화재의 예방 및 안전관리에 관한 법률」상 특정소방대상물로서 그 관리의 권원이 분리되어 있는 특정소방대상물의 경우 그 관리의 권원별 관계인이 대통령령으로 정하는 바에 따라 소방안전관리자를 선임하도록 지정할 수 있는 대상에는 판매시설 중 도매시장, 소매시장 및 전통시장이 있다. ○ ×

87 「화재의 예방 및 안전관리에 관한 법률」상 특정소방대상물로서 그 관리의 권원이 분리되어 있는 특정소방대상물의 경우 그 관리의 권원별 관계인이 대통령령으로 정하는 바에 따라 소방안전관리자를 선임하도록 지정할 수 있는 대상에는 복합건축물(지하층을 포함한 층수가 11층 이상인 건축물)이 있다. ○ ×

88 「화재의 예방 및 안전관리에 관한 법률 시행규칙」상 피난유도 안내정보 제공 방법 중 월 2회 피난안내 교육을 실시하는 방법이 있다. ○ ×

89 「화재의 예방 및 안전관리에 관한 법률 시행규칙」상 소방안전관리대상물의 관계인은 특정소방대상물의 근무자 및 거주자에 대한 소방훈련 및 교육은 원칙적으로 연 2회 이상 실시한다. ○ ×

90 「화재의 예방 및 안전관리에 관한 법률」상 소방안전관리대상물 중 소방안전관리업무의 전담이 필요한 대통령령으로 정하는 소방안전관리대상물의 관계인은 소방훈련 및 교육을 한 날부터 7일 이내에 소방훈련 및 교육 결과를 행정안전부령으로 정하는 바에 따라 소방본부장 또는 소방서장에게 제출하여야 한다. ○ ×

91 「화재의 예방 및 안전관리에 관한 법률」상 소방청장은 화재 등 재난이 발생할 경우 사회·경제적으로 피해가 큰 영화상영관 중 수용인원 1천명 이상인 영화상영관에 대하여 소방안전 특별관리를 하여야 한다. ○ ×

92 「화재의 예방 및 안전관리에 관한 법률 시행령」상 소방청장은 화재 등 재난이 발생할 경우 사회·경제적으로 피해가 큰 점포가 100개 이상인 전통시장에 대하여 소방안전 특별관리를 하여야 한다. ○ ×

93 「화재의 예방 및 안전관리에 관한 법률」상 정당한 사유 없이 화재예방강화지구 및 이에 준하는 대통령령으로 정하는 장소에서 모닥불, 흡연 등 화기의 취급, 풍등 등 소형열기구 날리기, 용접·용단 등 불꽃을 발생시키는 행위 등을 한 자는 200만 원 이하의 과태료를 부과한다. ○ ×

94 「화재의 예방 및 안전관리에 관한 법률 시행령」상 특수가연물의 저장 및 취급기준을 2회 위반한 경우 100만 원 이하의 과태료를 부과한다. ○ ×

O× 정답 및 해설

01 O

02 O

03 ×
기본계획, 시행계획 및 세부시행계획의 수립·시행에 필요한 사항은 ~~행정안전부령으로~~ 정한다(법 제4조 제8항).
→ 대통령령

04 ×
소방청장은 기본계획을 시행하기 위하여 ~~5년마다~~ 시행계획을 수립·시행하여야 한다(법 제4조 제4항).
→ 매년

05 ×
~~국가는~~ 화재예방정책을 체계적·효율적으로 추진하고 이에 필요한 기반 확충을 위하여 화재의 예방 및 안전관리에 관한 기본계획을 ~~10년마다~~ 수립·시행하여야 한다(법 제4조 제1항).
→ 소방청장은, 5년마다

06 ×
소방청장은 실태조사를 실시하려는 경우 실태조사 시작 ~~30일~~ 전까지 조사 일시, 조사 사유 및 조사 내용 등을 포함한 조사계획을 조사대상자에게 서면 또는 전자우편 등의 방법으로 미리 알려야 한다(규칙 제2조 제2항).
→ 7일

07 O

08 O

09 O

10 O

11 ×
개인의 주거에 대한 화재안전조사는 관계인의 승낙이 ~~있어야만~~ 할 수 있다(법 제7조 제1항).
→ 관계인의 승낙이 있거나 화재발생의 우려가 뚜렷하여 긴급한 필요가 있을 때 한정한다.

12 O

13 O

14 ×
~~시·도지사는~~ 화재안전조사의 대상을 객관적이고 공정하게 선정하기 위하여 필요한 경우 화재안전조사위원회를 구성하여 화재안전조사의 대상을 선정할 수 있다(법 제10조 제1항).
→ 소방관서장은

15 ×
화재안전조사위원회는 위원장 1명을 포함한 ~~9명~~ 이내의 위원으로 성별을 고려하여 구성하고, 위원장은 소방관서장이 된다(영 제11조 제1항·제2항).
→ 7명

16 O

17 ×
소방관서장은 화재안전조사를 효율적으로 수행하기 위하여 대통령령으로 정하는 바에 따라 ~~소방본부 및 소방서에는~~ 중앙화재안전조사단을 편성하여 운영할 수 있다(법 제9조 제1항).
→ 소방청에는 중앙화재안전조사단을, 소방본부 및 소방서에는 지방화재안전조사단

김동준 OX 문제

18 ✗
화재안전조사위원회의 위원장은 ~~국무총리가~~ 된다(영 제11조 제1항).
→ 소방관서장이

19 ✗
화재안전조사의 연기를 신청하려는 관계인은 화재안전조사 시작 ~~14일~~ 전까지 화재안전조사 연기신청서(전자문서를 포함한다)에 화재안전조사를 받기가 곤란함을 증명할 수 있는 서류(전자문서를 포함한다)를 첨부하여 소방청장, 소방본부장 또는 소방서장에게 제출해야 한다(규칙 제4조 제1항).
→ 3일

20 ○

21 ○

22 ✗
중앙화재안전조사단 및 지방화재안전조사단은 각각 단장을 포함하여 ~~60명~~ 이내의 단원으로 성별을 고려하여 구성한다(영 제10조 제1항).
→ 50명

23 ✗
소방관서장은 화재안전조사를 마친 때에는 그 조사결과를 관계인에게 ~~구두로~~ 통지하여야 한다(법 제13조).
→ 서면으로

24 ✗
화재안전조사 결과에 따른 조치명령으로 인한 손실을 보상하는 경우에는 ~~원가로~~ 보상하여야 한다(영 제14조 제1항).
→ 시가

25 ○

26 ○

27 ✗
~~시·도지사는~~ 화재안전조사 결과에 따른 소방대상물의 위치·구조·설비 또는 관리의 상황이 화재예방을 위하여 보완될 필요가 있거나 화재가 발생하면 인명 또는 재산의 피해가 클 것으로 예상되는 때에는 행정안전부령으로 정하는 바에 따라 관계인에게 그 소방대상물의 개수(改修)·이전·제거, 사용의 금지 또는 제한, 사용폐쇄, 공사의 정지 또는 중지, 그 밖에 필요한 조치를 명할 수 있다(법 제14조 제1항).
→ 소방관서장은

28 ✗
손실보상에서 보상금의 지급 또는 공탁의 통지에 불복하는 자는 지급 또는 공탁의 통지를 받은 날부터 ~~60일~~ 이내에 「공익사업을 위한 토지 등의 취득 및 보상에 관한 법률」에 따른 중앙토지수용위원회 또는 관할 지방토지수용위원회에 재결(裁決)을 신청할 수 있다(영 제14조 제4항).
→ 30일

29 ✗
소방대상물의 관계인은 화재안전조사 결과 공개에 대한 공개내용을 통보받은 날부터 ~~30일~~ 이내에 소방관서장에게 이의신청을 할 수 있다(영 제15조 제3항).
→ 10일

30 ○

31 ✗
소방관서장은 보관하던 옮긴 물건을 매각한 경우에는 ~~그날부터 14일 이내~~ 「국가재정법」에 따라 세입조치를 해야 한다(영 제17조 제4항).
→ 지체없이

32 ○

33 ○

34 ✗
보일러, 난로, 건조설비, 가스·전기시설, 그 밖에 화재 발생 우려가 있는 대통령령으로 정하는 설비 또는 기구 등의 위치·구조 및 관리와 화재 예방을 위하여 불을 사용할 때 지켜야 하는 사항은 ~~시·도의 조례로~~ 정한다(법 제17조 제4항).
→ 대통령령으로

35 ○

36 ✗
보일러에 기체연료를 사용하는 경우에 지켜야 하는 사항 중 화재 등 긴급 시 연료를 차단할 수 있는 개폐밸브를 연료용기 등으로부터 ~~1m~~ 이내에 설치한다(영 별표 1).
→ 0.5m

37 ○

38 ✗
난로의 연통은 천장으로부터 ~~0.5m~~ 이상 떨어지고, 연통의 배출구는 건물 밖으로 ~~0.5m~~ 이상 나오게 설치하여야 한다(영 별표 1).
→ 0.6m, 0.6m

39 ✗
건조설비와 벽·천장 사이의 거리는 ~~0.6m~~ 이상 유지하여야 한다(영 별표 1).
→ 0.5m

40 ○

41 ✗
'불꽃을 사용하는 용접·용단기구' 작업장에서는 용접 또는 용단 작업장 주변 반경 ~~10미터~~ 이내에 소화기를 갖추어 두어야 한다(영 별표 1).
→ 5m

42 ○

43 ✗
주방설비에 부속된 배출덕트(공기 배출통로)는 ~~0.5미터~~ 이상의 아연도금강판 또는 이와 같거나 그 이상의 내식성 불연재료로 설치하여야 한다(영 별표 1).
→ 0.5밀리미터

44 ✗
노·화덕 설비의 설치기준 중 시간당 열량이 30만 킬로칼로리 이상인 노를 설치하는 경우에는 주요구조부는 ~~난연재료~~로 한다(영 별표 1).
→ 불연재료

45 ✗
노 또는 화덕의 주위에는 녹는 물질이 확산되지 않도록 높이 ~~1미터~~ 이상의 턱을 설치하여야 한다(영 별표 1).
→ 0.1미터

46 ✗
특수가연물 중 나무껍질의 수량은 ~~200kg~~ 이상이다(영 별표 2).
→ 400kg

47 ✗
특수가연물 중 넝마 및 종이부스러기의 수량은 ~~400킬로크램~~ 이상이다(영 별표 2).
→ 1,000킬로그램

48 ○

49 ✗
특수가연물의 저장 및 취급기준에서 석탄, 목탄의 쌓는 부분의 바닥면적은 ~~50m²~~ 이하가 되도록 한다. (다만, 살수설비를 설치하지 않거나 방사능력 범위에 해당 특수가연물이 포함되도록 대형수동식소화기를 설치하지 않은 경우)(영 별표 3).
→ 200m²

50 ○

51 ✗
특수가연물의 저장 및 취급기준에서 쌓는 부분의 바닥면적 사이는 실외의 경우 1.2m 또는 쌓는 높이의 1/2 중 큰 값 이상으로 간격을 두어야 한다(영 별표 3).
→ 실내

52 ○

53 ○

54 ○

김동준 O× 문제

55 O

56 ×
소방청장은 시장지역을 화재예방강화지구로 지정하여 관리할 수 있다(법 제18조 제1항).
→ 시·도지사는

57 ×
상가지역은 화재예방강화지구 지정 대상지역에 해당한다(법 제18조 제1항).
→ 상가지역은 해당하지 않는다.

58 O

59 ×
소방관서장은 화재예방강화지구 안의 소방대상물의 위치·구조 및 설비 등에 대한 화재안전조사를 월 1회 이상 실시하여야 한다(영 제20조 제1항).
→ 연 1회

60 O

61 ×
소방관서장은 소방에 필요한 훈련 및 교육을 실시하려는 경우에는 화재예방강화지구 안의 관계인에게 훈련 또는 교육 14일 전까지 그 사실을 통보하여야 한다(영 제20조 제3항).
→ 10일

62 ×
소방청장은 화재예방강화지구의 지정 현황 등을 화재예방강화지구 관리대장에 작성하고 관리하여야 한다(영 제20조 제4항).
→ 시·도지사는

63 O

64 ×
지상층의 층수가 11층 이상인 아파트는 소방안전관리자를 두어야 하는 특정소방대상물 중 1급 소방안전관리대상물에 해당한다(영 별표 4).
→ 아파트는 제외이다.

65 O

66 ×
지상으로부터 높이가 100m 이상인 아파트는 소방안전관리자를 두어야 하는 특정소방대상물 중 1급 소방안전관리대상물에 해당한다(영 별표 4).
→ 120m

67 ×
소방공무원으로 5년 이상 근무한 경력이 있는 사람은 1급 소방안전관리대상물에 두어야 할 소방안전관리자의 선임대상자 자격에 해당한다(영 별표 4).
→ 7년

68 ×
소방공무원으로 10년 이상 근무한 경력이 있는 사람은 특급 소방안전관리대상물의 소방안전관리자로 선임할 수 있다(영 별표 4).
→ 20년

69 O

70 ×
동·식물원, 지하구는 소방안전관리자를 두어야 하는 특정소방대상물 중 1급 소방안전관리대상물에 해당한다(영 별표 4).
→ 동·식물원, 지하구는 제외이다.

71 ×
의용소방대는 3년 이상 근무경력이 있으면 2급 소방안전관리자로 선임될 수 있다(영 별표 4).
→ 있는 사람으로서 2급 소방안전관리에 관한 시험에 합격한 사람

72 ×
소방설비기사는 1급 소방안전관리대상물 선임대상자이지만 소방설비산업기사는 1급 소방안전관리대상물 선임대상자가 될 수 없다(영 별표 4).
→ 소방설비산업기사도 선임대상이다.

73 O

74 ✗
특정소방대상물로서 연면적이 10만m² 이상인 ~~아파트~~는 소방안전관리자를 두어야 하는 특정소방대상물 중 특급 소방안전관리대상물에 해당한다(영 별표 4).
→ 아파트는 제외

75 ✗
가연성 가스를 1천톤 이상 저장·취급하는 시설은 소방안전관리자를 두어야 하는 특정소방대상물 중 2급 소방안전관리대상물에 해당한다(영 별표 4).
→ 1급

76 ○

77 ✗
아파트 및 연립주택을 제외한 연면적이 ~~1만m²~~ 이상인 특정소방대상물은 소방안전관리보조자를 두어야 하는 특정소방대상물이다(영 별표 5).
→ 1만5천m²

78 ○

79 ✗
소방시설공사의 하자를 판단하는 기준에 관한 사항은 소방안전관리대상물의 소방계획에 포함되어야 할 사항이다(영 제28조 제1항).
→ 소방시설공사의 하자를 판단하는 기준에 관한 사항은 중앙소방기술심의위원회의 심의 사항이다 (소방시설법 제18조 제1항).

80 ○

81 ✗
경찰공무원으로 ~~2년~~ 이상 근무한 경력이 있는 사람은 2급 소방안전관리자 시험에 응시할 수 있다(영 별표 6).
→ 3년

82 ○

83 ✗
소방안전관리대상물의 관계인이 소방안전관리자 또는 소방안전관리보조자를 선임한 경우에는 행정안전부령으로 정하는 바에 따라 선임한 날부터 ~~30~~일 이내에 소방본부장 또는 소방서장에게 신고하고, 소방안전관리대상물의 출입자가 쉽게 알 수 있도록 소방안전관리자의 성명과 그 밖에 행정안전부령으로 정하는 사항을 게시하여야 한다(법 제26조 제1항).
→ 14일

84 ○

85 ✗
특정소방대상물로서 그 관리의 권원이 분리되어 있는 특정소방대상물의 경우 그 관리의 권원별 관계인이 대통령령으로 정하는 바에 따라 소방안전관리자를 선임하도록 지정할 수 있는 대상에는 복합건축물로서 연면적 ~~1만m²~~ 이상인 건축물이 있다(법 제35조 제1항).
→ 3만m²

86 ○

87 ✗
특정소방대상물로서 그 관리의 권원이 분리되어 있는 특정소방대상물의 경우 그 관리의 권원별 관계인이 대통령령으로 정하는 바에 따라 소방안전관리자를 선임하도록 지정할 수 있는 대상에는 복합건축물(지하층을 ~~포함한~~ 층수가 11층 이상인 건축물)이 있다(법 제35조 제1항).
→ 제외한

88 ✗
피난유도 안내정보 제공 방법 중 ~~월 2회~~ 피난안내교육을 실시하는 방법이 있다(규칙 제35조 제1항).
→ 연 2회

89 ✗
소방안전관리대상물의 관계인은 특정소방대상물의 근무자 및 거주자에 대한 소방훈련 및 교육은 원칙적으로 ~~연 2회~~ 이상 실시한다(규칙 제36조 제1항).
→ 연 1회

김동준 OX문제

90 ✗
소방안전관리대상물 중 소방안전관리업무의 전담이 필요한 대통령령으로 정하는 소방안전관리대상물의 관계인은 소방훈련 및 교육을 한 날부터 ~~7월~~ 이내에 소방훈련 및 교육 결과를 행정안전부령으로 정하는 바에 따라 소방본부장 또는 소방서장에게 제출하여야 한다(법 제37조 제2항).
→ 30일

91 ○

92 ✗
소방청장은 화재 등 재난이 발생할 경우 사회·경제적으로 피해가 큰 점포가 ~~100개~~ 이상인 전통시장에 대하여 소방안전 특별관리를 하여야 한다(영 제41조 제1항).
→ 500개

93 ✗
정당한 사유 없이 화재예방강화지구 및 이에 준하는 대통령령으로 정하는 장소에서 모닥불, 흡연 등 화기의 취급, 풍등 등 소형열기구 날리기, 용접·용단 등 불꽃을 발생시키는 행위 등을 한 자는 ~~200만 원~~ 이하의 과태료를 부과한다(법 제52조).
→ 300만 원

94 ✗
특수가연물의 저장 및 취급기준을 2회 위반한 경우 ~~100만 원~~ 이하의 과태료를 부과한다(영 별표 9).
→ 200만 원

소방관계법규

PART 05

소방시설공사업법

05 소방시설공사업법

01 소방시설공사업법의 목적은 소방시설업의 건전한 발전, 소방기술의 진흥, 국민의 생명, 신체, 재산 보호, 공공의 안전 확보, 국민경제 이바지함에 있다. ○ ×

02 「소방시설공사업법」상 설계도서에 따라 소방시설을 신설, 증설, 개설, 이전 및 정비하는 영업을 소방시설공사업이라 한다. ○ ×

03 「소방시설공사업법」상 소방시설업에는 소방시설설계업, 소방시설공사업, 소방공사감리업, 소방시설관리업, 방염처리업이 있다. ○ ×

04 「소방시설공사업법」상 소방공사감리업은 소방시설공사에 관한 발주자의 권한을 대행하여 소방시설공사가 설계도서와 관계법령에 따라 적법하게 시공되는지를 확인하고 품질·시공관리에 대한 기술지도를 하는 영업이다. ○ ×

05 「소방시설공사업법」상 발주자는 소방공사감리업자에 소속된 소방기술자로서 해당 소방시설공사를 감리하는 사람을 말한다. ○ ×

06 「소방시설공사업법 시행규칙」상 소방시설업의 등록신청을 받은 시·도지사는 접수일부터 15일 이내에 협회를 경유하여 소방시설업 등록증 및 소방시설업 등록수첩을 신청인에게 발급해 주어야 한다. ○ ×

07 「소방시설공사업법 시행규칙」상 시·도지사는 재발급신청서를 제출받은 경우에는 7일 이내에 협회를 경유하여 소방시설업 등록증 또는 등록수첩을 재발급하여야 한다. ○ ×

08 「소방시설공사업법 시행령」상 전문 소방시설설계업에서는 주된 기술인력으로 소방기술사 1명 이상과 보조기술인력으로 2명 이상이 필요하다. ○ ×

09 「소방시설공사업법 시행령」상 전문 소방시설공사업의 등록을 위해서는 주된 기술인력으로 소방기술사 또는 기계분야와 전기분야의 소방설비기사 각 1명(기계분야 및 전기분야의 자격을 함께 취득한 사람 1명) 이상과 보조기술인력 1명 이상이 필요하다. ○ ×

10 「소방시설공사업법 시행령」상 방염처리업의 종류에는 섬유류 방염업, 종이류 방염업, 합성수지류 방염업, 합판・목재류 방염업이 있다. ○ ×

11 「소방시설공사업법」상 특정소방대상물의 소방시설공사등을 하려는 자는 업종별로 자본금, 기술인력 등 행정안전부령으로 정하는 요건을 갖추어 시・도지사에게 소방시설업을 등록하여야 한다. ○ ×

12 「소방시설공사업법」상 피성년후견인은 소방시설업 등록의 결격사유에 해당한다. ○ ×

13 「소방시설공사업법」상 소방시설업 등록의 결격사유자는 등록하려는 소방시설업 등록이 취소된 날부터 2년이 지나지 아니한 자, 금고 이상의 실형을 선고받은 날로부터 2년이 지나지 아니한 자, 금고 이상의 형의 집행유예를 선고받고 그 유예기간 중에 있는 자 등이 있다. ○ ×

14 「소방시설공사업법 시행규칙」상 소방시설업 변경등록의 신고사항으로는 상호(명칭) 또는 영업소 소재지, 대표자, 자본금, 기술인력이 있다. ○ ×

15 「소방시설공사업법」상 소방시설업자가 사망하여 그 상속인이 종전의 소방시설업자의 지위를 승계하려는 경우에는 그 상속일부터 30일 이내에 행정안전부령으로 정하는 바에 따라 그 사실을 시・도지사에게 신고하여야 한다. ○ ×

16 「소방시설공사업법 시행규칙」상 소방시설업의 지위 승계를 신고하려는 자는 그 상속일・양수일・합병일 또는 인수일부터 30일 이내에 그 서류를 협회에 제출해야 한다. ○ ×

17 「소방시설공사업법」상 소방시설업자의 지위승계한 경우, 소방시설업 등록취소 및 영업정지 처분을 받은 경우, 휴업 또는 폐업을 한 경우에는 소방시설업자가 관계인에게 지체없이 그 사실을 알려야 한다. ○ ×

18 「소방시설공사업법」상 소방시설업자의 등록 취소 또는 6개월 이내의 기간을 정하여 이의 시정이나 영업정지사유에는 등록기준에 미달하게 된 후 20일이 경과한 경우, 등록을 한 후 정당한 사유 없이 1년이 지날 때까지 영업을 시작하지 아니하거나 계속하여 1년 이상 휴업한 때, 영업정지 기간 중에 소방시설공사등을 한 경우, 다른 자에게 등록증 또는 등록수첩을 빌려준 경우 등이 있다. ○ ×

19 「소방시설공사업법」상 소방시설업자가 거짓이나 그 밖의 부정한 방법으로 등록한 경우, 법 위반으로 인한 영업정지 기간 중에 소방시설공사등을 한 경우에는 등록을 취소할 수 있다. ○ ×

20 「소방시설공사업법」상 소방시설업 등록의 취소권자는 시·도지사이며, 행정안전부령으로 정하는 바에 따라 취소하거나 6개월 이내의 기간을 정하여 시정을 명할 수 있다. ○ ×

21 「소방시설공사업법」상 시·도지사는 소방시설공사업자가 감리원 배치기준을 위반한 경우로서 영업정지가 그 이용자에게 불편을 주거나 그 밖에 공익을 해칠 우려가 있을 때에는 영업정지처분을 갈음하여 3,000만 원 이하의 과징금을 부과할 수 있다. ○ ×

22 「소방시설공사업법」상 성능위주설계를 할 수 있는 자의 자격, 기술인력 및 자격에 따른 설계의 범위와 그 밖에 필요한 사항은 대통령령으로 정한다. ○ ×

23 「소방시설공사업법」상 공사업자는 대통령령으로 정하는 소방시설공사를 하려면 대통령령으로 정하는 바에 따라 그 공사의 내용, 시공 장소, 그 밖에 필요한 사항을 소방본부장이나 소방서장에게 신고하여야 한다. ○ ×

24 「소방시설공사업법 시행령」상 창고시설에 스프링클러설비의 방호구역을 증설하는 공사는 소방시설공사의 착공신고대상이다. ○ ×

25 「소방시설공사업법 시행령」상 위험물 제조소에 할로겐화합물 및 불활성기체 소화설비를 신설하는 공사는 소방시설공사의 착공신고대상이다. ○ ×

26 「소방시설공사업법 시행령」상 수신반, 소화펌프, 동력(감시)제어반의 개설, 이전 또는 정비하는 공사 및 고장 또는 파손 등으로 인하여 작동시킬 수 없어서 긴급히 교체하거나 보수하여야 하는 경우 착공신고를 하여야 한다. ○ ×

27 「소방시설공사업법 시행령」상 단독경보형감지기 신설공사, 옥내·옥외소화전설비 증설공사는 소방시설공사의 착공신고 대상이다. ○ ×

28 「소방시설공사업법 시행령」상 제연설비의 제연구역의 소방시설 증설공사는 착공신고의 대상이 되나, 소방용 외의 용도와 겸용되는 제연설비를 기계설비·가스공사업자가 공사하는 경우는 착공신고의 대상이 되지 않는다. ○ ×

29 「소방시설공사업법 시행령」상 소화펌프 전부를 교체하는 공사, 피난기구, 유도등 5개를 신축하는 공사, 옥내소화전설비를 신설하는 공사, 비상경보설비 및 비상방송설비를 신설하는 공사의 경우 착공신고 대상이다. ○ ×

30 「소방시설공사업법 시행령」상 비상콘센트설비의 전용회로 증설공사, 소방용 외의 용도와 겸용되는 무선통신보조설비를 정보통신공사업자가 공사하는 신설공사, 소화펌프 일부를 개설하는 공사, 동력(감시)제어반 일부를 이전하는 공사는 착공신고의 대상이다. ○ ×

31 「소방시설공사업법」상 소방시설공사업자는 소방시설공사를 완공하면 소방본부장 또는 소방서장의 완공검사를 받아야 한다. ○ ×

32 「소방시설공사업법 시행령」상 문화 및 집회시설, 종교시설, 판매시설, 노유자시설, 지하상가 및 「다중이용업소의 안전관리에 관한 특별법」에 따른 다중이용업소는 완공검사를 위한 현장확인 대상 특정소방대상물에 해당한다. ○ ×

33 「소방시설공사업법 시행령」상 스프링클러설비등, 물분무등소화설비, 호스릴 방식의 소화설비가 설치되는 특정소방대상물은 완공검사를 위한 현장확인 대상이다. ○ ×

34 「소방시설공사업법 시행령」상 연면적 5천㎡ 이상이거나 5층 이상인 특정소방대상물(아파트는 제외)은 완공검사를 위한 현장확인 대상이다. ○ ×

35 「소방시설공사업법 시행령」상 가연성가스를 제조, 저장 또는 취급하는 시설 중 지하에 매립된 가연성가스탱크의 저장용량 합계가 1천톤 이상인 시설은 완공검사를 위한 현장확인을 진행해야 한다. ○ ×

36 「소방시설공사업법 시행령」상 수련시설, 운동시설, 숙박시설, 창고시설, 업무시설은 완공검사를 위한 현장확인의 대상이 된다. ○ ×

37 「소방시설공사업법」상 공사업자는 소방시설공사를 완공하면 소방본부장 또는 소방서장에게 완공검사를 받아야 하며, 공사감리자가 지정되어 있는 경우에는 공사감리 결과보고서로 완공검사를 갈음할 수 있다. ○ ×

38 「소방시설공사업법」상 소방시설공사업자가 소방대상물 일부분의 소방시설공사를 마친 경우로서 전체 시설이 준공되기 전에 부분적으로 사용할 필요가 있는 경우에는 그 일부분에 대하여 소방본부장이나 소방서장에게 완공검사를 신청할 수 있다. ○ ×

39 「소방시설공사업법」상 관계인은 하자보수기간에 소방시설의 하자가 발생하였을 때에는 공사업자에게 그 사실을 알려야 하며, 통보를 받은 공사업자는 7일 이내에 하자를 보수하거나 보수 일정을 기록한 하자보수계획을 관계인에게 서면으로 알려야 한다. ○ ×

40 「소방시설공사업법 시행령」상 소방시설 중 하자보증 기간이 3년인 것에는 자동소화장치, 옥내소화전설비, 스프링클러설비, 간이스프링클러설비 등이 있다. ○ ×

41 「소방시설공사업법 시행령」상 물분무등소화설비, 옥외소화전설비, 자동화재탐지설비, 비상방송설비 및 무선통신보조설비의 하자 보증기간은 3년으로 규정되어 있다. ○ ×

42 「소방시설공사업법 시행령」상 피난기구, 유도등, 유도표지, 비상경보설비, 옥외소화전설비는 하자 보증기간이 2년이다. ○ ×

43 「소방시설공사업법 시행령」상 소방시설의 하자 보증기간이 정해져 있는데, 비상조명등은 2년, 상수도소화용수설비 및 소화활동설비는 3년으로 되어 있다. ○ ×

44 「소방시설공사업법」상 소방시설등 설계도서의 적합성 검토, 완공된 소방시설등의 성능시험은 소방공사감리업자의 업무수행 내용에 해당한다. ○ ×

45 「소방시설공사업법」상 소방시설등 설계변경 사항의 적합성 검토, 소방용품의 위치, 규격 및 사용 자재의 적합성 검토, 설계업자가 작성한 시공 상세 도면의 적합성 검토는 소방공사감리업자의 업무이다. ○ ×

46 「소방시설공사업법」상 소방시설등의 설치계획표의 적법성 검토, 공사업자가 한 소방시설등의 시공이 설계도서와 화재안전기준에 맞는지에 대한 지도·감독은 소방공사감리업자의 업무이다. ○ ×

47 「소방시설공사업법 시행령」상 소방공사감리의 종류로는 상주공사감리, 일반공사감리, 방염공사감리, 전기공사감리가 있다. ○ ×

48 「소방시설공사업법 시행령」상 연면적 3만제곱미터 이상의 특정소방대상물(아파트 제외)에 대한 소방시설의 공사는 상주공사감리를 둔다. ○ ×

49 「소방시설공사업법 시행령」상 상주공사감리를 두어야 하는 소방시설 공사에는 지하층을 포함한 층수가 15층 이상으로 1,000세대 이상인 아파트에 대한 소방시설의 공사도 포함된다(법령 기준상). ○ ×

50 「소방시설공사업법 시행령」상 옥내·외 소화전설비를 신설·개설 또는 증설할 때, 통합감시시설을 신설 또는 개설할 때, 비상경보설비를 신설 또는 개설할 때는 소방공사감리자를 지정해야 한다. ○ ×

51 「소방시설공사업법 시행령」상 제연설비를 신설·개설하거나 제연구역을 증설할 때, 연결송수관설비를 신설 또는 개설할 때, 비상콘센트설비를 신설·개설하거나 전용회로를 증설할 때는 소방공사감리자를 지정해야 한다. ○ ×

52 「소방시설공사업법 시행령」상 소방공사감리자를 지정해야 하는 경우에는 캐비닛형 간이스프링클러설비 신설·개설, 소화용수설비 신설 또는 개설, 옥내소화전설비를 신설·개설 또는 증설 등이 있다. ○ ×

53 「소방시설공사업법 시행령」상 연소방지설비를 신설·개설하거나 살수구역을 증설할 때, 무선통신보조설비를 신설 또는 개설할 때, 연결살수설비를 신설·개설하거나 송수구역을 증설할 때에는 소방공사감리자를 두어야 한다. ○ ×

54 「소방시설공사업법 시행령」상 자동화재탐지설비를 신설·개설하는 경우, 호스릴 방식의 소화설비를 신설·개설하는 경우, 옥외소화전설비를 신설·개설 또는 증설하는 경우에는 소방공사감리자를 지정하여야 한다. ○ ×

55 「소방시설공사업법 시행규칙」상 1명의 감리원이 담당하는 소방공사감리현장은 10개 이하로서 감리현장 연면적의 총합계가 5만 제곱미터 이하여야 한다. O X

56 「소방시설공사업법 시행령」상 소방공사 감리원의 배치기준 및 배치기간에 따라 복합건축물(지하 5층, 지상 35층 규모)인 특정소방대상물 소방시설 공사현장의 소방공사 책임감리원은 특급감리원 중 소방기술사이다. O X

57 「소방시설공사업법 시행령」상 특급감리원 중 소방기술사를 책임감리원으로 배치해야 하는 기준의 경우는 연면적이 30만m² 이상인 특정소방대상물의 공사현장이다(법 기준상). O X

58 「소방시설공사업법 시행령」상 특급감리원 중 소방기술사를 책임감리원으로 배치해야 하는 기준의 경우는 지하층을 포함한 층수가 20층 이상인 특정소방대상물의 공사현장이다. O X

59 「소방시설공사업법 시행령」상 책임감리원으로 고급 감리원을 배치할 수 있는 경우에는 물분무등소화설비(호스릴 방식의 소화설비는 제외한다) 또는 제연설비가 설치되는 특정소방대상물의 공사현장 또는 연면적 3만제곱미터 이상 20만제곱미터 미만인 아파트의 공사현장 등이 있다. O X

60 「소방시설공사업법 시행령」상 연면적 3천 제곱미터 이상 5천 제곱미터 미만인 특정소방대상물의 공사 현장의 경우 행정안전부령으로 정하는 중급감리원 이상의 소방공사 감리원(기계분야 및 전기분야)을 두어야 한다. O X

61 「소방시설공사업법 시행령」상 지하구의 공사현장의 경우 행정안전부령으로 정하는 초급감리원 이상의 소방공사 감리원(기계분야 및 전기분야)을 두어야 한다. O X

62 「소방시설공사업법 시행규칙」상 소방공사감리업자는 감리원을 배치변경 할 때 10일 이내에 통보서에 서류를 첨부하여 소방청장 또는 소방본부장에게 알려야 한다. O X

63 「소방시설공사업법 시행규칙」상 감리업자가 소방공사의 감리를 마쳤을 때 소방공사감리 결과를 특정소방대상물의 관계인, 소방시설공사의 도급인, 공사를 감리한 건축사에게 알리고, 소방청장 혹은 소방본부장 또는 소방서장에게 보고해야 한다. O X

64 「소방시설공사업법」상 감리업자는 감리를 할 때 소방시설공사가 설계도서나 화재안전기준에 맞지 아니할 때에는 관계인에게 알리고, 공사업자에게 그 공사의 시정 또는 보완 등을 요구하여야 한다. ○ ×

65 「소방시설공사업법」상 감리업자는 감리를 할 때 소방시설공사가 설계도서나 화재안전기준에 맞지 아니할 때에는 관계인에게 알리고, 공사업자에게 그 공사의 시정 또는 보완 등을 요구하여야 하고, 공사업자가 요구를 이행하지 아니하고 그 공사를 계속할 때에는 소방청장 혹은 소방본부장이나 소방서장에게 이 사실을 보고하여야 한다. ○ ×

66 「소방시설공사업법」상 소방시설공사를 도급을 받은 자는 소방시설의 설계, 시공, 감리를 제3자에게 하도급할 수 없다. 다만, 시공의 경우에는 대통령령으로 정하는 바에 따라 도급받은 소방시설공사의 전부를 다른 공사업자에게 하도급할 수 있다. ○ ×

67 「소방시설공사업법」상 특정소방대상물의 관계인 또는 발주자는 해당 도급계약의 수급인이 소방시설업을 휴업하거나 폐업한 경우 또는 소방시설업의 등록이 취소되거나 영업정지, 경고를 받았을 경우에는 도급계약을 해지할 수 있다. ○ ×

68 「소방시설공사업법」상 특정소방대상물의 관계인 또는 발주자는 해당 도급계약의 수급인이 정당한 사유 없이 10일 이상 소방시설공사를 계속하지 않는 경우에는 도급계약을 해지할 수 있다. ○ ×

69 「소방시설공사업법」상 소방청장은 관계인 또는 발주자가 적절한 공사업자를 선정할 수 있도록 하기 위하여 공사업자의 신청이 있으면 그 공사업자의 소방시설공사 실적, 자본금 등에 따라 시공능력을 평가하여 공시할 수 있다. ○ ×

70 「소방시설공사업법」상 소방기술자의 의무에는 다른 사람에게 자격증과 소방기술자 경력수첩을 빌려주어서는 아니 되고, 동시에 둘 이상의 업체에 취업하여서는 아니 되고, 근무시간 외에 소방시설업이 아닌 다른 업종에 종사하여서도 아니 된다. ○ ×

71 「소방시설공사업법 시행규칙」상 소방기술자에 대한 실무교육을 실시하려면 교육일정 등 교육에 필요한 계획을 수립하여 소방청장에게 보고한 후 교육 3일 전까지 교육대상자에게 알려야 한다. ○ ×

72 「소방시설공사업법 시행규칙」상 소방기술자에 대한 실무교육 시간, 교육과목, 수수료, 그 밖에 실무교육에 관하여 필요한 사항은 대통령령으로 정하여 고시한다. ○ ×

73 「소방시설공사업법 시행규칙」상 소방기술자는 실무교육을 매년 1회 이상 받아야 한다. ○ ×

74 「소방시설공사업법 시행령」상 소방청장은 소방기술자 실무교육에 관한 업무를 소방청장이 지정하는 실무교육기관 또는 한국소방안전원에 위탁한다. ○ ×

75 「소방시설공사업법」상 소방시설업자협회의 업무는 소방시설업의 기술발전과 소방기술의 진흥을 위한 조사·연구·분석 및 평가, 소방산업의 발전 및 소방기술의 향상을 위한 지원, 소방시설업의 기술발전과 관련된 국제교류·활동 및 행사의 유치 등이 있다. ○ ×

76 「소방시설공사업법」상 소방기술 인정자격 취소처분, 소방시설업 등록취소처분, 소방시설업의 자격정지처분, 소방시설업의 영업정지처분은 청문을 하여야 한다. ○ ×

77 「소방시설공사업법」상 소방기술자를 공사현장에 배치하지 않은 경우에는 300만 원 이하의 과태료를 부과한다. ○ ×

78 「소방시설공사업법」상 소방시설공사업자가 소방시설의 완공검사를 받지 않았을 때는 100만 원 이하의 과태료를 부과한다. ○ ×

79 「소방시설공사업법」상 소방시설업 등록을 하지 아니하고 영업을 한 자는 3년 이하의 징역 또는 3천만 원 이하의 벌금에 처한다. ○ ×

80 「소방시설공사업법」상 과태료는 대통령령으로 정하는 바에 따라 관할 시·도지사, 소방본부장 또는 소방서장이 부과·징수한다. ○ ×

81 「소방시설공사업법」상 화재안전기준을 위반하여 설계나 시공을 한 자, 소방시설업자가 아닌 자에게 소방시설공사등을 도급한 자, 거짓으로 감리한 자 또는 공사감리자를 지정하지 아니한 관계인, 소방시설공사 현장에 감리원을 배치하지 아니한 자는 1년 이하의 징역 또는 1천만 원 이하의 벌금에 해당한다. ○ ×

82 「소방시설공사업법」상 관계인의 정당한 업무를 방해하거나 업무상 알게 된 비밀을 누설한 자, 규정을 위반하여 설계를 한 자, 규정을 위반하여 감리를 한 자, 영업정지처분을 받고 그 기간 동안 소방시설업의 업무를 한 자는 1년 이하의 징역 또는 1천만 원 이하의 벌금에 해당한다. ○ ×

83 「소방시설공사업법」상 규정을 위반하여 소방기술자를 공사현장에 배치하지 아니한 자의 행정벌은 200만 원 이하의 과태료이다. ○ ×

84 「소방시설공사업법 시행령」상 소방공사업자는 소방기술자를 소방공사 현장에 배치하는 것이 원칙이지만, 발주자가 서면으로 승낙하는 경우에는 해당 공사가 중단된 기간 동안 소방기술자를 공사 현장에 배치하지 않을 수 있도록 되어 있는 예외사항에는 발주자가 공사 중단을 요청하는 경우가 있다. ○ ×

O× 정답 및 해설

01 ×
소방시설공사업법의 목적은 소방시설업의 건전한 발전, 소방기술의 진흥, ~~국민의 생명, 신체, 재산 보호~~, 공공의 안전 확보, 국민경제 이바지함에 있다(법 제1조).
→ 국민의 생명, 신체, 재산 보호는 소방기본법의 목적에 해당한다.

02 ○

03 ×
소방시설업에는 소방시설설계업, 소방시설공사업, 소방공사감리업, ~~소방시설관리업~~, 방염처리업이 있다(법 제2조).
→ 소방시설관리업은 해당하지 않는다.

04 ○

05 ×
~~발주자~~는 소방공사감리업자에 소속된 소방기술자로서 해당 소방시설공사를 감리하는 사람을 말한다(법 제2조).
→ 감리원
※ 발주자란 소방시설의 설계, 시공, 감리 및 방염을 소방시설업자에게 도급하는 자를 말한다. 다만, 수급인으로서 도급받은 공사를 하도급 하는 자는 제외한다.

06 ○

07 ×
시·도지사는 재발급신청서를 제출받은 경우에는 ~~7일~~ 이내에 협회를 경유하여 소방시설업 등록증 또는 등록수첩을 재발급하여야 한다(규칙 제4조 제3항).
→ 3일

08 ×
전문 소방시설설계업에서는 주된 기술인력으로 소방기술사 1명 이상과 보조기술인력으로 ~~2명~~ 이상이 필요하다(영 별표 1).
→ 1명

09 ×
전문 소방시설공사업의 등록을 위해서는 주된 기술인력으로 소방기술사 또는 기계분야와 전기분야의 소방설비기사 각 1명(기계분야 및 전기분야의 자격을 함께 취득한 사람 1명) 이상과 보조기술인력 ~~1명~~ 이상이 필요하다(영 별표 1).
→ 2명

10 ×
방염처리업의 종류에는 섬유류 방염업, ~~종이류 방염업~~, 합성수지류 방염업, 합판·목재류 방염업이 있다(영 별표 1).
→ 종이류 방염업은 해당하지 않는다.

11 ×
특정소방대상물의 소방시설공사등을 하려는 자는 업종별로 자본금, 기술인력 등 ~~행정안전부령~~으로 정하는 요건을 갖추어 시·도지사에게 소방시설업을 등록하여야 한다(법 제4조 제1항).
→ 대통령령

12 ○

13 ×
소방시설업 등록의 결격사유자는 등록하려는 소방시설업 등록이 취소된 날부터 2년이 지나지 아니한 자, ~~금고 이상의 실형을 선고받은 날로부터 2년이 지나지 아니한 자~~, 금고 이상의 형의 집행유예를 선고받고 그 유예기간 중에 있는 사람 등이 있다(법 제5조).

→ 금고 이상의 실형을 선고받고 그 집행이 끝나거나(집행이 끝난 것으로 보는 경우를 포함한다) 면제된 날부터 2년이 지나지 아니한 사람

14 ✗
소방시설업 변경등록의 신고사항으로는 상호(명칭) 또는 영업소 소재지, 대표자, ~~자본금~~, 기술인력이 있다(규칙 제5조).
→ 자본금은 해당하지 않는다.

15 ○

16 ○

17 ○

18 ✗
소방시설업자의 등록 취소 또는 6개월 이내의 기간을 정하여 이의 시정이나 영업정지사유에는 등록기준에 미달하게 된 후 ~~20일~~이 경과한 경우, 등록을 한 후 정당한 사유 없이 1년이 지날 때까지 영업을 시작하지 아니하거나 계속하여 1년 이상 휴업한 때, 영업정지 기간 중에 소방시설공사등을 한 경우, 다른 자에게 등록증 또는 등록수첩을 빌려준 경우 등이 있다(법 제9조 제1항).
→ 30일

19 ✗
소방시설업자가 거짓이나 그 밖의 부정한 방법으로 등록한 경우, 법 위반으로 인한 영업정지 기간 중에 소방시설공사등을 한 경우에는 등록을 ~~취소할 수 있다~~(법 제9조 제1항).
→ 취소하여야 한다.

20 ○

21 ✗
시·도지사는 소방시설공사업자가 감리원 배치기준을 위반한 경우로서 영업정지가 그 이용자에게 불편을 주거나 그 밖에 공익을 해칠 우려가 있을 때에는 영업정지처분을 갈음하여 ~~3,000만 원~~ 이하의 과징금을 부과할 수 있다(법 제10조 제1항).
→ 2억 원

22 ○

23 ✗
공사업자는 대통령령으로 정하는 소방시설공사를 하려면 ~~대통령령~~으로 정하는 바에 따라 그 공사의 내용, 시공 장소, 그 밖에 필요한 사항을 소방본부장이나 소방서장에게 신고하여야 한다(법 제13조 제1항).
→ 행정안전부령

24 ○

25 ✗
위험물 ~~제조소~~에 할로겐화합물 및 불활성기체 소화설비를 신설하는 공사는 소방시설공사의 착공신고대상이다(영 제4조).
→ 제조소등은 제외

26 ✗
특정소방대상물에 설치된 소방시설등을 구성하는 다음 각 목의 어느 하나에 해당하는 것의 전부 또는 일부를 개설(改設), 이전(移轉) 또는 정비(整備)하는 공사. 다만, <u>고장 또는 파손 등으로 인하여 작동시킬 수 없는 소방시설을 긴급히 교체하거나 보수하여야 하는 경우에는 신고하지 않을 수 있다</u>(영 제4조).
가. 수신반(受信盤)
나. 소화펌프
다. 동력(감시)제어반

27 ✗
~~단독경보형감지기~~ 신설공사, 옥내·옥외소화전설비 증설공사는 소방시설공사의 착공신고 대상이다(영 제4조).
→ 단독경보형감지기는 착공신고 대상이 아니다.

28 ○

29 ✗
소화펌프 전부를 교체하는 공사, ~~피난기구, 유도등~~ 5개를 신축하는 공사, 옥내소화전설비를 신설하는 공사, 비상경보설비 및 비상방송설비를 신설하는 공사의 경우 착공신고 대상이다(영 제4조).
→ 피난기구, 유도등은 착공신고 대상이 아니다.

김동준 O×문제

30 ×
비상콘센트설비의 전용회로 증설공사, ~~소방용 외의 용도와 겸용되는 무선통신보조설비를 정보통신공사업자가 공사하는 신설공사~~, 소화펌프 일부를 개설하는 공사, 동력(감시)제어반 일부를 이전하는 공사는 착공신고의 대상이다(영 제4조).
→ 소방용 외의 용도와 겸용되는 무선통신보조설비를 정보통신공사업자가 공사하는 경우는 제외한다.

31 O

32 O

33 ×
스프링클러설비등, 물분무등소화설비, ~~호스릴 방식의 소화설비~~가 설치되는 특정소방대상물은 완공검사를 위한 현장확인 대상이다(영 제5조).
→ 호스릴 방식의 소화설비는 제외

34 ×
연면적 ~~5천㎡~~ 이상이거나 ~~5층~~ 이상인 특정소방대상물(아파트는 제외)은 완공검사를 위한 현장확인 대상이다(영 제5조).
→ 1만㎡, 11층

35 ×
가연성가스를 제조, 저장 또는 취급하는 시설 중 ~~지하에 매립된~~ 가연성가스탱크의 저장용량 합계가 1천톤 이상인 시설은 완공검사를 위한 현장확인을 진행해야 한다(영 제5조).
→ 지상에 노출된

36 ×
수련시설, 운동시설, 숙박시설, 창고시설, ~~업무시설~~은 완공검사를 위한 현장확인의 대상이 된다(영 제5조).
→ 업무시설은 완공검사를 위한 현장확인 대상이 아니다.

37 O

38 O

39 ×
관계인은 하자보수기간에 소방시설의 하자가 발생하였을 때에는 공사업자에게 그 사실을 알려야 하며, 통보를 받은 공사업자는 ~~7일~~ 이내에 하자를 보수하거나 보수 일정을 기록한 하자보수계획을 관계인에게 서면으로 알려야 한다(법 제15조 제3항).
→ 3일

40 O

41 ×
물분무등소화설비, 옥외소화전설비, 자동화재탐지설비, ~~비상방송설비 및 무선통신보조설비~~의 하자 보증기간은 3년으로 규정되어 있다(영 제6조).
→ 비상방송설비 및 무선통신보조설비의 하자 보증기간은 2년이다.

42 ×
피난기구, 유도등, 유도표지, 비상경보설비, ~~옥외소화전설비~~는 하자 보증기간이 2년이다(영 제6조).
→ 옥외소화전설비는 하자 보증기간이 3년이다.

43 ×
소방시설의 하자 보증기간이 정해져 있는데, 비상조명등은 2년, 상수도소화용수설비 및 ~~소화활동설비~~는 3년으로 되어 있다(영 제6조).
→ 소화활동설비 중 무선통신보조설비는 하자 보증기간이 2년이다.

44 O

45 ×
소방시설등 설계변경 사항의 적합성 검토, 소방용품의 위치, 규격 및 사용 자재의 적합성 검토, ~~설계업자~~가 작성한 시공 상세 도면의 적합성 검토는 소방공사감리업자의 업무이다(법 제16조 제1항).
→ 공사업자

46 O

47 ✗
소방공사감리의 종류로는 상주공사감리, 일반공사감리, ~~방염공사감리, 전기공사감리~~가 있다(영 별표 3).
→ 방염공사감리, 전기공사감리는 해당하지 않는다.

48 ○

49 ✗
상주공사감리를 두어야 하는 소방시설 공사에는 지하층을 포함한 층수가 ~~15층~~ 이상으로 ~~1,000세대~~ 이상인 아파트에 대한 소방시설의 공사도 포함된다(영 별표 3).
→ 16층, 500세대

50 ✗
옥내·외 소화전설비를 신설·개설 또는 증설할 때, 통합감시시설을 신설 또는 개설할 때, ~~비상경보설비를 신설 또는 개설~~할 때는 소방공사감리자를 지정해야 한다(영 제10조 제2항).
→ 비상경보설비를 신설 또는 개설은 공사감리자 지정대상이 아니다.

51 ○

52 ✗
소방공사감리자를 지정해야 하는 경우에는 ~~캐비닛형 간이스프링클러설비~~ 신설·개설, 소화용수설비 신설 또는 개설, 옥내소화전설비를 신설·개설 또는 증설 등이 있다(영 제10조).
→ 스프링클러설비(캐비닛형 간이스프링클러설비는 제외)

53 ○

54 ✗
자동화재탐지설비를 신설·개설하는 경우, ~~호스릴 방식의 소화설비~~를 신설·개설하는 경우, 옥외소화전설비를 신설·개설 또는 증설하는 경우에는 소방공사감리자를 지정하여야 한다(영 제10조).
→ 물분무등소화설비(호스릴 방식의 소화설비는 제외)

55 ✗
1명의 감리원이 담당하는 소방공사감리현장은 ~~10개~~ 이하로서 감리현장 연면적의 총합계가 ~~5만~~ 제곱미터 이하여야 한다(규칙 제16조).
→ 5개, 10만

56 ○

57 ✗
특급감리원 중 소방기술사를 책임감리원으로 배치해야 하는 기준의 경우는 연면적이 ~~30만~~m² 이상인 특정소방대상물의 공사현장이다(영 별표 4).
→ 20만

58 ✗
특급감리원 중 소방기술사를 책임감리원으로 배치해야 하는 기준의 경우는 지하층을 포함한 층수가 ~~20층~~ 이상인 특정소방대상물의 공사현장이다(영 별표 4).
→ 40층

59 ○

60 ✗
연면적 ~~3천~~ 제곱미터 이상 ~~5천~~ 제곱미터 미만인 특정소방대상물의 공사 현장의 경우 행정안전부령으로 정하는 중급감리원 이상의 소방공사 감리원(기계분야 및 전기분야)을 두어야 한다(영 별표 4).
→ 5천, 3만

61 ○

62 ✗
소방공사감리업자는 감리원을 배치변경 할 때 ~~10일~~ 이내에 통보서에 서류를 첨부하여 ~~소방청장 또는 소방본부장~~에게 알려야 한다(규칙 제17조 제1항).
→ 7일, 소방본부장 또는 소방서장

63 ✗
감리업자가 소방공사의 감리를 마쳤을 때 소방공사 감리 결과를 특정소방대상물의 관계인, 소방시설공사의 도급인, 공사를 감리한 건축사에게 알리고, ~~소방청장 혹은~~ 소방본부장 또는 소방서장에게 보고해야 한다(규칙 제19조).
→ 소방청장은 해당하지 않는다.

64 ○

65 ✗
감리업자는 감리를 할 때 소방시설공사가 설계도서나 화재안전기준에 맞지 아니할 때에는 관계인에게 알리고, 공사업자에게 그 공사의 시정 또는 보완 등을 요구하여야 하고, 공사업자가 요구를 이행하지 아니하고 그 공사를 계속할 때에는 ~~소방청장 혹은~~ 소방본부장이나 소방서장에게 이 사실을 보고하여야 한다(법 제19조 제1항, 제3항).
→ 소방청장은 해당하지 않는다.

66 ✗
소방시설공사를 도급을 받은 자는 소방시설의 설계, 시공, 감리를 제3자에게 하도급할 수 없다. 다만, 시공의 경우에는 대통령령으로 정하는 바에 따라 도급받은 소방시설공사의 ~~전부~~를 다른 공사업자에게 하도급할 수 있다(법 제22조 제1항).
→ 일부

67 ✗
특정소방대상물의 관계인 또는 발주자는 해당 도급계약의 수급인이 소방시설업을 휴업하거나 폐업한 경우 또는 소방시설업의 등록이 취소되거나 영업정지, ~~경고~~를 받았을 경우에는 도급계약을 해지할 수 있다(법 제23조).
→ 경고는 도급계약 해지사유가 아니다.

68 ✗
특정소방대상물의 관계인 또는 발주자는 해당 도급계약의 수급인이 정당한 사유 없이 ~~10일~~ 이상 소방시설공사를 계속하지 않는 경우에는 도급계약을 해지할 수 있다(법 제23조).
→ 30일

69 ○

70 ✗
법 제27조(소방기술자의 의무)
① 소방기술자는 이 법과 이 법에 따른 명령과 「소방시설 설치 및 관리에 관한 법률」 및 같은 법에 따른 명령에 따라 업무를 수행하여야 한다.
② 소방기술자는 다른 사람에게 자격증[제28조에 따라 소방기술 경력 등을 인정받은 사람의 경우에는 소방기술 인정 자격수첩(이하 "자격수첩"이라 한다)과 소방기술자 경력수첩(이하 "경력수첩"이라 한다)을 말한다]을 빌려 주어서는 아니 된다.
③ 소방기술자는 동시에 둘 이상의 업체에 취업하여서는 아니 된다. 다만, 제1항에 따른 소방기술자 업무에 영향을 미치지 아니하는 범위에서 근무시간 외에 소방시설업이 아닌 다른 업종에 종사하는 경우는 제외한다.

71 ✗
소방기술자에 대한 실무교육을 실시하려면 교육일정 등 교육에 필요한 계획을 수립하여 소방청장에게 보고한 후 교육 ~~3일~~ 전까지 교육대상자에게 알려야 한다(규칙 제26조 제2항).
→ 10일

72 ✗
소방기술자에 대한 실무교육 시간, 교육과목, 수수료, 그 밖에 실무교육에 관하여 필요한 사항은 ~~대통령령으로~~ 정하여 고시한다(규칙 제26조 제3항).
→ 소방청장이

73 ✗
소방기술자는 실무교육을 ~~매년~~ 1회 이상 받아야 한다(규칙 제26조 제1항).
→ 2년마다

74 ○

75 ○

76 ✗
소방기술 인정자격 취소처분, 소방시설업 등록취소처분, ~~소방시설업의 자격정지처분~~, 소방시설업의 영업정지처분은 청문을 하여야 한다(법 제32조 제1항).
→ 소방시설업의 자격정지처분은 청문대상이 아니다.

77 ✗
소방기술자를 공사현장에 배치하지 않은 경우에는 ~~300만 원~~ 이하의 과태료를 부과한다(법 제40조 제1항).
→ 200만 원

78 ✗
소방시설공사업자가 소방시설의 완공검사를 받지 않았을 때는 ~~100만 원~~ 이하의 과태료를 부과한다(법 제40조 제1항).
→ 200만 원

79 ○

80 ○

81 ✗
화재안전기준을 위반하여 설계나 시공을 한 자, 소방시설업자가 아닌 자에게 소방시설공사등을 도급한 자, 거짓으로 감리한 자 또는 공사감리자를 지정하지 아니한 관계인, ~~소방시설공사 현장에 감리원을 배치하지 아니한 자~~는 1년 이하의 징역 또는 1천만 원 이하의 벌금에 해당한다(법 제36조, 제37조).
→ 소방시설공사 현장에 감리원을 배치하지 아니한 자는 300만 원 이하의 벌금

82 ✗
~~관계인의 정당한 업무를 방해하거나 업무상 알게 된 비밀을 누설한 자~~, 규정을 위반하여 설계를 한 자, 규정을 위반하여 감리를 한 자, 영업정지처분을 받고 그 기간 동안 소방시설업의 업무를 한 자는 1년 이하의 징역 또는 1천만 원 이하의 벌금에 해당한다(법 제36조, 제37조).
→ 관계인의 정당한 업무를 방해하거나 업무상 알게 된 비밀을 누설한 자는 300만 원 이하의 벌금

83 ○

84 ○

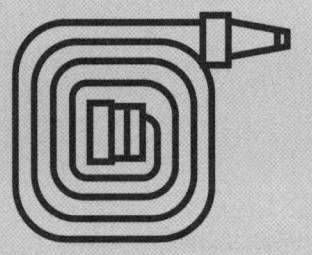

PART 06

위험물안전관리법

06 위험물안전관리법

01 「위험물안전관리법」상 위험물의 저장·취급 및 운반과 이에 따른 안전관리에 관한 사항을 규정함으로써 위험물로 인한 위해를 방지하여 공공의 안전을 확보함을 목적으로 한다. ○ ×

02 「위험물안전관리법」상 "위험물"이라 함은 인화성 또는 가연성 등의 성질을 가지는 것으로서 행정안전부령이 정하는 물품을 말한다. ○ ×

03 「위험물안전관리법」상 "취급소"라 함은 지정수량 이상의 위험물을 제조의 목적으로 저장하기 위한 대통령령이 정하는 장소로서 규정에 따른 허가를 받은 장소를 말한다. ○ ×

04 「위험물안전관리법」상 "지정수량"이라 함은 위험물의 종류별로 위험성을 고려하여 대통령령이 정하는 수량으로서 제조소등의 설치허가 등에 있어서 최대의 기준이 되는 수량을 말한다. ○ ×

05 「위험물안전관리법」상 위험물을 제조할 목적으로 지정수량 이상의 위험물을 취급하기 위하여 허가를 받은 장소는 "제조소"에 해당된다. ○ ×

06 「위험물안전관리법 시행규칙」상 위험물을 저장 또는 취급하는 탱크의 용량은 해당 탱크의 내용적에서 공간용적을 뺀 용적으로 산정한다. ○ ×

07 「위험물안전관리법 시행규칙」상 위험물을 저장 또는 취급하는 탱크의 공간용적 및 내용적의 계산방법은 행정안전부령으로 정하여 고시한다. ○ ×

08 「위험물안전관리법」상 항공기·선박·차량 및 마차에 의한 위험물의 저장·취급 및 운반에 있어서는 위험물안전관리법을 적용하지 아니한다. ○ ×

09 「위험물안전관리법」상 지정수량 미만인 위험물의 저장 또는 취급에 관한 기술상의 기준은 행정안전부령으로 정한다. ○ ×

10 「위험물안전관리법」상 지정수량 이상의 위험물을 저장소가 아닌 장소에서 저장하거나 제조소등이 아닌 장소에서 취급해서는 안되지만, 관할소방서장의 승인을 받아 지정수량 이상의 위험물을 90일 이내의 기간 동안 임시로 저장 또는 취급하는 경우에는 가능하다. ○ ×

11 「위험물안전관리법 시행령」상 브로민산염류, 아염소산염류, 다이크로뮴산염류 중 위험물의 지정수량이 가장 큰 것은 브로민산염류이다. ○ ×

12 「위험물안전관리법 시행령」상 위험물의 성질상 구분은 제1류 위험물 : 산화성고체, 제2류 위험물 : 가연성고체, 제3류 위험물 : 자연발화성물질 및 금수성물질, 제4류 위험물 : 인화성액체, 제5류 위험물 : 자기반응성물질, 제6류 위험물 : 산화성액체로 나누어진다. ○ ×

13 「위험물안전관리법 시행령」상 브로민산염류, 무기과산화물, 염소산염류, 질산염류, 다이크로뮴산염류는 제1류 위험물에 속한다. ○ ×

14 「위험물안전관리법 시행령」상 황린과 아조화합물은 자연발화성 및 금수성 물질에 해당한다. ○ ×

15 「위험물안전관리법 시행령」상 특수인화물은 이황화탄소, 디에틸에테르 그 밖의 1기압에서 발화점이 섭씨 100도 이하인 것 또는 인화점이 섭씨 영하 20도 이하이고 비점이 섭씨 40도 이하인 것을 말한다. ○ ×

16 「위험물안전관리법 시행령」상 제1석유류는 아세톤, 휘발유 그 밖에 1기압에서 인화점이 섭씨 70도 미만인 것을 말한다. ○ ×

17 「위험물안전관리법 시행령」상 철분, 칼륨, 나트륨, 황화인, 마그네슘, 금속분은 제2류 위험물에 해당한다. ○ ×

18 「위험물안전관리법 시행령」상 황은 순도가 50중량% 이상인 것을 말한다. 이 경우 순도측정에 있어서 불순물은 활석 등 불연성물질과 수분에 한한다. ○ ×

19 「위험물안전관리법 시행령」상 제5류 위험물에는 나이트로화합물, 하이드라진유도체, 알킬알루미늄, 하이드록실아민, 질산에스터류 등이 있다. ○ ✕

20 「위험물안전관리법 시행령」상 제4류 위험물 중 "제1석유류"라 함은 아세톤, 휘발유 그 밖에 1기압에서 인화점이 섭씨 21도 미만인 것을 말한다. ○ ✕

21 「위험물안전관리법 시행령」상 제2류 위험물인 가연성 고체에는 철분, 금속분, 적린, 황린, 마그네슘, 칼슘 등이 있다. ○ ✕

22 「위험물안전관리법 시행령」상 제2류 위험물 중 마그네슘의 지정수량은 500kg이다. ○ ✕

23 「위험물안전관리법 시행령」상 "동·식물유류"는 동물의 지육 등 또는 식물의 종자나 과육으로부터 추출한 것으로서 1기압에서 인화점이 섭씨 300℃ 미만인 것을 말한다. ○ ✕

24 「위험물안전관리법 시행령」상 제1류 위험물 중 다이크로뮴산염류, 과망가니즈산염류는 지정수량이 1,000kg이다. ○ ✕

25 「위험물안전관리법 시행령」상 제2류 위험물 중 인화성고체라 함은 고형알코올 그 밖에 1기압에서 인화점이 섭씨 -20℃ 미만인 고체를 말한다. ○ ✕

26 「위험물안전관리법 시행령」상 철분이라 함은 철의 분말로서 53마이크로미터의 표준체를 통과하는 것이 50중량퍼센트 미만인 것은 제외한다. ○ ✕

27 「위험물안전관리법 시행령」상 마그네슘은 2mm의 체를 통과하지 아니하는 덩어리 상태의 것을 말한다. ○ ✕

28 「위험물안전관리법 시행령」상 위험물 취급소에는 일반취급소, 이동취급소, 주유취급소, 판매취급소가 있다. ○ ✕

29 「위험물안전관리법」상 주택의 난방시설을 위한 저장소 또는 취급소는 설치하거나 그 위치·구조 또는 설비를 변경하고자 할 때 시·도지사에게 허가를 받고서 신고를 해야 한다. ○ ✕

30 「위험물안전관리법」상 제조소등의 위치·구조 또는 설비의 변경 없이 당해 제조소등에서 저장하거나 취급하는 위험물의 품명·수량 또는 지정수량의 배수를 변경하고자 하는 자는 변경하고자 하는 날의 3일 전까지 행정안전부령이 정하는 바에 따라 시·도지사에게 신고하여야 한다. ○ ×

31 「위험물안전관리법」상 농예용·축산용 또는 수산용으로 필요한 난방시설 또는 건조시설을 위한 지정수량 30배 이상의 취급소는 설치하거나 그 위치·구조 또는 설비를 변경할 경우 신고를 하지 않아도 된다. ○ ×

32 「위험물안전관리법 시행령」상 탱크안전성능검사의 대상이 되는 탱크 등에 있어서 기초·지반검사의 대상인 것은 옥외탱크저장소의 액체위험물탱크 중 그 용량이 100만L 이하인 탱크이다. ○ ×

33 「위험물안전관리법 시행령」상 위험물탱크의 안전성능검사의 종류에는 충수·수압검사, 용접부검사, 암반탱크검사, 기초·지반검사가 있다. ○ ×

34 「위험물안전관리법 시행규칙」상 이송취급소의 완공검사의 신청은 이송배관 공사의 전체 또는 일부를 완료한 후에 실시한다. 다만, 지하·하천 등에 매설하는 이송배관의 공사의 경우에는 이송배관을 매설하기 전에 실시한다. ○ ×

35 「위험물안전관리법 시행규칙」상 지정수량의 10배 이상의 위험물을 저장 또는 취급하는 제조소등(이동탱크저장소를 제외한다)에는 화재발생시 이를 알릴 수 있는 경보설비로 무선통신보조설비를 설치하여야 한다. ○ ×

36 「위험물안전관리법 시행규칙」상 제조소등에는 화재발생시 소방공무원이 화재를 진압하거나 인명구조 활동을 할 수 있도록 소화활동설비를 설치하여야 한다. ○ ×

37 「위험물안전관리법」상 안전관리자를 선임한 제조소등의 관계인은 그 안전관리자를 해임하거나 안전관리자가 퇴직한 때에는 해임하거나 퇴직한 날부터 20일 이내에 다시 안전관리자를 선임하여야 한다. ○ ×

38 「위험물안전관리법 시행규칙」상 1인의 안전관리자를 중복해서 선임할 수 있는 대상기준에는 10개 이하의 옥내저장소, 30개 이하의 옥내탱크저장소, 지하탱크저장소 등이 있다(법 기준상). O X

39 「위험물안전관리법」상 대통령령으로 정하는 제조소등의 관계인은 해당 제조소등의 화재예방과 화재 등 재해발생시의 비상조치를 위하여 행정안전부령으로 정하는 바에 따라 예방규정을 정하여 해당 제조소등의 사용을 시작하기 전에 소방본부장 또는 소방서장에게 제출하여야 한다. O X

40 「위험물안전관리법 시행령」상 지정수량의 10배 이상의 위험물을 취급하는 제조소와 지정수량의 150배 이상의 위험물을 저장하는 옥내저장소는 관계인이 예방규정을 정하여야 하는 제조소등에 해당한다. O X

41 「위험물안전관리법 시행령」상 지정수량의 100배 이상의 위험물을 저장하는 옥외저장소와 지정수량의 150배 이상의 위험물을 저장하는 옥외탱크저장소는 관계인이 예방규정을 정하여야 하는 제조소등에 해당한다. O X

42 「위험물안전관리법 시행규칙」상 특정·준특정옥외탱크저장소는 소방본부장이나 소방서장으로부터 정기검사를 받아야 하며 정밀정기검사는 최근의 정밀정기검사를 받은 날로부터 12년 이내에 받아야 한다. O X

43 「위험물안전관리법 시행령」상 제4류 위험물의 최대수량의 합이 지정수량의 3천배 이상 취급하는 제조소, 저장소 또는 일반취급소는 자체소방대를 설치하여야 한다. O X

44 「위험물안전관리법 시행령」상 최대수량이 지정수량의 50만배 이상인 제4류 위험물을 저장하는 옥내탱크저장소는 자체소방대를 설치하여야 하는 사업소이다. O X

45 「위험물안전관리법 시행령」상 제조소에서 제4류 위험물 중 알코올 8,000만 리터에 갖추어야 할 화학소방차는 3대, 필요한 자체소방대의 인원수는 15인이다. O X

46 「위험물안전관리법 시행령」상 제조소 또는 일반취급소에서 취급하는 제4류 위험물의 최대수량의 합이 지정수량의 24만 배 이상 48만 배 미만인 사업소에는 화학소방자동차 2대와 자체소방대원 10인을 두어야 한다. O X

47 「위험물안전관리법 시행령」상 알킬알루미늄과 알킬리튬은 위험물 운송자가 운송책임자의 감독·지원을 받아 운송하여야 하는 위험물이다. ○ ×

48 「위험물안전관리법」상 위험물 제조소등에의 출입·검사권자는 소방청장, 시·도지사, 소방본부장 또는 소방서장이다. ○ ×

49 「위험물안전관리법」상 소방청장, 시·도지사, 소방본부장 또는 소방서장은 위험물의 누출·화재·폭발 등의 사고가 발생한 경우 사고의 원인 및 피해 등을 조사하여야 한다. ○ ×

50 「위험물안전관리법 시행령」상 위험물 안전교육을 받아야 하는 안전교육 대상자는 위험물 제조소의 관계인, 탱크시험자의 기술인력으로 종사하는 자, 위험물운송자로서 종사하는 자이다. ○ ×

51 「위험물안전관리법」상 과태료는 대통령령이 정하는 바에 따라 시·도지사, 소방본부장 또는 소방서장이 부과·징수한다. ○ ×

52 「위험물안전관리법」상 위험물의 저장 또는 취급에 관한 세부기준을 위반한 자, 지위승계신고를 기간 이내에 하지 아니하거나 허위로 한 자는 300만 원 이하의 과태료에 처한다. ○ ×

53 「위험물안전관리법」상 위험물안전관리자 또는 그 대리자가 참여하지 아니한 상태에서 위험물을 취급한 자는 1천 500만 원 이하의 벌금에 처한다. ○ ×

54 「위험물안전관리법 시행규칙」상 위험물 제조소의 게시판은 한변의 길이가 0.3m 이상, 다른 한변의 길이가 0.6m 이상인 직사각형으로 한다. ○ ×

55 「위험물안전관리법 시행규칙」상 위험물 제조소의 표지 및 게시판 중 제4류 위험물에 있어서는 적색바탕에 백색문자로, "화기엄금"을 표시한다. ○ ×

56 「위험물안전관리법 시행규칙」상 위험물 제조소의 표지 및 게시판 중 인화성고체에 있어서는 적색바탕에 백색문자로, "화기주의"를 표시한다. ○ ×

57 「위험물안전관리법 시행규칙」상 제조소의 설치기준에서 채광설비는 불연재료로 하고, 연소의 우려가 없는 장소에 설치하되 채광면적을 최대로 한다. ○ ×

58 「위험물안전관리법 시행규칙」상 제조소의 설치기준에서 환기설비의 급기구는 높은 곳에 설치한다. ○ ×

59 「위험물안전관리법 시행규칙」상 고인화점위험물이란 인화점이 100℃ 이상인 제4류 위험물을 말한다. ○ ×

60 「위험물안전관리법 시행규칙」상 옥외탱크저장소의 저장 또는 취급하는 위험물의 최대수량이 지정수량의 500배 이하인 경우 보유 공지너비는 2m 이상으로 해야 한다. ○ ×

61 「위험물안전관리법 시행규칙」상 옥외저장탱크 중 압력탱크 외의 탱크에 있어서는 밸브 없는 통기관의 지름은 30mm 이상으로 하고 끝부분은 수평면보다 45도 이상 구부려 빗물 등의 침투를 막는 구조로 한다. ○ ×

62 「위험물안전관리법 시행규칙」상 옥외탱크저장소의 방유제 설치 기준에서 높이가 1m를 넘는 방유제 및 간막이 둑의 안팎에는 방유제내에 출입하기 위한 계단 또는 경사로를 약 70m마다 설치하여야 한다. ○ ×

63 「위험물안전관리법 시행규칙」상 옥외저장탱크의 배수관은 탱크의 밑판에 설치하여야 한다. 다만, 탱크와 배수관과의 결합부분이 지진 등에 의하여 손상을 받을 우려가 없는 방법으로 배수관을 설치하는 경우에는 탱크의 옆판에 설치할 수 있다. ○ ×

64 「위험물안전관리법 시행규칙」상 제3류 위험물 중 금수성물질(고체에 한한다)의 옥외저장탱크에는 방수성의 불연재료로 만든 피복설비를 설치하여야 한다. ○ ×

65 「위험물안전관리법 시행규칙」상 주유취급소의 주유공지는 너비 15m, 길이 6m 이상으로 하며, 고정주유설비와 고정급유설비의 사이는 1m 이하의 거리를 유지한다. ○ ×

66 「위험물안전관리법 시행규칙」상 주유취급소에 "주유 중 엔진 정지"라는 표시를 한 게시판은 한 변의 길이가 0.3m 이상, 다른 한 변의 길이가 0.6m 이상의 직사각형으로 하며, 바탕색은 흰색, 문자색은 흑색으로 한다. ○ ×

67 「위험물안전관리법 시행규칙」상 주유취급소의 주위에는 자동차 등이 출입하는 쪽 외의 부분에 높이 1m 이하의 내화구조 또는 불연재료의 담 또는 벽을 설치하여야 한다. ○ ×

68 「위험물안전관리법 시행규칙」상 주유취급소에는 자동차 등에 주유하기 위한 고정주유설비의 경우 직접 접속하는 전용탱크로서 1,000L 이하의 것으로 설치해야 한다. ○ ×

69 「위험물안전관리법 시행규칙」상 주유취급소의 고정주유설비 또는 고정급유설비의 주유관의 길이는 5m 이내로 하고 그 끝부분에는 축적된 정전기를 유효하게 제거할 수 있는 장치를 설치하여야 한다. ○ ×

70 「위험물안전관리법 시행령 별표」상의 모든 위험물을 취급할 수 있는 사람에는 위험물기능장, 위험물산업기사, 위험물기능사가 있다. ○ ×

71 「위험물안전관리법 시행규칙」상 옥외탱크저장소에 저장 또는 취급하는 위험물의 최대수량이 500배를 초과하여 600배에 이를 경우 옥외저장탱크의 측면으로부터 5m 이상의 공지를 보유하여야 한다. ○ ×

72 「위험물안전관리법 시행규칙」상 지하탱크저장소의 탱크 주위에 마른 모래 또는 습기 등에 의하여 응고되지 아니하는 입자지름 10mm 이하의 마른 자갈분을 채워야 한다. ○ ×

73 「위험물안전관리법 시행규칙」상 지하저장탱크와 탱크전용실의 안쪽과의 사이는 0.1m 이상의 간격을 유지하도록 하며, 탱크전용실은 지하의 가장 가까운 벽·피트·가스관 등의 시설물 및 대지경계선으로부터 0.1m 이상 떨어진 곳에 설치한다. ○ ×

74 「위험물안전관리법 시행규칙」상 정전기가 발생할 우려가 있는 위험물을 취급할 때 설치하는 정전기 제거설비에는 접지에 의한 방법, 공기 중의 상대습도를 10% 이상으로 하는 방법, 공기를 이온화하는 방법이 있다. ○ ×

75 「위험물안전관리법 시행규칙」상 제1류 위험물과 제6류 위험물은 서로 혼재할 수 있다. ○ ×

76 「위험물안전관리법 시행규칙」상 제4류 위험물과 서로 혼재할 수 없는 것은 제2류 위험물과 제6류 위험물이다. ○ ×

77 「위험물안전관리법 시행규칙」상 위험물의 운반에 관한 기준에서 제3류 위험물 중 금수성물질을 수납할 경우에는 "화기엄금" 및 "공기접촉엄금"을 표시해야 한다.

78 「위험물안전관리법 시행규칙」상 위험물의 운반에 관한 기준에서 제2류 위험물 중 마그네슘을 수납하는 위험물의 표시사항은 "화기엄금" 및 "물기엄금"이다.

79 「위험물안전관리법 시행규칙」상 위험물의 운반에 관한 기준에서 제5류 위험물을 수납하는 위험물의 표시사항은 "화기엄금" 및 "충격주의"이다.

O× 정답 및 해설

01 O

02 ×
"위험물"이라 함은 인화성 또는 ~~자연성~~ 등의 성질을 가지는 것으로서 ~~행정안전부령~~이 정하는 물품을 말한다(법 제2조).
→ 발화성, 대통령령

03 ×
"취급소"라 함은 지정수량 이상의 위험물을 ~~제조와 목적으로 저장하기~~ 위한 대통령령이 정하는 장소로서 규정에 따른 허가를 받은 장소를 말한다(법 제2조).
→ 제조 외의 목적으로 취급하기

04 ×
"지정수량"이라 함은 위험물의 종류별로 위험성을 고려하여 대통령령이 정하는 수량으로서 제조소등의 설치허가 등에 있어서 ~~최대의 기준이~~ 되는 수량을 말한다(법 제2조).
→ 최저의 기준이

05 O

06 O

07 ×
위험물을 저장 또는 취급하는 탱크의 공간용적 및 내용적의 계산방법은 ~~행정안전부령으로 정하여 고시~~ 한다(규칙 제5조 제2항).
→ 소방청장이 정하여 고시

08 ×
항공기·선박·~~차량 및 마차~~에 의한 위험물의 저장·취급 및 운반에 있어서는 위험물안전관리법을 적용하지 아니한다(법 제3조).
→ 철도 및 궤도

09 ×
지정수량 미만인 위험물의 저장 또는 취급에 관한 기술상의 기준은 ~~행정안전부령으로~~ 정한다(법 제4조).
→ 시·도 조례

10 O

11 ×
브로민산염류(300kg), 아염소산염류(50kg), 다이크로뮴산염류(1,000kg) 중 위험물의 지정수량이 가장 큰 것은 ~~브로민산염류~~이다(영 별표 1).
→ 다이크로뮴산염류

12 O

13 O

14 ×
황린과 ~~아조화합물~~은 자연발화성 및 금수성 물질에 해당한다(영 별표 1).
→ 아조화합물은 제5류 위험물 자기반응성물질이다.

15 O

16 ×
제1석유류는 아세톤, 휘발유 그 밖에 1기압에서 인화점이 섭씨 ~~70도 미만~~인 것을 말한다(영 별표 1).
→ 21도 미만

김동준 OX문제

17 ×
철분, 칼륨, 나트륨, 황화인, 마그네슘, 금속분은 제2류 위험물에 해당한다(영 별표 1).
→ 칼륨, 나트륨은 제3류 위험물에 해당한다.

18 ×
황은 순도가 50중량% 이상인 것을 말한다. 이 경우 순도측정에 있어서 불순물은 활석 등 불연성물질과 수분에 한한다(영 별표 1).
→ 60중량%

19 ×
제5류 위험물에는 나이트로화합물, 하이드라진유도체, 알킬알루미늄, 하이드록실아민, 질산에스터류 등이 있다(영 별표 1).
→ 알킬알루미늄은 제3류 위험물에 해당한다.

20 ○

21 ×
제2류 위험물인 가연성 고체에는 철분, 금속분, 적린, 황린, 마그네슘, 칼슘 등이 있다(영 별표 1).
→ 황린, 칼슘은 제3류 위험물에 해당한다.

22 ○

23 ×
"동·식물유류"는 동물의 지육 등 또는 식물의 종자나 과육으로부터 추출한 것으로서 1기압에서 인화점이 섭씨 300℃ 미만인 것을 말한다(영 별표 1).
→ 250℃ 미만

24 ○

25 ×
제2류 위험물 중 인화성고체라 함은 고형알코올 그 밖에 1기압에서 인화점이 섭씨 20℃ 미만인 고체를 말한다(영 별표 1).
→ 40℃ 미만

26 ○

27 ×
마그네슘은 2mm의 체를 통과하지 아니하는 덩어리 상태의 것을 말한다(영 별표 1).
→ 것은 제외한다.

28 ×
위험물 취급소에는 일반취급소, 이동취급소, 주유취급소, 판매취급소가 있다(영 별표 3).
→ 이송취급소

29 ×
주택의 난방시설을 위한 저장소 또는 취급소는 설치하거나 그 위치·구조 또는 설비를 변경하고자 할 때 시·도지사에게 허가를 받고서 신고를 해야 한다(법 제6조 제3항).
→ 허가를 받지 않고 신고를 하지 않아도 된다.

30 ×
제조소등의 위치·구조 또는 설비의 변경 없이 당해 제조소등에서 저장하거나 취급하는 위험물의 품명·수량 또는 지정수량의 배수를 변경하고자 하는 자는 변경하고자 하는 날의 3일 전까지 행정안전부령이 정하는 바에 따라 시·도지사에게 신고하여야 한다(법 제6조 제2항).
→ 1일

31 ×
농예용·축산용 또는 수산용으로 필요한 난방시설 또는 건조시설을 위한 지정수량 30배 이상의 취급소는 설치하거나 그 위치·구조 또는 설비를 변경할 경우 신고를 하지 않아도 된다(법 제6조 제3항).
→ 20배 이하의 저장소

32 ×
탱크안전성능검사의 대상이 되는 탱크 등에 있어서 기초·지반검사의 대상인 것은 옥외탱크저장소의 액체위험물탱크 중 그 용량이 100만L 이하인 탱크이다(영 제8조 제1항).
→ 이상

33 ○

34 ○

35 ✗
지정수량의 10배 이상의 위험물을 저장 또는 취급하는 제조소등(이동탱크저장소를 제외한다)에는 화재발생시 이를 알릴 수 있는 경보설비로 ~~무선통신보조설비~~를 설치하여야 한다(규칙 제42조 제2항).
→ 자동화재탐지설비, 자동화재속보설비, 비상경보설비, 확성장치, 비상방송설비

36 ✗
제조소등에는 화재발생시 소방공무원이 화재를 진압하거나 인명구조 활동을 할 수 있도록 소화활동설비를 설치하여야 한다.
→ 해당되지 않는다.

※ 규칙 제41조(소화설비의 기준)
① 법 제5조 제4항의 규정에 의하여 제조소등에는 화재발생시 소화가 곤란한 정도에 따라 그 소화에 적응성이 있는 소화설비를 설치하여야 한다.

※ 규칙 제42조(경보설비의 기준)
① 법 제5조 제4항의 규정에 의하여 영 별표 1의 규정에 의한 지정수량의 10배 이상의 위험물을 저장 또는 취급하는 제조소등(이동탱크저장소를 제외한다)에는 화재발생시 이를 알릴 수 있는 경보설비를 설치하여야 한다.

※ 규칙 제43조(피난설비의 기준)
① 법 제5조 제4항의 규정에 의하여 주유취급소 중 건축물의 2층 이상의 부분을 점포·휴게음식점 또는 전시장의 용도로 사용하는 것과 옥내주유취급소에는 피난설비를 설치하여야 한다.

37 ✗
안전관리자를 선임한 제조소등의 관계인은 그 안전관리자를 해임하거나 안전관리자가 퇴직한 때에는 해임하거나 퇴직한 날부터 ~~20일~~ 이내에 다시 안전관리자를 선임하여야 한다(법 제15조 제2항).
→ 30일

38 ✗
1인의 안전관리자를 중복해서 선임할 수 있는 대상 기준에는 10개 이하의 옥내저장소, ~~30개 이하의 옥내탱크저장소~~, 지하탱크저장소 등이 있다(규칙 제56조 제1항).
→ 법 기준상 옥내탱크저장소는 개수제한규정이 없다.

39 ✗
대통령령으로 정하는 제조소등의 관계인은 해당 제조소등의 화재예방과 화재 등 재해발생시의 비상조치를 위하여 행정안전부령으로 정하는 바에 따라 예방규정을 정하여 해당 제조소등의 사용을 시작하기 전에 ~~소방본부장 또는 소방서장~~에게 제출하여야 한다(법 제17조 제1항).
→ 시·도지사

40 ○

41 ✗
지정수량의 100배 이상의 위험물을 저장하는 옥외저장소와 지정수량의 ~~150배~~ 이상의 위험물을 저장하는 옥외탱크저장소는 관계인이 예방규정을 정하여야 하는 제조소등에 해당한다(영 제15조).
→ 200배

42 ✗
특정·준특정옥외탱크저장소는 소방본부장이나 소방서장으로부터 정기검사를 받아야 하며 정밀정기검사는 최근의 정밀정기검사를 받은 날로부터 ~~12년~~ 이내에 받아야 한다(규칙 제70조 제1항).
→ 11년

43 ✗
제4류 위험물의 최대수량의 합이 지정수량의 3천배 이상 취급하는 제조소, ~~저장소~~ 또는 일반취급소는 자체소방대를 설치하여야 한다(영 제18조 제2항).
→ 저장소는 해당하지 않는다.

44 ✗
최대수량이 지정수량의 50만배 이상인 제4류 위험물을 저장하는 ~~옥내탱크저장소~~는 자체소방대를 설치하여야 하는 사업소이다(영 제18조 제2항).
→ 옥외탱크저장소

45 ✗
제조소에서 제4류 위험물 중 알코올 8,000만 리터에 갖추어야 할 화학소방차는 ~~3대~~, 필요한 자체소방대의 인원수는 ~~15인~~이다(영 별표 8).
→ 2대, 10인
→ 알코올 8,000만 리터를 알코올의 지정수량 400 리터로 나눈다.
$$\frac{80,000,000}{400} = 200,000$$
따라서 20만배이므로 화학차 2대, 인원 10인에 해당한다.

46 ✗
제조소 또는 일반취급소에서 취급하는 제4류 위험물의 최대수량의 합이 지정수량의 24만 배 이상 48만 배 미만인 사업소에는 화학소방자동차 ~~2대~~와 자체소방대원 ~~10인~~을 두어야 한다(영 별표 8).
→ 3대, 15인

47 ○

48 ○

49 ✗
소방청장, ~~시·도지사~~, 소방본부장 또는 소방서장은 위험물의 누출·화재·폭발 등의 사고가 발생한 경우 사고의 원인 및 피해 등을 조사하여야 한다(법 제22조의2 제1항).
→ 시·도지사는 해당하지 않는다.

50 ✗
위험물 안전교육을 받아야 하는 안전교육 대상자는 ~~위험물 제조소의 관계인~~, 탱크시험자의 기술인력으로 종사하는 자, 위험물운송자로서 종사하는 자이다(영 제20조).
→ 안전관리자로 선임된 자, 위험물 운반자로 종사하는 자

51 ○

52 ✗
위험물의 저장 또는 취급에 관한 세부기준을 위반한 자, 지위승계신고를 기간 이내에 하지 아니하거나 허위로 한 자는 ~~300만 원~~ 이하의 과태료에 처한다(법 제39조 제1항).
→ 500만 원

53 ✗
위험물안전관리자 또는 그 대리자가 참여하지 아니한 상태에서 위험물을 취급한 자는 1천 ~~500만 원 이하의~~ 벌금에 처한다(법 제37조).
→ 1천만 원 이하의 벌금

54 ○

55 ○

56 ✗
위험물 제조소의 표지 및 게시판 중 인화성고체에 있어서는 적색바탕에 백색문자로, "~~화기주의~~"를 표시한다(규칙 별표 4).
→ 화기엄금

57 ✗
제조소의 설치기준에서 채광설비는 불연재료로 하고, 연소의 우려가 없는 장소에 설치하되 채광면적을 ~~최대~~로 한다(규칙 별표 4).
→ 최소

58 ✗
제조소의 설치기준에서 환기설비의 급기구는 ~~높은 곳~~에 설치한다(규칙 별표 4).
→ 낮은 곳에

59 ○

60 ✗
옥외탱크저장소의 저장 또는 취급하는 위험물의 최대수량이 지정수량의 500배 이하인 경우 보유 공지 너비는 ~~2m~~ 이상으로 해야 한다(규칙 별표 6).
→ 3m

61 ○

62 ✗
옥외탱크저장소의 방유제 설치 기준에서 높이가 1m를 넘는 방유제 및 간막이 둑의 안팎에는 방유제내에 출입하기 위한 계단 또는 경사로를 약 ~~70m~~마다 설치하여야 한다(규칙 별표 6).
→ 50m

63 ✗
옥외저장탱크의 배수관은 탱크의 밑판에 설치하여야 한다. 다만, 탱크와 배수관과의 결합부분이 지진 등에 의하여 손상을 받을 우려가 없는 방법으로 배수관을 설치하는 경우에는 탱크의 ~~옆판~~에 설치할 수 있다(규칙 별표 6).
→ 옆판, 밑판

64 ○

65 ✗
주유취급소의 주유공지는 너비 15m, 길이 6m 이상으로 하며, 고정주유설비와 고정급유설비의 사이는 ~~1m 이하~~의 거리를 유지한다(규칙 별표 13).
→ 4m 이상

66 ✗
주유취급소에 "주유 중 엔진 정지"라는 표시를 한 게시판은 한 변의 길이가 0.3m 이상, 다른 한 변의 길이가 0.6m 이상의 직사각형으로 하며, ~~바탕색은 흰색~~, 문자색은 흑색으로 한다(규칙 별표 13).
→ 바탕색은 황색

67 ✗
주유취급소의 주위에는 자동차 등이 출입하는 쪽 외의 부분에 높이 ~~1m 이하~~의 내화구조 또는 불연재료의 담 또는 벽을 설치하여야 한다(규칙 별표 13).
→ 2m 이상

68 ✗
주유취급소에는 자동차 등에 주유하기 위한 고정주유설비의 경우 직접 접속하는 전용탱크로서 ~~1,000L 이하~~의 것으로 설치해야 한다(규칙 별표 13).
→ 50,000L 이하

69 ○

70 ○

71 ○

72 ✗
지하탱크저장소의 탱크 주위에 마른 모래 또는 습기 등에 의하여 응고되지 아니하는 입자지름 ~~10mm~~ 이하의 마른 자갈분을 채워야 한다(규칙 별표 8).
→ 5mm

73 ○

74 ✗
정전기가 발생할 우려가 있는 위험물을 취급할 때 설치하는 정전기 제거설비에는 접지에 의한 방법, 공기 중의 상대습도를 ~~10%~~ 이상으로 하는 방법, 공기를 이온화하는 방법이 있다(규칙 별표 4).
→ 70%

75 ○

76 ✗
제4류 위험물과 서로 혼재할 수 없는 것은 ~~제2류 위험물~~과 제6류 위험물이다(규칙 별표 19).
→ 제1류 위험물

77 ✗
위험물의 운반에 관한 기준에서 제3류 위험물 중 ~~금수성물질~~을 수납할 경우에는 "화기엄금" 및 "공기접촉엄금"을 표시해야 한다(규칙 별표 19).
→ 자연발화성물질

78 ✗
위험물의 운반에 관한 기준에서 제2류 위험물 중 마그네슘을 수납하는 위험물의 표시사항은 "화기엄금" 및 "물기엄금"이다(규칙 별표 19).
→ 화기주의

79 ○

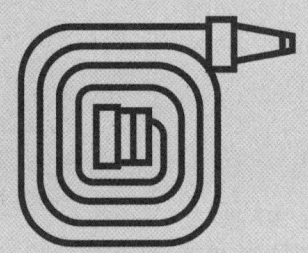

김동준 소방

02
빈칸노트

소방관계법규

기출+O·X+빈칸

소방관계법규
김 원 빈

소방관계법규

PART 01

소방기본법

01 소방기본법

DAY 01

Chapter 01 총칙

01 목적(법 제1조) [1]

(1) 화재를 [　　]·[　　]·진압

(2) 화재, 재난·재해 그 밖의 [　　]한 상황에서의 구조·구급활동

(3) 국민의 [　　]·신체 및 [　　]을 보호

(4) 궁극적인 목적은 공공의 [　　] 및 질서 유지와 복리증진에 이바지함이다.

02 용어의 정의(법 제2조) [2]

(1) 소방대상물

건축물, [　　], 선박(항구에 매어둔 선박만 해당한다), 선박 건조 구조물, [　　] 그 밖의 [　　] 구조물 또는 물건을 말한다.(법 제2조 제1호)

(2) [　　　]

소방대상물이 있는 장소 및 그 이웃지역, 화재의 예방·경계·진압, 구조·구급 등의 활동에 필요한 지역을 말한다.

(3) 관계인

소방대상물의 [　　]·[　　] 또는 [　　]

---

1 (1) 예방, 경계 (2) 위급 (3) 생명, 재산 (4) 안녕
2 (1) 차량, 산림, 인공 (2) 관계지역 (3) 소유자, 관리자, 점유자

(4) 소방본부장

특별시·광역시·특별자치시·도 또는 특별자치도(이하 "시·도"라 한다)에서 화재의 예방·경계·진압·조사 및 구조·구급 등의 업무를 담당하는 부서의 장을 말한다.

(5) 소방대

화재를 진압하고 화재, 재난·재해 그 밖의 위급한 상황에서의 구조·구급활동 등을 하기 위하여 다음 각 목의 사람으로 구성된 조직체를 말한다.

① 소방공무원법에 따른 소방[   ]

② 의무소방대설치법 제3조의 따라 임용된 의무[   ]

③ 의용소방대 설치 및 운영에 관한 법률에 따른 의용[   ]

(6) 소방대장

소방[   ] 또는 소방[   ] 등 화재, 재난·재해 그 밖의 위급한 상황이 발생한 현장에서 소방대를 지휘하는 사람을 말한다.

03 국가와 지방자치단체의 책무(법 제2조의2)

국가와 지방자치단체는 화재, 재난·재해, 그 밖의 위급한 상황으로부터 국민의 생명·신체 및 재산을 보호하기 위하여 필요한 시책을 수립·시행하여야 한다.

04 소방기관의 설치(법 제3조)[3]

① 시·도의 화재 예방·경계·진압 및 조사, 소방안전교육·홍보와 화재, 재난·재해, 그 밖의 위급한 상황에서의 구조·구급 등의 업무(이하 "소방업무"라 한다)를 수행하는 소방기관의 설치에 필요한 사항은 [   ]으로 정한다.

② 소방업무를 수행하는 소방본부장 또는 소방서장은 그 소재지를 관할하는 [   ]의 지휘와 감독을 받는다.

③ ②에도 불구하고 [   ]은 화재 예방 및 대형 재난 등 필요한 경우 시·도 소방본부장 및 소방서장을 지휘·감독할 수 있다.

④ 시·도에서 소방업무를 수행하기 위하여 시·도지사 직속으로 [   ]를 둔다.

---

(5) ① 공무원 ② 소방원 ③ 소방대원 (6) 본부장, 서장
3 ① 대통령령 ② 시·도지사 ③ 소방청장 ④ 소방본부

05 119종합상황실 설치와 운영(법 제4조) [4]

(1) 119종합상황실 설치·운영

① 소방청장, 소방본부장 및 소방서장은 화재, 재난·재해, 그 밖에 구조·구급이 필요한 상황이 발생하였을 때에 신속한 소방활동(소방업무를 위한 모든 활동을 말한다. 이하 같다)을 위한 정보를 [　　]·분석과 판단·[　　], [　　　], 현장지휘 및 조정·통제 등의 업무를 수행하기 위하여 119종합상황실을 설치·운영하여야 한다.(법 제4조 제1항)

② 소방본부에 설치하는 119종합상황실에는 「지방자치단체에 두는 국가공무원의 정원에 관한 법률」에도 불구하고 대통령령으로 정하는 바에 따라 [　　　　]을 둘 수 있다.

③ 119종합상황실의 설치·운영에 필요한 사항은 [　　　　]으로 정한다.(법 제4조 제3항)

(2) 종합상황실 설치·운영기관

종합상황실은 소방청과 특별시·광역시·특별자치시·도 또는 특별자치도(이하 "시·도"라 한다)의 소방본부 및 소방서에 [　　] 설치·운영하여야 한다.(규칙 제2조 제1항)

(3) 119종합상황실 인력·장비의 배치 및 운영체계

① 소방청장, 소방본부장 또는 소방서장은 신속한 소방활동을 위한 정보를 수집·전파하기 위하여 종합상황실에 「소방력 기준에 관한 규칙」에 의한 전산·통신요원을 배치하고, [　　　]이 정하는 유·무선통신시설을 갖추어야 한다.(규칙 제2조 제2항)

② 119종합상황실은 [　]시간 운영체제를 유지하여야 한다.(규칙 제2조 제3항)

(4) 119종합상황실 실장의 업무 등

종합상황실의 실장[종합상황실에 근무하는 자 중 최고직위에 있는 자(최고직위에 있는 자가 2인 이상인 경우에는 선임자)를 말한다. 이하 같다]은 다음 각호의 업무를 행하고, 그에 관한 내용을 기록·관리하여야 한다.(규칙 제3조 제1항)

① 화재, 재난·재해 그 밖에 구조·구급이 필요한 상황(이하 "재난상황"이라 한다)의 발생의 신고접수

② 접수된 재난상황을 검토하여 가까운 소방서에 인력 및 장비의 동원을 요청하는 등의 사고수습

---

4 (1) ① 수집, 전파, 상황관리 ② 경찰공무원 ③ 행정안전부령 (2) 각각 (3) ① 소방청장 ② 24

③ 하급소방기관에 대한 출동지령 또는 동급 이상의 소방기관 및 유관기관에 대한 지원요청
④ 재난상황의 전파 및 보고
⑤ 재난상황이 발생한 현장에 대한 지휘 및 피해현황의 파악
⑥ 재난상황의 수습에 필요한 정보수집 및 제공

(5) 직상급 종합상황실 보고 상황 [5]

종합상황실의 실장은 보고대상에 해당하는 상황이 발생하는 때에는 그 사실을 지체 없이 별지 서식에 의하여 서면·[　] 또는 컴퓨터통신 등으로 소방서의 종합상황실의 경우는 [　　]의 종합상황실에, 소방본부의 종합상황실의 경우는 [　　]의 종합상황실에 각각 보고해야 한다.(규칙 제3조 제2항)

(6) 종합상황실 보고 발생사유(규칙 제3조 제2항) [6]

① [　　]가 5인 이상 발생하거나 [　　]가 10인 이상 발생한 화재
② 이재민이 [　]인 이상 발생한 화재
③ 재산피해액이 [　]억 원 이상 발생한 화재
④ 관공서·학교·정부미도정공장·문화재·지하철 또는 지하구의 화재
⑤ 관광호텔, 층수가 [　]층 이상인 건축물, 지하상가, 시장, 백화점의 화재
⑥ 지정수량 [　]배 이상의 위험물제조소·저장소·취급소의 화재
⑦ 층수가 5층 이상이거나 객실이 30실 이상인 숙박시설, 층수가 5층 이상이거나 병상이 30개 이상인 종합병원·정신병원·한방병원·요양소의 화재
⑧ 연면적 1만 5천 제곱미터 이상인 [　　] 또는 [　　　　　]에서 발생한 화재
⑨ 철도차량, 항구에 매어둔 총 톤수가 [　　] 톤 이상인 선박, 항공기, 발전소 또는 변전소에서 발생한 화재
⑩ 가스 및 화약류의 폭발에 의한 화재
⑪ 다중이용업소의 화재
⑫ 「긴급구조대응활동 및 현장지휘에 관한 규칙」에 의한 [　　　]의 현장지휘가 필요한 재난상황
⑬ 언론에 보도된 재난상황
⑭ 그 밖에 [　　　]이 정하는 재난상황

---

5 (5) 팩스, 소방본부, 소방청
6 ① 사망자, 사상자 ② 100 ③ 50 ⑤ 11 ⑥ 3천 ⑧ 공장, 화재예방강화지구 ⑨ 1천 ⑫ 통제단장
　⑭ 소방청장

(7) 종합상황실 세부운영 등

종합상황실 근무자의 근무방법 등 종합상황실의 운영에 관하여 필요한 사항은 종합상황실을 설치하는 소방청장, 소방본부장 또는 소방서장이 각각 정한다.(규칙 제3조 제3항)

06 소방정보통신망 구축·운영(소방기본법 제4조의2) [7]

① [　　　] 및 [　　　　]는 119종합상황실 등의 효율적 운영을 위하여 소방정보통신망을 구축·운영할 수 있다.(법 제4조의2 제1항)

② [　　　] 및 [　　　　]는 소방정보통신망의 안정적 운영을 위하여 소방정보통신망의 회선을 이중화할 수 있다. 이 경우 이중화된 각 회선은 서로 다른 사업자로부터 제공받아야 한다.(법 제4조의2 제2항)

③ ① 및 ②에 따른 소방정보통신망의 구축 및 운영에 필요한 사항은 행정안전부령으로 정한다.(법 제4조의2 제3항)

　㉠ ①에 따른 소방정보통신망은 회선 수, 구간별 용도 및 속도 등을 고려하여 설계·구축해야 한다.(규칙 제3조의2 제1항)

　㉡ ②에 따라 소방정보통신망의 회선을 [　　　]한 경우 하나의 회선에 장애가 발생하면 다른 회선으로 즉시 전환되도록 구축·운영해야 한다.(규칙 제3조의2 제2항)

　㉢ 소방청장 및 시·도지사는 소방정보통신망이 안정적으로 운영될 수 있도록 [　　　] 이상 소방정보통신망을 주기적으로 점검·관리해야 한다.(규칙 제3조의2 제3항)

　㉣ ㉠부터 ㉢까지에서 규정한 사항 외에 소방정보통신망의 속도, 점검 주기 등에 관한 세부 사항은 [　　　]이 정한다.(규칙 제3조의2 제4항)

---

7 ① 소방청장, 시·도지사 ② 소방청장, 시·도지사 ③ ㉡ 이중화 ㉢ 연 1회 ㉣ 소방청장

07 소방기술민원센터의 설치·운영(법 제4조의3)

(1) 소방기술민원센터 [8]

① 소방[　　] 또는 소방[　　　]은 소방시설, 소방공사 및 위험물 안전관리 등과 관련된 법령해석 등의 민원을 종합적으로 접수하여 처리할 수 있는 기구(소방기술민원센터)를 설치·운영할 수 있다.(법 제4조의2 제1항)

② 소방기술민원센터의 설치·운영 등에 필요한 사항은 [　　　]으로 정한다. (법 제4조의2 제2항)

(2) 소방기술민원센터 설치·운영 [9]

① 소방청장 또는 소방본부장은 소방기술민원센터를 소방청 또는 소방본부에 [　] 설치·운영한다.(영 제1조의2 제1항)

② 소방기술민원센터는 센터장을 포함하여 [　]명 이내로 구성한다.(영 제1조의2 제2항)

③ 업무(영 제1조의2 제3항)
  ㉠ 소방시설, 소방공사와 위험물 안전관리 등과 관련된 법령해석 등의 민원(소방기술민원)의 처리
  ㉡ 소방기술민원과 관련된 질의회신집 및 해설서 발간
  ㉢ 소방기술민원과 관련된 정보시스템의 운영·관리
  ㉣ 소방기술민원과 관련된 현장 확인 및 처리
  ㉤ 그 밖에 소방기술민원과 관련된 업무로서 소방청장 또는 소방본부장이 필요하다고 인정하여 지시하는 업무

④ 소방청장 또는 소방본부장은 소방기술민원센터의 업무수행을 위하여 필요하다고 인정하는 경우에는 관계 기관의 장에게 소속 공무원 또는 직원의 파견을 요청할 수 있다. (영 제1조의2 제4항)

⑤ ①부터 ④까지에서 규정한 사항 외에 소방기술민원센터의 설치·운영에 필요한 사항 (영 제1조의2 제5항)
  ㉠ 소방청에 설치하는 경우 ⇨ [　　　]이 정한다.
  ㉡ 소방본부에 설치하는 경우 ⇨ 해당 [　　　　]으로 정한다.

---

8 (1) ① 청장, 본부장 ② 대통령령
9 (2) ① 각각 ② 18 ⑤ ㉠ 소방청장 ㉡ 시·도의 규칙

08 소방박물관 및 소방체험관의 설립(법 제5조)

(1) 소방박물관의 설립과 운영 10

① 소방의 역사와 안전문화를 발전시키고 국민의 안전의식을 높이기 위하여 [   ]은 소방박물관을 설립하여 운영할 수 있다.(법 제5조 제1항)

② 소방박물관의 설립과 운영에 필요한 사항은 [   ]으로 정한다. (법 제5조 제2항)

③ 소방청장은 소방박물관에 소방박물관장 1인과 부관장 1인을 두며, 소방박물관장은 [   ] 중에서 소방청장이 임명한다.(규칙 제4조 제1항)

④ 소방박물관의 업무: 소방박물관은 국내·외의 소방의 역사, 소방공무원의 복장 및 소방장비 등의 변천 및 발전에 관한 자료를 수집·보관 및 전시한다.(규칙 제4조 제2항)

⑤ 운영위원회: 소방박물관에는 그 운영에 관한 중요한 사항을 심의하기 위하여 [ ]인 이내의 위원으로 구성된 운영위원회를 둔다.(규칙 제4조 제3항)

⑥ [   ]은 소방박물관의 관광업무·조직·운영위원회의 구성 등에 관하여 필요한 사항을 정한다.(규칙 제4조 제4항)

(2) 소방체험관의 설립과 운영 11

① [   ]는 소방체험관(화재 현장에서의 피난 등을 체험할 수 있는 체험관을 말한다.)을 설립하여 운영[   ].(법 제5조 제1항)

② 소방체험관의 설립과 운영에 필요한 사항은 [   ]이 정하는 기준에 따라 [   ]로 정한다.(법 제5조 제2항)

③ 설립된 소방체험관은 다음 각호의 기능을 수행한다.(규칙 제4조의2 제1항)
   ⊙ 재난 및 안전사고 유형에 따른 예방, 대처, 대응 등에 관한 체험교육의 제공
   ⓒ 체험교육 프로그램의 개발 및 국민 안전의식 향상을 위한 홍보·전시
   ⓒ 체험교육 인력의 양성 및 유관기관·단체 등과의 협력
   ㉣ 그 밖에 체험교육을 위하여 시·도지사가 필요하다고 인정하는 사업의 수행

④ ②에서 "행정안전부령으로 정하는 기준"이란 별표 1에 따른 기준을 말한다. (규칙 제4조의2 제2항)

---

10 (1) ① 소방청장 ② 행정안전부령 ③ 소방공무원 ⑤ 7 ⑥ 소방청장
11 (2) ① 시·도지사, 할 수 있다 ② 행정안전부령, 시·도의 조례

09 소방업무에 관한 종합계획의 수립 및 시행 등(법 제6조) [12]

(1) 소방청장의 소방업무에 대한 종합계획

① 소방청장은 화재, 재난·재해, 그 밖의 위급한 상황으로부터 국민의 생명·신체 및 재산을 보호하기 위하여 소방업무에 관한 종합계획을 [　]마다 수립·시행하여야 하고, 이에 필요한 재원을 확보하도록 노력하여야 한다.(법 제6조 제1항) 이때 소방업무라 함은 [　]의 화재 예방·경계·진압 및 조사, 소방안전교육·홍보와 화재, 재난·재해, 그 밖의 위급한 상황에서의 구조·구급 등의 업무를 말한다.

② 종합계획에는 다음 각호의 사항이 포함되어야 한다.(법 제6조 제2항)
　㉠ 소방서비스의 질 향상을 위한 정책의 기본방향
　㉡ 소방업무에 필요한 체계의 구축, 소방기술의 연구·개발 및 보급
　㉢ 소방업무에 필요한 장비의 구비
　㉣ 소방전문인력 양성
　㉤ 소방업무에 필요한 기반조성
　㉥ 소방업무의 교육 및 홍보(제21조에 따른 소방자동차의 우선 통행 등에 관한 홍보를 포함한다.)
　㉦ 그 밖에 소방업무의 효율적 수행을 위하여 필요한 사항으로서 대통령령으로 정하는 사항
　　ⓐ [　]·재해 환경 변화에 따른 소방업무에 필요한 대응 체계 마련
　　　(영 제1조의3 제2항 제1호)
　　ⓑ [　], 노인, 임산부, 영유아 및 어린이 등 이동이 어려운 사람을 대상으로 한 소방활동에 필요한 조치(영 제1조의3 제2항 제2호)

③ 소방청장은 법 제6조 제1항에 따른 소방업무에 관한 종합계획을 관계 중앙행정기관의 장과의 협의를 거쳐 계획 시행 전년도 [　]까지 수립하여야 한다.(영 제1조의3)
　→ 소방청장은 수립한 종합계획을 관계 중앙행정기관의 장, 시·도지사에게 통보하여야 한다.(법 제6조 제3항)

④ [　]는 관할 지역의 특성을 고려하여 종합계획의 시행에 필요한 세부계획을 [　] 수립(계획 시행 전년도 [　]까지: 영 제1조의3 제3항)하여 소방청장에게 제출하여야 하며, 세부계획에 따른 소방업무를 성실히 수행하여야 한다.(법 제6조 제4항)

⑤ 소방청장은 소방업무의 체계적 수행을 위하여 필요한 경우 ④에 따라 시·도지사가 제출한 세부계획의 보완 또는 수정을 요청할 수 있다.(법 제6조 제5항)

⑥ 그 밖에 종합계획 및 세부계획의 수립·시행에 필요한 사항은 [　]으로 정한다.(법 제6조 제6항)

---

12 (1) ① 5년, 시·도 ② ㉦ ⓐ 재난 ⓑ 장애인 ③ 10월 31일 ④ 시·도지사, 매년, 12월 31일 ⑥ 대통령령

10 소방의 날 제정(법 제7조) [13]

(1) 소방의 날 운영

① 국민의 안전의식과 화재에 대한 경각심을 높이고 안전문화를 정착시키기 위하여 매년 [   ]을 소방의 날로 정하여 기념행사를 한다.(법 제7조 제1항)

② 소방의 날 행사에 관하여 필요한 사항은 [   ] 또는 [   ]가 따로 정하여 시행할 수 있다.(법 제7조 제2항)

(2) 명예직 소방대원의 위촉

[   ]은 다음 각호에 해당하는 사람을 명예직의 소방대원으로 위촉할 수 있다.

① 「의사상자 등 예우 및 지원에 관한 법률」 제2조에 따른 [   ]로서 같은 법 제3조 제3호 또는 제4호에 해당하는 사람

② 소방행정 발전에 [   ]가 있다고 인정되는 사람

---

13 (1) ① 11월 9일 ② 소방청장, 시·도지사 (2) 소방청장 ① 의사상자 ② 공로

Chapter 02 소방장비 및 소방용수시설 등

01 소방력(법 제8조) [1]

(1) 소방력의 기준 등
① 소방기관이 소방업무를 수행하는 데에 필요한 인력과 장비 등[이하 "소방력(消防力)"이라 한다]에 관한 기준은 [   ]으로 정한다.(법 제8조 제1항)
② [   ]는 소방력의 기준에 따라 관할구역의 소방력을 확충하기 위하여 필요한 계획을 수립하여 시행하여야 한다.(법 제8조 제2항)
③ 소방자동차 등 소방장비의 분류·표준화와 그 관리 등에 필요한 사항은 [   ]에서 정한다.(법 제8조 제3항)

02 국고보조(법 제9조) [2]

(1) 국고보조의 의의
① [   ]는 소방장비의 구입 등 시·도의 소방업무에 필요한 경비의 [   ]를 보조한다.(법 제9조 제1항)
② 보조 대상사업의 [   ]와 기준보조율은 [   ]으로 정한다.(법 제9조 제2항)

(2) 국고보조 대상사업의 범위
① 국고보조대상의 범위(영 제2조 제1항)
국고보조대상에는 소방활동장비 및 설비와 소방관서용 청사가 있다.
㉠ 소방활동장비 및 설비의 구입 및 설치
소방자동차, 소방헬리콥터, 소방정, 소방전용통신설비 및 전산설비, 그밖에 [   ] 등 소방활동에 필요한 소방장비이다.
㉡ 소방관서용 청사의 [   ]

(3) 국고보조 대상사업의 기준보조율
소방활동장비와 설비의 구입 및 설치와 소방관서용 청사의 건축에 대한 국고보조 대상사업의 기준보조율은 「보조금 관리에 관한 법률 시행령」에서 정하는 바에 따른다.(영 제2조 제3항)

---

1 (1) ① 행정안전부령 ② 시·도지사 ③ 따로 법률
2 (1) ① 국가, 일부 ② 범위, 대통령령 (2) ① ㉠ 방화복 ㉡ 건축

(4) **소방활동장비 및 설비의 규격 및 종류와 기준가격(규칙 제5조)**

① 국고보조산정을 위한 기준가격
　㉠ 국내조달품: 정부고시가격
　㉡ 수입물품: [　　　]에서 조사한 해외시장의 시가
　㉢ 정부고시가격 또는 조달청에서 조사한 해외시장의 시가가 없는 물품: 2 이상의 공신력 있는 물가조사기관에서 조사한 가격의 [　　　]

(5) **소방활동장비 및 설비의 종류와 규격**

국고보조대상이 되는 소방활동장비 및 설비의 종류와 규격은 [　　　]으로 정하며 (영 제2조 제2항), 국고보조대상의 대상이 되는 소방활동장비 및 설비의 종류 및 규격은 별표 1의2와 같다.(규칙 제5조 제1항)

---

(4) ① ㉡ 조달청 ㉢ 평균가격
(5) 행정안전부령

03 소방용수시설의 설치 및 관리 등(법 제10조) [3]

(1) 소방용수시설

① 소방용수시설은 [   ], [   ], [   ]이다.(법 제10조 제1항)

② 소방활동에 필요한 소방용수시설은 [   ]가 설치·유지 관리하여야 한다. 다만, 수도법 제45조의 규정에 따라 [   ]을 설치하는 일반수도사업자는 관할 소방서장과 [   ]협의를 거친 후 소화전을 설치하며, 설치 사실을 관할 [   ]에게 통지하고, 그 소화전을 유지·관리하여야 한다.(법 제10조 제1항)

③ 시·도지사는 소방자동차의 진입이 곤란한 지역 등 화재발생 시에 초기 대응이 필요한 지역으로서 대통령령으로 정하는 지역에 소방호스 또는 호스 릴 등을 소방용수시설에 연결하여 화재를 진압하는 시설이나 장치를 설치하고 유지·관리할 수 있다.
(법 제10조 제2항)

④ 비상소화장치의 설치대상 지역(영 제2조의2)

㉠ 화재예방강화지구(화재예방법 제18조 제1항)

ⓐ 시장지역

ⓑ 공장·창고가 [   ] 지역

ⓒ 목조건물이 [   ] 지역

ⓓ 노후·불량건축물이 [   ] 지역

ⓔ 위험물의 저장 및 처리 시설이 [   ] 지역

ⓕ 석유화학제품을 생산하는 공장이 [   ] 지역

ⓖ 산업단지, 물류단지

ⓗ 소방시설·소방용수시설 또는 소방출동로가 [   ] 지역

ⓘ 그 밖에 ⓐ부터 ⓗ까지에 준하는 지역으로서 [   ]이 화재예방강화지구로 지정할 필요가 있다고 인정하는 지역

㉡ [   ]가 비상소화장치의 설치가 필요하다고 인정하는 지역

⑤ 소방용수시설과 비상소화장치의 설치 기준은 [   ]으로 정한다.
(법 제10조 제3항)

---

3 (1) ① 소화전, 저수조, 급수탑 ② 시·도지사, 소화전, 사전, 소방서장 ④ ㉠ ⓑ 밀집한 ⓒ 밀집한 ⓓ 밀집한 ⓔ 밀집한 ⓕ 있는 ⓗ 없는 ⓘ 소방관서장 ㉡ 시·도지사 ⑤ 행정안전부령

(2) 소방용수시설의 표지

① 소방용수표지의 설치

특별시장·광역시장·특별자치시장·도지사 또는 특별자치도지사(시·도지사)는 설치된 소방용수시설에 대하여 소방용수표지를 보기 쉬운 곳에 설치하여야 한다.
(규칙 제6조 제1항)

> **시행규칙 별표 2** [4]
> 【소방용수표지】
> ① 지하에 설치하는 소화전 또는 저수조의 경우 소방용수표지
> ㉠ 맨홀뚜껑은 지름 [　]밀리미터 이상의 것으로 할 것(다만, 승하강식 소화전의 경우에는 이를 적용하지 아니한다)
> ㉡ 맨홀뚜껑에는 '소화전·주정차금지' 또는 '저수조·주정차금지'의 표시를 할 것
> ㉢ 맨홀뚜껑 부근에 [　] 반사도료로 폭 [　]센티미터의 선을 그 둘레를 따라 칠할 것
> ② 지상에 설치하는 소화전·저수조 및 급수탑의 경우 소방용수표지
> 안쪽 문자는 [　]색, 바깥쪽 문자는 [　]색으로, 안쪽 바탕은 [　]색, 바깥쪽 바탕은 [　]색으로 하고, 반사재료를 사용해야 한다.

---

4 ① ㉠ 648 ㉢ 노란색, 15 ② 흰, 노란, 붉은, 파란

(3) 소방용수시설 및 비상소화장치의 설치기준

① 소방용수시설 설치기준은 별표 3과 같다.(규칙 제6조 제2항)

> 시행규칙 별표 3 [5]
> 【소방용수시설의 설치기준】
> ① 소방용수시설 공통기준
>   ㉠ 주거지역・상업지역 및 공업지역에 설치하는 경우에는 소방대상물과의 수평거리를 [　]미터 이하가 되도록 한다.
>   ㉡ ㉠목 이외에 설치하는 경우는 소방대상물과의 수평거리를 [　]미터 이하가 되도록 한다.
> ② 소방용수시설별 설치기준
>   ㉠ 소화전의 설치기준
>   상수도와 연결하여 지하식 또는 지상식의 구조로 하고, 소방용 호스와 연결하는 소화전의 연결금속구의 구경은 [　]밀리미터로 한다.
>   ㉡ 급수탑의 설치기준
>   급수배관의 구경은 [　]밀리미터 이상으로 하고, 개폐밸브는 지상에서 [　]미터 이상 [　]미터 이하의 위치에 설치하여야 한다.
>   ㉢ 저수조의 설치기준
>
>   > • 지면으로부터의 낙차가 [　]미터 [　]일 것
>   > • 흡수부분의 수심이 [　]미터 [　]일 것
>   > • 소방펌프자동차가 쉽게 접근할 수 있도록 할 것
>   > • 흡수에 지장이 없도록 토사 및 쓰레기 등을 제거할 수 있는 설비를 갖출 것
>   > • 흡수관의 투입구가 사각형의 경우에는 [　　　]가 [　]센티미터 이상, 원형의 경우에는 [　　]이 [　]센티미터 이상일 것
>   > • 저수조에 물을 공급하는 방법은 상수도에 연결하여 [　　]으로 급수되는 구조일 것

---

5 ① ㉠ 100 ㉡ 140
  ② ㉠ 65 ㉡ 100, 1.5, 1.7 ㉢ 4.5, 이하, 0.5, 이상, 한 변의 길이, 60, 지름, 60, 자동

② 비상소화장치의 설치기준(규칙 제6조 제3항) [6]
　㉠ 비상소화장치는 비상소화장치함, 소화전, 소방호스(소화전의 방수구에 연결하여 소화용수를 방수하기 위한 도관으로서 호스와 연결금속구로 구성되어 있는 소방용릴호스 또는 소방용고무내장호스를 말한다), 관창(소방호스용 연결금속구 또는 중간연결금속구 등의 끝에 연결하여 소화용수를 방수하기 위한 [　　] 또는 [　　] 토출기구를 말한다)을 포함하여 구성할 것
　㉡ 소방호스 및 관창은 소방청장이 정하여 고시하는 [　　] 및 제품검사의 기술기준에 적합한 것으로 설치할 것
　㉢ 비상소화장치함은 소방청장이 정하여 고시하는 [　　] 및 제품검사의 기술기준에 적합한 것으로 설치할 것

③ ②에서 규정한 사항 외에 비상소화장치의 설치기준에 관한 세부 사항은 [　　]이 정한다.(규칙 제6조 제4항)

④ [　　　]에서는 차량의 주·정차 등으로 인하여 유사시 소방용수시설의 본래 목적상 장애를 배제하기 위하여 소방용수시설 또는 소방용품이 설치된 장소 등에 있어서 주차금지 규정을 두고 있다.

(4) 소방용수시설의 유지관리(규칙 제7조) [7]

① 소방용수시설 및 지리조사
　㉠ 소방본부장 또는 소방서장은 원활한 소방활동을 위하여 조사를 [　　] 이상 실시하여야 한다.(규칙 제7조 제1항)
　　ⓐ 소방용수시설에 대한 조사
　　ⓑ 소방대상물에 인접한 도로의 [　] · [　]상황 · 도로주변의 [　]의 고저 · 건축물의 [　] 그 밖의 소방활동에 필요한 지리에 대한 조사

② 조사결과 작성방법
　조사결과는 전자적 처리가 불가능한 특별한 사유가 없으면 전자적 처리가 가능한 방법으로 작성·관리하여야 한다.(규칙 제7조 제2항)

③ 조사 결과의 보관서는 [　]간 보관해야 한다.(규칙 제7조 제3항)

6　② ㉠ 나사식, 차입식 ㉡ 형식승인 ㉢ 성능인증 ③ 소방청장 ④ 도로교통법
7　① ㉠ 월 1회 ⓑ 폭, 교통, 토지, 개황 ③ 2년

04 소방업무의 응원(법 제11조)

(1) 소방업무의 응원 [8]
   ① 요청권자: [   ] 또는 [   ](법 제11조 제1항)
   ② 요청시기: 소방활동을 할 때에 [   ] 경우(법 제11조 제1항)
   ③ 요청 대상: 이웃한 소방본부장 또는 소방서장(법 제11조 제1항)
   ④ 거부 제한: 응원요청을 받은 소방본부장 또는 소방서장은 정당한 사유 없이 거절 불가(법 제11조 제2항)
   ⑤ 파견 소방대원의 지휘권: 응원을 [   ] 소방본부장 또는 소방서장이 지휘 통제한다.(법 제11조 제3항)
   ⑥ 출동의 대상지역 및 규모와 필요한 경비의 부담 등에 관하여 필요한 사항은 행정안전부령이 정하는 바에 따라 이웃하는 [   ]와 협의하여 미리 [   ]으로 정한다.(법 제11조 제4항)
   ⑦ 소방업무의 상호응원협정(규칙 제8조)
      ㉠ [   ]에 관한 사항: 화재의 경계·진압활동과 구조·구급업무의 지원 및 [   ]활동
      ㉡ 응원출동대상지역 및 규모
      ㉢ 소요경비의 부담에 관한 사항: 출동대원의 수당·식사·의복의 수선·소방장비·기구의 정비·연료의 보급·그 밖의 [   ]
      ㉣ 응원출동의 [   ]
      ㉤ 응원출동훈련 및 평가

---

[8] ① 소방본부장, 소방서장 ② 긴급한 ⑤ 요청한 ⑥ 시·도지사, 규약
   ⑦ ㉠ 소방활동, 화재조사 ㉢ 경비 ㉣ 요청방법

05 소방력의 동원(법 제11조의2)

(1) 소방력의 동원 [9]

① 요청권자: [　　　](법 제11조의2 제1항)

② 요청시기(법 제11조의2 제1항)
  ㉠ [　　　]의 소방력만으로는 소방활동을 효율적으로 수행하기 어려운 화재
  ㉡ 시·도의 소방력만으로는 소방활동을 효율적으로 수행하기 어려운 재난·재해
  ㉢ 시·도의 소방력만으로는 소방활동을 효율적으로 수행하기 어려운 구조·구급
  ㉣ 특별히 [　　　] 차원에서 소방활동을 수행할 필요가 인정될 때

③ 요청 대상: 시·도지사에게 [　　　　]으로 정하는 바에 따라 소방력을 동원할 것을 요청할 수 있다.(법 제11조의2 제1항)

④ 거부 제한: 동원요청을 받은 시·도지사는 정당한 사유 없이 거절 하여서는 아니 된다.(법 제11조의2 제2항)

⑤ 지휘 통제
  ㉠ 소방청장은 [　　　　]에게 동원된 소방력을 화재, 재난·재해 등이 발생한 지역에 지원·파견하여 줄 것을 요청하게 할 수 있다.(법 제11조의2 제3항)
  ㉡ 필요한 경우 직접 소방대를 편성하여 화재진압 및 인명구조 등 소방에 필요한 활동을 하게 할 수 있다.(법 제11조의2 제3항)
  ㉢ 동원된 소방대원은 화재, 재난·재해 등이 발생한 지역을 관할하는 [　　　　] 또는 [　　　]의 지휘에 따라야 한다. 다만, 소방청장이 직접 소방대를 편성하여 소방활동을 하게 하는 경우에는 [　　　]의 지휘에 따라야 한다.
  (법 제11조의2 제4항)

⑥ 소방활동을 수행하는 과정에서 발생하는 경비 부담에 관한 사항, 소방활동을 수행한 민간 소방 인력이 사망하거나 부상을 입었을 경우의 보상주체·보상기준 등에 관한 사항, 그 밖에 동원된 소방력의 운용과 관련하여 필요한 사항은 대통령령으로 정한다.
(법 제11조의2 제5항)

---

9 (1) ① 소방청장 ② ㉠ 시·도 ㉣ 국가적 ③ 행정안전부령
　　⑤ ㉠ 시·도지사 ㉢ 소방본부장, 소방서장, 소방청장

⑦ 소방력의 동원 요청절차(규칙 제8조의2) [10]
  ㉠ 소방청장은 각 시·도지사에게 소방력 동원을 요청하는 경우 동원 요청 사실과 다음 각호의 사항을 [　] 또는 [　] 등의 방법으로 통지하여야 한다. 다만, 긴급을 요하는 경우에는 시·도 소방본부 또는 소방서의 [　　　]에게 직접 요청할 수 있다.
    ⓐ 동원을 요청하는 [　] 및 장비의 [　]
    ⓑ 소방력 이송 수단 및 집결장소
    ⓒ 소방활동을 수행하게 될 재난의 규모, 원인 등 소방활동에 필요한 정보
  ㉡ ㉠에서 규정한 외에 그 밖의 시·도 소방력 동원에 필요한 사항은 [　　]이 정한다.

---

10 ⑦ ㉠ 팩스, 전화, 종합상황실장 ⓐ 인력, 규모 ㉡ 소방청장

Chapter 03   소방활동 등

01 소방활동(법 제16조)

(1) 소방활동 [1]

① 소방청장, 소방본부장 또는 소방서장은 화재, 재난·재해, 그 밖의 위급한 상황이 발생하였을 때에는 [   ]를 현장에 신속하게 출동시켜 화재진압과 인명구조·구급 등 소방에 필요한 활동("소방활동"이라 한다)을 하게 하여야 한다.(법 제16조 제1항)

② [   ] 정당한 사유 없이 ①에 따라 출동한 소방대의 소방활동을 방해하여서는 아니 된다.(법 제16조 제2항)

(2) 소방형벌 [2]

소방형벌 중 가장 중한 벌로서 제16조 제2항을 위반하여 다음 각 목의 어느 하나에 해당하는 행위를 한 사람은 [   ] 이하의 징역 또는 [   ] 이하의 벌금에 처한다.
(법 제50조 제1호)

① 위력을 사용하여 출동한 소방대의 화재진압·인명구조 또는 구급활동을 방해하는 행위

② 소방대가 화재진압·인명구조 또는 구급활동을 위하여 현장에 출동하거나 현장에 출입하는 것을 고의로 방해하는 행위

③ 출동한 소방대원에게 폭행 또는 협박을 행사하여 화재진압·인명구조 또는 구급활동을 방해하는 행위

④ 출동한 소방대의 소방장비를 파손하거나 그 효용을 해하여 화재진압·인명구조 또는 구급활동을 방해하는 행위

⑤ 소방형벌은 소방행정벌 중에 하나로 양벌규정이 적용된다.

---

1 (1) ① 소방대 ② 누구든지
2 (2) 5년, 5천만 원

02 소방지원활동(법 제16조의2)

(1) 소방지원활동의 내용

① 명령권자는 [   ]·[   ] 또는 [   ]이다.(법 제16조의2 제1항)

② 소방지원활동은 소방활동 수행에 지장을 주지 아니하는 범위에서 할 수 있다.
(법 제16조의2 제2항)

③ 소방지원활동의 내용
소방청장·소방본부장 또는 소방서장은 공공의 안녕질서 유지 또는 복리증진을 위하여 필요한 경우 소방활동 외에 다음 각호의 활동(이하 "소방지원활동"이라 한다)을 하게 할 수 있다.(법 제16조의2 제1항)

㉠ [   ]에 대한 예방·진압 등 지원활동

㉡ 자연재해에 따른 급수·배수 및 [   ] 등 지원활동

㉢ 집회·공연 등 각종 [   ] 시 사고에 대비한 근접대기 등 지원활동

㉣ 화재, 재난·재해로 인한 [   ] 지원활동

㉤ 그 밖에 행정안전부령으로 정하는 활동(규칙 제8조의4)

ⓐ 군·경찰 등 유관기관에서 실시하는 훈련지원 활동

ⓑ 소방시설 [   ] 신고에 따른 조치활동

ⓒ [   ]제작 또는 [   ] 관련 지원활동

(2) 소방활동지원의 비용부담

유관기관·단체 등의 요청에 따른 소방지원활동에 드는 비용은 [   ] 유관기관·단체 등에게 부담하게 할 수 있다. 다만, 부담금액 및 부담방법에 관하여는 지원요청을 한 유관기관·단체 등과 [   ]하여 결정한다.(법 제16조의2 제3항)

---

3 (1) ① 소방청장, 소방본부장, 소방서장 ③ ㉠ 산불 ㉡ 제설 ㉢ 행사 ㉣ 피해복구
　　㉤ ⓑ 오작동 ⓒ 방송, 촬영

4 (2) 지원요청을 한, 협의

03 생활안전활동(법 제16조의3)

(1) 생활안전활동 [5]

① 소방청장·소방본부장 또는 소방서장은 신고가 접수된 생활안전 및 위험제거 활동(화재, 재난·재해, 그 밖의 위급한 상황에 해당하는 것은 [   ]한다)에 대응하기 위하여 소방대를 출동시켜 다음 각호의 활동(이하 "생활안전활동"이라 한다)을 하게 하여야 한다.(법 제16조의3 제1항)
  ㉠ 붕괴, 낙하 등이 우려되는 [   ], 나무, 위험 구조물 등의 제거활동
  ㉡ 위해동물, [ ] 등의 포획 및 퇴치 활동
  ㉢ 끼임, [   ] 등에 따른 위험제거 및 구출 활동
  ㉣ 단전사고 시 비상전원 또는 [   ]의 공급
  ㉤ 그 밖에 방치하면 급박해질 우려가 있는 위험을 [   ]하기 위한 활동

② 누구든지 정당한 사유 없이 ①에 따라 출동하는 소방대의 생활안전활동을 방해하여서는 아니 된다.

(2) 소방지원활동 등의 기록관리 [6]

① [   ]은 소방지원활동 및 생활안전활동(이하 "소방지원활동등"이라 한다)을 한 경우 소방지원활동등 기록지에 해당 활동상황을 상세히 기록하고, 소속 소방관서에 [   ]간 보관해야 한다.(규칙 제8조의5 제1항)

② [   ]은 소방지원활동 등의 상황을 종합하여 [   ] 소방청장에게 보고해야 한다.(규칙 제8조의5 제2항)

(3) 소방자동차의 보험 가입 등 [7]

① [   ]는 소방자동차의 [   ] 운행 중 교통사고가 발생한 경우 그 운전자의 법률상 분쟁에 소요되는 비용을 지원할 수 있는 보험에 가입[   ].
(법 제16조의4 제1항)

② 국가는 ①에 따른 보험 가입비용의 [   ]를 지원할 수 있다.(법 제16조의4 제2항)

---

5 (1) ① 제외 ㉠ 고드름 ㉡ 벌 ㉢ 고립 ㉣ 조명 ㉤ 예방
6 (2) ① 소방대원, 3년 ② 소방본부장, 연 2회
7 (3) ① 시·도지사, 공무상, 하여야 한다 ② 일부

(4) 소방활동에 대한 면책 [8]

소방공무원이 소방활동으로 인하여 타인을 사상(死傷)에 이르게 한 경우 그 소방활동이 불가피하고 [ ]에게 고의 또는 중대한 과실이 없는 때에는 그 정상을 참작하여 사상에 대한 형사책임을 감경하거나 면제할 수 있다.(법 제16조의5)

(5) 소송지원 [9]

소방청장, 소방본부장 또는 소방서장은 소방공무원이 소방활동, 소방지원활동, 생활안전활동으로 인하여 민·형사상 책임과 관련된 소송을 수행할 경우 변호인 선임 등 소송수행에 필요한 지원을 [ ].(법 제16조의6)

04 소방교육·훈련(법 제17조)

(1) 소방대원의 교육 및 훈련 [10]

① 소방청장, 소방본부장 또는 소방서장은 소방업무를 전문적이고 효과적으로 수행하기 위하여 [ ]에게 필요한 교육·훈련을 실시[ ].(법 제17조 제1항)
② 소방대원에게 실시할 교육·훈련의 종류, 해당 교육·훈련을 받아야 할 대상자 및 교육·훈련기간 등은 별표 3의2와 같다.(규칙 제9조 제1항)

> 시행규칙 별표 3의2 [11]
> 【소방대원에게 실시할 교육·훈련의 종류 등】
> ① 화재진압훈련: 화재진압담당 소방공무원, 화재 등에 있어서 현장활동의 보조임무를 수행하는 [ ], 임명된 [ ]
> ② 인명구조훈련: 구조업무담당 소방공무원, 화재 등에 있어서 현장활동의 보조임무를 수행하는 의무소방원, 임명된 의용소방대원
> ③ 응급처치훈련: 구급업무를 담당하는 소방공무원, 임용된 의무소방원, 임명된 의용소방대원
> ④ [ ]훈련: 소방공무원, 임용된 의무소방원, 임명된 의용소방대원
> ⑤ [ ]훈련: 소방[ ]·소방[ ]·소방[ ] 및 소방[ ]
> ⑥ 교육훈련은 [ ]마다 1회 실시하되, 교육훈련기간은 [ ] 이상이다.

---

8 (4) 소방공무원
9 (5) 할 수 있다
10 (1) ① 소방대원, 하여야 한다
11 ① 의무소방원, 의용소방대원 ④ 인명대피 ⑤ 현장지휘, 위, 경, 령, 정 ⑥ 2년, 2주

(2) 어린이집의 영유아, 유치원의 유아, 학교의 학생, 시설 거주·이용 장애인에 대한 소방안전교육·훈련 12
   ① 대상은 어린이집의 영유아, 유치원의 유아, 초·중등학교 학생, 장애인복지시설 거주·이용 장애인이다.
   ② 소방청장, 소방본부장 또는 소방서장은 화재를 예방하고 화재 발생 시 인명과 재산피해를 최소화하기 위하여 다음 각 호에 해당하는 사람을 대상으로 [   ]으로 정하는 바에 따라 소방안전에 관한 교육과 훈련을 실시[   ]. 이 경우 소방청장, 소방본부장 또는 소방서장은 해당 어린이집·유치원·학교의 [   ] 또는 장애인복지시설의 장과 교육일정 등에 관하여 [   ]하여야 한다.(법 제17조 제2항)
      ㉠ 「영유아보육법」 제2조에 따른 어린이집의 [   ]
      ㉡ 「유아교육법」 제2조에 따른 유치원의 [   ]
      ㉢ 「초·중등교육법」 제2조에 따른 학교의 [   ]
      ㉣ 「장애인복지법」 제58조에 따른 장애인복지시설에 거주하거나 해당 시설을 이용하는 [   ]

(3) 국민의 안전의식 제고를 위한 홍보 13
   소방청장, 소방본부장 또는 소방서장은 국민의 안전의식을 높이기 위하여 화재 발생 시 [   ] 및 [   ] 등을 홍보하여야 한다.(법 제17조 제3항)

05 소방안전교육사(법 제17조의2) 14

(1) 소방안전교육사의 자격 및 업무
   ① 소방안전교육사의 자격
      소방청장은 소방안전교육을 위하여 [   ]이 실시하는 시험에 합격한 사람에게 소방안전교육사 자격을 부여한다.(법 제17조의2 제1항)
   ② 소방안전교육사의 업무
      소방안전교육사는 소방안전교육의 [   ]·[   ]·[   ]·[   ] 및 [   ]업무를 수행한다.(법 제17조의2 제2항)

---

12 (2) ② 행정안전부령, 할 수 있다, 장, 협의 ㉠ 영유아 ㉡ 유아 ㉢ 학생 ㉣ 장애인
13 (3) 피난, 행동 방법
14 (1) ① 소방청장 ② 기획, 진행, 분석, 평가, 교수

(2) 소방안전교육사의 결격사유 15

다음 각호의 어느 하나에 해당하는 사람은 소방안전교육사가 될 수 없다.(법 제17조의3)

① [   ]후견인

② 금고 이상의 실형을 선고받고 그 집행이 끝나거나(집행이 끝난 것으로 보는 경우를 포함한다) 집행이 면제된 날부터 [ ]년이 지나지 아니한 사람

③ 금고 이상의 형의 집행유예를 선고받고 그 유예기간 중에 있는 사람

④ 법원의 판결 또는 다른 법률에 따라 자격이 정지되거나 상실된 사람

(3) 소방안전교육사의 배치

① 소방안전교육사의 배치대상 16

㉠ 소방안전교육사를 소방청, 소방본부 또는 소방서, 그 밖에 대통령령으로 정하는 대상에 배치할 수 있다.(법 제17조의5 제1항) '그 밖에 대통령령으로 정하는 대상'이란 다음 각호의 어느 하나에 해당하는 기관이나 단체를 말한다.

ⓐ 법 제40조에 따라 설립된 [   ]

ⓑ 「소방산업의 진흥에 관한 법률」 제14조에 따른 [   ]

② 소방안전교육사의 배치대상 및 배치기준, 그 밖에 필요한 사항은 대통령령으로 정한다.(법 제17조의5 제2항)

> 시행령 별표 2의3 17
> 【소방안전교육사의 배치대상별 배치기준】
> 1. 소방청: [ ]명 이상
> 2. 소방본부: [ ]명 이상
> 3. 소방서: [ ]명 이상
> 4. 한국소방안전원: 본회 [ ]명 이상, 시·도지부: [ ]명 이상
> 5. 한국소방산업기술원: [ ]명 이상

③ 부정행위자의 대한 조치: 소방청장은 소방안전교육사 시험에서 부정행위를 한 사람에 대하여는 시험을 정지시키거나 무효 처리하며(법 제17조의4 제1항), 시험이 정지되거나 무효 처리된 사람은 그 처분이 있은 날부터 2년간 소방안전교육사 시험에 응시하지 못한다.(법 제17조의4 제2항)

---

15 (2) ① 피성년 ② 2
16 ㉠ ⓐ 한국소방안전원 ⓑ 한국소방산업기술원
17 2, 2, 1, 2, 1, 2

(4) 소방안전교육사 자격시험

소방안전교육사 시험의 응시자격, 시험방법, 시험과목, 시험위원, 그 밖에 소방안전교육사 시험의 실시에 필요한 사항은 대통령령으로 정한다.(법 제17조의2 제3항) 소방안전교육사 시험에 응시하려는 사람은 대통령령으로 정하는 바에 따라 수수료를 내야 한다.(법 제17조의2 제4항)

① 소방안전교육사 시험의 응시자격

시행령 별표 2의2 [18]

【소방안전교육사 시험의 응시자격】

1. 소방공무원으로 다음 각 목의 어느 하나에 해당하는 사람
   가. 소방공무원으로 [   ] 이상 근무한 경력이 있는 사람
   나. 중앙소방학교 또는 지방소방학교에서 [   ] 이상의 소방안전교육사 관련 전문교육과정을 이수한 사람
2. 「초·중등교육법」에 따라 교원의 자격을 취득한 사람
3. 「유아교육법」에 따라 교원의 자격을 취득한 사람
4. 「영유아보육법」에 따라 어린이집의 원장 또는 보육교사의 자격을 취득한 사람(보육교사 자격을 취득한 사람은 보육교사 자격을 취득한 후 [   ] 이상의 보육업무 경력이 있는 사람만 해당한다)
5. 다음 각 목의 어느 하나에 해당하는 기관에서 교육학과, 응급구조학과, 의학과, 간호학과 또는 소방안전 관련 학과 등 소방청장이 고시하는 학과에 개설된 교과목 중 소방안전교육과 관련하여 소방청장이 정하여 고시하는 교과목을 총 [   ]학점 이상 이수한 사람
   가. 「고등교육법」 제2조 제1호부터 제6호까지의 규정의 어느 하나에 해당하는 학교
   나. 「학점인정 등에 관한 법률」 제3조에 따라 학습과정의 평가인정을 받은 교육훈련기관
6. 국가기술자격의 직무분야 중 안전관리 분야(국가기술자격의 직무분야 및 국가기술자격의 종목 중 중직무분야의 안전관리를 말한다. 이하 같다)의 기술사 자격을 취득한 사람
7. [   ] 자격을 취득한 사람
8. 국가기술자격의 직무분야 중 안전관리 분야의 기사 자격을 취득한 후 안전관리 분야에 [   ] 이상 종사한 사람
9. 국가기술자격의 직무분야 중 안전관리 분야의 산업기사 자격을 취득한 후 안전관리 분야에 [   ] 이상 종사한 사람
10. 간호사 면허를 취득한 후 간호업무 분야에 [   ] 이상 종사한 사람
11. [   ] 응급구조사 자격을 취득한 후 응급의료 업무 분야에 1년 이상 종사한 사람
12. [   ] 응급구조사 자격을 취득한 후 응급의료 업무 분야에 3년 이상 종사한 사람
13. 의용소방대원으로 임명된 후 [   ] 이상 의용소방대 활동을 한 경력이 있는 사람
14. 특급 소방안전관리대상물에 선임해야 하는 소방안전관리자에 해당하는 사람
15. 1급 소방안전관리대상물에 선임해야 하는 소방안전관리자의 자격요건을 갖춘 후 소방안전관리대상물의 소방안전관리에 관한 실무경력이 [   ] 이상 있는 사람
16. 2급 소방안전관리대상물에 선임해야 하는 소방안전관리자의 자격요건을 갖춘 후 소방안전관리대상물의 소방안전관리에 관한 실무경력이 [   ] 이상 있는 사람
17. 「국가기술자격법」에 따른 국가기술자격의 직무분야 중 [   ]의 기능장 자격을 취득한 사람

---

18 3년, 2주, 3년, 6, 소방시설관리사, 1년, 3년, 1년, 1급, 2급, 5년, 1년, 3년, 위험물 중직무분야

② 소방안전교육사 시험방법 [19]
  ㉠ 소방안전교육사시험은 제1차 시험, 제2차 시험으로 구분하여 시행한다. 제1차 시험은 선택형을, 제2차 시험은 [   ]을 원칙으로 한다. 다만, 제2차 시험에는 주관식 단답형 또는 기입형을 포함할 수 있다.(영 제7조의3 제2항)
  ㉡ 제1차 시험에 합격한 사람에 대해서는 다음 회의 시험에 한정하여 제1차 시험을 면제한다.(영 제7조의3 제3항)

③ 소방안전교육사 시험과목
  ㉠ 소방안전교육사시험의 제1차 시험 및 제2차 시험 과목은 다음 각호와 같다.
  (영 제7조의4)

구 분	시험과목
제1차 시험	• 소방학개론, 구급·응급처치론, 재난관리론 및 교육학개론 중 응시자가 선택하는 3과목
제2차 시험	• [ ] [20] 실무

  ㉡ 시험 과목별 출제범위는 행정안전부령으로 정한다.

④ 소방안전교육사 시험위원 등 [21]
  ㉠ [   ]은 소방안전교육사시험 응시자격심사, 출제 및 채점을 위하여 다음 각호의 어느 하나에 해당하는 자를 응시자격심사위원 및 시험위원으로 임명 또는 위촉해야 한다.(영 제7조의5 제1항)
    ⓐ 소방관련학과, 교육학과 또는 응급구조학과 [   ]학위 취득자
    ⓑ 「고등교육법」 제2조 제1호부터 제6호까지의 규정 중 어느 하나에 해당하는 학교에서 소방관련학과, 교육학과 또는 응급구조학과 [   ] 이상으로 [   ] 이상 재직한 자
    ⓒ 소방[ ] 이상의 소방공무원
    ⓓ 소방안전교육사 자격을 취득한 자
  ㉡ 응시자격심사위원 및 시험위원의 수는 다음 각호와 같다.(영 제7조의5 제2항)
    ⓐ 응시자격심사위원: 3명
    ⓑ 시험위원 중 출제위원: 시험과목별 3명
    ⓒ 시험위원 중 채점위원: [ ]명
  ㉢ 응시자격심사위원 및 시험위원으로 임명 또는 위촉된 자는 소방청장이 정하는 시험문제 등의 작성 시 유의사항 및 서약서 등에 따른 준수사항을 성실히 이행해야 한다.(영 제7조의5 제3항)

---

19 ② ㉠ 논술형
20 ③ 국민안전교육
21 ④ ㉠ 소방청장 ⓐ 박사 ⓑ 조교수, 2년 ⓒ 위 ㉡ ⓒ 5

ⓔ 임명 또는 위촉된 응시자격심사위원 및 시험위원과 시험감독업무에 종사하는 자에 대하여는 예산의 범위에서 수당 및 여비를 지급할 수 있다.(영 제7조의5 제4항)

⑤ 소방안전교육사시험의 시행 및 공고 [22]
  ㉠ 소방안전교육사시험은 [　]마다 1회 시행함을 원칙으로 하되, 소방청장이 필요하다고 인정하는 때에는 그 횟수를 증감할 수 있다.(영 제7조의6 제1항)
  ㉡ 소방청장은 소방안전교육사시험을 시행하려는 때에는 응시자격·시험과목·일시·장소 및 응시절차 등에 관하여 필요한 사항을 모든 응시 희망자가 알 수 있도록 소방안전교육사시험의 시행일 [　] 전까지 소방청의 인터넷 홈페이지 등에 공고해야 한다.(영 제7조의6 제2항)

⑥ 소방안전교육사시험 응시원서 제출 등
  ㉠ 응시원서 제출: 소방안전교육사시험에 응시하려는 자는 행정안전부령으로 정하는 소방안전교육사시험응시원서를 소방청장에게 제출(정보통신망에 의한 제출을 포함한다. 이하 이 조에서 같다)하여야 한다.(영 제7조의7 제1항)
  ㉡ 시험 과목별 출제범위: 소방안전교육사 시험 과목별 출제범위는 별표 3의4와 같다. (규칙 제9조의2)

시행규칙 별표 3의4
【소방안전교육사 시험 과목별 출제범위】

구분	시험 과목	출제범위	비고
제1차 시험 ※ 4과목 중 3과목 선택	소방학개론	소방조직, 연소이론, 화재이론, 소화이론, 소방시설	선택형 (객관식)
	구급·응급처치론	응급환자 관리, 임상응급의학, 인공호흡 및 심폐소생술(기도폐쇄 포함), 화상환자 및 특수환자 응급처치	
	재난관리론	재난의 정의·종류, 재난유형론, 재난단계별 대응이론	
	교육학개론	교육의 이해, 교육심리, 교육사회, 교육과정, 교육방법 및 교육공학, 교육평가	
제2차 시험	국민안전교육 실무	재난 및 안전사고의 이해, 안전교육의 개념과 기본원리, 안전교육 지도의 실제	논술형 (주관식)

22 ⑤ ㉠ 2년 ㉡ 90일

ⓒ 소방안전교육사시험에 응시하려는 자는 행정안전부령으로 정하는 응시수수료를 납부해야 한다.(영 제7조의7 제3항)
  ⓐ 응시수수료는 제1차 시험의 경우 3만 원, 제2차 시험의 경우 2만 5천 원으로 한다.(규칙 제9조의4 제1항)
  ⓑ 수수료는 수입인지 또는 정보통신망을 이용한 전자화폐·전자결제 등의 방법으로 납부해야 한다.(규칙 제9조의4 제2항)
ⓔ 납부한 응시수수료는 다음 각호의 어느 하나에 해당하는 경우에는 해당 금액을 반환하여야 한다.(영 제7조의7 제4항) 23
  ⓐ 응시수수료를 과오납한 경우: 과오납한 응시수수료 [   ]
  ⓑ 시험시행기관의 귀책사유로 시험에 응시하지 못한 경우: 납입한 응시수수료 전액
  ⓒ 시험시행일 [   ]일 전까지 접수를 철회하는 경우: 납입한 응시수수료 전액
  ⓓ 시험시행일 10일 전까지 접수를 철회하는 경우: 납입한 응시수수료의 100분의 [   ]

⑦ 소방안전교육사시험의 합격자 결정 등 24
  ㉠ 제1차 시험(영 제7조의8 제1항)
    ⓐ 매 과목 100점을 만점으로 하여 매 과목 [   ]점 이상, 전 과목 평균 [   ]점 이상 득점한 자를 합격자로 한다.
  ㉡ 제2차 시험(영 제7조의8 제2항)
    ⓐ 100점을 만점으로 한다.
    ⓑ 시험위원의 채점점수 중 최고점수와 최저점수를 제외한 점수의 [   ]이 60점 이상인 사람을 합격자로 한다.
  ㉢ 소방청장은 ㉠ 및 ㉡에 따라 소방안전교육사시험합격자를 결정한 때에는 이를 소방청의 인터넷 홈페이지 등에 공고해야 한다.(영 제7조의8 제3항)
  ㉣ 소방청장은 ㉢에 따른 시험합격자 공고일부터 [   ] 이내에 행정안전부령으로 정하는 소방안전교육사증을 시험합격자에게 발급하며, 이를 소방안전교육사증 교부대장에 기재하고 관리하여야 한다.(영 제7조의8 제4항)

---

23 ⓔ ⓐ 전액 ⓒ 20 ⓓ 50
24 ㉠ ⓐ 40, 60 ㉡ ⓑ 평균 ㉣ 1개월

06 한국119청소년단(법 제17조의6) [25]

① 청소년에게 소방안전에 관한 올바른 이해와 안전의식을 함양시키기 위하여 한국119청소년단을 설립한다.(법 제17조의6 제1항)

② 한국119청소년단은 법인으로 하고, 그 주된 사무소의 소재지에 설립등기를 함으로써 성립한다.(법 제17조의6 제2항)

③ 국가나 지방자치단체는 한국119청소년단에 그 조직 및 활동에 필요한 시설·장비를 지원할 수 있으며, 운영경비와 시설비 및 국내외 행사에 필요한 경비를 보조[　　　].(법 제17조의6 제3항)

④ 개인·법인 또는 단체는 한국119청소년단의 시설 및 운영 등을 지원하기 위하여 금전이나 그 밖의 재산을 기부할 수 있다.(법 제17조의6 제4항)

⑤ 이 법에 따른 한국119청소년단이 아닌 자는 한국119청소년단 또는 이와 유사한 명칭을 사용할 수 없다.(법 제17조의6 제5항)

⑥ 한국119청소년단의 정관 또는 사업의 범위·지도·감독 및 지원에 필요한 사항은 [　　　　　]으로 정한다.(법 제17조의6 제6항)

⑦ 한국119청소년단에 관하여 이 법에서 규정한 것을 제외하고는 「민법」 중 [　　]법인에 관한 규정을 준용한다.(법 제17조의6 제7항)

---

25 ③ 할 수 있다 ⑥ 행정안전부령 ⑦ 사단

07 소방신호(법 제18조)

소방신호는 경계신호와 발화신호, 해제신호 및 훈련신호가 있으며, 화재예방, 소방활동 또는 소방훈련을 위하여 사용되는 소방신호의 종류와 방법은 행정안전부령으로 정한다. (법 제18조)

(1) 소방신호의 종류(규칙 제10조) [26]

① [ ]신호: 화재예방상 필요하다고 인정되거나, 화재위험경보 시 발령한다.
② [ ]신호: 화재가 발생한 때 발령한다.
③ [ ]신호: 소화활동이 필요 없다고 인정되는 때 발령한다.
④ [ ]신호: 훈련상 필요하다고 인정되는 때 발령한다.
⑤ 소방신호의 종류별 소방신호의 방법은 별표 4와 같다.

시행규칙 별표 4
【소방신호의 방법】

신호 종별	타종신호 [27]	사이렌신호 [28]
경계신호	[ ]타와 연 [ ]타를 반복	[ ]초 간격 [ ]초씩 [ ]회
발화신호	난타	[ ]초 간격 [ ]초씩 [ ]회
해제신호	상당한 간격, [ ]타씩 반복	[ ]분간 [ ]회
훈련신호	연 [ ]타 반복	[ ]초 간격 [ ]분씩 [ ]회

---

26 ① 경계 ② 발화 ③ 해제 ④ 훈련
27 1, 2, 1, 3
28 5, 30, 3 / 5, 5, 3 / 1, 1 / 10, 1, 3

08 화재 등의 통지(법 제19조)

(1) 통지의무 [29]

화재 현장 또는 구조·구급이 필요한 사고 현장을 발견한 [　　]은 그 현장의 상황을 [　　], [　　] 또는 [　　　　　]에 지체 없이 알려야 한다.(법 제19조 제1항)

(2) 신고의무 [30]

다음 각호의 어느 하나에 해당하는 지역 또는 장소에서 화재로 [　　]할 만한 우려가 있는 불을 피우거나 연막(煙幕) 소독을 하려는 자는 [　　　　]로 정하는 바에 따라 관할 소방본부장 또는 소방서장에게 신고하여야 한다.(법 제19조 제2항)

① [　　]지역
② 공장·창고가 밀집한 지역
③ [　　]이 밀집한 지역
④ 위험물의 저장 및 처리시설이 밀집한 지역
⑤ 석유화학제품을 생산하는 공장이 있는 지역
⑥ 그 밖에 시·도의 조례가 정하는 지역 또는 장소

09 관계인의 소방활동 등(법 제20조)

(1) 관계인의 소방활동 [31]

① [　　]은 소방대상물에 화재, 재난·재해, 그 밖의 위급한 상황이 발생한 경우에는 소방대가 현장에 도착할 때까지 [　　]를 울리거나 [　　]를 유도하는 등의 방법으로 사람을 [　　]하는 조치 또는 불을 [　　] 불이 [　　] 아니하도록 필요한 조치를 하여야 한다.(법 제20조 제1항)

㉠ [　　　]: 소방대가 현장에 도착할 때까지 경보를 울리거나 대피를 유도하는 등의 방법으로 사람을 구출하는 조치

㉡ [　　] 및 연소[　　] 방지: 불을 끄거나 불이 번지지 아니하도록 필요한 조치

② 관계인은 소방대상물에 화재, 재난·재해, 그 밖의 위급한 상황이 발생한 경우에는 이를 소방본부, 소방서 또는 관계 행정기관에 지체 없이 알려야 한다.(법 제20조 제2항)

---

29 사람, 소방본부, 소방서, 관계 행정기관
30 오인, 시·도의 조례 ① 시장 ③ 목조건물
31 ① 관계인, 경보, 대피, 구출, 끄거나, 번지지 ㉠ 인명구조 ㉡ 소화, 확대

10 자체소방대의 설치 · 운영 등(법 제20조의2)

(1) 자체소방대의 설치 · 운영행위 [32]

① [　　　]은 화재를 진압하거나 구조·구급 활동을 하기 위하여 상설 조직체(「위험물안전관리법」 제19조 및 그 밖의 다른 법령에 따라 설치된 자체소방대를 포함하며, 이하 이 조에서 "자체소방대"라 한다)를 설치·운영할 수 있다.

② 자체소방대는 소방대가 현장에 도착한 경우 [　　　]의 지휘·통제에 따라야 한다.

③ [　　　　　　　　　　　　　　]은 자체소방대의 역량 향상을 위하여 필요한 교육·훈련 등을 지원할 수 있다.

④ ③에 따른 교육·훈련 등의 지원에 필요한 사항은 행정안전부령으로 정한다.

⑤ 소방청장, 소방본부장 또는 소방서장은 ①에 따른 자체소방대의 역량 향상을 위하여 다음 각 호에 해당하는 교육·훈련 등을 지원할 수 있다.(규칙 제11조)
　㉠ 「소방공무원 교육훈련규정」에 따른 교육훈련기관에서의 자체소방 교육훈련과정
　㉡ 자체소방대에서 수립하는 교육·훈련 계획의 [　　　]
　㉢ 「소방공무원임용령」에 따른 소방기관과 자체소방대와의 합동 소방훈련
　㉣ 소방기관에서 실시하는 자체소방대의 [　　　]
　㉤ 그 밖에 소방청장이 자체소방대의 역량 향상을 위하여 필요하다고 인정하는 교육·훈련

---

32 ① 관계인 ② 소방대장 ③ 소방청장, 소방본부장 또는 소방서장 ⑤ ㉡ 지도·자문 ㉣ 현장실습

11 소방자동차 우선통행 등(법 제21조)

(1) 소방자동차 출동의 방해금지 33

모든 차와 사람은 소방자동차([   ]를 위한 자동차와 구조·구급차를 포함한다. 이하 같다)가 화재진압 및 구조·구급 활동을 위하여 출동을 할 때에는 이를 방해하여서는 아니 된다.(법 제21조 제1항)

(2) 소방자동차의 우선통행 및 행위금지 34

① 모든 차와 사람은 소방자동차가 화재진압 및 구조·구급 활동을 위하여 [   ]을 사용하여 출동하는 경우에는 다음 각호의 행위를 하여서는 아니 된다.(법 제21조 제3항)
  ㉠ 소방자동차에 진로를 양보하지 아니하는 행위
  ㉡ 소방자동차 앞에 끼어들거나 소방자동차를 가로막는 행위
  ㉢ 그 밖에 소방자동차의 출동에 [   ]을 주는 행위

② ①의 경우를 제외하고 소방자동차의 우선 통행에 관하여는 [   ]에서 정하는 바에 따른다.(법 제21조 제4항)

③ 도로교통법은 소방자동차를 [   ]자동차로 분류하고 이에 대한 특례를 규정하고 있다.(도로교통법 제2조 제22호, 제16조, 제29조, 제30조)

(3) 출동·훈련 시 사이렌의 사용 35

소방자동차가 화재진압 및 구조·구급 활동을 위하여 [   ]하거나 [   ]을 위하여 필요할 때에는 사이렌을 사용할 수 있다.(법 제21조 제2항)

---

33 지휘
34 ① 사이렌 ㉢ 지장 ② 「도로교통법」 ③ 긴급
35 출동, 훈련

12 소방자동차 전용구역 등(법 제21조의2)

① 「건축법」 제2조 제2항 제2호에 따른 공동주택 중 대통령령으로 정하는 공동주택의 [　　]는 소방활동의 원활한 수행을 위하여 공동주택에 소방자동차 전용구역을 설치하여야 한다.(법 제21조의2 제1항)

② [　　] 전용구역에 차를 주차하거나 전용구역에의 진입을 가로막는 등의 방해행위를 하여서는 아니 된다.(법 제21조의2 제2항)

③ 전용구역의 설치 기준·방법, ②에 따른 방해행위의 기준, 그 밖의 필요한 사항은 [　　]으로 정한다.(법 제21조의2 제3항)

④ 전용구역의 설치방법(영 별표 2의5)
   ㉠ 전용구역 노면표지의 외곽선은 빗금무늬로 표시하되, 빗금은 두께를 [　]센티미터로 하여 [　]센티미터 간격으로 표시한다.
   ㉡ 전용구역 노면표지 도료의 색채는 [　　]을 기본으로 하되, 문자(P, 소방차 전용)는 [　　]으로 표시한다.

13 소방자동차 교통안전 분석 시스템 구축·운영(법 제21조의3)

① [　　　　　　　　]은 대통령령으로 정하는 소방자동차에 행정안전부령으로 정하는 기준에 적합한 운행기록장치를 장착하고 운용하여야 한다.

② [　　　]은 소방자동차의 안전한 운행 및 교통사고 예방을 위하여 운행기록장치 데이터의 수집·저장·통합·분석 등의 업무를 전자적으로 처리하기 위한 시스템)을 구축·운영할 수 있다.

③ [　　　　　　　　　　]은 소방자동차 교통안전 분석 시스템으로 처리된 자료를 이용하여 소방자동차의 장비운용자 등에게 어떠한 불리한 제재나 처벌을 하여서는 아니 된다.

④ 소방자동차 교통안전 분석 시스템의 구축·운영, 운행기록장치 데이터 및 전산자료의 보관·활용 등에 필요한 사항은 행정안전부령으로 정한다.

---

36 ① 건축주 ② 누구든지 ③ 대통령령 ④ ㉠ 30, 50 ㉡ 황색, 백색
37 ① 소방청장 또는 소방본부장 ② 소방청장 ③ 소방청장, 소방본부장 및 소방서장

시행령 제7조의15 【운행기록장치 장착 소방자동차의 범위】 38

법 제21조의3 제1항에서 "대통령령으로 정하는 소방자동차"란 「소방장비관리법 시행령」 제6조 및 별표 1 제1호 가목에 따른 다음 각 호의 소방자동차를 말한다.
1. 소방펌프차
2. 소방물탱크차
3. 소방화학차
4. [   ]
5. [   ]
6. [   ]
7. 그 밖에 소방청장이 소방자동차의 안전한 운행 및 교통사고 예방을 위하여 운행기록장치 장착이 필요하다고 인정하여 정하는 소방자동차

시행규칙 제12조 【소방자동차 운행기록장치의 기준】

법 제21조의3 제1항에서 "행정안전부령으로 정하는 기준에 적합한 운행기록장치"란 「교통안전법 시행규칙」 별표 4에서 정하는 장치 및 기능을 갖춘 전자식 운행기록장치를 말한다.

시행규칙 제13조 【운행기록장치 데이터의 보관】 39

[   ]은 소방자동차 운행기록장치에 기록된 데이터를 6개월 동안 저장·관리해야 한다.

시행규칙 제13조의2 【운행기록장치 데이터 등의 제출】 40

① [   ]은 소방자동차의 안전한 운행 및 교통사고 예방을 위하여 소방본부장 또는 소방서장에게 운행기록장치 데이터 및 그 분석 결과 등 관련 자료의 제출을 요청할 수 있다.
② [   ]은 관할 구역 안의 소방서장에게 운행기록장치 데이터 등 관련 자료의 제출을 요청할 수 있다.
③ [   ]은 제1항 또는 제2항에 따라 자료의 제출을 요청받은 경우에는 소방청장 또는 소방본부장에게 해당 자료를 제출해야 한다. 이 경우 소방서장이 제1항에 따라 소방청장에게 자료를 제출하는 경우에는 소방본부장을 거쳐야 한다.

38　4. 소방고가차, 5. 무인방수차, 6. 구조차
39　소방청장, 소방본부장 및 소방서장
40　① 소방청장 ② 소방본부장 ③ 소방본부장 또는 소방서장

시행규칙 제13조의3【운행기록장치 데이터의 분석·활용】[41]
① [   ]은 운행기록장치 데이터 중 과속, 급감속, 급출발 등의 운행기록을 점검·분석해야 한다.
② [   ]은 제1항에 따른 분석 결과를 소방자동차의 안전한 소방활동 수행에 필요한 교통안전정책의 수립, 교육·훈련 등에 활용할 수 있다.

시행규칙 제13조의4【운행기록장치 데이터 보관 등에 관한 세부 사항】
제13조, 제13조의2 및 제13조의3에서 규정한 사항 외에 운행기록장치 데이터의 보관, 제출 및 활용 등에 필요한 세부 사항은 소방청장이 정한다.

14 소방대의 긴급통행(법 제22조) [42]

① [   ]는 화재, 재난·재해, 그 밖의 위급한 상황이 발생한 현장에 신속하게 출동하기 위하여 [   ]할 때에는 일반적인 통행에 쓰이지 아니하는 [   ]·[   ] 또는 [ ] 위로 통행할 수 있다.(법 제22조)

② 여기서 일반교통에 쓰이지 아니하는 도로나 빈터라 함은 사도(私道)나 가옥 부지 내의 도로 또는 개인용 도로 등 불특정 다수인이 사용하지 못하는 도로를 말한다.

---

41 ① 소방청장 및 소방본부장 ② 소방청장, 소방본부장 및 소방서장
42 ① 소방대, 긴급, 도로, 빈터, 물

15 소방활동구역의 설정(법 제23조)

(1) 소방대장의 소방활동구역 설정 및 출입제한 조치 [43]

소방대장은 화재, 재난·재해, 그 밖의 위급한 상황이 발생한 현장에 소방활동구역을 정하여 소방활동에 필요한 사람으로서 대통령령으로 정하는 사람 [　]에는 그 구역에 출입하는 것을 제한할 수 있다.(법 제23조 제1항)

(2) 소방활동구역 설정 및 출입제한 조치 [44]

[　　　]은 소방대가 소방활동구역에 있지 아니하거나 [　　　]의 요청이 있는 때에는 (1)에 따른 조치를 할 수 있다.(법 제23조 제2항)

(3) 소방활동구역의 설정 [45]

① 위급한 상태이므로 소방활동구역의 설정자는 [　　　]이다.
② 출입 가능(영 제8조)
　㉠ 소방활동구역 안에 있는 소방대상물의 [　　] · [　　] 또는 [　　]
　㉡ [　] · [　] · [　] · [　] · [　]의 업무에 종사하는 사람으로서 원활한 소방활동을 위하여 필요한 사람
　㉢ 의사·간호사, 그 밖의 구조·구급업무에 종사하는 사람
　㉣ [　　　] 등 보도업무에 종사하는 사람
　㉤ [　　]업무에 종사하는 사람
　㉥ 그 밖에 [　　　]이 소방활동을 위하여 출입을 허가한 사람

---

43 (1) 외
44 (2) 경찰공무원, 소방대장
45 (3) ① 소방대장
　② ㉠ 소유자, 관리자, 점유자 ㉡ 전기, 가스, 수도, 통신, 교통 ㉢ 취재인력 ㉣ 수사 ㉥ 소방대장

16 소방활동 종사명령(법 제24조)

(1) 소방활동 종사명령 [46]

① 소방종사명령권자: [   ], [   ] 또는 [   ]

② 화재, 재난·재해, 그 밖의 위급한 상황이 발생한 현장에서 소방활동을 위하여 필요할 때에는 그 관할구역에 [   ] 사람 또는 그 현장에 [   ] 사람으로 하여금 다음에 사항을 명할 수 있다.(법 제24조 제1항 전문)
  ㉠ 사람을 [   ]하는 일
  ㉡ 불을 끄거나 불이 번지지 아니하도록 하는 일을 하게 할 수 있다.

③ 이 경우 소방본부장, 소방서장 또는 소방대장은 소방활동에 필요한 보호장구를 지급하는 등 안전을 위한 조치를 하여야 한다.(법 제24조 제1항 후문)

(2) 소방활동종사자의 비용 지급 [47]

① 소방활동종사자의 소방활동비용 지급
  ㉠ 명령에 따라 소방활동에 종사한 사람은 [   ]로부터 소방활동의 비용을 지급받을 수 있다.(법 제24조 제3항)

(3) 소방활동비용지급의 예외(법 제24조 제3항) [48]

① 소방대상물에 화재, 재난·재해, 그 밖의 위급한 상황이 발생한 경우 그 [   ]

② [   ] 또는 [   ]로 화재 또는 구조·구급 활동이 필요한 상황을 발생시킨 사람

③ 화재 또는 구조·구급 현장에서 물건을 [   ] 사람

---

46 (1) ① 소방본부장, 소방서장, 소방대장 ② 사는, 있는 ㉠ 구출
47 (2) ① ㉠ 시·도지사
48 (3) ① 관계인 ② 고의, 과실 ③ 가져간

17 강제처분 등(법 제25조)

(1) 인명구출 또는 화재확대방지를 위해 필요한 때 [49]

[   ], [   ] 또는 [   ]은 사람을 구출하거나 불이 번지는 것을 막기 위하여 필요할 때에는 화재가 발생하거나 불이 번질 우려가 있는 [   ] 및 [   ]를 일시적으로 사용하거나 그 사용의 제한 또는 소방활동에 필요한 [   ]을 할 수 있다. (법 제25조 제1항)

(2) 인명구출 또는 화재확대방지를 위해 긴급하다고 인정될 때 [50]

소방본부장, 소방서장 또는 소방대장은 사람을 구출하거나 불이 번지는 것을 막기 위하여 긴급하다고 인정할 때에는 (1)에 따른 소방대상물 또는 [   ]의 소방대상물과 [   ]에 대하여 법 (1)에 따른 처분을 할 수 있다.(법 제25조 제2항)

(3) 소방활동을 위해 긴급출동을 할 때 [51]

소방본부장, 소방서장 또는 소방대장은 소방활동을 위하여 긴급하게 출동할 때에는 소방자동차의 통행과 소방활동에 방해가 되는 주차 또는 정차된 차량 및 물건 등을 [   ]하거나 [   ]시킬 수 있다.(법 제25조 제3항)

(4) 소방활동에 방해가 되는 주차 또는 정차된 차량의 제거나 이동 [52]

소방본부장, 소방서장 또는 소방대장은 소방활동에 방해가 되는 주차 또는 정차된 차량의 제거나 이동을 위하여 관할 [   ] 등 관련 기관에 견인차량과 인력 등에 대한 지원을 요청할 수 있고, 요청을 받은 관련 기관의 장은 정당한 사유가 없으면 이에 협조하여야 한다.(법 제25조 제4항)

(5) 견인차량과 인력 등 지원 [53]

[   ]는 견인차량과 인력 등을 지원한 자에게 [   ]로 정하는 바에 따라 비용을 지급할 수 있다.(법 제25조 제5항)

---

49 (1) 소방본부장, 소방서장, 소방대장, 소방대상물, 토지, 처분
50 (2) 토지 외, 토지
51 (3) 제거, 이동
52 (4) 지방자치단체
53 (5) 시·도지사, 시·도의 조례

18 피난명령(법 제26조) [54]

(1) 피난명령

소방본부장, 소방서장 또는 소방대장은 화재, 재난·재해, 그 밖의 위급한 상황이 발생하여 사람의 생명을 위험하게 할 것으로 인정할 때에는 일정한 구역을 지정하여 그 구역에 있는 사람에게 그 구역 밖으로 피난할 것을 명할 수 있다.(법 제26조 제1항)

(2) 경찰과 협조

소방본부장, 소방서장 또는 소방대장은 피난명령에 따른 명령을 할 때 필요하면 관할 [　　] 또는 [　　　　]에게 협조를 요청할 수 있다.(법 제26조 제2항)

19 위험시설 등에 대한 긴급조치(법 제27조) [55]

(1) 댐·저수지 또는 수영장 등의 물의 사용 또는 수도의 개폐장치 등의 조작

소방본부장, 소방서장 또는 소방대장은 화재 진압 등 소방활동을 위하여 필요할 때에는 소방용수 외에 댐·저수지 또는 [　　] 등의 물을 사용하거나 수도(水道)의 [　　　] 등을 [　　]할 수 있다.(법 제27조 제1항)

(2) 가스·전기 또는 유류 등의 시설에 대한 위험물질의 공급차단

소방본부장, 소방서장 또는 소방대장은 화재 발생을 막거나 폭발 등으로 화재가 확대되는 것을 막기 위하여 [　　]·[　　] 또는 [　　] 등의 시설에 대하여 위험물질의 공급을 [　　]하는 등 필요한 조치를 할 수 있다.(법 제27조 제2항)

20 방해행위의 제지 등(법 제27조의2)

소방대원은 소방활동 또는 생활안전활동을 방해하는 행위를 하는 사람에게 필요한 경고를 하고, 그 행위로 인하여 사람의 생명·신체에 위해를 끼치거나 재산에 중대한 손해를 끼칠 우려가 있는 긴급한 경우에는 그 행위를 제지할 수 있다.(법 제27조의2)

---

54 (2) 경찰서장, 자치경찰단장
55 (1) 수영장, 개폐장치, 조작 (2) 가스, 전기, 유류, 차단

21 소방용수시설 또는 비상소화장치의 사용금지 등(법 제28조) [56]

(1) 소방용수시설 또는 비상소화장치의 사용금지 등

누구든지 다음 각호의 어느 하나에 해당하는 행위를 하여서는 아니 된다.(법 제28조)

① 정당한 사유 없이 소방용수시설 또는 비상소화장치를 [　　]하는 행위

② 정당한 사유 없이 손상·파괴, 철거 또는 그 밖의 방법으로 소방용수시설 또는 비상소화장치의 효용(效用)을 [　　] 행위

③ 소방용수시설 또는 비상소화장치의 정당한 사용을 [　　]하는 행위

---

56 (1) ① 사용 ② 해치는 ③ 방해

Chapter 04 소방산업의 육성·진흥 및 지원 등

01 국가의 책무(법 제39조의3)

(1) 국가의 책무 [1]

[   ]는 소방산업(소방용 기계·기구의 제조, 연구·개발 및 판매 등에 관한 일련의 산업을 말한다.)의 육성·진흥을 위하여 필요한 계획의 수립 등 행정상·재정상의 지원시책을 마련하여야 한다.(법 제39조의3)

(2) 소방산업과 관련된 기술개발 등의 지원 [2]

① 국가는 소방산업과 관련된 기술의 개발을 촉진하기 위하여 기술개발을 실시하는 자에 대하여 그 기술개발에 드는 자금의 [   ]를 출연하거나 보조할 수 있다.
(법 제39조의5 제1항)

② 국가는 우수소방제품의 전시·홍보를 위하여 대외무역법에 따른 무역전시장 등을 설치한 자에 대하여 다음에서 정한 범위에서 재정적인 지원을 할 수 있다.
(법 제39조의5 제2항)
㉠ 소방산업전시회 운영에 따른 경비의 [   ]
㉡ 소방산업전시회 관련 [   ] 홍보비
㉢ 소방산업전시회 기간 중 [   ]의 구매자 초청 경비

(3) 소방기술의 연구·개발사업의 수행 [3]

① [   ]는 국민의 생명과 재산을 보호하기 위하여 다음 각호의 어느 하나에 해당하는 기관이나 단체로 하여금 [   ]의 연구·개발사업을 수행하게 할 수 있다.
(법 제39조의6 제1항)
㉠ 국공립연구기관
㉡ 「과학기술분야 정부출연연구기관 등의 설립·운영 및 육성에 관한 법률」에 따라 설립된 연구기관
㉢ 「특정연구기관 육성법」 제2조에 따른 특정연구기관
㉣ 「고등교육법」에 따른 대학·산업대학·전문대학 및 기술대학
㉤ 「민법」이나 다른 법률에 따라 설립된 소방기술 분야의 법인인 연구기관 또는 법인 부설연구소

---

1 국가
2 ① 전부나 일부 ② ㉠ 일부 ㉡ 국외 ㉢ 국외
3 ① 국가, 소방기술

ⓑ 「기초연구진흥 및 기술개발지원에 관한 법률」 제14조의2 제1항에 따라 인정받은 기업부설연구소
ⓢ 「소방산업의 진흥에 관한 법률」 제14조에 따른 한국소방산업기술원
ⓞ 그 밖에 대통령령으로 정하는 소방에 관한 기술개발 및 연구를 수행하는 기관·협회
② 국가가 위의 ①에 따른 기관이나 단체로 하여금 소방기술의 연구·개발사업을 수행하게 하는 경우에는 필요한 경비를 지원하여야 한다.(법 제39조의6 제2항)

(4) 소방기술 및 소방산업의 국제화사업 [4]

① [   ]는 소방기술 및 소방산업의 국제경쟁력과 국제적 통용성을 높이는 데에 필요한 기반조성을 촉진하기 위한 시책을 마련하여야 한다.(법 제39조의7 제1항)

② [   ]은 소방기술 및 소방산업의 국제경쟁력과 국제통용성을 높이기 위하여 다음의 사업을 추진하여야 한다.(법 제39조의7 제2항)
  ㉠ 소방기술 및 소방산업의 [   ]을 위한 조사·연구
  ㉡ 소방기술 및 소방산업에 관한 [   ]·국제학술회의의 개최 등 국제교류
  ㉢ 소방기술 및 소방산업의 [   ]의 개척
  ㉣ 그 밖에 소방기술 및 소방산업의 [   ]과 국제통용성을 높이기 위하여 필요하다고 인정하는 사업

---

4 ① 국가 ② 소방청장 ㉠ 국제협력 ㉡ 국제전시회 ㉢ 국외시장 ㉣ 국제경쟁력

Chapter 05 한국소방안전원

01 한국소방안전원의 설립 등(법 제40조)

(1) 설 립 [1]
① 소방기술과 안전관리기술의 향상 및 홍보, 그 밖의 교육·훈련 등 행정기관이 위탁하는 업무의 수행과 소방 관계 종사자의 기술 향상을 위하여 한국소방안전원은 소방청장의 [   ]를 받아 설립한다.(법 제40조 제1항)
② ①에 따라 설립되는 안전원은 법인으로 한다.
③ 안전원에 관하여 이 법에 규정된 것을 제외하고는 「민법」 중 [   ]법인에 관한 규정을 준용한다.

(2) 교육계획의 수립 및 평가 [2]
① 안전원의 장은 소방기술과 안전관리의 기술향상을 위하여 [   ] 교육 수요조사를 실시하여 교육계획을 수립하고 소방청장의 [   ]을 받아야 한다.(법 제40조의2 제1항)
② 안전원장은 소방청장에게 해당 연도 교육결과를 평가·분석하여 보고하여야 하며, 소방청장은 교육평가 결과를 ①의 교육계획에 반영하게 할 수 있다.(법 제40조의2 제2항)
③ 안전원장은 제2항의 교육결과를 객관적이고 정밀하게 분석하기 위하여 필요한 경우 교육 관련 전문가로 구성된 위원회를 운영할 수 있다.(법 제40조의2 제3항)
④ ③에 따른 위원회의 구성·운영에 필요한 사항은 [   ]으로 정한다.
(법 제40조의2 제4항)

---

1 ① 인가 ③ 재단
2 ① 매년, 승인 ④ 대통령령

(3) 교육평가심의위원회의 구성·운영 3

① 안전원의 장은 다음 각 호의 사항을 심의하기 위하여 교육평가심의위원회를 둔다. (영 제9조 제1항)
  ㉠ 교육평가 및 운영에 관한 사항
  ㉡ 교육결과 분석 및 개선에 관한 사항
  ㉢ 다음 연도의 교육계획에 관한 사항

② 평가위원회는 위원장 1명을 [   ]하여 [ ]명 이하의 위원으로 성별을 고려하여 구성한다. (영 제9조 제2항)

③ 평가위원회의 위원장은 위원 중에서 호선(互選)한다. (영 제9조 제3항)

④ 평가위원회의 위원은 다음 각 호의 어느 하나에 해당하는 사람 중에서 [   ]이 임명 또는 위촉한다. (영 제9조 제4항)
  ㉠ 소방안전교육 업무 담당 소방공무원 중 [   ]이 추천하는 사람
  ㉡ 소방안전교육 [   ]
  ㉢ 소방안전교육 [   ]
  ㉣ 소방안전에 관한 학식과 경험이 풍부한 사람

⑤ 평가위원회에 참석한 위원에게는 예산의 범위에서 수당을 지급할 수 있다. 다만, [   ]인 위원이 소관 업무와 직접 관련되어 참석하는 경우에는 수당을 지급하지 아니한다. (영 제9조 제5항)

⑥ ①부터 ⑤까지에서 규정한 사항 외에 평가위원회의 운영 등에 필요한 사항은 안전원장이 정한다. (영 제9조 제6항)

(4) 안전원의 업무 4

안전원은 다음 각호의 업무를 수행한다. (법 제41조)

① 소방기술과 안전관리에 관한 [   ] 및 [   ]·연구
② 소방기술과 안전관리에 관한 각종 간행물 발간
③ 화재 예방과 안전관리의식 고취를 위한 대국민 [   ]
④ 소방업무에 관하여 행정기관이 위탁하는 업무
⑤ 소방안전에 관한 [   ]협력
⑥ 그 밖에 회원에 대한 기술지원 등 [   ]으로 정하는 사항

---

3 ② 포함, 9 ④ 안전원장 ㉠ 소방청장 ㉡ 전문가 ㉢ 수료자 ⑤ 공무원
4 ① 교육, 조사 ③ 홍보 ⑤ 국제 ⑥ 정관

(5) 회원의 관리
① 「소방시설 설치 및 관리에 관한 법률」, 「소방시설공사업법」 또는 「위험물안전관리법」에 따라 등록을 하거나 허가를 받은 사람으로서 회원이 되려는 사람(법 제42조 제1호)

② 「화재의 예방 및 안전관리에 관한 법률」, 「소방시설공사업법」 또는 「위험물안전관리법」에 따라 소방안전관리자, 소방기술자 또는 위험물안전관리자로 선임되거나 채용된 사람으로서 회원이 되려는 사람(법 제42조 제2호)

③ 그 밖에 소방 분야에 관심 있거나 학식과 경험이 풍부한 사람으로서 회원이 되려는 사람(법 제42조 제3호)

(6) 안전원의 정관 [5]
① 안전원의 정관(법 제43조 제1항)
  ㉠ 목적
  ㉡ 명칭
  ㉢ 주된 사무소의 소재지
  ㉣ 사업에 관한 사항
  ㉤ 이사회에 관한 사항
  ㉥ 회원과 임원 및 직원에 관한 사항
  ㉦ 재정 및 회계에 관한 사항
  ㉧ 정관의 변경에 관한 사항

② 안전원은 정관을 변경하려면 [　　　]의 인가를 받아야 한다.(법 제43조 제2항)

(7) 안전원의 운영 경비 [6]
안전원의 운영 및 사업에 소요되는 경비는 다음 각호의 재원으로 충당한다.(법 제44조)
① 제41조 제1호 및 제4호의 업무 수행에 따른 수입금
② 제42조에 따른 회원의 [　　]
③ [　　　]수익금
④ 그 밖의 부대수입

---

5 ② 소방청장
6 ② 회비 ③ 자산운영

(8) 안전원의 임원 및 유사명칭의 사용금지 [7]

① 안전원에 임원으로 원장 1명을 포함한 [ ]명 이내의 [   ]와 1명의 [   ]를 둔다. (법 제44조의2 제1항)

② ①에 따른 원장과 감사는 [   ]이 임명한다. (법 제44조의2 제2항)

③ 이 법에 따른 안전원이 아닌 자는 한국소방안전원 또는 이와 유사한 명칭을 사용하지 못한다. (법 제44조의3)

---

7 ① 9, 이사, 감사 ② 소방청장

Chapter 06 보 칙

01 감독(법 제48조) [1]

(1) 감 독

① [   ]은 안전원의 업무를 감독한다.(법 제48조 제1항)

② 소방청장은 안전원에 대하여 업무·회계 및 재산에 관하여 필요한 사항을 보고하게 하거나, 소속 공무원으로 하여금 안전원의 장부·서류 및 그 밖의 물건을 검사하게 할 수 있다.(법 제48조 제2항)

③ 소방청장은 ②에 따른 보고 또는 검사의 결과 필요하다고 인정되면 시정명령 등 필요한 조치를 할 수 있다.(법 제48조 제3항)

(2) 권한의 위임

소방청장은 이 법에 따른 권한의 [   ]를 대통령령으로 정하는 바에 따라 시·도지사, 소방본부장 또는 소방서장에게 [   ]할 수 있다.(법 제49조)

---

1 (1) ① 소방청장 (2) 일부, 위임

02 손실보상(법 제49조의2)

(1) 손실보상 [2]

① [   ] 또는 [   ]는 다음 각호의 어느 하나에 해당하는 자에게 손실보상심의위원회의 심사·의결에 따라 정당한 보상을 [   ].(법 제49조의2 제1항)
  ㉠ 제16조의3 제1항(생활안전활동)에 따른 조치로 인하여 손실을 입은 자
  ㉡ 제24조 제1항 전단(종사 명령)에 따른 소방활동 종사로 인하여 사망하거나 부상을 입은 자
  ㉢ 제25조 제2항 또는 제3항(강제처분)에 따른 처분으로 인하여 손실을 입은 자. 다만, 같은 조 제3항(긴급하게 출동할 때에는 소방자동차의 통행과 소방활동에 방해가 되는 주차 또는 정차된 차량 및 물건 등을 제거하거나 이동)에 해당하는 경우로서 법령을 위반하여 소방자동차의 통행과 소방활동에 방해가 된 경우는 제외한다.
  ㉣ 제27조 제1항 또는 제2항(위험시설 등에 따른 긴급조치)에 따른 조치로 인하여 손실을 입은 자
  ㉤ 그 밖에 소방기관 또는 소방대의 적법한 소방업무 또는 소방활동으로 인하여 손실을 입은 자

② ①에 따라 손실보상을 청구할 수 있는 권리는 손실이 있음을 [   ]부터 3년, 손실이 [   ]부터 5년간 행사하지 아니하면 시효의 완성으로 소멸한다.
(법 제49조의2 제2항)

③ [   ] 또는 [   ]는 손실보상청구사건을 심사·의결하기 위하여 필요한 경우 손실보상심의위원회를 구성·운영할 수 있다.(법 제49조의2 제3항)

④ 소방청장 또는 시·도지사는 손실보상심의위원회의 구성 목적을 달성하였다고 인정하는 경우에는 손실보상심의위원회를 해산할 수 있다.(법 제49조의2 제4항)

⑤ 손실보상의 기준, 보상금액, 지급절차 및 방법, ③에 따른 손실보상심의위원회의 구성 및 운영, 그 밖에 필요한 사항은 [   ]으로 정한다.(법 제49조의2 제5항)

---

2 (1) ① 소방청장, 시·도지사, 하여야 한다 ② 안 날, 발생한 날 ③ 소방청장, 시·도지사 ⑤ 대통령령

(2) 손실보상의 지급절차 및 방법 [3]

① 소방기관 또는 소방대의 적법한 소방업무 또는 소방활동으로 인하여 발생한 손실을 보상받으려는 자는 행정안전부령으로 정하는 보상금 지급 청구서에 손실내용과 손실금액을 증명할 수 있는 서류를 첨부하여 소방청장 또는 시·도지사("소방청장등"이라 한다)에게 제출하여야 한다.(영 제12조 제1항)

② 소방청장등은 손실보상심의위원회의 심사·의결을 거쳐 특별한 사유가 없으면 보상금 지급 청구서를 받은 날부터 [ ]일 이내에 보상금 지급 여부 및 보상금액을 결정하여야 한다.(영 제12조 제2항)

③ 소방청장등은 다음 각 호의 어느 하나에 해당하는 경우에는 그 청구를 각하하는 결정을 하여야 한다.(영 제12조 제3항)
  ㉠ 청구인이 같은 청구 원인으로 보상금 청구를 하여 보상금 지급 여부 결정을 받은 경우. 다만, 기각 결정을 받은 청구인이 손실을 증명할 수 있는 새로운 증거가 발견되었음을 소명하는 경우는 제외한다.
  ㉡ 손실보상 청구가 요건과 절차를 갖추지 못한 경우. 다만, 그 잘못된 부분을 시정할 수 있는 경우는 제외한다.

④ 소방청장등은 ② 또는 ③에 따른 결정일부터 [ ]일 이내에 행정안전부령으로 정하는 바에 따라 결정 내용을 청구인에게 통지하고, 보상금을 지급하기로 결정한 경우에는 특별한 사유가 없으면 [   ]부터 [ ]일 이내에 보상금을 지급하여야 한다.
(영 제12조 제4항)

---

3 ② 60 ④ 10, 통지한 날, 30

(3) 손실보상심의위원회의 설치 및 구성 [4]

① [   ]은 손실보상청구 사건을 심사·의결하기 위하여 필요한 경우 각각 손실보상심의위원회를 구성·운영할 수 있다.(영 제13조 제1항)

② 보상위원회는 위원장 1명을 포함하여 [   ]의 위원으로 구성한다. 다만, 청구금액이 [   ]인 사건에 대해서는 소속 소방공무원에 해당하는 위원 [ ]명으로만 구성할 수 있다.(영 제13조 제2항)

③ 보상위원회의 위원은 다음 각 호의 어느 하나에 해당하는 사람 중에서 소방청장등이 위촉하거나 임명한다. 이 경우 ②에 따라 보상위원회를 구성할 때에는 위원의 과반수는 성별을 고려하여 소방공무원이 아닌 사람으로 하여야 한다.(영 제13조 제3항)
   1. 소속 소방공무원
   2. 판사·검사 또는 변호사로 [ ]년 이상 근무한 사람
   3. 「고등교육법」에 따른 학교에서 법학 또는 행정학을 가르치는 부교수 이상으로 [ ]년 이상 재직한 사람
   4. 「보험업법」에 따른 손해사정사
   5. 소방안전 또는 의학 분야에 관한 학식과 경험이 풍부한 사람

④ ③에 따라 위촉되는 위원의 임기는 [ ]년으로 한다. 다만, 보상위원회가 해산되는 경우에는 그 해산되는 때에 임기가 만료되는 것으로 한다.(영 제13조 제4항)

⑤ 보상위원회의 사무를 처리하기 위하여 보상위원회에 간사 1명을 두되, 간사는 소속 소방공무원 중에서 [   ]이 지명한다.(영 제13조 제5항)

(4) 보상위원회의 위원장 [5]

① 보상위원회의 위원장은 소속 소방공무원에 따른 위원 중에서 [   ]이 지명한다.(영 제14조 제1항)

② 보상위원장은 보상위원회를 대표하며, 보상위원회의 업무를 총괄한다.(영 제14조 제2항)

③ 보상위원장이 부득이한 사유로 직무를 수행할 수 없는 때에는 [   ]이 미리 지명한 위원이 그 직무를 대행한다.(영 제14조 제3항)

---

4 ① 소방청장등 ② 5명 이상 7명 이하, 100만 원 이하, 3 ③ 5, 5 ④ 2 ⑤ 소방청장등
5 ① 소방청장등 ③ 보상위원장

(5) 보상위원회의 운영

① 보상위원장은 보상위원회의 회의를 소집하고, 그 의장이 된다.(영 제15조 제1항)

② 보상위원회의 회의는 재적위원 과반수의 출석으로 개의하고, 출석위원 과반수의 찬성으로 의결한다.(영 제15조 제2항)

③ 보상위원회는 심의를 위하여 필요한 경우에는 관계 공무원이나 관계 기관에 사실조사나 자료의 제출 등을 요구할 수 있으며, 관계 전문가에게 필요한 정보의 제공이나 의견의 진술 등을 요청할 수 있다.(영 제15조 제3항)

(6) 보상위원회 위원의 제척·기피·회피 [6]

① 보상위원회의 위원이 다음 각 호의 어느 하나에 해당하는 경우에는 보상위원회의 심의·의결에서 제척(除斥)된다.(영 제16조 제1항)

  ㉠ 위원 또는 그 [   ]나 배우자였던 사람이 심의 안건의 청구인인 경우
  ㉡ 위원이 심의 안건의 청구인과 [   ]이거나 친족이었던 경우
  ㉢ 위원이 심의 안건에 대하여 증언, 진술, 자문, 용역 또는 감정을 한 경우
  ㉣ 위원이나 위원이 속한 법인(법무조합 및 공증인가합동법률사무소를 포함한다)이 심의 안건 청구인의 [   ]이거나 대리인이었던 경우
  ㉤ 위원이 해당 심의 안건의 청구인인 법인의 임원인 경우

② 청구인은 보상위원회의 위원에게 공정한 심의·의결을 기대하기 어려운 사정이 있는 때에는 보상위원회에 기피 신청을 할 수 있고, 보상위원회는 의결로 이를 결정한다. 이 경우 기피 신청의 대상인 위원은 그 의결에 참여하지 못한다.(영 제16조 제2항)

③ 보상위원회의 위원이 ① 각 호에 따른 제척 사유에 해당하는 경우에는 스스로 해당 안건의 심의·의결에서 회피(回避)하여야 한다.(영 제16조 제3항)

(7) 보상위원회 위원의 해촉 및 해임 [7]

소방청장등은 보상위원회의 위원이 다음 각 호의 어느 하나에 해당하는 경우에는 해당 위원을 해촉(解囑)하거나 해임할 수 있다.(영 제17조)

① [   ]로 인하여 직무를 수행할 수 없게 된 경우

② 직무태만, [   ]이나 그 밖의 사유로 위원으로 적합하지 아니하다고 인정되는 경우

③ (6)의 ① 각 호의 어느 하나에 해당하는 데에도 불구하고 회피하지 아니한 경우

④ (8)을 위반하여 직무상 알게 된 [   ]을 누설한 경우

---

6 ① ㉠ 배우자 ㉡ 친족 ㉣ 대리인
7 ① 심신장애 ② 품위손상 ④ 비밀

(8) 보상위원회의 비밀 누설 금지

보상위원회의 회의에 참석한 사람은 직무상 알게 된 비밀을 누설해서는 아니 된다. (영 제17조의2)

03 벌칙 적용에서 공무원 의제(법 제49조의3)

제41조 제4호에 따라 위탁받은 업무에 종사하는 안전원의 임직원은 「형법」 제129조부터 제132조까지를 적용할 때에는 공무원으로 본다.(법 제49조의3)

Chapter 07 벌 칙

01 벌 칙 [1]

내 용	벌 칙
① [　　]을 사용하여 출동한 소방대의 화재진압·인명구조 또는 구급활동을 방해하는 행위 ② 소방대가 화재진압·인명구조 또는 구급활동을 위하여 현장에 출동하거나 현장에 출입하는 것을 고의로 방해하는 행위 ③ 출동한 소방대원에게 폭행 또는 협박을 행사하여 화재진압·인명구조 또는 구급활동을 방해하는 행위 ④ 출동한 소방대의 소방장비를 파손하거나 그 효용을 해하여 화재진압·인명구조 또는 구급활동을 방해하는 행위 ⑤ [　　　　]의 출동을 방해한 사람 ⑥ 소방활동 종사명령에 따라 사람을 구출하는 일 또는 불을 끄거나 불이 번지지 아니하도록 하는 일을 [　　]한 사람 ⑦ 정당한 사유 없이 소방용수시설 또는 비상소화장치를 사용하거나 소방용수시설 또는 비상소화장치의 효용을 해치거나 그 정당한 사용을 방해한 사람 ▶【법 제50조】	5년 이하의 징역, 5천만 원 이하의 벌금
강제처분(필요할 때)을 방해 및 처분에 따르지 아니한 자 ▶【법 제51조】	[　　　　　　　　　]
강제처분(긴급할 때, 긴급하게 출동할 때)을 처분을 방해한 자, 정당한 사유 없이 따르지 아니한 자 ▶【법 제52조】	300만 원 이하의 벌금
① 정당한 사유 없이 소방대의 [　　　　]을 방해한 자 ② 관계인이 정당한 사유 없이 소방대가 현장에 도착할 때까지 사람을 구출, 불을 끄거나 번지지 아니하도록 하는 [　　]를 아니한 사람 ③ [　　　　]에 위반한 사람 ④ 소방용수 외에 댐·저수지 또는 수영장 등의 물의 사용이나 수도의 개폐장치의 사용 또는 조작을 하지 못하게 하거나 방해한 자 ⑤ 가스·전기 또는 유류 등의 시설에 대하여 위험물질의 공급을 차단하는 등 필요한 조치를 방해한 자 ▶【법 제54조】	100만 원 이하의 벌금

---

1 ① 위력 ⑤ 소방자동차 ⑥ 방해 / 3년 이하의 징역, 3천만 원 이하의 벌금 /
① 생활안전활동 ② 조치 ③ 피난명령

내용	과태료
법인의 대표자나 법인 또는 개인의 대리인, 사용인 그 밖의 종업원이 그 법인 또는 개인의 업무에 관하여 제50조부터 제54조까지의 어느 하나에 해당하는 위반행위를 한때에는 행위자를 벌하는 외에 그 법인 또는 개인에 대하여도 각 해당 조의 벌금형을 과한다. 다만, 법인 또는 개인이 그 위반행위를 방지하기 위하여 해당 업무에 관하여 상당한 주의와 감독을 게을리하지 아니한 경우에는 그러하지 아니하다. ▶【법 제55조】	(양벌규정)
① 화재 또는 구조・구급이 필요한 상황을 [　　]으로 알린 사람 ② 정당한 사유 없이 화재, 재난・재해, 그 밖의 위급한 상황을 소방본부, 소방서 또는 관계 행정기관에 알리지 아니한 [　　　] ▶【법 제56조 제1항】	[　]만 원 이하의 과태료 과태료 부과권자 시・도지사, 소방본부장 또는 소방서장
① [　　　　]을 출입 위반한 사람 ② 한국소방안전원 또는 이와 유사한 명칭을 사용한 자 ③ 소방자동차의 출동에 [　　]을 준 자 ④ 한국119청소년단 또는 이와 유사한 명칭을 사용한 자 ▶【법 제56조 제2항】	200만 원 이하의 과태료 과태료 부과권자 [　　　　], 소방본부장 또는 소방서장
① 전용구역에 차를 주차하거나 전용구역에의 진입을 가로막는 등의 방해행위를 한 자 ▶【법 제56조 제3항】	100만 원 이하의 과태료 과태료 부과권자 [　　　　], 소방본부장 또는 소방서장
① 화재로 오인할 만한 우려가 있는 불을 피우거나 연막 소독을 하려는 자가 신고를 하지 아니하여 소방자동차를 출동하게 한 자 ▶【법 제57조】	[　]만 원 이하의 과태료 과태료 부과권자 [　　　] 또는 [　　　]

① 거짓 ② 관계인 / 500
① 소방활동구역 ③ 지장 / 시・도지사 / 시・도지사 / 20, 소방본부장, 소방서장

소방관계법규

PART 02

소방시설법

02 소방시설법

Chapter 01 총 칙

01 목적(법 제1조) [1]

(1) [   ] 등에 설치하여야 하는 소방시설등의 설치·관리와 소방용품 성능관리에 필요한 사항을 규정한다.

(2) 국민의 [   ] 및 [   ]을 보호하고 [   ]과 [   ]에 이바지함을 목적으로 한다.

02 용어의 정의(법 제2조)

(1) "소방시설"이란 [   ], [   ], [   ], [   ], 그 밖에 소화활동설비로서 대통령령으로 정하는 것을 말한다.(법 제2조 제1항 제1호) [2]

> 시행령 별표 1 [3]
> 【소방시설】
> 1. 소화설비: 물 또는 그 밖의 소화약제를 사용하여 소화하는 기계·기구 또는 설비로서 다음 각 목의 것
>   ① 소화기구: [   ], 간이소화용구([   ] 소화용구, [   ] 소화용구, [   ] 소화용구 및 소화약제 외의 것을 이용한 간이소화용구), 자동확산소화기
>   ② 자동소화장치: [   ] 주방자동소화장치, [   ] 주방자동소화장치, [   ] 자동소화장치, 가스자동소화장치, 분말자동소화장치, [   ] 자동소화장치

---

1 (1) 특정소방대상물 (2) 생명·신체, 재산, 공공의 안전, 복리 증진
2 소화설비, 경보설비, 피난구조설비, 소화용수설비
3 1. ① 소화기, 에어로졸식, 투척용, 소공간용 ② 주거용, 상업용, 캐비닛형, 고체에어로졸

③ 옥내소화전설비(호스릴옥내소화전설비를 포함)
④ 스프링클러설비등: 스프링클러설비, 간이스프링클러설비(캐비닛형 간이스프링클러설비를 포함), [   ] 스프링클러설비
⑤ 물분무등소화설비: 물분무 소화설비, 미분무소화설비, 포소화설비, [   ] 소화설비, 할론소화설비, 할로겐화합물 및 불활성기체(다른 원소와 화학 반응을 일으키기 어려운 기체를 말한다.) 소화설비, [   ]소화설비, 강화액소화설비, [   ]소화설비
⑥ 옥외소화전설비

2. 경보설비: 화재발생 사실을 통보하는 기계·기구 또는 설비로서 다음 각 목의 것
① 단독경보형 감지기
② 비상경보설비: 비상벨설비, 자동식사이렌설비
③ 자동화재탐지설비
④ 시각경보기
⑤ [   ]
⑥ 비상방송설비
⑦ 자동화재속보설비
⑧ [   ]
⑨ 누전경보기
⑩ 가스누설경보기

3. 피난구조설비: 화재가 발생할 경우 피난하기 위하여 사용하는 기구 또는 설비로서 다음 각 목의 것
① 피난기구: 피난사다리, [   ], [   ], 간이완강기, 그 밖에 화재안전기준으로 정하는 것
② 인명구조기구: [   ], 방화복(안전모, 보호장갑 및 안전화를 포함), [   ], 인공소생기
③ 유도등: 피난유도선, 피난구유도등, 통로유도등, 객석유도등, 유도표지
④ 비상조명등 및 휴대용비상조명등

---

④ 화재조기진압용 ⑤ 이산화탄소, 분말, 고체에어로졸
2. ⑤ 화재알림설비 ⑧ 통합감시시설
3. ① 구조대, 완강기 ② 방열복, 공기호흡기

4. 소화용수설비: 화재를 진압하는 데 필요한 물을 공급하거나 저장하는 설비로서 다음 각 목의 것
   ① 상수도소화용수설비
   ② [   ]·[   ], 그 밖의 소화용수설비
5. 소화활동설비: 화재를 진압하거나 인명구조활동을 위하여 사용하는 설비로서 다음 각 목의 것
   ① 제연설비
   ② 연결송수관설비
   ③ 연결살수설비
   ④ [   ]
   ⑤ 무선통신보조설비
   ⑥ [   ]

(2) "소방시설등"이란 소방시설과 비상구(非常口), 그 밖에 소방 관련 시설로서 대통령령으로 정하는 것을 말한다.(법 제2조 제1항 제2호)

> 시행령 제4조 【소방시설등】 [4]
> 법 제2조 제1항 제2호에서 "대통령령으로 정하는 것"이란 [   ] 및 [   ]를 말한다.

(3) "특정소방대상물"이란 건축물 등의 [   ]·[   ] 및 [   ] 등을 고려하여 소방시설을 설치하여야 하는 소방대상물로서 [   ]으로 정하는 것을 말한다.(법 제2조 제1항 제3호) [5]

> 시행령 별표 2 [6]
> 【특정소방대상물】
> 1. 공동주택
>   가. 아파트등: 주택으로 쓰는 층수가 [   ] 이상인 주택
>   나. 연립주택: 주택으로 쓰는 1개 동의 바닥면적(2개 이상의 동을 지하주차장으로 연결하는 경우에는 각각의 동으로 본다) 합계가 [   ]m³를 초과하고, 층수가 4개 층 이하인 주택

---

4. ② 소화수조, 저수조
5. ④ 비상콘센트설비 ⑥ 연소방지설비
[4] 방화문, 자동방화셔터
[5] 규모, 용도, 수용인원, 대통령령
[6] 1. 가. 5층 나. 660

다. 다세대주택: 주택으로 쓰는 1개 동의 바닥면적(2개 이상의 동을 지하주차장으로 연결하는 경우에는 각각의 동으로 본다) 합계가 [　]m² 이하이고, 층수가 [　]개 층 이하인 주택

라. 기숙사: 학교 또는 공장 등의 학생 또는 종업원 등을 위하여 쓰는 것으로서 1개 동의 공동취사시설 이용 세대 수가 전체의 [　]퍼센트 이상인 것(「교육기본법」 제27조 제2항에 따른 학생복지주택 및 「공공주택 특별법」 제2조 제1호의3에 따른 공공매입임대주택 중 독립된 주거의 형태를 갖추지 않은 것을 포함한다)

2. 근린생활시설

가. 슈퍼마켓과 일용품 등의 소매점으로서 같은 건축물에 해당 용도로 쓰는 바닥면적의 합계가 [　]m² 미만인 것

나. 휴게음식점, 제과점, 일반음식점, 기원, 노래연습장 및 단란주점(단란주점은 같은 건축물에 해당 용도로 쓰는 바닥면적의 합계가 [　]m² 미만인 것만 해당한다)

다. 이용원, 미용원, 목욕장 및 세탁소(공장이 부설된 것과 배출시설의 설치허가 또는 신고의 대상인 것은 제외)

라. 의원, 치과의원, 한의원, 침술원, 접골원, 조산원, 산후조리원 및 안마원(안마시술소를 포함)

마. 탁구장, 테니스장, 체육도장, 체력단련장, 에어로빅장, 볼링장, 당구장, 실내낚시터, 골프연습장, 물놀이형 시설(안전성검사의 대상이 되는 물놀이형 시설을 말한다.)로서 같은 건축물에 해당 용도로 쓰는 바닥면적의 합계가 [　]m² 미만인 것

바. 공연장(극장, 영화상영관, 연예장, 음악당, 서커스장, 비디오물감상실업의 시설, 비디오물소극장업의 시설) 또는 종교집회장(교회, 성당, 사찰, 기도원, 수도원, 수녀원, 제실, 사당)으로서 같은 건축물에 해당 용도로 쓰는 바닥면적의 합계가 [　]m² 미만인 것

사. 금융업소, 사무소, 부동산중개사무소, 결혼상담소 등 소개업소, 출판사, 서점으로서 같은 건축물에 해당 용도로 쓰는 바닥면적의 합계가 [　]m² 미만인 것

아. 제조업소, 수리점으로서 같은 건축물에 해당 용도로 쓰는 바닥면적의 합계가 [　]m² 미만이고, 배출시설의 설치허가 또는 신고의 대상이 아닌 것

자. 청소년게임제공업 및 일반게임제공업의 시설, 인터넷컴퓨터게임시설제공업의 시설 및 복합유통게임제공업의 시설로서 같은 건축물에 해당 용도로 쓰는 바닥면적의 합계가 [　]m² 미만인 것

다. 660, 4 라. 50
2. 가. 1천 나. 150 마. 500 바. 300 사. 500 아. 500 자. 500

차. 사진관, 표구점, 학원(바닥면적의 합계가 [ ]m² 미만인 것만 해당하며, [ ] 및 [ ]은 제외), 독서실, 고시원(다중이용업 중 고시원업의 시설로서 독립된 주거의 형태를 갖추지 않은 것으로서 같은 건축물에 해당 용도로 쓰는 바닥면적의 합계가 [ ]m² 미만인 것을 말한다), 장의사, 동물병원, 총포판매사

카. 의약품 판매소, 의료기기 판매소 및 자동차영업소로서 같은 건축물에 해당 용도로 쓰는 바닥면적의 합계가 [ ]m² 미만인 것

3. 문화 및 집회시설
   가. 공연장으로서 근린생활시설에 해당하지 않는 것
   나. [ ]: 예식장, 공회당, 회의장, 마권 장외 발매소, 마권 전화투표소, 근린생활시설에 해당하지 않는 것
   다. 관람장: 경마장, 경륜장, 경정장, 자동차 경기장, 체육관 및 운동장으로서 관람석의 바닥면적의 합계가 [ ]m² 이상인 것
   라. [ ]: 박물관, 미술관, 과학관, 문화관, 체험관, 기념관, 산업전시장, 박람회장, 견본주택
   마. 동·식물원: 동물원, 식물원, 수족관

4. 종교시설
   가. 종교집회장으로서 근린생활시설에 해당하지 않는 것
   나. 가목의 종교집회장에 설치하는 [ ](奉安堂)

5. 판매시설
   가. [ ]: 농수산물도매시장, 농수산물공판장, 그 밖에 이와 비슷한 것(그 안에 있는 근린생활시설을 포함)
   나. [ ]: 시장, 대규모 점포, 그 밖에 이와 비슷한 것(그 안에 있는 근린생활시설을 포함)
   다. [ ]: 전통시장(그 안에 있는 근린생활시설을 포함하며, 노점형 시장은 제외)
   라. 상점: 다음의 어느 하나에 해당하는 것(그 안에 있는 근린생활시설을 포함)
      1) 슈퍼마켓과 일용품 등의 소매점에 해당하는 용도로서 같은 건축물에 해당 용도로 쓰는 바닥면적 합계가 [ ]m² 이상인 것
      2) 청소년게임제공업 및 일반게임제공업의 시설, 인터넷컴퓨터게임시설제공업의 시설 및 복합유통게임제공업의 시설에 해당하는 용도로서 같은 건축물에 해당 용도로 쓰는 바닥면적 합계가 [ ]m² 이상인 것

차. 500, 자동차학원, 무도학원, 500 카. 1천
3. 나. 집회장 다. 1천 라. 전시장
4. 나. 봉안당
5. 가. 도매시장 나. 소매시장 다. 전통시장 라. 1) 1천 2) 500

6. 운수시설
    가. 여객자동차터미널
    나. 철도 및 도시철도 시설(정비창 등 관련 시설을 포함)
    다. [   ](항공관제탑을 포함)
    라. [   ] 및 종합여객시설
7. 의료시설
    가. 병원: 종합병원, 병원, [   ]병원, [   ]병원, [   ]병원
    나. [   ]: 전염병원, 마약진료소
    다. 정신의료기관
    라. 장애인 의료재활시설
8. 교육연구시설
    가. 학교
        1) 초등학교, 중학교, 고등학교, 특수학교: 교사(교실·도서실 등 교수·학습활동에 직접 또는 간접적으로 필요한 시설물을 말하되, [   ]으로 사용되는 부분은 제외), 체육관, 급식시설, 합숙소(학교의 운동부, 기능선수 등이 집단으로 숙식하는 장소)
        2) 대학, 대학교: 교사 및 합숙소
    나. 교육원(연수원 포함)
    다. 직업훈련소
    라. 학원(근린생활시설에 해당하는 것과 자동차운전학원·정비학원 및 무도학원은 제외)
    마. 연구소(연구소에 준하는 시험소와 계량계측소를 포함)
    바. [   ]
9. 노유자시설
    가. 노인 관련 시설: 노인주거복지시설, 노인의료복지시설, 노인여가복지시설, 주·야간보호서비스나 단기보호서비스를 제공하는 재가노인복지시설(장기요양기관을 포함), 노인보호전문기관, 노인일자리지원기관, 학대피해노인 전용쉼터
    나. 아동 관련 시설: 아동복지시설, 어린이집, 유치원(학교의 교사 중 [   ]으로 사용되는 부분을 포함)
    다. 장애인 관련 시설: 장애인 거주시설, 장애인 지역사회재활시설(장애인 심부름센터, 한국수어통역센터, 점자도서 및 녹음서 출판시설 등 장애인이 직접 그 시설 자체를 이용하는 것을 주된 목적으로 하지 않는 시설은 제외),
        [   ]

---

6. 다. 공항시설 라. 항만시설
7. 가. 치과, 한방, 요양 나. 격리병원
8. 가. 1) 병설유치원 바. 도서관
9. 나. 병설유치원 다. 장애인 직업재활시설

라. 정신질환자 관련 시설: [　　　　　](생산품판매시설은 제외), 정신요양시설
마. 노인 관련 시설: 노숙인복지시설(노숙인일시보호시설, 노숙인자활시설, 노숙인재활시설, 노숙인요양시설 및 쪽방상담소만 해당), [　　　　　　　]
바. 가목부터 마목까지에서 규정한 것 외에 사회복지시설 중 결핵환자 또는 한센인 요양시설 등 다른 용도로 분류되지 않는 것

10. 수련시설
   가. [　　] 수련시설: 청소년수련관, 청소년문화의집, 청소년특화시설
   나. [　　] 수련시설: 청소년수련원, 청소년야영장
   다. 유스호스텔

11. 운동시설
   가. 탁구장, 체육도장, 테니스장, 체력단련장, 에어로빅장, 볼링장, 당구장, 실내낚시터, 골프연습장, 물놀이형 시설로서 근린생활시설에 해당하지 않는 것
   나. 체육관으로서 관람석이 없거나 관람석의 바닥면적이 [　]m^2 미만인 것
   다. 운동장: 육상장, 구기장, 볼링장, 수영장, 스케이트장, 롤러스케이트장, 승마장, 사격장, 궁도장, 골프장 등과 이에 딸린 건축물로서 관람석이 없거나 관람석의 바닥면적이 [　]m^2 미만인 것

12. 업무시설
   가. [　　　　]: 국가 또는 지방자치단체의 청사와 외국공관의 건축물로서 근린생활시설에 해당하지 않는 것
   나. [　　　　]: 금융업소, 사무소, 신문사, 오피스텔(업무를 주로 하며, 분양하거나 임대하는 구획 중 일부의 구획에서 숙식을 할 수 있도록 한 건축물로서 국토교통부장관이 고시하는 기준에 적합한 것을 말한다), 근린생활시설에 해당하지 않는 것
   다. 주민자치센터(동사무소), 경찰서, 지구대, 파출소, 소방서, 119안전센터, 우체국, 보건소, [　　　], 국민건강보험공단
   라. 마을회관, 마을공동작업소, 마을공동구판장
   마. 변전소, 양수장, 정수장, 대피소, 공중화장실

13. 숙박시설
   가. [　　] 숙박시설: 숙박업의 시설(취사시설 제외)
   나. [　　] 숙박시설: 숙박업의 시설(취사시설 포함)
   다. 고시원(근린생활시설에 해당하지 않는 것)

라. 정신재활시설 마. 노숙인종합지원센터
10. 가. 생활권 나. 자연권
11. 나. 1천 다. 1천
12. 가. 공공업무시설 나. 일반업무시설 다. 공공도서관
13. 가. 일반형 나. 생활형

14. 위락시설
    가. 단란주점으로서 근린생활시설에 해당하지 않는 것
    나. 유흥주점, 그 밖에 이와 비슷한 것
    다. 유원시설업의 시설(근린생활시설에 해당하는 것은 제외)
    라. 무도장 및 [   ]
    마. 카지노영업소
15. 공장
    물품의 [   ](세탁·염색·도장·표백·재봉·건조·인쇄 등을 포함) 또는 [   ]에 계속적으로 이용되는 건축물로서 근린생활시설, 위험물 저장 및 처리 시설, 항공기 및 자동차 관련 시설, 자원순환 관련시설, 묘지 관련 시설 등으로 따로 분류되지 않는 것
16. 창고시설(위험물 저장 및 처리 시설 또는 그 부속용도에 해당하는 것은 제외)
    가. 창고(물품저장시설로서 냉장·냉동 창고를 포함)
    나. 하역장
    다. [   ]
    라. 집배송시설
17. 위험물 저장 및 처리 시설
    가. [   ]
    나. 가스시설: 산소 또는 가연성 가스를 제조·저장 또는 취급하는 시설 중 지상에 노출된 산소 또는 가연성 가스 탱크의 저장용량의 합계가 [   ]톤 이상이거나 저장용량이 [   ]톤 이상인 탱크가 있는 가스시설로서 다음의 어느 하나에 해당하는 것
        1) 가스 [   ]시설
            가) 고압가스의 제조허가를 받아야 하는 시설
            나) 도시가스사업허가를 받아야 하는 시설
        2) 가스 [   ]시설
            가) 고압가스 저장소의 설치허가를 받아야 하는 시설
            나) 액화석유가스 저장소의 설치허가를 받아야 하는 시설
        3) 가스 [   ]시설 : 액화석유가스 충전사업 또는 액화석유가스 집단공급사업의 허가를 받아야 하는 시설

---

14. 라. 무도학원
15. 제조·가공, 수리
16. 다. 물류터미널
17. 가. 제조소등 나. 100, 30 1) 제조 2) 저장 3) 취급

18. 항공기 및 자동차 관련 시설
    가. 항공기격납고
    나. 차고, 주차용 건축물, 철골 조립식 주차시설(바닥면이 조립식이 아닌 것을 포함) 및 기계장치에 의한 주차시설
    다. 세차장
    라. 폐차장
    마. 자동차 검사장
    바. 자동차 매매장
    사. 자동차 정비공장
    아. [   ]학원·[   ]학원
    자. 다음의 건축물을 제외한 건축물의 내부(「건축법 시행령」 제119조 제1항 제3호 다목에 따른 필로티와 건축물의 지하를 포함)에 설치된 주차장
        1) 「건축법 시행령」 별표 1 제1호에 따른 [   ]주택
        2) 「건축법 시행령」 별표 1 제2호에 따른 공동주택 중 [   ]세대 미만인 연립주택 또는 [   ]세대 미만인 다세대주택
    차. 「여객자동차 운수사업법」, 「화물자동차 운수사업법」 및 「건설기계관리법」에 따른 차고 및 [   ](駐機場)

19. 동물 및 식물 관련 시설
    가. 축사(부화장을 포함)
    나. 가축시설: 가축용 운동시설, 인공수정센터, 관리사, 가축용 창고, 가축시장, 동물검역소, 실험동물 사육시설
    다. [   ]
    라. [   ]
    마. 작물 재배사
    바. 종묘배양시설
    사. 화초 및 분재 등의 온실
    아. 식물과 관련된 마목부터 사목까지의 시설과 비슷한 것(동·식물원은 제외)

---

18. 아. 운전, 정비 자. 1) 단독 2) 50, 50 차. 주기장
19. 다. 도축장 라. 도계장

20. 자원순환 관련 시설
    가. 하수 등 처리시설
    나. [   ]
    다. 폐기물[   ]시설
    라. 폐기물[   ]시설
    마. 폐기물[   ]시설
21. [   ]시설
    가. 보호감호소, 교도소, 구치소 및 그 지소
    나. 보호관찰소, 갱생보호시설, 그 밖에 범죄자의 갱생·보호·교육·보건 등의 용도로 쓰는 시설
    다. 치료감호시설
    라. 소년원 및 소년분류심사원
    마. 보호시설
    바. 유치장
    사. 국방·군사시설
22. 방송통신시설
    가. 방송국(방송프로그램 제작시설 및 송신·수신·중계시설을 포함)
    나. [   ]
    다. [   ]
    라. 통신용 시설
    마. 그 밖에 가목부터 라목까지의 시설과 비슷한 것
23. 발전시설
    가. 원자력발전소
    나. 화력발전소
    다. 수력발전소(조력발전소를 포함한다)
    라. [   ]발전소
    마. 전기저장시설([ ]킬로와트시(kWh)를 초과하는 리튬·나트륨·레독스플로우 계열의 2차전지를 이용한 전기저장장치의 시설)
    바. 그 밖에 가목부터 마목까지의 시설과 비슷한 것(집단에너지 공급시설을 포함)

---

20. 나. 고물상 다. 재활용 라. 처분 마. 감량화
21. 교정 및 군사
22. 나. 전신전화국 다. 촬영소
23. 라. 풍력 마. 20

24. 묘지 관련 시설
    가. 화장시설
    나. 봉안당(종교시설의 봉안당은 [   ])
    다. 묘지와 자연장지에 부수되는 건축물
    라. [   ]화장시설, [   ]건조장시설 및 [   ] 전용의 납골시설

25. 관광 휴게시설
    가. 야외음악당
    나. 야외극장
    다. [   ]
    라. [   ]
    마. 휴게소
    바. 공원·유원지 또는 관광지에 부수되는 건축물

26. 장례시설
    가. 장례식장(의료시설의 부수시설은 [   ])
    나. [   ] 전용의 장례식장

27. 지하가
    지하의 인공구조물 안에 설치되어 있는 상점, 사무실, 그 밖에 이와 비슷한 시설이 연속하여 지하도에 면하여 설치된 것과 그 지하도를 합한 것
    가. [   ]
    나. [   ]: 차량(궤도차량용은 제외) 등의 통행을 목적으로 지하, 수저 또는 산을 뚫어서 만든 것

28. 지하구
    가. 전력·통신용의 전선이나 가스·냉난방용의 배관 또는 이와 비슷한 것을 집합 수용하기 위하여 설치한 지하 인공구조물로서 사람이 점검 또는 보수를 하기 위하여 출입이 가능한 것 중 다음의 어느 하나에 해당하는 것
        1) [   ] 또는 [   ]사업용 지하 인공구조물로서 전력구(케이블 접속부가 없는 경우에는 제외) 또는 통신구 방식으로 설치된 것
        2) 1)외의 지하 인공구조물로서 폭이 [   ]미터 이상이고 높이가 [   ]미터 이상이며 길이가 [   ]미터 이상인 것
    나. [   ]

---

24. 나. 제외 라. 동물, 동물, 동물
25. 다. 어린이회관 라. 관망탑
26. 가. 제외 나. 동물
27. 가. 지하상가 나. 터널
28. 가. 1) 전력, 통신 2) 1.8, 2, 50 나. 공동구

29. 국가유산
   가. 「문화유산의 보존 및 활용에 관한 법률」에 따른 [   ] 중 건축물
   나. 「자연유산의 보존 및 활용에 관한 법률」에 따른 [   ] 중 건축물
30. 복합건축물
   가. 하나의 건축물이 제1호부터 제27호까지의 것 중 둘 이상의 용도로 사용되는 것. 다만, 다음의 어느 하나에 해당하는 경우에는 복합건축물로 보지 않는다.
      1) 관계 법령에서 주된 용도의 부수시설로서 그 설치를 [   ]하고 있는 용도 또는 시설
      2) 주택 안에 [   ] 또는 [   ]이 설치되는 특정소방대상물
      3) 건축물의 주된 용도의 기능에 필수적인 용도로서 다음의 어느 하나에 해당하는 용도
         가) 건축물의 설비(제23호 마목의 전기저장시설을 포함), 대피 또는 위생을 위한 용도, 그 밖에 이와 비슷한 용도
         나) 사무, 작업, 집회, 물품저장 또는 주차를 위한 용도, 그 밖에 이와 비슷한 용도
         다) 구내식당, 구내세탁소, 구내운동시설 등 종업원후생복리시설(기숙사는 제외) 또는 구내소각시설의 용도, 그 밖에 이와 비슷한 용도
   나. 하나의 건축물이 근린생활시설, 판매시설, 업무시설, 숙박시설 또는 위락시설의 용도와 주택의 용도로 함께 사용되는 것

비고
1. 내화구조로 된 하나의 특정소방대상물이 개구부 및 연소확대 우려가 없는 내화구조의 바닥과 벽으로 구획되어 있는 경우에는 그 구획된 부분을 각각 별개의 특정소방대상물로 본다. 다만, 법 제9조에 따라 성능위주설계를 해야 하는 범위를 정할 때에는 하나의 특정소방대상물로 본다.
2. 둘 이상의 특정소방대상물이 다음 각 목의 어느 하나에 해당되는 구조의 복도 또는 통로(연결통로)로 연결된 경우에는 이를 하나의 특정소방대상물로 본다.

---

29. 가. 지정문화유산 나. 천연기념물등
30. 가. 1) 의무화 2) 부대시설, 복리시설

가. 내화구조로 된 연결통로가 다음의 어느 하나에 해당되는 경우 [7]
  1) 벽이 없는 구조로서 그 길이가 [ ]m 이하인 경우
  2) 벽이 있는 구조로서 그 길이가 [ ]m 이하인 경우. 다만, 벽 높이가 바닥에서 천장까지의 높이의 [   ] 이상인 경우에는 벽이 있는 구조로 보고, 벽 높이가 바닥에서 천장까지의 높이의 [   ] 미만인 경우에는 벽이 없는 구조로 본다.
나. [   ]가 아닌 연결통로로 연결된 경우
다. 컨베이어로 연결되거나 [   ]의 배관 등으로 연결되어 있는 경우
라. 지하보도, [   ], [   ]로 연결된 경우
마. [   ] 또는 [   ]이 설치되지 않은 피트(전기설비 또는 배관설비 등이 설치되는 공간을 말한다)로 연결된 경우
바. [   ]로 연결된 경우

3. 제2호에도 불구하고 연결통로 또는 지하구와 특정소방대상물의 양쪽에 다음 각 목의 어느 하나에 적합한 경우에는 각각 별개의 특정소방대상물로 본다.
  가. 화재 시 경보설비 또는 자동소화설비의 작동과 연동하여 자동으로 닫히는 [   ] 또는 [   ]이 설치된 경우
  나. 화재 시 자동으로 방수되는 방식의 드렌처설비 또는 개방형 스프링클러헤드가 설치된 경우

4. 위 제1호부터 제30호까지의 특정소방대상물의 지하층이 지하가와 연결되어 있는 경우 해당 지하층의 부분을 지하가로 본다. 다만, 다음 지하가와 연결되는 지하층에 지하층 또는 지하가에 설치된 [   ] 또는 [   ]이 화재 시 경보설비 또는 자동소화설비의 작동과 연동하여 자동으로 닫히는 구조이거나 그 윗부분에 [   ]가 설치된 경우에는 지하가로 보지 않는다.

(4) "[   ]"이란 화재를 예방하고 화재발생 시 피해를 최소화하기 위하여 소방대상물의 재료, 공간 및 설비 등에 요구되는 안전성능을 말한다.(법 제2조 제1항 제4호) [8]

(5) "[   ]"란 건축물 등의 재료, 공간, 이용자, 화재 특성 등을 종합적으로 고려하여 공학적 방법으로 화재 위험성을 평가하고 그 결과에 따라 화재안전성능이 확보될 수 있도록 특정소방대상물을 설계하는 것을 말한다.(법 제2조 제1항 제5호) [9]

---

[7] 2. 가. 1) 6 2) 10, 2분의 1, 2분의 1 나. 내화구조 다. 플랜트설비 라. 지하상가, 지하가
　 마. 자동방화셔터, 60분+ 방화문 바. 지하구
　3. 가. 자동방화셔터, 60분+ 방화문
　4. 자동방화셔터, 60분+ 방화문, 드렌처설비
[8] 화재안전성능
[9] 성능위주설계

(6) "화재안전기준"이란 소방시설 설치 및 관리를 위한 다음 각 목의 기준을 말한다.
(법 제2조 제1항 제6호) [10]

① [　　　]: 화재안전 확보를 위하여 재료, 공간 및 설비 등에 요구되는 안전성능으로서 소방청장이 고시로 정하는 기준

② [　　　]: ①에 따른 성능기준을 충족하는 상세한 규격, 특정한 수치 및 시험방법 등에 관한 기준으로서 행정안전부령으로 정하는 절차에 따라 소방청장의 승인을 받은 기준

> **시행규칙 제2조 【기술기준의 제정·개정 절차】** [11]
> ① 국립소방연구원장은 화재안전기준 중 기술기준(이하 "기술기준"이라 한다)을 제정·개정하려는 경우 제정안·개정안을 작성하여 「소방시설 설치 및 관리에 관한 법률」(이하 "법"이라 한다) 제18조 제1항에 따른 중앙소방기술심의위원회(이하 "중앙위원회"라 한다)의 심의·의결을 거쳐야 한다. 이 경우 제정안·개정안의 작성을 위해 소방 관련 기관·단체 및 개인 등의 의견을 수렴할 수 있다.
> ② 국립소방연구원장은 제1항에 따라 중앙위원회의 심의·의결을 거쳐 다음 각 호의 사항이 포함된 승인신청서를 소방청장에게 제출해야 한다.
>   1. 기술기준의 [　　] 또는 [　　]
>   2. 기술기준의 제정 또는 개정 이유
>   3. 기술기준의 심의 [　　] 및 [　　]
> ③ 제2항에 따라 승인신청서를 제출받은 소방청장은 제정안 또는 개정안이 화재안전기준 중 성능기준 등을 충족하는지를 검토하여 승인 여부를 결정하고 [　　　　]에게 통보해야 한다.
> ④ 제3항에 따라 승인을 통보받은 [　　　　]은 승인받은 기술기준을 관보에 게재하고, [　　　　] 인터넷 홈페이지를 통해 공개해야 한다.
> ⑤ 제1항부터 제4항까지에서 규정한 사항 외에 기술기준의 제정·개정을 위하여 필요한 사항은 [　　　　]이 정한다.

---

10 ① 성능기준 ② 기술기준
11 ② 1. 제정안, 개정안 3. 경과, 결과
　③ 국립소방연구원장
　④ 국립소방연구원장, 국립소방연구원
　⑤ 국립소방연구원장

(7) "[   ]"이란 소방시설등을 구성하거나 소방용으로 사용되는 제품 또는 기기로서 대통령령으로 정하는 것을 말한다.(법 제2조 제1항 제7호) [12]

> 시행령 별표 3 [13]
> 【소방용품】
> 1. 소화설비를 구성하는 제품 또는 기기
>   가. 소화기구(소화약제 외의 것을 이용한 간이소화용구는 제외)
>   나. [   ]
>   다. 소화설비를 구성하는 소화전, 관창, 소방호스, 스프링클러헤드, 기동용 수압개폐장치, 유수제어밸브 및 가스관선택밸브
> 2. 경보설비를 구성하는 제품 또는 기기
>   가. [   ]경보기 및 [   ]경보기
>   나. 경보설비를 구성하는 발신기, 수신기, [   ], 감지기 및 음향장치([   ]만 해당)
> 3. 피난구조설비를 구성하는 제품 또는 기기
>   가. 피난사다리, 구조대, 완강기(지지대를 포함) 및 간이완강기(지지대를 포함)
>   나. [   ](충전기를 포함)
>   다. 피난구유도등, 통로유도등, 객석유도등 및 예비 전원이 내장된 비상조명등
> 4. 소화용으로 사용하는 제품 또는 기기
>   가. 소화약제([   ] 주방자동소화장치, [   ] 자동소화장치, 포소화설비, 이산화탄소소화설비, 할론소화설비, 할로겐화합물 및 불활성기체 소화설비, 분말소화설비, 강화액소화설비, [   ]소화설비만 해당)
>   나. 방염제(방염액·방염도료 및 방염성물질을 말한다)
> 5. 그 밖에 행정안전부령으로 정하는 소방 관련 제품 또는 기기

---

12 소방용품
13 1. 나. 자동소화장치
   2. 가. 누전, 가스누설 나. 중계기, 경종
   3. 나. 공기호흡기
   4. 가. 상업용, 캐비닛형, 고체에어로졸

(8) "무창층"(無窓層)이란 지상층 중 다음 각 목의 요건을 모두 갖춘 개구부(건축물에서 채광·환기·통풍 또는 출입 등을 위하여 만든 창·출입구, 그 밖에 이와 비슷한 것을 말한다)의 면적의 합계가 해당 층의 바닥면적의 [　　] 이하가 되는 층을 말한다.(영 제2조 제1호) 14

① 크기는 지름 [　]cm 이상의 원이 통과할 수 있을 것

② 해당 층의 바닥면으로부터 개구부 밑부분까지의 높이가 [　]미터 이내일 것

③ 도로 또는 차량이 진입할 수 있는 [　　]를 향할 것

④ 화재 시 건축물로부터 쉽게 피난할 수 있도록 [　　]이나 그 밖의 [　　]이 설치되지 않을 것

⑤ [　　] 또는 [　　]에서 쉽게 부수거나 열 수 있을 것

(9) "[　　]"이란 곧바로 지상으로 갈 수 있는 출입구가 있는 층을 말한다.(영 제2조 제2호)

03 국가 및 지방자치단체의 책무(법 제3조) 15

(1) 국가와 지방자치단체는 소방시설등의 설치·관리와 [　　]의 품질 향상 등을 위하여 필요한 정책을 수립하고 시행하여야 한다.(법 제3조 제1항)

(2) 국가와 지방자치단체는 새로운 소방 기술·기준의 개발 및 조사·연구, 전문인력 양성 등 필요한 노력을 하여야 한다.(법 제3조 제2항)

(3) 국가와 지방자치단체는 정책을 수립·시행하는 데 있어 필요한 [　　]적·[　　]적 지원을 하여야 한다.(법 제3조 제3항)

---

14 (8) 30분의 1 ① 50 ② 1.2 ③ 빈터 ④ 창살, 장애물 ⑤ 내부, 외부
　　(9) 피난층
15 (1) 소방용품
　　(3) 행정, 재정

04 관계인의 의무(법 제4조) [16]

(1) 관계인은 소방시설등의 기능과 성능을 보전·향상시키고 이용자의 편의와 안전성을 높이기 위하여 노력하여야 한다.(법 제4조 제1항)

(2) 관계인은 [   ] 소방시설등의 관리에 필요한 재원을 확보하도록 노력하여야 한다. (법 제4조 제2항)

(3) 관계인은 [   ] 및 [   ]단체의 소방시설등의 설치 및 관리 활동에 적극 협조하여야 한다.(법 제4조 제3항)

(4) 관계인 중 [   ]는 [   ] 및 [   ]의 소방시설등 관리 업무에 적극 협조하여야 한다.(법 제4조 제4항)

---

16 (2) 매년
    (3) 국가, 지방자치
    (4) 점유자, 소유자, 관리자

Chapter 02 소방시설등의 설치 · 관리 및 방염

01 건축허가등의 동의 등(법 제6조)

(1) 건축허가 동의

① 건축허가등 동의권자: 시공지(施工地) 또는 소재지를 관할하는 [　　　] 또는 [　　　]이다.(법 제6조 제1항)

② 동의 요구자: 권한이 있는 [　　　](법 제6조 제1항)

③ 동의시기: 건축물 등의 신축·증축·개축·재축·이전·용도변경 또는 대수선의 허가·협의 및 사용승인의 권한이 있는 행정기관은 건축허가등을 할 때 미리 그 건축물 등의 동의를 받아야 한다.(법 제6조 제1항)

(2) 건축허가 동의 방법

① 동의 요구를 받은 소방본부장 또는 소방서장은 건축허가등의 동의 요구서류를 접수한 날부터 [　　](특급 소방안전관리대상물에 해당하는 경우 [　　]) 이내에 건축허가등의 동의 여부를 회신해야 한다.(규칙 제3조 제3항)

② 소방본부장 또는 소방서장은 동의요구서 및 첨부서류의 보완이 필요한 경우에는 [　　] 이내의 기간을 정하여 보완을 요구할 수 있다. 보완 기간은 회신 기간에 산입하지 않으며, 보완 기간 내에 보완하지 않는 경우에는 동의요구서를 반려해야 한다. (규칙 제3조 제4항)

③ 건축허가등의 동의를 요구한 기관이 그 건축허가등을 취소하였을 때에는 취소한 날부터 [　　] 이내에 건축물 등의 시공지 또는 소재지를 관할하는 [　　　] 또는 [　　　]에게 그 사실을 통보해야 한다.(규칙 제3조 제5항)

④ [　　　] 또는 [　　　]은 동의 여부를 회신하는 경우에는 건축허가등의 동의대장에 이를 기록하고 관리해야 한다.(규칙 제3조 제6항)

(3) 건축물 등의 증축·개축·재축·용도변경 또는 대수선의 신고를 수리(受理)할 권한이 있는 [　　　]은 그 신고를 수리하면 그 건축물 등의 시공지 또는 소재지를 관할하는 [　　　]이나 [　　　]에게 지체 없이 그 사실을 알려야 한다.(법 제6조 제2항)

---

1 (1) ① 소방본부장, 소방서장 ② 행정기관
　(2) ① 5일, 10일 ② 4일 ③ 7일, 소방본부장, 소방서장 ④ 소방본부장, 소방서장
　(3) 행정기관, 소방본부장, 소방서장

(4) 건축허가등의 권한이 있는 행정기관과 신고를 수리할 권한이 있는 행정기관은 건축허가등의 동의를 받거나 신고를 수리한 사실을 알릴 때 관할 [　　　]이나 [　　　]에게 건축허가등을 하거나 신고를 수리할 때 건축허가등을 받으려는 자 또는 신고를 한 자가 제출한 설계도서 중 건축물의 내부구조를 알 수 있는 [　　　]을 제출하여야 한다. 다만, [　　　]상 중요하거나 [　　　]에 속하는 건축물을 건축하는 경우로서 관계 법령에 따라 행정기관이 설계도면을 확보할 수 없는 경우에는 그러하지 아니하다.(법 제6조 제3항)

(5) 소방본부장 또는 소방서장은 동의를 요구받은 경우 해당 건축물 등이 다음 각 호의 사항을 따르고 있는지를 검토하여 행정안전부령으로 정하는 기간 내에 해당 행정기관에 동의 여부를 알려야 한다.(법 제6조 제4항)

　① 이 법 또는 이 법에 따른 명령

　② [　　　　　　　]의 설치

(6) 소방본부장 또는 소방서장은 건축허가등의 동의 여부를 알릴 경우에는 원활한 소방활동 및 건축물 등의 화재안전성능을 확보하기 위하여 필요한 다음 각 호의 사항에 대한 검토 자료 또는 의견서를 첨부할 수 있다.(법 제6조 제5항)

　① [　　　], 방화구획(防火區劃)

　② 소방관 진입창

　③ [　　　], 마감재료 등(방화시설)

　④ 그 밖에 소방자동차의 접근이 가능한 통로의 설치 등 대통령령으로 정하는 사항

　　㉠ [　　　]의 접근이 가능한 통로의 설치(영 제7조 제4항 제1호)

　　㉡ [　　　]의 설치(영 제7조 제4항 제2호)

　　㉢ [　　　] 안 도로의 설치(영 제7조 제4항 제3호)

　　㉣ [　　　], 비상문자동개폐장치 또는 헬리포트의 설치(영 제7조 제4항 제4호)

　　㉤ 그 밖에 소방본부장 또는 소방서장이 소화활동 및 피난을 위해 필요하다고 인정하는 사항(영 제7조 제4항 제5호)

(7) 사용승인에 대한 동의를 할 때에는 「소방시설공사업법」에 따른 소방시설공사의 [　　　　　]를 발급하는 것으로 동의를 갈음할 수 있다. 이 경우 건축허가등의 권한이 있는 행정기관은 소방시설공사의 [　　　　　]를 확인하여야 한다.(법 제6조 제6항)

(8) 건축허가등을 할 때 소방본부장이나 소방서장의 동의를 받아야 하는 건축물 등의 범위는 [　　　]으로 정한다.(법 제6조 제7항)

---

(4) 소방본부장, 소방서장, 설계도면, 국가안보, 국가기밀 (5) ② 소방자동차 전용구역
(6) ① 피난시설 ③ 방화벽 ④ ㉠ 소방자동차 ㉡ 승강기 ㉢ 주택단지 ㉣ 옥상광장
(7) 완공검사증명서, 완공검사증명서
(8) 대통령령

(9) 건축허가 동의대상물의 범위(영 제7조 제1항)
① 연면적이 [　]제곱미터 이상인 건축물이나 시설. 다만, 다음 각 목의 어느 하나에 해당하는 건축물이나 시설은 해당 목에서 정한 기준 이상인 건축물이나 시설로 한다.
　㉠ 학교시설: [　]제곱미터
　㉡ 노유자시설 및 수련시설: [　]제곱미터
　㉢ 정신의료기관(입원실이 없는 정신건강의학과 의원은 제외): [　]제곱미터
　㉣ 장애인 의료재활시설: [　]제곱미터
② 지하층 또는 무창층이 있는 건축물로서 바닥면적이 [　]제곱미터(공연장의 경우에는 [　]제곱미터) 이상인 층이 있는 것
③ 차고·주차장 또는 주차 용도로 사용되는 시설로서 다음 각 목의 어느 하나에 해당하는 것
　㉠ 차고·주차장으로 사용되는 바닥면적이 [　]제곱미터 이상인 층이 있는 건축물이나 주차시설
　㉡ 승강기 등 기계장치에 의한 주차시설로서 자동차 [　]대 이상을 주차할 수 있는 시설
④ 층수가 [　]층 이상인 건축물
⑤ 항공기 격납고, 관망탑, 항공관제탑, 방송용 송수신탑
⑥ 의원(입원실이 있는 것으로 한정)·[　　　]·[　　　　], 위험물 저장 및 처리 시설, 발전시설 중 풍력발전소·전기저장시설, 지하구
⑦ ①의 ㉡에 해당하지 않는 노유자시설 중 다음 각 목의 어느 하나에 해당하는 시설. 다만, ㉠의 ⓑ 및 ㉡부터 ㉥까지의 시설 중 단독주택 또는 공동주택에 설치되는 시설은 제외한다.
　㉠ 노인 관련 시설 중 다음의 어느 하나에 해당하는 시설
　　ⓐ 노인주거복지시설, 노인의료복지시설, 재가노인복지시설
　　ⓑ [　　　　] 전용쉼터
　㉡ 아동복지시설(아동상담소, 아동전용시설 및 지역아동센터는 제외한다)
　㉢ [　　　] 거주시설
　㉣ 정신질환자 관련 시설(공동생활가정을 제외한 재활훈련시설과 종합시설 중 24시간 주거를 제공하지 않는 시설은 제외)
　㉤ 노숙인 관련 시설 중 노숙인자활시설, 노숙인재활시설 및 노숙인요양시설
　㉥ 결핵환자나 한센인이 24시간 생활하는 노유자시설
⑧ 요양병원(의료재활시설은 제외)
⑨ 공장 또는 창고시설로서 수량의 [　]배 이상의 특수가연물을 저장·취급하는 것
⑩ 가스시설로서 지상에 노출된 탱크의 저장용량의 합계가 [　]톤 이상인 것

(9) ① 400 ㉠ 100 ㉡ 200 ㉢ 300 ㉣ 300 ② 150, 100 ③ ㉠ 200 ㉡ 20 ④ 6 ⑥ 조산원, 산후조리원 ⑦ ㉠ ⓑ 학대피해노인 ㉢ 장애인 ⑨ 750 ⑩ 100

(10) 동의대상물에서 제외하는 경우(영 제7조 제2항)

① 소화기구, 자동소화장치, 누전경보기, [　　　]감지기, [　　　]경보기, 피난구조설비(비상조명등은 제외)가 화재안전기준에 적합한 경우 그 특정소방대상물

② 건축물의 증축 또는 용도변경으로 인하여 해당 특정소방대상물에 추가로 소방시설이 설치되지 아니하는 경우 그 특정소방대상물

③ [　　] 대상에 해당하지 않는 경우 해당 특정소방대상물

(11) 다른 법령에 따른 인가·허가 또는 신고 등의 시설기준에 소방시설등의 설치·관리 등에 관한 사항이 포함되어 있는 경우 해당 인허가 등의 권한이 있는 행정기관은 인허가 등을 할 때 미리 그 시설의 소재지를 관할하는 [　　　]이나 [　　　]에게 그 시설이 이 법 또는 이 법에 따른 명령을 따르고 있는지를 확인하여 줄 것을 요청할 수 있다. 이 경우 요청을 받은 소방본부장 또는 소방서장은 행정안전부령으로 정하는 기간 내에 확인 결과를 알려야 한다.(법 제6조 제8항)

① 행정안전부령으로 정하는 기간이란 [　　]을 말한다.(규칙 제3조 제7항)

(12) 건축허가등의 권한이 있는 행정기관은 건축허가등의 동의를 받으려는 경우에는 동의요구서에 행정안전부령으로 정하는 서류를 첨부하여 해당 건축물 등의 소재지를 관할하는 [　　　] 또는 [　　　]에게 동의를 요구해야 한다. 이 경우 동의 요구를 받은 [　　　] 또는 [　　　]은 첨부서류 등이 미비한 경우에는 그 서류의 보완을 요구할 수 있다.(영 제7조 제3항)

(13) 동의요구서 첨부서류(규칙 제3조 제2항)

① 건축허가신청서 및 건축허가서 또는 건축·대수선·용도변경신고서 등 건축허가등을 확인할 수 있는 서류의 사본

② 다음 각 목의 설계도서. 다만, ㉠목, ㉡목 ⓑ, ⓓ의 설계도서는 「소방시설공사업법 시행령」에 따른 소방시설공사 착공신고 대상에 해당되는 경우에만 제출한다.

㉠ 건축물 설계도서

ⓐ 건축물 개요 및 [　　]

ⓑ 주단면도 및 [　　](물체를 정면에서 본 대로 그린 그림을 말한다)

ⓒ 층별 [　　](용도별 기준층 평면도를 포함)

---

(10) ① 단독경보형, 가스누설 ③ 착공신고
(11) 소방본부장, 소방서장 ① 7일
(12) 소방본부장, 소방서장, 소방본부장, 소방서장
(13) ② ㉠ ⓐ 배치도 ⓑ 입면도 ⓒ 평면도

　　　　ⓓ 방화구획도(창호도를 포함)
　　　　ⓔ 실내, 실외 [　　　　]
　　　　ⓕ 소방자동차 진입 동선도 및 부서 공간 위치도(조경계획을 포함)
　　ⓛ 소방시설 설계도서
　　　　ⓐ 소방시설(기계·전기분야의 시설을 말한다)의 [　　　](시설별 계산서를 포함)
　　　　ⓑ 소방시설별 층별 [　　　]
　　　　ⓒ 실내장식물 방염대상물품 [　　　　](「건축법」 제52조에 따른 건축물의 마감재료는 제외)
　　　　ⓓ 소방시설의 내진설계 계통도 및 기준층 평면도(내진 시방서 및 계산서 등 세부 내용이 포함된 상세 설계도면은 제외)
③ 소방시설 [　　　　]
④ 임시소방시설 설치계획서(설치시기·위치·종류·방법 등 임시소방시설의 설치와 관련한 세부사항을 포함)
⑤ [　　　　　　　]과 소방시설을 설계한 기술인력의 기술자격증 사본
⑥ 소방시설설계 계약서 사본

02 소방시설의 내진설계기준(법 제7조) [2]

(1) 소방시설 설치자의 의무
대통령령으로 정하는 특정소방대상물에 대통령령으로 정하는 소방시설을 설치하려는 자는 지진이 발생할 경우 소방시설이 정상적으로 작동될 수 있도록 [　　　]이 정하는 내진설계기준에 맞게 소방시설을 설치하여야 한다.(법 제7조)

(2) 내진설계대상
"대통령령으로 정하는 소방시설"이란 소방시설 중 [　　　　], [　　　　], [　　　　]를 말한다.(영 제8조 제2항)

　　　　ⓔ 마감재료표　ⓛ ⓐ 계통도　ⓑ 평면도　ⓒ 설치 계획
③ 설치계획표　⑤ 소방시설설계업등록증
2 (1) 소방청장
　(2) 옥내소화전설비, 스프링클러설비, 물분무등소화설비

03 성능위주설계(법 제8조) [3]

(1) 성능위주설계의 법적 정의

[ ] · [ ] · [ ] 등이 일정 규모 이상인 대통령령으로 정하는 특정소방대상물([ ]하는 것만 해당)에 소방시설을 설치하려는 자는 성능위주설계를 하여야 한다. (법 제8조 제1항)

(2) 성능위주설계를 하여야 하는 특정소방대상물의 범위(영 제9조)

"대통령령으로 정하는 특정소방대상물"이란 다음 각 호의 어느 하나에 해당하는 특정소방대상물(신축하는 것만 해당)

① 연면적 [   ]m² 이상인 특정소방대상물
다만, 아파트등은 제외

② [ ]층 이상(지하층은 [   ])이거나 지상으로부터 높이가 [   ]m 이상인 아파트등

③ [ ]층 이상(지하층을 [   ])이거나 지상으로부터 높이가 [   ]m 이상인 특정소방대상물(아파트등은 [   ])

④ 연면적 [   ]m² 이상인 특정소방대상물로서 다음 각 목의 어느 하나에 해당하는 특정소방대상물
㉠ 철도 및 도시철도 시설
㉡ [   ]

⑤ 창고시설 중 연면적 [   ]m² 이상인 것 또는 지하층의 층수가 [   ] 층 이상이고 지하층의 바닥면적의 합계가 [   ]m² 이상인 것

⑥ 하나의 건축물에 영화상영관이 [   ] 이상인 특정소방대상물

⑦ [   ] 복합건축물에 해당하는 특정소방대상물

⑧ 터널 중 [   ]터널 또는 길이가 [   ]m 이상인 것

---

3 (1) 연면적, 높이, 층수, 신축
  (2) ① 20만
      ② 50, 제외, 200
      ③ 30, 포함, 120, 제외
      ④ 3만 ㉡ 공항시설
      ⑤ 10만, 2개, 3만
      ⑥ 10개
      ⑦ 지하연계 ⑧ 수저, 5천

(3) 소방시설을 설치하려는 자가 성능위주설계를 한 경우에는 건축허가를 신청하기 전에 해당 특정소방대상물의 시공지 또는 소재지를 관할하는 소방서장에게 신고하여야 한다. 해당 특정소방대상물의 [ ]·[ ]·[ ]의 변경 등 행정안전부령으로 정하는 사유로 신고한 성능위주설계를 변경하려는 경우에도 또한 같다.(법 제8조 제2항)

① 성능위주설계 신고(규칙 제4조)

성능위주설계를 한 자는 건축허가를 신청하기 전에 성능위주설계 신고서(전자문서로 된 신고서를 포함)에 다음 각 호의 서류(전자문서를 포함)를 첨부하여 관할 소방서장에게 신고해야 한다. 이 경우 다음 각 호의 서류에는 사전검토 결과에 따라 보완된 내용을 포함해야 하며, 사전검토 신청 시 제출한 서류와 동일한 내용의 서류는 제외한다.

㉠ 다음 각 목의 사항이 포함된 설계도서
　가. 건축물의 [ ](위치, 구조, 규모, 용도)
　나. 부지 및 도로의 [ ] 계획(소방차량 진입 동선을 포함)
　다. 화재안전성능의 [ ] 계획
　라. 성능위주설계 요소에 대한 성능평가(화재 및 피난 모의실험 결과를 포함)
　마. 성능위주설계 적용으로 인한 화재안전성능 비교표
　바. 다음의 건축물 설계도면
　　ⓐ 주단면도 및 [ ]
　　ⓑ 층별 평면도 및 [ ]
　　ⓒ 실내·실외 [ ]
　　ⓓ 방화구획도(화재 확대 방지계획을 포함)
　　ⓔ 건축물의 구조 설계에 따른 피난계획 및 피난 동선도
　사. 소방시설의 설치계획 및 설계 설명서
　아. 다음의 소방시설 설계도면
　　ⓐ 소방시설 계통도 및 층별 [ ]
　　ⓑ 소화용수설비 및 연결송수구 설치 위치 평면도
　　ⓒ 종합방재실 설치 및 [ ]
　　ⓓ 상용전원 및 비상전원의 [ ]
　　ⓔ 소방시설의 내진설계 계통도 및 기준층 평면도(내진 시방서 및 계산서 등 세부 내용이 포함된 상세 설계도면은 제외)
　자. 소방시설에 대한 전기부하 및 소화펌프 등 용량계산서
㉡ 성능위주설계를 할 수 있는 자의 자격·기술인력을 확인할 수 있는 서류
㉢ [ ] 사본

---

(3) 연면적, 높이, 층수 ① ㉠ 가. 개요 나. 설치 다. 확보 바. ⓐ 입면도 ⓑ 창호도 ⓒ 마감재료표
　아. ⓐ 평면도 ⓒ 운영계획 ⓓ 설치계획 ㉢ 성능위주설계 계약서

② 소방서장은 성능위주설계 신고서를 받은 경우 성능위주설계 대상 및 자격 여부 등을 확인하고, 첨부서류의 보완이 필요한 경우에는 [   ] 이내의 기간을 정하여 성능위주설계를 한 자에게 보완을 요청할 수 있다.

③ 성능위주설계에 대한 검토·평가(규칙 제5조)
  ㉠ 성능위주설계의 신고를 받은 소방서장은 필요한 경우 보완 절차를 거쳐 [   ] 또는 [   ]에게 성능위주설계 평가단의 검토·평가를 요청해야 한다.
  ㉡ 검토·평가를 요청받은 소방청장 또는 소방본부장은 요청을 받은 날부터 [   ]일 이내에 평가단의 심의·의결을 거쳐 해당 건축물의 성능위주설계를 검토·평가하고, 성능위주설계 검토·평가 결과서를 작성하여 [   ]에게 지체 없이 통보해야 한다.
  ㉢ 성능위주설계 신고를 받은 소방서장은 신기술·신공법 등 검토·평가에 고도의 기술이 필요한 경우에는 [   ]에 심의를 요청할 수 있다.
  ㉣ 중앙위원회는 요청된 사항에 대하여 [   ]일 이내에 심의·의결을 거쳐 성능위주설계 검토·평가 결과서를 작성하고 관할 소방서장에게 지체 없이 통보해야 한다.
  ㉤ 성능위주설계 검토·평가 결과서를 통보받은 [   ]은 성능위주설계 신고를 한 자에게 별표 1에 따라 수리 여부를 통보해야 한다.

④ 성능위주설계의 변경신고(규칙 제6조)
  ㉠ 특정소방대상물의 연면적·높이·층수의 변경이 있는 경우를 말한다. 다만, 「건축법」 제16조 제1항 단서 및 같은 조 제2항에 따른 경우는 제외한다.
  ㉡ 성능위주설계를 한 자는 성능위주설계를 한 특정소방대상물이 ㉠에 해당하는 경우 성능위주설계 변경 신고서(전자문서로 된 신고서를 포함)에 규정된 서류(전자문서를 포함하며, 변경되는 부분만 해당한다)를 첨부하여 관할 소방서장에게 신고해야 한다.
  ㉢ 성능위주설계의 변경신고에 대한 검토·평가, 수리 여부 결정 및 통보에 관하여는 성능위주설계 신고의 규정을 준용한다. 이 경우 ③의 ㉡ 및 ㉣ 중 "20일 이내"는 각각 "[ ]일 이내"로 본다.

(4) [   ]은 신고 또는 변경신고를 받은 경우 그 내용을 검토하여 이 법에 적합하면 신고를 수리하여야 한다.(법 제8조 제3항)

② 7일
③ ㉠ 소방청장, 관할 소방본부장 ㉡ 20, 관할 소방서장 ㉢ 중앙위원회 ㉣ 20 ㉤ 소방서장
④ ㉢ 14
(4) 소방서장

(5) 성능위주설계의 신고 또는 변경신고를 하려는 자는 해당 특정소방대상물이 [   ]를 받아야 하는 건축물인 경우에는 그 심의를 신청하기 전에 성능위주설계의 기본설계도서 등에 대해서 해당 특정소방대상물의 시공지 또는 소재지를 관할하는 소방서장의 사전검토를 받아야 한다.(법 제8조 제4항)

(6) **성능위주설계의 사전검토 신청**
   ① 성능위주설계를 한 자는 「건축법」에 따른 건축위원회의 심의를 받아야 하는 건축물인 경우에는 그 심의를 신청하기 전에 성능위주설계 사전검토 신청서(전자문서로 된 신청서를 포함)에 다음 각 호의 서류(전자문서를 포함)를 첨부하여 관할 소방서장에게 사전검토를 신청해야 한다.(규칙 제7조 제1항)
      ㉠ 다음 각 목의 사항이 포함된 사전검토서
         ⓐ 건축물의 개요(위치, 구조, 규모, 용도)
         ⓑ 부지 및 도로의 설치계획(소방차량 진입 동선을 포함)
         ⓒ 화재안전성능의 확보 계획
         ⓓ 화재 및 피난 모의실험 결과
         ⓔ 다음 각 목의 건축물 설계도면
            1) 주단면도 및 [   ]
            2) 층별 평면도 및 [   ]
            3) 실내·실외 [   ]
            4) 방화구획도(화재확대 방지계획 포함)
            5) 건축물의 구조 설계에 따른 피난계획 및 피난 동선도
         ⓕ 소방시설 설치계획 및 설계 설명서(소방시설 기계·전기 분야의 기본계통도를 포함)
         ⓖ 성능위주설계를 할 수 있는 자의 자격·기술인력을 확인할 수 있는 서류
         ⓗ [   ] 사본
   ② 소방서장은 성능위주설계 사전검토 신청서를 받은 경우 성능위주설계 대상 및 자격 여부 등을 확인하고, 첨부서류의 보완이 필요한 경우에는 [ ]일 이내의 기간을 정하여 성능위주설계를 한 자에게 보완을 요청할 수 있다.(규칙 제7조 제2항)

---

(5) 건축위원회의 심의
(6) ① ㉠ ⓔ 1) 입면도 2) 창호도 3) 마감재료표 ⓗ 성능위주설계 계약서
    ② 7

(7) 사전검토가 신청된 성능위주설계에 대한 검토·평가(규칙 제8조)

① 사전검토의 신청을 받은 소방서장은 필요한 경우 보완 절차를 거쳐 [   ] 또는 [   ]에게 평가단의 검토·평가를 요청해야 한다.

② 검토·평가를 요청받은 소방청장 또는 소방본부장은 평가단의 심의·의결을 거쳐 해당 건축물의 성능위주설계를 검토·평가하고, 성능위주설계 사전검토 결과서를 작성하여 관할 소방서장에게 지체 없이 통보해야 한다.

③ ①에도 불구하고 성능위주설계 사전검토의 신청을 받은 소방서장은 신기술·신공법 등 검토·평가에 고도의 기술이 필요한 경우에는 [   ]에 심의를 요청할 수 있다.

④ 중앙위원회는 ③에 따라 요청된 사항에 대하여 심의를 거쳐 성능위주설계 사전검토 결과서를 작성하고, 관할 소방서장에게 [   ] 통보해야 한다.

⑤ ② 또는 ④ 따라 성능위주설계 사전검토 결과서를 통보받은 소방서장은 성능위주설계 사전검토를 신청한 자 및 「건축법」에 따른 해당 건축위원회에 그 결과를 [   ] 통보해야 한다.

(8) 성능위주설계 기준(규칙 제9조)

① 성능위주설계의 기준은 다음과 같다.
　㉠ 소방자동차 진입(통로) 동선 및 소방관 진입 경로 확보
　㉡ 화재·피난 모의실험을 통한 [   ] 및 [   ] 검증
　㉢ 건축물의 규모와 특성을 고려한 최적의 [   ] 설치
　㉣ 소화수 공급시스템 최적화를 통한 화재피해 [   ] 방안 마련
　㉤ 특별피난계단을 포함한 피난경로의 [   ] 확보
　㉥ 건축물의 용도별 방화구획의 [   ]
　㉦ 침수 등 재난상황을 포함한 지하층 안전확보 방안 마련

② ①에 따른 성능위주설계의 세부 기준은 [   ]이 정한다.

(9) 소방서장은 성능위주설계의 신고, 변경신고 또는 사전검토 신청을 받은 경우에는 소방청 또는 관할 소방본부에 설치된 성능위주설계평가단의 검토·평가를 거쳐야 한다. 다만, 소방서장은 신기술·신공법 등 검토·평가에 고도의 기술이 필요한 경우에는 [   ]에 심의를 요청할 수 있다.(법 제8조 제5항)

---

(7) ① 소방청장, 관할 소방본부장 ③ 중앙위원회 ④ 지체 없이 ⑤ 지체 없이
(8) ① ㉡ 화재위험성, 피난안전성 ㉢ 소방시설 ㉣ 최소화 ㉤ 안전성 ㉥ 적정성
　② 소방청장
(9) 중앙소방기술심의위원회

(10) [   ]은 따른 검토·평가 결과 성능위주설계의 수정 또는 보완이 필요하다고 인정되는 경우에는 성능위주설계를 한 자에게 그 수정 또는 보완을 요청할 수 있으며, 수정 또는 보완 요청을 받은 자는 정당한 사유가 없으면 그 요청에 따라야 한다.(법 제8조 제6항)

(11) (3)부터 (10)까지에서 규정한 사항 외에 성능위주설계의 신고, 변경신고 및 사전검토의 절차·방법 등에 필요한 사항과 성능위주설계의 기준은 행정안전부령으로 정한다.(법 제8조 제7항)

시행규칙 별표 1
【성능위주설계 평가단 및 중앙소방심의위원회의 검토·평가 구분 및 통보 시기】

구분		성립요건	통보시기
수리	원안 채택	• 신고서(도면 등) 내용에 수정이 없거나 경미한 경우 원안대로 수리	[ ]
	[ ]	• 평가단 또는 중앙위원회에서 검토·평가한 결과 보완이 요구되는 경우로서 보완이 완료되면 수리	[ ] 후 지체없이 통보
불수리	[ ]	• 평가단 또는 중앙위원회에서 검토·평가한 결과 보완이 요구되나 단기간에 보완될 수 없는 경우	지체 없이
	[ ]	• 평가단 또는 중앙위원회에서 검토·평가한 결과 소방 관련 법령 및 건축 법령에 위반되거나 평가 기준을 충족하지 못한 경우	지체 없이

비고
보완으로 결정된 경우 보완기간은 [   ]일 이내로 부여하고 보완이 완료되면 지체 없이 수리 여부를 통보해야 한다.

---

(10) 소방서장
(11) 보완 / 재검토 / 부결
지체없이 / 보완완료
21

04 성능위주설계평가단 [4]

① 성능위주설계에 대한 전문적·기술적인 검토 및 평가를 위하여 [ ] 또는 [ ]에 성능위주설계 평가단을 둔다.(법 제9조 제1항)

② 평가단에 소속되거나 소속되었던 사람은 평가단의 업무를 수행하면서 알게 된 비밀을 이 법에서 정한 목적 외의 용도로 사용하거나 다른 사람 또는 기관에 제공하거나 누설하여서는 아니 된다.(법 제9조 제2항)

③ 평가단의 구성 및 운영 등에 필요한 사항은 [ ]으로 정한다.

(1) 평가단의 구성(규칙 제10조)

① 평가단은 평가단장을 포함하여 [ ]명 이내의 평가단원으로 성별을 고려하여 구성한다. (규칙 제10조 제1항)

② 평가단장은 화재예방 업무를 담당하는 부서의 장 또는 임명 또는 위촉된 평가단원 중에서 학식·경험·전문성 등을 종합적으로 고려하여 [ ] 또는 [ ]이 임명하거나 위촉한다.(규칙 제10조 제2항)

③ 평가단원은 다음 각 호의 어느 하나에 해당하는 사람 중에서 소방청장 또는 관할 소방본부장이 임명하거나 위촉한다. 다만, 관할 소방서의 해당 업무 담당 과장은 당연직 평가단원으로 한다.(규칙 제10조 제3항)

   ㉠ 소방공무원 중 다음 각 목의 어느 하나에 해당하는 사람
      ⓐ [ ]
      ⓑ [ ]
      ⓒ 다음의 어느 하나에 해당하는 자격을 갖춘 사람으로서 중앙소방학교에서 실시하는 성능위주설계 교육을 이수한 사람
         1) 소방설비기사 이상의 자격을 가진 자로서 건축허가동의 업무를 [ ] 이상 담당한 사람
         2) 건축 또는 소방 관련 석사학위 이상을 취득한 자로서 건축허가동의 업무를 [ ] 이상 담당한 사람

---

4 ① 소방청, 소방본부 ③ 행정안전부령
  (1) ① 50
     ② 소방청장, 소방본부장
     ③ ㉠ ⓐ 소방기술사 ⓑ 소방시설관리사 ⓒ 1) 1년 2) 1년

ⓒ 건축 및 소방방재분야 전문가 중 다음 각 목의 어느 하나에 해당하는 사람
  ⓐ 위원회 위원 또는 지방소방기술심의위원회 위원
  ⓑ 「고등교육법」에 따른 학교 또는 이에 준하는 학교나 공인된 연구기관에서 [　　] 이상의 직(職) 또는 이에 상당하는 직에 있거나 있었던 사람으로서 화재안전 또는 관련 법령이나 정책에 전문성이 있는 사람
  ⓒ 소방기술사
  ⓓ [　　　　　　]
  ⓔ 건축계획, 건축구조 또는 도시계획과 관련된 업종에 종사하는 사람으로서 건축사 또는 건축구조기술사 자격을 취득한 사람
  ⓕ 특급감리원 자격을 취득한 사람으로 소방공사 현장 감리업무를 [　　] 이상 수행한 사람

④ 위촉된 평가단원의 임기는 [ ]년으로 하되, [ ]회에 한정하여 연임할 수 있다. (규칙 제10조 제4항)

⑤ [　　　]은 평가단을 대표하고 평가단의 업무를 총괄한다.(규칙 제10조 제5항)

⑥ 평가단장이 부득이한 사유로 직무를 수행할 수 없을 때에는 [　　　　　　　　　　]이 그 직무를 대리한다.(규칙 제10조 제6항)

(2) 평가단의 운영(규칙 제11조)

① 평가단의 회의는 평가단장과 평가단장이 회의마다 지명하는 [　　　　　]의 평가단원으로 구성·운영하며, 과반수의 출석으로 개의(開議)하고 출석 평가단원 과반수의 찬성으로 의결한다. 다만, 성능위주설계의 변경신고에 대한 심의·의결을 하는 경우에는 건축물의 성능위주설계를 검토·평가한 평가단원 중 [　　] 이상으로 평가단을 구성·운영할 수 있다.(규칙 제11조 제1항)

② 평가단의 회의에 참석한 평가단원에게는 예산의 범위에서 수당, 여비, 그 밖에 필요한 경비를 지급할 수 있다. 다만, [　　　　]인 평가단원이 소관 업무와 관련하여 평가단의 회의에 참석하는 경우에는 그렇지 않다.(규칙 제11조 제2항)

③ ① 및 ②에서 규정한 사항 외에 평가단의 운영에 필요한 세부적인 사항은 [　　　] 또는 [　　　　　]이 정한다.(규칙 제11조 제3항)

ⓒ ⓑ 부교수 ⓓ 소방시설관리사 ⓕ 10년 ④ 2, 2 ⑤ 평가단장 ⑥ 평가단장이 미리 지정한 평가단원
(2) ① 6명 이상 8명 이하, 5명 ② 소방공무원 ③ 소방청장, 관할 소방본부장

(3) 평가단원의 제척·기피·회피(규칙 제12조)
① 평가단원이 다음 어느 하나에 해당하는 경우에는 평가단의 심의·의결에서 제척(除斥)된다.(규칙 제12조 제1항)
  ㉠ 평가단원 또는 그 배우자나 배우자였던 사람이 해당 안건의 당사자(당사자가 법인·단체 등인 경우에는 그 임원을 포함한다. 이하 ㉠ 및 ㉡에서 같다)가 되거나 그 안건의 당사자와 공동권리자 또는 공동의무자인 경우
  ㉡ 평가단원이 해당 안건의 당사자와 [   ]인 경우
  ㉢ 평가단원이 해당 안건에 관하여 증언, 진술, 자문, 연구, 용역 또는 감정을 한 경우
  ㉣ 평가단원이나 평가단원이 속한 법인·단체 등이 해당 안건의 당사자의 [   ]이거나 [   ]이었던 경우
② 당사자는 제척사유가 있거나 평가단원에게 공정한 심의·의결을 기대하기 어려운 사정이 있는 경우에는 평가단에 기피신청을 할 수 있고, 평가단은 의결로 기피 여부를 결정한다. 이 경우 기피 신청의 대상인 평가단원은 그 의결에 참여하지 못한다.
(규칙 제12조 제2항)
③ 평가단원이 ①의 각 호의 사유에 해당하는 경우에는 스스로 해당 안건의 심의·의결에서 회피(回避)해야 한다.(규칙 제12조 제3항)

(4) 평가단원의 해임·해촉(규칙 제13조)
① 소방청장 또는 관할 소방본부장은 평가단원이 다음 각 호의 어느 하나에 해당하는 경우에는 해당 평가단원을 해임하거나 해촉(解囑)할 수 있다.
  ㉠ [   ]로 직무를 수행할 수 없게 된 경우
  ㉡ 직무와 관련된 비위사실이 있는 경우
  ㉢ [   ], [   ]이나 그 밖의 사유로 평가단원으로 적합하지 않다고 인정되는 경우
  ㉣ 평가단원의 제척·기피·회피사유에 해당하는데도 불구하고 회피하지 않은 경우
  ㉤ 평가단원 스스로 직무를 수행하기 어렵다는 의사를 밝히는 경우

(3) ① ㉡ 친족 ㉣ 대리인, 대리인
(4) ① ㉠ 심신장애 ㉢ 직무태만, 품위손상

05 주택에 설치하는 소방시설(법 제10조)

(1) 설치의무자(법 제10조 제1항)

① 다음 각 호의 주택의 소유자는 소화기 등 대통령령으로 정하는 소방시설(주택용소방시설)을 설치하여야 한다.
㉠ 「건축법」의 [   ]
㉡ 「건축법」의 [   ](아파트 및 기숙사는 제외)

(2) 주택용 소방시설(영 제10조)

[   ] 및 [   ]를 말한다.

(3) 국가 및 지방자치단체의 의무(법 제10조 제2항)

① 국가 및 지방자치단체는 [   ]의 설치

② 국민의 자율적인 안전관리를 촉진하기 위하여 필요한 시책을 마련

(4) 주택용소방시설의 설치기준 및 자율적인 안전관리 등에 관한 사항은 특별시·광역시·특별자치시·도 또는 특별자치도(시·도)의 [   ]로 정한다.(법 제10조 제3항)

06 자동차에 설치 또는 비치하는 소화기(소방시설법 제11조)

(1) 「자동차관리법」에 따른 자동차 중 다음 각 호의 어느 하나에 해당하는 자동차를 제작·조립·수입·판매하려는 자 또는 해당 자동차의 소유자는 차량용 소화기를 설치하거나 비치하여야 한다.(법 제11조 제1항)

① [   ] 이상의 승용자동차

② [   ]자동차

③ 화물자동차

④ 특수자동차

---

5 (1) ① ㉠ 단독주택 ㉡ 공동주택
  (2) 소화기, 단독경보형감지기
  (3) ① 주택용소방시설
  (4) 조례
6 (1) ① 5인승 ② 승합

(2) (1)에 따른 차량용 소화기의 설치 또는 비치 기준은 행정안전부령으로 정한다. 자동차에는 형식승인을 받은 차량용 소화기를 다음 각 호의 기준에 따라 설치 또는 비치해야 한다.(시행규칙 별표2)

① 승용자동차: 능력단위 [　　] 이상의 소화기[　　]개 이상을 사용하기 쉬운 곳에 설치 또는 비치한다.

② 승합자동차

 ㉠ 경형승합자동차: 능력단위 [　　] 이상의 소화기 [　　]개 이상을 사용하기 쉬운 곳에 설치 또는 비치한다.

 ㉡ 승차정원 15인 이하: 능력단위 [　　]이상인 소화기 [　　]개 이상 또는 능력단위 [　　] 이상인 소화기 [　　]개 이상을 설치한다. 이 경우 승차정원 [　　] 이상 승합자동차는 운전석 또는 운전석과 옆으로 나란한 좌석 주위에 1개 이상을 설치한다.

 ㉢ 승차정원 16인 이상 35인 이하 : 능력단위 [　　]이상인 소화기 [　　]개 이상을 설치한다. 이 경우 승차정원 23인을 초과하는 승합자동차로서 너비 2.3미터를 초과하는 경우에는 운전자 좌석 부근에 가로 [　　]밀리미터, 세로 [　　]밀리미터 이상의 공간을 확보하고 1개 이상의 소화기를 설치한다.

 ㉣ 승차정원 36인 이상: 능력단위 [　　]이상인 소화기 [　　]개 이상 및 능력단위 [　　] 이상인 소화기 [　　]개 이상을 설치한다. 다만, 2층 대형승합자동차의 경우에는 위층 차실에 능력단위 [　　] 이상인 소화기 [　　]개 이상을 추가 설치한다.

③ 화물자동차(피견인자동차는 제외한다) 및 특수자동차

 ㉠ 중형 이하: 능력단위 1 이상인 소화기 1개 이상을 사용하기 쉬운 곳에 설치한다.

 ㉡ 대형 이상: 능력단위 [　　] 이상인 소화기 [　　]개 이상 또는 능력단위 [　　] 이상인 소화기 [　　]개 이상을 사용하기 쉬운 곳에 설치한다.

④ 지정수량 이상의 위험물 또는 고압가스를 운송하는 특수자동차(피견인자동차를 연결한 경우에는 이를 연결한 견인자동차를 포함한다): 이동탱크저장소 자동차용소화기의 설치기준란에 해당하는 능력단위와 수량 이상을 설치한다.

(3) [　　　　　　　]은 「자동차관리법」에 따른 자동차검사 시 차량용 소화기의 설치 또는 비치 여부 등을 확인하여야 하며, 그 결과를 매년 [　　　　]까지 소방청장에게 통보하여야 한다. (법 제11조 제3항)

---

(2) ① 1, 1 ② ㉠ 1, 1 ㉡ 2, 1, 1, 2, 11인 ㉢ 2, 2, 600, 200 ㉣ 3, 1, 2, 1, 3, 1 ③ ㉡ 2, 1, 1, 2
(3) 국토교통부장관, 12월 31일

07 특정소방대상물에 설치하는 소방시설의 관리 등(법 제12조) [7]

(1) 특정소방대상물의 관계인의 의무

① 특정소방대상물의 [   ]은 대통령령으로 정하는 소방시설을 화재안전기준에 따라 설치·관리하여야 한다. 이 경우 장애인등이 사용하는 소방시설(경보설비 및 피난구조설비를 말한다)은 대통령령으로 정하는 바에 따라 [   ]에 적합하게 설치·관리하여야 한다.(법 제12조 제1항)

(2) 특정소방대상물별로 설치하여야 하는 소방시설의 정비 등

① 대통령령으로 소방시설을 정할 때에는 특정소방대상물의 [ ]·[ ]·[ ] 및 [   ] 등을 고려하여야 한다.(법 제14조 제1항)

② 소방청장은 건축 환경 및 화재위험특성 변화사항을 효과적으로 반영할 수 있도록 ①에 따른 소방시설 규정을 [   ] 이상 정비하여야 한다.(법 제14조 제2항)

③ 소방청장은 건축 환경 및 화재위험특성 변화 추세를 체계적으로 연구하여 ②에 따른 정비를 위한 개선방안을 마련하여야 한다.(법 제14조 제3항)

④ 연구의 수행 등에 필요한 사항은 [   ]으로 정한다.(법 제14조 제4항)

(3) 특정소방대상물에 설치·관리해야 하는 소방시설

① 특정소방대상물의 관계인이 특정소방대상물에 설치·관리해야 하는 소방시설의 종류는 별표 4와 같다.(영 제11조 제1항)

② 장애인등이 사용하는 소방시설은 별표 4 제2호(경보설비) 및 제3호(피난구조설비)에 따라 장애인등에 적합하게 설치·관리해야 한다.(영 제11조 제2항)

---

7 (1) ① 관계인, 장애인등
  (2) ① 규모, 용도, 수용인원, 이용자 특성 ② 3년에 1회 ④ 행정안전부령

시행령 별표 7 [8]

【수용인원 산정방법】

1. 숙박시설이 있는 특정소방대상물

　　가. 침대가 ○ 숙박시설 : 종사자 수 + 침대 수(2인 침대는 [ ])

　　나. 침대가 × 숙박시설 : 종사자 수 + (숙박시설 바닥면적 합 ÷ [ ]m^2)

2. 제1호 외의 특정소방대상물

　　가. 강의실·교무실·상담실·실습실·휴게실 용도로 쓰이는 특정소방대상물 :
　　　　해당 용도로 사용하는 바닥면적의 합 ÷ [ ]m^2

　　나. 강당, 문화 및 집회시설, 운동시설, 종교시설 :
　　　　해당 용도로 사용하는 바닥면적의 합 ÷ [ ]m^2
　　　　(관람석 ○ 고정식 의자 : 의자 수, 긴 의자 : 의자의 정면너비 ÷ [ ]m)

　　다. 그 밖의 특정소방대상물 : 해당 용도로 사용하는 바닥면적의 합 ÷ [ ]m^2

비고

1. 바닥면적을 산정할 때에는 복도(준불연재료 이상 사용, 바닥~천장까지 벽으로 구획한 것), 계단 및 화장실의 바닥면적을 포함하지 않는다.
2. 계산 결과 소수점 이하의 수는 [ ]한다.

---

[8] 1. 가. 2 나. 3
　　 2. 가. 1.9 나. 4.6, 0.45 다. 3
　　 2. 반올림

시행령 별표 4 [9]

【특정소방대상물의 관계인이 특정소방대상물에 설치·관리해야 하는 소방시설의 종류】

1. 소화설비
   가. 소화기구
      1) 연면적 [　]m² 이상인 것.
         다만, 노유자시설의 경우에는 투척용 소화용구 등을 화재안전기준에 따라 산정된 소화기 수량의 $\frac{1}{2}$↑으로 설치할 수 있다.
      2) 1)에 해당하지 않는 시설로서 가스시설, 발전시설 중 [　　　] 및 [　　]
      3) 터널
      4) [　　]
   나. 자동소화장치
      1) [　　] 주방자동소화장치를 설치해야 하는 것: 아파트등 및 오피스텔의 모든 층
      2) 상업용 주방자동소화장치를 설치해야 하는 것
         가) 대규모점포에 입점해 있는 일반음식점
         나) [　　　　]
      3) 캐비닛형 자동소화장치, [　　]자동소화장치, [　　]자동소화장치 또는 [　　　　]자동소화장치를 설치하여야 하는 것: 화재안전기준에서 정하는 장소
   다. 옥내소화전설비(위험물 저장 및 처리 시설 중 가스시설, 지하구 및 방재실 등에서 스프링클러설비 또는 물분무등소화설비를 원격으로 조정할 수 있는 업무시설 중 무인변전소는 제외)
      1) 다음의 어느 하나에 해당하는 경우에는 모든 층
         가) 연면적 [　]m² ↑인 것(지하가 중 터널은 제외)
         나) 지하층·무창층(축사는 제외)으로서 ㉯ [　　]m² ↑인 층이 있는 것
         다) 층수가 4층 이상인 것 중 ㉯ [　　]m² ↑인 층이 있는 것
      2) 1)에 해당X 근린생활시설, 판매시설, 운수시설, 의료시설, 노유자시설, 업무시설, 숙박시설, 위락시설, 공장, 창고시설, 항공기 및 자동차 관련 시설, 교정 및 군사시설 중 국방·군사시설, 방송통신시설, 발전시설, 장례시설 또는 복합건축물로서 다음의 어느 하나에 해당하는 경우에는 모든 층

---

9 1. 가. 1) 33 2) 전기저장시설, 국가유산 4) 지하구
   나. 1) 주거용 2) 나) 집단급식소 3) 가스, 분말, 고체에어로졸
   다. 1) 가) 3천 나) 600 다) 600

가) 연면적 [　]m² ↑인 것
나) 지하층·무창층으로서 ㉯ [　]m² ↑인 층이 있는 것
다) 층수가 4층 이상인 것 중 ㉯ [　]m² ↑인 층이 있는 것
3) 건축물의 옥상에 설치된 차고·주차장으로서 사용되는 면적이 [　]m² ↑인 경우 해당 부분
4) 지하가 중 터널로서 다음에 해당하는 터널
  가) 길이가 [　]m ↑인 터널
  나) 예상교통량, 경사도 등 터널의 특성을 고려하여 행정안전부령으로 정하는 터널
5) 1) 및 2)에 해당X 공장 또는 창고시설로서 수량의 [　]배 ↑의 특수가연물을 저장·취급하는 것

라. 스프링클러설비(위험물 저장 및 처리 시설 중 가스시설 또는 지하구는 제외)
1) 층수가 [　]층 ↑인 특정소방대상물의 경우에는 모든 층
2) 기숙사(교육연구시설·수련시설 내에 있는 학생 수용을 위한 것) 또는 복합건축물로서 연면적 [　]m² ↑인 경우에는 모든 층
3) 문화 및 집회시설(동·식물원 제외), 종교시설(주요구조부가 목조인 것은 제외), 운동시설(물놀이형 시설 및 바닥이 불연재료이고 관람석이 없는 운동시설은 제외)로서 다음의 어느 하나에 해당하는 경우에는 모든 층
  가) 수용인원이 [　]명 ↑인 것
  나) 영화상영관의 용도로 쓰는 층의 바닥면적이 지하층 또는 무창층인 경우에는 [　]m² ↑, 그 밖의 층의 경우에는 [　]m² ↑인 것
  다) 무대부가 지하층·무창층 또는 [ ]층 ↑의 층에 있는 경우에는 무대부의 면적이 [　]m² ↑인 것
  라) 무대부가 다) 외의 층에 있는 경우에는 무대부의 면적이 [　]m² ↑인 것
4) 판매시설, 운수시설 및 창고시설(물류터미널에 한정)로서 ㉯ 합계가 [　]m² ↑이거나 수용인원이 [　]명 ↑인 경우에는 모든 층
5) 다음의 어느 하나에 해당하는 용도로 사용되는 시설의 ㉯ 합계가 [　]m² ↑인 것은 모든 층
  가) 근린생활시설 중 [　　] 및 [　　　]
  나) 의료시설 중 정신의료기관
  다) 의료시설 중 종합병원, 병원, 치과병원, 한방병원 및 요양병원
  라) 노유자시설
  마) 숙박이 가능한 수련시설
  바) [　　　]

2) 가) 1천5백 나) 300 다) 300 3) 200 4) 가) 1천 5) 750
라. 1) 6 2) 5천 3) 가) 100 나) 500, 1천 다) 4, 300 라) 500
  4) 5천, 500 5) 600 가) 조산원, 산후조리원 바) 숙박시설

6) 창고시설(물류터미널은 제외)로서 ㉯ 합계가 [　]m² ↑인 경우에는 모든 층
7) 특정소방대상물의 지하층·무창층(축사는 제외) 또는 층수가 [　] 이상인 층으로서 바닥면적이 1천m² 이상인 층이 있는 경우에는 해당 층
8) 랙식 창고(rack warehouse) : 랙(물건을 수납할 수 있는 선반이나 이와 비슷한 것을 말한다. 이하 같다)을 갖춘 것으로서 천장 또는 반자(반자가 없는 경우에는 지붕의 옥내에 면하는 부분을 말한다)의 높이가 10m를 초과하고, 랙이 설치된 층의 바닥면적의 합계가 1천5백m² 이상인 경우에는 모든 층
9) 공장 또는 창고시설로서 다음의 어느 하나에 해당하는 시설
    가) 수량의 [　] 배 ↑의 특수가연물을 저장·취급하는 시설
    나) 중·저준위방사성폐기물의 저장시설 중 소화수를 수집·처리하는 설비가 있는 저장시설
10) 지붕 또는 외벽이 불연재료가 아니거나 내화구조가 아닌 공장 또는 창고시설로서 다음의 어느 하나에 해당하는 것
    가) 창고시설(물류터미널에 한정) 중 4)에 해당X 것으로서 ㉯ 합계가 [　]m² ↑이거나 수용인원이 250명 ↑인 경우에는 모든 층
    나) 창고시설(물류터미널은 제외) 중 6)에 해당X 것으로서 ㉯ 합계가 [　]m² ↑인 경우에는 모든 층
    다) 공장 또는 창고시설 중 7)에 해당X 것으로서 지하층·무창층 또는 층수가 [ ]층 ↑인 것 중 ㉯ [　]m² ↑인 경우에는 모든 층
    라) 랙식 창고 중 8)에 해당X 것으로서 ㉯ 합계가 [　]m² ↑인 경우에는 모든 층
    마) 공장 또는 창고시설 중 9)가)에 해당X 것으로서 수량의 [　]배 ↑의 특수가연물을 저장·취급하는 시설
11) 교정 및 군사시설 중 다음의 어느 하나에 해당하는 경우에는 해당 장소
    가) 보호감호소, 교도소, 구치소 및 그 지소, 보호관찰소, 갱생보호시설, 치료감호시설, 소년원 및 소년분류심사원의 수용거실
    나) 보호시설(외국인보호소의 경우에는 보호대상자의 생활공간으로 한정)로 사용하는 부분. 다만, 보호시설이 임차건물에 있는 경우는 제외
    다) 유치장
12) 지하가(터널은 제외)로서 연면적 [　]m² ↑인 것
13) 발전시설 중 전기저장시설
14) 1)부터 13)까지의 특정소방대상물에 부속된 보일러실 또는 연결통로 등

6) 5천 7) 4층 9) 가) 1천 10) 가) 2천5백 나) 2천5백 다) 4, 500 라) 750 마) 500
12) 1천

마. 간이스프링클러설비
　1) 공동주택 중 [　　　] 및 [　　　　　](연립주택 및 다세대주택에 설치하는 간이스프링클러설비는 화재안전기준에 따른 주택전용 간이스프링클러설비를 설치한다)
　2) 근린생활시설 중 다음의 어느 하나에 해당하는 것
　　가) 근린생활시설로 사용하는 부분의 ㉯ 합계가 [　　]m² ↑인 것은 모든 층
　　나) 의원, 치과의원 및 한의원으로서 입원실이 있는 시설
　　다) 조산원 및 산후조리원으로서 연면적 [　　]m² 미만인 시설
　3) 의료시설 중 다음의 어느 하나에 해당하는 시설
　　가) 종합병원, 병원, 치과병원, 한방병원 및 요양병원(의료재활시설은 제외)으로 사용되는 ㉯ 합계가 [　　]m² 미만인 시설
　　나) 정신의료기관 또는 의료재활시설로 사용되는 ㉯ 합계가 [　　]m² ↑ [　　]m² 미만인 시설
　　다) 정신의료기관 또는 의료재활시설로 사용되는 ㉯ 합계가 [　　]m² 미만이고, 창살(철재·플라스틱 또는 목재 등으로 사람의 탈출 등을 막기 위하여 설치한 것을 말하며, 화재 시 자동으로 열리는 구조로 되어 있는 창살은 제외)이 설치된 시설
　4) 교육연구시설 내에 합숙소로서 연면적 [　　]m² ↑인 경우에는 모든 층
　5) 노유자시설로서 다음의 어느 하나에 해당하는 시설(노유자 생활시설)
　　가) ⓐ 노인주거복지시설·노인의료복지시설 및 재가노인복지시설
　　　ⓑ 학대피해노인 전용쉼터, 아동복지시설, 장애인 거주시설, 정신질환자 관련 시설, 노숙인 관련 시설 중 노숙인자활시설, 노숙인재활시설 및 노숙인요양시설, 결핵환자나 한센인이 24시간 생활하는 노유자시설
　　　단, ⓑ 중 단독주택 또는 공동주택에 설치되는 시설은 제외
　　나) 가)에 해당X 노유자시설로 해당 시설로 사용하는 ㉯ 합계가 [　　]m² ↑ [　　]m² 미만인 시설
　　다) 가)에 해당X 노유자시설로 해당 시설로 사용하는 ㉯ 합계가 [　　]m² 미만이고, 창살(철재·플라스틱 또는 목재 등으로 사람의 탈출 등을 막기 위하여 설치한 것을 말하며, 화재 시 자동으로 열리는 구조로 되어 있는 창살은 제외)이 설치된 시설

마. 1) 연립주택, 다세대주택
　2) 가) 1천 다) 600
　3) 가) 600 나) 300, 600 다) 300
　4) 100
　5) 나) 300, 600 다) 300

6) 숙박시설로 사용되는 ㉯ 합계가 [   ]m² ↑ [   ]m² 미만인 시설
7) 건물을 임차하여 보호시설로 사용하는 부분
8) 복합건축물로서 연면적 [   ]m² ↑인 것은 모든 층

바. 물분무등소화설비(위험물 저장 및 처리 시설 중 가스시설 또는 지하구는 제외)
  1) 항공기 및 자동차 관련 시설 중 항공기격납고
  2) 차고, 주차용 건축물 또는 철골 조립식 주차시설 연면적 [   ]m² ↑인 것만 해당한다.
  3) 건축물의 내부에 설치된 차고·주차장으로서 사용되는 면적이 [   ]m² ↑인 경우 해당 부분(50세대 미만 연립주택 및 다세대주택은 제외)
  4) 기계장치에 의한 주차시설을 이용하여 [   ]대 ↑의 차량을 주차할 수 있는 시설
  5) 특정소방대상물에 설치된 전기실·발전실·변전실·축전지실·통신기기실 또는 전산실, 그 밖에 이와 비슷한 것으로서 ㉯ [   ]m² ↑인 것. 다만, 내화구조로 된 공정제어실 내에 설치된 주조정실로서 양압시설(외부 오염 공기 침투를 차단하고 내부의 나쁜 공기가 자연스럽게 외부로 흐를 수 있도록 한 시설)이 설치되고 전기기기에 [   ]볼트 이하인 저전압이 사용되며 종업원이 24시간 상주하는 곳은 제외
  6) 소화수를 수집·처리하는 설비가 설치되어 있지 않은 중·저준위방사성폐기물의 저장시설. 다만, 이 경우에는 이산화탄소소화설비, 할론소화설비 또는 할로겐화합물 및 불활성기체 소화설비를 설치해야 한다.
  7) 지하가 중 예상 교통량, 경사도 등 터널의 특성을 고려하여 행정안전부령으로 정하는 터널. 이 시설에는 [   ]를 설치해야 한다.
  8) 국가유산 중「문화유산의 보존 및 활용에 관한 법률」에 따른 [   ](문화유산자료를 제외한다) 또는 「자연유산의 보존 및 활용에 관한 법률」에 따른 [   ](자연유산자료를 제외한다)으로서 소방청장이 [   ]과 협의하여 정하는 것

사. 옥외소화전설비(아파트등, 위험물 저장 및 처리 시설 중 가스시설, 지하구 및 지하가 중 터널은 제외)
  1) 지상 1층 및 2층의 ㉯ 합계가 [   ]m² ↑인 것. 이 경우 같은 구 내의 둘 이상의 특정소방대상물이 행정안전부령으로 정하는 연소 우려가 있는 구조인 경우에는 이를 하나의 특정소방대상물로 본다.

---

6) 300, 600
8) 1천
바. 2) 800 3) 200 4) 20 5) 300, 220 7) 물분무소화설비
    8) 지정문화유산, 천연기념물등, 국가유산청장
사. 1) 9천

2) 문화유산 중 「문화유산의 보존 및 활용에 관한 법률」 제23조에 따라 보물 또는 국보로 지정된 [   ]

3) 1)에 해당X 공장 또는 창고시설로서 수량의 [   ]배 ↑의 특수가연물을 저장·취급하는 것

2. 경보설비

   가. 단독경보형 감지기를 설치해야 하는 특정소방대상물은 다음의 어느 하나에 해당하는 것으로 한다.
   1) 교육연구시설 내에 있는 기숙사 또는 합숙소로서 연면적 [   ]m^2 미만인 것
   2) 수련시설 내에 있는 기숙사 또는 합숙소로서 연면적 [   ]m^2 미만인 것
   3) 다목 7)에 해당하지 않는 수련시설(숙박시설이 있는 것만 해당)
   4) 연면적 [   ]m^2 미만의 유치원
   5) 공동주택 중 연립주택 및 다세대주택(연립주택 및 다세대주택에 설치하는 단독경보형 감지기는 연동형으로 설치해야 한다.)

   나. 비상경보설비를 설치해야 하는 특정소방대상물(모래·석재 등 불연재료 공장 및 창고시설, 위험물 저장 및 처리 시설 중 가스시설, 사람이 거주하지 않거나 벽이 없는 축사 등 동물 및 식물 관련 시설 및 지하구는 제외)은 다음의 어느 하나에 해당하는 것으로 한다.
   1) 연면적 [   ]m^2 ↑인 것은 모든 층
   2) 지하층 또는 무창층의 ㉯ [   ]m^2(공연장의 경우 [   ]m^2) ↑인 것은 모든 층
   3) 지하가 중 터널로서 길이가 [   ]m ↑인 것
   4) [   ]명 ↑의 근로자가 작업하는 옥내 작업장

   다. 자동화재탐지설비를 설치해야 하는 특정소방대상물은 다음의 어느 하나에 해당하는 것으로 한다.
   1) 공동주택 중 아파트등·기숙사 및 숙박시설의 경우에는 모든 층
   2) 층수가 [ ]층 ↑인 건축물의 경우에는 모든 층
   3) 근린생활시설(목욕장은 [   ]), 의료시설(정신의료기관 및 요양병원은 제외), 위락시설, 장례시설 및 복합건축물로서 연면적 [   ]m^2 ↑인 경우에는 모든 층
   4) 근린생활시설 중 목욕장, 문화 및 집회시설, 종교시설, 판매시설, 운수시설, 운동시설, 업무시설, 공장, 창고시설, 위험물 저장 및 처리 시설, 항공기 및 자동차 관련 시설, 교정 및 군사시설 중 국방·군사시설, 방송통신시설, 발전시설, 관광 휴게시설, 지하가(터널은 제외)로서 연면적 [   ]m^2 ↑인 경우에는 모든 층

---

2) 목조건축물 3) 750
2. 가. 1) 2천 2) 2천 4) 400 나. 1) 400 2) 150, 100 3) 500 4) 50
   다. 2) 6 3) 제외, 600 4) 1천

5) 교육연구시설(교육시설 내에 있는 기숙사 및 합숙소를 포함), 수련시설(수련시설 내에 있는 기숙사 및 합숙소를 포함, 숙박시설이 있는 수련시설은 제외), 동물 및 식물 관련 시설(기둥과 지붕만으로 구성되어 외부와 기류가 통하는 장소는 제외), 자원순환 관련 시설, 교정 및 군사시설(국방·군사시설은 제외) 또는 묘지 관련 시설로서 연면적 [　]m^2 ↑인 경우에는 모든 층
6) 노유자 생활시설의 경우에는 모든 층
7) 6)에 해당하지 않는 노유자시설로서 연면적 [　]m^2 ↑인 노유자시설 및 숙박시설이 있는 수련시설로서 수용인원 [　]명 ↑인 경우에는 모든 층
8) 의료시설 중 정신의료기관 또는 요양병원으로서 다음의 어느 하나에 해당하는 시설
　가) 요양병원(의료재활시설은 제외)
　나) 정신의료기관 또는 의료재활시설로 사용되는 ㉕ 합계가 [　]m^2 ↑인 시설
　다) 정신의료기관 또는 의료재활시설로 사용되는 ㉕ 합계가 [　]m^2 미만이고, 창살(철재·플라스틱 또는 목재 등으로 사람의 탈출 등을 막기 위하여 설치한 것을 말하며, 화재 시 자동으로 열리는 구조로 되어 있는 창살은 제외)이 설치된 시설
9) 판매시설 중 [　　　]
10) 지하가 중 터널로서 길이가 [　]m ↑인 것
11) 지하구
12) 3)에 해당하지 않는 근린생활시설 중 [　　] 및 [　　　]
13) 4)에 해당하지 않는 공장 및 창고시설로서 「화재의 예방 및 안전관리에 관한 법률 시행령」 별표 2에서 정하는 수량의 [　]배 ↑의 특수가연물을 저장·취급하는 것
14) 4)에 해당하지 않는 발전시설 중 전기저장시설

라. 시각경보기를 설치해야 하는 특정소방대상물은 다목에 따라 자동화재탐지설비를 설치해야 하는 특정소방대상물 중 다음의 어느 하나에 해당하는 것으로 한다.
1) 근린생활시설, 문화 및 집회시설, 종교시설, 판매시설, 운수시설, 의료시설, 노유자시설
2) 운동시설, 업무시설, 숙박시설, 위락시설, 창고시설 중 [　　　], 발전시설 및 장례시설
3) 교육연구시설 중 [　　], 방송통신시설 중 [　　]
4) 지하가 중 [　　　]

---

5) 2천 7) 400, 100 8) 나) 300 다) 300 9) 전통시장 10) 1천 12) 조산원, 산후조리원 13) 500
라. 2) 물류터미널 3) 도서관, 방송국 4) 지하상가

마. 화재알림설비를 설치해야 하는 특정소방대상물은 판매시설 중 [　　　]
바. 비상방송설비를 설치해야 하는 특정소방대상물(위험물 저장 및 처리 시설 중 가스시설, 사람이 거주하지 않거나 벽이 없는 축사 등 동물 및 식물 관련 시설, 지하가 중 터널 및 지하구는 제외)은 다음의 어느 하나에 해당하는 것으로 한다.
　　1) 연면적 [　　　]m^2 ↑ 인 것은 모든 층
　　2) 층수가 [　]층 ↑ 인 것은 모든 층
　　3) 지하층의 층수가 [　]층 ↑ 인 것은 모든 층
사. 자동화재속보설비를 설치해야 하는 특정소방대상물은 다음의 어느 하나에 해당하는 것으로 한다. 다만, 방재실 등 화재 수신기가 설치된 장소에 24시간 화재를 감시할 수 있는 사람이 근무하고 있는 경우에는 자동화재속보설비를 설치하지 않을 수 있다.
　　1) 노유자 생활시설
　　2) 노유자시설로서 ㉥ [　　]m^2 ↑ 인 층이 있는 것
　　3) 수련시설(숙박시설이 있는 것만 해당한다)로서 ㉥ [　　]m^2 ↑ 인 층이 있는 것
　　4) 문화유산 중 「문화유산의 보존 및 활용에 관한 법률」 제23조에 따라 보물 또는 국보로 지정된 목조건축물
　　5) 근린생활시설 중 다음의 어느 하나에 해당하는 시설
　　　가) 의원, 치과의원 및 한의원으로서 입원실이 있는 시설
　　　나) [　　　] 및 [　　　　]
　　6) 의료시설 중 다음의 어느 하나에 해당하는 것
　　　가) 종합병원, 병원, 치과병원, 한방병원 및 요양병원(의료재활시설은 제외)
　　　나) 정신병원 및 의료재활시설로 사용되는 ㉥ 합계가 [　　]m^2 ↑ 인 층이 있는 것
　　7) 판매시설 중 [　　　]
아. 통합감시시설을 설치해야 하는 특정소방대상물은 지하구로 한다.
자. 누전경보기는 계약전류용량(같은 건축물에 계약 종류가 다른 전기가 공급되는 경우에는 그중 최대계약전류용량을 말한다)이 [　　]암페어를 초과하는 특정소방대상물(내화구조가 아닌 건축물로서 벽·바닥 또는 반자의 전부나 일부를 불연재료 또는 준불연재료가 아닌 재료에 철망을 넣어 만든 것만 해당)에 설치해야 한다. 다만, 위험물 저장 및 처리 시설 중 가스시설, 지하가 중 터널 및 지하구의 경우에는 그렇지 않다.

마. 전통시장
바. 1) 3천5백 2) 11 3) 3 사. 2) 500 3) 500 5) 나) 조산원, 산후조리원 6) 나) 500 7) 전통시장
자. 100

차. 가스누설경보기를 설치해야 하는 특정소방대상물(가스시설이 설치된 경우만 해당)은 다음의 어느 하나에 해당하는 것으로 한다.
   1) 문화 및 집회시설, 종교시설, 판매시설, 운수시설, 의료시설, 노유자시설
   2) 수련시설, 운동시설, 숙박시설, 창고시설 중 물류터미널, 장례시설

3. 피난구조설비
   가. 피난기구는 특정소방대상물의 모든 층에 화재안전기준에 적합한 것으로 설치해야 한다. 다만, 피난층, 지상 1층, 지상 2층(노유자시설 중 피난층이 아닌 지상 1층과 피난층이 아닌 지상 2층은 제외) 및 층수가 [ ]층 ↑인 층과 위험물 저장 및 처리시설 중 가스시설, 지하가 중 [ ] 또는 [ ]의 경우에는 그러하지 아니하다.
   나. 인명구조기구
      1) 방열복 또는 방화복(안전모, 보호장갑 및 안전화를 포함), 인공소생기 및 공기호흡기를 설치해야 하는 특정소방대상물: 지하층을 포함하는 층수가 [ ]층 ↑인 것 중 [   ] 용도로 사용하는 층
      2) 방열복 또는 방화복(안전모, 보호장갑 및 안전화를 포함) 및 공기호흡기를 설치해야 하는 특정소방대상물: 지하층을 포함하는 층수가 [ ]층 ↑인 것 중 [   ] 용도로 사용하는 층
      3) 공기호흡기를 설치해야 하는 특정소방대상물은 다음의 어느 하나와 같다.
         가) 수용인원 [   ]명 ↑인 문화 및 집회시설 중 영화상영관
         나) 판매시설 중 [   ]
         다) 운수시설 중 [   ]
         라) 지하가 중 [   ]
         마) 이산화탄소소화설비(호스릴이산화탄소소화설비는 제외)를 설치해야 하는 특정소방대상물
   다. 유도등
      1) 피난구유도등, 통로유도등 및 유도표지는 특정소방대상물에 설치한다. 다만, 다음의 어느 하나에 해당하는 경우는 제외한다.
         가) 동물 및 식물 관련 시설 중 축사로서 가축을 직접 가두어 사육하는 부분
         나) 지하가 중 [   ]

---

3. 가. 11, 터널, 지하구
   나. 1) 7, 관광호텔 2) 5, 병원 3) 가) 100 나) 대규모 점포 다) 지하역사 라) 지하상가
   다. 1) 나) 터널

2) 객석유도등은 다음의 어느 하나에 해당하는 특정소방대상물에 설치한다.
　　가) 유흥주점영업시설(유흥주점영업 중 손님이 춤을 출 수 있는 무대가 설치된 카바레, 나이트클럽 또는 그 밖에 이와 비슷한 영업시설만 해당)
　　나) 문화 및 집회시설
　　다) 종교시설
　　라) 운동시설
3) 피난유도선은 화재안전기준으로 정하는 장소에 설치한다.

라. 비상조명등(창고시설 중 창고 및 하역장, 위험물 저장 및 처리 시설 중 가스시설 및 사람이 거주하지 않거나 벽이 없는 축사 등 동물 및 식물 관련 시설은 제외)
　1) 지하층을 포함하는 층수가 [ ]층 ↑인 건축물로서 연면적 [　]m² ↑인 경우에는 모든 층
　2) 1)에 해당하지 않는 특정소방대상물로서 그 지하층 또는 무창층의 ㉯ [　]m² ↑인 경우에는 해당 층
　3) 지하가 중 터널로서 그 길이가 [　]m ↑인 것

마. 휴대용 비상조명등
　1) 숙박시설
　2) 수용인원 [　]명 ↑의 영화상영관, 판매시설 중 대규모 점포, 철도 및 도시철도 시설 중 지하역사, 지하가 중 지하상가

4. 소화용수설비
　상수도소화용수설비를 설치해야 하는 특정소방대상물은 다음 각 목의 어느 하나와 같다. 다만, 상수도소화용수설비를 설치해야 하는 특정소방대상물의 대지 경계선으로부터 [　]m 이내에 지름 [　]mm ↑인 상수도용 배수관이 설치되지 않은 지역의 경우에는 화재안전기준에 따른 소화수조 또는 저수조를 설치해야 한다.

　가. 연면적 [　]m² ↑인 것. 다만, 위험물 저장 및 처리 시설 중 가스시설, 지하가 중 터널 또는 지하구의 경우에는 제외한다.
　나. 가스시설로서 지상에 노출된 탱크의 저장용량의 합계가 [　]톤 ↑인 것
　다. 자원순환 관련 시설 중 [　　　　] 및 폐기물처분시설

라. 1) 5, 3천 2) 450 3) 500
마. 2) 100
4. 180, 75
　가. 5천 나. 100 다. 폐기물재활용시설

5. 소화활동설비
    가. 제연설비
        1) 문화 및 집회시설, 종교시설, 운동시설 중 무대부의 ㉯ [   ]m² ↑ 경우에는 해당 무대부, 문화 및 집회시설 중 영화상영관으로서 수용인원 [   ]명 ↑인 경우에는 해당 영화상영관
        2) 지하층이나 무창층에 설치된 근린생활시설, 판매시설, 운수시설, 의료시설, 노유자시설, 숙박시설, 위락시설, 창고시설(물류터미널로 한정)로서 해당 용도로 사용되는 ㉯ 합계가 [   ]m² ↑인 부분
        3) 운수시설 중 시외버스정류장, 철도 및 도시철도 시설, 공항시설 및 항만시설의 대기실 또는 휴게시설로서 지하층 또는 무창층의 ㉯ [   ]m² ↑인 경우에는 모든 층
        4) 지하가(터널은 제외)로서 연면적 [   ]m² ↑인 것
        5) 지하가 중 예상 교통량, 경사도 등 터널의 특성을 고려하여 행정안전부령으로 정하는 터널
        6) 특정소방대상물(갓복도형 아파트등은 제외)에 부설된 특별피난계단, 비상용 승강기의 승강장 또는 피난용 승강기의 승강장
    나. 연결송수관설비(위험물 저장 및 처리 시설 중 가스시설 또는 지하구는 제외)
        1) 층수가 [ ]층 ↑으로서 연면적 [   ]m² ↑인 경우에는 모든 층
        2) 1)에 해당하지 않는 특정소방대상물로서 지하층을 포함하는 층수가 [ ]층 ↑인 경우에는 모든 층
        3) 1) 및 2)에 해당하지 않는 특정소방대상물로서 지하층의 층수가 3층 ↑이고 지하층의 ㉯ 합계가 [   ]m² ↑인 경우 모든 층
        4) 지하가 중 터널로서 길이가 [   ]m ↑인 것
    다. 연결살수설비(지하구는 제외)
        1) 판매시설, 운수시설, 창고시설 중 물류터미널로서 사용되는 부분의 ㉯ 합계가 [   ]m² ↑인 경우 에는 해당 시설
        2) 지하층(피난층으로 주된 출입구가 도로와 접한 경우는 제외)으로서 ㉯ 합계가 [   ]m² ↑인 경우에는 지하층의 모든 층
        다만, 국민주택규모 이하인 아파트등의 지하층(대피시설로 사용하는 것만 해당)과 교육연구시설 중 학교의 지하층의 경우에는 [   ]m² ↑인 것으로 한다.
        3) 가스시설 중 지상에 노출된 탱크의 용량이 [   ]톤 ↑인 탱크시설
        4) 1) 및 2)의 특정소방대상물에 부속된 연결통로

---

5. 가. 1) 200, 100 2) 1천 3) 1천 4) 1천
   나. 1) 5, 6천 2) 7 3) 1천 4) 1,000
   다. 1) 1천 2) 150, 700 3) 30

라. 비상콘센트설비(위험물 저장 및 처리 시설 중 가스시설 또는 지하구는 제외)
　　1) 층수가 [　]층 ↑인 특정소방대상물의 경우에는 [　]층 ↑의 층
　　2) 지하층의 층수가 [　]층 ↑이고 지하층의 ㉯ 합계가 [　　]m² ↑인 것은 지하층의 모든 층
　　3) 지하가 중 터널로서 길이가 [　　]m ↑인 것
마. 무선통신보조설비(위험물 저장 및 처리 시설 중 가스시설은 제외)
　　1) 지하가(터널은 제외)로서 연면적 [　　]m² 이상인 것
　　2) 지하층의 ㉯ 합계가 [　　]m² ↑인 것 또는 지하층의 층수가 [　]층 ↑이고 지하층의 ㉯ 합계가 [　　]m² ↑인 것은 지하층의 모든 층
　　3) 지하가 중 터널로서 길이가 [　　]m ↑인 것
　　4) 지하구 중 공동구
　　5) 층수가 [　]층 ↑인 것으로서 [　]층 ↑ 부분의 모든 층
바. 연소방지설비는 [　　　](전력 또는 통신사업용인 것만 해당)에 설치해야 한다.

시행규칙 제17조【연소 우려가 있는 건축물의 구조】[10]

영 별표 4 제1호 사목 1) 후단에서 "행정안전부령으로 정하는 연소(延燒) 우려가 있는 구조"란 다음 각 호의 기준에 모두 해당하는 구조를 말한다.
1. 건축물대장의 건축물 현황도에 표시된 대지경계선 안에 둘 이상의 건축물이 있는 경우
2. 각각의 건축물이 다른 건축물의 외벽으로부터 수평거리가 1층의 경우에는 [　]미터 이하, 2층 이상의 층의 경우에는 [　]미터 이하인 경우
3. 개구부(영 제2조 제1호 각 목 외의 부분에 따른 개구부를 말한다)가 다른 건축물을 향하여 설치되어 있는 경우

라. 1) 11, 11 2) 3, 1천 3) 500
마. 1) 1천 2) 3천, 3, 1천 3) 500 5) 30, 16
바. 지하구

10 6, 10

(4) 조치명령 [11]

[ ]은 소방시설이 화재안전기준에 따라 설치·관리되고 있지 아니할 때에는 해당 특정소방대상물의 관계인에게 필요한 조치를 명할 수 있다.
(법 제12조 제2항)

(5) 특정소방대상물의 관계인의 금지사항 [12]

① 특정소방대상물의 관계인은 소방시설을 설치·관리하는 경우 화재 시 소방시설의 기능과 성능에 지장을 줄 수 있는 폐쇄(잠금을 포함한다. 이하 같다)·차단 등의 행위를 하여서는 아니 된다. 다만, 소방시설의 [ ]를 위하여 필요한 경우 폐쇄·차단은 할 수 있다.(법 제12조 제3항)

② [ ]은 ①의 단서에 따라 특정소방대상물의 관계인이 소방시설의 점검·정비를 위하여 폐쇄·차단을 하는 경우 안전을 확보하기 위하여 필요한 행동요령에 관한 지침을 마련하여 고시하여야 한다.(법 제12조 제4항)

(6) 소방시설정보관리시스템 [13]

① [ ]은 소방시설의 작동정보 등을 실시간으로 수집·분석할 수 있는 시스템(이하 "소방시설정보관리시스템"이라 한다)을 구축·운영할 수 있다.(법 제12조 제5항)

② 소방청장, 소방본부장 또는 소방서장은 ①에 따른 작동정보를 해당
[ ]에게 통보하여야 한다.(법 제12조 제6항)

③ 소방시설정보관리시스템 구축·운영의 대상은 소방안전관리대상물 중 소방안전관리의 취약성 등을 고려하여 [ ]으로 정하고, 그 밖에 운영방법 및 통보 절차 등에 필요한 사항은 [ ]으로 정한다.(법 제12조 제7항)

---

11 소방본부장이나 소방서장
12 ① 점검·정비
　② 소방청장
13 ① 소방청장, 소방본부장 또는 소방서장
　② 특정소방대상물의 관계인
　③ 대통령령, 행정안전부령

④ 소방시설정보관리시스템 구축·운영 대상(영 제12조 제1항)
소방청장, 소방본부장 또는 소방서장이 소방안전관리의 취약성 등을 고려하여 소방시설정보관리시스템 구축·운영할 수 있는 대상은 다음 각 호의 어느 하나에 해당하는 특정소방대상물을 말한다.
㉠ 문화 및 집회시설
㉡ [   ]
㉢ 판매시설
㉣ 의료시설
㉤ 노유자시설
㉥ 숙박이 가능한 [   ]
㉦ 숙박시설
㉧ [   ]
㉨ 공장, 창고시설
㉩ 위험물 저장 및 처리 시설
㉪ 지하가 및 [   ]
㉫ 그 밖에 소방청장, 소방본부장 또는 소방서장이 소방안전관리의 [   ]과 [   ]을 고려하여 필요하다고 인정하는 특정소방대상물

④ ㉡ 종교시설 ㉥ 수련시설 ㉧ 업무시설 ㉪ 지하구 ㉫ 취약성, 화재위험성

08 소방시설기준 적용의 특례(법 제13조) [14]

(1) 소방시설기준 적용 특례

[   ]이나 [   ]은 대통령령 또는 화재안전기준이 변경되어 그 기준이 강화되는 경우 기존의 특정소방대상물(건축물의 신축·개축·재축·이전 및 대수선 중인 특정소방대상물을 포함)의 소방시설에 대하여는 [   ]의 대통령령 또는 화재안전기준을 적용한다.(법 제13조 제1항)

(2) 예외 규정으로 변경 후 강화된 기준을 적용하는 경우

다음 각 호의 어느 하나에 해당하는 소방시설의 경우에는 대통령령 또는 화재안전기준의 변경으로 [   ] 기준을 적용할 수 있다.(법 제13조 제1항)

① 다음 각 목의 소방시설 중 대통령령 또는 화재안전기준으로 정하는 것
(법 제13조 제1항 제1호)
  ㉠ 소화기구
  ㉡ 비상경보설비
  ㉢ 자동화재탐지설비
  ㉣ [   ]
  ㉤ [   ]

② 다음 각 목의 특정소방대상물에 설치하는 소방시설 중 대통령령 또는 화재안전기준으로 정하는 것(법 제13조 제1항 제2호)
  ㉠ 공동구
  ㉡ 전력 및 통신사업용 지하구
  ㉢ 노유자시설
  ㉣ 의료시설

③ ②에서 대통령령으로 정하는 것(영 제13조)
  ㉠ 공동구에 설치하는 소화기, [   ], 자동화재탐지설비, [   ], 유도등 및 [   ]
  ㉡ 전력 및 통신사업용 지하구에 설치하는 [   ], 자동소화장치, 자동화재탐지설비, 통합감시시설, [   ] 및 연소방지설비
  ㉢ 노유자시설에 설치하는 간이스프링클러설비, 자동화재탐지설비 및 [   ]
  ㉣ 의료시설에 설치하는 [   ], 간이스프링클러설비, 자동화재탐지설비 및 [   ]

---

14 (1) 소방본부장, 소방서장, 변경 전
　(2) 강화된 ① ㉣ 자동화재속보설비 ㉤ 피난구조설비 ③ ㉠ 자동소화장치, 통합감시시설, 연소방지설비
　　㉡ 소화기, 유도등 ㉢ 단독경보형 감지기 ㉣ 스프링클러설비, 자동화재속보설비

(3) 증축 및 용도변경 시 소방시설기준 적용 15

① [   ]이나 [   ]은 기존의 특정소방대상물이 증축되거나 용도변경 되는 경우에는 대통령령으로 정하는 바에 따라 증축 또는 용도변경 [   ]의 소방시설의 설치에 관한 대통령령 또는 화재안전기준을 적용한다.(법 제13조 제3항)

② 소방본부장 또는 소방서장은 특정소방대상물이 증축되는 경우에는 기존 부분을 포함한 특정소방대상물의 [   ]에 대하여 증축 당시의 소방시설의 설치에 관한 대통령령 또는 화재안전기준을 적용해야 한다. 다만, 다음 각 호의 어느 하나에 해당하는 경우에는 [   ]에 대해서는 증축 당시의 소방시설의 설치에 관한 대통령령 또는 화재안전기준을 적용하지 않는다.(영 제15조 제1항)
  ㉠ 기존 부분과 증축 부분이 [   ]로 된 바닥과 벽으로 구획된 경우
  ㉡ 기존 부분과 증축 부분이 [   ] 또는 [   ]으로 구획되어 있는 경우
  ㉢ 자동차 생산공장 등 화재 위험이 낮은 특정소방대상물 내부에 연면적 [   ]제곱미터 이하의 직원 휴게실을 증축하는 경우
  ㉣ 자동차 생산공장 등 화재 위험이 낮은 특정소방대상물에 [   ](기둥으로 받치거나 매달아 놓은 덮개를 말하며, 3면 이상에 벽이 없는 구조의 것을 말한다)를 설치하는 경우

③ 소방본부장 또는 소방서장은 특정소방대상물이 용도변경되는 경우에는 [   ]에 대해서만 용도변경 당시의 소방시설의 설치에 관한 대통령령 또는 화재안전기준을 적용한다. 다만, 다음 각 호의 어느 하나에 해당하는 경우에는 특정소방대상물 [   ]에 대하여 용도변경 전에 해당 특정소방대상물에 적용되던 소방시설의 설치에 관한 대통령령 또는 화재안전기준을 적용한다.(영 제15조 제2항)
  ㉠ 특정소방대상물의 구조·설비가 화재연소 확대 요인이 적어지거나 피난 또는 화재진압활동이 [   ] 변경되는 경우
  ㉡ 용도변경으로 인하여 천장·바닥·벽 등에 고정되어 있는 가연성 물질의 양이 [   ] 경우

(4) 소방시설의 설치 면제 16

① [   ]이나 [   ]은 특정소방대상물에 설치하여야 하는 소방시설 가운데 기능과 성능이 유사한 스프링클러설비, 물분무등소화설비, 비상경보설비 및 비상방송설비 등의 소방시설의 경우에는 대통령령으로 정하는 바에 따라 유사한 소방시설의 설치를 면제할 수 있다.(법 제13조 제2항)

---

15 ① 소방본부장, 소방서장, 당시
  ② 전체, 기존 부분 ㉠ 내화구조 ㉡ 자동방화셔터, 60분+ 방화문 ㉢ 33 ㉣ 캐노피
  ③ 용도변경되는 부분, 전체 ㉠ 쉬워지도록 ㉡ 줄어드는
16 ① 소방본부장, 소방서장

시행령 별표 5 [17]
【특정소방대상물의 소방시설 설치의 면제기준】

설치가 면제되는 소방시설	설치가 면제되는 기준
1. 자동소화장치	자동소화장치(주거용 주방자동소화장치 및 상업용 주방자동소화장치는 제외한다)를 설치해야 하는 특정소방대상물에 [ ]를 화재안전기준에 적합하게 설치한 경우에는 그 설비의 유효범위(해당 소방시설이 화재를 감지·소화 또는 경보할 수 있는 부분을 말한다. 이하 같다)에서 설치가 면제
2. 옥내소화전설비	호스릴 방식의 [ ] 또는 [ ]를 화재안전기준에 적합하게 설치한 경우
3. 스프링클러설비	가. [ ] 또는 [ ]를 화재안전기준에 적합하게 설치한 경우 나. 전기저장시설에 소화설비를 소방청장이 정하여 고시하는 방법에 따라 설치한 경우
4. 간이스프링클러설비	스프링클러설비, [ ] 또는 [ ]를 화재안전기준에 적합하게 설치한 경우
5. 물분무등소화설비	차고·주차장에 [ ]를 화재안전기준에 적합하게 설치한 경우
6. 옥외소화전설비	문화유산인 목조건축물에 [ ]를 옥외소화전설비의 화재안전기준에서 정하는 방수압력·방수량·옥외소화전함 및 호스의 기준에 적합하게 설치한 경우
7. 비상경보설비	단독경보형 감지기를 [ ] 이상의 단독경보형 감지기와 연동하여 설치하는 경우
8. 비상경보설비 또는 단독경보형 감지기	[ ] 또는 [ ]를 화재안전기준에 적합하게 설치한 경우
9. 자동화재탐지설비	자동화재탐지설비의 기능과 성능을 가진 [ ], 스프링클러설비 또는 [ ]를 화재안전기준에 적합하게 설치한 경우
10. 화재알림설비	[ ]를 화재안전기준에 적합하게 설치한 경우
11. 비상방송설비	[ ] 또는 [ ]와 같은 수준 이상의 음향을 발하는 장치를 부설한 방송설비를 화재안전기준에 적합하게 설치한 경우
12. 자동화재속보설비	[ ]를 화재안전기준에 적합하게 설치한 경우

---

[17] 1. 물분무등소화설비 2. 미분무소화설비, 옥외소화전설비 3. 가. 자동소화장치, 물분무등소화설비 4. 물분무소화설비, 미분무소화설비 5. 스프링클러설비 6. 상수도소화용수설비 7. 2개 8. 자동화재탐지설비, 화재알림설비 9. 화재알림설비, 물분무등소화설비 10. 자동화재탐지설비 11. 자동화재탐지설비, 비상경보설비 12. 화재알림설비

13. 누전경보기	[　　　　] 또는 전기 관련 법령에 따른 지락차단장치를 설치한 경우	
14. 피난구조설비	위치·구조 또는 설비의 상황에 따라 [　　] 상 지장이 없다고 인정되는 경우	
15. 비상조명등	[　　　　] 또는 통로유도등을 화재안전기준에 적합하게 설치한 경우	
16. 상수도소화용수설비	가. 수평거리 [　　]m 이내에 공공의 소방을 위한 소화전이 화재안전기준에 적합하게 설치되어 있는 경우 나. [　　　] 또는 [　　　]가 설치되어 있거나 이를 설치하는 경우	
17. 제연설비	가. [　　　　　]를 화재안전기준의 제연설비기준에 적합하게 설치하고 공기조화설비가 화재 시 제연설비기능으로 자동전환되는 구조로 설치되어 있는 경우 나. 직접 외부 공기와 통하는 배출구의 면적의 합계가 해당 제연구역 바닥면적의 [　　　] 이상이고, 배출구부터 각 부분까지의 수평거리가 [　　]m 이내이며, 공기유입구가 화재안전기준에 적합하게 설치되어 있는 경우 다. 노대(露臺)와 연결된 특별피난계단, 노대가 설치된 비상용 승강기의 승강장 또는 배연설비가 설치된 피난용 승강기의 승강장에는 설치가 면제된다.	
18. 연결송수관설비	옥외에 연결송수구 및 옥내에 방수구가 부설된 [　　　　　], 스프링클러설비, [　　　　　] 또는 연결살수설비를 화재안전기준에 적합하게 설치한 경우 다만, 지표면에서 최상층 방수구의 높이가 [　　]m 이상인 경우에는 설치하여야 한다.	
19. 연결살수설비	가. 송수구를 부설한 스프링클러설비, 간이스프링클러설비, [　　　　　] 또는 [　　　　　]를 화재안전기준에 적합하게 설치한 경우 나. 가스 관계 법령에 따라 설치되는 물분무장치 등에 소방대가 사용할 수 있는 연결송수구가 설치되거나 물분무장치 등에 [　]시간 이상 공급할 수 있는 수원(水源)이 확보된 경우	
20. 무선통신보조설비	이동통신 구내 중계기 선로설비 또는 [　　　　　] 등을 화재안전기준의 무선통신보조설비기준에 적합하게 설치한 경우	
21. 연소방지설비	스프링클러설비, [　　　　] 또는 [　　　　　]를 화재안전기준에 적합하게 설치한 경우	

---

13. 아크경보기 14. 피난 15. 피난구유도등 16. 가. 140 나. 소화수조, 저수조
17. 가. 공기조화설비 나. 100분의 1, 30 18. 옥내소화전설비, 간이스프링클러설비, 70
19. 가. 물분무소화설비, 미분무소화설비 나. 6
20. 무선이동중계기
21. 물분무소화설비, 미분무소화설비

(5) 소방시설 설치 적용 예외 [18]

① 다음 각 호의 어느 하나에 해당하는 특정소방대상물 가운데 대통령령으로 정하는 특정소방대상물에는 대통령령으로 정하는 소방시설을 설치하지 아니할 수 있다.(법 제13조 제4항)
   ㉠ 화재 위험도가 [   ] 특정소방대상물
   ㉡ 화재안전기준을 적용하기 [   ] 특정소방대상물
   ㉢ 화재안전기준을 다르게 적용하여야 하는 특수한 용도 또는 구조를 가진 특정소방대상물
   ㉣ [   ]가 설치된 특정소방대상물

② ①의 각 호의 어느 하나에 해당하는 특정소방대상물에 구조 및 원리 등에서 공법이 특수한 설계로 인정된 소방시설을 설치하는 경우에는 중앙소방기술심의위원회의 심의를 거쳐 화재안전기준을 적용하지 아니할 수 있다.(법 제13조 제5항)

시행령 별표 6 [19]
【소방시설을 설치하지 않을 수 있는 특정소방대상물 및 소방시설의 범위】

구분	특정소방대상물	설치하지 않을 수 있는 소방시설
1. 화재 위험도가 낮은 특정소방대상물	석재, 불연성금속, 불연성 건축재료 등의 가공공장·기계 조립공장 또는 불연성 물품을 저장하는 창고	옥외소화전 및 [ ]
2. 화재안전기준을 적용하기 어려운 특정소방대상물	펄프공장의 작업장, 음료수 공장의 세정 또는 충전을 하는 작업장, 그 밖에 이와 비슷한 용도로 사용하는 것	스프링클러설비, [ ] 및 연결살수설비
	정수장, 수영장, 목욕장, 농예·축산·어류양식용 시설, 그 밖에 이와 비슷한 용도로 사용되는 것	[ ], 상수도 소화용수설비 및 연결살수설비
3. 화재안전기준을 달리 적용해야 하는 특수한 용도 또는 구조를 가진 특정소방대상물	원자력발전소, 중·저준위방사성폐기물의 저장시설	[ ] 및 연결살수설비
4. 자체소방대가 설치된 특정소방대상물	자체소방대가 설치된 위험물제조소등에 부속된 사무실	[ ], 소화용수설비, 연결살수설비 및 연결송수관설비

---
18 ① ㉠ 낮은 ㉡ 어려운 ㉣ 자체소방대
19 연결살수설비, 상수도소화용수설비, 자동화재탐지설비, 연결송수관설비, 옥내소화전설비

09 건설현장의 임시소방시설 설치 및 관리(법 제15조) [20]

(1) 공사시공자의 의무

① 건설공사를 하는 자(공사시공자)는 특정소방대상물의 신축·증축·개축·재축·이전·용도변경·대수선 또는 설비 설치 등을 위한 공사 현장에서 인화성 물품을 취급하는 작업 등 대통령령으로 정하는 작업(화재위험작업)을 하기 전에 설치 및 철거가 쉬운 화재대비시설(임시소방시설)을 설치하고 관리하여야 한다.(법 제15조 제1항)
  ㉠ 공사시공자: [   ]
  ㉡ 화재위험작업: 공사 현장에서 인화성 물품을 취급하는 작업 등 대통령령으로 정하는 작업
  ㉢ 임시소방시설: 설치 및 철거가 쉬운 화재대비시설

(2) 화재위험작업·임시소방시설의 종류 및 설치기준 등

① "인화성 물품을 취급하는 작업 등 대통령령으로 정하는 작업"이란 다음 각 호의 어느 하나에 해당하는 것을 말한다.(영 제18조 제1항)
  ㉠ [   ]·[   ]·[   ] 물질을 취급하거나 [   ] 가스를 발생시키는 작업
  ㉡ 용접·용단 등 [   ]을 발생시키거나 화기를 취급하는 작업
  ㉢ 전열기구, 가열전선 등 [   ]을 발생시키는 기구를 취급하는 작업
  ㉣ 알루미늄, 마그네슘 등 [   ]을 발생시킬 수 있는 작업
  ㉤ 그 밖에 ㉠부터 ㉣까지에 준하는 작업으로 [   ]이 정하여 고시하는 작업

② 임시소방시설의 종류와 임시소방시설을 설치해야 하는 공사의 종류 및 규모는 별표 8 제1호 및 제2호와 같다.(영 제18조 제2항)

---

20 (1) ① ㉠ 건설공사를 하는 자
　　(2) ① ㉠ 인화성, 가연성, 폭발성, 가연성
　　　　　 ㉡ 불꽃
　　　　　 ㉢ 열
　　　　　 ㉣ 폭발성 부유분진
　　　　　 ㉤ 소방청장

> 시행령 별표 8 [21]
> 【임시소방시설의 종류와 설치기준 등】
> 1. 임시소방시설의 종류
>   가. 소화기
>   나. [   ]: 물을 방사하여 화재를 진화할 수 있는 장치로서 소방청장이 정하는 성능을 갖추고 있을 것
>   다. 비상경보장치: 화재가 발생한 경우 주변에 있는 작업자에게 화재사실을 알릴 수 있는 장치로서 소방청장이 정하는 성능을 갖추고 있을 것
>   라. 가스누설경보기: 가연성 가스가 누설 또는 발생된 경우 탐지하여 경보하는 장치로서 소방청장이 실시하는 형식승인 및 제품검사를 받은 것
>   마. [   ]: 화재가 발생한 경우 피난구 방향을 안내할 수 있는 장치로서 소방청장이 정하는 성능을 갖추고 있을 것
>   바. 비상조명등: 화재가 발생한 경우 안전하고 원활한 피난활동을 할 수 있도록 자동 점등되는 조명장치로서 소방청장이 정하는 성능을 갖추고 있을 것
>   사. [   ]: 용접·용단 등 작업시 발생하는 불티로부터 가연물이 점화되는 것을 방지해주는 천 또는 불연성 물품으로서 소방청장이 정하는 성능을 갖추고 있을 것

(3) 예외규정 [22]

소방시설공사업자가 화재위험작업 현장에 소방시설 중 임시소방시설과 기능 및 성능이 유사한 것으로서 [   ]으로 정하는 소방시설을 화재안전기준에 맞게 설치 및 관리하고 있는 경우에는 공사시공자가 임시소방시설을 설치하고 관리한 것으로 본다.(법 제15조 제2항)

> 시행령 별표 8
> 【임시소방시설의 종류와 설치기준 등】
> 3. 임시소방시설과 기능 및 성능이 유사한 소방시설로서 임시소방시설을 설치한 것으로 보는 소방시설
>   가. 간이소화장치를 설치한 것으로 보는 소방시설: 소방청장이 정하여 고시하는 기준에 맞는 [   ](연결송수관설비의 방수구 인근에 설치한 경우로 한정) 또는 [   ]
>   나. 비상경보장치를 설치한 것으로 보는 소방시설: 비상방송설비 또는 [   ]
>   다. 간이피난유도선을 설치한 것으로 보는 소방시설: 피난유도선, 피난구유도등, 통로유도등 또는 [   ]

---

21 1. 나. 간이소화장치 마. 간이피난유도선 사. 방화포
22 (3) 대통령령 / 3. 가. 소화기, 옥내소화전설비 나. 자동화재탐지설비 다. 비상조명등

(4) 조치명령 [23]

[소방본부장] 또는 [소방서장]은 임시소방시설 또는 소방시설이 설치 및 관리되지 아니할 때에는 해당 공사시공자에게 필요한 조치를 명할 수 있다.

(5) 임시소방시설을 설치하여야 하는 공사의 종류 등

임시소방시설을 설치하여야 하는 공사의 종류와 규모, 임시소방시설의 종류 등에 필요한 사항은 [대통령령]으로 정하고, 임시소방시설의 설치 및 관리 기준은 [소방청장]이 정하여 고시한다.(법 제15조 제4항)

> **시행령 별표 8** [24]
> 【임시소방시설의 종류와 설치기준 등】
> 2. 임시소방시설을 설치하여야 하는 공사의 종류와 규모
>   가. 소화기: 소방본부장 또는 소방서장의 동의를 받아야 하는 특정소방대상물의 신축·증축·개축·재축·이전·용도변경 또는 대수선 등을 위한 공사 중 화재위험작업의 현장에 설치한다.
>   나. 간이소화장치: 다음의 어느 하나에 해당하는 공사의 화재위험작업현장에 설치한다.
>   1) 연면적 [3천]m² ↑
>   2) 지하층, 무창층 또는 [4]층 ↑의 층
>   이 경우 해당 층의 ㈎ [600]m² ↑인 경우만 해당
>   다. 비상경보장치: 다음의 어느 하나에 해당하는 공사의 화재위험작업현장에 설치한다.
>   1) 연면적 [400]m² ↑
>   2) 지하층 또는 무창층
>   이 경우 해당 층의 ㈎ [150]m² ↑인 경우만 해당
>   라. 가스누설경보기: ㈎ [150]m² ↑인 지하층 또는 무창층의 화재위험작업현장
>   마. 간이피난유도선: ㈎ [150]m² ↑인 지하층 또는 무창층의 화재위험작업현장
>   바. 비상조명등: ㈎ [150]m² ↑인 지하층 또는 무창층의 화재위험작업현장
>   사. 방화포: [용접·용단] 작업이 진행되는 화재위험작업현장

---

23 (4) 소방본부장, 소방서장
　(5) 대통령령, 소방청장
24 2. 나. 1) 3천 2) 4, 600 다. 1) 400 2) 150 라. 150 마. 150 바. 150 사. 용접·용단

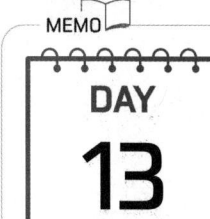

10 피난시설, 방화구획 및 방화시설의 관리(법 제16조) [25]

(1) 특정소방대상물의 관계인은 피난시설, 방화구획 및 방화시설에 대하여 정당한 사유가 없는 한 다음 각 호의 행위를 하여서는 아니 된다.(법 제16조 제1항)

　① 피난시설, 방화구획 및 방화시설 [　　]하거나 [　　]하는 등의 행위
　② 피난시설, 방화구획 및 방화시설의 주위에 [　　]을 쌓아두거나 [　　]을 설치하는 행위
　③ 피난시설, 방화구획 및 방화시설의 용도에 [　　]를 주거나 소방활동에 [　　]을 주는 행위
　④ 그 밖에 피난시설, 방화구획 및 방화시설을 [　　]하는 행위

(2) [　　　]이나 [　　　]은 특정소방대상물의 관계인이 (1)의 각 호의 어느 하나에 해당하는 행위를 한 경우에는 피난시설, 방화구획 및 방화시설의 관리를 위하여 필요한 조치를 명할 수 있다.(법 제16조 제2항)

11 소방용품의 내용연수 등(법 제17조) [26]

(1) 소방용품 내용연수

특정소방대상물의 관계인은 내용연수가 경과한 소방용품을 교체하여야 한다. 이 경우 내용연수를 설정하여야 하는 소방용품의 종류 및 그 내용연수 연한에 필요한 사항은 [　　　]으로 정한다.(법 제17조 제1항)

> 시행령 제19조 【내용연수 설정 대상 소방용품】
> ① 법 제17조 제1항 후단에 따라 내용연수를 설정해야 하는 소방용품은 [　　]형태의 소화약제를 사용하는 소화기로 한다.
> ② 제1항에 따른 소방용품의 내용연수는 [　　]년으로 한다.

(2) 사용기한 연장

[　　　]으로 정하는 절차 및 방법 등에 따라 소방용품의 성능을 확인받은 경우에는 그 사용기한을 연장할 수 있다.(법 제17조 제2항)

---

25 (1) ① 폐쇄, 훼손 ② 물건, 장애물 ③ 장애, 지장 ④ 변경 (2) 소방본부장, 소방서장
26 (1) 대통령령 ① 분말 ② 10 (2) 행정안전부령

12 소방기술심의위원회(법 제18조)

(1) 중앙소방기술심의위원회 [27]

① 다음 각 호의 사항을 심의하기 위하여 소방청에 중앙소방기술심의위원회를 둔다. (법 제18조 제1항)
  ㉠ 화재안전기준에 관한 사항
  ㉡ 소방시설의 구조 및 원리 등에서 공법이 특수한 설계 및 시공에 관한 사항
  ㉢ 소방시설의 설계 및 공사감리의 방법에 관한 사항
  ㉣ [   ]를 판단하는 기준에 관한 사항
  ㉤ [   ] 등 검토·평가에 고도의 기술이 필요한 경우로서 중앙위원회에 심의를 요청한 사항
  ㉥ 그 밖에 소방기술 등에 관하여 대통령령으로 정하는 사항

② ①의 ㉥에서 대통령령으로 정하는 사항(영 제20조 제1항)
  ㉠ 연면적 [   ]m² 이상의 특정소방대상물에 설치된 소방시설의 설계·시공·감리의 하자 유무에 관한 사항
  ㉡ 새로운 [   ]과 [   ] 등의 도입 여부에 관한 사항
  ㉢ 그 밖에 소방기술과 관련하여 [   ]이 소방기술심의위원회의 심의에 부치는 사항

(2) 지방소방기술심의위원회 [28]

① 다음 각 호의 사항을 심의하기 위하여 시·도에 지방소방기술심의위원회를 둔다. (법 제18조 제2항)
  ㉠ [   ]가 있는지의 판단에 관한 사항
  ㉡ 그 밖에 소방기술 등에 관하여 대통령령으로 정하는 사항

② ①의 ㉡에서 대통령령으로 정하는 사항(영 제20조 제2항)
  ㉠ 연면적 [   ]m² 미만의 특정소방대상물에 설치된 소방시설의 설계·시공·감리의 하자 유무에 관한 사항
  ㉡ [   ]이 화재안전기준 또는 위험물 제조소등의 시설기준의 적용에 관하여 기술검토를 요청하는 사항
  ㉢ 그 밖에 소방기술과 관련하여 [   ]가 소방기술심의위원회의 심의에 부치는 사항

---

27 ① ㉣ 소방시설공사의 하자 ㉤ 신기술·신공법
　　② ㉠ 10만 ㉡ 소방시설, 소방용품 ㉢ 소방청장
28 ① ㉠ 소방시설에 하자 ② ㉠ 10만 ㉡ 소방본부장 또는 소방서장 ㉢ 시·도지사

(3) 중앙위원회 및 지방위원회의 구성·운영 [29]

① 중앙위원회 및 지방위원회의 구성·운영 등에 필요한 사항은 [　　]으로 정한다. (법 제18조 제3항)

② 중앙소방기술심의위원회 구성·운영
　㉠ 성별을 고려하여 위원장을 포함한 [　]명 이내의 위원으로 구성한다. (영 제21조 제1항)
　㉡ 중앙위원회의 회의는 위원장과 위원장이 회의마다 지정하는 [　　　　]의 위원으로 구성하고, 중앙위원회는 분야별 소위원회를 구성·운영할 수 있다. (영 제21조 제3항, 제4항)
　㉢ 중앙위원회의 위원은 [　]급 직위 이상의 소방공무원과 다음 각 호의 어느 하나에 해당하는 사람 중에서 소방청장이 임명하거나 성별을 고려하여 위촉한다. (영 제22조 제1항)
　　ⓐ [　　　]
　　ⓑ [　] 이상의 소방 관련 학위를 소지한 사람
　　ⓒ 소방시설관리사
　　ⓓ 소방 관련 법인·단체에서 소방 관련 업무에 [　] 이상 종사한 사람
　　ⓔ 소방공무원 교육기관, 대학교 또는 연구소에서 소방과 관련된 교육이나 연구에 [　] 이상 종사한 사람
　㉣ 중앙위원회의 위원장은 소방청장이 해당 위원 중에서 위촉(영 제22조 제3항)
　㉤ 위촉위원의 임기는 [　]으로 하되, [　　]만 연임할 수 있다. (영 제22조 제4항)

③ 지방소방기술심의위원회 구성·운영
　㉠ 지방소방기술심의위원회는 위원장을 포함하여 [　　　　]의 위원으로 구성한다. (영 제21조 제2항)
　㉡ 지방위원회의 위원은 해당 시·도 소속 소방공무원과 다음 각 호의 어느 하나에 해당하는 사람 중에서 [　　　]가 임명하거나 성별을 고려하여 위촉한다. (영 제22조 제2항)
　　ⓐ 소방기술사
　　ⓑ [　] 이상의 소방 관련 학위를 소지한 사람
　　ⓒ [　　　　]
　　ⓓ 소방 관련 법인·단체에서 소방 관련 업무에 [　] 이상 종사한 사람
　　ⓔ 소방공무원 교육기관, 대학교 또는 연구소에서 소방과 관련된 교육이나 연구에 [　] 이상 종사한 사람
　㉣ 지방위원회의 위원장은 시·도지사가 해당 위원 중에서 위촉(영 제22조 제3항)
　㉤ 위촉위원의 임기는 [　]으로 하되, [　　]만 연임할 수 있다. (영 제22조 제4항)

---

29 ① 대통령령 ② ㉠ 60 ㉡ 6명 이상 12명 이하 ㉢ 과장 ⓐ 소방기술사 ⓑ 석사 ⓓ 5년 ⓔ 5년 ㉤ 2년, 한 차례
　③ ㉠ 5명 이상 9명 이하 ㉡ 시·도지사 ⓑ 석사 ⓒ 소방시설관리사 ⓓ 5년 ⓔ 5년 ㉤ 2년, 한 차례

13 화재안전기준의 관리·운영(법 제19조) [30]

(1) 화재안전기준의 관리·운영

① 소방청장은 화재안전기준을 효율적으로 관리·운영하기 위하여 다음 각 호의 업무를 수행하여야 한다.(법 제19조)
　㉠ 화재안전기준의 제정·개정 및 운영
　㉡ 화재안전기준의 연구·개발 및 보급
　㉢ 화재안전기준의 [　　　　]
　㉣ 화재안전기준의 정보체계 구축
　㉤ 화재안전기준에 대한 [　　　　]
　㉥ 국외 화재안전기준의 제도·정책 동향 조사·분석
　㉦ 화재안전기준 발전을 위한 [　　　]
　㉧ 그 밖에 화재안전기준 발전을 위하여 대통령령으로 정하는 사항

② ①의 ㉧에서 대통령령으로 정하는 사항(영 제29조 제1항)
　㉠ 화재안전기준에 대한 [　　]
　㉡ 화재안전기준에 대한 해설서 제작 및 보급
　㉢ 화재안전에 관한 국외 신기술·신제품의 조사·분석
　㉣ 그 밖에 화재안전기준의 발전을 위하여 소방청장이 필요하다고 인정하는 사항

14 특정소방대상물의 방염(법 제20조)

(1) 방염 등

① 대통령령으로 정하는 특정소방대상물에 실내장식 등의 목적으로 설치 또는 부착하는 물품으로서 대통령령으로 정하는 물품(방염대상물품)은 방염성능기준 이상의 것으로 설치하여야 한다.(법 제20조 제1항)

② 소방본부장 또는 소방서장은 방염대상물품이 방염성능기준에 미치지 못하거나 방염성능검사를 받지 아니한 것이면 특정소방대상물의 관계인에게 방염대상물품을 제거하도록 하거나 방염성능검사를 받도록 하는 등 필요한 조치를 명할 수 있다.(법 제20조 제2항)

③ 방염성능기준은 대통령령으로 정한다.(법 제20조 제3항)

---

30 (1) ① ㉢ 검증 및 평가 ㉤ 교육 및 홍보 ㉦ 국제협력
　　② ㉠ 자문

(2) 방염성능기준 이상의 실내장식물 등을 설치해야 하는 특정소방대상물(영 제30조) [31]
  ① 근린생활시설 중 의원, 조산원, 산후조리원, 체력단련장, 공연장 및 종교집회장
  ② 건축물의 옥내에 있는 다음 각 목의 시설
     ㉠ [   ]
     ㉡ 종교시설
     ㉢ 운동시설(수영장은 [   ])
  ③ 의료시설
  ④ 교육연구시설 중 [   ]
  ⑤ 노유자시설
  ⑥ 숙박이 가능한 [   ]
  ⑦ 숙박시설
  ⑧ 방송통신시설 중 [   ]
  ⑨ 다중이용업의 영업소
  ⑩ ①부터 ⑨까지의 시설에 해당하지 않는 것으로서 층수가 [ ]층 이상인 것
     (아파트등은 [   ])

(3) 방염대상물품(영 제31조 제1항)
  ① 제조 또는 가공 공정에서 방염처리를 한 방염대상물품
     ㉠ 창문에 설치하는 커튼류(블라인드 [   ])
     ㉡ [   ]
     ㉢ 벽지류(두께가 [ ]밀리미터 미만인 종이벽지는 제외)
     ㉣ 전시용 합판·목재 또는 섬유판, 무대용 합판·목재 또는 섬유판(합판·목재류의 경우 불가피하게 설치 현장에서 방염처리한 것을 포함)
     ㉤ 암막 또는 무대막(영화상영관에 설치하는 스크린과 가상체험 체육시설업에 설치하는 스크린을 [   ])
     ㉥ 섬유류 또는 합성수지류 등을 원료로 하여 제작된 소파·의자(「다중이용업소의 안전관리에 관한 특별법 시행령」에 따른 단란주점영업, 유흥주점영업 및 노래연습장업의 영업장에 설치하는 것으로 한정)

---

31 (2) ② ㉠ 문화 및 집회시설 ㉢ 제외 ④ 합숙소 ⑥ 수련시설 ⑧ 방송국 및 촬영소 ⑩ 11, 제외
   (3) ① ㉠ 포함 ㉡ 카펫 ㉢ 2 ㉤ 포함

② 건축물 내부의 천장이나 벽에 부착하거나 설치하는 다음 각 목의 것. 다만, 가구류(옷장, 찬장, 식탁, 식탁용 의자, 사무용 책상, 사무용 의자, 계산대, 그 밖에 이와 비슷한 것을 말한다. 이하 이 조에서 같다)와 너비 10센티미터 이하인 반자돌림대 등과 「건축법」 제52조에 따른 내부 마감재료는 제외한다.
  ㉠ 종이류(두께 [ ]밀리미터 이상)·합성수지류 또는 섬유류를 주원료로 한 물품
  ㉡ [   ]
  ㉢ 공간을 구획하기 위하여 설치하는 간이 칸막이(접이식 등 이동 가능한 벽체나 천장 또는 반자가 실내에 접하는 부분까지 구획하지 않는 벽체를 말한다)
  ㉣ 흡음(吸音)을 위하여 설치하는 흡음재(흡음용 커튼을 포함)
  ㉤ 방음(防音)을 위하여 설치하는 방음재(방음용 커튼을 포함)

(4) 방염성능기준(영 제31조 제2항) [32]
  ① 버너의 불꽃을 제거한 때부터 불꽃을 올리며 연소하는 상태가 그칠 때까지 시간은 [ ]초 이내일 것
  ② 버너의 불꽃을 제거한 때부터 불꽃을 올리지 않고 연소하는 상태가 그칠 때까지 시간은 [ ]초 이내일 것
  ③ 탄화한 면적은 [ ]cm² 이내, 탄화한 길이는 [ ]cm 이내일 것
  ④ 불꽃에 의하여 완전히 녹을 때까지 불꽃의 접촉 횟수는 [ ]회 이상일 것
  ⑤ 소방청장이 정하여 고시한 방법으로 발연량을 측정하는 경우 최대 연기밀도는 [ ] 이하일 것

(5) 권장사항(영 제31조 제3항)
  ① 다중이용업소, 의료시설, 노유자시설, 숙박시설 또는 장례식장에서 사용하는 [   ]·[   ] 및 [   ]
  ② 건축물 내부의 천장 또는 벽에 부착하거나 설치하는 [   ]

---

② ㉠ 2 ㉡ 합판이나 목재
32 (4) ① 20 ② 30 ③ 50, 20 ④ 3 ⑤ 400
   (5) ① 침구류, 소파, 의자 ② 가구류

(6) 방염성능의 검사 [33]

① 특정소방대상물에 사용하는 방염대상물품은 소방청장이 실시하는 방염성능검사를 받은 것이어야 한다. 다만, 대통령령으로 정하는 방염대상물품의 경우에는 특별시장·광역시장·특별자치시장·도지사 또는 특별자치도지사(시·도지사)가 실시하는 방염성능검사를 받은 것이어야 한다.(법 제21조 제1항)

② 시·도지사가 실시하는 방염성능검사(영 제32조)
  ㉠ [   ] 합판·목재 또는 [   ] 합판·목재 중 설치 현장에서 방염처리를 하는 합판·목재류
  ㉡ 방염대상물품 중 [   ]에서 방염처리를 하는 합판·목재류

③ 방염처리업의 등록을 한 자는 방염성능검사를 할 때에 [   ]를 제출하여서는 아니 된다.(법 제21조 제2항)

④ 방염성능검사의 방법과 검사 결과에 따른 합격 표시 등에 필요한 사항은 [   ]으로 정한다.(법 제21조 제3항)

---

33 ② ㉠ 전시용, 무대용
    ㉡ 설치 현장
  ③ 거짓 시료
  ④ 행정안전부령

Chapter 03 소방시설등의 자체점검

01 소방시설등의 자체점검(법 제22조)

(1) 자체점검 [1]

① 특정소방대상물의 [　　　]은 그 대상물에 설치되어 있는 소방시설등이 이 법이나 이 법에 따른 명령 등에 적합하게 설치·관리되고 있는지에 대하여 다음 각 호의 구분에 따른 기간 내에 스스로 점검하거나 제34조에 따른 점검능력 평가를 받은 관리업자 또는 행정안전부령으로 정하는 기술자격자("관리업자등")로 하여금 정기적으로 점검("자체점검")하게 하여야 한다. 이 경우 관리업자등이 점검한 경우에는 그 점검 결과를 행정안전부령으로 정하는 바에 따라 관계인에게 제출하여야 한다.(법 제22조 제1항)
　㉠ 해당 특정소방대상물의 소방시설등이 신설된 경우:「건축법」에 따라 건축물을 사용할 수 있게 된 날부터 [　　　]
　㉡ ㉠ 외의 경우: 행정안전부령으로 정하는 기간

② 자체점검의 구분 및 대상, 점검인력의 배치기준, 점검자의 자격, 점검 장비, 점검 방법 및 횟수 등 자체점검 시 준수하여야 할 사항은 행정안전부령으로 정한다.(법 제22조 제2항)

③ 소방시설관리업을 등록한 자("관리업자")는 자체점검을 실시하는 경우 점검 대상과 점검인력 배치상황을 점검인력을 배치한 날 이후 자체점검이 끝난 날부터 [　　] 이내에 관리업자에 대한 점검능력 평가 등에 관한 업무를 위탁받은 법인 또는 단체("평가기관")에 통보해야 한다.(규칙 제20조 제2항)

④ 자체점검 구분에 따른 점검사항, 소방시설등점검표, 점검인원 배치상황 통보 및 세부 점검방법 등 자체점검에 필요한 사항은 [　　　　]이 정하여 고시한다.
(규칙 제20조 제3항)

⑤ 관리업자등으로 하여금 자체점검하게 하는 경우의 점검 대가는 「엔지니어링산업 진흥법」에 따른 엔지니어링사업의 대가 기준 가운데 [　　　　　]으로 정하는 방식에 따라 산정한다.(법 제22조 제3항)

⑥ [　　　　]은 소방시설등 자체점검에 대한 품질확보를 위하여 필요하다고 인정하는 경우에는 특정소방대상물의 규모, 소방시설등의 종류 및 점검인력 등에 따라 관계인이 부담하여야 할 자체점검 비용의 표준이 될 금액(이하 "[　　　　　　]"라 한다)을 정하여 공표하거나 관리업자등에게 이를 소방시설등 자체점검에 관한 표준가격으로 활용하도록 권고할 수 있다.(법 제22조 제4항)

---

1 (1) ① 관계인 ㉠ 60일 ③ 5일 ④ 소방청장 ⑤ 행정안전부령 ⑥ 소방청장, 표준자체점검비

⑦ 표준자체점검비의 공표 방법 등에 관하여 필요한 사항은 [   ]이 정하여 고시한다.(법 제22조 제5항)

⑧ [   ]은 천재지변이나 그 밖에 대통령령으로 정하는 사유로 자체점검을 실시하기 곤란한 경우에는 대통령령으로 정하는 바에 따라 [   ]에게 면제 또는 연기 신청을 할 수 있다. 이 경우 소방본부장 또는 소방서장은 그 면제 또는 연기 신청 승인 여부를 결정하고 그 결과를 관계인에게 알려주어야 한다.

(2) 자체점검의 구분 2

① [   ]: 소방시설등을 인위적으로 조작하여 소방시설이 정상적으로 작동하는지를 소방청장이 정하여 고시하는 소방시설등 작동점검표에 따라 점검하는 것을 말한다.

② [   ]: 소방시설등의 작동점검을 포함하여 소방시설등의 설비별 주요 구성 부품의 구조기준이 화재안전기준과 「건축법」 등 관련 법령에서 정하는 기준에 적합한지 여부를 소방청장이 정하여 고시하는 소방시설등 종합점검표에 따라 점검하는 것을 말하며, 다음과 같이 구분한다.

㉠ 최초점검: 법 제22조 제1항 제1호에 따라 소방시설이 새로 설치되는 경우 「건축법」 제22조에 따라 건축물을 사용할 수 있게 된 날부터 [   ] 이내 점검하는 것을 말한다.

㉡ 그 밖의 종합점검: 최초점검을 제외한 종합점검을 말한다.

(3) 작동점검

① 작동점검 대상: 특정소방대상물
(다만, 다음의 어느 하나에 해당하는 특정소방대상물은 제외한다.)

㉠ [   ]를 선임하지 않는 특정소방대상물
㉡ 「위험물안전관리법」에 따른 [   ]
㉢ 「화재의 예방 및 안전관리에 관한 법률 시행령」의 특급소방안전관리대상물

② 작동점검의 기술인력

㉠ [   ](주택전용 간이스프링클러설비는 제외한다) 또는 [   ]가 설치된 특정소방대상물
ⓐ [   ]
ⓑ 관리업에 등록된 기술인력 중 소방시설관리사

---

⑦ 소방청장 ⑧ 관계인, 소방본부장 또는 소방서장
2 (2) ① 작동점검 ② 종합점검 ㉠ 60일
(3) ① ㉠ 소방안전관리자 ㉡ 제조소등
② ㉠ 간이스프링클러설비, 자동화재탐지설비 ⓐ 관계인

ⓒ 「소방시설공사업법 시행규칙」에 따른 [   ]
ⓓ 소방안전관리자로 선임된 [   ] 및 소방기술사
ⓛ ㉠에 해당하지 않는 특정소방대상물
ⓐ 관리업에 등록된 소방시설관리사
ⓑ 소방안전관리자로 선임된 [   ] 및 소방기술사
③ 작동점검의 횟수 : [   ] 이상
④ 작동점검의 시기
㉠ 종합점검 대상은 종합점검을 받은 달부터 [   ]이 되는 달에 실시한다.
㉡ ㉠에 해당하지 않는 특정소방대상물은 특정소방대상물의 [   ] 의 말일까지 실시한다. 다만, 건축물관리대장 또는 건물 등기사항증명서 등에 기입된 날이 서로 다른 경우에는 건축물관리대장에 기재되어 있는 날을 기준으로 점검한다.

(4) 종합점검 3

① 종합점검 대상
㉠ [   ] 대상에 해당하는 특정소방대상물
㉡ [   ]가 설치된 특정소방대상물
㉢ [   ][호스릴 방식의 물분무등소화설비만을 설치한 경우 제외]가 설치된 연면적 [   ]m² 이상인 특정소방대상물(제조소등 제외)
㉣ 「다중이용업소의 안전관리에 관한 특별법 시행령」 제2조 제1호 나목(단란주점영업과 유흥주점영업), 같은 조 제2호(영화상영관·비디오물감상실업·비디오물소극장업 및 복합영상물제공업 - 비디오물소극장업은 제외)·제6호(노래연습장업)·제7호(산후조리업)·제7호의2(고시원업) 및 제7호의5(안마시술소)의 다중이용업의 영업장이 설치된 특정소방대상물로서 연면적이 [   ]m² 이상인 것
㉤ [   ]가 설치된 터널
㉥ 공공기관: 연면적이 [   ]m² 이상인 것으로서 [   ] 또는 [   ]가 설치된 것. (다만, 소방대가 근무하는 공공기관은 제외)

ⓒ 특급점검자 ⓓ 소방시설관리사 ⓛ ⓑ 소방시설관리사
③ 연 1회 ④ ㉠ 6개월 ㉡ 사용승인일이 속하는 달
3 (4) ① ㉠ 최초점검 ㉡ 스프링클러설비 ㉢ 물분무등소화설비, 5000 ㉣ 2000 ㉤ 제연설비
㉥ 1000, 옥내소화전설비, 자동화재탐지설비

② 종합점검의 기술인력
  ㉠ 관리업에 등록된 소방시설관리사
  ㉡ 소방안전관리자로 선임된 소방시설관리사 및 소방기술사
③ 종합점검의 횟수
  ㉠ [   ] 이상(특급 소방안전관리대상물: 반기에 1회 이상)
  ㉡ ㉠에도 불구하고 [   ]은 소방청장이 소방안전관리가 우수하다고 인정한 특정소방대상물에 대해서는 [ ]년의 범위에서 소방청장이 고시하거나 정한 기간 동안 종합점검을 면제할 수 있다. 다만, 면제기간 중 화재가 발생한 경우는 제외한다.
④ 종합점검의 시기
  ㉠ 최초점검 : 건축물을 사용할 수 있게 된 날부터 [   ] 이내
  ㉡ ㉠을 제외한 특정소방대상물은 건축물의 사용승인일이 속하는 달에 실시한다. 다만, 국공립학교 또는 사립학교의 경우에는 해당 건축물의 사용승인일이 1월에서 6월 사이에 있는 경우에는 6월 30일까지 실시할 수 있다.
  ㉢ 건축물 사용승인일 이후 ①의 ㉢에 따라 종합점검 대상에 해당하게 된 경우에는 그 다음 해부터 실시한다.
  ㉣ 하나의 대지경계선 안에 2개 이상의 자체점검 대상 건축물 등이 있는 경우에는 그 건축물 중 사용승인일이 [   ]의 건축물의 사용승인일을 기준으로 점검할 수 있다.

(5) 공공기관의 외관점검 [4]

① 공공기관의 장은 공공기관에 설치된 소방시설등의 유지·관리상태를 맨눈 또는 신체감각을 이용하여 점검하는 외관점검을 [   ] 이상 실시(작동점검 또는 종합점검을 실시한 달에는 실시하지 않을 수 있다)하고, 그 점검 결과를 [ ]년간 자체 보관해야 한다.
② 이 경우 외관점검의 점검자는 해당 특정소방대상물의 [   ] (소방시설관리사를 포함하여 등록된 기술인력을 말한다)로 해야 한다.

---

③ ㉠ 연 1회 ㉡ 소방본부장 또는 소방서장, 3 ④ ㉠ 60일 ㉣ 가장 빠른 연도
4 (5) ① 월 1회, 2 ② 관계인, 소방안전관리자 또는 관리업자

(6) 공공기관의 전기시설물 및 가스시설의 점검 또는 검사

① 전기시설물의 경우:「전기사업법」제63조에 따른 사용 전 검사

② 가스시설의 경우:「도시가스사업법」제17조에 따른 검사,「고압가스 안전관리법」제16조의2 및 제20조 제4항에 따른 검사 또는「액화석유가스의 안전관리 및 사업법」제37조 및 제44조 제2항·제4항에 따른 검사

(7) 공동주택(아파트등으로 한정) 세대별 점검방법 5

① [   ](관리소장, 입주자대표회의 및 소방안전관리자를 포함한다. 이하 같다) 및 [   ](세대 거주자를 말한다)은 [   ]년 이내 모든 세대에 대하여 점검을 해야 한다.

② ①에도 불구하고 아날로그감지기 등 특수감지기가 설치되어 있는 경우에는 수신기에서 원격 점검할 수 있으며, 점검할 때마다 모든 세대를 점검해야 한다. 다만, 자동화재탐지설비의 선로 단선이 확인되는 때에는 단선이 난 세대 또는 그 경계구역에 대하여 [   ]을 해야 한다.

③ 관리자는 수신기에서 원격 점검이 불가능한 경우 매년 작동점검만 실시하는 공동주택은 1회 점검 시마다 전체 세대수의 [   ]퍼센트 이상, 종합점검을 실시하는 공동주택은 1회 점검 시마다 전체 세대수의 [   ]퍼센트 이상 점검하도록 자체점검 계획을 수립·시행해야 한다.

④ 관리자 또는 해당 공동주택을 점검하는 관리업자는 입주민이 세대 내에 설치된 소방시설등을 스스로 점검할 수 있도록 소방청 또는 사단법인 한국소방시설관리협회의 홈페이지에 게시되어 있는 공동주택 세대별 점검 동영상을 입주민이 시청할 수 있도록 안내하고, 점검서식을 사전에 배부해야 한다.

⑤ 입주민은 점검서식에 따라 스스로 점검하거나 관리자 또는 관리업자로 하여금 대신 점검하게 할 수 있다. 입주민이 스스로 점검한 경우에는 그 점검 결과를 관리자에게 제출하고 관리자는 그 결과를 관리업자에게 알려주어야 한다.

⑥ 관리자는 관리업자로 하여금 세대별 점검을 하고자 하는 경우에는 사전에 점검 일정을 입주민에게 사전에 공지하고 세대별 점검 일자를 파악하여 관리업자에게 알려주어야 한다. 관리업자는 사전 파악된 일정에 따라 세대별 점검을 한 후 관리자에게 점검 현황을 제출해야 한다.

⑦ 관리자는 관리업자가 점검하기로 한 세대에 대하여 입주민의 사정으로 점검을 하지 못한 경우 입주민이 스스로 점검할 수 있도록 다시 안내해야 한다. 이 경우 입주민이 관리업자로 하여금 다시 점검받기를 원하는 경우 관리업자로 하여금 추가로 점검하게 할 수 있다.

---

5 (7) ① 관리자, 입주민, 2 ② 현장점검 ③ 50, 30

⑧ 관리자는 세대별 점검현황(입주민 부재 등 불가피한 사유로 점검을 하지 못한 세대 현황을 포함한다)을 작성하여 자체점검이 끝난 날부터 [ ]년간 자체 보관해야 한다.

(8) 자체점검의 점검 장비 6

소방시설	점검 장비	규격
모든 소방시설	[ ], 절연저항계(절연저항측정기), 전류전압측정계	
소화기구	저울	
옥내소화전설비 옥외소화전설비	소화전밸브압력계	
스프링클러설비 포소화설비	헤드결합렌치(볼트, 너트, 나사 등을 죄거나 푸는 공구)	
이산화탄소소화설비 분말소화설비 할론소화설비 할로겐화합물 및 불활성기체 소화설비	검량계, 기동관누설시험기, 그 밖에 소화약제의 저장량을 측정할 수 있는 점검기구	
자동화재탐지설비 시각경보기	[ ], 연(煙)감지기시험기, 공기주입시험기, 감지기시험기연결막대, 음량계	
누전경보기	누전계	누전전류 측정용
무선통신보조설비	무선기	통화시험용
제연설비	[ ], 폐쇄력측정기, 차압계(압력차 측정기)	
통로유도등 비상조명등	조도계(밝기 측정기)	최소눈금이 0.1 럭스 이하인 것

[비고]
1. 신축·증축·개축·재축·이전·용도변경 또는 대수선 등으로 소방시설이 새로 설치된 경우에는 해당 특정소방대상물의 소방시설 전체에 대하여 실시한다.
2. 작동점검 및 종합점검(최초점검은 제외한다)은 **건축물 사용승인 후 그 다음 해부터** 실시한다.
3. 특정소방대상물이 증축·용도변경 또는 대수선 등으로 사용승인일이 달라지는 경우 사용승인일이 빠른 날을 기준으로 자체점검을 실시한다.

---

⑧ 2
6 (8) 방수압력측정계, 열감지기시험기, 풍속풍압계

(9) 자체점검 시 점검인력의 배치기준 [7]

① 점검인력 1단위
　㉠ 관리업자가 점검하는 경우
　　ⓐ [　　　　　　] 또는 [　　　　　] 1명과 보조 기술인력 2명을 점검인력 1단위로 하되,
　　ⓑ 점검인력 1단위에 [　]명(같은 건축물을 점검할 때는 [　]명) 이내의 보조 기술인력을 추가할 수 있다.
　㉡ 소방안전관리자로 선임된 소방시설관리사 및 소방기술사가 점검하는 경우
　　ⓐ 소방시설관리사 또는 소방기술사 중 [　]명과 보조 기술인력 [　]명을 점검인력 1단위로 하되,
　　ⓑ 점검인력 1단위에 2명 이내의 보조 기술인력을 추가할 수 있다. 다만, 보조 기술인력은 해당 특정소방대상물의 관계인 또는 소방안전관리보조자로 할 수 있다.
　㉢ 관계인 또는 소방안전관리자가 점검하는 경우
　　ⓐ 관계인 또는 소방안전관리자 [　]명과 보조 기술인력 [　]명을 점검인력 1단위로 하되,
　　ⓑ 보조 기술인력은 해당 특정소방대상물의 관리자, 점유자 또는 소방안전관리보조자로 할 수 있다.

② 점검인력의 배치기준(관리업자가 점검하는 경우)

소방시설	점검 장비	규격
㉠ 50층 이상 또는 성능위주설계를 한 특정소방대상물	소방시설관리사 경력 [　] 이상 1명 이상	[　]점검자 이상 1명 이상 및 [　]점검자 이상 1명 이상
㉡ 특급 소방안전관리대상물 (㉠의 특정소방대상물은 제외한다)	소방시설관리사 경력 [　] 이상 1명 이상	[　]점검자 이상 1명 이상 및 [　]점검자 이상 1명 이상
㉢ 1급 또는 2급 소방안전관리대상물	소방시설관리사 1명 이상	중급점검자 이상 1명 이상 및 초급점검자 이상 1명 이상
㉣ 3급 소방안전관리대상물	소방시설관리사 1명 이상	초급점검자 이상의 기술인력 [　　] 이상

[비고]
1. ㉣에는 주된 기술인력으로 특급점검자를 배치할 수 있다.
2. 보조 기술인력의 등급구분(특급점검자, 고급점검자, 중급점검자, 초급점검자)은 「소방시설공사업법 시행규칙」 별표 4의2에서 정하는 기준에 따른다.

---

[7] (9) ① ㉠ ⓐ 소방시설관리사, 특급점검자 ⓑ 2, 4 ㉡ ⓐ 1, 2 ㉢ ⓐ 1, 2
　　② ㉠ 5년, 고급, 중급 ㉡ 3년, 고급, 초급 ㉣ 2명

③ 점검인력 1단위가 하루 동안 점검할 수 있는 특정소방대상물의 연면적(이하 "점검한도 면적")
　㉠ 종합점검: [　　　]m²
　㉡ 작동점검: [　　　]m²

④ 점검인력 1단위에 보조 기술인력을 1명씩 추가할 때마다 종합점검의 경우에는 [　　　]m², 작동점검의 경우에는 [　　　]m²씩을 점검한도 면적에 더한다. 다만, 하루에 2개 이상의 특정소방대상물을 배치할 경우 1일 점검 한도면적은 특정소방대상물별로 투입된 점검인력에 따른 점검 한도면적의 평균값으로 적용하여 계산한다.

⑤ 점검인력은 하루에 [　]개의 특정소방대상물에 한하여 배치할 수 있다. 다만 2개 이상의 특정소방대상물을 [　]일 이상 연속하여 점검하는 경우에는 배치기한을 초과해서는 안 된다.

⑥ 관리업자등이 하루 동안 점검한 면적은 실제 점검면적(지하구는 그 길이에 폭의 길이 1.8m를 곱하여 계산된 값을 말하며, 터널은 3차로 이하인 경우에는 그 길이에 폭의 길이 3.5m를 곱하고, 4차로 이상인 경우에는 그 길이에 폭의 길이 7m를 곱한 값을 말한다. 다만, 한쪽 측벽에 소방시설이 설치된 4차로 이상인 터널의 경우에는 그 길이와 폭의 길이 3.5m를 곱한 값을 말한다. 이하 같다)에 다음의 각 목의 기준을 적용하여 계산한 면적(이하 "점검면적"이라 한다)으로 하되, 점검면적은 점검한도 면적을 초과해서는 안 된다.
　㉠ 실제 점검면적에 다음의 가감계수를 곱한다.

구분	대상용도	가감계수
1류	문화 및 집회시설, 종교시설, 판매시설, 의료시설, 노유자시설, 수련시설, 숙박시설, 위락시설, 창고시설, 교정시설, 발전시설, 지하가, 복합건축물	[　]
2류	공동주택, 근린생활시설, 운수시설, 교육연구시설, 운동시설, 업무시설, 방송통신시설, 공장, 항공기 및 자동차 관련 시설, 군사시설, 관광휴게시설, 장례시설, 지하구	[　]
3류	위험물 저장 및 처리시설, 문화재, 동물 및 식물 관련 시설, 자원순환 관련 시설, 묘지 관련 시설	[　]

　㉡ 점검한 특정소방대상물이 다음의 어느 하나에 해당할 때에는 다음에 따라 계산된 값을 ㉠에 따라 계산된 값에서 뺀다.
　　ⓐ 스프링클러설비가 설치되지 않은 경우: ㉠에 따라 계산된 값에 0.1을 곱한 값
　　ⓑ 물분무등소화설비(호스릴 방식의 물분무등소화설비는 제외한다)가 설치되지 않은 경우: ㉠에 따라 계산된 값에 0.1을 곱한 값

---

③ ㉠ 8000 ㉡ 10000 ④ 2000, 2500 ⑤ 5, 2
⑥ ㉠ 1.1, 1.0, 0.9

ⓒ 제연설비가 설치되지 않은 경우: ㉠에 따라 계산된 값에 0.1을 곱한 값

㉢ [　] 이상의 특정소방대상물을 하루에 점검하는 경우에는 특정소방대상물 상호간의 좌표 최단거리 [　]마다 점검 한도면적에 [　]를 곱한 값을 점검 한도면적에서 뺀다.

⑦ 아파트등의 점검

(공용시설, 부대시설 또는 복리시설은 포함하고, 아파트등이 포함된 복합건축물의 아파트등 외의 부분은 제외한다. 이하 이 표에서 같다)

㉠ 점검인력 1단위가 하루 동안 점검할 수 있는 아파트등의 세대수(이하 "점검한도 세대수"라 한다)는 종합점검 및 작동점검에 관계없이 [　]세대로 한다.

㉡ 점검인력 1단위에 보조 기술인력을 1명씩 추가할 때마다 [　]세대씩을 점검한도 세대수에 더한다.

㉢ 관리업자등이 하루 동안 점검한 세대수는 실제 점검 세대수에 다음의 기준을 적용하여 계산한 세대수(이하 "점검세대수"라 한다)로 하되, 점검세대수는 점검한도 세대수를 초과해서는 안 된다.

　1) 점검한 아파트등이 다음의 어느 하나에 해당할 때에는 다음에 따라 계산된 값을 실제 점검 세대수에서 뺀다.

　　ⓐ 스프링클러설비가 설치되지 않은 경우: 실제 점검 세대수에 0.1을 곱한 값

　　ⓑ 물분무등소화설비(호스릴 방식의 물분무등소화설비는 제외한다)가 설치되지 않은 경우: 실제 점검 세대수에 0.1을 곱한 값

　　ⓒ 제연설비가 설치되지 않은 경우: 실제 점검 세대수에 0.1을 곱한 값

　2) 2개 이상의 아파트를 하루에 점검하는 경우에는 아파트 상호간의 좌표 최단거리 5km마다 점검 한도세대수에 0.02를 곱한 값을 점검한도 세대수에서 뺀다.

⑧ 아파트등과 아파트등 외 용도의 건축물을 하루에 점검할 때에는 종합점검의 경우 ⑦에 따라 계산된 값에 32, 작동점검의 경우 ⑦에 따라 계산된 값에 40을 곱한 값을 점검대상 연면적으로 보고 ② 및 ③를 적용한다.

⑨ 종합점검과 작동점검을 하루에 점검하는 경우에는 작동점검의 점검대상 연면적 또는 점검대상 세대수에 0.8을 곱한 값을 종합점검 점검대상 연면적 또는 점검대상 세대수로 본다.

⑩ ③부터 ⑨까지의 규정에 따라 계산된 값은 소수점 이하 둘째 자리에서 반올림한다.

㉢ 2개, 5km, 0.02
⑦ ㉠ 250 ㉡ 60

(10) 소방시설등의 자체점검 면제 또는 연기 [8]

① 관계인은 천재지변이나 그 밖에 대통령령으로 정하는 사유로 자체점검을 실시하기 곤란한 경우에는 대통령령으로 정하는 바에 따라 소방본부장 또는 소방서장에게 면제 또는 연기 신청을 할 수 있다. 이 경우 소방본부장 또는 소방서장은 그 면제 또는 연기 신청 승인 여부를 결정하고 그 결과를 관계인에게 알려주어야 한다.(법 제22조 제6항)

② 대통령령으로 정하는 사유(영 제33조 제1항)
　㉠ [　　]이 발생한 경우
　㉡ 경매 등의 사유로 [　　　]이 변동 중이거나 변동된 경우
　㉢ 관계인의 질병, 사고, [　　　　]의 경우
　㉣ 그 밖에 관계인이 운영하는 사업에 [　　　　　　　] 등 중대한 위기가 발생하여 자체점검을 실시하기 곤란한 경우

③ 자체점검의 면제 또는 연기를 신청하려는 관계인은 행정안전부령으로 정하는 면제 또는 연기신청서에 면제 또는 연기의 사유 및 기간 등을 적어 [　　　　　] 또는 [　　　　]에게 제출해야 한다. 이 경우 ②의 ㉠의 경우에만 면제를 신청할 수 있다. (영 제33조 제2항)

④ 면제 또는 연기 신청 및 신청서의 처리에 필요한 사항은 [　　　　　]으로 정한다. (영 제33조 제3항)

⑤ 자체점검의 면제 또는 연기를 신청하려는 특정소방대상물의 관계인은 자체점검의 실시 만료일 [　　]일 전까지 소방시설등의 자체점검 면제 또는 연기신청서(전자문서로 된 신청서를 포함한다)에 자체점검을 실시하기 곤란함을 증명할 수 있는 서류(전자문서를 포함한다)를 첨부하여 [　　　　　　　　　]에게 제출해야 한다.(규칙 제22조 제1항)

⑥ 자체점검의 면제 또는 연기 신청서를 제출받은 [　　　　　　　　　]은 면제 또는 연기의 신청을 받은 날부터 [　　]일 이내에 자체점검의 면제 또는 연기 여부를 결정하여 자체점검 면제 또는 연기 신청 결과 통지서를 면제 또는 연기 신청을 한 자에게 통보해야 한다.(규칙 제22조 제2항)

---

8 (10) ② ㉠ 재난 ㉡ 소유권 ㉢ 장기출장 ㉣ 부도 또는 도산
　　　③ 소방본부장, 소방서장
　　　④ 행정안전부령
　　　⑤ 3, 소방본부장 또는 소방서장
　　　⑥ 소방본부장 또는 소방서장, 3

02 소방시설등의 자체점검 결과의 조치 등(법 제23조) [9]

(1) 소방시설등의 자체점검 결과의 조치

[   ]은 자체점검 결과 소화펌프 고장 등 대통령령으로 정하는 중대위반사항이 발견된 경우에는 지체 없이 수리 등 필요한 조치를 하여야 한다. (법 제23조 제1항)

(2) 중대위반사항

① 중대위반사항(영 제34조)
   ㉠ [   ](가압송수장치 포함), 동력·감시 제어반 또는 [   ](비상전원을 포함)의 고장으로 소방시설이 작동되지 않는 경우
   ㉡ 화재 수신기의 고장으로 화재경보음이 자동으로 울리지 않거나 [   ]와 연동된 소방시설의 작동이 불가능한 경우
   ㉢ 소화배관 등이 폐쇄·차단되어 소화수 또는 소화약제가 자동 방출되지 않는 경우
   ㉣ [   ] 또는 [   ]가 훼손되거나 철거되어 본래의 기능을 못하는 경우

② 관리업자등은 자체점검 결과 중대위반사항을 발견한 경우 즉시 [   ]에게 알려야 한다. 이 경우 관계인은 지체 없이 수리 등 필요한 조치를 하여야 한다.(법 제23조 제2항)

(3) 이행계획

① 특정소방대상물의 관계인은 자체점검을 한 경우에는 그 점검 결과를 행정안전부령으로 정하는 바에 따라 소방시설등에 대한 수리·교체·정비에 관한 이행계획(중대위반사항에 대한 조치사항을 포함)을 첨부하여 [   ] 또는 [   ]에게 보고하여야 한다. 이 경우 소방본부장 또는 소방서장은 점검 결과 및 이행계획이 적합하지 아니하다고 인정되는 경우에는 [   ]에게 보완을 요구할 수 있다.(법 제23조 제3항)

② 특정소방대상물의 관계인은 이행계획을 행정안전부령으로 정하는 바에 따라 기간 내에 완료하고, [   ] 또는 [   ]에게 이행계획 완료 결과를 보고하여야 한다. 이 경우 소방본부장 또는 소방서장은 이행계획 완료 결과가 거짓 또는 허위로 작성되었다고 판단되는 경우에는 해당 특정소방대상물을 방문하여 그 이행계획 완료 여부를 확인할 수 있다.(법 제23조 제4항)

---

9 (1) 특정소방대상물의 관계인
  (2) ① ㉠ 소화펌프, 소방시설용 전원 ㉡ 화재 수신기 ㉣ 방화문, 자동방화셔터
      ② 관계인
  (3) ① 소방본부장, 소방서장, 관계인 ② 소방본부장, 소방서장

(4) 이행계획 완료 연기 신청 [10]

① 특정소방대상물의 관계인은 천재지변이나 그 밖에 대통령령으로 정하는 사유로 이행계획을 완료하기 곤란한 경우에는 소방본부장 또는 소방서장에게 대통령령으로 정하는 바에 따라 이행계획 완료를 연기하여 줄 것을 신청할 수 있다. 이 경우 소방본부장 또는 소방서장은 연기 신청 승인 여부를 결정하고 그 결과를 [   ]에게 알려주어야 한다.(법 제23조 제5항)

② 그 밖에 대통령령으로 정하는 사유(영 제35조 제1항)
  ㉠ [   ]이 발생한 경우
  ㉡ [   ] 등의 사유로 소유권이 변동 중이거나 변동된 경우
  ㉢ 관계인의 [   ] 등의 경우
  ㉣ 그 밖에 관계인이 운영하는 사업에 부도 또는 도산 등 중대한 위기가 발생하여 이행계획을 완료하기 곤란한 경우

③ 이행계획 완료의 연기를 신청하려는 관계인은 완료기간 만료일 [ ]일 전까지 소방시설 등의 자체점검 결과 이행계획 완료 연기신청서(전자문서로 된 신청서를 포함)에 기간 내에 이행계획을 완료하기 곤란함을 증명할 수 있는 서류(전자문서를 포함)를 첨부하여 [   ] 또는 [   ]에게 제출해야 한다.(규칙 제24조 제1항)

④ 이행계획 완료의 연기 신청서를 제출받은 소방본부장 또는 소방서장은 연기 신청을 받은 날부터 [ ]일 이내에 완료기간의 연기 여부를 결정하여 소방시설등의 자체점검 결과 이행계획 완료 연기신청 결과 통지서를 [   ]에게 통보해야 한다.
(규칙 제24조 제2항)

⑤ [   ] 또는 [   ]은 관계인이 이행계획을 완료하지 아니한 경우에는 필요한 조치의 이행을 명할 수 있고, 관계인은 이에 따라야 한다.(법 제23조 제6항)

---

10 ① 관계인
  ② ㉠ 재난 ㉡ 경매 ㉢ 질병, 사고, 장기출장
  ③ 3, 소방본부장, 소방서장
  ④ 3, 연기 신청을 한 자
  ⑤ 소방본부장, 소방서장

03 점검기록표 게시 등(법 제24조) [11]

(1) 점검기록표 게시

① 자체점검 결과 보고를 마친 관계인은 관리업자등, 점검일시, 점검자 등 자체점검과 관련된 사항을 점검기록표에 기록하여 특정소방대상물의 출입자가 쉽게 볼 수 있는 장소에 게시하여야 한다. 이 경우 점검기록표의 기록 등에 필요한 사항은 [   ]으로 정한다.(법 제24조 제1항)

② 소방본부장 또는 소방서장에게 자체점검결과 보고를 마친 관계인은 보고한 날부터 [   ]일 이내에 자체점검기록표를 작성하여 특정소방대상물의 출입자가 쉽게 볼 수 있는 장소에 [   ]일 이상 게시해야 한다.(규칙 제25조)

(2) 자체점검결과 공개

① 소방본부장 또는 소방서장은 다음 각 호의 사항을 전산시스템 또는 인터넷 홈페이지 등을 통하여 국민에게 공개할 수 있다. 이 경우 공개 절차, 공개 기간 및 공개 방법 등 필요한 사항은 대통령령으로 정한다.(법 제24조 제2항)
  ㉠ 자체점검 [   ]
  ㉡ 특정소방대상물의 정보 및 자체점검 결과
  ㉢ 그 밖에 소방본부장 또는 소방서장이 특정소방대상물을 이용하는 불특정다수인의 안전을 위하여 공개가 필요하다고 인정하는 사항

② 소방본부장 또는 소방서장은 ①에 따라 자체점검 결과를 공개하는 경우 [   ]일 이상 전산시스템 또는 인터넷 홈페이지 등을 통해 공개해야 한다.(영 제36조 제1항)

③ 소방본부장 또는 소방서장은 ②에 따라 자체점검 결과를 공개하려는 경우 공개 기간, 공개 내용 및 공개 방법을 해당 특정소방대상물의 관계인에게 [   ] 알려야 한다(영 제36조 제2항)

④ 특정소방대상물의 관계인은 ③에 따라 공개 내용 등을 통보받은 날부터 [   ]일 이내에 관할 소방본부장 또는 소방서장에게 이의신청을 할 수 있다.(영 제36조 제3항)

⑤ 소방본부장 또는 소방서장은 ④에 따라 이의신청을 받은 날부터 [   ]일 이내에 심사·결정하여 그 결과를 지체 없이 신청인에게 알려야 한다.(영 제36조 제4항)

⑥ 자체점검 결과의 공개가 제3자의 법익을 침해하는 경우에는 제3자와 관련된 사실을 [   ]하고 공개해야 한다.(영 제36조 제5항)

---

11 (1) ① 행정안전부령 ② 10, 30
  (2) ① ㉠ 기간 및 점검자 ② 30 ③ 미리 ④ 10 ⑤ 10 ⑥ 제외

Chapter 04 소방시설관리사 및 소방시설관리업

01 소방시설관리사(법 제25조)

(1) 소방시설관리사 [1]
① 소방시설관리사가 되려는 사람은 [   ]이 실시하는 관리사시험에 합격하여야 한다.(법 제25조 제1항)
② 관리사는 동시에 둘 이상의 업체에 취업하여서는 아니 된다.(법 제25조 제8항)
③ 기술자격자 및 관리업의 기술인력으로 등록된 관리사는 이 법과 이 법에 따른 명령에 따라 성실하게 자체점검 업무를 수행하여야 한다.(법 제25조 제9항)

(2) 소방시설관리사 시험 [2]
① 관리사시험의 응시자격, 시험방법, 시험과목, 시험위원, 그 밖에 관리사시험에 필요한 사항은 [   ]으로 정한다.(법 제25조 제2항)
② 응시자격(영 부칙 제6조 제1항)
　㉠ 소방기술사·위험물기능장·건축사·건축기계설비기술사·건축전기설비기술사 또는 [   ]
　㉡ 소방설비기사 자격을 취득한 후 [ ]년 이상 소방청장이 정하여 고시하는 소방에 관한 실무경력이 있는 사람
　㉢ 소방설비산업기사 자격을 취득한 후 [ ]년 이상 소방실무경력이 있는 사람
　㉣ 「국가과학기술 경쟁력 강화를 위한 이공계지원 특별법」에 따른 이공계 분야를 전공한 사람으로서 다음 각 목의 어느 하나에 해당하는 사람
　　ⓐ 이공계 분야의 박사학위를 취득한 사람
　　ⓑ 이공계 분야의 석사학위를 취득한 후 [ ]년 이상 소방실무경력이 있는 사람
　　ⓒ 이공계 분야의 학사학위를 취득한 후 [ ]년 이상 소방실무경력이 있는 사람
　㉤ 소방안전공학(소방방재공학, 안전공학을 포함) 분야를 전공한 후 다음 각 목의 어느 하나에 해당하는 사람
　　ⓐ 해당 분야의 [   ]학위 이상을 취득한 사람
　　ⓑ [ ]년 이상 소방실무경력이 있는 사람

---
1 (1) 소방청장
2 (2) ① 대통령령 ② ㉠ 공조냉동기계기술사 ㉡ 2 ㉢ 3 ㉣ ⓑ 2 ⓒ 3 ㉤ ⓐ 석사 ⓑ 2

ⓑ 위험물산업기사 또는 위험물기능사 자격을 취득한 후 [ ]년 이상 소방실무경력이 있는 사람
ⓢ 소방공무원으로 [ ]년 이상 근무한 경력이 있는 사람
ⓞ 소방안전 관련 학과의 학사학위를 취득한 후 [ ]년 이상 소방실무경력이 있는 사람
ⓩ 산업안전기사 자격을 취득한 후 [ ]년 이상 소방실무경력이 있는 사람
ⓒ 다음 각 목의 어느 하나에 해당하는 사람
  ⓐ 특급 소방안전관리대상물의 소방안전관리자로 [ ]년 이상 근무한 실무경력이 있는 사람
  ⓑ 1급 소방안전관리대상물의 소방안전관리자로 [ ]년 이상 근무한 실무경력이 있는 사람
  ⓒ 2급 소방안전관리대상물의 소방안전관리자로 [ ]년 이상 근무한 실무경력이 있는 사람
  ⓓ 3급 소방안전관리대상물의 소방안전관리자로 [ ]년 이상 근무한 실무경력이 있는 사람
  ⓔ 10년 이상 소방실무경력이 있는 사람
③ 시험의 시행방법(영 제38조)
  ㉠ 관리사시험은 제1차시험과 제2차시험으로 구분하여 시행한다. 다만, [   ]은 필요하다고 인정하는 경우에는 제1차시험과 제2차시험을 구분하되, 같은 날에 순서대로 시행할 수 있다.(영 제38조 제1항)
  ㉡ 제1차시험은 [   ]을 원칙으로 하고, 제2차시험은 [   ]을 원칙으로 하되, 제2차시험의 경우에는 [   ]을 포함할 수 있다.(영 제38조 제2항)
  ㉢ 제1차시험에 합격한 사람에 대해서는 다음 회의 관리사시험에 한정하여 제1차시험을 면제한다. 다만, 면제받으려는 시험의 응시자격을 갖춘 경우로 한정한다.(영 제38조 제3항)
  ㉣ 제2차시험은 제1차시험에 합격한 사람만 응시할 수 있다. 다만, 제1항 단서에 따라 제1차시험과 제2차시험을 병행하여 시행하는 경우에 제1차시험에 불합격한 사람의 제2차시험 응시는 무효로 한다.(영 제38조 제4항)

ⓑ 3 ⓢ 5 ⓞ 3 ⓩ 3 ⓒ ⓐ 2 ⓑ 3 ⓒ 5 ⓓ 7
③ ㉠ 소방청장 ㉡ 선택형, 논문형, 기입형

④ 시험과목(영 부칙 제6조 제2항)
　㉠ 1차 시험
　　ⓐ [　　　　　](연소 및 소화·화재예방관리·건축물소방안전기준·인원수용 및 피난계획에 관한 부분으로 한정) 및 화재역학(화재의 성질·상태·화재하중·열전달·화염 확산·연소속도·구획화재·연소생성물 및 연기의 생성·이동에 관한 부분에 한정)
　　ⓑ [　　　　], 약제화학 및 소방전기(소방관련 전기공사재료 및 전기제어에 관한 부분에 한정)
　　ⓒ 소방관련법령
　　　1) 「소방기본법」, 같은 법 시행령 및 같은 법 시행규칙
　　　2) 「소방시설공사업법」, 같은 법 시행령 및 같은 법 시행규칙
　　　3) 「소방시설 설치 및 관리에 관한 법률」, 같은 법 시행령 및 같은 법 시행규칙
　　　4) 「화재의 예방 및 안전관리에 관한 법률」, 같은 법 시행령 및 같은 법 시행규칙
　　　5) 「위험물안전관리법」, 같은 법 시행령 및 같은 법 시행규칙
　　　6) 「다중이용업소의 안전관리에 관한 특별법」, 같은 법 시행령 및 같은 법 시행규칙
　　ⓓ 위험물의 성질·상태 및 시설기준
　　ⓔ 소방시설의 [　　　　](고장진단 및 정비를 포함)
　㉡ 2차 시험
　　ⓐ 소방시설의 점검실무행정(점검절차 및 점검기구 사용법을 포함)
　　ⓑ 소방시설의 [　　　　　]

⑤ 시험위원의 임명·위촉(영 제40조)
　㉠ 소방청장은 소방시설관리사시험의 출제 및 채점을 위하여 다음 각호의 어느 하나에 해당하는 사람 중에서 시험위원을 임명하거나 위촉하여야 한다.(영 제40조 제1항)
　　ⓐ 소방 관련 분야의 [　　]학위를 가진 사람
　　ⓑ 대학에서 소방안전 관련 학과 [　　] 이상으로 2년 이상 재직한 사람
　　ⓒ [　　　] 이상의 소방공무원
　　ⓓ 소방시설관리사
　　ⓔ 소방기술사

---

④ ㉠ ⓐ 소방안전관리론 ⓑ 소방수리학 ⓔ 구조원리
　㉡ ⓑ 설계 및 시공
⑤ ㉠ ⓐ 박사 ⓑ 조교수 ⓒ 소방위

ⓛ 시험위원의 수는 다음 각호와 같다.(영 제40조 제2항)
   ⓐ 출제위원: 시험 과목별 [ ]명
   ⓑ 채점위원: 시험 과목별 [ ]명 이내(제2차시험의 경우로 한정)
ⓒ 시험위원으로 임명되거나 위촉된 사람은 소방청장이 정하는 시험문제 등의 출제 시 유의사항 및 서약서 등에 따른 준수사항을 성실히 이행하여야 한다.(영 제40조 제3항)
ⓔ 임명 또는 위촉된 시험위원과 시험감독업무에 종사하는 사람에 대하여는 예산의 범위 안에서 수당 및 여비를 지급할 수 있다.(영 제40조 제4항)

(3) 소방시설관리사 결격사유(법 제27조) [3]

다음 각호의 1에 해당하는 자는 관리사가 될 수 없다.

① [   ]
② 이 법, 「소방기본법」, 「화재의 예방 및 안전관리에 관한 법률」, 「소방시설공사업법」 또는 「위험물안전관리법」을 위반하여 금고 이상의 실형을 선고받고 그 집행이 끝나거나(집행이 끝난 것으로 보는 경우를 포함) 집행이 면제된 날부터 [ ]년이 지나지 아니한 사람
③ 이 법, 「소방기본법」, 「화재의 예방 및 안전관리에 관한 법률」, 「소방시설공사업법」 또는 「위험물안전관리법」을 위반하여 금고 이상의 형의 집행유예를 선고받고 그 유예기간 중에 있는 사람
④ 규정에 따라 자격이 취소(①에 해당하여 자격이 취소된 경우는 제외)된 날부터 [ ]년이 지나지 아니한 사람

(4) 시험 과목의 일부 면제(영 부칙 제6조 제3항, 제4항) [4]

① 제1차시험 과목 일부 면제 대상자 및 과목 그 면제과목
   다만, ㉠ 및 ㉡에 모두 해당하는 사람은 본인이 선택한 한 과목만 면제받을 수 있다.
   ㉠ 소방기술사 자격을 취득한 후 15년 이상 소방실무경력이 있는 사람 :
      [   ], 약제화학 및 소방전기(소방 관련 전기공사재료 및 전기제어에 관한 부분으로 한정)

ⓛ ⓐ 3 ⓑ 5
3 ① 피성년후견인 ② 2 ④ 2
4 ① ㉠ 소방수리학

ⓒ 소방공무원으로 [　]년 이상 근무한 경력이 있는 사람으로서 [　]년 이상 소방청장이 정하여 고시하는 소방 관련 업무 경력이 있는 사람 : 소방 관련 법령 (「소방기본법」, 같은 법 시행령 및 같은 법 시행규칙, 「소방시설공사업법」, 같은 법 시행령 및 같은 법 시행규칙, 「소방시설 설치 및 관리에 관한 법률」, 같은 법 시행령 및 같은 법 시행규칙, 「화재의 예방 및 안전관리에 관한 법률」, 같은 법 시행령 및 같은 법 시행규칙, 「위험물안전관리법」, 같은 법 시행령 및 같은 법 시행규칙, 「다중이용업소의 안전관리에 관한 특별법」, 같은 법 시행령 및 같은 법 시행규칙)

② 제2차시험 과목 일부 면제 대상자 및 그 면제과목
다만, ㉠ 및 ㉡에 모두 해당하는 사람은 본인이 선택한 한 과목만 면제받을 수 있다.
㉠ 소방기술사·위험물기능장·건축사·건축기계설비기술사·건축전기설비기술사 또는 공조냉동기계기술사 : 소방시설의 [　　　　]
㉡ 소방공무원으로 5년 이상 근무한 경력이 있는 사람 : 소방시설의 [　　　　](점검절차 및 점검기구 사용법을 포함)

(5) 시험의 시행 및 공고(영 제42조) 5

① 관리사시험은 [　　　] 시행하는 것을 원칙으로 하되, 소방청장이 필요하다고 인정하는 경우에는 그 횟수를 늘리거나 줄일 수 있다.(영 제42조 제1항)

② 소방청장은 관리사시험을 시행하려면 응시자격, 시험 과목, 일시·장소 및 응시절차 등을 모든 응시 희망자가 알 수 있도록 관리사시험 시행일 [　]일 전까지 인터넷 홈페이지에 공고해야 한다.(영 제42조 제2항)

(6) 관리사증 발급

① 소방청장은 관리사시험에 합격한 사람에게는 행정안전부령으로 정하는 바에 따라 소방시설관리사증을 발급하여야 한다.(법 제25조 제5항)

② 소방시설관리사증을 발급받은 사람이 소방시설관리사증을 잃어버렸거나 못 쓰게 된 경우에는 행정안전부령으로 정하는 바에 따라 소방시설관리사증을 재발급받을 수 있다. (법 제25조 제6항)

③ 관리사는 발급 또는 재발급 받은 소방시설관리사증을 다른 사람에게 빌려주거나 빌려서는 아니 되며, 이를 알선하여서도 아니 된다.(법 제25조 제7항)

ⓒ 15, 5
② ㉠ 설계 및 시공 ㉡ 점검실무행정
5 ① 매년 1회 ② 90

(7) 관리사 자격의 취소·정지(법 제28조) [6]

소방청장은 관리사가 다음 각 호의 어느 하나에 해당할 때에는 행정안전부령으로 정하는 바에 따라 그 자격을 취소하거나 [   ] 이내의 기간을 정하여 그 자격의 정지를 명할 수 있다. 다만, ①, ④, ⑤ 또는 ⑦에 해당하면 그 자격을 취소하여야 한다.

① 거짓이나 그 밖의 부정한 방법으로 시험에 합격한 경우(취소)

② 「화재의 예방 및 안전관리에 관한 법률」에 따른 대행인력의 배치기준·자격·방법 등 준수사항을 지키지 아니한 경우

③ 규정에 따른 점검을 하지 아니하거나 거짓으로 한 경우

④ 규정을 위반하여 [   ] 경우(취소)

⑤ 규정을 위반하여 동시에 둘 이상의 업체에 취업한 경우(취소)

⑥ 규정을 위반하여 성실하게 자체점검 업무를 수행하지 아니한 경우

⑦ 결격사유에 해당하게 된 경우(취소)

---

6 (7) 1년 ④ 소방시설관리사증을 다른 사람에게 빌려준

【소방시설관리사에 대한 행정처분기준】[7]

위반사항	근거 법조문	행정처분기준		
		1차 위반	2차 위반	3차 이상 위반
1) 거짓, 그 밖의 부정한 방법으로 시험에 합격한 경우	법 제28조 제1호	자격취소		
2) 「화재의 예방 및 안전관리에 관한 법률」 제25조 제2항에 따른 대행인력의 배치기준·자격·방법 등 준수사항을 지키지 않은 경우	법 제28조 제2호	[ ]	[ ]	자격 취소
3) 법 제22조에 따른 점검을 하지 않거나 거짓으로 한 경우	법 제28조 제3호			
가) 점검을 하지 않은 경우		[ ]	[ ]	자격 취소
나) 거짓으로 점검한 경우		경고 (시정명령)	자격정지 6개월	자격 취소
4) 법 제25조 제7항을 위반하여 소방시설관리사증을 다른 사람에게 빌려준 경우	법 제28조 제4호	자격 취소		
5) 법 제25조 제8항을 위반하여 동시에 둘 이상의 업체에 취업한 경우	법 제28조 제5호	자격 취소		
6) 법 제25조 제9항을 위반하여 성실하게 자체점검업무를 수행하지 않은 경우	법 제28조 제6호	경고 (시정명령)	자격정지 6개월	자격 취소
7) 법 제27조 각 호의 어느 하나의 결격사유에 해당하게 된 경우	법 제28조 제7호	자격 취소		

---

[7] 2) 경고(시정명령), 자격정지 6개월 3) 자격정지 1개월, 자격정지 6개월

02 소방시설관리업(법 제29조) [8]

(1) 소방시설관리업 등록

① 소방시설등의 점검 및 관리를 업으로 하려는 자 또는 소방안전관리업무의 대행을 하려는 자는 대통령령으로 정하는 업종별로 [   ]에게 소방시설관리업 등록을 하여야 한다.(법 제29조 제1항)

② 업종별 기술인력 등 관리업의 등록기준 및 영업범위 등에 필요한 사항은 [   ]으로 정한다.(법 제29조 제2항)

③ 관리업의 등록신청과 등록증·등록수첩의 발급·재발급 신청, 그 밖에 관리업의 등록에 필요한 사항은 [   ]으로 정한다.(법 제29조 제3항)

---

8 (1) ① 시·도지사 ② 대통령령 ③ 행정안전부령

시행령 별표 9 [9]
【소방시설관리업의 업종별 등록기준 및 영업범위】

업종별 \ 기술인력 등	기술인력	영업범위
전문 소방시설 관리업	가. 주된 기술인력 　1) 소방시설관리사 자격을 취득한 후 소방 관련 실무경력이 [ ]년 이상인 사람 1명 이상 　2) 소방시설관리사 자격을 취득한 후 소방 관련 실무경력이 [ ]년 이상인 사람 1명 이상 나. 보조기술인력 　1) 고급점검자 이상의 기술인력: [ ]명 이상 　2) 중급점검자 이상의 기술인력: [ ]명 이상 　3) 초급점검자 이상의 기술인력: [ ]명 이상	모든 특정소방대상물
일반 소방시설 관리업	가. 주된 기술인력 　: 소방시설관리사 자격을 취득한 후 소방 관련 실무경력이 [ ]년 이상인 사람 1명 이상 나. 보조기술인력 　1) [ ]점검자 이상의 기술인력: 1명 이상 　2) [ ]점검자 이상의 기술인력: 1명 이상	1급, 2급, 3급 소방안전관리대상물

비고
1. "소방 관련 실무경력"이란 「소방시설공사업법」 제28조 제3항에 따른 소방기술과 관련된 경력을 말한다.
2. 보조 기술인력의 종류별 자격은 「소방시설공사업법」 제28조 제3항에 따라 소방기술과 관련된 자격·학력 및 경력을 가진 사람 중에서 행정안전부령으로 정한다.

---

9 가. 1) 5 2) 3 나. 1) 2 2) 2 3) 2
　가. 1 나. 1) 중급 2) 초급

시행규칙 제30조 【소방시설관리업의 등록신청 등】
① 소방시설관리업을 하려는 자는 법 제29조 제1항에 따라 별지 제20호서식의 소방시설관리업 등록신청서(전자문서로 된 신청서를 포함한다)에 별지 제21호서식의 소방기술인력대장 및 기술자격증(경력수첩을 포함한다)을 첨부하여 특별시장·광역시장·특별자치시장·도지사 또는 특별자치도지사(이하 "시·도지사"라 한다)에게 제출(전자문서로 제출하는 경우를 포함한다)해야 한다.
② 제1항에 따른 신청서를 제출받은 담당 공무원은 「전자정부법」 제36조 제1항에 따라 행정정보의 공동이용을 통하여 법인등기부 등본(법인인 경우만 해당한다)과 제1항에 따라 제출하는 소방기술인력대장에 기록된 소방기술인력의 국가기술자격증을 확인해야 한다. 다만, 신청인이 국가기술자격증의 확인에 동의하지 않는 경우에는 그 사본을 제출하도록 해야 한다.

시행규칙 제31조 【소방시설관리업의 등록증 및 등록수첩 발급 등】 [10]
① 시·도지사는 제30조에 따른 소방시설관리업의 등록신청 내용이 영 제45조 제1항 및 별표 9에 따른 소방시설관리업의 업종별 등록기준에 적합하다고 인정되면 신청인에게 별지 제22호서식의 소방시설관리업 등록증과 별지 제23호서식의 소방시설관리업 등록수첩을 발급하고, 별지 제24호서식의 소방시설관리업 등록대장을 작성하여 관리해야 한다. 이 경우 시·도지사는 제30조 제1항에 따라 제출된 소방기술인력의 기술자격증(경력수첩을 포함한다)에 해당 소방기술인력이 그 관리업자 소속임을 기록하여 내주어야 한다.
② 시·도지사는 제30조 제1항에 따라 제출된 서류를 심사한 결과 다음 각 호의 어느 하나에 해당하는 경우에는 [ ]일 이내의 기간을 정하여 이를 보완하게 할 수 있다.
1. 첨부서류가 미비되어 있는 경우
2. 신청서 및 첨부서류의 기재내용이 명확하지 않은 경우
③ 시·도지사는 제1항에 따라 소방시설관리업 등록증을 발급하거나 법 제35조에 따라 등록을 취소한 경우에는 이를 [   ]에 공고해야 한다.
④ 영 별표 9에 따른 소방시설관리업의 업종별 등록기준 중 보조 기술인력의 종류별 자격은 「소방시설공사업법 시행규칙」 별표 4의2에서 정하는 기준에 따른다.

---

10 ② 10 ③ 시·도의 공보

시행규칙 제32조 【소방시설관리업의 등록증·등록수첩의 재발급 및 반납】 [11]
① 관리업자는 소방시설관리업 등록증 또는 등록수첩을 잃어버렸거나 소방시설관리업등록증 또는 등록수첩이 헐어 못 쓰게 된 경우에는 법 제29조 제3항에 따라 시·도지사에게 소방시설관리업 등록증 또는 등록수첩의 재발급을 신청할 수 있다.
② 관리업자는 제1항에 따라 재발급을 신청하는 경우에는 별지 제25호서식의 소방시설관리업 등록증(등록수첩) 재발급 신청서(전자문서로 된 신청서를 포함한다)에 못 쓰게 된 소방시설관리업 등록증 또는 등록수첩(잃어버린 경우는 제외한다)을 첨부하여 시·도지사에게 제출해야 한다.
③ 시·도지사는 제2항에 따른 재발급 신청서를 제출받은 경우에는 [ ]일 이내에 소방시설관리업 등록증 또는 등록수첩을 재발급해야 한다.
④ 관리업자는 다음 각 호의 어느 하나에 해당하는 경우에는 [　　　] 시·도지사에게 그 소방시설관리업 등록증 및 등록수첩을 반납해야 한다.
　1. 법 제35조에 따라 등록이 취소된 경우
　2. 소방시설관리업을 폐업한 경우
　3. 제1항에 따라 재발급을 받은 경우. 다만, 등록증 또는 등록수첩을 잃어버리고 재발급을 받은 경우에는 이를 다시 찾은 경우로 한정한다.

(2) 등록의 결격사유(법 제30조) [12]

다음 각 호의 어느 하나에 해당하는 자는 관리업의 등록을 할 수 없다.
① [　　　　　]
② 이 법, 「소방기본법」, 「화재의 예방 및 안전관리에 관한 법률」, 「소방시설공사업법」 또는 「위험물안전관리법」을 위반하여 금고 이상의 실형을 선고받고 그 집행이 끝나거나(집행이 끝난 것으로 보는 경우를 포함) 집행이 면제된 날부터 [ ]년이 지나지 아니한 사람
③ 이 법, 「소방기본법」, 「화재의 예방 및 안전관리에 관한 법률」, 「소방시설공사업법」 또는 「위험물안전관리법」을 위반하여 금고 이상의 형의 집행유예를 선고 받고 그 유예기간 중에 있는 사람
④ 관리업의 등록이 취소(①에 해당하여 등록이 취소된 경우는 제외)된 날부터 [ ]년이 지나지 아니한 자
⑤ [　　] 중에 ①부터 ④까지의 어느 하나에 해당하는 사람이 있는 법인

---

11 ③ 3 ④ 지체없이
12 ① 피성년후견인 ② 2 ④ 2 ⑤ 임원

(3) 등록사항의 변경신고 13

① 관리업자는 등록한 사항 중 행정안전부령으로 정하는 중요 사항이 변경되었을 때에는 행정안전부령으로 정하는 바에 따라 시·도지사에게 변경사항을 신고하여야 한다.(법 제31조)

② 행정안전부령이 정하는 중요사항(규칙 제33조)
  ㉠ 명칭·상호 또는 [   ]
  ㉡ 대표자
  ㉢ [   ]

> **시행규칙 제34조 【등록사항의 변경신고 등】** 14
>
> ① 관리업자는 등록사항 중 제33조 각 호의 사항이 변경됐을 때에는 법 제31조에 따라 변경일부터 [ ]일 이내에 별지 제26호서식의 소방시설관리업 등록사항 변경신고서(전자문서로 된 신고서를 포함한다)에 그 변경사항별로 다음 각 호의 구분에 따른 서류(전자문서를 포함한다)를 첨부하여 [   ]에게 제출해야 한다.
>   1. 명칭·상호 또는 영업소 소재지가 변경된 경우: 소방시설관리업 등록증 및 등록수첩
>   2. 대표자가 변경된 경우: 소방시설관리업 등록증 및 등록수첩
>   3. 기술인력이 변경된 경우
>   가. 소방시설관리업 등록수첩
>   나. 변경된 기술인력의 기술자격증(경력수첩을 포함한다)
>   다. 별지 제21호서식의 [   ]
> ② 제1항에 따라 신고서를 제출받은 담당 공무원은 「전자정부법」 제36조 제1항에 따라 법인등기부 등본(법인인 경우만 해당한다), 사업자등록증(개인인 경우만 해당한다) 및 국가기술자격증을 확인해야 한다. 다만, 신고인이 확인에 동의하지 않는 경우에는 이를 첨부하도록 해야 한다.
> ③ 시·도지사는 제1항에 따라 변경신고를 받은 경우 [ ]일 이내에 소방시설관리업 등록증 및 등록수첩을 새로 발급하거나 제1항에 따라 제출된 소방시설관리업 등록증 및 등록수첩과 기술인력의 기술자격증(경력수첩을 포함한다)에 그 변경된 사항을 적은 후 내주어야 한다. 이 경우 별지 제24호서식의 소방시설관리업 등록대장에 변경사항을 기록하고 관리해야 한다.

---

13 ② ㉠ 영업소소재지 ㉢ 기술인력
14 ① 30, 시·도지사 3. 다. 소방기술인력대장
  ③ 5

(4) 관리업자의 지위승계 [15]

① 다음 각 호의 어느 하나에 해당하는 자는 종전의 관리업자의 지위를 승계한다.
 (법 제32조 제1항)
  ㉠ 관리업자가 사망한 경우 그 [   ]
  ㉡ 관리업자가 그 영업을 양도한 경우 그 [   ]
  ㉢ 법인인 관리업자가 합병한 경우 합병 후 존속하는 법인이나 합병으로 설립되는 법인

② 「민사집행법」에 따른 경매, 「채무자 회생 및 파산에 관한 법률」에 따른 환가, 「국세징수법」, 「관세법」 또는 「지방세징수법」에 따른 압류재산의 매각과 그 밖에 이에 준하는 절차에 따라 관리업의 시설 및 장비의 전부를 인수한 자는 종전의 관리업자의 지위를 승계한다. (법 제32조 제2항)

③ 종전의 관리업자의 지위를 승계한 자는 행정안전부령으로 정하는 바에 따라
 [   ]에게 신고하여야 한다. (법 제32조 제3항)
  ㉠ 관리업자의 지위를 승계한 자는 그 지위를 승계한 날부터 [   ]일 이내에 소방시설관리업 지위승계 신고서(전자문서로 된 신고서를 포함)에 규정에 따른 서류(전자문서를 포함)를 첨부하여 시·도지사에게 제출해야 한다. (규칙 제35조 제1항, 제2항)
  ㉡ 시·도지사는 신고를 받은 경우에는 소방시설관리업 등록증 및 등록수첩을 새로 발급하고, 기술인력의 자격증 및 경력수첩에 그 변경사항을 적은 후 내주어야 하며, 소방시설관리업 등록대장에 지위승계에 관한 사항을 기록하고 관리해야 한다.
   (규칙 제35조 제4항)

④ 지위를 승계한 자의 결격사유에 관하여는 제30조(결격사유)를 준용한다. 다만, 상속인이 결격사유 각 호의 어느 하나에 해당하는 경우에는 상속받은 날부터 [   ] 동안은 그러하지 아니하다. (법 제32조 제4항)

---

15 ① ㉠ 상속인 ㉡ 양수인
  ③ 시·도지사 ㉠ 30
  ④ 3개월

(5) 관리업의 운영 16

① 관리업자는 이 법이나 이 법에 따른 명령 등에 맞게 소방시설등을 점검하거나 관리하여야 한다.(법 제33조 제1항)

② 관리업자는 관리업의 등록증이나 등록수첩을 다른 자에게 빌려주거나 빌려서는 아니 되며, 이를 [   ]하여서도 아니 된다.(법 제33조 제2항)

③ 관리업자는 다음 각 호의 어느 하나에 해당하는 경우에는 소방안전관리업무를 대행하게 하거나 소방시설등의 점검업무를 수행하게 한 특정소방대상물의 관계인에게 지체없이 그 사실을 알려야 한다.(법 제33조 제3항)
  ㉠ 관리업자의 지위를 승계한 경우
  ㉡ 관리업의 [   ] 또는 [   ] 처분을 받은 경우
  ㉢ [   ] 또는 [   ]을 한 경우

④ 관리업자는 자체점검을 하거나 소방안전관리업무의 대행을 하는 때에는 행정안전부령으로 정하는 바에 따라 소속 기술인력을 참여시켜야 한다.(법 제33조 제4항)

⑤ 등록취소 또는 영업정지 처분을 받은 관리업자는 그 날부터 소방안전관리업무를 대행하거나 소방시설등에 대한 점검을 하여서는 아니 된다. 다만, 영업정지처분의 경우 도급계약이 해지되지 아니한 때에는 대행 또는 점검 중에 있는 특정소방대상물의 소방안전관리업무 대행과 자체점검은 할 수 있다.(법 제33조 제5항)

(6) 점검능력 평가 및 공시 등 17

① [   ]은 특정소방대상물의 관계인이 적정한 관리업자를 선정할 수 있도록 하기 위하여 관리업자의 신청이 있는 경우 해당 관리업자의 점검능력을 종합적으로 평가하여 공시하여야 한다.(법 제34조 제1항)

② 점검능력 평가를 신청하려는 관리업자는 소방시설등의 점검실적을 증명하는 서류 등을 [   ]으로 정하는 바에 따라 소방청장에게 제출하여야 한다.
(법 제34조 제2항)
  ㉠ 관리업자는 소방시설등 점검능력 평가신청서(전자문서로 된 신청서 포함)에 규정에 따른 서류(전자문서 포함)를 첨부하여 평가기관에 매년 [   ]까지 제출해야 한다.(규칙 제37조 제1항)
  ㉡ 신청을 받은 평가기관의 장은 서류가 첨부되어 있지 않은 경우에는 신청인에게 [   ]일 이내의 기간을 정하여 보완하게 할 수 있다.(규칙 제37조 제2항)

---

16 ② 알선 ③ ㉡ 등록취소, 영업정지 ㉢ 휴업, 폐업
17 ① 소방청장 ② 행정안전부령 ㉠ 2월 15일 ㉡ 15

③ 점검능력 평가 및 공시방법, 수수료 등 필요한 사항은 행정안전부령으로 정한다. (법 제34조 제3항)
  ㉠ 점검능력 평가의 항목(규칙 제38조 제1항)
    ⓐ 실적(점검실적, 대행실적)   ⓑ [   ]
    ⓒ 경력   ⓓ [   ]
  ㉡ 평가기관은 점검능력 평가 결과를 지체 없이 [   ] 및 [   ]에게 통보해야 한다.(규칙 제38조 제2항)
  ㉢ 평가기관은 점검능력 평가 결과는 매년 [   ]까지 평가기관의 인터넷 홈페이지를 통하여 공시하고, 점검능력 평가 결과는 소방청장 및 시·도지사에게 통보한 날부터 [ ]일 이내에 평가기관의 인터넷 홈페이지를 통하여 공시해야 한다.(규칙 제38조 제3항)
  ㉣ 점검능력 평가의 유효기간은 점검능력 평가 결과를 공시한 날부터 [ ]년간으로 한다.(규칙 제38조 제4항)
④ [   ]은 점검능력을 평가하기 위하여 관리업자의 기술인력, 장비 보유현황, 점검 실적 및 행정처분 이력 등 필요한 사항에 대하여 데이터베이스를 구축·운영할 수 있다.(법 제34조 제4항)

(7) 관리업 등록의 취소와 영업정지 등 18

① 시·도지사는 관리업자가 다음 각 호의 어느 하나에 해당하는 경우에는 행정안전부령으로 정하는 바에 따라 그 등록을 취소하거나 [   ] 이내의 기간을 정하여 이의 시정이나 그 영업의 정지를 명할 수 있다. 다만, ㉠·㉣ 또는 ㉤에 해당할 때에는 등록을 취소하여야 한다.(법 제35조 제1항)
  ㉠ 거짓이나 그 밖의 부정한 방법으로 등록을 한 경우(취소)
  ㉡ 규정에 따른 점검을 하지 아니하거나 거짓으로 한 경우
  ㉢ 규정에 따른 등록기준에 미달하게 된 경우
  ㉣ 결격사유 각 호의 어느 하나에 해당하게 된 경우. 다만, 제30조 제5호(임원 - 결격사유 해당)에 해당하는 법인으로서 결격사유에 해당하게 된 날부터 2개월 이내에 그 임원을 결격사유가 없는 임원으로 바꾸어 선임한 경우는 제외한다.(취소)
  ㉤ 규정을 위반하여 [   ] 경우(취소)
  ㉥ 점검능력 평가를 받지 아니하고 자체점검을 한 경우
② 관리업자의 지위를 승계한 상속인이 결격사유 각 호의 어느 하나에 해당하는 경우에는 상속을 개시한 날부터 6개월 동안은 ①의 ㉣를 적용하지 아니한다.(법 제35조 제2항)

---

③ ㉠ ⓑ 기술력 ⓓ 신인도 ㉡ 소방청장, 시·도지사 ㉢ 7월 31일, 3 ㉣ 1 ④ 소방청장
18 ① 6개월 ㉤ 등록증 또는 등록수첩을 빌려준

【소방시설관리업에 대한 행정처분기준】[19]

위반사항	근거 법조문	행정처분기준 1차 위반	행정처분기준 2차 위반	행정처분기준 3차 이상 위반
1) 거짓, 그 밖의 부정한 방법으로 등록을 한 경우	법 제35조 제1항 제1호	등록취소		
2) 법 제22조에 따른 점검을 하지 않거나 거짓으로 한 경우				
가) 점검을 하지 않은 경우	법 제35조 제1항 제2호	[　　]	[　　]	등록취소
나) 거짓으로 점검한 경우		경고 (시정명령)	영업정지 3개월	등록취소
3) 법 제29조 제2항에 따른 등록기준에 미달하게 된 경우. 다만, 기술인력이 퇴직하거나 해임되어 30일 이내에 재선임하여 신고하는 경우는 제외한다.	법 제35조 제1항 제3호	[　　]	[　　]	등록취소
4) 법 제30조 각 호의 어느 하나의 등록의 결격사유에 해당하게 된 경우. 다만, 제30조 제5호에 해당하는 법인으로서 결격사유에 해당하게 된 날부터 2개월 이내에 그 임원을 결격사유가 없는 임원으로 바꾸어 선임한 경우는 제외한다.	법 제35조 제1항 제4호	등록취소		
5) 법 제33조 제2항을 위반하여 등록증 또는 등록수첩을 빌려준 경우	법 제35조 제1항 제5호	등록취소		
6) 법 제34조 제1항에 따른 점검능력 평가를 받지 아니하고 자체점검을 한 경우	법 제35조 제1항 제6호	[　　]	[　　]	등록취소

19　2) 영업정지 1개월, 영업정지 3개월　3) 경고(시정명령), 영업정지 3개월　6) 영업정지 1개월, 영업정지 3개월

03 과징금처분(법 제36조) [20]

(1) 과징금처분

① 시·도지사는 영업정지를 명하는 경우로서 그 영업정지가 이용자에게 불편을 주거나 그 밖에 공익을 해칠 우려가 있을 때에는 영업정지처분을 갈음하여 [   ] 이하의 과징금을 부과할 수 있다.(법 제36조 제1항)

② 과징금을 부과하는 위반행위의 종류와 위반 정도 등에 따른 과징금의 금액, 그 밖에 필요한 사항은 [   ]으로 정한다.(법 제36조 제2항)

③ 시·도지사는 과징금을 내야 하는 자가 납부기한까지 내지 아니하면 「지방행정제재·부과금의 징수 등에 관한 법률」에 따라 징수한다.(법 제36조 제3항)

④ 시·도지사는 과징금의 부과를 위하여 필요한 경우에는 다음 각 호의 사항을 적은 문서로 관할 세무관서의 장에게 [   ]에 따른 과세정보의 제공을 요청할 수 있다.(법 제36조 제4항)
  ㉠ 납세자의 인적사항
  ㉡ 과세정보의 사용 목적
  ㉢ 과징금의 부과 기준이 되는 [   ]

---

20 (1) ① 3천만 원
      ② 행정안전부령
      ④ 「국세기본법」 ㉢ 매출액

Chapter 05 소방용품의 품질관리

01 소방용품의 형식승인 등(법 제37조)

(1) 소방용품 형식승인 [1]

① 대통령령으로 정하는 소방용품을 [　　]하거나 [　　]하려는 자는 소방청장의 형식승인을 받아야 한다. 다만, [　　] 목적으로 제조하거나 수입하는 소방용품은 그러하지 아니하다.(법 제37조 제1항)

> **시행령 제46조【형식승인대상 소방용품】** [2]
> 법 제37조 제1항 본문에서 "대통령령으로 정하는 소방용품"이란 별표 3의 소방용품(같은 표 제1호 나목의 자동소화장치 중 [　　　　　　]는 제외한다)을 말한다.

> **시행령 별표 3** [3]
> 【소방용품】
> 1. 소화설비를 구성하는 제품 또는 기기
>   가. 소화기구(소화약제 외의 것을 이용한 간이소화용구는 제외)
>   나. [　　　　]
>   다. 소화설비를 구성하는 소화전, 관창, 소방호스, 스프링클러헤드, 기동용 수압개폐장치, 유수제어밸브 및 가스관선택밸브
> 2. 경보설비를 구성하는 제품 또는 기기
>   가. [　　]경보기 및 [　　　]경보기
>   나. 경보설비를 구성하는 발신기, 수신기, 중계기, 감지기 및 음향장치(경종만 해당)
> 3. 피난구조설비를 구성하는 제품 또는 기기
>   가. 피난사다리, 구조대, 완강기(지지대 포함), 간이완강기(지지대 포함)
>   나. [　　　　](충전기를 포함)
>   다. [　　]유도등, [　　]유도등, [　　]유도등 및 예비 전원이 내장된 비상조명등

---

1 ① 제조, 수입, 연구개발
2 상업용 주방자동소화장치
3 1. 나. 자동소화장치 2. 가. 누전, 가스누설 3. 나. 공기호흡기 다. 피난구, 통로, 객석

4. 소화용으로 사용하는 제품 또는 기기
   가. 소화약제([   ] 주방자동소화장치, [   ] 자동소화장치, 포소화설비, 이산화탄소소화설비, 할론소화설비, 할로겐화합물 및 불활성기체 소화설비, 분말소화설비, 강화액소화설비, 고체에어로졸소화설비만 해당)
   나. 방염제(방염액·방염도료 및 방염성물질을 말한다)

② 형식승인을 받으려는 자는 행정안전부령으로 정하는 기준에 따라 형식승인을 위한 시험시설을 갖추고 [   ]의 심사를 받아야 한다. 다만, 소방용품을 수입하는 자가 판매를 목적으로 하지 아니하고 자신의 건축물에 직접 설치하거나 사용하려는 경우 등 [   ]으로 정하는 경우에는 시험시설을 갖추지 아니할 수 있다.
(법 제37조 제2항) ⁴

③ 형식승인을 받은 자는 그 소방용품에 대하여 소방청장이 실시하는 [   ]를 받아야 한다.(법 제37조 제3항)

④ 형식승인의 방법·절차 등과 제품검사의 구분·방법·순서·합격표시 등에 필요한 사항은 행정안전부령으로 정한다.(법 제37조 제4항)

⑤ 소방용품의 형상·구조·재질·성분·성능 등(형상등)의 형식승인 및 제품검사의 기술기준 등에 필요한 사항은 [   ]이 정하여 고시한다.(법 제37조 제5항)

⑥ 누구든지 다음 각 호의 어느 하나에 해당하는 소방용품을 [   ]하거나 [   ] 목적으로 [   ]하거나 소방시설공사에 사용할 수 없다.(법 제37조 제6항)
   ㉠ 형식승인을 받지 아니한 것
   ㉡ 형상등을 임의로 변경한 것
   ㉢ 제품검사를 받지 아니하거나 합격표시를 하지 아니한 것

⑦ 소방청장, 소방본부장 또는 소방서장은 ⑥을 위반한 소방용품에 대하여는 그 [   ]·[   ]·[   ] 또는 [   ]에게 수거·폐기 또는 교체 등 행정안전부령으로 정하는 필요한 조치를 명할 수 있다.(법 제37조 제7항)

⑧ [   ]은 소방용품의 작동기능, 제조방법, 부품 등이 소방청장이 고시하는 형식승인 및 제품검사의 기술기준에서 정하고 있는 방법이 아닌 새로운 기술이 적용된 제품의 경우에는 관련 전문가의 평가를 거쳐 행정안전부령으로 정하는 바에 따라 방법 및 절차와 다른 방법 및 절차로 형식승인을 할 수 있으며, [   ]으로부터 인정받은 신기술 제품은 형식승인을 위한 시험 중 일부를 생략하여 형식승인을 할 수 있다.
(법 제37조 제8항)

---

4. 가. 상업용, 캐비닛형
4 ② 소방청장, 행정안전부령 ③ 제품검사 ⑤ 소방청장 ⑥ 판매, 판매, 진열
  ⑦ 제조자, 수입자, 판매자, 시공자 ⑧ 소방청장, 외국의 공인기관

⑨ 다음 각 호의 어느 하나에 해당하는 소방용품의 형식승인 내용에 대하여 공인기관의 평가 결과가 있는 경우 형식승인 및 제품검사 시험 중 일부만을 적용하여 형식승인 및 제품검사를 할 수 있다.(법 제37조 제9항) [5]
  ㉠ [   ]
  ㉡ [   ] 또는 [   ] 부대에서 사용되는 소방용품
  ㉢ 외국의 차관이나 국가 간의 협약 등에 따라 건설되는 공사에 사용되는 소방용품으로서 사전에 합의된 것
  ㉣ 그 밖에 특수한 목적으로 사용되는 소방용품으로서 소방청장이 인정하는 것
⑩ 하나의 소방용품에 두 가지 이상의 형식승인 사항 또는 형식승인과 성능인증 사항이 결합된 경우에는 두 가지 이상의 형식승인 또는 형식승인과 성능인증 시험을 함께 실시하고 하나의 형식승인을 할 수 있다.(법 제37조 제10항)
⑪ 형식승인의 방법 및 절차 등에 필요한 사항은 [   ]으로 정한다.
(법 제37조 제11항)

(2) 형식승인의 변경 [6]

① 형식승인을 받은 자가 해당 소방용품에 대하여 형상등의 일부를 변경하려면 [   ]의 변경승인을 받아야 한다.(법 제38조 제1항)
② 변경승인의 대상·구분·방법 및 절차 등에 필요한 사항은 [   ]으로 정한다.(법 제38조 제2항)

(3) 형식승인의 취소 등

① 소방청장은 소방용품의 형식승인을 받았거나 제품검사를 받은 자가 다음 각 호의 어느 하나에 해당할 때에는 행정안전부령으로 정하는 바에 따라 그 형식승인을 취소하거나 [ ]개월 이내의 기간을 정하여 제품검사의 중지를 명할 수 있다. 다만, ㉠·㉢ 또는 ㉤의 경우에는 해당 소방용품의 형식승인을 취소하여야 한다.(법 제39조 제1항)
  ㉠ 거짓이나 그 밖의 부정한 방법으로 [   ]을 받은 경우(취소)
  ㉡ 시험시설의 시설기준에 미달되는 경우
  ㉢ 거짓이나 그 밖의 부정한 방법으로 제품검사를 받은 경우(취소)
  ㉣ 제품검사 시 기술기준에 미달되는 경우
  ㉤ 변경승인을 받지 아니하거나 거짓이나 그 밖의 부정한 방법으로 변경승인을 받은 경우(취소)
② 소방용품의 형식승인이 취소된 자는 그 취소된 날부터 [ ] 이내에는 형식승인이 취소된 소방용품과 동일한 품목에 대하여 형식승인을 받을 수 없다.(법 제39조 제2항)

---

5 ⑨ ㉠ 군수품 ㉡ 주한외국공관, 주한외국군 ⑪ 행정안전부령
6 (2) ① 소방청장 ② 행정안전부령
  (3) ① 6 ㉠ 형식승인 ② 2년

(4) 소방용품의 성능인증 등 [7]

① [　　　]은 제조자 또는 수입자 등의 요청이 있는 경우 소방용품에 대하여 성능인증을 할 수 있다.(법 제40조 제1항)

② 성능인증을 받은 자는 그 소방용품에 대하여 [　　　]의 제품검사를 받아야 한다.
(법 제40조 제2항)

③ 성능인증의 대상·신청·방법 및 성능인증서 발급에 관한 사항과 제품검사의 구분·대상·절차·방법·합격표시 및 수수료 등에 필요한 사항은 [　　　]으로 정한다.
(법 제40조 제3항)

④ 성능인증 및 제품검사의 기술기준 등에 필요한 사항은 [　　　]이 정하여 고시한다.
(법 제40조 제4항)

⑤ 제품검사에 합격하지 아니한 소방용품에는 [　　　]을 받았다는 표시를 하거나 [　　　]에 합격하였다는 표시를 하여서는 아니 되며, 제품검사를 받지 아니하거나 합격표시를 하지 아니한 소방용품을 판매 또는 판매 목적으로 진열하거나 소방시설공사에 사용하여서는 아니 된다.(법 제40조 제5항)

⑥ 하나의 소방용품에 성능인증 사항이 두 가지 이상 결합된 경우에는 해당 성능인증 시험을 [　　] 실시하고 [　　]의 성능인증을 할 수 있다.(법 제40조 제6항)

⑦ 성능인증의 방법 및 절차 등에 필요한 사항은 [　　　]으로 정한다.
(법 제40조 제7항)

(5) 성능인증의 변경

① 성능인증을 받은 자가 해당 소방용품에 대하여 형상등의 일부를 변경하려면 [　　　]의 변경인증을 받아야 한다.(법 제41조 제1항)

② 변경인증의 대상·구분·방법 및 절차 등에 필요한 사항은 [　　　]으로 정한다.
(법 제41조 제2항)

---

[7] (4) ① 소방청장 ② 소방청장 ③ 행정안전부령 ④ 소방청장 ⑤ 성능인증, 제품검사 ⑥ 모두, 하나
　　　⑦ 행정안전부령
　(5) ① 소방청장 ② 행정안전부령

(6) 성능인증의 취소 등 [8]

① 소방청장은 소방용품의 성능인증을 받았거나 제품검사를 받은 자가 다음 각 호의 어느 하나에 해당하는 때에는 행정안전부령으로 정하는 바에 따라 해당 소방용품의 성능인증을 취소하거나 6개월 이내의 기간을 정하여 해당 소방용품의 제품검사 중지를 명할 수 있다. 다만, ㉠·㉡ 또는 ㉤에 해당하는 경우에는 해당 소방용품의 성능인증을 취소하여야 한다.(법 제42조 제1항)

㉠ 거짓이나 그 밖의 부정한 방법으로 [   ]을 받은 경우(취소)
㉡ 거짓이나 그 밖의 부정한 방법으로 [   ]를 받은 경우(취소)
㉢ 제품검사 시 기술기준에 미달되는 경우
㉣ 성능인증을 받았다는 표시 또는 제품검사에 합격하였다는 표시를 하거나, 제품검사를 받지 아니하거나 합격 표시를 하지 아니한 소방용품을 판매 또는 판매 목적으로 진열하거나 소방시설공사에 사용하는 위반을 한 경우
㉤ 변경인증을 받지 아니하고 해당 소방용품에 대하여 형상등의 일부를 변경하거나 거짓이나 그 밖의 부정한 방법으로 [   ]을 받은 경우(취소)

② 소방용품의 성능인증이 취소된 자는 그 취소된 날부터 [ ]년 이내에는 성능인증이 취소된 소방용품과 동일한 품목에 대하여는 성능인증을 받을 수 없다.(법 제42조 제2항)

02 우수품질 제품에 대한 인증(법 제43조) [9]

(1) 우수품질 제품에 대한 인증

① [   ]은 형식승인의 대상이 되는 소방용품 중 품질이 우수하다고 인정하는 소방용품에 대하여 인증(우수품질인증)을 할 수 있다.(법 제43조 제1항)
② 우수품질인증을 받으려는 자는 행정안전부령으로 정하는 바에 따라 소방청장에게 신청하여야 한다.(법 제43조 제2항)
③ 우수품질인증을 받은 소방용품에는 우수품질인증 표시를 [   ].(법 제43조 제3항)
④ 우수품질인증의 유효기간은 [ ]년의 범위에서 행정안전부령으로 정한다.
(법 제43조 제4항)

---

8 (6) ① ㉠ 성능인증 ㉡ 제품검사 ㉤ 변경인증 ② 2
9 (1) ① 소방청장 ③ 할 수 있다 ④ 5

⑤ 소방청장은 다음 각 호의 어느 하나에 해당하는 경우에는 우수품질인증을 취소할 수 있다. 다만, ㉠에 해당하는 경우에는 우수품질인증을 취소하여야 한다.(법 제43조 제5항)
  ㉠ 거짓이나 그 밖의 부정한 방법으로 우수품질인증을 받은 경우(취소)
  ㉡ 우수품질인증을 받은 제품이 「발명진흥법」에 따른 [　　　] 등 타인의 권리를 침해하였다고 판단되는 경우

⑥ ①부터 ⑤까지에서 규정한 사항 외에 우수품질인증을 위한 기술기준, 제품의 품질관리 평가, 우수품질인증의 갱신, 수수료, 인증표시 등 우수품질인증에 필요한 사항은 [　　　　]으로 정한다.(법 제43조 제6항)

(2) 우수품질인증 소방용품에 대한 지원 등 10

① 다음 각 호의 어느 하나에 해당하는 기관 및 단체는 건축물의 신축·증축 및 개축 등으로 소방용품을 변경 또는 신규 비치하여야 하는 경우 우수품질인증 소방용품을 우선 구매·사용하도록 노력하여야 한다.(법 제44조)
  ㉠ 중앙행정기관
  ㉡ 지방자치단체
  ㉢ [　　　]
  ㉣ 그 밖에 대통령령으로 정하는 기관

(3) 소방용품의 제품검사 후 수집검사 등

① [　　　]은 소방용품의 품질관리를 위하여 필요하다고 인정할 때에는 유통 중인 소방용품을 수집하여 검사할 수 있다.(법 제45조 제1항)

② 소방청장은 수집검사 결과 행정안전부령으로 정하는 중대한 결함이 있다고 인정되는 소방용품에 대하여는 그 [　　　] 및 [　　　]에게 행정안전부령으로 정하는 바에 따라 회수·교환·폐기 또는 판매중지를 명하고, 형식승인 또는 성능인증을 취소할 수 있다.(법 제45조 제2항)

③ 소방용품의 회수·교환·폐기 또는 판매중지 명령을 받은 제조자 및 수입자는 해당 소방용품이 이미 판매되어 사용 중인 경우 행정안전부령으로 정하는 바에 따라 구매자에게 그 사실을 알리고 회수 또는 교환 등 필요한 조치를 하여야 한다.(법 제45조 제3항)

④ 소방청장은 회수·교환·폐기 또는 판매중지를 명하거나 형식승인 또는 성능인증을 취소한 때에는 행정안전부령으로 정하는 바에 따라 그 사실을 [　　　　] 등에 공표하여야 한다.(법 제45조 제4항)

---

⑤ ㉡ 산업재산권 ⑥ 행정안전부령
10 (2) ① ㉢ 공공기관
   (3) ① 소방청장 ② 제조자, 수입자 ④ 소방청 홈페이지

Chapter 06 보칙

01 제품검사 전문기관의 지정 등(법 제46조)

(1) 제품검사 전문기관의 지정 등 [1]

① [　　　]은 제품검사를 전문적·효율적으로 실시하기 위하여 다음 각 호의 요건을 모두 갖춘 기관을 제품검사 전문기관으로 지정할 수 있다.(법 제46조 제1항)
  ㉠ 다음 각 목의 어느 하나에 해당하는 기관일 것
    ⓐ 「과학기술분야 정부출연연구기관 등의 설립·운영 및 육성에 관한 법률」에 따라 설립된 연구기관
    ⓑ [　　]
    ⓒ 소방용품의 시험·검사 및 연구를 주된 업무로 하는 [　　　　]
  ㉡ 「국가표준기본법」 제23조에 따라 인정을 받은 시험·검사기관일 것
  ㉢ 행정안전부령으로 정하는 검사인력 및 검사설비를 갖추고 있을 것
  ㉣ 기관의 대표자가 다음 각호의 어느 하나에 해당하지 아니할 것
    ⓐ [　　　]
    ⓑ 이 법, 「소방기본법」, 「화재의 예방 및 안전관리에 관한 법률」, 「소방시설공사업법」 또는 「위험물안전관리법」을 위반하여 금고 이상의 실형을 선고받고 그 집행이 끝나거나(집행이 끝난 것으로 보는 경우를 포함) 집행이 면제된 날부터 2년이 지나지 아니한 사람
    ⓒ 이 법, 「소방기본법」, 「화재의 예방 및 안전관리에 관한 법률」, 「소방시설공사업법」 또는 「위험물안전관리법」을 위반하여 금고 이상의 형의 집행유예를 선고받고 그 [　　] 중에 있는 사람
  ㉤ 전문기관의 지정이 취소된 경우 그 지정이 취소된 날부터 [ ]년이 경과하였을 것

② 전문기관 지정의 방법 및 절차 등에 필요한 사항은 [　　　]으로 정한다. (법 제46조 제2항)

③ 소방청장은 전문기관을 지정하는 경우에는 소방용품의 품질 향상, 제품검사의 기술개발 등에 드는 비용을 부담하게 하는 등 필요한 조건을 붙일 수 있다. 이 경우 그 조건은 공공의 이익을 증진하기 위하여 필요한 최소한도에 그쳐야 하며, 부당한 의무를 부과하여서는 아니 된다.(법 제46조 제3항)

---

1 ① 소방청장 ㉠ ⓑ 공공기관 ⓒ 비영리 법인 ㉣ ⓐ 피성년후견인 ⓒ 유예기간 ㉤ 2
② 행정안전부령

④ 전문기관은 행정안전부령으로 정하는 바에 따라 제품검사 실시 현황을 [   ]에게 보고하여야 한다.(법 제46조 제4항)

⑤ 소방청장은 전문기관을 지정한 경우에는 행정안전부령으로 정하는 바에 따라 전문기관의 제품검사 업무에 대한 평가를 실시할 수 있으며, 제품검사를 받은 소방용품에 대하여 확인검사를 할 수 있다.(법 제46조 제5항)

⑥ 소방청장은 전문기관에 대한 평가를 실시하거나 확인검사를 실시한 때에는 그 평가 결과 또는 확인검사 결과를 행정안전부령으로 정하는 바에 따라 공표[   ]. (법 제46조 제6항)

⑦ 소방청장은 ⑤에 따른 확인검사를 실시하는 때에는 행정안전부령으로 정하는 바에 따라 전문기관에 대하여 확인검사에 드는 비용을 부담하게 [   ].(법 제46조 제7항)

(2) 전문기관의 지정취소 등 2

소방청장은 전문기관이 다음 각 호의 어느 하나에 해당할 때에는 그 지정을 취소하거나 6개월 이내의 기간을 정하여 그 업무의 정지를 명할 수 있다. 다만, ①에 해당할 때에는 그 지정을 취소하여야 한다.(법 제47조)

① 거짓이나 그 밖의 부정한 방법으로 지정을 받은 경우(취소)

② 정당한 사유 없이 [ ]년 이상 계속하여 제품검사 또는 실무교육 등 지정받은 업무를 수행하지 아니한 경우

③ 전문기관 지정의 요건을 갖추지 못하거나 소방용품의 품질 향상, 제품검사의 기술개발 등에 드는 비용을 부담하게 하는 등 필요한 조건을 위반한 경우

④ 감독 결과 이 법이나 다른 법령을 위반하여 전문기관으로서의 업무를 수행하는 것이 부적당하다고 인정되는 경우

---

④ 소방청장 ⑥ 할 수 있다 ⑦ 할 수 있다

2 ② 1

(3) 전산시스템 구축 및 운영 [3]

① [   ], [   ] 또는 [   ]은 특정소방대상물의 체계적인 안전관리를 위하여 다음 각 호의 정보가 포함된 전산시스템을 구축·운영하여야 한다. (법 제48조 제1항)
  ㉠ 제출받은 [   ]의 관리 및 활용
  ㉡ 보고받은 [   ]의 관리 및 활용
  ㉢ 그 밖에 소방청장, 소방본부장 또는 소방서장이 필요하다고 인정하는 자료의 관리 및 활용

② 소방청장, 소방본부장 또는 소방서장은 전산시스템의 구축·운영에 필요한 자료의 제출 또는 정보의 제공을 관계 행정기관의 장에게 요청할 수 있다. 이 경우 자료의 제출이나 정보의 제공을 요청받은 관계 행정기관의 장은 정당한 사유가 없으면 이에 따라야 한다.(법 제48조 제2항)

02 청문(법 제49조) [4]

(1) 청문 실시권자는 [   ] 또는 [   ]이다.(법 제49조)

(2) 청문대상(법 제49조)
  ① [   ] 자격의 취소 및 정지
  ② [   ]의 등록취소 및 영업정지
  ③ 소방용품의 [   ] 취소 및 제품검사 중지
  ④ [   ]의 취소
  ⑤ 우수품질인증의 [   ]
  ⑥ [   ]의 지정취소 및 업무정지

---

3 ① 소방청장, 소방본부장, 소방서장 ㉠ 설계도면 ㉡ 자체점검 결과
4 (1) 소방청장, 시·도지사
  (2) ① 관리사 ② 관리업 ③ 형식승인 ④ 성능인증 ⑤ 취소 ⑥ 전문기관

03 권한 또는 업무의 위임·위탁 등(법 제50조) [5]

(1) 권한 또는 업무의 위임·위탁

① 이 법에 따른 소방청장 또는 시·도지사의 권한은 대통령령으로 정하는 바에 따라 그 일부를 [   ], [   ], [   ] 또는 [   ]에게 위임할 수 있다.(법 제50조 제1항)
  ㉠ 소방청장은 화재안전기준 중 기술기준에 대한 관리·운영 권한을 [   ]에게 위임한다.(영 제48조 제1항)

② 소방청장은 다음 각 호의 업무를 [   ]에 위탁할 수 있다. 이 경우 소방청장은 기술원에 소방시설 및 소방용품에 관한 기술개발·연구 등에 필요한 경비의 [   ]를 보조할 수 있다.(법 제50조 제2항)
  ㉠ 방염성능검사 중 대통령령으로 정하는 검사   ㉡ 소방용품의 [   ]
  ㉢ 형식승인의 [   ]   ㉣ 형식승인의 취소
  ㉤ 성능인증 및 성능인증의 취소   ㉥ 성능인증의 [   ]
  ㉦ 우수품질인증 및 그 취소

③ 소방청장은 [   ]를 기술원 또는 전문기관에 위탁할 수 있다.(법 제50조 제3항)

④ 위탁받은 업무를 수행하는 기술원 및 전문기관이 갖추어야 하는 시설기준 등에 관하여 필요한 사항은 [   ]으로 정한다.(법 제50조 제4항)

⑤ 소방청장은 다음 각 호의 업무를 대통령령으로 정하는 바에 따라 소방기술과 관련된 [   ] 또는 [   ]에 위탁할 수 있다.(법 제50조 제5항)
  ㉠ 표준자체점검비의 산정 및 공표
  ㉡ 소방시설관리사증의 발급·재발급
  ㉢ [   ]
  ㉣ 데이터베이스 구축·운영

⑥ 소방청장은 건축 환경 및 화재위험특성 변화 추세 연구에 관한 업무를 대통령령으로 정하는 바에 따라 화재안전 관련 [   ]에 위탁할 수 있다. 이 경우 소방청장은 연구에 필요한 경비를 지원할 수 있다.(법 제50조 제6항)

⑦ 위탁받은 업무에 종사하고 있거나 종사하였던 사람은 업무를 수행하면서 알게 된 비밀을 이 법에서 정한 목적 외의 용도로 사용하거나 다른 사람 또는 기관에 제공하거나 누설하여서는 아니 된다.(법 제50조 제7항)

---

5 (1) ① 소속 기관의 장, 시·도지사, 소방본부장, 소방서장 ㉠ 국립소방연구원장
  ② 한국소방산업기술원, 일부 ㉡ 형식승인 ㉢ 변경승인 ㉥ 변경인증
  ③ 제품검사 업무
  ④ 행정안전부령
  ⑤ 법인, 단체 ㉢ 점검능력 평가 및 공시
  ⑥ 전문연구기관

04 벌칙 적용에서 공무원 의제(법 제51조)

(1) 벌칙 적용에서 공무원 의제

다음 각 호의 어느 하나에 해당하는 자는 「형법」 제129조부터 제132조까지의 규정을 적용할 때에는 공무원으로 본다.(법 제51조)

① [평가단]의 구성원 중 공무원이 아닌 사람
② [중앙위원회] 및 [지방위원회]의 위원 중 공무원이 아닌 사람
③ 위탁받은 업무를 수행하는 기술원, 전문기관, 법인 또는 단체, 화재안전 관련 전문연구기관의 담당 임직원

05 감독(법 제52조)

(1) 감독

① [소방청장], [시·도지사], [소방본부장] 또는 [소방서장]은 다음 각 호의 어느 하나에 해당하는 자, 사업체 또는 소방대상물 등의 감독을 위하여 필요하면 관계인에게 필요한 보고 또는 자료제출을 명할 수 있으며, 관계 공무원으로 하여금 소방대상물·사업소·사무소 또는 사업장에 출입하여 관계 서류·시설 및 제품 등을 검사하게 하거나 관계인에게 질문하게 할 수 있다.(법 제52조 제1항)
  ㉠ 관리업자등이 점검한 특정소방대상물
  ㉡ 관리사
  ㉢ 등록한 관리업자
  ㉣ 소방용품의 형식승인, 제품검사 또는 시험시설의 심사를 받은 자
  ㉤ 소방용품 [변경승인]을 받은 자
  ㉥ 성능인증 및 [제품검사]를 받은 자
  ㉦ 지정을 받은 전문기관
  ㉧ [소방용품]을 판매하는 자

② 출입·검사 업무를 수행하는 관계 공무원은 그 권한을 표시하는 증표를 지니고 이를 [관계인]에게 내보여야 한다.(법 제52조 제2항)

③ 출입·검사 업무를 수행하는 [관계 공무원]은 관계인의 정당한 업무를 방해하거나 출입·검사 업무를 수행하면서 알게 된 비밀을 다른 사람에게 누설하여서는 아니 된다.(법 제52조 제3항)

---

6 (1) ① 평가단 ② 중앙위원회, 지방위원회
7 (1) ① 소방청장, 시·도지사, 소방본부장, 소방서장 ㉤ 변경승인 ㉥ 제품검사 ㉧ 소방용품
  ② 관계인 ③ 관계 공무원

06 수수료 등(법 제53조) [8]

(1) 다음 각 호의 어느 하나에 해당하는 자는 행정안전부령으로 정하는 수수료를 내야 한다.
① [　　　　　]를 받으려는 자
② 관리사시험에 응시하려는 사람
③ 소방시설관리사증을 발급받거나 재발급 받으려는 자
④ 관리업의 등록을 하려는 자
⑤ 관리업의 등록증이나 등록수첩을 [　　] 받으려는 자
⑥ 관리업자의 지위승계를 신고하려는 자
⑦ 점검능력 평가를 받으려는 자
⑧ 소방용품의 형식승인을 받으려는 자
⑨ [　　　　]의 심사를 받으려는 자
⑩ 형식승인을 받은 소방용품의 제품검사를 받으려는 자
⑪ 형식승인의 변경승인을 받으려는 자
⑫ 소방용품의 성능인증을 받으려는 자
⑬ 성능인증을 받은 소방용품의 제품검사를 받으려는 자
⑭ 성능인증의 변경인증을 받으려는 자
⑮ [　　　　　]을 받으려는 자
⑯ [　　　　]으로 지정을 받으려는 자

> **시행규칙 제41조 【수수료】** [9]
> ① 법 제53조에 따른 수수료 및 납부방법은 별표 10과 같다.
> ② 별표 10의 수수료를 반환하는 경우에는 다음 각 호의 구분에 따라 반환해야 한다.
>   1. 수수료를 과오납한 경우: 그 과오납한 금액의 [　　]
>   2. 시험시행기관에 책임이 있는 사유로 시험에 응시하지 못한 경우: 납입한 수수료의 전부
>   3. 직계 가족의 사망, 본인의 사고 또는 질병, 격리가 필요한 감염병이나 예견할 수 없는 기상상황 등으로 시험에 응시하지 못한 경우(해당 사실을 증명하는 서류 등을 제출한 경우로 한정한다): 납입한 수수료의 전부
>   4. 원서접수기간에 접수를 철회한 경우: 납입한 수수료의 전부
>   5. 시험시행일 [　]일 전까지 접수를 취소하는 경우: 납입한 수수료의 전부
>   6. 시험시행일 10일 전까지 접수를 취소하는 경우: 납입한 수수료의 [　　　　]

---

8 (1) ① 방염성능검사 ⑤ 재발급 ⑨ 시험시설 ⑮ 우수품질인증 ⑯ 전문기관
9 ② 1. 전부 5. 20 6. 100분의 50

07 조치명령등의 기간연장(법 제54조) [10]

(1) 조치명령등 기간연장

① 다음 각 호에 따른 조치명령 또는 이행명령을 받은 관계인 등은 천재지변이나 그 밖에 대통령령으로 정하는 사유로 조치명령등을 그 기간 내에 이행할 수 없는 경우에는 조치명령등을 명령한 [   ], [   ] 또는 [   ]에게 대통령령으로 정하는 바에 따라 조치명령등을 연기하여 줄 것을 신청할 수 있다.(법 제54조 제1항)
  ㉠ [   ]에 대한 조치명령
  ㉡ 피난시설, 방화구획 또는 방화시설에 대한 조치명령
  ㉢ 방염대상물품의 제거 또는 방염성능검사 조치명령
  ㉣ 소방시설에 대한 이행계획 조치명령
  ㉤ [   ]을 받지 아니한 소방용품의 수거·폐기 또는 교체 등의 조치명령
  ㉥ [   ]이 있는 소방용품의 회수·교환·폐기 조치명령

② 그 밖에 대통령령으로 정하는 사유(영 제49조 제1항)
  ㉠ [   ]이 발생한 경우
  ㉡ 경매 등의 사유로 [   ]이 변동 중이거나 변동된 경우
  ㉢ 관계인의 [   ], [   ], [   ]의 경우
  ㉣ 시장·상가·복합건축물 등 소방대상물의 관계인이 여러 명으로 구성되어 조치명령 또는 이행명령의 이행에 대한 의견을 조정하기 어려운 경우
  ㉤ 그 밖에 관계인이 운영하는 사업에 부도 또는 도산 등 중대한 위기가 발생하여 조치명령등을 그 기간 내에 이행할 수 없는 경우

③ 연기신청 및 연기신청서의 처리절차에 필요한 사항은 [   ]으로 정한다. (영 제49조 제3항)
  ㉠ 조치명령 또는 이행명령의 연기를 신청하려는 관계인 등은 조치명령등의 이행기간 만료일 [ ]일 전까지 조치명령등의 연기신청서(전자문서로 된 신청서 포함)에 조치명령등을 그 기간 내에 이행할 수 없음을 증명할 수 있는 서류(전자문서 포함)를 첨부하여 소방청장, 소방본부장 또는 소방서장에게 제출해야 한다.(규칙 제42조 제1항)
  ㉡ 신청서를 제출받은 소방청장, 소방본부장 또는 소방서장은 신청받은 날부터 [ ]일 이내에 조치명령등의 연기 신청 승인 여부를 결정하여 조치명령등의 연기 통지서를 관계인 등에게 통지해야 한다.(규칙 제42조 제2항)

④ 연기신청을 받은 [   ], [   ] 또는 [   ]은 연기 신청 승인 여부를 결정하고 그 결과를 조치명령등의 이행 기간 내에 관계인 등에게 알려주어야 한다. (법 제54조 제2항)

---

10 (1) ① 소방청장, 소방본부장, 소방서장 ㉠ 소방시설 ㉤ 형식승인 ㉥ 중대한 결함
② ㉠ 재난 ㉡ 소유권 ㉢ 질병, 사고, 장기출장
③ 행정안전부령 ㉠ 5 ㉡ 3 ④ 소방청장, 소방본부장, 소방서장

08 위반행위의 신고 및 신고포상금의 지급(법 제55조)

(1) 위반행위의 신고 [11]

① 누구든지 소방본부장 또는 소방서장에게 다음 각 호의 어느 하나에 해당하는 행위를 한 자를 신고할 수 있다.(법 제55조 제1항)
  ㉠ 제12조 제1항을 위반하여 소방시설을 설치 또는 관리한 자
  ㉡ 제12조 제3항을 위반하여 [   ] 등의 행위를 한 자
  ㉢ 제16조 제1항 각 호의 어느 하나에 해당하는 행위를 한 자

② [   ] 또는 [   ]은 신고를 받은 경우 신고 내용을 확인하여 이를 신속하게 처리하고, 그 처리결과를 행정안전부령으로 정하는 방법 및 절차에 따라 신고자에게 통지하여야 한다.(법 제55조 제2항)

> 시행규칙 제43조【위반행위 신고 내용 처리결과의 통지 등】 [12]
> ① 소방본부장 또는 소방서장은 법 제55조 제2항에 따라 위반행위의 신고 내용을 확인하여 이를 처리한 경우에는 처리한 날부터 [   ]일 이내에 별지 제35호 서식의 위반행위 신고 내용 처리결과 통지서를 [   ]에게 통지해야 한다.
> ② 제1항에 따른 통지는 [   ], [   ], 정보통신망, 전자우편 또는 [   ] 등의 방법으로 할 수 있다.

(2) 신고포상금의 지급 [13]

① [   ] 또는 [   ]은 신고를 한 사람에게 예산의 범위에서 포상금을 지급할 수 있다.(법 제55조 제3항)

② 신고포상금의 지급대상, 지급기준, 지급절차 등에 필요한 사항은 [   ]로 정한다.(법 제55조 제4항)

---

11 ① ㉡ 폐쇄·차단 ② 소방본부장, 소방서장
12 ① 10, 신고자 ② 우편, 팩스, 휴대전화 문자메시지
13 ① 소방본부장, 소방서장 ② 시·도의 조례

Chapter 07 벌칙

01 벌칙 등

내용	벌칙 [1]
특정소방대상물의 관계인이 소방시설을 설치·관리하는 경우 규정을 위반하여 소방시설에 폐쇄·차단 등의 행위를 한 때	[ ]년 이하의 징역 또는 [ ]천만원 이하의 벌금 ▶【법 제56조 제1항】
〈법 제56조 제1항〉의 죄를 범하여 사람을 상해에 이르게 한 때	[ ]년 이하의 징역 또는 [ ]천만원 이하의 벌금 ▶【법 제56조 제2항】
〈법 제56조 제1항〉의 죄를 범하여 사람을 사망에 이르게 한 때	[ ]년 이하의 징역 또는 [ ]원 이하의 벌금 ▶【법 제56조 제2항】

① 다음 각 호의 명령을 정당한 사유 없이 위반한 자
  ㉠ 소방시설이 화재안전기준에 따라 설치·관리되지 아니할 때에 대한 조치명령을 위반한 자
  ㉡ 건설현장의 임시소방시설 또는 소방시설이 설치 및 관리되지 아니할 때에 대한 조치명령을 위반한 자
  ㉢ 피난시설, 방화구획 및 방화시설의 관리에 대한 조치명령을 위반한 자
  ㉣ 방염대상물품을 제거하도록 하거나 방염성능검사를 받도록 하는 등 필요한 조치명령에 위반한 자
  ㉤ 이행계획을 완료하지 아니한 경우에 대한 조치명령을 위반한자
  ㉥ 소방용품에 대하여는 그 제조자·수입자·판매자 또는 시공자에게 수거·폐기 또는 교체 등 필요한 조치명령을 위반한 자
  ㉦ 수집검사 결과 중대한 결함이 있다고 인정되는 소방용품에 대하여는 그 제조자 및 수입자에게 회수·교환·폐기 또는 판매중지에 대한 조치명령을 위반한 자
② [ ]의 등록을 하지 아니하고 영업을 한 자 [2]
③ 소방용품의 형식승인을 받지 아니하고 소방용품을 제조하거나 수입한 자 또는 거짓이나 그 밖의 부정한 방법으로 형식승인을 받은 자
④ 제품검사를 받지 아니한 자 또는 거짓이나 그 밖의 부정한 방법으로 제품검사를 받은 자
⑤ 소방용품을 판매·진열하거나 소방시설공사에 사용한 자
	[ ]년 이하의 징역 또는 [ ]천만원 이하의 벌금 ▶【법 제57조】

1 5, 5 / 7, 7 / 10, 1 / 3, 3
2 ② 관리업

⑥ 거짓이나 그 밖의 부정한 방법으로 성능인증 또는 제품검사를 받은 자 ⑦ 제품검사를 받지 아니하거나 합격표시를 하지 아니한 소방용품을 판매·진열하거나 소방시설공사에 사용한 자 ⑧ 구매자에게 명령을 받은 사실을 알리지 아니하거나 필요한 조치를 하지 아니한 자 ⑨ 거짓이나 그 밖의 부정한 방법으로 전문기관으로 지정을 받은 자	
① 소방시설등에 대하여 스스로 점검을 하지 아니하거나 관리업자등으로 하여금 정기적으로 점검하게 하지 아니한 자 ② 소방시설관리사증을 다른 사람에게 빌려주거나 빌리거나 이를 알선한 자 ③ 소방시설관리사로 [ ]의 업체에 취업한 자 [3] ④ 자격정지처분을 받고 그 자격정지기간 중에 관리사의 업무를 한 자 ⑤ 관리업의 등록증이나 등록수첩을 다른 자에게 [ ]주거나 [ ]거나 이를 [ ]한 자 ⑥ 영업정지처분을 받고 그 영업정지기간 중에 관리업의 업무를 한 자 ⑦ 제품검사에 합격하지 아니한 제품에 합격표시를 하거나 합격표시를 위조 또는 변조하여 사용한 자 ⑧ 형식승인의 [ ]을 받지 아니한 자 ⑨ 제품검사에 합격하지 아니한 소방용품에 성능인증을 받았다는 표시 또는 제품검사에 합격하였다는 표시를 하거나 성능인증을 받았다는 표시 또는 제품검사에 합격하였다는 표시를 위조 또는 변조하여 사용한 자 ⑩ 성능인증의 [ ]을 받지 아니한 자 ⑪ 우수품질인증을 받지 아니한 제품에 우수품질인증 표시를 하거나 우수품질인증 표시를 위조하거나 변조하여 사용한 자 ⑫ 감독을 위해서 출입·검사업무를 수행하는 관계공무원이 관계인의 정당한 업무를 방해하거나 출입·검사 업무를 수행하면서 알게 된 비밀을 다른 사람에게 누설한 자	1년 이하의 징역 또는 1천만원 이하의 벌금 ▶ 【법 제58조】
① 평가단의 업무를 수행하면서 알게 된 비밀을 이 법에서 정한 목적 외의 용도로 사용하거나 다른 사람 또는 기관에 제공하거나 누설한 자 ② 위탁받은 업무에 종사하고 있거나 종사하였던 사람이 업무를 수행하면서 알게 된 비밀을 이 법에서 정한 목적 외의 용도로 사용하거나 다른 사람 또는 기관에 제공하거나 누설한 자 ③ 방염성능검사에 합격하지 아니한 물품에 합격표시를 하거나 합격표시를 위조하거나 변조하여 사용한 자 ④ [ ]검사를 할 때 거짓 시료를 제출한 자 [4] ⑤ 자체점검 결과 소화펌프 고장 등 중대위반 사항에 대한 필요한 조치를 하지 아니한 관계인 또는 관계인에게 [ ]을 알리지 아니한 관리업자등	[ ] 원 이하의 벌금 [5] ▶ 【법 제59조】

---

3 ③ 동시에 둘 이상 ⑤ 빌려, 빌리, 알선 ⑧ 변경승인 ⑩ 변경인증
4 ④ 방염성능 ⑤ 중대위반사항
5 300만

법인의 대표자나 법인 또는 개인의 대리인, 사용인, 그 밖의 종업원이 그 법인 또는 개인의 업무에 관하여 제56조부터 제59조까지의 어느 하나에 해당하는 위반행위를 하면 그 행위자를 벌하는 외에 그 법인 또는 개인에게도 해당 조문의 벌금형을 과(科)한다. 다만, 법인 또는 개인이 그 위반행위를 방지하기 위하여 해당 업무에 관하여 상당한 주의와 감독을 게을리하지 아니한 경우에는 그러하지 아니하다.	양벌규정 【법 제60조】
① 소방시설을 화재안전기준에 따라 설치·관리하지 아니한 자 ② 공사 현장에 [ ]을 설치·관리하지 아니한 자 [6] ③ 피난시설, 방화구획 또는 방화시설의 폐쇄·훼손·변경 등의 행위를 한 자 ④ 방염대상물품을 [ ] 이상으로 설치하지 아니한 자 ⑤ 점검능력 평가를 받지 아니하고 점검을 한 관리업자 ⑥ 관계인에게 점검 결과를 제출하지 아니한 관리업자등 ⑦ 점검인력의 배치기준 등 자체점검 시 준수사항을 위반한 자 ⑧ 점검 결과를 보고하지 아니하거나 거짓으로 보고한 자 ⑨ 이행계획을 기간 내에 완료하지 아니한 자 또는 이행계획 완료 결과를 보고하지 아니하거나 거짓으로 보고한 자 ⑩ 점검기록표를 기록하지 아니하거나 특정소방대상물의 출입자가 쉽게 볼 수 있는 장소에 게시하지 아니한 관계인 ⑪ 등록사항의 변경신고 또는 관리업자의 지위승계 신고를 하지 아니하거나 거짓으로 신고한 자 ⑫ 지위승계, 행정처분 또는 휴업·폐업의 사실을 특정소방대상물의 관계인에게 알리지 아니하거나 거짓으로 알린 관리업자 ⑬ 소속 기술인력의 참여 없이 [ ]을 한 관리업자 ⑭ 점검실적을 증명하는 서류 등을 거짓으로 제출한 자 ⑮ 감독에 따른 명령을 위반하여 보고 또는 자료제출을 하지 아니하거나 거짓으로 보고 또는 자료제출을 한 자 또는 정당한 사유 없이 관계 공무원의 출입 또는 검사를 거부·방해 또는 기피한 자	[ ] 원 이하의 과태료 [7] ▶【법 제61조】 과태료 부과권자 소방청장, 시·도지사, 소방본부장 또는 소방서장

---

[6] ② 임시소방시설 ④ 방염성능기준 ⑬ 자체점검
[7] 300만

소방관계법규

PART 03

화재조사법

03 화재조사법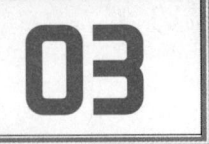

| Chapter 01 | 총 칙 |

01 목적(법 제1조) [1]

화재예방 및 소방정책에 활용하기 위하여 화재[　], 화재[　] 및 [　], 피해현황 등에 관한 [　]·[　]인 조사에 필요한 사항을 규정함을 목적으로 한다.(법 제1조)

02 정의(법 제2조) [2]

(1) 화 재

사람의 [　]에 반하거나 고의 또는 과실에 의하여 발생하는 연소 현상으로서 [　]할 필요가 있는 현상 또는 사람의 의도에 반하여 발생하거나 확대된 [　] 폭발현상을 말한다.

(2) 화재조사

[　], [　] 또는 [　]이 화재원인, 피해상황, 대응활동 등을 파악하기 위하여 자료의 수집, [　]에 대한 질문, 현장 확인, 감식, 감정 및 실험 등을 하는 일련의 행위를 말한다.

(3) 화재조사관

화재조사에 전문성을 인정받아 화재조사를 수행하는 [　]을 말한다.

---

1 원인, 성장, 확산, 과학적, 전문적
2 (1) 의도, 소화, 화학적 (2) 소방청장, 소방본부장, 소방서장, 관계인등 (3) 소방공무원

(4) 관계인등 [3]

화재가 발생한 소방대상물의 소유자·관리자 또는 점유자(관계인) 및 다음 각 목의 사람을 말한다.

① 화재 현장을 발견하고 [   ]한 사람

② 화재 현장을 [   ]한 사람

③ [   ]활동을 행하거나 [   ]활동(유도대피 [   ])에 관계된 사람

④ [   ]를 발생시키거나 화재발생과 관계된 사람

03 국가 등의 책무(법 제3조) [4]

(1) 국가와 지방자치단체의 책무

[   ]와 [   ]는 화재조사에 필요한 기술의 연구·개발 및 화재조사의 정확도를 향상시키기 위한 시책을 강구하고 추진하여야 한다.(법 제3조 제1항)

(2) 관계인의 책무

관계인등은 화재조사가 적절하게 이루어질 수 있도록 [   ]하여야 한다.(법 제3조 제2항)

---

3 (4) ① 신고 ② 목격 ③ 소화, 인명구조, 포함 ④ 화재
4 (1) 국가, 지방자치단체 (2) 협력

Chapter 02 화재조사의 실시 등

01 화재조사의 실시(법 제5조)

(1) 화재조사 실시

① 소방청장, 소방본부장 또는 소방서장(소방관서장)은 화재발생 사실을 알게 된 때에는 [   ] 화재조사를 하여야 한다. 이 경우 수사기관의 범죄수사에 지장을 주어서는 아니 된다.(법 제5조 제1항)

(2) 화재조사 사항(법 제5조 제2항)

소방관서장은 화재조사를 하는 경우 다음 각 호의 사항에 대하여 조사하여야 한다.

① 화재[ ]에 관한 사항
② 화재로 인한 인명·재산피해상황
③ [ ]활동에 관한 사항
④ 소방시설 등의 설치·관리 및 작동 여부에 관한 사항
⑤ 화재발생건축물과 구조물, 화재[ ]별 화재[   ] 등에 관한 사항
⑥ 그 밖에 대통령령으로 정하는 사항
   ㉠ 화재안전조사의 실시 [ ]에 관한 사항(영 제3조 제1항)

(3) 화재조사의 절차(영 제3조 제2항)

① 현장[ ] 중 조사: 화재발생 접수, 출동 중 화재상황 파악 등
② 화재[ ] 조사: 화재의 발화원인, 연소상황 및 피해상황 조사 등
③ [ ]조사: 감식·감정, 화재원인 판정 등
④ 화재조사 결과 보고

(4) 화재조사의 대상 및 절차 등에 필요한 사항은 대통령령으로 정한다.(법 제5조 제3항)

(5) 화재조사 대상(영 제2조)

소방청장, 소방본부장 또는 소방서장이 화재조사를 실시해야 할 대상은 다음 각 호와 같다.

①「소방기본법」에 따른 [   ]에서 발생한 화재
② 그 밖에 [   ]이 화재조사가 필요하다고 인정하는 화재

---

[1] (1) ① 지체 없이 (2) ① 원인 ③ 대응 ⑤ 유형, 위험성 ⑥ ㉠ 결과 (3) ① 출동 ② 현장 ③ 정밀
    (5) ① 소방대상물 ② 소방관서장

02 화재조사전담부서의 설치·운영 등(법 제6조)

(1) 화재조사전담부서 [2]
   ① [   ]은 전문성에 기반하는 화재조사를 위하여 화재조사전담부서를 설치·운영하여야 한다.(법 제6조 제1항)
   ② 전담부서의 업무(법 제6조 제2항)
      ㉠ 화재조사의 실시 및 조사결과 분석·관리
      ㉡ 화재조사 관련 기술개발과 화재조사관의 역량증진
      ㉢ 화재조사에 필요한 시설·장비의 관리·운영
      ㉣ 그 밖의 화재조사에 관하여 필요한 업무
   ③ 소방관서장은 [   ]으로 하여금 화재조사 업무를 수행하게 하여야 한다. (법 제6조 제3항)
   ④ 전담부서의 구성·운영, 화재조사관의 구체적인 자격기준 및 교육훈련 등에 필요한 사항은 [   ]으로 정한다.(법 제6조 제5항)

(2) 화재조사 결과의 보고
   ① 화재조사전담부서가 화재조사를 완료한 경우에는 화재조사 결과를 소방청장, 소방본부장 또는 소방서장에게 보고해야 한다.(규칙 제2조 제1항)
   ② 보고는 소방청장이 정하는 화재발생종합보고서에 따른다.(규칙 제2조 제2항)

(3) 화재조사관의 자격기준 [3]
   ① 화재조사 업무를 수행하는 화재조사관은 다음 각 호의 어느 하나에 해당하는 [   ]으로 한다.(영 제5조 제1항)
      ㉠ [   ]이 실시하는 화재조사에 관한 시험에 합격한 소방공무원
      ㉡ 「국가기술자격법」에 따른 국가기술자격의 직무분야 중 [   ] 분야의 기사 또는 산업기사 자격을 취득한 소방공무원
   ② 화재조사에 관한 시험의 방법, 과목, 그 밖에 시험 시행에 필요한 사항은 [   ]으로 정한다.(영 제5조 제2항)

---

2 (1) ① 소방관서장 ③ 화재조사관 ④ 대통령령
3 (3) ① 소방공무원 ㉠ 소방청장 ㉡ 화재감식평가 ② 행정안전부령

(4) 화재조사에 관한 시험 4

① 화재조사관은 소방청장이 실시하는 화재조사에 관한 시험에 합격한 소방공무원 등 화재조사에 관한 전문적인 자격을 가진 소방공무원으로 한다.(법 제6조 제4항)

② 소방청장이 화재조사에 관한 시험을 실시하는 경우에는 시험의 과목·일시·장소 및 응시 자격·절차 등을 시험 실시 [　]일 전까지 소방청의 인터넷 홈페이지에 공고해야 한다.(규칙 제4조 제1항)

③ 자격시험에 응시할 수 있는 사람은 소방공무원 중 다음 각 호의 어느 하나에 해당하는 사람으로 한다.(규칙 제4조 제2항)
  ㉠ 화재조사관 양성을 위한 전문교육을 이수한 사람
  ㉡ 국립과학수사연구원 또는 소방청장이 인정하는 외국의 화재조사 관련 기관에서 [　] 주 이상 화재조사에 관한 전문교육을 이수한 사람

④ 자격시험은 1차 시험과 2차 시험으로 구분하여 실시하며, 1차 시험에 합격한 사람만이 2차 시험에 응시할 수 있다.(규칙 제4조 제3항)

⑤ 소방청장은 소방공무원에게 화재조사관 자격증을 발급해야 한다.(규칙 제4조 제4항)

⑥ 소방청장은 자격시험에서 부정한 행위를 한 사람에 대해서는 그 시험을 정지 또는 무효로 하거나 합격을 [　]한다.(규칙 제4조 제5항)

---

4 (4) ② 30 ③ ㉡ 8 ⑥ 취소

(5) 화재조사에 관한 교육훈련 5

① 소방관서장은 다음 각 호의 구분에 따라 화재조사관에 대한 교육훈련을 실시한다.
(영 제6조 제1항)
㉠ 화재조사관 양성을 위한 전문교육
㉡ 화재조사관의 전문능력 향상을 위한 전문교육
㉢ 전담부서에 배치된 화재조사관을 위한 의무 보수교육

② 소방관서장은 필요한 경우 교육훈련을 다른 소방관서나 화재조사 관련 전문기관에 위탁하여 실시할 수 있다.(영 제6조 제2항)

③ ① 및 ②에서 규정한 사항 외에 화재조사에 관한 교육훈련에 필요한 사항은 [   ]으로 정한다.(영 제6조 제3항)

④ 화재조사관 양성을 위한 전문교육의 내용(규칙 제5조 제1항)
㉠ 화재조사 이론과 실습
㉡ 화재조사 시설 및 장비의 사용에 관한 사항
㉢ 주요·특이 화재조사, 감식·감정에 관한 사항
㉣ 화재조사 관련 정책 및 법령에 관한 사항
㉤ 그 밖에 소방청장이 화재조사 관련 전문능력의 배양을 위해 필요하다고 인정하는 사항

⑤ 전담부서에 배치된 화재조사관은 의무 보수교육을 [   ] 마다 받아야 한다. 다만, 전담부서에 배치된 후 [   ] 받는 의무 보수교육은 배치 후 [   ] 이내에 받아야 한다.
(규칙 제5조 제2항)

⑥ [   ]은 의무 보수교육을 이수하지 않은 사람에게 보수교육을 [   ]할 때까지 화재조사 업무를 수행하게 해서는 안 된다.(규칙 제5조 제3항)

⑦ ④부터 ⑥까지에서 규정한 사항 외에 화재조사에 관한 교육훈련에 필요한 사항은 [   ]이 정한다.(규칙 제5조 제4항)

---

5 (5) ③ 행정안전부령 ⑤ 2년, 처음, 1년 ⑥ 소방관서장, 이수 ⑦ 소방청장

03 화재합동조사단의 구성·운영(법 제7조) [6]

(1) 화재합동조사단

① 소방관서장은 [　　]가 많거나 사회적 이목을 끄는 화재 등 [　　　]으로 정하는 대형화재 등이 발생한 경우 종합적이고 정밀한 화재조사를 위하여 유관기관 및 관계 전문가를 [　　]한 화재합동조사단을 구성·운영할 수 있다.(법 제7조 제1항)

② 화재합동조사단의 구성과 운영 등에 필요한 사항은 대통령령으로 정한다.
(법 제7조 제2항)

③ 사상자가 많거나 사회적 이목을 끄는 화재 등 대통령령으로 정하는 대형화재
(영 제7조 제1항)
㉠ [　　　]가 5명 이상 발생한 화재
㉡ 화재로 인한 사회적·경제적 영향이 광범위하다고 [　　　　]이 인정하는 화재

④ 화재합동조사단의 단원은 다음 각 호의 어느 하나에 해당하는 사람 중에서 [　　　　]이 임명하거나 위촉한다.(영 제7조 제2항)
㉠ 화재조사관
㉡ 화재조사 업무에 관한 경력이 [ ]년 이상인 소방공무원
㉢ 학교 또는 이에 준하는 교육기관에서 화재조사, 소방 또는 안전관리 등 관련 분야 조교수 이상의 직에 [ ]년 이상 재직한 사람
㉣ 국가기술자격의 직무분야 중 안전관리 분야에서 [　　　] 이상의 자격을 취득한 사람
㉤ 그 밖에 건축·안전 분야 또는 화재조사에 관한 학식과 경험이 풍부한 사람

⑤ 화재합동조사단의 단장은 단원 중에서 [　　　　]이 지명하거나 위촉하는 사람이 된다.(영 제7조 제3항)

⑥ 화재합동조사단은 화재조사를 완료하면 소방관서장에게 다음 각 호의 사항이 포함된 화재조사 결과를 보고해야 한다.(영 제7조 제5항)
㉠ 화재합동조사단 운영 개요
㉡ 화재조사 개요
㉢ 화재조사에 관한 법 제5조 제2항 각 호의 사항
㉣ 다수의 인명피해가 발생한 경우 그 원인
㉤ 현행 제도의 문제점 및 개선 방안
㉥ 그 밖에 소방관서장이 필요하다고 인정하는 사항

---

6 (1) ① 사상자, 대통령령, 포함 ③ ㉠ 사망자 ㉡ 소방관서장 ④ 소방관서장 ㉡ 3 ㉢ 3 ㉣ 산업기사
⑤ 소방관서장

04 화재현장 보존 등(법 제8조)

(1) 화재현장 보존 [7]

① [　　　　]은 화재조사를 위하여 필요한 범위에서 화재현장 보존조치를 하거나 화재현장과 그 인근 지역을 통제구역으로 설정할 수 있다. 다만, 방화 또는 실화의 혐의로 수사의 대상이 된 경우에는 관할 [　　　] 또는 [　　　　]이 통제구역을 설정한다.(법 제8조 제1항)

② 누구든지 [　　　] 또는 [　　　]의 허가 없이 설정된 통제구역에 출입하여서는 아니 된다.(법 제8조 제2항)

③ 화재현장 보존조치를 하거나 통제구역을 설정한 경우 누구든지 소방관서장 또는 경찰서장의 허가 없이 화재현장에 있는 물건 등을 이동시키거나 변경·훼손하여서는 아니 된다. 다만, 공공의 [　　]에 중대한 영향을 미친다고 판단되거나 [　　　] 등 긴급한 사유가 있는 경우에는 그러하지 아니하다.(법 제8조 제3항)

④ 화재현장 보존조치, 통제구역의 설정 및 출입 등에 필요한 사항은 [　　　]으로 정한다.(법 제8조 제4항)

(2) 화재현장 보존조치 통지(영 제8조) [8]

소방관서장이나 관할 경찰서장 또는 해양경찰서장은 화재현장 보존조치를 하거나 통제구역을 설정하는 경우 다음 각 호의 사항을 화재가 발생한 소방대상물의 소유자·관리자 또는 점유자에게 알리고 해당 사항이 포함된 표지를 설치해야 한다.

① 화재현장 보존조치나 통제구역 설정의 [　　] 및 [　　]

② 화재현장 보존조치나 통제구역 설정의 [　　]

③ 화재현장 보존조치나 통제구역 설정의 [　　]

(3) 화재현장 보존조치 등의 해제(영 제9조) [9]

소방관서장이나 경찰서장은 다음 각 호의 경우에는 화재현장 보존조치나 통제구역의 설정을 [　　　] 해제해야 한다.

① 화재조사가 완료된 경우

② 화재현장 보존조치나 통제구역의 설정이 해당 화재조사와 관련이 없다고 인정되는 경우

---

7 ① 소방관서장, 경찰서장, 해양경찰서장 ② 소방관서장, 경찰서장 ③ 이익, 인명구조 ④ 대통령령
8 ① 이유, 주체 ② 범위 ③ 기간
9 지체 없이

(4) 출입·조사 등 [10]

① 소방관서장은 화재조사를 위하여 필요한 경우에 관계인에게 보고 또는 자료 제출을 명하거나 [   ]으로 하여금 해당 장소에 출입하여 화재조사를 하게 하거나 [   ]에게 질문하게 할 수 있다.(법 제9조 제1항)

② 화재조사를 하는 화재조사관은 그 권한을 표시하는 증표를 지니고 이를 관계인등에게 보여주어야 한다.(법 제9조 제2항)

③ 화재조사를 하는 화재조사관은 [   ]의 정당한 업무를 방해하거나 화재조사를 수행하면서 알게 된 비밀을 다른 용도로 사용하거나 다른 사람에게 누설하여서는 아니 된다.(법 제9조 제3항)

(5) 관계인등의 출석 [11]

① 소방관서장은 화재조사가 필요한 경우 관계인등을 소방관서에 출석하게 하여 질문할 수 있다.(법 제10조 제1항)

② 관계인등의 출석 및 질문 등에 필요한 사항은 대통령령으로 정한다.(법 제10조 제2항)

③ 소방관서장은 관계인등의 출석을 요구하려면 출석일 [   ] 전까지 다음 각 호의 사항을 관계인등에게 알려야 한다.(영 제10조 제1항)
  ㉠ 출석 일시와 장소
  ㉡ 출석 요구 사유
  ㉢ 그 밖에 화재조사와 관련하여 필요한 사항

---

10 ① 화재조사관, 관계인등 ③ 관계인
11 3일

(6) 화재조사 증거물 수집 [12]

① 소방관서장은 화재조사를 위하여 필요한 경우 증거물을 수집하여 검사·시험·분석 등을 할 수 있다. 다만, [   ]와 관련된 증거물인 경우에는 [   ]과 협의하여 수집할 수 있다.(법 제11조 제1항)

② 소방관서장은 수사기관의 장이 [   ] 또는 [   ]의 혐의가 있어서 이미 피의자를 체포하였거나 증거물을 압수하였을 때에 화재조사를 위하여 필요한 경우에는 범죄수사에 지장을 주지 아니하는 범위에서 그 피의자 또는 압수된 증거물에 대한 조사를 할 수 있다. 이 경우 수사기관의 장은 소방관서장의 신속한 화재조사를 위하여 특별한 사유가 없으면 조사에 협조하여야 한다.(법 제11조 제2항)

③ 증거물 수집의 범위, 방법 및 절차 등에 필요한 사항은 대통령령으로 정한다.(법 제11조 제3항)

④ 소방관서장은 화재조사를 위하여 필요한 [   ]의 범위에서 화재조사관에게 증거물을 수집하여 검사·시험·분석 등을 하게 할 수 있다.(영 제11조 제1항)

(7) 소방공무원과 경찰공무원의 협력 [13]

① 소방공무원과 경찰공무원(제주특별자치도의 자치경찰공무원을 [   ])은 다음 각 호의 사항에 대하여 서로 협력하여야 한다.(법 제12조 제1항)
  ㉠ 화재[   ]의 출입·보존 및 통제에 관한 사항
  ㉡ 화재조사에 필요한 [   ]의 수집 및 보존에 관한 사항
  ㉢ 관계인등에 대한 [   ]에 관한 사항
  ㉣ 그 밖에 화재조사에 필요한 사항

② 소방관서장은 방화 또는 실화의 혐의가 있다고 인정되면 지체 없이 [   ]에게 그 사실을 알리고 필요한 증거를 수집·보존하는 등 그 범죄수사에 [   ]하여야 한다.(법 제12조 제2항)

---

12 ① 범죄수사, 수사기관의 장 ② 방화, 실화 ④ 최소한
13 ① 포함 ㉠ 현장 ㉡ 증거물 ㉢ 진술 확보 ② 경찰서장, 협력

(8) 관계 기관 등의 협조 [14]

① 소방관서장, 중앙행정기관의 장, 지방자치단체의 장, 보험회사, 그 밖의 관련 기관·단체의 장은 화재조사에 필요한 사항에 대하여 서로 협력하여야 한다.(법 제13조 제1항)

② 소방관서장은 화재원인 규명 및 피해액 산출 등을 위하여 필요한 경우에는 [   ], 관계 [   ] 등에 「개인정보 보호법」에 따른 개인정보를 포함한 보험가입 정보 등을 요청할 수 있다. 이 경우 정보 제공을 요청받은 기관은 정당한 사유가 없으면 이를 거부할 수 없다.(법 제13조 제2항)

---

14 ② 금융감독원, 보험회사

Chapter 03 화재조사 결과의 공표 등

01 화재조사 결과의 공표 등(법 제14조~제16조)

(1) 화재조사 결과의 공표 [1]

① 소방관서장은 국민이 유사한 화재로부터 피해를 입지 않도록 하기 위한 경우 등 필요한 경우 화재조사 결과를 공표할 수 있다. 다만, 수사가 진행 중이거나 수사의 필요성이 인정되는 경우에는 관계 수사기관의 장과 공표 여부에 관하여 [　]에 협의하여야 한다.(법 제14조 제1항)

② 공표의 범위·방법 및 절차 등에 관하여 필요한 사항은 [　　　]으로 정한다. (법 제14조 제2항)

③ 소방관서장은 다음 각 호의 경우에는 화재조사 결과를 공표할 수 있다. (규칙 제8조 제1항)
　㉠ 국민이 유사한 화재로부터 피해를 입지 않도록 하기 위해 필요한 경우
　㉡ 사회적 관심이 집중되어 국민의 알 권리 충족 등 공공의 이익을 위해 필요한 경우

④ 소방관서장은 화재조사의 결과를 공표할 때에는 다음 각 호의 사항을 포함시켜야 한다.(규칙 제8조 제2항)
　㉠ 화재원인에 관한 사항
　㉡ 화재로 인한 인명·재산피해에 관한 사항
　㉢ 화재발생 건축물과 구조물에 관한 사항
　㉣ 그 밖에 화재예방을 위해 공표할 필요가 있다고 소방관서장이 인정하는 사항

(2) 화재조사 결과의 통보

소방관서장은 화재조사 결과를 중앙행정기관의 장, 지방자치단체의 장, 그 밖의 관련 기관·단체의 장 또는 관계인 등에게 통보하여 유사한 화재가 발생하지 않도록 필요한 조치를 취할 것을 요청할 수 있다.(법 제15조)

---

1 ① 사전 ② 행정안전부령

(3) 화재증명원의 발급 [2]

① [   ]은 화재와 관련된 이해관계인 또는 화재발생 내용 입증이 필요한 사람이 화재를 증명하는 서류(화재증명원) 발급을 신청하는 때에는 화재증명원을 발급하여야 한다.(법 제16조 제1항)

② 화재증명원의 발급신청 절차·방법·서식 및 기재사항, 온라인 발급 등에 필요한 사항은 행정안전부령으로 정한다.(법 제16조 제2항)

---

2 ① 소방관서장

Chapter 04 화재조사 기반구축

01 감정기관의 지정·운영 등(법 제17조)

(1) 감정기관 [1]

① [　　]은 과학적이고 전문적인 화재조사를 위하여 대통령령으로 정하는 시설과 전문인력 등 지정기준을 갖춘 기관을 화재감정기관(감정기관)으로 지정·운영하여야 한다.(법 제17조 제1항)

② 소방청장은 지정된 감정기관에서의 과학적 조사·분석 등에 소요되는 비용의 [　] 또는 [　]를 지원할 수 있다.(법 제17조 제2항)

③ 소방청장은 감정기관으로 지정받은 자가 다음 각 호의 어느 하나에 해당하는 경우에는 지정을 취소할 수 있다. 다만, ㉠에 해당하는 경우에는 지정을 [　]하여야 한다.
(법 제17조 제3항)
  ㉠ [　]이나 그 밖의 [　]한 방법으로 지정을 받은 경우(취소)
  ㉡ 지정기준에 적합하지 아니하게 된 경우
  ㉢ 고의 또는 중대한 과실로 감정 결과를 사실과 다르게 작성한 경우
  ㉣ 그 밖에 대통령령으로 정하는 사항을 위반한 경우
    ⓐ 의뢰받은 감정을 정당한 사유 없이 거부하거나 [　] 이상 수행하지 않은 경우(영 제13조 제3항 제1호)
    ⓑ 거짓이나 그 밖의 부정한 방법으로 감정 비용을 청구한 경우
      (영 제13조 제3항 제2호)

④ 소방청장은 감정기관의 지정을 취소하려면 [　]을 하여야 한다.(법 제17조 제4항)

⑤ 감정기관의 지정기준, 지정 절차, 지정 취소 및 운영 등에 필요한 사항은 [　　]으로 정한다.(법 제17조 제5항)

---

1 ① 소방청장 ② 전부, 일부 ③ 취소 ㉠ 거짓, 부정 ㉣ⓐ 1개월 ④ 청문 ⑤ 대통령령

(2) 대통령령으로 정하는 시설과 전문인력 등 지정기준(영 제12조 제1항) [2]

① 화재조사를 수행할 수 있는 다음 각 목의 시설을 모두 갖출 것
  ㉠ 증거물, 화재조사 장비 등을 안전하게 보호할 수 있는 설비를 갖춘 시설
  ㉡ 증거물 등을 [   ] 보존·보관할 수 있는 시설
  ㉢ 증거물의 감식·감정을 수행하는 과정 등을 [   ]하고 이를 [   ]의 형태로 처리·보관할 수 있는 시설

② 화재조사에 필요한 다음 각 목의 구분에 따른 전문인력을 각각 보유할 것
  ㉠ 주된 기술인력: 다음의 어느 하나에 해당하는 사람을 [ ]명 이상 보유할 것
    ⓐ 국가기술자격의 직무분야 중 화재감식평가 분야의 기사 자격 취득 후 화재조사 관련 분야에서 [ ]년 이상 근무한 사람
    ⓑ 화재조사관 자격 취득 후 화재조사 관련 분야에서 [ ]년 이상 근무한 사람
    ⓒ 이공계 분야의 박사학위 취득 후 화재조사 관련 분야에서 [ ]년 이상 근무한 사람
  ㉡ 보조 기술인력: 다음의 어느 하나에 해당하는 사람을 [ ]명 이상 보유할 것
    ⓐ 국가기술자격의 직무분야 중 화재감식평가 분야의 기사 또는 산업기사 자격을 취득한 사람
    ⓑ 화재조사관 자격을 취득한 사람
    ⓒ 소방청장이 인정하는 화재조사 관련 국제자격증 소지자
    ⓓ 이공계 분야의 [   ] 이상 학위 취득 후 화재조사 관련 분야에서 1년 이상 근무한 사람

③ 화재조사를 수행할 수 있는 감식·감정 장비, 증거물 수집 [   ] 등을 갖출 것

---

[2] ① ㉡ 장기간 ㉢ 촬영, 디지털파일 ② ㉠ 2 ⓐ 5 ⓑ 5 ⓒ 2 ㉡ 3 ⓓ 석사 ③ 장비

(3) 화재감정기관 지정 절차 및 취소 등 [3]

① 화재감정기관으로 지정받으려는 자는 [　　　　]으로 정하는 화재감정기관 지정신청서에 다음 각 호의 서류를 첨부하여 [　　　　]에게 제출해야 한다. 이 경우 소방청장은 제출된 서류에 보완이 필요하다고 판단되면 보완에 필요한 기간을 정하여 보완을 요구[　　　　].(영 제13조 제1항)
　㉠ 시설 현황에 관한 서류
　㉡ 조직 및 인력 현황에 관한 서류(인력 현황의 경우에는 자격 및 경력을 증명하는 서류를 포함)
　㉢ 화재조사 관련 장비 현황에 관한 서류
　㉣ 법인의 정관 또는 단체의 규약(법인 또는 단체인 경우만 해당)

② 소방청장은 화재감정기관 지정신청서 또는 첨부서류에 보완이 필요하다고 판단되면 [　]일 이내의 기간을 정하여 보완을 요구할 수 있다.(규칙 제10조 제3항)

③ 지정이 취소된 화재감정기관은 지정이 취소된 날부터 [　]일 이내에 화재감정기관 지정서를 반환해야 한다.(영 제13조 제4항)

02 국가화재정보시스템의 구축·운영(법 제19조) [4]

(1) 국가화재정보시스템

① [　　　　]은 화재조사 [　　], 화재[　　], [　　]상황 등에 관한 화재정보를 종합적으로 수집·관리하여 화재예방과 소방활동에 활용할 수 있는 국가화재정보시스템을 구축·운영[　　　　].(법 제19조 제1항)

② 화재정보의 수집·관리 및 활용 등에 필요한 사항은 대통령령으로 정한다.
　(법 제19조 제2항)

---

3 ① 행정안전부령, 소방청장, 할 수 있다 ② 10 ③ 10
4 (1) ① 소방청장, 결과, 원인, 피해, 하여야 한다

03 연구개발사업의 지원(법 제20조) [5]

(1) 연구개발사업의 지원

① 소방청장은 화재조사 기법에 필요한 연구·실험·조사·기술개발 등을 지원하는 시책을 수립[   ].(법 제20조 제1항)

② 소방청장은 연구개발사업을 효율적으로 추진하기 위하여 다음 각 호의 어느 하나에 해당하는 기관 또는 단체 등에게 연구개발사업을 수행하게 하거나 공동으로 수행할 수 있다.(법 제20조 제2항)
  ㉠ 국공립 연구기관
  ㉡ [   ]기관
  ㉢ [   ]분야 정부출연연구기관
  ㉣ 대학·산업대학·전문대학·기술대학
  ㉤ 설립된 법인으로서 화재조사 관련 연구기관 또는 법인 부설 연구소
  ㉥ 인정받은 기업부설연구소 또는 기업의 연구개발전담부서
  ㉦ 그 밖에 대통령령으로 정하는 화재조사와 관련한 연구·조사·기술개발 등을 수행하는 기관 또는 단체
    ⓐ [   ]기관(영 제15조)

③ 소방청장은 ② 각 호의 기관 또는 단체 등에 대하여 연구개발사업을 실시하는 데 필요한 경비의 [   ] 또는 [   ]를 출연하거나 보조할 수 있다.(법 제20조 제3항)

④ 연구개발사업의 추진에 필요한 사항은 [   ]으로 정한다.(법 제20조 제4항)

---

5 (1) ① 할 수 있다 ② ㉡ 특정연구 ㉢ 과학기술 ㉦ ⓐ 화재감정 ③ 전부, 일부 ④ 행정안전부령

Chapter 05 벌칙

01 벌칙 [1]

내용	벌칙
① 허가 없이 화재현장에 있는 물건 등을 이동시키거나 변경·훼손한 사람 ② 정당한 사유 없이 [ ]의 출입 또는 조사를 거부·방해 또는 기피한 사람 ③ 관계인의 정당한 업무를 방해하거나 화재조사를 수행하면서 알게 된 비밀을 다른 용도로 사용하거나 다른 사람에게 누설한 사람 ④ 정당한 사유 없이 [ ] 수집을 거부·방해 또는 기피한 사람	300만 원 이하의 벌금 ▶【법 제21조】
법인의 대표자나 법인 또는 개인의 대리인, 사용인, 그 밖의 종업원이 그 법인 또는 개인의 업무에 관하여 제21조에 해당하는 위반행위를 하면 그 행위자를 벌하는 외에 그 법인 또는 개인에게도 해당 조문의 벌금형을 과(科)한다. 다만, 법인 또는 개인이 그 위반행위를 방지하기 위하여 해당 업무에 관하여 상당한 주의와 감독을 게을리 하지 아니한 경우에는 그러하지 아니하다.	양벌규정 ▶【법 제22조】
① 허가 없이 [ ]에 출입한 사람 ② 관계인에게 보고 또는 자료 제출을 명하거나 [ ]으로 하여금 해당 장소에 출입하여 화재조사를 하게 하거나 관계인등에게 질문에 따른 명령을 위반하여 보고 또는 자료 제출을 하지 아니하거나 거짓으로 보고 또는 자료를 제출한 사람 ③ 정당한 사유 없이 화재조사가 필요한 경우 [ ]이 출석을 거부하거나 질문에 대하여 거짓으로 진술한 사람	200만 원 이하의 과태료 ▶【법 제23조 제1항】 과태료 부과권자 [ ] 또는 [ ]

---

1 ② 화재조사관 ④ 증거물 / ① 통제구역 ② 화재조사관 ③ 관계인등 / 소방관서장, 경찰서장

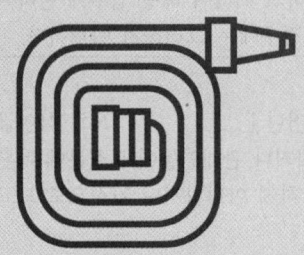

소방관계법규

PART 04

화재예방법

04 화재예방법

DAY 21

Chapter 01 총 칙

01 목적(법 제1조) [1]

(1) 화재의 예방과 안전관리에 필요한 사항을 규정함으로써 화재로부터 국민의 [　　]·[　　] 및 [　　]을 보호한다.

(2) [　　　]과 [　　　]에 이바지함을 목적으로 한다.

02 정의(법 제2조) [2]

(1) [　　]

화재의 위험으로부터 사람의 생명·신체 및 재산을 보호하기 위하여 화재발생을 사전에 제거하거나 방지하기 위한 모든 활동을 말한다.

(2) [　　　]

화재로 인한 피해를 최소화하기 위한 예방, 대비, 대응 등의 활동을 말한다.

(3) 화재안전조사

소방청장, 소방본부장 또는 소방서장(소방관서장)이 [　　　], [　　　] 또는 [　　]에 대하여 소방시설등이 소방 관계 법령에 적합하게 설치·관리되고 있는지, 소방대상물에 화재의 발생 위험이 있는지 등을 확인하기 위하여 실시하는 [　　　]·[　　　]·[　　　] 등을 하는 활동을 말한다.

---

1 (1) 생명, 신체, 재산 (2) 공공의 안전, 복리 증진
2 (1) 예방 (2) 안전관리 (3) 소방대상물, 관계지역, 관계인, 현장조사, 문서열람, 보고요구

(4) [   ]

특별시장·광역시장·특별자치시장·도지사 또는 특별자치도지사(시·도지사)가 화재발생 우려가 크거나 화재가 발생할 경우 피해가 클 것으로 예상되는 지역에 대하여 화재의 예방 및 안전관리를 강화하기 위해 지정·관리하는 지역을 말한다.

(5) [   ]

화재가 발생할 경우 사회·경제적으로 피해 규모가 클 것으로 예상되는 소방대상물에 대하여 화재위험요인을 조사하고 그 위험성을 평가하여 개선대책을 수립하는 것을 말한다.

03 국가와 지방자치단체의 등의 책무(법 제3조)

(1) 국가의 책무

[   ]는 화재로부터 국민의 생명과 재산을 보호할 수 있도록 화재의 예방 및 안전관리에 관한 정책(화재예방정책)을 수립·시행하여야 한다.(법 제3조 제1항)

(2) 지방자치단체의 책무

[   ]는 국가의 화재예방정책에 맞추어 지역의 실정에 부합하는 화재예방정책을 수립·시행하여야 한다.(법 제3조 제2항)

(3) 관계인의 책무

[   ]은 국가와 지방자치단체의 화재예방정책에 적극적으로 협조하여야 한다.
(법 제3조 제3항)

---

(4) 화재예방강화지구 (5) 화재예방안전진단
3 (1) 국가 (2) 지방자치단체 (3) 관계인

Chapter 02 화재의 예방 및 안전관리 기본계획의 수립·시행

01 화재의 예방 및 안전관리 기본계획 등의 수립·시행(법 제4조)

(1) 기본계획의 수립·시행 [1]

① [　　　]은 화재예방정책을 체계적·효율적으로 추진하고 이에 필요한 기반 확충을 위하여 화재의 예방 및 안전관리에 관한 기본계획을 [ ]년마다 수립·시행하여야 한다. (법 제4조 제1항)

② 기본계획은 대통령령으로 정하는 바에 따라 소방청장이 [　　　　　]과 협의하여 수립한다.(법 제4조 제2항)
  ⊙ 기본계획 협의 : 계획 시행 전년도 [　　]까지
  ⓒ 기본계획 수립 : 계획 시행 전년도 [　　]까지

③ 소방청장은 기본계획을 시행하기 위하여 [　] 시행계획을 수립·시행하여야 한다.(법 제4조 제4항) : 소방청장은 「화재의 예방 및 안전관리에 관한 법률」에 따른 화재의 예방 및 안전관리에 관한 기본계획을 계획 시행 전년도 [　　]까지 관계 중앙행정기관의 장과 협의한 후 계획 시행 전년도 [　　]까지 수립해야 한다.(영 제2조)

④ 소방청장은 수립된 기본계획과 시행계획을 관계 중앙행정기관의 장과 시·도지사에게 통보하여야 한다.(법 제4조 제5항) : 소방청장은 법 제4조 제5항에 따라 관계 중앙행정기관의 장과 특별시장·광역시장·특별자치시장·도지사 또는 특별자치도지사에게 기본계획 및 시행계획을 각각 계획 시행 전년도 [　　]까지 통보해야 한다.(영 제5조 제1항)

⑤ 기본계획과 시행계획을 통보받은 관계 중앙행정기관의 장과 시·도지사는 소관 사무의 특성을 반영한 세부시행계획을 수립·시행하고 그 결과를 소방청장에게 통보하여야 한다.(법 제4조 제6항) : 통보를 받은 관계 중앙행정기관의 장 및 시·도지사는 법 제4조 제6항에 따른 세부시행계획을 수립하여 계획 시행 전년도 [　　]까지 소방청장에게 통보해야 한다.(영 제5조 제2항)

⑥ 소방청장은 기본계획 및 시행계획을 수립하기 위하여 필요한 경우에는 관계 중앙행정기관의 장 또는 시·도지사에게 관련 자료의 제출을 요청할 수 있다. 이 경우 자료 제출을 요청받은 관계 중앙행정기관의 장 또는 시·도지사는 특별한 사유가 없으면 이에 따라야 한다.(법 제4조 제7항)

⑦ 기본계획, 시행계획 및 세부시행계획의 수립·시행에 필요한 사항은 [　　]으로 정한다.(법 제4조 제8항)

---

1 ① 소방청장, 5 ② 관계 중앙행정기관의 장 ⊙ 8월 31일 ⓒ 9월 30일 ③ 매년, 8월 31일, 9월 30일 ④ 10월 31일 ⑤ 12월 31일 ⑦ 대통령령

(2) 기본계획의 내용(법 제4조 제3항) [2]
   ① 화재예방정책의 [   ] 및 [   ]
   ② 화재의 예방과 안전관리를 위한 법령·제도의 마련 등 기반 조성
   ③ 화재의 예방과 안전관리를 위한 대국민 [   ]·[   ]
   ④ 화재의 예방과 안전관리 관련 기술의 개발·보급
   ⑤ 화재의 예방과 안전관리 관련 [   ]의 육성·지원 및 관리
   ⑥ 화재의 예방과 안전관리 관련 산업의 [   ] 향상
   ⑦ 그 밖에 대통령령으로 정하는 화재의 예방과 안전관리에 필요한 사항

02 실태조사(법 제5조) [3]

(1) 실태조사

[   ]은 기본계획 및 시행계획의 수립·시행에 필요한 기초자료를 확보하기 위하여 실태조사를 할 수 있다. 이 경우 관계 중앙행정기관의 장의 요청이 있는 때에는 합동으로 실태조사를 할 수 있다.(법 제5조 제1항)

(2) 실태조사 항목(법 제5조 제1항)
   ① 소방대상물의 [   ] 현황
   ② 소방대상물의 화재의 예방 및 안전관리 현황
   ③ 소방대상물의 소방시설등 [   ] 현황
   ④ 그 밖에 기본계획 및 시행계획의 [   ]을 위하여 필요한 사항

(3) 소방청장은 소방대상물의 현황 등 관련 정보를 보유·운용하고 있는 관계 중앙행정기관의 장, 지방자치단체의 장, 「공공기관의 운영에 관한 법률」 제4조에 따른 [   ] 또는 [   ]에게 (1)에 따른 실태조사에 필요한 자료의 제출을 요청할 수 있다. 이 경우 자료 제출을 요청받은 자는 특별한 사유가 없으면 이에 따라야 한다.(법 제5조 제2항)

(4) 실태조사의 방법 및 절차 등에 필요한 사항은 [   ]으로 정한다.
   (법 제5조 제3항)

---

2 ① 기본목표, 추진방향 ③ 교육, 홍보 ⑤ 전문인력 ⑥ 국제경쟁력
3 (1) 소방청장 (2) ① 용도별·규모별 ③ 설치·관리 ④ 수립·시행 (3) 공공기관의 장, 관계인 등
   (4) 행정안전부령

(5) 실태조사의 방법 및 절차 등 [4]

① 실태조사는 [　　]조사, [　　]조사 또는 [　　]조사 방법으로 하며, 정보통신망 또는 전자적인 방식을 사용할 수 있다.(규칙 제2조 제1항)

② [　　　]은 실태조사를 실시하려는 경우 실태조사 시작 7일 전까지 조사 일시, 조사 사유 및 조사 내용 등 조사계획을 조사대상자에게 서면 또는 전자우편 등의 방법으로 미리 알려야 한다.(규칙 제2조 제2항)

③ 관계 공무원 및 실태조사를 의뢰받은 [　　　　] 등이 실태조사를 위하여 소방대상물에 출입할 때에는 그 권한 또는 자격을 표시하는 증표를 지니고 이를 [　　　]에게 내보여야 한다.(규칙 제2조 제3항)

④ 소방청장은 실태조사를 [　　　　]·[　　]나 [　　　　　]에게 의뢰하여 실시할 수 있다.(규칙 제2조 제4항)

⑤ 소방청장은 실태조사의 결과를 [　　　　　] 등에 공표할 수 있다. (규칙 제2조 제5항)

⑥ ①부터 ⑤까지의 규정한 사항 외에 실태조사 방법 및 절차에 필요한 사항은 [　　　　]이 정한다.(규칙 제2조 제6항)

03 통계의 작성 및 관리(법 제6조)

(1) 통계 작성 및 관리 [5]

① [　　　　]은 화재의 예방 및 안전관리에 관한 통계를 [　　] 작성·관리하여야 한다. (법 제6조 제1항)

② 소방청장은 통계자료를 작성·관리하기 위하여 관계 중앙행정기관의 장, 지방자치단체의 장, 공공기관의 장 또는 관계인 등에게 필요한 자료와 정보의 제공을 요청할 수 있다. 이 경우 자료와 정보의 제공을 요청받은 자는 특별한 사정이 없으면 이에 따라야 한다.(법 제6조 제2항)

③ 소방청장은 통계자료의 작성·관리에 관한 업무의 [　　] 또는 [　　]를 행정안전부령으로 정하는 바에 따라 전문성이 있는 기관을 지정하여 수행하게 할 수 있다. (법 제6조 제3항)

④ 통계의 작성·관리 등에 필요한 사항은 [　　　　]으로 정한다.(법 제6조 제4항)

---

4 ① 통계, 문헌, 현장 ② 소방청장 ③ 관계 전문가, 관계인 ④ 전문연구기관, 단체, 관계 전문가 ⑤ 인터넷 홈페이지 ⑥ 소방청장

5 (1) ① 소방청장, 매년 ③ 전부, 일부 ④ 대통령령

(2) 통계의 작성·관리 업무를 수행하게 할 수 있는 기관(규칙 제3조) [6]
　　① [　　　　　　] 　② 정부출연연구기관 　③ 통계작성지정기관

(3) 통계의 작성·관리의 구축·운용(영 제6조)
　　① [　　　　]은 통계를 체계적으로 작성·관리하고 분석할 수 있는 전산시스템을 구축·운용[　　　　].(영 제6조 제2항)
　　② 통계의 작성·관리 항목(영 제6조 제1항)
　　　㉠ [　　　　]의 현황 및 안전관리에 관한 사항
　　　㉡ 소방시설등의 설치 및 관리에 관한 사항
　　　㉢ 「다중이용업소의 안전관리에 관한 특별법」에 따른 다중이용업 현황 및 안전관리에 관한 사항
　　　㉣ 「위험물안전관리법」에 따른 제조소등 현황
　　　㉤ 화재발생 이력 및 화재안전조사 등 화재예방 활동에 관한 사항
　　　㉥ [　　　　] 결과
　　　㉦ [　　　　　　　]의 현황 및 안전관리에 관한 사항
　　　㉧ 어린이, 노인, 장애인 등 화재의 예방 및 안전관리에 취약한 자에 대한
　　　　　[　　]·[　　]·[　　] 지원 현황
　　　㉨ 소방안전관리자 자격증 발급 및 선임 관련 지역별·성별·연령별 현황
　　　㉩ [　　　　　　　] 대상의 현황 및 그 실시 결과
　　　㉪ 소방시설업자, 소방기술자 및 「소방시설 설치 및 관리에 관한 법률」 제29조(건설현장 소방안전관리)에 따른 소방시설관리업 등록을 한 자의 지역별·성별·연령별 현황
　　　㉫ 그 밖에 화재의 예방 및 안전관리에 관한 자료로서 소방청장이 작성·관리가 필요하다고 인정하는 사항
　　③ 소방청장은 전산시스템을 구축·운영하는 경우 빅데이터(대용량의 정형 또는 비정형의 데이터 세트를 말한다)를 활용하여 화재발생 동향 분석 및 전망 등을 할 수 있다. (영 제6조 제3항)
　　④ 빅데이터를 활용하기 위한 방법·절차 등에 관하여 필요한 사항은 [　　　　]이 정한다.(영 제6조 제4항)

---

6 (2) ① 한국소방안전원
　(3) ① 소방청장, 할 수 있다 ② ㉠ 소방대상물 ㉥ 실태조사 ㉦ 화재예방강화지구 ㉧ 지역별, 성별, 연령별 ㉩ 화재예방안전진단 ④ 소방청장

Chapter 03 화재안전조사

01 화재안전조사(법 제7조) [1]

(1) 화재안전조사권자

[   ]은 화재안전조사를 실시할 수 있다.(법 제7조 제1항)

(2) 화재안전조사를 실시하는 경우(법 제7조 제1항)

① [   ]이 불성실하거나 불완전하다고 인정되는 경우

② [   ] 등 법령에서 화재안전조사를 하도록 규정되어 있는 경우

③ [   ]이 불성실하거나 불완전하다고 인정되는 경우

④ 국가적 행사 등 주요 행사가 개최되는 장소 및 그 주변의 관계 지역에 대하여 소방안전관리 실태를 조사할 필요가 있는 경우

⑤ 화재가 자주 발생하였거나 발생할 우려가 뚜렷한 곳에 대한 조사가 필요한 경우

⑥ [   ], 기상예보 등을 분석한 결과 소방대상물에 화재의 발생 위험이 크다고 판단되는 경우

⑦ ①부터 ⑥까지에서 규정한 경우 외에 화재, 그 밖의 긴급한 상황이 발생할 경우 인명 또는 재산 피해의 우려가 현저하다고 판단되는 경우

(3) 개인의 주거(실제 주거용도로 사용하는 경우 한정)에 대한 화재안전조사(법 제7조 제1항)

① [   ]의 승낙이 있을 때

② [   ]의 우려가 뚜렷하여 긴급한 필요가 있는 때

---

1 (1) 소방관서장 (2) ① 자체점검 ② 화재예방강화지구 ③ 화재예방안전진단 ⑥ 재난예측정보
  (3) ① 관계인 ② 화재발생

(4) 화재안전조사의 항목 [2]

① 화재안전조사의 항목은 [   ]으로 정한다. 이 경우 화재안전조사의 항목에는 화재의 예방조치 상황, 소방시설등의 관리 상황 및 소방대상물의 화재 등의 발생 위험과 관련된 사항이 포함되어야 한다.(법 제7조 제2항)

② 조사 항목(영 제7조)
 ⓐ 화재의 [   ] 등에 관한 사항
 ⓑ [   ] 업무 수행에 관한 사항
 ⓒ [   ]의 수립 및 시행에 관한 사항
 ⓓ 소화·통보·피난 등의 훈련 및 소방안전관리에 필요한 교육("소방훈련·교육")에 관한 사항
 ⓔ 소방자동차 전용구역의 설치에 관한 사항
 ⓕ [   ], [   ] 및 [   ]의 배치에 관한 사항
 ⓖ [   ]의 설치 및 관리에 관한 사항
 ⓗ 건설현장 임시소방시설의 설치 및 관리에 관한 사항
 ⓘ 피난시설, 방화구획 및 방화시설의 관리에 관한 사항
 ⓙ 방염에 관한 사항
 ⓚ 소방시설등의 [   ]에 관한 사항
 ⓛ 「다중이용업소의 안전관리에 관한 특별법」의 규정에 따른 안전관리에 관한 사항
 ⓜ 「위험물안전관리법」에 따른 위험물 안전관리에 관한 사항
 ⓝ 「초고층 및 지하연계 복합건축물 재난관리에 관한 특별법」에 따른 초고층 및 지하연계 복합건축물의 안전관리에 관한 사항
 ⓞ 그 밖에 소방대상물에 화재의 발생 위험이 있는지 등을 확인하기 위해 소방관서장이 화재안전조사가 필요하다고 인정하는 사항

(5) [   ]은 화재안전조사를 실시하는 경우 다른 목적을 위하여 조사권을 남용하여서는 아니 된다.(법 제7조 제3항)

---

2 (4) ① 대통령령 ② ⓐ 예방조치 ⓑ 소방안전관리 ⓒ 피난계획 ⓕ 시공, 감리, 감리원 ⓖ 소방시설
 ⓚ 자체점검
 (5) 소방관서장

(6) 화재안전조사의 방법·절차 등 [3]

① 소방관서장은 화재안전조사를 조사의 목적에 따라 화재안전조사의 항목 [   ]에 대하여 종합적으로 실시하거나 특정 항목에 한정하여 실시할 수 있다.(법 제8조 제1항)

② 소방관서장은 화재안전조사를 실시하려는 경우 사전에 관계인에게 조사대상, 조사기간 및 조사사유 등을 [   ], [   ], [   ] 또는 [   ] 등을 통하여 통지하고 이를 대통령령으로 정하는 바에 따라 인터넷 홈페이지나 전산시스템 등을 통하여 공개하여야 한다.(법 제8조 제2항)

> 예외
> ㉠ 화재가 발생할 우려가 뚜렷하여 [   ] 조사할 필요가 있는 경우
> ㉡ ㉠ 외에 화재안전조사의 실시를 사전에 통지하거나 공개하면 [   ]을 달성할 수 없다고 인정되는 경우

③ 화재안전조사는 [   ]의 승낙 없이 소방대상물의 공개시간 또는 근무시간 이외에는 할 수 없다.(법 제8조 제3항)

> 예외
> ㉠ 화재가 발생할 우려가 뚜렷하여 긴급하게 조사할 필요가 있는 경우

④ 통지를 받은 관계인은 천재지변이나 그 밖에 대통령령으로 정하는 사유로 화재안전조사를 받기 곤란한 경우에는 화재안전조사를 통지한 [   ]에게 대통령령으로 정하는 바에 따라 화재안전조사를 연기하여 줄 것을 신청할 수 있다. 이 경우 소방관서장은 연기신청 승인 여부를 결정하고 그 결과를 조사 시작 전까지 관계인에게 알려 주어야 한다.(법 제8조 제4항)

㉠ 화재안전조사의 연기 사유(영 제9조 제1항)
   ⓐ [   ]이 발생한 경우
   ⓑ 관계인의 [   ]의 경우
   ⓒ 권한 있는 기관에 자체점검기록부, 교육·훈련일지 등 화재안전조사에 필요한 장부·서류 등이 [   ]되거나 [   ](領置)되어 있는 경우
   ⓓ 소방대상물의 증축·용도변경 또는 대수선 등의 공사로 화재안전조사를 실시하기 어려운 경우

---

[3] ① 전체 ② 우편, 전화, 전자메일, 문자전송 ㉠ 긴급하게 ㉡ 조사목적 ③ 관계인
④ 소방관서장 ㉠ ⓐ 재난 ⓑ 질병, 사고, 장기출장 ⓒ 압수, 영치

ⓛ 화재안전조사의 연기를 신청하려는 관계인은 행정안전부령으로 정하는 바에 따라 연기신청서에 연기의 사유 및 기간 등을 기재하여 [   ]에게 제출하여야 한다.(영 제9조 제2항) 4

ⓐ 화재안전조사의 연기를 신청하려는 관계인은 화재안전조사 시작 [ ]일 전까지 화재안전조사 연기신청서(전자문서를 포함)에 화재안전조사를 받기 곤란함을 증명할 수 있는 서류(전자문서를 포함)를 첨부하여 [   ], [   ] 또는 [   ]에게 제출해야 한다.(규칙 제4조 제1항)

ⓑ ⓐ에 따른 신청서를 제출받은 소방관서장은 [ ]일 이내에 연기신청의 승인 여부를 결정하여 별지 제2호서식의 화재안전조사 연기신청 결과 통지서를 연기신청을 한 자에게 통지해야 하며 연기기간이 종료되면 지체 없이 화재안전조사를 시작해야 한다.(규칙 제4조 제2항)

⑤ ①부터 ④까지에서 규정한 사항 외에 화재안전조사의 방법 및 절차 등에 필요한 사항은 [   ]으로 정한다.(법 제8조 제5항)

⑥ 화재안전조사의 목적에 따라 실시하는 방법(영 제8조 제1항)
  ㉠ [   ] : (4)의 ②(영 제7조) 조사 항목 전부를 확인하는 조사
  ㉡ [   ] : 화재안전조사 항목 중 일부를 확인하는 조사

⑦ 소방관서장은 화재안전조사를 실시하려는 경우 사전에 조사대상, 조사기간 및 조사사유 등 조사계획을 소방청, 소방본부 또는 소방서의 인터넷 홈페이지나 전산시스템을 통해 [ ]일 이상 공개해야 한다.(영 제8조 제2항)

⑧ 소방관서장은 화재안전조사를 위하여 [   ]으로 하여금 관계인에게 보고 또는 자료의 제출을 요구하거나 소방대상물의 위치·구조·설비 또는 관리 상황에 대한 조사·질문을 하게 할 수 있다.(영 제8조 제4항)

⑨ 소방관서장은 화재안전조사를 효율적으로 실시하기 위하여 필요한 경우 다음 각 호의 기관의 장과 합동으로 [   ]을 편성하여 화재안전조사를 할 수 있다.(영 제8조 제5항)
  ㉠ 관계 중앙행정기관 또는 지방자치단체
  ㉡ [   ]
  ㉢ 한국소방산업기술원
  ㉣ [   ]
  ㉤ 한국가스안전공사
  ㉥ 한국전기안전공사
  ㉦ 그 밖에 [   ]이 정하여 고시하는 소방 관련 법인 또는 단체

---

4 ⓛ 소방관서장 ⓐ 3, 소방청장, 소방본부장, 소방서장 ⓑ 3 ⑤ 대통령령 ⑥ ㉠ 종합조사 ㉡ 부분조사 ⑦ 7 ⑧ 소속 공무원 ⑨ 조사반 ㉡ 한국소방안전원 ㉣ 한국화재보험협회 ㉦ 소방청장

(7) 화재안전조사단 편성·운영 5

① 소방관서장은 화재안전조사를 효율적으로 수행하기 위하여 대통령령으로 정하는 바에 따라 [　　]에는 중앙화재안전조사단을, [　　　　]에는 지방화재안전조사단을 편성하여 운영할 수 있다.(법 제9조 제1항)

㉠ 구성(영 제10조 제1항)

중앙화재안전조사단 및 지방화재안전조사단은 각각 단장을 포함하여 [　]명 이내의 단원으로 성별을 고려하여 구성한다.

㉡ 조사단의 단원은 다음 각 호의 어느 하나에 해당하는 사람 중에서 소방관서장이 임명하거나 위촉하고, 단장은 단원 중에서 소방관서장이 임명 또는 위촉한다.

(영 제10조 제2항)

ⓐ [　　　　]

ⓑ 소방업무와 관련된 단체 또는 연구기관 등의 [　　]

ⓒ 소방 관련 분야에서 전문적인 지식이나 경험이 풍부한 사람

② 소방관서장은 중앙화재안전조사단 및 지방화재안전조사단의 업무 수행을 위하여 필요한 경우에는 [　　　　]에게 그 소속 공무원 또는 직원의 파견을 요청할 수 있다. 이 경우 공무원 또는 직원의 파견 요청을 받은 관계 기관의 장은 특별한 사유가 없으면 이에 협조하여야 한다.(법 제9조 제2항)

---

5 ① 소방청, 소방본부 및 소방서 ㉠ 50 ㉡ ⓐ 소방공무원 ⓑ 임직원 ② 관계 기관의 장

(8) 화재안전조사위원회 구성·운영 6

① [   ]은 화재안전조사의 대상을 객관적이고 공정하게 선정하기 위하여 필요한 경우 화재안전조사위원회를 구성하여 화재안전조사의 대상을 선정할 수 있다. (법 제10조 제1항)

② 화재안전조사위원회의 구성·운영 등에 필요한 사항은 [   ]으로 정한다. (법 제10조 제2항)

㉠ 구성(영 제11조 제1항)
화재안전조사위원회는 위원장 1명을 포함한 [ ]명 이내의 위원으로 성별을 고려하여 구성한다.

㉡ 위원회의 위원장은 소방관서장이 된다.(영 제11조 제2항)

㉢ 위원회의 위원은 다음 각 호의 어느 하나에 해당하는 사람 중에서 [   ]이 임명하거나 위촉한다.(영 제11조 제3항)
ⓐ [   ] 직위 이상의 소방공무원
ⓑ 소방기술사
ⓒ [   ]
ⓓ 소방 관련 분야의 [   ] 이상 학위를 취득한 사람
ⓔ 소방 관련 법인 또는 단체에서 소방 관련 업무에 [   ] 이상 종사한 사람
ⓕ 소방공무원 교육훈련기관, 「고등교육법」의 학교 또는 연구소에서 소방과 관련한 교육 또는 연구에 [   ] 이상 종사한 사람

㉣ 위촉위원의 임기는 2년으로 하며, 한 차례만 연임할 수 있다.(영 제11조 제4항)

㉤ 소방관서장은 위원회의 위원이 다음 각 호의 어느 하나에 해당하는 경우에는 해당 위원을 해임하거나 해촉(解囑)할 수 있다.(영 제11조 제5항)
ⓐ [   ]로 직무를 수행할 수 없게 된 경우
ⓑ 직무와 관련된 [   ]이 있는 경우
ⓒ [   ], 품위손상이나 그 밖의 사유로 위원으로 적합하지 않다고 인정되는 경우
ⓓ 제12조 제1항 각 호(제척사유)의 어느 하나에 해당함에도 불구하고 회피하지 않은 경우
ⓔ 위원 스스로 직무를 수행하기 어렵다는 의사를 밝히는 경우

㉥ 위원회에 출석한 위원에게는 예산의 범위에서 수당, 여비, 그 밖에 필요한 경비를 지급할 수 있다. 다만, 공무원인 위원이 소관 업무와 직접 관련하여 위원회에 출석하는 경우에는 그렇지 않다.(영 제11조 제6항)

---

6 ① 소방관서장 ② 대통령령 ㉠ 7 ㉢ 소방관서장 ⓐ 과장급 ⓒ 소방시설관리사 ⓓ 석사 ⓔ 5년 ⓕ 5년
㉤ ⓐ 심신장애 ⓑ 비위사실 ⓒ 직무태만

(9) 화재안전조사 전문가 참여 [7]

① 소방관서장은 필요한 경우에는 소방기술사, 소방시설관리사, 그 밖에 화재안전 분야에 전문지식을 갖춘 사람을 화재안전조사에 참여하게 할 수 있다.(법 제11조 제1항)

② 조사에 참여하는 외부 전문가에게는 예산의 범위에서 수당, 여비, 그 밖에 필요한 경비를 지급[   ].(법 제11조 제2항)

(10) 증표의 제시 및 비밀유지 의무 등 [8]

① 화재안전조사 업무를 수행하는 관계 공무원 및 관계 전문가는 그 권한 또는 자격을 표시하는 증표를 지니고 이를 [   ]에게 내보여야 한다.(법 제12조 제1항)

② 화재안전조사 업무를 수행하는 관계 공무원 및 관계 전문가는 관계인의 정당한 업무를 방해하여서는 아니 되며, 조사업무를 수행하면서 취득한 자료나 알게 된 비밀을 다른 사람 또는 기관에 제공 또는 누설하거나 목적 외의 용도로 사용하여서는 아니 된다.
(법 제12조 제2항)

(11) 화재안전조사 결과 통보 [9]

소방관서장은 화재안전조사를 마친 때에는 그 조사 결과를 [   ]에게 [   ]으로 통지하여야 한다. 다만, 화재안전조사의 현장에서 관계인에게 조사의 결과를 설명하고 화재안전조사 결과서의 부본을 교부한 경우에는 그러하지 아니하다.(법 제13조)

---

7 ② 할 수 있다
8 ① 관계인
9 관계인, 서면

02 화재안전조사 결과에 따른 조치명령(법 제14조) [10]

(1) 조치명령

① 명령권자는 [   ]이다.(법 제14조 제1항)

② 명령시기는 화재안전조사 결과에 따른 소방대상물의 위치·구조·설비 또는 관리의 상황이 화재예방을 위하여 보완될 필요가 있거나 화재가 발생하면 인명 또는 재산의 피해가 클 것으로 예상되는 때이다.(법 제14조 제1항)

③ 조치방법은 행정안전부령으로 정하는 바에 따라 관계인에게 그 소방대상물의 개수(改修)·이전·제거, 사용의 금지 또는 제한, [   ], 공사의 [   ] 또는 [   ], 그 밖에 필요한 조치를 명할 수 있다.(법 제14조 제1항)

④ 소방관서장은 화재안전조사 결과 소방대상물이 법령을 위반하여 건축 또는 설비되었거나 소방시설등, 피난시설·방화구획, 방화시설 등이 법령에 적합하게 설치 또는 관리되고 있지 아니한 경우에는 [   ]에게 조치를 명하거나 [   ]에게 필요한 조치를 하여 줄 것을 요청할 수 있다.(법 제14조 제2항)

(2) 화재안전조사에 따른 조치명령 등의 절차

① 소방관서장은 소방대상물의 개수(改修)·이전·제거, 사용의 금지 또는 제한, 사용폐쇄, 공사의 정지 또는 중지, 그 밖의 필요한 조치를 명할 때에는 화재안전조사 조치명령서를 해당 소방대상물의 [   ]에게 발급하고, 화재안전조사 [   ]에 이를 기록하여 관리해야 한다.(규칙 제5조 제1항)

② 소방관서장은 명령으로 인하여 손실을 입은 자가 있는 경우에는 화재안전조사 [   ]를 작성하여 관련 사진 및 그 밖의 증명자료와 함께 보관해야 한다.(규칙 제5조 제2항)

---

10 (1) ① 소방관서장 ③ 사용폐쇄, 정지, 중지 ④ 관계인, 관계행정기관의 장
  (2) ① 관계인, 조치명령 대장 ② 조치명령 손실확인서

03 손실보상(법 제15조) [11]

(1) 손실보상

① [ ] 또는 [ ]는 화재안전조사 결과에 따른 조치명령으로 인하여 손실을 입은 자가 있는 경우에는 대통령령으로 정하는 바에 따라 보상하여야 한다.(법 제15조)

② 소방청장 또는 시·도지사가 손실을 보상하는 경우에는 [ ](時價)로 보상해야 한다. (영 제14조 제1항)

③ 손실 보상에 관하여는 [ ], [ ]와 손실을 입은 자가 협의해야 한다. (영 제14조 제2항)

④ 소방청장 또는 시·도지사는 보상금액에 관한 협의가 성립되지 않은 경우에는 그 보상금액을 [ ]하거나 [ ]하고 이를 상대방에게 알려야 한다.(영 제14조 제3항)

⑤ 보상금의 지급 또는 공탁의 통지에 불복하는 자는 지급 또는 공탁의 통지를 받은 날부터 [ ]일 이내에 「공익사업을 위한 토지 등의 취득 및 보상에 관한 법률」에 따라 설치된 [ ] 또는 [ ]에 재결(裁決)을 신청할 수 있다.(영 제14조 제4항)

---

11 (1) ① 소방청장, 시·도지사 ② 시가 ③ 소방청장, 시·도지사 ④ 지급, 공탁
⑤ 30, 중앙토지수용위원회, 관할 지방토지수용위원회

04 화재안전조사 결과 공개(법 제16조) [12]

(1) 결과 공개 등
① 소방관서장은 화재안전조사를 실시한 경우 다음 각 호의 [　　　　]를 인터넷 홈페이지나 전산시스템 등을 통하여 공개할 수 있다.(법 제16조 제1항)
  ㉠ [　　　　]의 위치, 연면적, 용도 등 현황
  ㉡ [　　　　]의 설치 및 관리 현황
  ㉢ 피난시설, 방화구획 및 방화시설의 설치 및 관리 현황
  ㉣ 그 밖에 대통령령으로 정하는 사항
    ⓐ [　　　] 설치 현황(영 제15조 제1항 제1호)
    ⓑ [　　　　] 선임 현황(영 제15조 제1항 제2호)
    ⓒ 화재예방안전진단 실시 결과(영 제15조 제1항 제3호)
② [　　　]은 화재안전조사 결과를 체계적으로 관리하고 활용하기 위하여 전산시스템을 구축·운영하여야 한다.(법 제16조 제3항)
③ [　　　]은 건축, 전기 및 가스 등 화재안전과 관련된 정보를 소방활동 등에 활용하기 위하여 전산시스템과 관계 중앙행정기관, 지방자치단체 및 공공기관 등에서 구축·운용하고 있는 전산시스템을 연계하여 구축할 수 있다.(법 제16조 제4항)

(2) 공개 절차, 공개 기간 및 공개 방법
화재안전조사 결과를 공개하는 경우 공개 [　　], 공개 [　　] 및 공개 [　　] 등에 필요한 사항은 대통령령으로 정한다.(법 제16조 제2항)
① [　　　　]은 화재안전조사 결과를 공개하는 경우 [　]일 이상 해당 소방관서 인터넷 홈페이지나 전산시스템을 통해 공개해야 한다.(영 제15조 제2항)
② [　　　　]은 화재안전조사 결과를 공개하려는 경우 공개 기간, 공개 내용 및 공개 방법을 해당 소방대상물의 관계인에게 [　　] 알려야 한다.(영 제15조 제3항)
③ 소방대상물의 관계인은 공개 내용 등을 통보받은 날부터 [　]일 이내에 소방관서장에게 이의신청을 할 수 있다.(영 제15조 제4항)
④ 소방관서장은 이의신청을 받은 날부터 [　]일 이내에 심사·결정하여 그 결과를 [　　　] 신청인에게 알려야 한다.(영 제15조 제5항)
⑤ 화재안전조사 결과의 공개가 제3자의 법익을 침해하는 경우에는 제3자와 관련된 사실을 [　　]하고 공개해야 한다.(영 제15조 제6항)

---

12 (1) ① 전부 또는 일부 ㉠ 소방대상물 ㉡ 소방시설등 ㉣ ⓐ 제조소등 ⓑ 소방안전관리자
② 소방청장 ③ 소방청장
(2) 절차, 기간, 방법 ① 소방관서장, 30 ② 소방관서장, 미리 ③ 10 ④ 10, 지체 없이 ⑤ 제외

Chapter 04 화재의 예방조치 등

01 화재의 예방조치 등(법 제17조)

(1) 화재의 예방조치 [1]

① 누구든지 [   ] 및 이에 준하는 대통령령으로 정하는 장소에서는 다음 각 호의 어느 하나에 해당하는 행위를 하여서는 아니 된다. 다만, 행정안전부령으로 정하는 바에 따라 안전조치를 한 경우에는 그러하지 아니한다.(법 제17조 제1항)
  ㉠ 화재예방강화지구 및 이에 준하는 대통령령으로 정하는 장소(영 제16조 제1항)
    ⓐ [   ]
    ⓑ 「고압가스 안전관리법」에 따른 [   ]
    ⓒ 「액화석유가스의 안전관리 및 사업법」에 따른 액화석유가스의 [   ]
    ⓓ 「수소경제 육성 및 수소 안전관리에 관한 법률」에 따른 수소연료공급시설 및 수소연료사용시설
    ⓔ 「총포·도검·화약류 등의 안전관리에 관한 법률」에 따른 화약류를 저장하는 장소
  ㉡ 하여서는 아니 되는 행위(법 제17조 제1항)
    ⓐ 모닥불, 흡연 등 화기의 취급
    ⓑ [   ] 등 소형열기구 날리기
    ⓒ [   ] 등 불꽃을 발생시키는 행위
    ⓓ 그 밖에 대통령령으로 정하는 화재 발생 위험이 있는 행위
      ↳ 「위험물안전관리법」에 따른 [   ]을 방치하는 행위(영 제16조 제2항)

> 예외(규칙 제7조 제1항)
> 행정안전부령으로 정하는 안전조치를 한 경우
> 1. 법령에 따라 [   ](흡연실 등)에서 화기 등을 취급하는 경우
> 2. [   ] 등 소방시설을 비치 또는 설치한 장소에서 화기 등을 취급하는 경우
> 3. [   ] 등 안전요원이 배치된 장소에서 화기 등을 취급하는 경우
> 4. 그 밖에 [   ]과 사전 협의하여 안전조치 한 경우

---

1 ① 화재예방강화지구 ㉠ ⓐ 제조소등 ⓑ 저장소 ⓒ 저장소·판매소 ㉡ ⓑ 풍등 ⓒ 용접·용단 ⓓ 위험물 1.지정된 장소 2.소화기 3.화재감시자 4.소방관서장

ⓒ 소방관서장과 사전 협의하여 안전조치 한 경우(규칙 제7조)
  ⓐ 소방관서장과 사전 협의하여 안전조치를 하려는 자는 화재예방 안전조치 협의 신청서를 작성하여 [   ]에게 제출해야 한다.(규칙 제7조 제2항)
  ⓑ 소방관서장은 협의 신청서를 받은 경우에는 화재예방 안전조치의 적절성을 검토하고 [   ]일 이내에 화재예방 안전조치 협의 결과 통보서를 협의를 신청한 자에게 통보해야 한다.(규칙 제7조 제3항)
  ⓒ 소방관서장은 (1) ④의 명령을 할 때에는 화재예방 조치명령서를 해당 [   ]에게 발급해야 한다.(규칙 제7조 제4항)
② 명령권자 : 소방관서장(법 제17조 제2항)
③ 명령의 대상(법 제17조 제2항)
  ㉠ 화재 발생 위험이 크거나 소화 활동에 지장을 줄 수 있다고 인정되는 행위나 물건에 대하여 행위 당사자
  ㉡ 그 물건의 [   ], [   ] 또는 [   ]
④ 명령사항(법 제17조 제2항)
  ㉠ ①의 ㉡에 해당하는 행위의 금지 또는 제한
  ㉡ 목재, 플라스틱 등 [   ]이 큰 물건의 제거, 이격, 적재 금지 등
  ㉢ [   ]의 통행이나 [   ]에 지장을 줄 수 있는 물건의 이동
  ㉣ 다만, ㉡ 및 ㉢에 해당하는 물건의 소유자, 관리자 또는 점유자를 알 수 없는 경우 소속 공무원으로 하여금 그 물건을 옮기거나 보관하는 등 필요한 조치를 하게 할 수 있다.

(2) 옮긴 물건의 보관기간 및 보관기간 경과 후 처리 등 2
① 옮긴 물건 등에 대한 보관기간 및 보관기간 경과 후 처리 등에 필요한 사항은 대통령령으로 정한다.(법 제17조 제3항)
② 소방관서장은 옮긴 물건 등을 보관하는 경우에는 그날부터 [   ]일 동안 해당 소방관서의 인터넷 홈페이지에 그 사실을 공고해야 한다.(영 제17조 제1항)
③ 옮긴 물건 등의 보관기간은 ②에 따른 공고기간의 종료일 다음 날부터 [ ]일까지로 한다.(영 제17조 제2항)
④ 소방관서장은 보관기간이 종료되는 때에는 보관하고 있는 옮긴 물건 등을 [   ]해야 한다. 다만, 보관하고 있는 옮긴 물건등이 부패·파손 또는 이와 유사한 사유로 정해진 용도에 계속 사용할 수 없는 경우에는 [   ]할 수 있다.(영 제17조 제3항)

ⓒ ⓐ 소방관서장 ⓑ 5 ⓒ 관계인
③ ㉡ 소유자, 관리자, 점유자 ④ ㉡ 가연성 ㉢ 소방차량, 소화 활동
2 ② 14 ③ 7 ④ 매각, 폐기

⑤ 소방관서장은 보관하던 옮긴 물건 등을 매각한 경우에는 지체 없이 [　　　]에 따라 세입조치를 해야 한다.(영 제17조 제4항)

⑥ 소방관서장은 매각되거나 폐기된 옮긴 물건 등의 소유자가 보상을 요구하는 경우에는 보상금액에 대하여 [　　]와 협의를 거쳐 이를 보상해야 한다.(영 제17조 제5항)

⑦ 손실보상의 방법 및 절차 등에 관하여는 제14조를 준용한다.(영 제17조 제6항)

(3) 불을 사용할 때 지켜야 하는 사항 [3]

① 보일러, 난로, 건조설비, 가스·전기시설, 그 밖에 화재 발생 우려가 있는 대통령령으로 정하는 설비 또는 기구 등의 위치·구조 및 관리와 화재 예방을 위하여 불을 사용할 때 지켜야 하는 사항은 대통령령으로 정한다.(법 제17조 제4항)

② "대통령령으로 정하는 설비 또는 기구 등"이란 다음 각 호의 설비 또는 기구를 말한다. (영 제18조 제1항)

ⓐ 보일러
ⓑ 난로
ⓒ 건조설비
ⓓ [　　　　]
ⓔ [　　]을 사용하는 용접·용단 기구
ⓕ [　　]설비
ⓖ 음식조리를 위하여 설치하는 설비

③ ②에 따른 설비 또는 기구의 위치·구조 및 관리와 화재 예방을 위하여 불을 사용할 때 지켜야 하는 사항은 별표 1과 같다.(영 제18조 제2항)

④ ②, ③에서 규정한 사항 외에 화재발생 우려가 있는 설비 또는 기구의 종류, 해당설비 또는 기구의 위치·구조 및 관리와 화재 예방을 위하여 불을 사용할 때 지켜야 하는 사항은 시·도의 조례로 정한다.(영 제18조 제3항)

---

⑤「국가재정법」 ⑥ 소유자
3 ② ⓓ 가스·전기시설 ⓔ 불꽃 ⓕ 노·화덕

시행령 별표 1 [4]

【보일러 등의 위치·구조 및 관리와 화재예방을 위하여 불의 사용에 있어서 지켜야 하는 사항】

1. 보일러
   ① 가연성 벽·바닥 또는 천장과 접촉하는 증기기관 또는 연통의 부분은 규조토 등 [　　] 또는 [　　] 단열재로 덮어씌워야 한다.
   ② 경유·등유 등 액체연료를 사용하는 경우
      ㉠ 연료탱크는 보일러본체로부터 수평거리 [ ]미터 이상의 간격을 두어 설치할 것
      ㉡ 연료탱크에는 화재 등 긴급상황이 발생하는 경우 연료를 차단 할 수 있는 개폐밸브를 연료탱크로부터 [　]미터 이내에 설치할 것
      ㉢ 연료탱크 또는 보일러 등에 연료를 공급하는 배관에는 [　　　]를 설치할 것
      ㉣ 사용이 허용된 연료 외의 것을 사용하지 아니할 것
      ㉤ 연료탱크가 넘어지지 않도록 받침대를 설치하고, 연료탱크 및 연료탱크 받침대는 [　　　]로 할 것
   ③ 기체연료를 사용하는 경우
      ㉠ 보일러를 설치하는 장소에는 [　　　]를 설치하는 등 가연성 가스가 머무르지 아니하도록 할 것
      ㉡ 연료를 공급하는 배관은 [　　]으로 할 것
      ㉢ 화재 등 긴급 시 연료를 차단할 수 있는 개폐밸브를 연료용기 등으로부터 [　]미터 이내에 설치할 것
      ㉣ 보일러가 설치된 장소에는 [　　　　]를 설치할 것
   ④ 화목 등 고체연료를 사용하는 경우
      ㉠ 고체연료는 보일러 본체와 수평거리 [ ]미터 이상 간격을 두어 보관하거나 불연재료로 된 별도의 구획된 공간에 보관할 것
      ㉡ 연통은 천장으로부터 [　]미터 떨어지고, 연통의 배출구는 건물 밖으로 [　] 미터 이상 나오도록 설치할 것
      ㉢ 연통의 배출구는 보일러 본체보다 [ ]미터 이상 높게 설치할 것
      ㉣ 연통이 관통하는 벽면, 지붕 등은 [　　　]로 처리할 것
      ㉤ 연통재질은 불연재료로 사용하고 연결부에 [　　　]를 설치할 것
   ⑤ 보일러 본체와 벽·천장 사이의 거리는 [　]미터 이상이어야 한다.
   ⑥ 보일러를 실내에 설치하는 경우에는 [　　　　] 또는 금속 외의 불연재료로 된 바닥 위에 설치해야 한다.

---

[4] 1. ① 난연성, 불연성 ② ㉠ 1 ㉡ 0.5 ㉢ 여과장치 ㉤ 불연재료
③ ㉠ 환기구 ㉡ 금속관 ㉢ 0.5 ㉣ 가스누설경보기 ④ ㉠ 2 ㉡ 0.6, 0.6 ㉢ 2 ㉣ 불연재료 ㉤ 청소구
⑤ 0.6 ⑥ 콘크리트바닥

2. 난로
    ① 연통은 천장으로부터 [　]미터 이상 떨어지고, 연통의 배출구는 건물 밖으로 [　]미터 이상 나오게 설치해야 한다.
    ② 가연성 벽·바닥 또는 천장과 접촉하는 연통의 부분은 [　　] 등 [　　　　　　]의 단열재로 덮어씌워야 한다.
    ③ 이동식난로는 다음의 장소에서 사용해서는 안 된다.(다만, 난로가 쓰러지지 않도록 받침대를 두어 고정시키거나 쓰러지는 경우 즉시 소화되고 연료의 누출을 차단할 수 있는 장치가 부착된 경우에는 그렇지 않다.)
        - [　　　　　], 학원, 독서실, 숙박업·[　　　　]·세탁업의 영업장, 종합병원·병원·정신병원·치과병원·한방병원·요양병원·의원·치과의원·한의원 및 조산원, 식품접객업의 영업장, 영화상영관, 공연장, 박물관 및 미술관, 상점가, 가설건축물, 역·터미널

3. 건조설비
    ① 건조설비와 벽·천장 사이의 거리는 [　]미터 이상이어야 한다.
    ② 건조물품이 [　　]과 직접 접촉하지 않도록 해야 한다.
    ③ 실내에 설치하는 경우에 벽·천장 및 바닥은 [　　　]로 해야 한다.

4. 가스·전기시설
    ① 가스시설의 경우 「고압가스 안전관리법」, 「도시가스사업법」 및 「액화석유가스의 안전관리 및 사업법」에서 정하는 바에 따른다.
    ② 전기시설의 경우 [　　　　　] 및 [　　　　　]에서 정하는 바에 따른다.

5. 불꽃을 사용하는 용접·용단기구(다만, 「산업안전보건법」의 적용을 받는 사업장에는 적용하지 않는다.)
    ① 용접 또는 용단 작업장 주변 반경 [　]미터 이내에 [　　　]를 갖추어 둘 것
    ② 용접 또는 용단 작업장 주변 반경 [　]미터 이내에는 가연물을 쌓아두거나 놓아두지 말 것. 다만, 가연물의 제거가 곤란하여 방화포 등으로 방호조치를 한 경우는 제외한다.

---

2. ① 0.6, 0.6 ② 규조토, 난연성 또는 불연성 ③ 다중이용업소, 목욕장업
3. ① 0.5 ② 열원 ③ 불연재료
4. ② 「전기사업법」, 「전기안전관리법」
5. ① 5, 소화기 ② 10

6. 노·화덕설비
   ① 실내에 설치하는 경우에는 [　　] 또는 금속 외의 불연재료로 된 바닥에 설치해야 한다.
   ② 노 또는 화덕을 설치하는 장소의 벽·천장은 [　　　]로 된 것이어야 한다.
   ③ 노 또는 화덕의 주위에는 녹는 물질이 확산되지 않도록 높이 [　]미터 이상의 턱을 설치해야 한다.
   ④ 시간당 열량이 [　　] 킬로칼로리 이상인 노를 설치하는 경우에는 다음의 사항을 지켜야 한다.
      ㉠ 주요구조부는 불연재료 이상으로 할 것
      ㉡ 창문과 출입구는 [　　　　] 또는 [　　　　]으로 설치할 것
      ㉢ 노 주위에는 [　]미터 이상 공간을 확보할 것

7. 음식조리를 위하여 설치하는 설비
   「식품위생법 시행령」에 따른 식품접객업 중 일반음식점 주방에서 조리를 위하여 불을 사용하는 설비를 설치하는 경우에는 다음 각 목의 사항을 지켜야 한다.
   ① 주방설비에 부속된 배출덕트(공기 배출통로)는 [　]밀리미터 이상의 아연도금강판 또는 이와 같거나 그 이상의 내식성 불연재료로 설치할 것
   ② 주방시설에는 동물 또는 식물의 기름을 제거할 수 있는 [　　] 등을 설치할 것
   ③ 열을 발생하는 조리기구는 반자 또는 선반으로부터 [　　]미터 이상 떨어지게 할 것
   ④ 열을 발생하는 조리기구로부터 [　　]미터 이내의 거리에 있는 가연성 주요구조부는 단열성이 있는 불연재료로 덮어 씌울 것

비고 5
① "보일러"란 사업장 또는 영업장 등에서 사용하는 것을 말하며, [　　]에서 사용하는 가정용 보일러는 제외한다.
② "건조설비"란 산업용 건조설비를 말하며, [　　]에서 사용하는 건조설비는 제외한다.
③ "노·화덕설비"란 [　　　　　]에서 사용되는 것을 말하며, 주택에서 조리용도로 사용되는 화덕은 제외한다.
④ 보일러, 난로, 건조설비, 불꽃을 사용하는 용접·용단기구 및 노·화덕설비가 설치된 장소에는 소화기 [　]개 이상을 갖추어 두어야 한다.

---

6. ① 흙바닥 ② 불연재료 ③ 0.1 ④ 30만 ㉡ 60분+ 방화문, 60분 방화문 ㉢ 1
7. ① 0.5 ② 필터 ③ 0.6 ④ 0.15
5 ① 주택 ② 주택 ③ 제조업·가공업 ④ 1

(4) 특수가연물 [6]

① 화재가 발생하는 경우 불길이 빠르게 번지는 고무류·플라스틱류·석탄 및 목탄 등 대통령령으로 정하는 특수가연물의 저장 및 취급 기준은 [   ]으로 정한다.
(법 제17조 제5항)

② 화재의 확대가 빠른 특수가연물
대통령령으로 정하는 특수가연물이란 별표 2에서 정하는 품명별 수량 이상의 가연물을 말한다.(영 제19조 제1항)

시행령 별표 2 [7]
【특수가연물】

품 명	수 량	품 명		수 량
면화류	[ ] 이상	석탄·목탄류		10,000kg 이상
나무껍질 및 대팻밥	[ ] 이상	가연성액체류		[ ]m³ 이상
넝마 및 종이부스러기	1,000kg 이상	목재가공품 및 나무부스러기		10m³ 이상
사류(絲類)	[ ] 이상	고무류· 플라스틱류	발포시킨 것	[ ]m³ 이상
볏짚류	1,000kg 이상		그 밖의 것	3,000kg 이상
가연성고체류	[ ] 이상			

비고 [8]

1. "[   ]"란 불연성 또는 난연성이 아닌 면상(綿狀) 또는 팽이모양의 섬유와 마사(麻絲) 원료를 말한다.
2. 넝마 및 종이부스러기는 불연성 또는 난연성이 아닌 것(동물 또는 식물의 기름이 깊이 스며들어 있는 옷감·종이 및 이들의 제품을 포함)으로 한정한다.
3. "[   ]"란 불연성 또는 난연성이 아닌 실(실부스러기와 솜털을 포함)과 누에고치를 말한다.
4. "볏짚류"란 마른 볏짚·북데기와 이들의 제품 및 건초를 말한다. 다만, 축산용도로 사용하는 것은 제외한다.

---

6 ① 대통령령
7 200kg / 400kg / 1,000kg / 3,000kg / 2 / 20
8 1. 면화류 3. 사류

5. "가연성 고체류"란 고체로서 다음 각 목에 해당하는 것을 말한다.
    가. 인화점이 섭씨 [ ]도 이상 [ ]도 미만인 것
    나. 인화점이 섭씨 100도 이상 200도 미만이고, 연소열량이 1그램당 8킬로칼로리 이상인 것
    다. 인화점이 섭씨 [ ]도 이상이고 연소열량이 1그램당 [ ]킬로칼로리 이상인 것으로서 녹는점(융점)이 [ ]도 미만인 것
    라. 1기압과 섭씨 20도 초과 40도 이하에서 액상인 것으로서 인화점이 섭씨 70도 이상 섭씨 200도 미만이거나 나목 또는 다목에 해당하는 것
6. 석탄·목탄류에는 코크스, 석탄가루를 물에 갠 것, 마세크탄(조개탄), 연탄, 석유코크스, 활성탄 및 이와 유사한 것을 포함한다.
7. "가연성 액체류"란 다음 각 목의 것을 말한다.
    가. 1기압과 섭씨 20도 이하에서 액상인 것으로서 가연성 액체량이 [ ]중량퍼센트 이하이면서 인화점이 섭씨 [ ]도 이상 섭씨 [ ]도 미만이고 연소점이 섭씨 60도 이상인 것
    나. 1기압과 섭씨 20도에서 액상인 것으로서 가연성 액체량이 40중량퍼센트 이하이고 인화점이 섭씨 70도 이상 섭씨 250도 미만인 것
    다. 동물의 기름과 살코기 또는 식물의 씨나 과일의 살에서 추출한 것으로서 다음의 어느 하나에 해당하는 것
        1) 1기압과 섭씨 [ ]도에서 액상이고 인화점이 [ ]도 미만인 것으로서 「위험물안전관리법」 제20조 제1항에 따른 용기기준과 수납·저장기준에 적합하고 용기외부에 물품명·수량 및 "화기엄금" 등의 표시를 한 것
        2) 1기압과 섭씨 20도에서 액상이고 인화점이 섭씨 250도 이상인 것
8. "[   ]"란 불연성 또는 난연성이 아닌 고체의 합성수지제품, 합성수지반제품, 원료합성수지 및 합성수지 부스러기(불연성 또는 난연성이 아닌 고무제품, 고무반제품, 원료고무 및 고무 부스러기를 포함)를 말한다. 다만, 합성수지의 섬유·옷감·종이 및 실과 이들의 넝마와 부스러기는 제외한다.

---

5. 가. 40, 100 다. 200, 8, 100 7. 가. 40, 40, 70 다. 1) 20, 250 8. 고무류·플라스틱류

시행령 별표 3 [9]

【특수가연물의 저장 및 취급기준】

1. 특수가연물의 저장·취급 기준

　특수가연물은 다음 각 목의 기준에 따라 쌓아 저장해야 한다. 다만, 석탄·목탄류를 [　　](發電用)으로 저장하는 경우는 제외한다.

① 품명별로 구분하여 쌓을 것

② 다음의 기준에 맞게 쌓을 것

구분	살수설비를 설치하거나 방사능력 범위에 해당 특수가연물이 포함되도록 대형수동식소화기를 설치하는 경우	그 밖의 경우
높이	[　]미터 이하	[　]미터 이하
쌓는 부분의 바닥면적	[　]제곱미터(석탄·목탄류의 경우에는 [　]제곱미터) 이하	[　]제곱미터(석탄·목탄류의 경우에는 [　]제곱미터) 이하

③ 실외에 쌓아 저장하는 경우 쌓는 부분이 대지경계선, 도로 및 인접 건축물과 최소 6미터 이상 간격을 둘 것. 다만, 쌓는 높이보다 [　]미터 이상 높은 내화구조 벽체를 설치한 경우는 그렇지 않다.

④ 실내에 쌓아 저장하는 경우 주요구조부는 [　　　]이면서 [　　　]여야 하고, 다른 종류의 특수가연물과 같은 공간에 보관하지 않을 것. 다만, 내화구조의 벽으로 분리하는 경우는 그렇지 않다.

⑤ 쌓는 부분 바닥면적의 사이는 실내의 경우 [　]미터 또는 쌓는 높이의 [　] 중 큰 값 이상으로 간격을 두어야 하며, 실외의 경우 [ ]미터 또는 쌓는 높이 중 큰 값 이상으로 간격을 둘 것

2. 특수가연물의 표지

① 특수가연물을 저장 또는 취급하는 장소에는 품명, [　　　　], 단위부피당 질량 또는 단위체적당 질량, 관리책임자 성명·직책, [　　　] 및 화기취급의 금지표시가 포함된 특수가연물 표지를 설치해야 한다.

② 특수가연물 표지의 규격은 다음과 같다.

　㉠ 특수가연물 표지는 한 변의 길이가 [　]미터 이상, 다른 한 변의 길이가 [　] 미터 이상인 직사각형으로 할 것

　㉡ 특수가연물 표지의 바탕은 [　　]으로, 문자는 [　　]으로 할 것. 다만, "화기엄금" 표시 부분은 제외한다.

　㉢ 특수가연물 표지 중 화기엄금 표시 부분의 바탕은 [　　]으로, 문자는 [　　]으로 할 것

③ 특수가연물 표지는 특수가연물을 저장하거나 취급하는 장소 중 보기 쉬운 곳에 설치해야 한다.

---

9 1. 발전용 ② 15 / 200, 300 / 10 / 50, 200 ③ 0.9 ④ 내화구조, 불연재료 ⑤ 1.2, 1/2, 3
　2. ① 최대저장수량, 연락처 ② ㉠ 0.3, 0.6 ㉡ 흰색, 검은색 ㉢ 붉은색, 백색

02 화재예방강화지구의 지정 등(법 제18조)

(1) 화재예방강화지구 10
  ① [   ]는 다음 각 호의 어느 하나에 해당하는 지역을 화재예방강화지구로 지정하여 관리할 수 있다.(법 제18조 제1항)
    ㉠ 지정·관리권자 : 시·도지사
    ㉡ 지정관리대상지역
      ⓐ [   ]
      ⓑ 공장·창고가 밀집한 지역
      ⓒ 목조건물이 밀집한 지역
      ⓓ [   ]건축물이 밀집한 지역
      ⓔ 위험물의 저장 및 처리 시설이 밀집한 지역
      ⓕ [   ]을 생산하는 공장이 있는 지역
      ⓖ 산업단지
      ⓗ 소방시설·소방용수시설 또는 소방출동로가 없는 지역
      ⓘ [   ]
      ⓙ 그 밖에 ⓐ부터 ⓘ까지에 준하는 지역으로서 소방관서장이 화재예방강화지구로 지정할 필요가 있다고 인정하는 지역
  ② ①에도 불구하고 시·도지사가 화재예방강화지구로 지정할 필요가 있는 지역을 화재예방강화지구로 지정하지 아니하는 경우 [   ]은 해당 시·도지사에게 해당 지역의 화재예방강화지구 지정을 요청할 수 있다.(법 제18조 제2항)
  ③ [   ]은 대통령령으로 정하는 바에 따라 화재예방강화지구 안의 소방대상물의 위치·구조 및 설비 등에 대하여 화재안전조사를 하여야 한다.(법 제18조 제3항)
    ㉠ 대상 : [   ] 안의 소방대상물의 위치·구조 및 설비 등에 대한 화재안전조사를 하여야 한다.
    ㉡ 횟수 : [   ] 이상 실시해야 한다.(영 제20조 제1항)
  ④ [   ]은 화재안전조사를 한 결과 화재의 예방강화를 위하여 필요하다고 인정할 때에는 관계인에게 소화기구, 소방용수시설 또는 그 밖에 소방에 필요한 설비(소방설비 등)의 설치(보수, 보강을 포함)를 명할 수 있다.(법 제18조 제4항)

---

10 ① 시·도지사 ㉡ ⓐ 시장지역 ⓓ 노후·불량 ⓕ 석유화학제품 ⓘ 물류단지
  ② 소방청장 ③ 소방관서장 ㉠ 화재예방강화지구 ㉡ 연 1회 ④ 소방관서장

⑤ 소방관서장은 화재예방강화지구 안의 관계인에 대하여 대통령령으로 정하는 바에 따라 소방에 필요한 훈련 및 교육을 실시할 수 있다.(법 제18조 제5항)
  ㉠ 대상 : 화재예방강화지구 안의 [   ]에 대하여 소방에 필요한 훈련 및 교육
  ㉡ 횟수 : [   ] 이상 실시할 수 있다.(영 제20조 제2항)
  ㉢ 통보 : 소방관서장은 소방에 필요한 훈련 및 교육을 실시하려는 경우에는 화재예방강화지구 안의 관계인에게 훈련 또는 교육 [   ]일 전까지 그 사실을 통보해야 한다. (영 제20조 제3항)

⑥ 시·도지사는 대통령령으로 정하는 바에 따라 화재예방강화지구의 지정 현황, 화재안전조사의 결과, 소방설비등의 설치 명령 현황, 소방훈련 및 교육 현황 등이 포함된 화재예방강화지구에서의 화재예방에 필요한 자료를 [   ] 작성·관리하여야 한다.(법 제18조 제6항)
  ㉠ [   ]는 다음 각 호의 사항을 행정안전부령으로 정하는 화재예방강화지구 관리대장에 작성하고 관리해야 한다.(영 제20조 제4항)
    ⓐ 화재예방강화지구의 [   ]
    ⓑ [   ]의 결과
    ⓒ 소화기구, 소방용수시설 또는 그 밖에 소방에 필요한 설비(소방설비등)의 설치(보수, 보강을 포함) 명령 현황
    ⓓ 소방훈련 및 교육의 실시 현황
    ⓔ 그 밖에 화재예방 강화를 위하여 필요한 사항

(2) 화재의 예방 등에 대한 지원 11
  ① [   ]은 소방설비등의 설치를 명하는 경우 해당 관계인에게 소방설비등의 설치에 필요한 지원을 할 수 있다.(법 제19조 제1항)
  ② 소방청장은 [   ] 및 [   ]에게 지원에 필요한 협조를 요청할 수 있다.(법 제19조 제2항)
  ③ 시·도지사는 소방청장의 요청이 있거나 화재예방강화지구 안의 소방대상물의 화재안전성능 향상을 위하여 필요한 경우 [   ]로 정하는 바에 따라 소방설비등의 설치에 필요한 비용을 지원할 수 있다.(법 제19조 제3항)

⑤ ㉠ 관계인 ㉡ 연 1회 ㉢ 10 ⑥ 매년 ㉠ 시·도지사 ⓐ 지정 현황 ⓑ 화재안전조사
11 ① 소방청장 ② 관계 중앙행정기관의 장, 시·도지사 ③ 시·도의 조례

03 화재 위험경보(법 제20조) [12]

(1) 화재 위험경보

① [　　　]은 「기상법」 제13조, 제13조의2 및 제13조의4에 따른 기상현상 및 기상영향에 대한 [　　] · [　　] · [　　　]에 따라 화재의 발생 위험이 높다고 분석·판단되는 경우에는 [　　　　]으로 정하는 바에 따라 화재에 관한 위험경보를 발령하고 그에 따른 필요한 조치를 할 수 있다.(법 제20조)

② 소방관서장은 「기상법」 제13조에 따른 [　　　] 및 [　　　]에 대한 예보·특보에 따라 화재의 발생 위험이 높다고 분석·판단되는 경우에는 법 제20조에 따라 [　　　　　]를 발령하고, 보도기관을 이용하거나 정보통신망에 게재하는 등 적절한 방법을 통하여 이를 일반인에게 알려야 한다.(규칙 제9조 제1항)

04 화재안전영향평가(법 제21조)

(1) 화재안전영향평가 [13]

① 실시권자 : [　　　](법 제21조 제1항)

② 평가 : 화재발생 원인 및 연소과정을 조사·분석하는 등의 과정에서 법령이나 정책의 개선이 필요하다고 인정되는 경우 그 법령이나 정책에 대한 화재 위험성의 유발요인 및 완화 방안에 대한 평가를 실시[　　　　].(법 제21조 제1항)

③ 소방청장은 화재안전영향평가를 실시한 경우 그 결과를 해당 법령이나 정책의 [　　　　　]에게 통보하여야 한다.(법 제21조 제2항)

④ 결과를 통보받은 소관 기관의 장은 특별한 사정이 없는 한 이를 해당 법령이나 정책에 반영하도록 노력하여야 한다.(법 제21조 제3항)

⑤ 화재안전영향평가의 방법·절차·기준 등에 필요한 사항은 [　　　]으로 정한다. (법 제21조 제4항)

---

12 (1) ① 소방관서장, 예보, 특보, 태풍예보, 행정안전부령 ② 기상현상, 기상영향, 화재 위험경보
13 ① 소방청장 ② 할 수 있다 ③ 소관 기관의 장 ⑤ 대통령령

⑥ 소방청장은 다음 각 호의 사항이 포함된 화재안전영향평가의 기준을 [   ]의 심의를 거쳐 정한다.(영 제21조 제3항)
  ㉠ 법령이나 정책의 [   ] 유발요인
  ㉡ 법령이나 정책이 [   ]의 재료, 공간, 이용자 특성 및 화재 확산 경로에 미치는 영향
  ㉢ 법령이나 정책이 [   ]에 미치는 영향 등 사회경제적 파급 효과
  ㉣ 화재위험 유발요인을 제어 또는 관리할 수 있는 법령이나 정책의 개선 방안
⑦ 시행령에서 규정한 사항 외에 화재안전영향평가의 방법·절차·기준 등에 관하여 필요한 사항은 [   ]이 정한다.(영 제21조 제4항)

(2) 화재안전영향평가심의회 14
① 구성·운영권자 : [   ](법 제22조 제1항)
② 구성 : 심의회는 위원장 1명을 포함한 [   ]명 이내의 위원으로 구성한다.(법 제22조 제2항)
③ 위원장은 위원 중에서 호선하고, 위원은 다음 각 호의 사람으로 한다.(법 제22조 제3항)
  ㉠ 화재안전과 관련되는 법령이나 정책을 담당하는 관계 기관의 [   ]으로서 대통령령으로 정하는 사람
  ㉡ 소방기술사 등 대통령령으로 정하는 화재안전과 관련된 분야의 학식과 경험이 풍부한 전문가로서 [   ]이 위촉한 사람
④ ② 및 ③에서 규정한 사항 외에 심의회의 구성·운영 등에 필요한 사항은 [   ]으로 정한다.(법 제22조 제4항)
⑤ 심의회의 구성
  ㉠ 위촉위원의 임기는 [ ]년으로 하며 [   ]만 연임할 수 있다.(영 제22조 제3항)
  ㉡ 심의회의 [   ]은 심의회를 대표하고 심의회 업무를 총괄한다.(영 제22조 제4항)
  ㉢ 위원장이 부득이한 사유로 직무를 수행할 수 없을 때에는 [   ]이 그 직무를 대행한다.(영 제22조 제5항)
  ㉣ 소방청장은 심의회의 위원이 다음 각 호의 어느 하나에 해당하는 경우에는 해당 위원을 해촉할 수 있다.(영 제22조 제6항)
    ⓐ [   ]로 직무를 수행할 수 없게 된 경우
    ⓑ 직무와 관련된 [   ]이 있는 경우
    ⓒ [   ], 품위손상이나 그 밖의 사유로 위원으로 적합하지 않다고 인정되는 경우

---

⑥ 화재안전영향평가심의회 ㉠ 화재위험 ㉡ 소방대상물 ㉢ 화재피해 ⑦ 소방청장
14 ① 소방청장 ② 12 ③ ㉠ 소속 직원 ㉡ 소방청장 ④ 대통령령
  ⑤ ㉠ 2, 한 차례 ㉡ 위원장 ㉢ 위원장이 지명한 위원 ㉣ ⓐ 심신장애 ⓑ 비위사실 ⓒ 직무태만

ⓓ 위원 스스로 직무를 수행하기 어렵다는 의사를 밝히는 경우
⑥ 심의회의 운영
㉠ 심의회의 업무를 효율적으로 수행하기 위하여 심의회에 분야별로 [   ]를 둘 수 있다.(영 제23조 제1항)
㉡ 심의회 및 전문위원회에 출석한 위원 및 전문위원회의 위원에게는 예산의 범위에서 수당, 여비, 그 밖에 필요한 경비를 지급할 수 있다. 다만, [   ]인 위원 또는 전문위원회의 위원이 소관 업무와 직접 관련하여 심의회에 출석하는 경우는 그렇지 않다.(영 제23조 제2항)
㉢ 규정한 사항 외에 심의회의 운영 등에 필요한 사항은 [   ]이 정한다. (영 제23조 제3항)

(3) 화재안전취약자에 대한 지원 15

① [   ]은 어린이, 노인, 장애인 등 화재의 예방 및 안전관리에 취약한 자 ([   ])의 안전한 생활환경을 조성하기 위하여 소방용품의 제공 및 소방시설의 개선 등 필요한 사항을 지원하기 위하여 노력하여야 한다.(법 제23조 제1항)
② 화재안전취약자에 대한 지원의 대상·범위·방법 및 절차 등에 필요한 사항은 [   ]으로 정한다.(법 제23조 제2항)
③ 소방관서장은 관계 행정기관의 장에게 지원이 원활히 수행되는 데 필요한 협력을 요청할 수 있다. 이 경우 요청받은 관계 행정기관의 장은 특별한 사정이 없으면 요청에 따라야 한다.(법 제23조 제3항)
④ 화재안전취약자 지원 대상자(영 제24조 제1항)
㉠ 「국민기초생활보장법」에 따른 [   ]
㉡ 「장애인복지법」에 따른 [   ]
㉢ 「한부모가족지원법」에 따른 지원 대상자
㉣ 「노인복지법」에 따른 [   ]
㉤ 「다문화가족지원법」에 따른 다문화가족의 구성원
㉥ 그 밖에 화재안전에 취약하다고 [   ]이 인정하는 사람

---

⑥ ㉠ 전문위원회 ㉡ 공무원 ㉢ 소방청장
15 ① 소방관서장, 화재안전취약자 ② 대통령령
④ ㉠ 수급자 ㉡ 중증장애인 ㉣ 홀로 사는 노인 ㉥ 소방관서장

⑤ 화재안전취약자에게 지원할 사항(영 제24조 제2항)
  ㉠ 소방시설등의 설치 및 개선
  ㉡ 소방시설등의 [   ]
  ㉢ 소방용품의 [   ]
  ㉣ 전기·가스 등 화재위험 설비의 [   ]
  ㉤ 그 밖에 화재안전을 위하여 필요하다고 인정되는 사항
⑥ 시행령에서 규정한 사항 외에 지원의 방법 및 절차 등에 관하여 필요한 사항은 [   ]이 정한다.(영 제24조 제3항)

⑤ ㉡ 안전점검 ㉢ 제공 ㉣ 점검 및 개선 ⑥ 소방청장

Chapter 05 소방대상물의 소방안전관리

01 특정소방대상물의 소방안전관리(법 제24조)

(1) 안전관리 등 [1]
① 특정소방대상물 중 전문적인 안전관리가 요구되는 대통령령으로 정하는 특정소방대상물(소방안전관리대상물)의 [　　]은 소방안전관리업무를 수행하기 위하여 소방안전관리자 자격증을 발급받은 사람을 소방안전관리자로 선임하여야 한다. 이 경우 소방안전관리자의 업무에 대하여 보조가 필요한 대통령령으로 정하는 소방안전관리대상물의 경우에는 소방안전관리자 외에 [　　　　　　]를 추가로 선임하여야 한다.
(법 제24조 제1항)

> 시행령 별표 4 [2]
> 【소방안전관리자를 두어야 하는 선임대상물, 선임자격 및 선임인원】
> 1. 특급 소방안전관리대상물
>   ① 선임대상물
>   ㉠ [　]층 이상(지하층은 [　　])이거나 지상으로부터 높이가 [　]m 이상인 아파트
>   ㉡ [　]층 이상(지하층을 [　　])이거나 지상으로부터 높이가 [　]m 이상인 특정소방대상물(아파트는 제외)
>   ㉢ ㉡에 해당하지 않는 특정소방대상물로서 연면적이 [　]만m² 이상인 특정소방대상물(아파트는 [　　])
>   ② 선임자격
>   다음 각 호의 어느 하나에 해당하는 사람으로서 특급 소방안전관리자 자격증을 받은 사람
>   ㉠ 소방기술사 또는 [　　　　　]의 자격이 있는 사람
>   ㉡ 소방설비기사의 자격을 취득한 후 [　]년 이상 1급 소방안전관리대상물의 소방안전관리자로 근무한 실무경력(법 제24조 제3항에 따라 소방안전관리자로 선임되어 근무한 경력은 제외)이 있는 사람
>   ㉢ 소방설비산업기사의 자격을 취득한 후 [　]년 이상 1급 소방안전관리대상물의 소방안전관리자로 근무한 실무경력이 있는 사람
>   ㉣ 소방공무원으로 [　]년 이상 근무한 경력이 있는 사람

---

1 ① 관계인, 소방안전관리보조자
2 1. ① ㉠ 50, 제외, 200 ㉡ 30, 포함, 120 ㉢ 10, 제외 ② ㉠ 소방시설관리사 ㉡ 5 ㉢ 7 ㉣ 20

ⓜ 소방청장이 실시하는 특급 소방안전관리대상물의 소방안전관리에 관한 시험에 합격한 사람
③ 선임인원 : [ ]명 이상
※ 동·식물원, 철강 등 불연성 물품을 저장·취급하는 창고, 위험물 저장 및 처리시설 중 위험물 제조소등과 지하구는 특급 소방안전관리대상물에서 제외한다.

2. 1급 소방안전관리대상물
① 선임대상물(특급 소방안전관리대상물은 제외)
㉠ [ ]층 이상(지하층은 제외)이거나 지상으로부터 높이가 [ ]m 이상인 아파트
㉡ 연면적 [   ]m² 이상인 특정소방대상물([   ]은 제외)
㉢ ㉡에 해당하지 않는 특정소방대상물로서 지상층의 층수가 [ ]층 이상인 특정소방대상물(아파트는 제외)
㉣ 가연성 가스를 [   ] 톤 이상 저장·취급하는 시설
② 선임자격
다음 각 호의 어느 하나에 해당하는 사람으로서 1급 소방안전관리자 자격증을 받은 사람 또는 특급 소방안전관리대상물의 소방안전관리자 자격증을 발급받은 사람
㉠ 소방설비기사 또는 [   ]의 자격이 있는 사람
㉡ 소방공무원으로 [ ]년 이상 근무한 경력이 있는 사람
㉢ 소방청장이 실시하는 1급 소방안전관리대상물의 소방안전관리에 관한 시험에 합격한 사람
③ 선임인원 : [ ]명 이상
※ 동·식물원, 철강 등 불연성 물품을 저장·취급하는 창고, 위험물 저장 및 처리 시설 중 위험물 제조소등, 지하구를 제외한다.

3. 2급 소방안전관리대상물
① 선임대상물(특급, 1급 소방안전관리대상물은 제외)
㉠ [   ], [   ], [   ]를 설치해야 하는 특정소방대상물[호스릴방식의 물분무등소화설비만을 설치할 수 있는 특정소방대상물 제외]
㉡ 가스 제조설비를 갖추고 도시가스사업의 허가를 받아야 하는 시설 또는 가연성 가스를 [   ]톤 이상 [   ] 톤 미만 저장·취급하는 시설
㉢ [   ]
㉣ 「공동주택관리법」에 해당하는 공동주택([   ] 또는 [   ]가 설치된 공동주택으로 한정)

③ 1
2. ① 30, 120 ㉡ 1만5천, 아파트 및 연립주택 ㉢ 11 ㉣ 1천
   ② ㉠ 소방설비산업기사 ㉡ 7 ③ 1
3. ① ㉠ 옥내소화전설비, 스프링클러설비, 물분무등소화설비 ㉡ 100, 1천 ㉢ 지하구
   ㉣ 옥내소화전설비, 스프링클러설비

ⓜ「문화유산의 보존 및 활용에 관한 법률」에 따라 보물 또는 국보로 지정된 목조건축물
② 선임자격
　　다음 각 호의 어느 하나에 해당하는 사람으로서 2급 소방안전관리자 자격증을 받은 사람, 특급 또는 1급 소방안전관리대상물의 소방안전관리자 자격증을 발급받은 사람
　　㉠ 위험물기능장·위험물산업기사 또는 [　　　　] 자격을 가진 사람
　　㉡ 소방공무원으로 [ ]년 이상 근무한 경력이 있는 사람
　　㉢ 소방청장이 실시하는 2급 소방안전관리대상물의 소방안전관리에 관한 시험에 합격한 사람
　　㉣ 소방안전관리자로 선임된 사람(소방안전관리자로 선임된 기간으로 한정)
③ 선임인원 : [ ]명 이상

4. 3급 소방안전관리대상물
① 선임대상물(특급, 1급, 2급 소방안전관리대상물은 제외)
　　[　　　　　　　](주택전용 간이스프링클러설비는 제외) 또는
　　[　　　　　　]를 설치해야 하는 특정소방대상물
② 선임자격
　　다음 각 호의 어느 하나에 해당하는 사람으로서 3급 소방안전관리자 자격증을 받은 사람 또는 특급 소방안전관리대상물, 1급 소방안전관리대상물 또는 2급 소방안전관리대상물의 소방안전관리자 자격증을 발급받은 사람
　　㉠ 소방공무원으로 [ ]년 이상 근무한 경력이 있는 사람
　　㉡ 소방청장이 실시하는 3급 소방안전관리대상물의 소방안전관리에 관한 시험에 합격한 사람
　　㉢ 소방안전관리자로 선임된 사람(소방안전관리자로 선임된 기간으로 한정)
③ 선임인원 : [ ]명 이상

② ㉠ 위험물기능사 ㉡ 3 ③ 1
4. ① 간이스프링클러설비, 자동화재탐지설비
　② ㉠ 1 ③ 1

시행령 별표 5 [3]

【소방안전관리보조자를 두어야 하는 선임대상물, 선임자격 및 선임인원】

1. 선임대상
   ① 아파트 중 [ ]세대 이상인 아파트
   ② 연면적이 [ ]m² 이상인 특정소방대상물(아파트 및 연립주택은 제외)
   ③ ① 및 ②에 따른 특정소방대상물을 제외한 특정소방대상물 중 다음의 어느 하나에 해당하는 특정소방대상물
      ㉠ 공동주택 중 기숙사   ㉡ 의료시설
      ㉢ [   ]   ㉣ [   ]
      ㉤ 숙박시설(숙박시설로 사용되는 바닥면적의 합계가 1천500m² 미만이고 관계인이 24시간 상시 근무하고 있는 숙박시설은 제외)

2. 선임자격
   ① 특급, 1급, 2급 또는 3급 소방안전관리대상물의 소방안전관리자 자격이 있는 사람
   ② 건축, 기계제작, 기계장비설비·설치, 화공, 위험물, 전기, 전자 및 안전관리에 해당하는 국가기술자격이 있는 사람
   ③ 「공공기관의 소방안전관리에 관한 규정」에 따른 [   ]을 수료한 사람
   ④ 특급, 1급, 2급 또는 3급 소방안전관리대상물의 소방안전관리에 대한 [   ]을 수료한 사람
   ⑤ 소방안전관리대상물에서 소방안전 관련 업무에 [ ]년 이상 근무한 경력이 있는 사람

3. 선임인원
   선임대상물별 1명을 기본으로 하되 다음 각 목에 따라 추가하여야 한다.
   ① 1.의 ① 경우에는 초과되는 [   ]세대마다 1명 이상을 추가로 선임
   ② 1.의 ② 경우에는 초과되는 연면적 [   ]m²(특정소방대상물의 방재실에 자위소방대가 24시간 상시 근무하고 소방자동차 중 소방펌프차, 소방물탱크차, 소방화학차 또는 무인방수차를 운용하는 경우에는 3만m²로 한다)마다 1명 이상을 추가로 선임
   ③ 1.의 ③ 경우에는 해당 특정소방대상물이 소재하는 지역을 관할하는 소방서장이 야간이나 휴일에 해당 특정소방대상물이 이용되지 않는다는 것을 확인한 경우에는 소방안전관리보조자를 선임하지 않을 수 있음

---

[3] 1. ① 300 ② 1만5천 ③ ㉢ 노유자시설 ㉣ 수련시설
   2. ③ 강습교육 ④ 강습교육 ⑤ 2
   3. ① 300 ② 1만5천

② 다른 안전관리자(다른 법령에 따라 전기·가스·위험물 등의 안전관리 업무에 종사하는 자를 말한다)는 소방안전관리대상물 중 소방안전관리업무의 전담이 필요한 대통령령으로 정하는 소방안전관리대상물의 소방안전관리자를 겸할 수 없다. 다만, 다른 법령에 특별한 규정이 있는 경우에는 그러하지 아니하다.(법 제24조 제2항) 4
  ㉠ 소방안전관리업무의 전담이 필요한 소방안전관리대상물(영 제26조)
    ⓐ [　　] 소방안전관리대상물
    ⓑ [　　] 소방안전관리대상물

③ ①에도 불구하고 소방안전관리대상물의 관계인은 소방안전관리업무를 대행하는 관리업자(소방시설관리업의 등록을 한 자를 말한다)를 감독할 수 있는 사람을 지정하여 소방안전관리자로 선임할 수 있다. 이 경우 소방안전관리자로 선임된 자는 선임된 날부터 [　　] 이내에 소방안전관리자 등에 대한 교육을 받아야 한다.(법 제24조 제3항)

④ 소방안전관리자 및 소방안전관리보조자의 선임 대상별 자격 및 인원기준은 대통령령으로 정하고, 선임 절차 등 그 밖에 필요한 사항은 [　　　　]으로 정한다.
(법 제24조 제4항)

⑤ 특정소방대상물(소방안전관리대상물은 제외)의 관계인과 소방안전관리대상물의 소방안전관리자는 다음 각 호의 업무를 수행한다. 다만, ㉠·㉡·㉤ 및 ㉥의 업무는 소방안전관리대상물의 경우에만 해당한다.(법 제24조 제5항)
  ㉠ [　　　]에 관한 사항과 대통령령으로 정하는 사항이 포함된 소방계획서의 작성 및 시행
  ㉡ [　　　　] 및 초기대응체계의 구성, 운영 및 교육
  ㉢ [　　　], [　　　] 및 방화시설의 관리
  ㉣ 소방시설이나 그 밖의 소방 관련 시설의 관리
  ㉤ [　　　] 및 [　　]
  ㉥ 화기(火氣) 취급의 감독
  ㉦ 행정안전부령으로 정하는 바에 따른 소방안전관리에 관한 업무수행에 관한 기록·유지(㉢·㉣ 및 ㉥의 업무를 말한다)
  ㉧ 화재발생 시 [　　　]
  ㉨ 그 밖에 소방안전관리에 필요한 업무

---

4 ② ㉠ ⓐ 특급 ⓑ 1급 ③ 3개월 ④ 행정안전부령
⑤ ㉠ 피난계획 ㉡ 자위소방대 ㉢ 피난시설, 방화구획 ㉤ 소방훈련, 교육 ㉧ 초기대응

⑥ 자위소방대와 초기대응체계의 구성, 운영 및 교육 등에 필요한 사항은 행정안전부령으로 정한다.(법 제24조 제6항) [5]

㉠ 자위소방대의 기능

소방안전관리대상물의 소방안전관리자는 자위소방대를 다음 각 호의 기능을 효율적으로 수행할 수 있도록 편성·운영하되, 소방안전관리대상물의 규모·용도 등의 특성을 고려하여 응급구조 및 방호안전기능 등을 추가하여 수행할 수 있도록 편성할 수 있다.(규칙 제11조 제1항)

ⓐ 화재 발생 시 비상연락, [　　　] 및 [　　　]
ⓑ 화재 발생 시 [　　　]피해 최소화를 위한 조치

㉡ 자위소방대의 구성

ⓐ 대장, 부대장 각각 [ ]명
ⓑ 조직 인원 : 소방안전관리대상물의 수용인원 등을 고려하여 구성

㉢ 임무

대장	자위소방대를 총괄 지휘
부대장	대장 보좌, 대장이 임무를 수행할 수 없는 때 임무를 대행
[　　　]	화재사실의 전파 및 신고 업무
[　　　]	화재 발생 시 초기화재 진압 활동
피난유도팀	피난약자를 안전한 장소로 대피
[　　　]	인명을 구조하고, 부상자에 대한 응급조치를 수행
[　　　]	화재확산방지 및 위험시설의 비상정지 등 방호안전 업무

㉣ 소집, 상태점검, 소방교육 : [　　　] 이상

---

5 ⑥ ㉠ ⓐ 초기소화, 피난유도 ⓑ 인명·재산
　㉡ ⓐ 1
　㉢ 비상연락팀, 초기소화팀, 응급구조팀, 방호안전팀
　㉣ 연 1회

(2) 소방안전관리업무의 대행 [6]
① 소방안전관리대상물 중 연면적 등이 일정규모 미만인 [   ]으로 정하는 소방안전관리대상물의 관계인은 관리업자로 하여금 소방안전관리업무 중 대통령령으로 정하는 업무를 대행하게 할 수 있다. 이 경우 선임된 소방안전관리자는 관리업자의 대행업무 수행을 감독하고 대행업무 외의 소방안전관리업무는 직접 수행하여야 한다.(법 제25조 제1항)
② 대통령령으로 정하는 소방안전관리대상물(영 제28조 제1항)
   ㉠ 지상층의 층수가 [ ]층 이상인 [   ] 소방안전관리대상물(연면적 [   ] 제곱미터 이상인 특정소방대상물과 아파트는 제외)
   ㉡ [   ] 소방안전관리대상물
   ㉢ [   ] 소방안전관리대상물
③ 소방안전관리 업무 중 대통령령으로 정하는 업무(영 제28조 제2항)
   ㉠ [   ], [   ] 및 [   ]의 관리
   ㉡ 소방시설이나 그 밖의 소방 관련 시설의 관리
④ 소방안전관리업무를 대행하는 자는 대행인력의 배치기준·자격·방법 등 [   ]으로 정하는 준수사항을 지켜야 한다.(법 제25조 제2항)
⑤ 소방안전관리업무를 관리업자에게 대행하게 하는 경우의 대가(代價)는 엔지니어링사업의 대가 기준 가운데 [   ]으로 정하는 방식에 따라 산정한다.(법 제25조 제3항)

(3) 소방안전관리자 선임신고 등 [7]
① 소방안전관리대상물의 [   ]이 소방안전관리자 또는 소방안전관리보조자를 선임한 경우에는 행정안전부령으로 정하는 바에 따라 선임한 날부터 [ ]일 이내에 [   ] 또는 [   ]에게 신고하고, 소방안전관리대상물의 출입자가 쉽게 알 수 있도록 소방안전관리자의 성명과 그 밖에 행정안전부령으로 정하는 사항을 게시하여야 한다.(법 제26조 제1항)

---

6 ① 대통령령 ② ㉠ 11, 1급, 1만5천 ㉡ 2급 ㉢ 3급 ③ ㉠ 피난시설, 방화구획, 방화시설 ④ 행정안전부령 ⑤ 행정안전부령
7 ① 관계인, 14, 소방본부장, 소방서장

② 소방안전관리대상물의 [   ]은 소방안전관리자를 다음 각 호의 어느 하나에 해당 호에서 정하는 날부터 [   ]일 이내에 선임해야 한다.(규칙 제14조 제1항) [8]

  ㉠ 신축·증축·개축·재축·대수선 또는 용도변경으로 해당 특정소방대상물의 소방안전관리자를 신규로 선임해야 하는 경우 : 해당 특정소방대상물의 [   ](건축물의 경우에는 건축물을 사용할 수 있게 된 날)

  ㉡ 증축 또는 용도변경으로 인하여 특정소방대상물이 소방안전관리대상물로 된 경우 또는 특정소방대상물의 소방안전관리 등급이 변경된 경우 : 증축공사의 [   ] 또는 용도변경 사실을 건축물관리대장에 [   ]

  ㉢ 특정소방대상물을 양수하거나 경매, 환가, 압류재산의 매각이나 그 밖에 이에 준하는 절차에 따라 관계인의 권리를 취득한 경우 : 해당 권리를 취득한 날 또는 관할 소방서장으로부터 소방안전관리자 [   ]. 다만, 새로 권리를 취득한 관계인이 종전의 특정소방대상물의 관계인이 선임신고한 소방안전관리자를 해임하지 않는 경우는 제외한다.

  ㉣ 관리의 권원이 분리된 특정소방대상물의 경우 : 관리의 권원이 분리되거나 소방본부장 또는 소방서장이 관리의 [   ]

  ㉤ 소방안전관리자의 해임, 퇴직 등으로 해당 소방안전관리자의 업무가 종료된 경우 : 소방안전관리자가 해임된 날, 퇴직한 날 등 근무를 [   ]

  ㉥ 소방안전관리업무를 대행하는 자를 감독할 수 있는 사람을 소방안전관리자로 선임한 경우로서 그 업무대행 [   ] 또는 [   ]된 경우 : 소방안전관리업무 대행이 끝난 날

  ㉦ 소방안전관리자 자격이 정지 또는 취소된 경우 : 소방안전관리자 자격이 정지 또는 취소된 날

③ 소방안전관리대상물의 [   ]이 소방안전관리자 또는 소방안전관리보조자를 해임한 경우에는 그 관계인 또는 해임된 소방안전관리자 또는 소방안전관리보조자는 [   ]이나 [   ]에게 그 사실을 알려 해임한 사실의 확인을 받을 수 있다.(법 제26조 제2항)

---

[8] ② 관계인, 30 ㉠ 사용승인일 ㉡ 사용승인일, 기재한 날 ㉢ 선임 안내를 받은 날 ㉣ 권원을 조정한 날 ㉤ 종료한 날 ㉥ 계약이 해지, 종료
③ 관계인, 소방본부장, 소방서장

(4) 관계인 등의 의무 [9]

① 특정소방대상물의 [　　]은 그 특정소방대상물에 대하여 소방안전관리업무를 수행하여야 한다.(법 제27조 제1항)

② 소방안전관리대상물의 관계인은 소방안전관리자가 소방안전관리업무를 성실하게 수행할 수 있도록 [　　]·[　　]하여야 한다.(법 제27조 제2항)

③ [　　　　]는 인명과 재산을 보호하기 위하여 소방시설·피난시설·방화시설 및 방화구획 등이 법령에 위반된 것을 발견한 때에는 [　　] 소방안전관리대상물의 관계인에게 소방대상물의 개수·이전·제거·수리 등 필요한 조치를 할 것을 요구하여야 하며, 관계인이 시정하지 아니하는 경우 소방본부장 또는 소방서장에게 그 사실을 알려야 한다. 이 경우 소방안전관리자는 공정하고 객관적으로 그 업무를 수행하여야 한다.(법 제27조 제3항)

④ 소방안전관리자로부터 조치요구 등을 받은 소방안전관리대상물의 [　　]은 [　　　] 이에 따라야 하며, 이를 이유로 소방안전관리자를 해임하거나 보수(報酬)의 지급을 거부하는 등 불이익한 처우를 하여서는 아니 된다.(법 제27조 제4항)

(5) 소방안전관리자 선임명령 등

① [　　　] 또는 [　　　]은 소방안전관리자 또는 소방안전관리보조자를 선임하지 아니한 소방안전관리대상물의 관계인에게 소방안전관리자 또는 소방안전관리보조자를 선임하도록 명할 수 있다.(법 제28조 제1항)

② 소방본부장 또는 소방서장은 업무를 다하지 아니하는 특정소방대상물의 [　　] 또는 [　　　　]에게 그 업무의 이행을 명할 수 있다.(법 제28조 제2항)

---

9 (4) ① 관계인 ② 지도, 감독 ③ 소방안전관리자, 지체 없이 ④ 관계인, 지체 없이
　(5) ① 소방본부장, 소방서장 ② 관계인, 소방안전관리자

(6) 건설현장 소방안전관리 [10]

① 공사시공자가 화재발생 및 화재피해의 우려가 큰 대통령령으로 정하는 특정소방대상물을 신축·증축·개축·재축·이전·용도변경 또는 대수선 하는 경우에는 소방안전관리자로서 소방안전관리자 등에 대한 교육을 받은 사람을 소방시설공사 착공 신고일부터 건축물 사용승인일(건축물을 사용할 수 있게 된 날을 말한다)까지 소방안전관리자로 선임하고 행정안전부령으로 정하는 바에 따라 소방본부장 또는 소방서장에게 신고하여야 한다.(법 제29조 제1항)
  ㉠ 화재발생 및 화재피해의 우려가 큰 대통령령으로 정하는 특정소방대상물
     (영 제29조)
     ⓐ 신축·증축·개축·재축·이전·용도변경 또는 대수선을 하려는 부분의 연면적의 합계가 [   ] 제곱미터 이상인 것
     ⓑ 신축·증축·개축·재축·이전·용도변경 또는 대수선을 하려는 부분의 연면적이 [   ] 제곱미터 이상인 것으로서 다음 각 목의 어느 하나에 해당하는 것
        가. 지하층의 층수가 [   ]층 이상인 것
        나. 지상층의 층수가 [   ]층 이상인 것
        다. [   ]창고, [   ]창고 또는 냉동·냉장창고

② 건설현장 소방안전관리대상물의 소방안전관리자의 업무(법 제29조 제2항)
  ㉠ 건설현장의 [   ]의 작성
  ㉡ [   ]의 설치 및 관리에 대한 감독
  ㉢ 공사진행 단계별 [   ], [   ] 등의 확보와 관리
  ㉣ 건설현장의 작업자에 대한 소방안전 교육 및 훈련
  ㉤ [   ]의 구성·운영 및 교육
  ㉥ 화기취급의 감독, 화재위험작업의 허가 및 관리
  ㉦ 그 밖에 건설현장의 소방안전관리와 관련하여 소방청장이 고시하는 업무

---

10 ① ㉠ ⓐ 1만5천 ⓑ 5천 가. 2개 나. 11 다. 냉동, 냉장
   ② ㉠ 소방계획서 ㉡ 임시소방시설 ㉢ 피난안전구역, 피난로 ㉤ 초기대응체계

③ 건설현장 소방안전관리자의 선임신고(규칙 제17조) [11]
　㉠ 건설현장 소방안전관리대상물의 [　　　　]는 같은 항에 따라 소방안전관리자를 선임한 경우에는 선임한 날부터 [　]일 이내에 건설현장 소방안전관리자 선임신고서(전자문서를 포함한다)에 다음 각 호의 서류(전자문서를 포함한다)를 첨부하여 [　　　　　　　　　]에게 신고해야 한다. 이 경우 건설현장 소방안전관리대상물의 공사시공자는 종합정보망을 이용하여 선임신고를 할 수 있다.(규칙 제17조 제1항)
　　ⓐ 소방안전관리자 자격증
　　ⓑ 건설현장 소방안전관리자가 되려는 사람에 대한 강습교육 수료증
　　ⓒ 건설현장 소방안전관리대상물의 공사 [　　　　]
　㉡ [　　　　　　　　　]은 건설현장 소방안전관리대상물의 공사시공자가 소방안전관리자를 선임하고 신고하는 경우에는 신고인에게 건설현장 소방안전관리자 선임증을 발급해야 한다. 이 경우 소방본부장 또는 소방서장은 신고인이 종전의 선임이력에 관한 확인을 신청하는 경우 건설현장 소방안전관리자 선임 이력 확인서를 발급해야 한다.(규칙 제17조 제2항)
　㉢ 소방본부장 또는 소방서장은 건설현장 소방안전관리자의 선임신고를 접수하거나 해임 사실을 확인한 경우에는 지체 없이 관련 사실을 [　　　　]에 입력해야 한다.(규칙 제17조 제3항)
　㉣ 소방본부장 또는 소방서장은 건설현장 소방안전관리대상물 선임신고의 효율적 처리를 위하여 「소방시설 설치 및 안전관리에 관한 법률」에 따라 건축허가등의 동의를 하는 경우에는 지체 없이 해당 소방안전관리대상물의 위치, 연면적 등의 정보를 [　　　　]에 입력해야 한다.(규칙 제17조 제4항)
④ 그 밖에 건설현장 소방안전관리대상물의 소방안전관리에 관하여는 제26조(소방안전관리자 선임신고 등), 제27조(관계인 등의 의무 등), 제28조(소방안전관리자 선임명령등)의 규정을 준용한다. 이 경우 "소방안전관리대상물의 관계인" 또는 "특정소방대상물의 관계인"은 "[　　　　]"로 본다.(법 제29조 제3항)

---

11 ③ ㉠ 공사시공자, 14, 소방본부장 또는 소방서장 ⓒ 계약서 사본 ㉡ 소방본부장 또는 소방서장
　　㉢ 종합정보망 ㉣ 종합정보망
　④ 공사시공자

(7) 소방안전관리자 자격 및 자격증의 발급 등 [12]

① 소방안전관리자의 자격은 다음 각 호의 어느 하나에 해당하는 사람으로서 [　　　] 으로부터 소방안전관리자 자격증을 발급받은 사람으로 한다.(법 제30조 제1항)
　㉠ [　　　]이 실시하는 소방안전관리자 자격시험에 합격한 사람
　㉡ 다음 각 목에 해당하는 사람으로서 대통령령으로 정하는 사람
　　ⓐ [　　　]과 관련한 국가기술자격증을 소지한 사람
　　ⓑ ⓐ에 해당하는 국가기술자격증 중 일정 자격증을 소지한 사람으로서 소방안전관리자로 근무한 실무경력이 있는 사람
　　ⓒ [　　　] 경력자
　　ⓓ 「기업활동 규제완화에 관한 특별조치법」에 따라 소방안전관리자로 선임된 사람(소방안전관리자로 선임된 기간에 한정)

② ①의 ㉡에서 대통령령으로 정하는 사람
소방안전관리대상물별로 선임해야 하는 소방안전관리자의 자격을 갖춘 사람(①의 ㉠에 따른 선임자격자를 제외)을 말한다.(영 제30조)

③ 소방청장은 자격을 갖춘 사람이 소방안전관리자 자격증 발급을 신청하는 경우 [　　　]으로 정하는 바에 따라 자격증을 발급하여야 한다.(법 제30조 제2항)

④ 소방안전관리자 자격증을 발급받은 사람이 소방안전관리자 자격증을 잃어버렸거나 못 쓰게 된 경우에는 행정안전부령으로 정하는 바에 따라 소방안전관리자 자격증을 재발급 받을 수 있다.(법 제30조 제3항)
　㉠ 소방안전관리자 자격증의 발급을 신청 받은 소방청장은 [ ]일 이내에 규정에 따른 자격을 갖춘 사람에게 소방안전관리자 자격증을 발급해야 한다. 이 경우 소방청장은 소방안전관리자 자격증 발급대장에 등급별로 기록하고 관리해야 한다.
　　(규칙 제18조 제2항)
　㉡ 소방안전관리자 자격증을 발급받은 사람이 그 자격증을 잃어버렸거나 자격증이 못 쓰게 된 경우에는 소방안전관리자 자격증 재발급 신청서(전자문서 포함)를 작성하여 소방청장에게 자격증의 재발급을 신청할 수 있다. 이 경우 소방청장은 신청자에게 자격증을 [ ]일 이내에 재발급하고 소방안전관리자 자격증 재발급대장에 재발급 사항을 기록하고 관리해야 한다.(규칙 제18조 제3항)

⑤ 발급 또는 재발급 받은 소방안전관리자 자격증을 다른 사람에게 빌려 주거나 빌려서는 아니 되며, 이를 알선하여서도 아니 된다.(법 제30조 제4항)

---

12 ① 소방청장 ㉠ 소방청장 ㉡ ⓐ 소방안전 ⓒ 소방공무원
　③ 행정안전부령
　④ ㉠ 3 ㉡ 3

(8) 소방안전관리자 자격의 정지 및 취소 13

① [   ]은 소방안전관리자 자격증을 발급받은 사람이 다음 각 호의 어느 하나에 해당하는 경우에는 행정안전부령으로 정하는 바에 따라 그 자격을 취소하거나 [ ]년 이하의 기간을 정하여 그 자격을 정지시킬 수 있다. 다만, ㉠ 또는 ㉢에 해당하는 경우에는 그 자격을 취소하여야 한다.(법 제31조 제1항)
  ㉠ 거짓이나 그 밖의 부정한 방법으로 소방안전관리자 자격증을 발급받은 경우(취소)
  ㉡ 소방안전관리업무를 게을리 한 경우
  ㉢ [   ](취소)
  ㉣ 실무교육을 받지 아니한 경우
  ㉤ 이 법 또는 이 법에 따른 명령을 위반한 경우

② 소방안전관리자 자격이 취소된 사람은 [   ]부터 [ ]년 간 소방안전관리자 자격증을 발급받을 수 없다.(법 제31조 제2항)

시행규칙 별표 3 14
【소방안전관리자 자격의 정지 및 취소 기준】
개별기준

위반사항	근거법령	행정처분기준		
		1차 위반	2차 위반	3차 이상 위반
가. 거짓이나 그 밖의 부정한 방법으로 소방안전관리자 자격증을 발급받은 경우	법 제31조 제1항 제1호	자격취소		
나. 법 제24조 제5항에 따른 소방안전관리업무를 게을리 한 경우	법 제31조 제1항 제2호	[ ]	[ ]	[ ]
다. 법 제30조 제4항을 위반하여 소방안전관리자 자격증을 다른 사람에게 빌려준 경우	법 제31조 제1항 제3호	자격취소		
라. 제34조에 따른 실무교육을 받지 않는 경우	법 제31조 제1항 제4호	경고 (시정명령)	자격정지 (3개월)	자격정지 (6개월)

---

13 ① 소방청장, 1 ㉢ 소방안전관리자 자격증을 다른 사람에게 빌려준 경우
   ② 취소된 날, 2
14 나. 경고(시정명령), 자격정지(3개월), 자격정지(6개월)

(9) 소방안전관리자 자격시험

① 소방안전관리자 자격시험에 응시할 수 있는 사람의 자격은 대통령령으로 정한다.
(법 제32조 제1항)

> **시행령 별표 6** [15]
> 【소방안전관리자 자격시험에 응시할 수 있는 사람의 자격】
> 1. 특급 소방안전관리자 응시자격(①의 ㉠ 경우 소방안전관리업무를 대행하는 관리업자를 감독하는 소방안전관리자로 선임되어 근무한 경력은 제외)
>   ① 자격 + 실무경력
>   ㉠ 1급 소방안전관리자 + [ ]년 이상
>   ㉡ 소방설비기사 경우 : 자격 취득 + [ ]년 이상
>   ㉢ 소방설비산업기사 경우 : 자격 취득 + [ ]년 이상
>   ㉣ 1급 소방안전관리자 + 특급 또는 1급 보조자로 [ ]년 이상
>   ② 소방공무원으로 [ ]년 이상 근무한 경력이 있는 사람
>   ③ 졸업 + 실무경력
>   ㉠ 소방안전 관리학과 전공 졸업 + [ ]년 이상 1급 소방안전관리자
>   ④ 요건 + 3년 이상 1급 소방안전관리자 실무경력
>   ㉠ 소방안전 관련 교과목 12학점 이상 이수 + 졸업 + 3년 이상 1급 소방안전관리자
>   ㉡ ㉠에 해당하는 사람과 같은 수준의 학력이 있다고 인정되는 사람 + 소방안전 관련 교과목을 [ ]학점 이상 이수 + 3년 이상 1급 소방안전관리자 실무경력
>   ㉢ 소방안전 관련 학과 전공 졸업 + 3년 이상 1급 소방안전관리자
>   ⑤ 소방행정학(소방학 및 소방방재학을 포함) 또는 소방안전공학(소방방재공학 및 안전공학을 포함) 분야 석사학위 이상 취득 + [ ]년 이상 1급 소방안전관리자로 실무경력
>   ⑥ 특급 소방안전관리보조자로 [ ]년 이상 근무한 실무경력
>   ⑦ 특급 소방안전관리에 대한 강습교육을 수료한 사람
>   ⑧ 총괄재난관리자로 지정되어 [ ]년 이상 근무한 경력이 있는 사람

---

15 1. ① ㉠ 5 ㉡ 2 ㉢ 3 ㉣ 7
　　② 10 ③ ㉠ 2
　　④ ㉡ 12
　　⑤ 2
　　⑥ 10
　　⑧ 1

2. 1급 소방안전관리자 응시자격
    ① 소방안전관리학과 전공 졸업 + [ ]년 이상 2급 또는 3급 소방안전관리자 실무경력
    ② 요건 + [ ]년 이상 2급 또는 3급 소방안전관리자 실무경력
        ㉠ 소방안전 관련 교과목 12학점 이상 이수 + 졸업 + [ ]년 이상 2급 또는 3급 소방안전관리자 실무경력
        ㉡ 법령에 따라 ㉠과 같은 수준 학력 인정 + 소방안전 관련 교과목을 12학점 이상 이수 + [ ]년 이상 2급 또는 3급 소방안전관리자 실무경력
        ㉢ 소방안전 관련 학과 전공 졸업 + [ ]년 이상 2급 또는 3급 소방안전관리자 실무경력
    ③ 소방행정학(소방학 및 소방방재학을 포함) 또는 소방안전공학(소방방재공학 및 안전공학을 포함) 분야 석사학위 이상 취득
    ④ ①, ② 외에 [ ]년 이상 2급 소방안전관리자 실무경력
    ⑤ 특급 또는 1급 소방안전관리에 대한 강습교육을 수료한 사람
    ⑥ 자격 + 실무경력
        ㉠ 2급 소방안전관리자로 선임될 수 있는 자격 + 특급 또는 1급 소방안전관리보조자로 [ ]년 이상
        ㉡ 2급 소방안전관리자로 선임될 수 있는 자격 + 2급 소방안전관리보조자 [ ]년 이상 (특급 또는 1급 소방안전관리보조자로 근무한 실무경력이 있는 경우에는 이를 포함하여 합산)
        ㉢ 산업안전기사 또는 산업안전산업기사의 자격 + [ ]년 이상 2급 또는 3급 소방안전관리자
    ⑦ 특급 소방안전관리자 시험응시 자격이 인정되는 사람
3. 2급 소방안전관리자 응시자격
    ① 소방안전관리학과 전공 졸업
    ② 요건 갖춘 사람
        ㉠ 소방안전 관련 교과목을 [ ]학점 이상 이수 + 졸업
        ㉡ 법령에 따라 ㉠과 같은 수준 학력 인정 + 소방안전 관련 교과목을 6학점 이상 이수
        ㉢ 소방안전 관련 학과 전공 졸업
    ③ 소방본부 또는 소방서에서 [ ]년 이상 화재진압 또는 그 보조 업무에 종사한 경력

2. ① 2
   ② 3 ㉠ 3 ㉡ 3 ㉢ 3
   ④ 5
   ⑥ ㉠ 5 ㉡ 7 ㉢ 2
3. ② ㉠ 6 ③ 1

④ 근무한 경력
  ㉠ 의용소방대원으로 [ ]년 이상
  ㉡ 군부대(주한 외국군부대를 포함) 및 의무소방대의 소방대원으로 [ ]년 이상
  ㉢ 자체소방대의 소방대원으로 [ ]년 이상
  ㉣ 경호공무원 또는 별정직공무원으로서 [ ]년 이상 안전검측 업무에 종사한 경력
  ㉤ 경찰공무원으로 3년 이상
⑤ 특급, 1급 또는 2급 소방안전관리에 대한 강습교육을 수료한 사람
⑥ 「공공기관의 소방안전관리에 관한 규정」에 따른 강습교육을 수료한 사람
⑦ 자격 + 실무경력
  ㉠ 소방안전관리보조자로 선임될 수 있는 자격 + 특급, 1급, 2급 또는 3급 소방안전관리보조자로 [ ]년 이상
  ㉡ 3급 소방안전관리자 + [ ]년 이상
⑧ 건축사·산업안전기사·산업안전산업기사·건축기사·건축산업기사·일반기계기사·전기기능장·전기기사·전기산업기사·전기공사기사·전기공사산업기사·건설안전기사 또는 건설안전산업기사 자격을 가진 사람
⑨ 특급 또는 1급 소방안전관리자 시험응시 자격이 인정되는 사람

4. 3급 소방안전관리자 응시자격
  ① 근무한 경력
    ㉠ 의용소방대원으로 [ ]년 이상
    ㉡ 자체소방대의 소방대원으로 [ ]년 이상
    ㉢ 경호공무원 또는 별정직공무원으로 [ ]년 이상 안전검측 업무에 종사한 경력
    ㉣ 경찰공무원으로 [ ]년 이상
  ② 특급, 1급, 2급 또는 3급 소방안전관리에 대한 강습교육을 수료한 사람
  ③ 「공공기관의 소방안전관리에 관한 규정」에 따른 강습교육을 수료한 사람
  ④ 자격 + 실무경력
    ㉠ 소방안전관리보조자로 선임될 수 있는 자격 + 특급, 1급, 2급 또는 3급 소방안전관리보조자로 [ ]년 이상
  ⑤ 특급, 1급 또는 2급 소방안전관리자 시험응시 자격이 인정되는 사람

④ ㉠ 3 ㉡ 1 ㉢ 3 ㉣ 2 ⑦ ㉠ 3 ㉡ 2
4. ① ㉠ 2 ㉡ 1 ㉢ 1 ㉣ 2 ④ ㉠ 2

② 소방안전관리자 자격의 시험방법, 시험의 공고 및 합격자 결정 등 소방안전관리자의 자격시험에 필요한 사항은 [   ]으로 정한다.(법 제32조 제2항) [16]

③ 자격시험 방법(규칙 제20조 제1항)
  ㉠ 특급 소방안전관리자 자격시험 : [   ] 이상
  ㉡ 1급·2급·3급 소방안전관리자 자격시험 : [   ] 이상

④ 자격시험의 공고(규칙 제21조)
  소방청장은 특급, 1급, 2급 또는 3급 소방안전관리자 자격시험을 실시하려는 경우에는 응시자격·시험과목·일시·장소 및 응시절차를 모든 응시 희망자가 알 수 있도록 시험 시행일 [ ]일 전에 인터넷 홈페이지에 공고해야 한다.

⑤ 합격자 결정 등
  ㉠ 특급, 1급, 2급 및 3급 소방안전관리자 자격시험은 매과목을 100점 만점으로 하여 매과목 [   ]점 이상, 전과목 평균 [   ]점 이상 득점한 사람을 합격자로 한다.
    (규칙 제22조 제1항)
  ㉡ 소방안전관리자 자격시험은 다음 각 호의 방법으로 채점한다. 이 경우 특급 소방안전관리자 자격시험의 제2차시험 채점은 제1차시험 합격자의 답안지에 대해서만 실시한다.(규칙 제22조 제2항)
    ⓐ [   ] 문제 : 답안지 기재사항을 전산으로 판독하여 채점
    ⓑ 주관식 [   ] 문제 : 제23조 제2항에 따라 임명·위촉된 시험위원이 채점. 이 경우 [ ]명 이상의 채점자가 문항별 배점과 채점 기준표에 따라 별도로 채점하고 그 평균 점수를 해당 문제의 점수로 한다.
  ㉢ 특급 소방안전관리자 자격시험의 제1차시험에 합격한 사람은 제1차시험에 합격한 날부터 [ ]년간 제1차시험을 면제한다.(규칙 제22조 제3항)
  ㉣ 소방청장은 소방안전관리자 자격시험을 종료한 날부터 [   ]일(특급 소방안전관리 자격시험의 경우에는 [   ]일) 이내에 인터넷 홈페이지에 합격자를 공고하고, 응시자에게 휴대전화 문자 메시지로 합격 여부를 알려 줄 수 있다.(규칙 제22조 제4항)

---

16 ② 행정안전부령 ③ ㉠ 연 2회 ㉡ 월 1회
  ④ 30
  ⑤ ㉠ 40, 70 ㉡ ⓐ 선택형 ⓑ 서술형, 3 ㉢ 2 ㉣ 30, 60

⑥ 자격시험 문제의 출제 및 자격시험위원의 위촉 등(규칙 제23조) [17]
  ㉠ 소방안전관리자 자격시험 과목 및 시험방법은 별표 4와 같다.(규칙 제23조 제1항)
  ㉡ 소방청장은 소방안전관리자 자격시험의 시험문제 출제, 검토 및 채점을 위하여 다음 각 호의 어느 하나에 해당하는 사람 중에서 시험 위원을 임명 또는 위촉해야 한다. (규칙 제23조 제2항)
    ⓐ 소방 관련 분야에서 [   ] 이상의 학위를 취득한 사람
    ⓑ 「고등교육법」 제2조 제1호부터 제6호까지에 해당하는 학교에서 소방안전 관련 학과의 [   ] 이상으로 [ ]년 이상 재직한 사람
    ⓒ 소방위 이상의 [   ]
    ⓓ 소방기술사
    ⓔ [   ]
    ⓕ 그 밖에 화재안전 또는 소방 관련 법령이나 정책에 전문성이 있는 사람
  ㉢ ㉡에 따라 위촉된 시험위원에게는 예산의 범위에서 수당, 여비 및 그 밖에 필요한 경비를 지급할 수 있다.(규칙 제23조 제3항)
  ㉣ ㉠부터 ㉢에서 규정한 사항 외에 소방안전관리자 자격시험의 운영 등에 필요한 세부적인 사항은 [   ]이 정한다.(규칙 제23조 제4항)

(10) 소방안전관리자 등 종합정보망의 구축·운영 [18]
  ① 소방청장은 소방안전관리자 및 소방안전관리보조자에 대한 다음 각 호의 정보를 효율적으로 관리하기 위하여 종합정보망을 구축·운영할 수 있다.(법 제33조 제1항)
    ㉠ 소방안전관리자 및 소방안전관리보조자의 [   ] 현황
    ㉡ 소방안전관리자 및 소방안전관리보조자의 [   ]의 확인 현황
    ㉢ 건설현장 소방안전관리자 선임신고 현황
    ㉣ 소방안전관리자 자격시험 합격자 및 자격증의 발급 현황
    ㉤ 소방안전관리자 자격증의 [   ] 처분 현황
    ㉥ 소방안전관리자 및 소방안전관리보조자의 교육 실시현황
  ② 종합정보망의 구축·운영 등에 필요한 사항은 [   ]으로 정한다.(법 제33조 제2항)
  ③ 종합정보망의 업무(영 제32조)
    ㉠ 종합정보망과 유관 정보시스템의 연계·운영
    ㉡ (10)의 ①의 정보를 저장·가공 및 제공하기 위한 시스템의 구축·운영

---

17 ⑥ ㉡ ⓐ 석사 ⓑ 조교수, 2 ⓒ 소방공무원 ⓔ 소방시설관리사 ㉣ 소방청장
18 ① ㉠ 선임신고 ㉡ 해임 사실 ㉤ 정지·취소 ② 대통령령

(11) 소방안전관리자 등에 대한 교육 [19]

① 강습교육 또는 실무교육을 받아야 할 사람(법 제34조 제1항)
　　㉠ 소방안전관리자가 되려고 하는 사람 또는 소방안전관리자(소방안전관리보조자를 [　　])로 선임된 사람

② ①에 해당하는 사람은 소방안전관리업무에 관한 능력의 습득 또는 향상을 위하여 행정안전부령으로 정하는 바에 따라 소방청장이 실시하는 다음 각 호의 강습교육 또는 실무교육을 받아야 한다.(법 제34조 제1항)
　　㉠ [　　]교육
　　　　ⓐ 소방안전관리자의 자격을 인정받으려는 사람으로서 대통령령으로 정하는 사람
　　　　ⓑ 소방안전관리업무를 대행하는 관리업자를 감독할 수 있는 소방안전관리자로 선임되고자 하는 사람
　　　　ⓒ 건설현장 소방안전관리자로 선임되고자 하는 사람
　　㉡ [　　]교육
　　　　ⓐ 소방안전관리업무를 수행하기 위하여 선임된 소방안전관리자 및 소방안전관리보조자
　　　　ⓑ 소방안전관리업무를 대행하는 관리업자를 감독하기 위해 선임된 소방안전관리자

③ 교육실시방법은 다음 각 호와 같다. 다만, 「감염병의 예방 및 관리에 관한 법률」에 따른 감염병 등 불가피한 사유가 있는 경우에는 행정안전부령으로 정하는 바에 따라 ㉠ 또는 ㉢의 교육을 ㉡의 교육으로 실시할 수 있다.(법 제34조 제2항)
　　㉠ [　　]교육
　　㉡ 정보통신매체를 이용한 [　　]교육
　　㉢ ㉠ 및 ㉡을 혼용한 교육

④ 소방안전관리자에 대한 강습교육 실시
　　[　　　]은 강습교육을 실시하려는 경우에는 강습교육 실시 [　]일 전까지 일시·장소, 그 밖에 강습교육 실시에 필요한 사항을 [　　　　]에 공고해야 한다.
　　(규칙 제25조 제2항)

---

19 ① ㉠ 포함 ② ㉠ 강습 ㉡ 실무 ③ ㉠ 집합 ㉡ 원격
　④ 소방청장, 20, 인터넷 홈페이지

⑤ 소방안전관리자 및 소방안전관리보조자의 실무교육 등
  ㉠ 소방청장은 실무교육의 대상·일정·횟수 등을 포함한 실무교육의 실시 계획을 [　] 수립·시행해야 한다.(규칙 제29조 제1항)
  ㉡ 소방청장은 실무교육을 실시하려는 경우에는 실무교육 실시 [　]일 전까지 일시·장소, 그 밖에 실무교육 실시에 필요한 사항을 인터넷 홈페이지에 공고하고 교육대상자에게 통보해야 한다.(규칙 제29조 제2항)
  ㉢ 소방안전관리자는 소방안전관리자로 선임된 날부터 [　　] 이내에 실무교육을 받아야 하며, 그 이후에는 [ ]년마다(최초 실무교육을 받은 날을 기준일로 하여 매 2년이 되는 해의 기준일과 같은 날 전까지를 말한다) [　] 이상 실무교육을 받아야 한다. 다만, 소방안전관리 강습교육 또는 실무교육을 받은 후 [ ]년 이내에 소방안전관리자로 선임된 사람은 해당 강습교육을 수료하거나 실무교육을 이수한 날에 실무교육을 이수한 것으로 본다.(규칙 제29조 제3항)
  ㉣ 소방안전관리보조자는 그 선임된 날부터 [ ]개월(영 별표 5 제2호 마목에 따라 소방안전관리보조자로 지정된 사람의 경우 3개월을 말한다) 이내에 실무교육을 받아야 하며, 그 이후에는 [ ]년마다(최초 실무교육을 받은 날을 기준일로 하여 매 2년이 되는 해의 기준일과 같은 날 전까지를 말한다) [ ]회 이상 실무교육을 받아야 한다. 다만, 소방안전관리자 강습교육 또는 실무교육이나 소방안전관리보조자 실무교육을 받은 후 [ ]년 이내에 소방안전관리보조자로 선임된 사람은 해당 강습교육을 수료하거나 실무교육을 이수한 날에 실무교육을 이수한 것으로 본다.(규칙 제29조 제4항)

⑥ 강습교육 및 실무교육의 강사(규칙 제27조, 제30조)
과목별로 다음 각 호의 어느 하나에 해당하는 사람 중에서 소방에 관한 학식·경험·능력 등을 고려하여 소방청장이 임명 또는 위촉한다.
  ㉠ [　　　] 직원
  ㉡ 소방기술사
  ㉢ 소방시설관리사
  ㉣ 소방안전 관련 학과에서 [　　　] 이상의 직에 재직 중이거나 재직한 사람
  ㉤ 소방안전 관련 분야에서 [　　] 이상의 학위를 취득한 사람
  ㉥ 소방공무원으로 [ ]년 이상 근무한 사람

⑤ ㉠ 매년 ㉡ 30 ㉢ 6개월, 2, 1회, 1 ㉣ 6, 2, 1, 1
⑥ ㉠ 안전원 ㉣ 부교수 ㉤ 석사 ㉥ 5

02 관리의 권원이 분리된 특정소방대상물의 소방안전관리(법 제35조) [20]

(1) 관리의 권원이 분리된 특정소방대상물의 소방안전관리

① 다음 각 호의 어느 하나에 해당하는 특정소방대상물로서 그 관리의 권원(權原)이 분리되어 있는 특정소방대상물의 경우 그 관리의 권원별 관계인은 대통령령으로 정하는 바에 따라 소방안전관리자를 선임하여야 한다. 다만, 소방본부장 또는 소방서장은 관리의 권원이 많아 효율적인 소방안전관리가 이루어지지 아니한다고 판단되는 경우 대통령령으로 정하는 바에 따라 관리의 권원을 조정하여 소방안전관리자를 선임하도록 할 수 있다.(법 제35조 제1항)

　㉠ 복합건축물(지하층을 제외한 층수가 [ ]층 이상 또는 연면적 [ ]m² 이상인 건축물)
　㉡ [   ](지하의 인공구조물 안에 설치된 상점 및 사무실, 그 밖에 이와 비슷한 시설이 연속하여 지하도에 접하여 설치된 것과 그 지하도를 합한 것을 말한다)
　㉢ 그 밖에 대통령령으로 정하는 특정소방대상물
　　　ⓐ 판매시설 중 [   ], [   ] 및 [   ](영 제35조)

② 관리의 권원이 분리되어 있는 특정소방대상물의 관계인은 소유권, 관리권 및 점유권에 따라 각각 소방안전관리자를 선임해야 한다. 다만, 둘 이상의 소유권, 관리권 또는 점유권이 동일인에게 귀속된 경우에는 하나의 관리 권원으로 보아 소방안전관리자를 선임할 수 있다.(영 제34조 제1항)

그럼에도 불구하고 다음의 어느 하나에 해당하는 경우에는 해당 호에서 정하는 바에 따라 소방안전관리자를 선임할 수 있다.(영 제34조 제2항)

　㉠ 법령 또는 계약 등에 따라 [   ]으로 관리하는 경우 : 하나의 관리 권원으로 보아 소방안전관리자 [ ]명 선임
　㉡ 화재 [   ] 또는 [   ](가압송수장치를 포함한다. 이하 이 항에서 같다)가 별도로 설치되어 있는 경우 : 설치된 화재 수신기 또는 소화펌프가 화재를 감지·소화 또는 경보할 수 있는 부분을 각각 하나의 관리 권원으로 보아 각각 소방안전관리자 선임
　㉢ 하나의 화재 수신기 및 소화펌프가 설치된 경우 : 하나의 관리 권원으로 보아 소방안전관리자 [ ]명 선임

---

20 (1) ① ㉠ 11, 3만 ㉡ 지하가 ㉢ ⓐ 도매시장, 소매시장, 전통시장
　　② ㉠ 공동, 1 ㉡ 수신기, 소화펌프 ㉢ 1

③ 관리의 권원별 관계인은 상호 협의하여 특정소방대상물의 전체에 걸쳐 소방안전관리상 필요한 업무를 총괄하는 소방안전관리자(총괄소방안전관리자)를 선임된 소방안전관리자 중에서 선임하거나 별도로 선임하여야 한다. 이 경우 총괄소방안전관리자의 자격은 [   ]으로 정하고 업무수행 등에 필요한 사항은 [   ]으로 정한다. (법 제35조 제2항)
  ㉠ 총괄소방안전관리자의 선임 자격(영 제36조)
    특정소방대상물의 전체에 걸쳐 소방안전관리상 필요한 업무를 총괄하는 소방안전관리자는 소방안전관리대상물의 등급별 선임자격을 갖춰야 한다. 이 경우 관리의 권원이 분리되어 있는 특정소방대상물에 대하여 소방안전관리대상물의 등급을 결정할 때에는 해당 특정소방대상물 전체를 기준으로 한다.

④ 총괄소방안전관리자에 대하여는 제24조, 제26조부터 제28조까지 및 제30조부터 제34조까지에서 규정한 사항 중 소방안전관리자에 관한 사항을 준용한다.(법 제35조 제3항)

⑤ 선임된 소방안전관리자 및 총괄소방안전관리자는 해당 특정소방대상물의 소방안전관리를 효율적으로 수행하기 위하여 공동소방안전관리협의회를 구성하고, 해당 특정소방대상물에 대한 소방안전관리를 공동으로 수행하여야 한다. 이 경우 공동소방안전관리협의회의 구성·운영 및 공동소방안전관리의 수행 등에 필요한 사항은 대통령령으로 정한다.(법 제35조 제4항)

⑥ 공동소방안전관리협의회
  ㉠ 공동소방안전관리협의회는 소방안전관리자 및 총괄소방안전관리자로 구성한다. (영 제37조 제1항)
  ㉡ 협의회 업무(영 제37조 제2항)
    ⓐ 특정소방대상물 전체의 [   ] 수립 및 시행에 관한 사항
    ⓑ 특정소방대상물 전체의 [   ]의 실시에 관한 사항
    ⓒ 공용 부분의 [   ] 및 [   ]의 유지·관리에 관한 사항
    ⓓ 그 밖에 공동으로 소방안전관리를 할 필요가 있는 사항
  ㉢ [   ]는 공동소방안전관리 업무의 수행에 필요한 기준을 정하여 운영할 수 있다.(영 제37조 제3항)

③ 대통령령, 행정안전부령
⑥ ㉡ ⓐ 소방계획 ⓑ 소방훈련·교육 ⓒ 소방시설, 피난·방화시설
  ㉢ 협의회

03 피난계획의 수립 및 시행(법 제36조) [21]

(1) 피난계획 수립·시행

① 소방안전관리대상물의 [　　]은 그 장소에 근무하거나 거주 또는 출입하는 사람들이 화재가 발생한 경우에 안전하게 피난할 수 있도록 피난계획을 수립·시행하여야 한다. (법 제36조 제1항)

② 피난계획에는 그 소방안전관리대상물의 구조, 피난시설 등을 고려하여 설정한 [　　　]가 포함되어야 한다. (법 제36조 제2항)

③ 소방안전관리대상물의 [　　]은 피난시설의 위치, 피난경로 또는 대피요령이 포함된 피난유도 안내정보를 [　　] 또는 [　　]에게 [　　]으로 제공하여야 한다. (법 제36조 제3항)

④ 피난계획의 수립·시행, 피난유도 안내정보 제공에 필요한 사항은 [　　　　]으로 정한다. (법 제36조 제4항)

⑤ 피난계획에 포함되어야 할 사항(규칙 제34조 제1항)
  ㉠ [　　　]의 수단 및 방식
  ㉡ 층별, 구역별 피난대상 인원의 [　　]·[　　] 현황
  ㉢ [　　　]의 현황
  ㉣ 각 거실에서 옥외(옥상 또는 피난안전구역을 포함)로 이르는 피난경로
  ㉤ 피난약자 및 피난약자를 동반한 사람의 피난동선과 피난방법
  ㉥ 피난시설, 방화구획, 그 밖에 피난에 영향을 줄 수 있는 제반 사항

⑥ 피난유도 안내정보의 제공 방법(규칙 제35조 제1항)
  ㉠ [　　] 피난안내 교육을 실시하는 방법
  ㉡ [　　　] 이상 피난안내방송을 실시하는 방법
  ㉢ [　　　]를 층마다 보기 쉬운 위치에 게시하는 방법
  ㉣ 엘리베이터, 출입구 등 시청이 용이한 장소에 [　　　　]을 제공하는 방법

⑦ ⑥에서 규정한 사항 외에 피난유도 안내정보의 제공에 필요한 세부 사항은 [　　　]이 정하여 고시한다. (규칙 제35조 제2항)

---

21 (1) ① 관계인 ② 피난경로 ③ 관계인, 근무자, 거주자, 정기적 ④ 행정안전부령
　　　⑤ ㉠ 화재경보 ㉡ 연령별, 성별 ㉢ 피난약자
　　　⑥ ㉠ 연 2회 ㉡ 분기별 1회 ㉢ 피난안내도 ㉣ 피난안내영상
　　　⑦ 소방청장

04 소방안전관리대상물 근무자 및 거주자 등에 대한 소방훈련 등(법 제37조) [22]

(1) 소방훈련과 소방안전관리에 필요한 교육

① 소방안전관리대상물의 [   ]은 그 장소에 근무하거나 거주하는 사람 등에게 소방훈련과 소방안전관리에 필요한 교육을 하여야 한다.(법 제37조 제1항)

② 훈련 등 내용(법 제37조 제1항)
  ㉠ [   ]·[   ]·[   ] 등의 훈련
  ㉡ 소방안전관리에 필요한 교육
  ㉢ [   ]은 그 소방대상물에 출입하는 사람을 안전한 장소로 대피시키고 유도하는 훈련

③ 소방훈련과 교육의 횟수 및 방법 등에 관하여 필요한 사항은 [   ]으로 정한다.(법 제37조 제1항)

④ 소방안전관리대상물 중 소방안전관리업무의 전담이 필요한 대통령령으로 정하는 소방안전관리대상물의 관계인은 소방훈련 및 교육을 한 날부터 [ ]일 이내에 소방훈련 및 교육 결과를 행정안전부령으로 정하는 바에 따라 [   ] 또는 [   ]에게 제출하여야 한다.(법 제37조 제2항)
  ㉠ 대통령령으로 정하는 소방안전관리대상물(영 제38조)
    ⓐ [   ] 소방안전관리대상물
    ⓑ [   ] 소방안전관리대상물
  ㉡ 근무자 및 거주자에 대한 소방훈련과 교육(규칙 제36조 제1항)
    소방안전관리대상물의 관계인은 소방훈련과 교육을 [   ] 이상 실시해야 한다. 다만, 소방본부장 또는 소방서장이 화재예방을 위하여 필요하다고 인정하여 [ ]회의 범위에서 추가로 실시할 것을 요청하는 경우에는 소방훈련과 교육을 추가로 실시해야 한다.

⑤ [   ] 또는 [   ]은 소방안전관리대상물의 관계인이 실시하는 소방훈련과 교육을 지도·감독할 수 있다.(법 제37조 제3항)

---

22 (1) ① 관계인
  ② ㉠ 소화, 통보, 피난 ㉢ 피난훈련
  ③ 행정안전부령
  ④ 30, 소방본부장, 소방서장 ㉠ ⓐ 특급 ⓑ 1급 ㉡ 연 1회, 2
  ⑤ 소방본부장, 소방서장

⑥ 소방본부장 또는 소방서장은 소방안전관리대상물 중 불특정 다수인이 이용하는 [ ]으로 정하는 특정소방대상물의 근무자등에게 불시에 소방훈련과 교육을 실시할 수 있다. 이 경우 소방본부장 또는 소방서장은 그 특정소방대상물 근무자등의 불편을 최소화하고 안전 등을 확보하는 대책을 마련하여야 하며, 소방훈련과 교육의 내용, 방법 및 절차 등은 행정안전부령으로 정하는 바에 따라 관계인에게 사전에 통지하여야 한다.(법 제37조 제4항)

㉠ 대통령령으로 정하는 특정소방대상물(영 제39조)
  ⓐ [   ]
  ⓑ [   ]
  ⓒ [   ]
  ⓓ 그 밖에 화재 발생 시 불특정 다수의 인명피해가 예상되어 소방본부장 또는 소방서장이 소방훈련·교육이 필요하다고 인정하는 특정소방대상물

㉡ 불시 소방훈련 및 교육 사전통지(규칙 제38조)
  소방본부장 또는 소방서장은 불시 소방훈련과 교육을 실시하려는 경우에는 소방안전관리대상물의 관계인에게 불시 소방훈련·교육 실시 [ ]일 전까지 불시 소방훈련·교육 계획서를 통지해야 한다.

⑦ 소방본부장 또는 소방서장은 소방훈련과 교육을 실시한 경우에는 그 결과를 평가할 수 있다. 이 경우 소방훈련과 교육의 평가방법 및 절차 등에 필요한 사항은 행정안전부령으로 정한다.(법 제37조 제5항)

㉠ 평가 계획의 내용(규칙 제39조 제2항)
  ⓐ 불시 소방훈련·교육 내용의 [   ]
  ⓑ 불시 소방훈련·교육 유형 및 방법의 [   ]
  ⓒ 불시 소방훈련·교육 참여인력, 시설 및 장비 등의 [   ]
  ⓓ 불시 소방훈련·교육 여건 및 [   ]

⑧ 소방본부장 또는 소방서장은 소방안전관리대상물의 관계인에게 불시 소방훈련·교육 종료일부터 [ ]일 이내에 불시 소방훈련·교육 평가 결과서를 통지해야 한다. (규칙 제39조 제4항)

---

⑥ 대통령령 ㉠ ⓐ 의료시설 ⓑ 교육연구시설 ⓒ 노유자시설 ㉡ 10
⑦ ㉠ ⓐ 적절성 ⓑ 적합성 ⓒ 적정성 ⓓ 참여도 ⑧ 10

05 특정소방대상물의 관계인에 대한 소방안전교육(법 제38조) [23]

(1) 관계인에 대한 소방안전교육

① [　　　　]이나 [　　　　]은 소방안전관리대상물 근무자 및 거주자 등에 대한 소방훈련 등을 적용받지 아니하는 특정소방대상물의 관계인에 대하여 특정소방대상물의 화재예방과 소방안전을 위하여 행정안전부령으로 정하는 바에 따라 소방안전교육을 할 수 있다.(법 제38조 제1항)

　㉠ 소방본부장 또는 소방서장은 소방안전교육을 실시하려는 경우에는 교육일 [　]일 전까지 특정소방대상물 관계인 소방안전교육 계획서를 작성하여 통보해야 한다.
　　 (규칙 제40조 제2항)

② 교육대상자 및 특정소방대상물의 범위 등에 필요한 사항은 행정안전부령으로 정한다.(법 제38조 제2항)

　㉠ 교육대상자(규칙 제40조 제1항)
　　 다음 각 호의 어느 하나에 해당하는 특정소방대상물의 관계인으로서 [　　　　]이 교육이 필요하다고 인정하는 사람으로 한다.
　　　ⓐ [　　] 또는 [　　　　]가 설치된 공장·창고 등의 특정소방대상물
　　　ⓑ 그 밖에 관할 [　　　] 또는 [　　　]이 화재에 대한 취약성이 높다고 인정하는 특정소방대상물

06 공공기관의 소방안전관리(법 제39조) [24]

(1) 공공기관의 장의 의무

① 국가, 지방자치단체, 국공립학교 등 대통령령으로 정하는 공공기관의 장은 소관 기관의 근무자 등의 생명·신체와 건축물·인공구조물 및 물품 등을 화재로부터 보호하기 위하여 화재예방, [　　　]의 조직 및 편성, 소방시설등의 [　　　]과 [　　　] 등의 소방안전관리를 하여야 한다.(법 제39조 제1항)

② 공공기관에 대한 다음 각 호의 사항에 관하여는 제24조부터 제38조까지의 규정에도 불구하고 대통령령으로 정하는 바에 따른다.(법 제39조 제2항)

　㉠ [　　　　]의 자격·책임 및 선임 등
　㉡ 소방안전관리의 [　　　]
　㉢ [　　　]의 구성·운영 및 교육
　㉣ 근무자 등에 대한 [　　　] 및 [　　]
　㉤ 그 밖에 소방안전관리에 필요한 사항

---

23 ① 소방본부장, 소방서장 ㉠ 10
　　② ㉠ 관할 소방서장 ⓐ 소화기, 비상경보설비 ⓑ 소방본부장, 소방서장
24 ① 자위소방대, 자체점검, 소방훈련
　　② ㉠ 소방안전관리자 ㉡ 업무대행 ㉢ 자위소방대 ㉣ 소방훈련, 교육

Chapter 06 특별관리시설물의 소방안전관리

01 소방안전 특별관리시설물의 안전관리(법 제40조)

(1) 소방안전 특별관리 [1]

① [　　　]은 화재 등 재난이 발생할 경우 사회·경제적으로 피해가 큰 다음 각 호의 시설(소방안전 특별관리시설물)에 대하여 소방안전 특별관리를 하여야 한다. (법 제40조 제1항)
  ㉠ [　　　]
  ㉡ 철도시설
  ㉢ 도시철도시설
  ㉣ [　　　]
  ㉤ 「문화유산의 보존 및 활용에 관한 법률」의 [　　　] 및 「자연유산의 보존 및 활용에 관한 법률」에 따른 [　　　]인 시설(시설이 아닌 지정문화유산 및 천연기념물등을 보호하거나 소장하고 있는 시설을 포함한다)
  ㉥ 산업기술단지
  ㉦ 산업단지
  ㉧ 초고층 건축물 및 지하연계 복합건축물
  ㉨ 영화상영관 중 수용인원 [　　] 명 이상인 영화상영관
  ㉩ 전력용 및 통신용 지하구
  ㉪ 석유비축시설
  ㉫ 천연가스 인수기지 및 공급망
  ㉬ 전통시장으로서 대통령령으로 정하는 전통시장
    ⓐ 점포가 [　　]개 이상인 전통시장(영 제41조 제1항)
  ㉭ 그 밖에 대통령령으로 정하는 시설물
    ⓐ 발전사업자가 가동 중인 [　　　](영 제41조 제2항 제1호)
    ⓑ 물류창고로서 연면적 [　　]m² 이상인 것(영 제41조 제2항 제2호)
    ⓒ 가스공급시설(영 제41조 제2항 제3호)

---

1 ① 소방청장 ㉠ 공항시설 ㉣ 항만시설 ㉤ 지정문화유산, 천연기념물등 ㉨ 1천
  ㉬ ⓐ 500 ㉭ ⓐ 발전소 ⓑ 10만

② 소방청장은 특별관리를 체계적이고 효율적으로 하기 위하여 [   ]와 협의하여 소방안전 특별관리기본계획을 제4조 제1항에 따른 기본계획에 포함하여 수립 및 시행하여야 한다.(법 제40조 제2항)

③ [   ]는 소방안전 특별관리기본계획에 저촉되지 아니하는 범위에서 관할 구역에 있는 소방안전 특별관리시설물의 안전관리에 적합한 소방안전 특별관리시행계획을 제4조 제6항에 따른 [   ]에 포함하여 수립 및 시행하여야 한다.
(법 제40조 제3항)

④ 그 밖에 소방안전 특별관리기본계획 및 소방안전 특별관리시행계획의 수립·시행에 필요한 사항은 [   ]으로 정한다.(법 제40조 제4항)

⑤ 특별관리기본계획
  ㉠ [   ]은 소방안전 특별관리기본계획을 5년마다 수립하여 시·도에 통보해야 한다.(영 제42조 제1항)
  ㉡ 특별관리기본계획에 포함되어야 하는 사항(영 제42조 제2항)
    ⓐ 화재예방을 위한 [   ] 안전관리정책
    ⓑ 화재예방을 위한 교육·홍보 및 점검·진단
    ⓒ 화재대응을 위한 [   ]
    ⓓ 화재대응과 사후 조치에 관한 역할 및 공조체계
    ⓔ 그 밖에 화재 등의 안전관리를 위하여 필요한 사항

⑥ 특별관리시행계획
  ㉠ 시·도지사는 특별관리기본계획을 시행하기 위하여 매년 소방안전 특별관리시행계획을 수립·시행하고, 그 시행 결과를 계획 시행 다음 연도 [   ]까지 소방청장에게 통보해야 한다.(영 제42조 제3항)
  ㉡ 특별관리시행계획에 포함되어야 하는 사항(영 제42조 제4항)
    ⓐ 특별관리기본계획의 집행을 위하여 필요한 사항
    ⓑ [   ]에서 화재 등의 안전관리를 위하여 필요한 사항

---

② 시·도지사
③ 시·도지사, 세부시행계획
④ 대통령령
⑤ ㉠ 소방청장 ㉡ ⓐ 중기·장기 ⓒ 훈련
⑥ ㉠ 1월 31일 ㉡ ⓑ 시·도

02 화재예방안전진단(법 제41조)

(1) 화재예방안전진단 [2]

① 대통령령으로 정하는 소방안전 특별관리시설물의 관계인은 화재의 예방 및 안전관리를 체계적·효율적으로 수행하기 위하여 대통령령으로 정하는 바에 따라 [   ] 또는 [   ]이 지정하는 화재예방안전진단기관으로부터 정기적으로 화재예방안전진단을 받아야 한다.(법 제41조 제1항)

　㉠ 대통령령으로 정하는 소방안전 특별관리시설물(영 제43조)
　　ⓐ 공항시설 중 여객터미널의 연면적이 [   ] 제곱미터 이상인 공항시설
　　ⓑ 철도시설 중 역 시설의 연면적이 [   ] 제곱미터 이상인 철도시설
　　ⓒ 도시철도시설 중 역사 및 역 시설의 연면적이 [   ] 제곱미터 이상인 도시철도시설
　　ⓓ 항만시설 중 여객이용시설 및 지원시설의 연면적이 [   ] 제곱미터 이상인 항만시설
　　ⓔ 전력용 및 통신용 지하구 중「국토의 계획 및 이용에 관한 법률」에 따른 [   ]
　　ⓕ 천연가스 인수기지 및 공급망 중「소방시설 설치 및 관리에 관한 법률 시행령」에 따른 [   ]
　　ⓖ 발전소 중 연면적이 [   ] 제곱미터 이상인 발전소
　　ⓗ 가스공급시설 중 가연성 가스 탱크의 저장용량의 합계가 [   ]톤 이상이거나 저장용량이 [   ]톤 이상인 가연성 가스 탱크가 있는 가스공급시설

② 화재예방안전진단의 실시시기
　㉠ 최초 : 사용승인 또는 완공검사를 받은 날부터 [ ]년이 경과한 날이 속하는 해 (영 제44조 제1항)
　㉡ 등급에 따라(영 제44조 제2항)
　　ⓐ 안전등급이 우수인 경우 : 안전등급을 통보받은 날부터 [ ]년이 경과한 날이 속하는 해
　　ⓑ 안전등급이 양호·보통인 경우 : 안전등급을 통보받은 날부터 [ ]년이 경과한 날이 속하는 해
　　ⓒ 안전등급이 미흡·불량인 경우 : 안전등급을 통보받은 날부터 [ ]년이 경과한 날이 속하는 해

---

[2] ① 한국소방안전원, 소방청장 ㉠ ⓐ 1천 ⓑ 5천 ⓒ 5천 ⓓ 5천 ⓔ 공동구 ⓕ 가스시설 ⓖ 5천 ⓗ 100, 30
② ㉠ 5 ⓐ 6 ⓑ 5 ⓒ 4

ⓒ 안전등급 기준(영 별표 7)

안전등급	화재안전진단 대상물의 상태
[　　](A)	화재예방안전진단 실시 결과 문제점이 발견되지 않은 상태
[　　](B)	화재예방안전진단 실시 결과 문제점이 일부 발견되었으나 대상물의 화재안전에는 이상이 없으며 대상물 일부에 대해 보수·보강 등의 조치명령이 필요한 상태
[　　](C)	화재예방안전진단 실시 결과 문제점이 다수 발견되었으나 대상물의 전반적인 화재안전에는 이상이 없으며 대상물에 대한 다수의 조치명령이 필요한 상태
[　　](D)	화재예방안전진단 실시 결과 광범위한 문제점이 발견되어 대상물의 화재안전을 위해 조치명령의 즉각적인 이행이 필요하고 대상물의 사용 제한을 권고할 필요가 있는 상태
[　　](E)	화재예방안전진단 실시 결과 중대한 문제점이 발견되어 대상물의 화재안전을 위해 조치명령의 즉각적인 이행이 필요하고 대상물의 사용 중단을 권고할 필요가 있는 상태

③ 화재예방안전진단의 범위(법 제41조 제2항)
　㉠ [　　　　　　]의 조사에 관한 사항
　㉡ [　　　　] 및 [　　　　] 수립에 관한 사항
　㉢ 소방시설등의 유지·관리에 관한 사항
　㉣ [　　　　　　] 및 교육훈련에 관한 사항
　㉤ 화재 위험성 평가에 관한 사항
　㉥ 그 밖에 화재예방진단을 위하여 대통령령으로 정하는 사항
　　ⓐ 화재 등의 재난 발생 후 [　　　　] 대책의 수립 및 그 이행에 관한 사항
　　　(영 제45조 제1호)
　　ⓑ 지진 등 외부 환경 위험요인 등에 대한 [　　　　　　]에 관한 사항
　　　(영 제45조 제2호)
　　ⓒ 화재예방안전진단 결과 보수·보강 등 [　　　　] 사항 등에 대한 이행 여부
　　　(영 제45조 제3호)

ⓒ 우수, 양호, 보통, 미흡, 불량
③ ㉠ 화재위험요인 ㉡ 소방계획, 피난계획 ㉣ 비상대응조직
　㉥ ⓐ 재발방지 ⓑ 예방·대비·대응 ⓒ 개선요구

④ [　　] 또는 [　　　]의 화재예방안전진단을 받은 연도에는 소방훈련과 교육 및 자체점검을 받은 것으로 본다.(법 제41조 제3항)

⑤ [　　] 또는 [　　　]은 화재예방안전진단 결과를 행정안전부령으로 정하는 바에 따라 [　　　] 또는 [　　　], [　　　]에게 제출하여야 한다.
(법 제41조 제4항)
　㉠ 화재예방안전진단 결과 보고서의 포함 사항
　　ⓐ 해당 소방안전 특별관리시설물 [　　]
　　ⓑ 화재예방안전진단 실시 기관 및 [　　　]
　　ⓒ 화재예방안전진단 범위 및 내용
　　ⓓ 화재위험요인의 조사·분석 및 [　　　]
　　ⓔ 안전등급 및 위험성 감소대책
　　ⓕ 그 밖에 소방안전 특별관리시설물의 화재예방 강화를 위하여 소방청장이 정하는 사항

⑥ 화재예방안전진단을 실시한 안전원 또는 진단기관은 화재예방안전진단이 완료된 날부터 [　]일 이내에 소방본부장 또는 소방서장, 관계인에게 화재예방안전진단 결과 보고서(전자문서를 포함)에 다음 각 호의 서류(전자문서를 포함)를 첨부하여 제출해야 한다.(규칙 제42조 제1항)
　㉠ 화재예방안전진단 결과 세부 보고서
　㉡ [　　　　　　　　　　]

⑦ 소방본부장 또는 소방서장은 제출받은 화재예방안전진단 결과에 따라 보수·보강 등의 조치가 필요하다고 인정하는 경우에는 해당 소방안전 특별관리시설물의 관계인에게 보수·보강 등의 조치를 취할 것을 명[　　　　].(법 제41조 제5항)

⑧ [　　　　　　　　　　]에 종사하고 있거나 종사하였던 사람은 업무를 수행하면서 알게 된 비밀을 이 법에서 정한 목적 외의 용도로 사용하거나 다른 사람 또는 기관에 제공하거나 누설하여서는 아니 된다.(법 제41조 제6항)

④ 안전원, 진단기관
⑤ 안전원, 진단기관, 소방본부장, 소방서장, 관계인 ㉠ ⓐ 현황 ⓑ 참여인력 ⓓ 평가 결과
⑥ 60 ㉡ 화재예방안전진단기관 지정서 ⑦ 할 수 있다 ⑧ 화재예방안전진단 업무

(2) 진단기관의 지정 및 취소 [3]
　① [　　　]으로부터 진단기관으로 지정을 받으려는 자는 대통령령으로 정하는 시설과 전문인력 등 지정기준을 갖추어 [　　　]에게 지정을 신청하여야 한다.
　　(법 제42조 제1항)
　　㉠ 소방청장은 지정신청서를 접수한 경우에는 지정기준 등에 적합한지를 검토하여 [　] 일 이내에 진단기관 지정 여부를 결정해야 한다.(규칙 제45조 제1항)
　　㉡ 소방청장은 진단기관의 지정을 결정한 경우에는 화재예방안전진단기관 지정서를 발급하고, [　　　　　　　　　]에 기록하고 관리해야 한다.
　　　(규칙 제45조 제2항)
　　㉢ 소방청장은 지정서를 발급한 경우에는 그 내용을 [　　　　　　　]에 공고해야 한다.(규칙 제45조 제3항)
　② 소방청장은 진단기관으로 지정받은 자가 다음 각 호의 어느 하나에 해당하는 경우에는 그 지정을 취소하거나 6개월 이내의 기간을 정하여 업무의 전부 또는 일부의 정지를 명할 수 있다. 다만, ㉠ 또는 ㉣에 해당하는 경우에는 그 지정을 취소하여야 한다.
　　(법 제42조 제2항)
　　㉠ 거짓이나 그 밖의 부정한 방법으로 지정을 받은 경우(취소)
　　㉡ 화재예방안전진단 결과를 소방본부장 또는 소방서장, 관계인에게 제출하지 아니한 경우
　　㉢ 지정기준에 미달하게 된 경우
　　㉣ [　　　] 기간에 화재예방안전진단 업무를 한 경우(취소)
　③ 진단기관의 지정절차, 지정취소 또는 업무정지의 처분 등에 필요한 사항은 [　　　　]으로 정한다.(법 제42조 제3항)

---

3 ① 소방청장, 소방청장 ㉠ 60 ㉡ 화재예방안전진단기관 관리대장 ㉢ 소방청 인터넷 홈페이지
　② ㉣ 업무정지
　③ 행정안전부령

Chapter 07 보 칙

01 화재의 예방과 안전문화 진흥을 위한 시책의 추진(법 제43조) [1]

(1) 화재의 예방과 안전문화 진흥 활동

① [   ]은 국민의 화재 예방과 안전에 관한 의식을 높이고 화재의 예방과 안전문화를 진흥시키기 위한 다음 각 호의 활동을 적극 추진하여야 한다.(법 제43조 제1항)
  ㉠ 화재의 [   ] 및 [   ]에 관한 의식을 높이기 위한 활동 및 홍보
  ㉡ 소방대상물 특성별 화재의 예방과 안전관리에 필요한 행동요령의 개발·보급
  ㉢ 화재의 예방과 [   ]의 발굴 및 확산
  ㉣ 화재 관련 [   ]의 관리·활용 및 공개
  ㉤ 화재의 예방과 안전관리 취약계층에 대한 화재의 예방 및 안전관리 강화
  ㉥ 그 밖에 화재의 예방과 안전문화를 진흥하기 위한 활동

② [   ]은 화재의 예방과 안전문화 활동에 국민 또는 주민이 참여할 수 있는 제도를 마련하여 시행할 수 있다.(법 제43조 제2항)

③ [   ]은 국민이 화재의 예방과 안전문화를 실천하고 체험할 수 있는 체험시설을 설치·운영할 수 있다.(법 제43조 제3항)

④ [   ]와 [   ]는 지방자치단체 또는 그 밖의 기관·단체에서 추진하는 화재의 예방과 안전문화활동을 위하여 필요한 예산을 지원할 수 있다.(법 제43조 제4항)

---

1 (1) ① 소방관서장 ㉠ 예방, 안전관리 ㉢ 안전문화 우수사례 ㉣ 통계 현황 ② 소방관서장 ③ 소방청장
  ④ 국가, 지방자치단체

02 우수 소방대상물 관계인에 대한 포상 등(법 제44조) [2]

(1) 소방대상물의 자율적인 안전관리

[　　] 은 소방대상물의 자율적인 안전관리를 유도하기 위하여 안전관리 상태가 우수한 소방대상물을 선정하여 우수 소방대상물 표지를 발급하고, 소방대상물의 [　　]을 포상할 수 있다.(법 제44조 제1항)

(2) 우수 소방대상물의 선정 방법 등

우수 소방대상물의 선정 방법, 평가 대상물의 범위 및 평가 절차 등에 필요한 사항은 [　　　]으로 정한다.(법 제44조 제2항)

① 시행계획

[　　]은 우수 소방대상물의 선정 및 관계인에 대한 포상을 위하여 우수 소방대상물의 선정방법, 평가 대상물의 범위 및 평가 절차 등에 관한 내용이 포함된 시행계획을 [　] 수립·시행해야 한다.(규칙 제47조 제1항)

② [　　]은 우수 소방대상물 선정을 위하여 필요한 경우에는 소방대상물을 직접 방문하여 필요한 사항을 확인할 수 있다.(규칙 제47조 제2항)

③ 평가위원회

소방청장은 우수 소방대상물 선정의 객관성 및 전문성을 확보하기 위하여 필요한 경우에는 다음 각 호의 어느 하나에 해당하는 사람이 [　]명 이상 포함된 평가위원회를 성별을 고려하여 구성·운영할 수 있다. 이 경우 평가위원회의 위원에게는 예산의 범위에서 수당, 여비 등 필요한 경비를 지급할 수 있다.(규칙 제47조 제3항)

㉠ 소방기술사(소방안전관리자로 선임된 사람은 제외한다)
㉡ 소방시설관리사
㉢ 소방 관련 [　] 이상의 학위를 취득한 사람
㉣ 소방 관련 법인 또는 단체에서 소방 관련 업무에 [　]년 이상 종사한 사람
㉤ 소방공무원 교육기관, 대학 또는 연구소에서 소방과 관련한 교육 또는 연구에 [　]년 이상 종사한 사람

④ ①부터 ③까지에서 규정한 사항 외에 우수 소방대상물의 평가, 평가위원회 구성·운영, 포상의 종류·명칭 및 우수 소방대상물 표지 등에 관하여 필요한 사항은 [　　]이 정하여 고시한다.(규칙 제47조 제4항)

---

2 (1) 소방청장, 관계인
(2) 행정안전부령 ① 소방청장, 매년 ② 소방청장 ③ 2 ㉢ 석사 ㉣ 5 ㉤ 5 ④ 소방청장

03 조치명령 등의 기간연장(법 제45조) [3]

(1) 조치명령 등의 기간연장
  ① 다음 각 호에 따른 조치명령·선임명령 또는 이행명령(조치명령 등)을 받은 관계인 등은 천재지변이나 그 밖에 대통령령으로 정하는 사유로 조치명령 등을 그 기간 내에 이행할 수 없는 경우에는 조치명령 등을 명령한 소방관서장에게 대통령령으로 정하는 바에 따라 조치명령 등의 이행시기를 연장하여 줄 것을 신청할 수 있다.(법 제45조 제1항)
    ㉠ 소방대상물의 개수·이전·제거, 사용의 금지 또는 제한, 사용폐쇄, 공사의 정지 또는 중지, 그 밖의 필요한 조치명령
    ㉡ 소방안전관리자 또는 소방안전관리보조자 선임명령
    ㉢ 소방안전관리업무 이행명령
  ② 연장신청을 받은 소방관서장은 연장신청 승인 여부를 결정하고 그 결과를 조치명령 등의 이행 기간 내에 관계인 등에게 알려 주어야 한다.(법 제45조 제2항)
  ③ 조치명령등의 기간연장 사유(영 제47조 제1항)
    ㉠ 「재난 및 안전관리 기본법」에 해당하는 재난이 발생한 경우
    ㉡ [   ] 등의 사유로 소유권이 변동 중이거나 변동된 경우
    ㉢ 관계인의 [   ]의 경우
    ㉣ 시장·상가·복합건축물 등 소방대상물의 관계인이 여러 명으로 구성되어 조치명령·선임명령 또는 이행명령("조치명령등")의 이행에 대한 의견을 조정하기 어려운 경우
    ㉤ 그 밖에 관계인이 운영하는 사업에 부도 또는 도산 등 중대한 위기가 발생하여 조치명령등을 그 기간 내에 이행할 수 없는 경우
  ④ 조치명령등의 이행시기 연장을 신청하려는 관계인 등은 행정안전부령으로 정하는 바에 따라 연장신청서에 기간연장의 사유 및 기간 등을 적어 [   ]에게 제출해야 한다.(영 제47조 제2항)
  ⑤ 기간연장의 신청 및 연장신청서의 처리에 필요한 사항은 행정안전부령으로 정한다.(영 제47조 제3항)
    ㉠ 조치명령·선임명령 또는 이행명령(이하 "조치명령등")의 기간연장을 신청하려는 관계인 등은 조치명령등의 기간연장 신청서(전자문서를 포함한다)에 조치명령등을 이행할 수 없음을 증명할 수 있는 서류(전자문서를 포함한다)를 첨부하여 [   ]에게 제출해야 한다.(규칙 제48조 제1항)
    ㉡ 신청서를 제출받은 소방관서장은 신청받은 날부터 [   ]일 이내에 조치명령등의 기간연장 여부를 결정하여 조치명령등의 기간연장 신청 결과 통지서를 관계인 등에게 통지해야 한다.(규칙 제48조 제2항)

---

3 (1) ③ ㉡ 경매 ㉢ 질병, 사고, 장기출장 ④ 소방관서장 ⑤ ㉠ 소방관서장 ㉡ 3

04 청문(법 제46조) [4]

(1) 청문 실시권자는 [　　　] 또는 [　　　]이다.

(2) 청문대상
　① [　　　　]의 자격 취소
　② [　　　]의 지정 취소

05 수수료 등(법 제47조) [5]

(1) 다음 각 호의 어느 하나에 해당하는 자는 [　　　　]으로 정하는 수수료 또는 교육비를 내야 한다.(법 제47조)
　① [　　　　] 자격시험에 응시하려는 사람
　② [　　　　] 자격증을 발급 또는 재발급 받으려는 사람
　③ [　　　] 또는 [　　　]을 받으려는 사람
　④ [　　　　　] 을 받으려는 관계인

---

4 (1) 소방청장, 시·도지사
　(2) ① 소방안전관리자 ② 진단기관
5 (1) 행정안전부령 ① 소방안전관리자 ② 소방안전관리자 ③ 강습교육, 실무교육 ④ 화재예방안전진단

06 권한의 위임·위탁 등(법 제48조) [6]

(1) 권한의 위임·위탁 등

　① 이 법에 따른 [　　] 또는 [　　　]의 권한은 그 일부를 [　　　]으로 정하는 바에 따라 시·도지사, 소방본부장 또는 [　　　]에게 위임할 수 있다.(법 제48조 제1항)

　② 소방관서장은 다음 각 호에 해당하는 업무를 [　　]에 위탁할 수 있다.(법 제48조 제2항)
　　㉠ 소방안전관리자 또는 소방안전관리보조자 [　]신고의 접수
　　㉡ 소방안전관리자 또는 소방안전관리보조자 [　] 사실의 확인
　　㉢ [　　　] 소방안전관리자 선임신고의 접수
　　㉣ 소방안전관리자 자격시험
　　㉤ 소방안전관리자 자격증의 발급 및 재발급
　　㉥ 소방안전관리 등에 관한 [　　　]의 구축·운영
　　㉦ 강습교육 및 실무교육

　③ 위탁받은 업무에 종사하고 있거나 종사하였던 사람은 업무를 수행하면서 알게 된 비밀을 이 법에서 정한 목적 외의 용도로 사용하거나 다른 사람 또는 기관에 제공하거나 누설하여서는 아니 된다.(법 제48조 제3항)

07 벌칙 적용에서 공무원 의제(법 제49조) [7]

(1) 벌칙 적용에서 공무원 의제

　① 다음 각 호의 어느 하나에 해당하는 자 중 공무원이 아닌 사람은 「형법」 제129조부터 제132조까지의 규정을 적용할 때에는 공무원으로 본다.(법 제49조)
　　㉠ [　　　　]의 구성원
　　㉡ 화재안전조사위원회의 위원
　　㉢ [　　　　]에 참여하는 자
　　㉣ 화재안전영향평가심의회 위원
　　㉤ 화재예방안전진단업무 수행 기관의 임원 및 직원
　　㉥ 위탁받은 업무에 종사하는 안전원의 담당 임원 및 직원

---

6 (1) ① 소방청장, 시·도지사, 대통령령, 소방서장
　　② 안전원 ㉠ 선임 ㉡ 해임 ㉢ 건설현장 ㉥ 종합정보망
7 (1) ① ㉠ 화재안전조사단 ㉢ 화재안전조사

Chapter 08 벌칙

01 벌칙 등

내용	벌칙
① [　　　　　] 결과에 따른 조치명령을 정당한 사유 없이 위반한 자 [1] ② 소방안전관리자 [　　]명령 등에 따른 명령을 정당한 사유 없이 위반한 자 ③ 화재예방안전진단 결과에 따른 보수·보강 등의 조치명령을 정당한 사유 없이 위반한 자 ④ 거짓이나 그 밖의 부정한 방법으로 [　　　　]으로 지정을 받은 자	3년 이하의 징역 또는 3천만 원 이하의 벌금 ▶【법 제50조 제1항】
① 화재안전조사 업무를 수행하는 관계인의 정당한 업무를 방해하거나, 조사 업무를 수행하면서 취득한 자료나 알게 된 비밀을 다른 사람 또는 기관에게 제공 또는 누설하거나 목적 외의 용도로 사용한 자 ② 소방안전관리자 자격증을 다른 사람에게 빌려 주거나 빌리거나 이를 알선한 자 ③ 진단기관으로부터 화재예방안전진단을 받지 아니한 자	[　]년 이하의 징역 또는 [　　]만 원 이하의 벌금 ▶【법 제50조 제2항】
① 화재안전조사를 정당한 사유 없이 거부·방해 또는 기피한 자 [2] ② 화재의 예방조치 등 각 호의 어느 하나에 따른 명령을 정당한 사유 없이 따르지 아니하거나 방해한 자 ③ 소방안전관리자, 총괄소방안전관리자 또는 소방안전관리보조자를 선임하지 아니한 자 ④ 소방시설·피난시설·방화시설 및 방화구획 등이 법령에 위반된 것을 발견하였음에도 필요한 조치를 할 것을 요구하지 아니한 소방[　　　　] ⑤ 소방안전관리자에게 불이익한 처우를 한 [　　　] ⑥ 화재예방안전진단 업무에 종사하고 있거나 종사하였던 사람 및 위탁받은 업무에 종사하고 있거나 종사하였던 사람이 업무를 수행하면서 알게 된 비밀을 이 법에서 정한 목적 외의 용도로 사용하거나 다른 사람 또는 기관에 제공하거나 누설한 자	[　　]만 원 이하의 벌금 ▶【법 제50조 제3항】
법인의 대표자나 법인 또는 개인의 대리인, 사용인, 그 밖의 종업원이 그 법인 또는 개인의 업무에 관하여 제50조에 해당하는 위반행위를 하면 그 행위자를 벌하는 외에 그 법인 또는 개인에게도 해당 조문의 벌금형을 과(科)한다. 다만, 법인 또는 개인이 그 위반행위를 방지하기 위하여 해당 업무에 관하여 상당한 주의와 감독을 게을리 하지 아니한 경우에는 그러하지 아니하다.	양벌규정 ▶【법 제51조】

---

1 ① 화재안전조사 ② 선임 ④ 진단기관 / 1, 1천
2 ④ 안전관리자 ⑤ 관계인 / 300

① 정당한 사유 없이 화재의 예방등에 해당하는 행위를 한 자 [3] ② 전담이 필요한 소방안전관리대상물(특급, 1급)의 소방안전관리자를 겸한 자 ③ [ ]를 하지 아니한 특정소방대상물의 관계인 또는 소방안전관리대상물의 소방안전관리자 ④ 소방안전관리업무의 지도·감독을 하지 아니한 자 ⑤ 건설현장 소방안전관리대상물의 소방안전관리자의 업무를 하지 아니한 소방안전관리자 ⑥ [ ] 안내정보를 제공하지 아니한 자 ⑦ 소방안전관리대상물 근무자 및 거주자 등에 대한 소방훈련 및 교육을 하지 아니한 자 ⑧ [ ] 결과를 제출하지 아니한 자	[ ]만 원 이하의 과태료 ▶ 【법 제52조 제1항】 과태료 부과권자 소방청장, 시·도지사, 소방본부장 또는 소방서장
① 불을 사용할 때 지켜야 하는 사항 및 [ ]의 저장 및 취급 기준을 위반한 자 [4] ② 소방설비등의 설치 명령을 정당한 사유 없이 따르지 아니한 자 ③ [ ] 선임신고를 기간 내에 선임신고를 하지 아니하거나 소방안전관리자의 성명 등을 게시하지 아니한 자 ④ 건설현장 소방안전관리대상물의 소방안전관리자를 기간 내에 선임신고를 하지 아니한 자 ⑤ 소방안전관리대상물 중 소방안전관리업무의 전담이 필요한 대통령령으로 정하는 소방안전관리대상물의 관계인이 기간 내에 소방훈련 및 교육 결과를 제출하지 아니한 자	[ ]만 원 이하의 과태료 ▶ 【법 제52조 제2항】 과태료 부과권자 소방청장, 시·도지사, 소방본부장 또는 소방서장
① 실무교육을 받지 아니한 소방안전관리자 및 소방안전관리보조자 [5]	[ ]만 원 이하의 과태료 ▶ 【법 제52조 제3항】 과태료 부과권자 소방청장, 시·도지사, 소방본부장 또는 소방서장

---

3 ③ 소방안전관리업무 ⑥ 피난유도 ⑧ 화재예방안전진단 / 300
4 ① 특수가연물 ③ 소방안전관리자 / 200
5 100

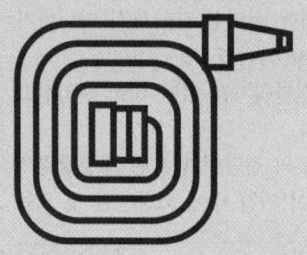

소방관계법규

PART 05

소방시설공사업법

05 소방시설공사업법

Chapter 01 총 칙

01 목적(법 제1조) [1]

소방시설공사 및 소방기술의 관리에 필요한 사항을 규정함으로써 소방시설업을 건전하게 발전시키고 소방기술을 진흥시켜 화재로부터 [   ]을 확보하고 [   ]을 목적으로 한다.

02 용어 정의(법 제2조)

(1) 소방시설업 [2]

　　소방[   ], 소방[   ], 소방[   ], [   ]을 말한다.
　① [   ]은 소방시설공사에 기본이 되는 공사계획, 설계도면, 설계 설명서, 기술계산서 및 이와 관련된 서류를 작성하는 영업
　② [   ]은 설계도서에 따라 소방시설을 신설, 증설, 개설, 이전 및 정비하는 영업
　③ [   ]은 소방시설공사에 관한 발주자의 권한을 대행하여 소방시설공사가 설계도서와 관계 법령에 따라 적법하게 시공되는지를 확인하고, 품질·시공 관리에 대한 기술지도를 하는 영업
　④ [   ]은 「소방시설 설치 및 관리에 관한 법률」 제20조 제1항에 따른 방염대상 물품에 대하여 방염처리하는 영업

---

1 공공의 안전, 국민경제에 이바지함
2 (1) 시설설계업, 시설공사업, 공사감리업, 방염처리업 ① 소방시설설계업 ② 소방시설공사업
　　③ 소방공사감리업 ④ 방염처리업

(2) [　　　　]는 소방시설업을 경영하기 위하여 제4조에 따라 소방시설업을 등록한 자를 말한다.[3]

(3) [　　　]은 소방공사감리업자에 소속된 소방기술자로서 해당 소방시설공사를 감리하는 사람을 말한다.[4]

(4) 소방기술자 [5]
① 소방기술·경력 등을 인정받은 사람(방염업 등록자, 방염업자 ×)
② 소방시설업과 [　　　　　]의 기술인력으로 등록된 사람
　㉠ 소방시설관리사
　㉡ 소방기술사·소방설비기사·소방설비산업기사·위험물기능장·위험물산업기사·위험물기능사

(5) [　　　]란 소방시설의 설계, 시공, 감리 및 방염을 소방시설업자에게 도급하는 자를 말한다. 다만, 수급인으로서 도급받은 공사를 하도급 하는 자는 제외한다.[6]

03 소방시설공사등 관련 주체의 책무(법 제2조의2) [7]

① [　　　　]은 소방시설공사등의 품질과 안전이 확보되도록 소방시설공사등에 관한 기준 등을 정하여 보급하여야 한다.(법 제2조의2 제1항)

② [　　　]는 소방시설이 공공의 안전과 복리에 적합하게 시공되도록 공정한 기준과 절차에 따라 능력 있는 소방시설업자를 선정하여야 하고, 소방시설공사등이 적정하게 수행되도록 노력하여야 한다.(법 제2조의2 제2항)

③ [　　　　　]는 소방시설공사등의 품질과 안전이 확보되도록 소방시설공사등에 관한 법령을 준수하고, 설계도서·시방서(示方書) 및 도급계약의 내용 등에 따라 성실하게 소방시설공사등을 수행하여야 한다.(법 제2조의2 제3항)

---
3 소방시설업자
4 감리원
5 ② 소방시설관리업
6 발주자
7 ① 소방청장 ② 발주자 ③ 소방시설업자

Chapter 02 소방시설업

01 소방시설업의 등록(법 제4조)

(1) 소방시설업 등록 [1]

① 특정소방대상물의 소방시설공사등을 하려는 자는 [   ]로 [   ](개인인 경우에는 자산 평가액을 말한다), [   ] 등 대통령령으로 정하는 요건을 갖추어 [   ]에게 소방시설업을 등록하여야 한다.(법 제4조 제1항)

② 소방시설업을 등록하려는 자는 소방시설업 등록신청서(전자문서로 된 소방시설업 등록신청서를 포함한다)에 서류(전자문서를 포함한다)를 첨부하여 [   ]에 제출해야 한다.(규칙 제2조 제1항)

③ 협회는 소방시설업의 등록신청 서류가 다음 ㉠, ㉡ 어느 하나에 해당되는 경우에는 [   ]의 기간을 정하여 이를 보완하게 할 수 있다.(규칙 제2조의2)
　㉠ 첨부서류(전자문서를 포함한다)가 첨부되지 아니한 경우
　㉡ 신청서(전자문서로 된 소방시설업 등록신청서를 포함한다) 및 첨부서류(전자문서를 포함한다)에 기재되어야 할 내용이 기재되어 있지 아니하거나 명확하지 아니한 경우

④ 협회는 검토·확인을 마쳤을 때에는 소방시설업 등록신청 서류에 그 결과를 기재한 소방시설업 등록신청서 서면심사 및 확인 결과를 첨부하여 접수일(신청서류의 보완을 요구한 경우에는 그 보완이 완료된 날을 말한다.)부터 [ ]일 이내에 [   ]에게 보내야 한다.(규칙 제2조의3 제2항)

⑤ [   ]는 접수일부터 [ ]일 이내에 협회를 경유하여 소방시설업 등록증 및 소방시설업 등록수첩을 신청인에게 발급해 주어야 한다.(규칙 제3조)

⑥ [   ]는 재발급신청서[전자문서로 된 소방시설업 등록증(등록수첩) 재발급신청서를 포함한다]를 제출받은 경우에는 [ ]일 이내에 협회를 경유하여 소방시설업 등록증 또는 등록수첩을 재발급하여야 한다.(규칙 제4조 제3항)

⑦ 소방시설업 등록신청 및 첨부 서류(규칙 제2조 제1항)
　㉠ 신청인(외국인을 포함하되, 법인의 경우에는 대표자를 포함한 임원을 말한다)의 성명, 주민등록번호 및 주소지 등의 [   ]

---

1 ① 업종별, 자본금, 기술인력, 시·도지사 ② 소방시설업자협회 ③ 10일 이내 ④ 7, 시·도지사
　⑤ 시·도지사, 15 ⑥ 시·도지사, 3
　⑦ ㉠ 인적사항이 적힌 서류

ⓛ 등록기준 중 기술인력에 관한 사항을 확인할 수 있는 국가기술자격증이나 소방기술인정 자격수첩 또는 소방기술자 경력수첩 서류
ⓒ 출자·예치·담보 금액 확인서 1부([   ]만 해당한다)
ⓔ [   ]의 경우: 최근 90일 이내에 작성한 자산평가액 또는 기업진단 보고서
ⓜ 신청인(법인인 경우에는 대표자)이 외국인인 경우에는 등록의 결격사유와 같거나 비슷한 사유에 해당하지 않음을 확인할 수 있는 서류로서 다음 ⓐ, ⓑ 어느 하나에 해당하는 서류
  ⓐ 해당 국가의 정부나 공증인(법률에 따른 공증인의 자격을 가진 자만 해당한다), 그 밖의 권한이 있는 기관이 발행한 서류로서 해당 국가에 주재하는 우리나라 영사가 확인한 서류
  ⓑ 「외국공문서에 대한 인증의 요구를 폐지하는 협약」을 체결한 국가의 경우에는 해당 국가의 정부나 공증인(법률에 따른 공증인의 자격을 가진 자만 해당한다), 그 밖의 권한이 있는 기관이 발행한 서류로서 해당 국가의 아포스티유(Apostille: 외국 공문서에 대한 인증요구 폐지 협약) 확인서 발급 권한이 있는 기관이 그 확인서를 발급한 서류

⑧ ①에도 불구하고 「공공기관의 운영에 관한 법률」에 따른 공기업·준정부기관 및 「지방공기업법」에 따라 설립된 지방공사나 지방공단이 다음 각 호의 요건을 모두 갖춘 경우에는 시·도지사에게 등록을 하지 아니하고 자체 기술인력을 활용하여 설계·감리를 할 수 있다. 이 경우 대통령령으로 정하는 기술인력을 보유하여야 한다.(법 제4조 제4항)
  ㉠ [   ]의 건설·공급을 목적으로 설립되었을 것
  ㉡ [   ] 업무를 주요 업무로 규정하고 있을 것

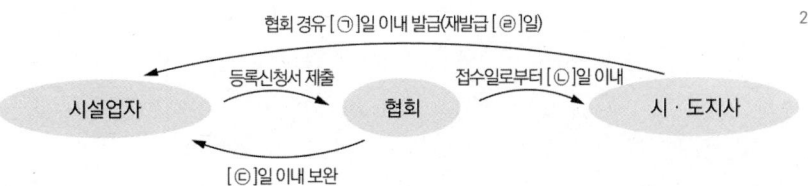

ⓒ 소방시설공사업 ⓔ 소방시설공사업
⑧ ㉠ 주택 ㉡ 설계·감리
2 ㉠ 15 ㉡ 7 ㉢ 10 ㉣ 3

(2) 소방시설업의 업종별 영업범위

① 소방시설업의 업종별 등록기준 및 영업범위는 별표 1과 같다.(영 제2조 제1항)

1. 소방시설설계업

업종별 \ 항목		기술인력	영업범위
전문 소방시설 설계업[3]		가. 주된: [　　　　] 1명 이상 나. 보조: [ ]명 이상	모든 특정소방대상물에 설치되는 소방시설의 설계
일반 소방 시설 설계업	기계 분야[4]	가. 주된: 소방기술사 또는 기계분야 소방설비기사 1명 이상 나. 보조: [ ]명 이상	가. 아파트에 설치되는 기계분야 소방시설(제연설비는 제외한다)의 설계 나. 연면적 [　　]m²(공장 [　　]m²) 미만의 특정소방대상물([　　　]가 설치되는 특정소방대상물은 제외한다)에 설치되는 기계분야 소방시설의 설계 다. 위험물제조소등에 설치되는 기계분야 소방시설의 설계
	전기 분야[5]	가. 주된: 소방기술사 또는 전기분야 소방설비기사 1명 이상 나. 보조: [ ]명 이상	가. 아파트에 설치되는 전기분야 소방시설의 설계 나. 연면적 [　　]m²(공장의 경우에는 [　　]m²) 미만의 특정소방대상물에 설치되는 전기분야 소방시설의 설계 다. 위험물제조소등에 설치되는 전기분야 소방시설의 설계

---

3 가. 소방기술사 나. 1
4 나. 1 나. 3만, 1만, 제연설비
5 나. 1 나. 3만, 1만

2. 소방시설공사업

업종별	항목	기술인력	자본금 (자산평가액)	영업범위
전문 소방시설 공사업 [6]		가. 주된: 소방기술사 또는 기계분야와 전기분야의 소방설비기사 각 1명 이상 나. 보조: [ ]명 이상	가. 법인: 1억 원 이상 나. 개인: 자산평가액 1억 원 이상	특정소방대상물에 설치되는 기계분야 및 전기분야 소방시설의 공사·개설·이전 및 정비
일반 소방 시설 공사업	기계 분야[7]	가. 주된 : 소방기술사 또는 기계분야 소방설비기사 1명 이상 나. 보조: [ ]명 이상	가. 법인: 1억 원 이상 나. 개인: 자산평가액 1억 원 이상	가. 연면적 [ ]m² 미만의 특정소방대상물에 설치되는 기계분야 소방시설의 공사·개설·이전 및 정비 나. 위험물제조소등에 설치되는 기계분야 소방시설의 공사·개설·이전 및 정비
	전기 분야[8]	가. 주된: 소방기술사 또는 전기분야 소방설비기사 1명 이상 나. 보조: [ ]명 이상	가. 법인: 1억 원 이상 나. 개인: 자산평가액 1억 원 이상	가. 연면적 [ ]m² 미만의 특정소방대상물에 설치되는 전기분야 소방시설의 공사·개설·이전·정비 나. 위험물제조소등에 설치되는 전기분야 소방시설의 공사·개설·이전·정비

---

6 나. 2
7 나. 1 가. 1만
8 나. 1 가. 1만

3. 소방공사감리업

업종별 / 항목		기술인력	영업범위
전문 소방공사감리업 [9]		가. 소방기술사 1명 이상 나. 기계분야 및 전기분야의 특급 감리원 각 1명(기계분야 및 전기분야의 자격을 함께 가지고 있는 사람이 있는 경우에는 그에 해당하는 사람 1명. 이하 다목부터 마목까지에서 같다) 이상 다. 기계분야 및 전기분야의 고급 감리원 이상의 감리원 각 1명 이상 라. 기계분야 및 전기분야의 중급 감리원 이상의 감리원 각 1명 이상 마. 기계분야 및 전기분야의 초급 감리원 이상의 감리원 각 1명 이상	[ ] 특정소방대상물에 설치되는 소방시설공사 감리
일반 소방공사감리업	기계분야 [10]	가. 기계분야 특급 감리원 1명 이상 나. 기계분야 고급 감리원 또는 중급 감리원 이상의 감리원 1명 이상 다. 기계분야 [ ] 감리원 이상의 감리원 1명 이상	가. 연면적 [ ]m² (공장 [ ]m²) 미만의 특정소방대상물(제연설비가 설치되는 특정소방대상물은 제외한다)에 설치되는 기계분야 소방시설의 감리 나. 아파트에 설치되는 기계분야 소방시설(제연설비는 제외한다)의 감리 다. 위험물제조소등에 설치되는 기계분야 소방시설의 감리
	전기분야 [11]	가. 전기분야 특급 감리원 1명 이상 나. 전기분야 [ ] 감리원 또는 [ ] 감리원 이상의 감리원 1명 이상 다. 전기분야 초급 감리원 이상의 감리원 1명 이상	가. 연면적 [ ]m² (공장 [ ]m²) 미만의 특정소방대상물에 설치되는 전기분야 소방시설의 감리 나. 아파트에 설치되는 전기분야 소방시설의 감리 다. 위험물제조소등에 설치되는 전기분야 소방시설의 감리

---

9 모든
10 다. 초급 가. 3만, 1만
11 나. 고급, 중급 가. 3만, 1만

4. 방염처리업 [12]

업종별 \ 항목	실험실	방염처리시설 및 시험기기	영업범위
[ ] 방염업	1개 이상 갖출 것	부표에 따른 섬유류 방염업의 방염처리시설 및 시험기기를 모두 갖추어야 한다.	커튼·카펫 등 섬유류를 주된 원료로 하는 방염대상물품을 제조 또는 가공 공정에서 방염처리
[ ] 방염업		부표에 따른 합성수지류 방염업의 방염처리시설 및 시험기기를 모두 갖추어야 한다.	합성수지류를 주된 원료로 하는 방염대상물품을 제조 또는 가공 공정에서 방염처리
[ ] 방염업		부표에 따른 합판·목재류 방염업의 방염처리시설 및 시험기기를 모두 갖추어야 한다.	합판 또는 목재류를 제조·가공 공정 또는 설치 현장에서 방염처리

(3) 등록의 결격사유(법 제5조) [13]

① 피성년[   ]

② 금고 이상의 실형을 선고받고 그 집행이 끝나거나(집행이 끝난 것으로 보는 경우를 포함한다) 면제된 날부터 [ ]년이 지나지 아니한 사람

③ 금고 이상의 형의 [   ]를 선고받고 그 유예기간 중에 있는 사람

④ 등록하려는 소방시설업 등록이 취소(①에 해당하여 등록이 취소된 경우는 제외한다)된 날부터 [ ]년이 지나지 아니한 자

⑤ 법인의 [   ]가 ①부터 ④까지의 규정에 해당하는 경우 그 법인

⑥ 법인의 [   ]이 ②부터 ④까지의 규정에 해당하는 경우 그 법인

---

12 섬유류, 합성수지류, 합판·목재류
13 ① 후견인 ② 2 ③ 집행유예 ④ 2 ⑤ 대표자 ⑥ 임원

02 등록사항의 변경신고(법 제6조) [14]

(1) 등록사항 변경신고

① 소방시설업자는 등록한 사항 중 [   ]으로 정하는 중요 사항을 변경할 때에는 [   ]으로 정하는 바에 따라 [   ]에게 신고하여야 한다.(법 제6조)

② 중요사항(규칙 제5조)
  ㉠ 상호(명칭) 또는 [   ] 소재지
  ㉡ [   ]
  ㉢ [   ]

③ 소방시설업자는 ②의 각 호의 어느 하나에 해당하는 등록사항이 변경된 경우에는 변경일부터 [   ]에 소방시설업 등록사항 변경신고서(전자문서로 된 소방시설업 등록사항 변경신고서를 포함한다)에 변경사항별로 서류(전자문서를 포함한다)를 첨부하여 [   ]에 제출하여야 한다. 다만, 「전자정부법」에 따른 행정정보의 공동이용을 통하여 첨부서류에 대한 정보를 확인할 수 있는 경우에는 그 확인으로 첨부서류를 갈음할 수 있다.(규칙 제6조 제1항)

④ 변경신고 서류를 제출받은 협회는 등록사항의 변경신고 내용을 확인하고 [ ]일 이내에 ③에 따라 제출된 소방시설업 등록증·등록수첩 및 기술인력 증빙서류에 그 변경된 사항을 기재하여 발급하여야 한다.(규칙 제6조 제3항)

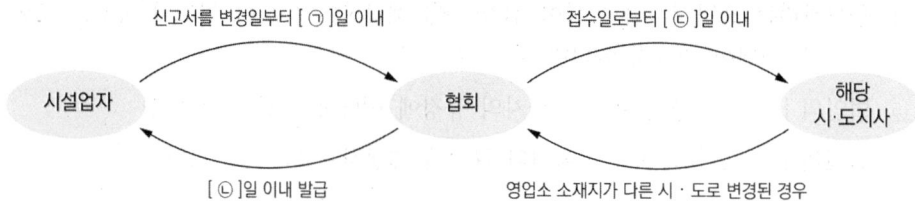

⑤ ④에도 불구하고 영업소 소재지가 등록된 시·도에서 [   ]로 변경된 경우에는 ③에 따라 제출받은 변경신고 서류를 접수일로부터 [ ]일 이내에 해당 [   ]에게 보내야 한다. 이 경우 해당 시·도지사는 소방시설업 등록증 및 등록수첩을 협회를 경유하여 신고인에게 새로 발급하여야 한다.(규칙 제6조 제4항)

⑥ 협회는 등록사항의 변경신고 접수현황을 [   ]을 기준으로 작성하여 다음 달 [   ]일까지 [   ]에게 알려야 한다.(규칙 제6조 제6항)

---

14 ① 행정안전부령, 행정안전부령, 시·도지사 ② ㉠ 영업소 ㉡ 대표자 ㉢ 기술인력 ③ 30일 이내, 협회 ④ 5 ㉠ 30 ㉡ 5 ㉢ 7 ⑤ 다른 시·도, 7, 시·도지사 ⑥ 매월 말일, 10, 시·도지사

03 휴업·폐업 신고 등(법 제6조의2)

(1) 휴업·폐업 신고 등 [15]

① 소방시설업자는 소방시설업을 [　　]·[　　] 또는 [　　]하는 때에는 행정안전부령으로 정하는 바에 따라 [　　　　]에게 신고하여야 한다.(법 제6조의2 제1항)

② 소방시설업자는 ①에 따라 휴업·폐업 또는 재개업 신고를 하려면 휴업·폐업 또는 재개업일부터 [　　　　]에 소방시설업 휴업·폐업·재개업 신고서(전자문서로 된 신고서를 포함한다)에 다음 각 호의 구분에 따른 서류(전자문서를 포함한다)를 첨부하여 [　　]를 경유하여 [　　　　]에게 제출하여야 한다. 다만, 「전자정부법」에 따른 행정정보의 공동이용을 통하여 첨부서류에 대한 정보를 확인할 수 있는 경우에는 그 확인으로 첨부서류를 갈음할 수 있다.(규칙 제6조의2 제1항)
　㉠ 휴업·폐업의 경우: 등록증 및 등록수첩
　㉡ 재개업의 경우: 제2조 제1항 제2호 및 제3호, 같은 조 제3항 제4호에 해당하는 서류

③ ②에 따른 신고서를 제출받은 협회는 「전자정부법」에 따라 행정정보의 공동이용을 통하여 국민연금가입자 증명서 또는 건강보험자격취득 확인서를 확인하여야 한다. 다만, 신고인이 서류의 확인에 동의하지 아니하는 경우에는 해당 서류를 제출하도록 하여야 한다.(규칙 제6조의2 제2항)

(2) 공고 [16]

① 폐업신고를 받은 [　　　　]는 소방시설업 등록을 말소하고 그 사실을 [　　　　]으로 정하는 바에 따라 공고하여야 한다.(법 제6조의2 제2항)

② 신고서를 제출받은 [　　]는 다음 각 호의 사항을 협회 인터넷 홈페이지에 공고하여야 한다.(규칙 제6조의2 제3항)
　㉠ 등록업종 및 등록번호
　㉡ 휴업·폐업 또는 재개업 연월일
　㉢ 상호(명칭) 및 성명(법인의 경우에는 대표자의 성명을 말한다)
　㉣ 영업소 소재지

---

15 ① 휴업, 폐업, 재개업, 시·도지사 ② 30일 이내, 협회, 시·도지사
16 ① 시·도지사, 행정안전부령 ② 협회

(3) 지위승계 [17]

① 폐업신고를 한 자가 소방시설업 등록이 말소된 후 [ ]개월 이내에 같은 업종의 소방시설업을 다시 등록한 경우 해당 소방시설업자는 폐업신고 전 소방시설업자의 지위를 승계한다.(법 제6조의2 제3항)

② 소방시설업자의 지위를 승계한 자에 대해서는 폐업신고 전의 소방시설업자에 대한 [   ]의 효과가 승계된다.(법 제6조의2 제4항)

04 소방시설업자의 지위승계(법 제7조)

(1) 소방시설업자의 지위승계 [18]

① 다음 각 호의 어느 하나에 해당하는 자가 종전의 소방시설업자의 지위를 승계하려는 경우에는 그 상속일, 양수일 또는 합병일부터 [ ]일 이내에 [   ]으로 정하는 바에 따라 그 사실을 [   ]에게 [   ]하여야 한다.(법 제7조 제1항)
  ㉠ 소방시설업자가 사망한 경우 그 상속인
  ㉡ 소방시설업자가 그 영업을 양도한 경우 그 양수인
  ㉢ 법인인 소방시설업자가 다른 법인과 합병한 경우 합병 후 존속하는 법인이나 합병으로 설립되는 법인

② 다음 각 호의 어느 하나에 해당하는 절차에 따라 소방시설업자의 소방시설의 [   ]를 인수한 자가 종전의 소방시설업자의 지위를 승계하려는 경우에는 그 인수일부터 [ ]일 이내에 행정안전부령으로 정하는 바에 따라 그 사실을 [   ]에게 [   ]하여야 한다.(법 제7조 제2항)
  ㉠ 「민사집행법」에 따른 경매
  ㉡ 「채무자 회생 및 파산에 관한 법률」에 따른 환가(換價)
  ㉢ 「국세징수법」, 「관세법」 또는 「지방세징수법」에 따른 압류재산의 매각
  ㉣ 그 밖에 ㉠부터 ㉢까지의 규정에 준하는 절차

③ [   ]는 ① 또는 ②에 따른 신고를 받은 경우 그 내용을 검토하여 이 법에 적합하면 신고를 수리하여야 한다.(법 제7조 제3항)

---

17 ① 6 ② 행정처분
18 ① 30, 행정안전부령, 시·도지사, 신고 ② 전부, 30, 시·도지사, 신고 ③ 시·도지사

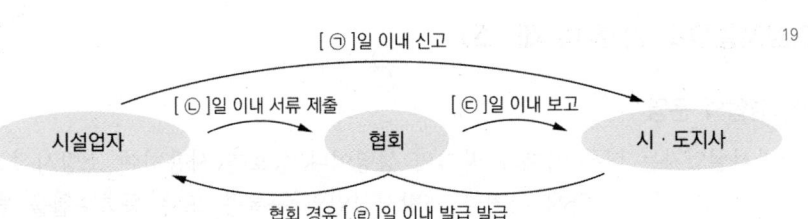

④ 소방시설업자 지위 승계를 신고하려는 자는 그 상속일, 양수일, 합병일 또는 인수일부터 [   ]에 서류(전자문서를 포함한다)를 [   ]에 [   ]해야 한다. (규칙 제7조 제1항) [20]

⑤ 지위승계 신고 서류를 제출받은 협회는 접수일부터 [ ]일 이내에 지위를 승계한 사실을 확인한 후 그 결과를 시·도지사에게 보고하여야 한다.(규칙 제7조 제4항) [21]

⑥ [   ]는 ⑤에 따라 소방시설업의 지위승계 신고의 확인 사실을 보고받은 날부터 [ ]일 이내에 협회를 경유하여 지위승계인에게 등록증 및 등록수첩을 [   ]하여야 한다. (규칙 제7조 제5항) [22]

⑦ 지위승계에 관하여는 등록의 [   ]를 준용한다. 다만, 상속인이 등록의 결격사유 각 호의 어느 하나에 해당하는 경우 상속받은 날부터 [ ]개월 동안은 그러하지 아니하다.(법 제7조 제4항) [23]

⑧ ① 또는 ②에 따른 신고가 수리된 경우에는 ① 각 호에 해당하는 자 또는 소방시설업자의 소방시설의 [   ]를 인수한 자는 그 상속일, 양수일, 합병일 또는 인수일부터 종전의 소방시설업자의 지위를 승계한다.(법 제7조 제5항) [24]

---

19 ㉠ 30 ㉡ 30 ㉢ 7 ㉣ 3
20 ④ 30일 이내, 협회, 제출
21 ⑤ 7
22 ⑥ 시·도지사, 3, 발급
23 ⑦ 결격사유, 3
24 ⑧ 전부

05 소방시설업의 운영(법 제8조) [25]

(1) 소방시설업의 운영

① 소방시설업자는 다른 자에게 자기의 성명이나 상호를 사용하여 소방시설공사등을 [　　] 또는 [　　]하게 하거나 소방시설업의 등록증 또는 등록수첩을 빌려 주어서는 아니 된다.(법 제8조 제1항)

② 영업정지처분이나 등록취소처분을 받은 소방시설업자는 [　　]부터 소방시설공사등(설계·시공·감리·방염)을 하여서는 아니 된다. 다만, 소방시설의 착공신고가 수리되어 [　　]를 하고 있는 자로서 도급계약이 해지되지 아니한 [　　　　　] 또는 [　　　　　]가 그 공사를 하는 동안이나 [　　　　]을 등록한 자가 도급을 받아 방염 중인 것으로서 도급계약이 해지되지 아니한 상태에서 그 방염을 하는 동안에는 그러하지 아니하다.(법 제8조 제2항)

③ 소방시설업자의 [　　]에 대한 통지(법 제8조 제3항)
　㉠ 소방시설업자의 지위를 [　　]한 경우
　㉡ 소방시설업의 [　　　] 또는 [　　　]의 처분을 받은 경우
　㉢ [　　] 또는 [　　]을 한 경우

④ 소방시설업자는 행정안전부령으로 정하는 관계 서류를 [　　　　] 동안 보관하여야 한다.

---

25 (1) ① 수급, 시공 ② 그 날, 공사, 소방시설공사업자, 소방공사감리업자, 방염처리업 ③ 관계인 ㉠ 승계 ㉡ 등록취소, 영업정지 ㉢ 휴업, 폐업 ④ 하자보수 보증기간

06 등록의 취소와 영업 정지(법 제9조) [26]

(1) 등록의 취소와 영업 정지

① 등록 취소와 영업 정지 명령권자는 [   ]이다.(법 제9조 제1항)

② 등록의 취소(법 제9조 제1항)
  ㉠ [   ] 그 밖의 [   ]한 방법으로 등록을 한 경우
  ㉡ 등록의 [   ]에 해당하게 된 경우
  ㉢ [   ]에 소방시설공사등(설계·시공·감리·방염)을 한 경우

③ 취소 또는 [ ]개월 이내의 기간을 정하여 이의 시정이나 영업정지(법 제9조 제1항)
  ㉠ 등록기준에 미달하게 된 후 30일이 경과한 경우
  ㉡ 다른 자에게 자기의 성명이나 상호를 사용하여 소방시설공사등을 수급 또는 시공하게 하거나 소방시설업의 등록증 또는 등록수첩을 빌려준 경우
  ㉢ 등록을 한 후 정당한 사유 없이 [ ]년이 지날 때까지 영업을 시작하지 아니하거나 계속하여 [ ]년 이상 휴업한 때
  ㉣ [   ]과 [   ]를 함께 한 경우
  ㉤ 착공신고(변경신고를 [   ]한다)를 하지 아니하거나 거짓으로 한 때 또는 완공검사(부분완공검사를 [   ]한다)를 받지 아니한 경우
  ㉥ 소방시설공사등(설계·시공·감리·방염)의 업무수행의무 등을 고의 또는 과실로 위반하여 다른 자에게 상해를 입히거나 재산피해를 입힌 경우
  ㉦ 소속 [   ]를 공사현장에 배치하지 아니하거나 거짓으로 한 경우

④ 적용 제외: 소방시설업의 지위를 승계한 상속인이 [   ]에 해당하는 경우에는 상속을 개시한 날부터 [ ]개월 동안 미적용(법 제9조 제2항)

⑤ 발주자는 소방시설업자가 ②, ③ 어느 하나에 해당하는 경우 그 사실을 [   ]에게 통보하여야 한다.(법 제9조 제3항)

⑥ 시·도지사는 등록취소, 영업정지 또는 과징금 부과 등의 처분을 하는 경우 해당 [   ]에게 그 내용을 통보하여야 한다.(법 제9조 제4항)

---

26 ① 시·도지사 ② ㉠ 거짓, 부정 ㉡ 결격사유 ㉢ 영업정지 기간 중 ③ 6 ㉢ 1, 1 ㉣ 시공, 감리 ㉤ 포함, 포함 ㉦ 소방기술자 ④ 등록결격사유, 6 ⑤ 시·도지사 ⑥ 발주자

07 과징금 처분(법 제10조) [27]

(1) 과징금 처분

① [　　　]가 그 이용자에게 불편을 주거나 그 밖에 공익을 해칠 우려가 있을 때 (법 제10조 제1항)
  ㉠ 과징금 부과자: [　　　]
  ㉡ 과징금 부과 금액: [　　　]에 갈음하여 [　] 원 이하

② 과징금을 부과하는 위반행위의 종류와 위반 정도 등에 따른 과징금과 그 밖에 필요한 사항은 [　　　]으로 정한다.(법 제10조 제2항)

③ [　　　]는 ①에 따른 과징금을 내야 할 자가 납부기한까지 과징금을 내지 아니하면 「지방행정제재·부과금의 징수 등에 관한 법률」에 따라 징수한다.(법 제10조 제3항)

---

27 ① 영업정지 ㉠ 시·도지사 ㉡ 영업정지처분, 2억 ② 행정안전부령 ③ 시·도지사

Chapter 03 소방시설공사 등

01 설계(법 제11조) [1]

(1) 설 계

① 소방시설설계업을 등록한 자(설계업자)는 이 법이나 이 법에 따른 명령과 [　　　　]에 맞게 소방시설을 설계하여야 한다. 다만, 「소방시설 설치 및 관리에 관한 법률」에 따른 [　　　　　　　]의 심의를 거쳐 소방시설의 구조와 원리 등에서 [　　　　]로 인정된 경우는 화재안전기준을 따르지 아니할 수 있다. (법 제11조 제1항)

② ① 본문에도 불구하고 「소방시설 설치 및 관리에 관한 법률」에 따른 특정소방대상물(신축하는 것만 해당한다)에 대해서는 그 용도, 위치, 구조, 수용 인원, 가연물의 종류 및 양 등을 고려하여 설계([　　　　])하여야 한다.(법 제11조 제2항)

③ 성능위주설계를 할 수 있는 자의 자격, 기술인력 및 자격에 따른 설계의 범위와 그 밖에 필요한 사항은 [　　　]으로 정한다.(법 제11조 제3항)

시행령 별표 1의2 [2]
【성능위주설계를 할 수 있는 자의 자격·기술인력 및 자격에 따른 설계범위】

성능위주설계자의 자격	기술인력	설계범위
1. 법 제4조에 따라 [　] 소방시설설계업을 등록한 자 2. [　] 소방시설설계업 등록 기준에 따른 기술인력을 갖춘 자로서 소방청장이 정하여 고시하는 연구기관 또는 단체	소방기술사 [　]명 이상	「소방시설 설치 및 관리에 관한 법률 시행령」 제9조에 따라 성능위주설계를 하여야 하는 특정소방대상물

---

1 ① 화재안전기준, 중앙소방기술심의위원회, 특수한 설계 ② 성능위주설계 ③ 대통령령
2 1. 전문, 2. 전문 / 2

02 시공(소방시설공사업법 제12조)

(1) 시 공

① 소방시설공사업을 등록한 자(공사업자)는 이 법이나 이 법에 따른 명령과 화재안전기준에 맞게 시공하여야 한다. 이 경우 소방시설의 구조와 원리 등에서 그 공법이 특수한 시공에 관하여는 제11조 제1항 단서를 준용한다.(법 제12조 제1항)

② 공사업자는 소방시설공사의 책임시공 및 기술관리를 위하여 대통령령으로 정하는 바에 따라 소속 소방기술자를 공사 현장에 배치하여야 한다.(법 제12조 제2항)

시행령 별표 2 [3]
【소방기술자의 배치기준】

소방기술자의 배치기준	소방시설공사 현장의 기준
가. 특급기술자인 소방기술자 (기계분야 및 전기분야)	1) 연면적 [　]㎡ 이상인 특정소방대상물의 공사 현장 2) 지하층을 [　]한 층수가 [　]층 이상인 특정소방대상물의 공사 현장
나. 고급기술자 이상의 소방기술자 (기계분야 및 전기분야)	1) 연면적 [　]㎡ 이상 [　]㎡ 미만인 특정소방대상물([　]는 제외한다)의 공사 현장 2) 지하층을 포함한 층수가 [　]층 이상 [　]층 미만인 특정소방대상물의 공사 현장
다. 중급기술자 이상의 소방기술자 (기계분야 및 전기분야)	1) 물분무등소화설비(호스릴 방식의 소화설비는 [　]한다) 또는 [　]가 설치되는 특정소방대상물의 공사 현장 2) 연면적 [　]㎡ 이상 [　]㎡ 미만인 특정소방대상물(아파트는 제외한다)의 공사 현장 3) 연면적 [　]㎡ 이상 [　]㎡ 미만인 아파트의 공사 현장
라. 초급기술자 이상의 소방기술자 (기계분야 및 전기분야)	1) 연면적 [　]㎡ 이상 [　]㎡ 미만인 특정소방대상물(아파트는 제외한다)의 공사 현장 2) 연면적 [　]㎡ 이상 [　]㎡ 미만인 [　]의 공사 현장 3) [　]의 공사 현장
마. [　]을 발급받은 소방기술자	연면적 [　]㎡ 미만인 특정소방대상물의 공사 현장

---

[3] 가. 1) 20만 2) 포함, 40 / 나. 1) 3만, 20만, 아파트 2) 16, 40 / 다. 1) 제외, 제연설비 2) 5천, 3만 3) 1만, 20만 / 라. 1) 1천, 5천 2) 1천, 1만, 아파트 3) 지하구 / 마. 자격수첩 / 1천

03 착공신고(법 제13조) [4]

(1) 착공신고

① 공사업자는 대통령령으로 정하는 소방시설공사를 하려면 행정안전부령으로 정하는 바에 따라 그 공사의 내용, [   ], 그 밖에 필요한 사항을 [   ]이나 [   ]에게 [   ]하여야 한다.(법 제13조 제1항)

② 공사업자가 ①에 따라 신고한 사항 가운데 행정안전부령으로 정하는 중요한 사항을 변경하였을 때에는 행정안전부령으로 정하는 바에 따라 [   ]를 하여야 한다. 이 경우 중요한 사항에 해당하지 아니하는 변경 사항은 다음 각 호의 어느 하나에 해당하는 서류에 포함하여 소방본부장이나 소방서장에게 [   ]하여야 한다.(법 제13조 제2항)
  ㉠ 완공검사 또는 부분완공검사를 신청하는 서류
  ㉡ [   ]

③ 소방본부장 또는 소방서장은 착공신고 또는 변경신고를 받은 날부터 [ ]일 이내에 신고수리 여부를 신고인에게 통지하여야 한다.(법 제13조 제3항)

④ 소방본부장 또는 소방서장이 ③에서 정한 기간 내에 신고수리 여부 또는 민원 처리 관련 법령에 따른 처리기간의 연장을 신고인에게 통지하지 아니하면 그 기간(민원처리 관련 법령에 따라 처리기간이 연장 또는 재연장된 경우에는 해당 처리기간을 말한다)이 끝난 날의 [   ]에 신고를 수리한 것으로 본다.(법 제13조 제4항)

⑤ 착공신고는 소방시설공사의 [   ]까지 소방시설공사업자가 소방본부장이나 소방서장에게 한다.(규칙 제12조 제1항)

⑥ 소방시설공사의 착공신고 대상(영 제4조)
  ㉠ 특정소방대상물에 [   ]공사
  ㉡ 특정소방대상물에 [   ]공사
  ㉢ 특정소방대상물에 설치된 소방시설등을 [   ] 또는 [   ]를 개설, 이전, 정비공사

⑦ 공사업자는 해당하는 사항이 변경된 경우에는 변경일부터 [ ]일 이내에 소방시설공사 착공(변경)신고서[전자문서로 된 소방시설공사 착공(변경)신고서를 포함한다]에 서류(전자문서를 포함한다) 중 변경된 해당 서류를 첨부하여 소방본부장 또는 소방서장에게 [   ]하여야 한다.(규칙 제12조 제3항)

---

4 (1) ① 시공 장소, 소방본부장, 소방서장, 신고 ② 변경신고, 보고 ㉡ 공사감리 결과보고서 ③ 2
④ 다음 날 ⑤ 착공 전 ⑥ ㉠ 신설 ㉡ 증설 ㉢ 전부, 일부 ⑦ 30, 신고

	신설 공사[5]	증설 공사
소화설비	• 옥내소화전설비(호스릴 옥내소화전설비 포함) • 옥외소화전설비	• 옥내소화전설비(호스릴 옥내소화전설비 포함) • 옥외소화전설비
	• 스프링클러설비등[스프링클러설비·간이스프링클러설비(캐비닛형 간이스프링클러설비를 포함) 및 화재조기진압용 스프링클러설비]	• 스프링클러설비·간이스프링클러설비(캐비닛형 간이스프링클러설비를 포함)의 [ ]
	• 물분무등소화설비[물분무소화설비·포소화설비·이산화탄소소화설비·할론소화설비·할로겐화합물 및 불활성기체 소화설비·미분무소화설비·강화액소화설비 및 분말소화설비]	• 물분무등소화설비의 [ ]
소화활동설비	• 연결송수관설비	• 연결송수관설비의 [ ]
	• 연결살수설비	• 연결살수설비의 [ ]
	• 제연설비(소방용 외의 용도와 겸용되는 제연설비를 기계설비·가스공사업자가 공사하는 경우는 제외)	• 제연설비의 제연구역(소방용 외의 용도와 겸용되는 제연설비를 기계설비·가스공사업자가 공사하는 경우는 제외한다)
	• 연소방지설비	• 연소방지설비의 [ ]
	• 비상콘센트설비(비상콘센트설비를「전기공사업법」에 따른 전기공사업자가 공사하는 경우는 제외한다)	• 비상콘센트설비의 [ ]
	• [ ](소방용 외의 용도와 겸용되는 무선통신보조설비를「정보통신공사업법」에 따른 정보통신공사업자가 공사하는 경우는 제외)	
소화용수설비	(소화용수설비를 기계설비·가스공사업자 또는 상·하수도설비공사업자가 공사하는 경우는 제외)	
경보설비	• 자동화재탐지설비	• 자동화재탐지설비의 [ ]
	• [ ]	
	• 비상방송설비(소방용 외의 용도와 겸용되는 비상방송설비를 정보통신공사업자가 공사하는 경우는 제외)	

개설·이전·정비 공사(전부 또는 일부)
• 수신반(受信盤) • [   ] • 동력(감시)제어반(다만, 고장 또는 파손 등으로 인하여 작동시킬 수 없는 소방시설을 긴급히 교체하거나 보수하여야 하는 경우에는 신고하지 않을 수 있다.)

---

5 방호구역, 방호구역 / 송수구역, 살수구역, 살수구역, 전용회로, 무선통신보조설비 / 경계구역, 비상경보설비 / 소화펌프

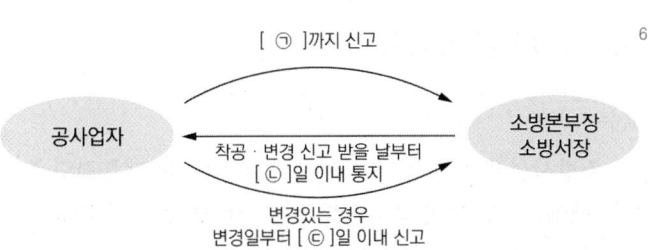

04 완공검사(법 제14조) [7]

(1) 완공검사
① 공사업자는 소방시설공사를 완공하면 [   ] 또는 [   ]의 완공검사를 받아야 한다.(법 제14조 제1항)
② 공사업자가 소방대상물 일부분의 소방시설공사를 마친 경우로서 전체 시설이 준공되기 전에 부분적으로 사용할 필요가 있는 경우에는 그 일부분에 대하여 소방본부장이나 소방서장에게 완공검사("부분완공검사"라 한다)를 신청할 수 있다.(법 제14조 제2항)
③ 완공검사의 방법
  ㉠ 공사감리자가 지정되어 있는 경우: 공사감리결과보고서로 갈음(법 제14조 제1항)
  ㉡ 대통령령으로 정하는 현장확인할 수 있는 대상 특정소방대상물은 문화 및 집회시설, 종교시설, [   ]시설, 노유자시설, 수련시설, [   ]시설, 숙박시설, [   ]시설, 지하상가, 다중이용업소, 스프링클러설비등, 물분무등소화설비(호스릴 방식의 소화설비는 제외)가 설치되는 특정소방대상물, 연면적 [   ]m² 이상이거나 [   ]층 이상인 특정소방대상물(아파트 제외), 지상에 노출된 가연성가스탱크의 저장용량 합계가 [   ] 톤 이상인 시설(영 제5조)
④ 소방본부장이나 소방서장은 ①에 따른 완공검사나 ②에 따른 부분완공검사를 하였을 때에는 완공검사증명서나 부분완공검사증명서를 발급하여야 한다.(법 제14조 제3항)
⑤ 완공검사 및 부분완공검사의 신청과 검사증명서의 발급, 그 밖에 완공검사 및 부분완공검사에 필요한 사항은 행정안전부령으로 정한다.(법 제14조 제4항)

---

6 ㉠ 착공전 ㉡ 2 ㉢ 30
7 ① 소방본부장, 소방서장 ③ ㉡ 판매, 운동, 창고, 1만, 11, 1천

05 공사의 하자보수 등(법 제15조) [8]

(1) 공사의 하자보수

① 공사업자는 소방시설공사 결과 자동화재탐지설비 등 대통령령으로 정하는 소방시설에 하자가 있을 때에는 대통령령으로 정하는 기간 동안 그 하자를 보수하여야 한다. (법 제15조 제1항)

② 하자보수 대상 소방시설과 하자보수 보증기간(영 제6조)

⊙ 2년	ⓒ 3년
[　　]기구 유도등 유도표지 [　　]경보설비 [　　]조명등 [　　]방송설비 [　　　　]설비	[　　　]장치, [　　　]소화전설비, 스프링클러설비, 간이스프링클러설비, 물분무등소화설비, 옥외소화전설비, 자동화재[　　]설비, 상수도소화용수설비 및 소화활동설비 ([　　　　]설비는 제외한다)

③ 관계인은 ①에 따른 기간에 소방시설의 하자가 발생하였을 때에는 공사업자에게 그 사실을 알려야 하며, 통보를 받은 공사업자는 [　　　]에 하자를 보수하거나 보수 일정을 기록한 하자보수계획을 관계인에게 서면으로 알려야 한다.(법 제15조 제3항)

④ 소방본부장이나 소방서장에게 통보(법 제15조 제4항)
　㉠ 기간 내에 하자보수를 이행하지 아니하는 경우
　㉡ 하자보수계획을 서면으로 알리지 아니하는 경우
　㉢ 하자보수계획이 불합리하다고 인정되는 경우

⑤ [　　　　　　　　　]에 심의를 요청·심의의 결과 인정할 때에는 시공기간을 정하여 하자보수를 명령하여야 한다.(법 제15조 제5항)

8　② ㉠ 피난, 비상, 비상, 비상, 무선통신보조　ⓒ 자동소화, 옥내, 탐지, 무선통신보조
　③ 3일 이내　⑤ 지방소방기술심의위원회

06 감리(법 제16조)

(1) 감리 [9]

① 소방공사감리업자의 업무(법 제16조 제1항)
  ㉠ 소방시설등의 [   ]의 적법성 검토
  ㉡ 소방시설등 설계도서의 적합성(적법성 및 기술상의 합리성) 검토
  ㉢ 소방시설등 설계 변경 사항의 적합성 검토
  ㉣ [   ]의 위치·규격 및 사용 자재의 적합성 검토
  ㉤ 소방시설등의 시공이 설계도서 및 [   ]에 맞는지에 대한 지도·감독
  ㉥ [   ]된 소방시설등의 성능시험
  ㉦ [   ]가 작성한 시공 상세 도면의 적합성 검토
  ㉧ [   ]의 적법성 검토
  ㉨ [   ]의 불연화(不燃化) 및 [   ]의 적법성 검토

② 용도와 구조에서 특별히 [   ]과 [   ]이 요구되는 소방대상물로서 대통령령으로 정하는 장소에서 시공되는 소방시설물에 대한 감리는 감리업자가 아닌 자도 할 수 있다.(법 제16조 제2항)

③ 감리업자는 ①의 각 호의 업무를 수행할 때에는 대통령령으로 정하는 감리의 종류 및 대상에 따라 [   ] 동안 소방시설공사 현장에 소속 감리원을 배치하고 업무수행 내용을 [   ]에 기록하는 등 대통령령으로 정하는 감리의 방법에 따라야 한다.
(법 제16조 제3항)

시행령 별표 3 [10]
【소방공사감리의 종류 및 대상】

종 류	대 상
[ ] 공사감리	가. 연면적 [ ]m² 이상 특정소방대상물(아파트 제외) 소방시설공사 나. 지하층을 [ ]한 [ ]층 이상으로서 [ ]세대 이상 아파트 소방시설공사
일반공사감리	상주공사감리에 해당하지 않는 소방시설의 공사

---

9 ① ㉠ 설치계획표 ㉣ 소방용품 ㉤ 화재안전기준 ㉥ 완공 ㉦ 공사업자 ㉧ 피난시설 및 방화시설
  ㉨ 실내장식물, 방염물품 ② 안전성, 보안성 ③ 공사기간, 감리일지
10 상주 / 가. 3만 나. 포함, 16, 500

07 공사감리자의 지정 등(법 제17조)

(1) 공사감리자의 지정 [11]

① 특정소방대상물의 관계인이 특정소방대상물에 대하여 자동화재탐지설비, 옥내소화전설비 등 [　　]으로 정하는 소방시설을 [　　]할 때에는 소방시설공사의 감리를 위하여 감리업자를 공사감리자로 지정하여야 한다. 다만, [　　　]가 감리업자를 선정한 경우에는 그 감리업자를 공사감리자로 지정한다.(법 제17조 제1항)

> 시행령 제10조 【공사감리자 지정대상 특정소방대상물의 범위】 [12]
> ① 법 제17조 제1항에서 "대통령령으로 정하는 특정소방대상물"이란 「소방시설 설치 및 관리에 관한 법률」 제2조 제1항 제3호의 특정소방대상물을 말한다.
> ② 법 제17조 제1항에서 "자동화재탐지설비, 옥내소화전설비 등 대통령령으로 정하는 소방시설을 시공할 때"란 다음 각 호의 어느 하나에 해당하는 소방시설을 시공할 때를 말한다.
>   1. 옥내소화전설비를 신설·개설 또는 증설할 때
>   2. 스프링클러설비등(캐비닛형 간이스프링클러설비는 [　　]한다)을 신설·개설하거나 방호·방수 구역을 증설할 때
>   3. 물분무등소화설비(호스릴 방식의 소화설비는 [　　]한다)를 신설·개설하거나 방호·방수 구역을 증설할 때
>   4. 옥외소화전설비를 신설·개설 또는 증설할 때
>   5. 자동화재[　　]를 신설 또는 개설할 때
>   5의2. 비상방송설비를 신설 또는 개설할 때
>   6. 통합감시시설을 신설 또는 개설할 때
>   7. 소화용수설비를 신설 또는 개설할 때
>   8. 다음 각 목에 따른 소화활동설비에 대하여 각 목에 따른 시공을 할 때
>   가. 제연설비를 신설·개설하거나 [　　]을 증설할 때
>   나. 연결송수관설비를 신설 또는 개설할 때
>   다. 연결살수설비를 신설·개설하거나 [　　]을 증설할 때
>   라. 비상콘센트설비를 신설·개설하거나 전용회로를 증설할 때
>   마. 무선통신보조설비를 신설 또는 개설할 때
>   바. 연소방지설비를 신설·개설하거나 [　　]을 증설할 때

---

11 ① 대통령령, 시공, 시·도지사
12 ② 2. 제외 3. 제외 5. 탐지설비 8. 가. 제연구역 다. 송수구역 바. 살수구역

② 관계인은 ①에 따라 [   ]를 지정하였을 때에는 [   ]으로 정하는 바에 따라 소방본부장이나 소방서장에게 신고하여야 한다. 공사감리자를 변경하였을 때에도 또한 같다.(법 제17조 제2항) 13
  ㉠ 신고기간: 관계인이 [   ]까지 소방공사감리자 [   ] 작성 후 신고한다.(규칙 제15조 제1항)
  ㉡ 변경신고: 관계인이 변경일부터 [ ]일 이내에 소방공사감리자 [   ] 작성 후 신고한다.(규칙 제15조 제2항)
  ㉢ 신고처리 기한: 소방본부장 또는 소방서장이 [ ]일 이내 통보(규칙 제15조 제3항)
③ 관계인이 ①에 따른 공사감리자를 변경하였을 때에는 새로 지정된 공사감리자와 종전의 공사감리자는 감리 업무 수행에 관한 사항과 관계 서류를 인수·인계하여야 한다.(법 제17조 제3항)
④ 소방본부장 또는 소방서장은 ②에 따른 공사감리자 지정신고 또는 변경신고를 받은 날부터 [ ]일 이내에 신고수리 여부를 신고인에게 통지하여야 한다.(법 제17조 제4항) 14
⑤ 소방본부장 또는 소방서장이 ④에서 정한 기간 내에 신고수리 여부 또는 민원 처리 관련 법령에 따른 처리기간의 연장을 신고인에게 통지하지 아니하면 그 기간(민원처리 관련 법령에 따라 처리기간이 연장 또는 재연장된 경우에는 해당 처리기간을 말한다)이 끝난 날의 다음 날에 신고를 수리한 것으로 본다.(법 제17조 제5항)

15
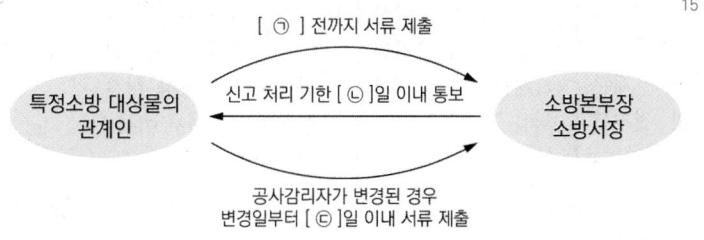

---
13 ② 공사감리자, 행정안전부령 ㉠ 착공 전, 지정신고서 ㉡ 30, 변경신고서 ㉢ 2
14 ④ 2
15 ㉠ 착공 ㉡ 2 ㉢ 30

08 감리원의 배치 등(법 제18조)

(1) 감리원의 배치 [16]

① 감리업자는 소방시설공사의 감리를 위하여 소속 감리원을 대통령령으로 정하는 바에 따라 [   ]에 배치하여야 한다.(법 제18조 제1항)

시행령 별표 4 [17]
【소방공사 감리원의 배치기준】

감리원의 배치기준		소방시설공사 현장의 기준
책임감리원	보조감리원	
가. 특급감리원 중 [ ]	[ ]감리원 이상의 소방공사 감리원 (기계분야 및 전기분야)	1) 연면적 [ ]m² 이상인 특정소방대상물의 공사 현장 2) 지하층을 [ ]한 층수가 [ ]층 이상인 특정소방대상물의 공사 현장
나. 특급감리원 이상의 소방공사 감리원(기계분야 및 전기분야)	[ ]감리원 이상의 소방공사 감리원 (기계분야 및 전기분야)	1) 연면적 [ ]m² 이상 [ ]m² 미만인 특정소방대상물(아파트는 [ ]한다)의 공사 현장 2) 지하층을 [ ]한 층수가 [ ]층 이상 [ ]층 미만인 특정소방대상물의 공사 현장
다. 고급감리원 이상의 소방공사 감리원(기계분야 및 전기분야)	[ ]감리원 이상의 소방공사 감리원 (기계분야 및 전기분야)	1) 물분무등소화설비(호스릴 방식의 소화설비는 [ ]한다) 또는 제연설비가 설치되는 특정소방대상물의 공사 현장 2) 연면적 [ ]m² 이상 [ ]m² 미만인 아파트의 공사 현장
라. 중급감리원 이상의 소방공사 감리원(기계분야 및 전기분야)		연면적 [ ]m² 이상 [ ]m² 미만인 특정소방대상물의 공사 현장
마. 초급감리원 이상의 소방공사 감리원(기계분야 및 전기분야)		1) 연면적 [ ]m² 미만인 특정소방대상물의 공사 현장 2) [ ]의 공사 현장

---

16 ① 소방시설공사 현장
17 가. 소방기술사, 초급, 1) 20만 2) 포함, 40층 / 나. 초급 1) 3만, 20만, 제외 2) 포함, 16, 40 / 다. 초급 1) 제외 2) 3만, 20만 / 라. 5천, 3만 / 마. 1) 5천 2) 지하구

② 세부배치 기준(규칙 제16조 제1항) [18]
  ㉠ 상주공사감리
    ⓐ 기계분야의 감리원 자격을 취득한 사람과 전기분야의 감리원 자격을 취득한 사람 각 [ ]명 이상을 감리원으로 배치할 것
    ⓑ 소방시설용 [   ](전선관을 포함한다)을 설치하거나 매립하는 때부터 [   ]를 발급받을 때까지 소방공사감리현장에 감리원을 배치할 것
  ㉡ 일반공사감리
    ⓐ 기계분야의 감리원 자격을 취득한 사람과 전기분야의 감리원 자격을 취득한 사람 각 [ ] 이상을 감리원으로 배치할 것. 다만, 기계분야 및 전기분야의 감리원 자격을 함께 취득한 사람이 있는 경우에는 그에 해당하는 사람 [ ] 이상을 배치할 수 있다.
    ⓑ 규칙 별표 3에 따른 기간 동안 감리원을 배치할 것
    ⓒ 감리원은 [   ] 이상 소방공사감리현장에 배치되어 감리할 것
    ⓓ 1명의 감리원이 담당하는 소방공사감리현장은 [ ] 이하(자동화재탐지설비 또는 옥내소화전설비 중 어느 하나만 설치하는 2개의 소방공사감리현장이 최단 차량주행거리로 [ ]킬로미터 이내에 있는 경우에는 1개의 소방공사감리현장으로 본다)로서 감리현장 연면적의 총 합계가 [   ]제곱미터 이하일 것. 다만, 일반공사감리 대상인 아파트의 경우에는 연면적의 합계에 관계없이 1명의 감리원이 [ ] 이내의 공사현장을 감리할 수 있다.

(2) 통보 [19]
  ① 감리업자는 감리원을 배치하였을 때에는 [   ]으로 정하는 바에 따라 소방본부장이나 소방서장에게 통보하여야 한다. 감리원의 배치를 변경하였을 때에도 또한 같다.(법 제18조 제2항)
    ㉠ 감리원배치통보 등(규칙 제17조 제1항)
      ⓐ 소방공사감리업자 → 소방공사감리현장에 배치하는 경우 → [ ] 이내에 소방본부장 또는 소방서장에게 알려야 한다.
      ⓑ 소방본부장 또는 소방서장 → 배치되는 감리원의 성명, 자격증 번호·등급, 감리현장의 명칭·소재지·면적 및 현장 배치기간을 소방시설업 종합정보시스템에 입력해야 한다.

---

18 ② ㉠ ⓐ 1 ⓑ 배관, 소방시설 완공검사증명서 ㉡ ⓐ 1명, 1명 ⓒ 주 1회 ⓓ 5개, 30, 10만, 5개
19 ① 행정안전부령 ㉠ ⓐ 7일

② 공사감리결과의 통보 등(법 제20조)
　㉠ 공사감리결과 통보자는 [　　　]이다.
　㉡ 통보시기는 소방공사의 감리를 [　　　]이다.
　㉢ 통보방법은 감리결과를 그 특정소방대상물의 [　　], 소방시설공사의 [　　　] 및 그 특정소방대상물의 공사를 감리한 [　　]에게 서면으로 알리고, [　　　　] 또는 [　　　]에게 공사감리결과보고서를 보고해야 한다.
　　(규칙 제19조)

(3) 위반 사항에 대한 조치 20
① [　　　]는 감리를 할 때 소방시설공사가 설계도서나 화재안전기준에 맞지 아니할 때에는 [　　　]에게 알리고, [　　　　]에게 그 공사의 시정 또는 보완 등을 요구하여야 한다.(법 제19조 제1항)
② [　　　]가 ①에 따른 요구를 받았을 때에는 그 요구에 따라야 한다. (법 제19조 제2항)
③ 감리업자는 공사업자가 ①에 따른 요구를 이행하지 아니하고 그 공사를 계속할 때에는 [　　　　　]으로 정하는 바에 따라 소방본부장이나 소방서장에게 그 사실을 보고하여야 한다.(법 제19조 제3항)
④ [　　　]은 감리업자가 ③에 따라 소방본부장이나 소방서장에게 보고한 것을 이유로 감리계약을 해지하거나 감리의 대가 지급을 거부하거나 지연시키거나 그 밖의 불이익을 주어서는 아니 된다.(법 제19조 제4항)

09 방염(법 제20조의2) 21

[　　　　　]는 「소방시설 설치 및 관리에 관한 법률」 제20조 제3항에 따른 방염성능기준 이상이 되도록 방염을 하여야 한다.(법 제20조의2)

---

② ㉠ 감리업자 ㉡ 완료한 때 ㉢ 관계인, 도급인, 건축사, 소방본부장, 소방서장
20 ① 감리업자, 관계인, 공사업자 ② 공사업자 ③ 행정안전부령 ④ 관계인
21 방염처리업자

10 방염처리능력 평가 및 공시(법 제20조의3) [22]

① [   ]은 방염처리업자의 방염처리능력 평가 요청이 있는 경우 해당 방염처리업자의 방염처리 실적 등에 따라 방염처리능력을 평가하여 공시할 수 있다.

② ① 따른 평가를 받으려는 방염처리업자는 전년도 방염처리 실적이나 그 밖에 행정안전부령으로 정하는 서류를 [   ]에게 제출하여야 한다.

③ ① 및 ②에 따른 방염처리능력 평가신청 절차, 평가방법 및 공시방법 등에 필요한 사항은 행정안전부령으로 정한다.

11 소방시설공사등의 도급(법 제21조)

(1) 소방시설공사등의 도급 [23]

① 특정소방대상물의 [   ] 또는 [   ]는 소방시설공사등을 도급할 때에는 해당 소방시설업자에게 도급하여야 한다.(법 제21조 제1항)

② [   ]는 다른 업종의 공사와 [   ]하여 도급하여야 한다. 다만, 공사의 성질상 또는 기술관리상 분리하여 도급하는 것이 곤란한 경우로서 [   ]으로 정하는 경우에는 다른 업종의 공사와 분리하지 아니하고 도급할 수 있다.(법 제21조 제2항)

㉠ 소방시설공사 분리 도급의 예외(시행령 제11조의2)
ⓐ 「재난 및 안전관리 기본법」에 따른 [   ]의 발생으로 긴급하게 착공해야 하는 공사인 경우
ⓑ 국방 및 국가안보 등과 관련하여 [   ]을 유지해야 하는 공사인 경우
ⓒ [   ] 대상인 소방시설공사에 해당하지 않는 공사인 경우
ⓓ 연면적이 [   ]제곱미터 이하인 특정소방대상물에 [   ]를 설치하는 공사인 경우
ⓔ 다음 각 목의 어느 하나에 해당하는 입찰로 시행되는 공사인 경우
가. 「국가를 당사자로 하는 계약에 관한 법률 시행령」 및 「지방자치단체를 당사자로 하는 계약에 관한 법률 시행령」에 따른 [   ] 또는 [   ]
나. 「국가를 당사자로 하는 계약에 관한 법률 시행령」 및 「지방자치단체를 당사자로 하는 계약에 관한 법률 시행령」에 따른 [   ] 기술제안입찰 또는 [   ] 기술제안입찰

---

22 ① 소방청장 ② 소방청장
23 ① 관계인, 발주자
② 소방시설공사, 분리, 대통령령
㉠ ⓐ 재난 ⓑ 기밀 ⓒ 착공신고 ⓓ 1천, 비상경보설비
ⓔ 가. 대안입찰, 일괄입찰 나. 실시설계, 기본설계

ⓕ 「국가첨단전략산업 경쟁력 강화 및 보호에 관한 특별조치법」에 따른 국가첨단전략기술 관련 연구시설·개발시설 또는 그 기술을 이용하여 제품을 생산하는 시설 공사인 경우

ⓖ 그 밖에 국가유산수리 및 재개발·재건축 등의 공사로서 공사의 성질상 분리하여 도급하는 것이 곤란하다고 [   ]이 인정하는 경우

(2) 임금에 대한 압류의 금지 24

① [   ]가 도급받은 [   ]의 도급금액 중 그 공사(하도급한 공사를 [   ]한다)의 근로자에게 지급하여야 할 임금에 해당하는 금액은 압류할 수 없다. (법 제21조의2 제1항)

② 임금에 해당하는 금액의 범위와 산정방법은 [   ]으로 정한다.(법 제21조의2 제2항)

(3) 도급의 원칙 등 25

① 소방시설공사등의 도급 또는 하도급의 계약당사자는 서로 대등한 입장에서 합의에 따라 공정하게 계약을 체결하고, 신의에 따라 성실하게 계약을 이행하여야 한다. (법 제21조의3 제1항)

② 소방시설공사등의 도급 또는 하도급의 계약당사자는 그 계약을 체결할 때 도급 또는 하도급 [   ], [   ], 그 밖에 [   ]으로 정하는 사항을 계약서에 분명히 밝혀야 하며, 서명날인 한 계약서를 서로 내주고 보관하여야 한다.(법 제21조의3 제2항)

③ 수급인은 [   ]에게 하도급과 관련하여 자재구입처의 지정 등 하수급인에게 불리하다고 인정되는 행위를 강요하여서는 아니 된다.(법 제21조의3 제3항)

④ 도급을 받은 자가 해당 소방시설공사등을 하도급 할 때에는 [   ]으로 정하는 바에 따라 미리 관계인과 발주자에게 알려야 한다. 하수급인을 변경하거나 하도급 계약을 해지할 때에도 또한 같다.(법 제21조의3 제4항)

⑤ 하도급에 관하여 이 법에서 규정하는 것을 제외하고는 그 성질에 반하지 아니하는 범위에서 「하도급거래 공정화에 관한 법률」의 해당 규정을 준용한다.(법 제21조의3 제5항)

ⓖ 소방청장
24 ① 공사업자, 소방시설공사, 포함 ② 대통령령
25 ② 금액, 공사기간, 대통령령 ③ 하수급인 ④ 행정안전부령

(4) 공사대금의 지급보증 등 [26]

① 수급인이 국가, 지방자치단체 또는 대통령령으로 정하는 공공기관 외의 자가 발주하는 공사를 도급받은 경우로서 수급인이 발주자에게 계약의 이행을 보증하는 때에는 발주자도 수급인에게 공사대금의 지급을 보증하거나 담보를 제공하여야 한다.(법 제21조의4 제1항)

㉠ 대통령령으로 정하는 공공기관(영 제11조의5)
ⓐ 「공공기관의 운영에 관한 법률」에 따른 공기업 및 준정부기관
ⓑ 「지방공기업법」에 따른 지방공사 및 지방공단

㉡ 발주자가 수급인에게 공사대금의 지급을 보증하거나 담보를 제공해야 하는 금액 방법(규칙 제20조의2 제1항)
ⓐ 공사기간이 [ ]개월 이내인 경우: 도급금액에서 계약상 선급금을 제외한 금액
ⓑ 공사기간이 4개월을 [ ]하는 경우로서 기성부분에 대한 대가를 지급하지 않기로 약정하거나 그 대가의 지급주기가 [ ]개월 이내인 경우:

$$\frac{도급금액 - 계약상 선급금}{공사기간(월)} \times 4$$

ⓒ 공사기간이 4개월을 초과하는 경우로서 기성부분에 대한 대가의 지급주기가 [ ]개월을 초과하는 경우:

$$\frac{도급금액 - 계약상 선급금}{공사기간(월)} \times 기성부분에 대한 대가의 지급주기(월수) \times 2$$

㉢ 공사대금의 지급 보증 또는 담보의 제공은 수급인이 발주자에게 계약의 이행을 보증한 날부터 [   ]에 해야 한다.(규칙 제20조의2 제2항)

㉣ 공사대금의 지급 보증은 [   ](체신관서 또는 「은행법」에 따른 은행이 발행한 자기앞수표를 포함한다)의 지급 또는 다음 각 호의 기관이 발행하는 보증서의 교부에 따른다.(규칙 제20조의2 제3항)
ⓐ 「소방산업의 진흥에 관한 법률」에 따른 [   ]
ⓑ 「보험업법」에 따른 보험회사
ⓒ 「신용보증기금법」에 따른 신용보증기금
ⓓ 「은행법」에 따른 은행
ⓔ 「주택도시기금법」에 따른 [   ]

② 발주자는 공사대금의 지급보증 또는 담보 제공을 하기 곤란한 경우에는 수급인이 그에 상응하는 보험 또는 공제에 가입할 수 있도록 계약의 이행보증을 받은 날부터 [   ]에 보험료 또는 공제료를 지급하여야 한다.(법 제21조의4 제1항)

---

26 ① ㉡ ⓐ 4 ⓑ 초과, 2 ⓒ 2 ㉢ 30일 이내 ㉣ 현금 ⓐ 소방산업공제조합 ⓔ 주택도시보증공사
② 30일 이내

③ 발주자 및 수급인은 계약이행의 보증이나 공사대금의 지급보증, 담보의 제공 또는 보험료등의 지급을 아니 할 수 있는 경우(법 제21조의4 제2항)
  ㉠ 공사 [ ]건의 도급금액이 [   ]인 [   ] 소방시설공사
    (영 제11조의6 제1호)
  ㉡ 공사기간이 [   ]인 [   ]의 소방시설공사(영 제11조의6 제2호)

④ 발주자가 공사대금의 지급보증, 담보의 제공 또는 보험료등의 지급을 하지 아니한 때에는 수급인은 [   ] 기간을 정하여 발주자에게 그 이행을 촉구하고 공사를 중지할 수 있다. 발주자가 촉구한 기간 내에 그 이행을 하지 아니한 때에는 수급인은 도급계약을 해지할 수 있다.(법 제21조의4 제3항)

⑤ 수급인이 공사를 중지하거나 도급계약을 해지한 경우에는 발주자는 수급인에게 공사중지나 도급계약의 해지에 따라 발생하는 [   ]을 청구하지 못한다.
(법 제21조의4 제4항)

⑥ 공사대금의 지급보증, 담보의 제공 또는 보험료등의 지급 방법이나 절차 및 촉구의 방법 등에 필요한 사항은 [   ]으로 정한다.(법 제21조의4 제5항)

(5) 부정한 청탁에 의한 재물 등의 취득 및 제공 금지 [27]

① 발주자·수급인·하수급인(발주자, 수급인 또는 하수급인이 법인인 경우 해당 법인의 임원 또는 직원을 포함한다) 또는 [   ]은 도급계약의 체결 또는 소방시설공사 등의 시공 및 수행과 관련하여 부정한 청탁을 받고 재물 또는 재산상의 이익을 취득하거나 부정한 청탁을 하면서 재물 또는 재산상의 이익을 제공하여서는 아니 된다.
(법 제21조의5 제1항)

② 국가, 지방자치단체 또는 대통령령으로 정하는 공공기관이 발주한 소방시설공사등의 업체 선정에 심사위원으로 참여한 사람은 그 직무와 관련하여 부정한 청탁을 받고 [   ]을 취득하여서는 아니 된다.(법 제21조의5 제2항)

③ 국가, 지방자치단체 또는 대통령령으로 정하는 공공기관이 발주한 소방시설공사등의 업체 선정에 참여한 법인, 해당 법인의 대표자, 상업사용인, 그 밖의 임원 또는 직원은 그 직무와 관련하여 부정한 청탁을 받고 재물 또는 재산상의 이익을 취득하거나 부정한 청탁을 하면서 재물 또는 재산상의 이익을 제공하여서는 아니 된다.(법 제21조의5 제3항)

---

③ ㉠ 1, 1천만 원 미만, 소규모 ㉡ 3개월 이내, 단기 ④ 10일 이내 ⑤ 손해배상 ⑥ 행정안전부령
[27] ① 이해관계인, ② 재물 또는 재산상의 이익

(6) 위반사실의 통보 [28]

국가, 지방자치단체 또는 대통령령으로 정하는 공공기관은 소방시설업자가 (5)를 위반한 사실을 발견하면 시·도지사가 그 등록을 취소하거나 [   ] 이내의 기간을 정하여 그 영업의 정지를 명할 수 있도록 그 사실을 [   ]에게 통보하여야 한다.(법 제21조의6)

(7) 하도급의 제한 [29]

① 원칙: 도급을 받은 자는 소방시설의 설계, 시공, 감리를 제3자에게 하도급 할 수 [   ]. (법 제22조 제1항)

② 예외: 시공의 경우에는 대통령령으로 정하는 바에 따라 도급받은 소방시설공사의 일부를 다른 공사업자에게 하도급할 수 [   ].(법 제22조 제1항)

   ㉠ 소방시설공사의 시공을 하도급 할 수 있는 경우(영 제12조 제1항)

      ⓐ 주택법 제4조의 규정에 의한 [   ]

      ⓑ 건설산업기본법 제9조의 규정에 의한 [   ]

      ⓒ 전기공사업법 제4조의 규정에 의한 [   ]

      ⓓ 정보통신공사업법 제14조의 규정에 의한 [   ]

   ㉡ 공사업자가 ②에 따라 다른 공사업자에게 그 일부를 하도급 할 수 있는 소방시설공사는 소방시설공사의 [   ](신설하는 공사)의 소방설비 중 하나 이상의 소방설비를 설치하는 공사로 한다.(영 제12조 제1항)

③ 하수급인은 ②에 따라 하도급 받은 소방시설공사를 제3자에게 다시 하도급 할 수 [   ]. (법 제22조 제2항)

---

28 6개월, 시·도지사
29 ① 없다
   ② 있다 ㉠ ⓐ 주택건설사업 ⓑ 건설업 ⓒ 전기공사업 ⓓ 정보통신공사업 ㉡ 착공신고 대상
   ③ 없다

(8) 하도급계약의 적정성 심사 등 [30]

① 적정성 등을 심사할 수 있는 경우
[　　]는 다음의 경우에는 하수급인의 시공 및 수행능력, 하도급계약 내용의 적정성 등을 심사할 수 있다.(법 제22조의2 제1항)
㉠ 계약내용을 수행하기에 현저하게 [　　]하다고 인정
㉡ 도급계약금액이 대통령령으로 정하는 비율에 따른 금액에 미달하는 경우
ⓐ 하도급계약금액이 도급금액 중 하도급부분에 상당하는 금액의 [　　]에 해당하는 금액에 미달하는 경우
ⓑ 하도급계약금액이 소방시설공사등에 대한 발주자의 예정가격의 [　　]에 해당하는 금액에 미달하는 경우

② 적정성 심사를 실시하여야 하는 경우
①의 경우(적정성 등을 심사할 수 있는 경우) [　　　　　　] 또는 대통령령으로 정하는 [　　](공기업 및 준정부기관, 지방공사 및 지방공단)이 발주자인 때에는 적정성 심사를 실시하여야 한다.(법 제22조의2 제1항)

③ 발주자는 ①에 따라 심사한 결과 하수급인의 시공 및 수행능력 또는 하도급계약 내용이 적정하지 아니한 경우에는 그 사유를 분명하게 밝혀 수급인에게 하수급인 또는 하도급계약 내용의 변경을 요구할 수 있다. 이 경우 ②에 따라 적정성 심사를 하였을 때에는 하수급인 또는 하도급계약 내용의 변경을 요구하여야 한다.(법 제22조의2 제2항)

④ [　　]는 수급인이 정당한 사유 없이 ③에 따른 요구에 따르지 아니하여 공사 등의 결과에 중대한 영향을 끼칠 우려가 있는 경우에는 해당 소방시설공사등의 도급계약을 해지할 수 있다.(법 제22조의2 제3항)

⑤ 발주자는 하수급인의 시공 및 수행능력, 하도급계약 내용의 적정성 등을 심사하기 위하여 [　　　　　　]를 두어야 한다.(법 제22조의2 제4항)

---

30 ① 발주자 ㉠ 부적당 ㉡ ⓐ 100분의 82 ⓑ 100분의 60
② 국가, 지방자치단체 / 공공기관
④ 발주자
⑤ 하도급계약심사위원회

⑥ 하도급계약의 적정성 심사기준, 하수급인 또는 하도급계약 내용의 변경 요구 절차, 그 밖에 필요한 사항 및 하도급계약심사위원회의 설치·구성 및 심사방법 등에 관하여 필요한 사항은 대통령령으로 정한다.(법 제22조의2 제5항)
　㉠ 하도급계약심사위원회의 구성 및 운영(영 제12조의3)
　　　ⓐ 하도급계약심사위원회는 위원장 1명과 부위원장 1명을 포함하여 [　]명 이내의 위원으로 구성한다.
　　　ⓑ 위원회의 위원장 : [　　　　　](발주기관이 특별시·광역시·특별자치시·도 및 특별자치도인 경우에는 해당 기관 소속 2급 또는 3급 공무원 중에서, 발주기관이 공공기관인 경우에는 1급 이상 임직원 중에서 발주기관의 장이 지명하는 사람을 각각 말한다)
　　　ⓒ 부위원장과 위원 : 다음 각 호의 어느 하나에 해당하는 사람 중에서 위원장이 임명하거나 성별을 고려하여 위촉한다.
　　　　1. 해당 발주기관의 [　]급 이상 공무원(공공기관의 경우에는 2급 이상의 임직원을 말한다)
　　　　2. 소방 분야 연구기관의 [　　]급 이상인 사람
　　　　3. 소방 분야의 [　]학위를 취득하고 그 분야에서 3년 이상 연구 또는 실무경험이 있는 사람
　　　　4. 대학(소방 분야로 한정한다)의 [　　] 이상인 사람
　　　　5. 「국가기술자격법」에 따른 소방기술사 자격을 취득한 사람
　　　ⓓ ⓒ의 제2호부터 제5호까지의 규정에 해당하는 위원의 임기는 [　]년으로 하며, 한 차례만 연임할 수 있다.
　　　ⓔ 위원회의 회의는 재적위원 과반수의 출석으로 개의(開議)하고, 출석위원 과반수의 찬성으로 의결한다.
　　　ⓕ ⓐ부터 ⓔ까지에서 규정한 사항 외에 위원회의 운영에 필요한 사항은 위원회의 의결을 거쳐 위원장이 정한다.
⑦ 발주자는 하수급인 또는 하도급계약 내용의 변경을 요구하려는 경우에는 하도급에 관한 사항을 통보받은 날 또는 그 사유가 있음을 안 날부터 [　]일 이내에 [　]으로 하여야 한다.(영 제12조의2 제4항)

---

⑥ ㉠ ⓐ 10 ⓑ 발주기관의 장 ⓒ 1. 과장 2. 연구위원 3. 박사 4. 조교수 ⓓ 3
⑦ 30, 서면

(9) 하도급대금의 지급 등 [31]

① 수급인은 발주자로부터 도급받은 소방시설공사등에 대한 준공금을 받은 경우에는 하도급대금의 전부를, 기성금을 받은 경우에는 하수급인이 시공하거나 수행한 부분에 상당한 금액을 각각 지급받은 날부터 [ ]에 하수급인에게 현금으로 지급하여야 한다.(법 제22조의3 제1항)

② 수급인은 발주자로부터 선급금을 받은 경우에는 하수급인이 자재의 구입, 현장근로자의 고용, 그 밖에 하도급 공사 등을 시작할 수 있도록 그가 받은 선급금의 내용과 비율에 따라 하수급인에게 선금을 받은 날부터 [ ]에 선급금을 지급하여야 한다. 이 경우 수급인은 하수급인이 선급금을 반환하여야 할 경우에 대비하여 하수급인에게 보증을 요구할 수 있다.(법 제22조의3 제2항)

③ 수급인은 하도급을 한 후 설계변경 또는 물가변동 등의 사정으로 도급금액이 조정되는 경우에는 조정된 금액과 비율에 따라 하수급인에게 하도급 금액을 증액하거나 감액하여 지급할 수 있다.(법 제22조의3 제3항)

(10) 하도급계약 자료의 공개 [32]

① 국가·지방자치단체 또는 대통령령으로 정하는 공공기관이 발주하는 소방시설공사등을 하도급 한 경우 해당 발주자는 다음 각 호의 사항을 누구나 볼 수 있는 방법으로 공개하여야 한다.(법 제22조의4 제1항)

㉠ 소방시설공사등의 하도급계약 자료의 공개는 하도급에 관한 사항을 통보받은 날부터 [ ]일 이내에 해당 소방시설공사등을 발주한 기관의 [ ]에 게재하는 방법으로 하여야 한다.(영 제12조의5 제2항)

㉡ 소방시설공사등의 하도급계약 자료의 공개대상 계약규모: 하도급계약금액이 [ ] 이상인 경우로 한다.(영 제12조의5 제3항)

㉢ 하도급계약금액: 하수급인의 하도급금액 산출내역서의 계약단가(직접·간접 노무비, 재료비 및 경비를 포함한다)를 기준으로 산출한 금액에 일반관리비, 이윤 및 부가가치세를 포함한 금액을 말하며, 수급인이 하수급인에게 직접 지급하는 자재의 비용 등 관계 법령에 따라 수급인이 부담하는 금액은 제외한다.

② ①에 따른 하도급계약 자료의 공개와 관련된 절차 및 방법, 공개대상 계약규모 등에 관하여 필요한 사항은 대통령령으로 정한다.(법 제22조의4 제2항)

---

31 ① 15일 이내 ② 15일 이내
32 ① ㉠ 30, 인터넷 홈페이지 ㉡ 1천만 원

(11) 도급계약의 해지 [33]

① 특정소방대상물의 관계인 또는 발주자는 해당 도급계약의 수급인이 다음 각 호의 어느 하나에 해당하는 경우에는 도급계약을 해지할 수 있다.(법 제23조)
　㉠ 소방시설업이 [　　　　]되거나 [　　　　]된 경우
　㉡ 소방시설업을 [　　　]하거나 [　　　]한 경우
　㉢ 정당한 사유 없이 [　　　　] 소방시설공사를 계속하지 아니하는 경우
　㉣ 하도급계약 내용의 변경 요구에 정당한 사유 없이 따르지 아니하는 경우

12 공사업자의 감리제한(법 제24조) [34]

(1) 감리제한
① [　　　]와 [　　　]가 같은 자인 경우
② 「독점규제 및 공정거래에 관한 법률」 제2조 제11호에 따른 [　　　　]의 관계인 경우
③ 법인과 그 법인의 [　　　]의 관계인 경우
④ 공사업자와 감리업자가 「민법」 제777조에 따른 [　　　　]인 경우

13 소방 기술용역의 대가 기준(법 제25조) [35]

소방시설공사의 설계와 감리에 관한 약정을 할 때 그 대가는 「엔지니어링산업 진흥법」 제31조에 따른 엔지니어링사업의 대가 기준 가운데 [　　　　]으로 정하는 방식에 따라 산정한다.

① 소방시설설계의 대가 : 통신부문에 적용하는 [　　　　]에 따른 방식
② 소방공사감리의 대가 : [　　　　]방식

---

33 ① ㉠ 등록취소, 영업정지 ㉡ 휴업, 폐업 ㉢ 30일 이상
34 (1) ① 공사업자, 감리업자 ② 기업집단 ③ 임직원 ④ 친족관계
35 행정안전부령 ① 공사비 요율 ② 실비정액 가산

14 시공능력 평가 및 공시(법 제26조) [36]

(1) 시공능력 평가 및 공시
① [　　　]은 관계인 또는 발주자가 적절한 공사업자를 선정할 수 있도록 하기 위하여 공사업자의 [　　]이 있으면 그 [　　　]의 소방시설공사 실적, 자본금 등에 따라 시공능력을 평가하여 공시[　　　].(법 제26조 제1항)
② 평가항목
　㉠ 실적평가액 ㉡ 자본금평가액 ㉢ 기술력평가액 ㉣ 경력평가액 ㉤ 신인도평가액

15 설계·감리업자의 선정(법 제26조의2) [37]

① [　　　　　　　] 또는 대통령령으로 정하는 공공기관(공기업 및 준정부기관, 지방공사 및 지방공단)은 그가 발주하는 소방시설의 설계·공사 감리 용역 중 소방청장이 정하여 고시하는 금액 이상의 사업에 대하여는 대통령령으로 정하는 바에 따라 집행 계획을 작성하여 공고하여야 한다.(법 제26조의2 제1항 전단)
　㉠ 집행 계획의 내용(영 제12조의7 제1항)
　　ⓐ 설계·공사 감리 [　　]
　　ⓑ 설계·공사 감리 용역사업 시행 기관명
　　ⓒ 설계·공사 감리 용역사업의 주요 내용
　　ⓓ 총사업비 및 해당 연도 [　　　]
　　ⓔ 입찰 예정시기
　　ⓕ 그 밖에 입찰 참가에 필요한 사항
　㉡ 집행 계획의 공고는 입찰공고와 함께 할 수 있다.(영 제12조의7 제2항)
② 공고된 사업을 하려면 기술능력, 경영능력, 그 밖에 대통령령으로 정하는 사업수행능력 평가기준에 적합한 설계·감리업자를 선정하여야 한다.(법 제26조의2 제1항 후단)
③ ① 및 ②에 따른 설계·감리업자의 선정 절차 등에 필요한 사항은 대통령령으로 정한다.(법 제26조의2 제3항)
　㉠ 사업수행능력 평가기준(영 제12조의8 제1항)
　　ⓐ 참여하는 소방기술자의 [　　　]
　　ⓑ 입찰참가 제한, 영업정지 등의 처분 유무 또는 재정상태 건실도 등에 따라 평가한 신용도

---

36 (1) ① 소방청장, 신청, 공사업자, 할 수 있다
37 ① 국가, 지방자치단체 ㉠ ⓐ 용역명 ⓓ 예산 규모
　③ ㉠ ⓐ 실적 및 경력

ⓒ 기술개발 및 투자 실적
ⓓ 참여하는 소방기술자의 업무 [　　]
ⓔ 그 밖에 행정안전부령으로 정하는 사항
ⓛ 국가, 지방자치단체 또는 공공기관(공기업 및 준정부기관, 지방공사 및 지방공단)("국가등")은 공고된 소방시설의 설계·공사감리 용역을 발주하는 경우(시·도지사가 감리업자를 선정하기 위하여 모집공고를 하는 경우를 포함한다)에는 입찰에 참가하려는 자를 사업수행능력 평가기준에 따라 평가하여 입찰에 참가할 자를 선정해야 한다.(영 제12조의8 제2항)
ⓒ 국가등이 소방시설의 설계·공사감리 용역을 발주할 때 특별히 기술이 뛰어난 자를 낙찰자로 선정하려는 경우에는 선정된 입찰에 참가할 자에게 기술과 가격을 분리하여 입찰하게 하여 기술능력을 우선적으로 평가한 후 기술능력 평가점수가 [　　] 업체의 순서로 협상하여 낙찰자를 선정할 수 있다.(영 제12조의8 제3항)
ⓔ ㉠부터 ㉢까지의 규정에 따른 사업수행능력 평가의 세부 기준 및 방법, 기술능력 평가 기준 및 방법, 협상 방법 등 설계·감리업자의 선정에 필요한 세부적인 사항은 행정안전부령으로 정한다.(영 제12조의8 제4항)
　ⓐ [　　　]은 설계업자 또는 감리업자가 사업수행능력을 평가받을 때 제출하는 서류 등의 표준서식을 정하여 국가등이 이를 이용하게 할 수 있다.(규칙 제23조의2 제2항)
　ⓑ [　　　　　　　]는 그가 수행하거나 수행한 설계용역 또는 공사감리용역의 실적관리를 위하여 협회에 설계용역 또는 공사감리용역의 실적 현황을 제출할 수 있다.(규칙 제23조의2 제3항)
　ⓒ [　　]는 설계용역 또는 공사감리용역의 현황을 접수받았을 때에는 그 내용을 기록·관리하여야 하며, 설계업자 또는 감리업자가 요청하면 설계용역 수행현황확인서 또는 공사감리용역 수행현황확인서를 발급하여야 한다.(규칙 제23조의2 제4항)
　ⓓ [　　]는 설계용역 또는 공사감리용역의 기록·관리를 하는 경우나 설계용역 수행현황확인서, 공사감리용역 수행현황확인서를 발급할 때에는 그 신청인으로부터 실비(實費)의 범위에서 소방청장의 승인을 받아 정한 수수료를 받을 수 있다.(규칙 제23조의2 제5항)

ⓓ 중첩도 ⓒ 높은 ⓔ ⓐ 소방청장 ⓑ 설계업자 및 감리업자 ⓒ 협회 ⓓ 협회

④ [　　　　　　　　　　　　]가 「주택법」에 따라 주택건설사업계획을 승인하거나 특별자치시장, 특별자치도지사, 시장, 군수 또는 자치구의 구청장이 「도시 및 주거환경정비법」에 따라 사업시행계획을 인가할 때에는 그 주택건설공사에서 소방시설공사의 감리를 할 감리업자를 사업수행능력 평가기준에 따라 선정하여야 한다. 이 경우 감리업자를 선정하는 주택건설공사의 규모 및 대상 등에 관하여 필요한 사항은 대통령령으로 정한다. (법 제26조의2 제2항)

㉠ 시·도지사가 감리업자를 선정해야 하는 주택건설공사의 규모 및 대상은 「주택법」에 따른 공동주택(기숙사는 제외한다)으로서 [　　]세대 이상인 것으로 한다. (영 제12조의9 제1항)

㉡ 시·도지사는 감리업자를 선정하려는 경우에는 주택건설사업계획을 승인한 날부터 [　　]일 이내에 다른 공사와는 별도로 소방시설공사의 감리를 할 감리업자의 모집공고를 해야 한다. (영 제12조의9 제2항)

㉢ 시·도지사는 ㉡에도 불구하고 「주택법 시행령」에 따른 공사 착수기간의 연장 등 부득이한 사유가 있어 사업주체가 요청하는 경우에는 그 사유가 없어진 날부터 [　　]일 이내에 모집공고를 할 수 있다. (영 제12조의9 제3항)

㉣ 모집공고 포함 내용(영 제12조의9 제4항)
　ⓐ [　　　　　]
　ⓑ 낙찰자 [　　　　　]
　ⓒ 사업내용 및 제출서류
　ⓓ 감리원 응모자격 기준시점(신청접수 마감일을 원칙으로 한다)
　ⓔ 감리업자 실적과 감리원 경력의 기준시점(모집공고일을 원칙으로 한다)
　ⓕ 입찰의 전자적 처리에 관한 사항
　ⓖ 그 밖에 감리업자 모집에 필요한 사항

㉤ 모집공고는 [　　　　]에 싣거나 해당 특별시·광역시·특별자치시·도 또는 특별자치도의 [　　　　　　　　　　]에 [　　]일 이상 게시하는 등의 방법으로 한다. (영 제12조의9 제5항)

④ 시·도지사 또는 시장·군수
㉠ 300 ㉡ 7 ㉢ 7 ㉣ ⓐ 접수기간 ⓑ 결정방법 ㉤ 일간신문, 게시판과 인터넷 홈페이지, 7

16 소방시설업 종합정보시스템의 구축 등(법 제26조의3) [38]

① [   ]은 다음 각 호의 정보를 종합적이고 체계적으로 관리·제공하기 위하여 소방시설업 종합정보시스템을 구축·운영[   ].(법 제26조의3 제1항)
  ㉠ 소방시설업자의 자본금·기술인력 보유 현황, 소방시설공사등 수행상황, 행정처분 사항 등 소방시설업자에 관한 정보
  ㉡ 소방시설공사등의 착공 및 완공에 관한 사항, [   ] 및 [   ]의 배치 현황 등 소방시설공사등과 관련된 정보

② 소방청장은 ①에 따른 정보의 종합관리를 위하여 소방시설업자, 발주자, 관련 기관 및 단체 등에게 필요한 자료의 제출을 요청할 수 있다. 이 경우 요청을 받은 자는 특별한 사유가 없으면 이에 따라야 한다.(법 제26조의3 제2항)

③ 소방청장은 ①에 따른 정보를 필요로 하는 관련 기관 또는 단체에 해당 정보를 제공할 수 있다.(법 제26조의3 제3항)

④ ①에 따른 소방시설업 종합정보시스템의 구축 및 운영 등에 필요한 사항은 [   ]으로 정한다.(법 제26조의3 제4항)

---

38 ① 소방청장, 할 수 있다 ㉡ 소방기술자, 감리원 ④ 행정안전부령

Chapter 04 소방기술자

01 소방기술자의 의무(법 제27조) [1]

(1) 소방기술자의 의무
- ① 성실한 업무수행의무(법 제27조 제1항)
- ② 자격증(소방기술 인정 [   ], 소방기술자 [   ]을 말함) 대여 금지 (법 제27조 제2항)
- ③ 소방기술자의 [   ] 금지(법 제27조 제3항)

02 소방기술경력 등의 인정(법 제28조)

(1) 소방기술경력 등의 인정 [2]
- ① [   ]은 소방기술의 효율적인 활용과 소방기술의 향상을 위하여 소방기술과 관련된 자격·학력 및 경력을 가진 사람을 소방기술자로 인정할 수 있다.(법 제28조 제1항)
- ② 소방청장은 자격·학력 및 경력을 인정받은 사람에게 소방기술 인정 자격수첩과 경력수첩을 발급[   ].(법 제28조 제2항)
- ③ 소방기술과 관련된 자격·학력 및 경력의 인정 범위와 자격수첩 및 경력수첩의 발급 절차 등에 관하여 필요한 사항은 [   ]으로 정한다.(법 제28조 제3항)
- ④ 소방청장은 행정안전부령으로 정하는 바에 따라 그 자격을 취소하거나 [   ] 이상 [   ] 이하의 기간을 정하여 그 자격을 [   ]시킬 수 있다. 다만, ㉠과 ㉡에 해당하는 경우에는 그 자격을 [   ]하여야 한다.(법 제28조 제4항)
  - ㉠ [   ]이나 그 밖의 [   ]한 방법으로 자격수첩 또는 경력수첩을 발급받은 경우
  - ㉡ 자격수첩 또는 경력수첩을 다른 사람에게 [   ] 경우
  - ㉢ 동시에 둘 이상의 업체에 취업한 경우
  - ㉣ 이 법 또는 이 법에 따른 명령을 위반한 경우
- ⑤ ④에 따라 자격이 취소된 사람은 [   ]부터 [   ]간 자격수첩 또는 경력수첩을 발급받을 수 없다.(법 제28조 제5항)

---

1 ② 자격수첩, 경력수첩 ③ 이중 취업
2 ① 소방청장 ② 할 수 있다 ③ 행정안전부령 ④ 6개월, 2년, 정지, 취소 ㉠ 거짓, 부정 ㉡ 빌려준
   ⑤ 취소된 날, 2년

시행규칙 별표 4의2
【소방기술과 관련된 자격·학력 및 경력의 인정 범위】
※ 소방기술자 경력수첩의 자격 구분 ※ ("↑" = 이상 소방 관련 업무를 수행한 사람)

가. 소방기술자의 기술등급
 1) 기술자격에 따른 기술등급

구 분	기계분야	전기분야
특급 기술자 3	• 소방기술사 • 소방시설관리사 - [　] ↑ • 건축사, 건축기계설비기술사, 건설기계기술사, 공조냉동기계기술사, 화공기술사, 가스기술사 - 5년↑ • 소방설비기사 기계분야 - [　] ↑ • 소방설비산업기사 기계분야 - 11년↑ • 건축기사, 건축설비기사, 건설기계설비기사, 일반기계기사, 공조냉동기계기사, 화공기사, 가스기능장, 가스기사, 산업안전기사, 위험물기능장 - [　] ↑	• 건축전기설비기술사 - 5년↑ • 소방설비기사 전기분야 - [　] ↑ • 소방설비산업기사 전기분야 - 11년↑ • 전기기능장, 전기기사, 전기공사기사 - [　] ↑
고급 기술자 4	• 소방시설관리사 • 건축사, 건축기계설비기술사, 건설기계기술사, 공조냉동기계기술사, 화공기술사, 가스기술사 - [　] ↑ • 소방설비기사 기계분야의 자격 - 5년↑ • 소방설비산업기사 기계분야 - [　] ↑ • 건축기사, 건축설비기사, 건설기계설비기사, 일반기계기사, 공조냉동기계기사, 화공기사, 가스기능장, 가스기사, 산업안전기사, 위험물기능장 - 11년↑ • 건축산업기사, 건축설비산업기사, 건설기계설비산업기사, 공조냉동기계산업기사, 화공산업기사, 가스산업기사, 산업안전산업기사, 위험물산업기사 - [　] ↑	• 건축전기설비기술사 - [　] ↑ • 소방설비기사 전기분야 - 5년↑ • 소방설비산업기사 전기분야 - [　] ↑ • 전기기능장, 전기기사, 전기공사기사 - 11년↑ • 전기산업기사, 전기공사산업기사 - [　] ↑

---
3 5년 / 8년, 13년 / 8년, 13년
4 3년, 8년, 13년 / 3년, 8년, 13년

구분		
중급 기술자 5	• 건축사, 건축기계설비기술사, 건설기계기술사, 공조냉동기계기술사, 화공기술사, 가스기술사 • 소방설비기사 기계분야	• 건축전기설비기술사 • 소방설비기사 전기분야
	• 소방설비산업기사 기계분야 - [　]↑ • 건축기사, 건축설비기사, 건설기계설비기사, 일반기계기사, 공조냉동기계기사, 화공기사, 가스기능장, 가스기사, 산업안전기사, 위험물기능장 - 5년↑ • 건축산업기사, 건축설비산업기사, 건설기계설비산업기사, 공조냉동기계산업기사, 화공산업기사, 가스산업기사, 산업안전산업기사, 위험물산업기사 - [　]↑	• 소방설비산업기사 전기분야 　- [　]↑ • 전기기능장, 전기기사, 전기공사기사 　- 5년↑ • 전기산업기사, 전기공사산업기사 　- [　]↑
초급 기술자 6	• 소방설비산업기사(기계분야) • 건축기사, 건축설비기사, 건설기계설비기사, 일반기계기사, 공조냉동기계기사, 화공기사, 가스기능장, 가스기사, 산업안전기사, 위험물기능장 - [　]↑ • 건축산업기사, 건축설비산업기사, 건설기계설비산업기사, 공조냉동기계산업기사, 화공산업기사, 가스산업기사, 산업안전산업기사, 위험물산업기사 - 4년↑ • 위험물기능사 - [　]↑	• 소방설비산업기사(전기분야) • 전기기능장, 전기기사, 전기공사기사 　- [　]↑ • 전기산업기사, 전기공사산업기사 　- 4년↑

2) 학력·경력 등에 따른 기술등급

구 분	학력·경력자	경력자
특급 기술자 7	• 박사학위 - [　]↑ • 석사학위 - 7년↑ • 학사학위 - [　]↑ • 전문학사학위 - 15년↑	
고급 기술자 8	• 박사학위 - 1년↑ • 석사학위 - [　]↑ • 학사학위 - [　]↑ • 전문학사학위 - 10년↑ • 고등학교 소방학과 졸업 - [　]↑ • 고등학교[전기공학과, 산업안전공학과, 기계공학과, 건축공학과, 화학공학과] 　졸업 - 15년↑	• 학사 이상의 학위 - [　]↑ • 전문학사학위 - 15년↑ • 고등학교 졸업 - 18년↑ • [　]↑ 소방 관련 업무 수행

---

5 3년, 8년 / 3년, 8년
6 2년, 6년 / 2년
7 3년, 11년
8 4년, 7년, 13년 / 12년, 22년

중급 기술자 9	• 박사학위를 취득한 사람 • 석사학위 - [　]↑ • 학사학위 - 5년↑ • 전문학사학위 - [　]↑ • 고등학교 소방학과 졸업 - 10년↑ • 고등학교[전기공학과, 산업안전공학과, 　기계공학과, 건축공학과, 화학공학과] 　졸업 - [　]↑	• 학사 이상의 학위 - [　]↑ • 전문학사학위 - 12년↑ • 고등학교 졸업 - [　]↑ • 18년↑ 소방 관련 업무 수행
초급 기술자 10	• 석사 또는 학사학위를 취득한 사람 • 대학, 산업대학, 교육대학, 전문대학, 　방송대학·통신대학·방송통신대학 및 사 　이버대학·기술대학에서 소방안전관리학과 　졸업 • 전문학사학위- [　]↑ • 고등학교 소방학과 졸업 - 3년↑ • 고등학교[전기공학과, 산업안전공학과, 　기계공학과, 건축공학과, 화학공학과] 　졸업 - [　]↑	• 학사 이상의 학위 - [　]↑ • 전문학사학위 - [　]↑ • 고등학교 졸업 - 7년↑ • [　]↑ 소방 관련 업무 수행

나. 소방공사감리원의 기술등급

구 분	기계분야	전기분야
특급 감리원 11	• 소방기술사 자격을 취득한 사람 • 소방설비기사 기계분야 - [　]↑ • 소방설비산업기사 기계분야 - 12년↑	• 소방설비기사 전기분야 - [　]↑ • 소방설비산업기사 전기분야 - 12년↑
고급 감리원 12	• 소방설비기사 기계분야 - 5년↑ • 소방설비산업기사 기계분야 - [　]↑	• 소방설비기사 전기분야 - 5년↑ • 소방설비산업기사 전기분야 - [　]↑
중급 감리원 13	• 소방설비기사 기계분야 - [　]↑ • 소방설비산업기사 기계분야 - 6년↑ • 초급감리원 [　]↑ 기계분야	• 소방설비기사 전기분야 - [　]↑ • 소방설비산업기사 전기분야 - 6년↑ • 초급감리원 [　]↑ 전기분야

---

9 2년, 8년, 12년 / 9년, 15년
10 2년, 5년 / 3년, 5년, 9년
11 8년 / 8년
12 8년 / 8년
13 3년, 5년 / 3년, 5년

초급 감리원 14	• 소방안전관리학과 학사 이상의 학위 - [　]↑ • 대학, 산업대학, 교육대학, 전문대학, 방송대학·통신대학·방송통신대학 및 사이버대학·기술대학에서 소방안전관리학과의 전문학사학위 - 3년↑ • 고등학교 소방학과졸업 - [　]↑ • 3년↑ 소방공무원으로서 규정에 따른 업무의 경력이 있는 사람 • [　]↑ 소방 관련 업무 수행	
	• 소방설비기사 기계분야 - [　]↑ • 소방설비산업기사 기계분야 - 2년↑ • 산업안전공학과, 기계공학과, 건축공학과, 화학공학과의 학사 이상의 학위 - [　]↑ • 대학, 산업대학, 교육대학, 전문대학, 방송대학·통신대학·방송통신대학 및 사이버대학·기술대학에서 산업안전공학과, 기계공학과, 건축공학과, 화학공학과의 전문학사학위 - 3년↑	• 소방설비기사 전기분야 - [　]↑ • 소방설비산업기사 전기분야 - 2년↑ • 전기공학과의 학사 이상의 학위 - [　]↑ • 대학, 산업대학, 교육대학, 전문대학, 방송대학·통신대학·방송통신대학 및 사이버대학·기술대학에서 전기공학과의 전문학사학위 - 3년↑

다. 소방시설 자체점검 점검자의 기술등급
　1) 기술자격에 따른 기술등급

구 분		기술자격 15
보조 기술 인력	특급 점검자	• 소방시설관리사, 소방기술사 • 소방설비기사 - [　]↑ • 소방설비산업기사 - 10년↑ (소방시설관리업체[점검업무])
	고급 점검자	• 소방설비기사 - [　]↑ • 소방설비산업기사 - 8년↑ • 건축설비기사, 건축기사, 공조냉동기계기사, 일반기계기사, 위험물기능장 - [　]↑
	중급 점검자	• 소방설비기사 • 소방설비산업기사 - [　]↑ • 건축설비기사, 건축기사, 공조냉동기계기사, 일반기계기사, 위험물기능장, 전기기사, 전기공사기사, 전파통신기사, 정보통신기사자 - [　]↑

14 1년, 4년, 5년 / 1년, 1년 / 1년, 1년
15 8년 / 5년, 15년 / 3년, 10년

구분		
	초급 점검자	• 소방설비산업기사 • 가스기능장, 전기기능장, 위험물기능장 • 건축기사, 건축설비기사, 건설기계설비기사, 일반기계기사, 공조냉동기계기사, 화공기사, 가스기사, 전기기사, 전기공사기사, 산업안전기사, 위험물산업기사 • 건축산업기사, 건축설비산업기사, 건설기계설비산업기사, 공조냉동기계산업기사, 화공산업기사, 가스산업기사, 전기산업기사, 전기공사산업기사, 산업안전산업기사, 위험물기능사

2) 학력·경력 등에 따른 기술등급

구 분		학력·경력자 [16]	경력자 [17]
보조 기술 인력	고급 점검자	• 학사 이상의 학위 - 9년↑ • 전문학사학위 - [ ]↑	• 학사 이상의 학위 - [ ]↑ • 전문학사학위 - 15년↑ • [ ]↑ 소방 관련 업무 수행
	중급 점검자	• 학사 이상의 학위 - [ ]↑ • 전문학사학위 - 9년↑ • 고등학교 졸업 - [ ]↑	• 학사 이상의 학위 - [ ]↑ • 전문학사학위 - 12년↑ • 고등학교 졸업 - [ ]↑ • 18년↑ 소방 관련 업무 수행
	초급 점검자	• 대학, 산업대학, 교육대학, 전문대학, 방송대학·통신대학·방송통신대학 및 사이버대학·기술대학에서 소방안전관리학과, 전기공학과, 산업안전공학과, 기계공학과, 건축공학과, 화학공학과 또는 고등학교 소방학과를 졸업한 사람	• 4년제 대학↑ 졸업 - [ ]↑ • 전문대학 졸업 - 3년↑ • [ ]↑ 소방 관련 업무 수행 • 3년↑ 소방공무원으로서 규정에 따른 업무의 경력이 있는 사람

시행규칙 별표 5
【소방기술자의 자격의 정지 및 취소에 관한 기준】

위반사항	근거법령	행정처분기준		
		1차	2차	3차
가. 거짓이나 그 밖의 부정한 방법으로 자격수첩 또는 경력수첩을 발급받은 경우	법 제28조 제4항	자격취소		
나. 법 제27조 제2항을 위반하여 자격수첩 또는 경력수첩을 다른 자에게 빌려준 경우	법 제28조 제4항	자격취소		

---

16 12년 / 6년, 12년
17 12년, 22년 / 9년, 15년 / 1년, 5년

다. 법 제27조 제3항을 위반하여 동시에 둘 이상의 업체에 취업한 경우 [18]	법 제28조 제4항	[ ]	[ ]	
라. 법 또는 법에 따른 명령을 위반한 경우 1) 법 제27조 제1항의 업무수행 중 해당 자격과 관련하여 고의 또는 중대한 과실로 다른 자에게 손해를 입히고 형의 선고를 받은 경우	법 제28조 제4항	자격취소		
2) 법 제28조 제4항에 따라 자격정지처분을 받고도 같은 기간 내에 자격증을 사용한 경우 [19]		[ ]	[ ]	[ ]

(2) 소방기술자 양성 및 교육 등 [20]

① [   ]은 소방기술자를 육성하고 소방기술자의 전문기술능력 향상을 위하여 소방기술자와 소방기술과 관련된 자격·학력 및 경력을 인정받으려는 사람의 양성·인정 교육훈련을 실시할 수 있다.(법 제28조의2 제1항)

② 소방청장은 전문적이고 체계적인 소방기술자 양성·인정 교육훈련을 위하여 소방기술자 양성·인정 교육훈련기관을 지정할 수 있다.(법 제28조의2 제2항)

㉠ 소방기술자 양성·인정 교육훈련기관의 지정 요건(규칙 제25조의2 제1항)

ⓐ 전국 [ ]개 이상의 시·도에 이론교육과 실습교육이 가능한 교육·훈련장을 갖출 것

ⓑ 소방기술자 양성·인정 교육훈련을 실시할 수 있는 전담인력을 [ ]명 이상 갖출 것

ⓒ 교육과목별 교재 및 강사 [   ]을 갖출 것

ⓓ 교육훈련의 신청·수료, 성과측정, 경력관리 등에 필요한 교육훈련 관리시스템을 구축·운영할 것

---

18 자격정지 1년 / 자격취소
19 자격정지 1년 / 자격정지 2년 / 자격취소
20 ① 소방청장
② ㉠ ⓐ 4 ⓑ 6 ⓒ 매뉴얼

③ 지정된 소방기술자 양성·인정 교육훈련기관의 지정[　], 업무[　] 및 [　]에 관하여는 「소방시설 설치 및 관리에 관한 법률」 제47조 및 제49조를 준용한다. (법 제28조의2 제3항)

④ 소방기술자 양성·인정 교육훈련 및 교육훈련기관 지정 등에 필요한 사항은 행정안전부령으로 정한다.(법 제28조의2 제4항)
  ㉠ 소방기술자 양성·인정 교육훈련기관의 지정 요건(규칙 제25조의2 제1항)
     ⓐ 전국 [　]개 이상의 시·도에 이론교육과 실습교육이 가능한 교육·훈련장을 갖출 것
     ⓑ 소방기술자 양성·인정 교육훈련을 실시할 수 있는 전담인력을 [　]명 이상 갖출 것
     ⓒ 교육과목별 교재 및 강사 [　　]을 갖출 것
     ⓓ 교육훈련의 신청·수료, 성과측정, 경력관리 등에 필요한 교육훈련 관리시스템을 구축·운영할 것
  ㉡ 소방기술자 양성·인정 교육훈련기관은 다음 각 호의 사항이 포함된 다음 연도 교육훈련계획을 수립하여 해당 연도 [　　　]까지 [　　　]의 승인을 받아야 한다.(규칙 제25조의2 제2항)
     ⓐ 교육운영계획
     ⓑ 교육 [　　　　]
     ⓒ 교육방법
     ⓓ 그 밖에 소방기술자 양성·인정 교육훈련의 실시에 필요한 사항
  ㉢ 소방기술자 양성·인정 교육훈련기관은 교육 이수 사항을 기록·관리해야 한다.(규칙 제25조의2 제3항)

---

③ 취소, 정지, 청문
④ ㉠ ⓐ 4 ⓑ 6 ⓒ 매뉴얼 ㉡ 11월 30일, 소방청장 ⓑ 과정 및 과목

03 소방기술자의 실무교육(법 제29조)

(1) 화재 예방, 안전관리의 효율화, 새로운 기술 등 소방에 관한 지식의 보급을 위하여 소방시설업 또는 소방시설관리업의 기술인력으로 등록된 소방기술자는 행정안전부령으로 정하는 바에 따라 실무교육을 받아야 한다.(법 제29조 제1항) 21

① 소방기술자의 실무교육
  ㉠ 소방기술자는 법 제29조 제1항에 따른 실무교육을 [   ] 이상 받아야 한다. 다만, 실무교육을 받아야 할 기간 내에 소방기술자 양성·인정 교육훈련을 받은 경우에는 해당 실무교육을 받은 것으로 본다.(규칙 제26조 제1항)
  ㉡ 소방기술자 실무교육에 관한 업무를 위탁받은 실무교육기관 또는 [   ] (이하 "실무교육기관등의 장")은 소방기술자에 대한 실무교육을 실시하려면 교육일정 등 교육에 필요한 계획을 수립하여 소방청장에게 보고한 후 교육 [   ]일 전까지 교육대상자에게 알려야 한다.(규칙 제26조 제2항)
  ㉢ 실무교육의 시간, 교육과목, 수수료, 그 밖에 실무교육에 관하여 필요한 사항은 [   ]이 정하여 고시한다.(규칙 제26조 제3항)

② 교육계획의 수립·공고 등
  ㉠ 실무교육기관등의 장은 매년 [   ]까지 다음 해 교육계획을 실무교육의 종류별·대상자별·지역별로 수립하여 이를 [   ]에 공고하고 소방본부장 또는 소방서장에게 보고해야 한다.(규칙 제35조 제1항)
  ㉡ 교육계획을 변경하는 경우에는 변경한 날부터 [   ]일 이내에 이를 [   ]에 공고하고 [   ]에게 보고해야 한다.(규칙 제35조 제2항)

③ 교육대상자 관리 및 교육실적 보고
  ㉠ 실무교육기관등의 장은 그 해의 교육이 끝난 후 직능별·지역별 교육수료자 명부를 작성하여 소방본부장 또는 소방서장에게 다음 해 [   ]까지 알려야 한다.(규칙 제36조 제1항)
  ㉡ 실무교육기관등의 장은 매년 [   ]까지 전년도 교육 횟수·인원 및 대상자 등 교육실적을 소방청장에게 보고하여야 한다.(규칙 제36조 제2항)

---

21 (1) ① ㉠ 2년마다 1회 ㉡ 한국소방안전원의 장, 10 ㉢ 소방청장
  ② ㉠ 12월 31일, 일간신문 또는 인터넷 홈페이지
    ㉡ 10, 일간신문 또는 인터넷 홈페이지, 소방본부장 또는 소방서장
  ③ ㉠ 1월 말 ㉡ 1월 말

④ 교육수료 사항의 기록 등
  ㉠ 실무교육기관등의 장은 실무교육을 수료한 소방기술자의 기술자격증(자격수첩)에 교육수료 사항을 기재·날인하여 발급하여야 한다.(규칙 제27조 제1항)
  ㉡ 실무교육기관등의 장은 소방기술자 실무교육수료자 명단을 교육대상자가 소속된 소방시설업의 업종별로 작성하고 필요한 사항을 기록하여 갖춰 두어야 한다.(규칙 제27조 제2항)

⑤ 감독
  [　　　]은 실무교육기관등의 장이 실시하는 소방기술자 실무교육의 계획·실시 및 결과에 대하여 지도·감독하여야 한다.(규칙 제28조)

(2) 소방기술자가 정하여진 교육을 받지 아니하면 그 교육을 이수할 때까지 그 소방기술자는 소방시설업 또는 소방시설관리업의 기술인력으로 등록된 사람으로 보지 아니한다.(법 제29조 제2항)

(3) 소방청장은 소방기술자에 대한 실무교육을 효율적으로 하기 위하여 실무교육기관을 지정할 수 있다.(법 제29조 제3항)

(4) 실무교육기관의 지정방법·절차·기준 등에 관하여 필요한 사항은 행정안전부령으로 정한다.(법 제29조 제4항)

① 소방기술자 실무교육기관의 지정기준
  ㉠ 소방기술자에 대한 실무교육기관의 지정을 받으려는 자가 갖추어야 하는 실무교육에 필요한 기술인력 및 시설장비는 별표 6과 같다.(규칙 제29조 제1항)
  ㉡ 실무교육기관의 지정을 받으려는 자는 [　　　　]이어야 한다.(규칙 제29조 제2항)

② 실무교육기관의 지정신청
  ㉠ 실무교육기관의 지정을 받으려는 자는 실무교육기관 지정신청서(전자문서로 된 실무교육기관 지정신청서를 포함한다)에 다음 각 호의 서류(전자문서를 포함한다)를 첨부하여 소방청장에게 제출하여야 한다. 다만, 「전자정부법」에 따른 행정정보의 공동이용을 통하여 첨부서류에 대한 정보를 확인할 수 있는 경우에는 그 확인으로 첨부서류를 갈음할 수 있다.(규칙 제30조 제1항)
    ⓐ 정관 사본 1부
    ⓑ 대표자, 각 지부의 책임임원 및 기술인력의 자격을 증명할 수 있는 서류(전자문서를 포함한다)와 기술인력의 명단 및 이력서 각 1부

⑤ 소방청장
(4) ① ㉡ 비영리법인

ⓒ 건물의 소유자가 아닌 경우 건물임대차계약서 사본 및 그 밖에 사무실 보유를 증명할 수 있는 서류(전자문서를 포함한다) 각 1부
ⓓ 교육장 도면 1부
ⓔ 시설 및 장비명세서 1부
ⓛ 신청서를 제출받은 담당 공무원은 「전자정부법」에 따라 행정정보의 공동이용을 통하여 다음 각 호의 서류를 확인하여야 한다.(규칙 제30조 제2항)
ⓐ 법인등기사항 전부증명서 1부
ⓑ 건물등기사항 전부증명서(건물의 소유자인 경우에만 첨부한다)

③ 서류심사 등
㉠ 실무교육기관의 지정신청을 받은 소방청장은 지정기준을 충족하였는지를 현장 확인하여야 한다. 이 경우 소방청장은 [   ]에 소속된 사람을 현장 확인에 참여시킬 수 있다.(규칙 제31조 제1항)
㉡ 소방청장은 신청자가 제출한 신청서(전자문서로 된 신청서를 포함한다) 및 첨부서류(전자문서를 포함한다)가 미비되거나 현장 확인 결과 지정기준을 충족하지 못하였을 때에는 [ ]일 이내의 기간을 정하여 이를 보완하게 할 수 있다. 이 경우 보완기간 내에 보완하지 않으면 신청서를 되돌려 보내야 한다.(규칙 제31조 제2항)

④ 지정서 발급 등
㉠ 소방청장은 제출된 서류(전자문서를 포함한다)를 심사하고 현장 확인한 결과 지정기준을 충족한 경우에는 신청일부터 [ ]일 이내에 실무교육기관 지정서(전자문서로 된 실무교육기관 지정서를 포함한다)를 발급하여야 한다.(규칙 제32조 제1항)
㉡ 실무교육기관을 지정한 소방청장은 지정한 실무교육기관의 명칭, 대표자, 소재지, 교육실시 범위 및 교육업무 개시일 등 교육에 필요한 사항을 관보에 공고하여야 한다.(규칙 제32조 제2항)

⑤ 지정사항의 변경
실무교육기관으로 지정된 기관은 다음 각 호의 어느 하나에 해당하는 사항을 변경하려면 변경일부터 [ ]일 이내에 소방청장에게 보고하여야 한다.(규칙 제33조)
㉠ [   ] 또는 각 지부의 책임임원
㉡ 기술인력 또는 시설장비 등 지정기준
㉢ 교육기관의 명칭 또는 [   ]

③ ㉠ 한국소방안전원 ㉡ 15
④ ㉠ 30
⑤ 10 ㉠ 대표자 ㉢ 소재지

⑥ 휴업·재개업 및 폐업 신고 등
　㉠ 지정을 받은 실무교육기관은 휴업·재개업 또는 폐업을 하려면 그 휴업 또는 재개업을 하려는 날의 [　]일 전까지 휴업·재개업·폐업 보고서에 실무교육기관 지정서 1부를 첨부(폐업하는 경우에만 첨부한다)하여 소방청장에게 보고하여야 한다.(규칙 제34조 제1항)
　㉡ 보고는 [　　　　　　　　　　　　　　　　]으로 할 수 있다.(규칙 제34조 제2항)
　㉢ [　　　　]은 휴업보고를 받은 경우에는 실무교육기관 지정서에 휴업기간을 기재하여 발급하고, 폐업보고를 받은 경우에는 실무교육기관 지정서를 회수하여야 한다. 이 경우 소방청장은 휴업·재개업·폐업 사실을 인터넷 등을 통하여 널리 알려야 한다.(규칙 제34조 제3항)

⑦ 실무교육기관의 지정취소, 업무정지 및 청문에 관하여는「소방시설 설치 및 관리에 관한 법률」제47조(전문기관의 지정취소 등) 및 제49조(청문)를 준용한다.(법 제29조 제5항)

(5) 소방기술자 실무교육에 필요한 기술인력 및 시설(규칙 별표6) [22]

① 조직구성
　㉠ 수도권(서울, 인천, 경기), 중부권(대전, 세종, 강원, 충남, 충북), 호남권(광주, 전남, 전북, 제주), 영남권(부산, 대구, 울산, 경남, 경북) 등 권역별로 [　]개 이상의 지부를 설치할 것
　㉡ 각 지부에는 법인에 선임된 임원 1명 이상을 책임자로 지정할 것
　㉢ 각 지부에는 기술인력 및 시설·장비 등 교육에 필요한 시설을 갖출 것

---

⑥ ㉠ 14 ㉡ 방문·전화·팩스 또는 컴퓨터통신 ㉢ 소방청장
22 (5) ① ㉠ 1

② 기술인력
　㉠ 인원 : 강사 [ ]명 및 교무요원 [ ]명 이상을 확보할 것
　㉡ 자격요건
　　1) 강사
　　　ⓐ 소방 관련학의 [　　]학위를 가진 사람
　　　ⓑ 전문대학 또는 이와 같은 수준 이상의 교육기관에서 소방안전 관련학과 [　　　] 이상으로 재직한 사람
　　　ⓒ 소방기술사, 소방시설관리사, 위험물기능장 자격을 소지한 사람
　　　ⓓ 소방설비기사 및 위험물산업기사 자격을 소지한 사람으로서 소방 관련 기관(단체)에서 [ ]년 이상 강의경력이 있는 사람
　　　ⓔ 소방설비산업기사 및 위험물기능사 자격을 소지한 사람으로서 소방 관련 기관(단체)에서 [ ]년 이상 강의경력이 있는 사람
　　　ⓕ 대학 또는 이와 같은 수준 이상의 교육기관에서 소방안전 관련학과를 졸업하고 소방 관련 기관(단체)에서 [ ]년 이상 강의경력이 있는 사람
　　　ⓖ 소방 관련 기관(단체)에서 [ ]년 이상 실무경력이 있는 사람으로서 5년 이상 강의 경력이 있는 사람
　　　ⓗ [　　　] 이상의 소방공무원이나 소방설비기사 자격을 소지한 소방위 이상의 소방공무원
　　2) 외래 초빙강사 : 강사의 자격요건에 해당하는 사람일 것
③ 시설 및 장비
　㉠ 사무실 : 바닥면적이 [ ]m² 이상일 것
　㉡ 강의실 : 바닥면적이 [　]m² 이상이고, 의자·탁자 및 교육용 비품을 갖출 것
　㉢ 실습실·실험실·제도실 : 각 바닥면적이 [　　]m² 이상(실습실은 소방안전관리자만 해당되고, 실험실은 위험물안전관리자만 해당되며, 제도실은 설계 및 시공자만 해당된다)
　㉣ 교육용 기자재 : 규칙 별표 6

② ㉠ 4, 2　㉡ 1) ⓐ 박사　ⓑ 전임 강사　ⓓ 2　ⓔ 5　ⓕ 5　ⓖ 10　ⓗ 소방경
③ ㉠ 60　㉡ 100　㉢ 100

Chapter 05 소방시설업자협회

01 소방시설업자협회의 설립(법 제30조의2)

(1) 소방시설업자협회의 설립 [1]
  ① [   ]는 소방시설업자의 권익보호와 소방기술의 개발 등 소방시설업의 건전한 발전을 위하여 소방시설업자협회("협회"라 한다)를 설립할 수 있다. (법 제30조의2 제1항)
  ② 협회는 [   ]으로 한다.(법 제30조의2 제2항)
  ③ 협회는 [   ]의 [   ]를 받아 주된 사무소의 소재지에 설립등기를 함으로써 성립한다.(법 제30조의2 제3항)
  ④ 협회의 설립인가 절차, 정관의 기재사항 및 협회에 대한 감독에 관하여 필요한 사항은 [   ]으로 정한다.(법 제30조의2 제4항)

(2) 협회의 업무 [2]
  ① 협회의 업무는 다음 각 호와 같다.(법 제30조의3)
    ㉠ 소방시설업의 기술발전과 소방기술의 진흥을 위한 [   ]·[   ]·[   ] 및 [   ]
    ㉡ [   ]의 발전 및 [   ]의 향상을 위한 지원
    ㉢ 소방시설업의 기술발전과 관련된 [   ] 및 [   ]의 유치
    ㉣ 이 법에 따른 [   ] 업무의 수행

(3) 「민법」의 준용 [3]
  협회에 관하여 이 법에 규정되지 아니한 사항은 「민법」 중 [   ]법인에 관한 규정을 준용한다.(법 제30조의4)

---

1 (1) ① 소방시설업자 ② 법인 ③ 소방청장, 인가 ④ 대통령령
2 (2) ① ㉠ 조사, 연구, 분석, 평가 ㉡ 소방산업, 소방기술 ㉢ 국제교류·활동, 행사 ㉣ 위탁
3 (3) 사단

(4) 협회 정관의 기재사항 [4]

협회의 정관에는 다음 각 호의 사항이 포함되어야 한다.(영 제19조의3)

㉠ 목적
㉡ [　　]
㉢ 주된 사무소의 소재지
㉣ 사업에 관한 사항
㉤ 회원의 가입 및 탈퇴에 관한 사항
㉥ [　　]에 관한 사항
㉦ 자산과 회계에 관한 사항
㉧ 임원의 정원·임기 및 선출방법
㉨ 기구와 조직에 관한 사항
㉩ 총회와 이사회에 관한 사항
㉪ [　　　　]에 관한 사항

---

4 ㉡ 명칭 ㉥ 회비 ㉪ 정관의 변경

Chapter 06 보 칙

01 감독(법 제31조) [1]

(1) 감 독

① [　　　], 소방[　] 또는 소방[　]은 소방시설업의 감독을 위하여 필요할 때에는 [　　　]나 [　　]에게 필요한 보고나 자료 제출을 명할 수 있고, 관계 [　　]으로 하여금 소방시설업체나 특정소방대상물에 출입하여 관계 서류와 시설 등을 검사하거나 소방시설업자 및 관계인에게 질문하게 할 수 있다.(법 제31조 제1항)

② [　　　]은 소방청장의 업무를 위탁받은 실무교육기관 또는 한국소방안전원, 협회, 법인 또는 단체에 필요한 보고나 자료 제출을 명할 수 있고, 관계 공무원으로 하여금 실무교육기관, 한국소방안전원, 협회, 법인 또는 단체의 사무실에 출입하여 관계 서류 등을 검사하거나 관계인에게 질문하게 할 수 있다.(법 제31조 제2항)

③ 출입·검사업무 수행자의 의무사항
   ㉠ 권한을 표시하는 [　　]를 지니고 이를 [　　]에게 제시(법 제31조 제3항)
   ㉡ 관계인의 정당한 업무를 [　　] 금지(법 제31조 제4항)
   ㉢ 출입·검사업무를 수행하면서 알게 된 [　　]을 [　　　]에게 누설 금지
       (법 제31조 제4항)

02 청문(법 제32조) [2]

(1) 청 문

① 청문대상(법 제32조 제1항)
   ㉠ 소방시설업 [　　]처분 및 [　　]처분
   ㉡ 소방기술인정 [　　]의 처분

---

1 (1) ① 시·도지사, 본부장, 서장, 소방시설업자, 관계인, 공무원 ② 소방청장
       ③ ㉠ 증표, 관계인 ㉡ 방해 ㉢ 비밀, 다른 자
2 (1) ① ㉠ 등록취소, 영업정지 ㉡ 자격취소

03 권한의 위임·위탁 등(법 제33조) [3]

(1) 권한의 위임·위탁

① 소방청장은 이 법에 따른 권한의 [   ]를 [   ]으로 정하는 바에 따라 [   ]에게 위임할 수 있다.(법 제33조 제1항)

② 권한의 위탁

㉠ 소방청장은 소방기술자 [   ]에 관한 업무를 실무교육기관 또는 한국소방안전원에 위탁할 수 있다.(법 제33조 제2항)

㉡ [   ] 또는 [   ]는 다음 각 호의 업무를 대통령령으로 정하는 바에 따라 협회에 위탁할 수 있다.(법 제33조 제3항)

ⓐ 소방시설업 [   ]의 접수 및 신청내용의 확인
ⓑ 소방시설업 등록사항 [   ]의 접수 및 신고내용의 확인
ⓒ 소방시설업 [   ] 등 신고의 접수 및 신고내용의 확인
ⓓ 소방시설업자의 [   ] 신고의 접수 및 신고내용의 확인
ⓔ [   ]능력 평가 및 공시
ⓕ [   ]능력 평가 및 공시
ⓖ 소방시설업 [   ]의 구축·운영

㉢ [   ]은 다음 각호의 업무를 협회, 소방기술과 관련된 법인 또는 단체에 위탁할 수 있다.(법 제33조 제4항)

ⓐ 소방기술과 관련된 자격·학력 및 경력의 인정 업무
ⓑ 소방기술자 양성·인정 교육훈련 업무

---

3 (1) ① 일부, 대통령령, 시·도지사 ② ㉠ 실무교육 ㉡ 소방청장, 시·도지사 ⓐ 등록신청 ⓑ 변경신고 ⓒ 휴업·폐업 ⓓ 지위승계 ⓔ 방염처리 ⓕ 시공 ⓖ 종합정보시스템 ㉢ 소방청장

04 수수료 등(법 제34조) [4]

(1) 수수료

① 다음 각 호의 어느 하나에 해당하는 자는 [   ]으로 정하는 바에 따라 수수료나 교육비를 내야 한다.(법 제34조)
  ㉠ 소방시설업을 등록하려는 자
  ㉡ 소방시설업 등록증 또는 등록수첩을 재발급 받으려는 자
  ㉢ 소방시설업자의 [   ] 신고를 하려는 자
  ㉣ [   ] 평가를 받으려는 자
  ㉤ 시공능력 평가를 받으려는 자
  ㉥ 자격수첩 또는 경력수첩을 발급받으려는 사람
  ㉦ 소방기술자 양성·인정 교육훈련을 받으려는 사람
  ㉧ [   ]을 받으려는 사람

(2) 벌칙 적용 시의 공무원 의제

① 다음 각 호의 어느 하나에 해당하는 사람은 「형법」 제129조부터 제132조까지의 규정을 적용할 때에는 공무원으로 본다.(법 제34조의2)
  ㉠ 제16조, 제19조 및 제20조에 따라 그 업무를 수행하는 감리원
  ㉡ 제33조 제2항부터 제4항까지의 규정에 따라 위탁받은 업무를 수행하는 실무교육기관, 한국소방안전원, 협회 및 소방기술과 관련된 법인 또는 단체의 담당 임원 및 직원

---

4 (1) ① 행정안전부령 ㉢ 지위승계 ㉣ 방염처리능력 ㉧ 실무교육

Chapter 07 벌칙

01 벌칙 [1]

내 용	벌 칙
① 소방시설업의 [　]을 하지 아니하고 영업을 한 자 ② 부정한 청탁을 받고 재물 또는 재산상의 이익을 취득하거나 부정한 청탁을 하면서 재물 또는 재산상의 이익을 제공한 자	3년 이하의 징역 또는 3천만 원 이하의 벌금 ▶ 【법 제35조】
① 소방시설업의 영업정지처분을 받고 그 영업[　]기간에 영업을 한 자 ② 규정을 위반하여 [　] 또는 [　]을 한 자 ③ 규정을 위반하여 감리를 하거나 [　]으로 감리한 자 ④ 규정을 위반하여 [　　]를 지정하지 아니한 자 ⑤ 시정 또는 보완 등의 요구에 불응하는 공사업자에 대해 거짓으로 보고한 감리업자 ⑥ 규정을 위반하여 공사감리 결과의 통보 또는 공사감리 결과보고서의 제출을 거짓으로 한 자 ⑦ 규정을 위반하여 [　　　]가 아닌 자에게 소방시설공사등을 도급한 자 ⑧ 규정을 위반하여 도급 받은 소방시설의 설계, 시공, 감리를 [　]한 자 ⑨ 규정을 위반하여 하도급 받은 소방시설공사를 다시 하도급한 자 ⑩ 소방기술자의 의무를 위반하여 법 또는 명령을 따르지 아니하고 업무를 수행한 자	1년 이하의 징역 또는 1천만 원 이하의 벌금 ▶ 【법 제36조】
① 규정을 위반하여 다른 자에게 자기의 성명이나 상호를 사용하여 소방시설공사등을 수급 또는 시공하게 하거나 소방시설업의 등록증이나 등록수첩을 다른 자에게 빌려준 자 ② 규정을 위반하여 소방시설 공사현장에 [　]을 배치하지 아니한 자 ③ 규정을 위반하여 감리업자의 보완요구에 따르지 아니한 자 ④ 규정을 위반하여 공사감리계약을 해지하거나 대가의 지급을 거부하거나 지연시키거나 불이익을 준 자 ⑤ 규정을 위반하여 소방기술인정 자격수첩 또는 경력수첩을 [　] 사람 ⑥ 규정을 위반하여 동시에 둘 이상의 업체에 [　]한 사람 ⑦ 관계인의 정당한 업무를 방해하거나 업무상 알게 된 비밀을 누설한 사람 ⑧ 소방시설공사를 다른 업종의 공사와 [　]하여 도급하지 아니한 자	300만 원 이하의 벌금 ▶ 【법 제37조】

---

1 ① 등록 / ① 정지 ② 설계, 시공 ③ 거짓 ④ 공사감리자 ⑦ 소방시설업자 ⑧ 하도급 /
② 감리원 ⑤ 빌려준 ⑥ 취업 ⑧ 분리

① 소방청장의 업무를 위탁받은 곳에 대한 감독 명령을 위반하여 보고 또는 자료 제출을 하지 아니하거나 거짓으로 한 자 ② 소방시설업의 감독에 대한 규정을 위반하여 정당한 사유 없이 관계공무원의 출입 또는 검사·조사를 기피한 자	[　　] 원 이하의 벌금 ▶【법 제38조】
① 법인의 대표자나 법인 또는 개인의 대리인·사용인 그 밖의 종업원이 그 법인 또는 개인의 업무에 관하여 규정에 따른 위반행위를 한 때 다만, 법인 또는 개인이 그 위반행위를 방지하기 위하여 해당 업무에 관하여 상당한 주의와 감독을 게을리하지 아니한 경우에는 그러하지 아니하다.	양벌규정 ▶【법 제39조】
① 제6조(등록사항 변경신고), 제6조의2 제1항(휴업·폐업 등의 신고), 제7조 제1항 및 제2항(소방시설업자의 지위승계), 제13조 제1항 및 제2항 전단(착공신고), 제17조 제2항(공사감리자의 지정 등)을 위반하여 신고를 하지 아니하거나 거짓으로 신고한 자 ② 소방시설업자가 관계서류를 관계인에게 지위승계, 행정처분 또는 휴업·폐업의 사실을 [　　]으로 알린 자 ③ 하자보수 보증기간 동안 관계 서류를 보관하지 아니한 자 ④ 소방[　　]를 공사 현장에 배치하지 아니한 자 ⑤ [　　]검사를 받지 아니한 자 ⑥ 공사의 하자보수 등을 위반하여 [ ]일 이내에 하자를 보수하지 아니하거나 하자보수계획을 관계인에게 거짓으로 알린 자 ⑦ 감리 관계 서류를 인수·인계하지 아니한 자 ⑧ 소속 감리원의 배치통보 및 변경통보를 하지 아니하거나 거짓으로 통보한 자 ⑨ [　　]기준 미만으로 방염을 한 자 ⑩ 방염처리능력 평가에 관한 서류를 거짓으로 제출한 자 ⑪ 도급계약 체결 시 의무를 이행하지 아니한 자(하도급 계약의 경우에는 하도급 받은 소방시설업자는 제외한다) ⑫ [　　] 등의 통지를 하지 아니한 자 ⑬ 시공능력 평가 및 공시에 따른 자료제출을 거짓으로 한 자 ⑭ 시·도지사, 소방본부장 또는 소방서장의 소방시설업에 대한 감독 명령을 위반하여 보고 또는 자료 제출을 하지 아니하거나 거짓으로 보고 또는 자료 제출을 한 자 ⑮ 공사대금 지급보증, 담보의 제공 또는 보험료 등의 지급을 정당한 사유 없이 이행하지 아니한 자 ⑯ 사업수행능력 평가에 관한 서류를 위조하거나 변조하는 등 거짓이나 그 밖의 부정한 방법으로 입찰에 참여한 자	과태료 부과·징수권자 시·도지사, 소방본부장 또는 소방서장 과태료 [　　] 원 이하 ▶【법 제40조】

100만 / ② 거짓 ④ 기술자 ⑤ 완공 ⑥ 3 ⑨ 방염성능 ⑫ 하도급 / 200만

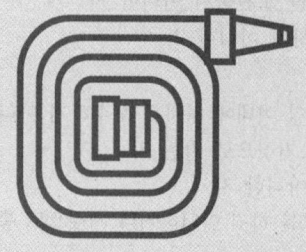

소방관계법규

PART 06

위험물안전관리법

06 위험물안전관리법

Chapter 01 총칙

01 목적(법 제1조) [1]

① 위험물의 [　] · [　] 및 [　]과 이에 따른 안전관리에 관한 사항을 규정한다.
② 위험물로 인한 [　]를 방지한다.
③ 공공의 [　]을 확보한다.

02 정의(법 제2조) [2]

(1) 정의

① 위험물은 [　] 또는 [　] 등의 성질을 가지는 것으로서 [　]이 정하는 물품이다.
② 지정수량은 위험물의 종류별로 위험성을 고려하여 대통령령이 정하는 수량으로서 위험물제조소등의 설치허가 등에 있어서 [　]의 기준이 되는 수량이다.
③ 제조소는 위험물을 [　]할 목적으로 지정수량 [　]의 위험물을 취급하기 위하여 허가를 받은 장소이다.
④ [　]는 지정수량 이상의 위험물을 저장하기 위한 대통령령이 정하는 장소로서 허가를 받은 장소이다.
⑤ 취급소는 지정수량 이상의 위험물을 [　]의 목적으로 취급하기 위한 대통령령이 정하는 장소로서 허가를 받은 장소이다.
⑥ 제조소등은 [　] · [　] 및 [　]를 말한다.

---

1 ① 저장, 취급, 운반 ② 위해 ③ 안전
2 ① 인화성, 발화성, 대통령령 ② 최저 ③ 제조, 이상 ④ 저장소 ⑤ 제조 외 ⑥ 제조소, 저장소, 취급소

03 적용 제외와 국가의 책무(법 제3조, 제3조의2)

(1) 적용 제외

이 법은 [　　]·[　　]·[　　] 및 [　　]에 의한 위험물의 저장·취급 및 운반에 있어서는 이를 적용하지 아니한다.(법 제3조)

(2) 국가의 책무

① 국가는 위험물에 의한 사고를 예방하기 위하여 다음 각 호의 사항을 포함하는 시책을 수립·시행하여야 한다.(법 제3조의2 제1항)
　㉠ 위험물의 [　　] 분석
　㉡ 위험물에 의한 [　　] 유형의 분석
　㉢ 사고 예방을 위한 안전기술 개발
　㉣ [　　] 양성
　㉤ 그 밖에 사고 예방을 위하여 필요한 사항

② [　　]는 지방자치단체가 위험물에 의한 사고의 예방·대비 및 대응을 위한 시책을 추진하는 데에 필요한 행정적·재정적 지원을 하여야 한다.(법 제3조의2 제2항)

---

3 (1) 항공기, 선박, 철도, 궤도 (2) ① ㉠ 유통실태 ㉡ 사고 ㉣ 전문인력 ② 국가

04 위험물의 저장·취급(법 제4조, 제5조)

(1) 지정수량 [   ]인 위험물의 저장·취급 [4]

지정수량 [   ]인 위험물의 저장 또는 취급에 관한 기술상의 기준은 [   ]로 정한다.(법 제4조)

(2) 예 외 [5]

① 지정수량 [   ]의 위험물을 [   ]가 아닌 장소에서 저장하거나 [   ]이 아닌 장소에서 취급하여서는 아니된다.(법 제5조 제1항)

② 지정수량 이상이지만 다음의 경우에는 제조소등이 아닌 장소에서 지정수량 [   ]의 위험물을 취급할 수 있다. 기준은 [   ]로 정한다.(법 제5조 제2항)
  ㉠ [   ]의 승인을 받아 지정수량 이상의 위험물을 [   ] 이내의 기간 동안 임시로 [   ] 또는 [   ]하는 경우
  ㉡ [   ]가 지정수량 이상의 위험물을 군사목적으로 [   ]로 저장·취급하는 경우

③ [   ]이 정하는 중요기준 및 세부기준(법 제5조 제3항)
  ㉠ [   ]기준: 화재 등 위해의 예방과 응급조치에 있어서 큰 영향을 미치거나 그 기준을 위반하는 경우 직접적으로 화재를 일으킬 가능성이 큰 기준이다.
  ㉡ [   ]기준: 화재 등 위해의 예방과 응급조치에 있어서 중요기준보다 상대적으로 적은 영향을 미치거나 그 기준을 위반하는 경우 간접적으로 화재를 일으킬 수 있는 기준 및 위험물의 안전관리에 필요한 표시와 서류·기구 등의 비치에 관한 기준이다.

④ 제조소등의 위치·구조 및 설비의 기술기준은 [   ]으로 정한다. (법 제5조 제4항)

⑤ 지정수량 환산: 둘 이상의 위험물을 같은 장소에서 저장 또는 취급하는 경우 (법 제5조 제5항)

$$1 \leq \frac{A품목저장수량}{A품목지정수량} + \frac{B품목저장수량}{B품목지정수량} + \frac{C품목저장수량}{C품목지정수량} \cdots$$

---

4 (1) 미만, 미만, 시·도의 조례
5 (2) ① 이상, 저장소, 제조소등 ② 이상, 시·도의 조례 ㉠ 관할소방서장, 90일, 저장, 취급 ㉡ 군부대, 임시 ③ 행정안전부령 ㉠ 중요 ㉡ 세부 ④ 행정안전부령

05 위험물 및 지정수량(영 별표 1)

(1) 위험물 및 지정수량

유별	위험물 성질	품명	지정수량
제1류[6]	산화성 고체	① [ ]염류	50킬로그램
		② 염소산염류	50킬로그램
		③ [ ]염류	50킬로그램
		④ 무기과산화물	[ ]킬로그램
		⑤ 브로민산염류	300킬로그램
		⑥ [ ]염류	300킬로그램
		⑦ 아이오딘산염류	[ ]킬로그램
		⑧ 과망가니즈산염류	1,000킬로그램
		⑨ 다이크로뮴산염류	[ ]킬로그램
		⑩ 그 밖에 행정안전부령으로 정하는 것 ⑪ ① 내지 ⑩의 1에 해당하는 어느 하나 이상을 함유한 것	50킬로그램, 300킬로그램 또는 1,000킬로그램
제2류[7]	가연성 고체	① [ ]인	100킬로그램
		② 적린	100킬로그램
		③ 황	100킬로그램
		④ [ ]	500킬로그램
		⑤ [ ]분	500킬로그램
		⑥ 마그네슘	500킬로그램
		⑦ 그 밖에 행정안전부령으로 정하는 것 ⑧ 제1호 내지 제7호의 1에 해당하는 어느 하나 이상을 함유한 것	100킬로그램 또는 500킬로그램
		⑨ 인화성[ ]	1,000킬로그램
제3류[8]	자연발화성물질 및 금수성물질	① 칼륨	[ ]킬로그램
		② 나트륨	10킬로그램
		③ [ ]알루미늄	10킬로그램
		④ [ ]리튬	10킬로그램
		⑤ 황린	[ ]킬로그램
		⑥ 알칼리금속(칼륨 및 나트륨을 제외한다) 및 알칼리토금속	50킬로그램
		⑦ 유기금속화합물(알킬알루미늄 및 알킬리튬을 제외한다)	50킬로그램
		⑧ 금속의 수소화물	[ ]킬로그램
		⑨ 금속의 인화물	300킬로그램
		⑩ [ ] 또는 알루미늄의 탄화물	300킬로그램
		⑪ 그 밖에 행정안전부령으로 정하는 것 ⑫ ① 내지 ⑪의 1에 해당하는 어느 하나 이상을 함유한 것	10킬로그램, 20킬로그램, 50킬로그램 또는 300킬로그램

---

6 ① 아염소산 ③ 과염소산 ④ 50 ⑥ 질산 ⑦ 300 ⑨ 1,000
7 ① 황화 ④ 철분 ⑤ 금속 ⑨ 고체
8 ① 10 ③ 알킬 ④ 알킬 ⑤ 20 ⑧ 300 ⑩ 칼슘

위험물				지정수량
유별	성질	품명		
제4류[9]	인화성 액체	① [ ]		50리터
		② 제1석유류	비수용성액체	200리터
			수용성액체	[ ]리터
		③ [ ]류		400리터
		④ 제2석유류	비수용성액체	[ ]리터
			수용성액체	2,000리터
		⑤ 제3석유류	비수용성액체	[ ]리터
			수용성액체	4,000리터
		⑥ 제4석유류		[ ]리터
		⑦ [ ]류		10,000리터
제5류[10]	자기 반응성 물질	① 유기과산화물		제1종 : ⑫ [ ]kg 제2종 : ⑬ [ ]kg
		② [ ]		
		③ 나이트로화합물		
		④ 나이트로소화합물		
		⑤ 아조화합물		
		⑥ [ ]		
		⑦ 하이드라진 유도체		
		⑧ 하이드록실아민		
		⑨ 하이드록실아민염류		
		⑩ 그 밖에 행정안전부령으로 정하는 것 ⑪ 제1호 내지 제10호의 1에 해당하는 어느 하나 이상을 함유한 것		
제6류[11]	산화성 액체	① [ ]산		300킬로그램
		② 과산화수소		[ ]킬로그램
		③ [ ]산		300킬로그램
		④ 그 밖에 행정안전부령으로 정하는 것		300킬로그램
		⑤ ① 내지 ④의 1에 해당하는 어느 하나 이상을 함유한 것		300킬로그램

---

9 ① 특수인화물 ② 400 ③ 알코올 ④ 1,000 ⑤ 2,000 ⑥ 6,000 ⑦ 동식물유
10 ② 질산에스터류 ⑥ 다이아조화합물 ⑫ 10 ⑬ 100
11 ① 과염소 ② 300 ③ 질

※「위험물안전관리법 시행규칙」상 위험물 품명 [12]

류별	품명
제1류	• 과아이오딘산염류 • ① [　　　　　] • ② [　　　], 납 또는 아이오딘의 산화물 • 아질산염류 • ③ [　　　　　] • 염소화아이소사이아누르산 • 퍼옥소이황산염류 • 퍼옥소붕산염류
제3류	④ [　　　　　]
제5류	• 금속의 아지화합물 • 질산구아니딘
제6류	⑤ [　　　　　]

(2) 용어 정의 [13]

① [　　　　　]는 고체[액체(1기압 및 섭씨 20도에서 액상인 것 또는 섭씨 20도 초과 섭씨 40도 이하에서 액상인 것을 말한다.) 또는 기체(1기압 및 섭씨 20도에서 기상인 것) 외의 것을 말한다]로서 산화력의 잠재적인 위험성 또는 [　　]에 대한 민감성을 판단하기 위하여 소방청장이 정하여 고시하는 시험에서 고시로 정하는 성질과 상태를 나타내는 것을 말한다.

② 가연성고체는 고체로서 화염에 의한 [　　]의 위험성 또는 [　　]의 위험성을 판단하기 위하여 고시로 정하는 시험에서 고시로 정하는 성질과 상태를 나타내는 것이다.

③ 황은 순도가 [　　]중량퍼센트 이상인 것으로, 순도측정에 있어서 불순물은 활석 등 [　　]물질과 [　　]에 한한다.

④ 철분은 철의 분말로서, [　　]㎛의 표준체를 통과하는 것이 [　　]중량퍼센트 미만인 것은 제외한다.

⑤ 금속분은 알칼리금속·알칼리토류금속·철 및 마그네슘 [　　]의 금속의 분말, 구리분·니켈분 및 [　　]㎛의 체를 통과하는 것이 [　　]중량퍼센트 미만인 것은 제외한다.

---

12 ① 과아이오딘산 ② 크로뮴 ③ 차아염소산염류 ④ 염소화규소화합물 ⑤ 할로젠간화합물
13 ① 산화성고체, 충격 ② 발화, 인화 ③ 60, 불연성, 수분 ④ 53, 50 ⑤ 외, 150, 50

⑥ 마그네슘 및 제2류 제8호의 물품 중 [   ]을 함유한 것에 있어서는 다음 각목의 1에 해당하는 것은 [   ]한다.
  ㉠ [ ]밀리미터의 체를 통과하지 아니하는 덩어리 상태의 것
  ㉡ 지름 [ ]밀리미터 이상의 막대 모양의 것
⑦ 인화성고체는 고형알코올 그 밖에 1기압에서 [   ]이 섭씨 [   ]도 미만인 고체이다.
⑧ [   ]물질 및 [   ]물질은 고체 또는 액체로서 [   ] 중에서 발화의 위험성이 있거나 물과 접촉하여 발화하거나 [   ]가스를 발생하는 위험성이 있는 것이다.
⑨ "인화성액체"라 함은 액체(제3석유류, 제4석유류 및 동식물유류의 경우 1기압과 섭씨 [   ]도에서 액체인 것만 해당한다)로서 인화의 위험성이 있는 것을 말한다. 다만, 다음 각 목의 어느 하나에 해당하는 것을 중요기준과 세부기준에 따른 운반용기를 사용하여 운반하거나 저장(진열 및 판매를 [   ]한다)하는 경우는 제외한다.
  ㉠ 화장품 중 인화성액체를 포함하고 있는 것
  ㉡ 의약품 중 인화성액체를 포함하고 있는 것
  ㉢ 의약외품(알코올류에 해당하는 것은 [   ]한다) 중 수용성인 인화성액체를 [ ]부피퍼센트 이하로 포함하고 있는 것
  ㉣ 체외진단용 의료기기 중 인화성액체를 포함하고 있는 것
  ㉤ 안전확인대상생활화학제품(알코올류에 해당하는 것은 제외) 중 수용성인 인화성액체를 50부피퍼센트 이하로 포함하고 있는 것
⑩ 특수인화물은 이황화탄소, 디에틸에테르 그 밖에 1기압에서 [   ]이 섭씨 [   ]도 이하인 것 또는 [   ]이 섭씨 영하 20도 이하이고 [   ]이 섭씨 40도 이하인 것이다.
⑪ [   ]는 아세톤, 휘발유 그 밖에 1기압에서 인화점이 섭씨 21도 미만인 것이다.
⑫ 알코올류는 1분자를 구성하는 [   ]원자의 수가 [ ]개부터 [ ]개까지인 포화1가 알코올이다.(변성알코올을 [   ]) 다만, 다음 경우의 1에 해당하는 것은 제외한다.
  ㉠ 1분자를 구성하는 탄소원자의 수가 1개 내지 3개의 포화1가 알코올의 함유량이 [   ]중량퍼센트 미만인 수용액
  ㉡ 가연성액체량이 [ ]중량퍼센트 미만이고 인화점 및 연소점(태그개방식인화점측정기에 의한 연소점을 말한다. 이하 같다)이 에틸알코올 60중량퍼센트 수용액의 인화점 및 연소점을 초과하는 것

---

⑥ 마그네슘, 제외 ㉠ 2 ㉡ 2 ⑦ 인화점, 40
⑧ 자연발화성, 금수성, 공기, 가연성 ⑨ 20, 포함 ㉢ 제외, 50
⑩ 발화점, 100, 인화점, 비점 ⑪ 제1석유류 ⑫ 탄소, 1, 3, 포함 ㉠ 60 ㉡ 60

⑬ 제2석유류는 등유, 경유 그 밖에 1기압에서 [인화점]이 섭씨 21도 이상 70도 미만인 것이다. 다만, 도료류 그 밖의 물품에 있어서 가연성 액체량이 40중량퍼센트 이하이면서 인화점이 섭씨 40도 이상인 동시에 [연소점]이 섭씨 60도 [이상]인 것은 제외한다.

⑭ 제3석유류는 중유, 크레오소트유 그 밖에 1기압에서 인화점이 섭씨 [70]도 이상 섭씨 200도 미만인 것이다. 다만, 도료류 그 밖의 물품은 가연성 액체량이 40중량퍼센트 이하인 것은 제외한다.

⑮ 제4석유류는 기어유, 실린더유 그 밖에 1기압에서 인화점이 섭씨 [200]도 이상 섭씨 [250]도 미만의 것이다. 다만, 도료류 그 밖의 물품은 가연성 액체량이 40중량퍼센트 이하인 것은 제외한다.

⑯ 동식물유류는 동물의 지육 등 또는 식물의 종자나 과육으로부터 추출한 것으로서 1기압에서 인화점이 섭씨 250도 [미만]인 것을 말한다.

⑰ [자기반응성]물질이란 고체 또는 액체로서 폭발의 위험성 또는 가열분해의 격렬함을 판단하기 위하여 고시로 정하는 시험에서 고시로 정하는 성질과 상태를 나타내는 것을 말하며, 위험성 유무와 등급에 따라 제1종 또는 제2종으로 분류한다.

⑱ 산화성액체는 액체로서 [산화력]의 잠재적인 위험성을 판단하기 위하여 고시로 정하는 시험에서 고시로 정하는 성질과 상태를 나타내는 것이다.

⑲ 과산화수소는 그 농도가 36중량퍼센트 [이상]인 것에 한하며, ⑱의 성상이 있는 것으로 본다.

⑳ 질산은 그 비중이 [1.49] 이상인 것에 한하며, ⑱의 성상이 있는 것으로 본다.

06 지정수량 이상의 위험물을 저장하기 위한 저장소 등의 구분 [14]

① [　　]저장소는 옥내에 저장하는 장소이다.(옥내탱크저장소 제외)
② [　　　]저장소는 옥외에 있는 탱크(지하탱크, 간이탱크, 이동탱크, 암반탱크 제외, 이하 ③ 동일)에 위험물을 저장하는 장소이다.
③ [　　]저장소는 옥내에 있는 탱크에 위험물을 저장하는 장소이다.
④ [　　]저장소는 지하에 매설한 탱크에 위험물을 저장하는 장소이다.
⑤ [　　]저장소는 간이탱크에 위험물을 저장하는 장소이다.
⑥ [　　]저장소는 차량에 고정된 탱크에 위험물을 저장하는 장소이다.
⑦ [　　]저장소는 옥외에 위험물을 저장하는 장소이다.
⑧ [　　]저장소는 암반 내의 공간을 이용한 탱크에 액체의 위험물을 저장하는 장소이다.

07 위험물을 제조 외의 목적으로 취급하기 위한 취급소의 구분 [15]

① [　　]취급소는 배관 및 이에 부속된 설비에 의하여 위험물을 이송하는 장소이다.
② 주유취급소는 고정된 주유설비에 의하여 [　　]·[　　] 또는 [　　] 등의 연료탱크에 직접 주유하기 위하여 위험물을 취급하는 장소이다.
③ [　　]취급소는 위 ①, ②, ④ 외의 장소이다.
④ 판매취급소는 점포에서 위험물을 용기에 담아 판매하기 위하여 지정수량의 [　]배 이하의 위험물을 취급하는 장소이다.

---

14 ① 옥내 ② 옥외탱크 ③ 옥내탱크 ④ 지하탱크 ⑤ 간이탱크 ⑥ 이동탱크 ⑦ 옥외 ⑧ 암반탱크
15 ① 이송 ② 자동차, 항공기, 선박 ③ 일반 ④ 40

Chapter 02 위험물시설의 설치 및 변경

01 위험물시설의 설치 및 변경 등(법 제6조)

(1) 설치 및 변경

① 제조소등을 설치하고자 하는 자는 [   ]에 정하는 바에 따라 [   ]의 [   ]를 받아야 한다. 제조소등의 위치·구조 또는 설비 가운데 [   ]이 정하는 사항을 변경하고자 하는 때에도 또한 같다.(법 제6조 제1항) [1]

② 시·도지사는 제조소등의 설치허가 또는 변경허가 신청 내용이 다음 각 호의 기준에 적합하다고 인정하는 경우에는 허가를 하여야 한다.(영 제6조 제2항)
　㉠ 제조소등의 위치·구조 및 설비가 규정에 의한 기술기준에 적합할 것
　㉡ 제조소등에서의 위험물의 저장 또는 취급이 공공의 안전유지 또는 재해의 발생방지에 지장을 줄 우려가 없다고 인정될 것
　㉢ 다음 각 목의 제조소등은 해당 목에서 정한 사항에 대하여 한국소방산업기술원의 기술검토를 받고 그 결과가 행정안전부령으로 정하는 기준에 적합한 것으로 인정될 것. 다만, 보수 등을 위한 부분적인 변경으로서 소방청장이 정하여 고시하는 사항에 대해서는 한국소방산업기술원의 기술검토를 받지 않을 수 있으나 행정안전부령으로 정하는 기준에는 적합해야 한다. [2]
　　ⓐ 지정수량의 [   ] 이상의 위험물을 취급하는 제조소 또는 일반취급소: 구조·설비에 관한 사항
　　ⓑ 옥외탱크저장소(저장용량이 [   ] 리터 이상인 것만 해당한다) 또는 암반탱크저장소: 위험물탱크의 기초·지반, 탱크본체 및 소화설비에 관한 사항

③ ②의 ㉢ 각 목의 어느 하나에 해당하는 제조소등에 관한 설치허가 또는 변경허가를 신청하는 자는 그 시설의 설치계획에 관하여 미리 한국소방산업기술원의 기술검토를 받아 그 결과를 설치허가 또는 변경허가신청서류와 함께 제출할 수 있다.(영 제6조 제3항)

④ 변경신고(법 제6조 제2항) [3]
　㉠ 변경신고대상: 제조소등의 위치·구조 또는 설비의 변경 없이 당해 제조소등에서 저장하거나 취급하는 위험물의 [   ]·[   ] 또는 지정수량의 [   ]를 변경하고자 하는 자
　㉡ 신고기간: 변경하고자 하는 날의 [   ] 전까지 시·도지사에게 [   ]

---

1 ① 대통령령, 시·도지사, 허가, 행정안전부령
2 ⓐ 1천배, ⓑ 50만
3 ④ ㉠ 품명, 수량, 배수 ㉡ 1일, 신고

⑤ 적용 제외(법 제6조 제3항) [4]
  ㉠ 주택의 난방시설(공동주택의 중앙난방시설을 [   ]한다)을 위한 [   ] 또는 [   ]
  ㉡ 농예용·축산용 또는 수산용으로 필요한 난방시설 또는 건조시설을 위한 지정수량 [   ] 이하의 저장소

02 군용위험물시설의 설치 및 변경에 대한 특례(법 제7조) [5]

(1) 군용위험물시설 특례

① 군사목적 또는 군부대시설을 위한 제조소등을 [   ]하거나 그 위치·구조 또는 설비를 [   ]하고자 하는 군부대의 장은 대통령령이 정하는 바에 따라 [   ] 제조소등의 소재지를 관할하는 [   ]와 [   ]하여야 한다.(법 제7조 제1항)

② 군부대의 장이 ①의 규정에 따라 제조소등의 소재지를 관할하는 시·도지사와 협의한 경우에는 [   ]를 받은 것으로 본다.(법 제7조 제2항)

③ 군부대의 장은 ①에 따라 협의한 제조소등에 대하여는 [   ]검사와 [   ]검사를 자체적으로 실시할 수 있다. 이 경우 완공검사를 자체적으로 실시한 군부대의 장은 지체 없이 행정안전부령이 정하는 사항을 시·도지사에게 통보하여야 한다.
(법 제7조 제3항)

④ 통보사항(규칙 제11조 제2항)
  ㉠ 제조소등의 완공일 및 사용개시일
  ㉡ 탱크안전성능검사의 결과(탱크안전성능검사 대상이 되는 위험물탱크가 있는 경우)
  ㉢ 완공검사의 결과
  ㉣ 안전관리자 선임계획
  ㉤ 예방규정

---

4 ⑤ ㉠ 제외, 저장소, 취급소 ㉡ 20배
5 (1) ① 설치, 변경, 미리, 시·도지사, 협의 ② 허가 ③ 탱크안전성능, 완공

03 탱크안전성능검사(법 제8조)

(1) 탱크안전성능검사

① 실시권자는 [   ]이다.(법 제8조 제1항)

② 실시 시기는 위험물탱크의 설치 또는 그 위치·구조 또는 설비의 변경공사를 하는 때에 [   ]를 받기 전에 검사한다.(법 제8조 제1항)

③ 실시 목적은 기술기준에 [   ]한지의 여부를 확인하기 위해서 한다.(법 제8조 제1항)

④ 적용 제외: 탱크안전성능시험자 또는 한국소방산업기술원로부터 탱크안전성능시험을 받은 경우에는 대통령령이 정하는 바에 따라 당해 탱크안전성능검사의 [   ] 또는 [   ]를 면제할 수 있다.(법 제8조 제1항)

⑤ 시·도지사가 면제할 수 있는 탱크안전성능검사는 [   ]검사로 한다. (영 제9조 제1항)

탱크안전성능검사별 검사대상(영 제8조 제1항)·검사 내용(시행령 별표 4)·검사 신청시기 (규칙 제18조 제4항)

종류	용접부 검사	기초·지반검사	충수(充水)·수압검사	암반탱크검사
대상	옥외탱크저장소의 액체위험물탱크로 100만ℓ 이상인 탱크	옥외탱크저장소의 액체위험물탱크로 100만ℓ 이상인 탱크	액체위험물을 저장 또는 취급하는 탱크	액체위험물을 저장 또는 취급하는 암반 내의 공간을 이용한 탱크
내용	탱크에 배관 그 밖의 부속설비를 부착하기 전에 행하는, 당해 탱크의 본체에 관한 공사에 있어서 탱크의 용접부가 기준에 적합한지 여부를 확인	탱크의 기초 및 지반에 관한 공사(상당한 것 포함)에 있어서 당해 탱크의 기초 및 지반이 기준에 적합한지 여부를 확인함	탱크에 배관, 부속설비를 부착하기 전에 당해 탱크 본체의 누설 및 변형에 대한 안전성이 기준에 적합한지 여부를 확인함	탱크 본체의 공사에 있어서 탱크의 구조가 기준에 적합한지 여부 확인
신청시기	[ ]	위험물탱크의 기초 및 지반에 관한 공사의 개시 전	위험물을 저장 또는 취급하는 탱크에 배관 그 밖의 [ ]	암반탱크의 본체에 관한 공사의 개시 전

---

6 (1) ① 시·도지사 ② 완공검사 ③ 적합 ④ 전부, 일부 ⑤ 충수·수압
7 탱크 본체에 관한 공사의 개시 전 / 부속설비를 부착하기 전

04 완공검사(법 제9조) [8]

(1) 완공검사

① 완공검사권자는 [　　　]이다.(법 제9조 제1항)

② 허가를 받은 자가 제조소등의 설치를 마쳤거나 그 위치·구조 또는 설비의 변경을 마친 때에는 당해 제조소등마다 시·도지사가 행하는 완공검사를 받아 기술기준에 적합하다고 인정받은 후가 아니면 이를 사용하여서는 아니 된다. 다만, 제조소등의 위치·구조 또는 설비를 변경함에 있어서 변경허가를 신청하는 때에 [　　　　　　] 을 기재한 서류를 제출하는 경우에는 당해 변경공사와 관계가 없는 부분은 완공검사를 받기 전에 미리 사용할 수 있다.(법 제9조 제1항)

③ 완공검사를 받고자 하는 자가 제조소등의 일부에 대한 설치 또는 변경을 마친 후 그 일부를 [　　] 사용하고자 하는 경우에는 당해 제조소등의 [　　]에 대하여 완공검사를 받을 수 있다.(법 제9조 제2항)

④ 완공검사의 신청(영 제10조)
　㉠ 신청인: 제조소등에 대한 완공검사를 받고자 하는 자가 [　　　]에게 신청
　㉡ 신청처리: 완공검사 실시 후, 기술기준에 적합하다고 인정할 때 완공검사합격확인증을 교부
　㉢ 완공검사합격확인증 재교부: 분실, 멸실, 훼손, 파손시
　㉣ 재교부 신청시 첨부: 훼손, 파손시 해당 완공검사합격확인증 첨부
　㉤ 분실합격증 발견시: [　]일 이내 발견한 합격증을 시·도지사에게 제출

⑤ 완공검사의 신청 시기(규칙 제20조)
　㉠ 지하탱크가 있는 제조소등의 경우: 당해 지하탱크를 [　　]하기 전
　㉡ 이동탱크저장소의 경우: 이동저장탱크를 완공하고 [　　　]를 확보한 후
　㉢ 이송취급소의 경우: [　　　] 공사의 전체 또는 일부를 완료한 후
　㉣ 그 외의 제조소등의 경우: 제조소등의 [　　]를 완료한 후

⑥ 업무의 위탁 규정에 의하여 한국소방산업기술원이 완공검사를 실시한 경우에는 완공검사결과서를 소방서장에게 송부하고, 검사대상명·접수일시·검사일·검사번호·검사자·검사결과 및 검사결과서 발송일 등을 기재한 완공검사업무대장을 작성하여 [　　]간 보관하여야 한다.(규칙 제19조 제2항)

---

8 (1) ① 시·도지사 ② 화재예방에 관한 조치사항 ③ 미리, 일부 ④ ㉠ 시·도지사 ㉤ 10
　　⑤ ㉠ 매설 ㉡ 상치 장소 ㉢ 이송배관 ㉣ 공사 ⑥ 10년

05 제조소등 설치자의 지위승계(법 제10조) [9]

(1) 제조소등 설치자의 지위승계

　① 사유(법 제10조 제1항)
　　㉠ 제조소등 설치자가 사망하거나 그 제조소등을 양도·인도한 때: 상속인, 제조소등을 양수·인수한 자(법 제10조 제1항)
　　㉡ 법인인 제조소등 설치자의 합병: 합병 후 존속 법인이나 합병에 의하여 설립된 법인 (법 제10조 제1항)
　　㉢ 경매, 환가, 압류재산의 매각 등: 제조소등 시설의 [　　]를 인수한 자 (법 제10조 제2항)

　② 지위승계신고 등
　　㉠ 신고 기한: 승계한 날부터 [　　] 이내 [　　　　]에게 신고하여야 한다. (법 제10조 제3항)
　　㉡ 첨부 서류
　　　ⓐ 지위승계신고서(규칙 별지 제28호)
　　　ⓑ 완공검사합격확인증
　　　ⓒ 지위승계증명서류 등

06 제조소등의 폐지(법 제11조) [10]

(1) 제조소등의 폐지

　① 제조소등의 폐지신고는 [　　] 날부터 [　　] 이내 시·도지사에게 신고하여야 한다.(법 제11조)
　② 첨부 서류
　　㉠ 용도폐지신고서(규칙 별지 제29호)
　　㉡ 제조소등의 완공검사합격확인증
　③ 제조소등의 용도폐지신고를 하고자 하는 자는 용도폐지 신고서(전자문서로 된 신고서를 포함한다)에 제조소등의 완공검사합격확인증을 첨부하여 [　　　　] 또는 [　　　　]에게 제출하여야 한다.(규칙 제23조)

---

9 (1) ① ㉢ 전부 ② ㉠ 30일, 시·도지사
10 (1) ① 폐지한, 14일 ③ 시·도지사, 소방서장

07 제조소등의 사용 중지 등(법 제11조의2) [11]

① 제조소등의 관계인은 제조소등의 사용을 중지(경영상 형편, 대규모 공사 등의 사유로 [　　] 이상 위험물을 저장하지 아니하거나 취급하지 아니하는 것을 말한다.)하려는 경우에는 위험물의 제거 및 제조소등에의 출입통제 등 행정안전부령으로 정하는 [　　　　]를 하여야 한다. 다만, 제조소등의 사용을 중지하는 기간에도 [　　　　　　]가 계속하여 직무를 수행하는 경우에는 안전조치를 아니할 수 있다.(법 제11조의2 제1항)

② 위험물의 제거 및 제조소등에의 출입통제 등 행정안전부령으로 정하는 안전조치 (규칙 제23조의2 제1항)
  ㉠ 탱크·배관 등 위험물을 저장 또는 취급하는 설비에서 위험물 및 가연성 증기 등의 [　　]
  ㉡ 관계인이 아닌 사람에 대한 해당 제조소등에의 출입금지 조치
  ㉢ 해당 제조소등의 사용중지 사실의 [　　]
  ㉣ 그 밖에 위험물의 사고 예방에 필요한 조치

③ 제조소등의 관계인은 제조소등의 사용을 중지하거나 중지한 제조소등의 사용을 재개하려는 경우에는 해당 제조소등의 사용을 [　　　　] 날 또는 [　　　　] 날의 [　　] 전까지 행정안전부령으로 정하는 바에 따라 제조소등의 사용 중지 또는 재개를 [　　　　]에게 신고하여야 한다.(법 제11조의2 제2항)

④ 제조소등의 사용 중지신고 또는 재개신고를 하려는 자는 신고서(전자문서로 된 신고서를 포함한다)에 해당 제조소등의 완공검사합격확인증을 첨부하여 [　　　　　　　　　　]에게 제출해야 한다.(규칙 제23조의2 제2항)

⑤ [　　　　]는 ③에 따라 신고를 받으면 제조소등의 관계인이 ①의 본문에 따른 안전조치를 적합하게 하였는지 또는 위험물안전관리자가 직무를 적합하게 수행하는지를 확인하고 위해 방지를 위하여 필요한 안전조치의 이행을 명할 수 있다.(법 제11조의2 제3항)

⑥ [　　　　　　]은 사용 중지신고에 따라 제조소등의 사용을 중지하는 기간 동안에는 위험물안전관리자를 선임하지 아니할 수 있다.(법 제11조의2 제4항)

⑦ 사용중지 신고서를 접수한 시·도지사 또는 소방서장은 해당 제조소등에 대한 안전조치 또는 위험물안전관리자의 직무수행이 적합하다고 인정되면 해당 신고서의 사본에 수리사실을 표시하여 신고를 한 자에게 통보해야 한다.(규칙 제23조의2 제3항)

---

11 ① 3개월, 안전조치, 위험물안전관리자 ② ㉠ 제거 ㉢ 게시 ③ 중지하려는, 재개하려는, 14일, 시·도지사 ④ 시·도지사 또는 소방서장 ⑤ 시·도지사 ⑥ 제조소등의 관계인

08 제조소등 설치허가 취소와 사용정지 등(법 제12조) [12]

(1) 취소와 사용정지 등
    ① 명령권자는 [   ]이다.(법 제12조 제1항)
    ② 다음 어느 하나에 해당하는 경우 허가의 취소 또는 [   ] 이내의 제조소등의 [   ] 또는 [   ]의 사용정지를 할 수 있다.(법 제12조 제1항)
        ㉠ 변경허가를 받지 아니하고 제조소등의 위치·구조 또는 설비를 변경한 때
        ㉡ [   ]검사를 받지 아니하고 제조소등을 사용한 때
        ㉢ 안전조치 이행명령을 따르지 아니한 때
        ㉣ 수리·개조 또는 이전의 명령을 위반한 때
        ㉤ [   ]를 선임하지 아니한 때
        ㉥ 대리자를 지정하지 아니한 때
        ㉦ 정기[   ]을 하지 아니한 때
        ㉧ 정기[   ]를 받지 아니한 때
        ㉨ 저장·취급기준 준수명령을 위반한 때

09 과징금 처분(법 제13조) [13]

(1) 과징금 처분
    ① 과징금 처분은 제조소등에 대한 사용의 [   ]가 그 이용자에게 심한 불편을 주거나 그 밖에 공익을 해칠 우려가 있을 때
    ② 과징금 부과자: [   ]
    ③ 과징금 부과 금액: 사용정지처분에 갈음하여 [   ] 이하

---

12 (1) ① 시·도지사 ② 6월, 전부, 일부 ㉡ 완공 ㉤ 위험물안전관리자 ㉦ 점검 ㉧ 검사
13 (1) ① 정지 ② 시·도지사 ③ 2억 원

Chapter 03 위험물시설의 안전관리

01 위험물시설의 유지·관리(법 제14조) [1]

(1) 위험물시설의 유지·관리

① 제조소등의 [   ]은 당해 제조소등의 위치·구조 및 설비가 기술기준에 적합하도록 유지·관리하여야 한다.(법 제14조 제1항)

② 지도·감독은 [   ], [   ], [   ]이 기준에 따른 유지·관리 상황이 부적합하다고 인정되는 때에는 기술기준에 적합하도록 제조소등의 위치·구조 및 설비의 수리·개조 또는 이전을 명할 수 있다.(법 제14조 제2항)

02 위험물안전관리자(법 제15조) [2]

(1) 위험물안전관리자

① 선임의무자: 제조소등의 [   ](법 제15조 제1항)

② 선임대상 제외: 허가 받지 아니하는 제조소등 및 [   ]저장소(법 제15조 제1항)

③ 선임·신고

㉠ 해임·퇴직한 때: 해임·퇴직한 날부터 [ ]일 이내에 선임(법 제15조 제2항)

㉡ 선임한 때: 선임한 날부터 [ ]일 이내 소방본부장 또는 소방서장에게 신고한다.(법 제15조 제3항)

㉢ 안전관리자를 해임하거나 안전관리자가 퇴직한 경우 그 관계인 또는 안전관리자는 [   ]에게 그 사실을 알려 해임되거나 퇴직한 사실을 확인받을 수 있다.(법 제15조 제4항)

④ 제조소등의 관계인은 안전관리자가 여행·질병 그 밖의 사유로 인하여 일시적으로 직무를 수행할 수 없거나 안전관리자의 해임 또는 퇴직과 동시에 다른 안전관리자를 선임하지 못하는 경우에는 국가기술자격법에 따른 위험물의 취급에 관한 자격취득자 또는 위험물안전에 관한 기본지식과 경험이 있는 자로서 [   ]이 정하는 자를 대리자로 지정하여 그 직무를 대행하게 하여야 한다. 이 경우 대리자가 안전관리자의 직무를 대행하는 기간은 [ ]일을 초과할 수 없다.(법 제15조 제5항)

---

1 (1) ① 관계인 ② 시·도지사, 소방본부장, 소방서장
2 (1) ① 관계인 ② 이동탱크 ③ ㉠ 30 ㉡ 14 ㉢ 소방본부장이나 소방서장 ④ 행정안전부령, 30

⑤ 제조소등에 있어서 위험물취급자격자가 아닌 자는 안전관리자 또는 대리자가 참여한 상태에서 위험물을 취급하여야 한다.(법 제15조 제7항)

⑥ 안전관리자는 위험물의 취급에 관한 안전관리와 감독에 관한 다음 각 호의 업무를 성실하게 수행하여야 한다.(규칙 제55조) 3
  ㉠ 위험물의 취급작업에 참여하여 당해 작업이 저장 또는 취급에 관한 기술기준과 예방규정에 적합하도록 해당 작업자(당해 작업에 참여하는 위험물취급자격자 포함)에 대하여 지시 및 감독하는 업무
  ㉡ 화재 등의 재난이 발생한 경우 응급조치 및 소방관서 등에 대한 [   ]
  ㉢ 위험물시설의 안전을 담당하는 자를 따로 두는 제조소등의 경우에는 그 담당자에게 다음 각목의 규정에 의한 업무의 지시, 그 밖의 제조소등의 경우에는 다음 각목의 규정에 의한 업무
    ⓐ 제조소등의 위치·구조 및 설비를 기술기준에 적합하도록 유지하기 위한 점검과 점검상황의 [   ]
    ⓑ 제조소등의 구조 또는 설비의 이상을 발견한 경우 관계자에 대한 연락 및 응급조치
    ⓒ 화재가 발생하거나 화재발생의 위험성이 현저한 경우 소방관서 등에 대한 연락 및 응급조치
    ⓓ 제조소등의 계측장치·제어장치 및 안전장치 등의 적정한 [   ]
    ⓔ 제조소등의 위치·구조 및 설비에 관한 설계도서 등의 정비·보존 및 제조소등의 구조 및 설비의 안전에 관한 사무의 관리
  ㉣ 화재 등의 재해의 방지와 응급조치에 관하여 인접하는 제조소등과 그 밖의 관련되는 시설의 관계자와 협조체제의 유지
  ㉤ 위험물의 취급에 관한 일지의 [   ]
  ㉥ 그 밖에 위험물을 수납한 용기를 차량에 적재하는 작업, 위험물설비를 보수하는 작업 등 위험물의 취급과 관련된 작업의 안전에 관하여 필요한 감독의 수행

3 ⑥ ㉡ 연락업무 ㉢ ⓐ 기록·보존 ⓓ 유지·관리 ㉤ 작성·기록

⑦ 1인의 안전관리자를 중복하여 선임할 수 있는 경우(영 제12조) [4]
  ㉠ 보일러·버너 또는 이와 비슷한 것으로서 위험물을 소비하는 장치로 이루어진 [   ] 이하의 일반취급소와 그 일반취급소에 공급하기 위한 위험물을 저장하는 저장소(일반취급소 및 저장소가 모두 동일 구내에 있는 경우. ㉡도 동일)를 동일인이 설치한 경우
  ㉡ 위험물을 차량에 고정된 탱크 또는 운반용기에 옮겨 담기 위한 [   ] 이하의 일반취급소[일반취급소간의 거리(보행거리)가 [   ] 이내인 경우, ㉢과 ㉣도 동일]와 그 일반취급소에 공급하기 위한 위험물을 저장하는 저장소를 동일인이 설치한 경우
  ㉢ 동일 구내에 있거나 상호 [   ] 이내의 거리에 있는 저장소로서 저장소의 규모, 저장하는 위험물의 종류 등을 고려하여 행정안전부령이 정하는 저장소를 동일인이 설치한 경우
    ⓐ [   ] 이하의 옥내저장소(규칙 제56조)
    ⓑ [   ] 이하의 옥외탱크저장소
    ⓒ 옥내탱크저장소
    ⓓ 지하탱크저장소
    ⓔ 간이탱크저장소
    ⓕ [   ] 이하의 옥외저장소
    ⓖ [   ] 이하의 암반탱크저장소
  ㉣ 다음 각 목의 기준에 모두 적합한 5개 이하의 제조소등을 동일인이 설치한 경우
    ⓐ 각 제조소등이 동일 구내에 위치하거나 상호 [   ] 이내의 거리에 있을 것
    ⓑ 각 제조소등에서 저장 또는 취급하는 위험물의 최대수량이 지정수량의 [   ]배 미만일 것. 다만, 저장소의 경우에는 그러하지 아니하다.
  ㉤ 그 밖에 ㉠ 또는 ㉡의 규정에 의한 제조소등과 비슷한 것으로서 행정안전부령이 정하는 제조소등을 동일인이 설치한 경우
    ⓐ 선박주유취급소의 고정주유설비에 공급하기 위한 위험물을 저장하는 저장소와 당해 [   ](규칙 제56조)
⑧ 제조소등의 종류 및 규모에 따라 선임하여야 하는 안전관리자의 자격은 대통령령으로 정한다.(법 제15조 제9항)

---

[4] ⑦ ㉠ 7개 ㉡ 5개, 300미터 ㉢ 100미터 ⓐ 10개 ⓑ 30개 ⓕ 10개 ⓖ 10개 ㉣ ⓐ 100미터 ⓑ 3천
  ㉤ ⓐ 선박주유취급소

(2) 안전관리자대행기관

1) 안전관리대행기관의 지정(규칙 제57조) [5]

① 위험물안전관리자의 업무를 위탁받아 수행할 수 있는 관리대행기관("안전관리대행기관")은 다음에 해당하는 기관으로서 안전관리대행기관의 지정기준을 갖추어 소방청장의 지정을 받아야 한다.
  ㉠ 탱크시험자로 등록한 법인
  ㉡ 다른 법령에 의하여 안전관리업무를 대행하는 기관으로 지정·승인 등을 받은 법인

② 안전관리대행기관으로 지정받고자 하는 자는 신청서(전자문서로 된 신청서를 포함)에 다음 각호의 서류를 첨부하여 [   ]에게 제출하여야 한다.
  ㉠ 기술인력 연명부 및 기술자격증
  ㉡ 사무실의 확보를 증명할 수 있는 서류
  ㉢ [   ]

③ 지정신청을 받은 소방청장은 자격요건·기술인력 및 시설·장비보유현황 등을 검토하여 적합하다고 인정하는 때에는 위험물안전관리대행기관지정서를 발급하고, 제출된 기술인력의 기술자격증에는 그 자격자가 안전관리대행기관의 기술인력자임을 기재하여 교부하여야 한다.

④ [   ]은 안전관리대행기관에 대하여 필요한 지도·감독을 하여야 한다.

⑤ 안전관리대행기관은 지정받은 사항의 변경이 있는 경우에는 그 사유가 있는 날부터 [   ]일 이내에 위험물안전관리대행기관 변경신고서(전자문서로 된 신고서를 포함한다)에 다음 각 호의 구분에 따른 서류(전자문서를 포함한다)를 첨부하여 [   ]에게 제출해야 한다.
  ㉠ 영업소의 소재지, 법인명칭 또는 대표자를 변경하는 경우
    ⓐ [   ]
  ㉡ 기술인력을 변경하는 경우
    ⓐ 기술인력자의 연명부
    ⓑ 변경된 기술인력자의 기술자격증

⑥ 안전관리대행기관은 휴업·재개업 또는 폐업을 하려는 경우에는 휴업·재개업 또는 폐업하려는 날 [   ]일 전까지 위험물안전관리대행기관 휴업·재개업·폐업 신고서(전자문서로 된 신고서를 포함한다)에 위험물안전관리대행기관지정서(전자문서를 포함한다)를 첨부하여 [   ]에게 제출해야 한다.

⑦ 신청서 또는 신고서를 제출받은 경우에 담당공무원은 법인 [   ]를 제출받는 것에 갈음하여 그 내용을 행정정보의 공동이용을 통하여 확인하여야 한다.

---

[5] ② 소방청장 ㉢ 장비보유명세서 ④ 소방청장 ⑤ 14, 소방청장 ㉠ ⓐ 위험물안전관리대행기관지정서
⑥ 1, 소방청장 ⑦ 등기사항증명서

2) 안전관리대행기관의 지정취소(규칙 제58조) [6]

① [　　　　]은 안전관리대행기관이 다음 각호의 1에 해당하는 때에는 그 지정을 취소하거나 [　]월 이내의 기간을 정하여 그 업무의 정지를 명하거나 시정하게 할 수 있다. 다만, ㉠ 내지 ㉢의 1에 해당하는 때에는 그 지정을 취소하여야 한다.
  ㉠ 허위 그 밖의 부정한 방법으로 지정을 받은 때
  ㉡ 탱크시험자의 등록 또는 다른 법령에 의하여 안전관리업무를 대행하는 기관의 지정·승인 등이 취소된 때
  ㉢ [　　　　　　　　　　　　　　]
  ㉣ 안전관리대행기관의 지정기준에 미달되는 때
  ㉤ 소방청장의 지도·감독에 정당한 이유 없이 따르지 아니하는 때
  ㉥ 변경·휴업 또는 재개업의 신고를 [　　　] 이상 하지 아니한 때
  ㉦ 안전관리대행기관의 기술인력이 제59조의 규정에 의한 안전관리업무를 성실하게 수행하지 아니한 때

② [　　　　]은 안전관리대행기관의 지정·업무정지 또는 지정취소를 한 때에는 이를 관보에 공고하여야 한다.

③ 안전관리대행기관의 지정을 취소한 때에는 지정서를 회수하여야 한다.

3) 안전관리대행기관의 업무수행(규칙 제59조) [7]

① 안전관리대행기관은 안전관리자의 업무를 위탁받는 경우에는 규정에 적합한 기술인력을 당해 제조소등의 안전관리자로 지정하여 안전관리자의 업무를 하게 하여야 한다.

② 안전관리대행기관은 기술인력을 안전관리자로 지정함에 있어서 1인의 기술인력을 다수의 제조소등의 안전관리자로 중복하여 지정하는 경우에는 규정에 적합하게 지정하거나 안전관리자의 업무를 성실히 대행할 수 있는 범위내에서 관리하는 제조소등의 수가 [　]를 초과하지 아니하도록 지정하여야 한다. 이 경우 각 제조소등(지정수량의 [　]배 이하를 저장하는 저장소는 제외한다)의 관계인은 당해 제조소등마다 위험물의 취급에 관한 국가기술자격자 또는 안전교육을 받은 자를 안전관리원으로 지정하여 대행기관이 지정한 안전관리자의 업무를 보조하게 하여야 한다.

③ 안전관리자로 지정된 안전관리대행기관의 기술인력 또는 안전관리원으로 지정된 자는 위험물의 취급작업에 참여하여 안전관리자의 책무를 성실히 수행하여야 하며, 기술인력이 위험물의 취급작업에 참여하지 아니하는 경우에 기술인력은 점검 및 감독을 매월 [　]회(저장소의 경우에는 매월 [　]회) 이상 실시하여야 한다.

---

6 ① 소방청장, 6 ㉢ 다른 사람에게 지정서를 대여한 때 ㉥ 연간 2회 ② 소방청장
7 ② 25, 20 ③ 4, 2

④ 안전관리대행기관은 안전관리자로 지정된 안전관리대행기관의 기술인력이 여행·질병 그 밖의 사유로 인하여 일시적으로 직무를 수행할 수 없는 경우에는 안전관리대행기관에 소속된 다른 기술인력을 안전관리자로 지정하여 안전관리자의 책무를 계속 수행하게 하여야 한다.

03 탱크시험자의 등록(법 제16조) [8]

(1) 탱크시험자의 등록

① [   ] 또는 제조소등의 [   ]은 안전관리업무를 전문적이고 효율적으로 수행하기 위하여 탱크안전성능시험자로 하여금 검사 또는 점검의 [   ]를 실시할 수 있다.(법 제16조 제1항)

② 탱크시험자가 되고자 하는 자는 [   ]·[   ] 및 [   ]가 필요하다.
(법 제16조 제2항)

③ [   ]는 신청서를 접수한 때에는 [   ]일 이내에 그 신청이 등록기준에 적합하다고 인정하는 때에는 위험물탱크안전성능시험자등록증을 교부하고, 제출된 기술인력자의 기술자격증에 그 기술인력자가 당해 탱크시험기관의 기술인력자임을 기재하여 교부하여야 한다.(규칙 제60조 제3항)

④ 중요사항(영업소 소재지, 기술능력, 대표자, 상호 또는 명칭)을 변경한 경우에는 그 날부터 [   ]일 이내에 시·도지사에게 신고하여야 한다.(법 제16조 제3항)
  ㉠ 위험물탱크안전성능시험자 변경신고서와 함께 첨부해야 하는 서류(규칙 제61조)
    ⓐ 영업소 소재지의 변경: 사무소의 사용을 증명하는 서류와 위험물탱크안전성능시험자등록증
    ⓑ 기술능력의 변경: 변경하는 기술인력의 자격증과 위험물탱크안전성능시험자등록증
    ⓒ 대표자의 변경: [   ]
    ⓓ 상호 또는 명칭의 변경: 위험물탱크안전성능시험자등록증

---

8 (1) ① 시·도지사, 관계인, 일부 ② 기술능력, 시설, 장비
    ③ 시·도지사, 15 ④ 30 ㉠ ⓒ 위험물탱크안전성능시험자등록증

⑤ 다음 어느 하나에 해당하는 자는 탱크시험자로 등록하거나 탱크시험자의 업무에 종사할 수 없다.(법 제16조 제4항)
  ㉠ 피성년[   ]
  ㉡ 금고 이상의 실형의 선고를 받고 그 집행이 종료(집행이 종료된 것으로 보는 경우를 포함한다)되거나 집행이 면제된 날부터 [ ]년이 지나지 아니한 자
  ㉢ 금고 이상의 형의 집행유예 선고를 받고 그 [   ]에 있는 자
  ㉣ 탱크시험자의 등록이 취소(㉠에 해당하여 자격이 취소된 경우는 제외한다)된 날부터 2년이 지나지 아니한 자
  ㉤ 법인으로서 그 대표자가 ㉠ 내지 ㉣의 1에 해당하는 경우

⑥ [   ]는 탱크시험자가 다음 각 호의 어느 하나에 해당하는 경우에는 행정안전부령으로 정하는 바에 따라 그 등록을 취소하거나 [   ] 이내의 기간을 정하여 업무의 정지를 명할 수 있다. 다만, ㉠ 내지 ㉢에 해당하는 경우에는 그 등록을 [   ]하여야 한다.(법 제16조 제5항)
  ㉠ [   ] 그 밖의 [   ]한 방법으로 등록을 한 경우
  ㉡ 등록의 [   ]에 해당하게 된 경우
  ㉢ 등록증을 다른 자에게 [   ] 경우
  ㉣ 등록기준에 미달하게 된 경우
  ㉤ 탱크안전성능시험 또는 점검을 허위로 하거나 이 법에 의한 기준에 맞지 아니하게 탱크안전성능시험 또는 점검을 실시하는 경우 등 탱크시험자로서 적합하지 아니하다고 인정하는 경우

⑦ 탱크시험자는 이 법 또는 이 법에 의한 명령에 따라 탱크안전성능시험 또는 점검에 관한 업무를 성실히 수행하여야 한다.(법 제16조 제6항)

⑤ ㉠ 후견인 ㉡ 2 ㉢ 유예기간 중
⑥ 시·도지사, 6월, 취소 ㉠ 허위, 부정 ㉡ 결격사유 ㉢ 빌려준

04 예방규정(법 제17조)

(1) 예방규정

① [　　　]이 정하는 제조소등의 관계인은 당해 제조소등의 화재예방과 [　　] 등 [　　]발생시의 비상조치를 위하여 행정안전부령이 정하는 바에 따라 예방규정을 정하여 당해 제조소등의 사용을 [　　　　]에 [　　　　]에게 제출하여야 한다. 예방규정을 변경한 때에도 또한 같다.(법 제17조 제1항)

② 예방규정 작성대상(영 제15조)
　㉠ 지정수량의 [　]배 이상의 위험물을 취급하는 제조소
　㉡ 지정수량의 100배 이상의 위험물을 저장하는 [　　]저장소
　㉢ 지정수량의 150배 이상의 위험물을 저장하는 [　　]저장소
　㉣ 지정수량의 [　]배 이상의 위험물을 저장하는 옥외탱크저장소
　㉤ [　　]탱크저장소
　㉥ [　　]취급소
　㉦ 지정수량의 10배 이상의 위험물을 취급하는 일반취급소. 다만, 제4류 위험물(특수인화물을 제외한다)만을 지정수량의 [　]배 이하로 취급하는 일반취급소(제1석유류·알코올류의 취급량이 지정수량의 10배 이하인 경우에 한한다)로서 다음 각목의 어느 하나에 해당하는 것을 제외한다.
　　ⓐ 보일러·버너 또는 이와 비슷한 것으로서 위험물을 소비하는 장치로 이루어진 [　　]취급소
　　ⓑ 위험물을 용기에 옮겨 담거나 차량에 고정된 탱크에 주입하는 [　　]취급소

③ [　　　]는 제출한 예방규정이 기준에 적합하지 아니하거나 화재예방이나 재해발생시의 비상조치를 위하여 필요하다고 인정하는 때에는 이를 반려하거나 그 변경을 명할 수 있다.(법 제17조 제2항)

④ 제조소등의 [　　]과 그 [　　　]은 예방규정을 잘 익히고 준수하여야 한다.
(법 제17조 제3항)

---

9 (1) ① 대통령령, 화재, 재해, 시작하기 전, 시·도지사
　② ㉠ 10 ㉡ 옥외 ㉢ 옥내 ㉣ 200 ㉤ 암반 ㉥ 이송 ㉦ 50 ⓐ 일반 ⓑ 일반
　③ 시·도지사
　④ 관계인, 종업원

⑤ [　　　]은 대통령령으로 정하는 제조소등에 대하여 행정안전부령으로 정하는 바에 따라 예방규정의 이행 실태를 정기적으로 평가할 수 있다.(법 제17조 제4항)

　㉠ ⑤에서의 "대통령령으로 정하는 제조소등"이란 ①에 따른 제조소등 가운데 저장 또는 취급하는 위험물의 최대수량의 합이 지정수량의 [　　]배 이상인 제조소등을 말한다. 이 경우 소방청장은 예방규정 이행 실태 평가 대상인 제조소등의 위험성 등을 고려하여 행정안전부령으로 정하는 바에 따라 평가 방법을 다르게 할 수 있다.(영 제15조 제2항)

※ 위험물안전관리법 시행령 제22조의3【규제의 재검토】[10]
소방청장은 제15조 제2항에 따른 예방규정의 이행 실태 평가 대상에 대하여 2025년 1월 1일을 기준으로 [　　]마다(매 5년이 되는 해의 1월 1일 전까지를 말한다) 그 타당성을 검토하여 개선 등의 조치를 해야 한다.

※ 위험물안전관리법 시행규칙 제80조【규제의 재검토】[11]
소방청장은 제63조의2에 따른 예방규정의 이행 실태에 대한 평가방법 등에 대하여 2025년 1월 1일을 기준으로 [　　]마다(매 5년이 되는 해의 1월 1일 전까지를 말한다) 그 타당성을 검토하여 개선 등의 조치를 해야 한다.

---

⑤ 소방청장　㉠ 3천
10　5년
11　5년

※ 위험물안전관리법 시행규칙 [12]

제63조의2 【예방규정의 이행 실태 평가】

① 법 제17조 제4항에 따른 예방규정의 이행 실태 평가는 다음 각 호의 구분에 따라 실시한다.
  1. 최초평가: 법 제17조 제1항 전단에 따라 예방규정을 최초로 제출한 날부터 [　] 이 되는 날이 속하는 연도에 실시
  2. 정기평가: 최초평가 또는 직전 정기평가를 실시한 날을 기준으로 [　]마다 실시. 다만, 제3호에 따라 수시평가를 실시한 경우에는 수시평가를 실시한 날을 기준으로 [　]마다 실시한다.
  3. 수시평가: 위험물의 누출·화재·폭발 등의 사고가 발생한 경우 소방청장이 제조소등의 관계인 또는 종업원의 예방규정 준수 여부를 평가할 필요가 있다고 인정하는 경우에 실시

② 소방청장은 제1항에 따른 평가를 실시하는 경우 영 제15조 제2항 후단에 따라 제조소등의 위험성 등을 고려하여 [　] 또는 [　]의 방법으로 실시할 수 있다. 이 경우 현장검사는 소방청장이 정하여 고시하는 고위험군의 제조소등에 대하여만 실시한다.

③ 소방청장은 제1항에 따른 평가를 실시하는 경우 평가실시일 [　] 전까지(제1항 제3호의 경우에는 [　] 전까지를 말한다) 제조소등의 관계인에게 평가실시일, 평가항목 및 세부 평가일정에 관한 사항을 통보해야 한다.

④ 제1항에 따른 평가는 제63조 제1항 각 호에 따른 예방규정의 세부항목에 대하여 실시한다. 다만, 평가실시일부터 직전 [　] 동안 「산업안전보건법」 제46조 제4항에 따른 공정안전보고서의 이행 상태 평가 또는 「화학물질관리법」 제23조의2 제2항에 따른 화학사고예방관리계획서의 이행 여부 점검을 받은 경우로서 해당 평가 또는 점검 항목과 중복되는 항목이 있는 경우에는 해당 항목에 대한 평가를 면제할 수 있다.

⑤ 소방청장은 제1항부터 제4항까지의 규정에 따라 예방규정의 이행 실태 평가를 완료한 때에는 그 결과를 해당 제조소등의 [　]에게 통보해야 한다. 이 경우 소방청장은 제조소등의 관계인에게 화재예방과 화재 등 재해발생시 비상조치의 효율적 수행을 위하여 필요한 조치 등의 이행을 권고할 수 있다.

⑥ 제1항부터 제5항까지에서 규정한 사항 외에 예방규정의 이행 실태 평가의 내용·절차·방법 등에 관하여 필요한 사항은 소방청장이 정하여 고시한다.

---

12 ① 1. 3년 2. 4년, 4년 ② 서면점검, 현장검사 ③ 30일, 7일 ④ 1년 ⑤ 관계인

05 정기점검 및 정기검사(법 제18조)

(1) 정기점검 13

① 점검의무자는 제조소등의 [　　]이다.(법 제18조 제1항)
② 규정에 따른 기술기준에 적합한지의 여부를 정기적으로 점검하고 점검결과를 기록하여 보존하여야 한다.(법 제18조 제1항)
③ 정기점검을 한 제조소등의 관계인은 점검을 한 날부터 [　] 이내에 점검결과를 [　　　]에게 제출하여야 한다.(법 제18조 제2항)
④ 정기점검의 횟수는 연 [ ]회 이상 정기점검을 실시하여야 한다.(규칙 제64조)
⑤ 정기점검의 대상(영 제16조)
　㉠ [　　]을 정해야 하는 제조소등
　㉡ [　]탱크저장소
　㉢ [　]탱크저장소
　㉣ 위험물을 취급하는 탱크로서 [　]에 매설된 탱크가 있는 [　　]·[　]취급소 또는 [　]취급소
⑥ 특정·준특정옥외탱크저장소의 정기점검
　㉠ 옥외탱크저장소 중 저장 또는 취급하는 액체위험물의 [　]수량이 50만 리터 이상인 것에 대하여 정기점검 외의 다음 각 호에 어느 하나에 해당하는 기간 이내에 [ ]회 이상 구조안전점검을 실시하여야 한다.(규칙 제65조 제1항)
　　ⓐ 특정·준특정옥외탱크저장소의 설치허가에 따른 완공검사합격확인증을 발급받은 날부터 [　]년
　　ⓑ 최근의 [　　]검사를 받은 날부터 11년
　　ⓒ 특정·준특정옥외저장탱크에 안전조치를 한 후 구조안전점검 시기 연장신청을 하여 해당 안전조치가 적정한 것으로 인정받은 경우, 최근의 정밀정기검사를 받은 날부터 [　]년
　㉡ 다만, 구조안전점검의 실시가 곤란한 경우에는 [　　　]에게 연장신청을 할 수 있으며, 그 신청을 받은 소방서장은 [ ]년의 범위에서 실시기간을 연장할 수 있다.(규칙 제65조 제1항)
⑦ 탱크시험자는 정기점검을 실시한 결과 그 탱크 등의 유지관리상황이 적합하다고 인정되는 때에는 점검을 완료한 날부터 [　　] 이내에 정기점검결과서에 위험물탱크안전성능시험자등록증 사본 및 시험성적서를 첨부하여 제조소등의 [　　]에게 교부하고, 적합하지 아니한 경우에는 개선하여야 하는 사항을 통보하여야 한다.(규칙 제69조 제2항)

---

13 (1) ① 관계인 ③ 30일, 시·도지사 ④ 1 ⑤ ㉠ 예방규정 ㉡ 지하 ㉢ 이동 ㉣ 지하, 제조소, 주유, 일반
⑥ ㉠ 최대, 1 ⓐ 12 ⓑ 정밀정기 ⓒ 13 ㉡ 관할소방서장, 1 ⑦ 10일, 관계인

(2) 정기검사 [14]

① 정기검사자는 [　　　] 또는 [　　　]이다.(법 제18조 제3항)

② 정기검사의 대상인 제조소등(대통령령이 정하는 제조소등): 액체위험물을 저장 또는 취급하는 [　]만 리터 이상의 옥외탱크저장소(영 제17조)

③ 정기검사 시기(규칙 제70조)

　㉠ 정밀정기검사: 다음 각 목의 어느 하나에 해당하는 기간 내에 1회
　　ⓐ 특정·준특정옥외탱크저장소의 설치허가에 따른 완공검사합격확인증을 발급받은 날부터 [　]년
　　ⓑ 최근의 정밀정기검사를 받은 날부터 11년

　㉡ 중간정기검사: 다음 각 목의 어느 하나에 해당하는 기간 내에 1회
　　ⓐ 특정·준특정옥외탱크저장소의 설치허가에 따른 [　　　　　　]을 발급받은 날부터 4년
　　ⓑ 최근의 [　　]정기검사 또는 [　　]정기검사를 받은 날부터 4년

---

14 (2) ① 소방본부장, 소방서장 ② 50 ③ ㉠ ⓐ 12 ㉡ ⓐ 완공검사합격확인증 ⓑ 정밀, 중간

06 자체소방대(법 제19조) [15]

(1) 자체소방대

① 다량의 위험물을 저장·취급하는 제조소등으로서 대통령령이 정하는 제조소등이 있는 [   ] 사업소에서 대통령령이 정하는 수량 [   ]의 위험물을 저장 또는 취급하는 경우 당해 사업소의 [   ]은 대통령령이 정하는 바에 따라 당해 사업소에 [   ]를 설치하여야 한다.(법 제19조 제1항)

② 의무설치대상
  ㉠ "대통령령이 정하는 제조소등"이란 다음 각 호의 어느 하나에 해당하는 제조소등을 말한다.(영 제18조 제1항)
    ⓐ 제[ ]류 위험물을 취급하는 제조소 또는 일반취급소. 다만, 보일러로 위험물을 소비하는 일반취급소 등 행정안전부령으로 정하는 일반취급소는 [   ]한다.
    ⓑ 제[ ]류 위험물을 저장하는 [   ]탱크저장소
  ㉡ "대통령령이 정하는 수량 이상"이란 다음 각 호의 구분에 따른 수량을 말한다. (영 제18조 제2항)
    ⓐ ㉠의 ⓐ호에 해당하는 경우: 제조소 또는 일반취급소에서 취급하는 제4류 위험물의 최대수량의 합이 지정수량의 [   ] 배 이상
    ⓑ ㉠의 ⓑ호에 해당하는 경우: 옥외탱크저장소에 저장하는 제4류 위험물의 최대수량이 지정수량의 [   ] 배 이상

---

15 (1) ① 동일한, 이상, 관계인, 자체소방대 ② ㉠ ⓐ 4, 제외 ⓑ 4, 옥외 ㉡ ⓐ 3천 ⓑ 50만

시행령 별표 8 [16]

【자체소방대에 두는 화학소방자동차 및 인원】

사업소의 구분	화학소방 자동차	자체소방 대원수
㉠ 제조소 또는 일반취급소에서 취급하는 제4류 위험물의 최대 지정수량의 3천 배 이상 12만 배 미만인 사업소	1대	5인
㉡ 제조소 또는 일반취급소에서 취급하는 제4류 위험물의 최대 지정수량의 [ ]만 배 이상 24만 배 미만인 사업소	2대	10인
㉢ 제조소 또는 일반취급소에서 취급하는 제4류 위험물의 최대 지정수량의 24만 배 이상 [ ]만 배 미만인 사업소	3대	15인
㉣ 제조소 또는 일반취급소에서 취급하는 제4류 위험물의 최대 지정수량의 48만 배 이상인 사업소	4대	20인
㉤ [ ]저장소에 저장하는 제4류 위험물의 최대수량이 지정수량의 [ ]만 배 이상인 사업소	2대	[ ]인

③ 자체소방대의 설치 제외(규칙 제73조)

제4류 위험물을 취급하는 제조소 또는 일반취급소 중 [17]
㉠ [   ], 버너 그 밖에 이와 유사한 장치로 위험물을 소비하는 일반취급소
㉡ 이동저장탱크 그 밖에 이와 유사한 것에 위험물을 주입하는 일반취급소
㉢ [   ]에 위험물을 채우는 일반취급소
㉣ [   ]장치, 윤활유순환장치 그 밖에 이와 유사한 장치로 위험물을 취급하는 일반취급소
㉤ 「광산안전법」의 적용을 받는 일반취급소

---

16 ㉡ 12 ㉢ 48 ㉤ 옥외탱크, 50, 10
17 ㉠ 보일러 ㉢ 용기 ㉣ 유압

④ 자체소방대 편성의 특례(규칙 제74조) [18]
  ㉠ [ ] 이상의 사업소가 상호응원에 관한 협정을 체결하고 있는 경우에는 당해 모든 사업소를 하나의 사업소로 보고 제조소 또는 취급소에서 취급하는 제4류 위험물을 합산한 양을 하나의 사업소에서 취급하는 [   ] 위험물의 최대수량으로 간주하여 동항 본문의 규정에 의한 화학소방자동차의 대수 및 자체소방대원을 정할 수 있다.
  ㉡ 이 경우 상호응원에 관한 협정을 체결하고 있는 각 사업소의 자체소방대에는 화학소방차 대수의 [   ] 이상의 대수와 화학소방자동차마다 [ ]인 이상의 자체소방대원을 두어야 한다.

⑤ 화학소방차의 기준 등(규칙 제75조)
  ㉠ 화학소방자동차(내폭화학차 및 제독차를 포함한다)에 갖추어야 하는 소화능력 및 설비의 기준은 별표 23과 같다.
  ㉡ 포수용액을 방사하는 화학소방자동차의 대수는 화학소방자동차의 대수의 [   ] 이상으로 하여야 한다.

【화학소방자동차에 갖추어야 하는 소화능력 및 설비의 기준】 시행규칙 별표 23 [19]

화학소방자동차의 구분	소화능력 및 설비의 기준
포수용액 방사차	포수용액의 방사능력이 매분 [ ]L 이상일 것
	소화약액탱크 및 소화약액혼합장치를 비치할 것
	[ ]L 이상의 포수용액을 방사할 수 있는 양의 소화약제를 비치할 것
분말 방사차	분말의 방사능력이 매초 [ ]kg 이상일 것
	분말탱크 및 가압용가스설비를 비치할 것
	[ ]kg 이상의 분말을 비치할 것
할로젠화합물 방사차	할로젠화합물의 방사능력이 매초 [ ]kg 이상일 것
	할로젠화합물탱크 및 가압용가스설비를 비치할 것
	[ ]kg 이상의 할로젠화합물을 비치할 것
이산화탄소 방사차	이산화탄소의 방사능력이 매초 [ ]kg 이상일 것
	이산화탄소저장용기를 비치할 것
	[ ]kg 이상의 이산화탄소를 비치할 것
제독차	가성소다 및 규조토를 각각 [ ]kg 이상 비치할 것

---

18 ④ ㉠ 2, 제4류 ㉡ 2분의 1, 5 ⑤ ㉡ 3분의 2
19 2000, 10만, 35, 1400, 40, 1000, 40, 3000, 50

07 제조소등에서의 흡연 금지(위험물안전관리법 제19조의2) [20]

① 누구든지 제조소등에서는 지정된 장소가 아닌 곳에서 흡연을 하여서는 아니 된다.
② 제조소등의 관계인은 해당 제조소등이 금연구역임을 알리는 표지를 설치하여야 한다.
③ [   ]는 제조소등의 관계인이 ②를 위반하여 금연구역임을 알리는 표지를 설치하지 아니하거나 보완이 필요한 경우 일정한 기간을 정하여 그 시정을 명할 수 있다.
④ ①에 따른 지정 기준·방법 등은 대통령령으로 정하고, ②에 따른 표지를 설치하는 기준·방법 등은 행정안전부령으로 정한다.
   ㉠ 흡연장소의 지정기준 등(영 제18조의2)
      ⓐ 제조소등의 [   ]은 제조소등에서 흡연장소를 지정할 필요가 있다고 인정하는 경우 다음 각 호의 기준에 따라 흡연장소를 지정해야 한다.
        1. 흡연장소는 [   ](「산업표준화법」에 따른 한국산업표준에서 정한 폭발성 가스에 의한 폭발위험장소의 범위를 말한다) 외의 장소에 지정하는 등 위험물을 저장·취급하는 건축물, 공작물 및 기계·기구, 그 밖의 설비로부터 안전 확보에 필요한 일정한 거리를 둘 것
        2. 흡연장소는 [   ]로 지정할 것. 다만, 부득이한 경우에는 건축물 내에 지정할 수 있다.
      ⓑ 제조소등의 관계인은 ⓐ에 따라 흡연장소를 지정하는 경우에는 다음 각 호의 방법에 따른 화재예방 조치를 해야 한다.
        1. 흡연장소는 [   ](室)로 하되, 가연성의 증기 또는 미분이 실내에 체류하거나 실내로 유입되는 것을 방지하기 위한 구조 또는 설비를 갖출 것
        2. [   ](이에 준하는 소화설비를 포함한다)를 1개 이상 비치할 것
      ⓒ ⓐ 및 ⓑ에서 규정한 사항 외에 흡연장소의 지정 기준·방법 등에 관한 세부적인 기준은 [   ]이 정하여 고시한다.

---

20 ③ 시·도지사
    ④ ㉠ ⓐ 관계인 1. 폭발위험장소 2. 옥외 ⓑ 1. 구획된 실 2. 소형수동식소화기 ⓒ 소방청장

Chapter 04 위험물의 운반 등

01 위험물의 운반(법 제20조)

(1) 위험물의 운반

① 위험물 용기·적재방법 및 운반방법에 관한 중요기준과 세부기준을 준수한다. (법 제20조 제1항)
  ㉠ 중요기준: 화재 등 위해의 예방과 응급조치에 있어서 큰 영향을 미치거나 그 기준을 위반하는 경우 [직접적]으로 화재를 일으킬 가능성이 큰 기준
  ㉡ 세부기준: 중요기준보다 상대적으로 적은 영향을 미치거나 그 기준을 위반하는 경우 [간접적]으로 화재를 일으킬 수 있는 기준 및 위험물의 안전관리에 필요한 표시와 서류·기구 등의 비치에 관한 기준

② ①에 따라 운반용기에 수납된 위험물을 지정수량 [이상]으로 차량에 적재하여 운반하는 차량의 운전자는 다음 각 호의 어느 하나에 해당하는 요건을 갖추어야 한다.
  ㉠ 「국가기술자격법」에 따른 [위험물] 분야의 자격을 취득할 것
  ㉡ [소방청장]이 실시하는 안전교육을 수료할 것

③ 운반용기를 제작하거나 수입한 자 등의 [신청]에 따라 운반용기를 검사할 수 있다. 다만, 기계에 의하여 하역하는 구조로 된 대형의 운반용기로서 행정안전부령이 정하는 것을 제작하거나 수입한 자 등은 행정안전부령이 정하는 바에 따라 당해 용기를 사용하거나 유통시키기 전에 [시·도지사]가 실시하는 운반용기에 대한 검사를 받아야 한다. (법 제20조 제3항)

④ ③에 따라 운반용기의 검사를 받고자 하는 자는 신청서(전자문서로 된 신청서를 포함한다)에 용기의 설계도면과 재료에 관한 설명서를 첨부하여 기술원에 제출해야 한다. 다만, UN의 위험물 운송에 관한 권고(RTDG, Recommendations on the Transport of Dangerous Goods)에서 정한 기준에 따라 관련 검사기관으로부터 검사를 받은 때에는 그렇지 않다.(규칙 제51조 제2항)

⑤ 운반용기 검사자는 [시·도지사]이다.(법 제20조 제2항)

---

1 (1) ① ㉠ 직접적 ㉡ 간접적 ② 이상 ㉠ 위험물 ㉡ 소방청장 ③ 신청, 시·도지사 ⑤ 시·도지사

02 위험물의 운송(법 제21조)

(1) 위험물의 운송

① 위험물운송자(운송책임자 및 이동탱크저장소 운전자)는 다음 각 호 어느 하나에 해당하는 요건을 갖추어야 한다.(법 제21조 제1항)
  ㉠ 「국가기술자격법」에 따른 위험물 분야의 자격을 취득할 것
  ㉡ 소방청장이 실시하는 안전교육을 수료할 것

② [   ]의 감독 또는 지원을 받아 이를 운송하는 위험물(영 제19조)

> ㉠ [   ]알루미늄
> ㉡ [   ]리튬
> ㉢ 제1호 또는 제2호의 물질을 함유하는 위험물

③ 위험물의 운송에 있어서는 운송책임자(위험물 운송의 감독 또는 지원을 하는 자를 말한다.)의 감독 또는 지원을 받아 이를 운송하여야 한다.(법 제21조 제2항)

---

2 (1) ② 운송책임자 ㉠ 알킬 ㉡ 알킬

Chapter 05 감독 및 조치명령

01 출입·검사 등(법 제22조)

(1) 출입·검사

① 출입·검사권자는 소방[　　], [　　　　](중앙119구조본부장 및 그 소속기관의 장 포함), 소방[　　] 또는 소방[　　]이다.(법 제22조 제1항)

② 위험물의 저장 또는 취급에 따른 화재의 [　　] 또는 [　　　　]을 위하여 필요한 때 검사할 수 있다.(법 제22조 제1항)

③ 위험물을 저장 또는 취급하고 있다고 인정되는 장소를 검사할 수 있다.(법 제22조 제1항)

④ 개인의 주거는 [　　　]의 승낙을 얻은 경우 또는 화재발생의 우려가 커서 긴급한 경우가 아니면 출입할 수 없다.(법 제22조 제1항)

⑤ 출입·검사 방법(법 제22조 제1항)
　㉠ 관계인에 대하여 필요한 보고 또는 자료제출을 명령
　㉡ [　　　　]으로 하여금 당해 장소에 출입하여 그 장소의 위치·구조·설비 및 위험물의 저장·취급상황에 대하여 검사
　㉢ [　　　]에게 질문
　㉣ 시험에 필요한 [　　]한의 위험물 또는 위험물로 의심되는 물품을 수거

⑥ 운송자의 자격 확인: 소방공무원 또는 경찰공무원이 주행 중인 위험물 운반 [　　] 또는 [　　]탱크저장소를 정지시켜 해당 위험물[　　　] 또는 위험물[　　　]에게 그 자격을 증명할 수 있는 국가기술자격증 또는 교육수료증의 제시를 요구(법 제22조 제2항)

⑦ 출입·검사시간: 그 장소의 [　　]시간이나 [　　]시간 내 또는 해가 뜬 후부터 해가 지기 전까지의 시간 내(법 제22조 제3항)

⑧ 비밀누설 금지: 출입·검사 등을 행하는 [　　　　]은 관계인의 정당한 업무를 방해하거나 출입·검사 등을 수행하면서 알게 된 비밀을 다른 자에게 누설 금지 (법 제22조 제4항)

⑨ 탱크시험자 명령: 시·도지사, 소방본부장 또는 소방서장은 탱크시험자에 대하여 필요한 보고 또는 자료제출을 명하거나 관계 공무원으로 하여금 당해 사무소에 출입하여 업무의 상황·시험기구·장부·서류와 그 밖의 물건을 검사하게 하거나 관계인에게 질문 (법 제22조 제5항)

⑩ 신분 제시: 출입·검사 등을 하는 관계 공무원은 그 권한을 표시하는 [　　]를 지니고 관계인에게 제시(법 제22조 제6항)

---

1 (1) ① 청장, 시·도지사, 본부장, 서장 ② 예방, 진압대책 ④ 관계인 ⑤ ㉡ 관계공무원 ㉢ 관계인 ㉣ 최소 ⑥ 차량, 이동, 운반자, 운송자 ⑦ 공개, 근무 ⑧ 관계공무원 ⑩ 증표

02 위험물 누출 등의 사고 조사(법 제22조의2) [2]

① 소방청장, 소방본부장 또는 소방서장은 위험물의 누출·화재·폭발 등의 사고가 발생한 경우 사고의 원인 및 피해 등을 조사하여야 한다.(법 제22조의2 제1항)

② 소방청장, 소방본부장 또는 소방서장은 제1항에 따른 사고 조사에 필요한 경우 자문을 하기 위하여 관련 분야에 전문지식이 있는 사람으로 구성된 [   ]를 둘 수 있다.(법 제22조의2 제3항)

③ 사고조사위원회의 구성과 운영 등에 필요한 사항은 대통령령으로 정한다. (법 제22조의2 제4항)

④ 사고조사위원회는 위원장 1명을 포함하여 [ ]명 이내의 위원으로 구성한다. (영 제19조의2 제1항)

03 탱크시험자에 대한 명령(법 제23조) [3]

① 명령권자는 시·도지사, 소방본부장 또는 소방서장이다.

② 탱크시험자에 대하여 당해 업무를 실시하기 위해 [   ] 때 명령할 수 있다.

③ 명령 대상: 탱크시험자

04 무허가장소의 위험물에 대한 조치명령(법 제24조) [4]

① 명령권자는 시·도지사, 소방본부장 또는 소방서장이다.

② 위험물에 대한 재해를 방지하기 위하여 명령할 수 있다.

③ 명령 대상: 허가를 받지 아니하고 지정수량 [   ]의 위험물을 저장 또는 취급하는 자

④ 조치명령 내용: 당해 위험물 및 시설의 [   ] 등 필요한 조치명령

---

2 ② 사고조사위원회 ④ 7
3 ② 필요한
4 ③ 이상 ④ 제거

05 제조소등에 대한 긴급 사용정지명령 등(법 제25조) [5]

① 명령권자는 시·도지사, 소방본부장 또는 소방서장이다.
② 공공의 안전을 유지하거나 재해의 발생을 방지하기 위하여 명령할 수 있다.
③ 명령 대상: [   ] 필요가 있다고 인정하는 때에는 제조소등의 관계인
④ 당해 제조소등의 사용을 [   ]하거나 그 사용을 [   ]할 것을 명할 수 있다.

06 저장·취급기준 준수명령 등(법 제26조) [6]

① 명령권자는 시·도지사, 소방본부장 또는 소방서장이다.(법 제26조 제1항)
② 제조소등에서의 위험물의 저장 또는 취급이 규정에 위반된다고 인정하는 때에는 당해 제조소등의 관계인에 대하여 동항의 기준에 따라 위험물을 저장 또는 취급하도록 명할 수 있다.(법 제26조 제1항)
③ 관할하는 구역에 있는 [   ]저장소에서의 위험물의 저장 또는 취급이 규정에 위반된다고 인정하는 때에는 당해 이동탱크저장소의 [   ]에 대하여 동항의 기준에 따라 위험물을 저장 또는 취급하도록 명할 수 있다.(법 제26조 제2항)
④ 시·도지사, 소방본부장 또는 소방서장은 이동탱크저장소의 관계인에 대하여 명령을 한 경우에는 행정안전부령이 정하는 바에 따라 당해 이동탱크저장소의 허가를 한 시·도지사, 소방본부장 또는 소방서장에게 신속히 그 취지를 통지하여야 한다.
(법 제26조 제3항)

07 응급조치·통보 및 조치명령(법 제27조) [7]

① 제조소등의 관계인은 당해 제조소등에서 위험물의 유출 그 밖의 사고가 발생한 때에는 즉시 그리고 지속적으로 위험물의 유출 및 확산의 방지, 유출된 위험물의 제거 그 밖에 재해의 발생방지를 위한 [   ]를 강구하여야 한다.(법 제27조 제1항)
② 사태를 발견한 자는 즉시 그 사실을 [   ], [   ] 또는 그 밖의 [   ]에 통보하여야 한다.(법 제27조 제2항)
③ 소방본부장 또는 소방서장은 제조소등의 관계인이 응급조치를 강구하지 아니하였다고 인정하는 때에는 제1항의 응급조치를 강구하도록 명할 수 있다.(법 제27조 제3항)
④ 소방본부장 또는 소방서장은 그 관할하는 구역에 있는 이동탱크저장소의 관계인에 대하여 ③의 규정의 예에 따라 ①의 응급조치를 강구하도록 명할 수 있다.(법 제27조 제4항)

---

5 ③ 긴급한 ④ 일시정지, 제한
6 ③ 이동탱크, 관계인
7 ① 응급조치 ② 소방서, 경찰서, 관계기관

Chapter 06 보 칙

01 안전교육(법 제28조) [1]

(1) 안전교육

① 안전교육 실시자는 [   ]이다.(법 제28조 제1항)

② 대상자: 안전관리자·탱크시험자·위험물운반자·위험물운송자 등 위험물의 안전관리와 관련된 업무를 수행하는 자(법 제28조 제1항)

③ 대통령령이 정하는 자는 해당 업무에 관한 능력의 습득 또는 향상을 위하여 교육을 받아야 한다.(법 제28조 제1항)

④ 대통령령이 정하는 자(영 제20조)
  ㉠ [   ]로 선임된 자
  ㉡ [   ]의 기술인력으로 종사하는 자
  ㉢ 위험물운반자로 종사하는 자
  ㉣ 위험물운송자로 종사하는 자

⑤ 제조소등의 관계인은 ②의 규정에 따른 교육대상자에 대하여 필요한 안전교육을 받게 하여야 한다.(법 제28조 제2항)

⑥ 교육의 과정 및 기간과 그 밖에 교육의 실시에 관하여 필요한 사항은 [   ]으로 정한다.(법 제28조 제3항)

⑦ [   ], [   ] 또는 [   ]은 교육대상자가 교육을 받지 아니한 때에는 그 교육대상자가 교육을 받을 때까지 이 법의 규정에 따라 그 자격으로 행하는 행위를 [   ]할 수 있다.(법 제28조 제4항)

02 청문(법 제29조) [2]

(1) 청 문

① 실시권자: 시·도지사, 소방본부장 또는 소방서장

② 청문 대상: 제조소등의 설치허가 [   ], 탱크시험자의 [   ]

---

1 (1) ① 소방청장 ④ ㉠ 안전관리자 ㉡ 탱크시험자 ⑥ 행정안전부령
      ⑦ 시·도지사, 소방본부장, 소방서장, 제한
2 (1) ② 취소, 등록취소

03 위험물 안전관리에 관한 협회(법 제29조의2) [3]

(1) 위험물 안전관리에 관한 협회

① 제조소등의 관계인, 위험물운송자, 탱크시험자 및 안전관리자의 업무를 위탁받아 수행할 수 있는 안전관리대행기관으로 소방청장의 지정을 받은 자는 위험물의 안전관리, 사고 예방을 위한 안전기술 개발, 그 밖에 위험물 안전관리의 건전한 발전을 도모하기 위하여 위험물 안전관리에 관한 협회를 설립할 수 있다.

② 협회는 법인으로 한다.

③ 협회는 소방청장의 [　]를 받아 주된 사무소의 소재지에 설립등기를 함으로써 성립한다.

④ 협회의 설립인가 절차 및 정관의 기재사항 등에 관하여 필요한 사항은 대통령령으로 정한다.

⑤ 협회의 업무는 정관으로 정한다.

⑥ 협회에 관하여 이 법에서 규정한 것 외에는 「민법」 중 [　　]에 관한 규정을 준용한다.

04 권한의 위임·위탁(법 제30조) [4]

(1) 권한의 위임

① 소방청장 또는 시·도지사는 이 법에 따른 권한의 일부를 대통령령이 정하는 바에 따라 시·도지사, 소방본부장 또는 소방서장에게 위임할 수 있다.(법 제30조 제1항)

　㉠ 시·도지사는 다음 각 호의 권한을 [　　]에게 위임한다. 다만, 동일한 시·도에 있는 둘 이상의 소방서장의 관할구역에 걸쳐 설치되는 이송취급소에 관련된 권한을 제외한다.(영 제21조)

　　ⓐ 제조소등의 설치허가 또는 변경허가

　　ⓑ 위험물의 품명·수량 또는 지정수량의 배수의 변경신고의 수리

　　ⓒ 군사목적 또는 군부대시설을 위한 제조소등을 설치하거나 그 위치·구조 또는 설비의 변경에 관한 군부대의 장과의 협의

　　ⓓ 탱크안전성능검사(기술원에 위탁하는 것 제외)

　　ⓔ 완공검사(기술원에 위탁하는 것 제외)

---

3 (1) ③ 인가 ⑥ 사단법인
4 (1) ① ㉠ 소방서장

ⓕ 제조소등의 설치자의 지위승계신고의 수리
ⓖ 제조소등의 용도폐지신고의 수리
ⓗ 제조소등의 사용 중지신고 또는 재개신고의 수리
ⓘ 안전조치의 이행명령
ⓙ 제조소등의 설치허가의 취소와 사용정지
ⓚ 과징금처분
ⓛ 예방규정의 수리·반려 및 변경명령
ⓜ 정기점검 결과의 수리
ⓝ 제조소등에서의 흡연 금지구역임을 알리는 표지의 설치·보완에 대한 시정명령

(2) 업무의 위탁(영 제22조) 5

① 소방청장, 시·도지사, 소방본부장 또는 소방서장은 이 법에 따른 업무의 일부를 대통령령이 정하는 바에 따라 한국소방안전원 또는 기술원에 위탁할 수 있다.

업무	위탁
• 위험물운반자 또는 위험물운송자의 요건을 갖추려는 사람에 대한 안전교육 • 위험물취급자격자의 자격을 갖추려는 사람에 대한 안전교육 • 안전관리자로 선임된 자에 대한 안전교육 • 위험물운반자로 종사하는 자에 대한 안전교육 • 위험물운송자로 종사하는 자에 대한 안전교육	소방청장 → [ ]
• 탱크시험자에 대한 안전교육	소방청장 → [ ]
㉠ 다음의 탱크에 대한 탱크안전성능검사 　• 용량이 [ ]리터 이상인 액체위험물을 저장하는 탱크 　• 암반탱크 　• 지하탱크저장소의 위험물탱크 중 [ ]탱크 ㉡ 다음의 완공검사 　• 지정수량의 [ ]배 이상의 위험물을 취급하는 제조소 또는 일반취급소의 설치 또는 변경(사용 중인 제조소 또는 일반취급소의 보수 또는 부분적인 증설은 제외한다)에 따른 완공검사 　• 옥외탱크저장소(저장용량이 50만 리터 이상인 것만 해당한다) 또는 [ ]저장소의 설치 또는 변경에 따른 완공검사 ㉢ 운반용기 검사	시·도지사 → 기술원
[ ]	소방본부장 또는 소방서장 → 기술원

---

5 (2) ① 안전원, 기술원 ㉠ 100만, 이중벽 ㉡ 1천, 암반탱크 / 정기검사

05 수수료 등(법 제31조) [6]

다음 각 호의 어느 하나에 해당하는 승인·허가·검사 또는 교육 등을 받으려는 자나 등록 또는 신고를 하려는 자는 [   ]으로 정하는 바에 따라 수수료 또는 교육비를 납부하여야 한다.

① 임시저장·취급의 승인

② 제조소등의 설치 또는 변경의 허가

③ 제조소등의 탱크안전성능검사

④ 제조소등의 완공검사

⑤ 설치자의 지위승계신고

⑥ 탱크시험자의 등록

⑦ 탱크시험자의 등록사항 변경신고

⑧ 정기검사

⑨ 운반용기의 검사

⑩ 안전교육

06 벌칙적용에 있어서의 공무원 의제(법 제32조) [7]

다음 각 호의 자는 형법 제129조 내지 제132조의 적용에 있어서는 이를 공무원으로 본다.

① [   ]업무에 종사하는 기술원의 담당 임원 및 직원

② [   ]의 업무에 종사하는 자

③ [   ]받은 업무에 종사하는 안전원 및 기술원의 담당 임원 및 직원

---

6 행정안전부령
7 ① 검사 ② 탱크시험자 ③ 위탁

Chapter 07 벌칙

01 벌칙 [1]

내 용	벌칙
① 제조소 등에서 위험물을 유출·방출 또는 확산시켜 사람의 생명·신체 또는 재산에 대하여 위험을 발생시킨 자 ▶【법 제33조 제1항】	1년 이상 [ ]년 이하의 징역
① 위험물을 유출·방출 또는 확산시켜 사람을 [　]에 이르게 한 때 ▶【법 제33조 제2항】	무기 또는 3년 이상의 징역
① 위험물을 유출·방출 또는 확산시켜 사람을 사망에 이르게 한 때 ▶【법 제33조 제2항】	무기 또는 [ ]년 이상의 징역
① 업무상 과실로 제조소 등에서 위험물을 유출·방출 또는 확산시켜 사람의 생명·신체 또는 재산에 대하여 위험을 발생시킨 자 ▶【법 제34조 제1항】	7년 이하의 금고 또는 7천만 원 이하의 벌금
① 업무상 과실로 제조소 등에서 위험물을 유출·방출 또는 확산시켜 사람을 [　]에 이르게 한 자 ▶【법 제34조 제2항】	10년 이하의 징역 또는 금고나 1억 원 이하의 벌금
① 제조소 등의 설치허가를 받지 아니하고 제조소 등을 설치한 자 ▶【법 제34조의2】	[ ]년 이하의 징역 또는 [　　] 원 이하의 벌금
① 저장소 또는 제조소 등이 아닌 장소에서 지정수량 이상의 위험물을 저장 또는 취급한 자 ▶【법 제34조의3】	[ ]년 이하의 징역 또는 [　　] 원 이하의 벌금
① 탱크시험자로 [　]하지 아니하고 탱크시험자의 업무를 한 자 ② 정기점검을 하지 아니하거나 점검기록을 허위로 작성한 관계인 ③ 정기검사를 받지 아니한 관계인 ④ [　　　]를 두지 아니한 관계인 ⑤ 운반용기에 대한 검사를 받지 아니하고 운반용기를 사용하거나 유통시킨 자ㄴ ⑥ 명령을 위반하여 보고 또는 자료제출을 하지 아니하거나 허위의 보고 또는 자료제출을 한 자 또는 관계공무원의 출입·검사 또는 수거를 거부·방해 또는 기피한 자 ⑦ 제조소 등에 대한 긴급 사용정지제한명령을 위반한 자 ▶【법 제35조】	1년 이하의 징역 또는 1천만 원 이하의 벌금

---

1 ① 10 / ① 상해 / ① 5 / ① 사상 / ① 5, 1억 / ① 3, 3천만 / ① 등록 ④ 자체소방대 /

① 위험물의 저장 또는 취급에 관한 중요기준에 따르지 아니한 자 ② 변경허가를 받지 아니하고 제조소 등을 변경한 자 ③ 제조소 등의 완공검사를 받지 아니하고 위험물을 저장·취급한 자 ④ 안전조치 이행명령을 따르지 아니한 자 ⑤ 제조소 등의 사용정지명령을 위반한 자 ⑥ 수리·개조 또는 이전의 명령에 따르지 아니한 자 ⑦ 안전관리자를 선임하지 아니한 관계인 ⑧ [　　]를 지정하지 아니한 관계인 ⑨ 업무정지명령을 위반한 자 ⑩ 탱크안전성능시험 또는 점검에 관한 업무를 허위로 하거나 그 결과를 증명하는 서류를 허위로 교부한 자 ⑪ 예방규정을 제출하지 아니하거나 변경명령을 위반한 관계인 ⑫ 정지지시를 거부하거나 국가기술자격증 또는 교육수료증·신원확인을 위한 증명서의 제시요구 또는 신원확인을 위한 질문에 응하지 아니한 사람 ⑬ 명령을 위반하여 보고 또는 자료제출을 하지 아니하거나 허위의 보고 또는 자료제출을 한 자 또는 관계공무원의 출입 또는 조사·검사를 거부·방해 또는 기피한 자 ⑭ 탱크시험자에 대한 감독상 명령에 따르지 아니한 자 ⑮ 무허가장소의 위험물에 대한 조치명령에 따르지 아니한 자 ⑯ 저장·취급기준 준수명령 또는 응급조치명령을 위반한 자 ▶【법 제36조】	[　　] 원 이하의 벌금
① 위험물의 취급에 관한 안전관리와 감독을 하지 아니한 자 ② 안전관리자 또는 그 대리자가 참여하지 아니한 상태에서 위험물을 취급한 자 ③ 변경한 [　　]을 제출하지 아니한 관계인 ④ 위험물의 운반에 관한 중요기준에 따르지 아니한 자 ⑤ 위험물분야의 자격을 취득 또는 안전교육 수료의 요건을 갖추지 아니하거나 운송책임자의 감독·지원을 받지 아니한 위험물운송자 ⑥ 관계인의 정당한 업무를 방해하거나 출입·검사 등을 수행하면서 알게 된 비밀을 누설한 자 ⑦ 위험물분야의 자격을 취득 또는 안전교육 수료의 요건을 갖추지 아니한 위험물운반자 ▶【법 제37조】	[　　] 원 이하의 벌금

⑧ 대리자, 1천500만 / ③ 예방규정, 1천만

① 법인의 대표자나 법인 또는 개인의 대리인, 사용인, 그 밖의 종업원이 그 법인 또는 개인의 업무에 관하여 제33조 제1항의 위반행위를 하면 그 행위자를 벌하는 외에 그 법인 또는 개인을 5천만 원 이하의 벌금에 처하고, 같은 조 제2항의 위반행위를 하면 그 행위자를 벌하는 외에 그 법인 또는 개인을 1억 원 이하의 벌금에 처한다. 다만, 법인 또는 개인이 그 위반행위를 방지하기 위하여 해당 업무에 관하여 상당한 주의와 감독을 게을리하지 아니한 경우에는 그러하지 아니하다. ② 법인의 대표자나 법인 또는 개인의 대리인, 사용인, 그 밖의 종업원이 그 법인 또는 개인의 업무에 관하여 제34조부터 제37조까지의 어느 하나에 해당하는 위반행위를 하면 그 행위자를 벌하는 외에 그 법인 또는 개인에게도 해당 조문의 벌금형을 과한다. 다만, 법인 또는 개인이 그 위반행위를 방지하기 위하여 해당 업무에 관하여 상당한 주의와 감독을 게을리하지 아니한 경우에는 그러하지 아니하다. ▶【법 제38조】	양벌규정
① 관할 소방서장등의 승인을 받아 지정수량 이상의 위험물을 [ ]일 이내의 기간동안 임시로 저장 또는 취급하는 경우의 규정에 따른 승인을 받지 아니한 자 ② 위험물의 저장 또는 취급에 관한 세부기준을 위반한 자 ③ 품명 등의 변경신고를 기간 이내에 하지 아니하거나 허위로 한 자 ④ 지위승계신고를 기간 이내에 하지 아니하거나 허위로 한 자 ⑤ 제조소등의 폐지신고 또는 안전관리자의 선임신고를 기간 이내에 하지 아니하거나 허위로 한 자 ⑥ 사용 중지신고 또는 재개신고를 기간 이내에 하지 아니하거나 거짓으로 한 자 ⑦ 등록사항의 변경신고를 기간 이내에 하지 아니하거나 허위로 한 자 ⑧ 예방규정을 준수하지 아니한 자 ⑨ 점검결과를 기록·보존하지 아니한 자 ⑩ 기간 이내에 점검결과를 제출하지 아니한 자 ⑪ 제조소등에서의 흡연 금지 규정을 위반하여 흡연을 한 자 ⑫ 금연구역임을 알리는 표지의 설치·보완에 대한 시정명령을 따르지 아니한 제조소등의 관계인 ⑬ 위험물의 [ ]에 관한 세부기준을 위반한 자 ⑭ 위험물의 [ ]에 관한 기준을 따르지 아니한 자 ▶【법 제39조】	과태료 부과권자는 시·도지사, 소방본부장 또는 소방서장 과태료 [ ] 원 이하

① 90 ⑬ 운반 ⑭ 운송, 500만

Chapter 08 시행령, 시행규칙 별표 핵심요약

01 제조소

(1) 위험물제조소의 안전거리(제[ ]류 위험물을 취급하는 제조소를 제외한다) [1]

안전거리	해당 대상물
① [ ]m 이상	유형문화재, 기념물 중 지정문화재
② [ ]m 이상	㉠ 학교 ㉡ 병원급 의료기관(종합병원, 병원, 치과병원, 한방병원, 요양병원, 정신병원) ㉢ 공연장, 영화상영관, 유사한 시설로서 [ ]명 이상 수용할 수 있는 것 ㉣ 아동복지시설, 장애인복지시설, 노인복지시설, 한부모가족복지시설, 어린이집, 성매매 피해자 등을 위한 지원시설, 정신건강 증진시설, 가정폭력피해자시설로서 [ ]명 이상의 인원을 수용할 수 있는 것
③ [ ]m 이상	고압가스, 액화석유가스, 도시가스를 저장 또는 취급하는 시설
④ [ ]m 이상	주거 용도에 사용되는 것
⑤ [ ]m 이상	사용전압 35,000V를 [ ]하는 특고압가공전선
⑥ [ ]m 이상	사용전압 7,000V 초과 35,000V [ ]의 특고압가공전선

(2) 위험물제조소의 보유공지 [2]

① 공지의 너비

취급하는 위험물의 최대수량	공지의 너비
지정수량의 10배 이하	[ ]m 이상
지정수량의 10배 초과	[ ]m 이상

② 공지를 보유하지 않을 수 있는 조건

제조소의 작업공정이 다른 작업장의 작업공정과 연속되어 있어, 제조소의 건축물 그 밖의 공작물의 주위에 공지를 두게 되면 그 제조소의 작업에 현저한 지장이 생길 우려가 있는 경우 당해 제조소와 다른 작업장 사이에 다음 각목의 기준에 따라 방화상 유효한 [   ]을 설치한 때에는 당해 제조소와 다른 작업장 사이에 ①의 규정에 의한 공지를 보유하지 아니할 수 있다.

---

1 (1) 6 ① 50 ② 30 ㉢ 300 ㉣ 20 ③ 20 ④ 10 ⑤ 5, 초과 ⑥ 3, 이하
2 ① 3, 5
　② 격벽

㉠ 방화벽은 내화구조로 할 것. 다만 취급하는 위험물이 제6류 위험물인 경우에는 [   ]로 할 수 있다.
㉡ 방화벽에 설치하는 출입구 및 창 등의 개구부는 가능한 한 최소로 하고, 출입구 및 창에는 자동폐쇄식의 [   ]을 설치할 것
㉢ 방화벽의 양단 및 상단이 외벽 또는 지붕으로부터 [   ] 이상 돌출하도록 할 것

③ 피뢰설비
지정수량의 [   ]배 이상의 위험물을 취급하는 제조소(제6류 위험물을 취급하는 위험물제조소 제외)에는 피뢰침을 설치하여야 한다.

(3) 위험물제조소의 표지 및 게시판 [3]

① 표지 및 게시판

구 분	설치 및 표시
표 지	㉠ 표지: 한 변의 길이 0.3m 이상, 다른 한 변의 길이 0.6m 이상 ㉡ 표지 바탕: 바탕은 [ ]색, 문자는 [ ]색
게시판	㉠ 게시판: 한 변의 길이 0.3m 이상, 다른 한 변의 길이 0.6m 이상 ㉡ 게시판 바탕: 바탕은 백색, 문자는 흑색 ㉢ 게시판 기재: 유별, 품명, [ ]수량, [ ]수량, 지정수량의 배수, 위험물안전관리자의 성명 또는 직명

② 주의사항

품 명	주의사항	게시판표시
제2류 위험물(인화성고체), 제3류 위험물(자연발화성물질), 제4류 위험물, 제5류 위험물	화기[ ]	[ ]색바탕에 백색문자
제1류 위험물(알칼리금속의 과산화물) 제3류 위험물(금수성 물질)	[ ]엄금	[ ]색바탕에 백색문자
제2류 위험물(인화성고체 제외)	화기[ ]	[ ]색바탕에 백색문자

㉠ 불연재료 ㉡ 60분+ 방화문 또는 60분 방화문 ㉢ 50cm ③ 10
3 ① ㉡ 백, 흑 / ㉢ 저장최대, 취급최대 ② 엄금, 물기, 주의 / 적, 청, 적

(4) 건축물의 구조 [4]

① [   ]이 없도록 할 것

② 벽, 기둥, 바닥, 보, 서까래 및 계단은 불연재료로 하고, 연소우려가 있는 외벽은 출입구 외의 개구부가 [   ] 내화구조의 벽으로 할 것

③ 지붕은 가벼운 [   ]로 덮을 것

④ 출입구 및 비상구에는 60분+ 방화문·60분 방화문 또는 30분 방화문을 설치하되 연소우려가 있는 외벽에 설치하는 출입구에는 수시로 열 수 있는 자동폐쇄식의 60분+ 방화문 또는 60분 방화문을 설치할 것

⑤ 위험물을 취급하는 건축물의 창 및 출입구에 유리를 이용하는 경우에는 [   ](두꺼운 판유리에 철망을 넣은 것)로 하여야 한다.

⑥ 액체의 위험물을 취급하는 건축물의 [   ]은 위험물이 스며들지 못하는 재료를 사용하고 적당한 [   ]를 두어 그 최저부에 [   ]를 설치할 것

(5) 채광설비 [5]

불연재료로 하고, 연소의 우려가 없는 장소에 설치하되 채광면적을 [   ]로 할 것

(6) 조명설비 [6]

① [   ] 등이 체류할 우려가 있는 장소의 조명등은 방폭등으로 할 것

② 전선은 내화·내열전선으로 할 것

③ 점멸스위치는 출입구 [   ]부분에 설치할 것. 다만, 스위치의 스파크로 인한 화재·폭발의 우려가 없을 경우에는 그러하지 아니하다.

---

4 ① 지하층 ② 없는 ③ 불연재료 ⑤ 망입유리 ⑥ 바닥, 경사, 집유설비
5 최소
6 ① 가연성가스 ③ 바깥

(7) 환기설비 [7]

① 환기: [   ]방식

② 급기구는 당해 급기구가 설치된 실의 바닥면적 [   ]m²마다 1개 이상으로 하되, 급기구의 크기는 [   ]cm² 이상으로 할 것. 다만 바닥면적이 150m² 미만인 경우에는 다음의 크기로 하여야 한다.

바닥면적	급기구의 면적
60m² 미만	[ ]cm² 이상
60m² 이상 90m² 미만	[ ]cm² 이상
90m² 이상 120m² 미만	[ ]cm² 이상
120m² 이상 150m² 미만	[ ]cm² 이상

③ 급기구는 [   ] 곳에 설치하고 가는 눈의 구리망 등으로 [   ]을 설치할 것

④ 환기구는 지붕 위 또는 지상 [ ]m 이상의 높이에 회전식 고정벤티레이터 또는 루프팬방식(roof fan: 지붕에 설치하는 배기장치)으로 설치할 것

(8) 배출설비 [8]

① 배출설비: [   ]방식

② 배출능력: 1시간당 배출장소 용적의 [   ]배 이상

③ 급기구는 [   ] 곳에 설치하고 가는 눈의 구리망 등으로 인화방지망을 설치할 것

④ 배출구는 지상 [ ]m 이상으로서 연소의 우려가 없는 장소에 설치할 것

⑤ 배풍기: [   ]방식

(9) 옥외설비의 바닥 [9]

① 바닥의 둘레에 높이 [   ]m 이상의 턱을 설치하는 등 위험물이 외부로 흘러나가지 아니하도록 할 것

② 바닥은 콘크리트 등 위험물이 스며들지 아니하는 재료로 할 것

③ 바닥의 최저부에 집유설비를 할 것

④ 위험물(온도 20℃의 물 100g에 용해되는 양이 1g 미만인 것)을 취급하는 설비에는 집유설비에 [   ]를 설치할 것

(10) 고인화점 위험물: 인화점이 [   ]℃ 이상인 제4류 위험물 [10]

---

7 ① 자연배기 ② 150, 800 / 150, 300, 450, 600 ③ 낮은, 인화방지망 ④ 2
8 ① 국소 ② 20 ③ 높은 ④ 2 ⑤ 강제배기
9 ① 0.15 ④ 유분리장치
10 100

02 옥내저장소

(1) 옥내저장소의 안전거리: 위험물제조소의 안전거리와 동일함

> 옥내저장소의 안전거리 제외 대상
> ① 지정수량의 20배 미만의 제4석유류, 동식물유류를 저장·취급하는 옥내저장소
> ② 제6류 위험물을 저장·취급하는 옥내저장소
> ③ 지정수량의 20배 이하의 위험물을 저장·취급하는 다음 기준에 적합한 옥내저장소
>   ㉠ 저장창고의 벽, 기둥, 바닥, 보, 지붕이 내화구조일 것
>   ㉡ 출입구에 자동폐쇄방식의 60분+ 방화문 또는 60분 방화문이 설치되어 있을 것
>   ㉢ 저장창고에 창을 설치하지 아니할 것

(2) 옥내저장소의 보유공지

저장 또는 취급하는 위험물의 최대수량	공지의 너비	
	내화구조 건축물 [11]	그 밖의 건축물 [12]
지정수량의 5배 이하	–	[ ]m 이상
지정수량의 5배 초과 10배 이하	1m 이상	[ ]m 이상
지정수량의 10배 초과 20배 이하	[ ]m 이상	3m 이상
지정수량의 20배 초과 50배 이하	[ ]m 이상	5m 이상
지정수량의 50배 초과 200배 이하	[ ]m 이상	10m 이상
지정수량의 200배 초과	10m 이상	[ ]m 이상

---

11 2, 3, 5
12 0.5, 1.5, 15

(3) 옥내저장소의 구조 및 설비 [13]

① 저장창고는 위험물 저장을 전용으로 하는 독립된 건축물로 하고, 지면에서 처마까지의 높이가 [ ]m 미만인 단층건축물로 하고, 그 바닥을 지반면 보다 높게 하여야 한다.

② 하나의 저장창고의 바닥면적은 기준면적 [   ]로 할 것

위험물을 저장하는 창고	기준면적
㉠ 제1류 위험물(아염소산염류, 염소산염류, 과염소산염류, 무기과산화물) 그 밖에 지정수량 [ ]kg인 위험물	1,000m² 이하
㉡ 제3류 위험물(칼륨, 나트륨, 알킬알루미늄, 알킬리튬) 그 밖에 지정수량 [ ]kg인 위험물 및 황린	
㉢ 제4류 위험물(특수인화물, 제1석유류, [ ]류)	
㉣ 제5류 위험물(유기과산화물, 질산에스터류) 그 밖에 지정수량이 [ ]kg인 위험물	
㉤ 제6류 위험물	
위의 ㉠~㉤의 위험물 외의 위험물	2,000m² 이하

③ 지정수량의 10배 이상의 저장창고(제[ ]류 위험물은 제외)에는 피뢰침을 설치할 것

(4) 복합용도 건축물의 옥내저장소의 기준 [14]

① 벽·기둥·바닥 및 보가 내화구조인 건축물의 1층 또는 2층의 어느 하나의 층에 설치하여야 한다.

② 바닥은 지면보다 [   ] 설치하고 그 층고를 6m 미만으로 하여야 한다.

③ 바닥면적은 [   ]m² 이하로 하여야 한다.

④ 벽·기둥·바닥·보 및 지붕을 내화구조로 하고, 출입구외의 개구부가 없는 두께 [   ]mm 이상의 철근콘크리트조 또는 이와 동등 이상의 강도가 있는 구조의 바닥 또는 벽으로 당해 건축물의 다른 부분과 구획되도록 하여야 한다.

⑤ 출입구에는 수시로 열 수 있는 자동폐쇄방식의 60분+ 방화문 또는 60분 방화문을 설치하여야 한다.

⑥ 창을 설치하지 아니하여야 한다.

⑦ 환기설비 및 배출설비에는 방화상 유효한 댐퍼 등을 설치하여야 한다.

---

13 ① 6 ② 이하 ㉠ 50 ㉡ 10 ㉢ 알코올 ㉣ 10 ③ 6
14 ② 높게 ③ 75 ④ 70

03 옥외탱크저장소

(1) 옥외탱크저장소의 안전거리: 위험물제조소의 안전거리와 동일함 [15]

① 배출설비: [　]방식

> 옥외저장소에만 저장할 수 있는 위험물
> ㉠ 제2류 위험물 중 황, 인화성고체(인화점이 0℃ 이상)
> ㉡ 제4류 위험물 중 제1석유류(인화점이 0℃ 이상), 알코올류, 제2석유류, 제3석유류, 제4석유류, 동식물유류
> ㉢ 제6류 위험물

(2) 옥외탱크저장소의 보유공지

저장 또는 취급하는 위험물의 최대수량 [16]	공지의 너비 [17]
지정수량의 [　]배 이하	3m 이상
지정수량의 500배 초과 1,000배 이하	[ ]m 이상
지정수량의 1,000배 초과 2,000배 이하	[ ]m 이상
지정수량의 2,000배 초과 3,000배 이하	[ ]m 이상
지정수량의 3,000배 초과 [　]배 이하	15m 이상
지정수량의 4,000배 초과	탱크의 수평단면의 최대지름과 높이 중 큰 것과 같은 거리 이상(30m 초과는 30m, 15m 미만은 15m로 한다)

(3) 옥외탱크저장소 중 그 저장 또는 취급하는 액체위험물의 최대수량이 [　]ℓ 이상의 것을 특정옥외탱크저장소라 한다. [18]

(4) 옥외저장탱크는 특정옥외저장탱크 및 준특정옥외저장탱크 외에는 두께 [　]mm 이상의 강철판 또는 소방청장이 정하여 고시하는 규격에 적합한 재료로 제작한다. [19]

(5) 압력탱크외의 탱크는 충수시험, 압력탱크(최대상용압력이 대기압을 초과하는 탱크를 말한다)는 최대상용압력의 1.5배의 압력으로 10분간 실시하는 수압시험에서 각각 새거나 변형되지 아니하여야 한다.

---

15 (1) ① 국소
16 500, 4,000
17 5, 9, 12
18 (3) 100만
19 (4) 3.2

(6) 옥외탱크저장소의 통기관의 설치 기준 [20]

① 밸브 없는 통기관
  ㉠ 지름: [ ]mm 이상
  ㉡ 끝부분은 수평면보다 45도 이상 구부려 빗물 등의 침투를 막는 구조로 할 것
  ㉢ 인화점이 38℃ 미만인 위험물만을 저장 또는 취급하는 탱크에 설치하는 통기관에는 화염방지장치를 설치하고, 그 외의 탱크에 설치하는 통기관에는 40메쉬(mesh) 이상의 구리망 또는 동등 이상의 성능을 가진 인화방지장치를 설치할 것
  ㉣ 위험물을 주입시를 제외하고 항상 [   ]되어 있는 구조로 하고 폐쇄시에는 10kPa 이하에서 개방될 것

② 대기밸브부착 통기관
  ㉠ 5kPa 이하의 압력 차이로 작동할 수 있을 것
  ㉡ ①의 ㉢기준에 적합할 것

(7) 옥외저장탱크는 위험물의 폭발 등에 의하여 탱크내의 압력이 비정상적으로 상승하는 경우에 내부의 가스 또는 증기를 상부로 방출할 수 있는 구조로 하여야 한다.

(8) 옥외저장탱크의 외면에는 녹을 방지하기 위한 도장을 하여야 한다.

(9) 옥외저장탱크의 펌프설비 [21]

① 펌프설비의 주위에는 너비 [ ]m 이상의 공지를 보유할 것. 다만, 방화상 유효한 격벽을 설치하는 경우와 제[ ]류 위험물 또는 지정수량의 10배 [   ] 위험물의 옥외저장탱크의 펌프설비에 있어서는 그러하지 아니하다.
② 펌프설비로부터 옥외저장탱크까지의 사이에는 당해 옥외저장탱크의 보유공지 너비의 [ ]분의 [ ] 이상의 거리를 유지할 것
③ 펌프설비는 견고한 기초 위에 고정할 것
④ 펌프 및 이에 부속하는 전동기를 위한 건축물 그 밖의 공작물의 벽·기둥·바닥 및 보는 불연재료로 할 것
⑤ 펌프실의 지붕을 폭발력이 위로 방출될 정도의 가벼운 [   ]로 할 것
⑥ 펌프실의 창 및 출입구에는 60분+ 방화문·60분 방화문 또는 30분 방화문을 설치할 것
⑦ 펌프실의 창 및 출입구에 유리를 이용하는 경우에는 망입유리로 할 것
⑧ 펌프실의 바닥의 주위에는 높이 [ ]m 이상의 턱을 만들 것

---

20 ① ㉠ 30 ㉣ 개방
21 ① 3, 6, 이하 ② 3, 1 ⑤ 불연재료 ⑧ 0.2

⑨ 펌프실에는 위험물을 취급하는데 필요한 채광, 조명 및 환기의 설비를 설치할 것

⑩ 가연성 증기가 체류할 우려가 있는 펌프실에는 그 증기를 옥외의 높은 곳으로 배출하는 설비를 설치할 것

⑪ 펌프실[　]의 장소에 설치하는 펌프설비에는 그 직하의 지반면의 주위에 높이 [　]m 이상의 턱을 만들고 당해 지반면은 콘크리트 등 위험물이 스며들지 아니하는 재료로 적당히 경사지게 하여 그 최저부에는 집유설비를 할 것

⑫ 인화점이 21℃ 미만인 위험물을 취급하는 펌프설비에는 보기 쉬운 곳에 인화점이 21℃ 미만인 옥외탱크저장소 주입구의 게시판의 설치기준 규정에 준하여 "옥외저장탱크 펌프설비"라는 표시를 한 게시판과 방화에 관하여 필요한 사항을 게시한 게시판을 설치할 것

(10) 옥외저장탱크의 배수관은 탱크의 [　]에 설치하여야 한다. 다만, 탱크와 배수관과의 결합부분이 지진 등에 의하여 손상을 받을 우려가 없는 방법으로 배수관을 설치하는 경우에는 탱크의 밑판에 설치할 수 있다. 22

(11) 제3류 위험물 중 금수성물질([　]에 한한다)의 옥외저장탱크에는 방수성의 불연재료로 만든 피복설비를 설치하여야 한다. 23

(12) 이황화탄소의 옥외저장탱크는 벽 및 바닥의 두께가 [　]m 이상이고 누수가 되지 아니하는 철근콘크리트의 수조에 넣어 보관하여야 한다. 24

(13) 지정수량의 10배 이상인 옥외탱크저장소(제[　]류 위험물의 옥탱크저장소를 제외한다)에는 피뢰침을 설치하여야 한다. 25

---

⑪ 외, 0.15
22 옆판
23 고체
24 0.2
25 6

(15) 방유제 [26]

① 방유제는 높이 [　]m 이상 [　]m 이하, 두께 [　]m 이상, 지하매설 깊이 [　]m 이상으로 할 것. 다만, 방유제와 옥외저장탱크 사이의 지반면 아래에 불침윤성 구조물을 설치하는 경우에는 지하매설깊이를 해당 불침윤성 구조물까지로 할 수 있다.

② 방유제내의 면적은 [　]m^2 이하로 할 것

③ 방유제내의 설치하는 옥외저장탱크의 수는 10(방유제내에 설치하는 모든 옥외저장탱크의 용량이 20만ℓ 이하이고, 당해 옥외저장탱크에 저장 또는 취급하는 위험물의 인화점이 70℃ 이상 200℃ 미만인 경우에는 20) 이하로 할 것

④ 방유제 외면의 [　]분의 [　] 이상은 자동차 등이 통행할 수 있는 3m 이상의 노면폭을 확보한 구내도로에 직접 접하도록 할 것

⑤ 방유제는 옥외저장탱크의 지름에 따라 그 탱크의 옆판으로부터 유지 거리
　㉠ 지름이 15m 미만인 경우에는 탱크 높이의 3분의 1 이상
　㉡ 지름이 15m 이상인 경우에는 탱크 높이의 2분의 1 이상

⑥ 방유제는 철근콘크리트로 하고, 방유제와 옥외저장탱크 사이의 지표면은 불연성과 불침윤성이 있는 구조로 할 것

⑦ 높이가 1m를 넘는 방유제 및 간막이 둑의 안팎에는 방유제내에 출입하기 위한 계단 또는 경사로를 약 [　]m마다 설치할 것

(16) 인화점이 21℃ [　　]인 옥외탱크저장소 주입구의 게시판의 설치기준 [27]

① 게시판 크기: 한 변이 0.3m 이상, 다른 한 변이 0.6m 이상
② 표시: 옥외저장탱크 주입구
③ 기재사항: 유별, 품명, 주의사항
④ 게시판의 색상: [　]색바탕, [　]색문자

---

26 ① 0.5, 3, 0.2, 1 ② 8만 ④ 2, 1 ⑦ 50
27 (16) 미만 ④ 백, 흑

04 지하탱크저장소

(1) 지하탱크저장소의 기준 [28]

① 위험물을 저장 또는 취급하는 지하탱크는 [　　]에 설치된 탱크전용실에 설치하여야 한다. 〈다만, 제4류 위험물의 지하저장탱크가 다음 ㉠ 내지 ㉤의 기준에 적합한 때에는 그러하지 아니하다.〉

　㉠ 당해 탱크를 지하철·지하가 또는 지하터널로부터 [　　]거리 10m 이내의 장소 또는 지하건축물내의 장소에 설치하지 아니할 것
　㉡ 당해 탱크를 그 수평투영의 세로 및 가로보다 각각 [　]m 이상 크고 두께가 [　]m 이상인 철근콘크리트조의 뚜껑으로 덮을 것
　㉢ 뚜껑에 걸리는 중량이 직접 당해 탱크에 걸리지 아니하는 구조일 것
　㉣ 당해 탱크를 견고한 기초 위에 고정할 것
　㉤ 당해 탱크를 지하의 가장 가까운 벽·피트(pit: 인공지하구조물)·가스관 등의 시설물 및 대지경계선으로부터 [　]m 이상 떨어진 곳에 매설할 것

② 탱크전용실은 지하의 가장 가까운 벽·피트·가스관 등의 시설물 및 대지경계선으로부터 [　]m 이상 떨어진 곳에 설치하고, 지하저장탱크와 탱크전용실의 안쪽과의 사이는 [　]m 이상의 간격을 유지하도록 하며, 당해 탱크의 주위에 마른 모래 또는 습기 등에 의하여 응고되지 아니하는 입자지름 [　]mm 이하의 마른 자갈분을 채워야 한다.

③ 지하저장탱크의 윗부분은 지면으로부터 [　]m 이상 아래에 있어야 한다.

④ 지하저장탱크를 2 이상 인접해 설치하는 경우에는 그 상호간에 [　]m(당해 2 이상의 지하저장탱크의 용량의 합계가 지정수량의 [　]배 이하인 때에는 0.5m) 이상의 간격을 유지하여야 한다.

(2) 지하탱크저장소의 누유검사관 [29]

① [　]개소 이상 적당한 위치에 설치할 것
② 이중관으로 할 것. 다만 소공이 없는 상부는 단관으로 할 수 있다.
③ 재료는 금속관 또는 경질합성수지관으로 할 것
④ 관은 탱크전용실의 바닥 또는 탱크의 기초 위에 닿게 할 것
⑤ 관의 밑부분으로부터 탱크의 중심 높이까지의 부분에는 소공이 뚫려 있을 것
⑥ 상부는 물이 침투하지 아니하는 구조로 하고, 뚜껑은 검사시에 [　] 열 수 있도록 할 것

---

28 (1) ① 지면하 ㉠ 수평 ㉡ 0.6, 0.3 ㉤ 0.6 ② 0.1, 0.1, 5 ③ 0.6 ④ 1, 100
29 (2) ① 4 ⑥ 쉽게

05 간이탱크저장소

(1) 탱크의 수 및 용량 [30]

① 하나의 간이탱크저장소에 설치하는 간이저장탱크는 그 수를 [ ] 이하로 하고, 동일한 품질의 위험물의 간이저장탱크를 [ ] 이상 설치하지 아니하여야 한다.

② 간이저장탱크는 움직이거나 넘어지지 아니하도록 지면 또는 가설대에 고정시키되, 옥외에 설치하는 경우에는 그 탱크의 주위에 너비 1m 이상의 공지를 두고, 전용실안에 설치하는 경우에는 탱크와 전용실의 벽과의 사이에 [ ]m 이상의 간격을 유지하여야 한다.

③ 간이저장탱크의 용량은 [ ]ℓ 이하이어야 한다.

④ 간이저장탱크는 두께 3.2mm 이상의 강판으로 흠이 없도록 제작하여야 하며, 70KPa의 압력으로 10분간의 수압시험을 실시하여 새거나 변형되지 아니하여야 한다.

(2) 간이저장탱크의 밸브 없는 통기관 [31]

① 통기관의 지름은 [ ]mm 이상으로 할 것

② 통기관은 옥외에 설치하되 그 끝부분의 높이는 지상 [ ]m 이상으로 할 것

③ 통기관의 끝부분은 수평면에 대하여 45도 이상 구부려 빗물 등이 침투하지 아니하도록 할 것

④ 가는 눈의 구리망 등으로 인화방지장치를 할 것

---

30 (1) ① 3, 2 ② 0.5 ③ 600
31 (2) ① 25 ② 1.5

06 이동탱크저장소 [32]

(1) 이동탱크저장소의 상치장소

① 옥외에 있는 상치장소는 화기를 취급하는 장소 또는 인근의 건축물로부터 [ ]m 이상(인근건축물이 1층인 경우: 3m 이상)의 거리를 확보할 것(다만, 하천의 공지나 수면, 내화구조 또는 불연재료의 담 또는 벽 그 밖의 이와 유사한 것의 접하는 경우를 제외)

② 옥내에 있는 상치장소는 벽, 바닥, 보, 서까래 및 지붕이 내화구조 또는 불연재료로 된 건축물의 1층에 설치할 것

> ㉠ [ ]의 두께: 1.6mm 이상의 강철판
> ㉡ [ ]의 두께: 2.3mm 이상의 강철판
> ㉢ 이동탱크저장소의 탱크의 두께: 3.2mm 이상의 강철판
> ㉣ 칸막이: 내부에 [ ]ℓ 이하마다 설치
> ㉤ 주유설비의 분당 배출량: [ ]ℓ 이하

---

32 (1) ① 5 ② ㉠ 방파판 ㉡ 방호틀 ㉣ 4,000 ㉤ 200

07 주유취급소

(1) 주유취급소의 주유공지

주유취급소의 고정주유설비의 주위에는 주유를 받으려는 자동차 등이 출입할 수 있도록 [ ] 15m 이상, [ ] 6m 이상의 콘크리트 등으로 포장한 공지를 보유할 것 [33]

(2) 주유취급소의 표지 및 게시판 [34]

① 주유 중 엔진 정지: [ ]색 바탕에 [ ]색 문자

(3) 주유취급소에서 저장·취급할 수 있는 탱크

탱크	탱크의 용량 [35]
자동차 등에 주유하기 위한 고정주유설비에 직접 접속하는 전용탱크	[ ]l 이하
고정급유설비에 직접 접속하는 전용탱크	[ ]l 이하
보일러 등에 직접 접속하는 전용탱크	[ ]l 이하
자동차 등을 점검·정비하는 작업장 등에서 사용하는 폐유·윤활유 등의 위험물을 저장하는 탱크(폐유탱크)	[ ]l 이하
고정주유설비 또는 고정급유설비에 직접 접속하는 3기 이하의 간이탱크	–

---

[33] (1) 너비, 길이
[34] (2) ① 황, 흑
[35] (3) 50,000, 50,000, 10,000 2,000

(4) 주유취급소의 고정주유설비 및 고정급유설비 [36]

① 펌프기기는 주유관 끝부분에서의 최대 배출량

종류	배출량
제1석유류	50ℓ/min 이하
경유	180ℓ/min 이하
등유	80ℓ/min 이하

② 고정주유설비 또는 고정급유설비의 주유관의 길이는 [ ]m 이내로 할 것
(현수식의 경우에는 지면위 [ ]m의 수평면에 수직으로 내려 만나는 점을 중심으로 반경 [ ]m)

③ 고정주유설비 또는 고정급유설비의 중심선까지 거리

구분	고정주유설비	고정급유설비
도로경계선	4m 이상	4m 이상
부지경계선	[ ] 이상	1m 이상
담	[ ] 이상	1m 이상
건축물의 벽	2m 이상	2m 이상
개구부가 없는 벽	[ ] 이상	1m 이상
고정급유설비	[ ] 이상	

(5) 주유취급소의 건축물 등의 제한 [37]

> 주유취급소에 설치 가능한 시설: ②+③+⑤ 면적의 합은 1,000m² 초과할 수 없다.
> ① 주유 또는 등유·경유를 옮겨 담기 위한 작업장
> ② 주유취급소의 [ ]를 행하기 위한 사무소
> ③ 자동차 등의 점검 및 [ ]를 위한 작업장
> ④ 자동차 등의 세정을 위한 작업장
> ⑤ 주유취급소에 [ ]하는 사람을 대상으로 한 점포·휴게음식점 또는 전시장
> ⑥ 주유취급소의 관계자가 거주하는 주거시설
> ⑦ 전기자동차용 충전설비(전기를 동력원으로 하는 자동차에 직접 공급하는 설비)

---

36 ② 5, 0.5, 3 ③ 2m, 2m, 1m, 4m
37 ② 업무 ③ 간이정비 ⑤ 출입

(6) **주유취급소의 담 또는 벽** 38

주유취급소의 주위에는 자동차 등이 출입하는 쪽 외의 부분에 높이 [ ]m 이상의 내화구조 또는 불연재료의 담 또는 벽을 설치할 것

(7) **고객이 직접 주유하는 주유취급소의 특례** 39

① 셀프용고정주유설비의 기준
㉠ 주유호스의 끝부분에 [　]개폐장치를 부착한 주유노즐을 설치할 것. 다만, 수동개폐장치를 개방한 상태로 고정시키는 장치가 부착된 경우에는 다음의 기준에 적합하여야 한다.
ⓐ 주유작업을 개시함에 있어서 주유노즐의 수동개폐장치가 개방상태에 있는 때에는 당해 수동개폐장치를 일단 폐쇄시켜야만 다시 주유를 개시할 수 있는 구조로 할 것
ⓑ 주유노즐이 자동차 등의 주유구로부터 이탈된 경우 주유를 [　]적으로 정지시키는 구조일 것
㉡ 주유노즐은 자동차 등의 연료탱크가 가득 찬 경우에 자동적으로 정지시키는 구조일 것
㉢ 주유호스는 [　]kg중 이하의 하중에 의하여 깨져 분리되거나 이탈되어야 한다.
㉣ 휘발유와 경유 상호간의 오인에 의한 주유를 방지할 수 있는 구조일 것
㉤ 1회의 연속주유량 및 주유시간의 [　]을 미리 설정할 수 있는 구조일 것

② 셀프용고정급유설비의 기준
㉠ 급유호스의 끝부분에 [　]개폐장치를 부착한 급유노즐을 설치할 것
㉡ 급유노즐은 용기가 가득찬 경우에 자동적으로 정지시키는 구조일 것
㉢ 1회의 연속급유량 및 급유시간의 상한을 미리 설정할 수 있는 구조일 것

---

38 2
39 ① ㉠ 수동 ⓑ 자동 ㉢ 200 ㉤ 상한 ② ㉠ 수동

08 판매취급소

(1) 판매취급소의 기준 [40]

① 제1종 판매취급소 기준(저장 또는 취급하는 위험물의 수량이 지정수량의 [ ]배 이하인 판매취급소)
  ㉠ 제1종 판매취급소의 용도로 사용되는 건축물의 부분
    ⓐ 내화구조 또는 불연재료로 하고, 판매취급소로 사용되는 부분과 다른 부분과의 격벽은 [   ]로 할 것
    ⓑ 보를 불연재료로 하고, 천장을 설치하는 경우에는 천장을 [   ]로 할 것
  ㉡ 제1종 판매취급소의 용도로 사용되는 부분
    ⓐ 상층이 있는 경우에 있어서는 그 상층의 바닥을 내화구조로 하고, 상층이 없는 경우에 있어서는 지붕을 내화구조 또는 불연재료로 할 것
    ⓑ 창 및 출입구에는 60분+ 방화문·60분 방화문 또는 30분 방화문을 설치할 것

② 제2종 판매취급소 기준(저장 또는 취급하는 위험물의 수량이 지정수량의 [ ]배 이하인 판매취급소) [41]
  ㉠ 제2종 판매취급소의 용도로 사용하는 부분
    ⓐ 벽·기둥·바닥 및 보를 내화구조로 하고, 천장이 있는 경우에는 이를 불연재료로 하며, 판매취급소로 사용되는 부분과 다른 부분과의 격벽은 내화구조로 할 것
    ⓑ 상층이 있는 경우에 있어서는 상층의 바닥을 내화구조로 하는 동시에 상층으로의 연소를 방지하기 위한 조치를 강구하고, 상층이 없는 경우에는 지붕을 내화구조로 할 것
    ⓒ 연소의 우려가 없는 부분에 한하여 [ ]을 두되, 당해 창에는 60분+ 방화문·60분 방화문 또는 30분 방화문을 설치할 것
    ⓓ 출입구에는 60분+ 방화문·60분 방화문 또는 30분 방화문을 설치할 것. 다만, 당해 부분 중 [   ]의 우려가 있는 벽 또는 창의 부분에 설치하는 출입구에는 수시로 열 수 있는 자동폐쇄식의 60분+ 방화문 또는 60분 방화문을 설치하여야 한다.

---

40 ① 20 ㉠ ⓐ 내화구조 ⓑ 불연재료
41 ② 40 ㉠ ⓒ 창 ⓓ 연소

③ 제1종·제2종 공통 기준 [42]
  ㉠ 건물의 [ ]층에 설치할 것
  ㉡ 제1종·제2종 판매취급소의 용도로 사용하는 부분의 창 또는 출입구에 유리를 이용하는 경우에는 망입유리로 할 것
  ㉢ 제1종·제2종 판매취급소의 용도로 사용하는 건축물에 설치하는 전기설비는 전기사업법에 의한 전기설비기술기준에 의할 것
  ㉣ 위험물을 배합하는 실
    ⓐ 바닥면적은 [ ]m² 이상 [ ]m² 이하로 할 것
    ⓑ 내화구조 또는 불연재료로 된 벽으로 구획할 것
    ⓒ 바닥은 위험물이 침투하지 아니하는 구조로 하여 적당한 경사를 두고 집유설비를 할 것
    ⓓ 출입구에는 수시로 열 수 있는 자동폐쇄식의 60분+ 방화문·60분 방화문을 설치할 것
    ⓔ 출입구 문턱의 높이는 바닥면으로부터 [   ]m 이상으로 할 것
    ⓕ 내부에 체류한 가연성의 증기 또는 가연성의 미분을 [   ]로 방출하는 설비를 할 것

---

[42] ③ ㉠ 1 ㉣ ⓐ 6, 15 ⓔ 0.1 ⓕ 지붕위

09 이송취급소 [43]

(1) 이송취급소의 설치 제외장소
　① 철도 및 도로의 터널 안
　② 고속국도, 자동차전용도로의 차도, 갓길 및 중앙분리대
　③ 호수, 저수지 등으로서 수리의 수원이 되는 곳
　④ 급경사지역으로서 붕괴의 위험이 있는 지역

(2) 지하, 해저에 설치하는 배관 등의 전기방식조치의 기준
　① 방식전위는 포화황산동 전극기준으로 $-0.8V$ 이하로 할 것
　② 적절한 간격(200m~500m)으로 전위 측정단자를 설치할 것
　③ 전기철로 부지 등 전류의 영향을 받는 장소에 배관 등을 매설하는 경우에는 강제배류법 등에 의한 조치를 할 것

(3) 지하매설 기준
　① 안전거리

시설물	안전거리
건축물(지하가의 건축물은 제외)	1.5m 이상
지하가, 터널	10m 이상
수도시설(위험물의 유입 우려가 있는 것)	300m 이상

　② 배관은 그 외면으로부터 다른 공작물에 대하여 0.3m 이상의 거리를 보유할 것
　③ 배관의 외면과 지표면과의 거리
　　㉠ 산이나 들: [　]m 이상
　　㉡ 그 밖의 지역: [　]m 이상

---

43 (3) ③ ㉠ 0.9 ㉡ 1.2

(4) 지상설치시 안전거리

시설물	안전거리
① 철도 또는 도로의 경계선 ② 주택 또는 다수의 사람이 출입 또는 근무하는 것	25m 이상
고압가스제조시설, 또는 고압가스사용시설로서 1일 30m^3 이상의 용적을 취급하는 시설이 있는 것, 고압가스저장시설, 액화산소소비시설, 액화석유가스제조시설, 액화석유가스저장시설, 가스공급시설	35m 이상
① 학교, 병원(종합병원, 병원, 치과병원, 한방병원, 요양병원, 정신병원), 공연장, 영화상영관, 복지시설(아동복지시설, 노인복지시설, 장애인복지시설 등) ② 공공공지, 도시공원 ③ 판매시설, 숙박시설, 위락시설 등 불특정 다중을 수용하는 시설(연면적 1,000m^2 이상) ④ 기차역 또는 버스터미널(1일 평균 2만 명 이상 이용)	45m 이상
지정문화재	65m 이상
수도시설(위험물이 유입될 가능성이 있는 것)	300m 이상

10 경보설비의 설치기준 [44]

제조소등의 구분	저장 또는 취급하는 위험물의 종류 및 최대수량 등	경보설비
① 제조소 일반취급소	㉠ 연면적 [ ]m² 이상 ㉡ 옥내에서 지정수량의 100배 이상 취급하는 것 ㉢ 일반취급소로 사용되는 부분 외의 부분이 있는 건축물에 설치된 일반취급소	자동화재탐지설비
② 옥내저장소	㉠ 지정수량의 100배 이상을 저장 또는 취급하는 것 ㉡ 저장창고의 연면적 [ ]m²를 초과하는 것 ㉢ 처마높이가 [ ]m 이상인 단층건물의 것 ㉣ 옥내저장소로 사용되는 부분 외의 부분이 있는 건축물에 설치된 옥내저장소	자동화재탐지설비
③ 옥내탱크저장소	단층건축물 외의 건축물에 설치된 옥내탱크저장소로서 소화난이도등급 I에 해당하는 것	
④ 주유취급소	옥내주유취급소	
⑤ 옥외탱크저장소	특수인화물, 제1석유류 및 알코올류를 저장 또는 취급하는 탱크의 용량이 [ ]만리터 이상인 것	• 자동화재탐지설비 • 자동화재속보설비
⑥ 기타 제조소등	지정수량의 [ ]배 이상 저장 또는 취급	자동화재탐지설비, 비상경보설비, 확성장치, 비상방송설비 중 1종 이상

44 ① ㉠ 500 ② ㉡ 150 ㉢ 6 ⑤ 1,000 ⑥ 10

11 소화설비의 설치기준

(1) 전기설비의 소화설비 [45]

   면적 [ ]m²마다 소형수동식소화기 1개 이상 설치

(2) 소요단위 계산 방법 [46]

연면적		소요단위
① 제조소 또는 취급소의 건축물의 외벽	내화구조	연면적 [ ]m²가 1소요단위
	내화구조가 아닌 것	연면적 50m²가 1소요단위
② 저장소의 건축물의 외벽	내화구조	연면적 [ ]m²가 1소요단위
	내화구조가 아닌 것	연면적 75m²가 1소요단위
③ 제조소등의 옥외에 설치된 공작물은 외벽이 내화구조로 간주하고 공작물의 최대수평투영면적을 연면적으로 간주하면		①, ②의 규정에 의하여 소요단위 산정
④ 위험물		지정수량의 [ ]배를 1소요단위

(3) 옥내소화전설비의 설치 기준 [47]

   ① 하나의 호스접속구까지의 수평거리: [ ]m 이하

   ② 수원의 수량 = 설치 개수(최대 5개) × 7.8m³ 이상

   ③ 노즐 끝부분의 방수압력: 350kPa, 방수량: [ ]ℓ/min

(4) 옥외소화전설비의 설치 기준 [48]

   ① 하나의 호스접속구까지의 수평거리: [ ]m 이하(설치 개수가 1개일 때는 2개로 할 것)

   ② 수원의 수량 = 설치 개수(최대 4개) × 13.5m³ 이상

   ③ 노즐 끝부분의 방수압력: 350kPa, 방수량: [ ]ℓ/min

---

45 (1) 100
46 (2) ① 100 ② 150 ④ 10
47 (3) ① 25 ③ 260
48 (4) ① 40 ③ 450

(5) 스프링클러설비의 설치 기준 [49]

① 스프링클러헤드는 천장 또는 건축물의 최상부 부근에 설치하되 하나의 스프링클러헤드의 수평거리: 1.7m 이하

② 수원의 수량
  ㉠ 폐쇄형 스프링클러헤드 = 30(30 미만일 때에는 설치 개수) × 2.4m³ 이상
  ㉡ 개방형 스프링클러헤드 = 가장 많이 설치된 방사구역의 헤드 설치 개수 × 2.4m³ 이상

③ 방사압력: 100kPa, 방수량: [　]ℓ/min

(6) 물분무소화설비의 설치 기준 [50]

① 방사구역: [　]m² 이상(표면적이 150m² 미만일 때에는 당해 표면적)

② 수원의 수량 = 표면적 1m² 당 20ℓ/min × 30분 이상

③ 방사압력: 350kPa

(7) 수동식소화기의 설치 기준 [51]

① [　]수동식소화기: 보행거리 30m 이하
② [　]수동식소화기: 보행거리 20m 이하

---

49 (5) ③ 80
50 (6) ① 150
51 (7) ① 대형 ② 소형

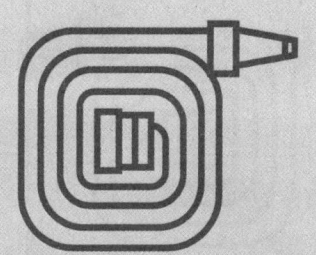

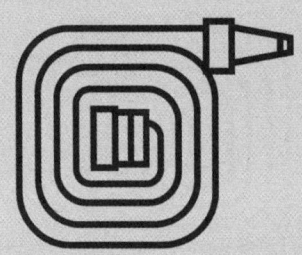

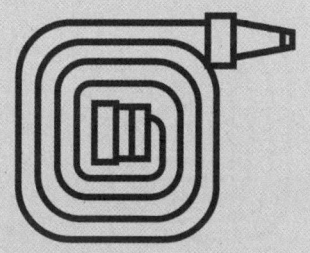

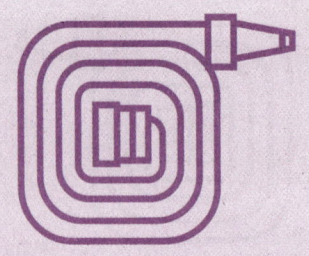

김동준 소방 & 방재 아카데미와 함께하는

소방체력 Family

소방단기 김동준선생님과 전국의 체력학원들과 협업하여 수험생여러분들에게 조금이나마 도움이 되자고 소방체력 Family를 결정하였습니다.

본 할인권을 가지고 지정된 체력학원으로 가시면 준비된 혜택과 최고의 체력교육을 받으실 수 있습니다.

할인 coupon

학원내방시 필참

2025년 소방공무원 시험대비
소방체력 Family 학원전용 할인쿠폰

25년 대비 김동준 소방&방재 아카데미와 함께하는 소방체력 Family

체력학원명	지역	주소	상담대표전화
에듀스포츠 체대입시(수원)	경기도	경기도 수원시 장안구 장안로 92 태범B/D 1층, 지하 1층	0507-1460-7679
맥스체대입시(강릉시)	강원도	강원도 강릉시 임영로120 3층 맥스체대입시	033-651-2673
맥스체대입시(동해시)	강원도	강원도 동해시 동해대로 5033 4층	033-521-2673
맥스체대입시(천안)	충남	충청남도 천안시 서북구 두정동 2036	041-522-0207
트원 에이치(청주)	충북	충청북도 청주시 흥덕구 천석로 73	010-8253-1912
맥시멈체대입시(창원)	경남	경남창원시 마산합포구 동서동3길39 새롬미리내 아파트 101동 자하상가 제1호	055-245-1789
엘리트 체대 입시 (전주)	전북	전라북도 전주시 완산구 우전로 255 4층	010-6336-4565
엘리트 체대 입시 덕진점(전주)	전북	전라북도 전주시 던진구 조경단로100 3층	010-6336-4565
맥스체대입시(전주)	전북	전북 전주시 완산구 백제대로424. 2층	063-255-1109
한국 맥시멈 공무원체력학원	대구	대구광역시 중구 중앙대로 390 지하1층	053-255-1129
PSSA 경찰소방체력	부산	1관 : 부산광역시 부산진구 동천로55 ck빌딩 3층	051 806 9666
PSSA 경찰소방체력	부산	2관 : 부산광역시 부산진구 동천로55 구슬빌딩 4층	051 806 9666
맥스체대입시(관악교육원)	서울	서울 관악구 난곡로63가길 60 로얄빌딩	010-7104-0794
맥스체대입시(서초교육원)	서울	서울시 동작구 동작대로 27가길 44 영지빌딩 지하1층(4호선 7호선 이수역 바로앞 걸어서 30초 거리)	02-595-7406, 010-4556-0794
맥스체내입시(춘선교육원)	춘천	강원 춘천시 겸춘로 2215 어썸빌딩 3층	033-251-9731
맥스체대입시(원주교육원)	원주	강원 원주시 능라동길 26 메인스퀘어 3층 305호	010-9211-6332

*현 교재에 포함된 쿠폰 제출시 각 학원과 협업되어있는 할인 프로모션에 참여가 가능합니다.   *자세한 할인율 및 할인금액은 해당되는 지역의 체력학원에 문의하여 주시기 바랍니다.